ESSENTIALS OF BUSINESS STATISTICS

Sanjiv Jaggia

Alison Kelly

ESSENTIALS OF BUSINESS STATISTICS

Communicating with Numbers

핵심 경영통계학

Sanjiv Jaggia, Alison Kelly 지음

류종현 · 박창규 · 송운경 · 이상헌 · 조상섭 옮김

Mc Graw Hill

한티미디어

옮긴이

류종현 (jhryu@hongik.ac.kr) 12장, 13장, 서문 V~XXI
홍익대학교 상경학부

박창규 (ckparkuou@ulsan.ac.kr) 10장, 11장, Appendix A, B
울산대학교 경영학과

송운경 (wsong@kau.ac.kr) 1장, 2장, 3장
한국항공대학교 경영학과

이상헌 (stoll80@skku.edu) 4장, 5장, 6장, 전체감수
성균관대학교 경제학과

조상섭 (choss@hoseo.edu) 7장, 8장, 9장
호서대학교 경영학부

핵심 경영통계학

ESSENTIALS OF BUSINESS STATISTICS
Communicating with Numbers

발행일 2016년 9월 5일 초판 1쇄
지은이 Sanjiv Jaggia · Alison Kelly
옮긴이 류종현 · 박창규 · 송운경 · 이상헌 · 조상섭
펴낸이 김준호
펴낸곳 한티미디어 | **주 소** 서울시 마포구 연남동 570-20
등 록 제 15-571호 2006년 5월 15일
전 화 02)332-7993~4 | **팩 스** 02)332-7995
ISBN 978-89-6421-268-4 (93320)
정 가 35,000원

마케팅 박재인 최상욱 김원국 | **관 리** 김지영
편 집 이소영 박새롬 김현경 | **표 지** 박새롬
인 쇄 우일프린테크

이 책에 대한 의견이나 잘못된 내용에 대한 수정정보는 한티미디어 홈페이지나 이메일로 알려주십시오.
독자님의 의견을 충분히 반영하도록 늘 노력하겠습니다.
홈페이지 www.hanteemedia.co.kr | **이메일** hantee@empal.com

저자 소개

Sanjiv Jaggia

Sanjiv Jaggia는 캘리포니아 주 산루이스 오비스포에 위치한 캘리포니아 폴리텍 주립대학의 경제학 및 금융학 교수로 재직중이다. 1990년에 블루밍턴에 위치한 인디애나 대학에서 박사학위를 취득 후 17년 동안 보스턴에 위치한 수포크 대학에 재직하였다. 2003년에 CFA(Chartered Financial Analyst)가 되었다. 관심 연구분야는 경험적 금융학, 통계학, 계량경제학이다. 그의 논문들은 *Journal of Empirical Finance, Review of Economics and Statistics, Journal of Business and Economic Statistics, Journal of Econometrics* 등의 다양한 연구논문집에 발표되었다. 그의 강의 능력도 여러 개의 강의상을 수상하면서 알려져 있다. 2007년에 동부에서 서부에 있는 캘리포니아 산루이스 오비스포로 이사오면서 아내와 딸과 함께 살고 있다. 여가시간에는 요리, 등산, 다양한 장르의 음악을 듣는다.

Alison Kelly

Alison Kelly는 매사추세츠 보스턴에 위치한 수포크 대학의 경제학 교수이다. 그녀는 매사추세츠 워세스터에 위치한 홀리 크로스 대학에서 학사학위를 취득 후 로스앤젤레스에 위치한 남가주 대학에서 석사학위를 취득했고 매사추세츠 체스트넛 힐에 위치한 보스턴 대학에서 박사학위를 취득했다. 그녀의 논문들은 *American Journal of Agricultural Economics, Journal of Macroeconomics, Review of Income and Wealth, Applied Financial Economics, Contemporary Economic Policy* 등의 다양한 우수 논문집에 발표되었다. 그녀는 CFA(Chartered Financial Analyst)이며 지속적으로 CFA 시험을 위한 수치방법론 과정의 강의를 담당하고 있다. 여름마다 보스턴 대학에서 기초통계학을 가르치고 있으며, 매사추세츠 해밀턴에서 남편과 두 자녀와 함께 살고 있다.

숫자를 이용한 의사전달을 강조하는...

통계학은 학생과 강사들에게 흥미롭고 명확한 과목이다. 수년 동안의 강의 경험에 의하면, 통계학이 흥미로운 학문임을 인식시키는 효과적인 방법은 학생들과 관련된 경영 사례들을 적절히 활용하는 것이다. 처음부터 흥미를 유발할 수 있다면, 학생들은 어렵다는 것을 인식하지 못한 채 통계학을 습득할 수 있을 것이다. 조심스럽게 통계방법과 적절한 예제를 활용하므로 삶에 있어서 경영통계학의 중요성을 고마워하게 될 것이다. 이 책을 쓴 이유는 학생들의 흥미를 유발하고 수업시간에 배운 지식과 실무자들이 통계학을 활용하는 방법의 차이를 인식하고 연결하는 현대적이고 핵심적인 통계 교과서의 필요성 때문이다. 본문에는 숫자를 처리하는 것보다는 숫자를 이용하여 의사전달하는 것을 강조하고 있으며 각 장마다 문서화되어 전달되는 통계 정보들을 살펴볼 것이다. 전문가들의 관점을 포함하면서 각 주제들과 자료들의 표현을 학생들에게 더욱 관심을 갖게 하고 더욱 명확하게 전달하는 것이 우리의 목적이다.

*Essentials of Business Statistics*는 다양한 흥미와 경험을 가진 학생들에게 유용한 기본적인 주제들을 포함하고 있다. 특히 대학에서 한 학기 동안 기초 통계학 과목에서 다룰 수 있는 내용을 다루고 있다. 본문은 학생들이 배우고 강사가 가르칠 수 있는 내용을 지적 호기심을 자극하고, 실용적이며, 시각적 효과를 가질 수 있게 작성되었다. 비록 실용적인 면을 강조하고 있지만 수리적으로도 체계적으로 정리하였고 일반적으로 통계학에서 다루는 표기법을 이용하고 있다.

내가 본 책 중에 아마도 **개념을 가장 잘 설명하는 책**이다.

Brad McDonald, *Northern Illinois University*

이 책은 다른 책들보다 **잘 쓰였고, 더 읽기 쉽고, 흥미로우며 개념을 효과적으로 설명**하고 있다. 특히 좋은 예제와 사례들은 가르치는 데 효과적이다.

Andrew Koch, *James Madison University*

내가 가장 중요하게 생각하는 것은 명쾌하고 간결함이다—이 책은 충분히 이 부분을 충족한다.

Michael Gordinier, *Washington University, St. Louis*

흥미로운 경영통계학

주요 특징

이 책의 핵심은 6가지 분야로 설명할 수 있다.

통합 사례들. 각 장은 실질적인 사례로 시작되며 그 사례와 연관되는 여러 예제를 포함하고 있어서 학생들이 각 장의 주제를 이해하는 데 도움을 준다.

통계를 이용하여 글쓰기. 결과를 해석하고 효과적으로 정보를 전달하는 것은 경영 의사결정에 중요하다. 학생들은 자료를 수집하고, 활용하고, 의미있게 정보를 진달하는 방법을 배우게 된다.

독특한 회귀분석 설명. 반복적인 설명 없이 관련된 회귀분석의 적절한 설명이 이 책의 중요한 핵심 중 하나이다.

강의하듯이 서술. 각 주제들은 수업에서 배우는 것처럼 쓰여졌다. 응용문제에 대한 직관적인 해석과 자세한 설명, 결론을 포함하고 있다.

엑셀 프로그램과 연결. 학생들은 통계 개념들을 이해하고 계산하는 방법을 배우게 된다. 그리고 엑셀을 이용하여 복잡한 계산을 해결하는 방법을 습득한다. 또한 미니탭, SPSS, 그리고 JMP에 대한 사용안내도 각 장의 부록에 설명하였다.

경영 통계학 Connect. Connect는 학생들이 이 과정을 성공적으로 마치도록 도움을 주는 온라인 시스템이다. 관련된 예제와 LearnSmart를 이용하여 학생들은 지침을 받고 각 주제들을 습득하기 위한 연습을 하게 된다.

나는 특히 사례연구와 **통계를 사용한 글쓰기**를 좋아한다. 우리의 핵심 과정에 경영 작문을 더 포함하도록 많은 노력을 하고 있다.

Elizabeth Haran, *Salem State University*

통계분석가는 분석기술뿐만 아니라 의사전달기술도 좋아야 한다. 통계를 이용한 작문은 **의사전달의 중요성을 더 부각**시키고 학생들에게 실제적인 예제를 제공한다.

Jun Liu, *Georgia Southern University*

실제 사례와 경영 예제를 통해 배우고...

통합 사례들

각 장은 실제 사례로 시작하고 그 사례는 그 장의 여러 예제들과 연결되어 있다. 예제에서의 질문들은 그 장에서의 가장 중요한 핵심을 이해하도록 도와준다. 각 장의 마지막 예제를 다룬 다음에 처음에 소개된 그 장의 도입사례에 대하여 요약적으로 설명한다. 특히 이러한 도입사례들은 원거리에서 수강하는 학생들이 그 장의 내용을 이해하는 데 효과적일 것이다.

도입사례

사례요약

뱅가드의 귀금속 광산 펀드(금속)와 피델리티의 전략적 수익 펀드(수익)는 2000년부터 2009년까지 가장 높은 수익률을 올린 두 개의 펀드이다. 이 두 펀드의 연간 수익률 분석은 투자자들에게 중요한 정보를 제공한다. 지난 10년간, 평균수익률 24.65%와 수익률의 중앙값 33.83%를 볼 때, 금속펀드가 더 높은 수익률을 기록하였다. 평균과 중앙값이 매우 다를 때는, 이상치나 극단 값을 의심해봐야 한다. 금속펀드 수익률의 평균과 중앙값이 10% 이상 차이가 나지만, 상자그림 분석에 따르면 이상치는 없다. 수익펀드의 평균과 중앙값은 8.51%와 7.34%로 크게 차이가 나지 않는다.

중앙 위치 척도가 투자의 보상을 나타내지만, 이는 투자의 위험성은 포함하지 않는다. 금융데이터에서는 표준편차가 가장 많이 사용되는 위험성의 척도이다. 금속펀드의 표준편차가 수익펀드의 표준편차보다 유의미하게 크므로(37.13%>11.07%), 금속펀드의 수익률은 평균보다 훨씬 크거나 작을 것이다. 뿐

투자 결정

레베카 존슨(Rebecca Johnson)은 큰 은행의 투자 상담사로 일한다. 최근 투자경험이 많지 않은 투자자가 지난 10년간의 수익률이 높은 두 개의 뮤추얼펀드 뱅가드(Vanguard)의 귀금속 광산 펀드(이하 금속펀드로 표기)와 피델리티(Fidelity)의 전략적 수익 펀드(이하 수익펀드로 표기)의 차이점에 대해 분명하게 알려달라는 부탁을 했다. 투자자는 인터넷에서 찾을 수 있는 수익률 데이터를 존슨에게 보여주었으나, 데이터를 해석하는 데 어려움을 겪고 있었다. 표 3.1은 2000 – 2009년 사이 두 뮤추얼펀드의 수익률을 보여주고 있다. 데이터 파일 (***Fund_Returns***)은 교과서 웹사이트에서 찾을 수 있다.

각 장은 **도입사례로 시작하여 학생들이 가질 수 있는 실질적 질문을 유도**한다. 적절하게 관련되고 영향력있는 사례는 학생들에게 더 많은 도움을 주며 학습 능력을 향상시킨다.

Alan Chow, *University of South Alabama*

이는 뛰어난 방법이다. 학생들은 순차적으로 문제를 보고 생각하여 아이디어를 얻게 되고 그 문제의 해결방안들을 찾는다. 학생들은 수학에 대한 필요성을 인식하고 문제를 평가 분석하기 위해서는 더 많이 수학을 이용하여야 한다는 점을 깨닫는다.

Dane Peterson, *Missouri State University*

결과를 전달하기 위한 기술을 습득한다

통계를 사용한 글쓰기

이 책에서 가장 중요한 혁신적인 것 중 하나는 모든 장에 샘플 보고서를 포함시켰다는 것이다(1장 제외). 통계를 잘 모르는 사람에게 통계 정보에 관한 보고서를 어떻게 작성하는지를 보여준다. 판매, 마케팅, 혹은 기업 계획에서 경영 의사결정을 하기 위한 정보로 통계가 이용되며 이러한 보고서가 도움이 된다. 각 장의 마지막 부분에서 여러 개의 비슷한 글쓰기 연습문제들이 제공된다. 또한, 각 장 앞부분의 도입사례에서 제기된 여러 문제를 해결하는 방법도 포함하고 있다. 학생들에게 짧은 작문의 예를 보여주는 효과가 있으며 글쓰기와 통계수업을 연계하여 가르칠 수 있는 유용한 자료를 강사에게 제공한다.

통계를 사용한 글쓰기

개빈(Gavin Cann)은 두 스포츠 분석가가 어떤 통계량이 메이저리그 팀의 승률(Win)을 예측하기에 더 좋은지를 두고 다투는 것을 들었다. 한 분석가는 월드시리즈 우승팀 75%가 더 좋은 타율(BA)을 가졌기 때문에 팀의 승리에 타율이 더 좋은 예측값이 될 수 있다고 말한다. 다른 분석가는 방어율(ERA)이 낮을수록 승률이 더 높기 때문에 그 팀의 투수력이 승률을 예측하는 가장 중요한 요소라고 말한다. 이러한 주장들이 데이터에 의하여 증명될 수 있는지 결정하기 위해 개빈은 2010년 정규시즌의 아메리칸리그(AL) 14개 팀, 내셔널리그(NL) 16개 팀의 관련 자료를 수집하였다. 표 12.14에 그 일부분이 나와 있다. 전체 데이터는 ***Baseball***이라는 이름의 데이터로 교과서 웹사이트에서 확인할 수 있다.

표 12.14 야구팀의 승률(Win), 타율(BA), 방어율(ERA)

Team	League	Win	BA	ERA
Baltimore, Orioles	AL	0.407	0.259	4.59
Boston, Red Sox	AL	0.549	0.268	4.20
⋮	⋮	⋮	⋮	⋮
Washington, Nationals	NL	0.426	0.25	4.13

보고서 예시 – 야구의 승률 분석

두 스포츠 분석가는 메이저리그 팀의 승률(Win)을 예측하는 가장 좋은 방법에 대해 다른 의견들을 가지고 있다. 한 분석가는 타율(BA)이 팀의 성공에 가장 좋은 예측 요소라 주장하고, 다른 분석가는 방어율(ERA)로 평가될 수 있는 투수력이 가장 중요한 요소라고 주장한다. 세 개의 선형회귀모형을 이용하여 팀의 승률을 분석하려 한다. 설명변수들은 모형 1에서는 BA, 모형 2에서는 ERA, 모형 3에서는 BA와 ERA, 두 개 모두를 고려한다. 경험적으로, BA는 Win에 긍정적 영향, ERA는 부정적 영향을 줄 것을 기대한다. 세 개의 모형의 회귀분석 결과가 표 12.A에 나와 있다.

표 12.A 반응변수 Win에 대한 모형추정값

Variable	Model 1	Model 2	Model 3
Intercept	−0.2731 (0.3421)	0.9504* (0.0000)	0.1269 (0.4921)
Batting Average	3.0054* (0.0106)	NA	3.2754* (0.0000)
Earned Run Average	NA	20.1105* (0.0000)	20.1153* (0.0000)
s_e	0.0614	0.0505	0.0375
R^2	0.2112	0.4656	0.7156
Adjusted R^2	0.1830	0.4465	0.6945
F statistic (*p*-value)	NA	NA	33.9663* (0.0000)

Notes: 표의 위에서 반은 모수 추정값이고 괄호 안은 p – value이다. NA는 적용 불가능을 의미하고, *는 5% 유의수준에서 유의함을 가리킨다. 표의 아랫부분은 적합도 측정값을 보여준다.

통계 작문은 통계학이 단순히 숫자의 나열보다 더 의미있음을 보여준다.

Greg Cameron,
Brigham Young University

이러한 기술적 작문 예제들은 어떻게 통계가 성공적으로 응용되고 기업에 유익한 보고서가 되는지를 보여주는 매우 유용한 예제들이다. 나는 학생들이 이 예제들에서 많은 것을 배우도록 노력했다.

Bruce P. Christensen,
Weber State University

훌륭한 접근방법이다.
계량적 자료를 다른 사람들이 이해할 수 있게 문서화하는 것은 아주 중요하다.

Scott Bailey, *Troy University*

훌륭하다. 학생들은 좀 더 좋은 작문가가 되어야 한다.

Bob Nauss, *University of Missouri, St. Louis*

내용을 더욱 효과적으로 만드는...

다른 책들과 이 장의 비교를 통해 나는 이 책이 회귀분석을 최고로 잘 설명한 책 중 하나라고 생각한다.

Cecilia Maldonado, *Georgia Southwestern State University*

독특한 회귀분석 설명

좀 더 자연스러운 그룹화를 위하여, 그리고 불필요한 반복을 제거하기 위하여 단순 및 다중 회귀분석을 한 장에 합하였다. 따라서 다른 교과서와는 다르게 더 많은 회귀분석을 다루게 된다. 현재 더 많이 실용화되고 있는 회귀분석에 대한 관심을 반영한 것이다. 오직 단순 회귀분석만 가르치는 강사들을 위한 옵션도 제공하고 있다.

새롭고 혁신적인 방법으로 회귀분석을 설명하고 있다. 회귀분석은 강사들이 열심히 보아야 하는 주제이다. **학생들은 이 책이 아주 잘 읽히며 수업에 좋은 자료가 될 것이다.**

Harvey A. Singer, *George Mason University*

강의하듯이 서술

강의하듯이 주제들을 소개한다. 즉, 관련된 통계기법이 기본문제와 응용문제에 활용된다. 문제를 풀기 위한 과정은 다음과 같다.

1. 직감적으로 시작한다.
2. 수학적인 부분을 설명한다.
3. 결과를 확인하고, 컴퓨터를 이용하여 결과를 산출해본다.

이미 작업된 문제들을 활용하여 실제 문제들에 접근하는 개념을 설명한다.

학생들이 **따라가기 쉽고,** 내용들이 강의하듯이 쓰여졌다.

Zhen Zhu, *University of Central Oklahoma*

독특한 학습범위와 설명

마이크로소프트 엑셀 활용

컴퓨터로 결과를 산출하는 것보다 먼저 통계적 내용들에 대해 집중하고 흡수하는 것이 바람직하다. 직접 문제를 푸는 것이 학생들에게는 그 주제를 더 깊이 이해하는 데 더 도움이 된다. 하지만 복잡한 계산과 표 작성의 필요성 때문에 컴퓨터로 결과를 산출하는 것이 필수적이다. 마이크로소프트 엑셀은 이 책에서 주로 사용되는 소프트웨어이고 각 장에서 그 주제에 맞는 엑셀 설명이 포함되어 있다. 다른 통계프로그램보다 엑셀을 선택한 이유는 검토자의 추천과 학생들이 스프레드시트 프로그램 경험을 쌓을 수 있기 때문이다. 간단하게 미니탭, SPSS, JMP등에 대하여도 각 장 부록에 설명되어 있다. 본 책의 웹사이트에서 더 많은 자세한 설명들을 볼 수 있다.

미가공 데이터로 히스토그램 만들기

A. FILE 교과서 웹사이트에 있는 ***MV_Houses*** 데이터(표 2.1)를 엑셀로 연다.

B. 데이터 옆 열에, 각 계급의 상한값을, 이 경우에는 400, 500, 600, 700, 800을 입력하고 이를 "계급 범위"라고 한다. 왜 이렇게 입력하는지에 대한 설명은 다음 단계에서 찾을 수 있을 것이다. 주택가격 데이터와 계급 범위(도수범위와 히스토그램 결과까지)는 그림 2.10에서 볼 수 있다.

그림 2.10 미가공 데이터로 엑셀에서 히스토그램 만들기

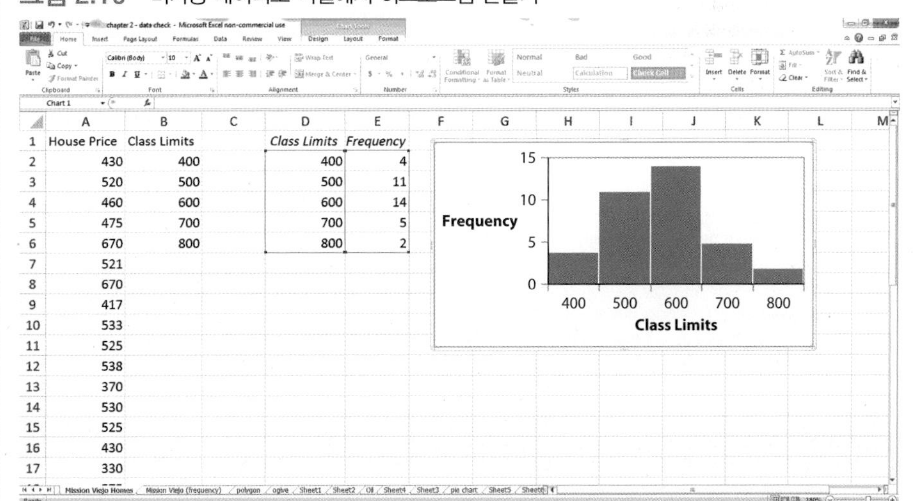

각 통계 개념하에 존재하는 직감적인 의미를 제공하려는 시도가 있다. 그리고 엑셀 결과물로 산출하기 전에 그러한 의미를 수학적 접근방법으로 설명한다.

Matthew Dean,
University of Southern Maine

내용을 강화하는 실생활의 예제와 사례

기본문제와 응용문제

각 장의 연습문제는 수리적인 문제들과 더 응용 해석적인 문제들을 잘 섞었다. 간단한 문제를 해결하면서 학생들은 좀 더 어렵고 까다로운 문제를 해결할 수 있다는 자신감을 갖게 된다. 거기에 더하여 주택 가격, 임대료, 재고 수익률, 임금, 채무 등의 많은 자료들을 계속 사용하게 된다. 예를 들어, 이러한 실제 자료를 사용하여 요약 통계값들을 계산할 수 있게 된 다음 신뢰구간, 가설검정, 회귀분석을 하여 통계적 추론을 이끈다.

다양한 출처들로부터 제공되는 데이터들 - 월스트리트저널, 뉴욕타임스, 키플링어스, USA 투데이; Census.gov, Zillow.com, Finance.yahoo.com, ESPN.com 등

26. 다음의 모집단 데이터에서

34	42	12	10	22

a. 범위를 계산하라.
b. 절대평균편차를 계산하라.
c. 모집단 분산을 계산하라.
d. 모집단 표준편차를 계산하라.

27. 다음의 모집단 데이터에서

0	−4	2	−8	10

a. 범위를 계산하라.
b. 절대평균편차를 계산하라.
c. 모집단 분산을 계산하라.
d. 모집단 표준편차를 계산하라.

28. 다음의 표본 데이터에서

40	48	32	52	38	42

a. 범위를 계산하라.
b. 절대평균편차를 계산하라.
c. 표본 분산을 계산하라.
d. 표본 표준편차를 계산하라.

29. 다음의 표본 데이터에서

−10	12	−8	−2	−6	8

a. 범위를 계산하라.
b. 절대평균편차를 계산하라.
c. 표본 분산과 표본 표준편차를 계산하라.

응용

30. 교통부에서는 매년 항공사들에 대한 몇천 건의 불만사항들을 접수한다. 교통부에서는 불만사항들을 분류하고 건수를 세, 정기적으로 항공사 평가 순위를 발표한다. 다음의 표는 미국 10대 항공

항공사	불만사항*	항공사	불만사항*
Southwest Airlines	1.82	Northwest Airlines	8.84
JetBlue Airways	3.98	Delta Airlines	10.35
Alaska Airlines	5.24	American Airlines	10.87
AirTran Airways	6.24	US Airways	13.59
Continental Airlines	8.83	United Airlines	13.60

출처 : 교통부 (*고객 백만 명 당)

a. 불만사항이 가장 적게 접수된 항공사는 어디인가? 가장 많이 접수된 항공사는 어디인가? 범위를 구하라.
b. 이 표본에서 평균과 중앙값을 구하라.
c. 분산과 표준편차를 계산하라.

31. 스타벅스와 파네라 브레드의 2010년 첫 6개월간 월별 종가(달러 단위로 반올림)가 다음의 표에 정리되어 있다.

Month	스타벅스	파네라 브레드
January 2010	$22	$71
February 2010	23	73
March 2010	24	76
April 2010	26	78
May 2010	26	81
June 2010	24	75

출처 : http://www.finance.yahoo.com

a. 각 회사 주가의 표본 분산과 표본 표준편차를 계산하라.
b. 어떤 회사 주가가 표준편차로 측정했을 때 더 높은 변동성을 보였는가?
c. 어떤 회사 주가가 상대 분산이 더 큰가?

32. FILE 주택시장 침체기에 접어들어 빠른 시간 내에 회복될 것 같지 않을 때, 대학 도시의 부동산 업자들은 계속해서 좋은 수익을 약속하였다(월스트리트저널, 2010.9.24). 미시건의 투자회사에서 일하는 마르셀라 트리스만(Marcela Treisman)은 미시건 대학이 위치한 앤 아버의 주택임대시장을 분석하는 과제를 받았다. 40

나는 특히 도입사례들, 각 장 마지막 부분의 수준 있는 연습문제들, 그리고 작문 예제들을 좋아한다.

Dave Leupp, *University of Colorado at Colorado Springs*

연습문제들이 훌륭하다!

Erl Sorensen, *Bentley University*

전형적이지 않은 특징들

개념정리

각 장의 마지막 부분에, 내용들을 검토하는 전체론적 접근으로서의 개념정리를 제공한다. 학습 결과물을 다시 복습하면서 가장 중요한 정의, 해석, 공식들을 제공한다.

개념정리

학습목표 **5.1** **이산적 확률변수와 연속적 확률변수 간의 구분**

확률변수는 수치화된 어떤 실험의 결과들을 요약한다. 확률변수는 이산적이거나 연속적이다. **이산적 확률변수**는 가치가 다른 셀 수 있는 숫자들로 가정되는 반면, **연속적 확률변수**는 어떤 구간에서 셀 수 없는 가치들로 특징지어진다.

학습목표 **5.2** **이산적 확률변수의 확률분포 설명**

이산적 확률변수 X의 **확률분포함수**는 X와 관련된 확률들의 목록이다. 즉, 모든 가능한 조합$(x, P(X = x))$의 목록. X의 **누적분포함수**는 $P(X \leq x)$로 정의된다.

학습목표 **5.3** **이산적 확률변수 요약측정의 계산과 설명**

가치가 x_1, x_2, x_3, ...,이고 발생확률이 $P(X = x_i)$인 어떤 이산적 확률변수 X의 경우 X의 **기대치**는 $E(X) = \mu = \Sigma x_i P(X = x_i)$로 계산된다. 우리는 이 기대치를 무한히 반복되는 독립적인 실험들에 대한 확률변수의 장기 평균치로써 설명한다. 확산의 측정은 X의 값

대부분의 책들은 배울 것들을 나열하고 더 이상은 하지 않는다. 이 책은 무엇을 배웠는지를 상기시키고 무엇이 가장 중요한지를 정리해준다.

Andrew Koch, *James Madison University*

전형적인 방법인 공식을 정리하는 것 이상이다. 이 부분이 좋고 이 책의 장점이다.

Virginia M. Miori, *James Madison University*

성공적인 경영통계 이해를 위해...

McGraw-Hill *Connect*® *Business Statistics*

McGraw-Hill의 *Connect Business Statistics*는 학생들의 효율적인 학습을 위한 도구와 자원들을 온라인을 통해 제공한다. 또한 강사들이 강조하고자 하는 내용과 주제와 관련된 과제를 빠르게 선택할 수 있게 도와준다.

온라인 과제(Online Assignment).

*Connect Business Statistics*는 학생들이 원하는 실용적인 내용과 피드백을 제공하면서 좀 더 효율적으로 학습하도록 도와준다. *Connect*는 과제를 자동으로 채점해주고 학생들이 어려워하는 문제들에 대한 즉각적인 피드백을 제공한다.

엑셀 자료와의 통합(Integration of Excel Data Sets).

특히 편리한 점은 많은 문제를 해결하는 데 사용되는 데이터 파일과 연결하여 엑셀을 활용하는 것이다. 이러한 연결은 학생들이 엑셀에 쉽게 접근하고 문제를 풀고 해답의 핵심을 찾고 해답에 대한 피드백을 받게 해준다.

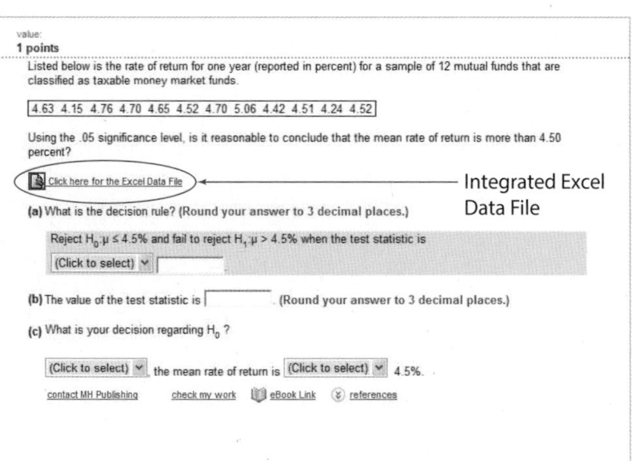

학생 자료집(Student Resource Library).

Connect Business Statistics 학생 자료집은 학생들이 활용할 수 있는 추가 자료이다. 강의 녹음, 실용적인 내용, eBook, 데이터 파일, 파워포인트 파일을 제공한다.

제공되는 도구들

Guided Examples. 해설이 있는 영상을 통해 책에 있는 비슷한 문제들을 풀어가는 과정을 제공한다. 각 장에서의 개념 등을 적용하여 문제들을 풀어가는 방법의 개별적인 해설이 주어진다. 이 영상은 연습문제를 통하여 문제해결 과정들을 보여준다. 학생들은 여러 번 이 영상들을 확인하면서 문제를 풀 수 있다.

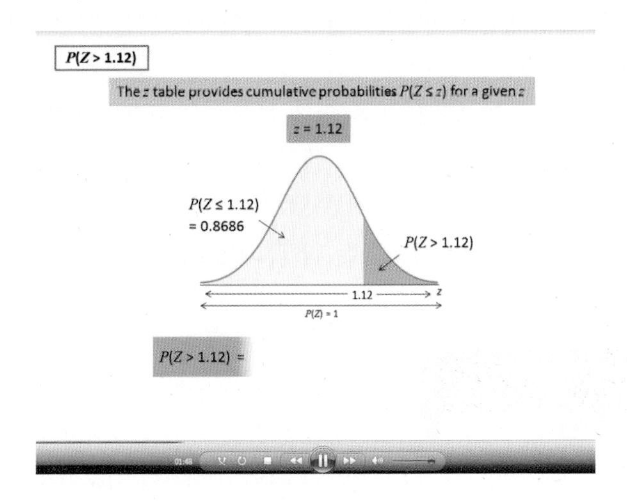

LearnSmart. *Connect Business Statistics*에 있는 자기주도학습 LearnSmart는 학습시간을 잘 활용하도록 도와준다. 책에 있는 모든 개념에 대한 연습문제, 평가, 해결책의 조합을 제공한다. LearnSmart의 똑똑한 소프트웨어는 학생들이 배울 준비가 되어 있을 때 새로운 개념에 대한 질문을 제공하여 학생 맞춤형 교육이 되게 도와준다. 알고 있는 내용에 대해서는 시간을 절약하고, 더 공부해야 하는 주제들에 대해 더 집중하도록 한다.

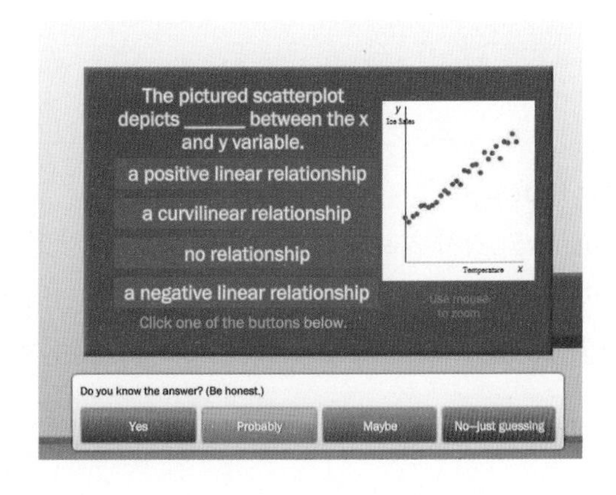

간단한 과제 관리와 똑똑한 채점. 학습에 있어서 중요한 것은 시간이다. *Connect Business Statistics*는 언제든 실용적인 내용과 피드백을 제공함으로써 더 효율적으로 공부하도록 도와준다. 가르칠 때에도 시간이 중요하다. 평가 기능은 강사들에게 다음과 같은 것을 가능하게 한다.

- 과제를 자동으로 채점해주고 학생들에게 즉각적인 피드백을 제공하며 학생들의 답과 정답을 비교할 수 있도록 한다.
- 각각의 반응에 접근 가능하고 검토할 수 있다. 수동으로 채점을 변경해서 학생들에게 평을 달아줄 수 있다.

학생 보고서. *Connect Business Statistics*는 학생, 과정, 수업이 어떻게 수행되고 있는지를 강사에게 지속적으로 알려준다. 상담시간과 강의시간을 좀 더 생산적으로 활용할 수 있도록 한다. 진도 추적 기능은 다음과 같은 것을 가능하게 한다.

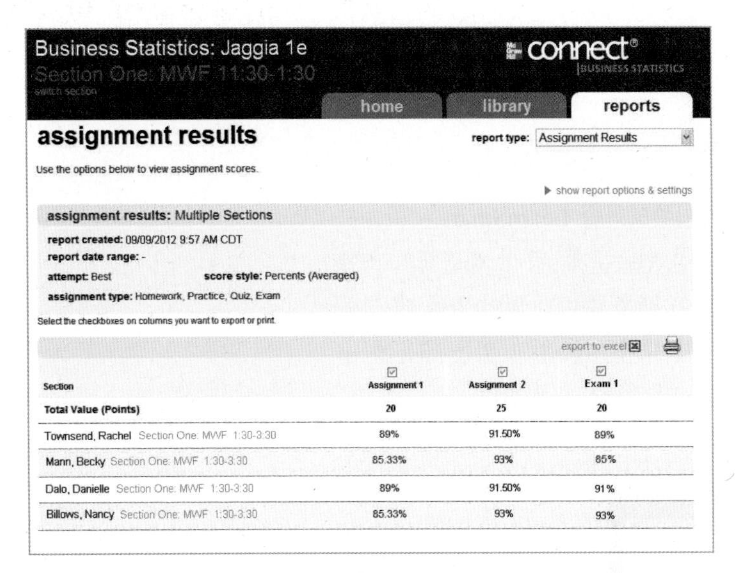

Section	Assignment 1	Assignment 2	Exam 1
Total Value (Points)	20	25	20
Townsend, Rachel Section One: MWF 1:30-3:30	89%	91.50%	89%
Mann, Becky Section One: MWF 1:30-3:30	85.33%	93%	85%
Dalo, Danielle Section One: MWF 1:30-3:30	89%	91.50%	91%
Billows, Nancy Section One: MWF 1:30-3:30	85.33%	93%	93%

- 채점된 것을 즉시 검토하고 과제와 보고서의 개인 및 그룹의 성과를 검토하게 한다.
- 과제 및 학습목표에 관련된 학생 및 수업 성과를 확인할 수 있다.
- 많은 인가된 기업들이 요구하는 자료 수집 및 보고서 생산을 하게끔 한다.

강사 자료집(Instructor Library)

*Connect Business Statistics*의 강사 자료집은 학생들의 수업 내외 참여도를 향상시키기 위한 여러 자료들을 제공한다. 강의의 질을 높이기 위해 자료들을 선택 사용할 수 있다. 다음과 같은 것들을 포함하고 있다.

- eBook
- 파워포인트 발표자료
- 문제은행
- 강사 해답집
- 이미지 파일

제공되는 도구들

McGraw-Hill CONNECT® PLUS BUSINESS STATISTICS

*Connect Plus Business Statistics*는 풍부한 기능을 제공하는 eBook과 *Connect Business Statistics*가 매끄럽게 결합되어 있다.

풍부한 미디어 자료가 있는 eBook. 풍부한 미디어가 제공되는 eBook은 각 장마다 학생들이 미디어를 활용하게끔 한다. 학생들이 직접 메모와 하이라이트도 할 수 있으며, 내용을 이해하기 위한 강사의 하이라이트 및 메모를 확인할 수 있다.

다이내믹한 링크. 다이내믹한 링크는 학생과 강사가 내준 과제나 질문을 공유하게끔 하고 eBook에서 관련 내용의 위치를 알려준다.

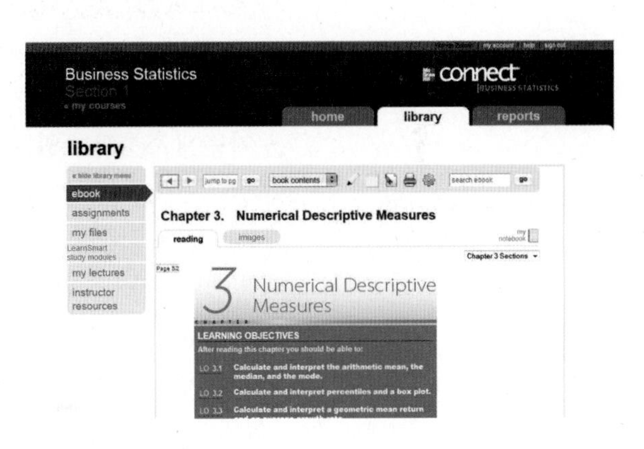

파워풀한 검색 기능. 파워풀한 검색 기능은 간략하게 중요 개념들을 알려주고 연결해준다. 강사들이 이러한 검증된 최신기술을 활용함으로써 학생들의 준비과정을 도와준다. *Connect*에 관한 더 많은 정보는 www.mcgrawhillconnect.com에서 확인하거나 지역 McGraw-Hill 판매 부서에 연락하면 된다.

Tegrity Campus: Lectures 24/7

*Tegrity Campus*는 *Connect*에 통합되어 24/7 동안 수업 시간이 가능하게끔 도와준다. 강좌를 캡처해서 학생들이 *Connect*를 활용하여 과제를 수행하거나 공부할 때 검토할 수 있게끔 한다. 간단하게 클릭 한 번으로 시작과 멈춤을 할 수 있어서 모든 부분을 캡처할 수 있으며 음성을 포함한 모든 내용들이 컴퓨터를 통하여 학생들에게 제공될 수 있다. 쉽게 검색할 수 있는 기능이 있어서 PC나 Mac에서 다시 보거나 듣고 싶은 부분을 쉽게 찾고 재생할 수 있다.

학생들이 더 많이 수업 자료를 보고 듣고 경험할수록 더 많은 것을 배울 수 있다는 것은 분명한 사실이다. *Tegrity Campus*는 학생들이 중요한 부분을 쉽게 찾을 수 있게 하는 독창적인 검색 기능을 가지고 있다. 이 기능은 녹음되어 있는 전체 내용에서 학생들이 필요한 내용을 필요한 때 찾을 수 있게 도와준다. 공부하는 시간을 강의에서 배운 그 시간으로 전환하도록 도와준다. *Tegrity*에 대하여 더 많은 것을 알고 싶다면 2분짜리 Flash 데모를 **http://tegritycampus.mhhe.com**에서 확인할 수 있다.

이 책에서 쓰이는 소프트웨어

MegaStat for Microsoft Excel® 2003, 2007 and 2010 (and Excel : Mac 2011)

CD ISBN:0077496442 *Note: 이 CD-ROM은 윈도우 사용자만 가능.*

Access Card ISBN:0077426274 *Note: 윈도우 및 맥 사용자에게 가장 좋은 옵션.*

MegaStat®은 Butler University의 J. B. Orris에 의해 제작되었고 엑셀의 추가기능으로 활용되며 본 책과 같이 포장되어 나오는 CD나 *MegaStat* 웹사이트(www.mhhe.com/megastat)에서 다운받아서 설치할 수 있다. Excel 2003, 2006, 2010(Excel: Mac 2011)에서 작동된다. 학생들은 *MegaStat*을 웹사이트에서 다운받아서 개인 컴퓨터에 설치할 수 있다. 설치 후, *MegaStat*은 엑셀에서 작동되며 유효 기한이나 시간 제한은 없다. 엑셀의 워크북에서 통계분석을 할 수 있게끔 한다. 기술통계량, 도수분포도, 확률 계산, 가설검정, ANOVA, 회귀분석 등 기초 통계 기능이 있다. *MegaStat*의 산출물은 정성스럽게 구성되었고 쓰기 쉬운 기능이 포함되어 있는데 Auto Expand는 빠른 데이터 선택, Auto Label은 감지의 기능이 있다. *MegaStat*은 쓰기 쉬우므로 학생들은 소프트웨어를 따로 익힐 필요 없이 통계학을 배우는 것에 집중할 수 있다. *MegaStat*은 항상 엑셀의 메인 메뉴에 존재한다. 메뉴를 선택하면 대화상자가 나타나고 주요 경영통계 핵심에 대한 가이드라인인 Screencam 튜토리얼이 포함되어 있다. Help 파일도 첨부되어 있으며 기초 사용자 설명서가 포함되어 있다.

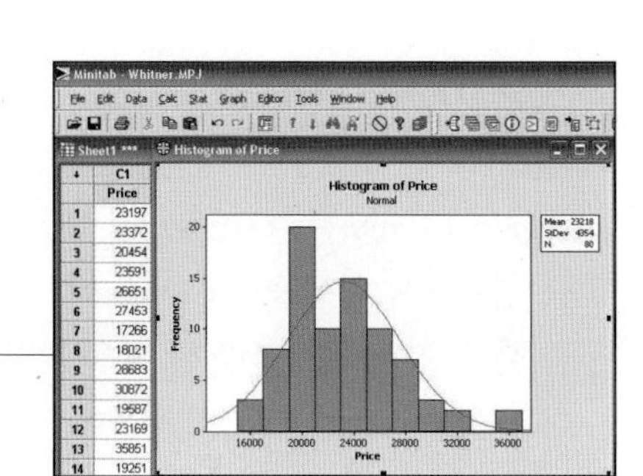

Minitab®

Minitab® Student Version 14 ISBN: 007305237X

미니탭은 책에 있는 경영통계 연습문제를 푸는 데 도움이 된다. McGraw-Hill에서 출판한 모든 경영통계 책과 함께 제공된다.

강사들에게 제공되는 수업자료들

Online Learning Center www.mhhe.com/jkess

Online Learning Center(OLC)는 강사를 위한 Word 포맷 해답집이다. Word 및 EZ Test Online 포맷인 문제은행, 파워포인트 강의자료, 본문 그림파일, ALEKS 소개, McGraw-Hill *Connect* Business Statistics 소개집 등을 제공한다.
모든 문제은행내의 문제들은 온라인 EZ Test에서 확인 가능하다. 선다형 문제들, true/false 문제들, 단답형 질문 및 문제들이 포함되어 있다. 모든 문제에 대한 해답이 그 문제의 난이도, 각 장의 목표 관련 질문, 용어 관련 질문, AACSB 분류와 함께 제공된다.

Online Course Management (온라인 강좌 관리) The **Best** of **Both Worlds**

McGraw-Hill Higher Education and Blackboard 팀이 구성되어 있다.

1. **Single sign-on**(한번 등록) : 강사 및 학생들은 한번 등록으로 McGraw Hill의 *Connect*와 Blackboard의 Create을 이용할 수 있다.
2. **Deep integration of content and tools**(깊이있는 통계기법과 내용들의 통합) : 한번 등록으로 *Connect*와 Create을 이용할 수 있고 McGraw-Hill 내용과 Blackboard의 내용 검색 엔진이 통합되어 있어 이용 가능하다. 어떤 책을 선택하든지 그리고 어떤 *Connect* 과제를 구성하든지 모든 필요한 것들을 Blackboard 안에서 찾을 수 있다.
3. **One grade book**(통합 채점집) : 여러 개의 채점표 및 수동으로 Blackboard에 채점을 동기화시키는 수고들이 필요없게 되었다. 학생이 *Connect* 과제를 완성했을 때, 자동으로 실시간으로 Blackboard 채점 센터에 점수가 들어간다.
4. **A solution for everyone**(모두를 위한 해결책) : Blackboard를 기관에서 이용하든 개인이 이용하든 모두에게 해결책을 제공한다. McGraw-Hill과 Blackboard는 산업에서 주로 활용하는 기술과 내용들을 포함하고 있다. 더 자세한 내용을 알고 싶으면 지역 McGraw-Hill 지점에 문의.

Connect Packaging Options

***Connect* with LearnSmart 1 Semester Access Card : 0077639499**
***Connect* Plus with LearnSmart 1 Semester Access Card : 0077639502**

학생들에게 제공되는 수업자료들

CourseSmart

ISBN: 0077639537

CourseSmart는 eTextbook들을 찾고 구입하는 데 편리하다. 세계에서 유명한 출판사들이 출판한 실제로 많이 활용되는 교과서들을 확인할 수 있다. CourseSmart eTextbooks에서는 평균적인 많은 독자들을 위한 내용 검색 기능, 메모, 강조, 다른 학우들과의 정보교류를 위한 이메일 기능 등이 가능하다. 더 많은 주문에 관한 정보는 www.CourseSmart.com에서 확인할 수 있다.

ALEKS

ALEKS는 경영통계, 경영수학, 회계 관련 개별적인 강좌를 제공하는 평가 및 학습 프로그램이다. McGraw-Hill/Irwin과 공동으로 온라인에서 이용 가능하고 학생들이 알고 있는 것을 파악하고 배울 준비가 된 내용들을 파악하여서 제공하는 능력을 가지고 있다. 즉 개인이 필요한 내용들을 맞추어 제공하고 이론의 이해를 실제 문제를 해결하는 능력으로 전환시켜 주고 실수를 고치고 분석하고 용어의 정의를 제공하면서 학생들이 각 주제들을 빠르고 쉽게 이해하도록 도와준다.

또한, ALEKS는 강사를 위한 유용한 자료도 제공한다. ALEKS는 강좌 운영을 간소화시키고 행정 관련 업무시간을 줄여주며 더 많은 시간을 학생 교육에 신경쓰게 해준다. 더 많은 내용에 대해서는 **www.aleks.com**을 방문.

Online Learning Center www.mhhe.com/jkess

OLC는 다음과 같은 자원들을 제공한다.

- 퀴즈 : 내용의 이해를 돕는 자기 채점 기능
- 파워포인트 : 각 강의내용들에 대한 개요 파악
- 데이터 파일 : 엑셀에 입력하여 계산과 분석이 용이
- 부록 : 책이 없을 때 빠르게 내용 검색

정확성 보장

동료들에게,

본 책의 저자, 더 중요하게는 경영통계 강사로서, 책 내용의 정확성이 가장 중요하다는 것을 인식하고 있다. 본 책은 부정확함을 방지하기 위해 다음과 같은 조치를 취했다.

1. 초고에서부터 출판사에 제출하는 마지막 원고를 제출할 때까지 150명이 넘는 전문가들의 철저한 검토를 받아왔다. 각 검토는 본문 내용의 정확성을 높이는 데 중요한 역할을 했다.
2. 다양한 버전을 활용하여 학생들과 함께 수업형태의 테스트를 직접 수행하여 정확성을 지속적으로 향상시켜왔다.
3. 각 저자는 모든 장들의 처음부터 끝까지 신중하게 쓰고 검토하였다.
4. 개발 편집장은 모든 문장을 검토하여 가능한 한 명확하게 쓰여지도록 노력하였다.
5. 최종 버전이 출판사에 제출될 때와 마지막 출판 버전이 완성될 때에 여러 명의 정확성 담당 검토자가 각 장의 내용과 마무리 부분을 검토하였다.
6. 원고 정리 편집자가 원고의 문법을 검토하였다.
7. 교정 담당자가 각 페이지를 검토하여 실수가 없도록 하였다.
8. 해답집과 문제집은 다수의 외부 검토자에게 감수받았다.

위와 같은 과정을 거쳤기에 우리는 본 책을 활용하면 학생과 강사들이 소중한 경험을 할 것이라는 자신감이 있다.

연락 정보 우리는 본 책과 부록 등에 대한 어떠한 의견에 대하여도 감사할 것이다. 당신의 조언이나 의견을 sjaggia@calpoly.edu 또는 akelly@suffolk.edu로 보내주기 바란다.

차례

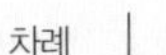

CHAPTER 8

구간 추정 266

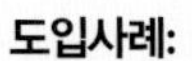

CHAPTER 9

가설검정 300

CHAPTER 10

평균에 대한 비교 342

1 통계와 데이터

Statistics and Data

CHAPTER

학습목표 LEARNING OBJECTIVES

이 장을 학습한 후에는

학습목표 **1.1** **통계의 중요성을 설명할 수 있어야 한다.**

학습목표 **1.2** **기술통계(descriptive statistics)와 추론통계(inferential statistics)의 차이를 구분할 수 있어야 한다.**

학습목표 **1.3** **표본추출(sampling)의 필요성과 다양한 형태의 데이터에 대해 설명할 수 있어야 한다.**

학습목표 **1.4** **변수와 다양한 종류의 측정척도에 대해 설명할 수 있어야 한다.**

우리는 매일 쏟아지는 데이터와 주장들에 파묻혀 있다. 데이터의 분석과 데이터를 바탕으로 내린 결론은 통계학의 한 부분이다. 통계를 제대로 이해하는 것은 우리가 사는 세상 – 경영, 금융, 보건, 사회적 상호작용 등을 포함한 거의 모든 현대 인간 활동 – 을 이해하는 데 매우 중요하다. 제1장에서 우리는 통계를 바탕으로 내릴 수 있는 결론과 쉽게 내릴 수 없는 결론에 대해서 구별할 것이다. 또한 제1장에서는 이 책에서 계속 사용될 몇 가지 중요한 통계적 용어들을 소개할 것이다. 이 용어들은 통계의 여러가지 다른 측면과 현실적 중요성을 설명하는 데에 도움을 줄 것이다. 아마 이 용어 중 몇 가지는 이미 설문조사, 여론조사, 널리 알려진 광고들을 통해 듣거나 읽어서 벌써 친숙할 수도 있을 것이다. 이 책의 목적은 학생들이 이미 알고 있는 통계 사용법은 어디서 왔고 진짜 의미하는 바가 무엇인지를 설명하여 통계적인 틀에 맞추는 것이다. 제1장에서는 상당 부분을 변수와 다양한 종류의 측정척도에 대해 논의하는 데 할애하고 있다. 뒷장에서 볼 수 있듯이, 데이터분석을 위한 적절한 통계적 방법을 선택하기 위해 여러 가지 변수와 측정척도를 잘 구분할 줄 알아야 한다.

도입사례

10–12세 어린이 대상 설문조사

루크 맥카프리(Luke McCaffrey)씨는 매사추세츠 주 보스턴에서 두 시간 정도 떨어진 곳에 위치한 스키 리조트를 가지고 있으며 새로운 마케팅 매니저를 채용하려고 한다. 맥카프리씨는 꽤 깐깐한 면접관이며 마케팅 매니저 업무를 제대로 하기 위해서는 통계학적 방법론을 포함한 데이터의 기초를 이해할 수 있어야 한다고 믿는다. 맥카프리씨는 특히 10세에서 12세의 어린이가 원하는 바를 충족시키는 데 관심이 많다. 맥카프리씨는 어린이들의 소비력이 최근 몇 년 사이 증가했다고 믿으며, 기억에 남을 만한 스키 경험을 해 스키장을 다시 찾길 바란다. 작년 스키시즌이 끝날 무렵 맥카프리씨는 10세에서 12세의 어린이 20명에게 4개의 질문을 했다.

질문1. 리조트에 오는 차 안에서, 어떤 라디오를 들었습니까?

질문2. 리조트 음식의 질을 1에서 4까지의 숫자로 평가한다면?(1은 나쁨, 2는 보통, 3은 좋음, 4는 매우 좋음)

질문3. 현재 식당가는 3시에 문을 닫습니다. 몇 시에 문을 닫는 것이 좋을 것이라 생각합니까?

질문4. 오늘 스키장에서 얼마의 돈을 썼습니까?

이 질문들에 대한 대답은 표 1.1에서 볼 수 있으며, 이 데이터들은 교과서 웹사이트에서 찾아볼 수 있다.

표 1.1 스카이락 밸리 리조트 설문조사 결과 FILE

어린이	질문1	질문2	질문3	질문4	어린이	질문1	질문2	질문3	질문4
1	JAMN94.5	4	5:00 pm	20	11	JAMN94.5	3	3:00pm	0
2	MIX104.1	2	5:00 pm	10	12	JAMN94.5	4	4:00 pm	5
3	KISS108	2	4:30 pm	10	13	KISS108	2	4:30 pm	5
4	JAMN94.5	3	4:00 pm	0	14	KISS108	2	5:00 pm	10
5	KISS108	1	3:30 pm	0	15	KISS108	3	4:00 pm	5
6	JAMN94.5	1	6:00 pm	25	16	JAMN94.5	3	6:00 pm	20
7	KISS108	2	6:00 pm	15	17	KISS108	2	5:00 pm	15
8	KISS108	3	5:00 pm	10	18	MIX104.1	4	6:00 pm	15
9	KISS108	2	4:30 pm	10	19	KISS108	1	5:00 pm	25
10	KISS108	3	4:30 pm	20	20	KISS108	2	4:30 pm	10

맥카프리씨는 지원자들에게 이 정보를 사용해 다음에 대해 대답하도록 하였다.

1. 설문조사 결과를 적절한 측정척도로 분류
2. 각기 다른 측정척도를 사용했을 때 뽑아낼 수 있는 정보의 비교와 대조
3. 설문조사 결과로 볼 때, 경영진에게 개선방안을 제안

1장 3절 끝에 가장 대답을 잘한 지원자의 모범답안이 있다.

1.1 통계의 중요성

학습목표 **1.1**
통계의 중요성을 설명

불확실한 세상에서 똑똑한 결정을 내리기 위해서 우리는 모두 통계–데이터 언어–를 이해하여야 한다. 불행하게도 많은 사람들은 통계 공부를 꺼려한다. 왜냐하면 그들은 통계가 이해할 수 없는 공식과 지루한 계산을 다루고 있고, 실생활에서는 아무 쓸모가 없다고 생각하기 때문이다. 이와 같은 생각은 사실과는 다르며 우리는 매일 일상생활 속에서 통계를 접한다. 우리는 통계학을 이해하여야 하며, 그렇지 못할 경우 무지한 결정을 내리거나 값비싼 대가를 치르는 위험을 감수하게 된다. 공식과 계산을 포함하고 있기는 하나, 통계학은 데이터가 어떻게 수집되고, 계산이 실행되고, 결과가 전달되는가에 대한 논리적 추론을 다룬다. 또한 통계학 지식은 건전한 통계적인 결론과 의문의 여지가 있는 결론–데이터 수 부족, 적절치 않은 데이터의 사용, 불완전한 데이터, 혹은 단순히 잘못된 정보로 인한–을 구분해내는 데에 있어 필요한 도구를 제공한다. 다음의 예시를 보자.

예시 1. 2010년 워싱턴에 기록적인 폭설이 쏟아진 후, 신문의 머리기사는 다음과 같았다. "무슨 지구온난화?"

결론의 문제점 : 기후변화의 존재여부는 1년의 데이터로는 알 수가 없다. 위와 같은 결론을 내리기 위해서는 장기적인 트렌드를 조사하고 몇십년의 데이터를 분석하여야 한다.

예시 2. 도박꾼이 다음번 주사위 숫자의 합은 7이라고 예상한다. 지난 세 번의 시도 중 그 숫자가 나오지 않았기 때문이다.

결론의 문제점 : 확률에 대해 이야기할 때 교과서에서 다루겠지만, 7이 나올 확률은 변하지 않는다. 마지막으로 주사위를 던졌을 때 7이 나오지 않았다고 이번 시도에 7이 나올 확률이 높아지는 것이 아니며, 마지막으로 주사위를 던졌을 때 어떤 숫자가 나오는가는 이번 시도에 7이 나올 확률이 영향을 끼치지 않는다.

예시 3. 2010년 1월 10일, 테드 케네디(Ted Kennedy) 상원의원 별세로 공석이 된 자리를 채우기 위한 보궐선거를 9일 앞두고 보스턴글로브지가 실시한 여론조사에서 민주당 후보인 마사 코클리(Martha Coakley)가 공화당 후보인 스캇 브라운(Scott Brown)을 15포인트 차로 앞서는 것으로 나왔다. 2010년 1월 19일, 브라운은 52%의 득표율로 47%를 얻은 코클리를 제치고 매사추세츠 주의 상원의원이 되었다.

결론의 문제점 : 코클리를 지지하고 있던 글로브지가 의도적으로 브라운을 지지하는 유권자들을 여론조사에서 누락했다는 비판을 받았다. 글로브지가 여론조사 결과를 발표했을 당시, 여론조사는 1월 2일부터 6일까지의 이전 정보를 반영하고 있었다. 더욱 문제가 되었던 부분은 여론조사가 투표를 하지 않을 것이라는 유권자까지 포함하고 있었다는 것이다.

예시 4. 세계에서 가장 큰 커피 체인인 스타벅스는 적어도 1년간 운영한 국내외 점포의 매출액이 2009년 12월 27일에 끝난 사분기 기준, 4% 증가했다고 보고했다. 재무책임자인 트로이 알스테드(Troy Alstead)는 "미국 시장은 다시 살아나고 있으며 국제적인 경영환경도 좋아지고 있다. … 고객들이 다시 돌아오고 있다. 앞으로도 계속될 좋은 징조다."라고 말했다(http://www.bloomberg.com, 2010.1.20).

결론의 문제점 : 각각의 점포가 지난해 대비 얼마나 팔았는지를 비교하는 동일 점포 매출액 증가를 계산하기 위해서는, 문 닫은 점포들을 제외하여야 한다. 매출액 감소를 극

복하기 위해 지난 몇 년간 스타벅스가 800개 이상의 점포를 폐쇄한 것을 고려하면, 많은 점포의 매출액 증가는 근처의 최근에 문 닫은 점포의 고객들 덕분일 가능성이 크다. 이럴 경우, 동일점포 매출액 증가는 스타벅스의 경영 전망을 과장했을 수 있다.

예시 5. 펜실베이니아 의대(University of Pennsylvania Medical Center) 연구팀은 야간등을 켜놓고 자는 유아의 이후 근시 발생 가능성이 높다고 밝혔다(네이처지, 1999.5).

결론의 문제점 : 이 예시는 *상관관계를 인과관계로 해석하는 오류*를 범한 것으로 보인다. 두 변수가 높은 상관관계를 보여도, 꼭 한 변수가 다른 변수의 원인이 되는 것은 아니다. 거짓된 상관관계(spurious correlation)는 두 변수 사이 아무 인과관계가 없어도 매우 밀접한 관계가 있는 것처럼 보이게 할 수 있다. 두 변수 사이의 거짓된 상관관계는 명백한 관계에 기반한 것이 아니라 두 변수가 각각 어떤 제3의 변수와 관련이 있기 때문에 데이터 속에서 발생한 관계이다. 후속 연구에서 오하이오대(The Ohio State University) 연구팀은 야간등을 켜놓고 자는 유아와 이후 근시발생 가능성 사이에는 아무 관련이 없음을 밝혔다(네이처, 2000.3). 그러나 연구팀은 부모의 근시와 아이의 근시 발생, 부모의 근시와 유아방 야간등 사용에는 강한 연관성이 있음을 밝혀냈다. 부모의 근시가 야간등의 사용, 어린이 근시 발생 둘 모두의 원인이라 할 수 있다.

환경, 심리, 여론조사, 경영, 보건 등 다양한 분야에서 예시가 나온 것을 볼 수 있다. 스포츠, 사회학, 물리학 등 여러 다른 분야에서도 비슷한 예를 쉽게 찾을 수 있다. 데이터와 데이터 분석은 거의 모든 삶의 일면에서, 때로는 잘못 쓰인 채로 나타난다. 위에 든 예 모두 기본적으로 주장에 신빙성을 더하기 위해 데이터를 잘못 사용하였다. 통계학에 대한 확실한 이해는 듣거나 읽게 되는 정보에 현명하게 대응할 수 있는 도구를 제공해준다.

1.2 통계학이란 무엇인가?

학습목표 **1.2**
기술통계와 추론통계의 차이를 구분

넓은 의미에서 통계학이란 데이터에서 유용한 정보를 뽑아내는 방법을 의미한다. 좋은 통계를 위해서는 세 가지 단계가 꼭 필요하다. 첫째는 완전하고 잘못됨이 없는 정확한 데이터를 찾는 것이다. 둘째는 찾은 데이터에 적절한 통계방법을 사용하는 것이다. 마지막으로 잘 실행된 통계적 분석의 마지막 요소는 숫자로 나타내어진 정보를 문자로 명확하게 전달하는 것이다.

보통 통계학은 기술통계(descriptive statistics)와 추론통계(inferential statistics) 두 가지로 나뉜다. **기술통계**는 데이터의 중요한 면들을 요약하는 것이다. 이는 데이터를 수집하고, 정리하고, 표나 테이블로 보여주는 것을 뜻한다. 또한, 데이터를 요약하기 위해 데이터의 평균적인 값이나 변동성 등을 숫자로 계산해 나타내기도 한다. 오늘날 기술통계에서 쓰이는 기법들은 일상적으로 우리 사회에서 수집되고 발표되는 양적인 정보의 홍수 속에서 가장 흔히 볼 수 있는 통계가 되었다. 실업률, 대통령 지지율, 주가지수, 타격률, 범죄율, 그리고 이혼율 등은 매일은 아니더라도 꽤 자주 유수의 언론에서 언급되는 여러 통계 중 몇 개일 뿐이다. 기술통계가 익숙함에도 불구하고, 이는 통계에서 작은 부분만을 차지하고 있을 뿐이다.

통계학에서 비약적 성장을 거듭하고 있는 분야는 추론통계이다. 일반적으로 **추론통계**는 **모집단**(population)이라 불리는 큰 데이터에 대한 결론을 그보다 작은 **표본**(sample) 데이터에 기반해 도출하는 것을 의미한다. 모집단은 지정된 집단의 모든 구성원을 의미하며(꼭 사람일 필요는 없음), 샘플은 특정 모집단의 부분집합을 의미한다. 대개의 경우, 모집단의 여러 가지 특징에 대한 추론을 위해서는 표본 데이터에 의존할 수밖에 없다. 예를 들어, 2010년 1,208명의 등록된 유권자를 대상으로 한 USA 투데이/갤럽 설문조사 결과 설문 대상의 41%만이 오바마 대통령의 직무수행에 만족한다고 답했다. 이는 2009년 1월 오바마 대통령이 집권한 후 가장 낮은 수치였다(USA투데이, 2010.8.3). 연구자들은 표본에서 얻은 결과인 **표본통계**를 상응하는 알려지지 않은 **모수**(population parameter)를 추정하는 데 사용한다. 위의 예에서, 알고자 하는 변수는 모든 등록된 유권자 중 몇 퍼센트가 오바마 대통령의 직무수행에 만족하는가이다. 대체적으로 모집단의 데이터를 수집하거나 관련된 변수를 직접적으로 계산하는 것은 그에 따르는 엄청난 비용과 실용성을 고려할 때 현실적이지 않다. 이에 대해서는 다음 절에서 논의하도록 하겠다.

모집단과 표본

모집단(population)은 통계적인 문제의 관심의 대상이 되는 모든 항목(item)으로 구성된다. **표본**(sample)은 모집단의 부분집합을 말한다. 표본 데이터를 분석하고 **표본 통계**를 계산하여, 미지의 모집단변수(**모수**, population parameter)에 대한 추론을 한다.

표본추출(sampling)의 필요성

학습목표 **1.3**

표본추출의 필요성과 다양한 종류의 데이터에 대해 설명

추론통계는 모수를 추정하거나, 모수에 대한 가설 검정을 하는 데에 있어서 발생할 수 있는 문제에 대해 언제나 걱정하고 있다. 만약 모집단 전체에 대한 데이터를 구할 수 있다면, 우리는 변수의 값을 쉽게 알 수 있을 것이다. 그러나 보통 우리는 다음의 두 가지 이유로 모집단 데이터를 사용할 수 없다.

- **모집단 전체의 정보를 구하는 것은 비용이 많이 든다.** 노동통계국이 미국의 월별 실업률을 어떻게 계산하는지를 생각해보자. 노동통계국이 매월 모든 실업자의 숫자를 하나하나 세는 것이 합리적일까? 정답은 큰소리로 그렇지 않다! 이다. 실업자 숫자를 하나하나 세기 위해서 노동통계국은 미국 모든 가구에 연락을 해야 할 것이다. 노동인구가 1500만 명 이상이라는 것을 고려해볼 때, 모든 가구에 일일이 연락을 하는 것은 비용이 많이 들 뿐 아니라 시간도 엄청나게 많이 걸릴 것이다. 대신, 노동통계국은 미국내 실업률 통계를 측정하기 위해 매달 6만 가구 정도를 표본 추출해 조사한다.
- **모집단 구성원 모두를 조사하기란 불가능하다.** 듀라셀(Duracell)에서 나온 AAA사이즈 건전지의 평균 수명에 관심이 있다고 해보자. 모든 듀라셀 AAA사이즈 건전지의 수명을 조사한다면, 결국, 모든 건전지는 다 닳아버리고, 평균수명이란 질문 자체가 의미없게 되어버릴 것이다.

데이터의 종류

표본 데이터는 보통 다음 두 가지 중 한 가지 방법을 사용해 구하게 된다. **횡단데이터**(cross-sectional data)는 한 시점에서 혹은 시간의 차이를 고려하지 않는 상황에서 여러 대

그림 1.1 1980년부터 2010년까지 미국의 실질 GDP 성장률

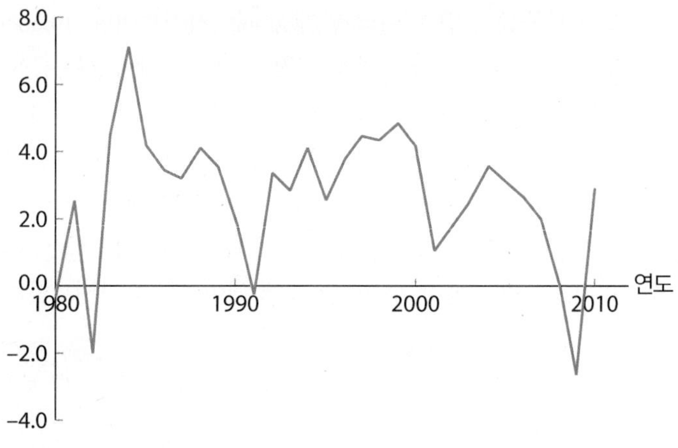

출처: 미국 상무부 경제분석국

상들의 특징을 기록해 습득한 데이터를 말한다. 대상은 개인, 가구, 회사, 업종, 지역, 국가 등이 될 수 있다. 표 1.1에 제시된 10-12세 어린이 설문조사 데이터는 스키시즌이 끝날 때 네 가지 질문에 대한 어린이들의 답이 들어있는 횡단데이터의 예이다. 대답을 한 스무 명의 어린이들이 모두 같은 시간에 설문조사를 했을 것 같지는 않으나, 이 예에서 설문조사를 한 정확한 시간의 차이는 중요하지 않다. 다른 횡단데이터의 예는, 학급 학생들의 시험점수, 지난달 팔린 단독주택의 매매가, 미국 각 주의 휘발유 가격, 그리고 오하이오대 경영학 전공 졸업자들의 초봉 등이 되겠다.

시계열데이터(time series data)는 한 대상의 특징을 여러 시점에서 기록해 습득한 데이터를 말한다. 시계열은 일간, 주간, 월간, 분기별, 혹은 연간 관측치를 사용할 수 있다. 시계열데이터의 예로는 2010년 월별 대리점에서 팔린 차량 대수, 2012년 1사분기 일간 IBM 주가, 주간 미국달러/유로 환율, 지난 10년간 연간 인도 경제성장률 등이 있다. 그림 1.1은 1980년부터 2010년까지 미국의 실질(인플레이션을 조정한) GDP 성장률을 보여준다. 이 기간 동안 평균 성장률은 2.7%이나, 그래프는 기간 동안의 성장률 흐름의 다양성을 나타낸다. 그래프는 물결과 같은 모양을 보이며, 경기침체로 인한 2008년 성장률의 급락과 2010년 반등을 보여준다.

> **횡단데이터**(cross-sectional data)는 한 시점에서 혹은 시간의 차이를 고려하지 않는 상황에서 여러 대상들의 특징을 기록해 습득한 데이터를 말한다. **시계열데이터**(time series data)는 한 대상의 특징을 여러 시점에서 기록해 습득한 데이터를 말한다.

온라인에서 시작하기

당연히 인터넷에는 많은 데이터가 있다. 이 교과서에서 쓰인 데이터 중 대부분은 구글(google)과 같은 검색엔진을 사용해서 찾을 수 있다. 검색엔진은 때때로 동일한 데이터를 제공하는 사이트들로 우리를 안내한다. 예를 들어 미국 연방정부는 많은 경제 경영 관련 데이터들을 발표한다. 경제분석국(The Bureau of Economic Analysis), 노동통계국(The Bureau of Labor Statistics), 연방은행경제데이터(The Federal Reserve Economic Data), 그리고 미국인구조사국(The U.S. Census Bureau)은 인플레이션, 실업률, GDP 등과 같은 데이터

를 제공한다. zillow.com은 최근 주택 매매, 월별 임대료, 그리고 주택 담보대출 비율과 같은 부동산 관련 데이터를 제공하는 사이트이다. finance.yahoo.com은 주가, 펀드수익률, 그리고 국제 주식 시장 데이터를 제공하는 금융 사이트이다. 월스트리트지(*The Wall Street Journal*), 뉴욕타임스지(*The New York Times*), USA 투데이지(*USA Today*), 이코노미스트지(*The Economist*), 포춘지(*Fortune*) 등은 여러 종류의 데이터를 제공하는 신뢰도 있는 언론 매체이다. 마지막으로 espn.com은 프로와 대학 스포츠 관련 종합적인 데이터를 제공한다. 이 사이트들을 표 1.2에 정리하고 사이트에서 제공하는 몇몇 데이터를 요약해보았다.

표 1.2 선별된 인터넷 데이터 웹사이트

웹사이트	제공되는 데이터
경제분석국(The Bureau of Economic Analysis)	GDP, 개인소득 등에 대한 전국 그리고 지역별 데이터, 재화와 용역 무역에 관한 국제 데이터
노동통계국(The Bureau of Labor Statistics)	물가상승률, 실업률, 취업률, 임금과 복리후생, 소비와 시간사용, 생산성
연방은행경제데이터(The Federal Reserve Economic Data)	은행, 기업과 재정 데이터, 환율, 보유액, 본원통화
미국인구조사국(The U.S. Census Bureau)	경제지표, 무역, 건강보험, 주택, 업종 데이터
zillow.com	최근 주택매매, 주택 특징, 월세, 주택담보대출 비율
finance.yahoo.com	주가, 펀드수익률, 국제 주식 시장 데이터
월스트리트지(The Wall Street Journal), 뉴욕타임스지(The New York Times), USA투데이지(USA Today), 이코노미스트지(The Economist), 포춘지(Fortune)	가난, 범죄, 비만, 그리고 많은 기업관련 데이터
espn.com	프로와 대학 팀 데이터, 순위, 개별 선수 통계

연습문제 1.2

1. 많은 사람들이 지금까지 출시된 휴대폰 중 최고라 생각했던 애플 아이폰4의 터치스크린에 문제가 있음이 밝혀진 것은 큰 충격이었다(뉴욕타임스지, 2010.6.24.). 사용자들은 전화기를 특정한 방법으로 손에 쥘 때 수신이 약해지거나, 때때로 전화 끊김 현상이 일어나는 것에 대해 불평했다. 한 대리점에서 실시한 간단한 설문조사에 따르면 아이폰4 사용자의 2%가 수신문제를 경험했다고 답했다.
   a. 관련 모집단을 설명하라.
   b. 2%가 모집단변수인가 아니면 표본통계인가?
2. 많은 사람들이 젊은이들만 비디오게임에 중독되어 있다 생각하지만, 사실 비디오게임을 하는 사람들의 평균 연령은 35세이다(Reuters.com, 2009.8.21.). 35라는 숫자는 모집단 실제 평균연령인가 아니면 추정 평균연령인가? 설명하라.
3. 회계 교수가 회계과목을 듣는 학생들의 학점 평량평균을 알고 싶어한다. 교수는 회계과목을 듣는 학생들의 정보를 학사시스템에서 확인하고 학점 평량평균을 3.29로 계산하였다.
   a. 관련 모집단을 설명하라.
   b. 3.29가 모집단변수인가 아니면 표본통계인가?
4. 미국에서 마케팅을 세부 전공한 경영학 전공자는 돈을 잘 번다. 노동통계국에 따르면, 2007년 마케팅 매니저의 평균연봉은 104,400달러이다.
   a. 관련 모집단을 설명하라.
   b. 평균연봉 104,400달러가 모집단에서 계산되었다고 생각하는가? 설명하라.
5. 최근 연구에 따르면, 우울증은 이후 치매 발생 가능성을 유의미하

게 높인다(BBC뉴스, 2010.7.6). 949명의 노인을 조사한 연구에서, 우울증에 걸린 노인 중 22%에서 치매가 발생했고 우울증에 걸리지 않은 노인 중 17%에서 치매가 발생했다.

a. 관련 모집단과 표본을 설명하라.

b. 22%와 17%가 모집단변수인가 아니면 표본통계인가?

6. http://www.finance.yahoo.com/에 들어가 현재 구글 주가(티커=GOOG)를 확인하라. 그 다음, 과거 주가를 확인해 2010년 구글의 월별 조정된 주가를 기록하라. 이 정보를 사용해 표를 만들어라. 이 숫자들은 어떤 종류의 데이터인가? 데이터에 대해 설명하라.

7. 친구 중 20명에게 기숙사에서 사는지, 자취를 하는지, 아니면 다른 형태의 주거인지를 물어보라. 또한 매월 주거비로 얼마를 사용하는지도 물어보라. 이 정보를 사용해 표를 만들어라. 이 숫자들은 어떤 종류의 데이터인가? 데이터에 대해 설명하라.

8. http://zillow.com에 들어가 네바다 주 라스베이거스에서 최근 30일 동안 팔린 20채의 단독주택 매매가격을 찾아라. 데이터 세트에는 매매가격, 침실수, 평수, 그리고 주택연령이 포함되어야 한다. 이 숫자들은 어떤 종류의 데이터인가? 데이터에 대해 설명하라.

9. 세인트루이스 연방은행 웹사이트는 경제 데이터를 다운로드받기에 좋은 곳이다. http://research.stlouisfed.org/fred2/에 들어가 2008년부터 2011년까지의 분기별 총 개인저축(관측치 16개)을 찾아라. 이 정보를 사용해 표를 만들어라. 시간대별 그래프를 그리고, 미국의 저축 경향에 대해 설명하라.

10. 미국인구조사국(The U.S. Census Bureau)도 데이터를 구하기에 좋은 사이트이다. http://www.census.gov/에 들어가 앨라배마, 애리조나, 캘리포니아, 플로리다, 조지아, 인디애나, 아이오와, 메인, 매사추세츠, 미네소타, 미시시피, 뉴멕시코, 노스다코타와 워싱턴 주의 가장 최근 가구소득 중앙값을 찾아라. 이 숫자들은 어떤 종류의 데이터인가? 소득의 지역별 차이에 대해 설명하라.

1.3 변수와 측정척도

학습목표 **1.4**

변수와 다양한 종류의 측정척도에 대해 설명

통계적 조사를 할 때, 어떤 특징을 가진 사람, 물건, 사건에 초점을 두게 된다. 관심의 대상의 특징이 여러 관측치 중 같은 식으로 다르거나 일정 정도 다를 때 이 특징은 **변수**라고 부를 수 있게 된다. 변수는 한 걸음 더 나아가 질적(qualitative) 변수와 양적(quantitative) 변수로 나눌 수 있다. **질적 변수**는, 각각의 관측치를 구분 짓는 특징을 표시하기 위해 이름이나 표식을 사용하는 변수이다. 예를 들어, 2010년 인구조사에서는 응답자에게 성별을 표시하도록 하였다. 각각의 응답자는 남성이나 여성을 골랐다. 성별은 질적 변수이다. 이외의 질적 변수로는 인종, 직업, 기업의 형태, 차 제조사 등이 있다.

의미있는 숫자 값을 가지는 변수는 **양적 변수**이다. 양적 변수는 불연속(이산, discrete)과 연속(continuous)으로 나뉜다. **불연속(이산)변수**는 셀 수 있는 숫자 값을 가진다. 가구당 자녀수나 농구경기 점수를 생각하면 된다. 가구당 세 명의 아이나 농구경기 90 득점은 관찰할 수 있지만, 가구당 1.3명의 아이나 92.5 득점은 관찰할 수 없다. 불연속변수 값이 꼭 전체수일 필요는 없다. 예를 들어, 특정 기업의 주가는 불연속변수이다. 주가는 $20.37이나 $20.38의 값을 가질 수 있지만, 소수점 두 자리 아래의 값은 가질 수 없다. 마지막으로, 불연속변수는 무한한 숫자의 값을 가질 수 있지만, 모든 값은 x_1, x_2, x_3처럼 수열로 나타내어지고 셀 수 있어야 된다. 토요일 금문교를 지나는 차의 숫자는 불연속변수이다. 이론적으로 금문교를 지나는 차의 수는 0, 1, 2, …의 값을 가진다.

연속변수는 특정 범위 안에 있는 셀 수 없는 값으로 특징된다. 몸무게, 키, 시간, 그리고 수익률은 모두 연속변수의 예이다. 예를 들어, 100과 101파운드 사이에는 100.3, 100.625, 100.8342파운드 등 셀 수 없이 많은 숫자가 존재한다. 그러나 실제로는 연속변수도 불연속값으로 측정될 수 있다. 신생아의 몸무게(연속변수)를 불연속값인 6파운드 10온스나 6파운드 11온스 등으로 나타내기도 한다.

질적(qualitative) 변수 대 양적(quantitative) 변수

변수란 사람, 사물 혹은 사건들에 대하여 각 관측치의 종류나 정도가 다른 일반적인 특징을 말한다. 표식이나 이름은 **질적 변수**를 구분하기 위하여 사용되고, 이러한 변수들은 데이터 처리 목적에 따라 특정한 숫자가 부여될 수 있다. **양적 변수**들은 의미 있는 숫자를 가지며, **이산적**(discrete) 혹은 **연속**(continuous)으로 구분될 수 있다. 이산변수들의 값은 보통 셀 수 있는 반면, 연속변수는 구간내에서 아무 값이나 가질 수 있다.

데이터를 요약하고 분석하는 데 적절한 통계 방법을 선택하기 위해서, 여러 다른 측정 척도를 구분할 수 있어야 한다. 모든 데이터는 다음 네 가지 중 하나의 척도로 측정될 수 있다: 명목(nominal), 서열(ordinal), 등간(interval), 비율(ratio). 명목척도와 서열척도는 질적 변수에 사용되고, 등간척도와 비율척도는 양적 변수에 쓰인다. 척도들을 간단한 것부터 조금 더 복잡한 것의 순서로 논하겠다.

명목척도(Nominal Scale)

명목척도는 가장 간단한 형태의 측정척도이다. 명목척도가 주어진다면, 데이터를 분류하거나 무리 짓는 것 이외에는 할 수 있는 것이 없다. 데이터의 값은 이름 혹은 표식만 다르다. 다음의 예를 보자.

표 1.3에 정리된 회사들은 다우존스산업평균지수(Dow Jones Industrial Average)에 포함된 회사들이다. 다우존스산업평균지수는 미국의 30대 상장기업의 주가가 장중에 어떻게 움직이는지를 보여주는 종합주가지수이다. 표 1.3에서는 이 회사의 주식들이 뉴욕증권거래소(NYSE)나 나스닥(NASDAQ) 둘 중 어떤 시장에서 거래되는지도 나타나 있다. 이런 데이터는 단순히 분류나 무리 짓는 것만 가능하기 때문에 명목척도라 할 수 있다. 다우존스산업평균지수에 속한 30대 상장기업 중 단지 세 기업의 주식만 나스닥에서 거래되고, 나머지 27개의 기업의 주식은 뉴욕증권거래소에서 거래된다.

흔히, 사용하는 질적 특성에 숫자를 부여하기도 한다. 데이터를 계속해서 나스닥이라고 언급하는 것이 어색하고 거추장스러울 수도 있다. 또한, 이름이 아닌 숫자를 사용하는 것이 컴퓨터를 사용한 통계분석을 훨씬 더 쉽게 만든다. 예를 들어, 주식이 나스닥에서 거래되면 0, 뉴욕증권거래소에서 거래되면 1이라고 할 수 있다. 이를 표로 만들면 다음과 같다.

거래소	거래소에서 거래되는 기업 수
0	3
1	27

서열척도(Ordinal Scale)

명목척도와 비교하면, **서열척도**는 더 많은 정보를 포함한다. 서열척도를 사용하면 데이터를 여러 가지 특성에 따라 분류 그리고 서열화할 수 있다. 서열척도의 약점은 서열 사이의 차이를 이해할 수 없다는 것이다. 서열을 나타내는 데 숫자가 사용되었다고 해도, 임의로 부여된 숫자이기 때문에 의미가 없다. 예를 들어, 호텔의 서비스를 매우 좋음(Excellent),

표 1.3 다우존스산업평균지수에 포함된 기업과 그 주식이 거래되는 거래소

기업	거래소	기업	거래소
3M (MMM)	뉴욕증권거래소(NYSE)	Intel (INTC)	나스닥 (NASDAQ)
Alcoa (AA)	뉴욕증권거래소(NYSE)	IBM (IBM)	뉴욕증권거래소(NYSE)
American Express (AXP)	뉴욕증권거래소(NYSE)	Johnson & Johnson (JNJ)	뉴욕증권거래소(NYSE)
AT&T (T)	뉴욕증권거래소(NYSE)	JPMorgan Chase (JPM)	뉴욕증권거래소(NYSE)
Bank of America (BAC)	뉴욕증권거래소(NYSE)	Kraft Foods (KFT)	뉴욕증권거래소(NYSE)
Boeing (BA)	뉴욕증권거래소(NYSE)	McDonald's (MCD)	뉴욕증권거래소(NYSE)
Caterpillar (CAT)	뉴욕증권거래소(NYSE)	Merck (MRK)	뉴욕증권거래소(NYSE)
Chevron Corp. (CVX)	뉴욕증권거래소(NYSE)	Microsoft (MSFT)	나스닥 (NASDAQ)
Cisco Systems (CSCO)	나스닥 (NASDAQ)	Pfitzer (PFE)	뉴욕증권거래소(NYSE)
Coca-Cola (KO)	뉴욕증권거래소(NYSE)	Procter & Gamble (PG)	뉴욕증권거래소(NYSE)
Dupont (DD)	뉴욕증권거래소(NYSE)	Travelers (TRV)	뉴욕증권거래소(NYSE)
ExxonMobil (XOM)	뉴욕증권거래소(NYSE)	United Tech. Corp. (UTX)	뉴욕증권거래소(NYSE)
General Electric (GE)	뉴욕증권거래소(NYSE)	Verizon Comm. (VZ)	뉴욕증권거래소(NYSE)
Hewlett-Packard (HPQ)	뉴욕증권거래소(NYSE)	Walmart (WMT)	뉴욕증권거래소(NYSE)
Home Depot (HD)	뉴욕증권거래소(NYSE)	Walt Disney (DIS)	뉴욕증권거래소(NYSE)

출처 : http://www.finance.yahoo.com, 2012년 8월 31일 기준

좋음(Good), 보통(Fair), 안 좋음(Poor)으로 평가한다고 하자. 보통 이런 평가는 다음과 같은 방식으로 기록한다.

매우 좋음	4	보통	2
좋음	3	안 좋음	1

매우 좋음에 해당하는 숫자(4)는 좋음에 해당하는 숫자(3)보다 크며, 이는 매우 좋음이 좋음보다 더 나은 평가라는 것을 의미한다. 그러나, 이 평가는 다음과 같이 기록될 수도 있다.

매우 좋음	100	보통	70
좋음	80	안 좋음	40

매우 좋음은 아직도 좋음보다 높은 값을 가지지만, 이제 두 서열 사이의 차이는 20 (100 − 80)이며, 첫 분류법에서의 차이 1 (4 − 3)보다 큰 값을 가진다. 이는 서열척도에서 서열간의 차이는 의미없다는 것을 보여준다(거꾸로 매우 좋음에 40을 주고 안 좋음에 100을 줄 수도 있다; 서열척도에서 데이터의 본질은 어떤 숫자를 사용하는가와는 전혀 상관이 없다).

예제 1.1

도입사례에서, 10-12세의 어린이들에게 네 가지를 물어보았다. 첫 번째로 어린이들에게 스키장으로 오는 길에 들은 라디오를 물었고, 두 번째로 어린이들에게 스키장의 음식 질을 1에서 4 사이의 숫자로 평가하도록 하였다. 이 질문들에 대한 어린이들의 대답은 도입사례 표 1.1에 나타나 있다.

a. 라디오 데이터에서 쓰인 측정도구는 무엇인가?

b. 라디오 데이터와 음식의 질 평가 데이터의 비슷한 점은 무엇이고 다른 점은 무엇인가?

c. 두 질문에 대한 어린이들의 대답을 표 형식으로 요약하라. 이 결과를 스키장은 어떻게 활용할 수 있는가?

풀이:

a. 스키장으로 오는 길에 들은 라디오에 대한 질문을 받았을 때, 아이들은 다음 중 하나를 대답했다: JAMN94.5, MIX104.1, KISS108. 이는 이름이나 표식으로 구분되는 명목 데이터이다.

b. 음식 질 데이터는 분류하고 서열화할 수 있으므로, 이는 서열 데이터라고 할 수 있다. 서열 데이터는 데이터를 분류할 수 있다는 점에서 명목 데이터와 비슷한 점이 있다. 서열 데이터와 명목 데이터의 가장 큰 차이점은 서열 데이터는 서열화가 가능하다는 것이다. 4는 3보다 더 좋은 평가이다. 라디오 데이터에서는 KISS108이 MIX104.1보다 좋다고 할 수 없다; 어떤 어린이들은 그렇다고 주장할 수 있겠지만 명목 데이터는 서열화할 수 없다.

c. 라디오 데이터에서, 임의로 JAMN94.5에 1을, MIX104.1에 2를, KISS108에 3을 배정할 수 있다. 각각에 해당하는 어린이들의 답변을 정리하면, 여섯 명의 어린이가 1을 듣고, 두 명의 어린이가 2를 듣고, 열두 명의 어린이가 3을 들으며, 이를 표의 형태로 정리하면 다음과 같다.

라디오 주파수	주파수를 듣는 어린이 수
1	6
2	2
3	12

20명의 어린이 중 12명이, 혹은 60%의 어린이가 KISS108을 듣는다. 이 정보는 스키장에서 광고를 할 라디오를 결정할 때 활용될 수 있다. 만약 스키장이 한 라디오에서만 광고를 한다면, KISS108이 현명한 선택인 듯 보인다.

음식의 질에 대한 질문에 대한 답변에서, 우리는 세 명의 어린이가 4점을, 여섯 명의 어린이가 3점을, 여덟 명의 어린이가 2점을, 그리고 세 명의 어린이가 1점을 줬다는 것을 알 수 있다. 표로 나타내면 다음과 같다.

점수	어린이의 수
4	3
3	6
2	8
1	3

음식의 질에 대한 답변 결과는 스키장 경영진에게 걱정스러울 수 있다. 음식의 질이 매우 좋다는 답변과 안 좋다는 답변의 수가 같다. 또한, 과반수 이상의 어린이가 [(8+3)/20=55%] 음식이 기껏해야 괜찮다고 대답하고 있다. 음식의 질에 대한 더욱 심층적인 설문조사를 통해, 어린이들이 왜 음식에 만족하지 못하는지에 대한 이유를 밝힐 수 있을 것이다.

앞에서 언급된 것처럼, 명목척도와 서열척도는 질적 변수(qualitative variable)에서 사용된다. 질적 변수에 대응하는 값들은 보통 문자로 표현되지만, 데이터 처리를 위해서 숫자로 나타내어지기도 한다. 질적 변수를 요약할 때, 각각의 항목에 속하는 사람, 혹은 대상의 숫자를 세거나 퍼센트를 계산한다. 질적 변수로는 더하기와 빼기 같은 의미있는 산술 연산을 행할 수 없다.

등간척도(Interval Scale)

등간척도 데이터로는 분류, 서열화를 할 수 있을 뿐 아니라, 척도 사이의 값의 차이도 유의미하게 이용할 수 있다. 더하기와 빼기 같은 산술 연산도 의미있게 행해질 수 있다. 날씨를 화씨로 재는 것은 등간척도의 한 예이다. 화씨 60도가 화씨 50도보다 더울 뿐 아니라, 화씨 90도와 화씨 80도 사이의 차이 10과 화씨 60도와 화씨 50도 사이의 차이 10은 같다.

등간척도의 가장 큰 약점은 영점('0'값)이 임의로 정해진다는 것이다. 등간척도에서 0은 아무것도 측정되지 않는 점이 아니다. 화씨 0도는 화씨 10도보다 10도 추운 날씨를 의미하는 것 이외에 아무 뜻도 없다. 임의적으로 정해진 영점으로는 의미있는 비율이 계산되어질 수 없다. 예를 들어, 화씨 80도는 화씨 40도보다 두 배 덥다고 이야기할 수 없기 때문에, 비율 80/40은 아무 의미가 없다.

비율척도(Ratio Scale)

데이터 중 가장 많은 정보를 담고 있는 것이 비율척도이다. 비율 데이터는 등간 데이터의 모든 특징을 가지고 있으며 실제 영점('0'값)을 가지기 때문에 비율을 해석할 수 있다. 경영분석에 사용되는 많은 데이터가 비율척도를 사용한다. 매출액, 이익, 그리고 재고율 같은 변수는 비율 데이터이다. 의미있는 영점의 존재는 예를 들어 A회사의 이익이 회사의 두 배라고 말할 수 있게 해준다. 무게, 시간, 거리와 같은 변수도 영점이 유의미한 비율척도들이다.

질적 데이터와는 달리, 등간과 비율척도 값에는 산술연산을 적용할 수 있다. 뒷장에서, 양적 변수의 일반 값과 변화를 측정하는 요약척도를 계산할 것인데, 이는 질적 데이터에서는 계산할 수 없다.

예제 1.2

도입사례의 설문조사에서, 20명의 10-12세의 어린이들은 "식당가는 몇 시에 문을 닫는 것이 좋다고 생각하는가?"와 "오늘 스키장 휴게실에서 *자기* 돈을 얼마나 썼는가?"에 대한 질문을 받았다. 도입사례 표 1.1에 어린이들의 대답이 나와 있다.

a. 시간 데이터가 어떻게 분류되어 있는가? 서열 데이터와 시간 데이터는 어떻게 다른가? 측정척도와 관련한 잠재적 약점은 무엇인가?

b. 돈 데이터의 측정척도는 무엇인가? 왜 이 데이터가 가장 강한 형태의 데이터라고 여겨지는가?

c. 스키장은 이 두 질문에서 얻은 정보를 어떻게 활용할 수 있는가?

풀이:

a. 오후 3시, 오후 3시 30분, 오후 5시 30분, 오후 6시와 같은 시계 시간 답변은 등간척도를 사용했다. 서열 데이터보다 등간 데이터는 등간척도 사이의 값이 의미있기 때문에 더 많은 정보를 포함하고 있다. 이 예에서 우리는 오후 3시 30분은 오후 3시보다 30분 늦고, 오후 6시는 오후 5시 30분 보다 30분 늦는다고 말할 수 있다. 등간 데이터의 약점은 영점이 임의적이라는 것이다. 시계 시간에서는 확실하게 영점이라고 할 수 있는 것이 없다. 그렇지만 우리는 오전 12시를 임의의 영점으로 정할 수 있다. 등간 데이터에서 등간의 차이는 비교 가능하지만, 영점의 임의성 때문에 비율은 의미가 없다. 다시 말하자면, 오후 6시와 오후 3시의 비율을 계산해 (오후 6시/오후 3시) 오후 6시가 오후 3시보다 두 배 긴 시간이라고 이야기하는 것은 의미없다.

b. 어린이들의 대답이 달러 단위이므로, 이는 비율 데이터이다. 비율 데이터는 정보를 가장 많이 포함한 가장 강한 형태의 데이터이다. 우리는 분류, 서열화뿐 아니라, 의미있는 차이를 계산할 수 있으며, 비율 계산이 가능한 자연영점 또한 존재한다. 예를 들어 세 명의 어린이가 $20를 썼다고 대답했는데, 이 아이들은 세 명의 $5를 쓴 아이들보다 4배($20/$5=4) 많은 돈을 썼다.

c. 식당의 문 닫는 시간에 대한 설문조사 결과에 따르면, 대부분의 아이들이 식당이 더 늦게까지 문을 열었으면 좋겠다고 답했다. 한 명의 아이만이 식당이 오후 3시에 문을 닫는 것이 좋겠다고 답했다. 돈을 얼마나 썼는지에 대한 설문조사 결과에 따르면 20명 중 세 명의 아이들만이 자기 돈을 하나도 쓰지 않았다고 답했다. 이는 매우 중요한 정보이다. 이는 이 연령대의 자유재량 지출이 유의미함을 나타낸다. 스키장은 어린이들이 선호하는 음식/서비스를 제공하는 것이 현명할 것이다.

사례요약

매사추세츠 보스턴 외곽 2시간 거리에 위치한 스키장의 경영진이 행한 10-12세 어린이 선호도에 대한 예비 설문조사는 몇 가지 흥미로운 정보를 밝혀냈다.

- 첫번째로, 어린이들에게 스키장에 오는 길에 들은 라디오를 물어봤다. 답은 가장 덜 복잡한 척도인

명목 데이터의 형태이지만, 유용한 정보를 뽑아낼 수 있다. 예를 들어, 60%의 어린이들은 KISS108 라디오를 들었다고 답했다. 스키장이 어린이들과 라디오를 통해 소통하고자 한다면, 이 라디오에 광고를 할 것이다.

- 다음으로, 어린이들에게 스키장 음식의 질을 1-4의 숫자로 평가(1은 나쁨, 2는 보통, 3은 좋음, 4는 매우 좋음)해달라고 했다. 어린이들의 대답은 분류 가능하고 순위를 매길 수 있는, 서열적인 특성이 있는 데이터이다. 스키장 음식의 질과 관련한 어린이들의 대답은 걱정스럽다. 어린이들의 과반수 이상인 55%(11/20)가 음식의 질이 기껏해야 보통이라고 답했다. 음식의 질에 중점을 둔 확장된 설문조사가 필요할 것으로 보인다.
- 어린이에게 현재 3시에 문을 닫는 스키장 식당가가 몇 시에 문을 닫으면 좋을 것 같냐고 물어봤다. 시간으로 나타낸 어린이들의 답변은 등간척도를 나타낸다. 등간척도에서는 백분율 이상의 정보를 얻어낼 수 있기 때문에 등간척도가 명목과 서열척도보다 강하다 할 수 있으나, 등간척도 데이터는 임의의 영점을 사용하기 때문에 의미있는 비율계산을 할 수 없다. 대다수의 어린이들이(20명 중 19명) 식당이 더 늦게까지 문을 열었으면 좋겠다고 답했다.
- 마지막으로, 어린이들에게 스키장 휴게실에서 자기 돈을 얼마나 썼는지를 물었다. 달러 단위를 사용한 대답은 가장 강한 데이터 형태인 비율척도이다. 비율척도는 등간척도의 모든 성격을 다 가지고 있으며, 유의한 비율의 계산도 가능하다. 20명 중 17명의 어린이가 휴게실에서 자기 돈을 썼다고 대답한 것은 스키장 입장에선 좋은 일이다. 마지막 질문에 대한 대답은 10-12세 어린이 소비가 늘어나고 있다는 믿음을 뒷받침하는 것으로 보인다.

연습문제 1.3

11. 다음 변수 중 어떤 변수가 질적이고 어떤 변수가 양적인가? 변수가 양적이라면 불연속변수인지 연속변수인지를 답하라.
    a. 미식축구 게임 점수
    b. 고등학교 학급 인종분포
    c. 15살 아이의 키
12. 다음 변수 중 어떤 변수가 질적이고 어떤 변수가 양적인가? 변수가 양적이라면 불연속변수인지 연속변수인지를 답하라.
    a. 백화점 주차장에 있는 차의 색
    b. 기말고사를 보는 데 걸리는 시간
    c. 음식점에 자주 오는 단골손님의 수
13. 다음 시나리오에서, 측정척도의 유형을 말하라.
    a. 유치원 선생님이 각각의 학생이 소년인지 소녀인지를 표시한다.
    b. 스키장에서 1월 동안 매일의 날씨를 기록한다.
    c. 음식점에서 고객들을 대상으로 서비스의 질을 1에서 4의 척도로 평가한다. 1은 나쁨이고 4는 매우 좋음이다.
14. 다음 시나리오에서, 측정척도의 유형을 말하라.
    a. 투자자가 1년 동안 매주 금 가격 데이터를 수집한다.
    b. 애널리스트가 발행된 채권 표본에 다음의 신용등급 중 하나를 부여한다. 신용도가 낮아지는 순서로(채무불이행률이 높아지는 순서로) : AAA, AA, BBB, BB, CC, D.
    c. 장차 수업개설에 참고하기 위해 경영학과장이 학생들을 전공별로(회계, 재무, 마케팅 등) 분류한다.
15. 다음 시나리오에서, 측정척도의 유형을 말하라.
    a. 기상학자가 지난 1년 동안 월별 강수량을 기록했다.
    b. 사회학자가 50명의 태어난 연도를 적는다.
    c. 투자자가 2010년 멕시코만 원유 유출사고 이후 BP의 주가를 매일 확인한다.
16. 교수가 30명 학생의 전공을 다음과 같이 기록했다.

회계	경제	미정	재무	인사
인사	재무	마케팅	경제	인사
마케팅	재무	마케팅	회계	재무
재무	미정	인사	미정	경제
경세	회계	인사	미정	경제
회계	경제	인사	회계	경제

a. 이 데이터의 측정척도는?
b. 테이블 형태로 이 데이터를 요약하라.
c. 이 데이터에서 어떤 정보를 얻을 수 있는가?

17. FILE 다우존스산업평균지수에 포함되는 30대기업의 데이터의 일부분이 다음의 표에 나타나 있다. 전체 데이터는 교과서 웹사이트 ***DOW_Characteristics***라는 파일에서 찾을 수 있다. 두 번째 열은 회사가 지수에 포함되기 시작한 연도(Year)를 나타낸다. 세 번째 열은 각 회사의 Morningstar 등급(Rating)을 나타낸다(별 다섯 개가 가장 좋은 등급으로, 회사 주가가 저평가되어 있으며 그렇기에 좋은 투자대상임을 의미한다. 별 한 개는 가장 나쁜 등급이며, 회사 주가가 고평가되어 있어 좋은 투자대상이 아님을 의미한다). 마지막으로 네 번째 열은 2010년 6월 30일 기준 각 회사의 주가(Stock Price)를 나타낸다.

회사	연도	등급	주가
3M (MMM)	1976	*****	$78.99
Alcoa (AA)	1959	****	10.03
⋮	⋮	⋮	⋮
Walt Disney (DIS)	1991	***	31.50

출처: Morningstar 등급은 http://www.morningstar.com, 2010.6.30; 주가는 http://www.fi nance.yahoo.com.

a. Year 데이터의 측정척도는 무엇인가? 이런 유형의 데이터의 강점은 무엇인가? 약점은 무엇인가?
b. Morningstar의 별등급 시스템의 측정척도는 무엇인가? 회사들의 Morningstar의 별등급을 테이블 형태로 나타내라. 별 다섯 개는 5, 별 네 개는 4와 같이 나타내라. 이 데이터로부터 얻을 수 있는 정보는 무엇인가?
c. Stock Price 데이터의 측정척도는 무엇인가? 강점은 무엇인가?

개념정리

학습목표 1.1

통계의 중요성을 설명

통계적 생각과 개념들을 제대로 이해하는 것은 우리를 둘러싼 실생활, 경영, 금융, 보건 및 사회적 상호작용 등을 더 잘 이해할 수 있도록 도와준다. 통계를 이해하지 못하면 나쁜 결정을 내리거나 값비싼 실수를 하게 된다. 통계 지식은 건전한 통계적인 결론과 의문의 여지가 있는 결론—데이터 수 부족, 적절치 않은 데이터의 사용, 불완전한 데이터, 혹은 단순히 잘못된 정보로 인한—을 구분해내는 데에 있어 필요한 도구를 제공한다.

학습목표 1.2

기술통계와 추론통계의 차이를 구분

통계학은 보통 기술통계와 추론통계 두 가지로 구분된다. **기술통계**(descriptive statistics)는 테이블, 그래프, 수적 척도에 대한 계산 등으로 데이터를 요약한 것을 의미한다. **추론통계**(inferential statistics)는 **표본**(sample)에서 뽑아낸 유용한 정보로 **모집단**(population)에 대한 결론을 내리는 것을 뜻한다.

모집단은 특성을 파악하고 싶은 모든 항목을 포함한 완전체로 구성되어 있다. **표본**은 관심 있는 모집단의 부분집합이다.

학습목표 1.3

표본추출의 필요성과 다양한 종류의 데이터에 대해 설명

보통 우리는 다음의 이유로 모집단 데이터가 아닌 샘플 데이터를 사용한다. (1) 모집단 전체에 대한 정보를 얻는 것은 비용이 많이 든다. 그리고/또는 (2) 모집단의 모든 항목을 검사하는 것은 불가능하다.

횡단데이터(cross-sectional data)는 여러 대상의 특징 값을 한 시점 혹은 시간차이에 상관없이 기록한 데이터다. **시계열데이터**(time series data)는 하나의 대상의 특징 값을 여러 시간에 걸쳐 기록한 데이터다.

학습목표 **1.4** **변수와 다양한 종류의 측정척도에 대해 설명**

변수는 질적이거나 양적이다. **질적 변수**(qualitative variable)는 각각의 관측치를구분하는 특징들을 표시하기 위해 이름표나 표식을 사용한다. **양적 변수**(quantitative variable)는 의미있는 숫자 값을 가지며 추가적으로 **이산**(discrete)과 **연속**(continuous)으로 구분된다. 이산 변수는 셀 수 있는 숫자 값을 가지고, 연속 변수는 구간 안의 아무 값이나 가질 수 있다.

모든 측정된 데이터는 다음의 4가지 항목 중 하나로 분류될 수 있다.

- **명목척도**(nominal scale)는 가장 간단한 형태의 측정척도이다. 명목 데이터의 값들은 이름과 표식으로만 구분되고, 그 값들은 이름을 통해 구분되거나 무리지어질 수 있다.
- **서열척도**(ordinal scale)의 값은 구분될 수 있을 뿐 아니라 서열화될 수도 있다. 그러나 서열 사이의 값의 차이는 의미가 없다.
- **등간척도**(interval scale)는 명목척도나 서열척도보다 강한 형태의 측정척도이다. 등간척도의 값은 구분될 수 있고, 서열화될 수 있을 뿐만 아니라 서열 사이의 값 차이도 의미가 있다. 등간척도의 가장 큰 약점은 영점('0'값)이 임의적으로 선택된다는 것이다. 이는 등간척도 값으로 계산한 비율은 아무 의미가 없음을 뜻한다.
- **비율척도**(ratio scale)는 측정척도 중 가장 강한 형태이다. 비율척도는 등간척도의 모든 특징을 가지며, 실제 영점도 가진다. 그렇기 때문에 비율척도라는 이름이 암시하듯, 의미있는 비율이 계산될 수 있다.

명목척도와 서열척도는 질적 변수에 사용된다. 질적 데이터의 결과값을 요약할 때, 보통 각 항목에 포함될 사람이나 대상의 숫자를 세거나 백분율을 계산한다. 등간척도와 비율척도는 양적 변수에 사용된다. 질적 변수와는 다르게 양적 변수들은 산술연산을 할 수 있다.

표와 그래프

Tabular and Graphical Methods

C H A P T E R

학습목표 LEARNING OBJECTIVES

이 장을 학습한 후에는

학습목표 **2.1** **질적 데이터(qualitative data)를 도수분포를 만들어 요약할 수 있어야 한다.**

학습목표 **2.2** **파이차트(pie chart)와 막대그래프(bar chart)를 만들고 해석할 수 있어야 한다.**

학습목표 **2.3** **양적 데이터(quantitative data)를 도수분포를 만들어 요약할 수 있어야 한다.**

학습목표 **2.4** **히스토그램(histogram), 폴리곤(polygon), 오자이브(ogive)를 그리고 해석할 수 있어야 한다.**

학습목표 **2.5** **줄기-잎 그림(stem-and-leaf diagram)을 그리고 해석할 수 있어야 한다.**

학습목표 **2.6** **산점도(scatterplot)를 그리고 해석할 수 있어야 한다.**

가끔 가공되지 않은 형태의 데이터에서 정보를 뽑아내는 것이 어려울 때가 있다. 데이터를 효과적으로 해석하는 데 유용한 방법은, 어떤 시각적이나 수적인 요약을 사용해 정보를 간략하게 하는 것이다. 제2장에서는 데이터를 정리하고 발표하는 것을 도와줄 여러 표와 그래프들을 다룰 것이다. 먼저 도수분포를 만들어 질적 데이터를 처리하는 것을 본다. 파이차트나 막대그래프를 사용해 이 도수분포를 시각화할 수 있다. 양적 데이터를 대상으로도 도수분포를 만든다. 양적 데이터의 도수분포는 데이터가 어느 쪽에 모여 있는지를 보여줄 뿐 아니라, 데이터가 가장 작은 값부터 큰 값 사이에 어떻게 분포되어 있는지도 보여준다. 양적 데이터를 시각적으로 나타내기 위해서는 히스토그램(histograms), 폴리곤(polygons), 오자이브(ogives), 줄기-잎 그림(stem-and-leaf diagram)이 사용된다. 마지막으로 두 양적 변수 사이의 관계를 그래프로 나타내는 산점도(scatterplot)를 그리는 방법을 다룬다. 책의 뒷부분에서 다루어질 주제인 상관관계와 회귀분석을 할 때 산점도가 유용한 도구로 사용되는 것을 볼 수 있을 것이다.

도입사례

남캘리포니아의 주택가격

남캘리포니아에 위치한 도시인 미션비에호(Mission Viejo)는 캘리포니아에서 가장 안전한 도시이자, 전미에서 세 번째로 안전한 도시로 뽑혔다(CQPress.com, 2009.11.23). 미션비에호 부동산 업체의 이주 전문가인 매튜 에드워즈(Matthew Edwards)는 도시의 여러 가지 좋은 점에 대해 잘 모르는 고객들에게 이 이야기를 많이 해준다. 얼마 전 워싱턴 주 시애틀에서 온 고객이 매튜에게 최근 매매가 요약 정보를 요청했다. 특히 이 고객은 $500,000 정도 되는 주택에 관심이 있다. 표 2.1은 2010년 6월 중 미션비에호 시에서 팔린 36채 주택의 가격을 나타내고 있다. 이 데이터(***MV_Houses***)는 교과서 웹사이트에서 다운받을 수 있다.

표 2.1 2010년 6월 캘리포니아 미션비에호 최근 주택 매매가(단위 : 천 달러)

FILE

$430	670	530	521	669	445
520	417	525	350	660	412
460	533	430	399	702	735
475	525	330	560	540	537
670	538	575	440	460	630
521	370	555	425	588	430

출처 : http://www.zillow.com

매튜는 이 표본추출된 정보를 다음과 같은 질문에 대답하는 데 사용하고자 한다.

1. 주택 매매가의 범위와 관련된 요약표를 만들어라.
2. 주택 매매가가 어느 가격대에 집중되어 있는지에 대해 의견을 제시하라.
3. 워싱턴 시애틀과 캘리포니아 미션비에호 주택가격을 비교하기 위해 직질한 비율을 계산하라.

사례요약이 2장 2절 끝에 제공되어 있다.

2.1 질적 데이터(qualitative data) 요약하기

학습목표 **2.1**

질적 데이터를 도수분포로 요약

제1장에서 이야기했듯이, 명목데이터와 서열데이터는 질적 데이터에 포함된다. 명목데이터는 표식이나 이름으로 나타내어지는 관측치로 구성되어 있고, 성별이나 인종이 그 예가 될 수 있다. 명목데이터는 항목화만 가능하기 때문에 데이터 중 가장 간단한 형태의 데이터로 여겨진다. 서열데이터는 항목화뿐 아니라 서열화도 가능하기 때문에 명목데이터보다는 더 강하다. 서열데이터의 예로는 1은 나쁘고 4로 갈수록 좋은 상품평가나 강의평가 등이 있다. 질적 데이터를 정리하기 위해 도수분포를 만드는 것이 유용하다.

질적 데이터 도수분포

질적 데이터에 대한 **도수분포**(frequency distribution)는 데이터를 항목으로 묶고 각각 항목에 해당하는 관측치의 수를 기록한다.

명목데이터로 만든 도수분포를 설명하기 위해, 표 2.2에서는 2010년 2월 워싱턴 시애틀의 날씨가 제시되었다.

표 2.2 시애틀 날씨, 2010년 2월

일	월	화	수	목	금	토
	1 비	2 비	3 비	4 비	5 비	6 비
7 비	8 비	9 흐림	10 비	11 비	12 비	13 비
14 비	15 비	16 비	17 맑음	18 맑음	19 맑음	20 맑음
21 맑음	22 맑음	23 비	24 비	25 비	26 비	27 비
28 맑음						

출처 : www.wunderground.com

시애틀 날씨가 흐림, 비, 맑음으로 항목화되어 있음을 우선 볼 수 있다. 표 2.3의 첫 열은 항목을 나열하고 있다. 각각 항목에 해당하는 날짜수를 기록하기 위해 처음에는 계산(tally) 열을 사용했다. 2월의 첫 8일이 비오는 날이었으므로, 비 항목에 8개의 계산표시를 하고; 9번째 날은 흐렸으므로, 흐림 항목에 1개의 계산 표시를 하고; 이런 식으로 계속한다. 마지막으로, 도수(frequency) 열에 계산 열의 표시 수를 세어 숫자로 적는다. 흐림 항목에는 계산 표시가 하나밖에 없으므로, 도수로 1이란 숫자를 기록한다. 도수 열의 숫자를 다 더하면 표본추출 크기가 나온다. 정리된 도수분포는 계산 열을 포함하지 않는다.

표 2.3 시애틀 날씨 도수분포, 2010년 2월

날씨	계산	도수
흐림	I	1
비	~~IIII~~ ~~IIII~~ ~~IIII~~ ~~IIII~~	20
맑음	~~IIII~~ II	7
		합계 = 28일

도수분포에서 가장 빈번하게 나타난 항목이 비이기 때문에, 2월에 가장 흔했던 날씨는 비 오는 날씨임을 알 수 있다. 크기가 다른 데이터 세트를 비교하고 싶을 때도 많다. 예를 들어 2월의 날씨와 3월의 날씨를 비교하고 싶을 수 있다. 그러나 2월은 28일이고(윤년을 제외하고), 3월은 31일이다. 이럴 경우 우리는 도수분포를 **상대도수분포**(relative frequency distribution)로 전환한다. 각 항목의 상대 도수는 그 항목 도수를 관측치로 나누어 계산할 수 있다. 상대 도수의 총합은 1이 되거나, 1과 아주 가까운 값(반올림 때문에)이 되어야 한다.

표 2.4에서는 도수분포인 표 2.3을 상대도수분포로 전환한 것을 볼 수 있다. 또한 3월의 상대도수분포도 나타나 있다. 3월에는 흐린 날 3일, 비온 날 18일, 맑은 날 10일이 있었다. 3월의 날짜수인 31일로 각각의 도수를 나누었다.

표 2.4 시애틀 날씨의 상대도수분포

날씨	2010년 2월 : 상대도수	2010년 3월 : 상대도수
흐림	1/28 = 0.036	3/31 = 0.097
비	20/28 = 0.714	18/31 = 0.581
맑음	7/28 = 0.250	10/31= 0.323
	합계 =1	합계 =1 (반올림)

상대도수는 100을 곱해서 백분율로 바꿔줄 수도 있다. 예를 들어, 2월과 3월에는 각각 3.6%와 9.7%가 흐린 날이었다. 상대도수분포에서, 시애틀의 2월과 3월은 모두 비오는 날이 가장 많다는 것을 알 수 있다. 그러나 약 32%의 맑은 날을 보인 3월의 날씨가 25%의 맑은 날이 있었던 2월의 날씨보다는 조금 더 낫다.

상대도수와 백분율도수 계산하기

각 항목의 **상대도수**(relative frequency)는 각 항목의 관측치 대비 비율과 같다. 항목의 상대도수는 도수를 총 관측치 수로 나누어서 계산한다. 상대도수를 모두 더한 값은 1이다.

백분율도수(percent frequency)는 각 항목의 관측치 대비 백분율(%)이다; 이는 상대도수의 항목 값에 100을 곱한 값이다.

예제 2.1

2009년 아디다스 온라인 연차보고서에는 2000년부터 2009년까지의 세계 네 지역의 순매출액이 표 2.5에서처럼 보고되어 있다. 지역별 순매출액을 그해 매출액 중 각각의 지역이 차지하는 비율로 바꾸어라. 10년간 각 지역이 차지하는 순매출액 비율이 일정하였는가? 설명하라.

표 2.5 아디다스 지역별 순매출액 (백만 유로, €)

지역	2000	2009
유럽	2,860	4,384
북미	1,906	2,360
아시아	875	2,614
남미	171	1,006
	합계 = 5,812	합계 = 10,364

풀이: 10년간 아디다스의 순매출액은 거의 두 배 증가하였다. 그러나 지역별 순매출

액 증가는 현저히 다른 것으로 나타난다. 지역별 아디다스 순매출액의 비율을 계산하기 위해 표 2.6에서처럼 각 지역의 순매출액을 그해의 총매출액으로 나누었다.

표 2.6 아디다스 지역별 순매출액 비율

지역	2000	2009
유럽	2,860/5,812 = 0.492	4,384/10,364 = 0.423
북미	1,906/5,812 = 0.328	2,360/10,364 = 0.228
아시아	875/5,812 = 0.151	2,614/10,364 = 0.252
남미	171/5,812 = 0.029	1,006/10,364 = 0.097
	합계 = 1	합계 = 1

데이터를 비율로 바꾸면, 각 지역별 순매출액 비율에 중요한 변화가 있음을 볼 수 있다. 2009년 유럽의 순매출액 비율이 42.3%로 아직도 가장 높으나, 이 비율은 지난 10년 동안 감소해왔다. 북미의 순매출액 비율은 32.8%에서 22.8%로 가장 많이 떨어졌고, 아시아의 순매출액 비율은 15.1%에서 25.2%로, 남미의 순매출액 비율은 2.9%에서 9.7%로 의미있는 상승을 보였다. 요약하면, 지난 10년간 아디다스 각 지역별 순매출액 비율에는 현저한 변화가 있었다. 이와 같은 정보는 아디다스가 중요한 마케팅 결정을 내릴 때 도움이 될 수 있다.

질적 데이터 상대도수의 시각화

학습목표 **2.2**
파이차트(pie chart)와 막대그래프(bar chart)를 만들고 해석

상대도수에서 찾아낸 정보를 여러 가지 그래프들을 통해서 시각화할 수 있다. 그래프를 통해 나타내면 데이터를 더욱 극적으로 표현할 수 있고 해석을 단순하게 할 수 있다. **파이차트**와 **막대그래프**는 질적 데이터를 그림으로 나타내는 데 많이 쓰이는 두 가지 방법이다.

질적 데이터의 그래프적 표현 : 파이차트

파이차트(pie charts)는 부분들로 나누어진 원이며 각 부분들은 질적 변수의 항목들의 상대도수를 나타낸다.

파이차트를 만들기 위해서는 먼저 원을 그린다. 그 다음, 원을 조각으로 혹은 부분으로 나누는데 이 때 각 부분은 나타내고 싶은 항목의 크기와 비례한다. 예를 들어, 표 2.6은 유럽이 2000년 아디다스 순매출액의 49.2%를 차지했다는 것을 보여준다. 원은 360도이니, 유럽을 나타내는 원 부분의 크기는 0.492 × 360도 = 177.1도로 계산이 되며, 원의 반 정도가 유럽의 매출액에의 기여도를 나타내야 한다. 2000년 다른 세 지역을 대상으로 비슷하게 계산을 하면 결과는 다음과 같다.

북미 : 0.328 × 360도 = 118.1도
아시아 : 0.151 × 360도 = 54.4도
남미 : 0.029 × 360도 = 10.4도

2009년 각 지역별 순매출액 공헌도를 계산하기 위해서도 같은 방법이 사용되었다. 그림 2.1은 파이차트의 결과물을 보여준다.

그림 2.1 아디다스 순매출액 파이차트

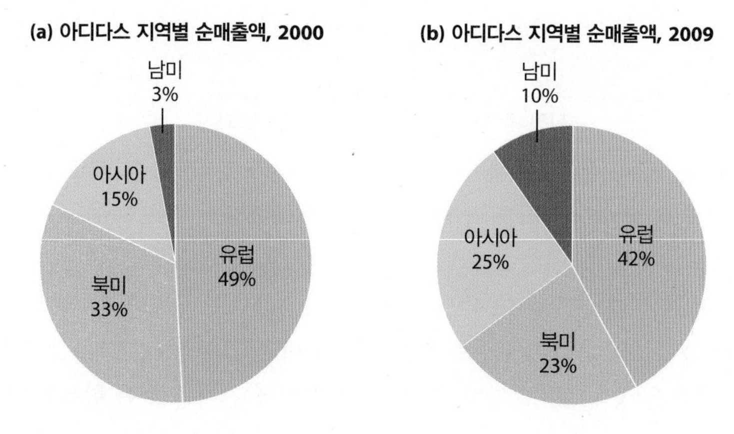

엑셀을 사용하여 파이차트 만들기

엑셀은 파이차트를 만드는 다양한 방법들을 제공한다. 그림 2.1 (a)의 파이차트를 그리기 위해서는 다음을 따르면 된다.

A. FILE 교과서 웹사이트에 있는 ***Adidas_Sales*** 데이터(표 2.5)를 엑셀로 연다.

B. 2000년도 항목 이름과 상대도수를 선택한다. 머릿글(맨 윗줄)은 제외한다. 아래의 그림 2.2를 참고.

C. 메뉴에서 **삽입** > **차트** > **2차원 원형**으로 들어가 왼쪽 위에 있는 그래프를 고른다.

D. 파이차트 항목 이름과 해당 퍼센트를 나타내기 위해서, 메뉴에서 차트 **레이아웃** > **데이터 레이블** > **기타 데이터 레이블 옵션**으로 들어간다. 레이블 옵션에서 “값”을 선택해제하고 “항목이름”과 “백분율”을 선택한다.

그림 2.2 엑셀로 파이차트 만들기

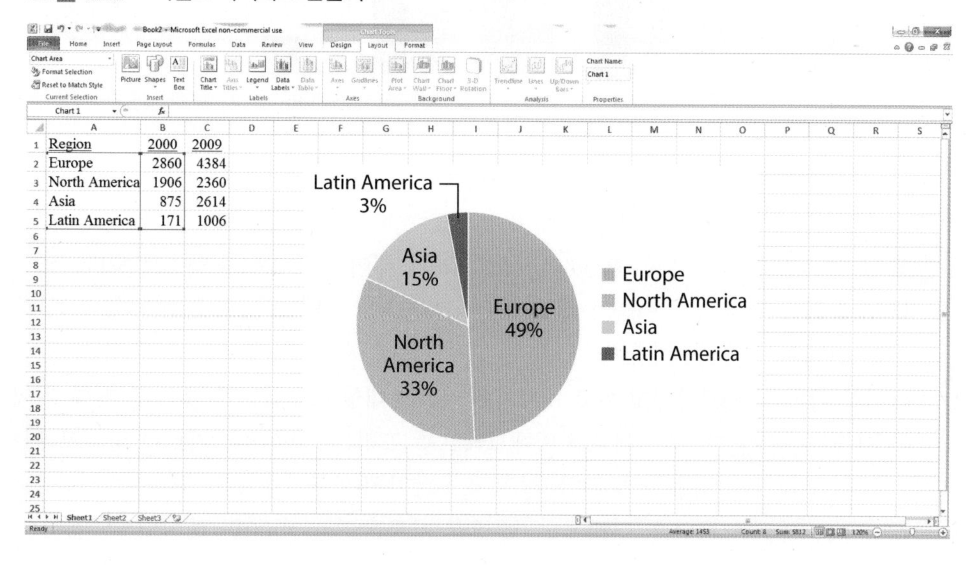

질적 데이터를 그래프로 표현하는 또 다른 방법은 **막대그래프**(bar chart)를 만드는 것이다.

질적 데이터의 그래프적 표현 : 막대그래프

막대그래프(bar chart)는 질적 데이터 각 항목의 도수나 상대도수를 세로 혹은 가로의 막대로 표현하며, 막대의 길이는 각 항목의 값과 비례한다.

세로형 막대그래프는 때때로 열 그래프(column chart)라고도 불린다. 각각의 항목을 가로축에 놓고 세로축을 도수나 상대도수의 적절한 값의 범위로 표시한다. 각 막대의 길이는 해당 항목의 도수 혹은 상대도수와 같다. 보통, 항목 사이에 간격을 두어 항목의 차이를 더욱 명확하게 한다.

그림 2.3은 아디다스 순매출액 예시 상대분포를 막대그래프로 나타낸 것이다. 매출액의 지역별 분류를 통해 10년간 아시아와 남미의 매출액 비율 증가와 유럽과 북미의 매출액 비율 감소를 강조하기에 유용한 방법이다.

엑셀을 사용하여 막대그래프 만들기

그림 2.3 2000년 대 2009년, 지역별 아디다스 순매출액 비율

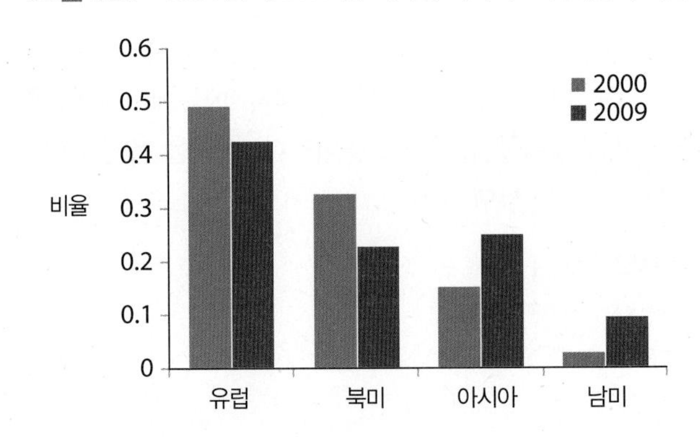

엑셀은 막대그래프를 만들기 위한 다양한 방법들을 제공한다. 그림 2.3의 막대그래프를 따라 하기 위해서는 다음과 같이 하면 된다.

A. FILE 교과서 웹사이트에 있는 ***Prop_Adidas_Sales*** 데이터(표 2.6)를 엑셀로 연다.

B. 2000년과 2009년의 항목 이름과 해당하는 상대도수를 선택한다. 머릿글(맨 윗줄)은 제외한다. 아래의 그림 2.4를 참고.

C. 메뉴에서 **삽입** > **세로막대형 차트** > **2차원 세로막대형**으로 들어가 옵션 중 왼쪽 위에 있는 그래프를 고른다(이는 세로형 막대그래프를 그리는 방법이다. 가로형 막대그래프를 그리기 위해서는 **삽입** > **가로막대형 차트** > **2차원 가로막대형**을 선택하면 된다).

D. 막대그래프 오른쪽에 나온 범례에서, 엑셀은 자동적으로 2000년 데이터는 "계열1", 2009년 데이터는 "계열2"로 이름 붙인다. 범례를 편집하기 위해서는, 범례를 선택해서 **디자인** > **데이터선택**을 고른다. *범례항목*에서 "계열1"을 지정해 *편집*을 고르고, *계열이름*에 2000이라는 새로운 이름을 지정한다. "계열2"도 같은 방법으로 2009로 바꾼다.

그림 2.4 엑셀로 막대그래프 만들기

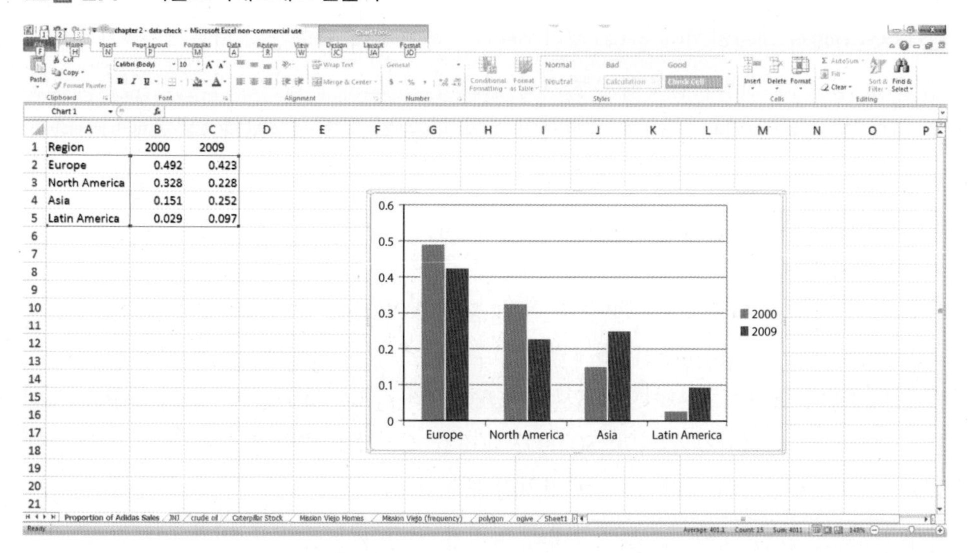

세로형 막대그래프는 각각의 항목을 세로축에 놓고 가로축을 도수나 상대도수의 적절한 값의 범위로 표시하면 된다. 예를 들어, 최근 설문조사에서 1000명 이상의 미국인들에게 “영어를 쓰지 않는 나라에 여행을 갔을 때, 그 나라 말로 알아야 할 가장 중요한 단어나 문구는?”이라고 물었다(출처: 배니티 페어, 2012.1.2). 그림 2.5는 설문조사의 결과를 보여준다. “고맙습니다”가 38%로 가장 많은 표를 얻었다. 다행스럽게도 미국인의 단 1%만이 “맥도널드가 어디 있습니까?”가 매우 필수적으로 알아야 할 문구라고 생각하고 있었다. 그림 2.5의 상대도수의 합은 일반적이지 않은 답을 제외하고 만들어졌기 때문에 1이 아니다.

그림 2.5 “영어를 쓰지 않는 나라에 여행을 갔을 때, 그 나라 말로 알아야 할 가장 중요한 단어나 문구는?”이라는 질문에 대한 결과

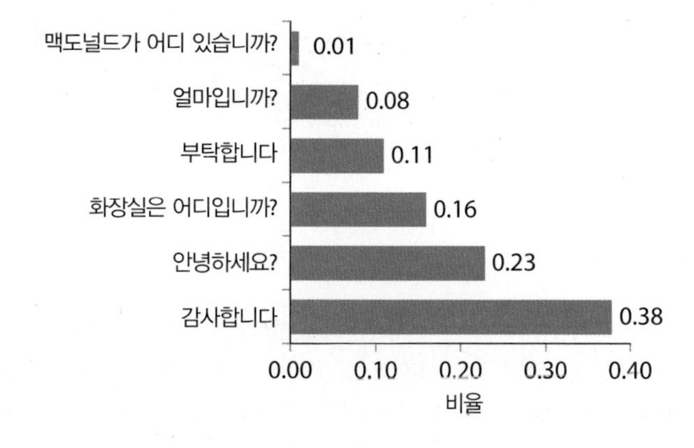

차트와 표를 만들고 해석할 때 주의해야 할 점

이 교과서에서 다룰 많은 통계학적 방법과 마찬가지로, 그래프적 정보는 고의적이거나 의도하지 않은 왜곡의 가능성이 존재한다. 주의 깊은 연구자로서, 다음과 같은 기본적인 가이드라인을 따라야 한다.

- 주어진 데이터를 대상으로 가장 간단한 그래프를 사용하여야 한다. 명확하게 나타내도록 노력하고, 불필요한 꾸밈은 피해야 한다.

- 축에는 척도 값이 분명히 표시되어야 하며; 각각의 축에는 이름이 붙여져 있어야 한다.
- 세로축은 0에서 시작하여야 한다. 뿐만 아니라, 세로축의 상한값은 너무 높아서는 안된다. 그럴 경우 데이터가 압축되어 증가나 감소가 잘 보여야 하는데 보이지 않을 수 있다. 반대로, 축들이 너무 늘려져 데이터의 증가 또는 감소가 실제보다 더 크게 나타나서도 안된다. 예를 들어, 그림 2.6 (a)는 2011년 1사분기 원유 배럴당 가격을 그렸다(교과서 웹사이트에 있는 ***Crude_Oil*** 데이터 참조). 중동의 정세 불안으로, 이 기간 원유가격은 배럴당 \$83.13에서 배럴당 \$106.19로 거의 28% $\left(=\frac{106.19-83.13}{83.13}\right)$ 상승하였다. 그러나 그림 2.6 (a)가 세로축의 상한값을 너무 높게 잡아(\$325), 가격의 상승이 무딘 것처럼 보인다. 그림 2.6 (b)는 2011년 4월 4일 주간 존슨앤존슨(Johnson & Johnson) 주식 종가를 그렸다(교과서 웹사이트에 있는 ***JNJ*** 데이터 참조). 그 주 주식 종가가 \$60.15에서 \$59.46으로 내려가긴 했지만; \$0.69가 내려간 것은 1% 하락에 불과하다. 그러나 세로축이 늘려져, 주가의 하락이 더 큰 것처럼 보인다.

FILE

FILE

- 막대그래프를 그릴 때에는, 모든 막대의 너비가 똑같아야 한다. 너비가 다르면 왜곡을 불러온다. 다음 절에 나올 히스토그램을 만들 때도 같은 원칙이 적용된다.

그림 2.6 오해의 소지가 있는 세로축 눈금

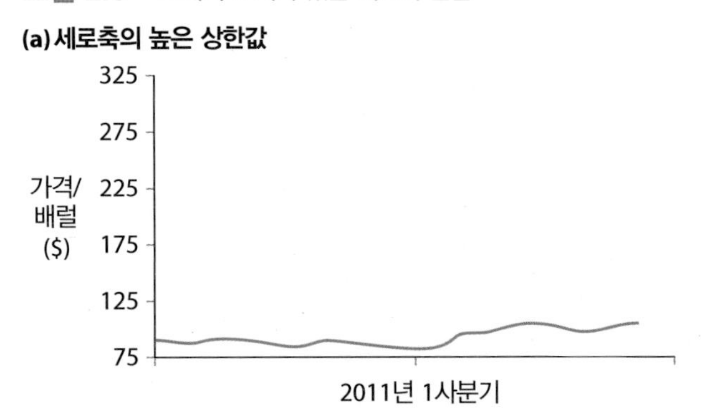

출처: U.S. Energy Information Administration

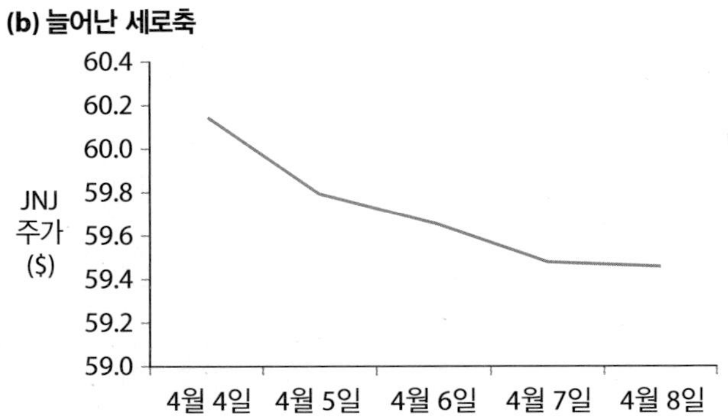

출처: http://www.finance.yahoo.com

연습문제 2.1

1. 동네의 한 식당이 단골들에게 최고의 식사시간을 제공하기 위해 온 힘을 다하고 있다. 최근 설문조사에서 그 식당은 단골들에게 주요리의 질을 평가해달라고 부탁했다. 응답은 1에서부터 5까지의 숫자로, 1은 실망스럽다는 뜻이고, 5는 매우 훌륭하다는 의미다. 설문조사의 결과는 다음과 같았다.

3	5	4	4	3	2	3	3	2	5	5	5
5	3	3	2	1	4	5	5	4	2	5	5
5	4	4	3	1	5	2	1	5	4	4	4

   a. 설문조사 결과를 요약하기 위한 도수분포와 상대도수분포를 만들어보라.
   b. 단골들은 대체로 주요리의 질에 만족하고 있는가? 설명하라.

2. 노스쇼어(North Shore) 가정의학과에 처음 온 환자들은 의사에게 자신들의 전반적인 건강상태에 대해 알리기 위해 질문지를 작성한다. 첫 질문은 다음과 같다. "전반적으로, 건강이 어떠하십니까?" 환자는 매우 좋음, 좋음, 보통, 그리고 나쁨 중에서 답을 고른다. 지난달, 처음 온 환자들의 이 질문에 대한 답은 다음과 같았다.

보통	좋음	보통	매우 좋음
좋음	좋음	좋음	나쁨
매우 좋음	매우 좋음	나쁨	좋음
보통	좋음	좋음	좋음
좋음	나쁨	보통	매우 좋음
매우 좋음	좋음	좋음	좋음

   a. 질문지 응답 결과를 요약하기 위한 도수분포와 상대도수분포를 만들어보라.

b. 가장 많이 나온 응답은 무엇이었나? 이 병원에 처음 온 환자들의 건강이 보통 어떻다고 말할 수 있겠는가?

3. 미국 유수기업 경영자들에게 다음과 같은 질문을 하였다. "12개월 후 미국경기가 어떠할 것으로 예상하는가?" 대표표본 응답들은 아래와 같다.

같을 것이다	같을 것이다	같을 것이다	좋아질 것이다	나빠질 것이다
같을 것이다	같을 것이다	좋아질 것이다	같을 것이다	나빠질 것이다
같을 것이다	좋아질 것이다	같을 것이다	좋아질 것이다	같을 것이다
나빠질 것이다	같을 것이다	같을 것이다	같을 것이다	나빠질 것이다
같을 것이다	같을 것이다	같을 것이다	좋아질 것이다	같을 것이다

a. 설문조사 결과를 요약하기 위한 도수분포와 상대도수분포를 만들어보라. 경영자들은 보통 12개월 후 미국경기가 어떠할 것으로 예상하고 있는가?

b. 결과를 요약하기 위해 엑셀을 사용해 파이차트와 막대그래프를 만들어보라.

4. 어큐웨더닷컴(accuWeather.com)이 2010년 7월 21일 미국 주요 공항의 날씨관련 출발지연 정보를 다음과 같이 보고했다.

도시	출발지연	도시	출발지연
애틀랜타	오후 지연	미니애폴리스	없음
시카고	없음	뉴욕	종일 지연
댈러스/포트워스	없음	올랜도	없음
덴버	종일 지연	필라델피아	종일 지연
디트로이트	오전 지연	피닉스	없음
휴스턴	종일 지연	솔트 레이크 시티	없음
라스베이거스	종일 지연	샌프란시스코	오전 지연
로스앤젤레스	오전 지연	시애틀	없음
마이애미	오전 지연	워싱턴	종일 지연

a. 미국 주요공항 출발지연을 요약하기 위한 도수분포와 상대도수분포를 만들어보라. 가장 많이 나타나는 종류의 출발지연은 무엇인가?

b. 결과를 요약하기 위해 엑셀을 사용해 파이차트와 막대그래프를 만들어보라.

5. 50명의 프로미식축구 신인선수가 과거의 성적과 합숙훈련의 성과로 1에서 5까지의 숫자로 평가받았다. 1은 전망이 좋지 않음이고 5는 전망이 매우 좋음이다. 다음과 같은 도수분포가 만들어졌다.

평가	도수
1	4
2	10
3	14
4	18
5	4

a. 몇 명의 신인선수가 4 혹은 4보다 높은 평가를 받았는가? 몇 명의 신인선수가 2 혹은 2보다 낮은 평가를 받았는가?

b. 상대도수를 만들어보라. 5를 받은 신인선수는 몇 퍼센트인가?

c. 이 데이터를 바탕으로 막대그래프를 만들어보라.

6. 최근 5,324명을 대상으로 "거주 도시를 선택하는 데 가장 중요한 요인은 무엇인가?"에 대해 설문조사를 하였다. 응답결과는 다음의 상대도수분포에 나타나 있다.

응답	상대도수
좋은 직장	0.37
저렴한 주택	0.15
좋은 학교	0.11
낮은 범죄율	0.23
(여가시간에) 할일들	0.14

a. 도수분포를 만들어보라. 얼마나 많은 응답자가 낮은 범죄율을 거주 도시를 선택하는 데 가장 중요한 기준이라고 대답했는가?

b. a의 도수분포를 사용해 막대그래프를 만들어보라.

7. 완벽한 여름여행이란 무엇인가? 내셔널 지오그래픽 어린이 설문조사기관(AAA Horizons, 2007.4)이 8~14살 어린이 316명에게 물었다. 응답은 다음의 도수분포와 같다.

최고의 여름여행 선택지	도수
크루즈	140
바닷가	68
놀이공원	68
대도시	20
호수	12
여름캠프	8

a. 상대도수분포를 만들어보라. 몇 퍼센트의 어린이들이 크루즈를 완벽한 여름여행이라 대답하였는가?

b. 이 데이터를 사용해 막대그래프를 만들어보라.

8. 주요 렌트카 업체의 미국 매출액(십억 달러)이 다음의 표에 정리되어 있다.

렌트카 업체	2009년 매출액
엔터프라이즈	$10.7
헤르츠	4.7
에이비스 버짓	4.0
달러 트리프티	1.5
그 외	1.0

출처 : 월스트리트저널, 2010.7.30.

a. 상대도수분포를 만들어보라.

b. 헤르츠는 렌트카 업체 매출의 몇 퍼센트를 차지하는가?

c. 이 데이터를 바탕으로 엑셀을 사용해 파이차트를 만들어보라.

9. CBS 뉴스에서 829명을 대상으로 다음 중 어떤 사건이 가장 먼저

일어날 것으로 생각하는-지에 대한 설문조사를 하였다. 응답결과는 다음의 표에 요약되어 있다.

암 치료법 발견	40%
석유 의존 종료	27%
외계생명체 징후	12%
중동의 평화	8%
그 외	6%
이 중 아무 일도 안 일어날 것이다	7%

출처 : 배니티 페어, 2009.12.

a. 엑셀을 사용하여 이 데이터의 파이차트와 막대그래프를 만들어보라.

b. 몇 퍼센트의 사람들이 암 치료법 발견이 가장 먼저 일어날 것으로 생각하는가?

10. 2010년 NBC는 2011년 45회 슈퍼볼 게임의 우승자가 누구일지를 물어보는 설문조사를 하였다. 20,825명의 설문조사 결과는 다음 표에 요약되어 있다.

팀	득표수
애틀랜타 팰컨스	4,040
뉴올리언스 세인츠	1,880
휴스턴 텍슨스	1,791
댈러스 카우보이스	1,631
미네소타 바이킹스	1,438
인디애나폴리스 콜츠	1,149
피츠버그 스틸러스	1,141
뉴잉글랜드 패트리어츠	1,095
그린베이 패커스	1,076
그 외	

a. 몇 명의 응답자가 "그 외"라고 답하였겠는가?

b. 제45회 슈퍼볼에서 그린베이 패커스가 피츠버그 스틸러스를 31 대 25로 이기고 우승하였다. 그린베이 패커스가 우승할 것이라고 예상한 응답자는 몇 퍼센트인가?

c. 상대분포를 사용하여 막대그래프를 만들어보라.

11. 최근 행해진 USA투데이/갤럽 여론조사에서 버락 오바마(Barack Obama)가 호감이라는 응답자(60%)가 미트 롬니(Mitt Romney)가 호감이라는 응답자(30%)보다 많았다(로스앤젤레스 타임즈, 2012.7.28.). 아래의 막대그래프가 응답결과를 요약하고 있다.

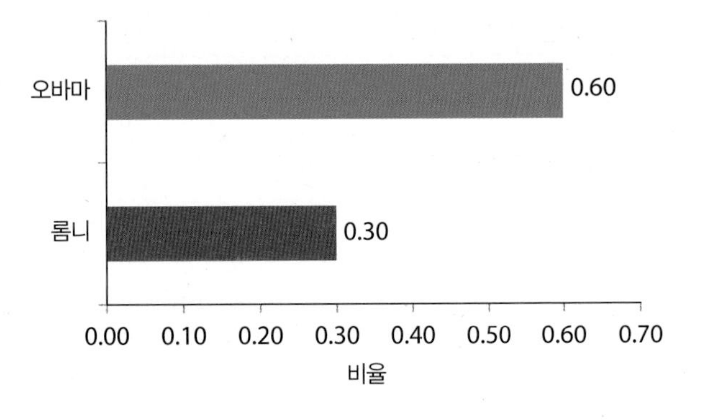

a. 그렇다면 몇 퍼센트의 응답자가 오바마나 롬니 모두 호감이 아니라고 했는가?

b. 500명을 대상으로 조사했다고 할 때, 몇 명의 응답자가 오바마가 롬니보다 호감이라고 답했는가?

12. 최근 992명을 대상으로 은퇴 후에도 운동선수에게 가장 영향을 미치는 부상을 당할 것 같은 프로스포츠 종목—미식축구, 권투, 하키, 그리고 태권도, 유도 등 무도—을 물어보았다 (배니티 페어, 2012.1.29). 다음의 파이차트에 응답이 요약되어 있다.

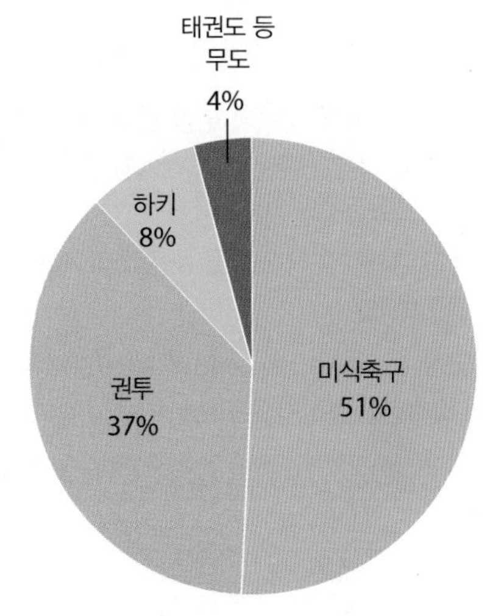

Copyright © 2012 Conde Nast, 허락하에 게재

a. 이 설문조사에 따르면 어떤 스포츠가 일생에 영향을 미치는 부상을 당할 가능성이 가장 높은가? 어떤 스포츠가 일생에 영향을 미치는 부상을 당할 가능성이 가장 낮은가?

b. 얼마나 많은 응답자들이 프로 하키선수가 일생에 영향을 미치는 부상을 당할 가능성이 가장 높다고 대답하였는가?

13. 다음은 2009년 7월부터 2011년 3월까지 캐터필러사(Caterpillar, Inc.)의 월별 주가를 나타낸 그림이다. 주가는 이 기간중 약 3배의 큰 상승을 하였다. 이 그림이 주가의 상승을 나타내고 있는가? 그렇지 않다면 왜 아니라고 생각하는가?

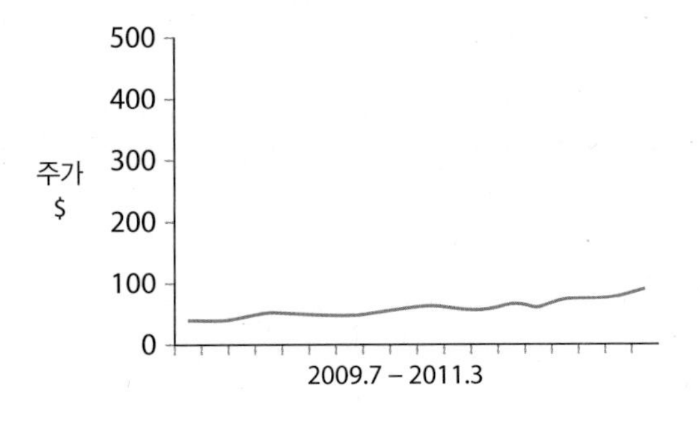

14. 한 작은 제약회사의 연매출액이 최근 5년간 1.2%의 성장만을 기록하며 상당히 정체되어 있다. 어떤 연구원이 매출보고서에 넣기 위해 다음과 같은 그래프를 준비했다.

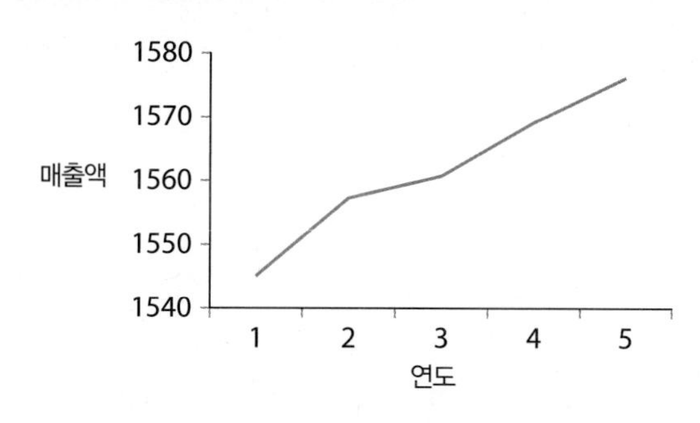

이 그래프는 지난 5년간 일어난 매출액 변화를 정확하게 보여주고 있는가? 그렇지 않다면 왜 아니라고 생각하는가?

2.2 양적 데이터(quantitative data) 요약하기

학습목표 **2.3**
양적 데이터를 도수분포로 요약

양적 데이터의 각각의 관측치는 의미있는 양이나 개수를 나타낸다. 제약회사가 가지고 있는 특허 수(개수), 가구당 소득(양)은 양적 데이터의 예이다. 양적 데이터와 성질은 다르지만, 양적 데이터를 요약하기 위해서도 도수분포를 사용한다.

도수분포를 만드는 방법에 대해 다루기 전에 먼저 표 2.1의 주택가격 데이터를 사용해 만든 도수분포의 완성본을 먼저 보도록 하자. 표 2.1의 미가공 자료(실제 값)를 표 2.7에서 볼 수 있듯 100의 너비의 다섯 개의 구간(interval) 혹은 **계급**(classes)으로 나누었다. 예를 들어, 우리는 $300,000에서 $400,000 사이의 첫 번째 계급에 속하는 집이 네 채가 팔렸다는 것을 볼 수 있다. 데이터는 도수분포를 사용하면 더 잘 관리할 수 있지만, 실제 값을 볼 수 없게 되기 때문에 약간의 구체적 정보는 손실된다.

표 2.7 주택가격 데이터의 도수분포

계급(천 달러)	도수
300에서 400	4
400에서 500	11
500에서 600	14
600에서 700	5
700에서 800	2
	합계 = 36

예제 2.2

표 2.7의 도수분포를 근거로 하면, 이 시기 가격의 범위는 어떻게 되는가? 보통 어떤 가격 범위에서 가장 많은 집이 팔렸는가?

풀이: 도수분포는 이 시기 집값이 $300,000에서 $800,000 사이였음을 보여준다. 가장 많은 수의 집이(14채) $500,000에서 $600,000 사이에서 팔렸다. 제일 낮은 가격 범위에서는 네 채만, 가장 높은 가격범위에서는 두 채만이 팔렸다.

도수분포를 읽고 이해하는 것이 만드는 것보다 쉬운 것을 볼 수 있다. 질적 데이터로 도수분포를 만들 때는, 미가공 데이터가 명확하게 항목화될 수 있었다. 양적 데이터로 도수분포를 만들기 위해서는, 계급을 몇 개로 할 것인지, 각 계급의 너비는 얼마로 할 것인지를 확실하게 정해야 한다. 표 2.7의 계급을 정할 때 정해진 공식을 사용하지는 않았지만, 여러 가지 가이드라인을 따를 수 있다.

도수분포를 만들기 위한 가이드라인

- 계급들은 상호배타적이다. 다른 말로 하자면, 계급들은 중복되지 않는다. 각각의 관측치는 단 하나의 계급에 속한다. 예를 들어 표 2.1에 400이란 값이 있다고 하자. 표 2.7의 계급 분류에 따르면, 이 값은 두 번째 계급에 들어간다. 수학적으로 두 번째 계급은 400≤가격<500으로 나타낼 수 있다. 두 번째 계급을 400<가격≤500으로 정할 수도 있는데, 이 경우에 400이란 값은 이전 계급에 포함된다. 요약컨대, 계급을 어떻게 정하든지 관측치는 하나의 계급에만 속한다.
- 계급들은 포괄적이다. 계급들은 모든 표본(혹은 모집단)을 포함한다. 표 2.7의 마지막 계급, 700에서 800까지를 없앤다고 하면, 표본의 두 관측치가 삭제되게 된다.
- 도수분포에서는 보통 5개에서 20개 사이의 계급을 사용한다. 작은 데이터 세트에서는 큰 데이터 세트보다 작은 숫자의 계급을 사용한다. 도수분포를 만드는 목적은 데이터를 정확하게 표현할 수 있는 형태로 데이터를 요약하는 것이다. 너무 많은 계급을 만들면 도수분포의 장점이 사라진다. 예를 들어 표 2.8과 같이 너비 25의 계급 17개를 만들어 주택가격 데이터의 도수분포를 만들었다고 하자.

표 2.8 너무 많은 수의 계급

계급 (천 달러)	도수
325에서 350	2
350에서 375	1
375에서 400	1
400에서 425	3
425에서 450	5
450에서 475	3
475에서 500	0
500에서 525	5
525에서 550	5
550에서 575	3
575에서 600	1
600에서 625	0
625에서 650	1
650에서 675	4
675에서 700	0
700에서 725	1
725에서 750	1
	합계 = 36

원칙상 유효한 도수분포이기는 하다. 그러나 계급 구간이 너무 많기 때문에 도수분포의 요약 장점은 사라지게 된다. 비슷하게, 도수분포가 너무 작은 수의 계급을 사용한다고 해도 정확성과 자세한 정보는 사라지게 된다. 표 2.9와 같이 너비 150의 계급 3개를 사용한 주택가격 도수분포를 만들었다고 하자.

표 2.9 너무 작은 수의 계급

계급(천 달러)	도수
300에서 450	12
450에서 600	17
600에서 750	7
	합계 = 36

다시 한 번, 유효한 도수분포이기는 하다. 그러나 $450,000에서 $600,000 계급에서 팔린 17채의 집이 $450,000 가까운 가격에서 팔렸는지, $600,000 가까운 가격에서 팔렸는지 아니면 고른 가격으로 팔렸는지 알 수 없다. 도수분포에서 3개의 계급만 사용하면, 너무 많은 자세한 정보를 잃게 된다.

- 미가공 데이터 세트에 적용할 계급의 숫자를 선택하고 나면, 다음의 공식을 통해 대략적인 계급의 너비를 구할 수 있다.

$$\frac{\text{가장 큰 값} - \text{가장 작은 값}}{\text{계급의 수}}$$

보통, 각각 계급의 너비는 계급 구간마다 같다. 계급의 너비가 변한다면, 다른 구간의 관측치 수의 비교는 오도될 수 있을 것이다. 게다가, 계급의 범위를 알고 해석하기 쉽게 정하는 것이 바람직하다.

표 2.7에서처럼 주택가격 데이터의 도수분포를 위해 다섯 개의 계급을 사용하기로 결정하였다고 하자. 가장 큰 값 735와 가장 작은 값 330을 사용해 계급 너비 공식에 넣으면 81($\frac{735-330}{5}$)이 나온다. 표 2.10은 너비 81인 계급 5개를 사용한 도수분포이다.

표 2.10 다루기 힘든 계급 너비를 사용한 분포

계급(천 달러)	도수
330에서 411	4
411에서 492	11
492에서 573	12
573에서 654	3
654에서 735	6
	합계 = 36

이 또한 유효한 도수분포이기는 하나, 매우 다루기 힘든 형태이다. 도수분포를 만드는 주요한 목적 중 하나는 데이터 해석을 더 분명하게 할 수 있게 하는 것이다. 데이터를 이와 같은 방법으로 묶는 것은 데이터 해석을 더 어렵게 한다. 도수분포의 해석을 쉽게 하기 위해서는 데이터의 범위를 알기 쉽게 정하는 것이 최선이다. 그렇기 때문에 표 2.7에서 처음에 본 것과 같이 첫 번째 계급의 하한값을 300으로 정하고(330 대신) 너비를 100씩 더해가며(81 대신) 남은 계급의 범위를 정하게 된 것이다.

데이터에 적용할 계급을 정한 후 다음 단계는 각각의 계급에 포함될 데이터의 수를 세어서 기록하는 것이다. 질적 데이터의 도수분포를 만들었을 때와 마찬가지로, 세는 것을 돕기 위해 계산 열을 포함시켰다가(표 2.11 참고) 표를 완성한 이후에는 삭제한다. 예를 들어, 표 2.1에서 처음 데이터 값인 430은 두 번째 계급에 해당하므로 두 번째 계급 계산 열에 표시를 해놓고 그 다음 값인 520은 세 번째 계급에 속하므로 세 번째 계급 계산 열에 표시를 하는 것을 계속해서 반복한다. 첫 번째 계급 계산 열에 네 개의 표시가 있으므로 도수에 4의 값—첫 번째 계급에 해당하는 관측치의 수—을 기록한다. 도수분포에 모든 관측치를 다 포함시켰는지를 확인하는 방법은 도수 열을 모두 더하는 것이다. 모두 더한 값은 언제나 모집단 혹은 표본의 크기와 같아야 한다.

표 2.11 주택가격 데이터 도수분포 만들기

계급(천 달러)	계산	도수	누적도수
300에서 400	IIII	4	4
400에서 500	~~IIII~~ ~~IIII~~ I	11	4 + 11 = 15
500에서 600	~~IIII~~ ~~IIII~~ IIII	14	4 + 11 + 14 = 29
600에서 700	~~IIII~~	5	4 + 11 + 14 + 5 = 34
700에서 800	II	2	4 + 11 + 14 + 5 + 1 = 36
		합계 = 36	

도수분포는 몇 개의 관측치가(이 경우에는 주택가격) 어떤 범위 안에 들어가는지를 보여준다. 그러나 몇 개의 관측치가 어떤 계급의 상한값 아래 위치하는지가 궁금할 수도 있다. 이러한 경우 누적도수분포를 사용하는 것이 더 적절하다.

표 2.11의 마지막 열은 누적도수 값이다. 첫 번째 계급의 누적도수는 도수와 같이 4이다. 그러나 해석은 달라진다. 도수 열에서의 4는 4채의 주택이 $300,000에서 $400,000 사이에서 팔렸다는 의미이다. 누적도수 열에서 4는 $400,000 아래로 4채의 주택이 팔렸다는 의미이다. 두 번째 계급의 누적도수를 구하기 위하여, 두 번째 계급값 11을 첫 번째 계급값 4에 더하여 15를 구한다. 이는 15채의 집이 $500,000 미만으로 팔렸다는 것을 의미한다. 같은 방법으로 나머지 누적도수를 계산할 수 있다. 마지막 계급의 누적도수는 표본의 수인 36과 같다. 이는 36채의 주택이 $800,000 미만의 가격으로 팔렸다는 뜻이다.

양적 데이터의 도수와 누적도수분포

양적 데이터에서 **도수분포**(frequency distribution)는 **계급**(classes)이라고 부르는 구간으로 데이터를 묶고 각각의 계급에 해당하는 관측치의 수를 기록한다.

누적도수분포(cumulative frequency distribution)는 각 계급의 상한값 아래에 해당하는 관측치의 수를 기록한다.

예제 2.3

표 2.11에서 $500,000에서 $600,000 사이에서 팔린 주택의 수는 몇 채인가? $600,000 아래로는 몇 채가 팔렸는가?

풀이: 도수분포에서, 14채의 주택이 $500,000에서 $600,000 사이에서 팔린 것을 찾을 수 있다. $600,000 아래로 팔린 주택의 수를 구하기 위해, 누적도수분포를 사용한다. $600,000 아래의 가격에 팔린 주택 수는 29채이다.

캘리포니아 미션비에호의 주택가격과 미국 다른 지역의 주택가격을 비교하고 싶다고 하자. 양적 데이터에서와 마찬가지로 두 양적 데이터 세트를 비교할 때는—특히 데이터의 크기가 다를 때—상대도수분포가 도수분포보다 더 의미있는 정보를 제공할 수 있다.

표 2.12의 두 번째 열은 표 2.11 도수분포를 기반으로 계산한 상대도수분포이다. 각각 계급의 도수를 사용해 총 관측치 수로 나누었다. 예를 들면, 가장 낮은 범위인 $300,000에서 $400,000 사이에서 4채의 집이 팔렸으면, 계급값인 4를 표본 크기인 36으로 나누어 0.11의 상대도수를 계산한다. 동일하게, 우리는 11%의 주택이 이 가격대에서 팔렸다고 할 수 있다. 각각의 계급에 비슷한 계산을 하고, 누적 분포열의 값을 모두 더했을 때 1이(아니면 반올림 때문에 1과 매우 가까운 값) 나와야 한다.

표 2.12 주택가격 데이터 상대도수분포 만들기

계급(천 달러)	상대도수	누적상대도수
300에서 400	4/36 = 0.11	0.11
400에서 500	11/36 = 0.31	0.11 + 0.31 = 0.42
500에서 600	14/36 = 0.39	0.11 + 0.31 + 0.39 = 0.81
600에서 700	5/36 = 0.14	0.11 + 0.31 + 0.39 + 0.14 = 0.95
700에서 800	2/36 = 0.06	0.11 + 0.31 + 0.39 + 0.17 + 0.06 ≈ 1
	합계 = 1 (반올림)	

표 2.12의 마지막 열은 누적상대도수이다. 누적상대도수는 그 계급 상한값 아래에 해당되는 관측치의 비율을 의미한다. 두 가지 방법으로 누적상대도수를 계산할 수 있다: (1) 상대도수를 하나씩 더할 수 있고, (2) 각 계급의 누적도수를 표본 크기로 나누어서 계산할 수도 있다. 표 2.12는 첫 번째 방법을 사용하였다. 첫 계급의 상대도수와 누적상대도수는 0.11로 같다. 두 번째 계급의 누적상대도수는 0.31을 0.11에 더해 0.42이며 이 값은 42%의 주택가격이 $500,000 미만임을 나타낸다. 마지막 계급까지 이런 식으로 누적상대도수를 계산한다. 마지막 계급에서 누적상대도수는 1이 되며, 100% 주택이 $800,000 미만의 가격으로 팔렸음을 의미한다.

상대 그리고 누적상대도수분포

양적 데이터에서, **상대도수분포**(relative frequency distribution)는 다음과 같이 계산된 각 계급에 속하는 관측치의 비율을 나타낸다.

$$\text{계급 상대 도수} = \frac{\text{계급도수}}{\text{총 관측치 수}}$$

누적상대도수분포(cumulative relative frequency distribution)는 각 계급 상한값 아래 포함되는 관측치의 비율을 기록한다.

예제 2.4

표 2.12에서 몇 퍼센트의 주택이 적어도 $500,000는 받고 팔렸으나 $600,000 이상은 못 받았는가? 몇 퍼센트의 주택이 $600,000 미만으로 팔렸는가? 몇 퍼센트의 주택이 $600,000 그 이상으로 팔렸는가?

풀이: 상대도수분포는 적어도 $500,000는 받고 팔렸으나, $600,000 이상은 못 받은 주택이 39%임을 나타낸다. 또한, 누적상대도수분포는 81%의 주택이 $600,000 미만으로 팔렸고 이 결과는 19%가 $600,000 이상으로 팔렸다는 것을 의미한다.

양적 데이터 도수분포의 시각화

학습목표 **2.4**
히스토그램(histogram), 폴리곤(polygon), 오자이브(ogive)를 그리고 해석

히스토그램(histogram)**과 폴리곤**(polygon)은 도수와 상대도수분포를 그래프로 나타낸 것이다. 시각적인 표현의 장점은, 어디에 관측치의 대부분이 모여 있는지, 어떻게 데이터가 퍼져 있고 그 모양은 어떠한지를 빨리 볼 수 있다는 것이다. 예를 들어 히스토그램과 폴리곤을 통해 분포가 대칭적인지 아닌지를 알 수 있다.

양적 데이터의 그래프적 표현

히스토그램(histogram)은 각각 계급에 해당하는 직사각형의 너비와 높이가 계급의 너비와 도수(혹은 상대도수)를 나타내는 일련의 직사각형들이다.

양적 데이터에서, 히스토그램은 기본적으로 질적 데이터의 세로형 막대그래프의 짝이다.

히스토그램을 만들 때, 가로축에 계급범위를 표시한다. 각 막대의 높이는 각 계급의 도수나 상대도수를 나타낸다. 구간 범위 사이에(막대 사이에) 빈 공간은 없다. 그림 2.7은 표 2.7의 주택가격 도수분포를 히스토그램으로 만든 것이다. 언뜻 보기에도 히스토그램에서 표본의 주택 매매가는 $300,000에서 $800,000 사이이나 $500,000에서 $600.000 사이 가격의 주택이 가장 많이 팔린 것을 알 수 있다.

그림 2.7 주택가격 도수 히스토그램

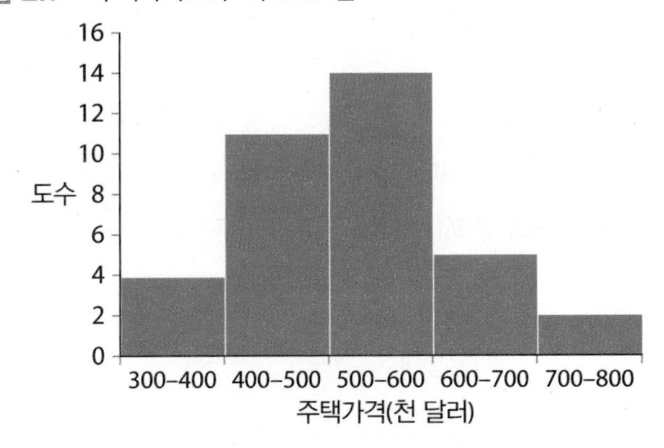

도수 히스토그램과 상대도수 히스토그램의 차이는 세로축의 측정단위 차이다. 도수 히스토그램에서는 각 계급의 도수를 높이로 나타내고, 상대도수 히스토그램에서는 각 계급의 비율을 높이로 나타낸다. 상대도수 히스토그램에서 직사각형의 넓이는 그 계급에 속하는 관측치의 상대도수에 비례한다. 그림 2.8은 주택가격 상대도수 히스토그램이다.

그림 2.8 주택가격 상대도수 히스토그램

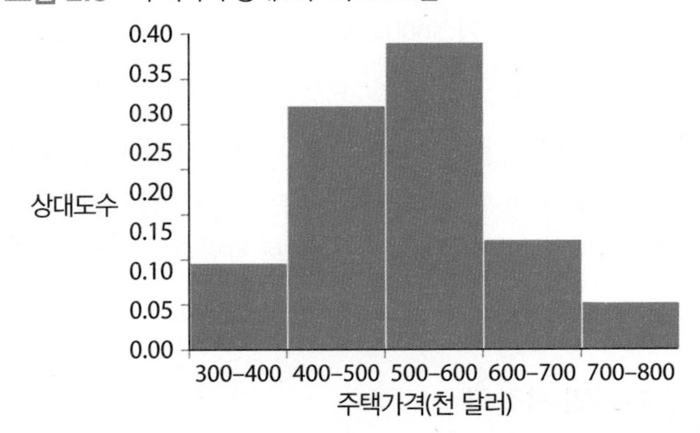

일반적으로 보통의 데이터 분포의 모양은 대칭적이거나 한쪽으로 기울어진 형태로 분류할 수 있다. 대칭적 분포는 중앙을 기준으로 양쪽이 좌우대칭을 보인다. 중앙 아래 값과 중앙 위 값은 짝을 이룬다. 뒷장에서 볼 수 있듯이 히스토그램을 매끈하고 평평하게 만들면 보통 잘 알려진 정규분포를 나타내는 종형곡선(bell-shaped curve)에 가까워진다. 분포가 대칭적이지 않다면, 오른쪽으로(양의 방향으로, positively) 기울어져 있거나 왼쪽으로(음의 방향으로, negatively) 기울어져 있을 것이다.

그림 2.9 (a)의 히스토그램은 대칭적 분포를 보여준다. 가장자리가 매끈해진다면 이 히스토그램은 종형의 정규분포와 비슷해질 것이다. 그림 2.9 (b)의 히스토그램은 오른쪽으로 기울어진, 혹은 양의 방향으로 기울어진, 오른쪽 꼬리가 긴 형태의 분포를 보여준다. 이는 데이터에 몇 개의 상대적으로 큰 값이 있는 것을 반영하는 특성이다. 마지막으로 그림 2.9 (c)의 히스토그램은 왼쪽으로 기울어진, 혹은 음의 방향으로 기울어진, 왼쪽 꼬리가 긴 형

그림 2.9 다른 형태의 히스토그램

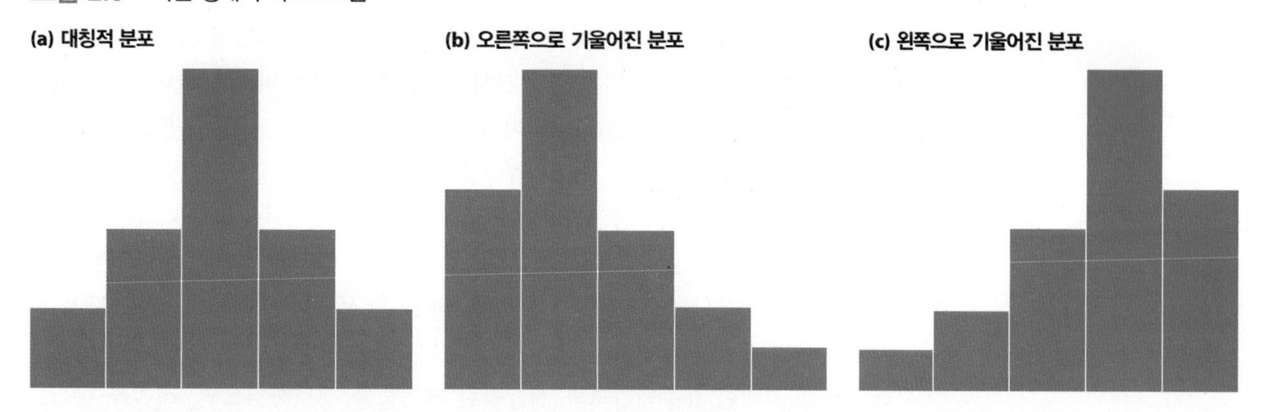

태의 분포를 보여준다. 왼쪽으로 기울어진 분포를 따르는 데이터는 상대적으로 작은 값이 몇 개 데이터에 포함된다.

그림 2.9 (b)만큼 기울어지지는 않았어도 그림 2.8의 주택가격 데이터 히스토그램도 살짝 오른쪽으로 기울어져 있다. 이는 상대적으로 비싼 몇 개의 주택 때문이다. 주택가격이나 소득의 분포가 오른쪽으로 기울어진 형태의 분포를 보이는 것은 일반적이다.

엑셀을 사용하여 히스토그램 만들기

일반적으로 엑셀에서는 미가공 데이터가 있는지 혹은 도수분포가 있는지 여부에 따라 두 가지 방법을 사용해 히스토그램을 만들 수 있다. 두 가지 방법 모두 계급을 정확하게 정할 필요가 있다. 먼저 표 2.1의 미가공 주택가격 데이터를 사용해 히스토그램을 만들어보겠다. 이후, 표 2.7의 도수분포를 사용해 히스토그램을 만들어보겠다.

미가공 데이터로 히스토그램 만들기

A. FILE 교과서 웹사이트에 있는 ***MV_Houses*** 데이터(표 2.1)를 엑셀로 연다.

B. 데이터 옆 열에, 각 계급의 상한값을, 이 경우에는 400, 500, 600, 700, 800을 입력하고 이를 "계급 범위"라고 한다. 왜 이렇게 입력하는지에 대한 설명은 다음 단계에서 찾을 수 있을 것이다. 주택가격 데이터와 계급 범위(도수범위와 히스토그램 결과까지)는 그림 2.10에서 볼 수 있다.

그림 2.10 미가공 데이터로 엑셀에서 히스토그램 만들기

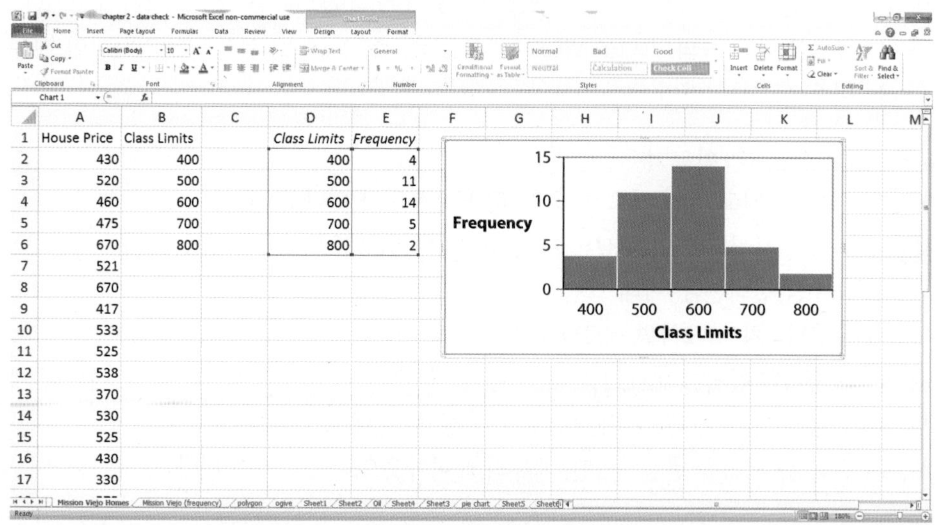

	A	B	C	D	E
1	House Price	Class Limits		*Class Limits*	*Frequency*
2	430	400		400	4
3	520	500		500	11
4	460	600		600	14
5	475	700		700	5
6	670	800		800	2
7	521				
8	670				
9	417				
10	533				
11	525				
12	538				
13	370				
14	530				
15	525				
16	430				
17	330				

C. 메뉴에서 **데이터>데이터분석>히스토그램>확인**을 선택한다(**데이터** 아래 **데이터분석**이 보이지 않으면 이 옵션을 추가해야 한다. 메뉴에서 **파일>옵션>추가기능**을 선택하고 대화박스 아래에 있는 이동을 누른다. **분석도구** 왼쪽에 있는 박스를 선택하고 확인을 누른다. 이 옵션을 제대로 설치했으면 **데이터** 아래 **데이터분석**을 찾을 수 있을 것이다).

D. *히스토그램* 대화박스(그림 2.11 참고), *입력 범위* 아래, 데이터를 선택한다. 엑셀은 계급 범위 대신 "계급(bin)"이란 용어를 사용한다. *계급 구간*에 아무것도 입력하지 않으면, 엑셀은 입력 범위의 최소값과 최대값을 끝값으로 사용해 똑같이 나누어진 구간을 만들어낸다. 그러나 이는 보통 만족스럽지 못하다. 더 많은 정보를 포함한 히스토그램을 만들기 위해서 우리는 각 계급의 상한값을 계급값으로 사용하기로 한다. *계급 구간*에 *계급 범위* 데이터를 선택한다(주택가격과 계급범위 제목들을 선택하였으면, *레이블* 박스도 선택한다). *출력 옵션*에서 **차트 출력**을 선택하고 **확인**을 누른다.

그림 2.11 엑셀 히스토그램 대화상자

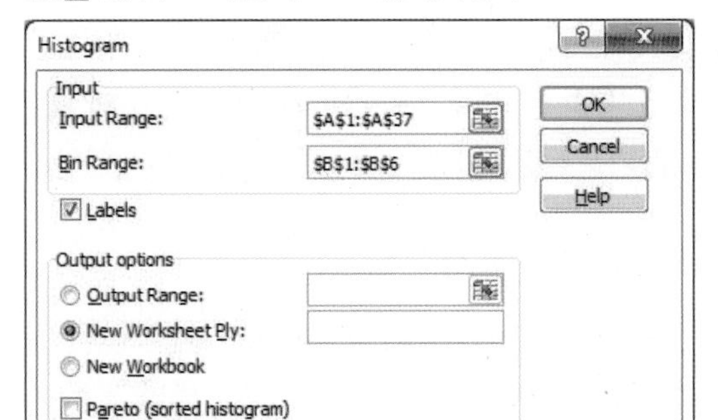

E. 엑셀에서 히스토그램 직사각형 사이에 간격을 두기 때문에, 아무 직사각형이나 오른쪽 클릭을 해, **데이터 계열 서식**을 선택하고, *간격 너비*를 0으로 조정한 후, **닫음**을 선택한다. 주어진 계급 범위가 모든 데이터를 다 포함하고 있지 않으면, 엑셀은 자동적으로 "추가"라는 또 다른 구간을 도수분포와 히스토그램에 추가한다. 이 예에서 추가된 구간은 값이 없으므로 설명의 편의를 위해 이 구간을 삭제하도록 한다. 엑셀은 계급을 하한값을 제외하고 상한값을 포함하는 구간으로 자동적으로 설정한다. 예를 들어, 주택가격이 400이라면, 엑셀은 이 값을 첫 번째 계급에 포함시킬 것이다. 상한값에 해당하는 데이터가 있다면, *계급 구간*에 입력될 계급 범위를 399, 499, ⋯ 등으로 조정하면 표 2.11과 그림 2.7과 같은 표와 그림을 만들 수 있다. 색, 축, 눈금 등 서식을 변경하려면 메뉴의 **레이아웃**으로 들어가면 된다.

도수분포로 히스토그램 만들기

미가공 데이터는 가지고 있지 않으나 표 2.7의 도수분포가 있다고 하자.

A. FILE 교과서 웹사이트에 있는 ***MV_Frequency*** 데이터(표 2.7)를 엑셀로 연다.

B. 계급과 도수를 선택한다. 아래 그림 2.12를 참고한다.

C. 메뉴에서 **삽입>차트>2차원 세로막대형**을 선택하고, 왼쪽 위에 있는 그래프를 선택한다.

D. 직사각형 사이의 간격을 없애기 위해, 아무 직사각형이나 오른쪽클릭을 하여, **데이터 계열 서식**을 선택하고, *간격 너비*를 0으로 조정한 후, **닫음**을 선택한다.

E. 색, 축, 눈금 등 서식을 변경하려면, 메뉴의 **레이아웃**으로 들어가면 된다.

그림 2.12 엑셀로 도수분포로 히스토그램 만들기

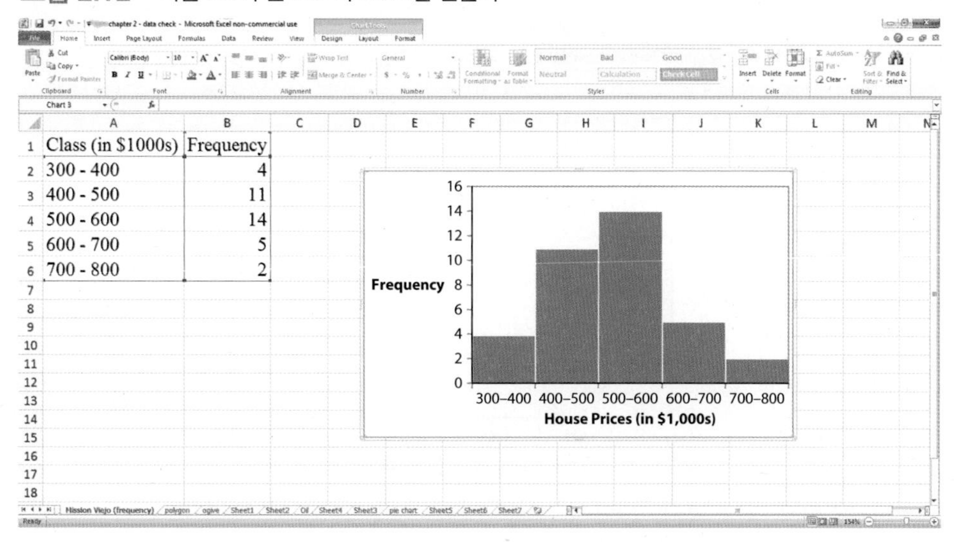

폴리곤(polygon)은 도수분포를 나타내는 또 다른 편리한 방법이다. 이 또한 분포의 형태를 전반적으로 나타내준다. 히스토그램과 마찬가지로, y축에 도수나 상대도수를 놓고, x축에 각 계급의 상한값과 하한값을 표시해 놓는다. 각 계급의 중간점에 도수나 상대도수 값을 표시한 점을 찍는다. 값을 표시한 중간점들을 직선으로 잇는다.

양적 데이터의 그래프적 표현 : 폴리곤

폴리곤(polygon)은 각 계급의 중간점에서 도수와 상대도수 값에 해당하는 점을 찍어 그 점들을 직선으로 연결한 그래프이다.

주택가격 데이터로 폴리곤을 만들고자 하면 각 계급의 중간점을 먼저 계산하여야 한다. 첫 번째 계급의 중간점은 $\frac{300 + 400}{2} = 350$이며 비슷하게, 이후 계급의 중간점은 450, 550, 650, 그리고 750이다. 각 중간점을 x좌표로 생각하고 해당 도수 혹은 상대도수를 y좌표로 생각한다. 점들을 표시한 후, 옆에 위치한 점들을 연결한다. 그래프를 양쪽 끝에서 닫기 위해서, 가장 낮은 계급 아래 구간 하나를 더 만들고(200 이상 300 미만, 중간점 250), 가장 높은 계급 위에 구간 하나를 더 만들어(800 이상 900 미만, 중간점 850), 각 계급에 0 값을 준다. 표 2.13은 주택가격 폴리곤을 그리기 위한 해당좌표이다. y축은 상대도수를 쓰기로 했다.

표 2.13 상대도수 폴리곤을 그리기 위한 좌표

계급	x좌표(중간점)	y좌표(상대도수)
(하단)	250	0
300 – 400	350	0.11
400 – 500	450	0.31
500 – 600	550	0.39
600 – 700	650	0.14
700 – 800	750	0.06
(상단)	850	0

그림 2.13은 주택가격 데이터의 상대도수 폴리곤이다. 여기에서 볼 때 분포가 종형분포를 따르는 것처럼 보인다. 오른쪽 꼬리를 자세히 관찰해보면, 데이터가 살짝 오른쪽으로 기울

었다는 것을 알 수 있다.

그림 2.13 주택가격 데이터의 폴리곤

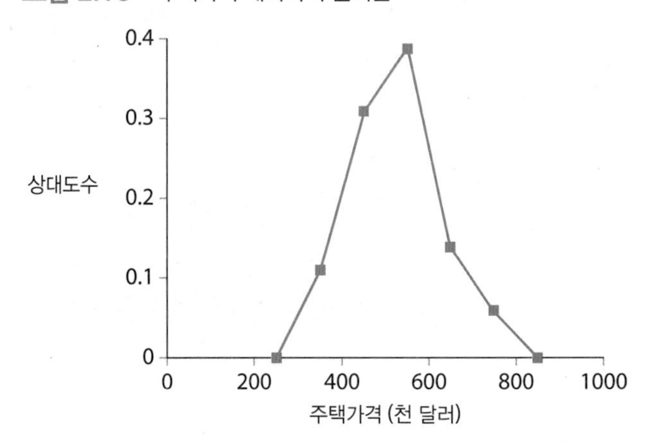

엑셀을 사용하여 폴리곤 만들기

A. 폴리곤을 만들기 위해 엑셀에 관련 x값과 y값을 입력한다. 표 2.13에 있는 데이터를 사용하면 된다.

B. (그림 2.14에서 볼 수 있듯이) x좌표와 y좌표를 선택하고 **삽입**>**분산형**을 선택한다. 오른쪽 중간에 있는 박스를 선택한다.

C. 색, 축, 눈금 등 서식을 변경하려면 메뉴의 **레이아웃**으로 들어가면 된다.

그림 2.14 엑셀로 폴리곤 만들기

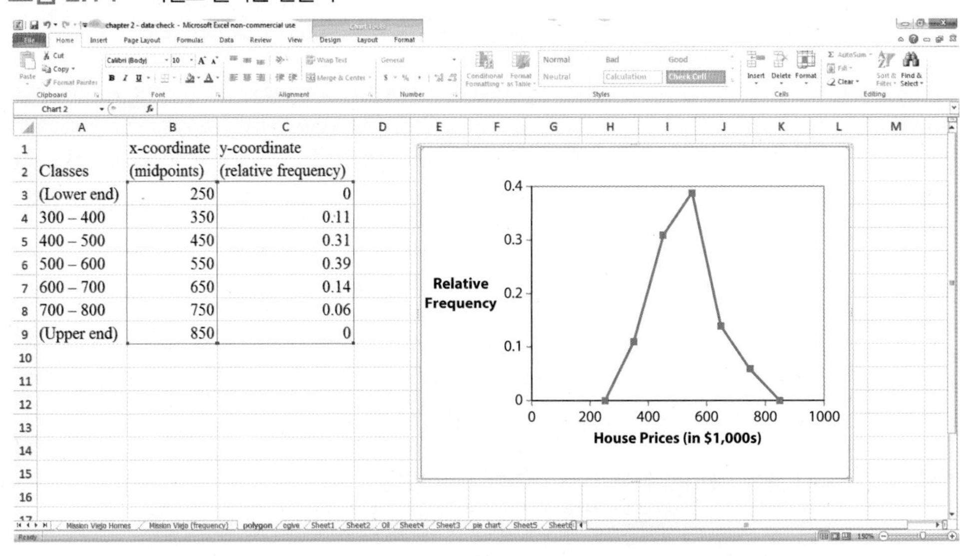

Classes	x-coordinate (midpoints)	y-coordinate (relative frequency)
(Lower end)	250	0
300 – 400	350	0.11
400 – 500	450	0.31
500 – 600	550	0.39
600 – 700	650	0.14
700 – 800	750	0.06
(Upper end)	850	0

많은 경우에, **오자이브**(ogive)를 그려서 정보를 전달하고 싶을 수 있다.

양적 데이터의 그래프적 표현 : 오자이브

오자이브(ogive)는 각 구간 상한값에 누적도수나 누적상대도수 값을 표시한 점을 연결해 그린 그래프다.

오자이브는 x좌표를 상한값을 사용하고 y값을 누적도수나 누적상대도수를 사용한다는 점에서 폴리곤과 다르다. 점을 표시한 다음에, 옆에 있는 점들을 연결한다. 오자이브 그래프를 닫기 위해서는 첫 번째 계급의 하한값을 0으로 놓고 아래쪽만을 닫는다. 표 2.14는 주택가격 데이터의 오자이브를 그리기 위해 필요한 값들을 정리해 놓았다. y좌표로 누적상대도수를 선택하였다. 누적도수를 사용하였더라도 오자이브의 모양은 바뀌지 않고, 다만 y축의 단위만 달라졌을 것이다.

표 2.14 주택가격 데이터 오자이브 좌표

계급	x좌표(상한값)	y좌표(누적상대도수)
(하단)	300	0
300 – 400	400	0.11
400 – 500	500	0.42
500 – 600	600	0.81
600 – 700	700	0.95
700 – 800	800	1

그림 2.15는 주택가격 데이터 오자이브이다. 일반적으로 가로축의 어떤 값 이하에 해당하는 비율을 대략적으로 보기 위해 오자이브를 사용한다. 예2.5는 이를 주택가격 데이터에 어떻게 적용하는지를 다루었다.

그림 2.15 주택가격 데이터 오자이브

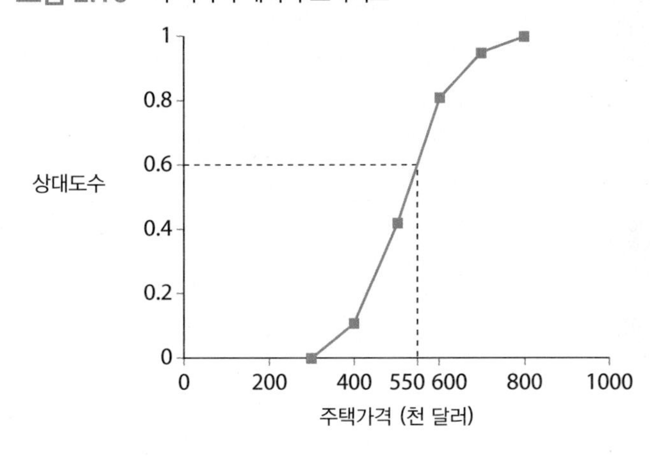

예제 2.5

그림 2.15를 사용하여 $550,000 미만으로 팔린 주택의 비율의 근사값을 구하여라.

풀이: x축 550에서 수직으로 오자이브에 닿을 때까지 선을 긋는다. 그 후 y축에서 값을 읽는다. 대략 60%의 주택이 $550,000 미만으로 팔렸다.

엑셀을 사용하여 오자이브 만들기

A. 오자이브를 만들기 위해, 엑셀에 관련 x값과 y값을 입력한다. 표 2.14에 있는 데이터를 사용하면 된다.

B. (그림 2.16에서 볼 수 있듯이) x좌표와 y좌표를 선택하여, **삽입**>**분산형**을 선택한다. 오른쪽 중간에 있는 박스를 선택한다.

C. 색, 축, 눈금 등 서식을 변경하려면 메뉴의 **레이아웃**으로 들어가면 된다.

그림 2.16 엑셀로 오자이브 만들기

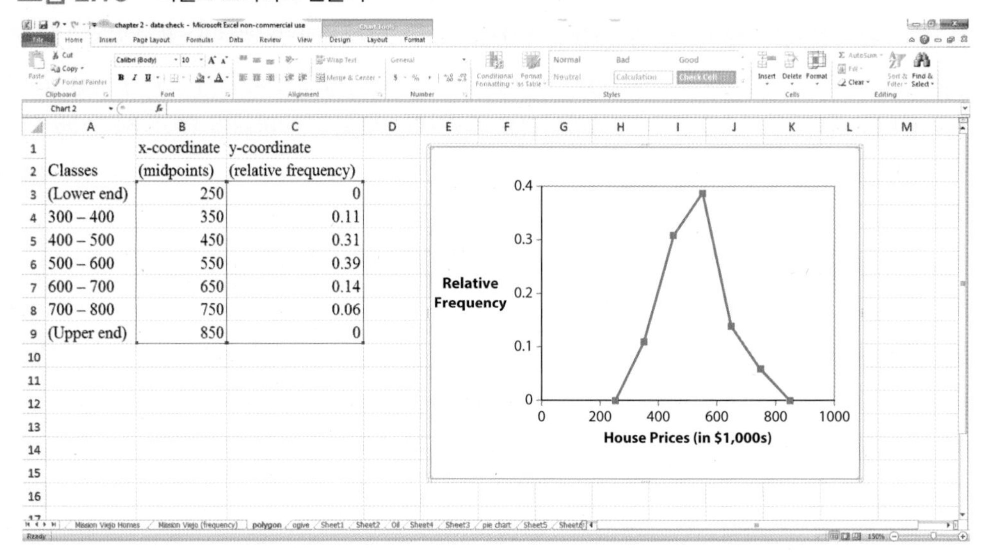

	A	B	C
1		x-coordinate	y-coordinate
2	Classes	(midpoints)	(relative frequency)
3	(Lower end)	250	0
4	300 – 400	350	0.11
5	400 – 500	450	0.31
6	500 – 600	550	0.39
7	600 – 700	650	0.14
8	700 – 800	750	0.06
9	(Upper end)	850	0

사례요약

2010년 6월, 매튜 에드워즈(Matthew Edwards)는 캘리포니아 미션비에호의 주택 36채의 매매가를 워싱턴 시애틀에 있는 고객을 위해 검토하였다. 여러 도수분포를 만들어본 후 그는 다음과 같은 결론을 내릴 수 있었다. 이 기간 동안 주택 매매가는 $300,000에서 $800,000 사이였다. 대부분의 주택이 (14채) $500,000에서 $600,000 사이에서 팔렸고, 이는 대략 고객이 생각하는 가격범위이다. $600,000 미만으로 팔린 주택은 29채였다. 고객이 시애틀 지역의 주택매매와 비교를 할 수 있게 상대빈도로 데이터를 전환하니 매튜는 매매된 주택 중 39%가 $500,000에서 $600,000 사이에서 팔렸다는 것을 발견했다. 또한 매매된 주택 중 81%가 $600,000 미만으로 팔렸고, 이는 $600,000 이상으로 팔린 주택이 19%임을 의미한다.

연습문제 2.2

기본문제

15. 다음과 같은 데이터로 :

4	10	8	7	6	10	11	14	13	14
3	9	8	5	7	6	10	3	11	11
8	8	4	5	5	12	12	3	8	8

a. 3 이상 5 미만, 5 이상 7 미만, …의 계급을 사용하여 도수분포를 만들어보라.

b. 상대도수, 누적도수, 그리고 누적상대도수분포를 만들어보라.

c. 7 이상이지만 9 미만인 관측치의 수는 몇 개인가? 9 미만인 관측치의 수는 몇 개인가?

d. 관측치 중 몇 퍼센트가 7 이상이나 9 미만인가? 관측치 중 몇 퍼센트가 9 미만인가?

e. 상대도수 히스토그램을 그려라.

f. 오자이브를 그려라.

16. 다음과 같은 데이터로 :

4	10	8	7	6	10	11	14	13	14
3	9	8	5	7	6	10	3	11	11
8	8	4	5	5	12	12	3	8	8
10	−9	28	14	−5	9	11	5	8	−3
33	−4	2	3	22	25	5	29	26	0
−8	−5	0	15	−4	35	21	15	19	23
4	6	−2	12	24	36	15	3	−5	2

a. −10 이상 0 미만, 0 이상 10 미만, …의 계급을 사용하여 도수분포를 만들어보라. 10 이상 20 미만인 관측치는 몇 개인가?
b. 상대도수분포와 누적상대도수분포를 만들어보라. 몇 퍼센트의 관측치가 10 이상 20 미만인가? 몇 퍼센트의 관측치가 20 미만인가?
c. 상대도수 폴리곤을 그려라. 분포가 대칭적인가? 그렇지 않다면 어떻게 기울어져 있는가?

17. 다음의 도수분포로 :

계급	도수
10에서 20	12
20에서 30	15
30에서 40	25
40에서 50	4

a. 상대도수분포를 만들어보라. 상대도수 히스토그램을 그려라.
b. 누적도수분포와 누적상대도수분포를 만들어보라.
c. 30 이상 40 미만인 관측치는 몇 퍼센트인가? 40 미만인 관측치는 몇 퍼센트인가?

18. 다음의 도수분포로 :

계급	도수
1000에서 1100	2
1100에서 1200	7
1200에서 1300	3
1300에서 1400	4

a. 상대도수분포를 만들어보라. 1100 이상 1200 미만인 관측치는 몇 퍼센트인가?
b. 누적도수분포를 만들어보라. 1300 미만인 관측치는 몇 개인가?
c. 도수 히스토그램을 그려라.

19. 다음의 누적도수분포로 :

계급	누적도수
15에서 25	30
25에서 35	50
35에서 45	120
45에서 55	130

a 도수분포를 만들어보라. 35 이상 45 미만인 관측치는 몇 개인가?
b. 도수 히스토그램을 그려라.
c. 45 미만인 관측치는 몇 퍼센트인가?

20. 다음의 상대도수분포로 :

계급	상대도수
−20에서 −10	0.04
−210에서0	0.28
0에서 10	0.26
10에서20	0.22
20에서30	0.20

a. 상대도수분포가 50개의 관측치 표본으로 만들어졌다고 할 때, 도수분포를 만들어보라. −10 이상 0 미만인 관측치는 몇 개인가?
b. 누적도수분포를 만들어보라. 20 미만인 관측치는 몇 개인가?
c. 상대도수 폴리곤을 그려라.

21. 다음의 누적상대도수분포로 :

계급	누적상대도수
150 에서200	0.10
200에서250	0.35
250에서300	0.70
300에서350	1

a. 상대도수분포를 만들어보라. 250 이상 300 미만인 관측치는 몇 퍼센트인가?
b. 오자이브를 그려라.

응용문제

22. 키플링어스(Kiplinger's)는 2000년 7월 다음과 같이 상위 20개 뮤추얼펀드의 자산($10억 단위)을 나열하였다.

$99.8	49.7	86.3	109.2	56.9
88.2	44.1	58.8	176.7	49.9
61.4	128.8	53.6	95.2	92.5
55.0	96.5	45.3	73.0	70.9

a. 40 이상 70 미만, 70 이상 100 미만, …의 계급을 사용하여 도수분포를 만들어보라.
b. 상대도수분포, 누적도수분포, 누적상대도수분포를 만들어보라.
c. 자산이 $100 이상 $130($10억 단위) 미만인 펀드는 몇 개인가? 자산이 $160($10억 단위) 미만인 펀드는 몇 개인가?
d. 자산이 $70 이상 $100($10억 단위) 미만인 펀드는 몇 퍼센트인가? 자산이 $130($10억 단위) 미만인 펀드는 몇 퍼센트인가?
e. 히스토그램을 만들어보라. 분포의 형태에 대해 설명하라.

23. 지난달 13세 어린이들 25명이 보낸 문자의 수는 다음과 같다.

630	516	892	643	627	510	937	909	654
817	760	715	605	975	888	912	952	701
744	793	852	504	562	670	685		

a. 500 이상 600 미만, 600 이상 700 미만, …의 계급을 사용하여 도수분포를 만들어보라.
b. 상대도수분포, 누적도수분포, 누적상대도수분포를 만들어보라.
c. 13세 어린이들 중 몇 명이 600개 이상에서 700개 미만의 문자를 보냈는가? 800개 미만의 문자를 보낸 어린이는 몇 명인가?
d. 13세 어린이 몇 퍼센트가 500개 이상 600개 미만의 문자를 보냈는가? 700개 미만의 문자를 보낸 13세 어린이는 몇 퍼센트인가?
e. 폴리곤을 만들어보라. 분포의 형태에 대해 설명하라.

24. 어큐웨더닷컴(accuweather.com)은 유럽 33개 도시의 2010년 7월 21일 최고기온(화씨)에 대해 다음과 같이 나열했다.

75	92	81	85	90	73	94	95	81	64	85
62	84	85	81	86	90	79	74	90	91	95
88	87	81	73	76	86	90	83	75	92	83

a. 60 이상 70 미만, 70 이상 80 미만, …의 계급을 사용하여 도수분포를 만들어보라.
b. 상대도수분포, 누적도수분포, 누적상대도수분포를 만들어보라.
c. 몇 개의 도시에서 최고기온이 화씨 80도 미만이었나?
d. 몇 퍼센트의 도시에서 최고기온이 화씨 80 이상 90 미만이었나? 몇 퍼센트의 도시에서 최고기온이 화씨 90 미만이었나?
e. 폴리곤을 만들어보라. 분포의 형태에 대해 설명하라.

25. 50개 도시의 지역 아파트 공실률(퍼센트) 정보가 다음의 도수분포에서 제공되었다.

공실률	도수
0에서 3	5
3에서 6	10
6에서 9	20
9에서 12	10
12에서 15	5

a. 상대도수분포, 누적도수분포, 누적상대도수분포를 만들어보라.
b. 공실률이 12% 미만인 도시는 몇 개인가? 몇 퍼센트의 도시에서 공실률이 6% 이상 9% 미만인가? 몇 퍼센트의 도시에서 공실률이 9% 미만인가?
c. 히스토그램을 만들어보라. 분포의 형태에 대해 설명하라.

26. 다음의 상대도수분포는 작년에 출산을 한 여성들의 나이를 요약한 것이다.

나이	상대도수
15에서 20	0.10
20에서 25	0.25
25에서 30	0.28
30에서 35	0.24
35에서 40	0.11
40에서 45	0.02

출처: The Statistical Abstract of the United States, 2010.

a. 상대도수분포가 2000명의 여성 표본으로 만들어졌다고 할 때, 도수분포, 누적도수분포, 누적상대도수분포를 만들어보라.
b. 몇 퍼센트의 여성이 25세 이상 30세 미만이었는가? 몇 퍼센트의 여성이 35세 미만이었는가?
c. 상대도수 폴리곤을 만들어보라. 분포의 형태에 대해 설명하라.
d. 오자이브를 만들어보라. 그래프를 사용하여 분포 중간 50%에 해당하는 나이를 대략적으로 말하라.

27. 대학 근처에 위치한 나이트클럽 매니저가 최근 100명의 손님의 나이를 다음의 누적도수분포에 기록했다.

나이	누적도수
18에서 22	45
22에서 26	70
26에서 30	85
30에서 34	96
34에서 38	100

a. 도수분포, 상대도수분포, 누적상대도수분포를 만들어보라.
b. 몇 명의 손님이 26세 이상 30세 미만이었는가? 몇 퍼센트의 손님이 22세 이상 26세 미만이었는가? 34세 미만의 손님은 몇 퍼센트였는가? 34세 이상의 손님은 몇 퍼센트였는가?

c. 히스토그램을 만들어보라. 분포의 형태에 대해 설명하라.

28. 다음 상대도수 히스토그램은 미국 50개주의 가구소득 중앙값을 요약하고 있다.

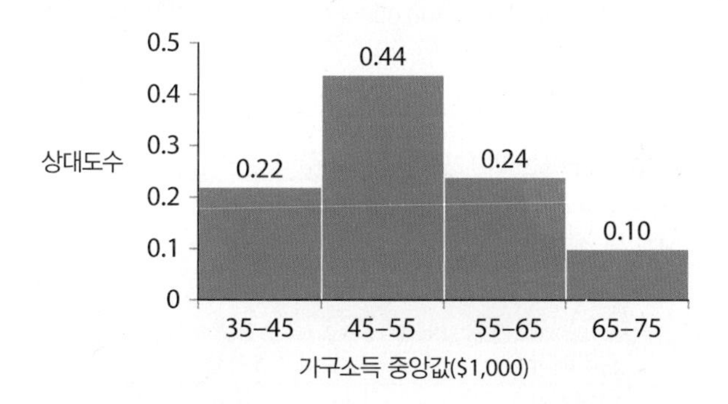

a. 분포가 대칭적인가? 그렇지 않다면, 오른쪽 혹은 왼쪽으로 기울었는가?

b. 가구소득 중앙값이 $45,000 이상 $55,000 미만인 주는 몇 퍼센트인가?

c. 가구소득 중앙값이 $35,000 이상 $55,000 미만인 주는 몇 퍼센트인가?

29. 다음 오자이브는 미국 50개주의 가구소득 중앙값을 요약하고 있다.

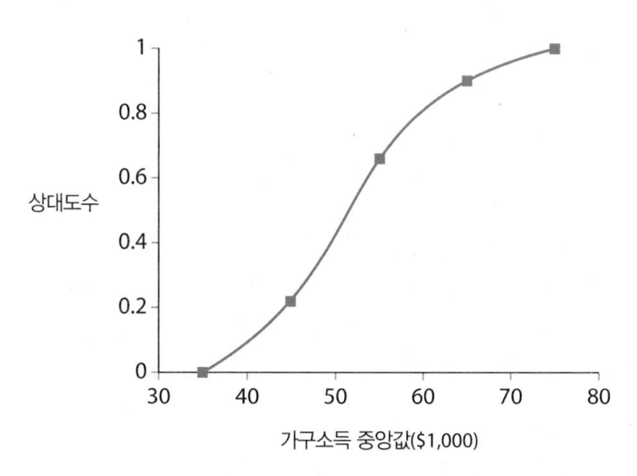

a. 분포가 대칭적인가? 그렇지 않다면, 오른쪽 혹은 왼쪽으로 기울었는가?

b. 가구소득 중앙값이 $50,000 미만인 주는 몇 퍼센트인지 대략적으로 말하라.

c 가구소득 중앙값이 $60,000 미만인 주는 몇 퍼센트인지 대략적으로 말하라.

30. 다음 히스토그램은 2007년부터 2011년까지 애플사(Apple Inc.)의 월별 주가를 요약하고 있다(출처 : http://finance.yahoo.com, 2012년 4월 20일에 뽑은 데이터).

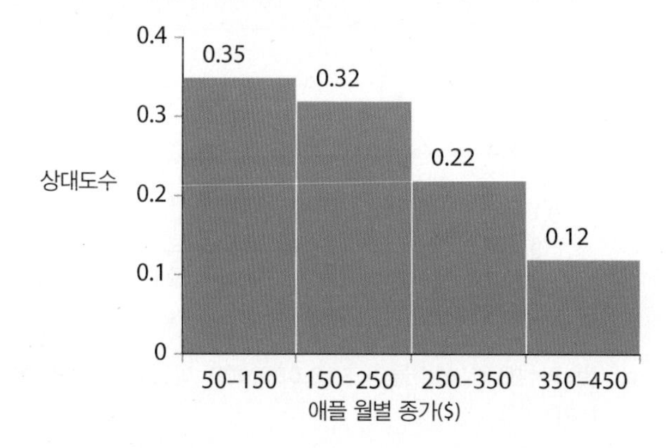

a. 분포가 대칭적인가? 그렇지 않다면, 오른쪽 혹은 왼쪽으로 기울었는가?

b. 5년간, 최소월별주가와 최대월별주가를 대략적으로 말하라.

c. 5년간, 어떤 계급이 가장 높은 상대도수를 보이는가?

31. 다음 히스토그램은 2012년 NBA에서 가장 높은 몸값을 받는 30명의 선수들의 연봉($백만)을 요약하고 있다(출처 : http://nba.com, 2012년 3월에 뽑은 데이터).

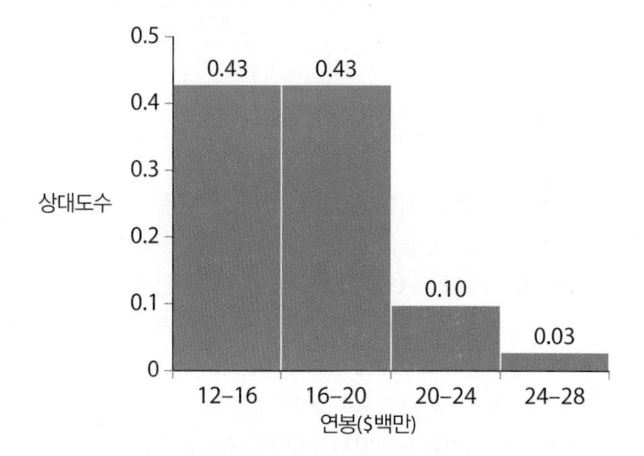

a. 분포가 대칭적인가? 그렇지 않다면, 오른쪽 혹은 왼쪽으로 기울었는가?

b. 몇 명의 NBA 선수들이 $20,000,000 이상 $24,000,000 미만의 연봉을 받는가?

c. 몇 명의 NBA 선수들이 (대략적으로) $12,000,000 이상 $20,000,000 미만의 연봉을 받는가?

32. 다음 오자이브는 2012년 NBA에서 가장 높은 몸값을 받는 30명의 선수들의 연봉($백만)을 요약하고 있다(출처 : http://nba.com, 2012년 3월에 뽑은 데이터).

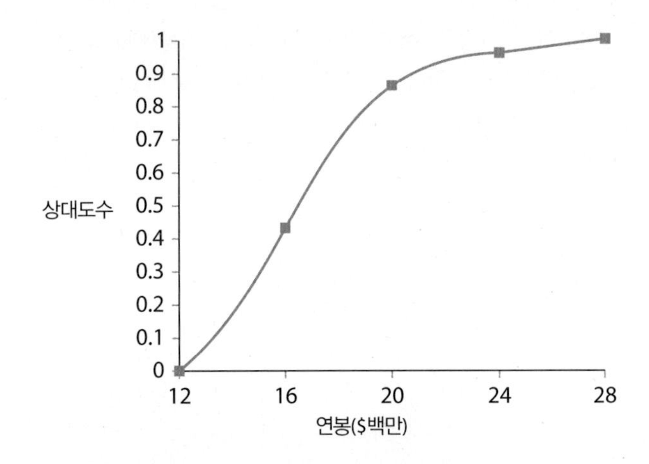

a. 몇 퍼센트의 선수들이 $18,000,000 미만의 연봉을 받는가?

b. 몇 퍼센트의 선수들이 $14,000,000 이상의 연봉을 받는가?

33. FILE 다음 표는 각 주의 2009년 SAT 수학 평균점수 일부를 나열하고 있다. 데이터 전체(***Math_SAT***)는 교과서 웹사이트에서 볼 수 있다.

주	SAT
앨라배마	552
알래스카	516
⋮	⋮
와이오밍	568

출처 : www.collegeboard.com

a. 450에서 500, 501에서 550, …계급을 사용하여 도수분포와 히스토그램을 만들어보라. 분포의 형태에 대해 설명하라. 수학 평균점수가 551점에서 600점 사이인 주는 몇 개인가?

b. 상대도수, 누적도수, 누적상대도수를 만들어보라.

c. 수학 평균점수가 550점 이하인 주는 몇 개인가?

d. 몇 퍼센트의 주에서 수학 평균점수가 551점에서 600점 사이인가? 몇 퍼센트의 주에서 수학 평균점수가 550점 이하인가?

34. FILE 다음 표는 2010년 미국 인구총조사에서 기록된 50개주의 중앙 주택가격의 일부를 나열하고 있다. 데이터 전체(***Census***)는 교과서 웹사이트에서 볼 수 있다.

주	주택가격
앨라배마	$117,600
알래스카	229,100
⋮	⋮
와이오밍	174,000

a. 계급 상한값 $100,000, $200,000, …를 사용해 여섯 개의 계급으로 중앙 주택가격 도수분포와 히스토그램을 만들어보라.

b. 이 분포는 대칭적인가? 그렇지 않다면, 오른쪽 혹은 왼쪽으로 기울었는가?

c. 가장 높은 도수를 보이는 계급구간은?

d. 중앙 주택가격이 $300,000에서 $400,000 사이인 주는 몇 퍼센트인가?

e. 중앙 주택가격이 $300,000 미만인 주는 몇 개인가?

35. FILE 다음 표는 2012년 4월 50개주의 평균 갤런당 유가의 일부를 나열하고 있다. 데이터 전체(***Gas_Prices***)는 교과서 웹사이트에서 볼 수 있다.

주	갤런당 가격
앨라배마	$4.36
알래스카	3.79
⋮	⋮
와이오밍	3.63

출처: www.AAA.com, 2012년 4월 16일 뽑은 데이터

a. 계급 상한값 $3.70, $3.90, …를 사용해 여섯 개의 계급으로 평균 유가 도수분포와 히스토그램을 만들어보라.

b. 이 분포는 대칭적인가? 그렇지 않다면, 오른쪽 혹은 왼쪽으로 기울었는가?

c. 가장 높은 도수를 보이는 계급구간은?

d. (a)의 결과값으로 오자이브를 만들어보라. 평균 유가가 $3.9 이하인 주는 대략 몇 퍼센트인가? 평균 유가가 $3.9 초과인 주는 대략 몇 퍼센트인가?

36. FILE 2012년 첫 3개월간 주식시장은 지난 10년간 최고의 1사분기 수익을 올렸다(Money.cnn.com, 2012.4.9). 다음 표는 그 기간 중 다우존스산업종합지수(DJIA) 일별 지수를 일부 나열하고 있다. 데이터 전체(***DJIA_2012***)는 교과서 웹사이트에서 볼 수 있다.

날짜	DJIA지수
January 3, 2012	12,397
January 4, 2012	12,418
⋮	⋮
March 31, 2012	13,212

출처 : www.AAA.com, 2012년 4월 20일 뽑은 데이터

a. 계급 상한값 12,500, 12,750, …을 사용해 다섯 개의 계급으로 DJIA지수 도수분포와 히스토그램을 만들어보라. 이 사분기 동안 DJIA가 12,500 미만으로 떨어진 날은 며칠인가?

b. 상대도수 폴리곤을 만들어보라. 이 분포는 대칭적인가? 그렇지 않다면, 오른쪽 혹은 왼쪽으로 기울었는가?

c. 오자이브를 만들어보라. DJIA가 13,000 미만으로 떨어진 날은 대략 1사분기 중 몇 퍼센트인가?

2.3 줄기-잎 그림(stem-and-leaf diagram)

유명한 통계학자 존 투키(1915-2000)는 양적 데이터를 나타내는 또 다른 시각적인 방법을 제공했다. **줄기-잎 그림**(stem-and-leaf diagram)은 데이터를 분석할 때 예비적인 단계이다. 데이터가 어디에 집중해 있고, 중심에서부터 어떻게 퍼져 있는지에 대한 전반적인 그림을 제공해 유용하다.

학습목표 **2.5**

줄기-잎 그림(stem-and-leaf diagram)을 그리고 해석

양적 데이터의 그래프적 표현 : 줄기-잎 그림

줄기-잎 그림(stem-and-leaf diagram)은 데이터 값들을 두 부분으로 나누어 만든다 : **줄기**는 값의 가장 왼쪽 자릿수로 구성되고, **잎**은 마지막 자릿수로 구성된다.

줄기-잎 그림을 설명하는 가장 좋은 방법은 예제를 보는 것이다.

예제 2.6

표 2.15는 2010년 세계에게 가장 부유한 사람 25명의 나이를 나타내고 있다. 이 데이터(***Wealthiest_People***)는 교과서 웹사이트에서 볼 수 있다. 줄기-잎 그림을 만들고 해석하라.

FILE

표 2.15 세계에게 가장 부유한 사람, 2010

이름	나이	이름	나이
Carlos Slim Helu	70	Li Ka-shing	81
William Gates III	54	Jim Walton	62
Warren Buff et	79	Alice Walton	60
Mukesh Ambani	52	Liliane Bettencourt	87
Lakshmi Mittal	59	S. Robson Walton	66
Lawrence Ellison	65	Prince Alwaleed Alsaud	54
Bernard Arnault	61	David Thomson	52
Eike Batista	53	Michael Otto	66
Amancio Ortega	74	Lee Shau Kee	82
Karl Albrecht	90	Michael Bloomberg	68
Ingvar Kamprad	83	Sergey Brin	36
Christy Walton	55	Charles Koch	74
Stefan Persson	62		

Forbs Media LLC 2011© 허락하에 게재

풀이: 각각의 나이의 십의 자릿수가 줄기를 표시한다고 하면, 나머지 한 자릿수는 잎이 된다. 그런 다음 데이터의 가장 낮은 값과 높은 값을 확인한다. 세르게이 브린(Sergey Brin)은 36세(줄기:3, 잎:6)로 이 그룹 중 가장 어리며, 칼 알브레츠(Karl Albrecht)는 90세(줄기:9, 잎:0)로 가장 나이가 많다. 이 값들은 줄기의 처음과 마지막 값이 된다. 이는 표 2.16에서 보듯 줄기 값이 3,4,5,6,7,8,9가 됨을 의미한다.

그 다음 우리는 세계에서 가장 부유한 70세(줄기:7, 잎:0)의 카를로스 슬림 엘루(Carlos Slim Helu)에서부터 시작한다. 표 2.16 A에서 볼 수 있듯이 0을 줄기7에 해

표 2.16 예제 2.6 줄기-잎 그림 만들기

Panel A		Panel B		Panel C	
줄기	잎	줄기	잎	줄기	잎
3		3	6	3	6
4		4		4	
5		5	4 2 9 3 5 4 2	5	2234459
6		6	5 1 2 2 0 6 6 8	6	01225668
7	0	7	0 9 4 4	7	0449
8		8	3 1 7 2	8	1237
9		9	0	9	0

당하는 행에 놓는다. 이를 되풀이하여 표 2.16 B에 나온 값들을 얻는다. 마지막으로, 각각의 잎 행이 순서대로 정리한 C가 줄기-잎 그림이다.

줄기-잎 그림(표 2.16 C)은 최초의 25개 값을 더욱 정리된 형태로 보여준다. 그림에서 우리는 쉽게 범위가 36에서 90임을 관찰할 수 있다. 60대가 8명이 있어 많은 수의 부자가 집중되었고, 50대가 7명으로 그 뒤를 이었다. 또한 세계에서 가장 부유한 사람들의 나이는 그 분포가 완벽하게 대칭적이지 않다. 줄기-잎 그림은 옆으로 돌려진 히스토그램과 비슷한데, 원래의 값을 계속 가지고 있는 장점도 추가로 가지고 있다.

연습문제 2.3

기본문제

37. 다음의 데이터로 :

5.4	4.6	3.5	2.8	2.6	5.5	5.5	2.3	3.2	4.2
4.0	3.0	3.6	4.5	4.7	4.2	3.3	3.2	4.2	3.4

줄기-잎 그림을 만들어보라. 이 분포는 대칭적인가? 설명하라.

38. 다음의 데이터로 :

−64	−52	−73	−82	−85	−80	−79	−65	−50	−71
−80	−85	−75	−65	−77	−87	−72	−83	−73	−80

줄기-잎 그림을 만들어보라. 이 분포는 대칭적인가? 설명하라.

응용문제

39. 주말 동안 오버브룩 병원(Overbrook Hospital) 응급실을 방문한 환자 표본의 체온은 다음과 같다.

100.4	99.6	101.5	99.8	102.1	101.2	102.3	101.2	102.2	102.4
101.6	101.5	99.7	102.0	101.0	102.5	100.5	101.3	101.2	102.2

줄기-잎 그림을 만들고 해석하라.

40. 7월 어느 날 미국 도시들의 낮 최고기온이 다음과 같았다.

84	92	96	91	96	94	93	82	81	76
90	95	84	90	84	98	94	90	83	78
88	96	106	78	92	98	91	84	80	94
94	93	107	87	77	99	94	73	74	92

줄기-잎 그림을 만들고 해석하라.

41. 제한속도 65마일인 고속도로90 일부 구간에서의 과속이 우려된 경찰관이 25대의 차와 트럭의 속도를 레이더총을 사용하여 다음과 같이 측정하였다.

66	72	73	82	80	81	79	65	70	71
80	75	75	65	67	67	72	73	73	80
81	78	71	70	70					

줄기-잎 그림을 만들고 해석하라. 경찰관이 우려할 만한가?

42. 스페인이 네덜란드를 1 대 0으로 꺾고 2010 월드컵 우승을 차지하였다. 각 팀 선수들의 나이는 다음과 같다. 각 국가의 줄기-잎 그림을 만들고 해석하라. 두 데이터의 비슷한 점과 다른 점을 설명하라.

스페인									
29	25	23	30	32	25	29	30	26	29
21	28	24	21	27	22	25	21	23	24
네덜란드									
27	22	26	30	35	33	29	25	27	25
35	27	27	26	23	25	23	24	26	39

2.4 산점도(scatterplots)

학습목표 **2.6**

산점도(scatterplot)를 그리고 해석

지금까지 본 표와 그래프들은 한 변수를 설명하는 데 집중했다. 그러나 두 개의 변수 사이의 관계가 궁금한 경우도 많다. 여러 분야에서 어떻게 한 변수가 체계적으로 다른 변수에 영향을 미치는지를 조사한다. 예를 들어, 어떻게

- 소득이 교육에 따라 달라지는지
- 매출이 광고비에 따라 달라지는지
- 주가가 기업수익에 따라 달라지는지
- 곡물 수확량이 비료 사용에 따라 달라지는지
- 콜레스테롤 레벨이 식단 섭취에 따라 달라지는지
- 몸무게가 운동에 따라 달라지는지 등이다.

산점도(scatterplots)

산점도는 두 양적 변수 사이에 어떤 체계적인 관계가 있는지를 밝히는 데 도움을 주는 그래프 도구이다. 그림에서의 점은 두 변수의 알려진 값이나 관측치의 짝을 나타낸다.

산점도를 만들 때, 보통 한 변수를 x라 하여 가로축에 놓고, 또 다른 변수를 y라 하여 세로축에 놓는다. 그 다음 각각의 쌍을 좌표에 표시한다: (x_1, y_1), (x_2, y_2), ⋯ 데이터가 좌표에 표시되고 나면, 그래프는 다음을 알려준다.

- 두 변수 사이에 선형 관계가 존재하는지
- 두 변수 사이에 곡선형 관계가 존재하는지
- 두 변수 사이에 관계가 존재하지 않는지

예를 들어, 그림 2.17 (a)에서는 산점도의 점들이 우상향하는 선 위에 무리를 지은 것을 볼 수 있으며, 이를 바탕으로 두 변수 사이에 정적인 선형 관계가 있음을 추측할 수 있다. (b) x가 증가함에 따라 y는 더 빠르게 증가하는 정적인 곡선형 관계를 보여준다. (c)의 점들은 패턴이 없이 흩어져 있는데, 이는 두 변수 사이에 관계가 존재하지 않음을 나타낸다.

그림 2.17 두 변수 사이의 관계를 나타내는 산점도

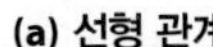

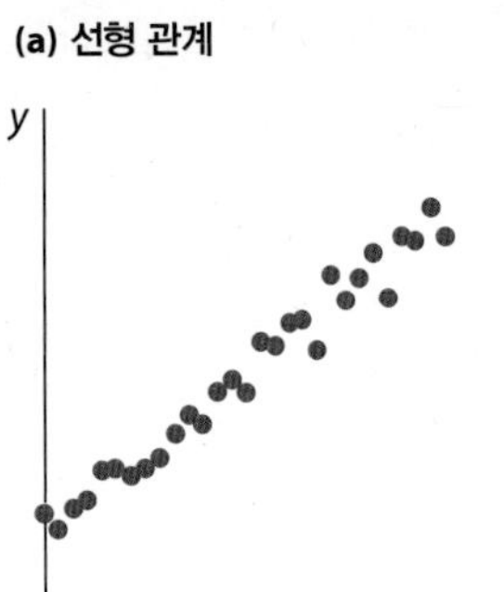

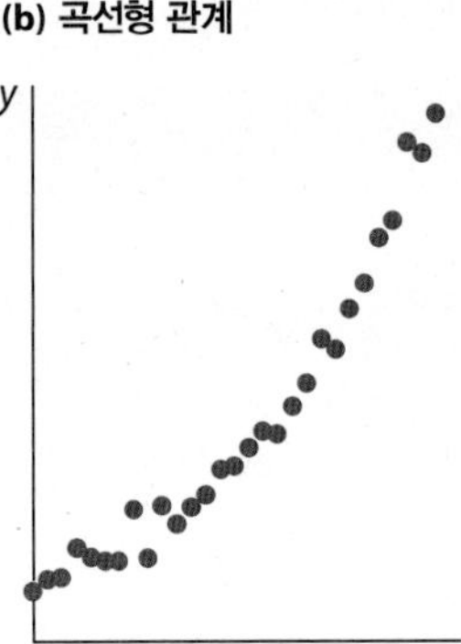

(c) 관계 없음

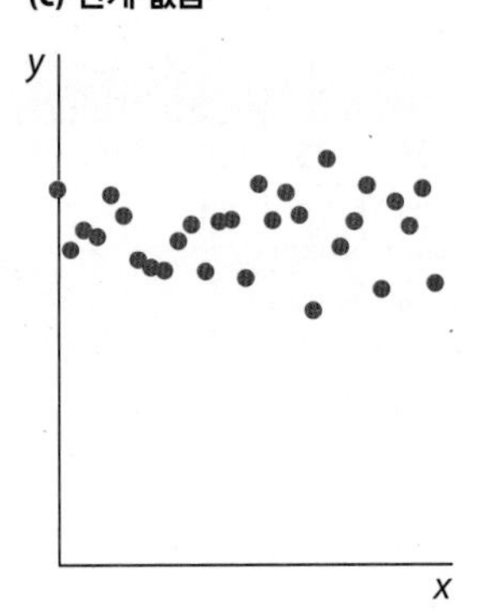

예제 2.7

사회과학자가 교육달성도와 소득 사이의 관계를 분석하고 싶어한다. 교육은 고등교육 수학연수, 소득은 개인 연간소득을 천달러 단위로 나타낸 표 2.17의 데이터를 수집했다. 산점도를 만들고 해석하라.

표 2.17 여덟 개인의 교육과 소득

개인	교육	소득
1	3	45
2	4	56
3	6	85
4	2	35
5	5	55
6	4	48
7	8	100
8	0	38

풀이: x를 교육, y를 소득으로 놓는다. 첫 번째 개인의 데이터 (3, 45), 두 번째 개인의 데이터 (4, 56), …를 좌표에 표시한다. 그래프는 그림 2.18과 비슷해야 한다.

그림 2.18 교육과 소득의 산점도

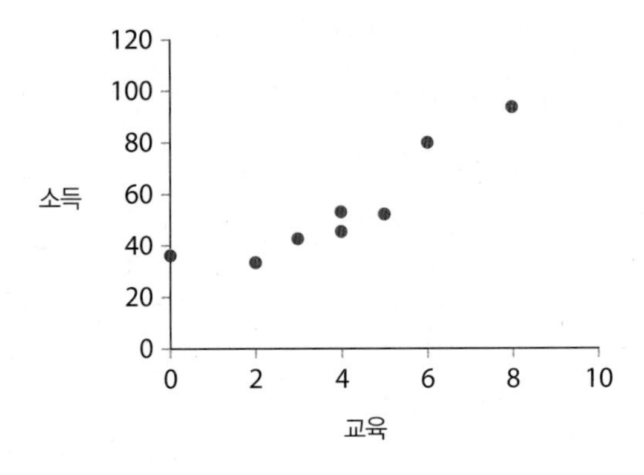

예상했던 것처럼, 두 변수 사이의 정적인 상관관계를 관찰할 수 있다. 교육이 증가할수록 소득도 증가하는 경향이 있다.

엑셀을 사용하여 산점도 그리기

A. 산점도를 그리기 위해, x와 y좌표를 엑셀에 입력한다. 여기서는 예제 2.7의 데이터를 사용했다.

B. 그림 2.19에서 볼 수 있듯이, x와 y좌표를 선택하고 **삽입**>**분산형**을 고른다. 왼쪽 위에 있는 그래프를 선택한다.

그림 2.19 엑셀로 산점도 그리기

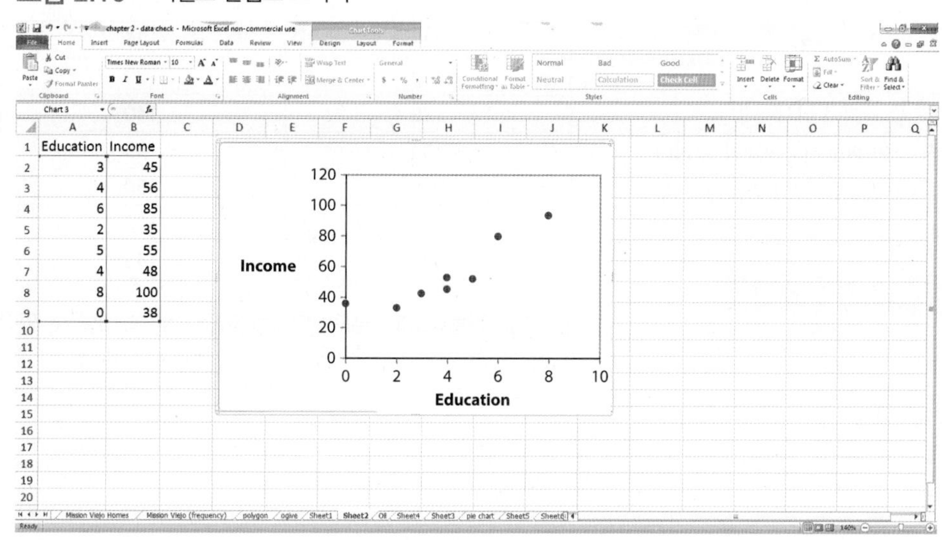

연습문제 2.4

기본문제

43. 다음의 데이터로 산점도를 만들어보라. x와 y 사이의 관계를 분류하라.

x	3	7	12	5	6
y	22	10	5	14	12

44. 다음의 데이터로 산점도를 만들어보라. x와 y 사이에 선형 관계가 존재하는가?

x	10	4	6	3	7
y	3	2	6	6	4

45. 다음의 데이터로 산점도를 만들어보라. x와 y 사이의 관계를 분류하라.

x	1	2	3	4	5	6	7	8
y	22	20	18	10	5	4	3	2

응용문제

46. 통계 강사가 학생이 기말고사 공부에 쓰는 시간(시간)과 기말고사 성적(성적) 사이에 관계가 존재하는지를 조사하고 싶어한다. 학생 8명의 표본을 뽑았다.

시간	8	2	3	8	10	15	25	5
성적	75	47	50	80	85	88	93	55

산점도를 만들어보라. 산점도를 보고 내릴 수 있는 결론은 무엇인가?

47. 최근에 진행된 연구에서 임신중 엄마의 체중이 많이 증가할수록 8파운드 13온스 혹은 4킬로그램이 넘는 과체중 아기를 낳을 위험이 높다는 증거가 제시되었다(월스트리트저널, 2010.8.5). 과체중인 아이들은 성인이 되어서도 비만일 가능성이 높다. 여덟 엄마의 임신중 체중증가(단위: 킬로그램)와 신생아의 출산체중(단위: 킬로그램)이 다음 표에 기록되어 있다.

엄마의 체중증가	신생아 출산체중
18	4.0
7	2.5
8	3.0
22	4.5
21	4.0
9	3.5
8	3.0
10	3.5

산점도를 만들어보라. 연구를 지지하는 결과가 나왔는가?

48. 위험을 분산하기 위해 투자자들은 수익률이 상관관계가 없거나 부적인 상관관계를 보이는 자산들에 투자하는 것이 권장된다. 두 자산의 연간수익률 데이터가 아래와 같다.

수익률	AB
−20%	8%
−5	5
18	−1
15	−2
12	2

산점도를 만들어보라. 분산의 목적을 고려할 때, 이 두 자산을 포트폴리오에 포함시키는 것이 현명한가? 설명하라.

49. 주택가격과 주택이 팔리는 데까지 걸리는 시간 사이의 관계가 존재하는지를 알아보기 위해 부동산업자가 다음과 같은 여덟 채의 주택 매매 데이터를 모았다.

가격(천 달러)	집을 팔 때까지 걸린 시간(일)
265	136
225	125
160	120
325	140
430	145
515	150
180	122
426	145

산점도를 만들어보라. 부동산업자는 어떤 결론을 내릴 수 있겠는가?

통계를 사용한 글쓰기

이 장에서 소개된 표와 그래프는 통계를 사용한 대부분의 연구와 보고서의 출발점이다. 표와 그래프는 데이터를 정리해 데이터의 패턴과 추세를 볼 수 있게 돕고, 이를 바탕으로 이 책 뒷장에서 다루어질 방법들을 사용해서 분석하게 된다. 이 섹션에서는 샘플 보고서에서 표와 그래프를 사용하는 예를 보여준다. 앞으로 각 장에서는 그 장에서 다룬 개념들을 포함한 샘플 보고서를 소개한다.

카밀라 월포드(Camila Walford)는 전국지에 새로 고용된 기자이다. 그녀에게 첫 번째 맡겨진 일은 독립기념일 휴일이 있는 주간의 휘발유 가격을 분석하는 것이다. 그녀는 48개 주와 DC의 평균 휘발유 가격을 수집했고, 이 중 일부는 표 2.18에 나타나 있다. 데이터(***Gas_Prices_2010***)는 교과서 웹사이트에서 찾을 수 있다.

표 2.18 미국 휘발유 가격, 2010.7.2

FILE

주	평균 가격(갤런당 $)
앨라배마	$2.59
아칸소	2.60
⋮	⋮
와이오밍	2.77

출처: AAA's Daily Fuel Gauge Report, 2010.7.2.

카밀라는 표본 정보를 사용하여

1. 데이터를 요약하는 도수분포를 만들고
2. 휘발유 가격을 요약하고
3. 분포에서 얻을 수 있는 정보를 그래프로 나타내기를 바란다.

보고서 예시 – 미국 휘발유 가격

미국에서는 역사적으로 독립기념일 주간에는 많은 사람들이 휴가를 내고 바닷가, 호수 혹은 산으로 여행을 간다. 사람들은 차를 이용해 많이 움직이며, 이는 휘발유 가격을 신경쓰게 한다. 다음의 보고서는 독립기념일 주간 휘발유 가격에 대한 분석을 제공하고 있다.

분석은 미국의 48개 주와 컬럼비아 특별구의(설명의 편의를 위해 49개 주라고 하자) 평균 휘발유 가격에 중점을 두고 있다. 휘발유 가격의 범위는 낮게는 갤런당 $2.52에서(남 캐롤라이나) 높게는 갤런당 $3.15(캘리포니아)이다. 휘발유 가격이 극단 값 사이에서 어떻게 분포하는지를 보기 위해 표 2.A에서 볼 수 있는 여러 가지 도수분포로 정리되었다. 예를 들어 대부분의 주에서(49개 주 중 17개 주에서) 평균 휘발유 가격은 갤런당 $2.7에서 $2.8 사이였다. 똑같이, 상대 도수 열을 보면, 35%의 주가 이 범위의 평균 가격을 보이고 있다. 누적도수열은 35개 주의 평균 휘발유 가격이 갤런당 $2.8 아래라는 것을 보여준다. 마지막으로, 마지막 열은 72%의 주의(표본의 거의 3/4) 평균 가격이 갤런당 $2.8 미만이라는 것을 보여준다.

표 2.A 미국 휘발유 가격 도수분포, 2010.7.2

평균 가격	수	상대도수	누적도수	누적상대도수
2.50에서 2.60	5	0.10	5	0.10
2.60에서 2.70	13	0.27	18	0.37
2.70에서 2.80	17	0.35	35	0.72
2.80에서 2.90	8	0.16	43	0.88
2.90에서 3.00	4	0.08	47	0.96
3.00에서 3.10	1	0.02	48	0.98
3.10에서 3.20	1	0.02	49	1.00
	표본 크기 = 49			

그림 2.A 전국 평균 휘발유 가격 히스토그램

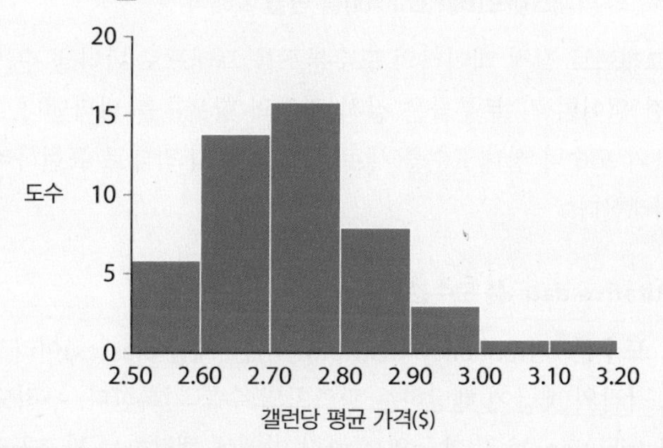

그림 2.A는 표 2.A의 도수분포를 그래프로 만든 휘발유 가격의 히스토그램을 나타내고 있다. 이 그래프는 전국 평균 휘발유 가격이 갤런당 $2.5에서 $3.2 사이임을 강조하고 있다. 뿐만 아니라 분포가 오른쪽으로 기울어진 것을 보이고 있다. 단지 두 주(캘리포니아와 워싱

턴)만이 갤런당 $3가 넘는 휘발유 가격을 받고 있다.

그림 2.B의 오자이브는 또 다른 유용한 데이터의 시각적 표현이다. 오자이브 그래프는 표 2.A의 누적상대도수분포를 바탕으로 만들었다. 오자이브는 "중간"값을 대략적으로 가늠하는 데 유용하다. 상대도수 0.5에서 수평선을 그으면, 그래프와 만나는 점이 "중간"값, $2.75에 해당한다. 이는 반 정도의 주의 주유소에서 이 가격 이상을 받고 반 정도의 주의 주유소에서 이 가격 이하를 받음을 의미한다.

그림 2.B 전국 평균 휘발유 가격 오자이브

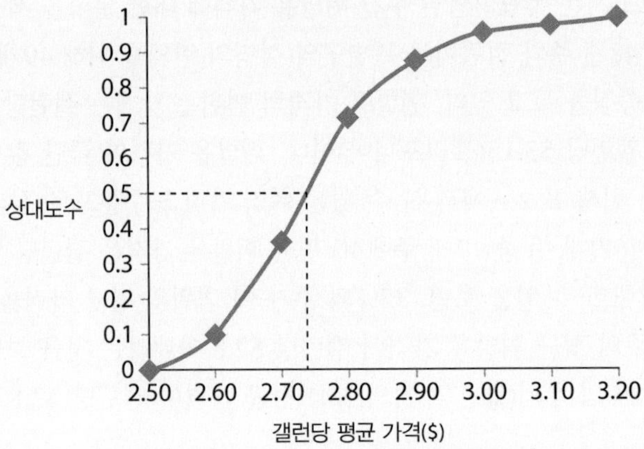

개념정리

학습목표 **2.1**

질적 데이터(qualitative data)를 도수분포로 요약

질적 데이터(qualitative data) **도수분포**(frequency distribution)는 데이터를 항목으로 묶고 각각 항목에 해당하는 관측치의 수를 기록한다. **상대도수분포**(relative frequency distribution)는 각 항목의 관측치 대비 비율을 나타낸다.

학습목표 **2.2**

파이차트(pie charts)와 막대그래프(bar charts)를 만들고 해석

파이차트와 **막대그래프**로 질적 데이터의 도수분포를 그래프로 나타낼 수 있다. **파이차트**는 부분들로 나누어진 원이며 각 부분들은 질적 변수의 항목들을 나타낸다. **막대그래프**는 질적 데이터 각 항목의 도수나 상대도수를 세로 혹은 가로의 막대로 표현하며, 막대의 길이는 각 항목의 값과 비례한다.

학습목표 **2.3**

양적 데이터(quantitative data)를 도수분포로 요약

양적 데이터에서, **도수분포**(frequency distribution)는 **계급**(classes)이라고 부르는 구간으로 데이터를 묶고 각각의 계급에 해당하는 관측치의 수를 기록한다. 누적도수분포(cumulative frequency distribution)는 각 계급의 상한값 아래에 해당하는 관측치의 수를 기록한다. 양적 데이터에서 **상대도수분포**(relative frequency distribution)는 계급에 속하는 관측치의 비율을 나타낸다. **누적상대도수분포**(cumulative relative frequency distribution)는 각 계급 상한값 아래 포함되는 관측치의 비율을 기록한다.

학습목표 **2.4** **히스토그램(histogram), 폴리곤(polygon), 오자이브(ogive)를 그리고 해석**

히스토그램과 **폴리곤**은 도수와 상대도수분포를 그래프로 나타낸 것이다. 시각적인 표현의 장점은, 어디에 관측치의 대부분이 모여 있는지, 어떻게 데이터가 퍼져 있고 그 모양은 어떠한지를 빨리 볼 수 있다는 것이다. 오자이브는 누적도수나 누적상대도수를 표현하는 그래프다.

학습목표 **2.5** **줄기-잎 그림(stem-and-leaf diagram)을 그리고 해석**

줄기-잎 그림은 양적 데이터를 나타내는 또 다른 시각적인 도구이다. 데이터의 값들을 가장 왼쪽 자릿수인 줄기와 가장 마지막 자릿수인 잎으로 나누어서 만들어진다. 히스토그램과 폴리곤에서처럼 줄기-잎 그림도 데이터가 어디에 집중해 있고, 중심에서부터 어떻게 퍼져 있는지에 대한 전반적인 그림을 제공한다.

학습목표 **2.6** **산점도(scatterplot)를 그리고 해석**

산점도는 두 양적 변수 사이에 어떤 체계적인 관계가 있는지를 밝히는 데 도움을 주는 그래프 도구이다. 그림에서의 점은 두 변수의 관측치의 짝을 나타낸다.

추가 연습문제와 사례연구

연습문제

50. 질병관리예방본부의 2003년 조사에 따르면 거의 75%의 가정에서 흡연이 금지되어 있다(보스턴글로브, 2007.5.25). 조사는 각 주의 900 가정 이상의 응답을 모았다. 유타 주 주민에게 흡연이 집에서 허락되는가를 물어보았을 때, 응답의 대표표본은 다음과 같다.

아니오	아니오	아니오	아니오	아니오	아니오	네	아니오	아니오	아니오
아니오	네	아니오	아니오	아니오	아니오	아니오	아니오	아니오	아니오

켄터키 주에서 비슷한 설문을 하였을 때, 응답의 대표표본은 다음과 같다.

아니오	아니오	네	아니오	네	아니오	네	네	아니오	아니오
아니오	네	네	아니오	네	아니오	아니오	네	네	아니오

a. 유타 주와 켄터키 주 주민들의 응답을 요약하는 상대도수분포를 만들어보라.

b. 각 주의 결과를 요약하는 막대그래프를 만들어보라.

51. 식당 단골들에게 최근 식당에서의 경험을 바탕으로 이 식당이 광고한 즐겁고, 편하고, 깨끗한 분위기와 관련해 평가를 해달라고 하였다. 뛰어남, 좋음, 괜찮음, 도움이 필요함의 대답 중 하나를 고를 수 있었다. 다음은 28명의 단골손님의 응답이다.

도움이 필요함	괜찮음	도움이 필요함	도움이 필요함
괜찮음	괜찮음	도움이 필요함	도움이 필요함
도움이 필요함	괜찮음	도움이 필요함	좋음
도움이 필요함	좋음	좋음	좋음
도움이 필요함	괜찮음	도움이 필요함	괜찮음
좋음	좋음	도움이 필요함	좋음
도움이 필요함	괜찮음	도움이 필요함	좋음

a. 단골들의 응답을 요약하는 상대도수분포를 만들어보라. 발견한 바를 간단히 요약하라. 식당 주인에게 어떤 조언을 할 수 있겠는가?

b. 엑셀을 사용해 이 데이터의 파이차트와 막대그래프를 그려라.

52. CBS 뉴스가 실시한 설문조사에서 부모들에게 아이들이 가졌으면 하는 직업에 대해 물어보았다. 다음의 표에 결과가 요약되어 있다.

직업	부모의 선호도
의사, 은행가, 변호사, 대통령	65%
인터넷 거물	13
인도주의적 구호활동가	6
운동선수	9
영화배우, 가수	2
그 외	5

a 엑셀을 사용해 이 데이터의 파이차트와 막대그래프를 그려라.
b. 응답자가 550명이라고 할 때, 몇 명의 부모들이 아이들이 운동선수가 되길 바랐는가?

53. 24개 뮤추얼펀드의 1년 수익률(%)은 다음과 같다.

−14.5	−5.0	−3.7	2.5	−7.9	−11.2
4.8	−16.8	9.0	6.5	8.2	5.3
−12.2	15.9	18.2	25.4	3.4	−1.4
5.5	−4.2	−0.5	6.0	−2.4	10.5

a. −20 이상 −10 미만, −10 이상 0 미만 등과 같은 계급을 사용하여 도수분포를 만들어보라.
b. 상대도수, 누적도수, 그리고 누적상대도수분포를 만들어보라.
c. 몇 개의 펀드가 0% 이상 10% 미만의 1년 수익률을 올렸는가? 몇 개의 펀드가 10% 이상의 1년 수익률을 기록했는가?
d. 몇 퍼센트의 펀드가 10% 이상 20% 미만의 1년 수익률을 올렸는가? 몇 퍼센트의 펀드가 20% 미만의 1년 수익률을 기록했는가?

54. 2010년 미국 통계요약은 다음과 같은 빈곤선 아래에서 생활하는 사람 수의 지역별 도수분포를 제공한다.

지역	사람수(천 명)
북동부	6,166
중부	7,237
남부	15,501
서부	8,372

a. 상대도수분포를 만들어보라. 중부에 사는 빈곤선 아래에서 생활하는 사람은 몇 퍼센트인가?
b. 엑셀을 사용해 이 데이터의 파이차트와 막대그래프를 그려라.

55. Money지(2007년 1월호)는 평균 7700만 명의 사람이 매년 초 돈과 관련된 결심을 한다고 보도하였다. 1,026명의 미국인이 가장 많이 결심한 내용을 보고한 다음의 도수분포를 보도록 하자.

돈과 관련된 결심	도수
저축증가	328
부채탕감	257
소득증가	154
소비감소	133
투자증가	103
큰 구매를 위한 저축	41
모르겠음	10

a. 이 데이터의 상대도수분포를 만들어보라. 몇 퍼센트의 응답자가 부채탕감을 결심하였는가?
b. 막대그래프를 그려라.

56. 최근 3,057명에게 다음과 같은 내용을 질문하였다. "여름에 계획한 가장 긴 휴가는 며칠입니까?" 결과는 다음의 상대도수분포에 요약되어 있다.

응답	상대도수
며칠	0.21
긴 주말	0.18
1주	0.36
2주	0.25

a. 이 데이터의 도수분포를 만들어보라. 이번 여름 몇 명의 사람들이 1주 휴가를 가질 예정인가?
b. 엑셀을 사용해 파이차트를 만들어보라.

57. CBS 뉴스가 1,026명의 응답자를 대상으로 다음에 대해 질문하였다. "기대치 않았던 세금환급을 받으면 무엇을 할 것인가?" 다음의 표에 응답이 요약되어 있다.

부채탕감	47%
은행에 저축	30%
소비	11%
세금환급을 받은 적이 없음	10%
그 외	2%

a. 이 데이터로 막대그래프를 만들어보라.
b. 몇 명의 사람들이 세금환급을 소비할 것인가?

58. 다음은 발작 증상을 치료하기 위한 처방약들의 미국 매출액(백만 달러) 표이다.

약	2006년 매출
Topamax	$1,825.4
Lamictal	1,684.3
Depakote	770.4
Lyrica	727.8
Keppra	710.5

a. 상대도수분포를 만들어보라.
b. Lamictal이 차지하는 매출액은 몇 퍼센트인가?
c. 엑셀을 사용해 파이차트를 만들어보라.

59. 워터파크 매니저가 7월, 8월 입장객을 요약하기 위해 다음과 같은 도수분포를 만들었다.

입장객수	도수
1,000에서 1,250	5
1,250에서 1,500	6
1,500에서 1,750	10
1,750에서 2,000	20
2,000에서 2,250	15
2,250에서 2,500	4

a. 상대도수, 누적도수, 누적상대도수분포를 만들어보라.
b. 가장 많이 관찰된 입장객수 범위는? 입장객수가 2,000명 이하인 경우는 몇 번이었는가?
c. 입장객수가 1,750명에서 2,000명 사이인 경우는 몇 퍼센트였는가? 입장객수가 1,750명 미만인 경우는 몇 퍼센트였나? 입장객수가 1,750명 이상인 경우는 몇 퍼센트였나?
d. 히스토그램을 만들어보라. 분포의 모양에 대해 설명하라.

60. 연구자가 80대의 차에 마일리지 경제성 테스트를 했다. 평균 갤런당 마일 도수분포는 다음의 표와 같다.

평균 갤런당 마일(mpg)	도수
15에서 20	15
20에서 25	30
25에서 30	15
30에서 35	10
35에서 40	7
40에서 45	3

a. 상대도수, 누적도수, 누적상대도수분포를 만들어보라.
b. 30mpg 미만의 차는 몇 대인가? 몇 퍼센트의 차가 20mpg 이상 25mpg 미만인가? 35mpg 미만의 차는 몇 퍼센트인가? 35mpg 이상의 차는 몇 퍼센트인가?
c. 히스토그램을 만들어보라. 분포의 모양에 대해 설명하라.

61. 월스트리트지(2006.8.28)에서는 독자들에게 다음과 같은 질문을 했다. "가능하다면 1주일에 며칠을 집에서 일하고 싶은가?" 다음은 3,478명의 응답자들의 응답내용을 요약한 상대도수분포이다.

재택근무일수	상대도수
0	0.12
1	0.18
2	0.30
3	0.15
4	0.07
5	0.19

엑셀을 사용해 데이터를 요약하는 파이차트와 막대그래프를 만들어보라.

62. FILE 미국에서 가장 부유한 사람들의 나이와 재산을 나타낸 표이다. 데이터(***Wealthiest_Americans***)는 교과서 웹사이트에서 찾을 수 있다.

이름	나이	순자산(십억 달러)
빌 게이츠	53	50.0
워렌 버핏	79	40.0
⋮	⋮	⋮
필립 나이트	71	9.5

출처 : 포브스지 특별호(2009.9)

a. 200억 달러 이상의 순자산을 보유한 미국 부자들은 몇 퍼센트인가?
b. 100억 달러 이상 200억 달러 미만의 순자산을 보유한 미국 부자들은 몇 퍼센트인가?
c. 나이 데이터를 사용, 줄기-잎 그림을 그려라. 분포의 모양에 대해 설명하고, 이것을 표 2.16과 비교하라.

63. FILE 주가수익비율 성장률은 기업의 미래전망과 관련된 시장의 가치평가이다. 주가수익비율 성장률이 1이라는 것은 주가가 성장전망과 비슷하게 움직인다는 것을 의미한다. 주가수익비율 성장률이 1이 되지 않으면 회사주식이 저평가(가치주에서 보통 일어나는 일)되었다는 뜻이며, 성장률이 1을 넘으면 주식이 고평가(성장주에서 보통 일어나는 일)되었다는 것을 의미한다. 다음의 표는 다우존스산업평균에 포함된 회사들의 주가수익비율 성장률 중 일부를 나타내며, 전체 데이터(***DOW_PEG***)는 교과서 웹사이트에서 찾을 수 있다.

회사	주가수익비율 성장률
3M (MMM)	1.4
Alcoa (AA)	0.9
⋮	⋮
Walt Disney (DIS)	1.2

주가수익비율 성장률에 대한 줄기-잎 그림을 그려라. 발견한 바를 해석하라.

64. 다음의 표는 뉴저지에서 최근 팔린 주택 20채의 매매가와 유형을 나열하고 있다.

가격	유형	가격	유형
$305,000	랜치	$568,000	콜로니얼
$450,000	콜로니얼	$385,000	기타
$389,000	현대양식	$310,000	현대양식
$525,000	기타	$450,000	콜로니얼
$300,000	랜치	$400,000	기타
$330,000	현대양식	$359,000	랜치
$355,000	현대양식	$379,000	랜치
$405,000	콜로니얼	$509,000	콜로니얼
$365,000	랜치	$435,000	콜로니얼
$415,000	랜치	$510,000	기타

(랜치: 농장식 건축양식, 콜로니얼: 미국 식민지시대 건축양식)

a. 뉴저지에서 팔린 주택 유형의 도수분포를 만들어보라. 발견한 바를 해석하라.
b. $300,000 이상 $350,000 미만, $350,000 이상 $400,000 미만 등의 계급을 사용하여 주택가격의 도수분포를 만들어보라.
c. 데이터를 요약하기 위해 히스토그램과 오자이브를 사용하라.

65. 지방 소매상점의 매니저가 지난 6개월 동안의 상점의 데이터를 검토하여 광고(백 달러)와 매출(천 달러) 사이의 관계를 분석했다.

산점도를 만들어 관계가 존재하는지 여부에 대한 의견을 말하라.

광고(백 달러)	매출(천 달러)
20	15
25	18
30	20
22	16
27	19
26	20

66. 다음 표는 2008년 미국 프로농구의 고득점 선수들과, 그들의 게임당 평균 출전시간(분), 그들의 게임당 평균 득점에 대해 나열하고 있다.

선수	게임당 평균 출전시간(분)	게임당 평균 득점
D. Wade	38.6	30.2
L. James	37.7	28.4
K. Bryant	36.1	26.8
D. Nowitzki	37.3	25.9
D. Granger	36.2	25.8
K. Durant	39.0	25.3
C. Paul	38.5	22.8
C. Anthony	34.5	22.8
C. Bosh	38.0	22.7
B. Roy	37.2	22.6

게임당 평균 출전시간과 게임당 평균 득점 변수를 사용해 산점도를 그리고 해석하라. 두 변수들 사이에 관계가 존재하는가?

사례연구

사례연구 2.1

2000년과 2009년 연차보고서에서 나이키는 세계 네 지역의 순매출액을 백만 달러 단위로 다음과 같이 보고했다.

사례연구 2.1의 데이터 2000년과 2009년 나이키 순매출액

지역	2000	2009
북미	$4,732.1	$6,542.9
유럽, 중동, 아프리카	2,350.9	5,512.2
아시아 태평양	955.1	3,322.0
남미	550.2	1,284.7
	합계 = 8,588.3	합계 = 16,661.8

사례연구 보고서에서 표본추출된 정보를 사용하여 :

1. 각 지역의 순매출액을 그해 순매출액의 비율로 각각 바꿔라. 지난 10년간 나이키의 지역별 순매출액 비율은 같게 유지되었는가? 추세가 보인다면 설명하라.
2. 나이키의 순매출액에서의 발견을 표 2.6의 아디다스의 순매출액과 비교 대조하라. 찾을 수 있는 비슷한 점과 다른 점은 무엇인가?

사례연구 2.2

특정 회사의 전반적인 상황을 검토할 때 재무분석가들은 보통 순이익률을 조사한다. 순이익률은 보통 매출액 대비 세후순이익 비율을 구해 계산해 퍼센트로 나타낸다. 예를 들어, 20%의 순이익률은 매출 $1당 $0.2의 순이익을 올리는 것을 의미한다. 순이익이 마이너스라면 순이익률도 마이너스가 될 수 있다. 보통 순이익률이 높아질수록 회사가 매출을 순이익으로 연결하는 데 더 효과적이다. 순이익률은 같은 경영조건 하에 있는 같은 업종의 회사

들을 비교하는 데 적절하다. 그러나 재무분석가들은 어떤 회사가 더 수익성이 있는지를 평가하기 위해 순이익률로 다른 업종의 회사들을 비교하기도 한다. 표본 의류소매업자들 순이익률 데이터의 일부가 아래 표에 나타나 있다. 전체 데이터(***Net_Profit_Margins***)는 교과서 웹사이트에서 찾을 수 있다.

사례연구 2.2의 데이터 의류소매업자 순수익률

회사	순수익률(퍼센트)
아베크롬비	1.58
에어로포스테일	10.64
⋮	⋮
웻실	16.15

FILE

사례연구 보고서에서, 표본추출된 정보를 사용하여 :

1. 순수익률을 간단하게 정의하고, 왜 중요한 통계인지를 설명하라.
2. 적절한 표(도수분포, 상대도수분포 등)를 만들고 의류소매업종의 순수익률을 요약하는 그래프를 그려라.
3. 데이터가 어디에 모여 있는 경향이 있는지, 최소값에서부터 최대값까지 어떻게 퍼져 있는 지를 설명하라.
4. 의류업종의 순수익률을 음료업종의 순수익률(대략, 10.9%, 출처 : biz.yahoo, 2010.7)과 비교하여 의견을 말하라.

사례연구 2.3

다음의 표는 미국 50개 주 기대수명(년) 데이터 중 일부이다. 전체 데이터(***Life_Expectancy***)는 교과서 웹사이트에서 찾아볼 수 있다.

사례연구 2.3의 데이터 주별 기대수명, 2010-2011

순위	주	기대수명(년)
1	하와이	81.5
2	미네소타	80.9
⋮	⋮	⋮
50	미시시피	74.8

FILE

사례연구 보고서에서, 표본추출된 정보를 사용하여 :

1. 적절한 표(도수분포, 상대도수분포 등)를 만들고 미국의 기대수명을 요약하는 그래프를 그려라. 분포에는 75, 76.5 등의 계급 상한값을 사용하라.
2. 데이터가 어디에 모여 있는 경향이 있는지, 최소값에서부터 최대값까지 어떻게 퍼져 있는 지를 설명하라.
3. 분포의 모양에 대해 설명하라.

부록 2.1 다른 통계프로그램 사용안내

여기서는 특정 통계프로그램(미니탭, SPSS, JMP) 사용을 위한 간단한 명령어를 제공한다. 교과서 웹사이트에서 더 자세한 설명을 찾아볼 수 있다.

미니탭

파이차트

A. (그림 2.1의 반복) 교과서 웹사이트에서 ***Adidas_Sales*** 데이터를 복사해 미니탭 문서에 붙여넣는다.

B. 메뉴에서 **Graph > Pie Chart**를 선택한다. **Chart values from a table**을 선택하고, 지역을 **Categorical variable**로, 2000과 2009를 **Summary variables**로 선택한다.

C. **Labels**을 선택한다. **Titles/Footnotes**를 선택해 지역별 아디다스 순매출액을 입력한다. **Slice Labels**을 선택하여 **Category name**과 **Percent**를 선택한다. **OK**를 누른다.

D. **Multiple Graphs**를 선택하고 **On the same graph**를 선택한다.

막대그래프

A. (그림 2.3의 반복) 교과서 웹사이트에서 ***Prop_Adidas_Sales*** 데이터를 복사해 미니탭 문서에 붙여넣는다.

B. 메뉴에서 **Graph** > **Bar Chart**를 선택한다. **Bars Represent**에서 **Values from a Table**을 선택하고, **Two-way Table**에서 **Cluster**를 선택한다. **OK**를 누른다.

C. *Bar Chart-Two-way Table-Cluster* 대화상자에서, 2000과 2009를 **Graph variables**로 선택한다. 지역을 **Row labels**로 선택한다. **Table Arrangement** 아래, **Rows are outermost categories and columns are innermost**를 선택한다.

히스토그램

미가공 데이터를 사용

A. (그림 2.7의 반복) 교과서 웹사이트에서 ***MV_Houses*** 데이터를 복사해 미니탭 문서에 붙여넣는다.

B. 메뉴에서 **Graph**> **Histogram** > **Simple**을 선택한다. **OK**를 누른다.

C. 주택가격을 **Graph Variables**로 선택한다. **OK**를 누른다.

D. x축을 더블클릭해 **Edit Scale**을 선택한다. **Major Tick Positions** 아래 **Position of Ticks**를 선택하고 300 400 500 600 700 800을 입력한다. **Scale Range** 아래, *Minimum*에 **Auto**를 선택해제하고 300을 입력한다. *Maximum*의 **Auto**도 선택해제하고 800을 입력한다. **Binning** 탭을 선택하여, **Interval Type** 아래, **Cutpoint**를 선택한다. **Interval Definition** 아래 **Midpoint/Cutpoint Definition**을 선택하고 300 400 500 600 700 800을 입력한다.

도수분포를 사용

A. (그림 2.7의 반복) 교과서 웹사이트에서 ***MV_Frequency*** 데이터를 복사해 미니탭 문서에 붙여넣는다.

B. 메뉴에서 **Graph > Bar Chart**를 선택한다. **Bars Represent**에서 **A function of a variable**을 선택하고 **One Y**에서 **Simple**을 선택한다. **OK**를 누른다.

C. **Function** 아래 **Sum**을 선택한다. 도수를 **Graph variables**로 선택하고, 계급(천 달러)을 **Row labels**로 선택한다. **OK**를 누른다.

D. x축을 더블클릭한다. **Space Between Scale Categories** 아래 **Gap between Cluster**를 선택해제하고 0을 입력한다.

폴리곤

A. (그림 2.13의 반복) 표 2.13의 x와 y좌표를 미니탭 문서에 입력한다.

B. 메뉴에서 **Graph > Scatterplot > With Connect Line**을 선택한다. **OK**를 누른다.

C. y좌표를 **Y variables**로 선택하고 x좌표를 **X variables**로 선택한다.

오자이브

A. (그림 2.15의 반복) 표 2.14의 x와 y좌표를 미니탭 문서에 입력한다.

B. 메뉴에서 **Graph > Scatterplot > With Connect Line**을 선택한다. OK를 누른다.

C. y좌표를 **Y variables**로 선택하고 x좌표를 **X variables**로 선택한다.

산점도

A. (그림 2.18의 반복) 예제 2.7의 교육과 소득 데이터를 미니탭 문서에 입력한다.

B. 메뉴에서 **Graph > Scatterplot > Simple**을 선택한다. **OK**를 누른다.

C. 소득을 **Y variables**로, 교육을 **X variables**로 선택한다.

SPSS

파이차트

A. (그림 2.1의 반복) 교과서 웹사이트에서 ***Adidas_Sales*** 데이터를 복사해 SPSS 문서에 붙여넣는다.

B. 메뉴에서 **Graphs > Legacy Dialogs > Pie**를 선택한다. **Values of individual cases**를 선택한다. **Define**을 누른다.

C. Year2000을 **Slices Represent**로 선택한다. **Slices Labels** 아래, 지역을 **Variable**로 선택한다. **OK**를 누른다.

D. **Chart Editor**를 열기 위해 그래프를 더블클릭하고, **Elements > Show Data Labels**를 선택한다. *Display* 대화상자에서 퍼센트와 지역을 선택한다.

막대그래프

A. (그림 2.3의 반복) 교과서 웹사이트에서 ***Prop_Adidas_Sales*** 데이터를 복사해 SPSS 문서에 붙여넣는다.

B. 메뉴에서 **Graphs > Legacy Dialogs > Bar**를 선택한다. **Clustered**를 선택한다. **Data in Chart Are** 아래, **Values of individual cases**를 선택한다. **Define**를 누른다.

C. Year2000과 Year2009를 **Bars Represent**로 선택한다. **Category Labels** 아래, 지역을 **Variable**로 선택한다.

히스토그램

A. (그림 2.7의 반복) 교과서 웹사이트에서 ***MV_Houses*** 데이터를 복사해 SPSS 문서에 붙여넣는다.

B. 메뉴에서 **Graphs > Legacy Dialogs > Histogram**을 선택한다. *Histogram* 대화상자

안에서 주택가격을 **Variable**로 선택한다. OK를 누른다.

C. **Output** 창에서 그래프를 더블클릭하여 **Chart Editor**를 열고 **Edit>Select Y Axis**를 선택한다. **Range** 아래, **Minimum**에 0을 입력하고, **Maximum**에 15를 입력하고, 5를 **Major Increment**에 입력한다. 그 다음 **Apply**를 누른다.

D. 막대들을 더블클릭한다. **Properties** 창에서, **Binning** 아래, **X Axis > Custom > Interval Width**를 선택한다. 100을 구간너비로 입력한다.

폴리곤

A. (그림 2.13의 반복) 표 2.13의 x와 y좌표를 SPSS 문서에 입력한다.

B. 메뉴에서 **Graphs > Legacy Dialogs > Scatter/Dot**을 선택한다. **Simple Scatter**를 선택하고 **Define**을 누른다.

C. y를 **Y Axis**로 선택하고 x를 **X Axis**로 선택한다. **OK**를 누른다.

D. 그래프를 더블클릭해 **Chart Editor**를 연다. 그래프 위에서 오른쪽 클릭을 한 다음 **Add Interpolation Line**을 선택한다. **Line Type** 아래 **Straight**를 선택한다.

오자이브

A. (그림 2.15의 반복) 표 2.14의 x와 y좌표를 SPSS 문서에 입력한다.

B. 메뉴에서 **Graphs > Legacy Dialogs > Scatter/Dot**을 선택한다. **Simple Scatter**를 선택하고 **Define**을 누른다.

C. y를 **Y Axis**로 선택하고 x를 **X Axis**로 선택한다. **OK**를 누른다.

D. 그래프를 더블클릭해 **Chart Editor**를 연다. 그래프 위에서 오른쪽 클릭을 한 다음 **Add Interpolation Line**을 선택한다. **Line Type** 아래 **Straight**를 선택한다. **Apply**를 누른다.

E. **Chart Editor**에서 **Edit > Select X Axis**를 선택한다. **Scale** 아래, 300을 **Minimum**으로, 800을 **Maximum**으로, 100을 **Major Increment**로, 300을 **Origin**으로 입력한다.

산점도

A. (그림 2.18의 반복) 예제 2.7의 교육과 소득 데이터를 SPSS 문서에 입력한다.

B. 메뉴에서 **Graphs > Legacy Dialogs > Scatter/Dot**을 선택한다. **Simple Scatter**를 선택하고 **Define**을 누른다.

C. 그래프를 소득을 **Y Axis**로 선택하고 교육을 **X Axis**로 선택한다. **OK**를 누른다.

D. 그래프를 더블클릭하여 **Chart Editor**를 열어 **Edit > Select X Axis**를 선택한다. **Scale** 아래, 0을 **Minimum**으로, 10을 **Maximum**으로, 2를 **Major Increment**로 입력한다. **Apply**를 누른다.

E. **Chart Editor**에서 **Edit > Select Y Axis**를 선택한다. **Range** 아래, 0을 **Minimum**으로, 120을 **Maximum**으로, 20을 **Major Increment**로 입력한다.

JMP

파이차트

A. (그림 2.1의 반복) 교과서 웹사이트에서 ***Adidas_Sales*** 데이터를 복사해 JMP 문서에 붙여넣는다.

B. 메뉴에서 **Graph > Chart**를 선택한다. **Select Columns** 아래, 지역을 **Categories,**

X, Levels로 선택한다. **Options** 아래, **Pie Chart**를 선택한다. **Select Columns** 아래, 2000을 선택하고, **Statistics**를 선택한다. 그리고 **% of Total(2000)**을 선택한다.

막대그래프

A. (그림 2.3의 반복) 교과서 웹사이트에서 ***Prop_Adidas_Sales*** 데이터를 복사해 JMP 문서에 붙여넣는다.

B. 메뉴에서 **Graph > Chart**를 선택한다. **Select Columns** 아래, 지역을 **Categories, X, Levels**로 선택한다. **Options** 아래, **Bar Chart**를 선택한다. **Select Columns** 아래, 2000과 2009를 선택하고, **Statistics** 아래 **Data**를 선택한다.

히스토그램

A. (그림 2.7의 반복) 교과서 웹사이트에서 ***MV_Houses*** 데이터를 복사해 JMP 문서에 붙여넣는다.

B. 메뉴에서 **Analyze > Distribution**을 선택한다. **Select Columns** 아래, 주택가격을 선택하고, **Cast Selected Columns into Roles**에서 **Y, Columns**를 선택한다. **OK**를 누른다.

C. y축을 오른쪽 클릭해 **Axis Settings**를 선택한다. **Minimum**에 300을 입력하고, **Maximum**에 800을 입력하고, **Increment**에 100을 입력한다.

폴리곤

A. (그림 2.13의 반복) 표 2.13의 x와 y좌표를 JMP 문서에 입력한다.

B. 메뉴에서 **Graph > Overlay Plot**을 선택한다. y좌표를 Y로 선택하고 x좌표를 X로 선택한다. **OK**를 누른다.

C. **Output** 창에서, **Overlay Plot** 타이틀 옆에 빨간 세모를 눌러 리스트를 드래그한다. Y **Options > Connect Points**를 선택한다.

오자이브

A. (그림 2.15의 반복) 표 2.14의 x와 y좌표를 JMP 문서에 입력한다.

B. 메뉴에서 **Graph > Overlay Plot**을 선택한다. *Overlay plot* 대화상자에서, y좌표를 Y로 선택하고 x좌표를 **X**로 선택한다. **OK**를 누른다.

C. **Output** 창에서, **Overlay Plot** 타이틀 옆에 빨간 세모를 눌러 리스트를 드래그한다. **Y Options > Connect Points**를 선택한다.

산점도

A. (그림 2.18의 반복) 예제 2.7의 교육과 소득 데이터를 JMP 문서에 입력한다.

B. 메뉴에서 **Graph > Overlay Plot**을 선택한다. 소득을 **Y**로 선택하고 교육을 **X**로 선택한다. **OK**를 누른다.

기술통계: 수치척도

Numerical Descriptive Measures

CHAPTER

학습목표 LEARNING OBJECTIVES

이 장을 학습한 후에는

학습목표 **3.1** **평균, 중앙값, 최빈값을 계산하고 해석할 수 있어야 한다.**

학습목표 **3.2** **백분위수와 상자그림을 계산하고 해석할 수 있어야 한다.**

학습목표 **3.3** **범위, 절대평균편차, 분산, 표준편차, 변동계수를 계산하고 해석할 수 있어야 한다.**

학습목표 **3.4** **평균 – 분산 분석과 샤프지수에 대해 설명할 수 있어야 한다.**

학습목표 **3.5** **체비세프의 정리, 경험적 규칙, *z*-점수를 적용할 수 있어야 한다.**

학습목표 **3.6** **그룹화된 데이터 대상 평균과 분산을 계산할 수 있어야 한다.**

학습목표 **3.7** **공분산과 상관계수를 계산하고 해석할 수 있어야 한다.**

제2장에서는 표와 그래프를 사용해 데이터를 요약하여 의미있는 정보를 추출하는 법을 공부했다. 이 장에서는 수치적 기술척도를 중점적으로 공부할 것이다. 이 척도들은 계산, 해석, 비교가 쉽고, 정확하고, 객관적으로 결정된 값들을 제공한다. 먼저 데이터의 중간 값이나 일반 값을 찾기 위한 중심위치를 계산하는 여러 척도들을 계산한다. 중심을 분석하는 것에 더하여, 데이터가 중심을 기준으로 어떻게 다른지도 알아야 한다. 분산의 척도는 데이터의 기저의 다양성에 대해 측정한다. 중심-위치와 분산 관련 척도들을 사용하여 샤프지수와 경험적 규칙 같은 많이 사용되는 식을 소개한다. 마지막으로, 두 변수 사이의 선형관계를 조사하는 척도에 대해 이야기 할 것이다. 이 척도들은 두 변수가 정적 선형관계가 있는지, 부적 선형관계가 있는지, 혹은 선형관계가 없는지를 평가한다.

도입사례

투자 결정

레베카 존슨(Rebecca Johnson)은 큰 은행의 투자 상담사로 일한다. 최근 투자경험이 많지 않은 투자자가 지난 10년간의 수익률이 높은 두 개의 뮤추얼펀드 뱅가드(Vanguard)의 귀금속 광산 펀드(이하 금속펀드로 표기)와 피델리티(Fidelity)의 전략적 수익 펀드(이하 수익펀드로 표기)의 차이점에 대해 분명하게 알려달라는 부탁을 했다. 투자자는 인터넷에서 찾을 수 있는 수익률 데이터를 존슨에게 보여주었으나, 데이터를 해석하는 데 어려움을 겪고 있었다. 표 3.1은 2000 – 2009년 사이 두 뮤추얼펀드의 수익률을 보여주고 있다. 데이터 파일 (***Fund_Returns***)은 교과서 웹사이트에서 찾을 수 있다.

표 3.1 2000 – 2009 금속과 수익펀드의 수익률(퍼센트)

FILE

연도	금속	수익	연도	금속	수익
2000	−7.34	4.07	2005	43.79	3.12
2001	18.33	6.52	2006	34.30	8.15
2002	33.35	9.38	2007	36.13	5.44
2003	59.45	18.62	2008	−56.02	−11.37
2004	8.09	9.44	2009	76.46	31.77

출처: http://www.finance.yahoo.com

레베카는 이 표본 정보를 통해 다음과 같은 작업을 하기를 원한다.

1. 뮤추얼펀드의 일반적인 수익률을 결정
2. 뮤추얼펀드의 투자위험을 평가

사례요약이 3장 3절 끝에 제공되어 있다.

3.1 중심위치 척도

학습목표 **3.1**
평균, 중앙값, 최빈값의 계산과 해석

중심위치(central location)는 양적 데이터가 중간 혹은 중심 값을 기준으로 모여 있는 경향이 있는 것과 관련이 있다. 중심위치 척도는 데이터를 설명하는 일반 값 혹은 중심 값을 찾으려는 시도를 한다. 투자의 수익률, 생산 공정의 불량품 수, 경영학과 졸업자의 연봉, 동네의 월세가격, 편의점의 손님 수 등을 설명하는 일반 값을 찾으려고 하는 것이 그 예이다.

평균

산술평균은 중심위치 기본척도이다. 보통 산술평균을 평균(**mean** 혹은 **average**)이라고 간단히 부른다. 데이터의 평균을 계산하기 위해, 데이터 값을 모두 더한 후 모집단이나 표본의 데이터 개수로 나누어준다.

예제 3.1

도입사례에 나오는 표 3.1의 데이터를 사용해 금속펀드와 수익펀드의 평균수익률을 계산하고 해석해보도록 하자.

풀이: 금속펀드의 평균수익률에서부터 시작해보도록 하자. 다음과 같이 수익률을 모두 더하고 수익률의 개수로 나눈다.

$$\text{금속펀드 평균수익률} = \frac{-7.34 + 18.33 + \cdots + 76.46}{10} = \frac{246.54}{10} = 24.65\%.$$

비슷하게 수익펀드의 평균수익률을 다음과 같이 계산한다.

$$\text{수익펀드 평균수익률} = \frac{4.07 + 6.52 + \cdots + 31.77}{10} = \frac{85.14}{10} = 8.51\%.$$

따라서 2000년부터 2009년까지 10년간 금속펀드의 평균수익률이 수익펀드의 평균수익률보다 $24.65\% > 8.51\%$로 높았다. 평균값은 1년 투자의 보통 연간수익률을 나타낸다.

평균을 계산해보지 않은 사람은 없다. 다만 평균을 공식으로 나타낼 때 표시법이 생소할 수는 있다. 예를 들어 금속펀드의 평균수익률을 계산할 때, $x_1 = -7.34$, $x_2 = 18.33$ 등으로 나타내고, n은 표본의 관측치 개수를 나타낸다. 평균 계산법은 다음과 같이 나타낼 수 있다

$$\text{평균} = \frac{x_1 + x_2 + \cdots + x_{10}}{n}.$$

표본의 평균은 $\bar{x}$(x−bar라고 발음한다)로 나타낸다. 평균 계산법의 분자는 합계표시(시그마)를 사용해 표시할 수 있으며, 이는 다음의 **표본 평균**(sample mean) 공식을 끌어낸다 : $\bar{x} = \frac{\Sigma x_i}{n}$. 만약 뮤추얼펀드의 지난 10년 데이터가 아닌 모든 데이터가 있었다면, **모집단 평균**(population mean) μ를 $\mu = \frac{\Sigma x_i}{N}$과 같이 구할 수 있다. μ는 그리스 글자 mu(뮤)이며 N은 모집단 관측치 개수이다.

평균

표본 값 $x_1, x_2, \ldots, x_n$의 **표본 평균**(sample mean) $\bar{x}$는 다음과 같이 계산된다.

$$\bar{x} = \frac{\sum x_i}{n}.$$

모집단 값 $x_1, x_2, \ldots, x_n$의 **모집단 평균**(population mean) μ는 다음과 같이 계산된다.

$$\mu = \frac{\sum x_i}{N}.$$

표본과 모집단의 평균을 구하는 방법은 같으나, 표본은 n개의 관측치를 사용하고 모집단은 N개의 관측치를 사용한다. n은 N보다 작은 값이다($n < N$). 우리는 모집단 평균을 매개변수 혹은 **파라미터**(parameter), 표본 평균을 **통계**(statistic)라고 부른다. 보통 모집단 평균은 알 수 없기 때문에, 표본 평균을 구하여 모집단 평균을 추정하는 데 사용한다.

평균은 통계에서 널리 사용된다. 그러나 평균은 극단적으로 크거나 작은 값이 있으면 분산의 중심을 잘못 이해하게 만든다.

평균은 가장 많이 사용되는 중심위치의 척도이다. 이 척도의 가장 큰 약점은 **이상치**(outliers)에, 즉 극히 크거나 작은 값에 의해 심하게 영향을 받는다는 것이다.

예제 3.2는 평균의 주약점을 강조한다.

예제 3.2

시애틀의 작은 기술회사인 에이스테크(Acetech)에는 7명이 일하고 있다. 이들의 작년 연봉은 표 3.2에 정리되어 있다. 회사의 평균연봉을 계산하고 이 값이 일반적인 값을 정확하게 나타내고 있는지를 논하라.

표 3.2 에이스테크 종업원 연봉

직위	연봉
행정보조원 (Administrative Assistant)	\$ 40,000
연구보조원 (Research Assistant)	40,000
컴퓨터프로그래머 (Computer Programmer)	65,000
선임연구원 (Senior Research Associate)	90,000
선임영업직원(Senior Sales Associate)	145,000
자금관리이사 (Chief Financial Officer)	150,000
사장(소유주) (President (and owner))	550,000

풀이: 에이스테크의 종업원 모두에 대한 데이터가 있으므로, 모집단 평균은 다음과 같이 계산할 수 있다.

$$\mu = \frac{\sum x_i}{N} = \frac{40,000 + 40,000 + \cdots + 550,000}{7} = \$154,286.$$

이 회사의 평균연봉은 $154,286이나, 이 숫자가 이 회사의 일반적인 연봉을 반영하지는 않는다. 사실 종업원 7명 중 6명은 $154,286보다 적은 연봉을 받는다. 이 예는 평균의 주약점을 강조한다. 평균은 극단적인 관측치(극단적으로 크거나 작은 값) 혹은 이상치에 매우 민감하다.

중앙값

평균은 이상치에 영향을 받을 수 있으므로, 중심-위치의 척도로 **중앙값**(median)도 계산한다. 중앙값은 데이터 세트의 중간에 위치한 값이다. 이 값을 기준으로 데이터는 반으로 나누어지고, 중앙값 위 아래로 똑같은 수의 관측치가 존재하게 된다. 대부분의 정부 발표나 데이터 제공자들은 데이터의 일반적인 값을 정확하게 나타내기 위해 보통 평균과 중앙값을 함께 사용한다. 만약 평균과 중앙값이 의미있게 다르다면, 데이터에 이상치가 있을 가능성이 높다. 예를 들어 2007년 미국 인구조사국은 미국 가구의 평균소득은 $63,344이지만 소득의 중앙값은 $46,326라고 발표했다. 미국의 몇몇 가구들이 일반 가구 소득보다 훨씬 높은 소득을 올린다는 것은 이미 입증된 사실이다. 결과적으로 가장 높은 소득을 올리는 가구들이 평균을 중앙값보다 높게 보이도록 영향을 주었다.

중앙값

중앙값(median)은 데이터의 중간 값이다. 데이터를 오름차순으로(작은 수에서부터 큰 수로) 정리하고 중앙값을 다음과 같이 계산한다.

- 홀수일 경우, 관측치 중 중간 값, 혹은
- 관측치가 짝수일 경우 두 중간 값의 평균

중앙값은 이상치가 있을 때 특히 유용하다.

예제 3.3

표 3.2의 데이터를 바탕으로 에이스테크 종업원 연봉의 중앙값을 계산하라.

풀이: 표 3.2는 벌써 오름차순으로 정리된 데이터이다. 연봉을 작은 값에서 큰 값의 순서대로 다시 한 번 정리해보았다.

순위	1	2	3	4	5	6	7
값	$40,000	40,000	65,000	90,000	145,000	150,000	550,000

일곱 개 연봉 중 중앙값은 네 번째 값이다. 그래서 중앙값은 $90,000이다. 세 개의 연봉은 $90,000보다 적고, 세 개의 연봉은 $90,000보다 많다. 평균소득 $154,286와 비교할 때 이 사례에서는 중앙값이 일반적인 연봉을 더 잘 반영하고 있다.

예제 3.4

도입사례의 표 3.1의 데이터를 사용하여, 금속과 수익-펀드의 수익률의 중앙값을 계산하고 해석하라.

풀이: 금속펀드의 중앙값부터 구해보도록 하자. 데이터를 오름차순으로 정리한다.

순위	1	2	3	4	5	6	7	8	9	10
값	−56.02	−7.34	8.09	18.33	33.35	34.30	36.13	43.79	59.45	76.46

열 개의 관측치 중 중앙값은 다섯 번째와 여섯 번째 값의 평균이다. 해당하는 값은 33.35와 34.30이고, 중앙값은 $\frac{33.35 + 34.30}{2} = 33.83\%$로 계산된다. 2000년에서 2009년 사이의 기간 동안, 금속펀드 수익률의 중앙값은 33.83%이며, 이는 5년간은 33.83%보다 낮은 수익률을 5년간은 33.83%보다 높은 수익률을 기록했음을 의미한다. 수익률의 중앙값(33.83%)과 평균(24.65%)을 비교했을 때, 평균이 중앙값보다 거의 10퍼센트 낮은 것을 볼 수 있으며, 이는 금속펀드가 아주 작은 값이나 큰 값에 의해 영향을 받았을 수 있다는 것을 암시한다. 이상치를 찾아내는 방법은 이후에 설명하도록 하겠다. 그렇기 때문에, 데이터 중심에 대한 보다 분명한 설명을 위해서는 평균과 중앙값 모두를 보고하는 것이 현명하다.

비슷하게, 수익펀드 수익률의 중앙값은 7.34%이다. 이 경우 중앙값 7.34%는 평균 8.51%와 크게 달라 보이지 않는다. 데이터를 그냥 봐도 수익 펀드는 아주 작은 값이나 큰 값의 영향을 덜 받는다는 것을 알 수 있기 때문에 놀랍지 않은 결과이다.

평균과 중앙값은 금속펀드의 보통 연 수익률이 수익펀드보다 높다는 것을 시사한다. 그렇다면 왜 수익펀드에 투자하고 싶어하겠는가? 이 장 뒷부분에 펀드와 관련된 위험을 다룰 때 이 질문에 답을 하도록 하겠다.

최빈값

최빈값(mode)은 데이터 중 가장 많이 나오는 값이다. 데이터에 따라 최빈값이 여럿일 수도 있고 없을 수도 있다. 예를 들어 표 3.1의 금속펀드와 수익펀드 수익률의 최빈값을 계산하려고 하면, 두 펀드 모두 한 번 이상 나온 값이 없다. 그렇기 때문에 두 펀드 모두 최빈값이 존재하지 않는다. 데이터의 최빈값이 하나면 단봉(unimodal)이라 하고, 최빈값이 둘 혹은 그 이상이면 다봉(multimodal)이라 한다. 데이터의 최빈값이 둘이면 보통 쌍봉(bimodal)이라고 한다. 일반적으로 최빈값이 셋 이상 존재하면 중심-위치 척도로서의 최빈값의 의미는 퇴색된다.

최빈값

최빈값(mode)은 데이터 중 가장 많이 나오는 값이다. 최빈값은 없을 수도 있고 하나 이상일 수도 있다.

예제 3.5

표 3.2의 데이터를 사용하여 에이스테크 종업원 연봉의 최빈값을 구하라.

풀이: $40,000를 버는 종업원은 두 명이다. 이 외의 연봉은 한 번씩밖에 기록되어 있지 않다. 그러므로 이 데이터의 최빈값은 $40,000이다. 데이터 중 가장 많이 기록된 값이라고 해서 그 값이 꼭 데이터의 중심위치를 나타내는 것은 아니다. 에이스테크의 최빈 연봉은 $40,000이지만, 보통 다른 종업원들은 이보다 높은 연봉을 받았다.

앞의 예에서는 양적 데이터의 중심-위치 척도를 사용하였다. 그러나 질적 데이터를 요약하는 경우도 많고, 이럴 경우 최빈값만이 중요한 중심-위치 척도가 될 수 있다.

예제 3.6

케네스 포브스(Kenneth Forbes)는 위스콘신 대학 상점 매니저이다. 최근, S, M, L 사이즈의 여성용 스웨트셔츠 매출이 갑자기 늘어났다. 케네스는 지난주 대학 상점에서 다음과 같은 사이즈의 스웨트셔츠 10장이 팔린 것에 주목하였다.

S	L	L	M	S	L	M	L	L	M

데이터와 팔린 스웨트셔츠의 평균 사이즈를 반영하는 적절한 중심-위치 척도에 대해 설명하라.

풀이: 데이터는 질적이다. 여기에서 중심-위치 척도로 사용할 수 있는 것은 최빈값밖에 없다. 최빈값 사이즈는 데이터에 5번 등장한 L이다(S는 2번, M은 3번). 재고를 채워 넣기 위해 제품의 수요를 조사할 때, 중심-위치와 관련된 척도는 최빈값일 경우가 많다.

엑셀을 사용하여 중심-위치 척도 계산하기

일반적으로, 이 장에 소개된 기술적 척도들은 엑셀을 사용해 여러 가지 방법으로 계산할 수 있다.

엑셀 공식 사용하기

엑셀은 우리가 사용하는 모든 요약 척도 공식을 내장, 제공한다. 이를 이해하기 위해 금속펀드 평균 계산을 다음의 단계를 따라 해보겠다.

A. 교과서 웹사이트에서 ***Fund_Returns*** 데이터를 열어(표 3.1) 엑셀에 붙여넣고 빈 셀을 선택한다.

B. 메뉴에서 **수식** > **함수삽입**을 선택한다. *함수삽입* 대화상자에서 *함수선택*을 보면 엑셀에서 계산해주는 모든 요약 척도를 확인할 수 있다.

C. 금속펀드의 평균수익률을 계산하고 싶으니, **AVERAGE** 함수를 선택하고 **확인**을 누른다.

D. 그림 3.1을 보면 *AVERAGE* 대화상자에서, *Number1*의 오른쪽에 위치한 칸에 금속 데

그림 3.1 엑셀의 AVERAGE 대화상자

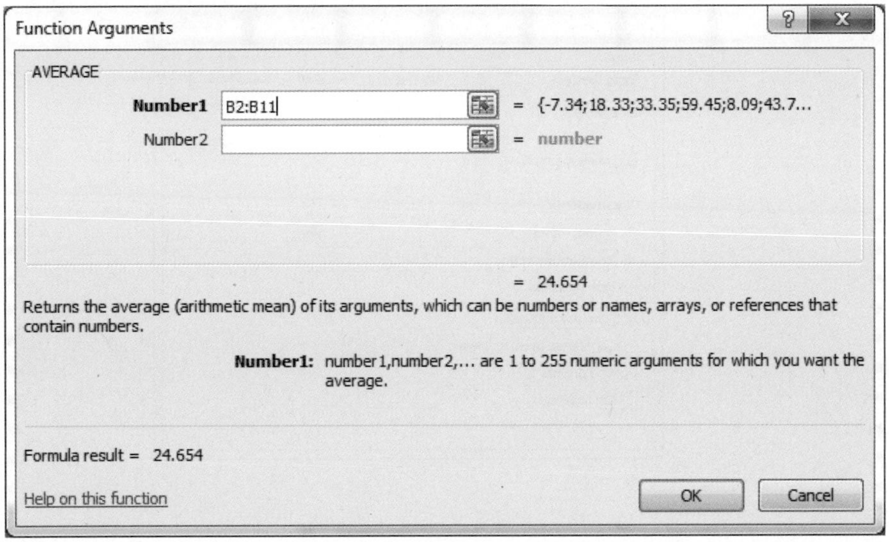

Function Arguments

AVERAGE

Number1 B2:B11 = {-7.34;18.33;33.35;59.45;8.09;43.7...

Number2 = number

= 24.654

Returns the average (arithmetic mean) of its arguments, which can be numbers or names, arrays, or references that contain numbers.

Number1: number1,number2,... are 1 to 255 numeric arguments for which you want the average.

Formula result = 24.654

Help on this function

OK Cancel

이터를 선택하고 **확인**을 누른다. 손으로 계산한 것과 같은 24.65의 값이 나와야 한다. 중앙값과 최빈값을 구하기 위해서, 이 단계를 다시 따라하며 함수선택에서 MEDIAN과 MODE를 선택하면 된다.

엑셀의 함수 이름에 익숙해지면 빈 칸을 택한 후 '= 함수 이름(해당 열)'을 입력해 계산하는 것이 더 쉬울 수 있다. 이럴 경우, 함수 이름에는 엑셀이 부여한 특정한 신택스를 집어넣고, 해당 열에는 관련 데이터를 선택하거나 셀 정보를 입력한다. 예를 들어 금속펀드 수익률 평균을 구하려고 할 때, '= AVERAGE(B2:B11)'을 입력해 계산할 수 있다. 금속 수익률 데이터는 엑셀 문서 B2에서 B11에 걸쳐있다. Enter를 누르면 엑셀은 함수의 결과 값을 칸에 표시한다. 이 장 혹은 다른 장에서 새로운 함수를 사용할 때는, 이 형식을 따르도록 하겠다.

엑셀의 데이터 분석 도구 사용하기

평균, 중앙값, 최빈값을 계산하는 다른 방법은 엑셀의 데이터 분석 도구를 사용하는 것이다. 이 방법의 장점은 한 번에 여러 요약 값을 얻어낼 수 있다는 점이다. 도입사례를 이용해 이를 설명해보겠다.

A. 교과서 웹사이트에서 ***Fund_Returns*** 데이터를 열어(표 3.1) 엑셀에 붙여넣는다.

B. 메뉴에서 **데이터** > **데이터분석** > **기술통계법**을 선택하고 **확인**을 누른다(2장에서 말했듯이, **데이터** 탭에서 **데이터분석**이 안 보인다면, *추가기능*에서 분석도구를 선택하면 된다).

C. 그림 3.2의 *기술통계법* 대화상자를 보면, *입력 범위* 옆에 있는 칸을 클릭해, 데이터를 선택한다. 데이터를 선택할 때 자료 제목을 포함시켰으면, *첫째 행 이름표 사용* 옵션을 꼭 체크하여야 한다. *요약 통계량*을 선택하고 **확인**을 누른다.

D. 표 3.3은 엑셀 결과값을 나타낸다. 데이터 해석이 어려우면, 데이터를 선택한 후, **홈** > **서식** > **열 너비 자동맞춤**을 선택한다. 언급했듯이 엑셀은 여러 요약 척도를 세공하기 때문에, 중심-위치 척도에 해당하는 것들을(곧 다룰 분산과 관련된 척도와 함께) 굵게

그림 3.2 엑셀의 기술통계법(Descriptive Statistics) 대화상자

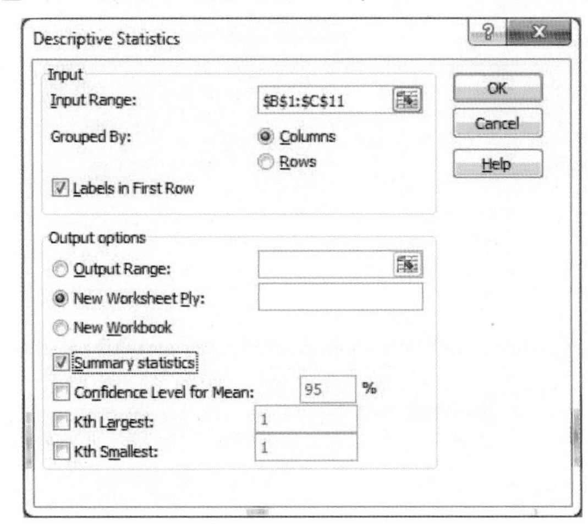

나타냈다. 최빈값은 최빈값이 없다는, 해당없음이 나왔음을 주목하라. 이는 두 번 이상 기록된 관측치가 없다는 발견과 일치한다.

표 3.2 엑셀 기술통계법 대화상자를 사용한 결과값

금속		수익	
평균	**24.654**	**평균**	**8.514**
표준오차	11.7414004	표준오차	3.4997715
중앙값	**33.825**	**중앙값**	**7.335**
최빈값	**#N/A**	**최빈값**	**#N/A**
표준편차	**37.1295681**	**표준편차**	**11.067249**
표본 분산	**1378.60483**	**표본 분산**	**122.484**
첨도	1.668701	첨도	2.3615757
비대칭도	−1.0076169	비대칭도	0.5602496
범위	**132.48**	**범위**	**43.14**
최소값	−56.02	최소값	−11.37
최대값	76.46	최대값	31.77
합계	246.54	합계	85.14
개수	10	개수	10

2장에서 **대칭도**와 **비대칭도**를 이야기하기 위해 히스토그램을 사용하였다. 히스토그램의 한쪽이 반대쪽과 좌우대칭이라면 분포는 대칭적이다. 단봉의 대칭적인 분포에서는 평균, 중앙값, 최빈값이 같다. 경영 실무에서는 한쪽으로 기울어진 분포를 접하게 되는 경우가 많다. 엑셀에서 찾은 첨도 척도에 대해 이야기를 하겠으나, 그 값의 계산은 다루지 않도록 하겠다. 첨도계수 0은 평균을 중심으로 데이터가 비교적 고르게 좌우로 분포되어 있음을 나타낸다. 정적인 첨도는(0이 넘는 값) 분포의 오른쪽 꼬리에 더 많은 극단 값이 있음을 의미하고, 그렇기 때문에 평균은 중앙값 대비 커지고, 대부분의 값이 왼쪽에 존재함을 알 수 있다. 비슷하게, 부적인 첨도는(0보다 작은 값) 분포의 왼쪽 꼬리에 더 많은 극단 값이 위치해 평균이 중앙값 대비 작아지고 대부분의 값이 오른쪽에 존재함을 알 수 있다. 수익률 그래프는 금속펀드는 부적으로 기울어져 있고(첨도 = −1.0076), 수익펀드는 정적으로 기울어져 있음(첨도 = 0.5602)을 보여준다.

지금까지는 평균을 구할 때 각각의 값이 같은 비중임을 가정했다. **가중평균**은 어떤 관측치가 더 큰 의미를 가지고 있을 때 계산한다. 예를 들어 보통 가중평균을 사용해(예를 들어 중간고사의 반영비율보다 기말고사의 성적 반영비율이 높은 것과 같은) 학생들을 평가한다.

가중평균

관측치의 비중을 $w_1, w_2, \ldots, w_n$이라고 하고, 그 합은 $w_1 + w_2 + \cdots + w_n = 1$이라고 하자. 표본의 **가중평균**(weighted mean)은 다음과 같이 계산된다.

$$\bar{x} = \Sigma w_i x_i.$$

모집단의 가중평균도 비슷하게 계산된다.

예제 3.7

한 학생이 시험1은 60점, 시험2는 70점, 시험3은 80점을 맞았다. 만약 시험 1, 2, 3의 점수 반영 비중이 25%, 25%, 50%라면 이 학생의 가중평균점수는 몇 점인가?

풀이: 비중을 $w_1 = 0.25$, $w_2 = 0.25$, $w_3 = 0.50$으로 놓는다. 가중평균을 $\bar{x} = \Sigma w_i x_i = 0.25(60) + 0.25(70) + 0.50(80) = 72.50$로 계산할 수 있다. 시험3에 더 많은 비중을 부여하지 않은 단순 평균은 70점이다.

연습문제 3.1

기본문제

1. 표본에서 다음의 관측치가 주어졌을 때, 평균, 중앙값, 최빈값을 계산하라.

8	10	9	12	12

2. 표본에서 다음의 관측치가 주어졌을 때, 평균, 중앙값, 최빈값을 계산하라.

−4	0	−6	1	−3	−4

3. 표본에서 다음의 관측치가 주어졌을 때, 평균, 중앙값, 최빈값을 계산하라.

150	257	55	110	110	43	201	125	55

4. 표본에서 다음의 관측치가 주어졌을 때, 평균, 중앙값, 최빈값을 계산하라.

20	15	25	20	10	15	25	20	15

응용문제

5. 보스턴에 위치한 작은 회사에서, 7명의 종업원들에게 도시로의 편도 통근시간(분 단위)을 보고하도록 하였다. 그들의 대답은 다음과 같았다.

20	35	90	45	40	35	50

a. 가장 짧은 통근시간은? 가장 긴 통근시간은?
b. 평균, 중앙값, 최빈값을 계산하라.

6. 매입동향 추세를 살피기 위해 부동산 중개인이 최근 지역 주택매매 데이터 10개를 모았다. 중개인은 특히 매매된 주택의 방 개수를 다음과 같이 적어놓았다.

3	4	3	3	5	2	4	2	5	6

a. 평균, 중앙값, 최빈값을 계산하라.
b. 최근 매매된 주택의 방 개수 관련 일반 값을 가장 잘 나타내는 중심위치 척도는 무엇인가?

7. 다음의 표는 지난 10년간 최고 연봉을 받은 경영인 10명의 데이터를 나타내고 있다.

이름	회사	연봉(백만 달러)
Lawrence Ellison	Oracle	$1,835.7
Barry Diller	IAC, Expedia	1,142.9
Ray Irani	Occidental Petroleum	857.1
Steve Jobs	Apple	748.8
Richard Fairbank	Capital One	568.5
Angelo Mozilo	Countrywide	528.6
Eugene Isenberg	Nabors Industries	518.0
Terry Semel	Yahoo	489.6
Henry Silverman	Cendant	481.2
William McGuire	UnitedHealth Group	469.3

출처: 월스트리트저널, 2010.7.27

a. 10명의 최고 연봉을 받은 경영인들의 평균 연봉을 계산하여라.

b. 평균은 데이터의 중심을 정확하게 반영하고 있는가? 설명하라.

8. 한 투자자가 세 번에 걸쳐 마이크로소프트의 주식을 다음과 같은 가격으로 매입하였다.

날짜	주당가격	주식수
January 2009	$19.58	70
July 2009	$24.06	80
December 2009	$29.54	50

투자자가 주식을 산 주당 평균가격을 계산하라.

9. 중간고사에서 90점, 기말고사에서 60점, 프로젝트에서 80점을 받았다. 만약 중간고사가 30%, 기말고사가 50%, 프로젝트가 20% 반영된다면 평균점수는 얼마인가?

10. 한 투자자가 세 번에 걸쳐 델 주식을 다음과 같은 가격으로 매입하였다.

날짜	주당가격
January 2009	$10.34
July 2009	$13.98
December 2009	$14.02

a. 1월에 100주, 7월에 60주, 12월에 40주를 샀다면 주당 평균가격은 얼마인가?

b. 1월에 40주, 7월에 60주, 12월에 100주를 샀다면 주당 평균가격은 얼마인가?

11. FILE 다음 표는 2010년 포춘 500에서 선정한 미국의 10대 대기업을 보여준다. 각 기업 옆에는 시가총액(2010년 3월 26일 기준, 십억 달러)과 2009년 투자수익률이 있다. 데이터(***Largest_Corporations***)는 교과서 웹사이트에서 찾을 수 있다.

기업	시가총액(십억 달러)	수익률
Walmart	$209	−2.7%
Exxon Mobil	314	−12.6
Chevron	149	8.1
General Electric	196	−0.4
Bank of America	180	7.3
ConocoPhillips	78	2.9
AT&T	155	4.8
Ford Motor	47	336.7
JP Morgan Chase	188	19.9
Hewlett − Packard	125	43.1

출처 : http://money.cnn.com, 2010.5.3

a. 시가총액의 평균과 중앙값을 계산하라.

b. 수익률의 평균과 중앙값을 계산하라.

c. 각 변수들의(시가총액과 수익률) 중심-위치를 가장 잘 반영하는 척도를 설명하라.

12. FILE 야구에서 가장 중요한 통계 중 하나는 투수의 방어율이다. 이는 투수가 9회 동안 내어준 점수의 평균을 의미한다. 다음의 표에서는 2010년 7월 22일까지 뉴욕 양키스와 볼티모어 오리올스 투수들의 방어율을 나타내고 있다. 전체 데이터(***ERA***)는 교과서 웹사이트에서 찾을 수 있다.

뉴욕 양키스	방어율	볼티모어 오리올스	방어율
Sabathia	3.13	Guthrie	4.58
Pettitte	2.88	Millwood	5.77
⋮	⋮	⋮	⋮

출처 : http://www.mlb.com

a. 뉴욕 양키스 투수들의 방어율 평균과 중앙값을 계산하라.

b. 볼티모어 오리올스 투수들의 방어율 평균과 중앙값을 계산하라.

c. 위 계산결과만을 봤을 때 어떤 팀의 승률이 더 높을 것 같은가? 설명하라.

13. FILE 2010년 6월 캘리포니아 미션비에호에서 팔린 집 36채의 매매가의 일부가 다음 표에 나와 있다. 전체 데이터(***MV_Houses***)는 교과서 웹사이트에서 찾을 수 있다.

번호	매매가(천 달러)
1	$430
2	520
⋮	⋮
36	430

평균, 중앙값, 최빈값을 계산하라.

14. FILE 다음의 표는 50개 주의 평균 갤런당 휘발유가격 데이터의 일부이다. 전체 데이터(***Gas_Prices_2012***)는 교과서 웹사이트에서 찾을 수 있다.

주	갤런당 가격
Alabama	$4.36
Alaska	3.79
⋮	⋮
Wyoming	3.63

출처 : http://AAA.com, 데이터 검색, 2012.4.16

갤런당 휘발유가격의 평균, 중앙값, 최빈값을 찾아라.

15. FILE 다음의 표는 50개 주의 기대수명(년) 데이터의 일부이다. 전체 데이터(***Life_Expectancy***)는 교과서 웹사이트에서 찾을 수 있다.

순위	주	기대수명(년)
1	Hawaii	81.5
2	Alaska	80.9
⋮	⋮	⋮
50	Mississippi	74.8

출처 : http://en.wikipedia.org/wiki/List_of_U.S._states_by_life_expectancy, 데이터 검색, 2012.4.25

기대수명의 평균, 중앙값, 최빈값을 찾아라.

3.2 백분위수와 상자그림

학습목표 **3.2**
백분위수와 상자그림 계산과 해석

앞에서 본 것처럼, 중앙값은 데이터를 반으로 나누는 중심위치 척도이며, 중앙값을 기준으로 데이터의 반은 중앙값 아래, 나머지 반은 위에 위치한다. 중앙값은 50 백분위수이다. 보통은 50이 아닌 다른 **백분위수**(percentile)에 관심이 있다. 이 절에서 우리는 백분위수를 계산하고 해석하는 것을 다룬다. 보통 백분위수는 큰 데이터를 대상으로 계산이 되나, 설명의 편의상 작은 데이터를 사용해 백분위수 계산을 해보기로 하겠다. 또한, 백분위수의 시각적인 표현인 상자그림을 그리는 것을 다룬다. 이는 데이터의 이상치와 대칭을 확인하는 데도 도움이 된다.

백분위수는 데이터가 작은 값부터 큰 값 구간 안에서 어떻게 퍼져 있는지에 대한 상세한 정보를 제공한다. 백분위수를 이미 많이 접해봤을 것이다. 예를 들어 SAT는 대학 입학 절차 중 가장 많이 사용되는 시험이다. SAT의 수학 점수는 200점부터 800점까지이다. 만약 650점을 받았다고 하자. 같은 시험을 본 다른 학생들과 비교해 얼마나 잘 본 것인지 알기가 쉽지 않다. 그렇지만 이 점수가 75백분위수라고 하면, 약 75%의 학생들이 이 점수보다 못 봤고, 약 25%의 학생들이 이 점수보다 잘 봤다는 것을 알 수 있다.

백분위수

일반적으로 p**백분위수**(pth-percentile)는 데이터를 두 부분으로 나눈다.

- 약 p%의 관측치가 p백분위수보다 낮은 값을 가지며,
- 약 $(100 - p)$%의 관측치가 p백분위수보다 높은 값을 가진다.

p백분위수 계산하기

A. 데이터를 오름차순(작은 값에서 큰 값)으로 정리한다.

B. L_p를 다음과 같이 계산하여 백분위수의 대략의 위치를 찾는다.

$$L_p = (n + 1)\frac{p}{100}$$

L_p는 n이 표본의 크기일 때 원하는 p백분위수 위치를 의미한다.

모집단 백분위수를 계산할 때는, n을 N으로 대체하면 된다. 중앙값은 50백분위수이므로 $p = 50$으로 놓으면 된다.

C. L_p를 계산한 후, L_p가 정수인지 아닌지를 확인한다.

- 만약 L_p가 정수라면, L_p는 p백분위수의 위치를 의미한다. 예를 들어, L_{20}이 2라면, 20백분위수는 정리된 데이터의 두 번째 관측치이다.
- 만약 L_p가 정수가 아니라면, 원하는 백분위수의 위치를 대략적으로 찾기 위해, 두 관측치 사이의 값을 추정하여야 한다. 예를 들어, L_{20}이 2.25라면, 20백분위수는 정리된 데이터의 두 번째 관측치와 세 번째 관측치 사이 25%에 위치한 값이다.

예제 3.8

이 장 도입사례에서 제공된 정보를 사용하여, 금속펀드의 25백분위수와 75백분위수를 계산하고 해석하라.

풀이: 첫 번째 단계는 데이터를 오름차순으로 정리하는 것이다.

Position:	1	2	3	4	5	6	7	8	9	10
Value:	−56.02	−7.34	8.09	18.33	33.35	34.30	36.13	43.79	59.45	76.46

25백분위수는 $L_{25} = (n + 1)\frac{p}{100} = (10 + 1)\frac{25}{100} = 2.75$이다. 그렇다면 25백분위수는 두 번째와 세 번째 관측치 사이 75%에 위치한다. 이는 다음과 같이 계산할 수 있다.

$$-7.34 + 0.75\,(8.09-(-7.34)) = -7.34 - 11.57 = 4.23$$

그러므로 25%의 수익률은 4.23% 이하이며 75%의 수익률은 4.23% 이상이다.

75백분위수는 $L_{75} = (n + 1)\frac{p}{100} = (10 + 1)\frac{75}{100} = 8.25$이다. 75백분위수는 여덟 번째와 아홉 번째 관측치 사이 25%에 위치한다. 이는 다음과 같이 계산할 수 있다.

$$43.79 + 0.25\,(59.45-43.79) = 43.79 + 3.92 = 47.71$$

그러므로 75%의 수익률은 47.71% 이하이며 25%의 수익률은 47.71% 이상이다.

금속펀드의 중앙값 혹은 50백분위수는 앞에서 33.83%로 구한 바 있다. 데이터의 25백분위수, 50백분위수, 75백분위수를 구하면, 데이터를 네 동일한 부분으로, 혹은 1/4씩 나눈 셈이 된다. 그렇기 때문에 25백분위수는 1사분위수(Q1), 50백분위수는 2사분위수(Q2), 75백분위수는 3사분위수(Q3)로 불린다.

상자그림을 만들고 해석하기

상자그림(box plot) 혹은 상자수염도(box-and-whisker plot)는 데이터의 최소값, 사분위수(Q1, Q2, Q3), 그리고 최대값을 시각적으로 나타내는 편리한 방법이다. 금속펀드의 결과값을 사용하여 우리가 상자그림을 만드는 데 필요한 다섯 숫자를 표 3.4에 요약해 놓았다.

표 3.4 금속펀드 값 요약

최소값	Q1	Q2	Q3	최대값
−56.02%	4.23%	33.83%	47.71%	76.46%

표 3.4의 값은 데이터의 다섯 숫자 요약이라고도 불린다. 상자그림은 다른 장소나 시간에서 모은 비슷한 정보를 비교할 때 특히 유용하다. 이상치와 대칭을 확인하는 데에도 효과적인 도구로 사용된다. 3장 1절에서 우리는 평균이 이상치에 지나치게 영향을 받는다는 것을 논했다. 이상치는 잘못 기록되거나 데이터에 잘못 포함된 관측치로 나쁜 데이터를 의미하기도 한다. 이런 경우, 관련된 관측치들을 고치거나 데이터에서 삭제하면 된다. 그러나 이상치는 무작위적인 변화에 따른 값일 수 있으며, 이런 경우 이상치는 데이터에 남아 있어야 한다. 어떤 경우에든 필요시에는 바로잡을 수 있도록 잠재적인 이상치를 확인하는 것은 중요하다.

상자그림을 만들기 위해서는, 다음의 단계를 따르면 된다.

A. 수평축에 다섯 숫자 요약을 오름차순으로 표시한다.

B. 첫 번째와 세 번째 사분위수를 포함하는 상자를 그린다.

C. 상자 안 중앙값에 점선으로 수직선을 그린다.

D. 주어진 관측치의 이상치 여부를 확인하기 위해서 먼저 3사분위수와 1사분위수의 차이를 구한다. 이 차이 값은 **사분위수간 범위**(interquartile range) 혹은 IQR이라 불린다. 상자의 길이는 IQR이며, 박스의 범위는 데이터 중간을 이루는 반을 포함한다. 1사분위수에서 최소값까지 선(수염)을 그리는데, 이는 1사분위수에서 1.5 × IQR 값을 그리는 것보다 더 멀리 나가지 않아야 한다. 비슷하게, 3사분위수에서 최대값까지 선을 그리되, 3사분위수에서 1.5 × IQR 값을 그리는 것보다 더 멀리 나가지 않아야 한다.

E. 상자에서 1.5 × IQR 값보다 멀리 위치한 값은 별표로 표시한다. 이 값들은 이상치라 생각된다.

그림 3.3의 상자그림을 예로 보자. 그림에서 왼쪽 수염은 1사분위수에서 최소값까지 이어진다. 1사분위수에서 최소값이 1.5 × IQR 값보다 멀리 위치하지 않기 때문이다. 그러나 오른쪽 수염은 최대값까지 이어지지 않는다. 3사분위수에서 최대값이 1.5 × IQR 값보다 멀리 위치하기 때문이다. 오른쪽의 별표는 이 관측치가 이상치로 생각되는 것을 의미한다.

상자그림은 분포의 모양을 비공식적으로 평가하는 데 사용된다. 상자의 중심에 중앙값을 위치하고 오른쪽과 왼쪽 수염이 상자에서 동일한 거리까지 그려져 있으면, 대칭을 의미한다. 중앙값이 중심 왼쪽에 위치하고 오른쪽 수염이 왼쪽 수염보다 길면, 분포는 오른쪽으로(정적으로) 기울어져 있다. 중앙값이 중심 오른쪽에 위치하고 왼쪽 수염이 오른쪽 수염보다 길면, 분포는 왼쪽으로(부적으로) 기울어져 있다. 그림 3.3에서 중앙값이 중심 왼쪽에 위치하고, 오른쪽 수염이 왼쪽 수염보다 긴 것을 볼 수 있다. 이는 기초를 이루는 분포가 오른쪽으로(정적으로) 기울어져 있음을 나타낸다.

그림 3.3 상자그림 예

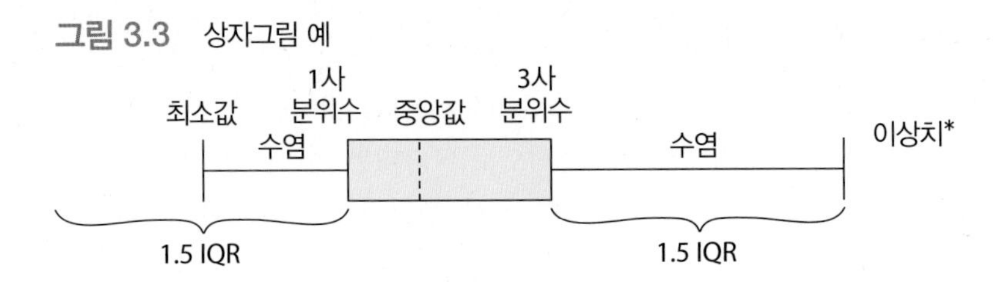

■ **예제 3.9**

이 장 도입 사례에 소개된 정보를 사용하여, 금속펀드의 상자그림을 만들고 해석하라.

풀이: 표 3.4에서 주어진 정보를 바탕으로 3사분위수와 1사분위수의 차이를 구해, 47.71% − 4.23% = 43.48%, IQR을 구한다. 그 다음 1.5 × IQR, 1.5 × 43.48% = 65.22%를 구한다. 1사분위수와 최소값 사이의 거리는 4.23% − (− 56.02%) = 60.25%며 65.22% 안에 위치한다. 상자그림에서 왼쪽 수염은 최소값 −56.02%까지 이어진다(그림 3.4 참조). 비슷하게, 최대값과 3사분위수 사이의 거리는 76.46% − 47.71% = 28.75%로 65.22% 안에 위치한다. 오른쪽 수염도 최대값이 76.46%까지 이어진다. 상자그림을 만드는 기준으로 보면 이 데이터에는 이상치가 존재하지 않는다.

그림 3.4 금속펀드의 상자그림

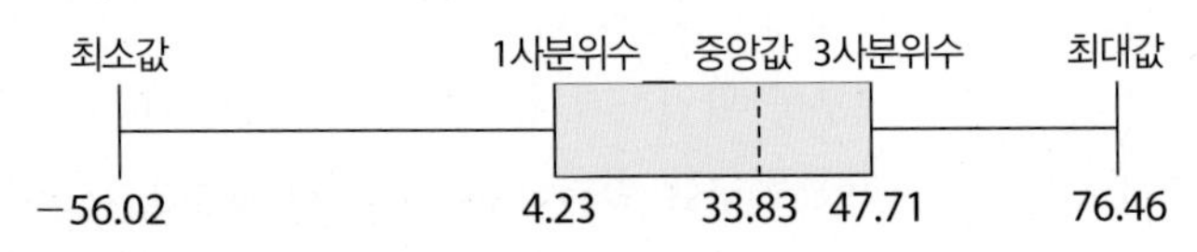

이 상자그림을 통해 금속펀드 수익률 분포에 대한 몇 가지 특징을 알 수 있다. 첫째로, 수익률은 −56.02%에서 76.46% 사이의 범위에서 움직였고, 33.83%보다 높은 수익률을 올린 해가 반, 33.83%보다 낮은 수익률을 올린 해가 반이었다. 두 가지 추가적으로 알 수 있는 점은: (1)상자에서 중앙값은 중심에 위치하지 않았으며, 중심 오른쪽에 위치했다. 그리고 (2)왼쪽 수염이 오른쪽 수염보다 길다. 이는 분포가 왼쪽으로(부적으로) 기울어져 있음을 뜻한다.

연습문제 3.2

기본문제

16. 다음 데이터의 20백분위수, 50백분위수, 80백분위수를 계산하라.

120	215	187	343	268	196	312

17. 다음 데이터의 20백분위수, 40백분위수, 70백분위수를 계산하라.

−300	−257	−325	−234	−297	−362	−255

18. 다음의 상자그림을 보자.

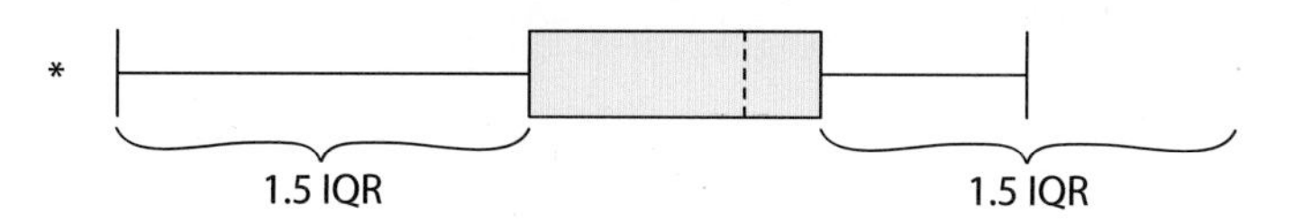

a. 상자그림에서 보면 데이터에 이상치가 존재하는가?
b. 기초로 하고 있는 데이터의 분포의 대칭에 대해 이야기해보라.

19. 다음의 상자그림을 보자.

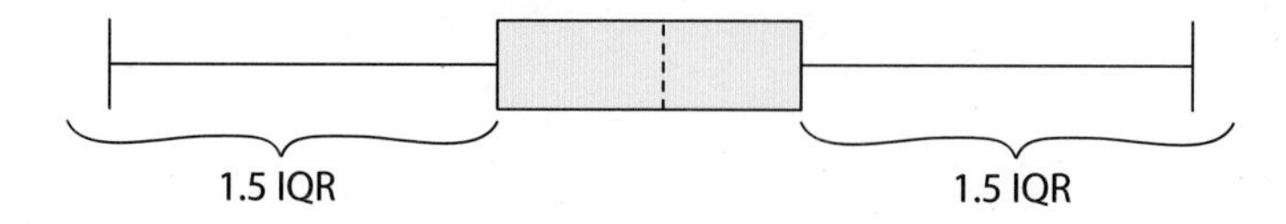

a. 상자그림에서 보면 데이터에 이상치가 존재하는가?
b. 기초로 하고 있는 데이터의 분포의 대칭에 대해 이야기해보라.

20. 다음의 데이터를 보자.

12	9	27	15	58	35	21	32	22

a. 25백분위수, 50백분위수, 75백분위수를 계산하고 해석하라.
b. 상자그림을 만들어보라. 이상치가 존재하는가?

21. 다음의 데이터를 보자.

0.04	0.10	−0.05	−0.02	0.08	0.15	−0.09

a. 25백분위수, 50백분위수, 75백분위수를 계산하고 해석하라.
b. 상자그림을 만들어보라. 이상치가 존재하는가?

응용문제

22. 통계학 수업 기말고사 점수들은 다음과 같다.

75	25	75	62	80	85	80	99	90	60
86	92	40	74	72	65	87	70	85	70

a. 25백분위수, 50백분위수, 75백분위수를 계산하고 해석하라.
b. 상자그림을 만들어라. 이상치가 존재하는가? 분포가 대칭적인가? 아니라면 대칭에 대해 이야기해보라.

23. 표 3.1의 수익펀드 수익률 데이터(%)를 보도록 하자.
a. 25백분위수, 50백분위수, 75백분위수를 계산하고 해석하라.
b. 상자그림을 만들어보라. 이상치가 존재하는가?
c. 분포가 대칭적인가? 아니라면 대칭에 대해 이야기해보라.

24. FILE 주가수익률 회사의 주가를 주당순이익으로 나누어서 계산한다. 일반적으로 주가수익률이 높으면 투자자들이 주가수익률이 낮은 회사보다 미래의 성장가능성이 높다고 평가한다는 것을 의미한다. 2012년 5월 17일 다우존스산업평균지수를 구성하는 회사들과 주가수익률의 일부가 아래 표에 제시되어 있다(데이터 검색 당시 다우존스산업평균지수를 구성하는 회사인 뱅크오브아메리카의 주가수익률은 구할 수 없었다). 전체 데이터(***PE_Ratio***)는 교과서 웹사이트에서 찾을 수 있다.

Company	P/E Ratio
3M (MMM)	14
Alcoa (AA)	24
⋮	⋮
Walt Disney (DIS)	14

a. 25백분위수, 50백분위수, 75백분위수를 계산하고 해석하라.
b. 상자그림을 만들어보라. 이상치가 존재하는가? 분포가 대칭적인가? 아니라면 대칭에 대해 이야기해보라.

25. FILE 다음의 표는 2010년 50개 주의 가구소득 중앙값(소득)과 주택가격(주택가격) 중앙값을 나타낸다. 전체 데이터(***Census***)는 교과서 웹사이트에서 찾아볼 수 있다.

State	Income	House Value
Alabama	$42,081	$117,600
Alaska	66,521	229,100
⋮	⋮	⋮
Wyoming	53,802	174,000

a. 가구소득의 상자그림을 만들어 이상치의 존재여부를 확인하고 대칭에 대해 이야기해보라.
b. 주택가격의 상자그림을 만들어 이상치의 존재여부를 확인하고 대칭에 대해 이야기해보라.
c. 위의 결과들이 놀라운가?

3.3 분산 척도

학습목표 **3.3**
범위, 절대평균편차, 분산, 표준편차, 변동계수의 계산과 해석

3장 1절에서, 데이터를 설명하는 일반 혹은 중심 값을 찾기 위한 시도로 중심-위치 척도에 집중해보았다. 데이터가 중심에서 어떻게 분포되어 있는지를 분석하는 것도 중요하다. 2000년부터 2009년까지 10년간 금속펀드와 수익펀드의 수익률은 각각 24.65%와 8.51%였다. 투자자들이 왜 평균적으로 수익률이 낮은 수익펀드에 투자를 하는지 이해할 수 없을 수도 있다. 이 질문에 대한 대답은 분산 변동성 척도를 분석하면 곧 분명해진다.

표 3.5는 각 펀드의 최대, 최소 수익률과 평균수익률을 나타낸다. 수익펀드의 평균수익률은 최소, 최대 수익률과 금속펀드 대비 상대적으로 가까운 것을 볼 수 있다. 펀드의 비교는 데이터를 요약할 때 평균만으로 충분하지 않음을 보여준다. 평균은 데이터의 변동성을 나타내지 못한다.

표 3.5 2000−2009년 금속펀드와 수익펀드의 몇몇 척도

	최소수익률	평균수익률	최대수익률
금속펀드	256.02%	24.65%	76.46%
수익펀드	211.37%	8.51%	31.77%

지금부터 데이터의 변동성을 평가하는 분산 척도 몇 가지를 알아보도록 하자. 각각의 척도는 숫자이며 데이터가 동일하면 값은 0이 되고, 데이터 값이 다양해질수록 큰 값을 가진다.

범위

범위(range)는 분산의 가장 간단한 척도이다. 이는 데이터의 최대값과 최소값의 차이이다.

범위 = 최대값 − 최소값

예제 3.10

표 3.5에 있는 데이터를 사용하여 금속과 수익 펀드의 범위를 계산하라.

풀이:

금속펀드 : 76.46% − (− 56.02%) = 132.48%
수익펀드 : 31.77% − (− 11.37%) = 43.14%

금속펀드의 범위가 더 크다. 이는 최대값과 최소값과 관련 더 큰 분산이 있음을 의미한다.

범위는 분산의 좋은 척도로 여겨지지 않는데, 극단값만을 사용하고 데이터의 다른 값들은 무시하기 때문이다. 3장 2절에서 본 사분위수간 범위(interqurtile range)도, IQR = Q3 − Q1, 극단값을 사용하지는 않지만, 이 척도도 모든 데이터를 다 포함하지는 않는다.

절대평균편차

분산의 좋은 척도는 모든 관측치의 평균과의 차이를 고려해야 한다. 평균과의 차이를 그냥 평균 낸다면, 양수 값과 음수 값이 상쇄되어, 둘 다가 분산을 불러옴에도 불구하고, 결과값은 평균 영이 될 것이다. **절대평균편차**(Mean Absolute Deviation, MAD)는 모든 관측치의 평균과의 차이 절대 값의 평균이다.

절대평균편차

표본 값, $x_1, x_2, \ldots, x_n$에서 **표본 절대평균편차**(sample MAD)는 다음과 같이 계산된다.

$$\text{표본 절대평균편차} = \frac{\Sigma|x_i - \bar{x}|}{n}.$$

모집단 값 $x_1, x_2, \ldots, x_N$에서 **모집단 절대평균편차**(population MAD)는 다음과 같이 계산된다.

$$\text{모집단 절대평균편차} = \frac{\Sigma|x_i - \mu|}{N}.$$

예제 3.11

표 3.1의 데이터를 사용해 금속과 수익 펀드의 절대평균편차를 구하라.

풀이: 금속펀드의 절대평균편차를 먼저 구해보기로 하겠다. 표 3.6의 두 번째 열은 표본평균 $\bar{x} = 24.65$와의 차이를 나타낸다. 앞에서 말했듯, 이 값들의 합은 영이거나 아니면 반올림 때문에 영과 아주 가까운 값이다. 세 번째 열은 각각의 평균과의 차이 값의 절대값을 나타낸다. 이 값들을 합한 값은 절대평균편차 공식의 분자가 된다.

표 3.6 금속펀드의 절대평균편차 계산

x_i	$x_i - \bar{x}$	$\lvert x_i - \bar{x}\rvert$
−7.34	−7.34 − 24.65 = −31.99	31.99
18.33	18.33 − 24.65 = −6.32	6.32
⋮	⋮	⋮
76.46	76.46 - 24.65 = 51.81	51.81
	Total = 0 (subject to rounding)	Total = 271.12

금속펀드의 절대평균편차: $\text{MAD} = \frac{\Sigma|x_i - \bar{x}|}{n} = \frac{271.12}{10} = 27.11.$

비슷하게 수익펀드의 절대평균편차를 계산하면: $\text{MAD} = \frac{\Sigma|x_i \quad x|}{n} = \frac{70.30}{10} = 7.03.$

수익펀드의 절대평균편차가 금속펀드보다 작으며 이는 데이터가 덜 분산되어 있음을 의미한다.

분산과 표준편차

분산(variance)과 **표준편차**(standard deviation)는 가장 많이 사용되는 분산의 척도 두 가지이다. 절대평균편차에서와 같이 평균과의 차이의 절대 값을 계산하는 대신, 평균과의 차이의 제곱을 계산한다. 평균과의 차이 값을 제곱하면 큰 차이가 작은 차이보다 더 강조된다. 절대평균편차는 큰 차이와 작은 차이가 동일하게 다뤄진다.

분산은 관측치들과 평균의 차이의 제곱의 평균으로 정의된다. 분산 공식은 표본 데이터와 모집단 데이터가 다르다. 분산은 척도의 원래 단위를 제곱해서 얻어진다. 척도의 원래 단위로 돌아가기 위해서 분산 값에 루트를 씌워 표준편차를 계산한다.

분산과 표준편차

표본 값, $x_1, x_2, \ldots, x_n$에서 **표본 분산**(sample variance)과 **표본 표준편차**(sample standard deviation)는 다음과 같이 계산된다.

$$s^2 = \frac{\Sigma(x_i - \bar{x})^2}{n-1} \qquad s = \sqrt{s^2}$$

모집단 값, $x_1, x_2, \ldots, x_N$에서 **모집단 분산**(population variance)과 **모집단 표준편차**(population standard deviation)는 다음과 같이 계산된다.

$$\sigma^2 = \frac{\Sigma(x_i - \mu)^2}{N} \qquad \sigma = \sqrt{\sigma^2}$$

각주 : 표본 분산은 n이 아닌 $n - 1$의 분모를 사용한다. 그 이유는 8장에서 다룬다.

예제 3.12

표 3.1의 데이터를 사용하여 금속과 수익-펀드의 표본 분산과 표본 표준편차를 계산하라. 답을 정확한 척도 단위로 나타내라.

풀이: 평균 24.65%인 금속펀드의 표본 분산과 표본 표준편차를 계산하겠다. 표 3.7의 두 번째 열은 각각의 수익률에서 평균을 뺀 값이다. 세 번째 열은 각각의 평균에서의 차이 값의 제곱이다. 이 값들을 더하면 표본 분산을 구하는 분자가 된다.

표 3.7 금속펀드 표본 분산 계산

x_i	$x_i - \bar{x}$	$(x_i - \bar{x})^2$
−7.34	−7.34 − 24.65 = −31.99	$(-31.99)^2$ = 1,023.36
18.33	18.33 − 24.65 = −6.32	$(-6.32)^2$ = 39.94
⋮	⋮	⋮
76.46	76.46 − 24.65 = 51.81	$(51.81)^2$ = 2,684.28
	Total = 0 (subject to rounding)	Total = 12,407.44

금속펀드의 분산식: $s^2 = \frac{\Sigma(x_i - \bar{x})^2}{n-1} = \frac{12,407.44}{10-1} = 1,378.60(\%)^2$. 척도 단위도 제곱된 것을 볼 수 있다. 표본 표준편차는 $s = \sqrt{1,378.60} = 37.13(\%)$.

수익펀드 수익률도 비슷한 계산을 하면 된다.

$$s^2 = \frac{\Sigma(x_i - \bar{x})^2}{n-1} = \frac{1,102.34}{10-1} = 122.48(\%)^2. \quad s = \sqrt{122.48} = 11.07(\%).$$

지금까지 소개된 분산 척도들을 바탕으로, 수익펀드가 금속펀드보다 덜 분산되어 있다고 결론지을 수 있다. 금융데이터는 표준편차가 가장 자주 쓰이는 위험성의 척도이기도 하다. 그렇기 때문에 수익펀드가 금속펀드보다 위험성이 작다고 할 수 있다.

변동계수

몇몇 경우에, 각기 다른 평균과 척도 단위를 가진 둘 이상의 데이터의 변동성을 비교하는 분석을 하게 될 때가 있다. **변동계수**(Coefficient of Variation, CV)는 분산의 상대적 척도의 역할을 하며, 각기 다른 평균의 크기를 조정한다. 변동계수는 데이터의 표준편차로 평균을 나눠서 계산되며, 다른 데이터들 사이의 평균 – 조정된 분산을 직접적으로 비교할 수 있게 만들어주는 단위 없는 척도이다.

변동계수

표본 변동계수(sample CV) $= \frac{s}{\bar{x}}$

모집단 변동계수(population CV) $= \frac{\sigma}{\mu}$

예제 3.13

금속과 수익 펀드의 변동계수를 계산하고 해석하라.

풀이: 앞에서 계산한 표본 평균과 표준편차를 사용한다.

$$\text{금속펀드의 변동계수 : CV} = \frac{s}{\bar{x}} = \frac{37.13\%}{24.65\%} = 1.51.$$

$$\text{수익펀드의 변동계수 : CV} = \frac{s}{\bar{x}} = \frac{11.07\%}{8.51\%} = 1.30.$$

1.51이 1.3보다 큰 값이므로, 금속펀드가 수익펀드보다 상대적으로 큰 분산을 보이고 있다고 결론지을 수 있다.

엑셀을 사용하여 분산 척도 계산하기

엑셀 공식 사용하기

3장 1절에서 논한 바와 같이 엑셀은 우리가 사용하는 거의 모든 요약 척도 공식을 내장, 제공한다. 표 3.8은 논의된 분산 척도들의 엑셀 공식 이름을 정리한 것이다. 예를 들어 금속펀드의 표준편차를 계산하기 위해서는 교과서 웹사이트에서 ***Fund_Returns*** 데이터를 연다. 빈 칸을 찾아 ' = STDEV.S(B2:B11)'을 입력하고 **엔터**를 누른다. 엑셀은 손으로 계산한 것과 같은 값인 37.13을 계산한다.

표 3.8 엑셀 분산 척도 계산 공식

분산 척도	엑셀 공식
범위	= MAX(array) − MIN(array)
절대평균편차	= AVEDEV(array)
표본 분산	= VAR.S(array)
표본 표준편차	= STDEV.S(array)
모집단 분산	= VAR.P(array)
모집단 표준편차	= STDEV.P(array)
변동계수(표본)	= STDEV.S(array)/AVERAGE(array)
변동계수(모집단)	= STDEV.P(array)/AVERAGE(array)

엑셀의 데이터 분석 도구 사용하기

3장 1절에서 엑셀의 데이터 분석 도구를 사용하는 옵션을 다루었다. 요약 척도를 계산하기 위해 **데이터** > **데이터분석** > **기술통계법**을 사용하였다. 변동성 척도를 계산할 때 엑셀은 데이터를 표본으로 가정하고 범위, 표본 분산, 표본 표준편차를 계산한다. 금속과 수익 펀드의 값들은 표 3.3에 굵은 글씨로 나타나 있다.

사례요약

뱅가드의 귀금속 광산 펀드(금속)와 피델리티의 전략적 수익 펀드(수익)는 2000년부터 2009년까지 가장 높은 수익률을 올린 두 개의 펀드이다. 이 두 펀드의 연간 수익률 분석은 투자자들에게 중요한 정보를 제공한다. 지난 10년간, 평균수익률 24.65%와 수익률의 중앙값 33.83%를 볼 때, 금속펀드가 더 높은 수익률을 기록하였다. 평균과 중앙값이 매우 다를 때는, 이상치나 극단 값을 의심해봐야 한다. 금속펀드 수익률의 평균과 중앙값이 10% 이상 차이가 나지만, 상자그림 분석에 따르면 이상치는 없다. 수익펀드의 평균과 중앙값은 8.51%와 7.34%로 크게 차이가 나지 않는다.

중앙 위치 척도가 투자의 보상을 나타내지만, 이는 투자의 위험성은 포함하지 않는다. 금융데이터에서는 표준편차가 가장 많이 사용되는 위험성의 척도이다. 금속펀드의 표준편차가 수익펀드의 표준편차보다 유의미하게 크므로(37.13%>11.07%), 금속펀드의 수익률은 평균보다 훨씬 크거나 작을 것이다. 뿐만 아니라 금속펀드의 변동계수—분산의 상대적 척도—는 수익펀드의 변동계수보다 크다. 두 분산 척도는 금속펀드가 더 위험한 투자임을 의미한다. 높은 평균수익률을 보이는 펀드가 위험도 높다는 이론에 신빙성을 더하고 있다.

연습문제 3.3

기본문제

26. 다음의 모집단 데이터에서

34	42	12	10	22

a. 범위를 계산하라.
b. 절대평균편차를 계산하라.
c. 모집단 분산을 계산하라.
d. 모집단 표준편차를 계산하라.

27. 다음의 모집단 데이터에서

0	−4	2	−8	10

a. 범위를 계산하라.
b. 절대평균편차를 계산하라.
c. 모집단 분산을 계산하라.
d. 모집단 표준편차를 계산하라.

28. 다음의 표본 데이터에서

40	48	32	52	38	42

a. 범위를 계산하라.
b. 절대평균편차를 계산하라.
c. 표본 분산을 계산하라.
d. 표본 표준편차를 계산하라.

29. 다음의 표본 데이터에서

−10	12	−8	−2	−6	8

a. 범위를 계산하라.
b. 절대평균편차를 계산하라.
c. 표본 분산과 표본 표준편차를 계산하라.

응용문제

30. 교통부에서는 매년 항공사들에 대한 몇천 건의 불만사항들을 접수한다. 교통부에서는 불만사항들을 분류하고 건수를 세, 정기적으로 항공사 평가 순위를 발표한다. 다음의 표는 미국 10대 항공사의 2006년 결과이다.

항공사	불만사항*	항공사	불만사항*
Southwest Airlines	1.82	Northwest Airlines	8.84
JetBlue Airways	3.98	Delta Airlines	10.35
Alaska Airlines	5.24	American Airlines	10.87
AirTran Airways	6.24	US Airways	13.59
Continental Airlines	8.83	United Airlines	13.60

출처 : 교통부 (*고객 백만 명 당)

a. 불만사항이 가장 적게 접수된 항공사는 어디인가? 가장 많이 접수된 항공사는 어디인가? 범위를 구하라.
b. 이 표본에서 평균과 중앙값을 구하라.
c. 분산과 표준편차를 계산하라.

31. 스타벅스와 파네라 브레드의 2010년 첫 6개월간 월별 종가(달러 단위로 반올림)가 다음의 표에 정리되어 있다.

Month	스타벅스	파네라 브레드
January 2010	$22	$71
February 2010	23	73
March 2010	24	76
April 2010	26	78
May 2010	26	81
June 2010	24	75

출처 : http://www.finance.yahoo.com

a. 각 회사 주가의 표본 분산과 표본 표준편차를 계산하라.
b. 어떤 회사 주가가 표준편차로 측정했을 때 더 높은 변동성을 보였는가?
c. 어떤 회사 주가가 상대 분산이 더 큰가?

32. FILE 주택시장 침체기에 접어들어 빠른 시간 내에 회복될 것 같지 않을 때, 대학 도시의 부동산 업자들은 계속해서 좋은 수익을 약속하였다(월스트리트저널, 2010.9.24). 미시건의 투자회사에서 일하는 마르셀라 트리스만(Marcela Treisman)은 미시건 대학이 위치한 앤 아버의 주택임대시장을 분석하는 과제를 받았다. 40

개 주택의 2011년 크기(제곱피트)와 월임대료 데이터를 구했다. 다음의 표에 데이터의 일부가 나타나 있고, 전체 데이터(***AnnArbor_Rental***)는 교과서 웹사이트에서 찾을 수 있다.

월임대료	제곱피트
645	500
675	648
⋮	⋮
2400	2700

a. 월임대료의 평균과 표준편차를 구하라.
b. 제곱피트의 평균과 표준편차를 구하라.
c. 어떤 표본 데이터가 상대적으로 큰 분산을 보이고 있는가?

33. FILE 교과서 웹사이트에서 파일(***Largest_Corporations***)을 찾아 연다. 2010년 포춘 500 미국 대기업 순위이다. 회사 이름 옆에는 회사의 시가총액(2010년 3월 26일 기준, 십억 달러)과 2009년 투자 총수익률이 나타나 있다.
a. 시가총액의 변동계수를 계산하라.
b. 투자 총수익률의 변동계수를 계산하라.
c. 어떤 표본 데이터가 상대적으로 큰 분산을 보이고 있는가?

34. FILE 교과서 웹사이트에서 파일(***Census***)을 찾아 연다. 이 데이터는 다른 변수들도 있지만 50개 주의 가구소득 중앙값과 주택가격 중앙값을 제공한다.
a. 가구소득과 주택가격의 범위를 계산하고 설명하라.
b. 가구소득과 주택가격의 표본 절대평균편차와 표본 표준편차를 계산하라.
c. 왜 두 데이터의 표본 절대평균편차와 표본 표준편차를 직접적으로 비교할 수 없는지를 이야기하라.

3.4 평균-분산 분석과 샤프지수

학습목표 3.4
평균-분산 분석과 샤프지수에 대해 설명

3장 3절을 시작할 때, 우리는 어떤 합리적인 투자자가 왜 금속펀드가 아닌 수익펀드에 투자하겠느냐고 물었다. 2000년부터 2009년까지 수익펀드가 약 9%의 수익을 기록할 때 금속펀드는 25%에 가까운 수익을 올렸기 때문이다. 높은 수익을 올리는 투자는 높은 위험을 동반한다고 알려져 있다. 투자는 주식, 채권, 뮤추얼펀드와 같은 금융상품을 포함한다. 평균수익은 투자자가 받는 보상을 의미하고, 분산 혹은 표준편차는 위험에 해당한다. 어떤 주식, 채권, 뮤추얼펀드의 평균 수익이 높을수록, 보상이 높은 것을 의미한다. 비슷하게, 분산이 높을수록 위험 수준이 높음을 뜻한다.

평균-분산 분석에 따르면, 위험한 자산의 성과는 수익률의 평균과 분산만을 사용해서도 측정할 수 있다.

평균-분산 분석

평균-분산 분석(mean-variance analysis)은 자산의 성과를 수익률로 측정하고 수익률을 보상(평균)과 위험(분산)으로 평가하는 것을 상정한다. 일반적으로 높은 평균수익의 투자는 높은 위험과 관련이 되어 있다.

표 3.9는 금속과 수익-펀드의 평균과 분산을 요약해 놓고 있다.

표 3.9 두 뮤추얼펀드의 2000 – 2009년 평균-분산 분석

펀드	평균수익	평균 분산
금속펀드	24.65%	$1{,}378.61(\%)^2$
수익펀드	8.51%	$122.48(\%)^2$

지난 10년간 금속펀드가 투자자들에게 높은 보상을 제공한 것은 사실이나, 금속펀드 투자자들은 수익펀드에 투자한 투자자들과 비교해 상당한 위험에 노출되었다. 표 3.9는 금속펀드의 분산이(1,378.61(%)^2) 수익펀드의 분산(122.48(%)^2)보다 유의미하게 큰 것을 보여주고 있다. 표 3.1로 다시 돌아가 금속펀드를 보면, 평균수익인 24.65%보다 많이 높은 수익(59.45%와 764.6% 같은)을 볼 수 있는 반면, 평균수익보다 많이 낮은 수익(−7.34%와 −56.02% 같은)도 볼 수 있다. 수익펀드로 같은 분석을 해보면, 수익들은 평균수익인 8.51%에 더 가깝게 위치해 있다. 그렇기 때문에, 수익펀드는 낮은 수익을 제공했지만, 덜 위험했다.

평균-분산 분석을 이야기하면서 **샤프지수**(Sharpe ratio)를 안 다룰 수 없다. 노벨상 수상자 윌리엄 샤프(William Sharpe)는 그가 원래는 "보상-변동(reward-variability)"지수라 부르던 것을 개발했다. 그러나 학자들과 금융전문가들은 이를 "샤프지수"라고 부른다. 샤프지수는 자산의 수익이 투자자의 위험을 얼마나 잘 보상해주고 있는지를 보이는 데 사용된다. 투자자들은 대개 샤프지수가 높은 투자를 선택하라는 조언을 받는다.

샤프지수는 모집단 평균으로 구해지는 보상과 모집단 분산으로 구해지는 변동성을 사용해 구하는 식이다. 그러나 샤프지수를 표본 평균과 표본 분산을 사용해서 계산하는 경우가 많으며, 수익은 소수점이 아닌 퍼센트로 표현이 된다.

샤프지수

샤프지수(Sharpe ratio)는 리스크 한 단위당 추가적인 보상을 측정한다. 투자 I의 샤프지수는 다음과 같이 계산한다.

$$\frac{\bar{x}_I - \bar{R}_f}{s_I}$$

$\bar{x}_I$는 투자의 평균수익, $\bar{R}_f$는 단기미국채와 같은 무위험 자산의 평균수익, 그리고 s_I는 투자의 표준편차이다.

샤프지수에서 분자는 투자자들이 위험을 추가적으로 선택하면서 받는 추가적인 보상을 측정한다. 이 차이는 보통 추가수익(excess return)이라 불린다. 샤프지수가 높을수록, 투자가 투자자들에게 위험대비 높은 보상을 해준다.

예제 3.14

1년 미국채 수익률이 2%라 할 때, 금속과 수익 펀드의 샤프지수를 계산하고 해석하라.

풀이: 1년 미국채 수익률이 2%이므로, $R_f = 2$이다. 관련된 평균과 표준편차를 샤프지수 공식에 대입하면,

$$\text{금속펀드 샤프지수}: \frac{\bar{x}_I - \bar{R}_f}{s_I} = \frac{24.65 - 2}{37.13} = 0.61.$$

$$\text{수익펀드 샤프지수}: \frac{\bar{x}_I - \bar{R}_f}{s_I} = \frac{8.51 - 2}{11.07} = 0.59.$$

앞에서 금속펀드가 높은 수익을 보여서 좋지만, 높은 분산도 함께여서 나쁜 것을 보았다. 샤프지수는 펀드 간 유효한 비교를 하는 데 사용할 수 있다. 금속펀드는 수익펀드보다 높은 샤프지수를(0.61 > 0.59) 제공하고, 그러므로 금속펀드는 수익펀드보다 높은 단위 위험당 보상을 제공한다.

연습문제 3.4

기본문제

35. 다음의 두 투자 A, B 데이터를 참고하라.

투자 A:	$\bar{x} = 8$ and $s = 5$
투자 B:	$\bar{x} = 10$ and $s = 7$

a. 어떤 투자가 더 높은 수익을 제공하는가? 어떤 투자가 위험이 더 낮은가? 설명하라.

b. 2% 무위험이자율을 가정하였을 때, 각 투자의 샤프지수를 계산하라. 어떤 투자가 더 높은 단위 위험당 보상을 제공하는가? 설명하라.

36. 다음의 두 투자 A, B 데이터를 참고하라.

투자 A	$\bar{x} = 10$ and $s = 5$
투자 B	$\bar{x} = 15$ and $s = 10$

a. 어떤 투자가 더 높은 수익을 제공하는가? 어떤 투자가 위험이 더 낮은가? 설명하라.

b. 1.4% 무위험이자율을 가정하였을 때, 각 투자의 샤프지수를 계산하라. 어떤 투자가 더 높은 단위 위험당 보상을 제공하는가? 설명하라.

37. 다음의 두 투자 A, B의 지난 4년간의 수익을 참고하라.

투자 A:	2%	8%	−4%	6%
투자 B:	6%	12%	−8%	10%

a. 어떤 투자가 더 높은 수익을 제공하는가?

b. 어떤 투자가 위험이 더 낮은가?

c. 1.4% 무위험이자율을 가정하였을 때, 각 투자의 샤프지수를 계산하라. 어떤 투자가 더 성과가 좋은가? 설명하라.

응용문제

38. 다음의 표는 뱅가드 에너지 펀드와 보험의료 펀드의 2005년부터 2009년까지의 연간수익(%)과 요약 척도를 나타내고 있다.

Year	Energy	Health Care
2005	44.60	15.41
2006	19.68	10.87
2007	37.00	4.43
2008	−42.87	−18.45
2009	38.36	20.96
	$\bar{x}_{Energy} = 19.35$ $s_{Energy} = 35.99$	$\bar{x}_{Health} = 6.64$ $s_{Health} = 15.28$

a. 어떤 펀드가 평균수익이 가장 높았는가?

b. 어떤 펀드가 이 기간 동안 가장 위험했는가?

c. 3% 무위험이자율을 가정하였을 때, 어떤 펀드가 가장 높은 샤프지수를 보이는가? 이 지수가 나타내는 바는 무엇인가?

39. 다음의 표는 뱅가드 남미 펀드와 피델리티의 캐나다 펀드의 2005년부터 2009년까지의 연간수익(%)을 나타내고 있다.

Year	Latin America	Canada
2005	55.17	27.89
2006	44.33	15.04
2007	43.71	35.02
2008	−54.64	−42.64
2009	91.60	39.63

출처: http://www.finance.yahoo.com

a. 어떤 펀드가 평균수익이 가장 높았는가?

b. 어떤 펀드가 이 기간 동안 가장 위험했는가?

c. 3% 무위험이자율을 가정하였을 때, 어떤 펀드가 가장 높은 샤프지수를 보이는가? 이 지수가 나타내는 바는 무엇인가?

40. FILE 다음의 표는 피델리티의 선택 기술 펀드와 피델리티의 선택 에너지 펀드의 2000년부터 2011년까지의 연간수익(%)의 일부를 나타내고 있다. 전체 데이터(***Fidelity_Select***)는 교과서 웹사이트에서 찾을 수 있다.

Year	Technology	Energy
2000	−24.31	30.47
2001	−38.55	−12.49
⋮	⋮	⋮
2011	−12.21	−8.76

a. 두 펀드의 표본 평균과 표준오차를 비교하라.

b. 2% 무위험이자율을 가정하였을 때, 두 펀드의 샤프지수를 계산하라.

3.5 상대적 위치 분석

학습목표 **3.5**
체비세프의 정리, 경험적 규칙, *z*-점수의 적용

평균과 표준편차는 가장 많이 사용되는 중심-위치와 분산의 척도이다. 평균과는 달리, 표준편차를 직관적으로 해석하기란 쉽지 않다. 말할 수 있는 것은 낮은 표준편차가 데이터 값들이 평균에 가깝게 위치한 것들을 의미하고, 높은 표준편차가 데이터가 퍼져 있다는 것을 의미한다는 것이다. 이 절에서는 체비세프의 정리와 경험적 규칙을 사용하여 평균에서 각 표준편차 사이에 속하는 데이터 값이 몇 퍼센트가 되는지 정확하게 표현하는 법을 다룬다. 데이터 세트 속에서 상대적 위치를 측정하기 위해 평균과 표준편차를 이용해 z-점수를 계산하는 법도 다룬다. z-점수는 이상치를 찾아내는 데도 사용된다.

체비세프의 정리

다음 장에서 조금 더 자세히 보겠지만, 특정 간격 사이에 속하는 관측치의 비율에 대해서 이야기하기 위해 표준편차를 사용할 수 있는 것은 중요하다. 다행히 러시아 수학자 파브로티 체비세프(Pavroty Chebyshev, 1821−1894)가 평균에서 지정된 몇 가지의 표준편차 사이에 속하는 데이터 비율의 범위를 발견하였다.

체비세프의 정리(Chebyshev's Theorem)

모든 데이터 세트에서, 평균에서 k 표준편차 안에 속하는 관측치의 비율은 적어도 $1 - 1/k^2$이며, 이 때 k는 1보다 큰 숫자이다.

이 정리는 표본과 모집단에 모두 적용가능하다. 예를 들어, 이 정리는 평균에서 $k = 2$ 표준편차 사이에 속하는 관측치가 적어도 0.75 즉 75%임을 의미한다. 비슷하게, 적어도 0.89 즉 89%의 관측치가 평균에서 $k = 3$ 표준편차 사이에 속한다.

■ 예제 3.15

280명의 학생이 대형 강의를 듣는다. 교수는 시험의 평균이 74, 표준편차가 8이라고 알렸다. 적어도 몇 명의 학생들이 58점에서 90점 사이를 받았겠는가?

풀이: 58점은 평균에서 2 표준편차 아래 ($\bar{x} - 2s = 74 - (2 \times 8) = 58$), 90은 평균에서 2 표준편차 위($\bar{x} + 2s = 74 + (2 \times 8) = 90$)이다. 체비셰프의 정리와 $k = 2$를 사용하면, $1 - 1/2^2 = 0.75$이다. 다시 말하자면, 체비셰프 정리는 적어도 75%의 점수가 58에서 90 사이에 속한다고 주장한다. 그렇기 때문에 280명의 적어도 75%(0.75 × 280)인 210명 학생의 점수가 58점에서 90점에 속한다.

체비셰프 정리의 가장 큰 장점은 분포의 모양과 상관없이 모든 데이터 세트에 적용할 수 있다는 점이다. 그러나 그렇기 때문에 특정 간격 안에 속하는 관측치 비율의 범위에 대해 보수적이 된다. 실제 간격 안에 속하는 관측치의 비율은 사실 훨씬 클 수 있다.

경험적 규칙

만약 데이터가 비교적 대칭적이고 종모양(bell-shaped)의 분포를 보인다면 – 히스토그램으로 볼 때 – 특정 간격 사이에 속하는 데이터의 관측치 비율에 대해 조금 더 정확하게 표현할 수 있다. 대칭성과 종모양은 우리가 6장에서 다룰 정규분포의 특징들이다. 정규분포는 많은 실제 사례 분포의 추정치로 사용된다. 그림 3.5에서는 **경험적 규칙**(empirical rule)이 설명되어 있다. 평균에서 1, 2, 3 표준편차 사이에 속하는 관측치 비율의 근사값을 제공하고 있다.

그림 3.5 경험적 규칙의 그래프적 설명

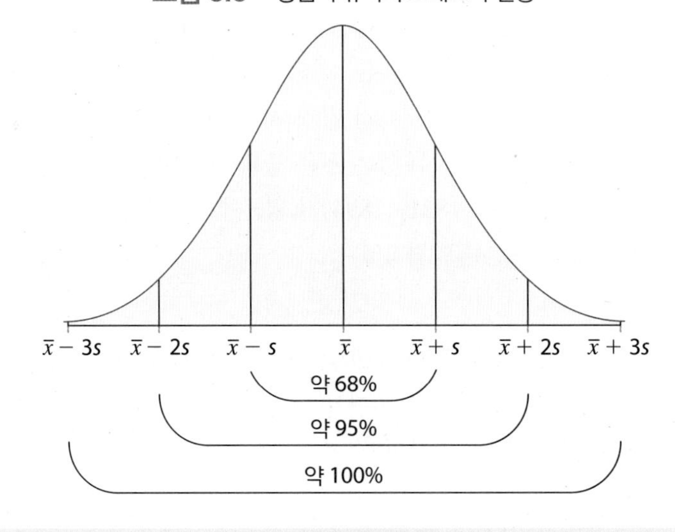

경험적 규칙

표본 평균 $\bar{x}$, 표본 표준편차 s, 그리고 비교적 대칭적이고 종모양의 분포에서,

- 약 68%의 관측치가 $\bar{x} \pm s$ 사이에 속하고,
- 약 95%의 관측치가 $\bar{x} \pm 2s$ 사이에 속하고,
- 거의 모든 관측치가 $\bar{x} \pm 3s$ 사이에 속한다.

예제 3.16

예제 3.15에서 다룬 280명의 학생이 듣는 대형 강의의 평균이 74, 표준편차가 8인 시험결과에 대해 다시 생각해보자. 시험 점수의 대칭적이고 종모양의 분포를 가정하자.

a. 약 몇 명의 학생이 58점에서 90점을 맞았겠는가?

b. 약 몇 명의 학생이 90점 이상을 맞았겠는가?

풀이:

a. 예제 3.15에서 보았듯이, 58점은 평균에서 2 표준편차 아래 값이고, 90점은 평균에서 2 표준편차 위 값이다. 경험적 규칙에 따르면, 약 95%의 관측치가 평균에서 2 표준편차 사이에 속한다. 그러므로 280명의 학생 중 약 95%, 즉 $0.95 \times 280 = 266$명의 학생들이 58점에서 90점을 맞았다.

b. 90점은 평균에서 2 표준편차 위 값이다. 약 95%의 관측치가 평균에서 2 표준편차 사이에 속하므로, 대략 5%의 관측치가 그 밖에 위치한다는 것을 알 수 있다. 그렇기 때문에, 280명의 학생 중 대략 5%의 반인 2.5%정도가 90점 이상을 맞았다. 약 7명의 학생이(0.025×280) 90점 이상을 맞았다. 교수가 90점 이상 맞은 학생들에게만 A를 준다면, 7명의 학생만 A를 받을 것으로 예상된다.

체비세프 정리와 경험적 규칙의 가장 큰 차이는, 체비세프 정리는 모든 데이터에 적용가능하나, 경험적 규칙은 대칭적이고 종모양의 분포를 가진 데이터에만 사용할 수 있다는 것이다. 위에서 본 두 예에서, 체비세프 정리는 적어도 75%의 관측치가 58점과 90점 사이에 있다고 주장하나, 경험적 규칙을 사용하면 조금 더 정확하게 약 95%의 관측치가 그 사이에 있다는 것을 알 수 있다. 히스토그램이나 다른 시각적 혹은 수적인 측정값들이 데이터가 대칭적이고 종모양의 분포를 가지고 있음을 나타낸다면 경험적 규칙을 사용하는 것이 더 유리하다.

z-점수

데이터 세트 안 관측치의 상대적 위치를 찾기 위해 평균과 표준편차를 사용하는 것은 꽤 유익하다. 한 학생이 회계 시험과 마케팅 시험에서 다 90점을 맞았다고 하자. 학생의 점수는 두 과목 다 같으나, 각 과목 점수의 상대적 위치는 아마 다를 것이다. 각 과목의 평균이 다를 수도 있고, 평균이 같아도 표준편차가 다를 수도 있다. 각 과목에서 학생의 상대적인 위치를 알기 위해서 각 과목의 평균과 표준편차가 모두 필요하다.

z-점수(z-Score)

z-점수는 다음과 같이 계산된다.

$$z = \frac{x - \bar{x}}{s}$$

x는 표본 값, $\bar{x}$는 표본 평균, 그리고 s는 표본 표준편차이다.

표본 값과 평균의 차이를 표준편차로 나눈값인 **z-점수**를 사용해 데이터 세트 안에서 표본 값의 상대적인 위치를 찾을 수 있다.

z-점수는 분자와 분모가 같은 단위를 가져, 상쇄되므로, 단위가 없는 측정값이다. z-점수는 주어진 표본 값의 평균과의 거리를 표준편차로 측정한다. 예를 들어 z-점수가 2라면, 주어진 표본 값이 평균에서 2 표준편차 위에 위치한 값임을 의미한다. 비슷하게, z-점수가 -1.5라면, 주어진 표본 값이 평균에서 1.5 표준편차 아래에 위치한 값이란 뜻이다. 표본 데이터를 z-점수로 변환시키는 것은 데이터를 **표준화**(standardizing)하는 것이라고도 불린다.

예제 3.17

회계 시험의 평균은 74점이고 표준편차는 8점이다. 마케팅 시험의 평균은 78점이고 표준편차는 10점이다. 각 과목에서 90점을 맞은 학생의 z-점수를 구하라.

풀이: 회계 시험의 z-점수는 $z = \frac{90 - 74}{8} = 2$이고, 마케팅 시험의 z-점수는 $z = \frac{90 - 78}{10} = 1.2$이다. 그러므로 같은 점수를 맞았어도 평균에서 2 표준편차 위의 점수를 얻은 회계 시험을, 평균에서 1.2 표준편차 위의 점수를 얻은 마케팅 시험 보다 더 잘 본 것이다.

3장 2절에서 상자그림을 이상치를 밝히는 데 유용한 도구로 사용하였다. 데이터 분포가 비교적 대칭적이고 종모양이라면, z-점수를 사용하여 이상치를 확인할 수 있다. 거의 모든 관측치가 3 표준편차 내에 위치하므로, z-점수가 3보다 크거나 -3보다 작은 관측치는 이상치로 취급한다. 이상치들이 데이터 세트에 포함되어야 하는지를 결정하기 위해서는 검토가 필요하다.

예제 3.18

서두의 도입사례에서 제공된 정보를 사용하여, 금속펀드 데이터에 이상치가 있는지를 z-점수를 사용해 측정하라.

풀이: 데이터 세트의 가장 작은 관측치와 큰 관측치는 각각 -56.02와 76.46이다. 가장 작은 관측치의 z-점수는 $z = \frac{-56.02 - 24.65}{37.13} = -2.17$이고, 가장 큰 관측치의 z-점수는 $z = \frac{76.46 - 24.65}{37.13} = 1.40$이다. 두 z-점수의 절대값이 모두 3보다 작으므로, 금속펀드 데이터 분포가 비교적 대칭적이고 종모양이라는 가정 하에, 데이터 값에 이상치는 없다는 결론을 내릴 수 있다. 이는 앞에 상자그림을 사용해서 분석한 결과와 같다.

기본문제

41. 데이터 세트의 평균은 80이고 표준편차는 5이다.
    a. 체비세프 정리를 사용해, 70과 90 사이에 속하는 관측치는 몇 퍼센트인가?
    b. 체비세프 정리를 사용해, 65와 95 사이에 속하는 관측치는 몇 퍼센트인가?

42. 데이터 세트의 평균은 1500이고 표준편차는 100이다.
    a. 체비세프 정리를 사용해, 1300과 1700 사이에 속하는 관측치는 몇 퍼센트인가?
    b. 체비세프 정리를 사용해, 1100과 1900 사이에 속하는 관측치는 몇 퍼센트인가?

43. 데이터 세트의 평균은 500이고 표준편차는 25이다.
    a. 체비세프 정리를 사용해, 적어도 75%의 데이터가 속하는 구간을 찾아라.
    b. 체비세프 정리를 사용해, 적어도 89%의 데이터가 속하는 구간을 찾아라.

44. 평균 20 표준편차 2의 종모양의 분포에서 데이터가 뽑혔다.
    a. 몇 퍼센트의 관측치가 18과 22 사이에 속하는가?
    b. 몇 퍼센트의 관측치가 16과 24 사이에 속하는가?
    c. 몇 퍼센트의 관측치가 16보다 작겠는가?

45. 평균 750 표준편차 50의 종모양 분포를 가정하자. 이 데이터 세트에는 500개의 관측치가 있다.
    a. 몇 퍼센트 관측치가 700보다 작겠는가?
    b. 대략 몇 개의 관측치가 700보다 작겠는가?

46. 평균 25 표준편차 4의 종모양의 분포에서 데이터가 뽑혔다. 이 데이터 세트에는 1000개의 관측치가 있다.
    a. 몇 퍼센트 관측치가 33보다 작겠는가?
    b. 대략 몇 개의 관측치가 33보다 작겠는가?

47. 평균 5 표준편차 2.5의 종모양의 분포에서 데이터가 뽑혔다.
    a. 몇 퍼센트의 관측치가 양수인가?
    b. 몇 퍼센트의 관측치가 양수가 아닌가?

48. 평균 50 표준편차 12의 종모양의 분포에서 250개 관측치 데이터가 뽑혔다. 74 이상의 관측치는 대략 몇 개인가?

49. 6, 9, 12, 10, 9, 8의 여섯 개 관측치로 이루어진 표본을 가정하자. 각각의 표본 관측치의 z-점수를 계산하라.

50. − 3, 8, 4, 2, − 4, 15, 6, 0, − 4, 5의 열 개 관측치으로 이루어진 표본을 가정하자. z-점수를 사용해 데이터에 이상치가 있는지를 보라. 종모양의 분포를 가정하라.

응용문제

51. 지방대 경영학과 조교수의 연봉 표본에 따르면 연봉 평균 $72,000이며 표준편차는 $3,000이다.
    a. 체비세프 정리를 사용하면, 몇 퍼센트의 조교수들이 $66,000 이상을 받으나 $78,000 이하를 받는가?
    b. 체비세프 정리를 사용하면, 몇 퍼센트의 조교수들이 $63,000 이상을 받으나 $81,000 이하를 받는가?

52. 포트폴리오의 과거 수익률은 평균 8%에 표준편차 12%이다. 포트폴리오 수익률이 종모양 분포를 따른다고 가정하자.
    a. 20% 이상의 수익률을 보였을 때는 몇 퍼센트인가?
    b. − 16% 이하의 수익률을 보였을 때는 몇 퍼센트인가?

53. IQ 점수는 평균 100, 표준편차 16의 종모양의 분포를 따른다고 알려져 있다.
    a. 몇 퍼센트의 점수가 84와 116 사이에 속하는가?
    b. 몇 퍼센트의 점수가 68보다 작은가?
    c. 몇 퍼센트의 점수가 116보다 큰가?

54. 한 투자전략의 예상수익률은 8%, 표준편차는 6%이다. 투자수익률이 종모양의 분포를 따른다고 가정해보자.
    a. 2%와 14% 사이의 수익률을 올릴 가능성은 얼마나 되는가?
    b. 14% 이상의 수익률을 올릴 가능성은 얼마나 되는가?
    c. − 4% 이하의 수익률을 올릴 가능성은 얼마나 되는가?

55. 핸드폰 배터리 충전 없이 통화가능한 시간의 평균이 4시간이라고 광고되고 있다. 표준편차가 0.8시간이라고 하자.
    a. 체비세프 정리를 사용, 핸드폰 배터리 충전 없이 통화가능한 시간이 2.4시간에서 4.5시간인 핸드폰의 비율을 대략적으로 구하라.
    b. 종모양의 분포를 가정해, 핸드폰 배터리 충전 없이 통화가능한 시간이 2.4시간에서 4.5시간인 핸드폰의 비율을 대략적으로 구하라.

56. FILE 교과서 웹사이트에서 ***Census*** 데이터를 사용하라. 2010년 50개 주의 가구당 소득 중앙값과 주택가격 중앙값이 다른 데이터들과 함께 있다. 소득과 주택가격 데이터가 종모양의 분포를 따른다고 가정하라.
    a. z-점수를 사용해, 가구당 소득 데이터에 이상치가 있는지를 확인하라.
    b. z-점수를 사용해, 주택가격 데이터에 이상치가 있는지를 확인하라.

57. FILE 교과서 웹사이트에서 ***Fidelity_Selec.*** 데이터를 사용하라. 데이터에는 2000년부터 2011년까지 기술펀드(Fidelity Selec. Technology Fund)와 에너지펀드(Fidelity Selec. Energy Fund)의 연간수익률(%)이 제공되어 있다. 연간수익률이 종모양의 분포를 따른다고 가정하라.
    a. z-점수를 사용해, 기술펀드 수익률 데이터에 이상치가 있는지를 확인하라.
    b. z-점수를 사용해, 에너지펀드 수익률 데이터에 이상치가 있는지를 확인하라.

3.6 그룹화된 데이터 요약하기

학습목표 **3.6**
그룹화된 데이터 대상 평균과 분산의 계산

평균과 분산은 가장 많이 사용되는 통계학의 기술적 측정도구이다. 그러나 3장 1절과 3장 3절에 소개된 공식들은 그룹화되지 않은, 미가공된 데이터에만 적용가능하다. 많은 경우 데이터는 도수분포의 형태나 그룹화된 데이터로 제공된다. 특히 정부 간행물에서 제공되는 데이터와 같은 2차적인 데이터에서 그렇다. 데이터가 그룹화되고 합쳐지면 평균과 분산 공식도 조정되어야 한다.

도수분포의 평균과 분산 계산하기

표본

평균: $\bar{x} = \frac{\Sigma m_i f_i}{n}$

분산: $s^2 = \frac{\Sigma (m_i - \bar{x})^2 f_i}{n - 1}$

모집단

평균: $\mu = \frac{\Sigma m_i f_i}{N}$

분산: $\sigma^2 = \frac{\Sigma (m_i - \mu)^2 f_i}{N}$

m_i는 중간 값, f_i는 i번째 계급도수를 의미한다. 표준편차는 분산의 양의 제곱근이다.

이 공식은 가중평균의 개념을 사용한다. 상대도수 f_i/n는 중간 값 m_i에 대한 가중치로 취급될 수 있다. 데이터가 합쳐지면, 데이터가 제공하는 정보의 일부분은 잃게 된다. 그렇기 때문에, 미가공된 데이터를 다룰 때와는 달리, 그룹화된 데이터로는 요약 기술적 통계값을 대략적으로밖에 구할 수 없다.

예제 3.19

2장에서 만든 주택가격의 도수분포를 다시 보도록 하자.

계급(단위: 1000달러)	도수
300에서 400	4
400에서 500	11
500에서 600	14
600에서 700	5
700에서 800	2

a. 주택가격의 평균을 구하라.

b. 표본 분산과 표본 표준편차를 구하라.

풀이: 표 3.10은 각 계급의 도수 f_i와 중간 값 m_i을 두 번째와 세 번째 열에 각각 나타내고 있다.

표 3.10 그룹화된 데이터의 표본 평균과 표본 분산 계산

Class (in \$1,000s)	f_i	m_i	$m_i f_i$	$(m_i - \bar{x})^2 f_i$
300에서 400	4	350	1,400	$(350 - 522)^2 \times 4 = 118{,}336$
400에서 500	11	450	4,950	$(450 - 522)^2 \times 11 = 57{,}024$
500에서 600	14	550	7,700	$(550 - 522)^2 \times 14 = 10{,}976$
600에서 700	5	650	3,250	$(650 - 522)^2 \times 5 = 81{,}920$
700에서 800	2	750	1,500	$(750 - 522)^2 \times 2 = 103{,}968$
합계	36		18,800	372,224

a. 평균을 구하기 위해서, 표 3.10의 네 번째 열에서 볼 수 있듯이, 각 계급의 중간 값을 각각의 도수로 곱한다. 마지막으로, 네 번째 열을 다 더한 값을 표본 수로 나눈다. 혹은,

$$\bar{x} = \frac{\Sigma m_i f_i}{n} = \frac{18{,}800}{36} = 522.$$ 평균 주택가격은 \$52.2,000이다.

b. 표본 분산을 구하기 위해서 먼저 평균과의 차이 값의 제곱을 가중치를 반영하여 합한다. 표 3.10의 다섯 번째 열은 각 계급에 적절한 계산을 보여주고 있다. 다섯 번째 열 값의 합은 분산 공식의 분자 값이다. 분산은 다음과 같이 계산할 수 있다.

$$s^2 = \frac{\Sigma(m_i - \bar{x})^2 f_i}{n - 1} = \frac{372{,}224}{36 - 1} = 10{,}635(\$)^2.$$

표준편차는 간단히 표본 분산의 제곱근을 구하면 된다. $s = \sqrt{10{,}635} = 103.13(\$)$. 표준편차는 \$103.13이다.

많은 경우, 2차적으로 제공되는 데이터는 도수분포보다 상대도수분포의 형태로 제공된다. 그룹화된 데이터의 평균과 분산의 공식을 사용하기 위해서는 2장 2절에서 논의된 대로 우선 상대도수분포를 도수분포로 바꾸어야 한다.

연습문제 3.6

기본문제

58. 다음의 도수분포를 사용하라.

Class	Frequency
2에서 4	20
4에시 6	60
6에서 8	80
8에서 10	20

a. 모집단의 평균을 구하라.

b. 모집단 분산과 표준편차를 구하라.

59. 다음의 도수분포를 사용하라.

Class	Frequency
50에서 60	10
60에서 70	15
70에서 80	8
80에서 100	2

a. 표본 평균을 구하라.

b. 표본 분산과 표준편차를 구하라.

60. 모집단 200개의 데이터에서 다음의 상대도수분포가 만들어졌다. 모집단 평균과 분산, 그리고 표준편차를 구하라.

Class	Relative Frequency
−20에서 −10	0.35
−10에서 0	0.25
0에서 10	0.40
10에서 20	0.05

61. 표본 50개의 데이터에서 다음의 상대도수분포가 만들어졌다. 표본 평균과 분산, 그리고 표준편차를 구하라.

Class	Relative Frequency
0에서 2	0.34
2에서 4	0.20
4에서 6	0.40
6에서 8	0.06

응용문제

62. 50개 도시에서 제공한 임대아파트 공실률이 다음의 도수분포에 나타나 있다.

공실률(%)	도수
0에서 3	5
3에서 6	5
6에서 9	10
9에서 12	20
12에서 15	10

a. 평균 공실률을 계산하라.
b. 표본의 분산과 표준편차를 계산하라.

63. 한 병원이 제공한 1월 출생 신생아들의 몸무게를 요약한 도수분포이다.

몸무게(파운드)	신생아수
2에서 4	3
4에서 6	8
6에서 8	25
8에서 10	30
10에서 12	4

a. 평균 몸무게를 계산하라.
b. 표본의 분산과 표준편차를 계산하라.

64. 한 연구자가 차 80대를 대상으로 마일리지 경제성 테스트를 실시하였다. 다음의 도수분포에서 평균 갤런당 마일(mpg)이 나타나 있다.

평균 mpg	도수
15에서 20	15
20에서 25	30
25에서 30	15
30에서 35	10
35에서 40	7
40에서 45	3

a. 평균 갤런당 마일을 계산하라.
b. 분산과 표준편차를 계산하라.

65. 보스턴 증권투자협회(The Boston Security Analysts Society, Inc.)(BSAS)는 투자 커뮤니티의 생각을 교환하는 장소를 제공하는 비영리단체이다. 회원들의 나이가 다음의 도수분포를 따른다고 하자.

나이	도수
21 − 31	11
32 − 42	44
43 − 53	26
54 − 64	7

a. 평균 나이를 계산하라.
b. 표본 분산과 표본 표준편차를 계산하라.

66. 전국스포츠용품연합(The National Sporting Goods Association)(NSGA)이 2009년 운동화를 구매한 사람들의 나이를 조사하였다. 다음의 상대도수분포에 그 결과가 요약되어 있다.

운동화 구매자 나이	퍼센트
14살 미만	19
14 - 17살	6
18 - 24살	10
25 - 34살	13
35 - 44살	14
45 - 64살	25
65살 이상	13

조사대상이 100명이라고 하자. 분포의 평균나이를 계산하라. 표본 표준편차를 계산하라. 첫 계급의 중간 값을 10, 마지막 계급의 중간 값을 75로 사용하라.

3.7 공분산과 상관관계

학습목표 3.7

공분산과 상관계수의 계산과 해석

제2장에서 두 변수 사이에 어떤 선형 관계가 있는지를 시각적으로 확인하기 위해 산점도를 보는 것을 소개했다. 이 절에서는 x와 y의 특정한 관계의 방향과 강도를 수치화하는 두 개의 수적인 측정도구를 소개한다.

두 변수간의 선형관계의 방향을 객관적인 수치로 제시하는 측정도구는 **공분산**(covariance)이다. 표본 공분산을 나타내기 위해서는 s_{xy}를, 모집단 공분산을 나타내기 위해서는 σ_{xy}을 사용한다.

공분산

$(x_1, y_1), (x_2, y_2),\ldots,(x_n, y_n)$ 값들의 **표본 공분산**(sample covariance)은 다음과 같이 계산된다.

$$s_{xy} = \frac{\Sigma(x_i - \bar{x})(y_i - \bar{y})}{n - 1}.$$

$(x_1, y_1), (x_2, y_2),\ldots,(x_n, y_n)$ 값들의 **모집단 공분산**(population covariance)은 다음과 같이 계산된다.

$$\sigma_{xy} = \frac{\Sigma(x_i - \mu_x)(y_i - \mu_y)}{N}.$$

각주: 표본 분산과 마찬가지로 표본 공분산 계산시에는 분모 n이 아닌 $n - 1$을 사용한다.

- 공분산 양의 값은 두 변수 사이의 양의(정의) 선형관계를 의미한다. 평균적으로 x가 평균 이상이면 y도 평균 이상인 경향이 있고, 반대의 경우도 마찬가지다.
- 공분산 음의 값은 두 변수 사이의 음의(부의) 선형관계를 의미한다. 평균적으로 x가 평균 이상이면 y는 평균 이하인 경향이 있고, 반대의 경우도 마찬가지다.
- x와 y 사이 아무 선형관계가 존재하지 않으면 공분산은 0이다.

공분산은 앞에서 본 분산처럼 측정의 단위의 영향을 받기 때문에 해석하기 어렵다. 두 변수 사이의 공분산은 100이고, 다른 두 변수 사이의 공분산이 1,000이라고 해도, 내릴 수 있는 결론은 두 세트의 변수들이 모두 양의 관계가 있다는 것뿐이다. 관계의 강도에 대해서는 아무런 언급도 할 수 없다. 해석하기 쉬운 측정치는 **상관계수**(correlation coefficient)이다. 상관계수는 x와 y의 선형관계의 방향과 강도를 모두 설명한다. 표본 상관계수를 나타내기 위해서는 r_{xy}를, 모집단 상관계수를 나타내기 위해서는 ρ_{xy}(그리스 알파벳 로 rho)를 사용한다.

상관계수

표본 상관계수(sample correlation coefficient)는 $r_{xy} = \frac{s_{xy}}{s_x s_y}$와 같이 계산되고, **모집단 상관계수**(population correlation coefficient)는 $\rho_{xy} = \frac{\sigma_{xy}}{\sigma_x \sigma_y}$와 같이 계산된다.

상관계수는 분자와 분모의 단위가 상쇄되므로 단위가 존재하지 않는다. 상관계수 값은 −1에서 1사이이다. 상관계수가 1이면 두 변수 사이 완벽한 양의 관계(a perfect positive relationship)가 존재하고, 상관계수가 −1이면 두 변수 사이 완벽한 음의 관계(a perfect negative relationship)가 존재한다. 다른 상관계수 값들은 −1, 0, 1을 기준으로 해석하여야 한다. 예를 들어 상관계수 −0.8은 강한 음의 관계를 나타내며, 상관계수 0.12는 약한 양의 관계를 나타낸다.

예제 3.20

금속펀드(x)와 수익펀드(y)의 공분산과 상관계수를 계산하라. 값들을 해석하라. $\bar{x} = 24.65$, $s_x = 37.13$, $\bar{y} = 8.51$, $s_y = 11.07$이다.

풀이: 먼저 그림 3.6은 금속과 수익펀드 수익률의 산점도를 나타내고 있다. 두 펀드 수익률 사이에는 양적인 선형관계가 있는 것처럼 보인다.

그림 3.6 금속과 수익펀드 수익률 산점도

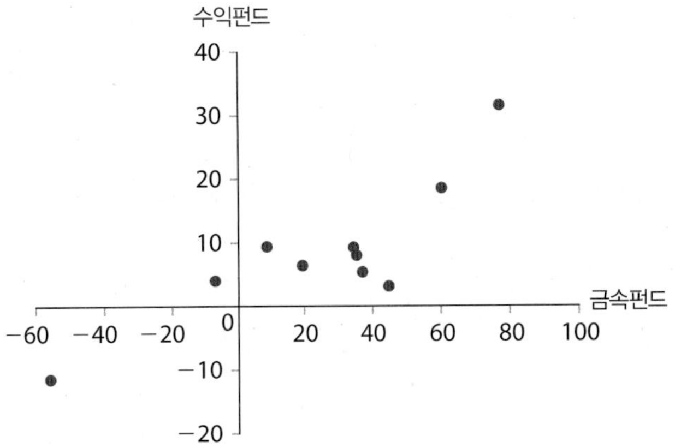

표 3.11의 첫 두 열은 각 펀드의 수익 데이터를 나타내고 있다. 세 번째 열은 평균과의 차이의 곱을 나타내고 있다.

세 번째 열의 합은 공분산 공식의 분자를 구한다. 공분산은 다음과 같이 구할 수 있다.

$$s_{xy} = \frac{\Sigma(x_i - \bar{x})(y_i - \bar{y})}{n-1} = \frac{3{,}165.55}{10-1} = 351.73.$$

표 3.11 금속과 수익펀드 공분산 계산

x_i	y_i	$(x_i - \bar{x})(y_i - \bar{y})$
−7.34	4.07	(−7.34 − 24.65)(4.07 − 8.51) = 142.04
18.33	6.52	(18.33 − 24.65)(6.52 − 8.51) = 12.58
⋮	⋮	⋮
76.46	31.77	(76.46 − 24.65)(31.77 − 8.51) = 1,205.10
		Total = 3,165.55

공분산 값 351.73은 두 변수 사이 양의 선형관계를 의미한다. 다시 말하면 평균적으로 한 펀드의 수익률이 평균 이상이라면 다른 펀드의 수익률도 평균 이상이라는 것이고, 반대도 마찬가지라는 것이다. 공분산은 상관계수를 구하는 데 다음과 같이 사용된다.

$$r_{xy} = \frac{s_{xy}}{s_x s_y} = \frac{351.73}{(37.13)(11.07)} = 0.86.$$

상관계수 0.86은 강한 양의 선형관계를 나타낸다. 투자자 포트폴리오의 위험을 분산시키기 위해, 투자자들은 수익률이 강한 상관관계를 가지지 않는 자산들(주식, 채권, 뮤추얼펀드 등)에 투자하기를 권유한다. 자산의 수익률들이 강한 상관관계를 가지지 않으면, 한 투자가 잘 되지 않을 때, 다른 투자는 아직도 잘 되고 있을 수 있다.

엑셀을 사용하여 공분산과 상관계수 계산하기

엑셀은 공분산과 상관계수 공식을 제공한다. 표 3.12는 기술 통계 척도들의 공식 이름을 정리해 놓았다. 예를 들어 금속펀드와 수익펀드 사이의 표본 공분산을 계산하기 위해, 교과서 웹사이트에서 ***Funds_Returns*** 데이터를 연다. 비어 있는 셀에 '= COVAR.S(B2:B11,C2:C11)'을 입력한다. 금속펀드 데이터가 B2에서 B11까지(array1), 수익펀드 데이터가 C2에서 C11까지(array2) 있다. **Enter**를 누르면 엑셀은 351.73의 공분산 값을 계산하고, 이는 손으로 계산한 값과 같다.

표 3.12 공분산과 상관계수 엑셀 공식

분산의 척도	엑셀 공식
표본 공분산	= COVARIANCE.S(array1,array2)
모집단 공분산	= COVARIANCE.P(array1,array2)
상관계수	= CORREL(array1,array2)

연습문제 3.7

기본문제

67. 다음의 표본 데이터를 사용하라.

x	12	18	20	22	25
y	15	20	25	22	27

a. 변수 사이 공분산을 계산하라.
b. 상관계수를 계산하고 해석하라.

68. 다음의 표본 데이터를 사용하라.

x	−2	0	3	4	7
y	−2	−3	−8	−9	−10

a. 변수 사이 공분산을 계산하라.
b. 상관계수를 계산하고 해석하라.

응용문제

69. 다음은 2005년부터 2009년 사이 T-Rowe Price사의 가치펀드와 국제주식펀드의 연간수익률(%)을 나타내고 있다.

연도	가치펀드	국제펀드
2005	6.30	16.27
2006	19.75	19.26
2007	0.75	13.43
2008	−39.76	−48.02
2009	37.15	52.20

a. 수익률 사이 공분산을 계산하고 해석하라.
b. 상관계수를 계산하고 해석하라.

70. 주택가격과 주택매매에 걸린 시간 사이에 선형관계가 있는지 알아보기 위해 한 부동산 중개업자가 그 도시 최근 주택매매 데이터를 다음과 같이 구했다.

가격 (단위: 1000달러)	주택매매에 걸린 시간(일)	가격 (단위: 1000달러)	주택매매에 걸린 시간(일)
265	136	430	145
225	125	515	121
160	120	180	122
325	140	423	145

a. 공분산을 계산하라. 어떤 선형관계가 존재하는가?
b. 상관계수를 계산하라. 선형관계의 강도에 대해 말하라.

71. 한 대학의 대학원 입학사정관이 입학시험점수(GRE)와 대학원에서의 성적(GPA)의 관계를 분석하고 있다. 지난 5년간 졸업한 10명의 학생 표본을 사용한다.

GRE	GPA
1500	3.4
1400	3.5
1000	3.0
1050	2.9
1100	3.0
1250	3.3
800	2.7
850	2.8
950	3.2
1350	3.3

a. 공분산을 계산하고 해석하라.
b. 상관계수를 계산하고 해석하라. 지원자의 입학시험점수가 대학원에서 학생의 성과의 좋은 지표가 되는가?

72. 한 사회연구가가 교육정도와 연봉 사이의 관계를 분석하고 싶어 한다. 고등교육연수(교육)와 천 달러 단위로 표시된 연간소득(연봉) 데이터를 구했다.

교육	3	4	6	2	5	4	8	0
연봉	40	53	60	35	55	50	80	35

a. 공분산을 계산하라. 어떤 선형관계가 존재하는가?
b. 상관계수를 계산하라. 선형관계의 강도에 대해 말하라.

73. FILE 교과서 웹사이트에서 ***Census*** 데이터를 다운받는다.
a. 가구당 소득과 주택가격의 상관계수를 계산하고 해석하라.
b. 가구당 소득과 외국에서 태어난 거주자의 비율의 상관계수를 계산하고 해석하라.
c. 가구당 소득과 고등학교 비졸업자 거주자의 비율의 상관계수를 계산하고 해석하라.

74. FILE 행복과 관련된 요인들을 밝히려는 시도는 계속되어왔다. 그 중 하나는 행복이 나이와 관련이 있으며, 다른 모든 조건이 같은 상황에서 40대 중반 사람들이 가장 덜 행복하다는 결과를 찾았다(이코노미스트지, 2010.12.16). 응답자의 나이와 0에서 100까지의 척도로 계산된 행복의 인식 정도에 대한 데이터가 다음의 표에 일부 나타나 있다. 완전한 데이터는 교과서 웹사이트 ***Happiness_Age*** 파일에서 다운받을 수 있다.

나이	행복
49	62
51	66
⋮	⋮
69	72

a. 나이와 행복 사이 표본 상관계수를 계산하고 해석하라.
b. 산점도를 만들어 위 관계 분석의 결함을 지적하라.

통계를 사용한 글쓰기

많은 환경보호단체와 정치인들은 미국 고속도로 제한속도를 시간당 55마일로 되돌릴 것을 주장하고 있다. 이들은 제한속도 감소가 온실가스 방출 감축을 불러올 뿐 아니라, 교통안전을 증진시킨다고 주장하고 있다.

캐머런 그리넬(Cameron Grinnell)은 제한속도 감소가 교통안전 증진을 불러올 것이라고 믿지 않는다. 그는 교통안전은 평균속도가 아닌 사람들이 운전하는 속도의 다양성에 있다고 믿는다. 다른 차보다 20마일 느리게 달리는 차도 과속하는 차만큼이나 교통안전에 위협이 된다. 캐머런은 제한속도가 시간당 55마일인 고속도로에서(고속도로1) 차 40대의 속도 데이터를 모으고, 제한속도가 시간당 65마일인 고속도로에서(고속도로2) 차 40대의 속도 데이터를 모았다. 데이터의 일부는 표 3.13에 있고, 전체 데이터는 교과서 웹사이트(***Highway_Speeds***)에서 찾을 수 있다.

표 3.13 고속도로1과 고속도로2의 차 속도

FILE

Highway 1 (55-mph limit)	Highway 2 (65-mph limit)
60	70
55	65
⋮	⋮
52	65

캐머런은 위의 표본 정보를 통해 다음과 같은 작업을 하기를 원한다.

1. 고속도로의 평균속도를 계산하고 해석
2. 고속도로의 속도의 다양성을 계산하고 해석
3. 제한속도를 55마일로 낮추는 것이 고속도로 안전증진을 불러올 것인지에 대해 논의

보고서 예시 – 제한속도 분석

최근 많은 염려스러운 시민들이 미국 고속도로 제한속도를 시간당 55마일로 되돌리기 위해 로비하고 있다. 제한속도 감소는 온실가스 방출 감축과 주유비 지출 감소를 불러올 수 있으나, 교통안전 증진과의 관계는 불명확하다. 많은 연구자들은 교통안전은 평균속도가 아니라 사람들이 운전하는 속도의 다양성에 있다고—운전속도가 더 다양하면 더 위험하다고—믿고 있다. 제한속도 55마일 고속도로가 제한속도 65마일 고속도로보다 속도의 다양성이 덜한가?

고속도로에서의 평균속도와 속도의 다양성을 비교하기 위해 제한속도가 시간당 55마일인 고속도로에서(고속도로1) 차 40대의 속도 데이터를 모으고, 제한속도가 시간당 65마일인 고속도로에서(고속도로2) 차 40대의 속도를 기록했다. 표 3.A는 분석과 가장 관련이 있는 기술적 척도를 보여준다.

고속도로1에서 평균속도는 시간당 57마일, 고속도로2에서는 66마일이다. 고속도로1에서는 40대의 차 중 반이 56마일보다 빠르게 반이 56마일보다 느리게 달렸고; 고속도로2의 중앙값은 66마일이다. 최빈값은 고속도로1과 2에서 가장 많이 관찰된 속도가 각각 50마일

표 3.A 고속도로1과 고속도로2의 요약 척도

	Highway 1 (55-mph speed limit)	Highway 2 (65-mph speed limit)
평균	57	66
중앙값	56	66
최빈값	50	70
최소값	45	60
최대값	74	70
표준편차	7.0	3.0
변동계수	0.12	0.05
차대수	40	40

과 70마일임을 나타낸다. 중앙위치에 대한 척도 값으로 볼 때, 고속도로2가 빠른 속도를 보이고 있다.

중앙위치 척도가 데이터가 어디에 모여 있는지를 나타내지만, 변동성에 대한 정보를 전달하지는 않는다. 최소값 45마일 최대값 74마일로, 고속도로1에서는 속도의 범위가 시간당 29마일이다. 고속도로2에서의 속도의 범위는 10마일이다. 보통 분산의 더 믿을 만한 척도는 표준편차이다. 범위는 최소값과 최대값 정보만 사용하기 때문이다. 고속도로1의 표준편차는 고속도로2의 표준편차보다 크다(7마일>3마일). 그렇기 때문에 고속도로1의 속도는 고속도로2의 속도보다 더 다양하다. 평균 크기의 차이를 조정하는 변동계수를 구해보아도 고속도로1의 속도는 2보다 더 다양하다(0.12 > 0.05).

평균적으로, 고속도로2의 속도가 고속도로1의 속도보다 높았으나, 속도의 다양성은 고속도로1이 더 높았다. 만약 교통안전이 속도 다양성이 감소할 때 증진된다면, 제한속도를 55마일로 되돌리는 것은 고속도로 사용자들의 안녕을 증진시키지 않을 수도 있다고 데이터는 말하고 있다.

개념정리

학습목표 **3.1**

평균, 중앙값, 최빈값의 계산과 해석

평균은 가장 많이 사용되는 중심위치 척도이다. **표본 평균**(sample mean)과 **모집단 평균**(population mean)은 다음과 같이 각각 계산된다. $\bar{x} = \frac{\Sigma x_i}{n}$, $\mu = \frac{\Sigma x_i}{N}$. 평균의 가장 큰 약점은 **이상치**(outlier)—지나치게 큰 값 혹은 작은 값—에 크게 영향을 받는다는 것이다.

중앙값(median)은 데이터 세트의 중간 값이며 이상치가 있을 때 특히 유용하다. 데이터를 오름차순(작은 값에서 큰 값)으로 정렬하고, 데이터가 홀수면 중간 값으로, 데이터가 짝수면 두 중간 값의 평균으로 구한다.

최빈값(mode)은 데이터 중 가장 많이 나타난 관측치이다. 데이터에는 최빈값이 하나도 없을 수도 있고, 하나 이상일 수도 있다. 질적 데이터에서는 최빈값만이 중심위치로서 의미있는 척도이다.

학습목표 3.2

백분위수와 상자그림의 계산과 해석

백분위수(percentile)는 가장 작은 값에서 큰 값까지 데이터가 어떻게 구간별로 퍼져 있는지에 대한 상세한 정보를 제공한다. 일반적으로 p백분위수는 데이터를 두 부분으로 나눈다. 약 p%의 관측치가 p백분위수보다 낮은 값을 가지며, 약 $(100 - p)$%의 관측치가 p백분위수보다 높은 값을 가진다. 25백분위수는 1사분위수(Q1), 50백분위수는 2사분위수(Q2), 75백분위수는 3사분위수(Q3)로도 불린다.

상자그림(box plot)은 데이터의 다섯 숫자(최소값, Q1, Q2, Q3, 최대값) 요약을 나타낸다. 상자그림은 다른 장소나 시간에서 모은 비슷한 정보를 비교할 때 특히 유용하다. 이상치와 대칭을 확인하는 데에도 효과적인 도구로 사용된다.

학습목표 3.3

범위, 절대평균편차, 분산, 표준편차, 변동계수의 계산과 해석

범위(range)는 데이터의 최대값과 최소값의 차이이다.

절대평균편차(Mean Absolute Deviation)(MAD)는 모든 관측치의 평균과의 차이 절대값의 평균이다. 표본 MAD와 모집단 MAD는 각각 다음과 같이 계산한다.

표본 MAD $= \frac{\Sigma|x_i - \bar{x}|}{n}$, 모집단 MAD $= \frac{\Sigma|x_i - \mu|}{N}$.

분산(variance)과 **표준편차**(standard deviation)는 가장 많이 사용되는 분산의 척도 두 가지이며, 평균과의 차이의 제곱을 계산한다. 표본의 분산 s^2와 표준편차 s는 다음과 같이 각각 계산한다. $s^2 = \frac{\Sigma(x_i - \bar{x})^2}{n - 1}$, $s = \sqrt{s^2}$. 모집단 분산 σ^2과 표준편차 σ는 다음과 같이 각각 계산한다. $\sigma^2 = \frac{\Sigma(x_i - \mu)^2}{N}$, $\sigma = \sqrt{\sigma^2}$. 분산은 척도의 원래 단위를 제곱해서 얻어진다. 척도의 원래 단위로 돌아가기 위해서 분산 값에 루트를 씌워 표준편차를 계산한다.

변동계수(Coefficient of Variation)는 분산의 상대적 척도의 역할을 하며, 각기 다른 평균의 크기를 조정한다. 변동계수는 데이터의 표준편차로 평균을 나눠서 계산되며, 다른 데이터들 사이의 평균 − 조정된 분산을 직접적으로 비교할 수 있게 만들어주는 단위 없는 척도이다. 표본 변동계수와 모집단 변동계수는 각각 다음과 같이 계산한다. 표본 CV $= \frac{s}{\bar{x}}$, 모집단 CV $= \frac{\sigma}{\mu}$.

학습목표 3.4

평균-분산 분석과 샤프지수에 대해 설명하기

평균-분산 분석(mean-variance analysis)은 자산의 성과를 수익률로 측정하고 수익률을 보상(평균)과 위험(분산)으로 평가하는 것을 상정한다. 일반적으로, 높은 평균수익의 투자는 높은 위험과 관련이 되어 있다.

샤프지수(Sharpe ratio)는 리스크 한 단위당 추가적인 보상을 측정한다. 투자 I의 샤프지수는 다음과 같이 계산한다. $\frac{\bar{x}_I - \bar{R}_f}{s_I}$. 여기에서 $\bar{R}_f$는 단기 미국채와 같은 무위험 자산의 평균수익이다. 샤프지수가 높을수록, 투자가 투자자들에게 위험대비 높은 보상을 해준다.

학습목표 **3.5** **체비세프 정리, 경험적 규칙, z-점수의 적용**

체비세프 정리(Chebyshev's theorem)는 모든 데이터 세트에서, 평균에서 k 표준편차 안에 속하는 관측치의 비율은 적어도 $1 - 1/k^2$이며, 이 때 k는 1보다 큰 숫자라고 주장한다.

표본 평균 $\bar{x}$, 표본 표준편차 s, 종모양의 분포를 가정할 때, **경험적 규칙**(empirical rule)에 따르면

- 약 68%의 관측치가 $\bar{x} \pm s$ 사이에 속하고,
- 약 95%의 관측치가 $\bar{x} \pm 2s$ 사이에 속하고,
- 거의 모든 관측치가 $\bar{x} \pm 3s$ 사이에 속한다.

z-점수(z-score)는 $(x - \bar{x})/s$,로 계산하며, 표본 값 x의 상대적인 위치를 측정한다. 또한 이상치를 찾아내는 데에도 사용된다.

학습목표 **3.6** **그룹화된 데이터 대상 평균과 분산의 계산**

그룹화된 데이터(grouped data)를 분석할 때, 평균과 분산의 공식은 다음과 같이 조정된다.

- 표본 평균과 모집단 평균은 다음과 같이 각각 계산한다. $\bar{x} = \frac{\Sigma m_i f_i}{n}$, $\mu = \frac{\Sigma m_i f_i}{N}$.
- 표본 분산과 모집단 분산은 다음과 같이 각각 계산한다. $s^2 = \frac{\Sigma (m_i - \bar{x})^2 f_i}{n-1}$, $\sigma^2 = \frac{\Sigma (m_i - \mu)^2 f_i}{N}$. 표준편차는 분산의 양의 제곱근으로 계산한다.

학습목표 **3.7** **공분산과 상관계수의 계산과 해석**

공분산(covariance)과 **상관계수**(correlation coefficient)는 x와 y 두 변수 사이의 선형관계의 방향과 강도를 측정한다.

표본 공분산 s_{xy}와 모집단 공분산 σ_{xy}은 각각 다음과 같이 계산한다. $S_{xy} = \frac{\Sigma(x_i - \bar{x})(y_i - \bar{y})}{n-1}$, $\sigma_{xy} = \frac{\Sigma(x_i - \mu_x)(y_i - \mu_y)}{N}$.

표본 상관계수 r_{xy} 와 모집단 상관계수 σ_{xy}는 각각 다음과 같이 계산한다. $r_{xy} = \frac{s_{xy}}{s_x s_y}$, $\rho_{xy} = \frac{\sigma_{xy}}{\sigma_x \sigma_y}$.

추가 연습문제와 사례연구

75. 완구업계 회사의 연간 성장률은 소비자의 기호와 그 당시 유행에 따라 매우 급격하게 변한다. 이 업계 두 회사 Hasbro와 Mattel의 성장률(%) 데이터를 살펴보자.

연도	2005	2006	2007	2008	2009
Hasbro	3.0	2.1	21.8	4.8	1.2
Mattel	1.5	9.1	5.7	−0.1	−8.2

(출처: Hasbro사와 Mattel사의 연차보고서)

a. 각 회사의 변동성을 평가하기 위해 표준편차를 사용하라.
b. 어떤 회사의 성장률의 변동성이 더 큰가?

76. 다음 표는 2009년 큰 이탈리안 음식점 체인의 매출액(백만 달러 단위)을 정리해 놓았다.

음식점	매출액
Olive Garden	$3,300
Carrabba's Italian Grill	629
Romano's Macaroni Grill	583
Maggiano's	366
Carino's Italian Grill	356
Buca di Beppo	220
Bertucci's	210

(출처 : 보스턴글로브지, 2010.7.31)

평균, 중앙값, 최빈값을 계산하라. 어떤 값이 일반적인 매출액을 가장 잘 나타내는 경향이 있는가? 설명하라.

77. 다음 표는 피델리티의 전기펀드와 유틸리티펀드의 연간 수익률(%)를 나타낸다.

연도	전기	유틸리티
2005	13.23	9.36
2006	1.97	32.33
2007	2.77	21.03
2008	−50.00	−35.21
2009	81.65	14.71

(출처 : http://www.finance.yahoo.com)

a. 각 펀드의 표본 평균, 표본 분산, 표본 표준편차를 계산하라.
b. 어떤 펀드가 더 높은 평균 수익률을 보였는가?
c. 어떤 펀드가 이 기간 동안 더 위험하였는가? 표준편차와 변동계수 모두를 이용하여 설명하라.
d. 4% 무위험 이자율을 가정할 때, 어떤 펀드가 더 높은 샤프지수를 보이겠는가? 이 지수가 뜻하는 바는 무엇인가?

78. 두 회사의 월별 주가는 다음과 같다.

Month	Firm A	Firm B
January	$28	$21
February	31	24
March	32	24
April	35	27
May	34	25
June	28	20

a. 각 회사 주가의 표본 평균, 표본 분산, 표본 표준편차를 계산하라.
b. 어떤 회사가 이 기간 주가가 더 높았는가?
c. 어떤 회사의 주가가 표준편차로 측정한 변동성이 더 높았는가? 어떤 회사의 주가가 상대적인 분산이 더 높았는가?

79. 워터파크 매니저가 7월과 8월 60일간의 입장객수를 요약하는 다음의 도수분포를 만들었다.

입장객수	도수
1,000에서 1,250	5
1,250에서 1,500	6
1,500에서 1,750	10
1,750에서 2,000	20
2,000에서 2,250	15
2,250에서 2,500	4

a. 평균 입장객수를 계산하라.
b. 분산과 표준편차를 계산하라.

80. 전국스포츠용품연합(The National Sporting Goods Association)(NSGA)이 스케이트보드용 신발을 구매한 사람들의 나이를 조사하였다. 다음의 상대도수분포에 그 결과가 요약되어 있다.

Age of User	Percent
14살 미만	35
14 - 17살	41
18 - 24살	15
25 - 34살	4
35 - 44살	4
45 - 64살	1

조사가 200명의 표본 결과라고 하면, 스케이트보드용 신발 구매자의 나이의 평균과 표준편차를 구하라. 첫 계급의 중간 값을 10으로 하라.

81. 다음의 표는 푸트남(Putnam)의 두 뮤추얼펀드, 성장펀드와 보스턴펀드의 연간 수익률(%)을 보여주고 있다.

연도	성장펀드	보스턴펀드
2002	−26.43	−8.42
2003	24.71	17.40
2004	4.80	8.32
2005	5.50	4.04
2006	5.23	12.25

(출처 : http://www.finance.yahoo.com)

a. 공분산을 계산하라.
b. 상관계수를 계산하라. 선형관계의 강도를 설명하라.

82. 지역 소매점 매니저가 지난 6개월간 소매점 데이터를 사용해 광고비와 매출액 사이의 관계를 분석하고자 한다.

광고비 (in $100s)	매출액 (in $1,000s)
20	15
25	18
30	20
22	16
27	19
26	20

a. 광고비 평균과 매출액 평균을 계산하라.
b. 광고비 표준편차와 매출액 표준편차를 계산하라.
c. 광고비와 매출액 사이의 공분산을 계산하고 해석하라.
d. 광고비와 매출액 사이의 상관계수를 계산하고 해석하라.

83. FILE 한 경제학자가 미국 26개 대도시지역의 표본 데이터를 요약하고자 한다. 다음의 표는 각각의 지역의 2010년 2011년 소득 중앙값과 실업률, 2010년 8월 기준 소비자 부채 등의 데이터를 일부 나타내고 있다. 데이터 전체(***Debt_Payments***)는 교과서 웹사이트에서 찾을 수 있다.

대도시지역	소득 (in $1,000s)	실업률	부채
Washington, D.C.	$103.50	6.3%	$1,285
Seattle	81.70	8.5	1,135
⋮	⋮	⋮	⋮
Pittsburgh	63.00	8.3	763

엑셀을 사용하여 소득, 실업률, 부채 데이터를 요약(기술적 통계)하라. 요약한 바를 해석하라.

84. FILE 미국 미식축구는 한 게임당 가장 비싼 돈을 주는 스포츠이다. 미식축구에서는 쿼터백이 가장 중요하다고 생각되기 때문에, 쿼터백은 매우 높은 보상을 받는다. 2009년 쿼터백의 연봉 데이터 일부는 다음과 같다. 데이터 전체(***Quarterback_Salaries***)는 교과서 웹사이트에서 찾아볼 수 있다.

이름	연봉(백만 달러 단위)
Philip Rivers	25.5566
Jay Cutler	22.0441
⋮	⋮
Tony Romo	0.6260

a. 엑셀을 사용하여 쿼터백 연봉의 평균과 중앙값을 구하고 해석하라.
b. 엑셀을 사용하여 쿼터백 연봉의 범위와 표준편차를 계산하고 해석하라.

85. FILE 다음의 표는 50개 주의 자동차 절도사건 수의 일부를 나타낸 것이다. 데이터 전체(***Car_Theft***)는 교과서 웹사이트에서 찾아볼 수 있다.

State	Car Theft
Alabama	658
Alaska	280
⋮	⋮
Wyoming	84

a. 자동차 절도사건 수의 평균, 중앙값, 최빈값을 계산하라.
b. z-점수를 사용하여 데이터에 이상치가 있는지를 확인하라. 결과에 놀랐는가?

86. FILE 다음의 표는 50개 주의 2012년 4월 평균 휘발유 가격 일부를 나타낸 것이다. 데이터 전체(***Gas_Prices_2012***)는 교과서 웹사이트에서 찾아볼 수 있다.

State	Price per Gallon
Alabama	$4.36
Alaska	3.79
⋮	⋮
Wyoming	3.63

a. 휘발유 가격의 상자그림을 만들고, 이상치가 있는지를 확인하라.
b. z-점수를 사용하여 휘발유 가격의 이상치가 있는지를 다시 한 번 확인하라.

87. FILE 다음의 표는 2010년 50개 주의 도박관련 범죄건수(도박)와 가정 유아대상 폭력 범죄건수(가정폭력) 데이터의 일부를 나타낸 것이다. 데이터 전체(***Gambling***)는 교과서 웹사이트에서 찾아볼 수 있다.

State	도박	가정폭력
Alabama	47	1,022
Alaska	10	315
⋮	⋮	⋮
Wyoming	0	194

a. 도박의 상자그림을 그리고, 이상치가 있는지를 확인하라.
b. 가정폭력의 상자그림을 그리고, 이상치가 있는지를 확인하라.
c. 도박과 가정폭력의 상관계수를 계산하고 해석하라.

사례연구

사례연구 3.1

월스트리트저널의 2008년 7월 11일 기사는 메이저리그의 16개의 내셔널리그(NL) 팀이 14개의 아메리칸리그(AL) 팀보다 왜 덜 좋은지에 대한 여러 가지 이유를 들고 있다. 불균형의 이유 중 하나로 지목된 것은 총급여지급액의 차이이다. 아메리칸리그의 평균급여가 내셔널리그의 평균급여보다 높다. 각 리그 팀의 총급여지급액은 다음의 표에 일부 나와 있다. 데이터 전체(***MLB_Salaries***)는 교과서 웹사이트에서 찾아볼 수 있다.

사례연구 3.1의 데이터 2010년 메이저리그 야구 총급여지급액

FILE

American League	Payroll	National League	Payroll
New York Yankees	$206,333,389	Chicago Cubs	$146,609,000
Boston Red Sox	162,447,333	Philadelphia Phillies	141,928,379
⋮	⋮	⋮	⋮

보고서에 위의 표본자료를 이용하여 다음을 포함한다.

1. AL과 NL 총급여지급액의 평균과 중앙값을 논하고 대칭성을 설명하라.
2. AL과 NL 총급여지급액의 범위와 표준편차를 비교하라.
3. 계산한 요약척도를 사용하여 월스트리트저널지가 밝혀낸 바에 대해 논하라.

사례연구 3.2

졸업한 지 5년 만에 루시아 리(Lucia Li)는 번 돈의 일부를 투자할 준비가 되었음을 느꼈다. 루시아는 신용카드 대출을 다 갚았고, 비상자금도 마련하였다. 루시아의 부모님은 그들이 투자하는 야누스 캐피털의 뮤추얼펀드 수익에 만족해왔다. 루시아는 투자대상을 두 펀드로 압축하였다.

야누스 균형펀드 : "핵심" 펀드는 주식과 채권에 투자하고, 목적은 투자다각화이다. 여러 시장 상황과 경기에서도 장기적으로 견고한 투자수익률을 기록해왔다.

야누스 해외펀드 : 지역이나 업종에 상관없이 해외 회사들의 장점에 기반해 투자하는 펀드이다.

다음의 표는 지난 10년간 두 펀드의 연간수익률(%)을 보고하고 있다. 이 데이터(***Janus_Funds***)는 교과서 웹사이트에서도 찾아볼 수 있다.

사례연구 3.2의 데이터 야누스펀드의 수익률(%)

FILE

Year	Janus Balanced Fund	Janus Overseas Fund	Year	Janus Balanced Fund	Janus Overseas Fund
2000	−2.16	−18.57	2005	7.75	32.39
2001	−5.04	−23.11	2006	10.56	47.21
2002	−6.56	−23.89	2007	10.15	27.76
2003	13.74	36.79	2008	−15.22	−52.75
2004	8.71	18.58	2009	24.28	78.12

보고서에 위의 표본자료를 이용하여 다음을 포함한다.

1. 중심위치 척도들을 계산하여 두 펀드 수익률의 비슷한 점과 다른 점을 묘사하라.
2. 각 펀드의 위험성을 측정하기 위해 분산 척도들을 계산하라.
3. 두 펀드의 상관관계 척도들을 계산하고 해석하라.

사례연구 3.3

서브프라임 대출시장의 위기 때문에 좋은 신용등급을 가지고 있는 사람들조차도 주택담보대출을 받기가 어려워졌다. AP통신 기사에 따르면(2007.8.25), 2007년 7월 5개월 연속 주택판매율이 떨어졌고, 12개월 연속 주택가격이 떨어졌다. QuantExperts의 리서치 애널리스트인 마얀 호로비츠(Mayan Horowitz)는 주택담보대출 유동성 위기가 한때 잘나가던 플로리다 시장에 어떤 영향을 끼쳤는지 연구하고 싶어한다. 호로비츠는 2007년 1월과 7월의 플로리다 포트 마이어스의 단독주택 25채의 매매가격(천 달러 단위) 데이터를 수집하였다. 정확한 비교를 위해 10,000제곱피트 이하 부지에 1,500제곱피트 이하 평수의 3베드룸 주택을 표본으로 하였다. 데이터의 일부는 다음의 표에 나타나 있고, 데이터 전체(***Fort_Myers_Sales***)는 교과서 웹사이트에서 찾아볼 수 있다.

사례연구 3.3의 데이터 2007년 1월과 7월의 주택가격(천 달러 단위)

FILE

Number	January	July
1	$100	$136
2	190	235
⋮	⋮	⋮
25	200	180

보고서에 위의 표본자료를 이용하여 다음을 포함한다.

1. 두 표본 기간 각각의 평균, 중앙 값, 최빈값을 비교하라.
2. 두 표본 기간 각각의 표준편차와 변동계수를 비교하라.
3. 지난 6개월간 포트 마이어스 주택시장의 중요한 변화에 대해 논하라.

부록 3.1 다른 통계프로그램 사용안내

여기서는 특정 통계 프로그램(미니탭, SPSS, JMP) 사용을 위한 간단한 명령어를 제공한다. 교과서 웹사이트에서 더 자세한 설명을 찾아볼 수 있다.

미니탭

요약척도 계산하기

A. (표 3.3의 반복) 교과서 웹사이트에서 ***Fund_Returns*** 파일을 미니탭 페이지에 복사하여 붙여넣는다.

B. 메뉴에서 **Stat** > **Basic Statistics** > **Display Descriptive Statistics**를 선택한다. 이후 금속과 수익을 **Variables**로 선택한다. **Statistics**를 누른다.

C. **Mean, Standard deviation** 등과 같은 계산하고자 하는 요약척도들을 선택한다.

상자그림 만들기

A. (그림 3.3의 반복) 교과서 웹사이트에서 ***Fund_Returns*** 파일을 미니탭 페이지에 복사하여 붙여넣는다.

B. 메뉴에서 **Graph > Boxplot > One Y − Simple**을 선택한다. **OK**를 누른다.

C. 금속을 **Graph Variables**로 선택한다. **Data View**를 누른다. **Interquartile range box, Outlier symbols, Individual symbols,** 그리고 **Median connect line**을 선택, **OK**를 클릭.

D. **Scale**을 클릭, **Transpose value and category scales** 박스를 선택한다.

공분산과 상관계수 계산하기

A. (예제 3.20의 반복) 교과서 웹사이트에서 ***Fund_Returns*** 파일을 미니탭 페이지에 복사하여 붙여넣는다.

B. 메뉴에서 **Stat . Basic Statistics . Covariance**를 선택한다(상관계수를 계산하기 위해서는**Correlation**을 선택). 금속과 수익을 **Variables**로 선택한다.

SPSS

요약척도 계산하기

A. (표 3.3의 반복) 교과서 웹사이트에서 ***Fund_Returns*** 파일을 **SPSS** 페이지에 복사하여 붙여넣는다.

B. 메뉴에서 **Analyze . Descriptive Statistics . Descriptives**를 선택한다. 금속과 수익을 **Variable(s)**로 선택한다. **Options**를 클릭. **Mean, Std. deviation** 등과 같이 계산하고 싶은 요약척도를 선택한다.

공분산과 상관계수 계산하기

A. (예제 3.20의 반복) 교과서 웹사이트에서 ***Fund_Returns*** 파일을 **SPSS** 페이지에 복사하여 붙여넣는다.

B. 메뉴에서 **Analyze . Correlate . Bivariate**를 선택한다. 금속과 수익을 **Variable(s)**로 선택한다. **Options**를 클릭. **Cross-product deviations and covariances**를 선택한다.

JMP

요약척도 계산하기

A. (표 3.3과 그림 3.3의 반복) 교과서 웹사이트에서 ***Fund_Returns*** 파일을 **JMP** 페이지에 복사하여 붙여넣는다.

B. 메뉴에서 **Analyze.Distribution**을 선택한다. **Select Columns** 아래, 금속과 수익을 **Y, Columns로** 선택한다.

공분산과 상관계수 계산하기

A. (예제 3.20의 반복) 교과서 웹사이트에서***Fund_Returns***파일을 **JMP** 페이지에 복사하여 붙여넣는다.

B. 메뉴에서 **Analyze.Multivariate를** 선택한다. 금속과 수익을 **Y, Columns**로 선택한다. **OK**를 클릭.

C. **Multivariate** 옆에 빨간삼각형을 누른다. **Covariance Matrix**를 선택한다.

확률의 기초

Introduction to Probability

C H A P T E R

학습목표 LEARNING OBJECTIVES

이 장을 학습한 후에는

학습목표 **4.1** **기초확률의 개념을 설명할 수 있어야 한다.**

학습목표 **4.2** **주관적, 실증적, 고전적 확률을 공식화해서 해석할 수 있어야 한다.**

학습목표 **4.3** **사건의 보완확률과 두 개의 사건 중 최소 하나가 발생될 확률을 계산하고 해석할 수 있어야 한다.**

학습목표 **4.4** **조건부 확률을 계산하고 곱셈법칙을 적용할 수 있어야 한다.**

학습목표 **4.5** **독립사건과 종속사건을 구분할 수 있어야 한다.**

학습목표 **4.6** **분할표로부터 확률을 계산하고 해석할 수 있어야 한다.**

학습목표 **4.7** **총확률규칙과 베이즈 정리(Bayes' theorem)를 적용할 수 있어야 한다.**

우리는 매일 불확실성이 존재하는 문제들을 선택한다. 불확실성이란 다양한 사건이 발생될 가능성이 있는 상황을 말한다. 우리는 보통 이러한 사건들과 계획 혹은 행동들에 암묵적으로 혹은 명백하게 확률을 부여한다. 예를 들어, 우리는 비가 올 가능성을 판단하고 우산을 가지고 나갈지를 결정하기 위해 신문기사 혹은 뉴스를 보거나 인터넷을 검색한다. 소매점들은 쇼핑객들의 증가가 기대되는 연말 휴일 시즌 전에 그들의 판매 역량을 강화한다. 미국의 연방은행은 경제성장이 약화되는 위험에 직면했다고 믿을 때 이자율을 낮추고, 인플레이션이 큰 위험으로 느껴질 때 이자율을 올린다. 다양한 사건들의 가능성을 수치화하는 것에 의하여 우리는 좀 더 바람직한 선택을 위해 좀 더 나은 준비를 할 수 있다. 본 장은 불확실성을 포함한 많은 실생활의 문제들을 추구하는 데 필요한 핵심적인 확률 구조를 제시한다. 확률론은 통계적 추론을 위한 근본이자 이 장에서 소개되는 수많은 개념들은 이후의 장들을 이해하기 위해 중요하다.

도입사례

스포츠의류 브랜드

애너벨 곤잘레스(Annable Gonzalez)는 마케팅회사 롱메도우 컨설턴트(Longmeadow Consultants)의 소매 분석 국장이다. 그녀의 일 중 한 가지는 스포츠의류 판매액과 산업내에서 구분되지 않은 어떤 특정한 트렌드를 기록하는 것이다. 최근 그녀는 컴프레션의류 시장의 선구자인 언더아머(Under Armour)의 업무를 맡았다. 컴프레션의류는 덥거나 추운 날씨에 운동하는 동안 의류 착용자의 몸으로부터 습도를 유지하는 의류를 의미한다. 언더아머는 2005년 11월 회사가 상장된 이후 급격한 성장을 경험하였다. 그러나 각각 18%와 10%의 시장점유율을 보유한 나이키나 아디다스는 공격적으로 컴프레션의류 시장에 진입하였다(월스트리트저널, 2007.10.23).

분석의 한 부분으로서 애너벨은 컴프레션의류를 구매할 때 소비자의 나이가 중요한지 여부를 처음으로 시험하고자 한다. 그녀의 느낌은 언더아머의 브랜드가 좀 더 나이든 고객들이 선호하는 나이키나 아디다스에 비해 젊은 층에게 더 매력적일 것이라는 것이다. 그녀는 이러한 정보가 광고주와 스포츠용품 소매점들뿐만 아니라 어떤 금융기관들에게도 유용할 것이라 믿는다. 그녀는 최근에 컴프레션의류 시장에서 제품을 구매한 600명의 소비자들을 나이와 브랜드에 따라 표 4.1과 같이 구분하였다.

표 4.1 나이와 브랜드에 따른 컴프레션의류의 구매

나이	브랜드		
	언더아머	나이키	아디다스
35세 미만	174	132	90
35세 이상	54	72	78

애너벨은 표본 정보를 통해 다음과 같은 작업을 하기를 원한다.

1. 브랜드와 나이에 따른 적절한 확률의 계산과 해석
2. 언더아머의 브랜드가 대부분 젊은 고객들에게 매력적인지 여부의 결정

사례요약이 4장 3절 끝에 제공되어 있다.

4.1 기초 확률 개념

학습목표 4.1

기초 확률 개념의 설명

우리가 선택한 많은 결정들은 어떠한 불확실성을 포함하기 때문에, 만일 어떤 사건(event)이 발생할 가능성을 확률을 통해 설명할 수 있다면, 우리는 최종적인 결과물을 위해 좀 더 나은 준비를 할 수 있다.

> **확률**이란 어떤 사건이 발생될 가능성을 측정한 수량적 가치이다. 이러한 가치는 0과 1 사이의 값을 가지는데, 0은 *불가능한* 사건을 의미하고, 1은 *명백히 발생될* 사건을 의미한다.

사건을 정의하고 적합한 확률을 사건에 부여하기 위해서는 첫 번째로 용어들을 정의하고 상황에 대한 어떤 구조를 부여하는 것이 유용하다.

실험(experiment)이란 여러 가능한 결과들 중 하나를 도출하는 절차이다. 실험결과의 다양성은 실생활에 존재하는 불확실성 때문이다. 여러분이 새 컴퓨터를 구매할 때 이 제품이 얼마나 오랫동안 수리 없이 잘 작동될지는 보증될 수 없다. 이는 아마도 첫해, 둘째 해, 혹은 2년 이후에 수리가 필요할지도 모른다. 여러분은 이러한 상황을 실험으로 생각할 수 있다. 왜냐하면 실질적인 결과는 오직 시간에 따라 결정되기 때문이다. 다른 실험 예제들은 주사위 굴리기에서 결과 값이 1, 2, 3, 4, 5, 혹은 6이 나올지 말지, 동전 던지기에서 앞면이 나올지 뒷면이 나올지, 어떤 프로젝트가 일찍 끝날지, 제때에 끝날지, 아니면 늦게 끝날지, 경제상황이 좋아질지, 현재와 같을지 아니면 악화될지, 어떤 구기종목이 승리로 끝날지, 질지, 아니면 동점일지 등을 포함한다.

S로 표시되는 **표본공간**(sample space)이란 모든 가능한 실험결과들을 포함하는 실험을 언급한다. 예를 들어, 수업의 성적등급이 $S = \{A, B, C, D, F\}$로 표시되는 표본공간을 생각해보자. 만약 선생님이 I(incomplete) 등급을 주었다면, 표본공간 S는 유효하지 않다. 왜냐하면 모든 실험결과들이 표본공간 S에 포함되지 않았기 때문이다. 실험에 대한 표본공간은 반드시 하나일 필요는 없다. 예를 들어, 위의 실험에서 우리는 표본공간을 단순하게 P(pass)와 F(fail)로 정할 수 있기 때문이다. 즉, $S = \{P, F\}$.

> **실험**이란 여러 가능한 결과들을 도출할 수 있는 절차를 말한다. S로 표시된 **표본공간**이란 모든 가능한 실험결과들을 포함한 하나의 실험이다.

예제 4.1

동계올림픽에 참여한 스노우보더는 여성 하프파이프(halfpipe) 종목에서 그녀의 메달 획득 확률을 평가하는 중이다. 적합한 표본공간을 구성해라.

풀이: 메달획득 가능성을 예측하려는 운동선수들의 시도는 실험이다. 왜냐하면 동계게임이 개최될 때까지 결과는 알 수 없기 때문이다. 우리는 표본공간을 구성함으로써 실험을 공식화할 수 있다. 운동선수들의 경쟁은 금메달, 은메달, 동메달, 그리고 메달획득 실패라는 4가지 가능성을 가지고 있다. 우리는 공식적으로 표본공간을 다음과 같이 작성할 수 있다. S = {금, 은, 동, 메달획득 실패}

사건

사건이란 표본공간의 부분집합을 말한다. 단일사건(simple event)이란 실험에서 나타날 수 있는 결과들 중 단순히 하나만을 포함하는 것을 말한다. 수업에서 A등급을 받는 것은 단일사건의 한 예이다. 어떤 사건은 실험의 여러 결과들을 포함할 수 있다. 예를 들어, 우리는 어떤 사건을 수업을 이수하는 것으로써 정의할 수 있고, 이러한 사건은 A, B, C, D의 부분집합으로 구성될 수 있다.

> **사건**이란 실험의 결과들 중 부분집합을 말한다. 만일 하나의 실험결과만 포함한다면 이러한 부분집합은 단일사건이라고 언급된다.

이제 예제 4.1로부터 두 개의 사건을 정의해보자. 한 사건은 "메달을 획득"하는 것이고, 다른 하나는 "메달획득에 실패"하는 것이다. 이러한 사건들은 **포괄적**(exhaustive)이라고 한다. 왜냐하면 표본공간에 모든 사건들이 포함되기 때문이다. 성적 예제에서, A 혹은 B를 받는 사건들은 포괄적 사건(exhaustive event)이 아니다. 왜냐하면 이러한 사건들은 표본공간 안에 모든 가능한 사건들이 포함되지 않기 때문이다. 즉 C, D 등이 제외되었다. 그러나 P와 F를 성적 등급으로 받는 경우에는 포괄적이라고 말할 수 있다.

다른 중요한 확률 개념으로서 **상호배타적**(mutually exclusive) 사건이 있다. 두 개의 상호배타적 사건의 경우, 하나의 발생된 사건이 다른 사건에서 발생돼서는 안된다. "최소한 은메달을 획득"하는(결과는 금메달 혹은 은메달) 경우와 "최대 은메달을 획득"하는(결과는 은메달, 동메달, 메달획득 실패) 경우를 가정해보자. 이러한 두 개의 사건들은 포괄적이다. 왜냐하면 생략된 실험결과가 없기 때문이다. 하지만 이런 경우 상호배타적 사건은 아니다. 왜냐하면 은메달이란 결과가 양쪽 사건 모두에서 나타나기 때문이다. 성적등급 예제로 다시 가보면, A와 B 등급을 얻는 사건들은 포괄적 사건이 아닌 반면, 상호배타적이게 된다. 왜냐하면 동일한 수업에서 A와 B 등급을 동시에 받을 수 없기 때문이다. 그러나 P와 F를 받는 것은 상호배타적이며 포괄적이다. 유사하게, "최소한 은메달 획득"과 같은 사건과 "최대한 동메달 획득"이란 사건은 상호배타적이고 포괄적이다.

> 만일 모든 가능한 실험결과들이 사건들에 포함된다면, 이러한 사건들은 **포괄적**이라고 말한다.
> 만일 실험결과들이 어떤 실험의 공통결과들을 공유하지 않는다면, 이러한 사건들은 **상호배타적**이라고 말한다.

어떤 실험의 경우, 우리는 실험의 하나 혹은 여러 결과들에 기초하여 사건들을 정의할 수 있으며, 새로운 사건을 형성하는 사건을 조합할 수도 있다. $A \cup B$로 표시되는 두 사건의 **합집합**(union)은 A 혹은 B의 모든 결과들을 포함하는 사건을 말한다. 이러한 개념을 표현하는 가장 간단한 방법은 벤다이어그램(John Venn(1834-1923), 영국 수학자 이름)을 사용하는 것이다. 그림 4.1은 사각형의 표본공간 S와 두 개의 원으로 표현된 사건 A와 B를 표현하는 벤다이어그램이다. 합집합 $A \cup B$는 A혹은 B를 포함하는 벤다이어그램의 한 부분이다.

그림 4.1 두 사건의 합집합, $A \cup B$

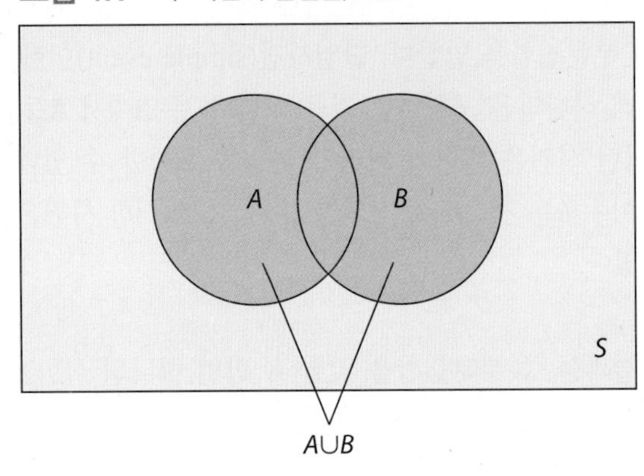

$A \cap B$로 표시된 두 사건의 **교집합**(intersection)은 A와 B의 모든 결과들을 포함하는 사건이다. 그림 4.2.는 두 사건 A와 B의 교집합을 표현한다. 교집합 $A \cap B$는 A와 B 모두를 포함하는 벤다이어그램의 한 부분이다.

그림 4.2 두 사건의 교집합, $A \cap B$

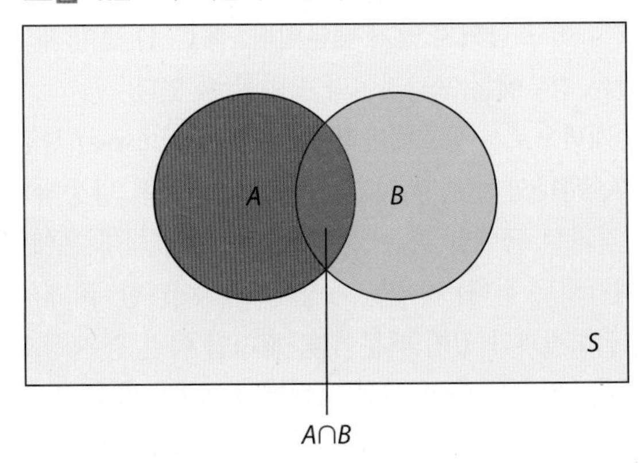

A^c로 표시되는 사건 A의 **여집합**(complement)은 표본공간 S에서 A가 포함되지 않은 모든 결과들을 포함하는 사건이다. 그림 4.3에서 A^c는 A가 포함되지 않는 S의 모든 것들이다.

그림 4.3 사건의 여집합, A^c

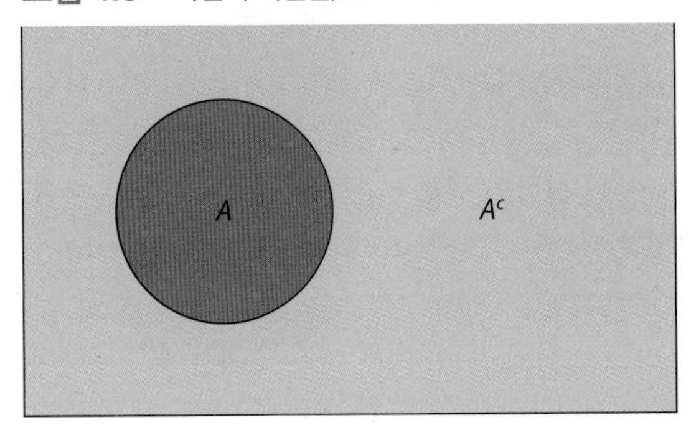

결합사건

- $A \cup B$로 표시되는 두 사건의 **합집합**은 A 혹은 B의 모든 결과들을 포함한다.
- $A \cap B$로 표시되는 두 사건의 **교집합**은 A와 B의 모든 결과들을 포함한다.
- A^c로 표시되는 사건 A의 **여집합**은 A가 포함되지 않는 표본공간 S의 모든 결과들을 포함한다.

예제 4.2

예제 4.1에서 정의된 표본공간 S = {금, 은, 동, 메달획득 실패}를 다시 상기하자. 스노우보더는 다음의 세 가지 사건들을 정의하였다고 가정하자.

- A = {금, 은, 동}, 즉 사건 A는 메달획득을 나타냄.
- B = {은, 동, 메달획득 실패}, 즉 사건 B는 "최대 은메달 획득"을 나타냄.
- C = {메달획득 실패}, 즉 사건 C는 메달획득 실패를 나타냄.

a. $A \cup B$와 $B \cup C$를 찾아라.
b. $A \cap B$와 $A \cap C$를 찾아라.
c. B^c를 찾아라.

풀이:

a. A와 B의 합집합은 A 혹은 B의 공통된 모든 결과를 표시한다. 즉, $A \cup B$ = {금, 은, 동, 메달획득 실패}. $A \cup B$에서 "은" 혹은 "동"은 중복되지 않게 표시한다. 유사하게, $B \cup C$ = {은, 동, 메달획득 실패}.
b. A와 B의 교집합은 A와 B에서 공통된 모든 결과를 표시한다. 즉, $A \cap B$ = {은, 동}. 사건 $A \cap C = \varnothing$이고, $\varnothing$는 공집합을 표시한다. 즉, A와 C 양쪽 모두에 공통된 결과가 없음을 의미한다.
c. B의 여집합은 B가 포함되지 않은 모든 S의 결과를 표시한다. 즉, B^c = {금}.

확률 부여

학습목표 **4.2**
주관적, 실증적, 고전적 확률의 공식과 해석

지금까지 우리는 유효한 표본공간과 표본공간으로부터 사건을 정의하는 다양한 방법을 설명하였기 때문에, 우리는 확률을 부여할 준비가 되어있다. 우리가 확률에 도달했을 때 일반적으로 확률을 *주관적 확률*(subjective probability), *실증적 확률*(empirical probability) 그리고 *고전적 확률*(classical probability)로 구분할 수 있다. 사용되는 방법과 관계없이 확률에는 다음과 같은 두 가지 정의가 있다.

확률의 두 가지 정의

1. 어떤 사건 A의 확률은 0과 1 사이의 값을 가진다. 즉, $0 \leq P(A) \leq 1$.
2. 상호배타적이고 포괄적인 사건들의 확률은 합이 1이다.

예제 4.1의 스노우보더 예에서 그녀는 10%의 기회로 금메달을 획득하고, 15%의 기회로 은메달을 회득하고, 20%의 기회로 동메달을 획득하며, 55%의 기회로 메달을 획득하지 못한다고 가정하자. 그녀는 각 단일사건에 **주관적인 확률**을 부여해왔다. 즉, 그녀는 어떤 자료의 참고 없이 개인적으로 이러한 확률들을 부여했다.

스노우보더는 메달 획득에 실패하는 결과를 가장 가능성있는 결과로 믿는다. 왜냐하면 그녀는 이 사건에 가장 큰 기회는 55%를 부여하였기 때문이다. 어떤 사건이 발생될 확률을 공식적으로 적을 때 우리는 일반적으로 확률 상태를 구성한다. 여기서, 확률 상태는 다음과 같은 형태를 취한다. 즉, $P(\{\text{메달획득 실패}\}) = 0.55$이고 $P(\text{"사건"})$은 주어진 사건이 발생될 확률을 나타낸다. 표 4.2.는 이러한 사건들과 주관적인 확률을 요약한다. 여기서 사건들은 상호배타적이고 포괄적이다.

표 4.2 스노우보더의 주관적 확률

사건	확률
금	0.10
은	0.15
동	0.20
메달획득 실패	0.55

표를 보면 우리는 그녀가 은메달 획득에 15%의 기회를 부여했거나 혹은 $P(\{\text{은}\}) = 0.15$임을 쉽게 볼 수 있다. 우리는 모든 확률들이 0과 1사이에 있으며 이들의 합이 1이고, 확률의 정의와 일치한다는 것을 확신할 수 있다.

스노우보더가 메달 획득의 확률을 계산하기를 원한다고 가정하자. 예제 4.2에서 우리는 사건 A를 "메달 획득"으로 정의하였다. 그래서 확률상태는 $P(A)$의 형태를 취한다. 우리는 A 결과들의 확률들을 더함으로써 다음과 같이 확률을 계산할 수 있다.

$$P(A) = P(\{\text{금}\}) + P(\{\text{은}\}) + P(\{\text{동}\}) = 0.10 + 0.15 + 0.20 = 0.45$$

예제 4.3

예제 4.2에서 주어진 사건들과 표 4.2의 확률들을 이용하여 다음의 확률들을 계산해라.

a. $P(B \cup C)$

b. $P(A \cap C)$

c. $P(B^c)$

풀이:

a. 사건 B 혹은 C가 발생될 확률은

$$\begin{aligned} P(B \cup C) &= P(\{\text{은}\}) + P(\{\text{동}\}) + P(\{\text{메달획득 실패}\}) \\ &= 0.15 + 0.20 + 0.55 = 0.90 \end{aligned}$$

b. 사건 A와 사건 C가 발생될 확률은

$$P(A \cap C) = 0; \text{(}A\text{와 }C\text{에는 공통의 결과가 없음을 상기할 것)}$$

c. B 여집합의 확률은

$$P(B^c) = P(\{금\}) = 0.10$$

많은 예에서 우리는 실험의 관측된 결과들에 기초된 참고자료를 이용하여 확률을 계산한다. 사건의 실증적 확률이란 어떤 사건이 발생되어 관측된 상대적 빈도를 말한다. 실증적 확률이 정확하게 계산되기 위해서는 반드시 수많은 실험을 반복하여야 한다.

예제 4.4

표 4.3의 도수분포는 가장 부유한 미국인 400명의 나이를 요약한다. 우리는 이러한 개인들을 임의로 선택한다고 가정하자.

a. 개인이 최소 50세이지만 60세보다 낮은 연령일 확률은?

b. 개인이 60세보다 낮은 연령일 확률은?

c. 개인이 최소 80세일 확률은?

표 4.3 가장 부유한 미국인 400명의 도수분포

연령	빈도
30~40	7
40~50	47
50~60	90
60~70	109
70~80	93
80~90	45
90~100	9

출처: http://www.forbes.com

풀이: 표 4.3a에서 우리는 먼저 각 결과들에 문자로 표시된 이름표를 붙인다. 예를 들어 연령 30~40은 사건 A로 표시된다. 다음으로 우리는 각 사건들의 상대적 빈도를 계산하고 이 상대적 빈도를 사건의 확률로 사용한다.

표 4.3a 가장 부유한 미국인 400명의 상대도수분포

연령	사건	빈도	상대적 빈도
30~40	A	7	7/400 = 0.0175
40~50	B	47	0.1175
50~60	C	90	0.2250
60~70	D	109	0.2725
70~80	E	93	0.2325
80~90	F	45	0.1125
90~100	G	9	0.0225

a. 어떤 개인의 연령이 최소 50~60세 미만일 확률은

$$P(C) = \frac{90}{400} = 0.225.$$

b. 어떤 개인의 연령이 60세보다 젊을 확률은

$$P(A \cup B \cup C) = \frac{7 + 47 + 90}{400} = 0.360.$$

c. 어떤 개인의 연령이 최소 80세일 확률은.

$$P(F \cup G) = \frac{45 + 9}{400} = 0.135.$$

좀 더 좁은 범위의 잘 정의된 문제들에서 우리는 때때로 어떤 문제에 대한 이유로써 확률들을 줄일 수 있다. 결과적인 확률은 **고전적 확률**이라고 부른다. 고전적 확률이란 종종 기회게임에서 사용된다. 이 확률들은 실험의 모든 결과들이 동일할 가능성에 가정을 둔다. 그러므로 사건의 고전적 확률은 해당된 사건을 전체 사건의 수로 나누어 계산될 수 있다.

예제 4.5

우리의 실험은 6면의 주사위를 던지는 것으로 가정하자. 이후 우리는 적합한 표본공간을 $S = \{1,2,3,4,5,6\}$으로 정의할 수 있다.

a. 우리가 주사위를 굴려서 2가 나올 확률은?
b. 우리가 주사위를 굴려서 2 혹은 5가 나올 확률은?
c. 우리가 주사위를 굴려서 짝수가 나올 확률은?

풀이: 여기서 우리는 각 결과들이 동일하게 나타난다고 인식하고 있다. 그래서 6가지의 가능한 결과들로 인하여 각 결과들은 1/6의 발생기회를 가진다.

a. 주사위를 굴려서 2가 나올 확률은 $P(\{2\})$ 이므로 1/6.
b. 주사위를 굴려서 2 혹은 5가 나올 확률은 $P(\{2\}) + P(\{5\})$이므로 $1/6 + 1/6 = 1/3$.
c. 주사위를 굴려서 짝수가 나올 확률은 $P(\{2\}) + P(\{4\}) + P(\{6\})$이므로 $1/6 + 1/6 + 1/6 = 1/2$.

유명한 **대수의 법칙**(law of large numbers)에 따르면, 실증적 확률은 만일 실험이 매우 많이 반복될 경우 고전적 확률로 접근하다고 한다. 예를 들어 동전을 10번 던진다고 가정하자. 앞면이 정확하게 5번 나오지 않을 가능성이 있기 때문에 상대적 빈도는 아마도 0.5가 아닐 것이다. 그러나 만약 우리가 매우 여러 번 동전을 던진다면, 앞면이 나오는 확률은 점차 1/2에 접근해갈 것이다.

기본문제

1. 다음의 확률들이 주관적, 실증적, 혹은 고전적 확률로 잘 분류되었는지 여부를 결정하라.
   a. 동전을 던지기 전에 수닐(Sunil)은 50%의 기회로 뒷면이 나올 것이라고 평가했다.
   b. 학기 시작 전에 존(John)은 그가 90%의 기회로 A를 받을 수 있을 것이라 믿는다.
   c. 정치부 기자는 40%의 기회로 회의장에 나타날 다음 사람이 공화당일 것이라고 밝혔다. 왜냐하면 그 방에는 60명의 공화당원과 90명의 민주당원이 있었기 때문이다.

2. 어떤 표본공간 S는 동일하게 발생될 5개의 사건들 A, B, C, D, E를 포함한다.
   a. $P(D)$를 찾아라.
   b. $P(B^c)$를 찾아라.
   c. $P(A \cup C \cup E)$를 찾아라.

3. 당신은 표본공간 $S = \{1, 2, 3, 4, 5, 6\}$으로 이루어진 주사위를 굴렸다. 각 표본공간은 $A = \{1, 2, 3\}$, $B = \{1, 2, 3, 4, 5, 6\}$, $C = \{4, 6\}$, $D = \{4, 5, 6\}$으로 정의된다. 어떤 사건들이 포괄적이며 상호배타적인지 아니면 포괄적이거나 상포배타적인지를 결정하라.
   a. A와 B
   b. A와 C
   c. A와 D
   d. B와 C

4. 어떤 표본공간 S는 $P(A) = 0.35$, $P(B) = 0.10$, $P(C) = 0.25$인 4개의 단순사건 A, B, C, D를 포함한다.
   a. $P(D)$를 찾아라.
   b. $P(C^c)$를 찾아라.
   c. $P(A \cup B)$를 찾아라.

응용문제

5. 제인 피터슨(Jane Peterson)은 뉴욕부터 워싱턴 DC까지 여행하기 위해 암트랙(Amtrak)을 예약했었는데, 이 열차는 6번 중 3번 정도 열차가 지연되었었다. 그래서 제인은 그녀의 친구들에게 열차가 제시간에 도착할 확률은 0.5라고 말했다. 당신은 이 확률을 실증적 혹은 고전적 확률이라고 부를 수 있는가? 왜 이 확률은 정확하기 않은가?

6. 65,000명의 핸드폰 가입자에 기반을 두고 조사한 설문자료는 가입자의 44%가 스마트폰 사용자라는 것을 나타냈다(포브스, 2011.12.15). 이 정보에 기반을 두고 당신은 핸드폰 가입자가 스마트폰을 사용할 확률이 0.44라고 추론하였다. 이 확률이 정확하게 추정되었다고 생각되는가? 이 확률은 주관적, 실증적, 고전적 확률 중 어떤 것인가?

7. 언급된 조합의 특성이 합집합 혹은 교집합을 나타내는지를 결정하는 다음의 시나리오를 고려하라.
   a. 어떤 마케팅 회사는 경영학 학위 수여 예정자이면서 최소한 5년의 실무경험이 있는 사람을 찾고 있다.
   b. 어떤 가족은 토요타 혹은 혼다를 사기로 결정하였다.

8. 언급된 조합의 특성이 합집합 혹은 교집합을 나타내는지를 결정하는 다음의 시나리오를 고려하라.
   a. 당신에게 흥미로워 보이는 두 개의 과정이 있는데, 당신은 최소한 둘 중에 하나를 선택할 수 있다면 행복할 것이다.
   b. 당신에게 흥미로워 보이는 두 개의 과정이 있는데, 당신이 두 과정을 모두 선택할 수 있을 때 행복할 것이다.

9. 당신은 두 개 회사의 어떤 일자리에 지원을 한다. 사건 A는 첫 번째 회사에 취업하는 것을 나타내고, 사건 B는 두 번째 회사에 취업하는 것을 나타낸다.
   a. 왜 사건 A와 B가 포괄적이지 못한지 설명하라.
   b. 왜 사건 A와 B가 상호배타적이지 못한지 설명하라.

10. 수많은 미국 성인들은 과체중이거나 비만이다. 과체중과 비만의 차이는 몸무게/신장으로 표현되는 신체측정지수(body mass index)(BMI)를 근거로 하여 만들어진다. 만일 BMI가 25~30 미만이면 과체중으로 고려되고, BMI가 30 이상이면 비만으로 고려된다. 미국의학협회저널(Journal of the American Medical Association)의 2012년 1월 논문에 따르면 미국 성인의 33.1%는 과체중이고 35.7%는 비만인 것으로 나타났다. 이 정보를 이용하여 다음의 질문에 답하라.
    a. 임의로 선택된 성인이 과체중이거나 비만일 확률은?
    b. 임의로 선택된 성인이 과체중도 비만도 아닐 확률은?
    c. "과체중"과 "비만"은 포괄적 사건인가?
    d. "과체중"과 "비만"은 상호배타적 사건인가?

11. 많은 지역단체들은 행정관, 재무담당자, 회계사와 같은 지자체직을 채우기가 점점 더 어려워지고 있는 것을 발견하였다. 다음 표는 1971년과 2006년의 미국 지자체 관리자의 연령별 백분율을 나타낸다.

나이	1971	2006
30 미만	26%	1%
30~40	45%	12%
41~50	21%	28%
51~60	5%	48%
60 초과	3%	11%

출처: The International City-County Management Association.

    a. 1971년에 지자체 관리자의 나이가 40세 이하일 확률은 무엇인가? 2006년에 지자체 관리자의 나이가 40세 이상일 확률은 무엇인가?
    b. 1971년에 지자체 관리자의 나이가 51세 이상일 확률은 무엇

인가? 2006년에 지자체 관리자의 나이가 51세 이상일 확률은 무엇인가?

c. 1971년과 2006년의 지자체 관리자로부터 어떤 연령 추세를 발견할 수 있는가?

12. 매사추세츠 주 케이프 코드의 4개 보건소에서 15,164명의 환자들에게 우울 증세를 발견할 수 있도록 고안된 질문에 답하도록 요구했었다(보스턴글로브, 2008.6.11). 설문조사의 결과는 다음과 같다.

진단	숫자
가벼움	3,257
적당함	1,546
약간 심각함	975
심각함	773
우울 증세 없음	8,613

a. 임의로 선택된 환자가 가벼운 우울 증세를 보일 확률은?

b. 임의로 선택된 환자가 우울 증세를 겪지 않았을 확률은?

c. 임의로 선택된 환자가 약간 심각~심각한 우울 증세를 겪을 확률은?

d. 약간 심각~심각한 우울 증세를 겪는 사람들의 국가 수치가 6.7%로 주어졌을 때, 본 조사의 우울 증세가 높게 나타났는가? 설명하라.

4.2 확률규칙

학습목표 **4.3**

사건의 보완확률과 두 개의 사건 중 최소 하나가 발생될 확률의 계산과 해석

일단 단일사건들의 확률들이 결정되면, 좀 더 복잡한 사건들의 확률을 계산할 수 있는 다양한 규칙들을 사용할 수 있다.

보완규칙

보완규칙(complement rule)은 표본공간에서 단일사건들에 부여된 확률들의 합은 반드시 1이 되어야 한다는 확률의 정의를 따른다. S는 실험에서 나타날 수 있는 모든 결과들의 모음이기 때문에 $P(S) = 1$인 것에 주목해야 한다. 6면의 주사위를 굴렸을 때 구성했었던 표본공간을 다시 고려하자. 즉, $S = \{1, 2, 3, 4, 5, 6\}$. 그리고 사건 A를 짝수들의 결과로 정의하자. 즉, $A = \{2, 4, 6\}$. 그렇다면 우리는 A의 여집합(A^c)이 $\{1, 3, 5\}$로 구성된 것을 알 수 있다. 게다가 우리는 $P(A) = 1/2$이고 $P(A^c) = 1/2$인 것을 추론할 수 있기 때문에 $P(A)+P(A^c) = 1$임을 알 수 있다. 이 방정식을 정리하면, 우리는 보완규칙을 다음과 같이 도출할 수 있다. $P(A^c) = 1-P(A)$.

보완규칙

보완규칙은 어떤 사건의 여집합 확률($P(A^c)$)이 1에서 본 사건의 확률을 차감한 것으로 정의된다. 즉, $P(A^c) = 1 - P(A)$.

보완규칙은 상당히 간단하지만, 널리 사용되고 강력하다.

예제 4.6

2010년 미국 전수조사에 따르면 25~34세 여성의 37%는 대학졸업자인 것으로 나타났으며, 동일한 연령의 남성집단은 30%가 대학졸업자인 것으로 나타났다.

a. 임의로 선택된 25~34세 여성이 대학졸업자가 아닐 확률은?

b. 임의로 선택된 25~34세 남성이 대학졸업자가 아닐 확률은?

풀이:

a. 임의로 선택된 25~34세 여성이 대학졸업자인 경우를 사건 A로 정의하자. 즉, $P(A) = 0.37$. 이 문제에서 우리는 A의 여집합에 관심을 가지고 있다. 따라서 $P(A^c) = 1-P(A) = 1-0.37 = 0.63$.

b. 유사하게 임의로 선택된 25~34세 남성이 대학졸업자인 경우를 사건 B로 정의하자. 즉, $P(B) = 0.30$. 따라서 $P(B^c) = 1-P(B) = 1-0.30 = 0.70$.

덧셈법칙

덧셈법칙(addition rule)은 두 사건의 합집합 확률을 찾을 수 있게 도와준다. 우리가 사건 A가 발생되거나 B가 발생될 확률을 찾기 원한다고 가정하자. 즉, $P(A \cup B)$. 설명을 위해 그림 4.1에서 사용된 벤다이어그램을 다시 그려보자. 그림 4.4는 표본공간 S와 두 개의 사건 A와 B를 보여준다. 합집합을 상기하면, $A \cup B$는 A 혹은 B를 포함하는 벤다이어그램의 한 부분이다. 교집합 $A \cap B$는 A와 B 양쪽 모두를 포함하는 벤다이어그램의 한 부분이다.

그림 4.4 합집합 $P(A \cup B)$ 확률의 발견

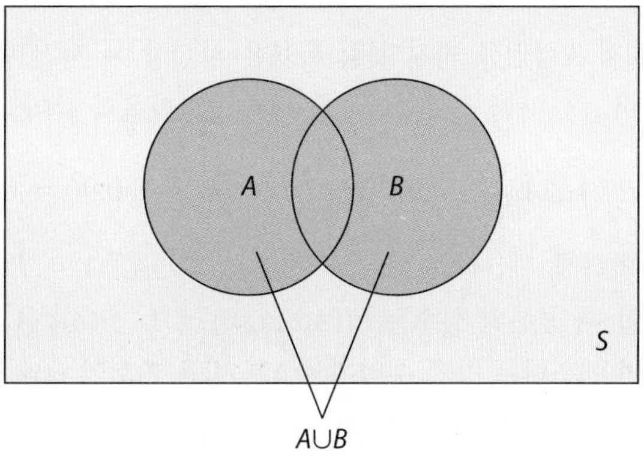

A
B
S
A∪B

만일 우리가 간단하게 $P(A)$와 $P(B)$를 합하여 $P(A \cup B)$를 구하려 한다면, A와 B의 교집합 확률($P(A \cap B)$)이 이중으로 계산되기 때문에 확률을 과대하게 추정하게 된다. 따라서 덧셈법칙을 실행할 때, 우리는 $P(A)$와 $P(B)$를 합하고 이 합으로부터 $P(A \cap B)$를 차감해야 한다.

덧셈법칙

덧셈법칙(addition rule)은 A 혹은 B가 발생될 확률 혹은 이 사건들 중 최소한 하나의 사건이 발생될 확률이 A가 발생될 확률에 B가 발생될 확률을 더하고 A와 B가 동시에 발생될 확률을 차감하여 계산하도록 정의한다. 즉,

$$P(A \cup B) = P(A) + P(B) - P(A \cap B).$$

예제 4.7

앤소니(Anthony)는 통계학에서는 75%의 기회로 A학점을 받고 경영경제학에서는 55%의 기회로 A학점을 받을 수 있을 것이라 생각한다. 그는 또한 양쪽 수업에서 40%의 기회로 모두 A학점을 받을 수 있다고 믿는다.

a. 이 수업들 중 최소한 하나의 수업에서 A학점을 받을 확률은?

b. 이 수업들에서 모두 A학점을 받지 못할 확률은?

풀이:

a. $P(A_S)$를 통계학에서 A학점을 받을 확률로 놓고, $P(A_M)$을 경영경제학에서 A학점을 받을 확률로 놓자. 즉, $P(A_S) = 0.75$, $P(A_M) = 0.55$. 덧붙여, 앤소니가 양쪽 수업에서 모두 A를 받을 확률은 $P(A_S \cap A_M) = 0.40$이다. 최소한 하나의 수업에서 A학점을 받을 확률은 다음과 같이 계산된다.

$$P(A_S \cup A_M) = P(A_S) + P(A_M) - P(A_S \cap A_M) = 0.75 + 0.55 + 0.40 = 0.90$$

b. 두 수업 모두에서 A학점을 받지 못할 확률은 사실상 두 사건 합집합의 여집합이다. 즉, $P((A_S \cup A_M)^c)$. 따라서 보완법칙을 사용하면 다음과 같이 계산할 수 있다.

$$P((A_S \cup A_M)^c) = 1 - P(A_S \cup A_M) = 1 - 0.90 = 0.10$$

요구된 확률을 정확하게 계산하는 다른 표현은 $P((A_S \cup A_M)^c) = P(A_S^c \cap A_M^c)$이다. 이러한 확률을 계산할 때 공통된 실수는 $P((A_S \cap A_M)^c) = 1 - P(A_S \cap A_M) = 1 - 0.40 = 0.60$이다. 왜냐하면 앤소니는 양쪽 수업에서 A를 받을 기회가 60%이기 때문이다. 그러나 이는 문제에서 요구된 확률이 아니다.

상호배타적인 사건에서의 덧셈법칙

앞에서 언급했듯이 상호배타적인 사건들은 시험의 어떤 결과도 공유하지 않는다. 그림 4.5는 상호배타적인 사건들의 벤다이어그램을 보여주는데, 서로 교차하는 원이 없다.

상호배타적인 사건 A와 B의 경우 교집합의 확률은 0이다. 즉, $P(A \cap B) = 0$. 중복 계산할 염려가 없기에 합집합의 확률은 간단하게 두 사건의 합으로 계산할 수 있다.

그림 4.5 상호배타적 사건들

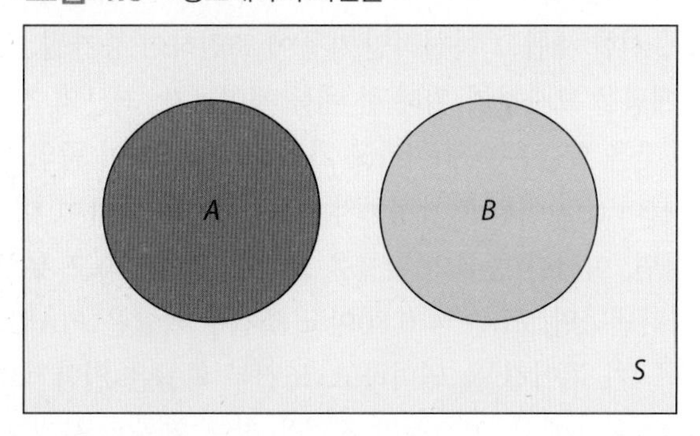

상호배타적인 사건에서의 덧셈법칙

만약 A와 B가 상호배타적인 사건들이라면, $P(A \cap B) = 0$이기에 덧셈법칙은 간단하게 $P(A \cup B) = P(A) + P(B)$이다.

예제 4.8

대학 상급생인 사만다 그린(Samantha Greene)은 졸업 후 미래를 고민한다. 그녀는 25%의 기회로 평화봉사단(Peace Corps)에 취업하고 마다카스카르에서 향후 몇 년 동안 영어를 가르칠 것으로 생각한다. 대안적으로 그녀는 35%의 기회로 미국에 있는 법학전문대학원에 전일제 학생으로 입학할 것이라 믿는다.

a. 그녀가 평화봉사단에 취업하거나 법학전문대학원에 입학할 확률은?

b. 그녀가 두 사안 중 어느 것도 선택하지 못할 확률은?

풀이:

a. 사만다가 평화봉사단에 취업할 확률은 $P(A) = 0.25$, 그리고 법학전문대학원에 입학할 확률을 $P(B) = 0.35$로 쓸 수 있다. 대학졸업 후 사만다는 이 두 가지 사안을 모두 선택할 수 없다. 이는 이 사건들이 상호배타적임을 암시한다. 그래서 $P(A \cap B) = 0$이다. 따라서 사만다가 평화봉사단에 취업하거나 법학전문대학원에 입학하는 문제를 풀 때, 우리는 간단하게 $P(A)$와 $P(B)$를 더하면 된다. 즉,

$$P(A \cup B) = P(A) + P(B) = 0.25 + 0.35 = 0.60.$$

b. 그녀가 어느 것도 선택하지 못하는 확률을 찾기 위해서 우리는 이 확률이 두 사건 합집합의 여집합임을 인식할 필요가 있다. 즉, $P((A \cup B)^c)$. 그러므로 보완법칙을 사용하면,

$$P((A \cup B)^c) = 1 - P(A \cup B) = 1 - 0.60 = 0.40.$$

조건부 확률

학습목표 **4.4**

조건부 확률의 계산과 곱셈 법칙의 적용

응용경영학에서 관심이 가는 확률은 종종 조건부 확률(conditional probability)이다. 예제들은 주택시장이 연방준비은행의 준비조치에 조건하여 향상될 확률, MBA 학위 취득을 조

건으로 6자리 월급을 받을 확률, 어떤 회사의 주가가 기대 이익보다 높은 조건으로 오를 확률, 매출이 기업이 출시한 새롭고 혁신적인 제품에 조건하여 증가될 확률들을 포함한다.

조건부 확률의 개념을 묘사하기 위해 한 예를 들어보자. 최근의 경영학 전공 졸업생들이 안정적인 일자리를 찾을 확률은 0.80이라고 가정하고, 만약 이 졸업생들이 사전에 일한 경력이 있다면, 이 확률이 0.90이라고 가정하자. 어떤 사건의 확률이 다른 사건의 발생으로부터 조건하여 변한다면, 이러한 종류의 확률을 **조건부 확률**이라고 부른다. 만약 A가 "취업"을 B가 "경력"을 나타낸다면, $P(A) = 0.80$이고 조건부 확률은 $P(A|B) = 0.90$으로 표현된다. 수직 표시 | 는 "~가 주어진"을 의미하고, 조건부 확률은 일반적으로 "B가 주어진 A의 확률"로 읽는다. 위의 예제에서, 안정적인 직업을 찾을 확률은 사전에 경력이 조건 되었을 때 0.80에서 0.90으로 증가한다. 일반적으로 조건부 확률 $P(A|B)$는 B가 A에 긍정적인 영향을 미칠 때 **무조건부 확률**(unconditional probability) $P(A)$보다 크다. 유사하게 $P(A|B)$는 B가 A에 부정적인 영향을 미칠 때 무조건부 확률 $P(A)$보다 작고, B가 A에 아무런 영향을 미치지 않을 때 $P(A \mid B)$는 $P(A)$와 동일하다.

나중에 보겠지만, 대부분의 경우에 $P(A \mid B) \neq P(B \mid A)$이기 때문에 수직 표시 이후에 이미 발생된 사건을 적는 것은 중요하다. 위의 예제에서 $P(B \mid A)$는 취업한 조건에서 경력이 있을 확률을 나타낼 것이다.

조건부 확률을 설명하기 위해 그림 4.6의 벤다이어그램을 연관지어보자.

그림 4.6 조건부 확률 $P(A|B)$의 발견

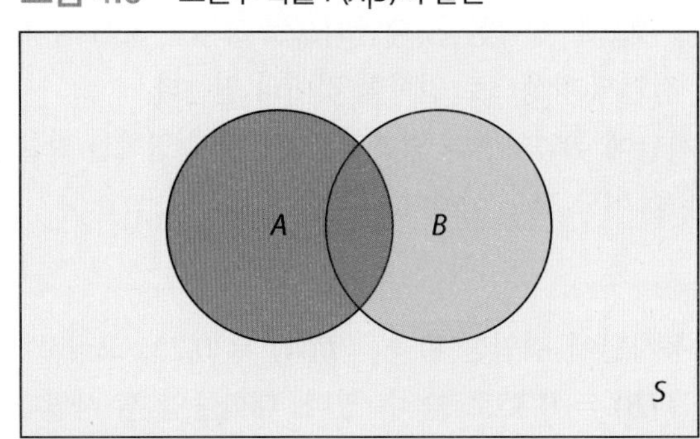

$P(A|B)$는 B에 조건한(B가 이미 발생된) A의 확률을 나타내기 때문에, 원래의 표본공간 S는 B로 줄어든다. 조건부 확률 $P(A|B)$는 B가 포함된 A의 영역에 기반을 둔다. 이는 확률 B 대비 교집합 A와 B 확률의 비율로 도출된다.

조건부 확률의 계산

두 개의 사건 A와 B가 주어졌을 때, B가 발생된 상황에서 A가 발생될 확률은 $P(A \mid B) = \frac{P(A \cap B)}{P(B)}$와 같다. 유사하게, A가 발생된 상황에서 B가 발생될 확률은 $P(B \mid A) = \frac{P(A \cap B)}{P(A)}$와 같다.

예제 4.9

경제의 글로벌화는 무역, 외국인 직접투자, 자본의 흐름, 이민, 기술확산을 통해 국제 경제 안으로 국가경제들이 통합되는 것으로 정의된다. 비록 글로벌화가 일반적으로 좋게 조명되지만, 한편 다른 국가의 경제적 조건에 의해 어떤 경제의 취약점을 증가시킨다. 어떤 경제학자는 60%의 기회로 국가 A의 경제가 악화될 것으로 예측하였고, 25%의 기회로 국가 B의 경제가 악화될 것으로 예측하였다. 여기에는 또한 16%의 기회로 두 국가가 동시에 악화될 것으로 예측하였다.

a. 국가 B의 경제가 악화되었을 때 국가 A의 경제가 악화될 확률은?

b. 국가 A의 경제가 악화되었을 때 국가 B의 경제가 악화될 확률은?

c. 위 결과들을 설명하라.

풀이: 먼저 확률적 관점에서 적절한 정보를 적을 필요가 있다. A를 "국가 A의 경제가 악화될" 사건으로 정의하고, B를 "국가 B의 경제가 악화될" 사건으로 정의하면 다음과 같은 정보를 얻을 수 있다. $P(A) = 0.60$, $P(B) = 0.25$, $P(A \cap B) = 0.16$.

a. $P(A|B) = \dfrac{P(A \cap B)}{P(B)} = \dfrac{0.16}{0.25} = 0.64$

b. $P(B|A) = \dfrac{P(A \cap B)}{P(A)} = \dfrac{0.16}{0.60} = 0.27$

c. 글로벌화는 명백하게 이 국가들을 다른 국가의 경제적 악화에 따라 취약하게 만드는 것으로 나타났다. 국가 B의 경제가 악화될 때 국가 A의 경제가 악화될 확률은 60%에서 64%로 증가하였다. 유사하게, 국가 A의 경제가 악화될 때 국가 B의 경제가 악화될 확률은 25%에서 27%로 증가하였다.

독립사건과 종속사건

학습목표 **4.5**
독립사건과 종속사건들 간의 구분

연구자들의 특정한 관심 중 하나는 두 사건이 다른 하나에 영향을 미치는지 여부이다. 만일 하나의 사건 발생이 다른 사건 발생 확률에 영향을 주지 않는다면, 이 두 사건들은 **독립적**(independent)이다. 일자리를 찾을 확률이 0.80이고 사전에 경력이 있을 경우 확률이 0.90이었던 이전 예제로 다시 돌아가 보자. 사전 경력은 일자리를 찾을 확률에 긍정적인 영향을 미친다. 왜냐하면 조건부 확률 $P(A|B) = 0.90$이 무조건부 확률 $P(A) = 0.80$을 초과하기 때문이다. 이제 여러분의 이웃이 빨간색 자동차를 구입한 상황이 주어졌을 때 취업할 확률을 고려해보자. 분명하게, 빨간색 자동차를 구매한 여러분 이웃의 의사결정은 여러분이 취업할 확률에 아무런 영향을 미치지 못한다. 즉, 여전히 취업할 확률은 0.80이다.

만일 하나의 사건 발생이 다른 사건 발생 확률과 연관되어 있다면, 이런 사건들은 **종속적**(dependent)으로 고려될 수 있다. 우리는 일반적으로 하나의 조건부 확률(예를 들어, $P(A|B)$)을 무조건부 확률 $P(A)$와 비교함으로써 두 사건들의 독립성을 검정한다. 만일 비교된 두 개의 확률이 동일하다면, 두 사건 A와 B는 독립적이라고 말하며, 반대로 다르다면 두 사건은 종속적이라고 말한다.

독립사건 대 종속사건

만일 $P(A \mid B) = P(A)$이거나 $P(B \mid A) = P(B)$라면 두 개의 사건 A와 B는 서로 **독립적**이고, 만일 확률들이 같지 않다면 두 개의 사건은 서로 **종속적**이다.

예제 4.10

어떤 주어진 해에 여러분의 PC가 망가질 가능성은 2%이고, 노트북이 망가질 가능성은 6%라고 가정하자. 더군다나 두 컴퓨터가 동시에 망가질 가능성은 0.12%라고 하자. 두 컴퓨터는 서로 독립적인가?

풀이: PC가 망가지는 사건을 D로 두고, 노트북이 망가지는 사건을 L로 두자. 그러면 각 확률은 $P(D) = 0.02$, $P(L) = 0.06$, $P(D \cap L) = 0.0012$이다. 조건부 확률을 계산해보면

$$P(D \mid L) = \frac{P(D \cap L)}{P(L)} = \frac{0.0012}{0.06} = 0.02 = P(D)$$

이기 때문에 두 사건은 서로 독립적이다. 바꿔 말하면, PC가 망가졌을 때 노트북이 망가질 확률은

$$P(L \mid D) = \frac{P(D \cap L)}{P(D)} = \frac{0.0012}{0.02} = 0.06 = P(L)$$

이다.

곱의 법칙

어떤 상황에서는 두 개의 사건 A와 B가 동시에 발생될 확률 $P(A \cap B)$를 찾는 데 관심을 가지게 된다. 이 확률을 얻기 위해 우리는 $P(A \cap B)$를 유도할 수 있도록 조건부 확률의 공식을 재조정할 수 있다. 예를 들어, $P(A|B) = \frac{P(A \cap B)}{P(B)}$로부터 우리는 쉽게 $P(A \cap B) = P(A|B)P(B)$를 유도할 수 있다. 유사하게, $P(B|A) = \frac{P(A \cap B)}{P(A)}$로부터 $P(A \cap B) = P(B|A)P(A)$를 유도할 수 있다. $P(A \cap B)$를 찾기 위해 두 확률들을 곱했기 때문에 우리는 이를 확률의 **곱의 법칙**(multiplication rule)이라고 부른다.

곱의 법칙

곱의 법칙은 A와 B가 동시에 발생될 확률이 B가 주어진 상황에서 A가 발생될 확률에 B가 발생될 확률을 곱하는 것과 동일하다고 정의한다. 즉, $P(A \cap B) = P(A|B)P(B)$. 동일하게, 우리는 이 확률을 $P(A \cap B) = P(B|A)P(A)$로 나타낼 수 있다.

예제 4.11

주식중개인은 과거의 경험으로부터 고객이 주식을 보유할 확률이 0.60이고 채권을 보유할 확률이 0.50이란 것을 알고 있다. 만일 고객이 이미 주식을 보유하고 있다면 채권을 보유할 확률을 0.55이다.

a. 고객이 채권과 주식을 동시에 보유할 확률은?

b. 고객이 채권을 보유하고 있을 때, 주식을 보유할 확률은?

풀이:

a. 고객이 주식을 보유한 상황을 A로 두고, 채권을 보유한 상황을 B로 두자. 따라서 고객이 채권 혹은 주식을 보유할 무조건부 확률은 각각 $P(A) = 0.60$과 $P(B) = 0.50$이다. 고객이 주식을 보유하고 있을 때 채권을 보유할 조건부 확률은 $P(B|A) = 0.55$이다. 고객이 채권과 주식을 동시에 보유할 확률은 다음과 같이 계산한다. $P(A \cap B) = P(B|A)\, P(A) = 0.55 \times 0.60 = 0.33$.

b. 우리는 고객이 채권을 보유하고 있을 때 주식을 보유할 확률, $P(A|B)$를 계산해야 한다. 조건부 확률의 공식과 a에서의 답을 이용하여, $P(A|B) = \frac{P(A \cap B)}{P(B)} = \frac{0.33}{0.50} = 0.66$으로 계산한다.

독립사건들의 곱의 법칙

우리는 만일 $P(A|B) = P(A)$라면, 두 개의 사건 A와 B는 독립사건이라는 것을 알고 있다. 따라서 독립사건들의 곱의 법칙인 $P(A \cap B) = P(A|B)P(B)$는 간단하게 $P(A \cap B) = P(A)P(B)$로 표현된다. 우리는 이 규칙을 두 개의 사건들이 독립인지 아닌지를 결정하는 데 이용할 수 있다. 즉, 만일 확률 $P(A \cap B)$가 무조건부 확률의 곱, $P(A)P(B)$와 같다면, 두 개의 사건들은 독립적이다. 예제 4.10에서 우리는 확률들을 $P(D) = 0.02$, $P(L) = 0.06$, 그리고 $P(D \cap L) = 0.0012$로 주었었다. 앞선 결과들과 일치한다면, 사건 D와 L은 독립적이다. 왜냐하면 $P(D \cap L) = 0.0012$이 $P(D)P(L) = 0.02 \times 0.06 = 0.0012$와 같기 때문이다.

독립사건들의 곱의 법칙

독립사건들의 곱의 법칙은 A와 B가 동시에 발생될 확률이 A와 B의 무조건부 확률의 곱과 같다고 정의한다. 즉, $P(A \cap B) = P(A)P(B)$.

예제 4.12

레벨 1의 CFA 시험을 통과할 확률이 존 캠벨(John Campbell)의 경우 0.50이고, 린다 리(Linda Lee)의 경우 0.80이다. 존이 시험을 통과하는 것은 린다가 시험을 통과하는 것과 완벽하게 관계없다.

a. 존과 린다가 시험을 통과할 확률은?

b. 둘 중의 한명이 시험을 통과할 확률은?

풀이: 우리는 존과 린다가 시험을 통과할 무조건부 확률을 각각 $P(J) = 0.50$과 $P(L) = 0.80$으로 쓸 수 있다.

a. 우리는 존이 시험을 통과할 확률이 린다와 무관하다고 언급하였기 때문에, 두 개의 사건은 독립적이라고 결론 낼 수 있다. 그래서 $P(J) = P(J|L) = 0.50$이고 $P(L) = P(L|J) = 0.80$이다. 따라서 존과 린다가 동시에 시험을 통과할 확률을 계산할 때, 우리는 무조건부 확률들의 곱으로 계산할 수 있다. 즉, $P(J \cap L) = P(J) \times P(L) = 0.50 \times 0.80 = 0.40$.

b. 둘 중의 한 명이 시험을 통과할 확률은 다음과 같이 계산할 수 있다. $P(J \cup L) = P(J) + P(L) - P(J \cap L) = 0.50 + 0.80 - 0.40 = 0.90$.

연습문제 4.2

기본문제

13. $P(A) = 0.65$, $P(B) = 0.30$, 그리고 $P(A|B) = 0.45$라고 하자.
   a. $P(A \cap B)$를 계산하라.
   b. $P(A \cup B)$를 계산하라.
   c. $P(B|A)$를 계산하라.

14. $P(A) = 0.55$, $P(B) = 0.30$, 그리고 $P(A \cap B) = 0.10$라고 하자.
   a. $P(A|B)$를 계산하라.
   b. $P(A \cup B)$를 계산하라.
   c. $P((A \cup B)^c)$를 계산하라.

15. A와 B가 상호배타적 사건들이고, $P(A) = 0.25$, $P(B) = 0.30$라고 하자.
   a. $P(A \cap B)$를 계산하라.
   b. $P(A \cup B)$를 계산하라.
   c. $P(A|B)$를 계산하라.

16. A와 B는 독립적이고 $P(A) = 0.40$, $P(B) = 0.50$라고 하자.
   a. $P(A \cap B)$를 계산하라.
   b. $P((A \cup B)^c)$를 계산하라.
   c. $P(A|B)$를 계산하라.

17. $P(A) = 0.65$, $P(B) = 0.30$, $P(A|B) = 0.45$라고 하자.
   a. A와 B는 독립사건들인가? 설명하라.
   b. A와 B는 상호배타적 사건들인가? 설명하라.
   c. A도 B도 발생되지 않을 확률은?

18. $P(A) = 0.15$, $P(B) = 0.10$, $P(A \cap B) = 0.05$라고 하자.
   a. A와 B는 독립사건들인가? 설명하라.
   b. A와 B는 상호배타적 사건들인가? 설명하라.
   c. A도 B도 발생되지 않을 확률은?

19. 다음의 확률들을 고려하자. $P(A) = 0.25$, $P(B^c) = 0.40$, $P(A \cap B) = 0.08$. 다음의 확률들을 찾아라.
   a. $P(B)$
   b. $P(A|B)$
   c. $P(B|A)$

20. 다음의 확률들을 고려하자. $P(A^c) = 0.35$, $P(B) = 0.60$, $P(A \cap B^c) = 0.24$. 다음의 확률들을 찾아라.
   a. $P(A|B^c)$
   b. $P(B^c|A)$
   c. A와 B는 독립사건들인가? 설명하라.

21. 다음의 확률들을 고려하자. $P(A) = 0.40$, $P(B) = 0.50$, $P(A^c \cap B^c) = 0.24$. 다음의 확률들을 찾아라.
   a. $P(A^c|B^c)$
   b. $P(A^c \cup B^c)$
   c. $P(A \cup B)$

응용문제

22. 65,000명의 핸드폰 사용자 조사자료에 따르면 핸드폰 사용자의 44%는 스마트폰을 사용하는 것으로 나타났다(포브스지, 2011.12.15). 게다가 스마트폰 사용자의 51%는 여자인 것으로 나타났다.
   a. 핸드폰 사용자가 스마트폰을 사용하는 여자일 확률을 찾아라.
   b. 핸드폰 사용자가 스마트폰을 사용하는 남자일 확률을 찾아라.

23. 대학생의 20%는 항상 면접시간(office hour) 동안 그들의 교수를 찾아간다. 이들 중 30%는 사소한 문제를, 나머지 70%는 중요한 문제를 해결하려 한다.
   a. 어떤 학생이 사소한 문제로 면접시간에 교수를 찾아갈 확률은?
   b. 어떤 학생이 중요한 문제로 면접시간에 교수를 찾아갈 확률은?

24. 주식 A의 가격이 오를 확률은 0.40이고, 주식 B의 가격이 오를 확률은 0.60이다. 추가적으로 만일 주식 B의 가격이 오른다면, 주식

A의 가격 역시 오를 확률은 0.80이다.

a. 두 주식 중 적어도 하나의 주식 가격이 오를 확률은?
b. 사건 A와 B는 상호배타적인가? 설명하라.
c. 사건 A와 B는 독립적인가? 설명하라.

25. 정부의 경기부양책에도 불구하고 미국의 실업률은 경제학자들이 기대한 만큼 눈에 띄게 감소하지 않아왔다(US News and World Report, 2010.7.2). 많은 분석가들은 미국의 실업률이 감소할 가능성이 오직 18%라고 예측했었다. 그러나 만약 유럽이 불경기로 접어들면, 미국의 실업률이 감소할 확률은 0.06으로 떨어질 것이다.
    a. 미국의 실업률이 감소하지 않을 확률은?
    b. 유럽이 불경기에 접어들 가능성이 8%라고 가정하자. 미국의 실업률이 감소하지 않고 유럽이 불경기에 접어들 확률은?

26. 미리엄 존슨(Miria.Johson) 박사는 20년 동안 회계학을 가르쳐왔다. 그녀의 경험상 학생의 60%는 정기적으로 과제를 수행했다. 게다가 정기적으로 과제를 하는 학생들의 95%는 일반적으로 수업을 이수했다. 그녀는 또한 학생들의 85%가 수업 이수를 했다는 것을 알고 있다.
    a. 어떤 학생이 정기적으로 과제를 하고 수업을 이수할 확률은?
    b. 어떤 학생이 정기적으로 과제를 하지 않고 수업도 이수하지 않을 확률은?
    c. "수업 이수"사건과 "정기적으로 과제를 함"사건은 상호배타적인가? 설명하라.
    d. "수업 이수"사건과 "정기적으로 과제를 함"사건은 독립적인가? 설명하라.

27. 기록은 대학생의 5%가 담배를 피우는 외국인 학생임을 보여준다. 또한 모든 외국인 학생들의 50%가 흡연자임을 알고 있다. 이 대학의 몇 %가 외국인 학생인가?

28. 어떤 분석가가 7년간 A등급을 받은 채권의 부도 확률이 0.13인 반면, AA등급을 받은 채권의 부도 확률이 0.06이라고 추정했다. 두 채권 모두 부도날 확률은 0.04이다.
    a. 두 채권 중 최소한 하나의 채권이 부도날 확률은?
    b. 7년간 AA등급을 받은 채권과 A등급을 받은 채권 모두 부도가 나지 않을 확률은?
    c. 7년간 AA등급을 받은 채권의 부도가 주어졌을 때, A등급의 채권 역시 부도날 확률은?

29. 일반적으로 온라인 쇼핑은 상점에 가는 것보다 더 편리하다고 가정되었다. 그러나 최근 해리스여론조사소(Harris Interactive)의 조사에 따르면 사람들의 87%는 온라인 거래에서 불편을 경험했다고 답했다(월스트리트저널, 2007.10.2). 불편을 경험한 사람들의 42%는 거래를 포기하거나 경쟁사 홈페이지에서 거래했다. 불편을 경험한 사람들의 53%는 소비자보호원에 연락을 했다.
    a. 온라인 거래에서 불편을 경험하지 않은 사람들은 몇 %인가?
    b. 온라인 거래에서 불편을 겪어서 거래를 포기하거나 경쟁사 홈페이지에서 물건을 구매한 사람들은 몇 %인가?
    c. 온라인 거래에서 불편을 겪어서 소비자보호원에 연락을 취한 사람들은 몇 %인가?

30. 마이크 데인즈(Mike Danes)는 그가 좋아하는 의류점의 연간 판매 이벤트에 가는 것에 늦었다. 그의 친구는 그에게 셔츠 20장만이 남았고, 그 중 8장은 사이즈가 M, 10장은 사이즈가 L, 2장은 사이즈가 XL라고 문자를 보냈다. 또 셔츠 중 3장은 흰색이고, 5장은 파란색이며, 나머지는 혼합색이라고 문자를 보냈다. 마이크는 흰색이나 파란색의 L사이즈 셔츠를 구매하고 싶다. 사건 A = 흰색 혹은 파란색 셔츠의 구매, B = 사이즈 L 셔츠의 구매로 정의하자.
    a. $P(A)$, $P(A^c)$, 그리고 $P(B)$를 찾아라.
    b. 사건 A와 B는 상호배타적이고 포괄적인가? 설명하라.
    c. 사건 $A \cup B$ 혹은 $A \cap B$에 의한 마이크의 선호를 설명할 수 있는가?

31. 어떤 제조업 회사가 하청업체로부터 약간씩 다른 사이즈의 기계 부품 20개를 배송받았다. 관리자는 배송품 중 오직 15개의 부품이 적합하다는 것을 알았다. 그는 이 부품들을 한 번씩 시험한다.
    a. 첫 번째 부품이 적합할 확률을 찾아라.
    b. 만약 첫 번째 부품이 적합하다면, 두 번째 부품 역시 적합할 확률을 찾아라.
    c. 만약 첫 번째 부품이 적합하다면, 두 번째 부품이 적합하지 않을 확률을 찾아라.

32. 월가의 경영자 연봉 구조조정에 대한 정부의 반복된 노력에도 불구하고, 가장 큰 어떤 은행들은 지속적으로 위기 이전 가장 높은 연봉을 받던 해보다 거의 비슷하거나 더 많은 보너스를 지급했다(워싱턴포스트지, 2010.1.15). 이 회사 이사회의 15명 중 10명은 보너스를 받은 것으로 알려졌다. 언론에서 두 사람을 임의로 선택했다고 가정하자.
    a. 두 사람 모두 보너스를 받았을 확률은?
    b. 두 사람 모두 보너스를 받지 않았을 확률은?

33. 애플사의 제품은 미국 모든 가구 중 51%가 보유하는 제품이 되었다(CNN, 2012.3.19). 애플의 제품을 보유할 가능성은 아이가 있는 가구의 61%이고, 아이가 없는 가구의 48%이다. 어떤 지역의 1,200 대표 가구가 있는데 이중 820가구는 아이가 있고 나머지는 아이가 없다고 가정하자.
    a. 사건들 "아이가 있는 가구"와 "아이가 없는 가구"들은 상호배타적인가? 설명하라.
    b. 어떤 가구에 아이가 없을 확률은?
    c. 어떤 가구에 아이가 있으면서 애플 제품을 보유할 확률은?
    d. 어떤 가구에 아이가 없으면서 애플 제품을 보유하지 않을 확률은?

34. 인구조사에 따르면, 가정에 부모가 있는 아이들의 퍼센트는 아시아 가구가 제일 높고 흑인 가구가 제일 낮았다(USA투데이, 2009.2.26). 이 조사는 아시아인의 85%, 백인의 78%, 히스패닉

의 70%, 그리고 흑인의 38% 어린이들이 부모가 있다고 보고했다. 어떤 대표 학교의 500명 학생들 중 280명은 백인이고, 50명은 아시아인, 100명은 히스패닉, 그리고 70명은 흑인이라고 가정하자.

a. 사건들 "아시아인" 그리고 "흑인"들은 상호배타적인가? 설명하라.
b. 어떤 아이가 백인이 아닐 확률은?
c. 어떤 아이가 백인이면서 부모가 있을 확률은?
d. 어떤 아이가 아시아인이면서 부모가 없을 확률은?

35. 크리스틴 웡(Christine Wong)은 데이브(Dave)와 마이크(Mike)에게 일요일 아침에 그녀가 새 아파트로 이사가는 것을 도와달라고 요청했다. 과거의 경험으로부터 크리스틴은 데이브가 나타나지 않을 가능성이 40%이고, 마이크가 나타나지 않을 가능성이 30%라는 것을 알고 있다. 데이브와 마이크는 서로를 모르고, 그들의 결정은 독립적이라고 가정될 수 있다.

a. 데이브와 마이크가 나타날 확률은?
b. 적어도 둘 중의 한명이 나타날 확률은?
c. 데이브와 마이크 둘 다 나타나지 않을 확률은?

36. UN과 NGO에 의한 최근 조사에 따르면, 인도의 수도 뉴델리의 모든 여성들 중 2/3는 연간 성희롱에 직면할 가능성이 있는 것으로 나타났다(BBC 월드뉴스, 2010.7.9). 이 연구는 또 대중교통을 이용하는 여성들이 특히 취약하다고 보고하였다. 대중교통을 이용하는 여성이 성희롱을 당할 확률은 0.82이다. 대중교통을 이용하는 여성들은 28%라고 알려졌다.

a. 어떤 여성이 대중교통을 이용하면서 성희롱에 직면할 확률은?
b. 만약 어떤 여성이 성희롱을 당하였다면, 그녀가 대중교통을 이용했을 가능성은?

37. 2008년 가을 이후 경제 몰락으로 백만 명의 미국인이 일자리를 잃었었다. 최근의 한 연구는 실업은 사무직과 생산직에서 서로 다른 영향을 준 것으로 나타났다(뉴스위크지 2009.4.20). 노동부 보고서에 따르면, 국가 실업률이 8.5%인 반면, 대졸자는 오직 4.3%인 것으로 나타났다. 근로자들 중 27%가 대졸자라고 가정하자. 여러분은 어떤 대기업에서 근로자가 해고되었다고 들었다. 이 근로자가 대졸자일 확률은?

38. 최근 연구는 압류가 위험할 정도로 확산되고 있다는 언론의 설명을 조사하였다(뉴욕타임스지, 2009.3.2). 이 연구에 따르면 모든 압류의 62%는 애리조나, 캘리포니아, 플로리다, 네바다에 집중되어 있었다. 2008년 국가 전체의 평균 압류율은 0.79%였다. 미국 내 몇 퍼센트의 주택이 2008년에 압류되었고, 또한 위 4개의 주에 집중되었는가?

39. 척추환자연구센터(SPORT)의 결과에 따르면, 외과수술은 등의 고통이 유의하게 줄어든 일반적인 상태를 얻었으며, 약물과 물리치료의 병행보다 좀 더 나은 물리적 기능을 확보한 것으로 나타났다(월스트리트저널, 2008.2.21). SPORT는 803명의 환자를 추적했었다.(이 중 398명은 수술이 끝난 환자이다). 2년 후 수술을 받은 사람들 중 63%는 그들의 몸 상태가 좋아졌다고 말했으며, 비수술적 치료를 받은 사람들 중 29% 역시 그들의 몸 상태가 좋아졌다고 말했다.

a. 어떤 환자가 수술을 받을 확률은? 어떤 환자가 수술을 받지 않을 확률은?
b. 어떤 환자가 수술을 받고 몸 상태가 호전될 확률은?
c. 어떤 환자가 비수술적 치료를 받고 몸 상태가 호전될 확률은?

4.3 분할표와 확률

학습목표 **4.6**
분할표로부터의 확률계산과 해석

우리는 2장에서 질적 데이터를 처리할 때, 도수분포를 구성하는 것이 유용하다는 것을 배웠다. 어떤 변수를 어떤 시점으로 정렬하기를 원할 때 도수분포는 유용한 도구이다. 그러나 많은 예제에서 우리는 2개의 질적 변수들을 시험하거나 비교하기를 원한다. 이러한 상황들에서 **분할표**(contingency table)는 매우 유용하다. 분할표는 마케팅, 의약연구뿐만 아니라 사회과학에서도 널리 이용된다.

분할표

분할표는 일반적으로 2개의 질적 데이터, x와 y의 빈도수를 보여주는데, 각 셀은 x와 y 값의 상호배타적 조합들을 나타낸다.

도입사례에서 소개된 표 4.4는 연령 집단과 브랜드명에 따른 분할표의 한 예이다. 연령 집단은 (1)35세 미만과 (2)35세 이상인 2개의 카테고리를 가졌고, 브랜드명은 (1)언더아머 (2)나이키와 (3)아디다스로 구분된다.

표 4.4 연령과 브랜드명에 따른 컴프레션의류 구매

연령 집단	브랜드명		
	언더아머	나이키	아디다스
35세 미만	174	132	90
35세 이상	54	72	78

표 4.4에 있는 각 셀은 빈도를 나타낸다. 예를 들어, 언더아머를 구매한 35세 미만의 소비자는 174명인 반면, 35세 이상은 54명이다. 우리는 발생된 사건의 상대적 빈도를 통해 실증적 확률을 추정했던 것을 상기하자. 이런 계산을 덜 귀찮게 만들기 위해서, 각 사건들을 문자로 표시하고, 표 4.4a와 같이 각 열과 행에 총합을 계산하는 것은 종종 유용하다.

표 4.4a 사건 표시를 이용한 분할표

연령 집단	브랜드명			합계
	B_1	B_2	B_3	
A	174	132	90	396
A^c	54	72	78	204
합계	228	204	168	600

따라서 사건 A와 A^c는 각각 "35세 미만", "35세 이상"과 대응되고, 사건 B_1, B_2, B_3는 각각 "언더아머", "나이키", "아디다스"와 대응된다. 덧붙여, 행합의 계산 이후 35세 미만 고객이 396명이고, 35세 이상 고객이 204명이라는 것을 쉽게 알 수 있다. 마찬가지로 열합은 언더아머를 구입한 고객이 228명이고, 각각 나이키와 아디다스를 구입한 고객은 204명과 168명이라는 것을 알 수 있다. 마지막으로 행의 마지막과 열의 마지막 셀은 600을 나타내는데, 이는 표본수를 나타낸다. 즉, 표본내 전체 고객수를 나타낸다. 우리는 마지막 열을 더하거나(396 + 204) 마지막 행을 더함으로써(228 + 204 + 168) 이 값을 얻을 수 있다.

다음의 예제는 자료가 분할표 형태로 나타났을 때 어떻게 확률들을 계산하는지 설명한다.

예제 4.13

표 4.4a에 있는 정보를 이용하여 다음의 질문에 답하라.

a. 임의로 선택된 고객이 35세보다 젊을 확률은?

b. 임의로 선택된 고객이 언더아머 제품을 구매할 확률은?

c. 어떤 고객이 35세보다 젊으면서 언더아머 제품을 구매할 확률은?

d. 어떤 고객이 35세 이상이거나 혹은 언더아머 제품을 구매할 확률은?

e. 언더아머 제품을 구매한 사람이 35세 미만일 확률은?

풀이:

a. $P(A) = \frac{396}{600} = 0.66$; 임의로 선택된 어떤 고객이 35세 미만일 가능성은 66%이다.

b. $P(B_1) = \frac{228}{600} = 0.38$; 임의로 선택된 어떤 고객이 언더아머 제품을 구매할 가능성은 38%이다.

c. $P(A \cap B_1) = \frac{174}{600} = 0.29$; 임의로 선택된 어떤 고객이 35세 미만이면서 언더아머 제품을 구매할 가능성은 29%이다.

d. $P(A \cup B_1) = \frac{174 + 132 + 90 + 54}{600} = \frac{450}{600} = 0.75$; 임의로 선택된 어떤 고객이 35세 미만이거나 언더아머 제품을 구매할 가능성은 75%이다. 다른 방법으로는, 덧셈법칙을 다음과 같이 이용할 수 있다. $P(A \cup B_1) = P(A) + P(B_1) - P(A \cap B_1) = 0.66 + 0.38 - 0.29 = 0.75$.

e. 우리는 조건부 확률을 계산해야 된다. 즉, $P(A|B_1)$. 분할표에 정보가 있을 때, 조건부 확률을 계산하는 것은 꽤 간단하다. 우리는 언더아머 제품을 구매한 고객들이라는 정보를 가지고 있다. 때문에 표본은 600에서 228로 줄어든다. 우리는 나이키(B_2)나 아디다스(B_3)를 구매한 사람들을 무시할 수 있다. 따라서 언더아머 제품을 구매한 228명 중 174명이 35세 미만이다. 그러므로 언더아머 제품을 구매한 고객이 35세 미만일 확률은 $P(A \mid B_1) = \frac{174}{228} = 0.76$이다. 다른 방법으로서 우리는 조건부 확률 공식을 다음과 같이 이용할 수 있다.
$$P(A \mid B_1) = \frac{P(A \cap B_1)}{P(B_1)} = \frac{174/600}{228/600} = \frac{174}{228} = 0.76$$

거의 틀림없이, 적절한 확률을 계산하는 좀 더 간단한 방법은 분할표를 **결합확률표**(joint probability table)로 전환하는 것이다. 각 셀의 빈도수를 표본공간의 전체 수로 나누는데, 이 경우는 600명의 고객이다. 표 4.4b에 결과가 나타나 있다.

표 4.4b 분할표를 결합확률표로 전환

연령 집단	브랜드명 B_1	B_2	B_3	합계
A	0.29	0.22	0.15	0.66
A^c	0.09	0.12	0.13	0.34
합계	0.38	0.34	0.28	1.00

표 안에 있는 수치들은 **결합확률**이라 불리는 두 사건의 교집합의 확률을 나타낸다. 예를 들어, 임의로 선택된 사람이 35세 미만이고 언더아머 제품을 구매할 확률 $P(A \cap B_1)$은 0.29이다. 유사하게, 우리는 이 표로부터 전체 고객들 중 나이키를 구매한 35세 이상 고객이 12%이거나 $P(A^c \cap B_2) = 0.12$라고 쉽게 읽을 수 있다.

표 4.4b에 있는 주변수치는 무조건부 확률을 나타낸다. 이러한 확률들은 **주변확률**(marginal probabilities)이라고 한다. 예를 들어, 임의로 선택된 고객이 35세 미만일 확률(P(A))은 간단하게 0.66이다. 또한 나이키 제품을 구매할 확률($P(B_2)$)은 0.34이다.

조건부 확률은 기본적으로 주변확률 대 결합확률의 비율이라는 점을 숙지하자. $P(A|B_1) = \frac{P(A \cap B_1)}{P(B_1)}$이기 때문에 분자는 결합확률이고 분모는 무조건부 확률이다. 우리가 앞서 계산한 확률 즉 언더아머 제품을 구매한 고객이 35세 미만일 확률을 다시 살펴보자. 이 조건부 확률은 다음과 같이 쉽게 계산할 수 있다. $P(A|B_1) = \frac{P(A \cap B_1)}{P(B_1)} = \frac{0.29}{0.38} = 0.76$

예제 4.14

표 4.4b에 주어진 정보에서 35세 미만의 고객이 언더아머 제품을 구매할 확률은 얼마인가?

풀이: 이제 우리는 $P(B_1|A)$를 풀어야 한다. 따라서

$$P(B_1|A) = \frac{P(A \cap B_1)}{P(A)} = \frac{0.29}{0.66} = 0.44.$$

$P(B_1|A) = 0.44 \neq P(A|B_1) = 0.76$이라는 것을 유의하자.

예제 4.15

사건 "35세 이상"과 "언더아머"가 독립적인지 여부를 결정하라.

풀이: 두 개의 사건이 독립적인지 여부를 결정하기 위해서 우리는 사건들의 조건부 확률과 무조건부 확률을 비교할 수 있다. 즉, $P(A|B) = P(A)$라면, 사건 A와 B는 독립적이다. 언더아머 예제에서 우리는 이미 $P(A|B_1) = 0.76$이라는 것을 알고 있다. 다시 말해 언더아머를 구매한 어떤 고객이 35세 미만일 가능성은 76%이다. 우리는 이런 조건부 확률을 해당 사건의 무조건부 확률 $P(A) = 0.66$과 비교한다. 이러한 확률들은 다르기 때문에 사건 "35세 미만"과 "언더아머"는 독립적인 사건들이 아니다. 우리는 $P(B_1|A)$를 $P(B_1)$과 비교하면 $0.44 \neq 0.38$이라는 것을 알 수 있다. 즉 사건들은 서로 종속적이다. 앞선 절에서 논의한 바와 같이, 다른 접근법으로는 결합확률과 두 개의 무조건부 확률의 곱을 비교하는 것이다. 만일 $P(A \cap B_1) = P(A)P(B_1)$이라면, 사건들은 독립적이다. 위의 예제에서 $P(A \cap B_1) = 0.29$는 $P(A)P(B_1) = 0.66 \times 0.38 = 0.25$와 같지 않다. 따라서 두 개의 사건들은 독립적이지 않다.

예제 4.15에서 만들어진 독립성에 관한 결론은 주어진 표본 정보로부터 계산된 실증적 확률에 기반을 두기 때문에 이를 숙지하는 것은 중요하다. 위의 예제에서, 이러한 확률들은 만일 다른 600명의 표본이 사용되었다면 변할 것이다. 독립성의 공식적인 검증은 11장에서 논의될 것이다.

사례요약

연령대와 브랜드에 기반을 둔 컴프레션의류 구매 분할표의 주의깊은 분석 이후 여러가지 흥미로운 결과들이 도출되었다. 600명의 고객 표본 중 이러한 제품을 구매하는 주요 고객층이 젊어지는 경향을 보이고 있었다(고객의 66%는 35세 미만이고, 34%는 35세 이상이다). 나이키(34%)나 아디다스(28%) 의류와 비교할 때 더 많은 고객들이 언더아머(38%) 제품을 구매하는 것은 사실이다. 그러나 언더아머가 컴프레션의류 시장의 선구자였던 상황에서 이 회사는 나이키와 아디다스에 의한 경쟁을 염려해야만 한다. 분할표의 추가적 조사에서, 만약 어떤 고객이 35세 이상이었다면 그 고객이 언더아머 의류를 구매할 가능성은 약 44%까지 상승하는 것으로 나타났다. 이러한 결과는 고객의 연령이 브랜드 선택에 영향을 미친다는 것을 나타낸다. 다른 말로, 고객들의 38%는 언더아머를 구매하지만, 곧 35세 미만의 고객들로 제한하면 언더아머 제품을 구매할 가능성은 44%로 상승한다. 언더아머 제품이 젊은 고객들에게 매력적이라는 정보는 언더아머뿐만 아니라 컴프레션의류 시장의 경쟁자와 소매점들에게 어떻게 기업이 광고의 초점을 맞춰야 하는가의 점에서 유의미하다.

연습문제 4.3

기본문제

40. 다음 분할표를 보고 답하라.

	B	B^c
A	26	34
A^c	14	26

a. 분할표를 결합확률표로 전환하라.
b. A가 발생할 확률은 얼마인가?
c. A와 B가 발생할 확률은 얼마인가?
d. B가 발생되었을 때, A가 발생될 확률은 얼마인가?
e. A^c가 발생되었을 때, B가 발생될 확률은 얼마인가?
f. A와 B는 상호배타적 사건들인가? 설명하라.
g. A와 B는 독립적 사건들인가? 설명하라.

41. 다음 결합확률표를 보고 답하라.

	B_1	B_2	B_3	B_4
A	0.09	0.22	0.15	0.20
A^c	0.03	0.10	0.09	0.12

a. A가 발생될 확률은 얼마인가?
b. B_2가 발생될 확률은 얼마인가?
c. A^c와 B_4가 발생될 확률은 얼마인가?
d. A 혹은 B_3가 발생될 확률은 얼마인가?
e. B_2가 발생되었을 때, A가 발생될 확률은 얼마인가?
f. A가 발생되었을 때, B_4가 발생될 확률은 얼마인가?

응용문제

42. 해리스여론조사소의 CareerBuilder.com에 대한 온라인 조사에 따르면, IT 종사자의 절반 이상이 근무중 잠든 적이 있다고 한다(InformationWeek, 2007.09.27). 공무원의 64%는 근무중 잠든 적이 있다고 인정했다. 조사결과를 대표하는 다음의 분할표를 보고 답하라.

근무 중 잠든 적이 있는지?	직업군	
	IT전문가	공무원
그렇다	155	256
아니다	145	144

a. 분할표를 결합확률표로 전환하라.
b. 임의로 선택된 근로자가 IT전문가일 확률은 얼마인가?
c. 임의로 선택된 근로자가 근무중 잠들었을 확률은 얼마인가?
d. 만일 임의로 선택된 근로자가 근무중 잠이 들었다면, 이 사람이 IT전문가일 확률은 얼마인가?
e. 만일 임의로 선택된 근로자가 공무원이라면, 이 사람이 근무중 잠이 들었을 확률은 얼마인가?
f. 사건들 "IT전문가"와 "근무중 잠이 듦"은 독립적인가? 확률을 이용하여 설명하라.

43. 최근 여론조사는 16~21세 연령대에게 그들이 미군에 입대할 가능성이 있는지 여부를 물었다. 성별과 인종으로 구분된 다음 표는

여론조사 참여자 중 현역으로 입대할 가능성이 있는 사람들을 퍼센트로 나타낸다.

성별	인종		
	히스패닉	흑인	백인
남자	33.5%	20.5%	16.5%
여자	14.5%	10.5%	4.5%

자료: 국방인적자원부 전화여론조사(3,228명의 미국인), 2005.10~12

a. 임의로 선택된 응답자가 여자일 확률은 얼마인가?
b. 임의로 선택된 응답자가 히스패닉일 확률은 얼마인가?
c. 응답자가 여성일 때, 이 여성이 히스패닉일 확률은 얼마인가?
d. 응답자가 백인일 때, 이 응답자가 남성일 확률은 얼마인가?
e. 사건 "남성"과 "백인"은 독립적인가? 확률을 이용하여 설명하라.

44. 최근의 한 보고서는 경영학 전공은 다른 대학생보다 전공수업에 대해서 최소한의 시간을 사용한다고 말했다(뉴욕타임스지, 2011.11.17). 한 대학의 교무처장은 학생들이 열심히 공부하는지 여부를(일주일 동안 전공수업에 최소한 20시간을 쓰는지 여부) 묻는 설문조사를 실시하기로 하였다. 설문에 포함된 120명의 경영학 전공자들 중 20명은 열심히 공부한다고 말하였고, 타 전공생들 150명 중 48명은 자신들이 열심히 공부한다고 말하였다.
a. 질적 변수인 전공(경영학, 비경영학)과 열심히 공부(그렇다 혹은 아니다)에 대하여 빈도수를 보여주는 분할표를 작성하라.
b. 일주일 동안 전공수업을 20시간 미만으로 공부한 경영학 전공 학생들의 확률을 찾아라.
c. 어떤 학생이 열심히 공부할 확률은 얼마인가?
d. 만약 어떤 학생이 전공수업에 최소한 20시간을 사용한다면, 이 학생이 경영학 전공일 확률은 얼마인가? 그리고 이 학생이 비경영학 전공일 확률은 얼마인가?

45. 미시간주립대학교 연구자에 따르면, 미국인들은 환경과 관련된 문제에 대하여 갈수록 양극화되어 가는 중이다(http://news.msu.edu, 2011.4.19). 민주당원 70%는 지구온난화의 징후를 보았고, 동일한 느낌을 가진 공화당원은 29% 정도라고 보고되었다. 이 조사는 400명의 민주당원과 400명의 공화당원에 기반을 두고 조사되었다고 가정하자.
a. 질적 변수인 정당(민주당 혹은 공화당)과 지구온난화(그렇다 혹은 아니다)에 대하여 빈도수를 보여주는 분할표를 작성하라.
b. 공화당원이 지구온난화의 징후를 보았을 확률을 찾아라.
c. 어떤 사람이 지구온난화의 징후를 보지 못했을 확률을 찾아라.
d. 만약 어떤 사람이 지구온난화의 징후를 보았다면, 이 사람이 민주당원일 확률은 얼마인가?

46. 머크앤드컴퍼니(Merck&Co.)는 실험적 에이즈 백신의 가능성을 테스트하는 연구를 수행했다.(보스턴글로브지, 2007.9.22.). 연구의 지원자들은 연구가 시작되는 시점에 에이즈를 유발하는 면역결핍바이러스(HIV)가 없었다. 그러나 참여자 모두가 바이러스에 감염될 높은 위험에 처했었다. 지원자들에게는 백신 혹은 가짜백신이 투여되었다. 백신이 투여된 741명 중 24명은 HIV에 감염되었고, 가짜백신이 투여된 762명 중 21명은 HIV에 감염되었다. 다음의 표는 연구결과를 보여준다.

	백신투여	가짜백신투여
감염	24	21
비감염	717	741

a. 분할표를 결합확률표로 전환하라.
b. 임의로 선택된 지원자가 백신을 맞았을 확률은 얼마인가?
c. 임의로 선택된 지원자가 HIV에 감염될 확률은 얼마인가?
d. 만약 임의로 선택된 지원자가 백신을 투여받았다면, 이 사람이 감염될 확률은 얼마인가?
e. 사건 "백신"과 "감염"은 독립적인가? 확률을 이용하여 설명하라. 여러분의 답이 주어진 상태에서, 머크앤드컴퍼니가 이 연구 지원자의 등록과 백신접종을 끝냈다는 것은 놀라운 일인가? 설명하라.

47. 많은 가구들이 불확실한 경제와 높은 난방비 부담 상황에서 공과금 납부 투쟁을 하는 중이다(월스트리트저널지, 2008.2.14.). 특히 심한 타격을 받는 것은 프로판 혹은 난방유로 난방을 하는 가구들이다. 이러한 가구들 중 다수가 천연가스나 전기로 난방을 하는 가구들에 비해 올해 겨울을 따뜻하게 보내기 위해 2배 이상의 비용을 지출하는 중이다. 500의 대표표본 가구들에서 난방의 유형이 공과금 납부 불이행에 영향을 미치는지 여부를 조사하였다. 다음의 표는 조사결과를 나타낸다.

납부 불이행 여부	난방유형			
	천연가스	전기	난방유	프로판
그렇다	50	20	15	10
아니다	240	130	20	15

a. 임의로 선택된 가구가 난방유를 사용할 확률은 얼마인가?
b. 임의로 선택된 가구가 공과금을 납부하지 못할 확률은 얼마인가?
c. 임의로 선택된 가구가 난방유를 사용하면서 공과금을 납부하지 못할 확률은 얼마인가?
d. 어떤 가구가 난방유를 사용하는 상황에서 이 가구가 공과금을 납부하지 못할 확률은 얼마인가?
e. 어떤 가구가 공과금을 납부하지 못한 상황에서 이 가구가 전기를 사용할 확률은 얼마인가?
f. 사건 "난방유"와 "납부 불이행"은 독립적인가? 확률을 이용하여 설명하라.

48. 한 대표적 향수회사의 연구팀은 회사 신제품에 대한 시장을 테스트하려 한다. 특별하게 이 팀은 이 향수에 대한 선호도면에서 성별과 국제적인 차이를 발견하기를 원한다. 그들은 2,500명의 다국적 사람들을 표본으로 선택하고 각 사람에게 새로운 향수를 사용한 후 그들의 선호도를 나열하도록 요구했다. 다음 표는 조사결과를 나타낸다.

선호	성별	미국	유럽	아시아
좋아함	남성	210	150	120
	여성	370	310	180
싫어함	남성	290	150	80
	여성	330	190	120

a. 임의로 선택된 남성이 이 향수를 좋아할 확률은 얼마인가?

b. 임의로 선택된 아시아인이 이 향수를 좋아할 확률은 얼마인가?

c. 임의로 선택된 유럽 여성이 이 향수를 싫어할 확률은 얼마인가?

d. 임의로 선택된 미국 남성이 이 향수를 싫어할 확률은 얼마인가?

e. 사건 "남성"과 "좋아함"은 각 열, (i) 미국 (ii) 유럽 (iii) 아시아에서 독립적인가? 확률을 이용하여 설명하라.

f. 국제적으로 사건 "남성"과 "좋아함"은 독립적인가? 확률을 이용하여 설명하라.

4.4 총확률규칙과 베이즈 정리

학습목표 **4.7**
총확률규칙과 베이즈 정리의 적용

이 절에서는 확률론에서 두 개의 중요한 규칙인 총확률규칙과 베이즈 정리를 소개한다. **총확률규칙**(total probability rule)은 다른 사례 안 확률의 계산을 변화시키기 위한 유용한 도구이다. **베이즈 정리**(Bayes' theorem)는 새로운 증거에 의해 영향을 받을 수 있는 사건의 확률을 업데이트하기 위해 이 규칙을 사용한다.

총확률규칙

때때로 어떤 사건의 무조건부 확률은 주어진 정보로부터 선뜻 분명하지 않다. 총확률규칙은 결합 혹은 조건부 확률의 관점에서 어떤 사건의 무조건부 확률을 표현한다. $P(A)$를 관심 있는 어떤 사건의 무조건부 확률이라고 표시하자. 우리는 $P(A)$를 A와 실험에 대응되는 어떤 상호배타적이고 포괄적인 사건들의 교집합 확률의 합이라고 표현할 수 있다. 예를 들어 사건 B와 여집합 B^c를 생각해보자. 그림 4.7은 전반적으로 상호배타적이고 포괄적인 사건들로 구분된 표본공간을 나타낸다. 사건 A를 대표하는 원은 전반적으로 B와 B^c의 교집합으로 구성된다. 총확률규칙에 따르면, $P(A)$는 $P(A \cap B)$와 $P(A \cap B^c)$의 합과 동일하다.

그림 4.7 총확률규칙: $P(A) = P(A \cap B) + P(A \cap B^c)$

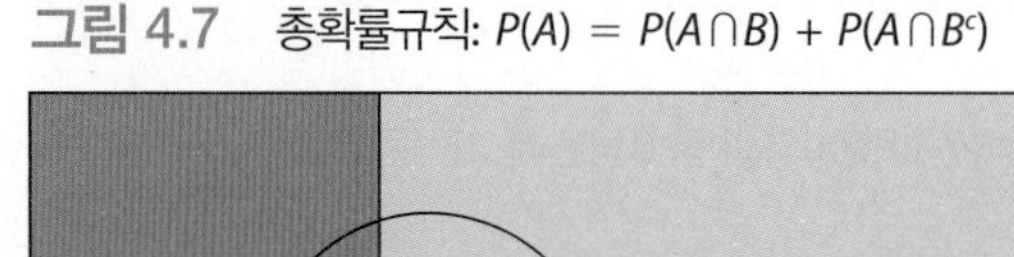

종종 총확률을 계산하기 위해 필요한 결합확률은 명백하게 구체적이지 않다. 그러므로 우리는 조건부 확률로부터 이를 유도하기 위해 곱셈법칙을 이용한다. 즉, $P(A \cap B) = P(A|B)P(B)$와 $P(A \cap B^c) = P(A|Bc)P(B^c)$.

두 사건의 조건부 총확률규칙

총확률규칙(total probability rule)은 사건 A와 어떤 상호배타적이고 포괄적인 사건들의 교집합의 확률 관점에서 사건 A의 무조건부 확률로 표현된다. 두 사건, B와 B^c에 기반을 둔 총확률규칙은 다음과 같다.

$$P(A) = P(A \cap B) + P(A \cap B^c)$$

혹은 동일하게

$$P(A) = P(A|B)P(B) + P(A|B^c)P(B^c)$$

총확률규칙을 표현하기 위한 직관적인 방법은 **확률나무**(probability tree)의 도움을 받는 것이다. 어떤 실험이 각 단계에서 관측된 다른 측면의 결과가 있는 단계들에서 구분될 수 있다면 언제든지 우리는 관측치의 다양한 결과를 나타낼 수 있는 확률나무를 이용할 수 있다. 우리는 또한 대안적으로 무조건부 확률 $P(A)$를 계산하기 위해 표로 표현되는 방법을 이용할 수 있다. 다음의 예제는 확률나무와 표를 이용한 방법의 원리를 설명한다.

예제 4.16

어떤 통계학 교수가 학생의 최종 학점에 반영할 목적으로 출석을 요구하지 않았다 할지라도, 그녀는 정기적으로 수업에 참석한 학생들이 최종적으로 A학점을 받는 경향이 높다고 공지하였다. 그 교수는 어떤 학생이 정기적으로 수업에 참석하는 경우가 80%라고 계산하였다. 더군다나 어떤 학생이 수업에 정기적으로 참여했을 때 그 학생이 A학점을 받을 가능성은 35%이다. 그러나 만약 어떤 학생이 수업에 정기적으로 참여하지 않았지만, A학점을 받을 가능성은 5%이다. 이 정보를 이용하여 다음의 질문에 답하라.

a. 어떤 학생이 정기적으로 수업에 참여하지 않을 확률은 얼마인가?

b. 어떤 학생이 정기적으로 수업에 참여하면서 A학점을 받을 확률은 얼마인가?

c. 어떤 학생이 정기적으로 수업에 참여하지 않았지만 A학점을 받을 확률은 얼마인가?

d. 어떤 학생이 A학점을 받을 확률은 얼마인가?

풀이: 우리는 먼저 A를 어떤 학생이 A학점을 받을 사건으로 두고, R을 어떤 학생이 정기적으로 수업에 참여하는 사건으로 둘 수 있다. 위의 정보로부터 우리는 다음 확률들을 확보한다. $P(R) = 0.80$, $P(A|R) = 0.35$, 그리고 $P(A|R^c) = 0.05$. 그림 4.8은 노드(교차점)와 브랜치(선)로 구성된 확률나무를 보여준다. 여기서 최소의 노드는 O이고 시작점이라고 불린다. O로부터 발산하는 브랜치는 첫 번째 단계에서 발생될 수 있는 가능한 결과들을 보여준다. 따라서 첫 번째 단계에서 우리는 O로부터 시작된 사건

R과 R^c를 가진다. 이러한 사건들은 두 번째 단계에서 각각의 노드가 된다. 어떤 특정한 노드로부터 시작된 확률들의 합은 1과 같다.

그림 4.8 통계학 수업에서 수업참여와 최종학점에 대한 확률나무

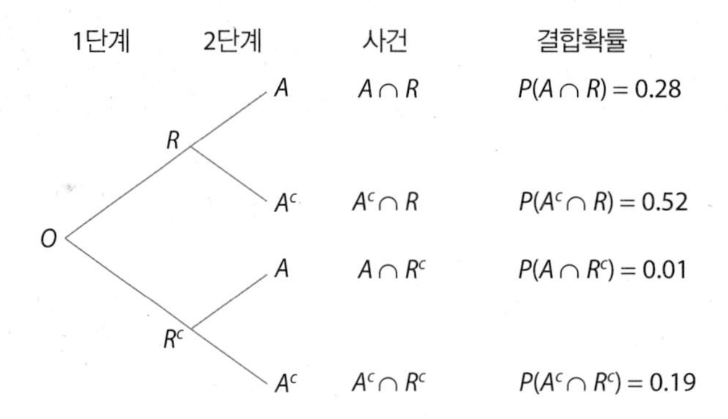

a. 만약 우리가 어떤 학생이 정기적으로 수업에 참여할 가능성이 80%라는 것을 알고 있다면, $P(R) = 0.80$이고, 어떤 학생이 정기적으로 수업에 참여하지 않을 확률은 보완규칙을 이용하여 $P(R^c) = 1-P(R)-1-0.80 = 0.20$으로 찾을 수 있다.

다음 단계에 도달하고, 대응되는 확률을 추론하기 위하여 우리는 이전 단계에서 얻은 정보를 이용한다. 예를 들어 어떤 학생이 정기적으로 수업에 참여했다면, 그 학생이 A 학점을 받을 가능성은 35%이다. 즉, $P(A|R) = 0.35$. 어떤 학생이 정기적으로 수업에 참여했을 때, A학점을 받지 못할 가능성은 65%이다. 왜냐하면 $P(A^c|R) = 1-P(A|R) = 0.65$이기 때문이다. 유사하게, $P(A|R^c) = 0.05$로 주어졌을 때 우리는 $P(A^c|R^c) = 1-P(A|R^c) = 1-0.05 = 0.95$로 계산할 수 있다. 시작점부터 최종 노드까지의 어떤 경로는 초기 두 사건들의 교집합으로 정의된다. 따라서 맨 위의 브랜치를 따르면 우리는 $A \cap R$ 사건에 도달하게 되는데, 이는 어떤 학생이 정기적으로 수업에 참여하고 학점이 A라는 것을 의미한다. 이 사건의 확률은 저 경로를 형성한 브랜치에 부여된 확률의 곱이다. 여기서 우리는 간단하게 곱셈법칙을 이용한다. 이제 우리는 b와 c에 답할 준비가 되었다.

b. 맨 위 브랜치에 부여된 확률들을 곱하면 $P(A \cap R) = P(A|R)P(R) = 0.35 \times 0.80 = 0.28$이다. 즉, 어떤 학생이 수업에 정기적으로 참여하고 A학점을 받을 가능성은 28%이다.

c. 어떤 학생이 수업에 정기적으로 참여하지 않고 A학점을 받을 확률을 찾기 위해서는 다음과 같이 계산한다. $P(A \cap R^c) = P(A|R^c)P(R^c) = 0.05 \times 0.20 = 0.01$

d. 어떤 학생이 A학점을 받을 무조건부 확률, $P(A)$는 예제 4.16에서 명시적으로 주어지지 않았다. 하지만 b와 c에서 계산한 결합확률을 합산하여 다음과 같은 무조건부 확률을 얻을 수 있다.

$$P(A) = P(A \cap R) + P(A \cap R^c) = 0.28 + 0.01 = 0.29$$

대안적인 방법은 확률들을 표로 나타내는 것이다. 표 4.5에는 예제 4.16에서 직접적으로 혹은 간접적으로 구체화된 모든 확률들이 포함되어 있다.

표 4.5 표를 이용하여 $P(A)$를 계산하는 방법

무조건부 확률	조건부 확률	결합확률
$P(R) = 0.80$	$P(A\|R) = 0.35$	$P(A \cap R) = P(A\|R)P(R) = 0.28$
$P(R^c) = 0.20$	$P(A\|R^c) = 0.05$	$P(A \cap R^c) = P(A\|R^c)P(R^c) = 0.28$
$P(R) + P(R^c) = 1$		$P(A) = P(A \cap R) + P(A \cap R^c) = 0.29$

앞에서 보았듯이 각 결합확률은 조건부 확률과 이에 대응되는 무조건부 확률의 곱으로써 계산된다. 즉, $P(A \cap R) = P(A|R)P(R) = 0.35 \times 0.80 = 0.28$. 마찬가지로, $P(A \cap R^c) = P(A|R^c)P(R^c) = 0.05 \times 0.20 = 0.01$. 그러므로 $P(A) = P(A \cap R) + P(A \cap R^c) = 0.29$.

베이즈 정리

총확률규칙은 베이즈(Reverend Thomas Bayes, 1702-1761)가 개발한 베이즈 정리를 유도하기 위해 필요하다. 베이즈 정리는 새로운 정보에 기반을 두고 확률을 업데이트하기 위한 절차이다. 오리지널 확률은(우리가 어떤 새로운 정보에 도달하기 전에 알고 있는 것만을 반영한다는 의미에서) **사전적 확률**(prior probability)이라고 불리는 무조건부 확률이다. 새로운 정보에 기초한다면, 우리는 사전적 확률을 **사후적 확률**(posterior probability)이라고 불리는 조건부 확률에 도달하도록 업데이트한다.

거짓말 탐지기 검사에서 99%의 사람이 진실을 말한다고 가정하자. 그러면 진실을 말할 사전적 확률은 0.99이다. 어떤 사람이 거짓말 탐지기 검사를 했고, 그 결과가 거짓말이었다고 가정하자. 베이즈 정리는 사후적 확률(위의 예제에서는 특별하게 거짓말 탐지기가 거짓말을 탐지했다는 정보에 기반을 둔 조건부 확률)을 계산하기 위해 사전적 확률을 업데이트한다.

$P(B)$를 사전적 확률이라고 두고, $P(B|A)$를 사후적 확률이라고 두자. 사후적 확률은 새로운 정보를 반영하는 사건 A에 대한 조건부 확률임을 명시하라. 4장 2절에서 다룬 조건부 확률의 공식을 다시 상기하면 다음과 같다.

$$P(B|A) = \frac{P(A \cap B)}{P(A)}$$

어떤 사례의 경우 $P(B|A)$를 평가해야 하나 우리는 $P(A \cap B)$ 혹은 $P(A)$에 대한 명백한 정보를 가지지 못한다. 그러나 $P(B)$, $P(A|B)$ 그리고 $P(A|B^c)$에 대한 정보가 주어지면, 다음과 같이 $P(B|A)$를 찾기 위해 총확률규칙과 곱셈법칙을 사용할 수 있다.

$$P(B|A) = \frac{P(A \cap B)}{P(A)} = \frac{P(A \cap B)}{P(A \cap B) + P(A \cap B^c)} = \frac{P(A|B)P(B)}{P(A|B)P(B) + P(A|B^c)P(B^c)}$$

베이즈 정리

사후적 확률 $P(B|A)$는 조건부 확률 $P(A|B)$와 $P(A|B^c)$를 따르는 사전적 확률 $P(B)$에 대한 정보를 이용하여 찾을 수 있다. 즉,

$$P(B|A) = \frac{P(A \cap B)}{P(A)} = \frac{P(A \cap B)}{P(A \cap B) + P(A \cap B^c)} = \frac{P(A|B)P(B)}{P(A|B)P(B) + P(A|B^c)P(B^c)}$$

위의 공식에서 사전적 확률 $P(B)$를 사후적 확률 $P(B|A)$로 업데이트하기 위해 베이즈 정리를 사용했다. 마찬가지로 사전적 확률 $P(A)$를 위 공식에서 사건 A와 B를 바꿈으로써 사후적 확률 $P(A|B)$를 유도하도록 베이즈 정리를 이용할 수 있다.

예제 4.17

어떤 사람이 거짓말 탐지기 검사에서 탐지기가 작동되는 동안 여러 질문에 답하도록 요구되었다. 이 도구는 거짓말이 특별한 상태를 만든다는 것에 기초하여 사람의 심리적 반응을 측정하고 기록한다. 거짓말 탐기지 앞에서 진실을 말하는 사람이 99%라고 가정하자. 이 검사는 95%의 신뢰도를 보인다. 바꿔 말하면, 비록 어떤 사람이 거짓을 말하였다 하여도 이 말이 거짓으로 탐지될 가능성은 95%이다.
다음으로 그 사람이 진실을 말했을 때 이 진술이 오류로 인하여 거짓으로 나타날 가능성은 0.5%라고 하자. 어떤 사람이 거짓말 탐지기 검사를 하였고, 그 검사는 거짓말을 탐지하였다. 이 사람이 실제로 진실을 말했을 확률은 얼마인가?

풀이: 우선 우리는 어떤 사건들과 이와 관련된 확률들을 정의해야한다. D와 T를 각각 거짓말 탐지기가 거짓말을 탐지하고 어떤 사람이 진실을 말한 사건이라고 하자. 문제에서 $P(T) = 0.99$이면, $P(T^c) = 1-0.99 = 0.01$이 된다. 더욱이 $P(D \mid T^c) = 0.95$, 그리고 $P(D \mid T) = 0.005$로 만들 수 있다. 우리는 명백하게 $P(D \cap T)$와 $P(D)$가 주어졌을 때 $P(T \mid D)$를 찾아야 한다. 베이즈 정리를 이용하면 다음과 같이 찾을 수 있다.

$$P(T|D) = \frac{P(D \cap T)}{P(D)} = \frac{P(D \cap T)}{P(D \cap T) + P(D \cap T^c)} = \frac{P(D|T)P(T)}{P(D|T)P(T) + P(D|T^c)P(T^c)}$$

문제를 직접적으로 풀기 위하여 이 공식을 이용할 수 있지만, 종종 다음과 같은 표의 도움을 받아 체계적으로 문제를 푸는 것이 더 쉽다.

표 4.6 예제 4.17의 사후적 확률 계산

사전적 확률	조건부 확률	결합확률	사후적 확률
$P(T) = 0.99$	$P(D\|T) = 0.005$	$P(D \cap T) = 0.00495$	$P(T\|D) = 0.34256$
$P(T^c) = 0.01$	$P(D\|T^c) = 0.95$	$P(D \cap T^c) = 0.00950$	$P(T^c\|D) = 0.65744$
$P(T) + P(T^c) = 1$		$P(D) = 0.01445$	$P(T\|D) + P(T^c\|D) = 1$

첫 번째 열은 사전적 확률을, 두 번째 열은 조건부 확률을 보여준다. 우선 총확률 규칙을 이용하여 베이즈 정리의 분자를 계산한다. 즉, $P(D) = P(D \cap T) + P(D \cap T^c)$. 결합확률은 조건부 확률과 대응되는 무조건부 확률의 곱으로 계산된다. 예를 들어, 표 4.6에서 $P(D \cap T)$를 얻기 위해서는 $P(D|T)$와 $P(T)$를 곱하고, 이는 $P(D \cap T) = 0.005 \times 0.99 = 0.00495$를 도출한다. 따라서 총확률규칙에 따르면 $P(D) = 0.00495 + 0.00950 = 0.01445$이다. 따라서 $P(T|D) = \frac{P(D \cap T)}{P(D \cap T) + P(D \cap T^c)} = \frac{0.00495}{0.01445} = 0.34256$이다. 개인이 진신을 말할 사전적 확률은 0.99이다. 그러나 거짓말 탐지기가 거짓말한 사람을 탐지했다는 새로운 정보가 주어졌을 때, 이 개인이 진실을 말할 사후적 확률은 0.34256으로 낮아진다.

지금까지 우리는 두 개의 상호배타적이며 포괄적 사건들, 다시 말해 B와 B^c에 기반을 두고 총확률규칙뿐만 아니라 베이즈 정리를 사용해왔다. 우리는 n개의 상호배타적이며 포괄적 사건들, $B_1, B_2, ..., B_n$을 포함하는 분석으로 쉽게 확장할 수 있다.

총확률규칙과 베이즈 정리의 확장

만약 $B_1, B_2, ..., B_n$이 n개의 상호배타적이며 포괄적인 사건들을 대표한다면 **총확률규칙**은 다음과 같이 확장된다.

$$P(A) = P(A \cap B_1) + P(A \cap B_2) + \cdots + P(A \cap B_n)$$

혹은 동일하게,

$$P(A) = P(A|B_1)P(B_1) + P(A|B_2)P(B_2) + \cdots + P(A|B_n)P(B_n)$$

마찬가지로 베이즈 정리는 어떤 $i = 1, 2, ..., n$에 대하여 다음과 같이 확장된다.

$$P(B_i|A) = \frac{P(A \cap B_i)}{P(A \cap B_1) + P(A \cap B_2) + \cdots + P(A \cap B_n)}$$

혹은 동일하게,

$$P(B_i|A) = \frac{P(A|B_i)P(B_i)}{P(A|B_1)P(B_1) + P(A|B_2)P(B_2) + \cdots + P(A|B_n)P(B_n)}$$

예제 4.18

스콧 마이어스(Scott Myers)는 Webtalk이라는 통신회사의 증권분석가이다. 그는 회사의 미래에 대하여 낙관적이긴 하지만, 회사의 주가가 경제내 신용흐름 조건에 상당한 영향을 받을 것을 염려한다. 그는 신용흐름이 두드러지게 향상될 확률이 0.20이고, 근소하게 향상될 확률이 0.50이며, 조금도 향상되지 않을 확률이 0.30이라고 생각한다. 그는 또한 경제내 신용흐름이 두드러지게 향상될 때 Webtalk의 주가가 오를 확률이 0.90이고, 근소하게 향상될 경우 0.40, 그리고 전혀 향상되지 않을 경우 0.10이라고 추정하였다.

a. 스콧의 추정치에 기반을 둔다면, Webtalk의 주가가 오를 확률은 얼마인가?

b. 만약 Webtalk의 주가가 오른다는 것을 알고 있다면, 경제내 신용흐름이 두드러지게 향상될 확률은 얼마인가?

풀이: 언제나 우리는 첫 번째로 적절한 사건들과 이와 관련된 확률들을 정의한다. S, M, N을 신용흐름의 두드러진 향상, 근소한 향상, 향상되지 않음이라고 하자. 그러면 $P(S) = 0.20$, $P(M) = 0.50$, 그리고 $P(N) = 0.30$이다. 게다가 만약 G를 주가가 오르는 것으로 표시한다면, $P(G|S) = 0.90$, $P(G|M) = 0.40$, $P(G|N) = 0.10$으로 공식화할 수 있다. 우리는 a의 답으로써 $P(G)$를 그리고 b의 답으로써 $P(S|G)$를 계산해야 한다. 표 4.7은 부여된 확률들을 보여준다.

표 4.7 예제 4.18의 사후적 확률 계산

사전적 확률	조건부 확률	결합확률	사후적 확률
$P(S) = 0.20$	$P(G\|S) = 0.90$	$P(G \cap S) = 0.18$	$P(S\|G) = 0.4390$
$P(M) = 0.50$	$P(G\|M) = 0.40$	$P(G \cap M) = 0.20$	$P(M\|G) = 0.4878$
$P(N) = 0.30$	$P(G\|N) = 0.10$	$P(G \cap N) = 0.03$	$P(N\|G) = 0.0732$
$P(S) + P(M) + P(N) = 1$		$P(G) = 0.41$	$P(S\|G) + P(M\|G) + P(N\|G) = 1$

a. $P(G)$를 계산하기 위해서 총확률규칙을 사용한다. 즉, $P(G) = P(G \cap S) + P(G \cap M) + P(G \cap N)$. 결합확률은 조건부 확률과 이에 대응되는 사전적 확률의 곱으로 계산한다. 예를 들자면 표 4.7에서 $P(G \cap S) = P(G|S)P(S) = 0.90 \times 0.20 = 0.18$. 그러므로 Webtalk의 주가가 오를 확률은 $P(G) = 0.18 + 0.20 + 0.03 = 0.41$과 동일하다.

b. 베이즈 정리에 따르면, $P(S|G) = \frac{P(G \cap S)}{P(G)} = \frac{P(G \cap S)}{P(G \cap S) + P(G \cap M) + P(G \cap N)}$이다. 총확률규칙의 분자를 이용하여 $P(G) = 0.18 + 0.20 + 0.03 = 0.41$을 찾을 수 있다. 따라서 $P(S|G) = \frac{P(G \cap S)}{P(G)} = \frac{0.18}{0.41} = 0.4390$이다. 신용흐름이 두드러지게 증가할 사전적 확률은 0.20에서 사후적 확률 0.4390으로 증가하였다.

연습문제 4.4

기본문제

49. $P(A) = 0.70$, $P(B|A) = 0.55$, 그리고 $P(B|A^c) = 0.10$이라고 하자. 확률나무를 이용하여 다음의 확률들을 계산하라.
    a. $P(A^c)$
    b. $P(A \cap B)$와 $P(A^c \cap B)$
    c. $P(B)$
    d. $P(A|B)$

50. $P(B) = 0.60$, $P(A|B) = 0.80$, 그리고 $P(A|B^c) = 0.10$이라고 하자. 다음의 확률을 계산하라.
    a. $P(B^c)$
    b. $P(A \cap B)$와 $P(A \cap B^c)$
    c. $P(A)$
    d. $P(B|A)$

51. 다음의 확률표를 완성하라.

사전적 확률	조건부 확률	결합확률	사후적 확률
$P(B) = 0.85$	$P(A\|B) = 0.05$	$P(A \cap B) =$	$P(B\|A) =$
$P(B^c) =$	$P(A\|B^c) = 0.80$	$P(A \cap B^c) =$	$P(B^c\|A) =$
합계 =		$P(A) =$	합계 =

52. 표본공간을 3개의 상호배타적이고 포괄적인 사건들 B_1, B_2, B_3로 구분하자. 다음의 확률표를 완성하라.

사전적 확률	조건부 확률	결합확률	사후적 확률
$P(B_1) = 0.10$	$P(A\|B_1) = 0.40$	$P(A \cap B_1) =$	$P(B_1\|A) =$
$P(B_2) =$	$P(A\|B_2) = 0.60$	$P(A \cap B_2) =$	$P(B_2\|A) =$
$P(B_3) = 0.30$	$P(A\|B_3) = 0.60$	$P(A \cap B_3) =$	$P(B_3\|A) =$
합계 =		$P(A) =$	합계 =

응용문제

53. 크리스틴(Christine)은 항상 수학이 약했다. 미적분 기말시험을 앞두고 그녀의 성적을 근거로 할 때, 만약 그녀가 과외를 받지 않는다면 수업에서 F를 받을 가능성은 40%이고, 과외를 받는다면 F를 받을 가능성은 10%까지 감소한다. 급박하게 그녀가 선생님을 찾을 가능성은 50%이다.
    a. 크리스틴이 과목에서 F를 받을 확률은 얼마인가?
    b. 크리스틴은 끝내 과목에서 F를 받았다. 그녀가 선생님을 찾았을 확률은 얼마인가?

54. 어떤 분석가는 모든 상장기업들 중 20%는 내년에 소득이 감소할 것이라고 예상했다. 그 분석가는 이 감소분을 예측하는 데 도움을 줄 수 있는 비율을 개발해왔다. 만약 회사의 소득이 감소하는 추세라면, 이 비율이 감소할 가능성은 70%이고, 반대로 회사의 소득이 감소하는 추세가 아니라면, 이 비율이 감소할 가능성은 15%이다. 이 분석가는 임의로 회사를 선택하였고, 이 회사의 비율은 감소하였다. 이 회사의 소득이 감소할 사후적 확률은 얼마인가?

55. 경찰은 매사추세츠 주 유료고속도로의 특정 구간에서 과속을 단속하는 중이다. 이 목적의 보조수단으로서 경찰은 상당한 일치성과 신뢰성을 보장하는 레이더총을 구매했다. 특별히 이 총은 98%의 정확성을 홍보했었다. 즉, 이 총은 만약 운전자가 실제로 과속을 하면 이를 적발할 확률이 0.98이다. 만일 운전자가 제한속도 이하로 운전할 때 이 운전자가 과속이라고 적발될 가능성이 1% 정도 존재한다고 가정하자. 운전자의 95%는 매사추세츠 주 유료고속도로 구간에서 제한속도 이하로 운전한다고 가정하라.
   a. 이 총이 과속을 적발하고 운전자가 과속하고 있었을 확률은 얼마인가?
   b. 이 총이 과속을 적발하고 운전자가 과속하지 않았을 확률은 얼마인가?
   c. 경찰이 어떤 운전자를 멈추게 했다고 가정하자. 왜냐하면 이 총이 과속을 적발하였기 때문이다. 이 운전자가 실제로 제한속도 이하로 운전하고 있었을 확률은 얼마인가?

56. 최근의 연구에 따르면 핸드폰은 십대가 친구나 가족과 연락을 유지하는 중요한 매체이다(CNN, 2012.3.19). 14~17세의 90%, 그리고 12~13세의 60%는 핸드폰을 보유하고 있다고 추정되었다. 모든 십대들의 70%는 14~17세라고 가정하자.
   a. 어떤 십대가 핸드폰을 보유할 확률은 얼마인가?
   b. 어떤 십대가 핸드폰을 보유하고 있다고 할 때, 그/그녀가 14~17세일 확률은 얼마인가?
   c. 어떤 십대가 핸드폰을 보유하고 있다고 할 때, 그/그녀가 12~13세일 확률은 얼마인가?

57. 전국보건영양조사(National Health and Nutrition Examination Survey) 사료에 따르면 여성들 중 백인의 33%, 흑인의 49.6%, 히스패닉의 43%, 그리고 아시아인의 8.9%가 비만이다. 어떤 대표마을에서 여성의 48%는 백인, 19%는 흑인, 26%는 히스패닉, 그리고 7%는 아시아인이다.
   a. 이 마을의 어떤 여성이 비만일 확률을 찾아라.
   b. 어떤 여성이 비만일 때, 이 여성이 백인일 확률은 얼마인가?
   c. 어떤 여성이 비만일 때, 이 여성이 흑인일 확률은 얼마인가?
   d. 어떤 여성이 비만일 때, 이 여성이 아시아인일 확률은 얼마인가?

58. LA 레이커스 야구팀의 중요한 시합은 팀 핵심 선수의 건강에 달려있다. 팀 주치의의 보고서에 따르면 그가 핵심 선수를 충분하게 치료할 가능성은 40%이고, 약간 부족하게 치료할 가능성은 30%이며, 그 선수가 시합에 나갈 수 있도록 치료하지 못할 가능성은 30%이다. 코치는 만약 그 선수가 충분하게 치료된다면 시합에서 이길 가능성은 80%이고, 약간 부족하게 치료될 경우 60%, 그리고 시합에 나갈 수 없을 경우 40%라고 추정했다.
   a. 레이커스가 시합에서 이길 확률은 얼마인가?
   b. 여러분은 방금 레이커스가 시합에서 이겼다는 소식을 들었다. 그 핵심 선수가 충분하게 치료되었을 확률은 얼마인가?

59. 어떤 분석가는 내년에 세계 경제가 좋아질 가능성이 20%이고, 보통일 가능성은 50%, 그리고 나빠질 가능성은 30%라고 생각한다. 그녀는 또한 Creative Ideas라는 창업기업의 실적이 각 세계 경제의 상황에 따라 좋아지거나, 보통이거나, 나빠질 확률을 예측했다. 다음의 표는 세계 경제의 3가지 상태와 각 상황에 대응되는 Creative Ideas의 상태에 대한 확률을 보여준다.

세계 경제 상태	경제적 상태의 확률	Creative Ideas의 실적	Creative Ideas의 조건부 확률
좋음	0.20	좋음	0.60
		보통	0.30
		나쁨	0.10
보통	0.50	좋음	0.40
		보통	0.30
		나쁨	0.30
나쁨	0.30	좋음	0.20
		보통	0.30
		나쁨	0.50

   a. 세계 경제의 상태가 보통이고 Creative Ideas의 실적이 나쁠 확률은 얼마인가?
   b. Creative Ideas의 실적이 나쁠 확률은 얼마인가?
   c. Creative Ideas의 실적은 나빴다. 세계 경제의 상태 역시 나빴을 확률은 얼마인가?

통계를 사용한 글쓰기

유타 대학 연구팀은 위우회술(gastric bypass)을 받은 7,925명의 심각한 성인 비만환자들과 이 수술을 받지 않은 동일한 숫자의 사람들을 시험하였다(보스턴글로브지, 2007.8.23). 이 연구는 심각한 비만환자들의 생명을 연장하는 위수술을 통해 체중이 줄었는지 여부와, 그리하여 심장병, 암 그리고 당뇨병으로 인한 사망 가능성을 줄였는지 여부에 대하여 조사하기를 원했다. 연구과정중 534명의 환자는 사망했다. 사망한 사람들의 사인은 질병으로 인한 사망(심장병, 암, 당뇨병), 비질병으로 인한 사망(자살, 사고) 등을 포함한다. 연구자인 로렌스 플러머(Lawrence Plummer)는 연구에서 찾은 결과들을 정리했는데 표 4.8과 같다.

표 4.8 체중 감소 방법과 사인에 따른 구분

사인	체중 감소 방법	
	비수술	수술
질병으로 인한 사망	285	150
비질병으로 인한 사망	36	63

로렌스는 다음의 사항을 밝히기 위해 표본의 정보를 사용하기를 원한다.

1. 사인과 체중 감소 방법에 대한 적절한 확률의 계산과 설명
2. 사건들 "질병으로 인한 사망"과 "비수술"이 독립적인지를 결정

보고서 예시 – 사인과 체중 감소 방법의 연계성

수많은 연구들이 심각한 비만인들—최소한 100파운드 이상 과체중인—에게 제기된 건강 위험을 보고하였다. 예를 들면 심각한 비만인들은 전형적으로 고혈압을 경험하였고 당뇨병으로 발전할 가능성이 있다. 유타 대학 연구팀은 심각한 비만인들의 체중 감소 방법이 생명에 영향을 미쳤는지를 분석하였다. 이 연구는 위수술을 받은 7,925명의 환자들과 수술을 받지 않은 동일한 숫자의 사람들을 대상으로 한다. 이 보고서의 특정한 관심 중 하나는 이 연구과정중 사망한 534명의 환자들이다.

사망한 참여자들은 그들의 체중 감소 방법과 사인에 의하여 구분되었다. 체중 감소 방법의 경우 가능한 결과들은 "비수술" 혹은 "수술"이고, 사인의 대한 가능한 결과들은 "질병으로 인한 사망"(심장병, 암, 당뇨병 등) 혹은 "비질병으로 인한 사망"(자살, 사고 등)이다. 표 4.A는 결합확률들을 나타낸다.

표 4.A 체중 감소 방법과 사인에 따른 결합확률

사인	체중 감소 방법		합계
	비수술	수술	
질병으로 인한 사망	0.53	0.28	0.81
비질병으로 인한 사망	0.07	0.12	0.19
합계	0.60	0.40	1.00

무조건부 확률은 다음과 같다. 이 연구에서 사망한 환자들의 0.60은 수술을 받지 않았고, 0.40은 위수술을 받았다. 534명의 참여자 중 사망한 대부분, 즉 0.81은 질병으로 사망했고, 나머지는 비질병으로 사망했다.

결합확률은 수술을 받지 않고 질병으로 사망한 사람들의 확률이 0.53이고, 수술을 받고 질병으로 사망한 사람들이 0.28이라고 나타났다. 무조건부 확률과 결합확률을 이용하면, 조건부 확률을 계산할 수 있다. 예를 들어, 참여자의 사인이 질병이었다고 하면, 참여자가 수술을 받지 않았을 확률은 0.65(= 0.53/0.81)가 된다. 유사하게 수술을 받지 않은 환자들 중 그들의 사인이 질병이었을 확률은 0.88(= 0.53/0.60)이었다.

조건부 확률과 무조건부 확률 간의 비교는 사건들 "질병으로 인한 사망"과 "비수술"이 독립적인지 여부를 나타낼 수 있다. 예를 들어 임의로 선택된 비만인이 질병으로 사망했을 가능성은 81%가 된다. 그러나 어떤 비만인이 수술을 하지 않고 체중감량을 했다고 하면, 그/그녀가 질병으로 사망했을 가능성은 88%로 증가한다. 따라서 이 초기 연구는 어떤 참여자의 사인은 그/그녀의 체중 감소 방법과 관련이 있다는 것을 나타낸다.

개념정리

학습목표 **4.1**

기초 확률 개념의 설명

어떤 불확실한 사건에 적합한 확률을 부여하기 위해서는 어떤 용어들을 정의하는 게 유용하다. **실험**(experiment)이란 여러 가능한 결과들을 도출하는 과정이다. *S*로 표시되는 실험의 **표본공간**(sample space)은 실험의 모든 결과들을 포함한다. **사건**(event)은 실험결과들의 부분집합이고, 만일 하나의 결과만을 포함하고 있다면 이는 단일사건이라 불린다. 만약 실험의 모든 가능한 결과들이 사건들에 포함되어 있다면 이 사건은 **포괄적**(exhaustive)이라 말하고, 만약 어떤 사건이 실험의 공통결과를 공유하지 않는다면, 이 사건은 **상호배타적**(mutually exclusive)이라고 말한다.

확률(probability)이란 어떤 사건의 발생 가능성을 측정하는 수치이다. 확률은 0과 1 사이의 값을 가진다고 가정되고, 0은 불가능한 사건을, 그리고 1은 명백한 사건을 나타낸다. **확률의 두 가지 정의**(two defining properties of a probability)에는 다음과 같은 성질이 있다. (1)어떤 사건 *A*의 확률이 0과 1 사이의 값을 가진다. 즉, $0 \leq P(A) \leq 1$. (2)상호배타적이고 포괄적인 사건들의 확률들의 합은 1과 같다.

학습목표 **4.2**

주관적, 실증적, 고전적 확률의 공식과 해석

주관적 확률(subjective probability)은 개인이나 주관적인 판단에 의지하여 계산된다. **실증적 확률**(empirical probability)은 사건의 상대적 발생빈도로 계산된다. **고전적 확률**(classical probability)은 관측이나 개인의 판단보다는 논리적 분석에 기반을 둔다.

학습목표 **4.3**

사건의 보완확률과 두 개의 사건 중 최소 하나가 발생될 확률의 계산과 해석

확률규칙은 좀 더 복잡한 사건들의 확률들을 계산할 수 있게 만든다. **보완규칙**(complement rule)은 어떤 사건의 여집합의 확률이 1로부터 해당사건의 확률을 차감하는 방식을 통해 계산될 수 있도록 한다. 즉, $P(A^c) = 1-P(A)$. 두 사건 중 최소 하나의 사건이 발생될 확률을 **덧셈법칙**(addition rule)을 이용하여 계산할 수 있다. 즉, $P(A \cup B) = P(A) + P(B) - P(A \cap B)$. 상호배타적인 사건들의 경우 $P(A \cap B) = 0$이기 때문에 덧셈법칙은 다음과 같이 간단해진다. $P(A \cup B) = P(A) + P(B)$.

학습목표 **4.4**

조건부 확률의 계산과 곱셈법칙의 적용

$P(A)$로 표시되는 사건 A의 확률은 **무조건부 확률**(unconditional probability)이다. 이는 A가 어떤 추가적인 정보 없이 발생될 확률을 말한다. B가 이미 발생된 경우 A가 발생될 확률은 **조건부 확률**(conditional probability)이라고 하고, $P(A|B)$라고 표시한다. 조건부 확률은 다음과 같이 계산된다. $P(A|B) = \frac{P(A \cap B)}{P(B)}$. 우리는 **곱셈법칙**(multiplication rule)을 유도하기 위해 조건부 확률 공식을 재조정한다. 이 규칙을 이용할 때 두 사건 A와 B가 동시에 발생될 확률은 $P(A \cap B) = P(A|B)P(B) = P(B|A)P(A)$로 계산할 수 있다.

학습목표 **4.5**

독립사건과 종속사건들 간의 구분

만약 $P(A|B) = P(A)$ 혹은 $P(B|A) = P(B)$라면, 두 사건 A와 B는 **독립적**(independent)이고, $P(A|B) \neq P(A)$ 혹은 $P(B|A) \neq P(B)$라면, 두 사건은 **종속적**(dependent)이다. 독립사건들의 경우 곱셈법칙은 다음과 같이 간단해진다. $P(A \cap B) = P(A)P(B)$.

학습목표 **4.6**

분할표로부터의 확률계산과 해석

분할표(contingency table)는 일반적으로 두 개의 질적 변수 x와 y의 빈도수를 나타내고, 각 셀은 x와 y의 상호배타적 조합들을 나타낸다. 실증적 확률은 사건의 상대적 빈도수이기 때문에 쉽게 계산될 수 있다.

학습목표 **4.7**

총확률규칙과 베이즈 정리의 적용

총확률규칙(total probability rule)은 두 개의 상호배타적이고 포괄적인 사건들 B, B^c와 사건 A의 교집합 관점에서 사건 A의 무조건부 확률이다. 즉,

$$P(A) = P(A \cap B) + P(A \cap B^c) = P(A|B)P(B) + P(A|B^c)P(B^c).$$

위의 규칙을 표본공간이 n개로 분리된 상호배타적이고 포괄적인 사건들, $B_1, B_2, \ldots, B_n$으로 확장할 수 있다. 이때의 총확률규칙은 다음과 같다.

$$P(A) = P(A \cap B_1) + P(A \cap B_2) + \cdots + P(A \cap B_n) \text{ 혹은 동일하게,}$$
$$P(A) = P(A|B_1)P(B_1) + P(A|B_2)P(B_2) + \cdots + P(A|B_n)P(B_n).$$

베이즈 정리(Bayes' theorem)는 새로운 정보에 기반을 두고 확률을 업데이트하는 절차를 제공한다. $P(B)$를 사전적 확률이라고 하고, $P(B|A)$를 새로운 정보 A에 기반을 둔 사후적 확률이라고 하자. 그러면

$$P(B|A) = \frac{P(A \cap B)}{P(A \cap B) + P(A \cap B^c)} = \frac{P(A|B)P(B)}{P(A|B)P(B) + P(A|B^c)P(B^c)}$$

$i = 1, 2, ..., n$까지 확장된 경우, 베이즈 정리는 다음과 같다.

$$P(B_i|A) = \frac{P(A \cap B_i)}{P(A \cap B_1) + P(A \cap B_2) + \cdots + P(A \cap B_n)}$$

혹은 동일하게, $$P(B_i|A) = \frac{P(A|B_i)P(B_i)}{P(A|B_1)P(B_1) + P(A|B_2)P(B_2) + \cdots + P(A|B_n)P(B_n)}.$$

추가 연습문제와 사례연구

60. 14~17세의 자녀를 둔 4,400명의 부모에 대한 설문조사에 따르면, 부모들 중 44%는 자녀의 페이스북 계정을 훔쳐본다고 한다(http://msnbc.com, 2012.4.25.). 자녀의 페이스북 계정을 훔쳐보는 부모는 60%이고, 이 중 미국인 부모들은 10%를 차지한다고 가정하자. 부모들은 임의로 선택되고, 사건들은 다음과 같이 정의된다고 하자. A = 미국인 부모 선택, B = 훔쳐보는 부모 선택.
    a. 위 정보에 기반을 둔다면, 정의될 수 있는 확률들은 무엇인가? 이 확률들을 주관적, 실증적, 고전적으로 정의할 수 있는가?
    b. 사건 A와 B는 상호배타적이고 포괄적인가? 아니면 상호배타적이거나 포괄적인가? 설명하라.
    c. 사건 A와 B는 독립적인가? 설명하라.
    d. 어떤 부모가 훔쳐보는 부모라고 할때 이 부모가 미국인일 확률은 얼마인가?

61. 최근의 어떤 연구에 따르면, 십대들의 경우 핸드폰(특히 문자메시지)은 친구, 가족과 연락을 유지하는 중요한 매체이다(CNN, 2012.3.19). 오직 23%의 십대만이 자신의 핸드폰이 없는 것으로 나타났다. 핸드폰이 있는 사람들 중 4분의 1만이 스마트폰을 사용한다. 모든 십대들 중 스마트폰을 사용하는 사람의 비중은 얼마인가?

62. 헨리 차우(Henry Chow)는 메릴린치에서 일하는 주식중개인이다. 그는 과거 경험으로부터 그의 새로운 고객이 미국증권이 포함된 포트폴리오를 원할 가능성이 70%이고, 외국증권이 포함된 포트폴리오를 원할 가능성이 50%라는 것을 알고 있다. 그리고 미국증권과 외국증권이 모두 포함된 것을 원할 가능성은 오직 40%이다.
    a. 만약 어떤 고객이 이미 그녀의 포트폴리오에 외국증권을 가지고 있다면, 이 고객이 미국증권을 원할 확률은 얼마인가?
    b. 이 고객이 미국과 외국증권 모두를 그녀의 포트폴리오에 담지 않을 확률은 얼마인가?

63. 다음의 도수분포는 인도에서 가장 부유한 40명의 나이를 보여준다. 이 사람들 중 한명은 임의로 선택된다.

나이	빈도
30~40	3
40~50	8
50~60	15
60~70	9
70~80	5

자료: http://www.forbes.com

    a. 어떤 사람이 50~60대일 확률은 얼마인가?
    b. 어떤 사람이 50세보다 젊을 확률은 얼마인가?
    c. 어떤 사람이 최소 60세일 확률은 얼마인가?

64. Nauset건설의 오너 앤소니(Anthony Papantonis)는 두 개의 프로젝트 A와 B에 입찰중이다. 그가 프로젝트 A를 따낼 확률은 0.40이고 프로젝트 B를 따낼 확률은 0.25이다. 프로젝트 A와 B를 따내는 것은 독립적인 사건들이다.
    a. 그가 프로젝트 A 혹은 B를 따낼 확률은 얼마인가?
    b. 그가 어떤 프로젝트도 따내지 못할 확률은 얼마인가?

65. 2008년 가을 이후 경기침체로 인하여 수백만 명의 미국인들이 직업을 잃었다. 최근의 연구에서는 실업이 남성과 여성에게 동일한 영향을 미치지는 않은 것으로 나타났다(뉴스위크지, 2009.4.20). 노동부 통계 보고서에 따르면, 일할 수 있는 사람들 중 8.5%가 실직하였다. 일할 수 있는 남성들의 실업률은 8.8%이고 일할 수 있는 여성들의 실업률은 7.0%였다. 미국의 근로가능인구 중 남성은 52%를 차지한다고 가정하자.
    a. 여러분은 방금 대기업에 다니는 어떤 근로자가 해고되었다고 들었다. 이 근로자가 남성일 확률은 얼마인가?
    b. 여러분은 방금 대기업에 다니는 어떤 근로자가 해고되었다고 들었다. 이 근로자가 여성일 확률은 얼마인가?

66. 당신의 유년시절 당신이 얼마나 많은 미소를 지었는지는 나중에 당신의 결혼이 성공적인지를 예측할 수 있다(http://msnbc.com, 2009.4.16). 분석은 65세 이상 사람들 중 결혼성공률과 그들이 딱 10살일 때의 미소에 기반을 둔다. 연구자는 가장 많이 웃는 사

람들 중 11%만이 이혼한 반면, 가장 많이 찡그린 사람들 중 31%가 결혼에 실패했다는 것을 발견했다.

a. 사람들 중 2%가 10살 때 가장 많이 웃는 사람들이고 나중에 이혼했다고 가정하자. 가장 많이 웃는 사람들은 몇 퍼센트인가?

b. 만약 사람들의 25%가 가장 많이 찡그린 사람들이라고 한다면, 어떤 사람이 10살 때 가장 많이 찡그린 사람이고 나중에 이혼했을 확률을 계산하라.

67. 경영학 교수는 그의 학생 40명 중 8명이 여름 동안 인턴십을 경험했다고 들었다. 그가 복도에서 그의 학생 두 명을 마주쳤다고 가정하자.

a. 이 학생들이 인턴십을 경험하지 않았을 확률을 찾아라.

b. 이 학생들 모두가 인턴십을 경험했을 확률을 찾아라.

68. 나무상자는 망고를 포장하고 운송할 때 흔히 사용된다. 모건빌에 있는 어떤 편의점은 정기적으로 도매상으로부터 망고를 구매한다. 모든 운송물에 대해 매니저는 운송중 손상이 생겼는지를 검사하기 위해 20개의 망고가 들어있는 상자에서 임의로 2개의 망고를 검사한다. 선택된 상자에서 정확하게 3개의 망고가 손상되었다고 가정하자.

a. 첫 번째 망고가 손상되지 않았을 확률을 계산하라.

b. 손상된 망고가 없을 확률을 계산하라.

c. 2개의 망고 모두가 손상되었을 확률을 계산하라.

69. 세계의 경영자 심리를 측정하는 CGMA 경제지표에 따르면 모든 응답자의 18%가 세계 경제에 대해 낙관적으로 표현했다(http://www.aicpa.org, 2012.3.29). 더욱이 미국 출신 응답자의 22%와 아시아 출신 응답자의 9%는 세계 경제에 대해 낙관적으로 느꼈다.

a. 어떤 아시아 응답자가 세계 경제에 대해 낙관적으로 느끼지 못했을 확률은 얼마인가?

b. 만약 모든 응답자의 28%가 미국 출신이라면, 어떤 응답자가 미국 출신이고 세계 경제에 대해 낙관적일 확률은 얼마인가?

c. 모든 응답자의 22%가 아시아 출신이라고 가정하자. 만약 어떤 응답자가 세계 경제에 대해 낙관적으로 느꼈다면, 이 응답자가 아시아 출신일 확률은 얼마인가?

70. 작은 중서부 마을에 있는 한 지역 바에서 맥주와 와인은 유일한 알코올음료이다. 매니저는 주말 동안 방문하는 모든 남성 고객 중 150명은 맥주를 주문했고, 40명은 와인을, 그리고 20명은 무알코올음료를 주문했다고 말했다. 여성 고객들 중 38명은 맥주를, 20명은 와인을 주문했고, 12명은 무알코올음료를 주문했다.

a. 질적 변수인 성별(남성 혹은 여성)과 음료 선택(맥주, 와인, 무알코올음료)에 대한 빈도를 보여주는 분할표를 작성하라.

b. 어떤 고객이 와인을 주문할 확률을 찾아라.

c. 어떤 남성 고객이 와인을 주문할 확률은 얼마인가?

d. 사건 "와인"과 "남성"은 독립적인가? 확률을 이용하여 설명하라.

71. 남자와 여자가 단순한 친구가 된다는 것은 불가능하다고 일반적으로 믿어져왔다(뉴욕타임스지, 2012.4.12). 다른 사람들은 남자가 일하고 여자가 집에 머무르던 시절과 그들이 함께할 수 있는 유일한 방법이 연애였던 시절이 지나갔기 때문에 이러한 믿음은 아마도 더 이상 사실이 아닐 거라고 주장했다. 어떤 최근 조사에서 186명의 이성 대학생들에게 남자와 여자가 단순한 친구가 될 수 있는지 여부를 물었다. 여성의 32%와 남성의 57%는 남자와 여자가 단순한 친구가 될 수 없다고 답했다. 그 연구는 100명의 여학생과 86명의 남학생으로 이루어졌다고 가정하자.

a. 질적 변수인 성별(남성 혹은 여성)과 가능 여부(그렇다 혹은 아니다)에 대한 빈도수를 보여주는 분할표를 작성하라.

b. 어떤 학생이 남자와 여자가 단순한 친구가 될 수 있다고 믿을 확률은 얼마인가?

c. 만약 어떤 학생이 남자와 여자가 단순한 친구가 될 수 있다고 믿는다면, 이 학생이 남학생일 확률은 얼마인가? 이 학생이 여학생일 확률을 구하라.

72. 미국의학협회저널의 어떤 연구(2008.2.20)는 병원에 있는 동안 오후 11시 이후에 심장마비가 온 환자들은 사망할 가능성이 높다는 것을 발견했다. 이 연구는 낮 혹은 밤 동안 심장마비가 발생한 58,893명을 조사했다. 이들 중 11,604명은 병원을 떠나 살았었다. 흔히 무덤으로의 이송으로 언급되는 오후 11시 이후의 이송은 28,155명이 있었다. 이들 중 4,139명은 생존했다. 다음의 분할표는 연구의 결과를 요약한다.

	생존	사망	
낮 혹은 밤에 이송	11,604	49,989	58,593
무덤으로 이송	4,139	24,016	28,155
	15,743	71,005	86,748

a. 임의로 선택된 환자가 무덤으로의 이송중 심장마비를 경험할 확률은 얼마인가?

b. 임의로 선택된 환자가 생존할 확률은 얼마인가?

c. 임의로 선택된 환자가 무덤으로의 이송중 심장마비를 경험했다면, 이 환자가 생존할 확률은 얼마인가?

d. 임의로 선택된 환자가 생존했다면, 이 환자가 무덤으로의 이송중 심장마비를 경험할 확률은 얼마인가?

e. 사건 "생존"과 "무덤으로의 이송"은 독립적인가? 확률을 이용하여 설명하라. 여러분의 대답이 주어진 상태에서 당신은 병원에게 어떤 종류의 제안을 할 수 있는가?

73. 여성들은 비록 행복한 상태로 시작했을지라도 결국엔 인생의 후반기에 남성보다 불행하다고 보고되었다(Yahoo News, 2008.8.1). 인생 초기에 여성은 전반적으로 큰 행복을 이끄는 가족의 삶과 금융목표를 성취할 가능성이 높다. 그러나 남성들은 그들의 금융상태와 가족의 삶에서 더 높은 만족을 보였다. 300명의 남성과 300명의 여성을 조사한 결과를 다음 표에 나타냈다.

"당신은 당신의 금융상태와 가족의 삶에 만족합니까?"라는 질문에 대한 답변

	연령		
여성	20~35	35~50	50 이상
그렇다	73	36	32
아니다	67	54	38

	연령		
남성	20~35	35~50	50 이상
그렇다	58	34	38
아니다	92	46	32

a. 임의로 선택된 여성이 그녀의 금융상태와 가족의 삶에 만족할 확률은 얼마인가?
b. 임의로 선택된 남성이 그의 금융상태와 가족의 삶에 만족할 확률은 얼마인가?
c. 여성의 경우 사건 "그렇다"와 "20~35세"는 독립적인가? 확률을 이용하여 설명하라.
d. 남성의 경우 사건 "그렇다"와 "20~35세"는 독립적인가? 확률을 이용하여 설명하라.

74. 어떤 분석가는 미국 경제가 좋을 가능성이 40%라고 예측했다. 만약 미국 경제가 좋다면, 아시아 국가들의 경제 역시 좋을 가능성은 80%이다. 반면, 미국 경제가 안 좋다면, 아시아 국가들의 경제가 좋을 확률은 0.30으로 하락한다.
a. 미국 경제와 아시아 국가들의 경제가 좋을 확률은 얼마인가?
b. 아시아 경제가 좋을 무조건부 확률은 얼마인가?
c. 아시아 경제가 좋다고 주어졌을 때 미국 경제가 좋을 확률은 얼마인가?

75. 분명히 우울증은 인생의 후반기에 치매로 발전할 위험을 현저하게 증가시킨다(BBC News, 2010.7.6). 어떤 최근 연구에서 우울증이 있는 사람들의 22%는 치매로 발전하였고, 17%는 그렇지 않았다고 보고되었다. 모든 사람들 중 10%가 우울증을 겪는다고 가정하자.
a. 어떤 사람이 치매로 발전할 확률은 얼마인가?
b. 만약 어떤 사람이 치매로 발전하였다면, 그 사람이 인생 초기에 우울증을 겪었을 확률은 얼마인가?

76. 전국보건영양조사(National Health and Nutrition Examination Survey) 자료에 따르면, 성인 여성의 36.5%와 성인 남성의 26.6%는 건강한 몸무게이다. 성인 인구의 50.52%가 여성으로 구성되었다고 가정하자.
a. 건강한 몸무게인 성인의 비중은 얼마인가?
b. 만약 어떤 성인이 건강한 몸무게라면, 이 성인이 여성일 확률은 얼마인가?
c. 만약 어떤 성인이 건강한 몸무게라면, 이 성인이 남성일 확률은 얼마인가?

77. 60%의 학생들은 규칙적으로 숙제를 한다고 가정하자. 규칙적으로 숙제를 하는 학생들 중 80%는 수업에서 좋은 성적(A 혹은 B 등급)을 받는다고 알려졌다. 숙제를 규칙적으로 하지 않는 학생들 중 오직 20%만이 수업에서 좋은 성적을 받았다.
a. 어떤 학생이 수업에서 좋은 성적을 받을 확률은 얼마인가?
b. 그 학생이 수업에서 좋은 성적을 받았다고 할 때, 이 학생이 규칙적으로 숙제를 했을 확률은 얼마인가?

78. 인구조사에 따르면 부모가 모두 있는 어린이의 퍼센트는 아시아인이 제일 높았고, 흑인이 제일 낮았다(USA투데이지, 2009.2.26). 아시아 어린이의 85%는 부모가 모두 있는 데 비해 백인은 78%, 히스패닉은 70%, 그리고 흑인은 38%였다. 어떤 학교에 500명의 학생이 있는데, 이들 중 280명은 백인이고, 50명은 아시아인, 100명은 히스패닉, 그리고 70명은 흑인이라고 가정하자.
a. 어떤 어린이가 부모가 모두 있을 확률은 얼마인가?
b. 만약 부모가 모두 있다면, 이 어린이가 아시아인일 확률은 얼마인가?
c. 만약 부모가 모두 있다면, 이 어린이가 흑인일 확률은 얼마인가?

사례연구

사례연구 4.1

1980년대에 새로운 콜라의 도입이 처참하게 실패한 이후로 대부분의 식음료회사들은 맛이나 성분표시방법의 변화에 대해 주의를 기울여왔다. 더 많은 사업을 끌어들이려는 시도로 스타벅스는 최근 대부분의 입점지에 주요 드립커피인 Pike Place Roast라는 새롭고 부드러운 커피를 도입했다. 이 아이디어는 끝맛이 부드러운 좀 더 다가가기 쉬운 커피를 제공하려는 것이었다. 그러나 그 전략은 또한 회사의 좀 더 확고하고 견고한 로스트를 중시하지

않았다. 최초에, 부드러운 커피는 정오 이후 고객을 위한 유일한 옵션이었다. 최근 오후에 100명의 고객에게 가까운 시일에 다른 Pike Place Roast 커피를 위해 돌아올지 여부를 물었다고 가정하자. 다음의 분할표는(고객의 유형과 고객이 돌아올지 여부로 구분된) 그 결과를 보여준다.

사례연구 4.1의 데이터

가까운 시일내에 재방문	고객 유형	
	첫 방문 고객	단골 고객
그렇다	35	10
아니다	5	50

다음 질문에 답하기 위해 보고서에 있는 정보를 이용하라.

1. 무조건부 확률을 계산하고 설명하라.
2. 어떤 고객이 단골이라고 할 때 그 고객이 재방문할 확률을 계산하라.
3. 사건 "재방문"과 "단골 고객"은 독립적인지 여부를 결정하라. Pike Place Roast의 도입 이후 얼마 지나지 않아 스타벅스는 많은 매장에서 오후에 진한 커피를 다시 제공하기로 결심했다. 여러분의 결과는 스타벅스의 결정을 지지하는가? 설명하라.

사례연구 4.2

임신중 여성의 갑상선을 무시하는 것이 일반적이다(뉴욕타임스지, 2009.4.13). 갑상선은 몸무게, 심박수 및 신체의 다른 요소들이 잘 유지되도록 도움을 주는 신진대사를 관리하는 호르몬을 생성한다. 갑상선의 기능이 잘못되게 되면 호르몬을 과소 혹은 과대 생성하게 된다. 임신중 치료되지 않은 비정상적인 갑상선으로 야기되는 갑상선 저하는 아이의 지적능력을 떨어뜨릴 수 있는 위험을 수반한다. 한 연구에 따르면 25,216명의 임신여성 중 62명은 갑상선 저하로 진단되었다. 치료되지 않은 비정상적인 갑상선을 보유한 여성에게서 태어난 아이의 19%는 IQ가 85이거나 더 낮은 반면, 건강한 갑상선을 가진 엄마에게서 태어난 아이는 5%만이 이 증상을 나타냈다. 또한 만약 엄마가 갑상선 저하를 치료했다면, 그 자녀들의 지적능력 저하는 나타나지 않았다고 보고하였다.

다음 질문에 답하기 위해 보고서에 있는 정보를 이용하라.

1. 어떤 여성이 임신중 갑상선 저하를 겪고, 나중에 IQ가 85이거나 그 이하인 자녀를 가질 가능성을 찾아라.
2. 100,000명의 표본 중 임신한 여성의 갑상선이 무시되어 IQ가 85이거나 그 이하인 자녀들의 숫자를 결정하라.
3. 만약 모든 임신여성이 검사를 받고 갑상선 저하를 치료했다면, 2번에서 구한 숫자와 비교하고 조언하라.

사례연구 4.3

1998년에 제정된 "자녀 온라인 개인정보 보호법"은 기업들이 아이들의 정보와 온라인간 이동 자료를 수집하기 전에 부모의 동의를 구할 것을 요구한다. 그러나 이 법은 나이가 12세 이하인 아이들에게 적용된다. 십대들은 종종 그들의 온라인 삶의 공유를 잘 인식하지 못한다. 자료 수집가들은 디지털 특성의 거대한 자료창고를 만들고 이러한 정보를 트렌드를 감지하고 미세하게 그들의 광고를 십대에게 전송하고자 하는 광고주에게 판매한다. 예를 들어, 몸무게 감량방법을 찾는 어떤 십대는 쿠키정보 수집에 의해 그/그녀의 네트워크로 전송된 다이어트 보조제 광고에 현혹될 수 있다. 소셜네트워크의 십대 사용자 규모를 가늠하는 첫 번째 단계로서 어떤 경제학자는 200명의 십대 소녀와 200명의 십대 소년을 조사했다. 십대 소녀 중 166명은 소셜네트워크 사이트를 사용하였고, 십대 소년 중 156명이 이 사이트를 이용했다.

다음 질문에 답하기 위해 보고서에 있는 정보를 이용하라.

1. 질적 변수인 성별(남성 혹은 여성) 그리고 소셜네트워크 사이트의 사용(그렇다 혹은 아니다)의 빈도수를 나타내는 분할표를 작성하라.
2. 어떤 십대가 소셜네트워크 사이트를 이용할 확률은 얼마인가?
3. 어떤 십대 소녀가 소셜네트워크 사이트를 이용할 확률은 얼마인가?
4. 입법 전에 어떤 법안은 "자녀 온라인 개인정보 보호법"의 적용을 15세로 연장하고자 한다. 나아가 이 법은 인터넷회사들이 16세 이하 아이들에게 타깃광고를 전송하는 것을 금지하고 이 아이들과 부모들에게 삭제버튼으로 그들의 디지털정보를 삭제할 수 있는 능력을 부여하려고 한다(보스턴글로브지, 2012.5.20). 십대의 소셜네트워크 사이트 사용에 대한 확률이 여러분의 계산으로 주어졌을 때 여러분은 이 법의 입법이 필요하다고 생각하는가? 설명하라.

사례연구 4.4

2008년 휘발유가의 상승은 캘리포니아 시민들이 해안탐사에 덜 저항하도록 만들었다. 어떤 투표 조사는 캘리포니아 시민 중 많은 사람들이 2005년과 비교했을 때 석유와 천연가스 채취를 위해 주의 해안을 따라 탐사하는 아이디어를 지지했다는 결과를 보여줬다(월스트리트저널, 2008.7.17). 석유 채취를 위한 임의의 탐사는 오직 한번에 5%만 성공한다고 가정하자.

어떤 석유회사는 석유를 감지하는 새로운 기술을 발견하였다고 막 공표하였다. 이 기술은 80% 정도 신뢰할 만하다. 즉, 만약 석유가 있다면 이 기술은 "석유"라는 신호를 80% 정도 보낼 것이다. 또한 이 기술은 사실 석유가 존재하지 않는데 석유가 있다고 잘못된 신호를 보낼 가능성이 1% 있다고 하자.

다음 질문에 답하기 위해 보고서에 있는 정보를 이용하라.

1. 적절한 확률을 보여주는 표를 만들어라.
2. 최근의 탐사에서 이 기술이 석유가 실제로 존재하지만 그 지역에는 "석유 없음"을 탐지할 확률을 찾아라.

이산적 확률분포

Discrete Probability Distributions

CHAPTER

학습목표 LEARNING OBJECTIVES

이 장을 학습한 후에는

학습목표 **5.1 이산적 확률변수와 연속적 확률변수를 구분할 수 있어야 한다.**

학습목표 **5.2 이산적 확률변수의 확률분포를 설명할 수 있어야 한다.**

학습목표 **5.3 이산적 확률변수 요약측정을 계산하고 설명할 수 있어야 한다.**

학습목표 **5.4 이항분포를 설명하고 적절한 확률들을 계산할 수 있어야 한다.**

학습목표 **5.5 포아송분포를 설명하고 적절한 확률들을 계산할 수 있어야 한다.**

학습목표 **5.6 초기하분포를 설명하고 적절한 확률들을 계산할 수 있어야 한다.**

이 장에서는 확률변수의 개념 소개를 통해 확률에 대한 논의를 확장한다. 확률변수는 수치적 관점에서 실험의 결과를 요약한다. 이는 가정된 수치의 범위에 따라 이산적 혹은 연속적으로 구분될 수 있다. 이산적 확률변수는 셀 수 있는 서로 다른 수치들로 가정되는 반면, 연속적 확률변수는 셀 수 없다는 특징이 있다. 이 장에서는 이산적 확률변수에 초점을 맞춘다. 예제들은 소비자들이 가지고 다니는 신용카드의 숫자, 100개의 표본 가구 중 압류된 숫자, 톨게이트 요금소에 줄지어선 자동차들의 숫자 등을 포함한다. 일단 어떤 확률변수를 가정할 수 있는 가능한 수치들의 범위로 정의하면 우리는 이런 다른 수치들과 관련된 확률들을 계산하는 데 확률분포를 사용한다. 또한 평균, 분산, 표준편차 등을 포함하는 어떤 확률변수의 요약측정을 계산할 수 있다. 마지막으로, 널리 이용되는 3가지 확률분포인 이항분포, 포아송분포, 초기하분포를 설명하겠다.

도입사례

잠재고객에 대비한 직원 충원

100개의 점포를 철수하려던 이전 계획에 더하여 스타벅스는 2008년에 미국 지역의 500개 이상의 점포를 폐쇄하려는 계획을 발표했었다(월스트리트저널, 2008.7.9). 경영진은 경기불황과 높은 연료비와 식품가격이 국내 매장 집중도를 낮추도록 이끌었다고 주장했다. 다른 사람들은 스타벅스의 급속한 팽창이 포화시장을 만들었다고 분석했다. 폐점할 지역은 수익성이 나쁘거나 수익성이 있을 것이라고 기대되지 않거나 혹은 스타벅스가 직영하는 매장 근처의 지역들이었다.

스타벅스 매니저인 앤 존스(Anne Jones)는 그녀의 매장은 영업을 유지할 것이라는 것을 본사로부터 보증받았다. 그녀는 근처 점포들의 폐쇄가 그녀 매장에 어떤 영향을 미칠지에 대해 염려한다. 앤은 전형적인 스타벅스 고객은 한 달에 15~18번 정도 방문한다는 것을 안다. 그녀는 그녀 점포의 충성도 높은 스타벅스 고객에다가 폐점 지역 고객들까지 더불어 30일 동안 평균적으로 18번 방문한다고 믿는다. 직원의 충원을 결정하기 위해 앤은 고객들이 방문하는 확률분포에 대한 확고한 이해가 필요하다고 생각한다. 만약 직원을 너무 많이 충원하면, 어떤 직원은 할 일이 없을 것이고, 이는 매장의 비용이다. 그러나 만약 직원이 부족하게 되면, 서비스가 나빠져 고객을 잃게 되는 사태를 초래할 것이다.

앤은 다음의 사항을 위해 위의 정보를 이용하기를 원한다.

1. 특정한 기간에 전형적인 스타벅스 고객의 기대 방문 횟수를 계산하라.
2. 전형적인 스타벅스 고객이 특정한 시간에 특정한 횟수로 매장을 방문할 확률을 계산하라.

사례요약이 5장 4절 끝에 제공되어 있다.

5.1 확률변수와 이산적 확률분포

학습목표 **5.1**

이산적 확률변수와 연속적 확률변수 간의 구분

우리는 종종 불확실한 측면에서 중요한 결정을 해야만 할 때가 있다. 예를 들어 자동차 중개상은 자동차의 실제 수요가 알려지지 않았을 때 자신의 창고에 몇 대의 차를 보유할지를 결정해야 한다. 유사하게 어떤 투자자는 실제 투자수익의 결과를 알지 못 할 때 포트폴리오를 선택해야만 한다. 이러한 불확실성은 우리가 **확률변수**라 부르는 무언가에 의해 포착된다. 확률변수는 수치가 동반된 어떤 실험의 결과를 요약한다.

> **확률변수**(random variable)는 수치를 실험의 결과에 부여하는 함수이다.

일반적으로 확률변수를 표기하기 위해 문자 X를 사용한다. **이산적 확률변수**(discrete random variable)는 가치가 다른 셀 수 있는 숫자들로 가정한다. 즉, x_1, x_2, x_3, ... 등. 이는 아마도 유한한 숫자이거나 무한한 숫자로 가정될 수 있다. 반면, **연속적 확률변수**(continuos random variable)는 셀 수 없는 가치로 특징된다. 다른 말로 하면, 연속적 확률변수는 어떤 구간내 혹은 구간 모음의 특정 수치를 취할 수 있다.

> **이산적 확률변수**는 가치가 다른 셀 수 있는 숫자들로 가정하는 반면, **연속적 확률변수**는 어떤 구간의 셀 수 없는 가치로 특징된다.

4장을 상기하면, 표본공간 S는 어떤 실험에 대한 모든 결과들의 집합이다. 어떤 수치들을 이러한 결과들에 부여할 때마다 확률변수 X가 정의될 수 있다. 다음의 실험과 이 실험과 관련된 이산적 확률변수들의 예제들을 고려하자.

실험 1. 6면의 주사위 굴리기; $S = \{1, 2, 3, 4, 5, 6\}$

만약 홀수이면, X = $10 획득, 만약 짝수이면, $10 손실, 가능한 수치 = $\{-10, 10\}$

만약 3보다 작은 숫자이면, X = $10 획득, 만약 4보다 큰 숫자이면, $10 손실, 가능한 수치 = $\{-10, 0, 10\}$

실험 2. 두 개의 셔츠가 생산라인에서 선택되고 각각은 검사되거나(D) 검사되지 않을 수 있음(N); $S = \{(D,D), (D,N), (N,D), (N,N)\}$

X = 검사된 셔츠의 숫자, 가능한 수치 = $\{0, 1, 2\}$

X = 검사된 셔츠의 비율, 가능한 수치 = $\{0, 1/2, 1\}$

실험 3. 한 건의 부동산 담보대출 신청서의 검토와 이 고객이 승인(A)될지 거부(D)될지의 결정; $S = \{A, D\}$

A의 경우 $X = 1$, D의 경우 $X = 0$, 가능한 수치 = $\{0, 1\}$

A의 경우 $X = 1$, D의 경우 $X = -1$, 가능한 수치 = $\{-1, 1\}$

실험 4. 여러 건의 부동산 담보대출 신청서의 검토와 각 고객들이 승인(A)되거나 거부(D)될지의 결정; S = 요소가 A 혹은 D인 모든 가능한 무한수열의 집합

X = 승인된 숫자, 가능한 수치 = $\{0, 1, 2, 3, ...\}$

X = 승인된 숫자의 제곱, 가능한 수치 = $\{0, 1, 4, 9, ...\}$

실험 1, 2, 3에서 정의된 확률변수들은 유한하고 셀 수 있는 수치들을 가지는 반면, 실험 4에서 정의된 확률변수들은 무한하지만 셀 수 있는 수치들을 가지고 있다.

때때로 우리는 어떤 수치적 결과들의 확률변수들을 직접적으로 정의할 수 있다. 예를 들어, 우리는 지원자 100명 중 금융보조를 받은 학생들의 숫자에 관심을 가질 수 있다. 이때 확률변수의 가능한 수치 집합은 표본공간, {0, 1, ..., 100}과 동일하다. 유사한 방법으로 우리는 셀 수 있는 무한한 숫자로 확률변수를 정의할 수 있다. 예를 들어, 월요일 아침 오전 9시에서 오전 10시 사이에 브루클린 다리를 건너간 자동차 대수를 생각해보자. 여기서 이산적 확률변수는 무한하지만 {0, 1, 2, ...} 같은 방법으로 셀 수 있다. 단, 우리는 관측된 차의 상한치를 특정지을 수 없음을 주의하자.

비록 우리가 이 장에서 이산적 확률변수를 알아보지만 확률변수는 연속적일 수 있다. 예를 들어 60분간 시험을 완료해야 하는 어떤 학생의 시간은 아마도 0~60분 사이의 어떤 수치로 가정할 수 있다. 따라서 그런 수치의 집합은 셀 수 없다. 즉, 수열에서 [0, 60]의 구간으로부터 모든 실수들을 넣는 것은 불가능하다. 여기서 확률변수는 연속적이다. 왜냐하면 결과들은 셀 수 없기 때문이다. 어떤 학생들은 아마도 위 예제의 시간이 초단위로 셀 수 있다고 생각할 수 있다. 그러나 이는 초단위의 분해를 고려하면 적절한 경우가 안된다. 연속적 확률변수들은 다음 장에서 자세하게 논의할 것이다.

이산적 확률분포

학습목표 **5.2**
이산적 확률변수의 확률분포 설명

모든 확률변수들은 이를 완벽하게 설명할 수 있는 **확률분포**와 관련이 있다. 이산적 확률변수를 **확률질량함수**(probability mass function) 측면에서 정의하고, 연속적 확률변수를 **확률밀도함수**(probability density function) 측면에서 정의하는 것이 일반적이다. 두 변수들은 또한 **누적분포함수**(cumulative distribution function) 측면에서 정의될 수 있다.

어떤 이산적 확률변수 X의 **확률질량함수**는 X의 수치와 이와 관련된 확률들의 목록이다. 즉, 모든 가능한 조합 $(x, P(X = x))$의 목록이다.
X의 **누적분포함수**는 $P(X \leq x)$로 정의된다.

편의를 위해 확률질량함수의 경우 "확률분포", "분포"와 같은 용어를 사용할 것이다. 그리고 다음 장의 확률밀도함수의 경우도 동일하게 적용할 것이다. 양쪽 장에서 우리는 누적분포함수의 경우 "누적확률분포"를 사용할 것이다.

우리는 표, 대수학, 그림 형태 등을 포함하는 여러 가지 방법으로 이산적 확률분포를 볼 수 있다. 예제 5.1은 2개의 표 형태 중 하나를 보여준다. 일반적으로 우리는 두 가지 다른 방법으로 표를 구성할 수 있다. 첫 번째 접근법은 확률변수를 특정한 수치로 가정하는 확률을 직접적으로 구체화하는 것이다.

예제 5.1

6면의 주사위를 굴리고, 확률변수가 굴려서 나온 숫자로 정의되는 실험 1을 다시 참조하자. 표 형태로 확률분포를 제시하라.

풀이: 6면의 주사위를 굴리는 경우의 확률분포는 표 5.1에 나타난다.

표 5.1 예제 5.1의 확률분포

X	1	2	3	4	5	6
$P(X=x)$	1/6	1/6	1/6	1/6	1/6	1/6

표 5.1로부터 $P(X = 5)$는 1/6과 동일하다는 것을 추론할 수 있다. 위 문제의 경우 X를 6가지 가능한 수치들의 어떤 것으로 가정한 확률은 1/6이다.

예제 5.1에서 정의된 확률분포는 모든 이산적 확률분포의 두 가지 요소를 설명한다.

이산적 확률분포의 두 가지 특성들

- 각 수치 x의 확률은 0과 1 사이의 한 값이거나 동일하게 $0 \leq P(X = x) \leq 1$이다.
- 확률들의 합은 1이다. 다른 말로 하면, $\Sigma P(X = x_i) = 1$, 즉 X에 포함된 모든 x에 대한 합.

두 번째 표가 보여주는 확률분포는 누적확률분포에 기반을 둔다.

누적확률분포는 특정한 값보다는 어떤 수치 범위에 대한 확률을 찾는 것에 관심이 있을 때 편리하다. 예제 5.1에서 정의된 확률변수의 경우 누적확률분포는 표 5.2에 나타난다.

표 5.2 예제 5.1에 대한 누적확률분포

X	1	2	3	4	5	6
$P(X \leq x)$	1/6	2/6	3/6	4/6	5/6	6/6

만약 우리가 주사위를 굴려서 4 혹은 그 보다 적은 숫자가 나올 확률에 관심이 있을 때, 즉 $P(X \leq 4)$, 누적확률분포로부터 이 확률이 4/6이라는 것을 볼 수 있다. 이전의 확률 표현에 따르면 우리는 확률들을 더하여 $P(X \leq 4)$를 다음과 같이 계산할 수 있다.

$$P(X = 1) + P(X = 2) + P(X = 3) + P(X = 4) = 1/6 + 1/6 + 1/6 + 1/6 = 4/6$$

동시에 우리는 확률변수를 특정 수치로 가정하는 확률을 찾을 때 누적확률분포를 사용할 수 있다. 예를 들어, $P(X = 3)$은 $P(X \leq 3) - P(X \leq 2) = 3/6 - 2/6 = 1/6$로 찾을 수 있다.

많은 예제에서 우리는 대수학 공식을 적용하여 확률분포를 표현할 수 있다. 예제 5.1에 있는 확률변수의 확률분포 공식표현은 다음과 같다.

$$P(X = x) = \begin{cases} 1/6 & \text{만약 } x = 1, 2, 3, 4, 5, 6 \\ 0 & \text{그렇지 않으면} \end{cases}$$

따라서 위 공식으로부터 우리는 $P(X = 5) = 1/6$이고 $P(X = 7) = 0$이라고 찾을 수 있다.

그림으로 확률분포를 표현하기 위해서 X의 모든 x 수치를 수평축에 놓고 이와 관련 있는 확률들 $P(X = x)$를 수직축에 놓는다. 그 다음 각 x가 나타나는 지점에 이에 대한 확률 $P(X = x)$와 높이가 같은 어떤 선을 그린다. 그림 5.1은 예제 5.1에서 정의된 확률변수의 확률분포를 그림으로 보여준다.

그림 5.1 6면의 주사위를 굴릴 때의 확률분포

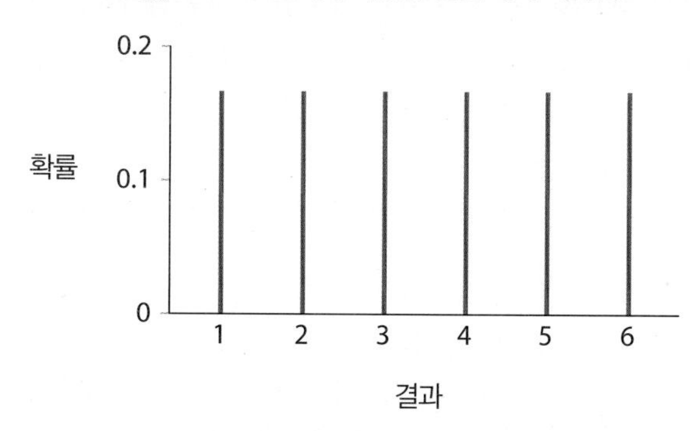

그림 5.1의 확률분포는 **이산균등분포**(discrete uniform distribution)의 한 예이고, 이 분포는 다음과 같은 특징을 가진다.

- 분포는 특정한 수치의 유한 숫자를 가진다.
- 각 수치의 확률은 모두 동일하다.
- 분포는 대칭적이다.

예제 5.2

어떤 공인중개사가 한달 동안 판매한 집의 숫자는 표 5.3의 확률분포를 가진다.

표 5.3 판매된 집 숫자에 대한 확률분포

판매된 집의 숫자	확률
0	0.30
1	0.50
2	0.15
3	0.05

a. 이는 유효한 확률분포인가?
b. 이 공인중개사가 한달 동안 한 채의 집도 팔지 못할 확률은 얼마인가?
c. 이 공인중개사가 한달 동안 최대 한 채의 집을 팔 확률은 얼마인가?
d. 이 공인중개사가 한달 동안 최소 두 채의 집을 팔 확률은 얼마인가?
e. 그림으로 확률분포를 나타내고, 이 확률분포의 대칭성/왜도에 관하여 논하라.

풀이:

a. 먼저 확률변수 X를 이 공인중개사가 한달 동안 판매한 집의 숫자로 표시하는 것을 명시하자. 이 변수는 수치가 0부터 3까지라고 가정한다. 확률분포는 다음의 두 가지 조건을 만족하기 때문에 유효하다. (1)모든 확률들은 0과 1 사이에 있다. (2)확률들의 합은 1이다(즉, $0.30 + 0.50 + 0.15 + 0.05 = 1$).

b. 이 공인중개사가 한달 동안 집을 한 채도 팔지 못할 확률을 찾기 위해서는 우선 적합한 확률상태를 표시하여 질문을 적어야 한다. $P(X = 0) = 0.30$을 찾을 수 있다.

c. 적합한 확률상태를 적은 후 이와 관련된 확률들을 합하면 다음과 같다. $P(X \leq 1) = P(X = 0) + P(X = 1) = 0.30 + 0.50 = 0.80$

d. 확률상태를 다시 적고, 그런 다음 이와 관련된 확률들을 합하면 다음과 같다. $P(X \geq 2) = P(X = 2) + P(X = 3) = 0.15 + 0.05 = 0.20$

e. 그림 5.2의 그래프는 분포가 대칭적이지 않다는 것을 보여준다. 대신에 왜도는 양의 방향으로 기울어져 있다. 한달에 두 채 혹은 세 채의 집을 팔 확률은 적다. 가장 가능성있는 결과는 한달 동안 한 채의 집을 파는 것이고, 이에 대한 확률은 0.50이다.

그림 5.2 판매된 집의 확률분포

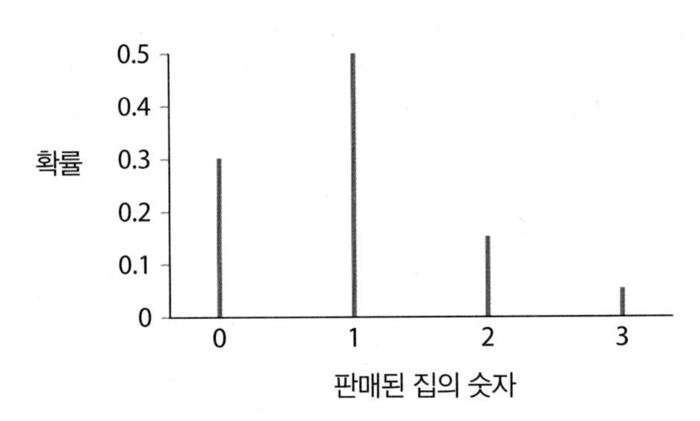

연습문제 5.1

기본문제

1. 다음의 이산적 확률분포를 보고 답하라.

X	15	22	34	40
$P(X = x)$	0.14	0.40	0.26	0.20

a. 이 확률분포는 유효한가? 설명하라.
b. 이 확률분포를 그림으로 표현하라.
c. 확률변수 X가 40보다 작을 확률은 얼마인가?
d. 확률변수 X가 10과 30사이에 있을 확률은 얼마인가?
e. 확률변수 X가 20보다 클 확률은 얼마인가?

2. 다음의 이산적 확률분포를 보고 답하라.

X	− 25	− 15	10	20
$P(X = x)$	0.35	0.10		0.10

a. 확률분포를 완성하라.
b. 확률분포를 그림으로 표현하고 이 분포가 대칭적인지 평가하라.
c. 확률변수 X가 음수일 확률은 얼마인가?
d. 확률변수 X가 − 20보다 클 확률은 얼마인가?
e. 확률변수 X가 20보다 작을 확률은 얼마인가?

3. 다음의 누적확률분포를 보고 답하라.

X	0	1	2	3	4	5
$P(X \leq x)$	0.15	0.35	0.52	0.78	0.84	1

a. $P(X \leq 3)$를 계산하라.
b. $P(X = 3)$를 계산하라.
c. $P(2 \leq X \leq 4)$를 계산하라.

4. 다음의 누적확률분포를 보고 답하라.

X	− 25	0	25	50
$P(X \leq x)$	− 0.25	0.50	0.75	1

a. $P(X \leq 0)$를 계산하라.
b. $P(X = 50)$를 계산하라.
c. 이는 이산균등분포인가? 설명하라.

응용문제

5. 다음 확률변수들의 가능한 수치들을 식별하라. 어떤 확률변수가 이산적인가?

a. 어떤 학생이 수업에 받은 수치적 등급
b. 어떤 학생의 평점
c. 수치로 정의된 어떤 근로자의 임금 (수치는 4자리, 5자리 등)

6. 다음 확률변수들의 가능한 수치들을 식별하라. 어떤 확률변수가 이산적인가?
   a. 둥근 도미노피자의 광고된 크기
   b. 둥근 도미노피자의 실제 크기
   c. 요세미티 국립공원의 일일 방문객수
   d. 요세미티 국립공원에 방문한 어떤 관광객의 나이

7. 인도는 인구가 10억이 넘는, 세계에서 두 번째로 인구가 많은 나라이다. 비록 인도 정부가 인구 억제를 위해 다양한 인센티브를 제공했지만, 출생률 특히 시골에서의 출생률이 여전히 너무나 높다는 주장이 있다. 어떤 인구 통계학자는 다음의 인도 가구 크기의 확률분포를 가정했다.

가구 크기	확률
1	0.05
2	0.09
3	0.12
4	0.24
5	0.25
6	0.12
7	0.07
8	0.06

   a. 인도의 어떤 가구 크기가 5명보다 작을 확률은 얼마인가?
   b. 인도의 어떤 가구 크기가 5명 혹은 그 이상일 확률은 얼마인가?
   c. 인도의 어떤 가구원 숫자가 엄격하게 3~6 사이일 확률은 얼마인가?
   d. 이 확률분포를 그림으로 표현하고 대칭성에 대해서 평가하라.

8. 어떤 금융 분석가가 수익증권 뮤추얼펀드의 성과에 대한 다음의 확률분포를 만들었다.

성과	점수	확률
매우 나쁨	1	0.14
나쁨	2	0.43
보통	3	0.22
좋음	4	0.16
매우 좋음	5	0.05

   a. 설명된 분석가의 추정에서 낙관적인지 아니면 비관적인지 평가하라.
   b. 위 확률분포를 누적확률분포로 전환하라.
   c. 이 뮤추얼펀드가 최소한 좋음일 확률은 얼마인가?

9. 어떤 농구선수가 득점을 하려는 순간 파울을 당했고 2개의 자유투를 얻었다. 상대편 코치는 이 선수가 모든 자유투를 실패할 가능성이 55%이고, 둘 중에 하나만 성공할 가능성이 25%이며, 모두 성공할 가능성이 20%라고 믿는다.
   a. 적합한 확률분포를 구성하라.
   b. 이 선수가 하나 이상 자유투를 성공하지 못할 확률은 얼마인가?
   c. 이 선수가 최소한 하나의 자유투를 성공시킬 확률은 얼마인가?

10. 2010년 초반에, 선행 미국주식시장은 미국 소비자 심리가 2009년 8월 이후로 가장 낮은 수준일 때 2.5% 이상 하락했다(BBC 뉴스, 2010.7.16). 새로운 경제자료가 주어진 상태에서 어떤 경제학자는 소비자 심리가 62 아래로 하락할 가능성이 35%이고 65 위로 상승할 가능성은 오직 25%라고 믿는다. 이 경제학자는 이 심리점수를 만약 소비자 심리가 62 미만일 때 1로, 62~65 사이일 때 2로, 65 초과일 때 3으로 정의했다.
   a. 이 경제학자에 따르면, 심리점수가 2일 확률은 얼마인가?
   b. 이 경제학자에 따르면, 심리점수가 1이 아닐 확률은 얼마인가?

11. 산체스(Sanchez) 교수는 25년 동안 경제학 원론을 강의해왔다. 그는 성적을 위해 다음의 척도를 사용한다.

성적	점수	확률
A	4	0.10
B	3	0.30
C	2	0.40
D	1	0.10
F	0	0.10

   a. 위 확률분포를 그림으로 표현하고, 확률분포가 대칭적인지 여부를 평가하라.
   b. 위 확률분포를 누적확률분포로 전환하라.
   c. 산체스 교수의 수업에서 최소한 B학점을 받을 확률은 얼마인가?
   d. 산체스 교수의 수업을 이수할 확률은 얼마인가?

12. 제인 웜리(Jane Wormley)는 어떤 대학의 경영학 교수이다. 그녀는 연구보조를 위해 두 명의 학생에게 그녀의 연구비를 사용할 수 있을 것으로 예상한다. 그녀가 어떤 학생에게 투자하지 못할 가능성이 5%인 반면, 두 학생 모두에게 투자할 가능성은 80%이다.
   a. 제인이 한 학생에게만 투자할 확률은 얼마인가?
   b. 제인의 투자가 가능한 학생수로 정의된 확률변수의 누적확률분포를 구성하라.

13. 타이어 때문에 시어스(Sears) 자동차점에 가는 고객의 50%는 4개의 타이어를 사고, 30%는 2개를 산다. 게다가 18%는 2개보다 적게 사는 반면 5%는 사지 않는다.
   a. 어떤 고객이 3개의 타이어를 살 확률은 얼마인가?
   b. 구매된 타이어 숫자에 대한 누적확률분포를 구성하라.

5.2 기대치, 분산과 표준편차

학습목표 **5.3**
이산적 확률변수 요약측정의 계산과 설명

확률분포의 분석은 유용하다. 왜냐하면 이는 확률변수가 가정한 다른 수치들과 관련된 다양한 확률들을 계산할 수 있도록 하기 때문이다. 또한 어떤 확률변수의 요약측정을 계산하는 데 도움을 준다. 이러한 요약측정은 평균, 분산과 표준편차를 포함한다.

기대치

통계학에서 가장 중요한 확률개념 중 하나는 **모평균**(population mean)이라고 언급되는 **기대치**(expected value)이다. 이산적 확률변수 X의 기대치는 $E(X)$ 혹은 간단하게 μ로 표시되며, X의 모든 가능한 수치들의 가중평균이다. 이 공식을 표현하기 전에 먼저 확률변수의 기대치는 모든 가능한 수치들과 혼돈하지 말아야 한다는 점을 지적하고자 한다. 나중에 보겠지만, 기대치는 일반적으로 확률변수의 가능한 수치들 중 하나가 아니다. 우리는 기대치를 어떤 무한하게 매우 많이 반복된 실험에 대한 확률변수의 장기평균 수치로 생각할 수 있다. 만약 앞면이 나오면 $10를 얻고, 반대로 뒷면이 나오면 $10를 잃는 동전 던지기 실험을 생각해보자. 만약 여러분이 여러 번 동전을 던진다면, 기대수익은 $0이다. 즉, $10 혹은 −$10가 아니다.

이산적 확률변수의 기대치

$x_1, x_2, x_3, \ldots$으로 구성되고 발생확률이 $P(X = x_i)$인 이산적 확률변수 X의 경우, X의 **기대치**는 다음과 같이 계산된다.

$$E(X) = \mu = \Sigma x_i P(X = x_i)$$

분산과 표준편차

확률변수 X의 평균 μ는 X 분포의 중심점을 측정하도록 하지만 얼마나 다양한 μ로부터 분포되어 있는지에 대한 정보를 제공하지는 않는다. 우리는 X의 값들이 μ주변에 몰려있는지 아니면 μ로부터 넓게 퍼져있는지를 알 수 있는 측정이 필요하다.

이산적 확률변수의 분산과 표준편차

$x_1, x_2, x_3, \ldots$.으로 구성되고 발생확률이 $P(X = x_i)$인 이산적 확률변수 X의 경우, X의 **분산**은 다음과 같이 계산된다.

$$Var(X) = \sigma^2 = \Sigma (x_i - \mu)^2 P(X = x_i)$$

X의 **표준편차**는 다음과 같다.

$$SD(X) = \sigma = \sqrt{\sigma^2}$$

예제 5.3

브래드 윌리엄스(Brad Williams)는 시카고의 대형차 중개소의 사장이다. 브래드는 직원들의 성과를 근거로 이들에게 공정하고 일관되게 보상할 수 있는 인센티브 보상 프로그램을 만들 생각이다. 그는 최우수 성과의 경우 $10,000의 연말보너스를, 우수 성과의 경우 $6,000를, 그리고 보통과 나쁜 성과에는 각각 $3,000와 $0를 지급한다. 이전의 기록에 의하면, 그는 어떤 직원의 최우수, 우수, 보통, 나쁜 성과를 낼 확률이 각각 0.15, 0.25, 0.40, 0.20일 것으로 예상한다. 표 5.4는 보너스 금액, 성과 유형, 그리고 대응되는 확률들을 나타낸다.

표 5.4 보상 프로그램에 대한 확률분포

보너스(단위: $1,000)	성과 유형	확률
$10	최우수	0.15
6	우수	0.25
3	보통	0.40
0	나쁨	0.20

a. 연말 보너스의 기대치를 계산하라.

b. 연말 보너스의 분산과 표준편차를 계산하라.

c. 만약 브래드의 직원이 25명이라면 그가 지급할 보너스로 예상하는 총 금액은 얼마인가?

풀이:

a. 확률변수 X를 어떤 근로자에 대한 보너스 금액(단위: $1,000)으로 표시하자. 표 5.5의 첫 번째와 두 번째 열은 X의 확률분포를 보여준다. 평균의 계산방법은 세 번째 열에 제공되어 있다. 평균은 각각의 확률을 각 결과에 가중하고($x_iP(X = x_i)$) 이 가중치를 모두 더하면, 세 번째 열 맨 밑에 나타난 것과 같다. 즉, $E(X) = \mu = \Sigma x_iP(X = x_i) = 4.2$ 혹은 $4,200. 기대치는 X의 가능한 값들 중 하나가 아니라는 점을 상기하라. 즉, 보너스로 $4,200를 받는 근로자는 없다. 이 결과는 기대치가 장기평균이라는 설명을 강화한다.

표 5.5 예제 5.3에 대한 계산

값, x_i	확률, $P(X = x_i)$	가중치, $x_iP(X = x_i)$	가중 편차 제곱, $(x_i - \mu)^2P(X = x_i)$
10	0.15	$10 \times 0.15 = 1.5$	$(10 - 4.2)^2 \times 0.15 = 5.05$
6	0.25	$6 \times 0.25 = 1.5$	$(6 - 4.2)^2 \times 0.25 = 0.81$
3	0.40	$3 \times 0.40 = 1.2$	$(3 - 4.2)^2 \times 0.40 = 0.58$
0	0.20	$0 \times 0.20 = 0$	$(0 - 4.2)^2 \times 0.20 = 3.53$
		합계 = 4.2	합계 = 9.97

b. 표 5.5의 마지막 열은 분산의 계산을 보여준다. 우리는 먼저 각 x_i에서 평균 μ를 뺀 후 제곱하고$(x_i - \mu)^2$, 각 수치에 확률을 가중한 후$(x_i - \mu)^2P(X = x_i)$, 이를 모두 더한다. 따라서 마지막 열 맨 밑에 나타난 것과 같이 $Var(X) = \sigma^2 = \Sigma(x_i - \mu)^2P(X = x_i) = 9.97$이다. 표준편차는 분산 제곱근의 양의 값이므로

$SD(X) = \sigma = \sqrt{9.97} = 3.158$ 혹은 \$3,158이다.

c. 어떤 근로자의 예상 보너스가 \$4,200임을 상기하자. 브래드는 25명의 근로자를 고용하고 있기 때문에 그는 \$4,200 × 25 = \$105,000의 보너스를 예상할 수 있다.

위험중립과 위험기피

경제학, 금융, 그리고 심리학에서의 어떤 중요한 개념은 불확실성하에서 소비자 행동과 관련이 있다. 만약 소비자들이 위험에 무관심하고 오직 자신들의 기대수익만을 신경쓴다면 이러한 소비자들을 **위험중립**(risk neutral)이라고 말한다. 만약 소비자들이 위험을 신경쓴다면 이러한 소비자들 **위험기피**(risk averse)라고 말하며, 이러한 소비자들은 동일한 기대수익을 가져다주는 두 개의 선택사항에 직면해 있을 때 상대적으로 위험이 더 낮은 선택을 선호한다. 다른 말로 하면, 위험기피 소비자는 어떤 충분한 보상이 수반될 때만 위험한 선택을 할 것이다. 만일 동전을 던져서 앞면이 나오면 \$10를 얻고, 반대로 뒷면이 나오면 \$10의 손실이 발생하여 기대수익이 0인(10 × 0.5 − 10 × 0.5 = 0) 보기에는 공정해 보이는 도박을 생각해보자. 위험중립 소비자는 이 도박에의 참여에 개의치 않는다. 그러나 위험기피 소비자의 경우, \$10의 손실과 함께 수반되는 고통이 \$10를 얻었을 때 드는 기쁨보다 클 것이다. 그러므로 이 소비자는 보기에는 공정해 보이는 이 도박에 참여하기를 원하지 않을 것이다. 왜냐하면 위험에 대한 보상이 없기 때문이다. 예제 5.4는 이러한 유형의 소비자 행동에 관하여 확장한다.

위험중립 소비자는 완전하게 위험을 무시하고 그/그녀의 의사결정을 오직 기대수익에 기반하여 한다. **위험기피 소비자**는 위험을 수반하는 경우 보상으로 양의 기대수익을 요구한다. 이러한 보상은 수반된 위험의 수준과 위험기피 정보에 따라 증가한다. 마지막으로 **위험선호 소비자**는 심지어 기대수익이 음수라도 아마 위험을 감수하려 할 것이다.

예제 5.4

여러분은 현금으로 \$1,000를 받는 선택과 여러분의 할머니로부터 아름다운 그림을 받는 선택을 할 수 있다. 그림의 실제 가치는 알 수 없다. 여러분은 이 그림이 \$2,000의 가치가 있을 가능성이 20%이고, \$1,000의 가치가 있을 가능성은 50%이며, \$500의 가치는 30%라는 얘기는 들었다. 여러분은 어떤 선택을 하겠는가?

풀이: 확률변수 X를 그림의 가치라고 하자. 위의 정보가 주어진 상태에서 우리는 표 5.6과 같이 확률분포를 정의한다.

표 5.6 그림의 가치에 대한 확률분포

x	$P(X = x)$
$2,000	0.20
1,000	0.50
500	0.30

기대치는 다음과 같이 계산된다.

$$E(X) = \Sigma x_i P(X = x_i) = \$2,000 \times 0.20 + \$1,000 \times 0.50 + \$500 \times 0.30$$
$$= \$1,050$$

그림의 기대치가 $1,000 이상이기 때문에 옳은 선택은 현금 $1,000보다는 그림을 선택하는 것인 듯하다. 그러나 이러한 선택은 전반적으로 그림의 기대치에만 기반을 두고 위험에는 관심을 두지 않는다. 기대치가 $1,050가 $1,000보다 큰 반면, 그림은 어떤 위험을 수반한다. 예를 들면, 그림의 가치가 오직 $500일 가능성은 30%이다. 그러므로 위험중립 소비자는 그림을 선택할 것이다. 왜냐하면 그림의 기대치가 위험이 없는 현금 $1,000를 초과하기 때문이다. 이러한 소비자는 위험을 걱정하지 않는다. 위험선호 소비자는 그림을 선택하는 것에 짜릿함을 느낄 것이다. 그러나 위험기피 소비자의 경우 의사결정은 불명확하다. 이는 그림을 선택하는 것에 포함된 위험이 얼마인지, 그리고 위험에 대해서 얼마나 많은 보상을 원할지에 달려있다. 추가적인 세부사항은 이 책의 범위를 넘어선다.

연습문제 5.2

기본문제

14. 다음의 이산적 확률분포의 평균, 분산, 표준편차를 계산하라.

x	5	10	15	20
$P(X = x)$	0.35	0.30	0.20	0.15

15. 다음의 이산적 확률분포의 평균, 분산, 표준편차를 계산하라.

x	− 23	− 17	− 9	− 3
$P(X = x)$	0.50	0.25	0.15	0.10

응용문제

16. 어떤 공인중개사가 한달 동안 판매한 주택 수의 확률분포는 다음과 같다.

판매된 주택 수	확률
0	0.30
1	0.50
2	0.15
3	0.05

a. 평균적으로 얼마나 많은 집을 공인중개사가 한달 동안 판매할 것으로 예상되는가?

b. 이 확률분포의 표준편차는 무엇인가?

17. 어떤 마케팅회사는 3명을 새로 고용하려고 고려중이다. 이러한 특정한 요구가 주어졌을 때, 관리자는 최소 2명의 후보자를 고용할 가능성이 60%라는 것을 느꼈다. 어떤 사람도 고용하지 못할 가능성은 오직 5%이고 3명 모두를 고용할 가능성은 10%이다.

a. 이 기업이 최소 1명을 고용할 확률은 얼마인가?

b. 고용된 수의 기대치와 표준편차를 찾아라.

18. 어떤 분석가는 다음의 보통주 수익률 확률분포를 개발했다.

시나리오	확률	수익률
1	0.30	− 5%
2	0.45	0%
3	0.25	10%

a. 기대수익률을 계산하라.

b. 이 확률분포의 분산과 표준편차를 계산하라.

19. 토론토의 여름 야외콘서트 기획자들은 콘서트날의 날씨상황에 대해서 염려한다. 그들은 맑은 날에는 $25,000의 수익을 벌 것이고, 흐린 날에는 $10,000를 벌 것이다. 만약 비가 온다면 $5,000의 손실이 발생할 것이다. 기상예보는 콘서트날 비가 올 가능성이 60%라고 예상했다. 만약 당일에 화창할 가능성이 10%이고, 구름이 낄 가능성이 30%일 때 기대수익을 계산하라.

20. 마크 언더우드(Mark Underwood)는 인디애나 대학의 경제학 교수이다. 그는 25년 동안 경제학 원론을 강의해왔다. 언더우드 교수는 성적을 위해 다음 측정표를 사용한다.

성적	확률
A	0.10
B	0.30
C	0.40
D	0.10
F	0.10

A = 4.0, B 이하 = 3.0일 때 언더우드 교수 수업의 기대성적을 수치적으로 계산하라.

21. 어떤 출판사의 관리자는 영업사원의 상위 15%에게는 $20,000의 보너스를 주고, 다음의 30%는 $20,000, 그리고 그 다음의 10%는 $5,000를 줄 계획이다. 만약 이 출판사가 200명의 영업사원을 고용하고 있다면, 이 회사가 지불할 예상 보너스는 얼마인가?

22. 어떤 가전제품점은 블루레이 플레이어의 수리보증을 연장하여 판매한다. 구매자의 20%는 $25에 대한 한계보증을 구매하고 5%는 $60에 대한 확장된 보증을 구매한다. 만약 이 점포가 120대를 판매하였다면 기대수익은 얼마인가?

23. 여러분은 새로 구매한 노트북 컴퓨터에 대한 보험을 구매하려고 생각중이다. 이 노트북은 최근에 $1,500를 주고 구매했다. 이 보험의 보험료는 3년 동안 $80이다. 3년 동안 여러분의 노트북이 $400에 달하는 수리를 필요로 할 가능성이 8%이고, $800에 달하는 수리를 필요로 할 가능성이 3%이며, 2%의 가능성으로 잔존가치 $100와 함께 완전히 망가질 수 있다. 여러분은 이 보험에 가입하겠는가? (위험중립을 가정하라.)

24. 4년 전 빅터(Victor Consuelo)는 매우 신뢰할 만한 자동차를 구매했었다. 그의 보증서는 막 만료되었지만 제조사는 그에게 5년의 접속사고 보증서의 연장을 제공했었다. 보증비용은 $3,400이다. 빅터는 만약 그가 연장된 보증을 구매하지 않을 때 기대되는 비용에 대한 확률분포를 다음과 같이 구성했다.

비용(단위: $)	확률
1,000	0.25
2,000	0.45
5,000	0.20
10,000	0.10

a. 빅터의 기대비용을 계산하라.
b. a의 답이 주어진 상황에서 빅터는 보증연장을 할 것인가? (위험중립을 가정하라.) 설명하라.

25. 어떤 투자자는 $10,000를 주식시장에 투자하려 한다. 그는 경제가 좋아질 확률이 0.30이고, 현재와 같을 경우는 0.40, 그리고 악화될 확률은 0.30이라고 믿는다. 게다가 만약 경제가 좋아진다면 그는 그의 투자금이 $15,000까지 증가하지만 만약 경제가 악화된다면 $8,000까지 하락할 거라고 예상한다. 만약 경제가 현재와 같다면 그의 투자금은 $10,000에 머물 것이다.

a. 그의 투자금에 대한 기대가치는 얼마인가?
b. 만약 이 투자자가 위험중립이라면 이 사람은 투자할 것인가?
c. 만약 그가 위험기피라면 이러한 결정은 명확한가? 설명하라.

26. 여러분은 두 개의 뮤추얼펀드에 투자하려 한다. 이 펀드의 가능한 수익은 경제상황에 의존하고, 결과는 아래 표에 주어졌다.

경제상황	펀드1	펀드2
좋은	20%	40%
보통	10%	20%
나쁨	− 10%	− 40%

여러분은 경제가 좋아질 가능성이 20%이고, 보통일 가능성은 50%이며, 나빠질 가능성은 30%라고 믿는다.

a. 펀드1의 기대수익과 표준편차를 찾아라.
b. 펀드2의 기대수익과 표준편차를 찾아라.
c. 만약 여러분이 위험기피라면, 여러분은 어떤 펀드를 선택하겠는가? 설명하라.

27. 투자상담사는 국제적 분산투자를 통해 위험을 줄이라고 추천했다. 국제적 투자는 외국 경제성장(특히 신흥국)의 잠재적 이익을 허용한다. 재니스(Janice Wong)는 유럽과 아시아에 투자하려고 생각중이다. 그녀는 이 시장들을 연구하였고 두 시장 모두 미국 경제에 영향을 받을 것이라고 믿는다. 미국 경제는 20%의 가능성으로 경제가 좋아질 것이고, 보통일 가능성은 50%이며, 나빠질 가능성은 30%이다. 이 시장들의 수익률 확률분포는 아래 표와 같다.

미국의 경제상황	유럽 수익률	아시아 수익률
좋은	10%	18%
보통	6%	10%
나쁨	− 6%	− 12%

a. 유럽과 아시아의 기대수익률과 표준편차를 찾아라.
b. 만약 재니스가 위험중립이라면, 그녀는 어떤 투자를 선택할 것인가?
c. 만약 재니스가 위험기피라고 할 때 그녀의 결정을 논하라.

5.3 이항분포

학습목표 5.4

이항분포의 설명과 적절한 확률들의 계산

다른 종류의 실험들은 다른 확률분포를 만든다. 이후에 이어질 세 절에서는 세 가지 특별한 경우를 논의할 것이다. 이 세 가지 특별한 경우는 이항분포, 포아송분포 그리고 초기하분포이다. 여기서는 이항분포에 초점을 맞출 것이다. 이항분포를 논하기 전에 먼저 이 실험이 **베르누이 프로세스**(Bernoulli process)를 만족하는지 확인해야만 한다. 베르누이 프로세스는 스위스 수학자인 제임스 베르누이(James Bernoulli, 1654 – 1705)가 실험한 후 붙여진 특정한 유형의 실험명이다.

베르누이 프로세스는 n개의 독립적이고 동일한 어떤 실험들로 구성된다. 각 실험은 다음과 같다.

- 오직 두 개의 결과만이 존재하고, 편의상 성공과 실패로 구분된다.
- 각 실험은 반복되고 성공과 실패의 확률은 동일하다.

성공의 확률을 표기하기 위해 p를 사용하고, 실패의 확률은 $1 - p$를 사용한다.

이항확률변수(binomial random variable)는 n개의 베르누이 프로세스의 성공과 실패의 숫자로 정의된다. 이항확률변수의 가능한 수치는 0, 1, ..., n이다. 많은 실험들이 베르누이 프로세스의 조건을 만족한다. 예를 들면,

- 어떤 은행이 부동산 담보대출 신청서를 승인할지 거절할지
- 어떤 소비자가 신용카드를 사용할지 안할지
- 어떤 근로자가 대중교통으로 여행을 할지 안할지
- 어떤 생명보험 가입자가 사망할지 아닐지
- 어떤 약이 효과적일지 아닐지
- 어떤 대학생이 대학원에 진학할지 안할지

우리의 목표는 베르누이 프로세스의 여러 결과들에 확률을 부여하는 것이다. 이 결과는 **이항확률분포**(binomial probability distribution) 혹은 간단하게 **이항분포**라고 한다.

이항확률변수 X는 n개의 베르누이 프로세스의 성공 숫자로 정의된다. **이항분포**는 X의 가능한 수치와 관련된 확률들을 보여준다.

우리는 결과적으로 이항분포를 유도할 수 있는 일반적인 공식에 도달할 것이다. 그러나 첫째로 우리는 특정한 예제를 사용하고 가능한 결과들과 관련된 확률들을 설명하는 **확률나무**로 구성할 것이다.

예제 5.5

한 고급구두점 매니저는 과거 실험으로부터 고객의 85%가 구매할 때 신용카드를 사용한다는 것을 알고 있다. 3명의 고객이 계산대 앞에 줄을 서있다고 가정하자.

a. 이 예제는 베르누이 프로세스를 만족하는가?
b. 확률나무를 구성하라.
c. 확률나무를 이용하여 이항확률분포를 유도하라.

풀이:

a. 이 예제는 베르누이 프로세스 조건을 만족한다. 왜냐하면 어떤 고객이 85%의 가능성으로 신용카드를 사용(성공)하고 15%의 가능성으로 신용카드를 사용하지 않기(실패) 때문이다. 게다가 많은 수의 고객이 주어졌을 때 성공과 실패의 확률은 고객과 고객 사이에 변하지 않기 때문이다.

b. 4장에서 만들었던 확률나무를 상기하자. 여기서 우리는 각 단계를 실험으로써 볼 수 있다. 예제 5.5의 확률나무는 그림 5.3과 같다. 어떤 고객이 신용카드를 사용하는 것을 S로 표기하고, 그렇지 않은 상황을 F로 표기하자. 왼쪽의 아무런 표기가 없는 노드로부터 시작하면, 고객 1이 신용카드를 사용할 가능성이 85%이고, 그렇지 않을 가능성이 15%이다. 고객 1로부터 뻗어나온 브랜치는 고객 1이 신용카드를 사용할지 말지가 주어진 고객 2의 카드사용에 대한 조건부 확률이다. 그러나 우리는 베르누이 프로세스가 독립적이라고 가정하였기 때문에 브랜치 결과들의 조건부 확률은 이에 대한 무조건부 확률과 같다. 다른 말로 하면, 고객 2가 카드를 사용할 가능성 85%와 그렇지 않을 가능성 15%는 고객 1이 신용카드를 사용한 것과 무관하다. 고객 3에 대한 확률도 동일하다. 4번째 열은 확률나무의 끝에서 8개의 가능한 사건이 있다는 것을 보여준다. 우리는 독립사건들의 곱셈법칙을 이용하여 적절한 확률들을 얻을 수 있다. 예를 들어 확률나무를 통해 제일 위쪽의 브랜치를 따라가면, 모든 고객들이 신용카드를 사용할 확률을 다음과 같이 계산할 수 있다. (0.85)(0.85)(0.85) = 0.614. 나머지 사건들의 확률들 역시 유사한 방법으로 찾을 수 있다.

c. 우리는 신용카드를 사용하는 특정고객을 찾아내는 것에 관심을 두지 않는 반면 신용카드를 사용한 고객들의 숫자에 관심을 가지기 때문에, 상호배타적인 사건들의 덧셈법칙을 이용하여 사건들과 동일한 숫자의 성공을 조합할 수 있다. 예를 들면, 한 고객이 신용카드를 사용할 확률을 구하기 위해서 결과 $x = 1$에 해당하는 확률들을 더한다(음영부분을 보라). 즉, 0.019 + 0.019 + 0.019 = 0.057. 유사하게, 우리는 다른 가치들과 대응되는 남은 확률들을 계산할 수 있고, 표 5.7에서 나타난 확률분포를 구성할 수 있다. 많은 문제에서 확률들의 합은 반올림 때문에 1이 아닐 수 있음을 주의하라.

표 5.7 예제 5.5에 대한 이항확률들

x	$P(X = x)$
0	0.003
1	0.057
2	0.324
3	0.614
	합계 = 1 (반올림)

그림 5.3 예제 5.5에 대한 확률나무

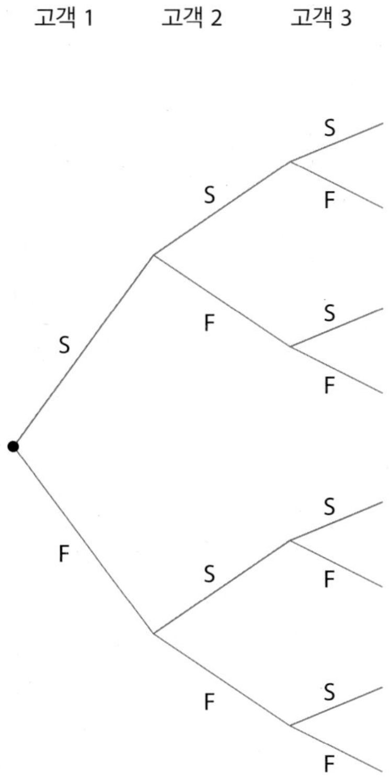

고객 1	고객 2	고객 3	사건들	신용카드를 사용한 고객들	확률들
S	S	S	SSS	3	(0.85)(0.85)(0.85) = 0.614
S	S	F	SSF	2	(0.85)(0.85)(0.15) = 0.108
S	F	S	SFS	2	(0.85)(0.15)(0.85) = 0.108
S	F	F	SFF	1	(0.85)(0.15)(0.15) = 0.019
F	S	S	FSS	2	(0.15)(0.85)(0.85) = 0.108
F	S	F	FSF	1	(0.15)(0.85)(0.15) = 0.019
F	F	S	FFS	1	(0.15)(0.15)(0.85) = 0.019
F	F	F	FFF	0	(0.15)(0.15)(0.15) = 0.003

다행히 우리는 이항분포를 구성하기 위해 매번 확률나무를 그리지 않아도 된다. 우리는 이항확률변수와 관련된 확률들을 계산하기 위해 다음 공식을 이용할 수 있다.

이항분포

이항확률변수 X의 경우 n번의 베르누이 실험에서 x번 성공할 확률은 다음과 같다.

$$P(X = x) = \binom{n}{x} p^x (1 - p)^{n-x} = \frac{n!}{x!(n-x)!} p^x (1 - p)^{n-x}$$

단, $x = 0, 1, 2, ..., n$. 정의상, $0! = 1$.

공식은 두 부분으로 구성된다.

- 첫 번째 부분, $\binom{n}{x} = \frac{n!}{x!(n-x)!}$은 얼마나 많은 x번의 성공과 $n - x$번의 실패가 n번의 실패에서 가능한지를 말해준다. 우리는 이를 이상계수라고 한다. 이는 전체 n개의 목적 중 x개의 목적을 선택하는 방법의 수를 찾을 수 있는 유명한 조합공식이다. 여기서 x의 목적은 중요하지 않다. 예를 들어, 세 번의 실험 중 정확하게 한 번, 즉 신용카드를 한 번 사용하는 수열의 숫자를 계산하기 위해서 우리는 $x = 1$, $n = 3$을 공식에 집어넣고 다음

과 같이 계산한다. $\binom{n}{x} = \frac{n!}{x!(n-x)!} = \frac{3!}{1!(3-1)!} = \frac{3 \times 2 \times 1}{(1) \times (2 \times 1)} = 3$. 그래서 정확한 1번 성공하는 수열은 3가지가 있다. 이러한 결과를 그림 5.3에서 쉽게 증명할 수 있다.

- 방정식의 두 번째 부분, $p^x(1-p)^{n-x}$는 x번의 성공과 $n-x$번의 실패에 대한 특정한 수열의 확률을 표현한다. 예를 들면, 세 번의 실험 중 한 번 성공할 확률을 확률나무 마지막 열의 4, 6, 7행으로부터 얻을 수 있다.(음영부분을 보라.)

$$\left.\begin{array}{l} 4\text{행}: 0.85 \times 0.15 \times 0.15 \\ 6\text{행}: 0.15 \times 0.85 \times 0.15 \\ 7\text{행}: 0.15 \times 0.15 \times 0.85 \end{array}\right\} \text{ 혹은 } (0.85)^1 \times (0.15)^2 = 0.019$$

다른 말로 하면, 세 번의 실험 중 한 번 성공하는 각 수열의 발생은 1.9%의 가능성을 가진다.

세 번의 실험 중 한 번의 성공을 얻는 최종적인 확률을 얻기 위해서는 이후 특정한 수열을 얻을 확률에 이상계수를 곱한다. 즉, $3 \times 0.019 = 0.057$. 이는 분명하게 확률나무를 이용하여 찾은 $P(X=1)$의 확률이다.

게다가 우리는 어떤 이항확률변수의 기대치, 분산, 표준편차 등을 계산하기 위해 5장 2절에서 본 공식을 이용할 수 있다. 다행스럽게도, 이상분포의 경우 이러한 공식들은 $E(X) = np$, $Var(X) = np(1-p)$, $SD(X) = \sqrt{np(1-p)}$와 같이 간단하다. 기대치의 간단한 공식은 꽤 직관적이다. 만약 우리가 n번 반복되는 어떤 실험의 성공확률 p를 알고 있다면 평균적으로 우리는 np의 성공을 예상한다.

이항확률변수의 기대치, 분산, 표준편차

만약 X가 이항확률변수라면,

$$E(X) = \mu = np$$
$$Var(X) = \sigma^2 = np(1-p)$$
$$SD(X) = \sigma = \sqrt{np(1-p)}$$

예를 들어, 예제 5.5에서 가정된 이항확률분포의 경우 우리는 이전의 일반적인 공식으로 기대치를 다음과 같이 유도할 수 있다.

$$E(X) = \Sigma x_i P(X = x_i) = (0 \times 0.003) + (1 \times 0.057) + (2 \times 0.324) + (3 \times 0.614) = 2.55$$

그러나 더 쉬운 방법은 $E(X) = np$를 이용하는 것이고 기대치를 $3 \times 0.85 = 2.55$로 계산하는 것이다. 유사하게 분산은 다음과 같이 쉽게 계산할 수 있다.

$$Var(X) = np(1-p) = 3 \times 0.85 \times 0.15 = 0.38$$

예제 5.6

미국에서 약 30%의 성인은 4년제 대학 학위를 가지고 있다(월스트리트저널, 2012.4.26). 성인 5명이 임의로 선택되었다고 가정하자.

a. 대학을 졸업한 성인이 아무도 없을 확률은 얼마인가?

b. 대학을 졸업한 성인이 2명 이상 없을 확률은 얼마인가?

c. 대학을 졸업한 성인이 최소 2명일 확률은 얼마인가?

d. 이 이항분포의 기대치, 분산, 표준편차를 계산하라.

e. 확률분포를 그림으로 그리고, 이에 대한 대칭성/왜도에 대하여 논하라.

풀이: 첫째, 이 문제는 임의로 선택된 5명의 성인이, $n = 5$, 베르누이 프로세스를 만족한다. 여기서 어떤 성인은 $p = 0.30$의 확률로 대학 학위를 가지고 있거나 $1 - p = 1 - 0.30 = 0.70$의 확률로 가지고 있지 않다. 매우 많은 성인이 주어졌을 때, 이는 어떤 성인의 대학 학위를 가질 확률이 성인과 성인 간에 유지된다는 조건을 충족시킨다.

a. 대학을 졸업한 성인이 아무도 없을 확률을 찾기 위해서는 $x = 0$으로 두고 다음과 같이 계산한다.

$$P(X = 0) = \frac{5!}{0!(5-0)!} \times (0.30)^0 \times (0.70)^{5-0}$$
$$= \frac{5 \times 4 \times \cdots \times 1}{(1) \times (5 \times 4 \times \cdots \times 1)} \times 1 \times (0.70)^5 = 1 \times 1 \times 0.1681$$
$$= 0.1681$$

다른 말로 하면, 대학을 졸업한 성인이 아무도 없을 가능성은 16.81%이다.

b. 문장 "2명 이상 없음"은 다음의 확률상태로 이끈다.

$$P(X \leq 2) = P(X = 0) + P(X = 1) + P(X = 2)$$

우리는 이미 a번으로부터 $P(X = 0)$을 찾았다. 그래서 우리는 이제 $P(X = 1)$과 $P(X = 2)$를 계산한다.

$$P(X = 1) = \frac{5!}{1!(5-1)!} \times (0.30)^1 \times (0.70)^{5-1} = 0.3602$$
$$P(X - 2) = \frac{5!}{2!(5-2)!} \times (0.30)^2 \times (0.70)^{5-2} = 0.3087$$

다음으로 3가지 확률을 더하면 $P(X \leq 2) = 0.1681 + 0.3602 + 0.3087 = 0.8370$을 얻는다. 5명의 성인 확률 표본으로부터 대학을 졸업한 사람이 이들 중 2명 이상 없을 가능성은 83.7%이다.

c. 문장 "최소한 2명의 성인"은 다음의 확률상태로 이끈다.

$$P(X \geq 2) = P(X = 2) + P(X = 3) + P(X = 4) + P(X = 5)$$

우리는 이 문제를 계산과 4개의 확률, $P(X = 2)$부터 $P(X = 5)$까지를 더함으로써 해결할 수 있다. 간단한 방법은 모든 확률의 합은 1이라는 확률분포의 핵심성질을 이용하는 것이다. 그러므로 $P(X \geq 2)$는 $1 - [P(X = 0) + P(X = 1)]$로 쓸 수 있다.

앞에서 이미 $P(X = 0)$과 $P(X = 1)$을 a와 b문제에서 계산하였기 때문에

$$P(X \geq 2) = 1 - [P(X = 0) + P(X = 1)] = 1 - (0.1681 + 0.3602) = 0.4717.$$

d. 평균, 분산, 표준편차를 계산하기 위해 다음과 같은 간단한 공식을 이용한다.

$$E(X) = np = 5 \times 0.30 = 1.5\text{명}$$
$$Var(X) = \sigma^2 = np(1-p) = 5 \times 0.30 \times 0.70 = 1.05\text{명}^2$$
$$SD(X) = \sigma = \sqrt{np(1-p)} = \sqrt{1.05} = 1.02\text{명}$$

e. 이 분포의 그래프를 그리기 전에, 우리는 우선적으로 예제 5.6에 대한 완전한 이항분포를 표 5.8에서 보여준다.

표 5.8 $n = 5$이고 $p = 0.30$인 이항분포

x	$P(X = x)$
0	0.1681
1	0.3602
2	0.3087
3	0.1323
4	0.0284
5	0.0024

이 이항분포는 그림 5.4에 나타나 있다. 성인 5명을 임의로 선택했을 때 가장 가능성있는 결과는 정확하게 1명의 성인이 대학을 졸업한 것이다. 이 분포는 대칭적이지 않은 반면 양의 방향으로 치우쳐져 있다. 마지막 장에서 우리는 표본크기 n이 클 때 이항분포가 점진적으로 대칭적이라는 것을 배울 것이다.

그림 5.4 $n = 5$이고 $p = 0.30$인 이항분포

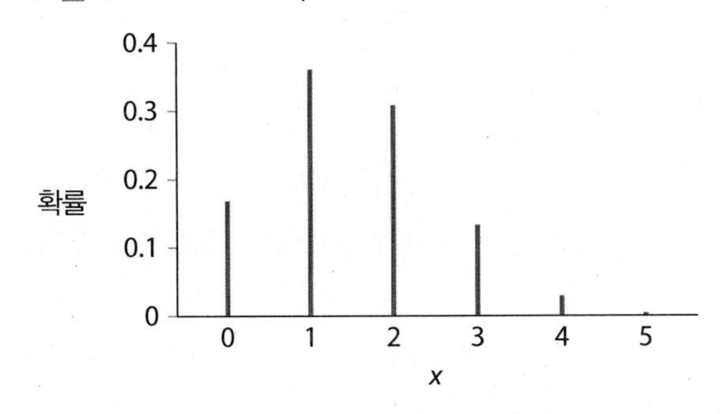

이항분포를 얻기 위한 엑셀의 사용

여러분도 알다시피 매번 공식을 이용하여 이항분포를 푸는 것은 다소 지루하고 성가신 일이다. 이러한 점은 우리가 n이 클 때 그리고 넓은 범위의 X를 가정하는 확률을 결정할 때 좀 더 명확해진다. 어떤 교과서는 중요한 이산적 확률분포에 대한 계산을 돕도록 확률표를 포함한다. 우리는 귀찮은 이항확률을 찾기 위해 엑셀을 이용할 것이다. 다음의 문제를 생각해보자.

예제 5.7

2007년 디트로이트 대도시에 사는 가구의 약 4.7%(국내 가장 높은 압류율)는 어떤 압류단계에 있었다(AP통신사, 2008.2.13). 디트로이트내 100가구의 부동산 담보대출 표본을 가정하자.

a. 정확하게 5가구가 어떤 압류단계에 있을 확률은 얼마인가?

b. 5가구 이하가 어떤 압류단계에 있을 확률은 얼마인가?

c. 5가구보다 많은 가구가 어떤 압류단계에 있을 확률은 얼마인가?

풀이:

a. 이 문제를 풀기 위해 이항공식을 사용하는 것은 다음과 같다. $P(X = 5) = \frac{100!}{5!95!} \times (0.047)^5 \times (0.953)^{95}$. 그러나 우리는 꽤 다루기 힘든 산수를 재빨리 찾고 싶다. 다행히도 우리는 엑셀의 BINOM.DIST 함수를 이용하여 이 확률을 계산할 수 있다. 일반적으로, 우리는 비어있는 셀에 '= BINOM.DIST(x, n, p, 0 혹은 1)'을 입력하여 찾는다. 여기서 x는 n번 실험에서의 성공횟수이고, p는 성공확률이다. 함수에서 마지막에 0을 입력하면 어떤 특정한 수치의 확률결과($P(X = x)$)를 엑셀에게 제안하는 것이고, 마지막에 1을 입력하면 누적확률의 결과($P(X \leq x)$)를 엑셀에게 제안하는 것이다. 이 예제에서 '= BINOM.DIST(5, 100, 0.047, 0)'을 입력한 다음 **엔터**를 누르면 엑셀은 0.1783을 보여주는데, 이는 $P(X = 5) = 0.1783$이다.

b. 5가구 이하가 어떤 압류단계에 있을 확률은 $P(X \leq 5)$로 적는다. 이제 '= BINOM.DIST(5, 100, 0.047, 1)'을 입력한다. **엔터**를 누르면 엑셀은 0.6697을 보여주는데, 이는 $P(X \leq 5) = 0.6697$이다.

c. 5가구보다 많은 가구가 어떤 압류단계에 있을 확률은 $P(X > 5)$로 적는다. b번의 정보를 이용하면 우리는 이 확률을 $P(X > 5) = 1 - P(X \leq 5) = 1 - 0.6697 = 0.3303$으로 찾을 수 있다.

연습문제 5.3

기본문제

28 X가 $n = 50$이고 $P = 0.35$인 이항확률분포라 가정하자. 다음의 확률들을 계산하라.

a. $P(X = 0)$

b. $P(X = 1)$

c. $P(X \leq 1)$

29. X가 $n = 60$이고 $P = 0.68$인 이항확률분포라 가정하자. 다음의 확률들을 계산하라.

a. $P(X = 5)$

b. $P(X = 4)$

c. $P(X \geq 4)$

30. X가 $n = 80$이고 $P = 0.32$인 이항확률분포라 가정하자. 다음의 확률들을 계산하라.

a. $P(3 < X < 5)$

b. $P(3 < X \leq 5)$

c. $P(3 \leq X \leq 5)$

31. 베르누이 실험에 대한 성공확률이 0.30이라고 하자. 5번의 베르누이 실험에서 각각 (a)4번 실패, (b)실패의 기대치 이상으로 실패할 확률은 얼마인가?

32. (컴퓨터 사용) X를 $n = 150$이고 $P = 0.36$인 이항확률분포라고 가정하자. 다음의 확률들을 찾아라.

a. $P(X \leq 50)$

b. $P(X = 40)$

c. $P(X > 60)$

d. $P(X \geq 55)$

33. (컴퓨터 사용) X를 $n = 200$이고 $P = 0.77$인 이항확률분포라고 가정하자. 다음의 확률들을 찾아라.
   a. $P(X \leq 150)$
   b. $P(X > 160)$
   c. $P(155 \leq X \leq 165)$
   d. $P(X = 160)$

응용문제

34. 건강시스템개혁연구소의 보고서에 따르면 미국인의 20%는 비용에 대한 걱정 때문에 의료 치료를 미루거나 받지 않는다(월스트리트저널, 2008.6.26). 8명의 개인이 임의로 선택되었다고 가정하자.
   a. 의료 치료를 미루거나 받지 않는 사람이 없을 확률은 얼마인가?
   b. 2명보다 많은 사람들이 의료 치료를 미루거나 받지 않을 확률은 얼마인가?
   c. 최소 7명이 의료 치료를 미루거나 받지 않을 확률은 얼마인가?
   d. 의료 치료를 미루거나 받지 않을 사람들의 평균은 얼마인가?
   e. 이 확률분포의 분산과 표준편차를 계산하라.

35. 지역 전문대학에 신입생으로 입학한 학생들 중 40%가 졸업을 한다. 10명의 신입생이 임의로 선택되었다.
   a. 이들 중 지역 전문대학으로부터 졸업한 사람이 아무도 없을 확률은 얼마인가?
   b. 최대 9명이 지역 전문대학을 졸업할 확률은 얼마인가?
   c. 졸업하는 학생수의 기대치는 얼마인가?

36. 미국 은행을 신뢰하는 미국인의 퍼센트는 2010년 6월 23%까지 하락했다. 이는 과거 2007년 6월 보고된 41%보다 한참 아래다 (gallup.com).
   a. 2010년 10명의 절반보다 적은 수의 미국인들이 미국 은행을 신뢰할 확률은 얼마인가?
   b. 2007년에 a와 대응되는 확률은 얼마인가?

37. 최근 전수조사 분석에서 미국 주의 1/4은 흑인, 히스패닉, 아시아인의 아이들이 20세 이하 인구의 대다수를 구성하는 티핑 포인트(tipping point)가 지나갔거나 근접해가는 중이다(뉴욕타임스, 2008.8.6). 소수 인종과 민족은 현재 20세 이하 미국인의 43%를 차지한다.
   a. 5,000명의 미국인 표본에서 20세 이하 백인의 기대치는 얼마인가? 이에 대응되는 표준편차는 얼마인가?
   b. 5,000명의 미국인 표본에서 20세 이하 소수 인종과 민족의 기대치는 얼마인가? 이에 대응되는 표준편차는 얼마인가?
   c. 만약 여러분이 임의로 6군데의 미국 주를 표본으로 선정하였다면, 20세 이하 인구의 경우 백인이 모든 주에서 명확하게 대다수일 확률은 얼마인가?

38. 43～61세인 베이비부머의 약 78%는 여전히 현장에서 일한다(보스턴글로브지, 2008.7.10). 6명의 베이비부머들이 임의로 선택되었다.
   a. 베이비부머 중 정확하게 1명이 여전히 현장에서 일할 확률은 얼마인가?
   b. 베이비부머 중 최소 5명이 여전히 현장에서 일할 확률은 얼마인가?
   c. 베이비부머 중 2명보다 적은 사람이 여전히 현장에서 일할 확률은 얼마인가?
   d. 베이비부머의 기대치보다 더 많은 사람이 여전히 현장에서 일할 확률은 얼마인가?

39. 15세기 인도에서 발견된 시크교는 터번을 쓰는 어린 시크교도의 급격한 감소로 인하여 혼란을 겪는 중이다(워싱턴포스트지, 2009.3.29). 긴 머리를 묶고 땋는 지루한 작업 등은 어린 시크교도의 약 25%가 터번을 쓰는 것을 포기하도록 만들었다.
   a. 임의로 선택된 5명의 어린 시크교도 중 정확히 2명이 터번을 쓰고 있을 확률은 얼마인가?
   b. 임의로 선택된 5명의 어린 시크교도 중 2명 이상이 터번을 쓰고 있을 확률은 얼마인가?
   c. 임의로 선택된 5명의 어린 시크교도들 중 기대치보다 더 많은 숫자가 터번을 쓰고 있을 확률은 얼마인가?
   d. 임의로 선택된 10명의 어린 시크교도들 중 기대치보다 더 많은 숫자가 터번을 쓰고 있을 확률은 얼마인가?

40. 미국 전수조사에 따르면 기혼자들 중 절반 정도가 이혼으로 끝난다. 대학의 연구자들은 한 사람의 이혼에 의해 흥분된 감정이 이혼을 전염시키는 바이러스같이 전파될 수 있음을 증명했다(CNN, 2010.6.10). 친한 친구들간의 분열은 어떤 사람 자신의 이혼 가능성을 (75% 증가시키는) 36%에서 63%로 증가시킨다. 다음의 질문에 답하기 위해 이 사실들을 사용하라.
   a. 임의로 선택된 4명의 기혼자들의 절반 이상이 이혼으로 끝날 확률을 계산하라.
   b. 만약 커플들의 친한 친구들과 싸웠다는 사실을 안다면, a의 문제를 다시 풀어라.
   c. 만약 친한 친구들과 싸운 커플이 없다면, a의 문제를 다시 풀어라.

41. 어떤 기업의 근로자의 60%는 남자이다. 이 기업 근로자 중 4명이 임의로 선택되었다고 가정하자.
   a. 3명의 남자와 1명의 여자 혹은 2명의 남자와 2명의 여자 중 어떤 것이 더 찾을 가능성이 높은가?
   b. 만약 이 기업의 근로자 중 70%가 남자였다면, 여러분은 a에서의 답과 동일한 결과를 얻을 수 있는가?

42. 어떤 건축회사의 사장은 그녀의 고객에게 이번 주말까지 수긍할 만한 디자인이 나올 가능성이 50%라고 말했다. 그녀는 이번 주말까지 이 일을 할 수 있는 디자이너가 있을 가능성이 25%라는 것을 알고 있다.
   a. 만약 그녀가 디자이너 2명에게 독립적으로 디자인에 대한 작

업을 요청했다면, 그녀가 그녀의 상태를 그 고객에게 정확하게 이야기했는가?

b. 만약에 그녀가 3명의 디자이너에게 독립적으로 물었다면, 결과는 어떻게 되는가?

43. (컴퓨터 사용) 최근 대학 졸업자의 40%는 대학원 학위를 취득할 계획이라고 가정하자. 최근 대학을 졸업한 15명의 사람이 임의로 선택되었다.

a. 대학졸업자 중 4명 이하가 대학원에 진학할 확률은 얼마인가?

b. 정확하게 7명의 대졸자가 대학원에 진학할 확률은 얼마인가?

c. 최소 6명에서 9명까지의 대졸자가 대학원에 진학할 확률은 얼마인가?

44. (컴퓨터 사용) Notre Dame Mendoza대학 경영대학에서 석사과정 학생의 40%는 재무학을 전공한다(Kilinger's Personal Finance, 2009.3). 20명의 석사과정생이 임의로 선택되었다.

a. 학생들 중 정확하게 10명이 재무학을 전공할 확률은 얼마인가?

b. 학생들 중 10명 이하가 재무학을 전공할 확률은 얼마인가?

c. 학생들 중 최소 15명의 학생이 재무학을 전공할 확률은 얼마인가?

45. (컴퓨터 사용) 워싱턴 DC 지역은 미국내에서 가장 빠르게 압류율이 증가한 지역 중 하나이다. 2008년 2월 말까지 1년 동안 15,613가구가 압류되었다(워싱턴포스트지, 2008.6.19). 지난 1년 동안 10,000가구당 압류된 숫자는 워싱턴의 경우 131이다. 국가적으로는 87이다. 달리 말하면, 워싱턴 지역의 압류율은 1.31%이고, 국가적으로는 0.87%이다. 압류율이 안정적이라고 가정하자.

a. 주어진 어떤 연도에 워싱턴 지역에서 100가구 중 2가구보다 적게 압류될 확률은 얼마인가?

b. 주어진 어떤 연도에 국가차원에서 100가구 중 2가구보다 적게 압류될 확률은 얼마인가?

c. 위 발견들을 논의하라.

5.4 포아송분포

학습목표 5.5

포아송분포의 설명과 적절한 확률들의 계산

또 다른 중요한 이산적 확률분포는 **포아송분포**(Poisson distribution)이다. 포아송분포라는 용어는 프랑스의 수학자 포아송(Simeon Poisson, 1781 − 1849)의 이름에서 따왔다. 이 분포는 특별하게 시간 혹은 공간에 대한 어떤 확실한 사건들의 발생 수를 발견하여 다루는 문제에 유용하다. 여기서 공간이란 지역 혹은 구역 등을 말한다.

포아송 확률변수(Poisson random variable)는 어떤 주어진 시간 혹은 공간에 대한 확실한 사건의 발생 수를 센다.

간단하게 하기 위해 우리는 이러한 발생들을 "성공"이라고 부른다. 우리는 우선적으로 우리의 실험이 **포아송 프로세스**(Poisson process)를 만족하는지 확인해야 한다.

어떤 실험이 다음의 조건들을 만족하면 포아송 프로세스를 따른다고 한다.

- 어떤 특별한 시간 혹은 공간 내에서 성공의 숫자가 0과 무한한 구간 사이의 어떤 정수와 같아야 한다.
- 중복되지 않는 구간에서 세어진 성공의 숫자는 독립적이다.
- 어떤 구간에서 성공이 발생할 확률은 동일한 크기의 모든 구간에서 동일하고, 구간 크기에 비례한다.

포아송 프로세스의 경우, 어떤 특정한 시간 혹은 공간에서 성취한 성공의 숫자를 포아송 확률변수라고 정의한다. 베르누이 프로세스와 같이 많은 실험들은 포아송 프로세스의 조건을 만족한다. 다음의 시간 혹은 공간과 관련되어 분류된 포아송 확률변수들의 예제들을 생각해보자.

시간과 관련된 포아송 확률변수들의 예

- 브루클린 다리를 월요일 아침 9시에서 10시 사이에 지나간 자동차 수
- 하루에 맥도널드 드라이브스루를 이용한 고객의 수
- 한 달 동안 소송에 걸린 파산자의 수
- 일 년에 발생한 살인의 수

공간과 관련된 포아송 확률변수들의 예

- 50미터의 천에 있는 하자의 수
- 100제곱마일 내 물고기떼의 수
- 특정 구간의 파이프라인의 누수의 수
- 특정 배양물의 박테리아 수

포아송 확률분포와 관련된 확률들을 계산하려면 다음의 공식을 사용한다.

포아송분포

포아송 확률변수 X의 경우, 주어진 시간 혹은 공간 내의 x의 성공확률은 다음과 같다.

$$P(X = x) = \frac{e^{-\mu} \mu^x}{x!}$$

단, $x = 0, 1, 2, \ldots$, 여기서 μ는 평균 성공 수이고 e는 $e \approx 2.718$인 자연로그의 밑수이다.

이항확률변수와 같이, 포아송 확률변수의 분산과 표분편차를 계산하기 위한 간단한 공식을 소개하겠다. 흥미로운 점은 포아송 확률변수의 평균이 분산과 같다는 것이다.

포아송 확률변수의 기대치, 분산, 표준편차

만약 X가 포아송 확률변수라면,

$$E(X) = \mu ,$$
$$Var(X) = \sigma^2 = \mu,$$
$$SD(X) = \sigma = \sqrt{\mu}.$$

예제 5.8

이제 이 장의 도입사례에서 앤 존스(Anne Jones)에 의해 제기된 첫 번째 질문을 이야기할 수 있다. 앤이 염려했던바 그녀가 운영하는 스타벅스 매장의 직원수요에 대한 문

제를 상기하자. 그녀는 그녀의 매장에 도착하는 고객의 확률분포에 대한 특정한 질문을 던졌다. 앤은 전형적인 스타벅스 고객은 평균적으로 한 달 30일 동안 그 매장에 18번 방문한다고 믿는다. 그녀는 다음의 질문을 가진다.

a. 앤은 전형적인 스타벅스 고객들이 5일 동안 얼마나 많이 방문할 것으로 기대하는가?

b. 어떤 고객이 5일 동안 이 매장에 5번 방문할 확률은 얼마인가?

c. 어떤 고객이 5일 동안 이 매장에 2번 이하로 방문할 확률은 얼마인가?

d. 어떤 고객이 5일 동안 이 매장에 최소 3번 방문할 확률은 얼마인가?

풀이: 포아송분포의 응용에서 우리는 우선적으로 적절한 시간 혹은 공간 안에서의 평균 성공 횟수를 결정한다. 우리는 어떤 구간에서 성공이 발생할 확률이 동일한 크기의 모든 구간에서 같다는 포아송 프로세스의 조건을 사용한다. 여기서 적절한 평균은 한 달 30일 동안 18번 방문율에 기반을 둘 것이다.

a. 한 달 30일 동안 18번 방문하는 비율이 주어지면, 우리는 30일 기간 동안의 평균을 $\mu_{30} = 18$로 적을 수 있다. 이 문제의 경우 5일 동안의 비율적 평균을 다음과 같이 계산한다. $\mu_5 = 3$. 왜냐하면 $\frac{18\text{번 방문}}{30\text{일}} = \frac{3\text{번 방문}}{5\text{일}}$이기 때문이다. 다른 말로 하면, 평균적으로 어떤 특정한 스타벅스 고객이 5일 동안 이 매장을 3번 방문한다.

b. 어떤 고객이 이 매장을 5일 동안 5번 방문할 확률을 계산하기 위해 우리는 다음과 같이 계산한다.

$$P(X = 5) = \frac{e^{-3}3^5}{5!} = \frac{(0.0498)(243)}{120} = 0.1008$$

c. 어떤 고객이 5일 동안 이 매장을 2번 이상 방문하지 않을 확률의 경우, 우리는 적합한 확률 상태를 $P(X \le 2)$로 표현한다. 이 확률은 $P(X = 0) + P(X = 1) + P(X = 2)$와 같기 때문에 우선적으로 이러한 개별 확률들을 계산해야만 하고 그러고 나서 이것들을 더한다. 즉,

$$P(X = 0) = \frac{e^{-3}3^0}{0!} = \frac{(0.0498)(1)}{1} = 0.0498,$$
$$P(X = 1) = \frac{e^{-3}3^1}{1!} = \frac{(0.0498)(3)}{1} = 0.1494,$$
$$P(X = 2) = \frac{e^{-3}3^2}{2!} = \frac{(0.0498)(9)}{2} = 0.2241.$$

따라서 $P(X \le 2) = 0.0498 + 0.1494 + 0.2241 = 0.4233$이다. 어떤 고객이 5일 동안 2번 이상 이 매장을 방문하지 않을 가능성은 약 42%이다.

d. 어떤 고객이 5일 동안 최소 3번 방문할 확률은 $P(X \ge 3)$과 같이 쓴다. 먼저 우리는 이 문제를 다음을 평가하여 해결하려 할 것이다. $P(X \ge 3) = P(X = 3) + P(X = 4) + P(X = 5) + \cdots$. 그러나 무한한 숫자가 주어진다면, 이러한 방식으로 포아송 문제를 해결할 수 없다. 여기서 우리는 $P(X \ge 3)$이 $1 - [P(X = 0) + P(X = 1) + P(X = 2)]$와 같다는 것을 안다. c번 문제에 기반을 두면, 우리는 $P(X \ge 3) = 1 - [0.0498 + 0.1494 + 0.2241] = 1 - 0.4233 = 0.5767$을 가진다. 따라서 어떤 고객이 5일 동안 최소한 3번 방문할 빈도는 58%의 가능성이 있다.

그림 5.5는 $\mu = 3$이고 x의 범위가 0~8인 $P(X = x)$의 포아송분포를 보여준다. 가장 가능성이 높은 결과들은 x가 2, 3일 때이고, 이 분포는 양의 방향으로 기울어져 있다. 이론적으로 포아송 확률변수는 무한하게 셀 수 있는 숫자로 가정하지만, 이 확률들은 이 그림 너머인 0으로 접근한다는 것을 기억하라.

그림 5.5 $\mu = 3$인 포아송분포

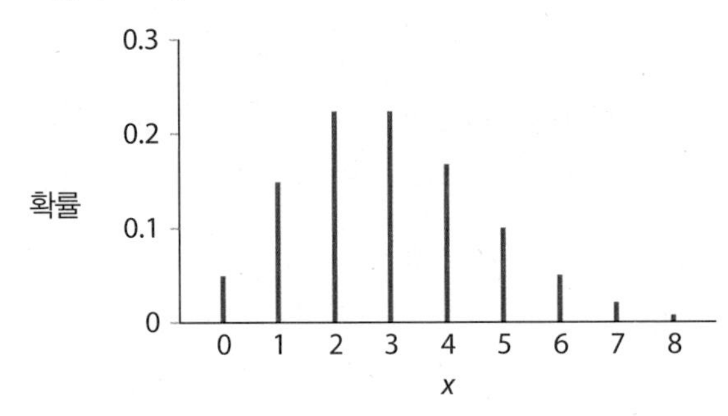

포아송분포를 얻기 위한 엑셀의 사용

이항공식과 마찬가지로 손으로 계산하는 포아송공식은 x와 μ가 클 때 성가신 작업이다. 엑셀은 다음의 예제가 보여주듯이 포아송 확률들을 계산할 때 유용하다.

예제 5.9

경기침체가 나라를 옥죄는 듯했던 지난 해, 114개의 소규모 양조장과 양조 술집들이 미국에서 개업하였다(월스트리트 저널, 2009.3.18). 이 숫자는 평균을 대표하고 시간에 대해서 불변이라고 가정하자. 엑셀로 다음의 확률들을 찾아라.

a. 100개를 넘지 않는 소규모 양조장과 양조 술집들이 주어진 해에 개업할 확률은 얼마인가?

b. 정확하게 115개의 소규모 양조장과 양조 술집들이 주어진 해에 개업할 확률은 얼마인가?

풀이:

a. 우리는 100개를 넘지 않는 소규모 양조장과 양조 술집들이 주어진 해에 개업할 확률을 결정하기를 원한다. 즉, $P(X \leq 100)$. 이 확률을 계산하기 위해 엑셀의 POISSON.DIST 함수를 사용한다. 일반적으로 우리는 $P(X = x)$를 찾기 위해 비어있는 셀에 '= POISSON.DIST(x, μ, 0 혹은 1)'을 입력한다. 여기서 x는 어떤 구간에 대한 성공 횟수이고 μ는 이 구간에 대한 평균이다. 엑셀의 이항함수 정의에서와 마찬가지로 입력하는 숫자 0은 특정한 수치의 확률($P(X = x)$)을 나타내라고 엑셀에게 명령하고, 1은 누적확률 $P(X \leq x)$를 나타내라고 명령한다. 이 예제에서 우리는 '= POISSON.DIST(100, 114, 1)'을 입력한다. 엑셀은 0.1012를 보여준다. 따라서 $P(X \leq 100) = 0.1012$이다. 즉, 주어진 해에 100개를 넘지 않는 소규모 양조장과 양조 술집이 개업할 가능성은 약 10%이다.

b. 여기서 우리는 $P(X = 115)$를 찾기를 원한다. 즉, 정확하게 115개의 소규모 양조장 혹은 양조 술집이 주어진 해에 개업할 확률이다. 우리가 '= POISSON.DIST(115, 114, 0)'을 입력하면 엑셀은 0.0370을 보여준다. 따라서 주어진 해에 정확하게 115개의 소규모 양조장 혹은 양조 술집이 개업할 가능성은 3.7%이다.

사례요약

스타벅스 매장의 매니저 앤 존스(Anne Jones)는 근처 다른 매장의 폐업이 얼마나 많이 그녀의 매장 고객수에 영향을 미칠지에 대해 염려한다. 그녀가 추가적인 통계적 추론을 만들기 전에 고객이 도착할 가능성의 확고한 이해가 필요하다. 과거 자료는 그녀가 어떤 특정한 스타벅스 고객이 스타벅스에 30일 동안 평균적으로 18번 방문한다고 가정하게 허용한다. 이 정보와 그녀가 포아송분포를 이용하여 고객이 도착하는 모형을 세울 수 있다면, 그녀는 어떤 특정한 고객이 5일 동안 평균 3번 방문한다는 추론을 할 수 있다. 어떤 특정한 고객이 그녀의 매장에 5일 동안 5번 방문할 가능성은 약 10%이다. 게다가 어떤 특정한 고객이 2번 이하로 방문할 가능성은 42%인 반면, 이 고객이 최소한 3번 매장을 방문할 가능성은 약 58%이다. 이러한 초기 확률들은 앤이 그녀의 미래 직원수요를 계획할 때 유용한 정보를 제공할 것이다.

연습문제 5.4

기본문제

46. X는 $\mu = 1.5$인 포아송 확률변수라 가정하자. 다음의 확률들을 계산하라.
   a. $P(X = 1)$
   b. $P(X = 2)$
   c. $P(X \geq 2)$

47. X는 $\mu = 4$인 포아송 확률변수라 가정하자. 다음의 확률들을 계산하라.
   a. $P(X = 4)$
   b. $P(X = 2)$
   c. $P(X \leq 1)$

48. 포아송 프로세스의 성공률이 시간당 8번이라고 두자.
   a. 30분 동안의 기대 성공 숫자를 찾아라.
   b. 어떤 주어진 30분 동안 최소 2번 성공할 확률을 찾아라.
   c. 2시간의 기대 성공 숫자를 찾아라.
   d. 어떤 주어진 2시간 동안 10번 성공할 확률을 찾아라.

49. (컴퓨터 사용) X는 $\mu = 15$인 포아송 확률변수라 가정하자. 다음의 확률들을 계산하라.
   a. $P(X \leq 10)$
   b. $P(X = 13)$
   c. $P(X > 15)$
   d. $P(12 \leq X \leq 18)$

50. (컴퓨터 사용) X는 $\mu = 20$인 포아송 확률변수라 가정하자. 다음의 확률들을 계산하라.
   a. $P(X < 14)$
   b. $P(X \geq 20)$
   c. $P(X = 25)$
   d. $P(18 \leq X \leq 23)$

응용문제

51. 다음의 확률들 중 어떤 것이 포아송분포를 이용하여 발견될 수 있을 것인가?
   a. 어떤 특정 구간의 파이프라인에 6개의 누수가 있을 확률
   b. 한 학급 40명 중에서 최소한 10명의 학생들이 졸업 직후 직업을 가질 확률
   c. 최소한 50가족이 주말 동안 아카디아 국립공원에 방문할 확률
   d. 이후 5분 동안 고객이 오지 않을 확률

52. 다음 중 어떤 것이 포아송 확률변수를 나타낼 가능성이 있는가?
   a. 6주 동안 뉴욕의 강력범죄 수
   b. 채무불이행할 어떤 은행 매니저의 고객수
   c. 2:1 비율의 어떤 큰 나무식탁 위 흠집 숫자
   d. 처방약이 효과가 있을 어떤 의사의 환자수

53. 평균적으로 고속도로에 1마일당 12개의 패인 자국이 있다. 이 패인 자국들이 고속도로에 고르게 분포되어 있다고 가정하자.
   a. 고속도로의 1/4마일내에 2개보다 적은 패인 자국이 발견될 확률을 찾아라.
   b. 고속도로의 1/4마일내에 1개보다 많은 패인 자국이 발견될

확률을 찾아라.

54. 어떤 직물의 제조과정에서 평균적으로 생산품의 매 50야드당 2개의 하자를 발견한다.
   a. 50야드 직물에서 정확하게 2개의 하자가 발견될 확률은 얼마인가?
   b. 50야드 직물에서 정확하게 2개보다 많지 않은 하자가 발견될 확률은 얼마인가?
   c. 25야드 직물에서 하자가 없을 확률은 얼마인가?

55. 톨게이트 매표소는 시간당 평균적으로 360대의 차가 확률적으로 도착하는 것을 관측했다.
   a. 2대의 차가 특정한 1분 동안 도착할 확률을 찾아라.
   b. 최소한 2대의 차가 특정한 1분 동안 도착할 확률을 찾아라.
   c. 40대의 차가 오전 10:00~10:10 사이에 도착할 확률을 찾아라.

56. 항공여행자는 항공사들이 올 여름 수많은 비행편을 취소할 것에 대비해 좀 더 유연하게 준비해야 한다. 항공여행자협회는 일반적인 여행자를 돕기 위해 하루 평균 400통의 통화를 한다(http://seattlepi.com, 2008.7.10). 안내전화가 하루 16시간 동안 운영된다고 가정하자.
   a. 하루 1시간 동안, 30분 동안, 15분 동안의 각각 평균 통화수를 계산하라.
   b. 15분 동안 정확하게 6통의 전화가 올 확률은 얼마인가?
   c. 15분 동안 전화가 한 통도 오지 않을 확률은 얼마인가?
   d. 15분 동안 최소 적어도 2통의 전화가 올 확률은 얼마인가?

57. 아침 한 시간 동안 분당 2대의 비율로 자동차 운전자들이 걸프주유소에 도착한다.
   a. 아침 1분 동안 2대보다 많은 운전자들이 걸프주유소에 도착할 확률은 얼마인가?
   b. 정확하게 6명의 운전자들이 아침 5분 동안 걸프주유소에 도착할 확률은 얼마인가?
   c. 얼마나 많은 운전자들이 3시간 동안 도착할 것으로 기대하는가?

58. 최근 정부 보고서에 따르면, 미국 인구의 고령화로 의원과 병원을 찾는 인구가 점점 더 많아지고 있다고 한다(USA투데이, 2008.8.7). 어떤 평균적인 사람은 1년에 4번 의원과 병원을 방문하는 것으로 추정되었다.
   a. 어떤 평균적인 사람이 의원과 병원을 방문할 월별 평균과 표준편차는 무엇인가?
   b. 어떤 평균적인 사람이 한달 동안 의원과 병원에 가지 않을 확률은 얼마인가?
   c. 어떤 평균적인 사람이 최소 한달에 한번 의원과 병원에 갈 확률은 얼마인가?

59. (컴퓨터 사용) 평균적으로 1년에 400명의 사람은 조명에 의해 감동을 받는다(보스턴글로브지, 2008.7.21).
   a. 1년에 최대 425명의 사람이 조명에 감동을 받을 확률은 얼마인가?
   b. 1년에 적어도 375명의 사람이 조명에 감동을 받을 확률은 얼마인가?

60. (컴퓨터 사용) 2008년 11월 30일에 마감된 회계연도에 24,584건의 연령 차별이 노동위원회에 제소되었다. 이는 이전 연도에 비해 29% 상승한 것이다(월스트리트 저널, 2009.3.7~8). 어떤 노동자가 제소한 회계년에 260일의 근로일이 있었다고 가정하자.
   a. 근로일 당 평균 제소 건수를 계산하라.
   b. 하루에 정확하게 100건의 제소가 이루어질 확률은 얼마인가?
   c. 하루에 100건보다 많지 않은 제소가 이루어질 확률은 얼마인가?

61. (컴퓨터 사용) 닐슨(Nielsen)에 따르면, 평균적인 십대는 한달에 3,339건의 문자를 보낸다(CNN, 2010.10.15).
   a. 어떤 평균적인 십대가 1주일에 1,000건 이상 문자를 보낼 확률을 찾아라.
   b. 어떤 평균적인 십대가 1주일에 500건보다 적은 문자를 보낼 확률을 찾아라.

5.5 초기하분포

학습목표 5.6

초기하분포의 설명과 적절한 확률들의 계산

5장 3절에서 우리는 이항확률변수 X를 n번 시도한 베르누이 프로세스의 성공 횟수로 정의하였었다. 베르누이 프로세스에 따르면 실험들은 독립적이고 성공확률은 실험과 실험 간에 변하지 않는다. **초기하분포**(hypergeometric distribution)는 각 실험들이 독립적이라는 가정을 하지 못하는 경우에 적합하다.

생산품이 가득 차있는 어떤 상자가 있다고 생각하자. 이 상자에는 10%의 불량품이 들어있다. 불량품을 뽑는 것을 성공이라고 이름 붙여두자. 성공확률은 아마도 각 실험마다 같지 않을 것이다. 이는 모집단의 크기와 표본추출이 다른 새로운 것으로 대체되었는지 아닌지에 의존할 것이다. 20개의 생산품이 들어있고, 이 중 10% 혹은 2개가 불량품인 상자를 가정하자. 처음에 뽑은 것이 성공일 확률은 0.10(= 2/20)이다. 그러나 다음으로 뽑는 성공확률은 첫 번째 뽑은 결과에 의존할 것이다. 예를 들어 만약 첫 번째 물건이 불량이었다면, 두 번째 물건의 성공확률은 0.0526(= 1/19)일 것이다. 반면 만약 첫 번째 물건이 불량이 아니었다면, 두 번째 물건의 성공확률은 0.1053(= 1/19)일 것이다. 그러므로 이항분포는 적합하지 않다. 왜냐하면 이 실험들은 독립적이지 않고 성공확률은 실험 간에 변하기 때문이다.

규모가 N이고 표본크기 n보다 유의하지 않게 큰 모집단으로부터 **대체 없이** 표본을 채취할 때 이항분포 대신에 **초기하분포**를 사용한다.

위의 예제에서 우리는 대체 없는 표본채취를 가정하였다. 다른 말로 하면, 어떤 물건이 뽑힌 후 다음번 뽑기를 위한 상자에 넣지 않는 것이다. 만약 우리가 대체하여 표본을 채취하면, 이때는 이항분포가 적합할 것이다. 왜냐하면 이런 경우 각각의 추출들은 불량품이 2개인 20개의 물건들일 것이고, 이는 성공확률이 변하지 않는 결과를 도출할 것이기 때문이다. 게다가 만약에 모집단의 크기가 표본크기에 비해 매우 크다면 각 실험들의 의존성은 무시될 수 있다. 예를 들어, 만약 이 상자가 불량품이 10% 혹은 1,000개인 10,000개의 상품들로 구성되었다면 두 번째 추출의 성공확률은 999/9,999 혹은 1,000/9,999이고 둘 다 모두 약 0.10과 같을 것이다.

초기하분포

초기하 확률변수(hypergeometric random variable) X의 경우, 임의로 선택된 n개 아이템의 x번 성공확률은 다음과 같다.

$$P(X = x) = \frac{\binom{S}{x}\binom{N-S}{n-x}}{\binom{N}{n}}$$

단, 만약 $n \le S$ 이면, $x = 0, 1, 2, ..., n$이고 만약 $n > S$이면, $x = 0, 1, 2, ..., S$, 여기서 N은 모집단을 S는 성공 횟수를 표시한다.

공식은 세 부분으로 구성되었다.

- 분자에서 첫 번째 부분, $\binom{S}{x} = \frac{S!}{x!(S-x)!}$는 모집단에서 S의 성공으로부터 선택될 수 있는 x의 성공 횟수를 나타낸다.
- 분자에서 두 번째 부분, $\binom{N-S}{n-x} = \frac{(N-S)!}{(n-x)!(N-S-n+x)!}$는 모집단에서 $(N-S)$의 실패로부터 선택될 수 있는 $(n-x)$의 실패 횟수를 나타낸다.
- 분모, $\binom{N}{n} = \frac{N!}{n!(N-n)!}$은 크기 N인 모집단으로부터 선택될 수 있는 표본 n의 숫자를 나타낸다.

이항분포와 포아송분포와 같이 초기하 확률변수의 평균, 분산, 표준편차를 계산하기 위해 간단한 공식이 이용될 수 있다.

초기하 확률변수의 기대치, 분산, 표준편차

만약 X가 초기하 확률변수라면,

$$E(X) = \mu = n\left(\frac{S}{N}\right),$$
$$Var(X) = \sigma^2 = n\left(\frac{S}{N}\right)\left(1 - \frac{S}{N}\right)\left(\frac{N-n}{N-1}\right),$$
$$SD(X) = \sigma = \sqrt{n\left(\frac{S}{N}\right)\left(1 - \frac{S}{N}\right)\left(\frac{N-n}{N-1}\right)}.$$

예제 5.10

나무상자들은 망고의 포장과 운송을 위해 흔히 이용된다. 뉴저지 주 모건빌의 한 편의점은 정기적으로 도매상으로부터 망고를 구매한다. 모든 운송품에서 매니저는 운송으로 인하여 망고가 상했는지를 살피기 위해 20개의 망고가 들어있는 상자로부터 임의로 5개를 검사한다. 선택된 상자에는 정확하게 2개의 상한 망고가 포함되어 있다고 가정하자.

a. 검사된 5개의 망고 중 1개가 상했을 확률은 얼마인가?

b. 만약 매니저가 1개 이상의 망고가 상했을 때 운송을 취소하기로 결정하였다면, 이 운송이 취소될 확률은 얼마인가?

c. 검사된 망고 중 상한 망고의 기대치, 분산, 표준편차를 계산하라.

풀이: 초기하 분포가 적합하다. 왜냐하면 손상된 망고가 발견될 확률은 검사할 때마다 변하기 때문이다(즉, 표본 추출은 대체가 없었고, 모집단 크기 N은 표본 크기 n보다 유의하게 크지 않다). 우리는 문제에 답하기 위해 다음의 수치들을 이용한다. $N = 20$, $n = 5$, $S = 2$.

a. 5개의 망고 중 1개가 손상되었을 확률은 $P(X = 1)$이다. 즉,

$$P(X=1) = \frac{\binom{2}{1}\binom{20-2}{5-1}}{\binom{20}{5}} = \frac{\left(\frac{2!}{1!1!}\right)\left(\frac{18!}{4!14!}\right)}{\left(\frac{20!}{5!15!}\right)} = \frac{(2)(3060)}{15{,}504} = 0.3947.$$

그러므로 5개의 망고 중 정확하게 1개가 손상될 가능성은 39.47%이다.

b. 하나 이상의 망고가 손상될 확률을 찾기 위해서 우리는 $P(X \geq 1)$을 계산할 필요가 있다. 우리는 $P(X \geq 1) = 1 - P(X = 0)$으로 표시한다. 따라서

$$P(X=0) = \frac{\binom{2}{0}\binom{20-2}{5-0}}{\binom{20}{5}} = \frac{\left(\frac{2!}{0!2!}\right)\left(\frac{18!}{5!13!}\right)}{\left(\frac{20!}{5!15!}\right)} = \frac{(1)(8568)}{15504} = 0.5526.$$

그러므로 배송된 물품이 취소될 확률은 $P(X \geq 1) = 1 - P(X = 0) = 1 - 0.5526 = 0.4474$와 같다.

c. 평균, 분산, 표준편차를 얻기 위해 다음과 같은 간단한 공식을 사용한다.

$$E(X) = n\left(\frac{S}{N}\right) = 5\left(\frac{2}{20}\right) = 0.50,$$

$$Var(X) = n\left(\frac{S}{N}\right)\left(1 - \frac{S}{N}\right)\left(\frac{N-n}{N-1}\right) = 5\left(\frac{2}{20}\right)\left(1 - \frac{2}{20}\right)\left(\frac{20-5}{20-1}\right) = 0.3553,$$

$$SD(X) = \sqrt{0.3553} = 0.5960.$$

초기하확률을 얻기 위한 엑셀의 사용

공식을 이용하여 초기하분포 문제를 푸는 것은 지루한 일이기 때문에 엑셀에 있는 HYPGEOM.DIST 함수를 이용해보자. 일반적으로 $P(X = x)$를 찾으려면 빈 셀에 '= HYPGEOM.DIST(x, n, S, N, 0 혹은 1)'을 입력한다. 여기서 x는 표본내 성공 횟수를, n은 표본 크기를, S는 모집단내 성공 횟수를, 그리고 N은 모집단 크기를 나타낸다. 5장의 3절과 4절에서 언급했듯이 0을 입력하면 $P(X = x)$의 결과를 도출하고, 1을 입력하면 $P(X \leq x)$의 결과를 도출한다. 예제 5.10의 a번에서 다음과 같이 '= HYPGEOM.DIST(1, 5, 2, 20, 0)'을 입력한다. 엑셀은 0.3947의 결과를 보여준다. 따라서 $P(X = 1) = 0.3947$이고 이는 우리가 손으로 계산한 것과 같다.

연습문제 5.5

기본문제

62. X는 $N = 25$, $S = 3$, $n = 4$인 초기하 확률변수라고 가정하자. 다음의 확률들을 계산하라.
   a. $P(X = 0)$
   b. $P(X = 1)$
   c. $P(X \leq 1)$

63. X는 $N = 15$, $S = 4$, $n = 3$인 초기하 확률변수라고 가정하자. 다음의 확률들을 계산하라.
   a. $P(X = 1)$
   b. $P(X = 2)$
   c. $P(X \geq 2)$

64. 2개의 성공을 포함하는 모집단 12개의 상품들로부터 3개의 표본을 임의로 선택하였는데 이 중 성공이 없을 확률을 계산하라. 이 표본으로부터의 성공 횟수의 기대치와 표준편차는 무엇인가?

65. (컴퓨터 사용) X가 $N = 50$, $S = 20$, $n = 5$인 초기하 확률변수라고 가정하자. 다음의 확률들을 계산하라.
   a. $P(X = 2)$
   b. $P(X \geq 2)$
   c. $P(X \leq 3)$

66. (컴퓨터 사용) 25개의 성공을 포함하는 100개 모집단으로부터 임의로 추출한 20개의 아이템들 중 최소 8개의 성공 확률을 계산하라. 이 표본으로부터의 성공 횟수의 기대치와 표준편차는 무엇인가?

응용문제

67. 여러분은 10개의 구슬이 담겨 있는 항아리를 가지고 있다고 가정하자. 이 항아리에는 5개의 빨간색 구슬과 5개의 녹색 구슬이 담겨있다. 만약 여러분이 이 항아리로부터 2개의 구슬을 뽑았다면, 2개 모두 빨간색일 확률은 얼마인가? 이 구슬들 중 적어도 하나가 빨간색일 확률은 얼마인가?

68. 한 경영학과 교수는 그의 학생 40명 중 8명의 학생이 여름방학 동안 인턴으로 일했다는 얘기를 들었다. 그가 복도에서 학생 3명을 마주쳤다고 가정하자.
   a. 이 학생들 중 인턴으로 일한 학생이 없을 확률을 찾아라.

b. 이 학생들 중 최소 1명이 인턴으로 일했을 확률을 찾아라.

69. 월가 경영진의 임금을 개혁하려는 정부의 반복된 노력에도 불구하고, 가장 큰 몇몇 은행들은 위기 이전 가장 좋았던 해만큼 큰 보너스를 지급하는 것을 지속하는 중이다(워싱턴포스트지, 2010.1.15). 15명인 어떤 회사의 이사회원들 중 10명이 보너스 지급에 찬성했었다는 것이 알려졌다. 언론에서 3명의 이사들을 임의로 선택했다고 가정하자.
   a. 모든 이사들이 보너스 지급에 찬성했을 확률은 얼마인가?
   b. 최소한 2명의 이사가 보너스 지급에 찬성했을 확률은 얼마인가?

70. 많은 프로그래밍 팀들은 큰 소프트웨어 회사에서 독립적으로 일한다. 경영자는 어떤 프로젝트를 제때에 끝내기 위해서 이 팀들에게 압력을 가해왔다. 이 회사는 최근에 18개의 거대한 프로그래밍 프로젝트를 운영해왔고, 이들 중 오직 12개만이 제때에 끝났다. 이 매니저가 임의로 3개의 프로젝트를 감독하기로 결정하였다고 가정하자.
   a. 모든 3개의 프로젝트가 제때에 끝날 확률은 얼마인가?
   b. 최소한 2개가 제때에 끝날 확률은 얼마인가?

71. 데이비드(David Barnes)와 그의 친구 발레리(Valerie Shah)는 하와이를 여행중이다. 오리엔테이션에 등록한 손님들은 20명이 있다. 등록한 손님들 중 임의로 선택된 12명은 타히티 춤의 공짜 강습을 받을 수 있다고 안내되었다.
   a. 데이비드와 발레리가 타히티 춤 강습을 위해 선정될 확률은 얼마인가?
   b. 둘 다 선정되지 못할 확률은 얼마인가?

72. 국립과학재단은 기후변화 연구를 위한 연구비 지원서를 배치하는 중이다. 20개의 대학이 연구비에 지원하였고 이들 중 4개 대학만이 지원받을 것이다. 만약 시러큐스 대학과 오번 대학이 20개의 지원 대학들 중 하나라면, 이 두 대학이 연구비를 지원받을 확률은 얼마인가? 선택은 확률적으로 결정된다고 가정하라.

73. (컴퓨터 사용) 어떤 위원회 40명은 남성 24명과 여성 16명으로 구성되었다. 10명이 임의로 선정되는 부위원회가 만들어질 것이다.
   a. 이 부위원회에의 남성과 여성의 기대 숫자는 얼마인가?
   b. 이 부위원회의 위원 중 최소 절반이 여성일 확률은 얼마인가?

74. (컴퓨터 사용) 파워볼은 2천만 달러에서 시작하고 가끔 수억 달러까지 이월되는 상금이 걸린 게임이다. 2006년에 상금은 3억 6천 5백만 달러였다. 우승자는 29년에 걸쳐 상금을 받거나 아니면 한 번에 받기를 원할 것이다. 1달러를 걸고 게임 참여자는 파워볼을 위해 여섯 개의 숫자를 선택한다. 게임에는 2개의 독립적인 단계들이 있다. 5개 공들은 59개의 연속되는 숫자가 적힌 흰색 공으로부터 확률적으로 추출된다. 게다가 파워볼이라 불리는 한 개의 공은 39개의 연속적으로 숫자가 적힌 빨간 공으로부터 확률적으로 추출된다. 우승자가 되기 위해 게임 참여자에 의해 선택된 숫자들은 흰색 공뿐만 아니라 파워볼에서 확률적으로 추출된 숫자들과 일치해야만 한다.
   a. 이 참여자가 5개의 확률적으로 추출된 흰색 공 중 2개의 숫자들이 일치할 수 있는 확률은 얼마인가?
   b. 이 참여자가 5개의 확률적으로 추출된 흰색 공의 숫자들이 모두 일치할 수 있는 확률은 얼마인가?
   c. 이 참여자가 확률적으로 추출된 빨간 공에서 파워볼을 일치시킬 확률은 얼마인가?
   d. 상금을 획득할 확률은 얼마인가?(힌트: 흰색 공과 빨간색 공이 추출되는 2개의 단계들은 독립적인 점을 기억하라.)

통계를 사용한 글쓰기

S 건설사의 선임 이사들은 연봉협상계획에 참여했다. 그들은 \$125,000~\$150,000 사이의 범위 안에서 연봉을 선택했다. 낮은 연봉을 선택함으로써 어떤 이사는 큰 보너스를 받을 기회를 가지게 되었다. 만약 S사가 1년 동안 영업이익을 만들지 못하면 보너스는 지급되지 않는다. S사는 2명의 새로운 선임 이사들, 앨런(Allen Grossman)과 펠리샤(Felicia Arroyo)를 방금 고용하였다. 각각은 반드시 옵션 1(큰 보너스를 받을 가능성이 있는 \$125,000의 기본연봉)과 옵션 2(보통의 보너스를 받을 가능성이

있는 $150,000의 기본연봉)를 선택해야만 한다. 그러나 옵션 2의 보너스는 옵션 1의 보너스의 절반 정도일 것이다.

앨런은 44세이고 기혼이며 2명의 어린 자녀가 있다. 그는 주택가격이 가장 높을 때 집을 구입하였고, 큰 액수의 부동산 담보대출을 매월 갚아야 한다. 펠리샤는 32세이고 명성 높은 아이비리그 대학에서 이제 막 MBA 학위를 받았다. 그녀는 미혼이고 대학원을 들어갈 즈음 유산을 상속받았기 때문에 학자금대출이 없다. 펠리샤는 이제 막 이 지역에 이사 왔고 최소 1년 동안 거주할 아파트를 빌려야 한다. 이들의 개인적인 이력, 내재된 위험의 인식, 그리고 경제에 대한 주관적인 관점이 주어졌을 때 앨런과 펠리샤는 그들의 표 5.9에서 보여준 보너스 결과와 관련된 개별 확률분포를 구성하였다.

표 5.9 앨런과 펠리샤의 확률분포

	확률	
보너스(단위: 달러)	앨런	펠리샤
0	0.35	0.20
50,000	0.45	0.25
100,000	0.10	0.35
150,000	0.10	0.20

독립적인 인사관리자인 조던(Jordan Lake)은 각 이사들의 확률분포와 관련된 지불계획을 요약해달라고 요청받았다.

조던은 다음의 질문에 답하기 위해 위의 정보을 이용하고자 한다.

1. 앨런과 펠리샤의 지불계획을 평가하기 위한 기대치를 계산하라.
2. 그/그녀의 보상프로그램에 대한 옵션 1과 2를 선택하도록 앨런과 펠리샤의 결정을 도와주어라.

보고서 예시 — 연봉 계획의 비교

S건설사는 계획된 확장 영업의 감독을 위해 앨런과 펠리샤라는 새로운 2명의 이사들을 고용했다. 선임 이사로서 그들은 연봉협상계획에 참여했다. 각 이사들에게는 보상으로서 2가지 옵션이 주어졌다.

옵션 1: 큰 보너스를 받을 가능성이 있는 $125,000의 기본연봉

옵션 2: 옵션 1의 절반에 해당하는 보너스를 받을 수 있는 $150,000의 기본연봉

앨런과 펠리샤는 만약 이 회사가 회계연도에 영업이익을 발생시키지 못하면 보너스가 지급되지 않는다고 이해했다. 각 이사들은 그와 그녀의 배경(위험에 대한 선호, 경제에 대한 주관적 관점)에 기반을 두고 어떤 확률분포를 구성하였다.

확률분포와 기대치가 주어진 상태에서 다음의 분석은 각 이사에 대한 최고의 옵션을 선택하도록 한다. 결혼한 남성이고 2명의 어린 자녀가 있는 앨런은 표 5.A가 그의 보너스 지급의 예상치를 반영한다고 믿는다.

표 5.A 앨런의 예상 보너스 계산

보너스(단위: 달러)	확률	기대치, $x_iP(x_i)$
0	0.35	0×0.35 = 0
50,000	0.45	50,000×0.45 = 22,500
100,000	0.10	100,000×0.10 = 10,000
150,000	0.10	150,000×0.10 = 15,000
		합계 = $47,500

예상 보너스, $E(X)$는 모든 가능한 보너스 금액의 가중평균으로 계산될 수 있으며 이는 표 5.A 세 번째 열 맨 아래에 나타난다. 앨런의 예상 보너스는 $47,500이다. 이 가치를 이용하면 그의 연봉 옵션은 다음과 같다.

옵션 1: $125,000 + $47,500 = $172,500

옵션 2: $150,000 + (1/2 × $47,500) = $173,750

앨런은 그의 연봉으로 옵션 2를 선택할 것이다.

펠리샤는 미혼이고 재정적인 제약이 적다. 표 5.B는 그녀의 확률분포가 주어졌을 때 그녀의 보너스에 대한 예상금액을 보여준다.

표 5.B 펠리샤의 예상 보너스 계산

보너스(단위: 달러)	확률	기대치, $x_iP(x_i)$
0	0.20	0×0.20 = 0
50,000	0.25	50,000×0.25 = 12,500
100,000	0.35	100,000×0.35 = 35,000
150,000	0.20	150,000×0.35 = 30,000
		합계 = $77,500

펠리샤의 예상 보너스는 $77,500이다. 따라서 그녀의 연봉 옵션은 다음과 같다.

옵션 1: $125,000 + $77,500 = $202,500

옵션 2: $150,000 + (1/2×$77,500) = $188,750

펠리샤는 그녀의 연봉으로 옵션 1을 선택할 것이다.

개념정리

학습목표 **5.1**

이산적 확률변수와 연속적 확률변수 간의 구분

확률변수는 수치화된 어떤 실험의 결과들을 요약한다. 확률변수는 이산적이거나 연속적이다. **이산적 확률변수**는 가치가 다른 셀 수 있는 숫자들로 가정되는 반면, **연속적 확률변수**는 어떤 구간에서 셀 수 없는 가치들로 특징지어진다.

학습목표 **5.2**

이산적 확률변수의 확률분포 설명

이산적 확률변수 X의 **확률분포함수**는 X와 관련된 확률들의 목록이다. 즉, 모든 가능한 조합$(x, P(X = x))$의 목록. X의 **누적분포함수**는 $P(X \leq x)$로 정의된다.

학습목표 **5.3**

이산적 확률변수 요약측정의 계산과 설명

가치가 $x_1, x_2, x_3, \ldots$,이고 발생확률이 $P(X = x_i)$인 어떤 이산적 확률변수 X의 경우 X의 **기대치**는 $E(X) = \mu = \Sigma x_iP(X = x_i)$로 계산된다. 우리는 이 기대치를 무한히 반복되는 독립적인 실험들에 대한 확률변수의 장기 평균치로써 설명한다. 확산의 측정은 X의 값이 μ 주변에 몰려있는지 아니면 μ로부터 멀리 분산되었는지를 나타낸다. X의 분산은 $Var(X) = \sigma^2 = \Sigma(x_i - \mu)^2 P(X = x_i)$로 계산되며, **표준편차**는 $SD(X) = \sigma = \sqrt{\sigma^2}$으로 계산된다.

위험중립 소비자는 완전하게 위험을 무시하고 단지 그/그녀의 결정을 기대수익에 기반을 두고 결정한다. **위험기피 소비자**는 위험을 수반하기 위한 보상으로 양의 기대수익을 요구한다. 이러한 보상은 수반된 위험의 정도, 위험기피 정도와 함께 증가한다. 마지막으로 **위험선호 소비자**는 비록 기대수익이 음수일지라도 위험한 선택을 할 것이다.

학습목표 **5.4** 이항분포의 설명과 적절한 확률들의 계산

베르누이 프로세스는 n개의 독립적이고 동일한 실험들의 계열이고 이 실험의 결과들은 오직 "성공"과 "실패"로 이름붙여진 두 가지만 가능하다. 성공과 실패의 확률은 p와 $1 - p$로 표시되고 각 실험 사이에 상수로 유지된다.

이항확률변수 X의 경우 n번의 베르누이 실험에서 x번의 성공확률은 $P(X = x) = \binom{n}{x} p^x (1 - p)^{n-x} = \frac{n!}{x!(n-x)!} p^x (1 - p)^{n-x}$ 이다. 단, $x = 0, 1, 2, ..., n$.
이항확률변수의 **기대치, 분산, 표준편차**는 $E(X) = np$, $Var(X) = \sigma^2 = np(1 - p)$, 그리고 $SD(X) = \sigma = \sqrt{np(1 - p)}$이다.

학습목표 **5.5** 포아송분포의 설명과 적절한 확률들의 계산

포아송 확률변수는 어떤 주어진 시간 혹은 공간의 구간에서 확실한 사건들의 발생 숫자를 계산한다. 간단하게 하기 위해 우리는 이러한 발생들을 "성공"이라고 부른다. 포아송 확률변수 X의 경우 어떤 주어진 시간 혹은 공간의 구간에서의 x번 성공확률은 $P(X = x) = \frac{e^{-\mu}\mu^x}{x!}$이고, $x = 0, 1, 2, ...$이며, μ는 평균 성공횟수 그리고 e는 $e \approx 2.718$인 자연로그의 밑수이다. 포아송분포의 **기대치, 분산, 표준편차**는 $E(X) = \mu$, $Var(X) = \sigma^2 = \mu$, 그리고 $SD(X) = \sigma = \sqrt{\mu}$이다.

학습목표 **5.6** 초기하분포의 설명과 적절한 확률들의 계산

초기하분포는 실험이 독립적이지 않고 실험 간 성공확률이 변하는 응용에 적합하다. 우리는 모집단의 크기(N)가 표본크기(n)보다 유의하게 크지 않은 모집단으로부터 **대체 없이 표본을 채취**할 때 이항분포를 초기하분포로 대체하여 사용한다. **초기하 확률변수** X의 경우 임의로 선택한 n개의 물건 중 x개의 성공확률을 $P(X = x) = \frac{\binom{S}{x}\binom{N-S}{n-x}}{\binom{N}{n}}$으로 계산하면, 만약 $n \leq S$인 경우 $x = 0, 1, 2, ..., n$이고 만약 $n > S$인 경우 $x = 0, 1, 2, ..., S$이다. 여기서 N은 모집단의 숫자이고 S는 성공횟수이다. 초기하분포의 **기대치, 분산, 표준편차**는 $E(X) = n\left(\frac{S}{N}\right)$, $Var(X) = \sigma^2 = n\left(\frac{S}{N}\right)\left(1 - \frac{S}{N}\right)\left(\frac{N-n}{N-1}\right)$, $SD(X) = \sigma = \sqrt{n\left(\frac{S}{N}\right)\left(1 - \frac{S}{N}\right)\left(\frac{N-n}{N-1}\right)}$ 이다.

추가 연습문제와 사례연구

75. 2000년대 초반 닷컴 붐 이후 최악의 경제에 직면한 미국의 하이테크 회사들은 조심스러운 낙관론과 함께 투자기회를 찾고 있다(USA투데이, 2009.2.17). 마이크로소프트의 투자팀은 어떤 혁신적인 초창기 프로젝트를 고려하는 중이라고 가정하자. 이들의 추정에 따르면 마이크로소프트는 만약 이 프로젝트가 매우 성공적일 때 5백만 달러의 수익이 창출되고, 만약 약간 성공적일 때는 2백만 달러의 수익을 창출할 수 있다. 또한 만약 프로젝트가 실패하면 4백만 달러의 손실이 발생하게 된다. 만약 프로젝트가 매우 성공적이고 약간 성공적일 때 확률이 0.10과 0.40이라면, 그리고 나머지는 실패할 확률이라고 할 때 마이크로소프트의 기대 이익 혹은 손실을 계산하라.

76. 어떤 분석가는 보통주의 수익률에 대한 다음의 확률분포를 개발하였다.

시나리오	확률	수익률
1	0.25	− 15%
2	0.35	5%
3	0.40	10%

   a. 기대수익률을 계산하라.
   b. 이 확률분포의 분산과 표준편차를 계산하라.

77. 어떤 교수는 성적을 위해 상대적 척도를 사용한다. 그녀는 학생의 60%가 최소한 B를 받을 것이고 학생의 15%는 A를 받을 것이라고 안내했다. 또한 5%는 D를, 그리고 5%는 F를 받을 것이다. 이 수업에서 I 등급이 없다고 가정하자. 수업의 성적을 A = 4, B = 2, C = 2, D = 1, 그리고 F = 0이라고 두자.
   a. 어떤 학생이 B를 받을 확률을 찾아라.
   b. 어떤 학생이 최소 C를 받을 확률을 찾아라.
   c. 성적의 기대치와 표준편차를 계산하라.

78. 타이어를 사기 위해 시어스 자동차점에 가는 고객의 50%는 4개의 타이어를 사고 30%는 2개를 산다. 게다가 18%는 2개보다 적은 수의 타이어를 사고 5%는 아무것도 사지 않는다.
   a. 어떤 소비자가 구매한 타이어의 기대치와 표준편차를 찾아라.
   b. 만약 시어스 자동차점이 판매되는 모든 타이어에서 $15의 이익을 남긴다고 할 때, 120명의 고객이 서비스를 받는다면 기대수익은 얼마인가?

79. 대여-소유(rent-to-own) 점포는 소비자들이 주당 혹은 월당 지불액에 대하여 상품을 즉각적으로 교환할 수 있도록 허용한다. 이 조항은 어떤 고정된 시간 동안만이다. 동시에 소비자들이 상품의 반환으로 이 계약을 만료할 수 있다. 대여 − 소유 점포는 소비자가 월 지불료를 만료하여 대여 물품이 자신의 소유가 될 때 이 가전제품으로부터 $200의 이익이 발생한다고 가정하자. 즉, 일정한 계약 동안 소비자가 일정액을 지불하고 그 계약이 만료되어 대여 물품이 소비자의 소유가 되는 기간 동안의 수익을 말한다. 그리고 소비자가 이 제품을 반환할 때 수익은 $20이고, 소비자가 채무불이행할 때 손실은 $600이다. 반환과 채무불이행 확률이 각각 0.60과 0.05라고 하자.
   a. 가전제품당 수익에 대한 확률분포를 구성하라.
   b. 200명의 대여-소유 계약을 체결한 어떤 점포의 기대수익은 얼마인가?

80. 신용카드를 사용하는 소비자의 44%는 결제를 다음 달로 이월한다(http://bankrate.com, 2007.2.20). 신용카드를 사용하는 4명의 소비자들이 임의로 선택되었다.
   a. 모든 소비자들이 신용카드 결제액을 이월할 확률은 얼마인가?
   b. 2명보다 적은 소비자들이 신용카드 결제액을 이월할 확률은 얼마인가?
   c. 이 이항분포의 기대치, 분산, 그리고 표준편차를 계산하라.

81. 교통부에 따르면 2007년에 국내선의 27%는 지연되었었다(Money, 2008.5). 뉴욕의 존F케네디 공항에서 5대의 비행기가 임의로 선택되었다.
   a. 5대 모두가 지연될 확률은 얼마인가?
   b. 5대 모두가 제때에 도착할 확률은 얼마인가?

82. 애플의 제품은 미국에서 누구나 아는 제품의 대명사가 되었고 51%의 가구에서 최소한 하나의 애플 제품을 보유한다(CNN, 2012.3.19).
   a. 임의로 추출한 4가구에서 애플 제품을 보유할 확률은 얼마인가?
   b. 임의로 추출한 4가구 모두가 애플 제품을 보유할 확률은 얼마인가?
   c. 임의로 추출한 100가구에서 애플 제품을 보유할 가구들의 기대치, 표준편차를 찾아라.

83. (컴퓨터 사용) 미국 담보대출의 20%는 "언더워터(깡통주택)"이다(보스턴글로브지, 2009.3.5). 만약 집의 가치가 대출금보다 적은 경우 담보대출은 언더워터로 고려된다. 100개의 담보대출이 임의로 선택되었다고 가정하자.
   a. 담보대출 중 정확하게 15개가 언더워터일 확률은 얼마인가?
   b. 20개보다 많은 담보대출이 언더워터일 확률은 얼마인가?
   c. 최소 25개의 담보대출이 언더워터일 확률은 얼마인가?

84. (컴퓨터 사용) 왓슨 와이어트(Watson Wyatt) 컨설팅회사의 조사에 따르면 고용주의 약 19%는 특혜를 없애거나 내년에 없앨 계획을 가지고 있다(Kiplinger's Personal Finance, 2009.2). 30명의 고용주가 임의로 선택되었다고 가정하자.
   a. 고용주 중 정확하게 10명이 특혜를 없애거나 없앨 계획을 가질 확률은 얼마인가?
   b. 최소 10명 그러나 20명을 넘지 않는 고용주가 특혜를 없애거나 없앨 확률은 얼마인가?

c. 최대 8명의 고용주가 특혜를 없애거나 없앨 계획을 가질 확률은 얼마인가?

85. 연구들은 박쥐들이 분당 평균적으로 10마리의 모기를 먹는다고 보고했다(berkshiremuseum.org).
   a. 어떤 박쥐가 30초 동안 먹어치울 평균 모기 수를 계산해라.
   b. 어떤 박쥐가 30초 동안 4마리의 모기를 먹을 확률은 얼마인가?
   c. 어떤 박쥐가 30초 동안 모기를 먹지 않을 확률은 얼마인가?
   d. 어떤 박쥐가 30초 동안 최소 1마리의 모기를 먹을 확률은 얼마인가?

86. (컴퓨터 사용) 집값이 적절해 보이고 담보대출이 역사상 최저라는 점에도 불구하고, 더 많은 집을 보여주지만 더 많이 팔리지는 않는다고 부동산 중개인은 말한다(보스턴글로브지, 2009.3.7). 어떤 부동산 회사는 평균적으로 5명의 사람이 집의 특성을 보기 위해 개방된 집에 나타난다고 추정했다. 일요일에 집 개방이 있을 예정이다.
   a. 최소 5명의 사람이 집을 보러 올 확률은 얼마인가?
   b. 5명보다 적은 사람이 집을 보러 올 확률은 얼마인가?

87. (컴퓨터 사용) 경찰은 고속도로의 특정 구간 10마일에서 하루 12건의 큰 사고가 발생한다는 것을 추정했다. 사건의 발생률은 고속도로의 10마일 구간에서 고르게 분포되었다.
   a. 이 도로의 10마일 구간에서 8건보다 적은 큰 사고가 발생할 확률을 찾아라.
   b. 이 도로의 1마일 구간에서 2건보다 많은 큰 사고가 발생할 확률을 찾아라.

88. 잘 쌓아진 카드에서 대체 없이 3장의 카드를 뽑았다고 가정하자. 각 카드 층은 52장의 카드로 구성되었고, 각각 스페이드, 하트, 클럽, 다이아몬드 문양의 카드가 13장씩 있다.
   a. 여러분이 모두 스페이드 카드를 뽑을 확률은 얼마인가?
   b. 스페이드 카드가 2장 혹은 그보다 적게 뽑힐 확률은 얼마인가?
   c. 모두 스페이드 혹은 하트 카드를 뽑을 확률은 얼마인가?

89. 어떤 교수는 그의 수업을 듣는 20명의 학생 중에서 3명의 학생이 시험에서 부정행위를 할 것이라는 사실을 알고 있다. 그녀는 시험 동안 임의로 선택된 4명의 학생을 주의깊게 관찰하기로 결심하였다.
   a. 이 학생들 중 최소 1명의 학생이 부정행위를 저지를 확률은 얼마인가?
   b. 만약 그녀가 6명을 선택했다면 이들 중 최소 1명이 부정행위를 저지를 확률은 얼마인가?

90. (컴퓨터 사용) 많은 미국 가구들은 여전히 인터넷을 사용하지 않는다. 남부의 한 작은 마을에서 80가구 중 20가구가 인터넷을 사용하지 않는다고 가정하자. 초고속 인터넷을 제공하는 어떤 회사는 최근에 이 시장에 진입했다. 마케팅의 일환으로서 이 회사는 임의로 10가구를 선택하고 이 가구들에 그들의 서비스가 설명된 안내책자와 함께 공짜 노트북을 제공하기로 결심하였다. 이 목적은 공짜 노트북으로 신뢰를 쌓고 인터넷을 사용하지 않는 사람들이 사용할 수 있도록 하는 것이다.
   a. 6명의 노트북 수령자가 인터넷 접속을 하지 않을 확률은 얼마인가?
   b. 최소 5명의 노트북 수령자가 인터넷 접속을 하지 않을 확률은 얼마인가?
   c. 인터넷 접속을 하지 않는 평균 노트북 수령자는 얼마인가?

사례연구

사례연구 5.1

보증 연장은 보증담당자, 소매점, 혹은 제조사가 소비자에게 제공하는 장기적인 보증이다. 뉴욕타임스지(2009.11.23)의 최근 보고서는 노트북의 20.4%는 3년 동안 망가지지 않는다고 보고했다. 로베르토(Roberto D'Angelo)는 노트북의 보증 연장에 관심을 가지고 있다. 좋은 보증 연장이 $74에 Compuvest.com에서 제공되고 있는 중이다. 이는 그의 노트북이 3년 이후 필요할 수 있는 수리를 보증한다. 그의 조사에 근거하여 로베르토는 3년 이후 사소한 수리가 필요할 가능성이 13%이고, 주요한 수리는 8%, 그리고 끔찍한 수리는 3%라고 결정하였다. 보증 연장은 사소한 수리의 경우 $80, 주요한 수리의 경우 $320, 그리고 끔찍한 수리의 경우 $500의 비용을 절약하게 할 것이다. 이러한 결과들은 다음의 확률분포에 정리되었다.

사례연구 5.1의 데이터 수리비용에 대한 확률분포

수리 유형	확률	수리 비용
없음	0.76	$0
사소한	0.13	$80
주요한	0.08	$320
끔찍한	0.03	$500

보고서의 자료를 이용하여 다음에 답하라.

1. 수리비용의 기대치를 계산하고 설명하라.
2. 위의 보증 연장을 구매한 소비자의 기대편익 혹은 기대손실을 분석하라.
3. 어떤 종류의 소비자(위험중립, 위험기피, 혹은 모두)가 이 보증 연장을 구매할지 결정하라.

사례연구 5.2

뉴욕시 당국이 발표한 수치에 따르면, 뉴욕시의 십대 흡연율이 10년 전 추세에서 감소하는 중이다(뉴욕타임스지, 2008.1.2). 뉴욕시 청소년 위험행동 조사(Youth Risk Behavior Survey)에 따르면 십대의 흡연율이 2001년 17.6%에서(1997년 23%) 2007년 8.5%로 떨어졌다. 시 관계자는 낮아진 흡연율이 담배세 인상, 작업장 흡연 금지, 담배와 관련된 질병의 TV와 지하철 광고 등 요소와 관련이 있다고 하였다.

보고서의 자료를 이용하여 다음에 답하라.

1. 2007년에 10명의 뉴욕시 십대그룹에서 최소 1명이 흡연했을 확률을 계산하라.
2. 2001년에 10명의 뉴욕시 십대그룹에서 최소 1명이 흡연했을 확률을 계산하라.
3. 1997년에 10명의 뉴욕시 십대그룹에서 최소 1명이 흡연했을 확률을 계산하라.
4. 1997년과 2007년 사이의 흡연 추세에 대해서 논하라.

사례연구 5.3

스코틀랜드 정책과 관련된 뉴스는 직접 운전하는 자동차 추돌사고의 숫자를 염려한다(BBC뉴스, 2008.3.10). 통계는 스코틀랜드의 자동차가 1년당 1,000건의 비율로 교통사고에 관련된다고 보여준다. 이 통계는 999(우리나라의 119와 같다)에 전화를 걸었던 자동차들을 포함한다. 소방차와 구급차는 이 수치에 포함되지 않았다.

보고서의 자료를 이용하여 다음에 답하라.

1. 하루 당 기대 교통사고 수를 계산하고 설명하라.
2. 이 기대치를 이용하여 하루 당 교통사고가 0, 1, 2, ..., 10으로 표현되는 확률분포를 구성하라. 이 분포를 그림으로 그리고 평균, 분산 등을 계산하라.

부록 5.1 다른 통계프로그램 사용안내

여기서는 특정 통계프로그램(미니탭, SPSS, JMP) 사용을 위한 간단한 명령어를 제공한다. 교과서 웹사이트에서 더 자세한 설명을 찾아볼 수 있다.

미니탭

이항분포

A. (예제 5.7a의 반복) 메뉴에서 **Calc > Probability Distribution > Binomial**을 선택한다.

B. 우리는 $P(X = 5)$를 찾기 때문에 **Probability**를 선택한다(누적확률분포의 경우, **Cumulative probability**를 선택). **Number of trials**에 100을 입력하고 **Event probability**에 0.047을 입력한다. **Input constant**를 선택하고 5를 입력한다.

포아송분포

A. (예제 5.9a의 반복) 메뉴에서 **Calc > Probability Distribution > Poisson**를 선택한다.

B. 우리는 $P(X \leq 100)$를 찾기 때문에 **Cumulative probability**를 선택한다. ($P(X = x)$를 계산하는 경우, **probability**를 선택). **Mean**에 114을 입력한다. **Input constant**를 선택하고 100을 입력한다.

초기하분포

A. (예제 5.10a의 반복) 메뉴에서 **Calc > Probability Distribution > Hypergeometric**를 선택한다.

B. 우리는 $P(X = 1)$를 찾기 때문에 **Probability**를 선택한다(누적확률분포의 경우, **Cumulative probability**를 선택). **Population size(N)**의 경우 20을, **Event count in population(M)**의 경우 2를, 그리고 **Sample size(n)**의 경우 5를 입력한다. **Input constant**를 선택하고 1을 입력한다.

SPSS

이항분포

A. (예제 5.7a의 반복) 메뉴에서 **Transform > Compute Variable**을 선택한다. 주의: 명령어에 접근하기 위해 SPSS는 반드시 spreadsheet에 대한 자료를 "view" 해야 한다. 이 목적을 위해 맨 왼쪽 셀에 0을 입력한다.

B. **Target Variable**로서 pdfbinomial을 친다. 우리는 $P(X = 5)$를 계산하기 때문에 **Function group** 안에 있는 **PDF & Noncentral PDF**를 선택하고, **Functions and Special Variables** 안에 있는 **Pdf.Binom**을 더블클릭한다(누적확률분포의 경우 **Function group** 안에 있는 **CDF & Noncentral CDF**를 선택하고, **Functions and Special Variables** 안에 있는 **Cdf.Binom**을 더블클릭한다). ***Numeric Expression*** 상자에서 **quant**에 5를 입력하고 **n**에는 100, **prob**에는 0.047을 입력한다.

포아송분포

A. (예제 5.9a의 반복) 메뉴에서 **Transform > Compute Variable**를 선택한다.

B. **Target Variable**로서 cdfpoisson을 친다. 우리는 $P(X \leq 100)$를 계산하기 때문에 **Function group** 안에 있는 **CDF & Noncentral CDF**를 선택하고, **Functions and Special**

Variables 안에 있는 **Pdf.Poisson**을 더블클릭한다($P(X = x)$ 계산의 경우 **Function group** 안에 있는 **PDF & Noncentral PDF**를 선택하고, **Functions and Special Variables** 안에 있는 **Pdf.Poisson**을 더블클릭한다). *Numeric Expression* 상자에서 **quant**에 100을 입력하고 **Mean**에 114를 입력한다.

초기하분포

A. (예제 5.10a의 반복) 메뉴에서 **Transform > Compute Variable**을 선택한다.

B. **Target Variable**로서 pdfhyper를 친다. 우리는 $P(X = 1)$를 계산하기 때문에 **Function group** 안에 있는 **PDF & Noncentral PDF**를 선택하고, **Functions and Special Variables** 안에 있는 **Pdf.Hyper**를 더블클릭한다(누적확률분포의 경우 **Function group** 안에 있는 **CDF & Noncentral CDF**를 선택하고, **Functions and Special Variables** 안에 있는 **Cdf.Hyper**를 더블클릭한다). *Numeric Expression* 상자에서 **quant**에 1을 입력하고 **total**에는 5, **hits**에는 2를 입력한다.

JMP

이항분포

A. (예제 5.7a의 반복) spreadsheet view 안 열의 맨 위에서 마우스 오른쪽을 클릭한다. **Functions (grouped)** 안에서 **Discrete Probability > Binomial Probability**를 선택한다(누적확률의 경우 **Binomial Distribution**을 선택). 주의: spreadsheet view에서 계산된 확률을 보기 위해서 JMP는 spreadsheet 상의 자료를 "view"해야 한다. 이 목적을 위해 우리는 열의 첫 번째 셀에 0을 입력한다.

B. **p**에 0.047을 입력하고, **n**에는 100, **k**에는 5를 입력한다.

포아송분포

A. (예제 5.9a의 반복) spreadsheet view 안 열의 맨 위에서 마우스 오른쪽을 클릭한다. **Functions (grouped)** 안에서 **Discrete Probability > Poisson Probability**를 선택한다($P(X = x)$의 경우 **Poisson Probability**를 선택).

B. **lamda**에 114를, 그리고 **k**에 100을 입력한다.

초기하분포

A. (예제 5.10a의 반복) spreadsheet view 안 열의 맨 위에서 마우스 오른쪽을 클릭한다. **Functions (grouped)** 안에서 **Discrete Probability > Hypergeometric Probability**를 선택한다(누적확률의 경우 **Hypergeometric Distribution**을 선택).

B. **N**에 20을, **k**에 5를, **n**에 5를, 그리고 **x**에 1을 입력한다.

연속적 확률분포

Continuous Probability Distributions

C H A P T E R

학습목표 LEARNING OBJECTIVES

이 장을 학습한 후에는

학습목표 **6.1 연속적 확률변수를 설명할 수 있어야 한다.**

학습목표 **6.2 연속적 균등분포를 따르는 확률변수의 확률을 계산하고 설명할 수 있어야 한다.**

학습목표 **6.3 정규분포의 특징을 설명할 수 있어야 한다.**

학습목표 **6.4 표준정규표(z테이블)을 사용할 수 있어야 한다.**

학습목표 **6.5 정규분포를 따르는 확률변수의 확률을 계산하고 설명할 수 있어야 한다.**

학습목표 **6.6 지수분포를 따르는 확률변수의 확률을 계산하고 설명할 수 있어야 한다.**

앞 장에서 우리는 확률변수를 정의하고 확률변수의 수치에 대해 논의했다. 그런 다음에 확률변수를 가정할 수 있는 수치의 범위에 따라 이산적 혹은 연속적 확률변수로 구분하였다. 이산적 확률변수는 서로 다른 셀 수 있는 숫자들(부동산 중개인이 한 달에 판매한 집의 숫자, 100개의 표본 가구 중 압류된 숫자, 톨게이트 요금소에 줄지어선 자동차 등)로 가정한다. 반면, 연속적 확률변수는 셀 수 없는 가치로 특징된다. 왜냐하면 이는 어떤 구간 안에서 어떤 가치라도 될 수 있기 때문이다. 연속적 확률변수의 예는 어떤 뮤추얼펀드의 투자수익, 톨게이트 요금소에서 기다리는 시간, 그리고 컵 안에 들어있는 음료수의 양 등이 있다. 이러한 모든 예에서 확률변수의 모든 가능한 수치를 나열하는 것은 불가능하다. 이 장에서 우리는 연속적 확률변수에 집중한다. 이 장의 대부분은 가장 널리 이용되는 확률분포이자 통계적 추론의 기초인 정규분포에 대한 논의에 전념할 것이다. 그리고 다른 중요한 확률분포인 균등분포와 지수분포 역시 논의될 것이다.

도입사례

연어 수요

아키코(Akiko Hamaguchi)는 애리조나 피닉스에 있는 리틀긴자라는 작은 스시 레스토랑의 매니저이다. 그녀의 업무 중 한 가지로서 아키코는 레스토랑에서 쓰일 연어를 매일 구매해야 한다. 신선도를 위해 정확한 양의 연어를 구매하는 것은 중요하다. 너무 많이 구매하면 폐기처분될 것이고 너무 적게 구매하면 연어 수요가 많은 날 손님들에게 실망을 안겨줄 수 있다.

아키코는 연어의 일일 소비량이 평균이 12파운드이고 표준편차가 3.2파운드인 정규분포를 따른다는 것을 추정했다. 그녀는 항상 매일 20파운드의 연어를 사왔었다. 나중에, 그녀는 주인에게 혼났다. 왜냐하면 이러한 연어의 양은 너무나 자주 폐기처분되었기 때문이다. 비용절감의 한 부분으로 아키코는 새로운 전략을 구상중이다. 그녀는 일일 수요의 90%를 충족시키기 충분한 연어를 살 것이다.

아키코는 위의 정보를 이용하여 다음을 해결하기를 원한다.

1. 리틀긴자에서의 연어 수요가 그녀가 초기에 구매한 20파운드를 넘는 날의 비율을 계산하라.

2. 리틀긴자에서의 연어 수요가 15파운드 아래였던 날의 비율을 계산하라.

3. 하루 수요의 90%를 충족시키는 연어의 일일 구매량을 결정하라.

사례요약이 6장 3절 끝에 제공되어 있다.

6.1 연속적 확률변수와 균등분포

학습목표 **6.1**
연속적 확률변수의 설명

5장에서 논의된 것과 같이 이산적 확률변수 X는 $x_1, x_2, x_3, \ldots$과 같이 서로 다른 셀 수 있는 숫자들로 가정된다. 반면, **연속적 확률변수**(continuous random variable)는 셀 수 없는 가치들로 특징된다. 왜냐하면 이는 어떤 구간 안에서 어떤 값이라도 취할 수 있기 때문이다. 이산적 확률변수와 달리 우리는 연속적 확률변수 X를 $x_1, x_2, x_3, \ldots$과 같이 나타낼 수 없다. 왜냐하면 $(x_1 + x_2)/2$의 결과는 실제로 가능하지만 위 목록에 없기 때문이다. 예를 들어 어떤 학생이 시험을 끝내기 위해 쓸 수 있는 시간으로 정의된 연속적 확률변수를 생각하자. 여기서 확률변수의 모든 가능한 값들을 나열하는 것은 불가능하다.

이산적 확률변수의 경우 우리는 특정한 값 x로 가정된 확률 혹은 $P(X = x)$로 쓰여진 확률상태 등을 계산할 수 있다. 예를 들어 이항확률변수의 경우 우리는 n번의 실험 중 정확하게 1번 성공할 확률, 즉 $P(X = 1)$을 계산할 수 있다. 그러나 연속적 확률변수로는 이러한 계산을 할 수 없다. 특정한 값 x로 가정된 확률변수의 확률은 0이다. 즉, $P(X = x) = 0$. 왜냐하면 우리는 셀 수 없는 각 수치에 확률을 부여할 수 없기 때문이다. 그러므로 연속적 확률변수의 경우 확률변수의 값이 어떤 특정한 구간 안에 존재할 확률을 계산하는 것만이 의미있다. 따라서 연속적 확률변수의 경우 $P(X = a)$와 $P(X = b)$는 모두 0이기 때문에, $P(a \le X \le b) = P(a < X < b) = P(a \le X < b) = P(a < X \le b)$이다.

연속적 확률변수의 확률질량함수는 $f(x)$로 표시되고 **확률밀도함수**(probability density function)라 불린다. 5장에서 언급했듯이 이 책에서 우리는 종종 두 함수를 언급할 때 "확률분포"라는 용어를 사용한다. $f(x)$의 그래프는 모집단에 대한 상대적 빈도 폴리곤에 근접한다. 이산적 확률분포와 달리 $f(x)$는 직접적으로 확률을 나타내지 않는다. 변수가 구간내 어떤 값으로 가정되는 확률, $P(a \le X \le b)$는 a점과 b점 사이 $f(x)$ 아래의 면적으로 정의된다. 게다가 x의 모든 값에 대한 $f(x)$ 아래의 전체 면적은 1과 같다. 이는 이산적 확률변수의 경우 모든 확률을 더하면 1과 같다는 사실과 같다.

확률밀도함수

연속적 확률변수 X의 확률밀도함수 $f(x)$는 다음의 특성들을 가진다.

- X의 모든 가능한 값 x에 대하여, $f(x) \ge 0$이다.
- x의 모든 값에 대한 $f(x)$의 아래 영역은 1과 같다.

이산적 확률변수의 경우와 같이 우리는 연속적 확률변수에 대한 확률을 계산하기 위해 $F(x)$로 표시되는 **누적분포함수**(cumulative distribution function)를 사용할 수 있다. 확률변수 X의 어떤 값 x의 경우, $F(x) = P(X \le x)$는 간단히 x값까지의 확률밀도함수 아래의 면적이다.

누적분포함수

확률변수 X의 어떤 값 x에 대한 누적분포함수 $F(x)$는 다음과 같이 정의된다.

$$F(x) = P(X \le x)$$

만약 우리가 미적분을 잘 알고 있다면, 우리는 이 누적확률이 x보다 작거나 동일한 값에 대한 $f(u)$의 적분이라는 것을 인지할 수 있다. 유사하게, $P(a \le X \le b) = F(b) - F(a)$는 a점과 b점 사이에 대한 $f(u)$의 적분이다. 다행히도 우리는 다음에서 논의되는 연속적 확률변수에 대한 확률을 계산하기 위해 적분을 알 필요가 없다.

연속균등분포

학습목표 6.2

연속적 균등분포를 따르는 확률변수의 확률계산과 설명

가장 간단한 연속확률분포 중 하나는 **연속균등분포**(continuous uniform distribution)라고 불리는 것이다. 이 분포는 확률변수들이 어떤 특정한 범위내에서 어떤 값으로 가정되면서 동일하게 발생할 가능성을 가질 때 적합하다. 균등하게 분포된 확률변수의 예는 어떤 가전제품의 배달시간, 도시간 비행시간, 어떤 학교내 버스를 기다린 시간 등을 포함한다. 위 확률변수들의 각각에 대한 어떤 특정한 범위는 동일하게 가능하도록 가정될 수 있다.

여러분의 새 냉장고가 오후 2시에서 3시 사이에 배달될 것이라는 연락을 받았다고 가정하자. 확률변수 X를 여러분의 냉장고 배달시간이라고 두자. 이 변수는 총 60분의 범위에서 오후 2시 이전과 오후 3시 이후가 될 수 없다. 오후 2시에서 2시30분 사이에 배달될 확률을 0.50(= 30/60)과 같다고 추론하는 것은 합리적이다. 유사하게 어떤 15분 간격에서 배달될 확률은 0.25(= 15/60)과 동일하고, 계속해서 만들어갈 수 있다.

그림 6.1은 연속적 확률변수의 확률밀도함수를 보여준다. 수평축 위에 있는 a와 b는 각각 하한과 상한을 나타낸다. 연속균등분포는 평균 $\mu(= \frac{a+b}{2})$를 주위로 대칭적이다. 냉장고 배달 예에서 평균은 $\mu = \frac{2+3}{2} = 2.5$이고 이는 오후 2:30에 배달될 것을 예상한다. 연속확률변수의 표준편차 σ는 $\sqrt{(b-a)^2/12}$와 같다.

그림 6.1 연속균등확률밀도함수

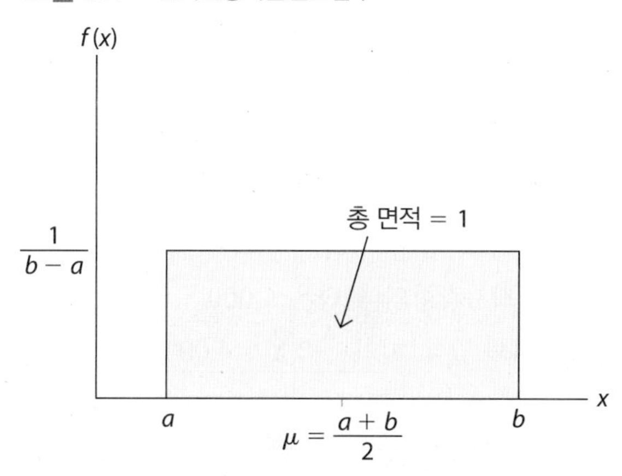

중요한 요소 중 하나는 확률밀도함수의 높이가 직접적으로 확률을 나타내지 않는다는 것이다. 이전에 언급했듯이 모든 연속확률변수의 경우, 이에 대응되는 확률은 $f(x)$ 아래의 면적이다. 연속균등분포의 경우 확률은 기본적으로 밑변과 높이를 곱한 직사각형의 면적이다. 그러므로 확률은 특정한 구간의 길이(밑변)를 $f(x) = \frac{1}{b-a}$(높이)에 곱함으로써 쉽게 계산될 수 있다.

연속균등분포

어떤 확률변수 X는 만약 확률밀도함수가 다음과 같다면 **연속균등분포**를 따른다.

$$f(x) = \begin{cases} \dfrac{1}{b-a} & \text{for } a \leq x \leq b, \text{ and} \\ 0 & \text{for } x < a \text{ or } x > b \end{cases}$$

a와 b는 확률변수가 가정하는 수치들의 하한과 상한을 나타낸다.

X의 기대치와 표준편차는 다음과 같이 계산된다.

$$E(X) = \mu = \frac{a+b}{2}, \quad SD(X) = \sigma = \sqrt{(b-a)^2/12}$$

예제 6.1

어떤 지역 약국의 매니저는 특정한 화장품을 위한 다음 달의 판매 프로젝트를 진행하는 중이다. 그녀는 과거 자료로부터 매출이 하한 $2,500와 상한 $5,000 사이인 연속균등분포를 따른다는 것을 안다.

a. 이 연속균등분포의 평균과 표준편차는 얼마인가?

b. 매출이 $4,000를 초과할 확률은 얼마인가?

c. 매출이 $3,200와 $3,800 사이에 있을 확률은 얼마인가?

풀이:

a. 하한의 값이 $a = \$2{,}500$이고 상한의 값이 $b = \$5{,}000$라면 우리는 이 연속균등분포의 평균과 표준편차를 다음과 같이 계산한다.

$$\mu = \frac{a+b}{2} = \frac{\$2{,}500 + \$5{,}000}{2} = \$3{,}750$$
$$\sigma = \sqrt{(b-a)^2/12} = \sqrt{(5{,}000 - 2{,}500)^2/12} = \$721.69$$

b. 그림 6.2에서 나타난 것과 같이 우리는 면적이 $4,000와 $5,000 사이인 $P(X > 4{,}000)$을 찾는다. 직사각형의 밑변은 $5{,}000 - 4{,}000 = 1{,}000$이고 높이는 $\frac{1}{5{,}000 - 2{,}500} = 0.0004$와 같다. 따라서 $P(X > 4{,}000) = 1{,}000 \times 0.0004 = 0.40$이다.

그림 6.2 4,000의 오른쪽 면적(예제 6.1b)

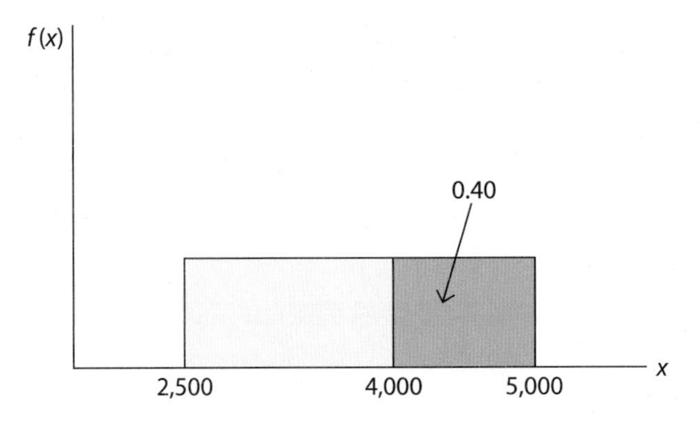

c. 우리는 $P(3,200 \leq X \leq 3,800)$을 찾는다. *b*부분에서와 같이 똑같은 방법을 이용하면 우리는 그림 6.3과 같이 직사각형의 밑변과 높이를 곱한다. 그러므로 우리는 다음과 같은 확률을 얻는다. $(3,800 - 3,200) \times 0.0004 = 0.24$

그림 6.3 3,200과 3,800 사이의 면적(예제 6.1c)

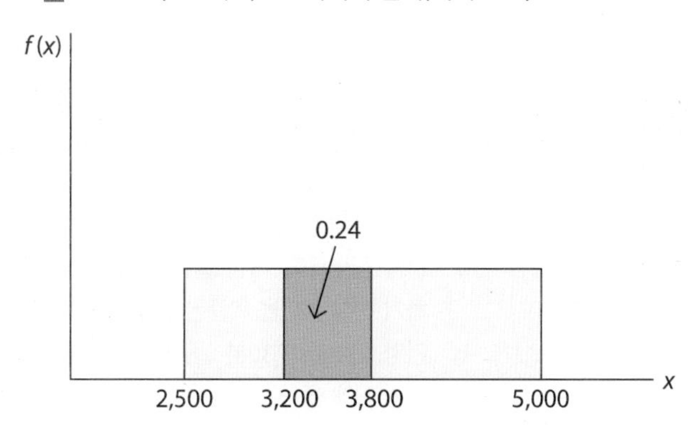

연습문제 6.1

기본문제

1. 연속확률변수 X의 누적확률들은 $P(X \leq 10) = 0.42$와 $P(X \leq 20) = 0.66$이다. 다음의 확률들을 계산하라.
   a. $P(X > 10)$
   b. $P(X > 20)$
   c. $P(10 < X < 20)$
2. 상한이 4인 확률변수 X의 경우 $P(0 \leq X \leq 2.5) = 0.54$와 $P(2.5 \leq X \leq 4) = 0.16$이다. 다음의 확률들을 계산하라.
   a. $P(X < 0)$
   b. $P(X > 2.5)$
   c. $P(0 \leq X \leq 4)$
3. 연속확률변수 X의 경우, $P(20 \leq X \leq 40) = 0.15$와 $P(X > 40) = 0.16$이다. 다음의 확률들을 계산하라.
   a. $P(X < 40)$
   b. $P(X < 20)$
   c. $P(X = 40)$
4 어떤 확률변수 X는 하한이 5이고 상한이 35인 연속균등분포를 따른다.
   a. 밀도함수 $f(x)$의 높이는 무엇인가?
   b. 이 분포의 평균과 표준편차는 무엇인가?
   c. $P(X > 10)$을 계산하라.
5. 어떤 확률변수 X는 하한이 -2이고 상한이 4인 연속균등분포를 따른다.
   a. 밀도함수 $f(x)$의 높이는 무엇인가?
   b. 이 분포의 평균과 표준편차는 무엇인가?
   c. $P(X \leq -1)$을 계산하라.
6. 어떤 확률변수 X는 하한이 10이고 상한이 30인 연속균등분포를 따른다.
   a. 이 분포의 평균과 표준편차를 계산하라.
   b. X가 22보다 클 확률은 얼마인가?
   c. X가 15와 23 사이일 확률은 얼마인가?
7. 어떤 확률변수 X는 하한이 750이고 상한이 800인 연속균등분포를 따른다.
   a. 이 분포의 평균과 표준편차를 계산하라.
   b. X가 770보다 클 확률은 얼마인가?

응용문제

8. 뉴잉글랜드 고객에 대한 평균 전력가격은 하한이 킬로와트-시간 당 12센트이고 상한이 킬로와트-시간 당 20센트인 연속균등분포를 따른다고 가정하자.
   a. 뉴잉글랜드 고객에 대한 평균 전력가격을 계산하라.
   b. 뉴잉글랜드 고객이 킬로와트-시간 당 15.5센트보다 적게 지불할 확률은 얼마인가?
   c. 어떤 지역축제는 만약 평균 전력가격이 킬로와트-시간 당 14센트보다 더 높다면 퍼레이드카를 운영할 수 없다. 축제가 마감될 확률은 얼마인가?

9. 12층 기숙사의 승강기 도착시간은 다음의 4분 동안 어떤 시간 범위에서 동일할 것 같다.
   a. 어떤 승강기가 1.5분보다 적은 시간에 도착할 확률은 얼마인가?
   b. 어떤 승강기를 기다리는 시간이 1.5분보다 더 많을 확률은 얼마인가?
10. 네덜란드는 튤립 생산과 판매에서 세계 선두주자 중 하나이다. 노틀담의 판타스틱 플로라의 온실에서 튤립의 키가 가장 낮은 7인치와 가장 높은 16인치 사이의 연속적 균등분포를 따른다고 가정하자. 여러분은 튤립부케를 선택하여 온실에 왔지만 오직 10인치가 넘는 튤립만 선택될 것이다. 임의로 선택된 튤립이 선택되기에 충분한 키일 확률은 얼마인가?
11. 보스턴에서 뉴욕까지 일일 비행을 위해 계획된 도착시간은 오전 9시25분이다. 과거 자료는 도착시간이 빠르면 오전 9시15분 그리고 늦으면 9시55분 사이인 연속적 균등분포를 따르는 것을 보였다.
   a. 이 분포의 평균과 표준편차를 계산하라.
   b. 어떤 비행기가 9시25분보다 늦을 확률은 얼마인가?
12. 여러분은 묘목장에서 여러분의 복숭아 나무가 명백하게 3월 18일과 30일 사이에 꽃이 필 거라고 공지 받았다. 개화시기가 이 특정한 날 사이에 균등분포를 따른다고 가정하자.
   a. 이 나무가 3월 25일까지 개화하지 않을 확률은 얼마인가?
   b. 이 나무가 3월 20일까지 개화할 확률은 얼마인가?
13. 여러분은 손해사정인이 여러분의 집에 오전 10시와 정오 사이에 방문할 거라고 공지받았다. 그의 방문시간은 특정 2시간 동안 균등하게 분포되었다고 합리적으로 가정하자. 여러분은 오전 10시에 재빨리 심부름을 해야만 한다고 가정하자.
   a. 만약 심부름이 15분 걸린다면, 여러분이 손해사정인이 방문하기 전에 돌아올 확률은 얼마인가?
   b. 만약 심부름이 30분 걸린다면, 여러분이 손해사정인이 방문하기 전에 돌아올 확률은 얼마인가?

6.2 정규분포

정규확률분포(normal probability distribution) 혹은 간단하게 **정규분포**(normal distirubtion)는 익숙한 **종모양의 분포**이다. 이는 또한 가우시안(Gaussian) 분포로 알려졌다.[1] 정규분포는 통계작업에서 가장 널리 사용되는 확률분포이다. 이를 공통으로 사용하는 한 가지 이유는 정규분포가 여러 확률변수들과 밀접한 관계가 있기 때문이다. 정규분포를 밀접하게 따르는 확률변수들의 예는 다음과 같다.

- 신생아의 키와 몸무게
- 수능점수
- 대학졸업자의 누적 부채(학자금 대출 잔액)
- 어떤 투자에 대한 수익률

어떤 자료가 주어진 예제에서 정규분포에 적합한지 여부를 결정하는 것은 언제든지 유익하다. 이러한 일을 하는 것에는 여러가지 방법이 있는데, 이는 히스토그램(2장)과 상자그림(3장)을 통해 대칭성과 종모양을 확인하는 것이다. 이 장에서 우리는 간단하게 질문에 있는 확률변수가 정규분포되어 있다고 가정하고 이러한 종류의 확률변수와 관련된 확률을 찾는 데 초점을 맞춘다. 이러한 확률들의 계산은 쉽고 간단하다. 정규분포의 또 다른 중요한 기능은 정규분포가 통계적 추론의 토대를 제공한다는 것이다. 1장을 떠올려 보면 통계학은 두 가지 부류로 구분된다. 즉, 기술적 통계와 추론적 통계. 통계적 추론은 일반적으로 정규분포를 가정하는 데 기반을 두며 이 책의 남은 부분에서 중요한 주제로서 제공된다.

[1] 정규분포(가우시안 분포)의 발견은 종종 Carl Friedrich Gauss(1777-1855)의 기여로 인정된다. 그러나 사실 더 이전에 정규분포를 발견한 사람은 이항분포 계산을 간단하게 하는 상황에서 이를 발견한 De Moivre(1667-1754)이다.

정규분포의 특징

학습목표 **6.3**

정규분포의 특징을 설명

- 정규분포는 평균을 중심으로 **대칭적**(symmetric)이다. 즉, 평균의 한 측은 다른 측과 일치한다. 다른 말로 하면, 평균, 중위값, 최빈값은 정규분포의 경우 모두 같다.
- 정규분포는 **두 개의 모수**, 모평균 μ와 모분산 σ^2에 의해 **완벽하게 설명**된다. 모평균은 중심점을 설명하고 모분산은 분포의 분포도를 설명한다.
- 정규분포는 분포의 꼬리가 수평축에 점차 가까워지지만 절대 닿지는 않는다는 점에서 **점근적**(asymptotic)이다. 따라서 이론적으로 어떤 확률변수는 음의 무한대부터 양의 무한대 사이의 어떤 값으로 가정될 수 있다.

다음의 정의는 수리적으로 정규분포의 확률밀도함수를 표현한다.

정규분포

평균이 μ이고 분산이 σ^2인 어떤 확률변수 X는 만약 확률밀도함수가 다음과 같다면 정규분포를 따른다고 한다.

$$f(x) = \frac{1}{\sigma\sqrt{2\pi}}\exp\left(-\frac{(x-\mu)^2}{2\sigma^2}\right)$$

여기서 π는 약 3.14159이고 $\exp(w) = e^w$는 $e \approx 2.718$인 지수함수이다.

정규확률밀도함수를 표현하는 그래프는 종종 **정규곡선**(normal curve) 혹은 **종곡선**(bell curve)이라고 불린다. 다음의 예제는 정규곡선을 정규분포된 확률변수의 위치, 분포도와 연관시킨다.

예제 6.2

우리는 산업 A, B, C의 종사자의 나이가 정규분포되었다는 것을 안다고 가정하자. 우리에게는 적절한 모수들에 대한 다음의 정보가 주어졌다.

산업 A	산업 B	산업 C
$\mu = 42$세	$\mu = 36$세	$\mu = 42$세
$\sigma = 5$세	$\sigma = 5$세	$\sigma = 8$세

그림으로 산업 A와 B 종사자의 나이를 비교하라. 그리고 산업 A와 C 종사자의 나이를 비교하라.

풀이: 그림 6.4는 산업 A 종사자의 평균 나이가 산업 B보다 크다는 것을 보여준다. 그러나 표준편차가 같기 때문에 양쪽 분포는 같은 분포도를 보여준다. 그림 6.5는 산업 A 나이의 표준편차가 산업 C보다 작다는 것을 보여준다. 여기서 산업 A의 정점이 산업 C보다 높은데, 이는 어떤 근로자의 나이가 산업 A의 평균 나이와 밀접할 가능성을 반영한다. 이 그래프들은 또한 평균과 분산에 기반을 두면 우리가 어떤 정규분포 확률변수의 전체 분포를 포착할 수 있다는 것을 알려준다.

그림 6.4 σ = 5인 두 개의 평균, μ에 대한 정규확률밀도함수

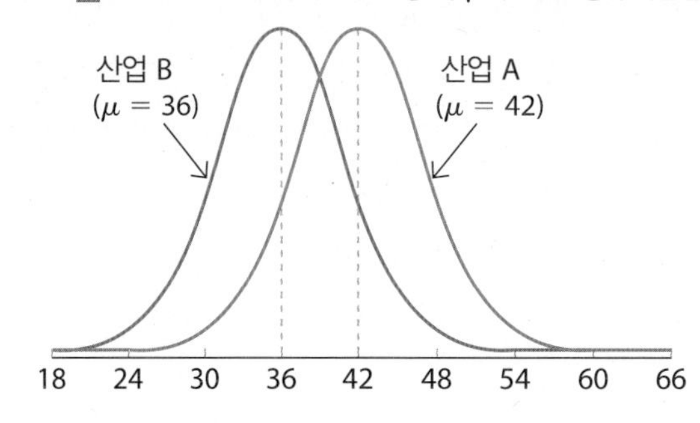

그림 6.5 μ = 42인 두 개의 표준편차, σ에 대한 정규확률밀도함수

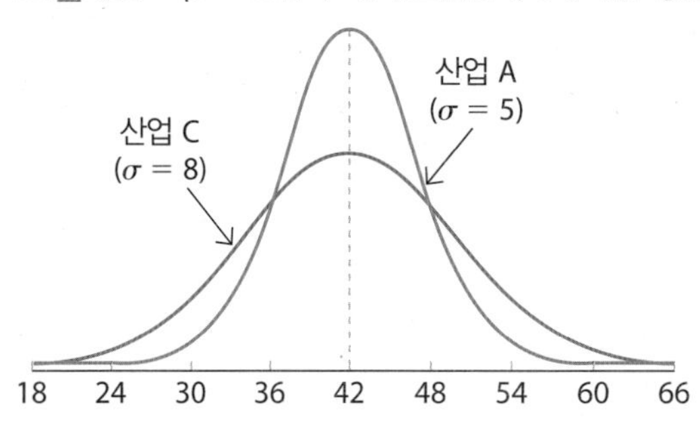

우리는 일반적으로 어떤 정규분포된 확률변수에 대한 확률을 계산하기 위해 누적분포함수 $F(x)$를 사용한다. 여기서 $F(x) = P(X \leq x)$는 간단하게 x 값까지의 $f(x)$ 아래 면적이다. 이전에 언급했듯이 우리는 정규분포에 대한 확률들을 계산하기 위해 적분을 알 필요가 없다. 대신에 우리는 확률들을 찾기 위해 어떤 표에 의존한다. 우리는 또한 엑셀과 다른 통계패키지로 확률들을 계산할 수 있다. 어떻게 표를 사용하는지에 대한 구체적인 방법은 다음에 자세하게 소개한다.

학습목표 **6.4**
표준정규표(z 테이블)의 사용

표준정규변수

표준정규분포(standard normal distribution)는 평균이 0이고 표준편차(혹은 분산)가 1인 정규분포의 특별한 케이스이다. 표준정규분포를 따르는 확률변수를 표기하기 위하여 문자 Z를 사용하면, 우리는 $E(Z) = 0$과 $SD(Z) = 1$을 표현할 수 있다. 보통 우리는 가정될 확률변수 Z의 값을 표기하기 위해 소문자 z를 사용한다.

값 z는 실제로 우리가 3장에서 논의했었던 z-점수이다. 이는 주어진 값이 평균으로부터 얼마나 떨어졌는지를 나타내는 표준편차의 숫자이다. 예를 들어, 어떤 z-점수 2는 주어진 값이 평균 이상인 2 표준편차라는 것을 함축한다. 유사하게 어떤 z-점수 −1.5는 이 주어진 값이 평균 이하인 1.5 표준편차라는 것을 의미한다. 3장에서 언급한바와 같이 값들을 z-점수로 전환하는 것을 자료의 표준화라고 부른다.

이 절에서 우리는 표준정규분포와 관련된 문제를 해결하는 데 초점을 맞춘다. 다음 절에서 우리는 측정단위가 평균으로부터의 표준편차를 측정하는 것일 때 어떤 정규분포는 표준정규분포랑 같다는 것을 보일 것이다. 그러므로 대부분 실제로 정규분포된 변수가 표준

정규가 아닐지라도 우리는 적절한 확률을 계산하기 위해 항상 이것들을 표준정규로 전환할 수 있다.

모든 통계학개론 서적들은 z테이블(z table)이라 불리는 **표준정규표**(standard normal table)를 포함하며, 이는 z곡선 아래의 면적, 즉 확률을 제공한다. 그러나 이러한 표들의 형태는 때때로 다르다. 이 책에서 z테이블은 누적확률, $P(Z \leq z)$를 제공하며, 이 표는 2쪽에 걸쳐 부록 A의 표 1에 나타난다. 왼쪽은 0보다 작거나 같은 z값의 누적확률을 제공하고, 오른쪽은 0보다 크거나 같은 z값들의 누적확률을 제공한다. 정규분포의 대칭성과 전체 곡선 아래의 면적이 1이라는 사실이 주어졌을 때 다른 확률들은 쉽게 계산될 수 있다.

표준정규분포

표준정규확률변수 z는 평균이 $E(Z) = 0$이고 표준편차가 $SD(Z) = 1$인 정규확률변수이다. z테이블은 z의 양의 값과 음의 값에 대한 누적확률 $P(Z \leq z)$를 제공한다.

그림 6.6은 표준정규분포(z 분포)를 보여준다. 확률변수 Z는 평균 0을 중심으로 대칭적이기 때문에 $P(Z < 0) = P(Z > 0) = 0.5$이다. 모든 연속확률변수의 경우와 같이 우리는 확률을 $P(Z \leq 0) = P(Z \geq 0) = 0.5$와 같이 쓸 수 있다.

그림 6.6 표준정규확률밀도함수

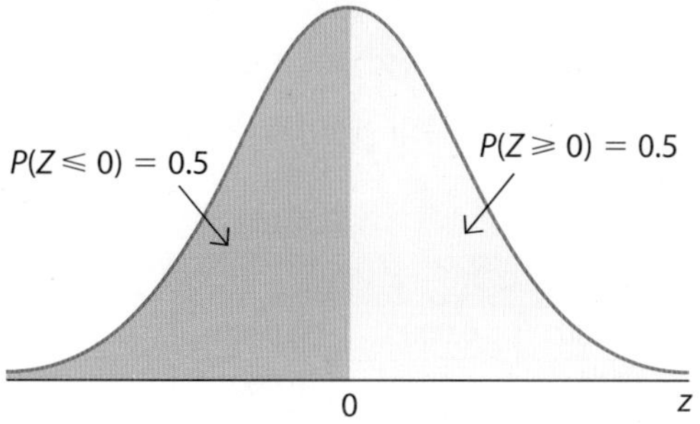

주어진 z값에 대한 확률의 발견

이전에 언급한 바와 같이 z테이블은 어떤 주어진 z에 대한 누적확률 $P(Z \leq z)$를 제공한다. 예를 들어, 어떤 누적확률 $P(Z \leq 1.52)$를 고려하자. $z = 1.52$는 양수이기 때문에 우리는 z테이블이 있는 오른편쪽으로부터 이 확률을 볼 수 있다. 표 6.1은 이 표의 한 부분을 보여준다.

표 6.1 z테이블 오른쪽의 한 부분

z	0.00	0.01	0.02
0.0	0.5000	0.5040	↓
0.1	0.5398	0.5438	↓
⋮	⋮	⋮	⋮
1.5	→	→	0.9357

z 열로 표시된, 이 표의 첫 번째 열은 소수점 한자리까지의 z값을 보여주고, z 행으로 표시된 첫 번째 행은 두 번째 자리를 보여준다. 따라서 $z = 1.52$의 경우 우리는 z 열에 있는 1.5와 맞추고 z 행의 0.02와 맞춰서 이에 대한 확률 0.9357을 찾을 수 있다. 표 6.1의 화살표는

$P(Z \leq 1.52) = 0.9357$이라는 것을 나타낸다.

그림 6.7에서 $z = 1.52$에 대응되는 누적확률은 음영으로 표시되었다. $P(Z \leq 1.52) = 0.9357$은 1.52의 왼쪽 z곡선 아래 면적을 나타낸다는 것을 명심하자. 그러므로 1.52의 오른쪽 면적은 $P(Z > 1.52) = 1 - P(Z \leq 1.52) = 1 - 0.9357 = 0.0643$으로 계산할 수 있다. $P(Z > 1.52) = P(Z < -1.52)$이기 때문에 확률 0.0643을 찾는 다른 방법은 다음에 논의되는 것과 같이 왼쪽의 z테이블을 사용할 수 있다.

그림 6.7 $z = 1.52$에 대한 누적확률

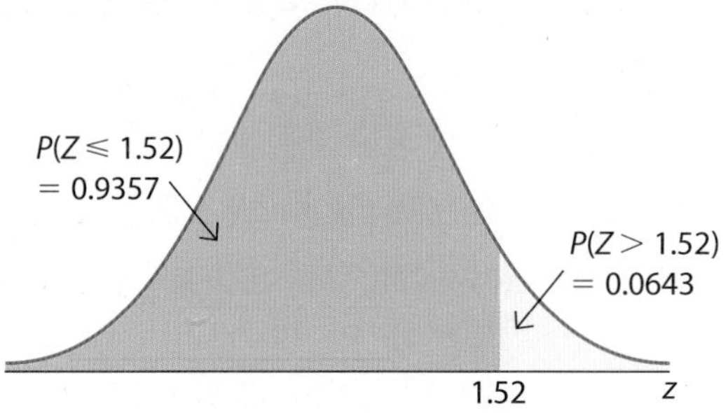

우리가 $P(Z \leq -1.96)$을 찾기를 원한다고 가정하자. z는 음수이기 때문에 우리는 왼쪽에 있는 z테이블로부터 이 확률을 찾을 수 있다. 표 6.2는 이 표의 한 부분을 보여주고 화살표는 $P(Z \leq -1.96) = 0.0250$이라는 것을 알려준다. 그림 6.8은 이에 대응되는 확률을 나타낸다. 전과 같이 -1.96의 오른쪽 영역은 $P(Z > -1.96) = 1 - P(Z \leq -1.96) = 1 - 0.0250 = 0.9750$으로 계산될 수 있다. $P(Z > -1.96) = P(Z < 1.96)$이기 때문에 0.9750과 같은 확률을 찾는 다른 방법은 오른쪽의 z테이블을 이용하는 것이다.

표 6.2 z테이블 왼쪽의 한 부분

z	0.00	0.01	0.02	0.03	0.04	0.05	0.06
− 3.9	0.0000	0.0000	0.0000	0.0000	0.0000	0.0000	↓
− 3.8	0.0001	0.0001	0.0001	0.0001	0.0001	0.0001	↓
⋮	⋮	⋮	⋮	⋮	⋮	⋮	⋮
− 1.9	→	→	→	→	→	→	0.0250

그림 6.8 $z = -1.96$에 대한 누적확률

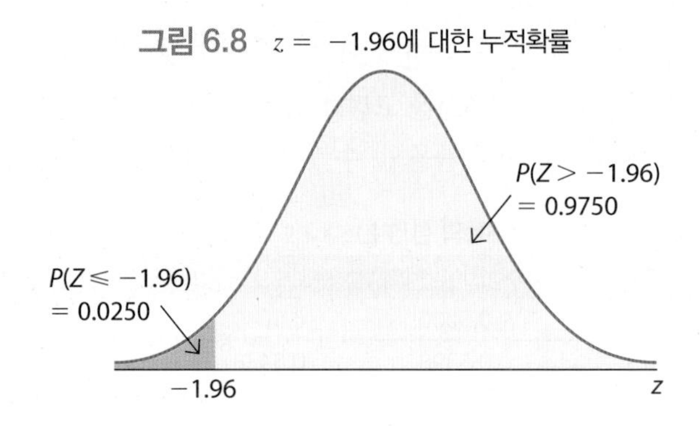

예제 6.3

표준정규확률변수 Z에 대한 다음의 확률들을 찾아라.

a. $P(0 \le Z \le 1.96)$

b. $P(1.52 \le Z \le 1.96)$

c. $P(-1.52 \le Z \le 1.96)$

d. $P(Z > 4)$

풀이: z그래프에 적절한 확률에 색칠하여 시작하는 것은 항상 도움을 준다.

a. 그림 6.9에 보이는 바와 같이 0과 1.96 사이 영역은 1.96의 왼쪽에서 0의 왼쪽을 뺀 영역과 같다. 그러므로 $P(0 \le Z \le 1.96) = P(Z \le 1.96) - P(Z < 0) = 0.9750 - 0.50 = 0.4750$이다.

그림 6.9 0과 1.96 사이의 확률 발견

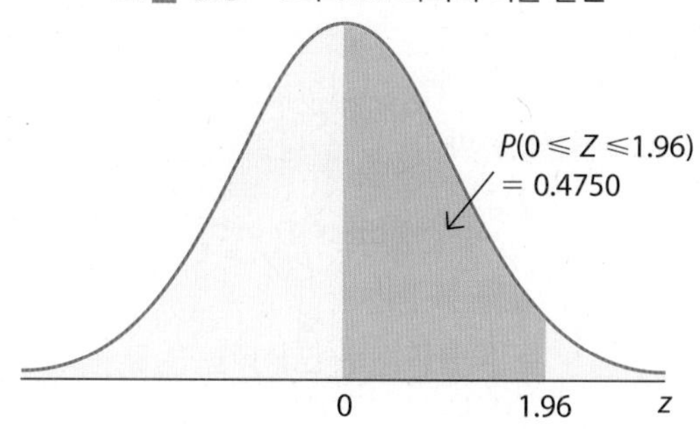

b. a문제와 그림 6.10에서 보는 바와 같이 $P(1.52 \le Z \le 1.96) = P(Z \le 1.96) - P(Z < 1.52) = 0.9750 - 0.9357 = 0.0393$이다.

그림 6.10 1.52와 1.96 사이의 확률 발견

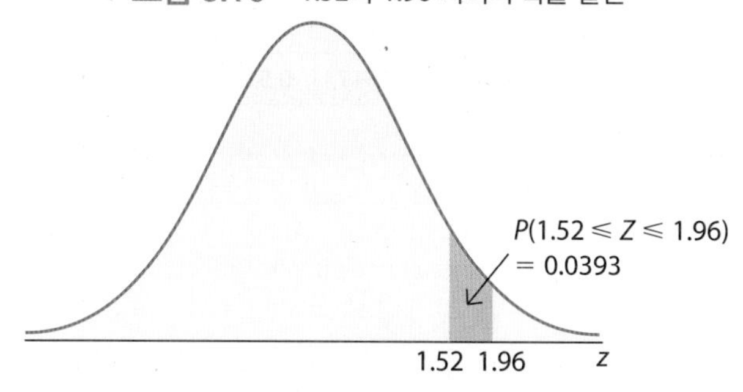

c. 그림 6.11로부터 $P(-1.52 \le Z \le 1.96) = P(Z \le 1.96) - P(Z < -1.52) = 0.9750 - 0.0643 = 0.9107$이다.

그림 6.11 −1.52와 1.96 사이의 확률 발견

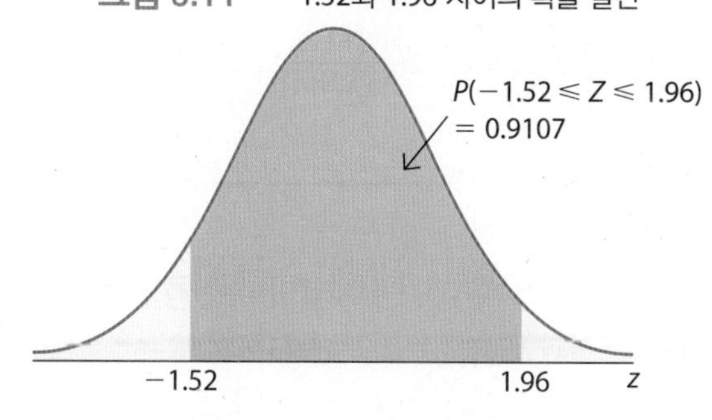

d. $P(Z > 4) = 1 - P(Z \le 4)$이다. 그러나 z테이블은 오직 $P(Z \le 3.99) = 1.0$인 3.99까지만 있다. 사실 3.90보다 큰 어떤 z값의 경우 이는 $P(Z \le z) = 1.0$으로 취급할 수 있다. 그러므로 $P(Z > 4) = 1 - P(Z \le 4) = 1 - 1 = 0$이다.

주어진 확률에 대한 z값의 발견

지금까지 우리는 주어진 z값에 대한 확률을 계산해왔다. 이제부터 우리는 주어진 확률에 대한 z값을 측정할 것이다.

예제 6.4

표준정규변수 Z에 대해서, 다음의 확률상태들을 만족하는 z값을 측정하라.

a. $P(Z \leq z) = 0.6808$

b. $P(Z \leq z) = 0.90$

c. $P(Z \leq z) = 0.0643$

d. $P(Z > z) = 0.0212$

e. $P(-z \leq Z \leq z) = 0.95$

풀이: 이전에 언급한 바와 같이 문제를 설정하기 위해 그래프를 그리는 것은 유용하다. z테이블은 대응되는 확률들을 따라 z값을 나열한다는 것을 상기하자. 비누적확률들은 대칭성을 이용하여 측정될 수 있다.

a. 확률은 이미 누적된 형태이기 때문에, 즉 $P(Z \leq z) = 0.6808$, 우리는 간단하게 z열과 행으로부터 대응되는 z값을 찾기 위해 오른쪽에 있는 표로부터 0.6808을 찾는다. 표 6.3은 z테이블의 적절한 한 부분을 보여주고, 그림 6.12는 대응되는 영역을 묘사한다. 그러므로 $z = 0.47$이다.

표 6.3 예제 6.4a에 대한 z테이블의 한 부분

z	0.00	0.01	0.02	0.03	0.04	0.05	0.06	0.07
0.0	0.5000	0.5040	0.5080	0.5120	0.5160	0.5199	0.5239	↑
0.1	0.5398	0.5438	0.5478	0.5517	0.5557	0.5596	0.5636	↑
⋮	⋮	⋮	⋮	⋮	⋮	⋮	⋮	⋮
0.4	←	←	←	←	←	←	←	0.6808

그림 6.12 $P(Z \leq z) = 0.6808$에 대한 z값의 발견

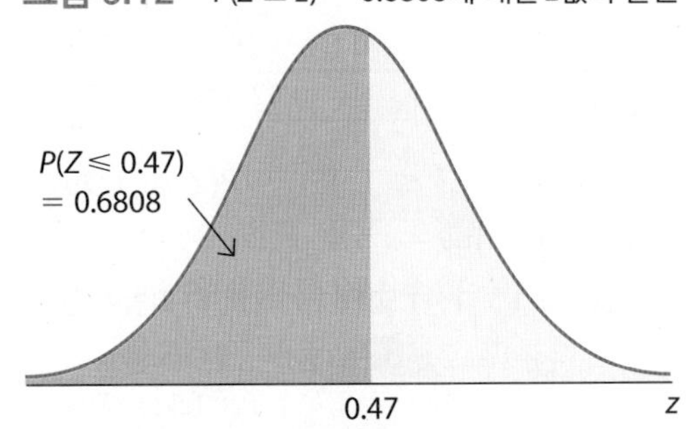

b. $P(Z \leq z) = 0.90$에 대한 z를 유도할 때 우리는 오른쪽 z테이블이 누적확률 0.90을 포함하지 않는다는 것을 발견한다. 이런 경우 우리는 이 문제를 풀기 위해 가장 밀접한 확률을 사용한다. 그러므로 z는 어림잡아 0.8997에 대응되는 수치인 1.28과 같다. 그림 6.13은 이 결과를 그림으로 보여준다.

그림 6.13 $P(Z \le z) = 0.90$에 대한 z의 발견

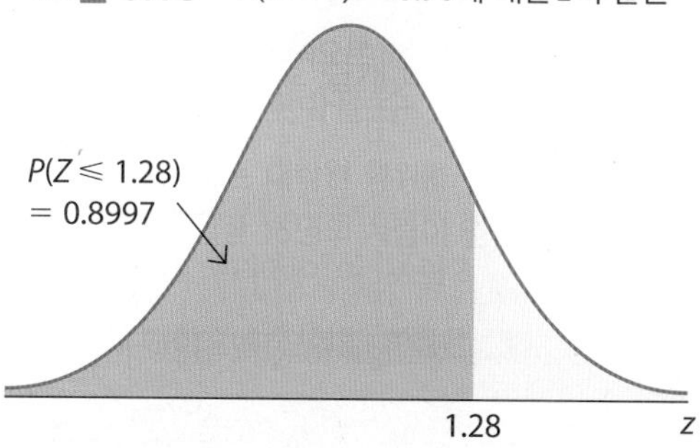

c. 그림 6.14에 나타난 바와 같이 $P(Z \le z) = 0.0643$을 해결할 수 있는 z값은 반드시 음수여야 한다. 왜냐하면 왼쪽 확률이 유일하게 0.0643이기 때문이다. 우리는 $z = -1.52$를 찾기 위해 표의 왼쪽부분에서 누적확률 0.0643을 찾는다.

그림 6.14 $P(Z \le z) = 0.0643$에 대한 z의 발견

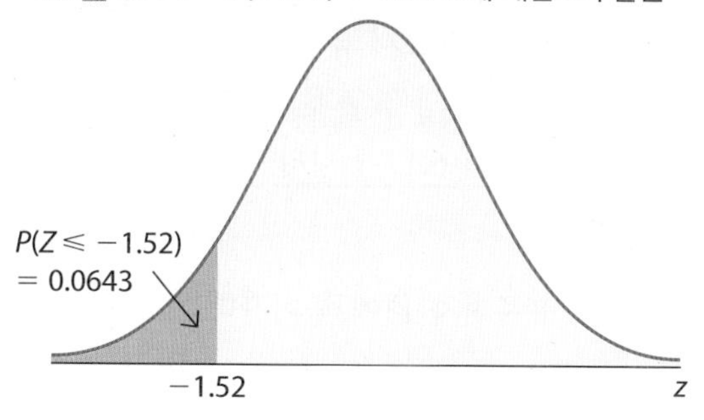

d. 우리는 이 값의 오른쪽 확률이 0.0212인 z값을 찾아야한다. 표는 누적확률을 명시하기 때문에 우리는 $z = 2.03$을 찾기 위해 오른쪽 표에서 $P(Z \le z) = 1 - 0.0212 = 0.9788$을 찾는다. 그림 6.15는 이 결과를 보여준다.

그림 6.15 $P(Z > z) = 0.0212$에 대한 z의 발견

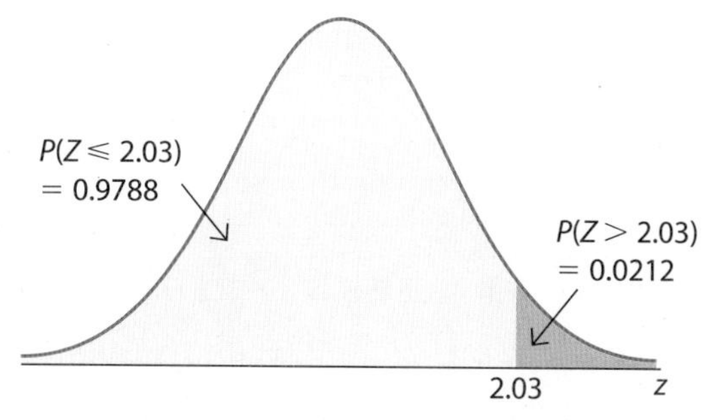

e. 우리는 이 곡선의 전체 영역이 1이라는 것을 알기 때문에, 그리고 0.95와 일치하는 두 값의 영역, 즉 $-z$와 z를 찾고자 하므로 우리는 이 영역의 양쪽 꼬리가 0.025, 즉 $P(Z < -z) = 0.025$ 그리고 $P(Z > z) = 0.025$라고 결론지을 수 있다. 그림 6.16은 이 결과들을 보여준다. 우리는 $z = 1.96$을 찾기 위해 누적확률, $P(Z \le z) = 0.95 + 0.025 = 0.975$를 이용한다.

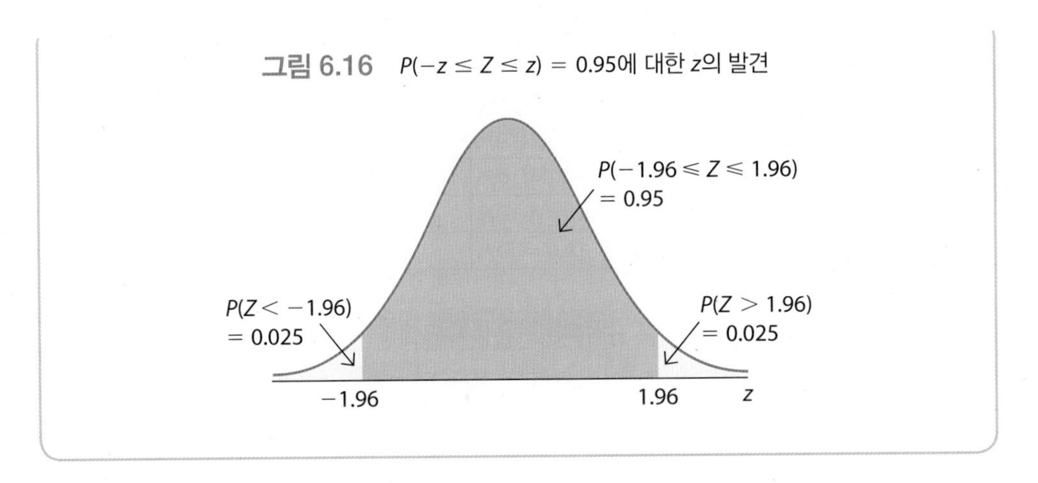

그림 6.16 $P(-z \le Z \le z) = 0.95$에 대한 z의 발견

실증법칙의 재검토

3장에서 우리는 평균의 1, 2, 3 표준편차 내에 있는 값의 퍼센트로 근사하기 위해 실증법칙을 사용했었다. 근사 퍼센트는 접근법으로서 유일하게 정규분포가 사용되는 실질적인 많은 응용에 적합하다. 정규분포된 확률변수의 경우 우리는 정확한 퍼센트를 찾을 수 있다.

정규분포에 대한 실증법칙은 그림 6.17에 나타난다. 평균이 μ이고 표준편차가 σ인 정규확률변수 X가 주어졌을 때

- 값의 68.26%는 평균의 1 표준편차 내에 들어간다. 즉, $P(\mu - \sigma \le X \le \mu + \sigma) = 0.6826$.
- 값의 95.44%는 평균의 2 표준편차 내에 들어간다. 즉, $P(\mu - 2\sigma \le X \le \mu + 2\sigma) = 0.9544$.
- 값의 99.73%는 평균의 3 표준편차 내에 들어간다. 즉, $P(\mu - 3\sigma \le X \le \mu + 3\sigma) = 0.9973$.

그림 6.17 실증법칙의 그림 설명

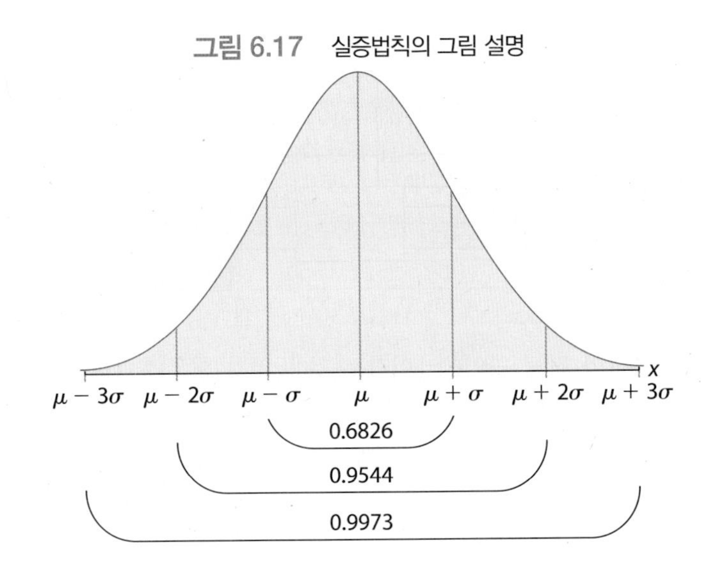

표준정규변수 Z의 경우, $P(-1 \le Z \le 1)$은 평균의 1 표준편차 내의 확률을 언급한다. 왜냐하면 $\mu = 0$이고 $\sigma = 1$이기 때문이다. z테이블로부터 우리는 $P(-1 \le Z \le 1)$이 $P(Z \le 1) - P(Z < -1) = 0.8413 - 0.1587 = 0.6826$과 같다는 것을 보일 수 있다. 그러므로 Z

가 평균의 1 표준편차 내에 들어갈 정확한 확률은 0.6826이다. 유사하게, Z가 평균의 2와 3 표준편차 내에 들어갈 확률들은 $P(-2 \le Z \le 2) = 0.9544$와 $P(-3 \le Z \le 3) = 0.9973$이다.

예제 6.5

어떤 투자전략은 4%의 수익률과 6%의 표준편차를 기대했었다. 투자수익이 정규분포되었다고 가정하자.

a. 수익이 10%보다 클 확률은 얼마인가?

b. 수익이 −8%보다 적을 확률은 얼마인가?

풀이: 우리는 이 문제를 풀기 위하여 $\mu = 4$이고 $\sigma = 6$인 정규분포에 대한 실증법칙을 사용한다.

a. 10%의 수익은 평균 이상인 1 표준편차이다. 왜냐하면 $10 = 4 + 6$이기 때문이다. 관측치의 68.26%는 평균의 1 표준편차 내에 있기 때문에 관측치의 31.74%(100%−68.26%)는 범위 밖에 있다. 대칭성을 이용하면, 31.74%의 절반인 15.87%의 관측치가 10%보다 크다는 결론을 내릴 수 있다(그림 6.18 참조).

그림 6.18 $P(X > 10)$의 발견

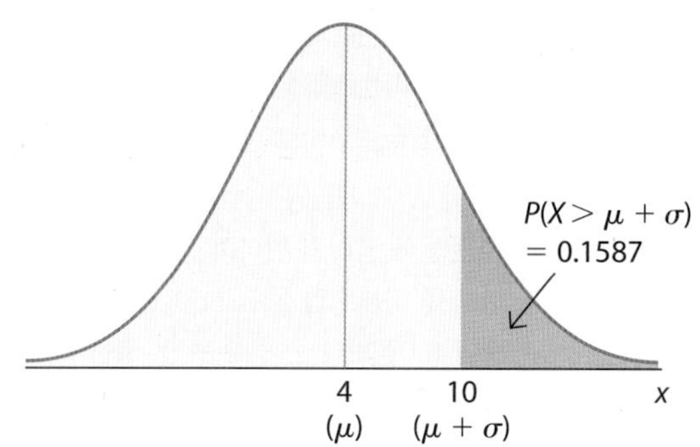

b. −8%의 수익은 평균 이하인 2 표준편차 혹은 $-8 = 4 - (2 \times 6)$이다. 관측치의 95.44%는 평균의 2 표준편차 내에 있기 때문에 오직 2.28%(4.56%의 절반)만이 −8% 이하이다(그림 6.19 참조).

그림 6.19 $P(X < -8)$의 발견

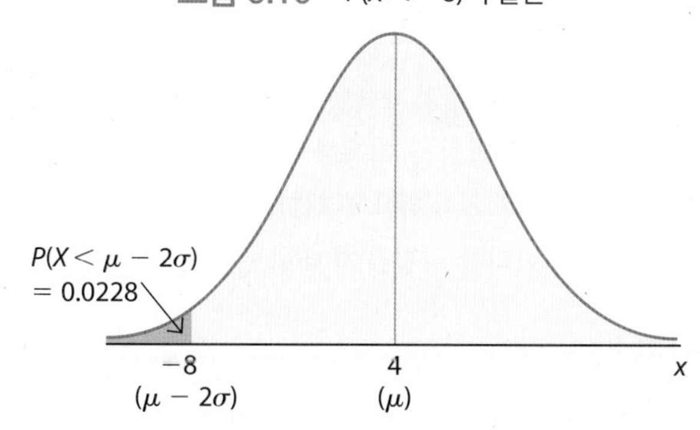

연습문제 6.2

기본문제

14. 표준정규변수 Z에 기반을 두고 다음의 확률들을 찾아라.
   a. $P(Z > 1.32)$
   b. $P(Z \leq -1.32)$
   c. $P(1.32 \leq Z \leq 2.37)$
   d. $P(-1.32 \leq Z \leq 2.37)$

15. 표준정규변수 z에 기반을 두고 다음의 확률들을 찾아라.
   a. $P(Z > 0.74)$
   b. $P(Z \leq -1.92)$
   c. $P(0 \leq Z \leq 1.62)$
   d. $P(-0.90 \leq Z \leq 2.94)$

16. 표준정규변수 Z에 기반을 두고 다음의 확률들을 찾아라.
   a. $P(-0.67 \leq Z \leq -0.23)$
   b. $P(0 \leq Z \leq 1.96)$
   c. $P(-1.28 \leq Z \leq 0)$
   d. $P(Z > 4.2)$

17. 표준정규변수 Z에 대한 다음의 z값들을 찾아라.
   a. $P(Z \leq z) = 0.9744$
   b. $P(Z > z) = 0.8389$
   c. $P(-z \leq Z \leq z) = 0.95$
   d. $P(0 \leq Z \leq z) = 0.3315$

18. 표준정규변수 Z에 대한 다음의 z값들을 찾아라.
   a. $P(Z \leq z) = 0.1020$
   b. $P(z \leq Z \leq 0) = 0.1772$
   c. $P(Z > z) = 0.9929$
   d. $P(0.40 \leq Z \leq z) = 0.3368$

응용문제

19. 어떤 균형 잡힌 포트폴리오에 대한 과거 수익이 평균 8%와 12%의 표준편차로 나타났다. 이 포트폴리오에 대한 수익이 정규분포를 따른다고 가정하자. 다음의 질문들에 답하기 위하여 정규분포에 대한 실증법칙을 사용하라.
   a. 20%보다 컸을 수익은 몇 퍼센트인가?
   b. −16% 이하였을 수익은 몇 퍼센트인가?

20. IQ 점수가 평균이 100이고 표준편차가 16인 정규분포를 따른다고 가정하자. 다음의 질문들에 답하기 위하여 정규분포에 대한 실증법칙을 사용하라.
   a. 점수가 84~116 사이인 사람들은 몇 퍼센트인가?
   b. 68점 이하인 사람들은 몇 퍼센트인가?

21. 어떤 도시의 평균 임대료는 한 달에 $1,500이고 표준편차는 $250이다. 임대료가 정규분포를 따른다고 가정하자. 다음의 질문들에 답하기 위하여 정규분포에 대한 실증법칙을 사용하라.
   a. 임대료가 $1,250~1,750인 경우는 몇 퍼센트인가?
   b. 몇 퍼센트의 임대료가 $1,250보다 작겠는가?
   c. 몇 퍼센트의 임대료가 $2,000보다 크겠는가?

22. 어떤 프로농구팀은 평균 게임 당 80점을 기록하고 표준편차는 10점이다. 이 게임당 점수가 정규분포를 따른다고 가정하자. 다음의 질문들에 답하기 위하여 정규분포에 대한 실증법칙을 사용하라.
   a. 몇 퍼센트의 점수가 60~100점 사이에 있겠는가?
   b. 100점보다 큰 점수는 몇 퍼센트인가? 만약 82게임이 정규시즌이라면, 얼마나 많은 시합에서 이 팀이 100점보다 많은 점수를 내겠는가?

6.3 정규분포를 이용한 문제해결

학습목표 **6.5**
정규분포를 따르는 확률변수의 확률계산과 설명

앞 절에서 우리는 평균이 0이고 표준편차가 1인 표준정규분포에 대한 확률들을 찾았었다. 다른 정규분포의 경우 우리는 실증법칙을 이용하여 확률들을 찾았다. 그러나 많은 응용에서 기본 분포는 표준정규가 아니고 확률계산에 대한 구간은 1, 2, 혹은 3 표준편차로 표현되지 못한다. 이 절에서 우리는 이러한 상황들에 대한 문제들을 시험한다.

정규확률변수의 변환

표준정규분포의 중요성은 적절한 확률을 도출하기 위해 어떤 정규확률변수를 표준확률변수로 변환할 수 있다는 사실에 기인한다. 다른 말로하면 어떤 평균이 μ이고 표준편차가 σ인 정규분포된 확률변수 X는 표준화를 통해 평균이 0이고 표준편차가 1인 표준정규변수 Z

로 변환할 수 있다. 우리는 X로부터 평균을 빼고 이를 표준편차로 나눔으로써 X를 Z로 변환한다.

표준화: X를 Z로 변환

평균이 μ이고 표준편차가 σ인 어떤 정규분포된 확률변수 X는 다음과 같이 표준정규변수 Z로 변환될 수 있다.

$$Z = \frac{X - \mu}{\sigma}$$

이러한 표준화는 X의 어떤 값 x는 다음과 같이 Z의 z로 대응될 수 있음을 의미한다.

$$z = \frac{x - \mu}{\sigma}$$

그림 6.20에서와 같이 만약 x가 평균이라면, 즉 $x = \mu$, 대응되는 z의 값은 $z = \frac{\mu - \mu}{\sigma} = 0$이다. 그러므로 구성에 의해 $E(Z) = 0$이고 $SD(Z) = 1$이다. 유사하게 만약 x가 평균보다 큰 1 표준편차에 위치한다면, 즉 $x = \mu + \sigma$, 이에 대응되는 z값은 $z = \frac{\mu + \sigma - \mu}{\sigma} = 1$이다.

그림 6.20 평균이 μ이고 표준편차가 σ인 정규변수 X의 전환

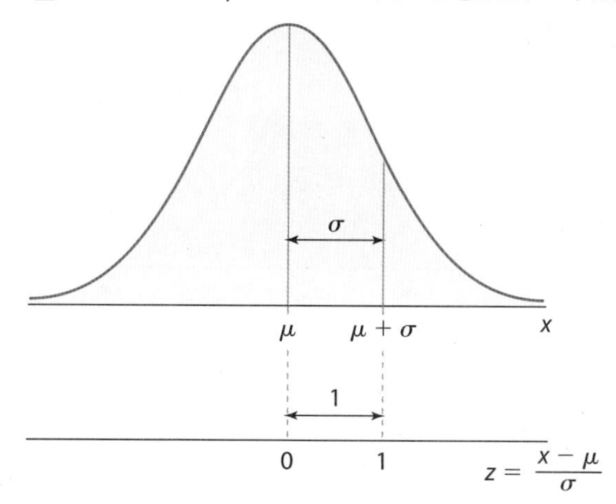

예제 6.6

경영적성시험에 대한 점수가 평균 72와 표준편차 8로 정규분포되었다.

a. 임의로 선택된 경영자가 60점 이상일 확률은 얼마인가?

b. 임의로 선택된 경영자가 68점과 84점 사이일 확률은 얼마인가?

풀이: X를 $\mu = 72$이고 $\sigma = 8$인 대표점수로 두자. 우리는 이 문제들을 풀기 위해 표준화를 사용할 것이다. 즉, $z = \frac{x - \mu}{\sigma}$.

a. 어떤 경영자 점수가 60점 이상일 확률은 $P(X > 60)$이다. 그림 6.21은 60의 오른쪽 부분이 확률임을 보여준다. 우리는 이 확률을 $P(X > 60) = P\left(Z > \frac{60 - 72}{8}\right) = P(Z > -1.5)$로 유도한다. $P(Z > -1.5) = 1 - P(Z \leq -1.5)$이기 때문에 우리는 z테이블에서 이 확률, 즉 $1 - 0.0668 = 0.9332$를 얻기 위해 -1.50을 찾는다.

그림 6.21 $P(X > 60)$의 발견

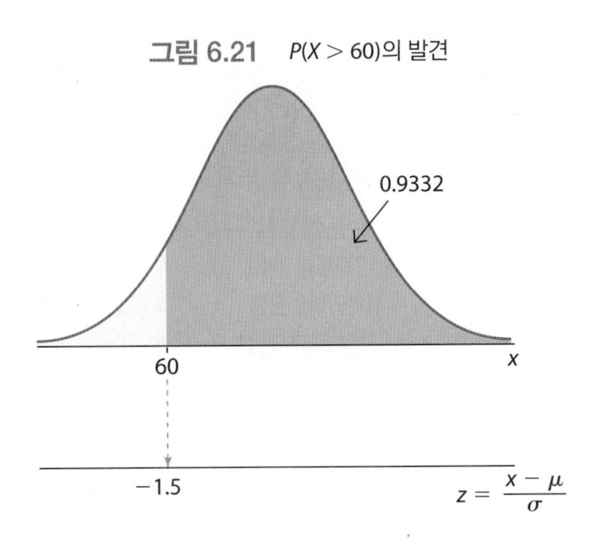

b. 여기서 우리는 $P(68 \le X \le 84)$를 찾는다. 그림 6.22에서 녹색부분은 이 확률을 보여준다. 우리는 이 확률을 $P(68 \le X \le 84) = P\left(\frac{68 - 72}{8} \le Z \le \frac{84 - 72}{8}\right) = P(-0.5 \le Z \le 1.5)$로 유도한다. 우리는 z테이블을 사용하여 이 확률을 $P(Z \le 1.5) - P(Z < -0.5) = 0.9332 - 0.3085 = 0.6247$로 계산한다.

그림 6.22 $P(68 \le X \le 84)$의 발견

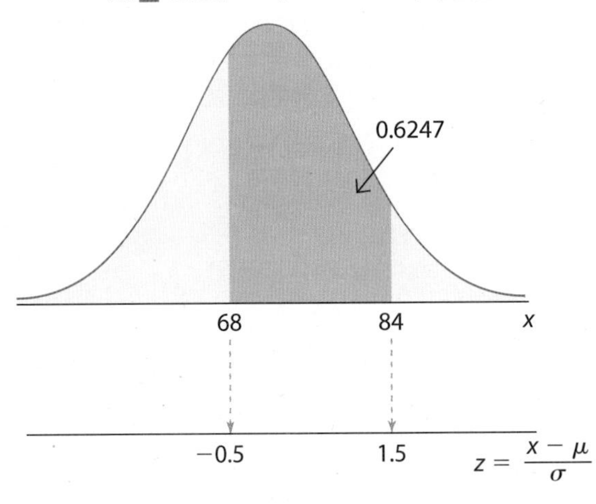

역변환

지금까지는 주어진 x값에 대한 확률을 계산하기 위해 표준변환을 사용했었다. 우리는 주어진 확률에 대한 x값을 계산하기 위해 **역변환**(inverse transformation)을 사용할 수 있다. 즉, $x = \mu + z\sigma$.

역변환: Z를 X로 변환

표준정규변수 Z는 평균이 μ이고 표준편차가 σ인 정규분포된 확률변수 X로 변환될 수 있다. 즉, $X = \mu + Z\sigma$. 그러므로 Z의 어떤 값 z는 X에서 $x = \mu + z\sigma$인 대응되는 x값을 가진다.

예제 6.7

경영적성시험에 대한 점수가 평균 72와 표준편차 8로 정규분포되었다.

a. 분포의 상위 10%(90분위)에 위치할 경영자의 가장 낮은 점수는 얼마인가?

b. 분포의 하위 25%(25분위)에 위치할 경영자의 가장 높은 점수는 얼마인가?

풀이: X를 $\mu = 72$이고 $\sigma = 8$인 어떤 경영적성시험의 대표점수라고 두자. 우리는 이 문제들을 풀기 위해 $x = \mu + z\sigma$와 같은 역변환을 이용할 것이다.

a. 90분위는 $P(X < x) = 0.90$을 나타낸다. 오른쪽 z테이블에서 0.90 혹은 이와 같은 가까운 숫자를 찾으면 $z = 1.28$이고, 역변환을 이용하여 x를 찾으면 $x = 72 + 1.28(8) = 82.24$이다. 그러므로 82.24점 혹은 이 이상은 분포의 상위 10% 안에 놓이게 될 것이다(그림 6.23 참조).

그림 6.23 $P(X < x) = 0.90$이 주어졌을 때 x의 발견

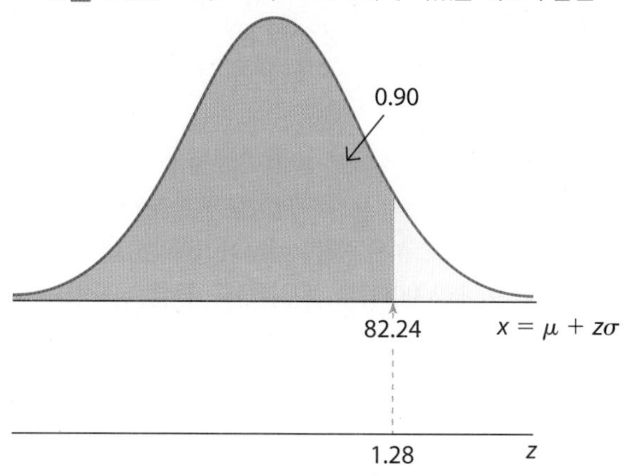

b. 우리는 $P(X < x) = 0.25$인 x를 찾는다. 왼쪽의 z테이블을 이용하면 $P(Z < z) = 0.25$를 만족하는 값으로 -0.67을 찾을 수 있다. 그러면 $x = 72 - 0.67(8) = 66.64$이다. 그러므로 66.64 혹은 이보다 낮은 점수는 하위 25% 안에 놓일 것이다(그림 6.24 참조).

그림 6.24 $P(X < x) = 0.25$가 주어졌을 때 x의 발견

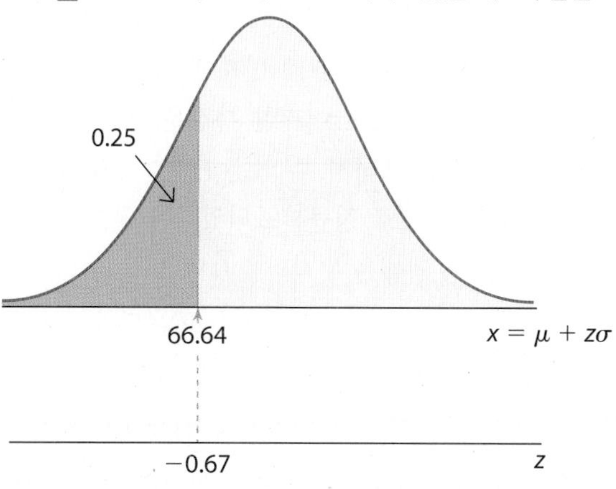

예제 6.8

우리는 이제 이 장의 도입사례에서 소개된 아키코의 질문 중 첫 번째 질문에 답할 수 있다. 아키코는 리틀긴자의 하루 소비량에 대한 정확한 연어의 양을 구매하려 한다는 것을 상기하자. 아키코는 연어의 일일 소비량이 평균이 12파운드이고 표준편차가 3.2 파운드로 정규분포되었다고 추정했었다. 그녀는 다음의 질문에 대한 답을 원한다.

a. 리틀긴자에서 그녀의 초기 구매량 20파운드 이상의 수요가 있었던 날의 비중은 얼마인가?

b. 15파운드 이하의 수요가 있었던 날의 비중은 얼마인가?

c. 일일 수요량의 90%를 맞추기 위해서는 얼마나 많은 연어를 구매해야 하는가?

풀이: X를 레스토랑에서 연어에 대한 고객의 수요라고 두자. 우리는 X가 $\mu = 12$와 $\sigma = 3.2$로 정규분포되었다는 것을 안다.

a. $P(X > 20) = P\left(Z > \frac{20 - 12}{3.2}\right) = P(Z > 2.50) = 1 - 0.9938 = 0.0062.$

b. $P(X < 15) = P\left(Z < \frac{15 - 12}{3.2}\right) = P(Z < 0.94) = 0.8264.$

c. 연어 수요량을 계산하기 위해서는 $P(X \leq x) = 0.90$ 안에 있는 x를 푼다. $P(\leq x) = 0.90$은 $P(Z \leq z) = 0.90$과 같기 때문에 첫 번째로 $z = 1.28$을 유도한다. $x = \mu + z\sigma$가 주어졌다면, 우리는 $x = 12 + 1.28(3.2) = 16.10$을 찾을 수 있다. 따라서 아키코가 하루 수요량의 90%를 맞추기 위해서는 16.10파운드의 연어를 사야만 한다.

정규분포를 위한 엑셀의 사용

표준화

엑셀의 NORM.DIST 함수를 이용하면 쉽게 정규확률을 찾을 수 있다. 일반적으로 $P(X \leq x)$를 찾기 위해서 '= NORM.DIST(x, μ, σ, 1)'을 입력한다. 여기서 x는 누적분포로 측정하기를 원하는 값이고, μ는 분포의 평균, σ는 분포의 표준편차, 그리고 1은 엑셀이 누적확률을 출력하도록 명령하는 것을 의미한다. 만약 네 번째에 1 대신 0을 입력하면, 엑셀은 x 점에 대한 정규분포의 높이를 출력할 것이다. 이러한 특징은 우리가 정규곡선을 그리기를 원할 때 유용하다. 예제 6.8a를 다시 검토하자. 우리는 $P(X > 20)$을 찾기를 원한다. 우리는 자료가 평균이 12이고 표준편차가 3.2로 정규분포되었다는 것을 안다. 그러면 '= NORM.DIST(20, 12, 3.2, 1)'을 입력한다. 엑셀은 누적확률 0.9938을 출력하는데 이는 $P(X \leq 20) = 0.9938$임을 의미한다. 우리는 $P(X > 20)$를 찾고자 하므로 $1 - 0.9938 = 0.0062$로 계산할 수 있다.

역변환

만약 주어진 누적확률에 대한 특정한 x값을 찾기를 원한다면, 엑셀의 NORM.INV 함수를 사용할 수 있다. 일반적으로 'NORM.INV(확률, μ, σ)'을 입력한다. 여기서 확률은 주어진 누적확률이고, μ는 분포의 평균, σ는 분포의 표준편차를 의미한다. 예제 6.8c를 다시 검토하자. 우리는 $P(X \leq x) = 0.90$인 특정한 x값을 찾기를 원하므로, '= NORM.INV(0.90, 12, 3.2)'를 입력한다. 엑셀은 값 16.10을 출력한다. 이 연습문제에서 손으로 푼 것과 마찬가지로 연어 16.10파운드가 하루 수요의 90%를 충족시키기 위해 요구된다.

또한 만약 우리가 $\mu = 0$이고 $\sigma = 1$이라고 가정한다면 엑셀은 관련된 공식을 가진다는 점을 명심하자. 즉, 변수가 이미 표준화되었다. 함수 NORM.S.DIST는 $P(Z \leq z)$를 찾고, 함수 NORM.S.INV는 주어진 누적확률에 대한 특정한 z를 찾는다. 예를 들어, $P(Z \leq 1.52)$를 찾기 위해 우리가 '= NORM.S.DIST(1.52, 1)'을 입력하면 엑셀은 0.9357를 출력한다. 이것은 6장 2절에서 z테이블을 사용했을 때의 확률과 같다(그림 6.7). 유사하게 $P(Z \leq z) = 0.6808$인 z값을 찾으려면(예제 6.4a) '= NORM.S.INV(0.6808)'을 입력한다. 그러면 엑셀은 0.47 혹은 동일하게 $z = 0.47$을 출력한다. 이 장의 후반부 확률문제를 풀 때 이러한 함수들이 꽤 유용하다는 것을 알 수 있을 것이다.

이항분포의 정규근사에 대한 논의

5장으로부터 우리가 큰 n을 마주했을 때 공식으로 이항확률을 계산하는 것이 지루하다는 것을 상기하자. 알려진 바와 같이 n이 큰 이항분포는 정규분포로 근사될 수 있다. 이러한 정규분포 근사에 기반을 두고, 평균이 $\mu = np$이고 표준편차가 $\sigma = \sqrt{npq}$라고 하자. 우리는 적절한 이항확률을 계산하기 위해 z테이블을 사용할 수 있다. 어떤 연구자들은 18세기의 정규분포의 발견은 이항분포의 계산을 간단하게 하려함이었다고 믿는다. 그러나 이 방법의 인기는 컴퓨터의 출현으로 상당히 감소되었다. 5장에서 배운 것과 같이 엑셀로 정확한 이항분포를 계산하는 것은 쉽다. 따라서 근사할 이유가 없다. 그러나 정규분포 근사는 이항분포의 핵심 모수인 모비율 p에 대한 추론을 할 때 엄청나게 중요하다. 후반부에서 우리는 이러한 근사의 세부사항과 어떻게 추론을 위해 사용되는지를 공부할 것이다.

사례요약

아키코(Akiko Hamaguchi)는 애리조나 피닉스에 있는 리틀긴자라는 작은 스시 레스토랑의 매니저이다. 그녀는 하루에 필요한 연어를 정확하게 구매하는 것이 중요하다고 알고 있다. 너무 많이 구매하면 폐기처분될 것이고, 너무 적게 구매하면 고객을 실망시킬 수 있으며, 실망한 고객은 앞으로 레스토랑에 자주 오지 않을 것이다. 그녀는 항상 1일 20파운드의 연어를 구매했었다. 그녀의 구매 습관과 고객 수요의 주의깊은 분석은 아키코가 너무나 많은 연어를 구매했었다는 것을 나타낸다. 연어의 수요가 20파운드를 초과할 확률은 0.0062로 매우 작다. 심지어 15파운드의 구매만으로도 하루 수요의 82.64%를 만족시킨다. 하루 수요의 90%를 충족시키는 연어를 구매하겠다는 그녀의 새로운 전략을 실행시키기 위해서 아키코는 하루에 약 16파운드의 연어를 구매해야만 한다.

연습문제 6.3

기본문제

23. X가 평균 $\mu = 10$과 표준편차 $\sigma = 6$으로 정규분포되었다고 하자. 다음의 확률들을 찾아라.
    a. $P(X \leq 0)$
    b. $P(X > 2)$
    c. $P(4 \leq X \leq 10)$
    d. $P(6 \leq X \leq 14)$

24. X가 평균 $\mu = 10$과 표준편차 $\sigma = 4$로 정규분포되었다고 하자. 다음의 확률들을 찾아라.
    a. $P(X \leq 0)$
    b. $P(X > 2)$
    c. $P(4 \leq X \leq 10)$
    d. $P(6 \leq X \leq 14)$

25. X가 평균 $\mu = 120$과 표준편차 $\sigma = 20$으로 정규분포되었다고 하자.
    a. $P(X \leq 86)$를 찾아라.
    b. $P(80 \leq X \leq 100)$를 찾아라.
    c. $P(X \leq x) = 0.40$인 x를 찾아라.
    d. $P(X > x) = 0.90$인 x를 찾아라.

26. X가 평균 $\mu = 2.5$와 표준편차 $\sigma = 2$로 정규분포되었다고 하자.
    a. $P(X > 7.6)$를 찾아라.
    b. $P(7.4 \leq X \leq 10.6)$를 찾아라.
    c. $P(X > x) = 0.025$인 x를 찾아라.
    d. $P(x \leq X \leq 2.5) = 0.4943$인 x를 찾아라.

27. X가 평균 $\mu = 2500$과 표준편차 $\sigma = 800$으로 정규분포되었다고 하자.
    a. $P(X \leq x) = 0.9382$인 x를 찾아라.
    b. $P(X > x) = 0.025$인 x를 찾아라.
    c. $P(2500 \leq X \leq x) = 0.1217$인 x를 찾아라.
    d. $P(X \leq x) = 0.4840$인 x를 찾아라.

28. 확률변수 X가 정규분포되었다. 또한 $P(X > 150) = 0.10$이다.
    a. 만약 모표준편차가 $\sigma = 15$일 때 모평균 μ를 찾아라.
    b. 만약 모표준편차가 $\sigma = 25$일 때 모평균 μ를 찾아라.
    c. 만약 모평균이 $\mu = 136$일 때 모표준편차 σ를 찾아라.
    d. 만약 모평균이 $\mu = 128$일 때 모표준편차 σ를 찾아라.

29. (엑셀 사용) X가 $\mu = 254$이고 $\sigma = 11$로 정규분포되었다고 하자. 답을 적는 것에 덧붙여 적절한 엑셀 명령어를 적어라.
    a. $P(X \leq 266)$을 찾아라.
    b. $P(250 < X < 270)$을 찾아라.
    c. $P(X \leq x) = 0.33$인 x를 찾아라.
    d. $P(X > x) = 0.33$인 x를 찾아라.

30. (엑셀 사용) X가 $\mu = -15$이고 $\sigma = 9$로 정규분포되었다고 두자. 답을 적는 것에 덧붙여 적절한 엑셀 명령어를 적어라.
    a. $P(X > -12)$을 찾아라.
    b. $P(0 \leq X \leq 5)$을 찾아라.
    c. $P(X \leq x) = 0.25$인 x를 찾아라.
    d. $P(X > x) = 0.25$인 x를 찾아라.

응용문제

31. 고등학교 교사의 평균 연봉은 $43,000이다(Payscale.com, 2010.8.20). 교사들의 연봉이 표준편차 $18,000로 정규분포되었다고 가정하자.
    a. 연봉이 $40,000와 $50,000 사이인 고등학교 교사는 몇 퍼센트인가?
    b. 연봉이 $80,000보다 많은 고등학교 교사는 몇 퍼센트인가?

32. 미국인들은 점점 더 잠자는 시간을 아까워한다고 한다(내셔널 지오그래픽 뉴스, 2005.2.24). 보건 전문가는 미국 성인이 주중 평균 6.2시간을 자고 표준편차는 1.2시간이라고 말했다. 다음의 질문에 답하기 위해 주중에 잠자는 시간이 정규분포되었다고 가정하라.
    a. 주중에 8시간보다 많이 자는 미국 성인은 몇 퍼센트인가?
    b. 주중에 6시간보다 적게 자는 미국 성인은 몇 퍼센트인가?
    c. 주중에 6~8시간 정도 자는 미국 성인은 몇 퍼센트인가?

33. 칠면조의 무게는 평균 22파운드와 표준편차 5파운드로 정규분포되었다.
    a. 임의로 선택된 칠면조의 무게가 20~26파운드 사이일 확률을 찾아라.
    b. 임의로 선택된 칠면조의 무게가 12파운드보다 적을 확률을 찾아라.

34. 승용차의 mpg(갤런 당 마일) 등급이 평균 33.8mpg와 표준편차 3.5mpg로 정규분포되었다고 가정하자.
    a. 임의로 선택된 승용차가 최소 40mpg일 확률은 얼마인가?
    b. 임의로 선택된 승용차가 30~35mpg일 확률은 얼마인가?
    c. 어떤 자동차 제조업체는 현존하는 자동차의 99%보다 좋은 mpg를 가진 승용차를 만들려고 한다. 이 목표를 달성하기 위한 최소한의 mpg는 얼마인가?

35. 회사 홈페이지에 따르면 입사시험을 치른 후보자의 상위 25%는 면접을 볼 것이다. 여러분은 면접을 보러오라는 소리는 들었다. 시험점수의 보고된 평균과 표준편차는 각각 68과 8이다. 만약 여러분이 입사시험이 정규분포되었다고 가정한다면, 여러분의 가능한 점수 범위는 얼마인가?

36. 어떤 금융상담사는 고객에게 포트폴리오의 기대수익이 8%이고 표준편차는 12%라고 공지했다. 수익이 마이너스일 가능성은 25%이고 16%를 넘을 가능성은 15%이다. 만약 상담사가 그녀의 평가에 대해서 옳다면, 수익분포가 정규분포라고 가정하는 것은 합리적인가?

37. 어떤 포장시스템은 평균적으로 18온스의 무게와 표준편차 0.2온스로 상자를 채운다. 무게가 정규분포되었다고 가정하는 것은 합리적이다. 이 방식 무게의 1분위, 2분위, 3분위를 계산하라.

38. 노동통계국에 따르면 55세 이상인 사람은 새로운 직업을 찾는 데 평균 22주가 소요되고 청년들은 16주가 소요된다(월스트리트저널, 2008.9.2). 확률분포가 정규분포이고 양쪽 분포의 표준편차가 2주라고 가정하자.
    a. 55세 이상인 어떤 노동자가 직업을 찾는 데 19주 이상 걸릴 확률은 얼마인가?
    b. 어떤 청년이 직업을 찾는 데 19주 이상 걸릴 확률은 얼마인가?
    c. 55세 이상인 어떤 노동자가 새로운 직업을 찾는 데 23~25주 걸릴 확률은 얼마인가?
    d. 어떤 청년이 직업을 찾는 데 23~25주 걸릴 확률은 얼마인가?

39. 60일 혹은 그 이상 지나서 상환하는 대출은 심각하게 연체되는 것으로 여겨진다. 담보대출은행협회는 심각한 대출연체 비율이 평균 9.1%라고 보고했다(월스트리트저널, 2010.8.26). 심각한 대출연체의 비율이 표준편차가 0.80%인 정규분포를 따른다고 하자.
    a. 심각한 대출연체가 8% 이상일 확률은 얼마인가?
    b. 심각한 대출연체가 9.5~10.5%일 확률은 얼마인가?

40. 어떤 전자장치를 조립하는 데 요구되는 시간은 평균 16분과 표준편차 8분으로 정규분포되었다.
    a. 임의로 선택된 조립이 10~20분 걸릴 확률은 얼마인가?
    b. 조립시간이 25분 이상이거나 6분 이하가 되는 것은 일반적이지 않다. 조립시간이 이러한 비정상적 카테고리에 들어갈 확률은 얼마인가?

41. 최근연구는 미국인이 하루 평균 10통의 전화를 한다고 하였다(CNN, 2010.8.26). 전화를 거는 횟수가 표준편차 3통화로 정규분되었다고 하자.
    a. 어떤 평균적인 미국인이 하루에 4~12통의 전화를 걸 확률은 얼마인가?
    b. 어떤 평균적인 미국인이 하루에 6통 이상 전화를 걸 확률은 얼마인가?
    c. 어떤 평균적인 미국인이 하루에 16통 이상 전화를 걸 확률은 얼마인가?

42. 보스턴에 있는 나이트클럽의 매니저는 고객의 95%가 22~28세라고 했다. 만약 고객이 나이가 평균 25세로 정규분포되었다면, 이 분포의 표준편차를 계산하라.

43. 평균적인 대학생은 $27,200의 부채와 함께 졸업한다(보스턴글로브지, 2012.5.27). 최근 대졸자들의 부채가 표준편차 $7,000로 정규분포되었다고 하자.
    a. 최근 대졸자가 $25,000보다 적은 부채를 가질 확률은 얼마인가?
    b. 최근 대졸자가 $30,000보다 많은 부채를 가질 확률은 얼마인가?
    c. 부채의 관점에서 하위 10%에 놓여있는 대졸자의 부채액은 얼마인가?
    d. 부채의 관점에서 상위 15%에 놓여있는 대졸자의 부채액은 얼마인가?

44. 마케팅 시험의 점수는 평균 60과 표준편차 20으로 정규분포되었다고 잘 알려졌다.
    a. 임의로 선택된 학생의 점수가 50~80일 확률은 얼마인가?
    b. 임의로 선택된 학생의 점수가 20~40일 확률은 얼마인가?
    c. 수업계획서는 학생의 상위 15%는 A를 받는다고 하였다. A를 받기 위한 최소한의 점수는 얼마인가?
    d. 만약 학생의 10%가 F를 받는다면 이 수업을 이수할 점수는 얼마인가?

45. 핸드폰에 부여된 평균 통화시간은 4시간이라고 광고되었다. 통화시간이 표준편차 0.8시간으로 정규분포되었다고 가정하자.
    a. 임의로 선택된 핸드폰에 부여된 통화시간이 3.5시간 이하일 확률을 찾아라.
    b. 임의로 선택된 핸드폰에 부과된 통화시간이 4.5시간보다 많거나 3.5시간 이하일 확률을 찾아라.
    c. 부여된 통화시간 중 25%는 1분위 이하이다. 이 수치는 얼마인가?

46. 어떤 젊은 투자매니저는 그의 고객에게 그가 제안한 포트폴리오가 양의 수익을 낼 확률이 90%라고 말했다. 만약 수익이 평균 5.6%로 정규분포되었다고 알려졌다면, 이 투자매니저가 자신의 계산에서 가정한 표준편차로 측정되는 위험은 얼마인가?

47. 어떤 건설회사는 콘도를 팔기 위해 분투중이다. 고객들을 끌어들이기 위해 이 회사는 다양한 가격인하와 좀 더 좋은 조건의 융자를 제공해왔다. 비록 콘도가 일단 $300,000로 명시되었다 하여도 이 회사는 평균 판매가격이 $210,000로 될 것이라고 믿는다. 이 콘도들의 다음 분기 가격이 표준편차 $15,000로 정규분포되었다고 하자.
    a. 이 콘도가 (i) $200,000 이하로 그리고 (ii) $240,000 이상으로 팔릴 각각의 확률은 얼마인가?
    b. 이 회사는 또한 어떤 예술가의 콘도를 팔려고 한다. 잠재구매자는 만족감 혹은 불만족감을 줄 이 콘도의 특이점을 찾을 것

이다. 매니저는 이 콘도의 평균 판매가격이 다른 것들과 같이 $210,000일 것으로 기대한다. 그러나 표준편차는 $20,000로 더 높다. 이 콘도가 (i) $200,000 이하 혹은 (ii) $240,000 이상으로 팔릴 각각의 확률은 얼마인가?

48. 여러분은 투자를 위해 두 개의 위험수익 뮤추얼펀드를 고려중이다. 상대적으로 위험한 펀드는 8%의 평균 기대수익과 14%의 표준편차를 약속한다. 상대적으로 덜 위험한 펀드는 4%의 평균 기대수익과 5%의 표준편차를 약속한다. 이 수익들이 근사적으로 정규분포되었다고 가정하자.
    a. 만약 여러분의 목적이 음의 수익률의 확률을 최소화하는 것이라면 여러분은 어떤 펀드를 선택할 것인가?
    b. 만약 여러분의 목적이 8% 이상을 수익을 낼 수 있는 확률을 극대화하는 것이라면 여러분은 어떤 펀드를 선택할 것인가?

49. 푸드 트럭에서 파는 한국식 타코의 컨셉은 LA에서 처음으로 도입되었는데 큰 인기를 얻고 있다(뉴욕타임스지, 2010.7.27). 이 타코는 옥수수 또르띠아에 한국식 소고기, 양파, 고수, 그리고 매운 칠리소스가 곁들여져 만들어진다. 이런 타코 트럭 중 하나가 디트로이트 지역에서 영업을 한다고 가정하자. 주인은 소고기의 하루 소비량이 평균 24파운드와 표준편차 6파운드로 정규분포되었다고 추정했다. 너무 많은 소고기의 구매는 낭비인 반면, 너무 적은 양의 구매는 고객들을 실망시킨다.
    a. 주인이 하루 수요의 80%를 만족시키기 위해 구매해야 하는 소고기의 양을 결정하라.
    b. 만약 하루 수요의 95%가 만족되기를 원한다면 주인은 얼마나 많이 구매해야 하는가?

50. 새로운 자동차 배터리가 보증기간 동안 방전되었을 때 비용 없이 교체할 수 있는 2년짜리 보증과 함께 판매되었다. 어떤 자동차 판매점은 보증기간 동안 문제가 발생되지 않는 배터리에서 순이익 $20가 발생된다고 가정하자. 만일 방전된다면 순손실 $10가 발생된다. 배터리의 수명은 평균 40개월과 표준편차 16개월로 정규분포되었다고 알려졌다.
    a. 어떤 배터리가 보증기간 동안 방전될 확률은 얼마인가?
    b. 배터리 하나에 대한 자동차 판매점의 기대수익은 얼마인가?
    c. 만약 자동차 판매점이 평균적으로 한 달에 500개의 배터리를 판매한다면, 이 배터리들에 대한 월별 기대수익은 얼마인가?

51. (엑셀 사용) 매사추세츠 주는 햇빛이 잘 드는 캘리포니아가 아니지만, 태양 에너지 산업이 번창하는 중이다(보스턴글로브지, 2012.5.27). 주도 보스턴은 1년에 평균 211.7일 정도가 화창하다. 화창한 날의 일수가 표준편차 20일로 정규분포되었다고 가정하다. 답을 적는 것에 덧붙여 적절한 엑셀 명령어를 적어라.
    a. 어떤 주어진 해에 보스턴의 화창한 날이 200일보다 적을 확률은 얼마인가?
    b. LA는 1년에 평균 266.5일 정도가 화창하다. 보스턴의 화창한 날이 최소한 LA보다 많을 확률은 얼마인가?
    c. 보스턴의 암울한 해는 그 해의 화창한 날의 일수가 하위 10%일 때라고 가정하자. 보스턴이 암울한 해가 되기 위해서는 최대 화창한 날의 일수는 얼마인가?
    d. 2012년에 보스턴은 비정상적으로 따뜻하고 건조하고 화창한 날씨를 경험했었다. 이런 경험은 오직 1%라고 가정하자. 비정상적인 날씨의 조건을 만족시키는 화창한 날의 최소 일수는 얼마인가?

52. (엑셀 사용) 어떤 브랜드의 냉장고는 평균이 15년이고 표준편차가 2년으로 정규분포된 수명을 가졌다. 답을 적는 것에 덧붙여 적절한 엑셀 명령어를 적어라.
    a. 어떤 냉장고 수명이 6.5년 미만으로 지속될 확률은 얼마인가?
    b. 어떤 냉장고 수명이 23년 이상으로 지속될 확률은 얼마인가?
    c. 광고된 수명 이전에 망가지는 냉장고가 오직 3%일 때 판매업자가 이러한 냉장고들에 대해서 광고해야 하는 수명은 얼마인가?

6.4 지수분포

학습목표 **6.6**
지수분포를 따르는 확률변수의 확률계산과 설명

일찍이 논의했던 것처럼 정규분포는 통계작업에서 가장 널리 사용되는 확률분포이다. 이렇게 된 한 가지 이유는 정규분포는 실제로 관심이 가는 수많은 확률변수들을 설명하기 때문이다. 그러나 다른 연속분포가 더 적합한 사례도 있다.

유용한 비대칭적 연속확률분포는 **지수분포**(exponential distribution)이다. 지수분포는 포아송분포와 관련이 있다. 5장으로부터 포아송 확률변수는 어떤 주어진 시간 혹은 공간에 대해서 어떤 사건이 발생될 숫자를 센다는 것을 상기하자. 예를 들어 포아송분포는 특정한 시간 동안 맥도널드 드라이브스루에 도착하는 차들의 특정한 숫자의 가능성을 계산하거나 50야드 롤 직물에서 특정한 하자 숫자의 가능성을 계산하는 데 사용된다. 때때로 우리는 주어진 시간 혹은 공간에 대해서 발생될 사건 숫자에 관심이 덜하지만 그런 발생될 사건 간의 직면한 공간 혹은 경과된 시간에는 꽤 관심이 있다. 예를 들어 우리는 맥도널드 드라이브스루에 도착한 차들 간의 시간 혹은 50야드 롤 직물에서의 하자 간의 거리 등에는 관심이 있을 것이다. 이러한 시간 혹은 거리를 설명하기 위해 지수분포를 사용한다. 지수확률변수는 비음수이다. 즉, 기본변수 X는 모든 x에 대해서 $x \geq 0$으로 정의된다.

포아송분포와 지수분포 간의 좀 더 나은 연결성을 이해하기 위해서 5장의 도입사례, 즉 앤이 운영하는 스타벅스에서의 직원 수요에 대한 염려를 생각해보자. 앤은 전형적인 스타벅스 고객이 30일 동안 평균 18번 방문한다고 믿는다. 포아송 확률변수는 방문 횟수를 다음과 같은 평균으로 적합하게 포착한다.

$$\mu_{\text{Poisson}} = 18$$

방문 횟수는 포아송분포를 따르기 때문에 방문 간의 시간은 지수분포를 가진다. 게다가 30일 한 달 동안 평균 18회의 방문이 주어졌다면, 방문 간의 기대시간은 다음과 같이 유도된다.

$$\mu_{\text{Exponential}} = \frac{30}{18} = 1.67$$

지수확률분포를 비율모수(rate parameter) λ(그리스 문자로, "람다"라고 읽음)로 정의하는 것은 일반적이다. 또한 이는 평균의 역수이다. 위의 예를 이용하면

$$\lambda = \frac{1}{\mu} = \frac{1}{1.67} = 0.60.$$

우리는 지수분포의 평균을 도착 간의 평균 시간으로 생각할 수 있다. 게다가 비율모수는 시간당 평균 도착 횟수를 측정한다. 시간의 단위로 측정될 때 비율모수는 포아송분포의 평균과 같다는 것을 명심하자. 포아송 절차의 경우 30일 한 달에 대한 18회 방문의 평균은 하루당 $18/30 = 0.60$의 평균과 같으며 이는 비율모수 λ와 같다.

지수분포

만약 확률밀도함수가 다음과 같다면, 어떤 확률변수 X는 **지수분포**를 따른다.

$$f(x) = \lambda e^{-\lambda x} \text{ 단, } x \geq 0$$

여기서 λ는 비율모수이고 e는 $e \approx 2.718$인 자연로그의 밑수이다.

X의 평균과 표준편차는 $E(X) = SD(X) = \frac{1}{\lambda}$과 같다. $x \geq 0$에 대한 X의 누적확률함수는 다음과 같다.

$$P(X \leq x) = 1 - e^{-\lambda x}$$

그러므로 $P(X > x) = 1 - P(X \leq x) = e^{-\lambda x}$이다.

그림 6.25의 곡선은 비율모수 λ의 다양한 값에 기반을 둔 지수확률밀도함수의 형상을 보여준다.

그림 6.25 다양한 λ값에 대한 지수확률밀도함수

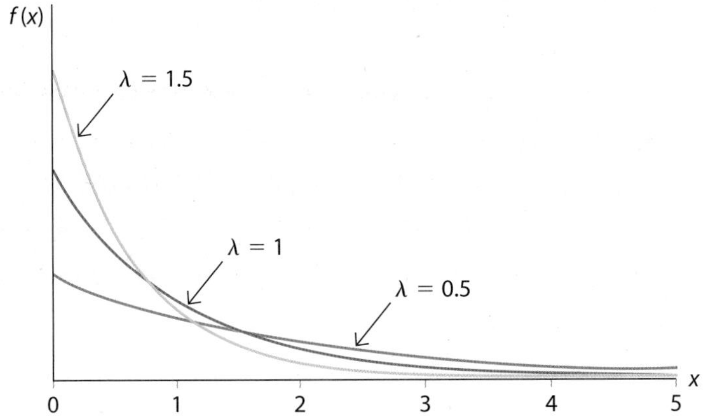

예제 6.9

근무시간 동안 이메일을 주고받는 시간이 평균 25분이 지수분포되었다고 하자.

a. 비율모수 λ를 계산하라.

b. 여러분이 1시간 이상 이메일을 받지 못할 확률은 얼마인가?

c. 여러분이 10분내로 이메일을 받을 확률은 얼마인가?

풀이:

a. 평균 $E(X)$는 $\frac{1}{\lambda}$과 같기 때문에, $\lambda = \frac{1}{E(X)} = \frac{1}{25} = 0.04$로 계산한다.

b. 여러분이 1시간 이상 이메일을 받지 못할 확률은 $P(X > 60)$이다. 우리는 $P(X > x) = 1 - P(X \leq x) = e^{-\lambda x}$를 사용하여 다음과 같이 계산한다. $P(X > 60) = e^{-0.04(60)} = e^{-2.40} = 0.0907$. 1시간 이상 이메일을 받지 못할 확률은 0.0907이다. 그림 6.26은 이 확률을 보여준다.

그림 6.26 $P(X > 60)$의 발견(예제 6.9b)

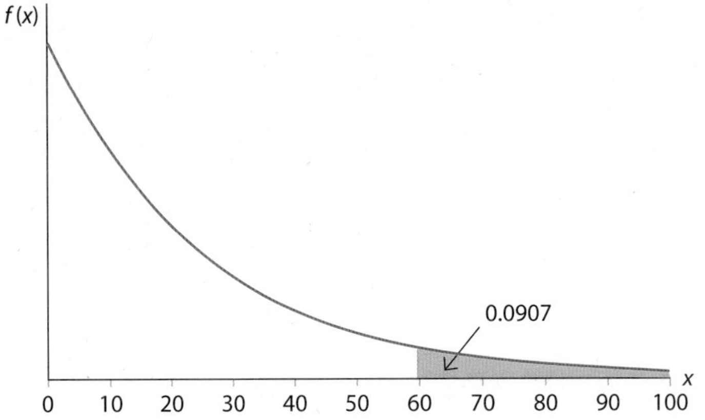

c. 여기서 $P(X \leq 10) = 1 - e^{-0.04(10)} = 1 - 0.6703 = 0.3297$이다. 이메일을 10분 내에 받을 확률은 0.3297이다. 그림 6.27은 이 확률을 보여준다.

그림 6.27 $P(X \leq 10)$의 발견(예제 6.9c)

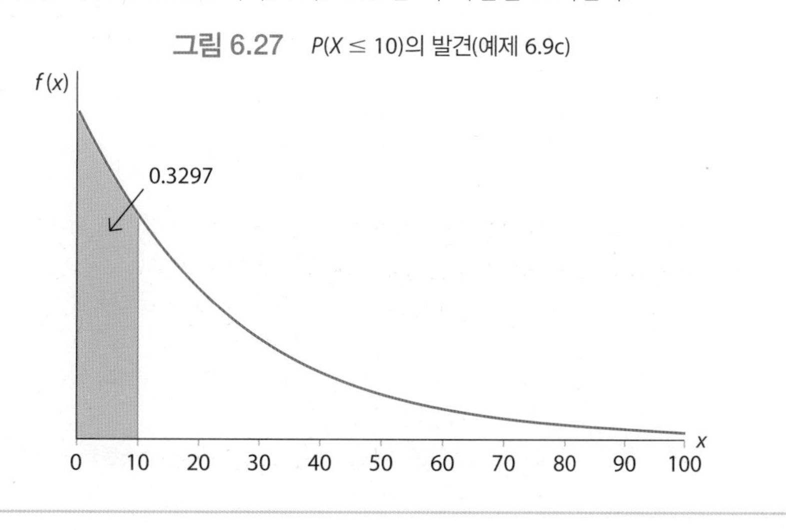

지수분포는 또한 수명이나 실패하는 시간 등을 모형화할 때 사용된다. 예를 들어 수명이 1,000시간인 전구는 약 1,000시간 사용 이후 망가질 것으로 기대된다. 그러나 전구는 1,000시간 전 혹은 이후에 수명이 다할 것이다. 따라서 전구의 수명은 기대치가 1,000인 확률변수이다. 지수분포의 눈에 띄는 특징은 "적은 기억"이다. 즉, 실패율이 상수이다. 전구의 예에서 어떤 주어진 날에 전구가 수명을 다할 확률은 전구가 이미 10, 100, 혹은 1,000 시간 사용되었는지 여부와 독립이다.

지수분포를 위한 엑셀의 사용

엑셀의 EXPON.DIST 함수를 사용하여 지수확률을 찾을 수 있다. 일반적으로 $P(X \leq x)$를 찾기 위해서는 '= EXPON.DIST(x, λ, 1)'을 입력한다. 여기서 x는 누적확률을 측정하기 원하는 값이고, λ는 비율모수를, 그리고 1은 엑셀에게 누적확률을 출력하라는 명령어이다. 만약 3번째에 0을 입력하면, 엑셀은 x점에서 대한 지수분포의 높이를 출력한다. 이러한 옵션은 만약 우리가 지수분포를 그리기를 원할 때 유용하다. $P(X > 60)$를 찾는 예제 6.9b를 검토하자. '= EXPON.DIST(60, 0.04, 1)'을 입력하면, 엑셀은 누적확률 0.9093을 출력한다. 우리는 $P(X > 60)$를 찾기를 원했기 때문에 이는 다시 $1 - 0.9093 = 0.0907$로 계산한다.

연습문제 6.4

기본문제

53. 포아송 확률변수가 120분 동안 평균 6번 성공한다고 가정하자.
   a. 성공 간의 시간으로 정의된 확률변수의 평균을 찾아라.
   b. 적합한 지수분포의 비율모수는 얼마인가?
   c. 성공하는 시간이 60분보다 더 걸릴 확률을 찾아라.

54. 포아송 확률변수가 10분 동안 평균 4번 도착한다고 가정하자.
   a. 도착 간의 시간으로 정의된 확률변수의 평균을 찾아라.
   b. 다음의 도착이 평균시간 내에 있을 확률을 찾아라.
   c. 다음의 도착이 1~2분 사이에 있을 확률을 찾아라.

55. 확률변수 X가 평균 0.1로 지수분포되었다.
   a. 비율모수는 얼마인가? X의 표준편차는 얼마인가?

b. $P(X > 0.20)$를 계산하라.

c. $P(0.10 \leq X \leq 0.20)$를 계산하라.

56. 확률변수 X는 기대치 25로 지수분포되었다.

a. 비율모수는 얼마인가? X의 표준편차는 얼마인가?

b. $P(20 \leq X \leq 30)$를 계산하라.

c. $P(15 \leq X \leq 35)$를 계산하라.

57. 확률변수 X는 확률밀도함수 $f(x) = 5e^{-5x}$로 지수분포되었다. X의 평균과 표준편차를 계산하라.

58. (엑셀 사용) X는 $\lambda = 0.5$로 지수분포되었다. 답을 적는 것에 덧붙여 적절한 엑셀 명령어를 적어라.

a. $P(X \leq 1)$

b. $P(2 < X < 4)$

c. $P(X > 10)$

59. (엑셀 사용) X는 $\mu = 1.25$로 지수분포되었다. 답을 적는 것에 덧붙여 적절한 엑셀 명령어를 적어라.

a. $P(X < 2.3)$

b. $P(1.5 \leq X \leq 5.5)$

c. $P(X > 7)$

응용문제

60. 연구들은 박쥐들이 평균적으로 분당 10마리의 모기를 먹는다는 것을 밝혔다(http://berkshiremuseum.org). 분당 잡아먹히는 모기가 포아송분포를 따른다고 가정하자.

a. 모기를 먹는 간격의 평균 시간은 얼마인가?

b. 모기를 먹는 간격이 15초보다 더 걸릴 확률을 찾아라.

c. 모기를 먹는 간격이 15~20초 사이일 확률을 찾아라.

61. 데일리메일(2012.2.28)에 따르면 2011년에 영국에서 가장 큰 은행에 대한 불만사항이 매 12초당 1건씩 있었다. 불평 간의 시간이 지수분포되었다고 가정하자.

a. 불평 간의 평균 시간은 얼마인가?

b. 다음의 불평이 평균보다 적은 시간이 걸릴 확률은 얼마인가?

c. 다음의 불평이 5~10초 사이에 발생할 확률은 얼마인가?

62. 고속도로 요금소는 시간당 평균 360대의 자동차가 확률적으로 도착한다는 것을 관측하였다.

a. 이 요금소에 도착하는 자동차 간의 평균 시간은 얼마인가?

b. 다음의 자동차가 10초 내에 도착할 확률은 얼마인가?

63. 편의점에서 소비자들은 평균적으로 6분마다 구매를 한다. 소비자가 구매하는 간격의 시간이 지수분포되었다고 가정하자. 잭은 이 편의점에서 아르바이트를 하고 있다.

a. 비율모수 λ는 얼마인가? 이 분포의 표준편차는 얼마인가?

b. 잭은 5분간의 휴식을 원한다. 그는 만약 그가 서비스를 제공하고 자리로 돌아간다면, 그가 5분간 쉬는 동안 누군가가 나타날 확률이 낮다고 믿는다. 이러한 믿음이 맞는가?

c. 어떤 손님이 5분 안에 나타날 확률은 얼마인가?

d. 30분 동안 아무도 나타나지 않을 확률은 얼마인가?

64. 샌프란시스코로 들어가는 골든게이트교를 건널 때 모든 운전자들은 요금을 지불해야 한다. 운전자가 요금을 지불하기 위해 줄지어 기다리는 시간(분)이 확률밀도함수 $f(x) = 0.2e^{-0.2x}$로 지수분포되었다고 가정하자.

a. 골든게이트교를 통해 샌프란시스코로 들어갈 때 운전자가 기다리는 평균 시간을 얼마인가?

b. 운전자가 요금을 내기 위해 평균보다 많은 시간을 소비할 확률은 얼마인가?

c. 운전자가 요금을 내기 위해 10분보다 많은 시간을 소비할 확률은 얼마인가?

d. 운전자가 요금을 내기 위해 4~6분을 소비할 확률은 얼마인가?

65. 병원 행정직원은 정전에 의한 전력손실의 가능성에 대해 걱정한다. 물론 이 병원은 예비 발전기가 있지만 고장날 가능성이 있다. 이 발전기는 고장 사이의 시간이 평균 500시간이다. 고장 간 시간이 지수분포되었다고 가정하자.

a. 예비 발전기가 다음의 24시간 정전 동안 고장날 확률은 얼마인가?

b. 이 병원은 서로 독립적으로 운영되는 2대의 예비 발전기를 보유하고 있다고 가정하자. 다음의 24시간 정전 동안 2대의 발전기가 고장날 확률은 얼마인가?

66. (엑셀 사용) 평균적으로 주 경찰은 주 경계 I-90에 위치한 특정 장소에서 시간당 8명의 과속 운전자를 적발한다. 시간당 과속 운전자가 포아송분포를 따른다고 가정하자. 답을 적는 것에 덧붙여 적절한 엑셀 명령어를 적어라.

a. 주 경찰이 다음의 과속 운전자를 잡기 위해 10분보다 적은 시간을 기다릴 확률은 얼마인가?

b. 주 경찰이 다음의 과속 운전자를 잡기 위해 15~20분간 기다릴 확률은 얼마인가?

c. 주 경찰이 다음의 과속 운전자를 잡기 위해 25분보다 많은 시간을 기다릴 확률은 얼마인가?

67. (엑셀 사용) 운전자들은 월요일 1시간 동안 1분당 2대의 비율로 걸프주유소에 도착한다. 이 주유소에 도착하는 운전자들은 포아송분포를 따른다고 가정하자. 답을 적는 것에 덧붙여 적절한 엑셀 명령어를 적어라.

a. 다음에 도착하는 자동차가 1분 미만일 확률은 얼마인가?

b. 다음에 도착하는 자동차가 5분보다 더 걸릴 확률은 얼마인가?

통계를 사용한 글쓰기

랭(Lang) 교수는 세일럼 주립대학의 경제학 교수이다. 그녀는 25년 동안 경제학원론을 가르쳤다. 랭 교수는 상대평가에 대한 등급을 절대 매기지 않았었다. 왜냐하면 상대평가는 특별하게 어려운(쉬운) 수업에서 성실한(불성실한) 학생에게 지나치게 불이익(이익)을 준다고 믿기 때문이다. 그녀는 항상 등급을 매기기 위해 표 6.4의 왼쪽 2개의 열에서 나타난 바와 같이 절대평가를 사용한다.

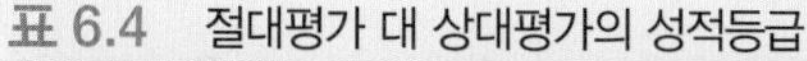

표 6.4 절대평가 대 상대평가의 성적등급

절대평가		상대평가	
학점	점수	학점	확률
A	92~	A	0.10
B	78~92	B	0.35
C	64~78	C	0.40
D	58~64	D	0.10
F	~58	F	0.05

랭 교수의 동료들은 예상치 못한 문제를 바로잡기 위해 그녀가 상대평가로 마음을 바꾸도록 설득했다. 랭 교수는 표 6.4의 오른쪽 2개의 열에서 보인 바와 같이 상대등급에 기반을 둔 성적을 실험하기로 결심했다. 이 상대평가를 이용하면 학생의 10%는 A를 받을 것이고, 다음의 35%는 B 등을 받을 것이다. 그녀의 강의경력에 기반을 두면 랭 교수는 그녀의 수업에서 점수들이 평균 78.6이고 표준편차 12.4인 정규분포를 따른 것이라고 믿는다.

랭 교수는 위의 정보를 이용하여 다음의 질문에 대한 답을 원한다.

1. 절대평가에 기반을 둔 확률들을 계산하라. 그리고 이 확률들을 상대평가의 확률들과 비교하라.
2. 상대평가에 기반을 둔 다양한 등급에 대한 점수 범위를 계산하라. 그리고 이 점수를 절대평가와 비교하라.
3. 어떤 평가방법이 좋은 성적을 받는 데 어려운지 결정하라.

보고서 예시 – 절대평가 대 상대평가

많은 선생님들은 성적을 매기는 것이 그들의 교육 업무 중 가장 어려운 일 중 하나라고 고백했다. 고등교육에서 사용되는 두 개의 공통적인 성적 시스템은 상대평가와 절대평가이다. 상대평가 시스템은 학급 내 학생들의 상대적 위치에 따라 참고사항 혹은 곡선에 기반을 둔 기준이다. 반면에 절대평가 시스템은 학생들의 절대적 성과와 관련된 기준이다. 요약하면, 절대평가 시스템은 학생들의 점수가 미리 결정된 기준과 비교되는 반면, 상대평가 시스템은 학급 내 다른 학생들의 점수와 비교된다.

X가 랭 교수 학급의 성적을 나타낸다고 하자. 이는 평균 78.6과 표준편차 12.4로 정규분포되었다. 이 정보는 절대 점수에 기반을 둔 성적 확률을 유도하는 데 이용된다. 예들 들어, A를 받을 확률은 $P(X \geq 92) = P(Z \geq 1.08) = 0.14$로 유도된다. 다른 확률들은 이와 유사하게 유도되면 표 6.A에 나타난다.

표 6.A 절대평가와 상대평가에 기반을 둔 확률들

성적	절대평가에 기반을 둔 확률	상대평가에 기반을 둔 확률
A	0.14	0.10
B	0.38	0.35
C	0.36	0.40
D	0.07	0.10
F	0.05	0.05

표 6.A의 두 번째 열은 학생의 14%가 A를 받을 것으로 예상하고, 38%는 B 등을 받을 것으로 보여준다. 비록 이러한 숫자들이 표 6.A의 세 번째 열에서 나타난 상대적 규모와 일반적으로 일치할지라도 이는 상대평가가 학생들이 높은 성적을 받는 것을 더 어렵게 한다는 것을 나타낸다. 예를 들어, 절대평가에서 14%는 A를 받지만 상대평가는 오직 10%만이 A를 받는다.

대안적으로 우리는 다양한 성적 점수 범위에 기반을 둔 두 개의 성적등급 방법을 비교할 수 있다. 표 6.B의 두 번째 열은 절대평가에 기반을 둔 점수 범위를 다시 상정한다. 상대적 평가에 기반을 둔 점수 범위를 얻기 위해서 정규분포의 개념을 다시 적용할 필요가 있다. 예를 들어, 상대평가에서 A를 받기 위한 최소 점수는 $P(X \geq x) = 0.10$을 풀어 x를 유도할 수 있다. $P(X \geq x) = 0.10$은 $P(Z \geq z) = 0.10$과 같기 때문에 이는 $z = 1.28$이 된다. 평균, 표준편차, z의 적절한 값을 $x = \mu + z\sigma$에 삽입하면 x는 94.47과 같다. 다른 성적의 범위 역시 유사하게 유도되고 이는 표 6.B 세 번째 열에 제시되었다.

표 6.B 절대평가와 상대평가에 기반을 둔 점수 범위

성적	절대평가에 기반을 둔 점수 범위	상대평가에 기반을 둔 점수 범위
A	92∼	94.47∼
B	78∼92	80.21∼94.47
C	64∼78	65.70∼80.21
D	58∼64	58.20∼65.70
F	∼58	∼58.20

표 6.B의 결과를 다시 한 번 비교하면, 상대평가의 사용은 학생들이 랭 교수의 수업에서 높은 점수를 받는 것을 어렵게 만든다. 예를 들어, 상대평가에서 A등급을 받기 위해서 어떤 학생은 반드시 최소 94.47을 받아야 한다. 반면 절대평가는 최소 92점이다. 절대평가와 상대평가 모두 각각의 이점을 가지고 있고 선생님들은 종종 그들의 교육철학에 기반을 둔 의사결정을 한다. 그러나 만약 랭 교수가 이전과 같이 절대평가 원칙을 지키고자 한다면 그녀는 표 6.A의 두 번째 열의 확률에 기반을 둔 상대점수에 기반을 두어야 한다.

개념정리

학습목표 **6.1** **연속적 확률변수의 설명**

연속확률변수는 셀 수 없는 값이라는 특성이 있다. 왜냐하면 어떤 구간 내에서 어떤 값이라도 취할 수 있기 때문이다. 특정한 x로 가정되는 연속확률변수 X의 확률은 0이다. 즉, $P(X = x) = 0$. 따라서 연속확률변수의 경우 우리는 특정한 구간 내 확률로 계산할 수 있다. 게다가 다음의 공식 역시 동일하게 유지된다. $P(a \leq X \leq b) = P(a < X < b) = P(a \leq X < b) = P(a < X \leq b)$.

연속확률변수 X의 **확률밀도함수** $f(x)$는 음수가 아니고 이 함수 아래의 전체 면적은 1과 같다. 확률 $P(a \leq X \leq b)$는 a와 b 사이 $f(x)$의 아래 면적이다.

확률변수 X의 어떤 값 x에 대한 **누적분포함수** $F(x)$는 $F(x) = P(X \leq x)$로 정의된다.

학습목표 **6.2** **연속적 균등분포를 따르는 확률변수의 확률계산과 설명**

연속균등분포는 특정한 구간 내에 가정된 값들의 발생 가능성이 동일한 확률변수를 설명한다. 확률들은 특별하게 직사각형의 면적이다. 이는 밑변과 높이로 정의되는데, 특정한 구간을 밑변으로 하고 확률밀도함수 $f(x) = \frac{1}{b-a}$를 높이로 하며 a와 b는 특정 구간의 하한과 상한이다.

학습목표 **6.3** **정규분포의 특징을 설명**

정규분포는 가장 널리 이용되는 연속확률분포이고 통계적 추론의 기반이다. 이는 평균을 중심으로 좌우가 대칭인 종모양의 분포로 잘 알려졌다. 정규분포는 2개의 모수, 모평균 μ와 모분산 σ^2에 의해 완벽하게 설명된다.

z **분포**로도 알려진 **표준정규분포**는 평균이 0이고 표준편차 혹은 분산이 1인 정규분포의 특별한 케이스이다.

학습목표 **6.4** **표준정규표(*z*테이블)의 사용**

***z*테이블**이라 불리는 **표준정규표**는 **누적확률** $P(Z \leq z)$를 제공한다. 이 표는 부록 A에서 두 쪽에 걸친 표 1에 나타난다. 왼쪽은 0과 같거나 작은 z값들에 대한 누적확률들을 제공하고, 오른쪽은 0과 같거나 큰 z값들에 대한 누적확률들을 제공한다. 우리는 주어진 누적확률에 대한 z값을 계산할 때 이 표를 이용한다.

학습목표 **6.5** **정규분포를 따르는 확률변수의 확률계산과 설명**

평균이 μ이고 표준편차가 σ로 정규분포된 확률변수 X는 표준정규확률변수 Z로 변환될 수 있다. 즉, $Z = \frac{X-\mu}{\sigma}$. 이러한 표준화는 X의 어떤 값 x가 $z = \frac{x-\mu}{\sigma}$로 주어진 Z의 값들 중 대응되는 값 z를 가지고 있다는 것을 의미한다.

표준정규변수 Z는 $X = \mu + Z\sigma$와 같이 평균이 μ이고 표준편차가 σ인 정규분포된 확률변수 X로 변환될 수 있다. 이러한 역변환은 Z의 어떤 값 z가 $x = \mu + z\sigma$로 주어진 X의 값들 중 대응되는 값 x를 가지고 있다는 것을 의미한다.

학습목표 **6.6** **지수분포를 따르는 확률변수의 확률계산과 설명**

어떤 유용한 비대칭적 연속확률분포는 **지수분포**이다. 만약 확률밀도함수가 $f(x) = e^{-\lambda x}$라면 확률변수 X는 지수분포를 따른다. 여기서 λ는 모비율이고 e는 $e \approx 2.718$인 자연로그의 밑수이다. 이 분포의 평균과 표준편차는 모두 $1/\lambda$와 같다. $x \geq 0$에 대한 **누적확률**은 $P(X \leq x) = 1 - e^{-\lambda x}$로 계산될 수 있다.

추가 연습문제와 사례연구

연습문제

68. 어떤 플로리스트는 매일 오후 1시와 오후 5시 사이에 배달을 한다. 배달시간은 연속균등분포를 따른다고 가정하자.
   a. 이 분포의 평균과 분산을 계산하라.
   b. 오후 4시 이후에 배달되는 퍼센트를 결정하라.
   c. 오후 2시30분 이전에 배달될 퍼센트를 결정하라.

69. 조경디자인센터의 어떤 직원은 흙을 가방에 채우는 기계장치를 사용한다. 각 가방에 담겨진 양은 무게가 최소 10파운드와 최대 12파운드인 연속균등분포를 따른다고 가정하자.
   a. 이 분포의 평균과 표준편차를 계산하라.
   b. 임의로 선택된 가방의 무게가 11파운드보다 많을 확률을 찾아라.
   c. 임의로 선택된 가방의 무게가 최소 10.5파운드일 확률을 찾아라.

70. 고혈압 교육 프로그램으로부터 개정된 안내서는 120/80 mmHg(millimeters of mercury) 이하의 혈압을 정상으로 정의하고 있다(뉴욕타임스지, 2003.5.14). 약간 높은 혈압은 최고치(수축시 혈압)가 120~139 사이이거나 최하치(확장시 혈압)가 80~90 사이일 때 의심된다. 최근의 조사는 심장 수축시 캐나다인의 평균 혈압은 125이고 표준편차가 17이며, 심장 확장시 평균 79이고 표준편차가 10이라고 보고했다. 심장 확장시뿐만 아니라 수축시의 수치는 정규분포되었다고 가정하자.
   a. 높은 심장 확장시 수치에 의해 야기된 약간의 고혈압을 겪는 캐나다인의 비율은 얼마인가?
   b. 높은 심장 수축시 수치에 의해 야기된 약간의 고혈압을 겪는 캐나다인의 비율은 얼마인가?

71. 미국 소비자들은 점진적으로 체크카드를 현금과 수표의 편리한 대체수단으로 보는 중이다. 체크카드로 사용되는 연평균 지출은 $7,790이다(키플링어스, 2007.8). 체크카드의 연평균 지출이 표준편차 $500로 정규분포되었다고 가정하자.
   a. 어떤 소비자는 소비자 대다수가 체크카드로 $8,000 이상을 쓴다는 주장을 옹호했다. 이 주장의 결점을 찾아라.
   b. 체크카드 사용의 25분위를 계산하라.
   c. 체크카드 사용의 75분위를 계산하라.
   d. 이 분포의 4분위 간 영역은 얼마인가?

72. 성 패트릭 데이에 남자들은 평균 $43.87를 사용하는 반면 여자들은 평균 $29.54를 지출한다(USA투데이, 2009.3.17). 지출에 대한 남자와 여자의 표준편차가 각각 $3와 $11이고 두 분포 모두 정규분포되었다고 가정하자.
   a. 남자가 성 패트릭 데이에 $50 이상 지출할 확률은 얼마인가?
   b. 여자가 성 패트릭 데이에 $50 이상 지출할 확률은 얼마인가?
   c. 남자와 여자 중 누가 $50 이상 지출할 가능성이 높은가?

73. 리사(Lisa Medes)와 브래드(Brad Lee)는 AT&T 통신의 영업부에서 일하고 있다. 리사는 매달 평균 48명의 새로운 고객과 표준편차 22로 계약을 체결하는 반면, 브래드는 매달 평균 56명의 새로운 고객과 표준편차 17로 계약을 체결하고 있다. 이 매장의 매니저는 만약 그들이 한 달에 100명 이상의 신규 고객과 계약할 수 있다면 리사와 브래드 둘 다에게 $100의 상여금을 준다. 다음의 질문에 답하기 위해 정규분포를 가정하라.
   a. 리사가 $100의 상여금을 받을 확률은 얼마인가?
   b. 브래드가 $100의 상여금을 받을 확률은 얼마인가?
   c. 결과가 놀라운가? 설명하라.

74. 주를 연결하는 고속도로 I-95의 특정 구간에 대한 자동차 속도는 평균 72와 표준편차 15로 정규분포되었다고 잘 알려져 있다. 여러분은 운전자의 3%가 극도로 위험한 속도로 운전한다는 경찰의 조언을 들었다. 그가 언급한 속도의 범위는 얼마인가?

75. 어떤 지역사회의 평균 가구소득은 $80,000로 알려졌다. 또한 가구들의 20%는 $60,000 이하이고 또 다른 20%는 $90,000 이상이다. 이 지역사회의 가구소득을 모형화하기 위해 정규분포를 사용하는 것은 타당한가?

76. 어떤 회사에서 생산된 부품의 길이는 평균 6cm와 표준편차 0.02cm로 정규분포되었다. 이 부품 길이의 1, 2, 3분위를 계산하라.

77. 인도에서 명성 높은 MBA 프로그램의 입학은 오직 상위 10%만이 입학허가를 받을 수 있는 국가시험에 의해 결정된다. 이 시험에 대한 점수가 평균 420과 표준편차 80으로 정규분포되었다고 가정하자. 파룰(Parul Monga)은 필사적으로 이 프로그램에 들어가기 위해 노력하는 중이다. 그녀가 입학허가를 받을 수 있는 최

소 점수는 얼마인가?

78. 어떤 새로운 정수기는 모든 부품과 수리를 포함하는 10년짜리 보증서와 함께 판매되고 있다. 이 정수기의 수명은 평균과 표준편차가 각각 16과 5년인 정규분포를 따른다고 가정하자.
   a. 정수기가 보증기간 동안 수리를 요구할 확률은 얼마인가?
   b. 정수기 회사는 새로운 정수기 설치에 대해 1대당 $300의 이윤을 창출한다고 가정하자. 그러나 이 이윤은 만약 정수기가 보증기간 동안 수리가 필요하게 되면 $50로 줄어든다. 만약 1,000대의 정수기를 새로 설치하였다면 이 회사의 기대 이윤은 얼마인가?

79. (엑셀 사용) 평균 IQ가 평균 100과 표준편차 16으로 정규분포되었다고 가정하자. 답을 적는 것에 덧붙여 적절한 엑셀 명령어를 적어라.
   a. 임의로 선택된 어떤 사람의 IQ가 80보다 낮을 확률은 얼마인가?
   b. 임의로 선택된 어떤 사람의 IQ가 125보다 높을 확률은 얼마인가?
   c. 어떤 사람의 IQ 점수가 상위 2.5% 안에 들어가기 위한 최소한의 점수는 얼마인가?

80. (엑셀 사용) 어떤 지역의 연간 가구소득이 평균 $55,000와 표준편차 $45,000로 정규분포되었다고 가정하자. 답을 적는 것에 덧붙여 적절한 엑셀 명령어를 적어라.
   a. 임의로 선택된 어떤 가구의 소득이 $50,000~65,000 사이일 확률은 얼마인가?
   b. 임의로 선택된 어떤 가구의 소득이 $70,000보다 높을 확률은 얼마인가?
   c. 이 지역에서 상위 5% 안에 들기 위한 최소한의 소득은 얼마인가?
   d. 이 지역에서 하위 40% 안에 들기 위한 최대 소득은 얼마인가?

81. 뉴저지의 어느 지역에서 경찰은 과속 운전자를 적발하기 위해 레이더총을 사용한다. 과속 운전자 간의 시간 간격이 평균 15분으로 지수분포되었다고 가정하자.
   a. 비율모수 λ를 계산하라.
   b. 과속 운전자 간의 시간이 10분보다 적을 확률은 얼마인가?
   c. 과속 운전자 간의 시간이 25분을 초과할 확률은 얼마인가?

82. 연방조사국에 따르면 미국에서는 매 22초마다 강력범죄가 발생한다(ABC뉴스, 2007.9.25). 강력범죄가 발생하는 시간 간격은 지수분포되었다고 가정하자.
   a. 미국에서 다음의 1분에 강력범죄가 발생할 확률은 얼마인가?
   b. 만약 1분 전에 강력범죄가 발생하지 않았다면, 다음의 1분에 강력범죄가 발생할 확률은 얼마인가?

83. 어떤 법률사무소에서 시간당 8건의 인쇄가 프린터로 보내진다. 프린터로 보내는 인쇄 건수가 포아송분포를 따른다고 가정하자.
   a. 프린터가 인쇄하는 시간 간의 평균 시간은 얼마인가?
   b. 다음의 인쇄가 5분 안에 프린터로 보내질 확률은 얼마인가?

84. 스코틀랜드 정책에 대한 뉴스는 직접 운전하는 자동차를 포함한 교통수단의 충돌사고 건수를 염려한다(BBC뉴스, 2008.3.10). 통계는 스코틀랜드의 교통수단이 교통사고를 포함하여 연간 1,000건의 사고가 발생한다고 보여준다. 직접 운전하는 자동차를 포함한 교통수단의 충돌사고 건수가 포아송분포를 따른다고 가정하자.
   a. 충돌 건수 간의 평균 일수는 얼마인가?
   b. 적합한 지수분포의 비율모수는 얼마인가?
   c. 하루 내에 다음의 교통수단이 충돌사고를 낼 확률은 얼마인가?

85. 어떤 대기업은 매 10일당 12건의 이력서(심지어 모집하지 않는 직위도 포함하여)를 받는다. 받게 된 이력서가 포아송분포를 따른다고 가정하자.
   a. 하루에 도착하는 이력서의 숫자는 평균 얼마인가?
   b. 하루 이내에 다른 이력서를 받을 확률은 얼마인가?
   c. 1~2일 사이에 다른 이력서를 받을 확률은 얼마인가?

86. (엑셀 사용) 어떤 자동차 운전자가 구매한 특정한 종류의 타이어에 대한 수명(단위: 1,000마일)이 확률변수이고 이는 평균 50(즉, 50,000마일)의 지수분포를 가졌다. 답과 함께 적절한 엑셀 명령어를 적어라.
   a. 어떤 타이어의 수명이 최대 40,000마일까지 지속될 확률은 얼마인가?
   b. 어떤 타이어의 수명이 최소 65,000마일까지 지속될 확률은 얼마인가?
   c. 어떤 타이어의 수명이 70,000~80,000 사이에서 지속될 확률은 얼마인가?

87. (엑셀 사용) 평균적으로 어떤 특정한 종류의 주방기기들은 4년에 한 번씩 수리를 요한다. 수리가 필요한 기간은 지수분포되었다고 가정하자.
   a. 이 주방기기가 수리 없이 3년을 넘지 못할 확률은 얼마인가?
   b. 이 주방기기가 수리 없이 최소 6년 동안 작동할 확률은 얼마인가?

사례연구

사례연구 6.1

신체질량지수(BMI)는 어린이와 십대에 대한 신체 비만도 측정에 있어 신뢰할 만한 지표이다. BMI는 아이들의 몸무게와 키로 계산되고, 이는 건강상 문제를 야기할 수 있는 몸무게 분류의 선별을 쉽게 할 수 있다는 장점이 있다. 어린이들과 십대의 경우 BMI는 연령과 성별로 특정지어지고 이는 종종 나이에 대한 BMI로 언급된다.

질병관리본부는 백분위 순위를 얻기 위해 여자아이들의 나이에 대한 BMI의 성장그림뿐만 아니라 남자아이에 대한 것 역시 보고한다. 백분위는 미국에서 아이 개인의 규모와 성장패턴을 평가하기 위해 가장 널리 사용되는 지표이다.

다음 표는 미국에서의 몸무게 상태 구분표와 대응되는 십대 남자아이에 대한 백분위와 BMI를 보여준다.

몸무게 상태 구분	백분위 범위	BMI 범위
저체중	5분위 미만	14.2 미만
정상체중	5~85분위	14.2~19.4
과체중	85~95분위	19.4~22.2
비만	95분위 초과	22.2 초과

중서부 마을의 보건소는 그 마을 아이들의 몸무게에 대해서 염려하고 있다. 예를 들어, 그들은 십대 남자아이의 BMI가 평균 19.2와 표준편차 2.6으로 정규분포되었다고 믿는다.

보고서의 자료를 이용하여 다음에 답하라.

1. BMI 범위에 주어진 다양한 몸무게 상태 구분에 대한 이 마을의 십대 남자아이의 비율을 계산하라.
2. 보건소의 염려가 납득할 만한지 여부를 논하라.

사례연구 6.2

3장의 사례연구에서 우리는 뱅가드(Vanguard)의 귀금속 광산펀드(금속펀드)와 피델리티(Fidelity)의 전략적 수익펀드(수익펀드), 즉 2000~2009년 사이 최고로 성과가 좋았던 두 뮤추얼펀드에 대해서 논의했었다. 이 두 개의 펀드에 대한 연간수익률 자료의 분석은 어떤 종류의 투자자에 대한 중요한 정보를 제공한다. 과거 10년 동안 금속펀드는 평균 24.65%와 표준편차 37.13%를 기록했었다. 반면 수익펀드의 평균과 표준편차는 각각 8.51%와 11.07%였다. 두 펀드의 수익률은 정규분포되었다고 가정하고, 평균과 표준편차는 10년 동안의 표본 기간에 대해서 유도되었다고 가정하자.

투자자의 관점에서 금속과 수익 펀드를 비교, 대조하기 위해 보고서의 정보를 이용하라.

1. 어떤 펀드가 마이너스 수익률에 대한 확률을 최소화하는가?
2. 어떤 펀드가 0~10% 사이의 수익률에 대한 확률을 극대화하는가?
3. 어떤 펀드가 10% 이상의 수익률을 낼 확률을 극대화하는가?

사례연구 6.3

특정온도 범위내에서 유지되어야만 하는 상품에 대한 다양한 포장기술이 존재한다. 저온유통망은 온도가 조절되는 공급망이다. 연속적인 저온유통은 어떤 주어진 온도 범위를 유지하는 저장 · 유통 활동이다. 저온유통은 특히 식품과 의약품 산업에 유용하다. 의약품 산업에 대해서 공통으로 제안된 온도 범위는 2~8°C이다.

고팔(Gopal Vasudeva)은 머크앤드컴퍼니의 포장 지점에서 일한다. 그는 회사가 개발한 새로운 포장기술을 분석하는 업무를 맡았다. 반복 실험으로 고팔은 이 포장기술이 사용되는 동안 유지할 수 있는 평균 온도가 5.6°C이고 표준편차가 1.2°C라고 결정하였다. 이 온도는 정규분포되었다고 가정하자.

위 정보를 이용하여 다음 질문에 답하라.

1. 온도가 2°C 이하로 내려가거나 8°C 이상으로 올라갈 확률을 계산하고 설명하라.
2. 포장기술이 유지하는 온도의 5분위와 95분위를 계산하고 설명하라.

부록 6.1 다른 통계프로그램 사용안내

여기서는 특정 통계프로그램(미니탭, SPSS, JMP) 사용을 위한 간단한 명령어를 제공한다. 교과서 웹사이트에서 더 자세한 설명을 찾아볼 수 있다.

미니탭

균등분포

A. (예제 6.1b의 반복) 메뉴에서 **Calc** > **Probability Distribution** > **Uniform**을 선택한다.

B. **Cumulative probability**를 선택한다. **Lower endpoint**에 2500을 입력하고 **Upper endpoint**에 5000을 입력한다. 그런 다음 **Input constant**를 선택하고 4000을 입력한다. 미니탭은 누적확률을 돌려주기 때문에 우리는 $1 - P(X \leq 4000)$를 계산할 수 있다.

정규분포

정규변환

A. (예제 6.8a의 반복) 메뉴에서 **Calc** > **Probability Distribution** > **Normal**을 선택한다.

B. **Cumulative probability**를 선택한다. **Mean**에 12를 입력하고 **Standard deviation**에 3.2를 입력한다. **Input constant**를 선택하고 20을 입력한다. 미니탭은 누적확률을 돌려주기 때문에 우리는 $1 - P(X \leq 20)$를 계산할 수 있다.

역변환

A. (예제 6.8c의 반복) 메뉴에서 **Calc** > **Probability Distribution** > **Normal**을 선택한다.

B. **Inverse Cumulative probability**를 선택한다. **Mean**에 12를 입력하고 **Standard deviation**에 3.2를 입력한다. **Input constant**를 선택하고 0.90을 입력한다.

지수분포

A. (예제 6.9b의 반복) 메뉴에서 **Calc** > **Probability Distribution** > **Exponential**을 선택한다.

B. **Cumulative probability**를 선택한다. **Scale**에 25를 입력(Scale = $E(X)$ = 25이기 때문에)하고 **Threshold**에 0.0을 입력한다. **Input constant**를 선택하고 50을 입력한다. 미니탭은 누적확률을 돌려주기 때문에 우리는 $1 - P(X \le 60)$를 계산할 수 있다.

SPSS

균등분포

A. (예제 6.1b의 반복) 메뉴에서 **Transform > Compute Variable**을 선택한다. 주의: 명령어에 접근하기 위해서 SPSS는 반드시 셀로 나타나는 자료를 "view"해야 한다. 이 목적을 위해 우리는 맨 왼쪽 셀에 0을 입력한다.

B. *Compute Variable* 창에서 **Target Variable**로서 cdfuniform을 입력한다. **Function group** 하에서 **CDF & Noncentral CDF**를 선택하고 **Functions and Special Variables** 하에서 **Cdf.Uniform**을 더블클릭한다. *Numeric Expression* 상자에서 **quant**에 4000을 입력하고 **min**에는 2500, 그리고 **max**에는 5000을 입력한다. SPSS는 누적확률을 돌려주기 때문에 우리는 $1 - P(X \le 4000)$를 계산할 수 있다.

정규분포

정규변환

A. (예제 6.8a의 반복) 메뉴에서 **Transform > Compute Variable**을 선택한다.

B. *Compute Variable* 창에서 **Target Variable**로서 cdfnorm을 입력한다. **Function group** 하에서 **CDF & Noncentral CDF**를 선택하고 **Functions and Special Variables** 하에서 **Cdf.Normal**을 더블클릭한다. *Numeric Expression* 상자에서 **quant**에 20을 입력하고 **Mean**에는 12, 그리고 **stddev**에는 3.2를 입력한다. SPSS는 누적확률을 돌려주기 때문에 우리는 $1 - P(X \le 20)$를 계산할 수 있다.

역변환

A. (예제 6.8c의 반복) 메뉴에서 **Transform > Compute Variable**을 선택한다.

B. *Compute Variable* 창에서 **Target Variable**로서 invnorm을 입력한다. **Function group** 하에서 **Inverse DF**를 선택하고 **Functions and Special Variables** 하에서 **Idf.Normal**을 더블클릭한다. *Numeric Expression* 상자에서 **prob**에 0.9를 입력하고 **Mean**에는 12, 그리고 **stddev**에는 3.2를 입력한다.

지수분포

A. (예제 6.9b의 반복) 메뉴에서 **Transform > Compute Variable**을 선택한다.

B. *Compute Variable* 창에서 **Target Variable**로서 cdfexp를 입력한다. **Function group** 하에서 **CDF & Noncentral CDF**를 선택하고 **Functions and Special Variables** 하에서 **Cdf.Exp**를 더블클릭한다. *Numeric Expression* 상자에서 **quant**에 60을 입력하고 **scale**에는 0.04를 입력한다. SPSS는 누적확률을 돌려주기 때문에 우리는 $1 - P(X \le 60)$를 계산할 수 있다.

JMP

정규분포

정규변환

A. (예제 6.8a의 반복) spreadsheet view 안 열의 맨 위에서 마우스 오른쪽을 클릭한다. **Functions(grouped)** 하에서 **Probability** > **Normal Probability**를 선택한다. 주의: spreadsheet view에서 계산된 확률을 보기 위해서 JMP는 spreadsheet 상의 자료를 "view"해야 한다. 이 목적을 위해 우리는 열의 첫 번째 셀에 0을 입력한다.

B. 상자에 **x**를 입력하고 삽입버튼을 클릭하면(^ 표시로 나타남) **x**에 대한 **Mean**과 **std dev**를 볼 수 있다. **x**에 20을 입력하고, **Mean**에는 12, **std dev**에는 3.2를 입력한다. JMP는 누적확률을 돌려주기 때문에 우리는 $1 - P(X \leq 20)$를 계산할 수 있다.

역변환

A. (예제 6.8c의 반복) spreadsheet view 안 열의 맨 위에서 마우스 오른쪽을 클릭한다. **Functions(grouped)** 하에서 **Probability** > **Normal Quantile**을 선택한다.

B. 상자에 **p**를 입력하고 삽입버튼을 클릭하면(^ 표시로 나타남) **x**에 대한 **Mean**과 **std dev**를 볼 수 있다. **p**에 0.90을 입력하고, **Mean**에는 12, **std dev**에는 3.2를 입력한다.

지수분포

A. (예제 6.9b의 반복) spreadsheet view 안 열의 맨 위에서 마우스 오른쪽을 클릭한다. **Functions(grouped)** 하에서 **Probability** > **Weibull Distribution**을 선택한다(지수분포는 모수의 값이 1일 때 와이불(Weibull) 분포의 특정한 경우이다).

B. 상자에 **x**를 입력하고 삽입버튼을 클릭하면(^ 표시로 나타남) **x**에 대한 **shape**와 **scale**을 볼 수 있다. **x**에 60을 입력하고, **shape**에는 1을, **scale**에는 25를 입력한다. JMP는 누적확률을 돌려주기 때문에 우리는 $1 - P(X \leq 60)$를 계산할 수 있다.

표본추출 및 표본분포

Sampling and Sampling Distributions

C H A P T E R

학습목표 LEARNING OBJECTIVES

이 장을 학습한 후에는

학습목표 **7.1 일반적인 표본편의를 설명할 수 있어야 한다.**

학습목표 **7.2 다양한 표본추출방법을 설명할 수 있어야 한다.**

학습목표 **7.3 표본평균의 표본분포를 설명할 수 있어야 한다.**

학습목표 **7.4 중심극한정리의 중요성을 설명할 수 있어야 한다.**

학습목표 **7.5 표본비율의 표본분포를 설명할 수 있어야 한다.**

학습목표 **7.6 유한모집단 보정계수를 사용할 수 있어야 한다.**

학습목표 **7.7 양적 및 질적 데이터의 제어차트를 구축하고 해석할 수 있어야 한다.**

앞에서 언급한 몇 장에서 모집단의 비율과 모집단의 평균 같은 모집단의 모수에 대한 정보를 이용하여 이산 및 연속 확률변수의 분석을 실시하였다. 많은 경우에 모집단의 모수에 대한 정보가 없기 때문에 표본통계량에 기초하여 통계적 추론을 실시하게 된다. 통계적 추론의 신뢰성은 표본의 신뢰에 따라 달라진다. 이 장에서는 적합한 표본을 추출하기 위한 다양한 방법을 논의하고, 표본이 모집단을 잘못 반영하게 되는 사례를 살펴본다. 이때 유의할 사항은 어떤 통계적 문제는 단지 하나의 모집단에 국한된 사항이지만, 표본통계량은 다양한 표본에 의하여 결정된다는 것이다. 따라서 모수는 일정(불변)하지만, 많은 수의 표본으로부터 계산된 표본통계량은 확률변수라는 것이다. 다시 말하자면, 모수는 일정한 반면, 표본을 통하여 생성된 통계량은 무작위 표본의 선택에 따라 결정되는 확률변수이다. 본 장에서는 표본통계량을 어떻게 평가할 것인가를 기술하고, 표본통계량의 속성을 평가한다. 특히, 단순한 확률적 표본추출에 의한 표본평균과 표본비율의 확률분포를 살펴볼 것이다. 마지막으로, 모니터링과 질적 향상을 위하여 기본 통계적 도구인 제어차트를 구성하는 표본분포의 사용방법을 기술한다.

도입사례

아이스커피 마케팅

뜨거운 커피가 여전히 미국인들의 선호 음료이지만, 아이스커피의 시장 점유율은 꾸준히 늘고 있다. 2008년에 28%였던 데 비하여 2009년도에는 커피 애호가 중 30%는 적어도 아이스, 냉동, 또는 혼합된 커피음료 중 한 가지를 선택했다(보스턴글로브지, 2010.4.6). 커피 애호가의 선호를 반영하여 커피 체인들은 제품을 다양화하였다. 한 예로 스타벅스는 최근 업그레이드된 프라푸치노를 출시하였고, 던킨도너츠는 새로운 아이스 다크 로스트를, 그리고 맥도날드는 새로운 혼합 커피 아이스 음료와 스무디를 출시하였다.

이러한 추세를 활용하기 위해 스타벅스는 오후 3시에서 5시까지를 '해피 아워'라고 하여 이 시간대에 프라푸치노 음료를 반값에 제공하고 있다고 광고하였다(http://starbucks.com). 한 스타벅스 매장 매니저인 앤 존스(Anne Jones)(5장 도입사례를 참조)는 이러한 마케팅 캠페인이 사업에 얼마나 영향을 미치는지에 대하여 알고 싶어 한다. 그녀는 한가로운 여가를 위해서라면 기꺼이 더 많은 지출을 감수할 의향이 있는 여성 고객과 십대 소녀들이 아이스커피 시장의 대부분을 차지하고 있다는 것을 알고 있다. 사실 앤은 이미 프로모션 이전에 그녀가 갖고 있는 판매기록을 검토한 결과, 아이스커피 고객의 43%가 여성 고객이라는 것과, 21%는 십대 소녀들이라는 것을 발견하였다. 그녀는 또한 고객들이 아이스커피에 $0.84의 표준편차에 평균적으로 $4.18를 지출한다는 것을 알았다.

마케팅 기간이 종료된 후 한 달간 앤은 아이스커피 고객 50명을 기반으로 설문조사를 실시했는데, 평균 $4.26를 지출했다는 것을 알게 되었다. 또한 고객의 23명 즉 46%가 여성이었고, 17명 즉 34%가 십대 소녀였다. 앤은 마케팅 캠페인이 여성과 십대 소녀들의 아이스커피에 대한 지출과 고객의 비율에 영향을 미쳤는지 여부를 확인하고자 한다. 앤은 마케팅 캠페인을 추구하지 않았다면 이러한 사업결과가 발생했을까에 대한 의문을 가지고 있다.

앤은 위에서 말한 설문조사 정보를 이용하여 다음과 같은 문제를 해결하기를 원한다.

1. 고객이 아이스커피에 $4.26 또는 그 이상의 평균을 지출할 확률을 계산하라.
2. 아이스커피 고객의 46% 또는 그 이상이 여성이라는 확률을 계산하라.
3. 아이스커피 고객의 34% 또는 이상이 십대 소녀일 확률을 계산하라.

사례요약이 7장 3절 끝에 제공되어 있다.

7.1 표본추출

통계의 대부분은 표본으로부터 모수를 추정하거나 모수에 대한 가설검정을 해결하기 위한 통계적 추론에 관한 것이다. 모집단은 통계 문제에 대한 관심의 모든 항목으로 구성되어 있음을 기억하자. 전체 모집단을 포괄할 전체 자료에 접근할 경우에, 모수 값을 알 수 있으며, 이 경우에 어떠한 통계적 추론도 필요하지 않을 것이다. 그것은 일반적으로 전체 모집단 자료를 수집할 수 없기 때문에, 모집단의 일부 또는 표본을 사용하고, 통계적 추론을 위해 이러한 정보를 이용한다. 각각 모집단 및 표본의 대표성으로 인구조사 및 설문조사 자료를 생각할 수 있다. 인구조사란 한 국가에서 거의 모든 사람을 포함하는 데 비하여, 설문조사는 특정 카테고리에 맞는 소수의 사람들을 포함한다. 정기적으로 정부와 기업 활동을 분석하기 위해서 설문조사 자료를 사용한다.

모집단 대 표본

모집단은 통계 문제에서 관련된 항목으로 구성되어 있는 반면에 **표본**은 모집단의 하위 집합이다. 알 수 없는 모수에 대한 추론을 하기 위해서 계산된 **표본 통계량**, 또는 단순히 **통계량**을 적용한다.

학습목표 **7.1**
일반적인 표본편의 설명

이후의 장들에서 표본정보를 기반으로 추정 및 가설검정을 탐구한다. 통계적 방법이 얼마나 정교한가에 상관없이 통계적 추정의 신뢰성은 기초가 되는 표본의 정확성에 의존한다는 것을 주목하는 것이 중요하다. '좋은' 표본에 대한 기본적 요구는 설명하려는 모집단의 **대표성**에 있다. 표본으로부터 얻은 정보가 체계적으로 모집단의 전형화된 정보가 아닐 경우 **편의**가 발생한 것이라고 말한다.

편의(bias)란 표본통계량이 체계적으로 모수를 과대 또는 과소 추정하는 경향을 의미한다. 모수를 대표하지 않는 표본에 의하여 발생한다.

'나쁜' 표본의 전형: 대중잡지 리터러리 다이제스트(Literary Digest) 1936년 몰락

이론적으로, 좋은 표본에 기초하여 모집단에 대하여 결론을 도출하는 것은 논리적으로 적절하다. 그러나 실제로 무엇이 '좋은' 표본을 구성하는가? 불행하게도 '나쁜' 표본을 수집하는 방법에는 여러 가지가 존재한다. 한 가지 부적절한 방법은 모집단의 일부만을 나타내는 표본을 선택하는 것이다. 1936년 대통령 선거를 예측하는 리터러리 다이제스트의 시도는 황당하게 부정확한 여론조사의 고전적인 예이다.

대공황인 1932년에 허버트 후버(Herbert Hoover)는 백악관에서 나왔으며, 프랭클린 루스벨트(Franklin D. Roosevelt)는 미국의 32번째 대통령으로 선출되었다. 4년 이내에 대공황을 종료시키겠다는 루스벨트의 시도는 대부분 실패했지만, 일반 대중은 믿음을 유지했다. 1936년, 프랭클린 루스벨트는 알프레드 랜던, 캔자스의 주지사인 공화당 후보에 대항하여 재선거에 출마하였다. 이전에 다섯 번이나 성공적으로 예측한 것처럼 리터러리 다이제스트는 다음 미국 대통령을 예측하고 싶었다.

역사상 최대 규모의 설문조사를 실시한 후 리터러리 다이제스트는 루스벨트 43% 대 랜던 57%로 랜던의 압도적인 승리를 예상했다. 또한 리터러리 다이제스트는 예측이 실제 투표의 1% 이내일 것이라고 주장했다. 실제로는 프랭클린 루스벨트가 압도적인 62%로 이겼다. 무엇이 문제일까?

리터러리 다이제스트는 천만 명(투표 인구의 1/4)에게 엽서를 보내 2,400,000명의 응답을 받았다. 24%(240만/1천만)의 응답률은 약간 낮은 것처럼 보이지만 실제로는 선거조사 유형에서는 합리적인 응답률이다. 어떤 설문 조사가 비정형이었을까? 리터러리 다이제스트는 응답자의 이름을 획득하는 방식이다. 리터러리 다이제스트는 무작위로 자신의 가입자 목록, 클럽 회원 명부, 전화번호부, 자동차 등록부를 표본 추출하였으며, 이 표본은 주로 중산층과 상류층 사람들을 반영하게 되었다. 즉, 응답자의 대부분은 공화당 후보를 지지하는 경향이 있었다. 표본의 구성은 부유한 사람들이었다. 1930년대에 전화를 소유한다는 것은 매우 이례적으로, 단지 1천 1백만 명 정도가 주거용 전화를 사용하였다. 1936년도에 이러한 가정들은 편중되게 부유한 가정들로서 랜던에 친화적이었다. 리터러리 다이제스트가 사용한 표본추출방법은 선택편의로 나타났다. 모집단의 부분이 표본에 충분히 반영되지 못할 때 선택편의가 발생한다. 프랭클린 루스벨트에 대한 지지는 설문조사에 반영되지 않은 저소득 계층에서 왔다. 이 표본은 불행하게도 일반 유권자를 대표하지 못했다.

선택편의(selection bias)는 표본에 대한 고려에서 특정 그룹을 체계적으로 잘못 대표함을 의미한다.

리터러리 다이제스트는 무엇을 다르게 해야 했는가? 최소한, 전화번호부나 자동차 등록부에서가 아니라 선거인단 명부로부터 이름을 가져왔어야 한다.

선택편의뿐만 아니라, 리터러리 다이제스트의 조사는 **무응답편의**(nonresponse bias)의 한계가 존재한다. 이는 설문조사 또는 여론조사에 응답하는 사람들이 체계적으로 응답을 하지 않을 때 발생한다. 설문조사에서는 교육을 받은 사람들이 더 큰 비율로 설문을 다시 발송한다. 설문기간 동안 부유한 계층에 속하는 교육수준이 높은 사람들은 공화당 후보를 선호하는 경향이 있었다. 무응답편의 문제는 오늘날에도 지속된다. 대부분의 사람들은 우편으로 실시하는 설문조사에 대해 주의깊게 읽고 응답하면서 시간을 보내고 싶지 않다. 선거 또는 특정 문제에 대해 걱정하는 사람들만이 설명을 읽고, 설문지를 작성하는 시간을 가지며, 그것을 다시 발송한다. 이렇게 반응하는 사람들은 전체 인구에 비하여 비정형적이다.

무응답편의(nonresponse bias)는 설문조사 또는 여론조사에서 응답자와 비응답자 사이에서 발생하는 선호의 체계적인 차이를 의미한다.

무응답편의를 다루는 가장 효과적인 방법은 무응답 비율을 줄이는 것이다. 질문의 디자인, 문구 및 순서에 관심을 집중하는 것은 응답 비율을 높일 수 있다. 때로는 아주 많은 수의 질문보다 차라리 응답 비율이 높을 것으로 예상되는 작은 질문으로 대표되는 표본을 사용하는 것이 바람직할 수 있다.

1936년 대통령 선거를 정확하게 예측한 사람이 있었다. 조지 갤럽이라는 이름을 가진 젊은 통계학자는 50,000명의 10%(5,000 응답자)의 응답 비율의 표본으로 루스벨트가 랜던을 56% 대 44%로 이길 것이라고 예측했다. 낮은 응답 비율과 훨씬 작은 표본을 사용했음에도 불구하고 실제 투표 인구를 대표했기 때문이다. 갤럽은 후에 여론조사기관인 '갤럽'을 설립하였으며, 오늘날 대표적인 여론조사 회사로 자리잡았다.

표본추출 방법

학습목표 **7.2**
다양한 표본추출방법을 설명

앞서 언급한 바와 같이, '좋은' 표본에 대한 기본적 요건은 우리가 설명하려고 하는 모집단을 대표할 수 있어야 한다는 것이다. 모집단에 대해 통계적으로 타당한 결론을 도출하는 데 사용할 수 있는 표본의 기본 유형은 **단순무작위표본**이다.

단순무작위표본

단순무작위표본(simple random sample)은 n개의 관측치가 다른 표본이 모집단에서 선택되는 동일한 확률로 추출된 표본이다. 대부분의 통계적 방법은 단순무작위표본을 사전적으로 가정한다.

예제 7.1

최근의 한 분석은 오늘날 대학생들의 공부하는 시간의 급격한 감소를 보여준다(보스턴글로브지, 2010.7.4). 1961년도에는 학생들이 자신들의 학문적 추구에 주당 24시간을 투자한 반면 오늘날의 학생들은 1주일에 평균 14시간을 공부한다. 캘리포니아에 있는 어느 큰 대학의 학장은 이러한 추세가 그녀가 근무하는 대학의 학생들을 반영하고 있는지를 알아보고 싶었다. 이 대학에는 20,000명의 학생이 재학중이며, 학장은 학생 100명으로 구성된 표본을 만들고 싶다. 엑셀에서 100명의 단순무작위표본을 생성하여라.

풀이: 주어진 구간에서 확률적 정수를 추출하는 데 엑셀의 RANDBETWEEN 함수를 사용할 수 있다. 일반적으로 '=RANDBETWEEN(최저, 최대)'를 입력하며, 최저와 최대는 가장 작은 정수와 가장 큰 정수를 의미한다. 2만 명의 학생 목록에서 무작위로 학생을 추출하기 위해서 '=RANDBETWEEN(1, 20000)'을 입력한다. 예를 들어 엑셀이 값 6,319를 돌려준다고 하자. 학장은 학생 목록에서 6,319번째 학생을 선택할 수 있다. 동일하게 나머지 99개의 임의의 숫자들을 생성하기 위해서 다음과 같이 셀을 선택할 수 있다. 즉 6,319 값을 가진 셀을 선택하고, 이를 99개 셀에 드래그한 다음에 메뉴에서 **Home** > **Fill** > **Down**의 순서로 선택한다.

단순무작위표본이 가장 일반적으로 사용되는 표본추출방법이지만, 일부 상황에서는 다른 표본추출방법이 단순무작위표본추출에 비해 장점이 존재한다. 표본을 추출하는 다른 두 가지 방법으로 층화무작위표본추출과 클러스터표본추출이 있다.

정치 여론조사는 종종 국가의 각 계층, 각 민족, 각 종교단체 등이 적절하게 표본에 포함되도록 **층화무작위표본추출**을 사용한다. 층화무작위표본은 모집단이 하나 이상의 분류 기준에 의하여 그룹(계층)으로 나누어진 경우이다. 단순무작위표본은 다음 모집단의 각 계층의 상대적 크기에 비례하는 크기로 각 계층에서 추출하여 다시 합하는 것과 같다.

층화무작위표본추출

층화무작위표본추출(stratified random sampling)에서 모집단은 먼저 상호 배타적으로 그리고 집단적으로 철저하게 집단이라 계층들로 분할되어 있다. 층화된 표본은 무작위로 각 계층에서 추출하는 단계를 포함한다. 계층마다의 관측치수는 모집단의 계층의 크기에 비례한다. 각 계층에 대한 관측치는 결국에는 합하게 된다.

층화무작위표본추출은 두 가지 장점이 있다. 첫째, 고려된 모집단의 다양한 하위 계층을 대표하게 된다. 둘째, 층화무작위표본추출에서 추정한 모수 추정은 단순무작위표본추출에서 얻은 추정치보다 큰 정확성을 가지고 있다.

심지어 층화무작위표본추출도 예측능력에서 낮을 수 있다. 2008년 민주당 대통령 예비선거의 만성적 신비 중 하나가 사례이다. 왜 여론조사가 뉴햄프셔에서 그렇게 잘못되었나? 아홉 개의 주요 여론조사기관은 버락 오바마(Barack Obama)가 평균 8.3% 포인트로 뉴햄프셔 주에서 힐러리 클린턴(Hillary Clinton)을 이길 것이라고 예측했다. 투표가 실제 개표되었을 때, 클린턴은 2.6%로 이겼다. 여러 가지 요인들이 여론조사 산업의 잘못된 예측에 기여했다. 첫째, 여론조사는 압도적으로 출구조사에서 오바마를 선호하지만 그들은 투표장에 출현한 아이오와 코커스에서 나타났던 젊은 유권자의 투표율을 과대평가하였다. 둘째, 클린턴의 캠페인은 민주당 여성을 대상으로 특히 미혼여성에 집중하였다. 이 선거 전략의 집중화는 아이오와에서 잘 작동하지 않았지만 뉴햄프셔에서는 효과적이었다. 마지막으로 "당신은 어떻게 해야 합니까?"란 클린턴의 눈물어린 반응은 강력하고 따뜻했다. 클린턴에게서 감정적인 순간을 본 유권자는 그녀의 반응에 인간적인 매력을 발견했다. 대부분의 여론조사는 변화가능성이 있는 유권자의 변화를 파악하기에는 너무 빨리, 주말에 유권자 전화 설문조사를 멈췄다.

클러스터표본추출은 대표적 표본추출을 생성하기 위한 또 다른 방법이다. 클러스터표본추출은 분석을 위해 그룹의 표본을 집단(클러스터)으로 모집단을 분할 및 형성된다. 대표적 예시가 지역적 분할이다. 모집단에서의 대부분의 변동이 그룹 내 아닌 그룹 사이에 존재할 때 이 방법은 잘 작동한다. 그러한 경우에 클러스터는 보집단의 소형 버전이다.

클러스터표본추출

클러스터표본추출(cluster sampling)에서 모집단은 먼저 상호 배타적로 분할되고, 클러스터라고 말하는 배타적 집단으로 구성된다. 클러스터표본추출은 무작위로 선택된 클러스터에서 추출된 관측치를 포함한다.

일반적으로 클러스터표본추출은 다른 표본추출 방식에 비해 저렴하다. 그러나 주어진 표본의 크기에 대하여 단순무작위표본추출 또는 층화추출보다 낮은 정확성을 제공한다. 클러스터표본추출은 모집단이 도시 블록, 학교 및 기타 지역 등과 같은 자연 클러스터에 응용 프로그램에 유용하다. 모집단 회원의 전체 목록을 작성하는 것이 곤란하거나 비용이 많이 드는 경우에 특히 매력적이다. 한 예로 월마트 고객의 전체 리스트를 생성할 수 없기 때문에, 선택한 점포에서 추출한 고객을 포함하는 표본을 생성할 수 있다.

클러스터 표본 대 계층화 표본

층화추출법에서 자료는 각 그룹에서 추출되는 반면에 클러스터 표본은 선택한 그룹에서 추출된다. 층화추출은 대물 정밀도를 높일 때 바람직하고, 클러스터표본추출은 비용을 절감하고자 할 때 바람직하다.

공석인 테드 케네디 상원 의석 보궐선거

2010년 1월 19일, 스콧 브라운(Scott Brown) 공화당 후보가 상원의원 테드 케네디(Ted Kennedy)의 사망으로 공석이 된 매사추세츠 주의 상원의석 보궐선거에서 마사 코클리(Martha Coakley) 민주당 후보를 이겼다. 케네디가 40년 동안 상원 자리를 유지했던 점을 감안할 때, 선거는 매사추세츠 정치역사에서 매우 큰 이변 중 하나였다. 선거일 9일 전 보스턴글로브지의 여론조사에서는 코클리 매사추세츠 주 법무장관이 브라운을 15포인트 앞섰다. 정치 비평가들은 브라운을 위해 투표장 밖으로 나오는 유권자를 의도적으로 방해하는 나쁜 설문조사를 실시한 글로브지를 비난했다. 실제로 글로브 설문조사에는 1월 2~6일에 실시한 이전 정보가 포함되어 있었다. 게다가 뉴햄프셔 대학과 제휴한 글로브 설문조사에는 불행하게도 그들이 투표할 가능성이 없다고 말한 사람들이 포함되어 있었다. 80년 전 리터러리 다이제스트가 크게 실패한 후에도 여전히 여론조사는 선택편의 표본을 기반으로 선거예측을 수행하고 있다.

코클리를 누르고 브라운이 승리할 거라고 예측한 최초 여론조사는 서퍽 대학(Suffolk University)에 의해 발표되었다. 1월 14일의 여론조사에서 브라운은 코클리 46%에 비하여 50%로 앞질렀는데, 선거일 결과보다 약 1% 포인트(47% 52%) 작은 차이일 뿐이었다. 서퍽 대학은 어떻게 이런 결과에 도달했을까? 주 전체 설문조사를 실시한 이외에도, 클러스터 표본추출을 시행한 결과였다. 앞서 언급한 바와 같이 모집단 변화의 대부분이 그룹 내 아닌 그룹 사이에 있을 때, 이 방법은 잘 작동한다. 서퍽 대학에서 실시한 여론조사는 투표할 세 계층 추출 또는 도시를 선택하였다. 계층을 선택할 때 여론조사기관은 몇년에 걸쳐 유사한 선거 결과를 나타내는 지역선택에 엄청난 시간을 소비한다. 그림 7.1은 세 선거지역인 가드너(Gardner), 피치버그(Fitchburg), 피바디(Peabody)가 있는 매사추세츠주의 지도이다. 주 전체 여론조사와 선거지역의 결과는 별도로 보고 있지만, 동일한 결과를 산출하였다.

실제에 있어서는 모집단을 대표하는 진정한 무작위표본을 얻기란 매우 어렵다. 연구자로서, 표본을 선택한 다음 해당 모집단에 대한 결론을 제한하고 있는 모집단을 알고 있어야 한다. 이 교재의 나머지 부분에서는, 표본에는 "인간에 의한 실수"가 없다는 가정 즉 올바른 모집단(선택편의가 없는)에서 표본을 추출했다는 가정, 무응답편의가 없다는 가정, 그리고 자료를 제대로 수집하고 분석하고 보고했다는 가정이 만족되었다고 전제한다.

그림 7.1 세 도시에 대한 매사추세츠 주의 지도

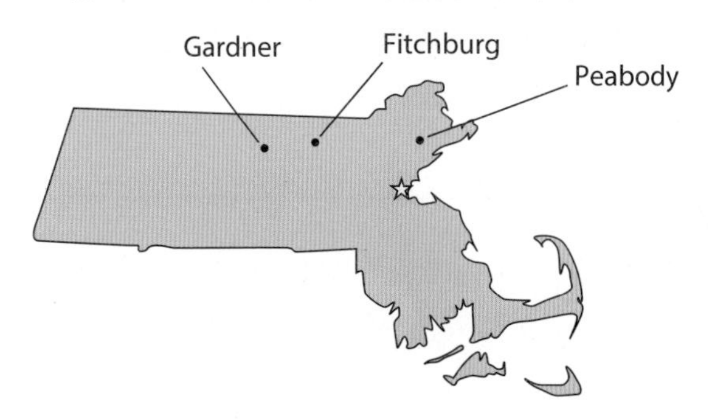

연습문제 7.1

1. 2010년 애플은 전 CEO 스티브 잡스(Steve Jobs)가 "진정한 마법의 혁명적인 제품"이라고 한 태블릿 스타일 컴퓨터 아이패드를 출시했다(CNN, 2010.1.28). 여러분은 미국에서 아이패드를 구입한 사람들의 연령 프로파일을 결정하는 담당으로 배치되었다고 가정하라. 여러분이 대표 표본을 선택하는 데 사용할 수 있는 다음의 표본추출 전략을 상세하게 설명하라.
   a. 단순무작위표본추출
   b. 층화무작위표본추출
   c. 클러스터표본추출
2. 한 마케팅 회사는 주말 동안 지역 쇼핑몰에서 작은 부스를 열고 쇼핑객들에게 그곳 푸드코트에서 얼마만큼 지출을 하는지를 물었다. 운영목적은 푸드코트에서 구매자의 월평균지출을 결정하는 것이다. 이 마케팅 회사는 표본편의를 유발했는가? 설명하라.
3. 나탈리 민(Natalie Min)은 버클리 하스 비즈니스 스쿨(Haas School of Business at Berkeley) 경영학과에 재학중이다. 그녀는 버클리에서 MBA를 하고자 하며, 버클리 MBA 프로그램에 지원하는 다른 학생들의 프로필을 알고 싶어 한다. 특히 그녀는 그녀가 경쟁할 수 있는 학생의 GPA를 알고 싶다. 그녀는 무작위 분석을 위하여 그녀가 듣는 회계 클래스에서 40명을 설문조사하였다. 나탈리의 분석이 대표성을 갖는 표본인지를 자세히 설명하라.
4. 본스(Vons)는 캘리포니아 그로버 비치에 있는 큰 슈퍼마켓으로, 일주일에 7일 영업시간을 오전 7시에서 자정까지에서 오전 6시에서 자정까지로 연장하는 것을 고려하고 있다. 다음 표본추출전략에서 표본편의에 대해 논하라.
   a. 임의로 선정된 그로버 비치 지역 주민들에게 반송용 봉투를 보내 영업시간에 대한 그들의 선호에 대하여 물어본다.
   b. 오전에 슈퍼마켓을 자주 이용하는 고객들에게 더 이른 개방시간을 선호하는지를 물어본다.
   c. 선호하는 영업시간을 슈퍼마켓 웹사이트에 제안하도록 요청하는 광고를 지역 신문에 낸다.
5. 4번 문제 본스의 영업시간에 관한 질문에서, 다음 표본추출 전략에 따라 대표표본 샘플을 얻을 수 있는 방법에 대해 설명하라.
   a. 단순무작위표본추출
   b. 층화무작위표본추출
   c. 클러스터표본추출

7.2 표본평균의 표본분포

앞서 언급한 바와 같이 우리는 일반적으로 모집단의 특성에 관심이 있다. 예를 들어, 학생은 경영학과 졸업생의 평균 초임(모집단 평균)에 관심이 있다. 마찬가지로 은행은 모기지 소유자의 부도 확률(모집단 비율)에 관심이 있다. 모집단 평균과 모집단 비율은 각각 양적 및 질적 데이터를 설명하는 변수임을 기억하자. 전체 모집단을 분석하는 것은 복잡하거나 불가능하기 때문에, 일반적으로 모집단에서 추출된 무작위 표본에 기초하여 모집단의 특성에 관한 추론을 한다.

비록 모집단은 하나이지만, 일정 크기의 다수의 가능한 표본을 모집단에서 추출할 수 있음을 주목하는 것이 중요하다. 따라서 모집단의 모수를 알 수 없다고 하더라도, 모수는 일정한 상수이다. 반면에 통계량은 무작위로 모집단에서 도출되는 특정한 표본에 의존되는 확률변수이다.

비록 정확한 값은 알 수 없지만 **모수**는 일정한 **상수**이다. 통계량 즉 표본평균 또는 표본비율은 무작위 표본에 따른 임의의 확률변수이다.

관심있는 변수로서 경영학과 졸업생의 초봉을 생각해보자. 초봉에 대한 모집단의 모수추론으로 최근 경영학과 졸업생 38명을 무작위 추출하여 결정하는 경우, 표본평균 $\bar{X}$는 적정한 통계량이다. 여러분이 38명의 경영학과 졸업생을 무작위 표본을 선택하면 $\bar{X}$의 값은 변동하게 된다. 즉, $\bar{X}$는 선택된 임의의 표본에 의존하는 확률변수이다. 표본 평균은 일반적으로 모집단 평균에 대한 추정량이다.

통계량과 통계치

통계가 모수를 추정하는 데 사용되는 경우에 이 통계는 **추정량**(estimator)으로 지칭된다. **추정치**(estimate)는 추정량의 특정값을 말한다.

미지의 모수에 대한 추정치로 하나의 값을 제공하기 때문에 **점추정량**(point estimator)이라고 하며, 마찬가지로 특정한 추정치는 **점추정치**(point estimate)라고 한다.

위의 예에서 표본평균 $\bar{X}$는 경영학과 졸업생의 평균 연봉의 추정량이다. 특정 표본에서 계산된 평균이 $54,000인 경우에 $\bar{x} = 54{,}000$은 모수의 평균에 대한 추정치이다. 마찬가지로, 관심있는 변수가 모기지 소유자의 부도 확률일 경우에 무작위 표본에서 모기지 소유자의 부도 확률을 $\bar{P}$로 표시할 경우에, 모기지 소유자 80명의 무작위 표본에서 모기지 소유자의 부도 확률 $\bar{P}$는 추정량이다. 주어진 표본 80명 중에서 10명이 모기지 부도자라면, $\bar{p} = 10/80 = 0.125$는 모집단의 비율에 대한 추정치이다.

이 절에서는 일반적으로 $\bar{X}$의 **표본분포**(sampling distribution)라고 알려진 표본평균 $\bar{X}$의 확률분포에 초점을 맞출 것이다. $\bar{X}$는 확률변수이기 때문에 그 확률분포는 모집단에서 주어진 크기의 가능한 모든 표본들로부터 도출된 확률분포이다. 예를 들면, 평균 n개의 관측 표본으로부터 계산된 평균을 고려하자. 또 마찬가지로 n개의 관측치로부터 평균이 계산될 수 있다. 이 과정이 매우 많은 횟수로 반복되면, 계산된 표본평균의 도수분포는 그 표본분포로 생각될 수 있다. 특히, 우리는 표본평균과 평균의 표준편차에 대해 논의할 것이다. 또한 표본평균의 표본분포가 어떤 조건에서 정규분포로 되는지에 대하여 논의할 것이다.

학습목표 **7.3**
표본평균의 표본분포를 설명

기대값과 표본평균의 표준오차

임의의 확률변수 X가 기대값 $E(X) = \mu$와 분산 $Var(X) = \sigma^2$을 가지고 모집단의 특성을 대변한다고 하자. 표본평균 $\bar{X}$는 이 모집단으로부터 n개의 무작위 표본을 기반으로 계산된 것이다. $\bar{X}$의 평균과 분산(파생어에 대해 이 장 끝의 부록 7.1 참조)은 유도하기 쉽다.

$\bar{X}$의 **기대값**은 각각의 관찰 기대값과 동일하다. 즉 $E(\bar{X}) = E(X) = \mu$. 다른 말로 표현

하면, 주어진 모집단에서 반복적으로 표본추출을 할 경우에 상기 표본의 평균값은 모집단의 평균과 동일할 것이다. 이것은 표본평균이 작거나 큰 표본을 기반으로 하는지 여부에 관계없이 불편추정이라는 추정의 중요한 속성을 말한다. 만일 그 기대값과 모집단 모수와 동일한 경우에 추정량은 **편의가 없다**고 한다.

표본평균의 기대값

표본평균 $\overline{X}$의 **기대값**(expected value)은 모집단의 평균과 동일하다. 또는 $E(\overline{X}) = \mu$이다. 즉, 표본의 평균은 모집단의 평균의 **불편추정량**(unbiased estimator)이다.

모집단의 평균을 하나의 표본에 기초하여 추정한다는 것이 중요하다. 위의 결과는 모집단의 평균을 체계적으로 과소 또는 과대평가하지 않은 것임을 보여준다.

$\overline{X}$의 **분산**(variance)은 $Var(\overline{X}) = \frac{\sigma^2}{n}$과 동일하다. 즉 주어진 모집단에서 반복적으로 표본을 추출하는 경우 표본의 평균에 대한 편차는 모집단의 분산을 표본 크기로 나눈 것과 동일할 것이다. $Var(\overline{X})$은 $Var(X) = \sigma^2$보다 작다. 이 결과는 직관적으로 알 수 있으며, 표본의 평균들 사이의 변동이 모집단의 관측치 사이의 변동보다 작다는 것을 알 수 있다. 각 표본은 크고 작은 관측치를 포함하기 때문에 크고 작은 관측치는 서로 상쇄되어 X의 변동보다 작은 $\overline{X}$의 분산을 나타낸다. 그러나 모집단의 관측치의 변동과 표본의 변동을 구별하기 위하여 **표본평균의 표준오차**로서 $\overline{X}$는 다음과 같이 $se(\overline{X}) = \frac{\sigma}{\sqrt{n}}$로 계산된다.

표본평균의 표준오차

표본평균 $\overline{X}$의 표준편차는 **표본평균의 표준오차**(standard error of the sample mean)라는 의미로 지칭된다. 이는 표본 크기의 제곱근으로 나눈 모집단의 표준편차와 동일하다. 즉, $se(\overline{X}) = \frac{\sigma}{\sqrt{n}}$.

제8장에서 설명되듯이, 정확한 표준오차를 계산하는 공식은 알려져 있지 않기 때문에 일정한 표본으로부터 추정해야 한다. 편의를 위해 우리는 실제와 추정 표준오차를 모두 표시하기 위해 '*se*'를 사용한다.

예제 7.2

캘리포니아의 캠브리아에 위치한 로컬 피자 체인의 요리사는 자신의 16인치 피자에 규정된 크기를 유지하기 위해 노력하고 있다. 최선의 노력에도 불구하고, 그들은 모든 피자 지름이 정확히 16인치로 만들 수 없다. 경영자는 피자의 크기가 일반적으로 16인치의 평균과 0.8인치의 표준편차로 정규분포되도록 하였다.

a. 2개의 무작위 피자로부터 추출된 기대값과 표본평균의 표준오차는 무엇인가?
b. 4개의 무작위 피자로부터 추출된 기대값과 표본평균의 표준오차는 무엇인가?

c. 기대값과 표본의 평균에 대한 표준오차를 각각 개별 피자들로 비교하라.

풀이: 모집단 평균 $\mu = 16$이고 모집단 표준편차는 $\sigma = 0.8$임을 알고 있다. $E(\bar{X}) = \mu$와 $se(\bar{X}) = \frac{\sigma}{\sqrt{n}}$을 다음과 같이 계산하는 데 적용한다.

a. 표본의 크기 $n = 2$, $E(\bar{X}) = 16$ 및 $se(\bar{X}) = \frac{0.8}{\sqrt{2}} = 0.57$.

b. 표본의 크기 $n = 4$, $E(\bar{X}) = 16$ 및 $se(\bar{X}) = \frac{0.8}{\sqrt{4}} = 0.40$.

c. 표본의 기대값은 모두 표본 크기에 대해 모집단의 개별 피자 기대치와 동일하다. 그러나 표본평균의 표준오차는 $n = 2$가 $n = 4$보다 크다는 것을 의미한다. 두 표본의 크기에 대하여 표본평균의 표준오차는 각각 피자의 표준편차보다 작다. 이 결과는 평균화는 변동성을 줄일 수 있다는 것을 확인시켜준다.

정규 모집단에서 표본추출

표본평균값 $\bar{X}$의 표본분포의 중요한 특징은 표본 크기 n에 관계없이 모집단 X가 정규분포인 경우에 $\bar{X}$가 정규분포한다는 것이다. 즉 X가 기대값 μ와 표준 편차 σ를 가지고 정규분포한다면, $\bar{X}$도 기대값 μ 및 표준오차 $\sigma/\sqrt{n}$를 가지고 정규분포한다.

정규분포 모집단에서 표본추출

모집단 X가 정규분포되어 있는 경우에 표본 크기 n에 관계없이, $\bar{X}$의 표본분포는 **정규분포**한다. $\bar{X}$가 정규분포이면, 다음과 같이 **표준화 정규확률변수**(standard normal random variable)로 변환할 수 있다.

$$Z = \frac{\bar{X} - E(\bar{X})}{se(\bar{X})} = \frac{\bar{X} - \mu}{\sigma y \sqrt{n}}$$

따라서 임의의 값 $\bar{X}$에 대한 $\bar{x}$는 주어진 Z에 대응하는 z값이 $z = \frac{\bar{x} - \mu}{\sigma y \sqrt{n}}$을 갖는다.

예제 7.3

다음 질문에 대답하기 위해 예제 7.2의 정보를 사용하라.

a. 무작위로 선택된 피자가 15.5인치 미만일 확률은 무엇인가?

b. 2개의 무작위로 선택된 피자의 평균이 15.5인치 미만일 확률은 무엇인가?

c. 4개의 무작위로 선택된 피자의 평균이 15.5인치 미만일 확률은 무엇인가?

d. 계산된 확률에 대하여 토의하라.

풀이: 모집단이 정규분포되어 있기 때문에 표본평균의 분포도 정규분포이다. 그림 7.2는 모집단 평균 $\mu = 16$ 및 모집단의 표준편차 $\sigma = 0.8$에 기초하여 세 개의 분포를 나타낸 것이다.

그림 7.2 표본평균의 정규분포

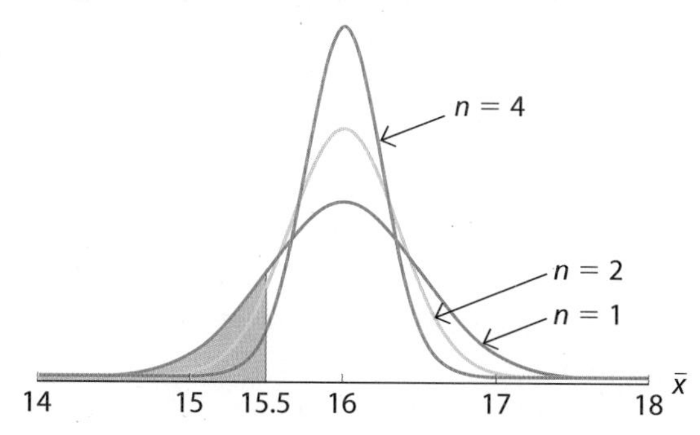

참고로 표본의 크기가 $n = 1$인 경우에 표본평균 $\bar{x}$는 모집단의 X와 동일하다.

a. $P(X < 15.5) = P\left(Z < \frac{15.5 - 16}{0.8}\right) P(Z < -0.63) = 0.2643$을 유도하기 위해 표준화된 변환을 사용한다. 개개의 피자가 15.5 인치미만일 확률은 26.43%이다.

b. 여기에서 $P(\bar{X} < 15.5) = P\left(Z < \frac{15.5 - 16}{0.8/\sqrt{2}}\right) = P(Z < -0.88)$을 유도하기 위해 표준화된 변환을 사용한다. 무작위 표본추출에서 피자의 평균 크기가 15.5인치보다 작을 확률은 18.94%이다.

c. $P(\bar{X} < 15.5)$를 구해야 한다. 하지만 이제 표본의 크기는 $n = 4$이다. 따라서 $P(\bar{X} < 15.5) = P\left(Z < \frac{15.5 - 16}{0.8/\sqrt{4}}\right) = P(Z < -1.25) = 0.1056$. 즉 무작위 표본에서 4개 피자의 평균 크기가 15.5인치보다 작을 확률은 10.56%이다.

d. 평균 크기가 15.5인치 미만일 확률은 임의로 선택된 4개의 피자인 경우에 개별 피자의 절반보다 작다. 이는 X 및 $\bar{X}$는 16의 동일한 기대값을 갖지만, $\bar{X}$의 분산은 X보다 작다는 사실에 기인한다.

중심극한정리

학습목표 7.4
중심극한정리의 중요성을 설명

통계적 추론을 하기 위해서 표본평균 $\bar{X}$는 정규분포해야 하는 것이 필요하다. 지금까지 표본추출의 원천인 모집단 X가 정규적이기 때문에 $\bar{X}$가 정규분포를 하는 경우를 고려하였다. 만일 모집단이 정규분포하지 않는다면 어떤 일이 발생할까? 여기에서 아마도 확률 이론의 가장 놀라운 결과인 **중심극한정리(central limit theorem, CLT)**를 제시하겠다. 중심극한정리(CLT)는 동일한 기본적 분포로부터 추출된 독립된 관측치의 합 또는 평균은 대략 정규분포를 갖는 것을 말한다. 근사치는 꾸준히 관측치의 수가 증가함에 따라 향상된다. 즉, 모집단 X가 정규분포이든 아니든 상관없이 n의 크기를 갖는 확률표본으로부터 계산된 표본평균 $\bar{X}$는 통상적으로 n이 충분히 큰 경우에 정규분포하게 된다.

표본평균을 위한 중심극한정리(CLT)

표뵤 크기 n이 충분히 큰 경우에 기대값 μ 및 표준편차 σ를 갖는 임의의 모집단 X에 대하여 표본평균 $\bar{X}$의 분포는 **대략 정규분포**한다. 일반적인 지침으로서, 정규분포에 근사치로 $n \geq 30$일 때 성립한다.
$\bar{X}$가 정규분포이면, 표본평균 $\bar{X}$를 $Z = \frac{\bar{X} - \mu}{\sigma/\sqrt{n}}$로 변환할 수 있다.

예제 7.3에서 논의했듯이, 그림 7.2는 중심극한정리(CLT)에 대한 대표성을 반영하지 않는다. 이유는 정규분포인 경우에 표본분포의 평균은 표본 크기에 관계없이 정규분포한다. 그러나 그림 7.3 및 7.4는 비정규 모집단에서 도출 다양한 크기의 임의의 표본을 이용하여 중심극한정리(CLT)를 나타내고 있다. $\bar{X}$의 상대적 빈도 다각형의 모양은 반복적으로 연속균등분포(그림 7.3) 및 지수분포(그림 7.4)에서 컴퓨터 시뮬레이션으로부터 생성되었다. 이러한 두 가지 비정규분포는 모두 6장에서 논의하였다.

그림 7.3 모집단이 균등분포일 때, 표본평균 $\bar{X}$의 표본분포

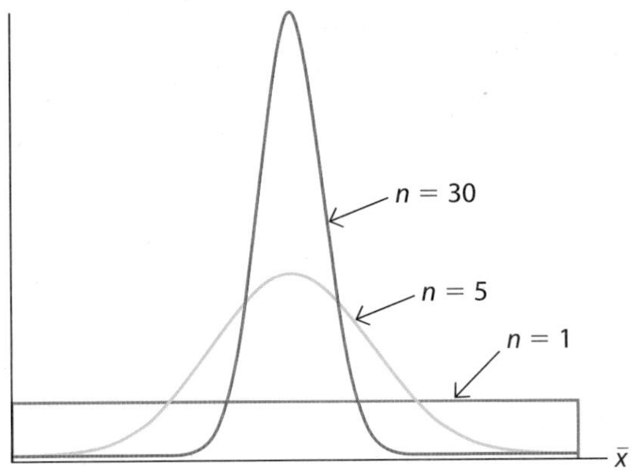

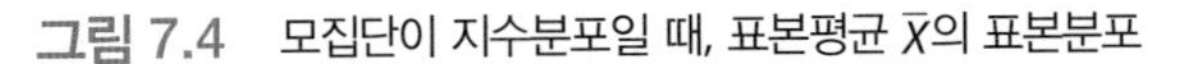
그림 7.4 모집단이 지수분포일 때, 표본평균 $\bar{X}$의 표본분포

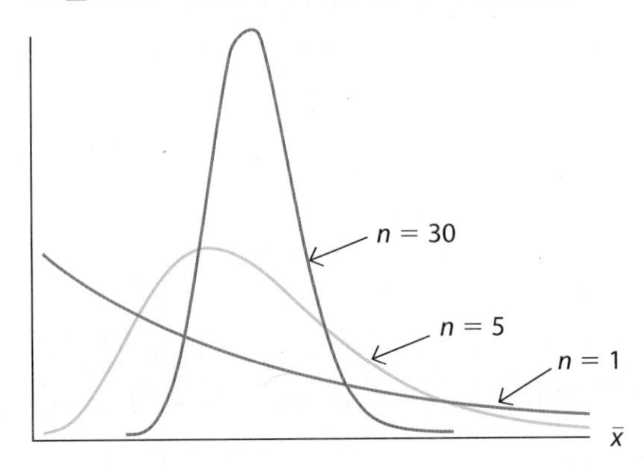

표본의 크기 $n = 1$인 경우에, 표본평균은 이미 익숙한 균등분포와 지수분포 형태를 갖는 개별 관찰치(모수)와 동일하다. $n = 5$일 때, $\bar{X}$의 표본분포가 정규분포의 형태와 유사하기 시작한다. $n = 30$일 때에 $\bar{X}$의 표본분포의 형태는 균일분포뿐만 아니라 지수분포인 모수분포에서도 거의 정규분포 형태를 갖는다. 중심극한정리(CLT)는 마찬가지로 모집단의 다른 분포에서도 설명될 수 있다. 얼마나 큰 표본이 정규분포로 수렴하는 데 필요한 것이냐는 모집단이 정규분포로부터 얼마나 떨어져 있느냐에 따라 달라진다. 앞에서 말한 바와 같이, 실무 연구자들은 종종 정규분포에 근사를 결정할 때 $n \geq 30$을 적용한다.

예제 7.4

본 장의 도입사례로 제시된 정보를 고려하자. 앤(Anne)은 마케팅 캠페인이 고객의 아이스커피에 대한 지출 금액에 지속적 영향을 미쳤는지 여부를 확인하고 싶어 한다. 캠페인 전에 고객은 아이스커피에 \$0.84의 표준편차를 가진 \$4.18의 평균을 지출하였다. 앤은 캠페인 후에 표본 크기가 50인 고객으로 구성된 표본평균 금액은 \$4.26라고 한다. 그녀는 고객이 아이스커피에 평균 \$4.26 이상의 지출 확률을 계산하려고 한다.

풀이: 만일 스타벅스가 마케팅 캠페인을 하지 않은 경우, 아이스커피에 대한 지출은 여전히 평균 $\mu = 4.18$과 표준편차 $\sigma = 0.84$를 가져야 한다. 앤은 표본평균이 적어도 4.26 이상, 즉, $P(\bar{X} \geq 4.26)$ 확률을 계산하고자 한다. 표본이 추출된 모집단분포가 정규적인지 알 수 없다. 그러나 $n \geq 30$일 경우에 중심극한정리(CLT)에 따르면, $\bar{X}$는 정규분포한다. 그림 7.5에서 보듯이, $P(\bar{X} \geq 4.26) = P\left(Z \geq \frac{4.26 - 4.18}{0.84/\sqrt{50}}\right) = P(Z \geq 0.67) = 1 - 0.7486 = 0.2514$이다. 이 확률은 50명 고객의 표본에서 확률 = 0.2514는 아주 개연성이 높으며, 비록 스타벅스가 마케팅 캠페인을 하지 않은 경우에도 표본평균은 \$4.26 이상일 것이다.

그림 7.5 $P(\bar{X} \geq 4.26)$의 확률값 구하기

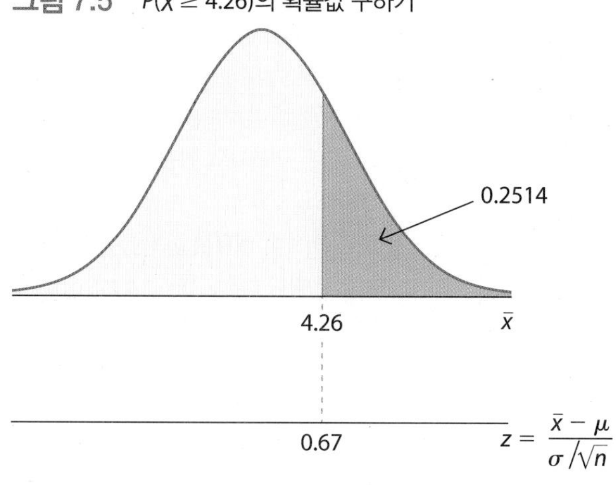

연습문제 7.2

기본문제

6. 무작위 표본은 평균 $\mu = 12$와 표준편차 $\sigma = 12$인 정규분포를 갖는 모집단에서 추출된다.
   a. $n = 20$ 및 $n = 40$의 표본평균의 표본분포에 대하여 논의하라.
   b. 표본평균에 대한 두 표본의 크기에 대하여 12.5 이하의 확률을 계산하는 데 표준화된 정규분포를 사용할 수 있는가?
   c. 만일 당신이 예라고 대답할 경우에 두 가지 표본 크기에 대하여 확률을 계산하라.

7. 무작위 표본은 평균($\mu = 66$) 및 표준편차($\sigma = 5.5$)를 갖는 모집단에서 추출되었다.
   a. $n = 16$ 및 $n = 36$의 표본평균의 표본분포에 대하여 논의하라.
   b. 여러분은 표본평균이 모두 표본 크기 66에서 68 사이에 위치할 확률을 계산하는 데 표준화된 정규분포를 사용할 수 있는가?
   c. 만일 표본 크기에 대한 이전 질문에 예라고 대답한 경우 확률

을 계산하라.

8. 표본 크기가 $n = 100$이고 평균 $\mu = 80$과 표준편차 $\sigma = 14$의 모집단에서 추출되었다.
   a. 기대값 및 표본평균에 대한 표본분포의 표준오차를 계산하라.
   b. 표본평균이 77과 85 사이에 위치할 확률은 무엇인가?
   c. 표본평균이 84보다 클 확률은 무엇인가?

9. 표본의 크기가 $n = 50$으로 평균 $\mu = -9.5$와 표준편차 $\sigma = 2$인 모집단에서 추출되었다.
   a. 기대값 및 표본평균에 대한 표본분포의 표준오차를 계산하라.
   b. 표본평균이 10 미만일 확률은 무엇인가?
   c. 표본평균이 10과 9 사이에 위치할 확률은 무엇인가?

응용문제

10. 최근의 설문조사에 따르면, 여고생은 매일 평균 100건의 문자 메시지를 전송한다(보스턴글로브지, 2010.4.21). 모집단이 표준편차가 20건의 문자 메시지를 전송한다고 가정한다. 50명의 여고생을 무작위 표본추출하였다.
    a. 표본평균이 105보다 클 확률은 무엇인가?
    b. 표본평균이 95보다 작을 확률은 무엇인가?
    c. 표본평균이 95와 105 사이에 위치할 확률은 무엇인가?

11. 각각의 병에 평균 330ml의 맥주가 채워지도록 맥주병이 되어 있다. 한 병에 들어가는 맥주의 양이 일반적으로 4ml의 표준편차로 정규분포한다고 가정하자.
    a. 무작위로 선택된 맥주병이 325ml 미만이 확률은 무엇인가?
    b. 무작위로 선택된 6개들이 맥주병의 평균이 325ml 미만일 확률은 무엇인가?
    c. 무작위로 선택된 12개들이 맥주병의 평균이 325ml 미만일 확률은 무엇인가?
    d. 표본의 크기에 대응하는 확률들에 대하여 논의하라.

12. 영양적인 가치에도 불구하고 해산물은 미국인 식단의 작은 부분을 차지하며, 평균적으로 미국인이 먹는 연간 해산물 소비량은 단지 16파운드이다. 제니스(Janice)와 니나(Nina)는 해산물업계에서 일하고 있으며, 평균 해산물 식단에 대한 보고를 위하여 무작위 표본을 추출하기로 결정했다. 미국의 해산물 식단의 표준편차는 7파운드라고 하자.
    a. 제니스는 표본을 42명의 미국인으로 추출하고 평균 18파운드의 해산물을 소비하고 있음을 알았다. 그녀가 대표성있는 표본을 추출하였다면, 평균 18파운드 이상을 얻을 확률은 얼마인가?
    b. 니나는 표본을 90명의 미국인으로 추출하고 평균 17.5파운드의 해산물을 소비하고 있음을 알았다. 그녀가 대표성있는 표본을 추출하였다면, 평균 17.5파운드 이상을 얻을 수 있는 확률은 얼마인가?
    c. 두 여성의 표본추출 중에 어느 것이 더 대표성을 갖는가? 설명하라.

13. 미주리에 있는 작은 마을에 거주하는 주민들의 몸무게는 180파운드의 평균과 28파운드의 표준편차를 갖고 정규분포하는 것으로 알려졌다. 주민들을 실어 나르는 뗏목에는 "최대용량 3,200파운드 또는 16명"이라는 경고표지판이 붙어있다. 16명의 무작위 표본이 3,200파운드를 초과할 확률은 무엇인가?

14. 칠면조의 중량은 일반적으로 22파운드의 평균과 5파운드의 표준편차를 갖고 정규분포하는 것으로 알려져 있다.
    a. 칠면조 16마리를 무작위 추출한 평균에 대한 표본분포를 논의하라.
    b. 무작위로 선택된 칠면조 16마리의 평균 무게가 25파운드 이상일 확률을 찾아라.
    c. 무작위로 선택된 칠면조 16마리의 평균 무게가 18에서 24파운드일 확률을 찾아라.

15. 콜로라도 덴버의 작은 미용실에는 주중에 평균 약 30명의 고객과 6명의 표준편차를 갖고 정규분포를 한다. 평일 고객수를 늘리기 위해 관리자는 5회 연속 주중 방문에 대해 $2 할인을 제공하였다. 그녀는 그녀의 판촉전략이 5일의 평일 기간 동안 고객의 표본이 35명으로 늘었기 때문에 성공했다고 보고했다.
    a. 만일 관리자가 할인전략을 실시하지 않았다면, 35명 또는 더 많은 고객의 표본평균이 나타날 확률은 무엇일까?
    b. 여러분은 관리자의 할인전략이 유효했다고 볼 수 있는가? 설명하라.

16. 작년에 전형적인 대학생들은 $27,200의 부채를 가진 상태로 졸업했다(보스턴글로브지, 2012.5.27). 최근 대학 졸업생 중 부채가 일반적으로 $7,000 표준편차를 가지고 정규분포한다고 하자.
    a. 최근 4명의 대학 졸업생의 평균 부채가 $25,000 이상일 확률은 무엇인가?
    b. 최근 4명의 대학 졸업생의 평균 부채가 $30,000 이상일 확률은 무엇인가?

17. 40가족이 기금 모금 이벤트를 결성하였다. 각 가족마다 개인의 기여는 각각 $115와 $35의 평균과 표준편차를 갖고 정규분포한다고 가정하자. 총 기부금이 $5,000를 초과하는 경우 주최측은 이벤트가 성공했다고 생각한다. 이 기금 모금 이벤트가 성공할 확률은 얼마인가?

18. 한 의사가 그녀의 예전 환자 4명으로부터 의료 과실에 대한 고소를 당했다. 각 환자의 고소 금액은 $800,000 평균과 $250,000 표준편차를 갖고 정규분포한다.
    a. 환자가 $1,000,000의 고소 금액을 가질 확률은 얼마인가?
    b. 네 환자가 독립적으로 의사를 고소하는 경우에 그들의 총 고소 금액이 $4,000,000 이상일 확률은 얼마인가?

19. 승용차의 mpg(갤런 당 마일)의 평가로 평균 33.8mpg 그리고 표준편차 3.5mpg를 갖는 정규분포의 확률변수라고 가정하자.
    a. 무작위로 선택된 승용차는 35mpg 이상일 확률은 무엇인가?
    b. 네 대의 무작위로 선택된 승용차의 평균 mpg가 35mpg 이상일 확률은 무엇인가?
    c. 네 대의 승용차를 무작위로 선택하는 경우, 모든 승용차가 35mpg 이상을 얻을 확률은 얼마인가?

20. IQ 점수가 일반적으로 평균 100과 16 표준편차를 갖고 정규분포한다고 가정하자.
    a. 무작위로 선택된 사람이 90 미만의 IQ 점수를 나타낼 확률은 무엇인가?
    b. 무작위로 선택된 사람 4명의 평균 IQ 점수가 90보다 낮을 확률은 무엇인가?
    c. 4명이 무작위로 선택되는 경우, 그들 모두 90 미만의 IQ 점수가 될 확률은 무엇인가?

7.3 표본비율의 표본분포

학습목표 **7.5**
표본비율의 표본분포를 설명

지금까지의 논의는 모집단의 평균에 초점을 맞추고 있지만, 많은 비즈니스, 사회경제적, 정치적 문제는 모집단의 비율과 관련되어 있다. 예를 들면, 은행은 모기지 소유자의 부도 가능성에 관심이 있으며, 교장은 독감을 앓고 있는 학생들의 비율을 참고하여 학교수업을 계속할지 여부를 결정하고, 재선을 노리는 현직 의원은 궁극적으로 그 또는 그녀를 위해 투표할 유권자의 비중에 관심이 있다. 모든 예에서 보듯이, 모수에 대한 관심은 모집단의 비중 p이다. 평균에 관한 논의와 유사하지만, 표본에 기초하여 모집단 비율에 대한 추론을 하게 된다. 여기서 관련된 통계량은 표본비율 $\overline{P}$이다. 특정값(추정치)은 $\overline{p}$로 나타낸다. $\overline{P}$는 확률변수이기 때문에 표본분포를 논의할 필요가 있다.

표본비율의 기대값과 표준오차

이항분포를 논할 때 제5장에서 모집단 비율을 소개했다. $\overline{P}$의 표본분포는 이항분포와 밀접하게 관련이 있다. 이항분포 p는 하나의 특정실험에 대한 성공확률로 n개의 독립적인 실험에서 성공의 수 X를 기술하는 분포이다. 즉, $\overline{P} = \frac{X}{n}$는 표본 크기 n으로 나눈 성공의 X로 나타난다. 표본분포 $\overline{P}$에 대한 **기대값**과 **분산**을 $E(\overline{P}) = p$ 및 $Var(\overline{P}) = \frac{p(1-p)}{n}$로 표기할 수 있다(derivation에 대해 이 장 말미에 있는 부록 7.1을 참조). $E(\overline{P}) = p$ 이기 때문에 $\overline{P}$는 불편추정량이다. 앞 절의 마지막 부분과 유사하게, $se(\overline{P}) = \sqrt{\frac{p(1-p)}{n}}$를 **표본비율의 표준오차**라고 한다.

표본비율의 기대값과 표준오차

$\overline{P}$의 기대값은 $E(\overline{P}) = p$와 같다.

$\overline{P}$의 표준오차는 $se(\overline{P}) = \sqrt{\frac{p(1-p)}{n}}$와 같다.

예제 7.5

많은 사람들이 직업으로 구급대원 또는 소방관을 지원하지만, 아직 그들의 표준 체력 기준을 완성할 수 없다. 최근 연구에서 구급대원 및 소방관 지원자 중 77%가 과체중 또는 비만으로 나타났다(Obesity지, 2009.3.19).

a. 구급대원 또는 소방관 지원자 100명을 무작위 추출했을 때, 표본비율의 기대값과 표준오차는 얼마인가?

b. 구급대원 또는 소방관 지원자 200명을 무작위 추출했을 때, 표본비율의 기대값과 표준오차는 얼마인가?

c. 표본의 크기가 커질수록 표준오차의 값에 대하여 논의하라.

풀이: 주어진 $p = 0.77$에서 기대값 $\overline{P}$와 표준오차를 다음과 같이 유도할 수 있다.

a. $n = 100$, $E(\overline{P}) = 0.77$ 및 $se(\overline{P}) = \sqrt{\frac{p(1-p)}{n}} = \sqrt{\frac{0.77(1-0.77)}{100}} = 0.042$.

b. $n = 200$, $E(\overline{P}) = 0.77$ 및 $se(\overline{P}) = \sqrt{\frac{p(1-p)}{n}} = \sqrt{\frac{0.77(1-0.77)}{200}} = 0.030$.

c. 표본비율의 기대값은 표본의 크기에 의해 영향을 받지 않지만, 표본비율의 표준오차는 표본 크기가 증가함에 따라 감소한다.

$\overline{P}$에 대한 표본분포가 정규분포할 때에 모집단의 비율에 대한 통계 추론을 한다. 7.2절에 언급한 중심극한정리(CLT)에 따라서 표본의 크기가 충분히 큰 경우에 $\overline{P}$는 근사적으로 정규분포한다.

표본비율에 대한 중심극한정리

표본의 크기 n이 충분히 큰 경우에 임의의 모집단 비율 p에 대하여 표본분포 $\overline{P}$는 **대략적으로 정규분포한다**. 일반적인 지침으로서, 정규분포 근접성이 만족하는 경우는 $np \geq 5$와 $n(1-p) \geq 5$이다.

만일 $\overline{P}$가 정규적이면, **표준정규확률변수**로 전환할 수 있다.

$$Z = \frac{\overline{P} - E(\overline{P})}{se(\overline{P})} = \frac{\overline{P} - p}{\sqrt{\frac{p(1-p)}{n}}}.$$

따라서, $\overline{P}$에 대한 $\overline{p}$는 Z에 대한 다음과 같은 z와 대응한다.

$$z = \frac{\overline{p} - p}{\sqrt{\frac{p(1-p)}{n}}}.$$

중심극한정리(CLT)에 따를 경우에 표본분포 $\overline{P}$는 표본의 크기가 증가함에 따라 정규분포에 접근한다. 모집단 비율이 $p = 0.50$에서 벗어남에 따라서 근사를 사용하기 위해서는 더 큰 표본 크기가 필요하다. 모집단 비율과 표본 크기의 다양한 값에 따라서 생성된 $\overline{P}$의 표본분포를 생성함으로써 위에서 기술한 결과를 설명할 수 있다. $\overline{X}$의 경우와 같이, $\overline{P}$의 분포를 나타내는 상대적 빈도 다각형을 사용한다. $\overline{P}$에 대한 모의 표본분포는 모집단 비율 $p =$

0.10(그림 7.6)과 $p = 0.30$(그림 7.7)에 기초하여 생성되었다.

그림 7.6 모집단 비율이 $p = 0.1$일 때 $\bar{p}$의 표본분포

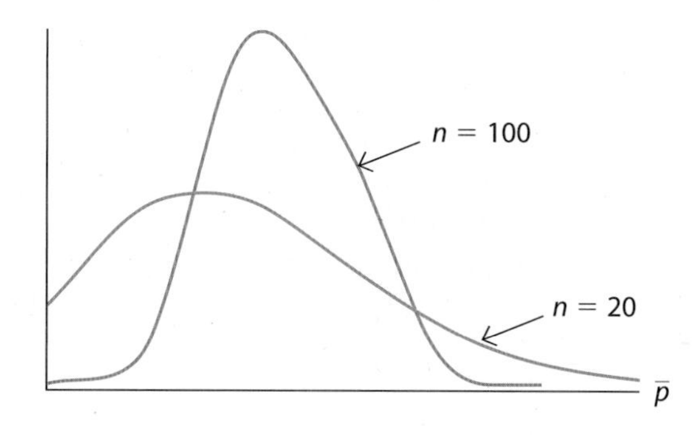

그림 7.7 모집단 비율이 $p = 0.3$일 때 $\bar{p}$의 표본분포

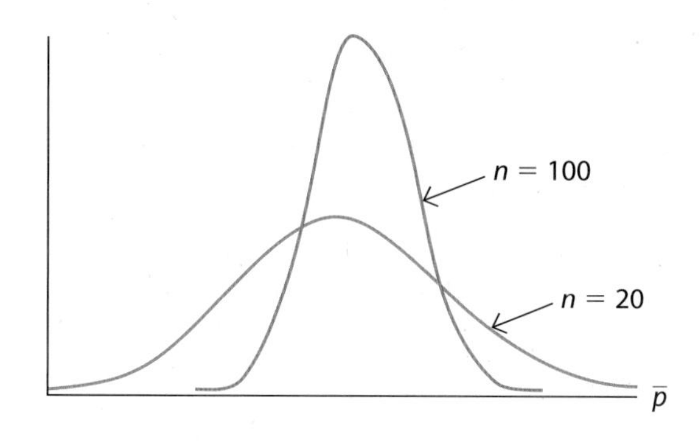

$p = 0.10$일 때에 $\bar{P}$의 표본분포는 $n = 20$이 근사 조건 $np \geq 5$와 $n(1 - p) \geq 5$를 만족하지 않기 때문에 정규분포의 형태를 나타내지 않는다. 그러나 $n = 100$일 때에는 정규분포에 유사하게 된다. $p = 0.30$인 경우 $\bar{P}$의 표본분포의 형태는 근사 조건을 모두 만족하기 때문에 대략적으로 정규분포하게 된다. 실증 연구에서 일반적으로 큰 설문조사가 이루어지기 때문에 정규분포 근사가 정당화된다.

예제 7.6

이 장의 도입사례에서 언급했던 정보를 고려하자. 앤 존스는 마케팅 캠페인이 여성과 십대 소녀로 구성된 고객의 비율에 지속적 영향을 미쳤는지 여부를 확인하고 싶은 것을 기억하자. 캠페인 전에는 고객의 43%는 여성이었고, 21%는 십대 소녀였다. 캠페인 후에 50명의 고객을 무작위로 추출하여 형성된 표본을 바탕으로 볼 때, 이 비율은 여성 46%와 십대 소녀 34%로 증가하였다. 앤은 다음과 같은 의문을 가졌다.

a. 스타벅스가 마케팅 캠페인을 하지 않았다면, 아이스커피 고객의 46% 이상이 여성이었을 확률은 얼마인가?

b. 스타벅스가 마케팅 캠페인을 하지 않았다면, 아이스커피 고객의 34% 이상이 십대 소녀였을 확률은 얼마인가?

풀이: 만일 스타벅스가 마케팅 캠페인을 하지 않았다면 고객의 비율이 여전히 여성과 십대 소녀에 대하여 $p = 0.43$과 $p = 0.21$이 될 것이다. $n = 50$인 경우에 표본비율은 정규분포의 근사를 만족한다.

a. 그림 7.8에 나타낸 바와 같이, 표준화된 전환공식을 이용하여

$$P(\overline{P} \geq 0.46) = P\left(Z \geq \frac{0.46 - 0.43}{\sqrt{\frac{0.43(1-0.43)}{50}}}\right) = P(Z \geq 0.43) = 1 - 0.6664 = 0.3336.$$

그림 7.8 $P(\overline{p} \geq 0.46)$의 확률값 구하기

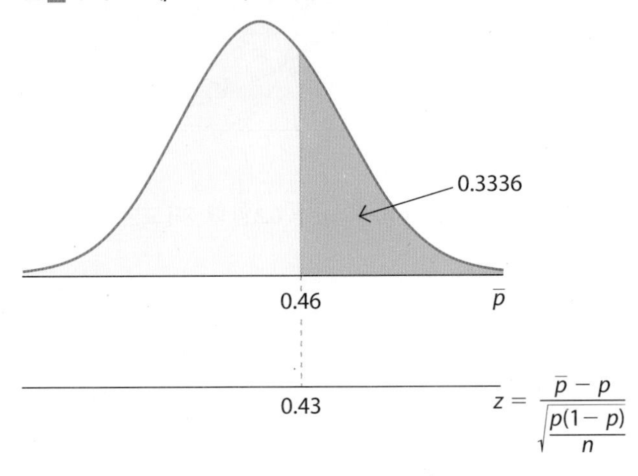

스타벅스가 마케팅 캠페인을 하지 않은 경우에도 여성에 의해 구매되는 아이스커피의 비율이 적어도 0.46일 확률은 0.333이다.

b. 그림 7.9에서 보는 바와 같이

$$P(\overline{P} \geq 0.34) = P\left(Z \geq \frac{0.34 - 0.21}{\sqrt{\frac{0.21(1-0.21)}{50}}}\right) = P(Z \geq 2.26) = 1 - 0.9881 = 0.0119.$$

그림 7.9 $P(\overline{p} \geq 0.34)$의 확률값 구하기

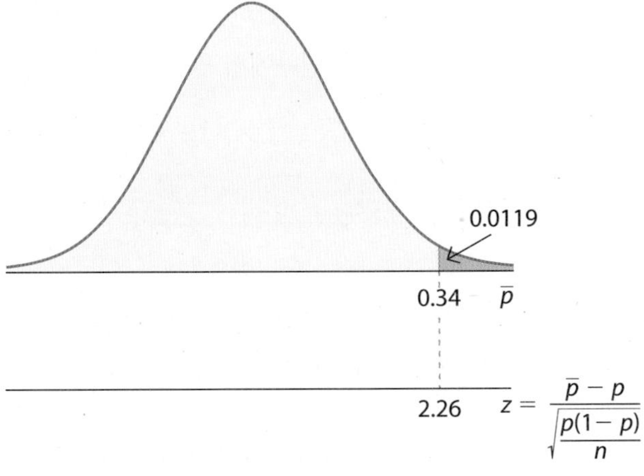

단지 1.19%의 확률로 스타벅스가 마케팅 캠페인을 하지 않은 경우 십대 소녀가 구매하는 아이스커피의 비율이 적어도 0.34인 것 같지 않다.

따라서 앤은 여성에 대한 아이스커피 판매 비율 증가가 반드시 마케팅 캠페인으로 인해 발생했다는 추론을 기각할 수 있다. 그러나 마케팅 캠페인은 십대 소녀에 대한 아이스커피 판매 비율 증가에 성공한 것으로 보인다.

사례요약

전통적으로 따뜻한 날씨와 따뜻한 지역의 선호 음료인 아이스커피는 지난 몇 해 동안 매력을 확장하고 있다. 블룸버그 비즈니스위크 2010년 보고서 5월 13일자에 따르면, 아이스커피 수요자 수는 2001년도 3억에서 2009년도 12억 명으로 급증하였다고 한다. 대 기업들은 이를 인지하고 성장 추세를 활용하기 위해 다양한 전략을 구상하였다. 예를 들어, 스타벅스는 5월중 10일 동안 오후 3시에서 5시 사이에 프라푸치노를 절반 가격에 판매하는 해피아워를 판촉하였다. 마케팅 기간이 종료된 한 달 후, 한 스타벅스 매장 매니저인 앤 존스는 그녀의 고객 50명을 설문조사하였다. 그녀는 표본에서 소비의 증가뿐만 아니라, 여성 및 십대 소녀 고객 비율의 증가를 보고한다. 앤은 소비증가가 마케팅 캠페인으로 인한 것인지 아니면 단순한 우연인지를 확인하려고 한다. 확률분석을 바탕으로 앤은 50명의 고객 표본에서 마케팅 캠페인을 추진하지 않은 경우에도 높은 지출이 존재하였음을 발견한다. 비율과 같은 유사한 분석을 사용하여, 그녀는 마케팅 캠페인이 반드시 여성 고객의 비율을 증가시키지 않았지만, 더 많은 십대 소녀들을 끌어들인 것으로 유추하였다. 이러한 분석결과는, 십대 소녀들이 수입의 상당한 부분을 자주 자신들의 사치 항목에 지출한다는 최근 시장조사와 일치한다.

연습문제 7.3

기본문제

21. $p = 0.68$인 모집단 비례를 생각해보자.
   a. $n = 20$ 예상값과 $\bar{P}$의 표준오차를 계산하라. 그것은 $\bar{P}$에 대해 정규분포 근사를 사용하는 것이 적절한지 설명하라.
   b. $n = 50$ 예상값과 $\bar{P}$의 표준오차를 계산하라. 그것은 $\bar{P}$에 대해 정규분포 근사를 사용하는 것이 적절한지 설명하라.

22. $p = 0.12$인 모집단 비례를 생각해보자.
   a. $n = 20$, $n = 50$ 표본비율의 표본분포를 논하라.
   b. 만약 표본비율은 모두 표본 크기는 0.10과 0.12 사이인 확률을 계산하는 일반적인 근사를 사용하는가?
   c. 이전 질문에 예라고 대답했다면 확률을 구하라.

23. 모집단 비율 $n = 0.75$인 모집단에서 표본크기 $n = 200$의 무작위 표본을 추출한다.
   a. 표본비율의 표본분포에 대한 기대값과 표준오차를 계산하라.
   b. 표본비율이 0.70과 0.80 사이에 위치할 확률은 무엇인가?
   c. 표본비율이 0.70 미만일 확률은 무엇인가?

응용문제

24. 올스테이트보험(Allstate Insuranc. Co.)의 최근 연구는 운전하는 동안 청소년의 82%가 휴대전화를 사용하고 있음을 알았다(월스트리트저널, 2010.5.5). 십대 운전자 100명의 무작위 표본이 주어졌다고 가정하자.
   a. 표본비율에 대한 표본분포에 대하여 논의하라.
   b. 표본비율이 0.80 미만일 확률은 무엇인가?
   c. 표본비율이 모집단 비율의 ± 0.02내에 있을 확률은 무엇인가?

25. FCC의 최근 조사에 따르면, 휴대전화 사용자 6명 중 1명은 예기치 않게 많이 나온 휴대전화요금으로 인해 충격을 경험했다고 한다(Tech Daily Dose, 2010.5.26).
   a. 200명의 휴대전화 사용자의 표본에 기초하여 상기 표본의 표본비율에 대한 분포를 논의하라. 표본비율에 대한 정규분포 근사를 사용하는 것이 적절한가?
   b. 표본의 휴대전화 사용자의 20% 이상이 "요금 쇼크"를 경험하는 확률은 무엇인가?

26. 자동차 제조업체는 자동차 대리점에서 발생하는 고객 불만족에 관심을 가지고 있다. 고객관리부서는 향후 고객 40명에 대해 만족도 조사를 하기로 결정하였다. 22~26명이 호의적으로 보고하는 경우 대리점에는 벌금이 부과될 것이다. 20명 미만이 만족하는 경우 대리점은 폐쇄될 것이다. 대리점 고객의 70%가 조사에서 호의적인 것으로 보고되었다.

a. 대리점에 벌금이 부과될 확률은 무엇인가?
b. 대리점이 폐쇄될 확률은 무엇인가?

27. 유럽인들은 유지하기에는 너무 비싼 많은 사회 프로그램에 심각한 예산 삭감을 시행하는 그들의 지도자에 점점 화가 난다. 예를 들어, 프랑스 대통령 니콜라 사르코지(Nicolas Sarkozy)의 인기는 급속도로 추락하여 2010년도에는 지지율이 26%에 그쳤다(월스트리트저널, 2010.7.2). 아래 문제에 답하라.
    a. 사르코지 대통령이 프랑스 국민 200명 중에서 60명 미만의 지지를 받을 확률은 무엇인가?
    b. 사르코지 대통령이 프랑스 국민 200명 중에서 150명 이상의 지지를 받을 확률은 무엇인가?

28. 새로운 과학박물관 전시회에서 사람들은 기계시스템에 의하여 50개 또는 100개의 무작위 추출을 선택하라는 메시지가 표시된다. 기계는 60개의 녹색 공과 40개의 빨강색 공으로 구성되어 있다. 각 추출 후에 공의 색이 공개되고 공은 다음 추출을 위하여 다시 넣게 된다. 70% 이상이 녹색 공이 추출될 경우에 여러분은 승리자가 된다. 여러분은 50번 또는 100번의 추출게임에 어떤 추출을 원하는가? 설명하라.

29. 몇 년의 급속한 상승 후 미국으로의 불법 이민은 아마도 경기침체와 국경단속 강화 때문인지 감소했다(로스앤젤레스타임스, 2010.9.1). 점유율이 감소하고는 있지만, 캘리포니아는 여전히 11,100,000명 불법 이민자의 23%를 차지한다.
    a. 50명의 불법 이민자 표본에서, 20% 이상이 캘리포니아에 거주할 확률은 무엇인가?
    b. 200명의 불법 이민자의 표본에서, 20% 이상이 캘리포니아에 거주할 확률은 무엇인가?
    c. a. b.계산된 확률에서 차이가 발행하는 이유를 말하라.

7.4 유한모집단 보정계수

학습목표 **7.6**
유한모집단 보정계수를 사용

지금까지 묵시적 가정 중의 하나는 표본의 크기 n이 모집단 크기 N보다 훨씬 작다는 것이다. 많은 적용사례에서 모집단의 크기가 알려져 있지 않다. 예를 들어, 로컬 피자 체인에서 만들어진 총 피자 개수(예제 7.2 및 7.3) 또는 스타벅스 매장에 온 총 고객수(예제 7.4 및 7.6)에 대한 정보가 없다. 만일 모집단의 크기를 알고 또 비교적 작은(유한) 경우, 모집단에서 큰 비율로 표본추출함으로써 추가적 정밀도 높일 수 있도록 표준오차를 결정하는 추정량에 보정계수를 사용하는 것이 바람직하다. 일반적인 지침으로서, 표본이 모집단의 적어도 5%, $n \geq 0.05N$으로 구성되어 있을 때, 유한 보정계수를 사용한다.

표본평균을 위한 유한모집단 보정계수

$\overline{X}$의 표본추출의 변동을 줄이기 위해 **유한모집단 보정계수**(finite population correction factor)를 사용한다. 사용한 결과로 표준오차 $se(\overline{X}) = \frac{\sigma}{\sqrt{n}}\left(\sqrt{\frac{N-n}{N-1}}\right)$이다. $\overline{X}$의 Z 변환은 이에 따라 이루어진다.

보정계수는 항상 1 미만이라는 것을 유의하라. 즉 N은 n에 비해 큰 경우, 보정계수는 1에 근사하며, 보정계수를 적용하든 안하든 차이가 거의 없다.

예제 7.7

규모가 큰 마케팅 개론 강좌는 340명의 학생들로 구성되어 있다. 이 강좌는 최종 코스 프로젝트 그룹으로 분리되어 있다. 코니(Connie)는 34명의 학생들로 구성된 그룹에 속한다. 전체 강좌의 중간시험이 10의 표준편차와 73의 평균점수를 보일 때, 코니 그룹 학생들의 평균은 72였다.

a. 34명 학생들의 무작위 표본에 따라 기대값과 표준오차를 계산하라.

b. 34명 학생들의 무작위 표본의 평균이 72 이하로 나타날 확률은 무엇인가?

풀이: 모집단의 평균과 표준편차는 $\mu = 73$과 $\sigma = 10$이다.

a. 표본의 기대값은 $E(X) = \mu = 73$이다. 모집단의 크기 $N = 340$에 대한 표본 크기 $n = 34$의 비율이 5% 이상이므로 유한모집단 보정계수를 사용한다. 따라서 표본평균의 표준오차 $se(\overline{X}) = \frac{\sigma}{\sqrt{n}}\left(\sqrt{\frac{N-n}{N-1}}\right) = \frac{10}{\sqrt{34}}\left(\sqrt{\frac{340-34}{340-1}}\right) = 1.63$ 이다. 보정계수를 적용하지 않을 경우 표준오차는 더 큰 값을 갖는다. $se(\overline{X}) = \frac{\sigma}{\sqrt{n}} = \frac{10}{\sqrt{34}} = 1.71$.

b. 표준변환을 사용하여 $P(\overline{X} \leq 72) = P\left(Z \leq \frac{72-73}{1.63}\right) = P(Z \leq -0.61) = 0.2709$ 이다. 즉, 34명으로 구성된 학생들의 평균이 72점 이하일 확률은 27.09%이다.

표본 크기는 모집단 크기에 비하여 적어도 5%일 때 표본비율의 유사한 유한모집단 보정계수를 사용할 수 있다.

표본비율에 대한 유한모집단 보정계수

표본비율 $\overline{P}$의 표본변동을 줄이기 위하여 **유한모집단 보정계수**를 사용한다. 사용 결과 $\overline{P}$의 표준오차는 $se(\overline{P}) = \sqrt{\frac{p(1-p)}{n}}\left(\sqrt{\frac{N-n}{N-1}}\right)$. $\overline{P}$의 Z변환은 동일하게 이루어진다.

예제 7.8

2009년의 주택보유율은 약 67%로 감소하여 2000년 초에 필적하고 있다(미국통계국 뉴스, 2010.2.2). 1,000가구로 구성된 작은 섬마을에서 80가구를 무작위 표본추출하였다. 이 섬의 주택보유율은 67%의 국민주택보유율과 동일하다.

a. 기대값과 표본의 표본비율에 대한 표준오차를 계산한다. 이 경우에 모집단 보정계수를 적용할 필요가 있는가? 설명하라.

b. 표본비율이 모집단 비율의 0.02 이내에 있을 확률은 무엇인가?

풀이:

a. 표본 크기 $n = 80$은 모집단의 크기 $N = 1{,}000$의 5% 이상이기 때문에 유한모집단 보정계수를 적용해야 한다. 따라서 $E(\overline{P}) = p = 0.67$ 그리고

$$se(\overline{P}) = \sqrt{\frac{p(1-p)}{n}}\left(\sqrt{\frac{N-n}{N-1}}\right) = \sqrt{\frac{0.67(1-0.67)}{80}}\left(\sqrt{\frac{1{,}000-80}{1{,}000-1}}\right) = 0.0505.$$

b. 표본비율이 전체 모집단 비율의 0.02 이내일 확률은 $P(0.65 \leq \overline{P} \leq 0.69)$이다. 표준변환을 적용하면 $P(0.65 \leq \overline{P} \leq 0.69) = P\left(\frac{0.65-0.67}{0.0505} \leq Z \leq \frac{0.69-0.67}{0.0505}\right) = P(-0.40 \leq Z \leq 0.40) = 0.6554 - 0.3446 = 0.3108$이다. 주택보유율이 모집단 비율 0.02 이내일 가능성은 31.08%이다.

연습문제 7.4

기본문제

30. 무작위 표본 크기 $n = 100$이 평균 $\mu = -45$와 분산 $\sigma^2 = 81$을 갖는 모집단 크기 $N = 2{,}500$에서 추출되었다.
    a. 유한모집단 보정계수를 적용할 필요가 있는가? 설명하라. 기대값 및 표본평균의 표준오차를 계산하라.
    b. 표본평균이 −47과 −43 사이 확률은 무엇인가?
    c. 표본평균이 −44보다 클 확률은 무엇인가?

31. 크기 $n = 70$의 무작위 표본이 크기 $N = 500$ 과 평균 $\mu = 220$ 및 분산 $\sigma^2 = 324$의 유한모집단에서 추출되었다.
    a. 유한모집단 보정계수를 적용할 필요가 있는가? 설명하라. 기대값 및 표본평균의 표준오차를 계산하라.
    b. 표본평균이 210 미만일 확률은 무엇인가?
    c. 표본평균이 215와 230 사이에 있을 확률은 무엇인가?

32. 크기 $n = 100$의 무작위 표본이 모집단 비율 $p = 0.34$와 크기 $N = 3{,}000$의 모집단에서 추출되었다.
    a. 유한모집단 보정계수를 적용할 필요가 있는가? 설명하라. 기대값과 상기 표본비율의 표준오차를 계산하라.
    b. 표본비율이 0.37보다 클 확률은 무엇인가?

33. 크기 $n = 80$의 무작위 표본이 모집단 비율 $p = 0.46$과 크기 $N = 600$의 모집단에서 추출되었다.
    a. 유한모집단 보정계수를 적용할 필요가 있는가? 설명하라. 기대값과 상기 표본비율의 표준오차를 계산하라.
    b. 표본평균이 0.40 미만일 확률은 무엇인가?

응용문제

34. 임원들에 대한 보상 수준과 구조를 둘러싼 문제가 2008년 가을에 발발한 금융위기의 여파로 추가적 관심을 얻고 있다. 증권거래위원회 (SEC)로부터 얻은 2006 보상 데이터를 기반으로 미국상장기업의 가장 높은 연봉 임원 500명에 대한 보상의 평균과 표준편차는 각각 10.32백만 달러와 9.78백만 달러인 것으로 결정되었다. 애널리스트는 무작위로 2006년도의 CEO 32명의 보상을 선택하였다.
    a. 유한모집단 보정계수를 적용할 필요가 있는지 설명하라.
    b. 표본의 표본분포는 근사적으로 정규분포하는 지를 설명하라.
    c. 기대값 및 표본평균의 표준오차를 계산하라.
    d. 표본평균이 12백만 달러 이상일 확률은 무엇인가?

35. 앞의 질문에서 통계분석가가 무작위로 2006년의 CEO 12명의 보상을 추출했다고 가정하자.
    a. 이는 유한모집단 보정계수를 적용할 필요가 있는가를 설명하라.
    b. 표본의 표본분포는 근사적으로 정규분포하는 지에 대하여 설명하라.
    c. 기대값 및 표본평균의 표준오차를 계산하라.
    d. 표본평균이 12백만 달러 이상일 확률을 계산하는 데 정규적 근사치를 사용할 수 있는가? 설명하라.

36. 최근의 경기침체를 감안할 때, 졸업생 250명의 60%만이 최초 구직 시도에서 직업을 찾는다. 최근에 졸업한 20명의 친구가 있다.
    a. 직업 선택의 첫 시도에서 고용될 수 있는 표본비율의 표본분포에 대하여 논의하라.
    b. 졸업생 중 50% 미만이 최초 구직 시도에서 일자리를 찾을 확률은 무엇인가?

37. 최근의 한 연구는 기업들이 녹색 기술 프로젝트에 IT 지출의 큰 부분을 따로 설정하고 있다고 밝혔다(비즈니스위크지, 2009.3.5). 딜로이트에 의해 조사된 대기업의 2/3가 녹색 IT 프로젝트에 배정 IT 예산의 5% 이상을 지출한다고 말했다. 설문조사는 1,000 대기업에 기초한다고 가정하자. 120 대기업의 75 이상이 녹색 IT 프로젝트에 배정 IT 지출의 5% 이상일 확률은 무엇인가?

7.5 통계적 품질관리

학습목표 **7.7**

양적 및 질적 데이터에 대한 제어차트의 구축과 해석

성공적인 회사는 제공하는 제품 및 서비스의 품질에 지금까지보다 더욱 집중해야 한다. 글로벌 경쟁, 기술 발전, 소비자의 기대는 품질 추구에 기여하는 모든 요소이다. 고품질 제품과 서비스의 생산을 보장하기 위해, 성공적인 회사는 품질관리의 일부 형태를 실행한다. 이 절에서는 **통계적 품질관리** 분야에 대한 간략한 개요를 살펴본다.

통계적 품질관리(statistical quality control)란 고품질의 제품과 서비스를 생산하는 회사의 능력을 개발하고 유지하기 위해 사용되는 통계기법을 말한다.

일반적으로 두 가지 방법이 통계적 품질관리를 위해 사용된다. 제품을 생산하는(또는 서비스를 제공하는) 제조 프로세스의 완료시에 회사가 그 제품의 일부분을 검사하는 경우 **수용표본추출**(acceptance sampling)을 사용한다. 특정 제품이 특정 사양을 준수하지 않는 경우, 그것은 폐기 또는 수리하게 된다. 이 품질관리방식의 문제점은 첫째로 폐기 또는 제품 수리 비용이 많이 든다는 것이고, 둘째로는 결함이 있는 모든 제품의 검출이 보장되지 않는다는 것이다.. 결함 있는 제품이 고객에게 유통될 경우에 회사의 명성이 손상을 입게 된다.

품질관리에 대한 바람직한 접근방법은 **검출접근방법**(detection approach)이다. 검출접근방법을 이용하는 회사는 제조공정을 검사하고 어떤 시점에서 제조방법이 규격에 맞지 않는지를 결정한다. 이 방법의 목적은 제조공정을 계속하거나 결함이 다수 발생하기 전에 조정해야 하는지 결정하는 것이다. 이 절에서는 품질관리에 대한 검출접근방법에 초점을 맞출 것이다.

일반적으로 두 개의 제품 또는 서비스는 동일하지 않다. 모든 제조방법에 있어서 최종 제품의 품질변동은 불가피하다. 두가지 유형의 변동의 발생한다. **우연변동**(chance variation)은 제조공정의 일부 과정에서 무작위로 발생하는 사건들에 의해 야기된다. 이런 변동 유형은 일반적으로 개별 작업자 또는 기계의 제어로 통제되지 않는다. 예를 들어 시스템이 1갤런 용량 우유 용기를 채운다고 가정하자. 각 용기의 충전 용량이 정확히 128온스가 되기는 어렵다. 제조공정에 아주 약간의 차이로 한 용기의 무게에 약간의 차이가 발생한다. 우연변동은 예상 가능하며 그 크기가 허용되고 최종 생성물은 허용 가능한 사양을 만족하는 것이면 생산공정의 경보발생 원인으로 볼 수 없다.

변동의 다른 원천은 **할당변동**(assignable variation)이다. 제조공정에서 이러한 변동 유형은 일반적으로 식별되고 제거될 수 있는 특정 사건 또는 인자에 의해 발생된다. 우유의 예에서 기계가 정렬에서 "이탈"되는 경우를 가정하자. 회사에 비용을 유발시키는 이것은 각각의 용기를 너무 많이 채우는 기계에 의해서 발생한다. 마찬가지로, 만약 기계가 각 용기를 적게 채우기 시작하면 명성 측면에서 회사에 손상을 입힌다. 회사는 제조공정에서 이러한 변동 유형을 식별하고 정정하기 원한다.

제어차트

벨전화연구소(Bell Telephone Laboratories) 연구원인 월터 슈하트(Walter A. Shewhart)는 1920년대에 출력 품질을 높이기 위해 통계를 적용한 첫 번째 사람으로 종종 여겨진다. 그는 제조공정의 작동을 모니터링하는 데 사용하는 제어차트 즉 관리도를 개발했다.

제어차트

품질관리에서 가장 일반적으로 사용되는 통계도구는 **제어차트**(control chart)이며, 시간이 지남에 따라 제조공정의 계산된 통계량의 그래프이다. 계산된 통계량이 정해진 범위에 속하는 경우, 제조공정이 제어상태이다. 계산된 통계량이 바람직하지 않은 경향을 보이는 경우 제조공정의 조정 가능성이 필요하다.

관심 변수 및/또는 사용할 수 있는 데이터의 유형에 따라서 다른 제어차트를 구성할 수 있다. 정량적 데이터의 경우에 관리도의 예는 다음과 같다.

- **$\bar{x}$의 차트로** 제조공정의 중심 경향을 모니터링하는 차트
- **R차트** 및 **s차트**는 제조공정의 변동을 모니터링하는 차트

정성적 데이터의 경우에 관리도의 예는 다음과 같다.

- **$\bar{p}$차트**는 제조공정에서 불량품의 비율(또는 몇몇 다른 특성)을 모니터링하는 차트
- **c차트**는 제조공정에서 표본불량개수와 항목당 결함의 수를 모니터링하는 차트

일반적으로, 모든 관리도(언급하지 않은 다른 것들 포함)는 다음과 같은 특징이 있다.

1. 제어차트는 $\bar{x}$ 또는 $\bar{p}$와 같은 표본추정치를 나타내는 도표이다. 따라서 더 많은 표본이 추출되면 제어차트는 생산과정이 소정의 가이드라인 내에서 동작하는지를 평가할 때, 보다 안전장치를 제공한다.
2. 모든 표본추정치는 **중심선**(centerline)을 참조하여 그려진다. 제조과정이 제어되어 있을 때 중심선은 기대값을 나타낸다.
3. 중심선에 덧붙여, 모든 제어차트는 **상한제어한계**(upper control limit)와 **하한제어한계**(lower control limit)를 포함한다. 이러한 제한은 관심 변수의 기대값 이상(상한 제어 제한) 또는 이하(하한 제어 제한)의 과도한 편차를 나타낸다. 제어차트는 관련 추정치의 표본분포가 정규적일 경우에만 유효하다. 이러한 가정하에서 제어한계는 일반적으로 중심선으로부터 3 표준편차를 설정한다. 제6장에서 관찰된 바와 같이, 기대값에서 ± 3 표준편차에 해당하는 정규분포곡선 아래의 면적은 0.9973이다. 따라서 표본추정치는 $1 - 0.9973 = 0.0027$만 설정된 경계 밖에 존재한다. 일반적으로 상한과 하한을 다음과 같이 정의한다.

$$\text{상한제어한계(UCL)} : \text{기대값} + (3 \times \text{표준오차})$$

$$\text{하한제어한계(LCL)} : \text{기대값} - (3 \times \text{표준오차})$$

표본추정치가 상한 및 하한 제어한계 내에서 무작위적으로 존재할 경우에, 제조공정은 제어상태에 있는 것으로 간주된다. 상한제어한계보다 높거나 하한제어한계보다 낮은 경우에 모든 표본추정치는 제조공정에서 제어되어야 하고 조정되어야 한다는 증거로 볼 수 있다. 또한, 제어범위 내에서의 특정한(체계적) 유형은 공정에서 문제가 존재함을 알려준다. 비정상적으로 긴 실행이 중심선 위 또는 아래에 존재할 경우에 공정에 문제가 존재한다는 것을 나타낸다. 다른 가능한 문제점으로 제어한계 내의 추세가 존재한다는 것이다.

다음 예에서는 정량적 자료에 초점을 맞추고 $\bar{x}$차트를 설명한다. 그 다음 질적 데이터를 가지고 $\bar{p}$차트를 만들어본다.

예제 7.9

우유 1갤런이 들어가는 용기을 생산하는 기업이 생산기계가 제대로 작동하는지 확인하려고 한다. 매 2시간마다 기업은 용기 25개를 표본추출하여 용기의 무게를 계산하였다.

128.7	128.4	128.0	127.8	127.5	126.9

기계가 제대로 작동될 때 $\mu = 128$과 $\sigma = 2$인 정규분포를 따른다고 가정하자. 기업은 기계가 제대로 작동하는지 결론을 내릴 수 있는가? 회사는 이 기계에 대해 우려해야 하는가?

풀이: 여기서 기업은 모집단의 평균을 모니터링하는 데 관심이 있다. 이 질문에 대답하기 위해, $\bar{x}$차트를 구성한다. 앞서 언급한 바와 같이 이 차트는 추정치 $\bar{X}$의 표본분포가 정규분포한다는 데 의존한다. 일반 모집단에서 표본추출하는 경우에 $\bar{X}$는 일반적으로도 작은 표본 크기에도 불구하고 정규분포한다는 것을 기억하자. 이 예제에서, 질량무게가 정규분포를 따르고 품질관리에 관련된 연구의 일반적인 가정을 따른다.

$\bar{x}$차트의 경우, 제어상태에 있을 때 중심선 평균이다. 여기서 $\mu = 128$로 알려져 있다. 이 경우에 평균에서 상하제어한계를 3 표준편차로 계산한다.

상한제어한계(UCL) : $\mu + 3\frac{\sigma}{\sqrt{n}} = 128 + 3\frac{2}{\sqrt{25}} = 129.2$

하한제어한계(LCL) : $\mu - 3\frac{\sigma}{\sqrt{n}} = 128 - 3\frac{2}{\sqrt{25}} = 126.8$

그림 7.10은 예제 7.9의 중심선과 제어한계뿐만 아니라 표본평균을 보여준다.

모든 표본평균은 적어도 초기에 제어상한 및 하한 내에 속하기 때문에 모든 제조공정이 제어되어 있다. 그러나 표본평균이 무작위로 제어한계 사이에 분산되어 있어 어떤 패턴도 없어야 한다. 이 예제에서 표본평균의 하향 경향이 분명하다. 기계가 1갤런 용기에 하향으로 주입하는 것처럼 나타난다. 표본 중 어느 것도 관리 한계를 넘어서지 않고 있지만, 그럼에도 불구하고 생산 공정 가능성이 통제 불능으로 가고 있으며, 회사는 조만간 기계를 검사하는 것이 현명할 것이다.

그림 7.10 우유 생산 공정의 평균 차트

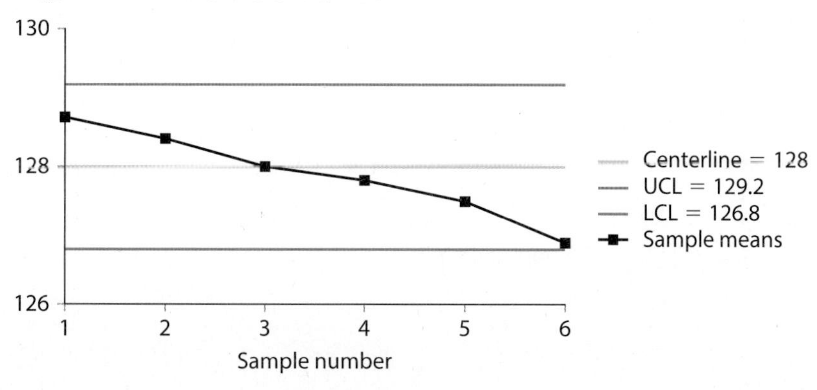

기업은 특정 속성이나 특성을 가진 상품이나 서비스의 비율의 안정성에 관심이 있다. 예를 들어, 대부분의 회사는 고품질의 제품(또는 서비스)을 생산함으로써 최소의 결함비율을 유지하기를 희망한다. 제조공정인 경우에 표본의 비율에 기초하여 평가할 때 결함의 비율 $\bar{p}$ 차트는 유용하다. $\bar{p}$차트의 주요한 목적은 제조과정에서 결함비율을 추적할 수 있기 때문에, 불량비 차트 또는 불량률 차트로 지칭된다. 다음 예제를 살펴보자.

예제 7.10

어떤 제조방법은 5%의 불량률을 갖는다. 품질관리자는 $n = 500$ 크기의 6개 표본을 추출한다. 다음과 같은 표본비율을 얻을 수 있다.

0.065	0.075	0.082	0.086	0.090	0.092

a. $\bar{p}$차트를 만들어라. $\bar{p}$차트에 표본비율을 그려라.
b. 생산공정은 제어되어 있는가? 설명하라.

풀이:

a. $\bar{p}$차트는 표본비율 $\bar{P}$의 표본비율 분포의 통상적 정규분포하기 때문에 중심극한정리(CLT)에 의존할 수 있다. np와 $n(1-p)$가 5보다 크거나 같은 경우에 $\bar{P}$의 표본비율 분포는 근사적으로 정규분포된다. 이 조건은 예제 7.10의 경우에 만족된다. 결함의 기대비율이 0.05에 동일하기 때문에, $p = 0.05$에서 중심선을 설정한다. 다음과 같이 상한제어한계와 하한제어한계를 계산한다.

$$\text{UCL: } p + 3\sqrt{\frac{p(1-p)}{n}} = 0.05 + 3\sqrt{\frac{0.05(1-0.05)}{500}} = 0.079$$

$$\text{LCL: } p - 3\sqrt{\frac{p(1-p)}{n}} = 0.05 - 3\sqrt{\frac{0.05(1-0.05)}{500}} = 0.021$$

UCL은 1보다 큰 값이면 제어차트에 UCL을 1에 설정하며, LCL이 음의 값이면 마찬가지로 제어차트 0으로 설정한다.

그림 7.11은 중심선, UCL과 LCL, 표본비율을 그림으로 나타낸 것이다.

b. 가장 최근의 네 개의 표본비율은 상한제어한도를 초과하였다. 이것은 공정이 제어상태에 있지 않다는 것을 말하며, 조정이 필요함을 보여준다.

그림 7.11 결점 비율

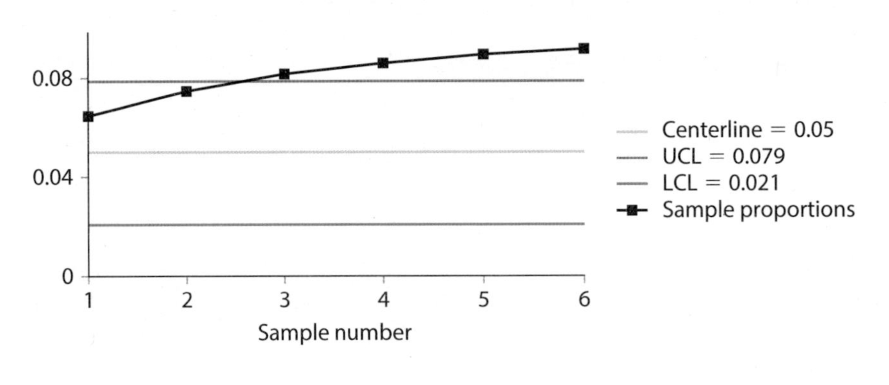

엑셀을 사용하여 제어차트 만들기

엑셀이 제어차트를 작성하는 기본기능을 갖고 있지는 않지만, 제어차트를 구성하는 것이 비교적 용이하다. 중심선, UCL, LCL, 표본평균의 값이 주어지지 않은 경우에도 엑셀을 사용하는 추가 단계는 첫 번째 이러한 값을 계산할 필요가 있다는 것이다. 다른 통계프로그램을 이용하여 값을 계산할 수 있다. 예제 7.9에서 계산한(또는 주어진) 값을 사용하여 그림 7.10을 재현하였다.

- 그림 7.12에 보이는 것처럼 엑셀 스프레드시트의 첫 번째 행에 중심선, UCL, LCL, 표본평균이라고 제목을 입력한다.
- 각 제목에 관련된 값을 입력한다. 같은 값이 반복되는 열(중심선, UCL, LCL)에 대해서는 각각의 값을 선택한 후 셀의 아래쪽으로 필요한 만큼 드래그한 다음 메뉴에서 **Home > Fill > Down**을 선택한다. 예를 들면, 중심선 값 128을 선택한 후 다섯 칸 아래로 드래그한 다음 **Home > Fill > Down**을 선택한다.
- 모든 데이터를 스프레드시트에 입력한 후, 제목을 포함하여 모든 데이터를 선택하고 **Insert > Line > 2-D Line**(상단 왼쪽에 있는 옵션을 선택)을 선택한다. 그림 7.12는 임베디드 제어차트를 보여준다.
- 색상, 축, 격자 등 서식은 메뉴에서 **Layout**을 선택하여 지정할 수 있다.

엑셀을 사용하여 $\bar{p}$차트를 구성하기 위해서 $\bar{x}$차트를 위에서 설명한 것과 동일한 단계로 수행한다.

그림 7.12 엑셀을 사용하여 제어차트 만들기

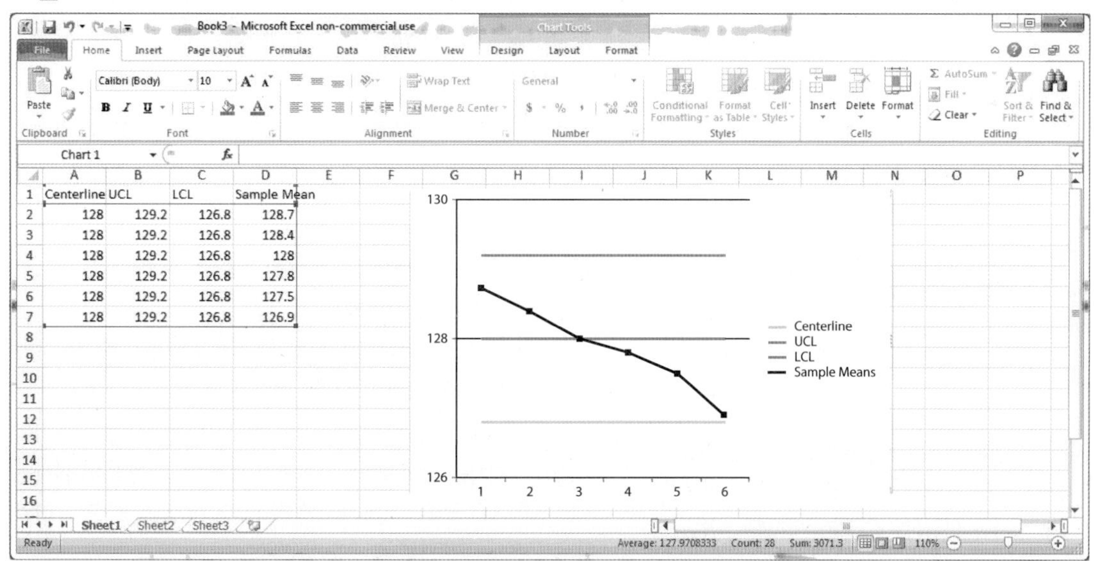

연습문제 7.5

기본문제

38. 모집단이 평균 $\mu = 80$과 표준편차 $\sigma = 14$를 가진 정규분포를 가정하자.

a. 크기 5의 표본을 사용하는 경우에 중심선과 $\bar{x}$차트의 제어상한 및 하한을 구축하라.

b. 크기 10의 표본에 대하여 반복하라.

c. 상기 제어한계에 대한 표본 크기가 미치는 영향을 논의하라.

39. 표본크기 $n = 25$인 무작위표본추출에서 모집단이 평균 $\mu = 20$과 표준편차 $\sigma = 10$인 정규분포를 가정하자.
   a. 중심선과 $\bar{x}$ 차트 상하 제어한계를 구축하라.
   b. 크기 25인 6개의 표본에서 표본평균이 18, 16, 19, 24, 28, 30을 생성했다. $\bar{x}$차트를 구축하라.
   c. 관리한계를 벗어난 포인트가 존재하는가? 공정이 제어상태에 있는가? 설명하라.

40. 임의의 표본 크기 $n=36$이 평균 $\mu = 150$과 표준편차 $\sigma = 42$로 구성된 모집단에서 추출되었다.
   a. 중심선과 $\bar{x}$차트 상하 제어한계를 구축하라.
   b. 크기 36의 5개의 표본은 133, 142, 150, 165, 169 같은 표본평균을 생성하였다. $\bar{x}$차트를 시각화하여라.
   c. 관리한계를 벗어난 포인트가 존재하는가? 공정이 제어상태에 있는가? 설명하라.

41. 크기 $n = 250$의 무작위 표본이 $p = 0.04$의 모집단에서 추출되었다.
   a. 중심선과 $\bar{p}$차트 상하 제어한계를 구축하라.
   b. $n = 150$인 경우에도 앞의 분석을 반복하라.
   c. 상기 제어한계에 대한 표본 크기의 영향에 대하여 논의하라.

42. 크기 $n = 400$의 무작위 표본이 $p = 0.10$을 가진 모집단에서 추출되었다.
   a. 중심선과 $\bar{p}$차트 상하 제어한계를 구축하라.
   b. 0.06, 0.11, 0.09, 0.08, 0.14, 0.16이 표본크기 400의 표본비율이다. $\bar{p}$차트 값을 그려라.
   c. 공정이 제어상태에 있는가? 설명하라.

43. 크기 $n = 500$의 무작위 표본이 $p = 0.34$의 모집단에서 추출되었다.
   a. 중심선과 $\bar{p}$차트 상하 제어한계를 구축하라.
   b. 0.28, 0.30, 0.33, 0.34, 0.37, 0.39는 표본 크기 500의 여섯 표본비율이다. $\bar{P}$차트를 그려라.
   c. 관리한계를 벗어난 포인트가 존재하는가? 공정이 제어상태에 있는가? 설명하라.

응용 문제

44. 어떤 제조공정은 시리얼을 평균 14온스 상자에 담도록 설계되었다. 중량의 가중치의 모집단은 2온스의 표준편차를 갖고 정규분포한다. 검사자는 10개 상자를 정기적으로 표본추출한다. 다음은 표본평균을 나타낸다.

13.7	14.2	13.9	14.1	14.3	13.9

   a. $\bar{x}$차트를 구축하여라. 표본평균을 $\bar{x}$차트에 그려라.
   b. 회사는 생산공정이 제대로 작동하는지에 대해 결론을 내릴 수 있는가? 설명하라.

45. 메이저 리그 야구 규칙 1.09는 "야구공은 5 이상 또는 5¼ 온스의 무게를 가져서는 안된다"고 규정하고 있다(http://www.mlb.com). 각각 하부 및 상부 제어한계로 이 값을 사용하라. 중심선이 5.125온스에 해당한다고 가정한다. 주기적으로 50개의 야구공 표본이 다음과 같은 표본평균을 보여준다.

5.05	5.10	5.15	5.20	5.22	5.24

   a. $\bar{x}$차트를 구축하라. 표본평균을 $\bar{x}$차트에 그려라.
   b. 관리한계를 벗어난 포인트는 존재하는가? 공정이 제어상태에 있는가? 설명하라.

46. FILE 페이스볼링(pace bowling)으로 알려진 패스트볼링(fast bowling)은 크리켓에서 공격의 중요한 구성요소이다. 목적은 빠른 속도로 공을 던져서 공중에서 빠르게 회전하다가 땅으로 떨어지게 하여 타자가 깔끔하게 치기 어렵게 하는 것이다. 싱(Kalwant Singh)은 볼링캠프의 신입 인도 선수이다. 코치는 싱의 평균 투구속도에 만족하지만, 일관성이 부족하다고 느낀다. 그는 6구씩 4오버를 실시한 후, 그의 투구속도를 기록하였다. ***Cricket***이라는 이름으로 표시된 데이터를 교과서 웹사이트에서 볼 수 있다.

Over 1	Over 2	Over 3	Over 4
96.8	99.2	88.4	98.4
99.5	100.2	97.8	91.4
88.8	90.1	82.8	85.5
81.9	98.7	91.2	87.6
100.1	96.4	94.2	90.3
96.8	98.8	89.8	85.9

싱의 투구속도는 일반적으로 평균 시속 94마일과 시속 2.8마일의 표준편차를 가지고 정규분포한다.
   a. 중심선과 $\bar{x}$차트 상하 제어한계를 구축하라. $\bar{x}$차트에 싱의 4오버의 평균속도를 그려라.
   b. 그의 투구에 나타난 패턴으로 투구에 불일치가 존재한다는 코치의 우려를 정당화할 어떤 패턴이 있는가? 설명하라.

47. 어떤 회사는 PC에 사용되는 컴퓨터 칩을 생산하고 있다. 과거의 경험에서 회사는 칩의 4%에 결함이 있음을 알고 있다. 이 회사는 지난 2주 동안 오후 1시에 제조된 최초 500개 칩을 표본추출하였다. 다음의 표본비율을 얻을 수 있었다.

0.044	0.052	0.060	0.036	0.028	0.042	0.034	0.054	0.048	0.025

   a. $\bar{p}$차트를 구축하라. $\bar{p}$차트에 표본비율을 그려라.
   b. 회사는 생산공정이 제대로 작동하는지 결론을 내릴 수 있는가?

48. 어떤 제조공정은 1,000개의 강철막대를 생산한다. 회사는 이 생산과정에서 생성된 결함비율이 5%라고 믿고 있다.
    a. 중심선과 $\bar{p}$차트 상하 제어한계를 구축하라.
    b. 엔지니어는 1,000개의 강철막대 배치를 검사하고, 6.2%의 결함이 있음을 알았다. 공정이 제어상태에 있는지를 설명하라.
49. 한 대학의 입학처는 보통 750명의 학생에게 입학을 허가하며, 이 학생들의 25%가 등록하지 않는다는 것을 이전의 경험에서 알고 있다.
    a. 중심선과 $\bar{p}$차트 상하 제어한계를 구축하라.
    b. 올해 이 대학이 750명의 학생에게 입학을 허가했는데 240명이 등록을 하지 않았다고 가정하자. 대학은 고민을 해야 하는가? 설명하라.
50. 서비스 품질에 대한 고객불만에 따라서 델(Dell)은 인도 방갈로르의 기술지원 콜센터에 기업고객 라우팅을 중단했다(USA투데이지, 2003.11.24). 인도의 외부에서 호출하는 고객에게 콜센터로 직접 연결하는 델의 결정은 지난 6개월 동안의 소비자 불만에 근거했다고 가정하자. 80명 무작위로 선택된 고객을 위해 한 달 불만의 수는 다음과 같다.

Month	Number of Complaints
1	20
2	12
3	24
4	14
5	25
6	22

    a. 관리자가 15%의 불만율을 허용하는 경우에 중심선과 $\bar{p}$차트의 상위 및 하위 제어한계를 구축하라.
    b. 인도의 외부에서 콜센터를 직접 호출하는 델의 결정을 정당화할 수 있는가?

통계를 사용한 글쓰기

바바라 드와이어(Barbara Dwyer), 럭스호텔의 매니저는 고객의 전화예약이 예약담당자와 평균 통화대기로 60초를 위하여 위해 최선을 다하고 있다. 그녀는 이 호텔에 대해 고객의 첫인상 될 가능성이 있음을 알고, 초기 상호작용을 긍정적인 것으로 되길 원한다. 이 호텔이 전화예약을 24시간 내내 허용하기 때문에 바바라는 양질의 서비스가 지속적으로 하루 종일 유지되는지에 대해 궁금해한다. 그녀는 네 통화로 구성된 여섯 표본을 24시간 동안 4교대로 각 통화의 대기시간을 기록하였다. 데이터는 초단위로 표 7.1에 나타나 있다. ***Lux_Hotel***로 표시된 전체 데이터는 교과서 웹사이트에서 제공된다.

바바라는 전화 대기시간이 일반적으로 평균 60초와 30초의 표준편차를 가지고 정규분포한다고 가정한다. 그녀는 표본 정보를 이용하여 다음 질문에 답하기를 원한다.

1. 대기시간에 대한 제어차트를 준비하라.
2. 서비스 품질이 지속적으로 하루 동안 유지되는지 여부를 결정하기 위해 제어차트를 사용하라.

표 7.1 Wait times for phone reservations

FILE

Shift	Sample	Wait Time (in seconds)				Sample Mean, $\bar{x}$
Shift 1: 12:00 am – 6:00 am	1	67	48	52	71	60
	2	57	68	60	66	63
	3	37	41	60	41	45
	4	83	59	49	66	64
	5	82	63	64	83	73
	6	87	53	66	69	69
⋮	⋮	⋮	⋮	⋮	⋮	⋮
Shift 4: 6:00 pm – 12:00 am	19	6	11	8	9	9
	20	10	8	10	9	9
	21	11	7	14	7	10
	22	8	9	9	12	10
	23	9	12	9	14	11
	24	5	8	15	11	10

보고서 예시 – 고객 대기시간

잠재고객이 럭스호텔에 전화를 할 때, 숙박 예약 전문가는 그/그녀가 럭스 숙박시설을 선택하도록 서비스의 높은 수준을 전달하는 분위기를 마련하는 것이 필수적이다. 이런 이유로 럭스호텔 관리는 고객이 예약담당자와 통화되기 전에 경과되는 시간을 최소화하기 위해 노력하고 있다. 그러나 경영관리는 현명하게 자원을 사용할 필요도 인식한다. 너무 많은 예약 전문가가 근무하는 경우, 다음 자원을 유휴 시간으로 인해 자원을 낭비하며, 너무 적은 예약 전문가가 근무하는 경우는 고객을 화나게 하거나 최악의 경우 고객을 놓칠 수 있다. 고객만족을 보장할 뿐만 아니라 자원을 효율적으로 사용하기 위해서 연구는 전형적인 고객이 예약 담당자와 연결되는 데 60초 평균으로 대기하는지 여부를 결정하기 위해 수행된다. 자료가 수집되기 전에, 제어차트가 구성된다. 상한제어한계(UCL)와 하한제어한계(LCL)는 60초 평균에서 3 표준편차에서 설정된다. 그림 7.A에서 60초 평균이 중심선으로 각각 105초와 15초 $\left(\mu \pm 3\frac{\sigma}{\sqrt{n}} = 60 \pm 3\frac{30}{\sqrt{4}} = 60 \pm 45\right)$의 상한 및 하한 제어한계 양으로 표시된다. 표본평균이 상한과 하한 제어한계 내에서 무작위로 위치할 경우에 예약 처리는 제어상태로 간주되며, 그렇지 않으면 공정은 통제되고 조정되어야 한다.

그림 7.A 표본평균 대기시간

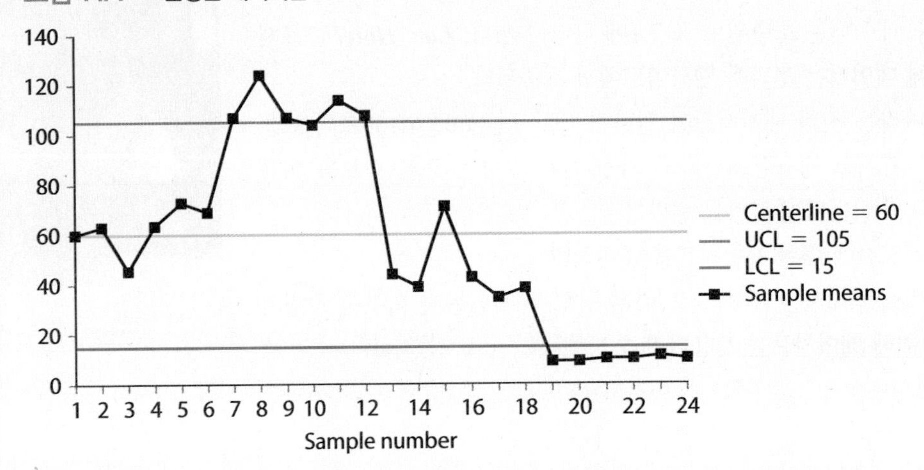

4시간마다 표본 크기 $n = 4$를 가진 6개의 표본이 무작위로 24시간에 걸쳐 추출되었고, 각 표본의 평균 대기시간이 기록된다. 여섯 표본의 평균은 첫 번째 시간대(1교대: 12:00 am - 6:00am, 표본번호 1~6) 제어한계 내에 존재하여 예약 프로세스가 제어상태에 있음을 나타낸다. 그러나 다섯 표본은 두 번째 시간대(2교대: 6:00 am - 12:00 pm, 표본번호 7~12)는 상한 제어한계 이상에 위치한다. 제2시간대 동안 전화 고객은 예약담당자와 상담하기 전에 너무 오래 기다리고 있음을 보여준다. 품질 기준의 관점에서, 이것은 호텔의 관점에서 허용할 수없는 것이다. 모든 여섯 표본의 평균은 세 번째 시간대(3교대: 12:00 pm - 6:00 pm, 표본번호 13~18) 제어한계 내에 위치한다. 네 번째 시간대(4교대: 6:00 pm - 12:00 am, 표본번호 19~24) 고객은 예약담당자와의 통화시간까지 아주 짧은 동안 기다리고 있지만, 예약담당자들은 너무 많은 유휴시간을 가지고 있다. 아마도 하나의 해법은 시간대로 일부 예약담당자를 이동하는 것이다.

개념정리

학습목표 **7.1**

일반적인 표본편의 설명

표본으로부터 정보가 체계적으로 모집단의 전형적인 아닌 경우에 **표본편의**가 발생한다. 그것은 종종 모집단을 대표하지 않은 표본에 의해 발생한다. **선택편의**는 표본에 대한 관점에서 특정 그룹의 체계적인 과소 대표성을 의미한다. **무응답편의**는 설문조사 또는 여론조사에 응답자와 무응답 사이의 선호에서 체계적인 차이를 의미한다.

학습목표 **7.2**

다양한 표본추출 방법을 설명

단순무작위표본은 n개의 관측치로 구성된 표본이 모집단에서 선택되는 다른 표본과 동일한 확률로 추출되는 것을 말한다. 대부분의 통계적 방법은 단순무작위추출법을 추정한다.

모집단이 하나 이상의 분류 기준에 기초하여 그룹(계층)으로 분할될 때 **층화무작위표본**이 형성된다. 계층을 이루는 무작위 표본은 무작위로 각 계층에서 관찰을 선택하는 단계를 포함한다. 계층마다의 관측횟수는 모집단 계층의 크기에 비례한다. 각 계층에 대한 데이터는 결국 합하게 된다. 모집단이 지리적 영역에 기초하여 그룹(클러스터)으로 분할될 때 **클러스터표본**이 형성된다. 층화무작위표본은 각 그룹의 요소로 구성되어 있는 반면, 클러스터표본은 무작위로 선택된 클러스터에서 관측치를 포함한다. 층화무작위표본은 목적이 **정밀도를 높일 때** 바람직하고, 클러스터표본추출은 목적이 **비용을 절감할 때** 바람직하다.

학습목표 **7.3**

표본평균의 표본분포를 설명

모집단의 특별한 특성, 예컨대 평균 또는 비율은 그 값을 알 수 없다고 하더라도 일정한 **모수**라 한다. 통계는 이러한 표본평균 또는 표본비율로, 선택된 무작위표본에 따른 **확률변수**이다. 통계가 모수를 추정하는 데 사용되는 경우에 이를 **추정량**이라 지칭한다. 추정량의 특정값을 **추정치**라고 부른다.

통계치 $\overline{X}$는 확률변수이기 때문에, 표본평균의 표본분포는 모집단에서 주어진 크기의 가능한 모든 표본들로부터 생성된 것이다. 표본평균 $\overline{X}$의 **기대값**은 $E(\overline{X}) = \mu$이며 **표준오차**는 통상적으로 표준편차라고 말하는 $se(\overline{X}) = \frac{\sigma}{\sqrt{n}}$이다. 어떤 표본 크기에도 만일 모집단이 정규분포되어 있는 경우에 표본분포 $\overline{X}$는 **정규분포**한다.

정규분포하는 $\overline{X}$는 **표준화 정규분포 확률변수** $Z = \frac{\overline{X} - \mu}{\sigma/\sqrt{n}}$로 변환할 수 있다. 따라서 $\bar{x}$에 대한 $\overline{X}$는 Z에 대한 $z = \frac{\bar{x} - \mu}{\sigma/\sqrt{n}}$에 대응한다.

학습목표 **7.4**

중심극한정리의 중요성을 설명

무작위표본추출이 비정규 모집단에서 이루어졌을 때 **중심극한정리**(CLT)가 사용된다. 이는 표본 크기 n이 충분히 큰 경우에 기대값 μ 및 표준편차 σ를 갖는 어떠한 모집단 X에 대하여, 표본분포 $\overline{X}$는 대략 정규적이다. 일반적인 지침으로서, 정규분포 근사를 정당화하는 경우는 $n \geq 30$이다.

학습목표 **7.5**

표본비율의 표본분포를 설명

표본비율 $\overline{P}$의 **기대값**과 **표준오차**는 $E(\overline{P}) = p$ 및 $se(\overline{P}) = \sqrt{\frac{p(1-p)}{n}}$이다. 표본 크기 **$n$이 충분히 크면** 중심극한정리(CLT)로부터 모든 모집단 비례 p에 대해 표본분포 $\overline{P}$는 정규분포한다. 일반적인 지침으로서, 정규분포에 근사는 $np \geq 5$ 및 $n(1-p) \geq 5$이다. 만일 $\overline{P}$를 정규분포로 가정하면 $Z = \frac{P - p}{\sqrt{\frac{p(1-p)}{n}}}$와 같은 표준정규확률변수로 변환할 수 있다. 따라서 어떠한 값 $\bar{p}$에 대한 $\overline{P}$는 $z = \frac{\bar{p} - p}{\sqrt{\frac{p(1-p)}{n}}}$에 대한 Z에 대응한다.

학습목표 **7.6**

유한모집단 보정계수를 사용

모집단의 크기가 비교적 작고(유한), 그 값을 안다면, 표준오차 추정량에서 보정계수를 사용하는 것이 바람직하다. 표본 크기가 $n \geq 0.05N$, 즉 전체 모집단의 5% 이상으로 구성될 때 일반적인 지침으로서, 유한모집단 보정계수를 사용한다. 보정계수를 고려할 경우, $se(\overline{X}) = \frac{\sigma}{\sqrt{n}}\left(\sqrt{\frac{N-n}{N-1}}\right)$ 및 $se(\overline{P}) = \sqrt{\frac{p(1-p)}{n}}\left(\sqrt{\frac{N-n}{N-1}}\right)$이다. Z로 변환도 동일하게 이루어진다.

학습목표 **7.7**

양적 및 질적 데이터에 대한 제어차트의 구축과 해석

통계적 품질관리는 고품질의 제품과 서비스를 제조하는 회사의 능력을 개발하고 유지하기 위해 사용되는 통계기법을 말한다. 품질관리에서 가장 일반적으로 사용되는 도구는 통계 **제어차트**이다. 제어차트는 중심선과 상한제어한계(UCL) 및 하한제어한계(LCL)를 지정한다. 일반적으로 UCL과 LCL은 중심선에 대하여 3 표준편차 내에서 설정된다. **$\bar{x}$차트**의 상하한 제어한계는 각각 $\mu + 3\frac{\sigma}{\sqrt{n}}$, $\mu - 3\frac{\sigma}{\sqrt{n}}$과 같이 정의된다. **$\bar{p}$차트**의 경우에 이러한 제어한계는 각각 $p + 3\sqrt{\frac{p(1-p)}{n}}$과 $p - 3\sqrt{\frac{p(1-p)}{n}}$로 정의된다. 표본평균 또는 표본비율이 제어한계 내에 있는 경우에 일반적으로 공정은 제어상태에 있으며, 그렇지 않으면 통제하고 조정이 필요하다. 그러나 이러한 표본 추정치 제어한계 내에 있더라도, 그들은 무작위적으로 한계 사이에 분포되어야 한다. 추세나 비정상적으로 장기적 중심선 위 또는 아래에 있을 경우, 공정은 통제되어야 한다.

51. 일리노이 대학의 과학자들이 실시한 획기적 연구는 6개월 동안에 일주일에 세 번의 활발한 40분 걷기를 통해 향상된 기억력과 추론의 증거를 발견했다(뉴스위크지, 2010.6.28-7.5). 플로리다에 본사를 둔 공공보건기관에서 일하는 보조 관리자로서 당신은 플로리다 주의 마이애미에서 도보 식이요법을 따르고 있는 성인의 비율을 추정하고 싶어 한다. 그들은 정기적으로 걸으면 다음과 같은 전략에서 발생하는 표본편의를 토의하라.
    a. 무작위로 마이애미에서 해변을 걷는 성인을 선택했다.
    b. 무작위로 마이애미 주민을 선택하여 회신용 우편물에 정보를 보내도록 요청했다.
    c. 무작위로 마이애미 주민을 선택하여 회사 웹사이트에 정보를 공개하도록 요청했다.
    d. 무작위로 마이애미에 있는 모든 병원에서 성인 환자를 선택했다.
52. 이전 질문에서 마이애미 주민의 산책 요법에 관한 다음과 같은 표본추출 전략에 따라 대표성있는 표본을 얻을 수 있는 방법에 대해 설명하라.
    a. 단순무작위표본추출
    b. 계층화무작위표본추출
    c. 클러스터표본추출
53. 노동통계국에 따르면 새로운 일자리를 찾는 데 젊은 사람은 평균 16주인 데 비하여 55세 이상은 평균 22주 소요된다(월스트리트 저널, 2008.9.2). 두 확률분포가 정규적 분포임을 가정하고, 표준편차는 2주이다.
    a. 55세 이상인 8명의 근로자가 일자리를 찾는 데 평균적으로 20주 이상 걸릴 확률은 무엇인가?
    b. 20명의 젊은 근로자가 일자리를 찾는 데 평균적으로 15주 미만을 소요할 확률은 무엇인가?
54. 초임이 대학졸업자의 경우 최고 고용 분야에서 떨어진 반면, 회계 및 재무 집중 비즈니스 학부에 대하여는 몇 가지 좋은 소식이 있다(블룸버그 비즈니스위크, 2010.7.1). 미국대학 · 고용주협회(NACE)의 2010년 여름 연봉 조사에 따르면, 회계전공 졸업생은 $50,402로 두 번째로 높은 급여를 나타냈으며 바로 뒤를 이어 재무관련 졸업생이 $49,703를 나타냈다. 회계 및 재무 졸업생의 표준편차는 각각 $6,000와 $10,000이다.
    a. 100명 무작위로 선택된 회계 졸업생 연봉이 평균적으로 $52,000 이상일 확률은 무엇인가?
    b. 100명 무작위로 선택된 재무 졸업생 연봉이 평균적으로 $52,000 이상일 확률은 무엇인가?
    c. 위의 확률에 대하여 논의하라.
55. 중요한 부성분의 길이가 평균 $\mu = 80$ cm 및 표준편차 $\sigma = 2$cm를 갖는 정규분포인 경우에 제조공정의 자동화기기는 정상적으로 동작한다.
    a. 임의로 선택된 하나가 단위 길이 79 cm 미만일 가능성을 찾아라.
    b. 10개를 무작위로 선택한 단위의 평균 길이가 79cm보다 작을 확률을 찾아라.
    c. 30개를 무작위로 선택된 단위의 평균 길이가 79cm보다 작을 확률을 찾아라.
56. 트레이더조(Trader Joe's)는 미국의 비상장 전문식료품점 체인이다. 작은 편의점 체인으로 시작하여, 2010년 6월 기준 340개 이상으로 점포수를 확장했다(http://Traderjoe.com). 트레이더조는 맛있는 음식, 맥주, 와인, 빵, 견과류, 시리얼, 커피 등의 제품을 판매하는 고유한 식료품점으로 명성을 얻었다. 자신의 베스트셀러인 견과류 중 하나가 16온스에 $4.49로 가격이 책정된다. 이는 원시 캘리포니아 아몬드이다. 각 패킷에 정확하게 16온스를 포장하는 것이 불가능하기 때문에, 분석자는 각 패킷에서 아몬드의 중량이 평균 16.01온스와 0.08온스 표준편차로 정규분포한다고 판정하고 있다.
    a. 특정 표본 크기에 따라 표본의 표본분포를 논의하라.
    b. 무작위 표본 아몬드 20봉지의 평균이 16온스 미만일 가능성을 찾아라.
    c. 시리얼 레시피 아몬드는 48온스의 아몬드보다 적지 않아야 한다. 아몬드 3개의 패킷이 이 요구사항을 충족할 확률은 무엇인가?
57. 조지아 주민들은 2010년 복권에 평균 $470.73 또는 개인소득의 1%를 지출했다(http://www.msn.com, 2012.5.23). 복권지출이 $50의 표준편차를 갖고 정규분포한다고 가정하자.
    a. 무작위로 선택된 조지아 주민이 복권에 $500 이상 지출할 확률은 무엇인가?
    b. 조지아 주민 4명을 무작위로 선택하면, 복권지출에 평균 금액이 $500 이상일 확률은 무엇인가?
    c. 조지아 주민 4명을 무작위로 선택하는 경우, 그들 모두가 복권에 $500 이상 지출할 확률은 무엇인가?
58. 미국노동통계국의 소비자지출조사(CE) 자료는 소비자당 휴대폰 서비스에 대한 연간 지출이 지난 2001년 $210에서 2007년 $608로 증가하였다. 연간 휴대폰관련 지출의 표준오차는 2001년에 $48이며, 2007년에 $132이다.
    a. 2001년에 100명의 휴대폰 고객의 연간 평균비용이 $200를 초과할 확률은 무엇인가?
    b. 2007년에 100명의 휴대폰 고객의 연간 평균비용이 $600를 초과할 확률은 무엇인가?
59. 최근 보고서에 따르면, 뉴잉글랜드의 과학자들은 77%의 정확도로 극한 장수를 예측하는 유전자 변형의 집합을 확인했다고 한다(뉴욕타임스, 2010.7.1). 환자 150명으로부터 게놈 염기서열을 취득하기로 결정했다고 가정하자.

a. 과학자들의 주장이 정확한 경우에 120명 이상의 환자들이 극단적인 장수에 대한 정확한 진단을 받을 확률은 무엇인가?

b. 과학자들의 주장이 정확한 경우에 환자의 70%보다 적은 수가 극단적인 장수에 대한 정확한 진단을 받을 확률은 무엇인가?

60. 미국 노동자들은 점점 은퇴를 지연하고자 한다(US뉴스&월드리포트, 2010.6.30). 퓨 리서치 센터(Pew Research Center)의 포괄적인 설문조사에 따르면, 취업하고 있는 62세 이상 성인의 35%는 자신의 은퇴 날짜를 늦추겠다고 밝혔다.

a. 취업하고 있는 62세 이상 성인 100명의 표본에서 40% 이상이 자신의 은퇴 날짜를 늦추겠다고 할 확률은 무엇인가?

b. 취업하고 있는 62세 이상 성인 200명의 표본에서 40% 이상이 자신의 은퇴 날짜를 늦추겠다고 할 확률은 무엇인가?

c. 두 추정된 확률의 차이에 대해 언급하라.

61. 대통령 직무수행능력은 미국 정치에서 가장 대중적 통계이다. 2010년 6월 NBC/월스트리트저널의 여론조사에 따르면, 버락 오바마 대통령은 2009년 1월 취임 이후 가장 낮은 지지율이었다. 미국인 중 48%가 오바마 대통령의 수행능력을 낮게 평가한 반면 45%만이 높게 평가하였다. 전문가들은 어려운 경제와 멕시코만에서 발생한 대규모 기름유출 사고에 대한 정부의 대응이 지지율 하락의 원인이라고 봤다. 다음 질문에 대답하기 위해 2010년 6월 승인 및 비승인 비율을 사용하라.

a. 오바마 대통령이 미국인 50명의 무작위표본에서 과반수 지지를 얻을 확률은 무엇인가?

b. 오바마 대통령이 미국인 50명의 무작위표본에서 과반수의 비승인을 얻을 확률은 무엇인가?

62. 수프를 생산하는 특정 브랜드는 자기네 제품의 나트륨 함량이 경쟁사보다 50% 적다고 주장한다. 식품 라벨에는 나트륨 함량이 410mg 들어있다고 되어 있다. 나트륨 함량의 모집단은 25mg의 표준편차를 가지고 정규분포한다. 검사원은 25캔을 정기적으로 표본추출하여 나트륨 함량을 측정한다. 다음은 표본평균이다.

405	412	399	420	430	428

a. $\bar{x}$차트를 구축하라. 표본평균을 $\bar{x}$차트에 그려라.

b. 검사원은 생산자가 정확하게 나트륨 함량에 대하여 광고하고 있다고 결론을 내릴 수 있는가? 설명하라.

63. FILE 특정 온도 범위 내에서 유지되어야 하는 제품들을 위해서 다양한 포장 솔루션이 존재한다. 콜드 체인 분포는 식품 및 제약 산업에서 특히 유용하다. 포장회사는 패키지의 온도를 일정하게 유지하도록 노력해왔다. 패키지의 온도가 평균 5℃이며 0.3℃ 표준편차를 갖는 정규분포를 따른다고 한다. 검사자는 무작위로 선택된 상자 8개를 5주 동안 매주 표본을 채취하고 다음과 같이 온도를 보고하였다. 자료 일부는 아래에 주어졌다. 전체 데이터는 ***Packaging***이라는 이름으로 교과서 웹사이트에서 볼 수 있다.

Week 1	Week 2	Week 3	Week 4	Week 5
3.98	5.52	5.79	3.98	5.14
4.99	5.52	6.42	5.79	6.25
⋮	⋮	⋮	⋮	⋮
4.95	4.95	5.44	5.95	4.28

a. 품질관리에 대한 $\bar{x}$차트를 구축하라. $\bar{x}$차트에 5주의 표본평균을 그려라.

b. 제어한계를 벗어난 포인트가 존재하는가? 공정이 제어상태에 있는가? 설명하라.

64. 수용표본추출은 매우 중요한 품질관리기법으로, 특정의 특성을 갖는 비율이 소정의 비율을 초과하는지를 결정하기 위하여 자료 군을 시험하는 방법이다. 제조 품목의 10%가 부적합한 것으로 알려져 있다고 가정하자. 매주는 항목의 자료 군을 평가하고 부적합 항목의 비율이 15%를 초과하면 생산기계가 조정된다.

a. 50항목으로 구성되어 있는 자료 군의 경우 생산기계가 조정될 확률은 무엇인가?

b. 100항목으로 구성되어 있는 자료 군의 경우 생산기계가 조정될 확률은 무엇인가?

65. 앞의 질문에서 관리부서가 분석을 위해 $\bar{p}$차트를 사용하기로 결정했다고 가정하자. 앞에서 언급한 바와 같이 제조된 상품의 10%가 부적합한 것으로 알려져 있다. 이 회사는 6주 생산품목의 자료 군을 분석하고 부적합 항목의 비율을 계산하였다.

Week	Nonconforming Percentage
1	5.5%
2	13.1%
3	16.8%
4	13.6%
5	19.8%
6	2.0%

a. 매주 자료 군이 50항목으로 구성되었다고 가정하자. $\bar{p}$ 차트를 구축하고, 어떤 주이든 기계의 조정을 필요로 하는 경우를 결정하라.

b. 주간마다 100항목으로 자료 군이 구성되었다고 가정하자. $\bar{p}$ 차트를 구축하고, 어떤 주이든 기계의 조정을 필요로 하는 경우를 결정하라.

사례연구 7.1

1970년대와 1980년대보다 1990년대와 2000년대에 미국의 저축행위가 상당히 감소했다는 것이 경제학자들에 의해 논의되고 있다(http://money.cnn.com, 2010.6.30). 경제분석국에 따르면, 미국 가정의 저축률 즉 개인 가처분소득의 비율로 정의되는 저축 비율은 2009년도에 4.20%였다. 공공정책연구소는 중서부의 저축률을 계산하기 위해 두 차례의 자체 설문조사를 실시하였다. 첫 번째 조사에서는 160가구의 표본을 추출하여 평균 저축률이 4.48%로 밝혀졌다. 두 번째 조사에서는 40가구의 표본을 추출하여 평균 저축률이 4.60%로 나타났다. 모집단의 표준편차는 1.4%로 가정한다.

위의 정보를 사용하여 아래 질문에 답하라.

1. 두 조사에서 계산된 저축률에 적어도 동일한 표본평균을 얻을 확률을 계산하라.
2. 두 확률을 이용하여 전체적으로 미국에 더 대표될 가능성이 있는 표본은 두 표본 중에 어떤 표본인가?

사례연구 7.2

한 보고서에 따르면 2010년 대학 졸업생들이 2009년 졸업생들보다 더 나은 취업 전망을 접할 가능성이 있다(뉴욕타임스, 2010.5.24). 2009－2010학년도가 시작되는 때에는 비관적이던 고용주들이 예상보다 더 많은 일자리를 제안하였다. 취업 전망의 나아졌음에도 불구하고 미국노동통계국이 발표한 25세 이하 대졸자의 현재 실업률은 여전히 8%로 보도되었다. 대학에 등록하지 않은 25세 이하 고등학교 졸업생들의 현재 실업률은 24.5%이다. 신디(Cindy Chan)는 의류회사의 영업부에서 일하고 있으며, 최근에 아이오와 주의 작은 도시로 이주하였다. 그녀는 이 도시에 25세 이하의 대졸자 220명과 고등학교 졸업생 140명이 살고 있다는 것을 알았다. 신디는 이 도시에 사는 취업중인 젊은이들의 숫자를 이용하여 그녀의 제품에 대한 수요를 측정하고 싶어 한다.

위의 정보를 사용하여 아래 질문에 답하라.

1. 취업중인 대학 졸업생 및 고등학교 졸업생의 예상수를 계산하라.
2. 25세 이하의 대학 졸업생 200명과 고등학교 졸업생 100명이 취업되어 있는 확률을 계산하라.

사례연구 7.3

프로 아이스하키 리그(NHL)에서 사용 하키 퍽은 163g(5.75온스)의 평균 무게를 가진다. 품질관리자는 하키 퍽의 제조과정을 모니터링한다. 그녀는 $n = 10$의 표본을 추출하였다. 그램 단위로 측정한 무게가 아래 표와 같다. 퍽 무게가 정규분포를 하며, 생산공정이 제어상태에 있을 때, $\mu = 163$, $\sigma = 7.5$이다. 그램 단위로 측정한 데이터의 일부를 아래 표에 나타냈다. 전체 데이터는 ***Hockey_Puck***이라는 이름으로 교과서 웹사이트에서 볼 수 있다.

사례연구 7.3의 데이터 하키 퍽의 무게(단위: 그램)

FILE

#1	#2	#3	#4	#5	#6	#7	#8
162.2	165.8	156.4	165.3	168.6	167.0	186.8	178.3
159.8	166.2	156.4	173.3	175.8	171.4	160.4	163.0
⋮	⋮	⋮	⋮	⋮	⋮	⋮	⋮
160.3	160.6	152.2	166.4	168.2	168.4	176.8	171.3

위의 정보를 사용하여 아래 질문에 답하라.

1. 중심선과 상한제어한계(UCL) 및 하한제어한계(LCL)를 나타내는 제어차트를 준비하라.
2. 공정이 제어상태에 있는지 여부를 결정하기 위해 제어차트를 사용하라.

부록 7.1 $\overline{X}$와 $\overline{P}$의 평균과 분산 유도

$\overline{X}$

모집단 X의 기대값과 분산을 $E(X) = \mu$와 $Var(X) = \sigma^2$으로 표기하자. 모집단으로부터 n개의 무작위 추출 $X_1, X_2, \ldots, X_n$에 기초한 표본평균 $\overline{X}$는 $\overline{X} = \frac{X_1 + X_2 + \cdots + X_n}{n}$으로 계산된다.

확률변수의 합의 속성을 사용하여 다음을 유도한다.

$$E(\overline{X}) = E\left(\frac{X_1 + X_2 + \cdots + X_n}{n}\right) = \frac{E(X_1) + E(X_2) + \cdots + E(X_n)}{n}$$
$$= \frac{\mu + \mu + \cdots + \mu}{n} = \frac{n\mu}{n} = \mu.$$

표본평균값은 모집단으로부터 n개의 독립적 추출이 되기 때문에, 공분산 부문은 없어지고 분산은 다음과 같이 유도된다.

$$Var(\overline{X}) = Var\left(\frac{X_1 + X_2 + \cdots + X_n}{n}\right) = \frac{1}{n^2} Var(X_1 + X_2 + \cdots + X_n)$$
$$= \frac{1}{n^2}(Var(X_1) + Var(X_2) + \cdots + Var(X_n))$$
$$= \frac{\sigma^2 + \sigma^2 + \cdots + \sigma^2}{n^2} = \frac{n\sigma^2}{n^2} = \frac{\sigma^2}{n}.$$

$\overline{P}$

X가 n번 시험의 성공횟수를 나타내는 이항확률변수라고 하자. 제5장에서 $E(X) = np$ 및 $Var(X) = np(1 - p)$이다. 표본비율의 경우로 $\overline{P} = \frac{X}{n}$

$$E(\overline{P}) = E\left(\frac{X}{n}\right) = \frac{E(X)}{n} = \frac{np}{n} = p, \text{ 및}$$

$$Var(\overline{P}) = Var\left(\frac{X}{n}\right) = \frac{Var(X)}{n^2} = \frac{np(1-p)}{n^2} = \frac{p(1-p)}{n}.$$

부록 7.2 다른 통계프로그램 사용안내

여기서는 특정 통계프로그램(미니탭, SPSS, JMP) 사용을 위한 간단한 명령어를 제공한다. 교과서 웹사이트에서 더 자세한 설명을 찾아볼 수 있다.

미니탭

무작위표본 생성

A. (예제 7.1의 반복) 메뉴에서 **Calc** > **Random Data** > **Integer**를 선택한다.

B. **생성하려는 데이터의 행 번호**에 100을 입력한다. **Store in column**에 C1을 입력한다. **Minimum value**에 1, **Maximum value**에 20000을 입력한다.

$\overline{x}$ 차트 구축

A. (예제 7.A의 반복) 먼저 C1에서 모든 대기시간을 쌓는다. C2에 데이터를 그룹화하는 방법을 나타낸다. 예를 들어, 첫 번째부터 네 개의 관측값에 1을 부여한다. 다음 네 개 관측치에 2를 부여한다. 그리고 동일하게 반복한다.

B. 메뉴에서 **Stat** > **Control Charts** > **Variables Charts for Subgroups** > **Xbar**를 선택한다.

C. **All observations for a chart are in one column**을 선택하고, 바로 아래에 있는 상자에서 C1을 선택한다. **Subgroup sizes**에서 C2를 선택한다.

D. **Xbar Options**를 선택하고 **Mean**에 60을, **Standard deviation**에 30을 입력한다.

SPSS

$\overline{x}$ 차트 구축

A. (그림 7.A의 반복) 먼저 C1에서 모든 대기시간을 쌓는다. C2에 데이터를 그룹화하는 방법을 지정한다. 예를 들어, 첫 번째부터 네 개의 관측값 1이 부여된다. 다음 네 개의 관측치에 2를 부여하는 작업을 반복한다.

B. 메뉴에서 **Analyze** > **Quality Control** > **Control Charts** > **X-bar, R, s**를 선택한다.

C. **Process Measurement**에서 C1을 선택하고, **Subgroups labeled by**에서 C2를 선택한다.

JMP

무작위표본 생성

A. (예제 7.1의 반복) spreadsheet view 안 열의 맨 위에서 마우스 오른쪽을 클릭한다. **Functions(grouped)** 아래 **Random** > **Random Integer**를 선택한다.

B. **n1**에 20000을 입력한다.

$\overline{x}$ 차트 구축

A. (그림 7.A의 반복) C1에 대기시간을 쌓는다. 메뉴에서 **Graph** > **Control Chart**를 선택한다.

B. **Xbar**를 선택하고 **Parameters** 아래 **KSigma**를 선택하고 3을 입력한다. **Process**을 위하여 열 1선택한다. **Sample Size** 아래, **Sample Size Constant**를 선택하고 4를 입력한다. **Specify Stats**를 선택한다. **Mean**에 60, **Sigma**에 30을 입력한다.

구간 추정

Interval Estimation

CHAPTER

학습목표 LEARNING OBJECTIVES

이 장을 학습한 후에는

학습목표 **8.1** **구간 추정량을 설명할 수 있어야 한다.**

학습목표 **8.2** **모집단의 표준편차가 알려진 경우 모집단의 평균에 대한 신뢰구간을 계산할 수 있어야 한다.**

학습목표 **8.3** **신뢰구간의 폭에 영향을 미치는 요인을 설명할 수 있어야 한다.**

학습목표 **8.4** ***t* 분포의 특징을 논의할 수 있어야 한다.**

학습목표 **8.5** **모집단의 표준편차가 알려져 있지 않은 경우 모집단의 평균에 대한 신뢰구간을 설정할 수 있어야 한다.**

학습목표 **8.6** **모집단 비율에 대한 신뢰구간을 설정할 수 있어야 한다.**

학습목표 **8.7** **모집단 평균과 모집단 비율을 추정하기 위해 표본크기를 선택할 수 있어야 한다.**

이전 장들에서 모집단 평균과 모집단 비율과 같은 모수 그리고 표본통계를 구분하였다. 표본통계량은 미지의 모수에 대한 통계적 추론을 세우는 데 사용된다. 일반적으로 두 가지 기본방법이 통계적 추론 분야에 등장하는데, 즉 추정 및 가설검정이다. 7장에서 설명한 바와 같이, 점추정량은 미지의 모수의 추정치와 같은 단일 값을 생성하기 위하여 표본자료를 사용한다. 한편, 신뢰구간은 미지의 모수에 대한 추정 값의 범위를 생성한다. 이 장에서는 모집단 평균과 모집단 비율에 대한 신뢰구간을 기술하고 해석한다. 표본 획득이 통계적 추론을 실시하는 최초의 단계 중 하나이므로, 추정의 정밀도가 일정 수준에 도달하기 위해서는 어떻게 적절한 표본크기를 결정하는지 알아야 한다.

도 입 사 례

"울트라 그린(ultra-green)" 카의 연료 사용

한 자동차 제조업체는 새로 선보인 "울트라 그린" 카가 연료배출량 기준으로 평균 100mpg(갤런당 마일)를 달성하여 환경보호국(EPA)로부터 A+ 등급을 획득한 몇 안 되는 차 중의 하나라고 광고한다. 피나클 리서치(Pinnacle Research)의 애널리스트인 재러드 빈(Jared Beane)은 자동차들을 동일한 조건에서 동일한 거리를 운행시킨 후 "울트라 그린" 카 표본 25대에 대하여 mpg를 기록하였다. 표 8.1은 각 차량의 mpg를 보여준다. ***MPG***라는 이름의 데이터를 교과서 웹사이트에서 찾아볼 수 있다.

표 8.1 "울트라 그린" 카 25대의 표본에 대한 mgp

97	117	93	79	97
87	78	83	94	96
102	98	82	96	113
113	111	90	101	99
112	89	92	96	98

재러드는 이미 그의 보고서의 자료를 요약하기 위해 표 및 그래프 방법을 사용하였다. 그는 주요한 모수에 대한 통계적 추론을 하고 싶어한다. 특히, 그는 위의 표본 정보를 이용하여 다음 질문에 답하고자 한다.

1. 90% 신뢰구간으로 "울트라 그린" 카의 평균 mpg를 추정하라.
2. 90% 신뢰구간으로 100mpg를 초과하는 "울트라 그린" 카의 비율을 추정하라.
3. 당신의 평균 및 비율에 대한 추정의 정밀도를 특정 수준에 도달하기 위하여 표본크기를 결정하라.

사례요약이 8장 4절 끝에 세공되어 있다.

8.1 σ가 알려져 있을 때 모집단의 평균에 대한 신뢰구간

학습목표 **8.1**
구간 추정량을 설명

모집단은 통계 문제에 관련된 모든 항목으로 구성되어 있는 반면에 표본은 모집단의 부분임을 기억하자. 주어진 표본으로부터 모집단 평균과 모집단 비율과 같은 미지의 모수에 대한 추론을 하기 위해 표본통계를 사용한다. 추정 및 가설검정은 추론분야의 두 가지 기본적인 방법이다. 비록 표본통계가 모집단의 일부에 기초하고 있지만, 이들은 모집단의 모수를 추정하고 모집단의 모수에 대한 검정을 수행하기 위해서 유용한 정보를 포함한다. 이 장에서는 추정에 초점을 맞춘다.

7장에서 설명한 바와 같이, 통계는 모수(매개 변수)를 추정할 때, 점추정량, 간단하게는 추정량이라고 한다. 추정량의 특정 값은 점추정치 또는 추정치라고 한다. $\bar{X}$는 모집단의 평균 μ의 추정량이며, $\bar{P}$는 모집단의 비율 p의 추정량임을 기억하자. 애널리스트 재러드 빈이 25대의 "울트라 그린" 카 표본에 대하여 mpg를 기록한 도입사례를 생각해보자. 표 8.1의 표본 정보를 사용하여 $\bar{x} = 96.52$mpg의 자동차의 평균 mpg를 계산한다. 동일하게 재러드는 표본에서 100보다 큰 mpg로를 만족하는 자동차의 비율에 관심이 있기 때문에 그리고 7대가 이 기준을 만족하였기 때문에 우리는 $\bar{p} = 7/25 = 0.28$.로 표본 비율을 계산한다. 따라서 모든 "울트라 그린" 카의 평균 mpg는 96.52mpg이며, 100보다 큰 자동차의 추정비율은 0.28이다.

상기 추정치는 표본이 25대의 자동차에서 얻어진 것이며, 따라서 표본들 사이에서 변화할 가능성이 있다는 것을 인지하는 것이 중요하다. 만일 25대 자동차의 또 다른 표본이 사용되는 경우 상기 값은 변경된다. 재러드가 정말 추정하고자 하는 것은 평균과 비율이지 표본의 비교가 아니다. 이러한 모집단의 모수에 대한 추론을 하기 위해 하나의 표본으로부터 어떻게 유용한 정보를 추출할 수 있는지를 검토한다.

지금까지 점추정량에 대해서만 논의했다. 종종 범위 값—**간격**—이 미지의 모수에 대한 단일 점추정치보다 유익하다. 모수 추정을 위한 범위 값은 **간격추정** 또는 **구간 추정치**라고 한다.

> **신뢰구간**
>
> **신뢰구간**(confidence interval)은 신뢰의 특정 수준으로 표기된 관심있는 모수를 포함하고 있는 값의 범위를 제공한다.

모집단에 대한 평균 μ 또는 모집단의 비율 p 신뢰구간을 구축하기 위해서, $\bar{X}$ 및 $\bar{P}$의 표본분포가 정규분포하는 것이 필수적이다. 정규성의 조건을 필요로 하지 않는 다른 방법은 설명하지 않겠다. 7장에서 $\bar{X}$가 모집단이 정규분포를 따를 때, 표본 평균 $\bar{X}$는 정규분포를 따른다고 기술하였다. 이 결과는 표본크기 n에 관계없이 성립한다. 만일 모집단이 정규분포되어 있지 않은 경우에 표본의 크기가 충분히 큰 경우, 즉 $n \geq 30$일 때, 중심극한정리에 의해, 표본 평균 $\bar{X}$는 대략적으로 정규분포한다. 표본의 크기가 충분히 큰 경우에 유사하게, $\bar{P}$의 표본분포, 즉 $n(1 - p) \geq 5$와 $np \geq 5$일 때 대략적으로 정규분포한다.

신뢰구간을 구성하는 주성분은 기본이 되는 통계의 표본분포이다. 한 예로 표본 평균 $\bar{X}$의 표본분포가 표본에 따라서 어떻게 변화하는가를 설명한다. 표본의 변화는 $\bar{X}$의 표준오차로 측정된다는 것을 기억하자. 표준오차가 작은 경우, 모집단의 μ에 서로 밀접할 뿐만 아니라 표본 평균들 사이에서도 서로 근접한다.

신뢰구간은 일반적 추정량의 표준오차와 구간의 바람직한 신뢰 수준을 설명하는 **한계 오차**(margin of error)와 관계있다. 모집단의 평균 및 모집단 비율을 추정하는 경우, 기본적인 통계의 표본분포는 근사적으로 정규분포한다. 정규분포에 의해 암시된 대칭은 한 점 추정에 오차한계를 가감함으로써 신뢰구간을 설정할 수 있음을 보여준다.

> 신뢰구간을 다음과 같이 설정하는 것이 일반적이다: 점 추정 ± 오차한계.

간단한 날씨 예에 대한 비유는 교훈적이다. 당신이 외부 온도가 약 50도라고 생각한다면, 아마도 당신은 자신의 신뢰수준으로 실제 온도는 40~60도 사이일 것을 제시할 것이다. 이 예에서 50은 실제 온도의 점 추정과 유사하며 10도의 가감은 점추정치의 한계오차이다.

도입사례에서 모든 "울트라 그린" 카의 모집단 평균의 점추정치는 96.52mpg, 즉 $\bar{x}$ = 96.52mpg이다. 우리는 점추정치를 사용하여 한계오차를 가감함으로써 신뢰구간을 구성할 수 있다.

σ가 알려진 경우에 μ의 신뢰구간 설정

학습목표 **8.2**

모집단의 표준편차가 알려진 경우 모집단의 평균에 대한 신뢰구간을 계산

μ대한 95% 신뢰구간을 설정하자. 이전에 말했듯이, 이 구간을 설정하기 위해서 $\bar{X}$의 표본분포가 정규적이어야 한다. 표준화된 정규확률변수 Z를 생각해보자. Z의 대칭성을 이용하여, $P(Z > 1.96) = P(Z < -1.96) = 0.025$를 계산할 수 있다. 그림 8.1을 참조하라. z = 1.96은 분포의 상위 꼬리에서 0.025의 확률을 주어진 z 테이블에서 결정된다는 것을 기억하라. 따라서 $P(-1.96 \leq Z \leq 1.96) = 0.95$를 공식화할 수 있다.

그림 8.1 $P(Z < -1.96) = 0.025$, $P(Z > 1.96) = 0.025$의 그림 설명

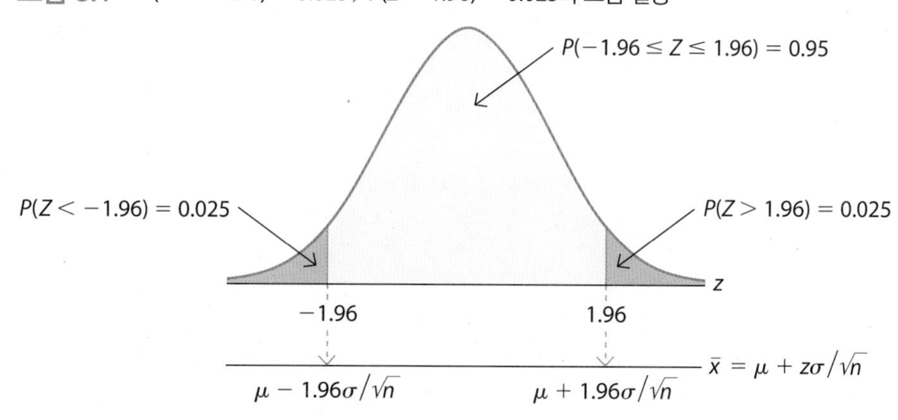

$Z = \frac{\bar{X} - \mu}{\sigma/\sqrt{n}}$이기 때문에, 평균 μ와 표준오차 $\sigma/\sqrt{n}$을 갖는 정규분포 $\bar{X}$에 대하여,

$$P\left(-1.96 \leq \frac{\bar{X} - \mu}{\sigma/\sqrt{n}} \leq 1.96\right) = 0.95\text{를 계산한다.}$$

마지막으로, $\sigma/\sqrt{n}$을 곱하고 μ를 더함으로써

$$P(\mu - 1.96\sigma/\sqrt{n} \leq \bar{X} \leq \mu + 1.96\sigma/\sqrt{n}) = 0.95\text{를 얻을 수 있다.}$$

이 수식(다시 그림 8.1의 하부 참조)은 표본 평균 $\bar{X}$가 $\mu - 1.96\sigma/\sqrt{n}$ 및 $\mu + 1.96\sigma/\sqrt{n}$ 사이에 위치할 확률이 0.95임을 의미한다, 즉, $\mu + 1.96\sigma/\sqrt{n}$ 구간내에 있다. 만일 크기 n의 표본이 소정의 모집단으로부터 반복적으로 생성된다면, 95%의 계산된 표본 평균 $\bar{x}$는 이 구간내에 있고, 나머지 5%만이 구간을 벗어나는 것이다.

모집단 평균 μ를 모르기 때문에, 특정한 $\bar{x}$가 설정된 구간 사이에 위치하는지를 결정할 수 없다. 그러나 만일 그리고 정말로 μ가 $\bar{x} \pm 1.96\sigma/\sqrt{n}$에 위치한다면, $\bar{x}$는 $\mu \pm 1.96\sigma/\sqrt{n}$에 위치한다는 것을 안다. 이 간격이 구성되는 방법이 주어진다면 시도의 95%가 발생한다. 따라서 구간 $\bar{x} \pm 1.96\sigma/\sqrt{n}$을 모집단 평균에 대한 95% 신뢰구간이라 말하며, $1.96\sigma/\sqrt{n}$을 한계오류라고 한다.

신뢰구간은 종종 잘못 해석된다. 그들을 특징화할 때 주의를 기울여야 할 필요가 있다. 예를 들어, 위의 95% 신뢰구간은 μ가 신뢰구간에서 위치할 확률이 0.95인 것을 의미하지는 않는다. 그 값이 알려져 있지 않지만 μ는 상수임을 기억하자. 간격에 속하거나(확률이 1) 또는 간격에 속하지 않거나(확률이 0 인)이다. 가능한 많은 표본 평균이 모집단으로부터 생성될 수 있기 때문에, 무작위성은 $\bar{X}$에서 유래하며, μ에서 유래하지 않는다. 따라서 μ가 $\bar{x} \pm 1.96\sigma/\sqrt{n}$ 구간에 위치할 확률이 0.95라는 말은 잘못되었다. 95% 신뢰구간은 단순히 n 크기의 다수의 표본을 소정의 모집단으로부터 생성할 경우에 상기 절차(수식)에 의해 형성된 간격의 95%가 μ를 포함할 것임을 의미한다. 추정치를 유도하기 위해 하나의 샘플을 사용할 수 있음을 유의하라. 여러 가지 가능한 표본이 있기 때문에, 95%의 신뢰를 가지고, 시도의 95%가 옳다는 것이다.

95% 신뢰구간 해석

기술적으로, 모집단의 평균 μ에 대한 95% 신뢰구간은 95%의 표본에 대하여 절차(수식)에 따를 경우에 μ를 포함하는 구간을 생성한다는 것을 의미한다. 비공식적으로 우리는 95%의 신뢰도를 가지고 주어진 구간에 μ가 위치한다고 말할 수 있다. μ가 지정된 구간에 위치할 확률이 95%라는 것은 올바르지 않다

예제 8.1

노브랜드 시리얼인 그래놀라 크런치(Granola Crunch) 상자 25개의 표본은 상자당 시리얼 1.02파운드의 평균 무게를 나타낸다. 모든 시리얼 상자의 평균 무게에 대한 95% 신뢰구간을 설정하라. 무게는 0.03파운드의 모집단 표준편차와 함께 정규분포하는 것으로 가정한다.

풀이: 모집단이 정규분포되어 있기 때문에 $\bar{X}$의 정규 조건은 만족된다. 모집단의 평균에 대하여 95% 신뢰구간은 $\bar{x} \pm 1.96\frac{\sigma}{\sqrt{n}} = 1.02 \pm 1.96\frac{0.03}{\sqrt{25}} = 1.02 \pm 0.012$로 계산된다.

95% 신뢰도를 가지고 모든 시리얼 상자의 평균 무게는 1.008과 1.032 파운드 사이에 위치하는 것으로 말할 수 있다.

95% 신뢰구간을 말하는 것이 일반적이지만, 이론적으로 0에서 100% 범위의 어느 신뢰수준의 구간을 형성할 수 있다. 이제 모든 신뢰수준의 구간을 포함하도록 확대하자. 그리스문자 α(알파)는 9장에서도 논의하겠지만, 유의수준을 정의할 때 해당 오류의 허용 가능성을 표시한다. 이는 추정 절차가 μ를 포함하지 않는 구간을 생성할 확률을 말한다. **신뢰계수**(1 − α)는 유사하게 해석된다. 오류확률 α와 신뢰수준은 다음과 같이 관련되어 있다.

- 신뢰계수 = $(1 - \alpha)$, 그리고
- 신뢰 수준 = $100(1 - \alpha)\%$.

예를 들어, 0.95의 신뢰계수는 α 오류확률이 $1 - 0.95 = 0.05$이며 신뢰수준이 $100(1 - 0.05)\% = 95\%$라는 것을 의미한다. 비슷하게, 90% 신뢰구간은 $\alpha = 1 - 0.90 = 0.10$이다. 다음 문장은 σ를 알고 있는 경우 μ에 대한 신뢰구간의 설정을 일반화한 것이다.

σ가 알려져 있는 경우 μ에 대한 신뢰구간

모집단 표준편차 σ를 알고 있을 때, 모집단 평균 μ에 대한 $100(1 - \alpha)\%$ 신뢰구간은 다음과 같이 계산된다.

$$\bar{x} \pm z_{\alpha/2}\frac{\sigma}{\sqrt{n}} \quad \text{또는} \quad \left[\bar{x} - z_{\alpha/2}\frac{\sigma}{\sqrt{n}}, \bar{x} + z_{\alpha/2}\frac{\sigma}{\sqrt{n}}\right].$$

$\bar{X}$가 (대략) 정규분포를 따르는 경우에만 이 공식은 유효하다.

표기 $z_{\alpha/2}$는 표준화된 정규 확률분포의 상위 꼬리 $\alpha/2$ 확률과 관련된 z 값이다. Z는 표준화된 정규 확률변수이고, α는 어떤 확률일 때, 다음 $z_{\alpha/2}$는 z 값으로 $z_{\alpha/2}$의 오른쪽까지 z 곡선 아래의 영역, 즉 $P(Z \geq z_{\alpha/2}) = \alpha/2$을 나타낸다. 그림 8.2는 $z_{\alpha/2}$ 표기를 보여준다.

그림 8.2 표기 $z_{\alpha/2}$의 그림 설명

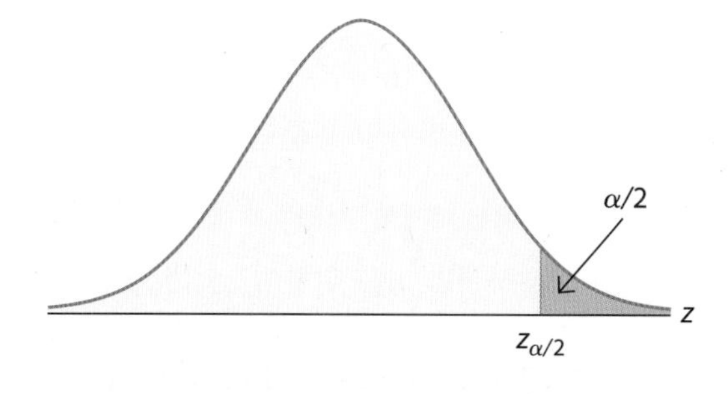

이미 언급했듯이 95% 신뢰구간에 대하여 $\alpha = 0.05$ 및 $\alpha/2 = 0.025$이다. 따라서 $z_{\alpha/2} = z_{0.025} = 1.96$. 마찬가지로, z 테이블 또는 엑셀의 NORM.S.INV 함수를 사용하여 다음과 같이 유도할 수 있다.

- 90% 신뢰구간에 대하여, $\alpha = 0.10$, $\alpha/2 = 0.05$, and $z_{\alpha/2} = z_{0.05} = 1.645$.
- 99% 신뢰구간에 대하여, $\alpha = 0.01$, $\alpha/2 = 0.005$, and $z_{\alpha/2} = z_{0.005} = 2.576$.

신뢰구간의 넓이

학습목표 **8.3**

신뢰구간의 폭에 영향을 미치는 요인을 설명

모집단의 표준편차가 알려져 있는 경우에 모집단 평균에 대한 신뢰구간의 계산에서 사용되

는 한계오류는 $z_{\alpha/2}\frac{\sigma}{\sqrt{n}}$이다. 기본적으로 $\bar{x}$에서 이 수치를 가감하기 때문에, 신뢰구간의 폭은 한계오류의 두 배이다. 예제 8.1에서, 95%의 신뢰구간에 대한 한계오류는 0.012이고, 구간의 넓이는 $1.032 - 1.008 = 2(0.012) = 0.024$이다. 이제 신뢰구간의 넓이에 영향을 미치는 다양한 요인에 대하여 살펴보자.

I. 주어진 신뢰도 $100(1-\alpha)\%$ 및 표본크기 n에 대하여 모집단의 표준편차 σ가 크면 클수록 신뢰구간은 넓어진다.

예제 8.1b

예제 8.1에 있는 모집단의 표준편차가 0.03 대신에 0.05라고 하자. 동일한 표본 정보에 기초하여 95% 신뢰구간을 계산하라.

풀이: 이전과 같은 공식을 사용하지만, 0.03의 표준편차 대신 0.05로 대체한다.

$$1.02 \pm 1.96\frac{0.05}{\sqrt{25}} = 1.02 \pm 0.020.$$

넓이가 0.024에서 $2(0.020) = 0.040$으로 증가했다.

II. 주어진 신뢰수준 $100(1-\alpha)\%$와 모집단의 표준편차 σ에서 표본크기 n이 작을수록 보다 넓은 신뢰구간이 형성된다.

예제 8.1c

25 관측치 대신에 예제 8.1의 표본이 16 관측치에 기초했다고 가정하자. 1.02파운드 동일한 표본 평균 0.03의 동일한 모집단의 표준편차를 사용하여 95% 신뢰구간을 계산한다.

풀이: 전과 동일한 공식을 이용하지만, n을 위하여 25 대신에 16을 사용한다.

$$1.02 \pm 1.96\frac{0.03}{\sqrt{16}} = 1.02 \pm 0.015.$$

넓이가 0.024에서 $2(0.015) = 0.030$으로 증가했다.

III. 주어진 표본크기 n과 모집단의 표준편차 σ가 주어졌을 때 신뢰도 $100(1-\alpha)\%$가 클수록 신뢰구간은 넓어진다.

예제 8.1d

예제 8.1에 있는 정보에 기초하여 95% 신뢰구간 대신에 99%를 계산하라.

풀이: 이제 같은 공식을 사용하여 $z_{\alpha/2}$에 1.96 대신 2.576로 대체한다.

$$1.02 \pm 2.576\frac{0.03}{\sqrt{25}} = 1.02 \pm 0.015.$$

넓이가 0.024에서 $2(0.015) = 0.030$으로 증가했다.

정밀도는 직접적으로 신뢰구간의 간격과 관련이 있다—넓이가 넓을수록 정밀도는 낮다. 날씨 비유를 계속하자면, 온도 추정치가 40도에서 80도는 간격이 너무 넓기 때문에, 온도 추정은 부정확하다. 표본이 모집단에 대한 많은 것을 보여주지 않을 때, 신뢰구간의 간격이 넓어진다, 예제 8.1b 및 8.1c는 모집단의 작은 부분만이 표본추출되는 경우(n이 작거나), 모집단의 변동성이 높은(σ가 높은) 경우에 추정치는 정확성을 상실한다. 예제 8.1d는 신뢰도와 간격에 관한 것이다. 주어진 표본 정보에 기초하여 정확성을 얻을 수 있는 유일한 방법은 넓은 간격을 만드는 것이다. 외부 온도가 40도에서 60도 사이인 것을 95% 확신하는 경우에, 넓은 범위를 사용하여 99%로 신뢰수준으로 증가시켜 35도에서 65도 사이에 존재한다고 말할 수 있다. 이 결과는 또한 정밀도와 신뢰수준의 차이를 이해하는 데 도움이 된다. 간격과 구간에서 신뢰의 정도는 트레이드-오프(trade-off)가 존재한다.

예제 8.2

IQ 테스트는 대략 정규분포하는 점수를 얻을 수 있도록 설계되었다. 한 기자는 캘리포니아에 있는 큰 하이테크 기업 직원의 평균 IQ를 추정하는 데 관심이 있다. 그녀는 이 회사 직원 22명의 IQ 정보를 수집하고, 표본 IQ가 106으로 보고하였다. 모집단의 표준편차는 15라고 가정한다.

a. 이 회사의 평균 IQ에 대하여 90%와 99% 신뢰구간을 계산하라.

b. IQ 100인 전국 평균과 크게 다른지를 추론하기 위하여 상기 결과를 사용하라.

풀이:

a. 90% 신뢰구간을 위해서 $z_{\alpha/2} = z_{0.05} = 1.645$. 마찬가지로, 99% 신뢰구간에 대해서 $z_{\alpha/2} = z_{0.005} = 2.576$.

90% 신뢰구간은 $106 \pm 1.645\frac{15}{\sqrt{22}} = 106 \pm 5.26$이다.

99% 신뢰구간은 $106 \pm 2.576\frac{15}{\sqrt{22}} = 106 \pm 8.24$이다.

99%의 간격이 90%보다 더 넓다는 것을 유의하라.

b. 90%의 신뢰도를 가지고 기자는 이 회사 직원의 평균 IQ는 전국 평균과 다르다는 것을 추론할 수 있다. 즉 90% 신뢰구간 밖에 100이 존재한다. 90%의 신뢰구간은 [100.74, 111.26]이다. 그러나 그녀는 신뢰구간의 폭이 넓어 99%의 신뢰구간 [97.76, 114.24]는 IQ 값 100이 존재하기 때문에 동일한 결과를 추론할 수 없다. 다음 장에서 추정과 검정의 연관성을 좀더 자세히 연구할 것이다.

σ가 알려진 경우에 엑셀을 사용하여 μ에 대한 신뢰구간 설정하기

신뢰구간 설정에 엑셀의 기능을 사용할 수 있다. 이러한 기능은 대용량 데이터 세트에 특히 유용하다. 다음 예제를 살펴보자.

예제 8.3

표 8.2는 하키 퍽의 표본 80개에 대한 무게 리스트이다. 전체 데이터(***Hockey_Pucks***)는 교과서 웹사이트에서 볼 수 있다. 무게가 모집단의 표준편차가 7.5그램이라고 가정하고 모집단의 평균에 대한 92% 신뢰구간을 설정하라.

표 8.2 하키 퍽 무게, $n = 80$

FILE

무게 (그램)
162.2
159.8
:
171.3

풀이: $\bar{x} \pm z_{\alpha/2}\frac{\sigma}{\sqrt{n}}$을 계산해야 한다. $\sigma = 7.5$, $n = 80$이 주어졌다. ***Hockey_Pucks***를 열고, $\bar{x}$를 찾기 위해, 빈 셀을 찾은 다음에 '= AVERAGE(A2:A81)'을 입력하여 계산하면 엑셀은 166.71을 돌려준다. 92% 신뢰구간의 경우, $\alpha = 0.08$이며 $z_{\alpha/2} = z_{0.04}$를 찾아야 한다. NORM.S.INV 함수는 주어진 누적확률에 대한 특정한 z 값을 찾는다. $z_{0.04}$는 오른쪽에 z 곡선 아래의 면적이 0.04임을 말하며, '= NORM.S.INV(0.96)'을 삽입한다. 엑셀은 $z_{0.04} = 1.751$ 또는 1.751을 돌려준다. 수치를 공식에 삽입하면 $166.71 \pm 1.751\frac{7.5}{\sqrt{80}} = 166.71 \pm 1.47$을 계산할 수 있다. 92% 신뢰도에서 모든 하키 퍽의 평균 무게는 165.24에서 168.18그램 사이에 존재하는 것으로 결론지을 수 있다.

연습문제 8.1

기본문제

1. 모집단 평균 추정에 사용될 다음의 신뢰도 수준에 대한 $z_{\alpha/2}$을 찾아라.
   a. 90%
   b. 98%
   c. 88%
2. 모집단 평균 추정에 사용될 다음의 신뢰도 수준에 대한 $z_{\alpha/2}$을 찾아라.
   a. 89%
   b. 92%
   c. 96%
3. 25 관측치로 구성된 표본은 단순무작위추출에 의하여 8.2 알려진 표준편차와 정규분포를 갖는 모집단에서 추출되었다.
   a. $\bar{X}$는 정규분포되어 있는 상태를 만족하는가? 설명하라.
   b. 80% 신뢰도를 갖는 한계오류를 계산하라.
   c. 90% 신뢰도를 갖는 한계오류를 계산하라.
   d. 두 한계오류 중에 어떤 것이 더 넓은 구간을 나타내는가?
4. 26.8 알려진 표준편차를 갖는 모집단을 고려하자. 모집단에 대한 평균에 대한 구간을 추정하기 위하여, 64개의 관측치를 표본추출하였다.
   a. $\bar{X}$는 정규분포되어 있는 상태를 만족하는가? 설명하라.
   b. 95% 신뢰도를 갖는 한계오류를 계산하라.
   c. 225 관측치를 갖는 큰 표본에 기초하여 95% 신뢰수준에서 한계오차를 계산하라.
   d. 두 한계오류 중에 어떤 것이 더 넓은 구간을 나타내는가?

5. 모집단 평균에 대한 신뢰구간의 한계오차에 영향을 미치는 요인을 논의하라. 통계분석가가 한계오차를 줄이기 위해 무엇을 할 수 있는가?

응용문제

6. 보스턴 시민의 평균 수명은 78.1세이다(보스턴글로브, 2010.8.16). 이 평균은 보스턴 시민 50명의 표본과 모집단의 표준편차가 4.5년이라고 가정한다.
   a. 모집단의 점추정치는 무엇인가?
   b. 90% 신뢰에서 한계오류는 무엇인가?
   c. 보스턴 시민 모집단 평균 수명에 대한 90% 신뢰구간을 설정하라.

7. 미국의 주택 융자에 대한 30년 고정 모기지율의 평균을 추정하기 위해 최근 대출 28건의 무작위 표본이 추출되었다. 이 표본으로부터 계산된 평균은 5.25%이다. 30년 고정 모기지 비율은 0.50%의 표준편차로 정규분포된 것으로 가정할 수 있다. 30년 고정 모기지율 모집단에 대한 90% 및 99% 신뢰구간을 설정하라.

8. 내셔널 지오그래픽 뉴스에 따르면 미국인들은 점점 더 자신의 수면을 줄이고 있다고 한다("U.S. Racking Up Huge Sleep Debt", 2005.2.24). 작은 중서부 도시에서 통계조사원은 성인 주민의 평일 평균 수면시간을 추정하고자 한다. 그는 성인 주민 80명을 무작위로 표본추출하여 6.4시간으로 평일 평균 수면시간을 기록하였다. 모집단 표준편차가 1.8시간에서 상당히 안정되어 있다고 가정한다.
   a. 이 도시의 모든 성인 주민 모집단의 평일 수면시간에 대하여 95% 신뢰구간을 계산하라.
   b. 이 도시의 모든 성인 주민의 평균 수면시간은 7시간이 아니라는 것을 95% 확신을 가지고 결론을 내릴 수 있는가?

9. 한 가족이 미주리 주 세인트루이스에서 캘리포니아로 이주한다. 세인트루이스의 주택재고 증가 때문에 집을 판매하려면 예전보다 시간이 더 많이 걸린다. 아내는 시장에 집을 내놓는 최적의 때를 알고 싶어한다. 그들의 공인중개사 친구는 그 지역에서 최근 거래된 주택 매매 26건이 평균 218일이 걸렸다는 정보를 알려주었다. 이 부동산업자 또한 자신의 이전 경험을 바탕으로 모집단의 표준편차가 72일이라는 것을 그들에게 알려주었다.
   a. 모집단에 대한 어떤 가정이 모집단 구간 추정치를 의미있게 만드는가?
   b. 그 지역에 있는 모든 주택의 평균 매매 시간에 대한 90% 신뢰구간을 설정하라.

10. 미국 소비자들은 점점 현금과 수표보다 편리한 직불카드를 대체 지불수단으로 생각하고 있다. 직불카드의 연간 소비수준은 평균 $7,790이다(키플링어스, 2007.8). 이 평균은 소비자 100명의 표본에 모집단의 표준편차가 $500라고 가정하였다.
   a. 99% 신뢰에서 한계오류는 무엇인가?
   b. 직불카드의 연간 모집단 평균 지출 금액에 대하여 99% 신뢰구간을 설정하라.

11. 미시시피에 있는 도시에서 대학 졸업자의 평균 연봉은 95% 신뢰구간[$36,080, $43,920]에 의해 주어진다. 이 분석에 사용된 모집단 표준편차는 $12,000인 것으로 알려져 있다.
   a. 이 마을의 모든 대학 졸업생의 평균의 점추정량은 무엇인가?
   b. 분석에 사용된 표본의 크기를 결정하라.

12. 관리자는 작업을 완료하는 데 필요한 평균 시간 (분) 추정에 관심이 있다. 그의 비서는 100명 관찰된 표본을 기반으로 [14.355, 17.645]인 신뢰구간을 제공하였다. 모집단의 표준편차는 10분인 것으로 알려져 있다.
   a. 신뢰구간을 계산하는 데 사용되는 표본 평균 시간을 찾아라.
   b. 분석에 사용된 신뢰수준을 결정하라.

13. FILE 한 연구는 뉴햄프셔에서 최근 대학 졸업생이 $31,048의 가장 높은 평균 부채에 직면하고 있다고 보도하였다(보스턴글로브, 2012.5.27). 코네티컷의 한 연구원은 최근 학부생의 상태가 어떤지를 결정하려고 한다. 그는 최근 학부생 40명의 부채에 대한 데이터를 수집하였다. 데이터의 일부가 다음과 같다. 전체 데이터(***CT_Undergrad_Debt***)는 교과서 웹사이트에서 찾을 수 있다. 모집단 표준편차는 $5,000라고 가정한다.

부채
87
86
:
86

   a. (엑셀 사용) 코네티컷 모든 학부생의 평균 부채에 대한 95% 신뢰구간을 설정하라.
   b. 코네티컷 학부생의 부채가 뉴햄프셔 학부생의 부채와 차이가 있는지 확인하기 위해 95% 신뢰구간을 사용하라.

14. FILE 경제학자가 모든 근로자의 시간당 평균 임금을 추정하고자 한다. 그녀는 시간당 임금 근로자 50명에 대한 데이터를 수집하였다. 데이터의 일부를 아래 표에 나타냈다. 전체 데이터(***Hourly_Wage***)는 교과서 웹사이트에서 찾을 수 있다. 모집단의 표준편차가 $6라고 가정한다. 근로자의 모집단 시간당 평균 임금을 90%와 99% 신뢰구간을 설정하고 해석하라.

시간당 임금($)
37.85
21.72
:
24.18

15. FILE 안전 책임자는 뉴저지 턴파이크의 특정 구간에서 속도에 대해 우려하고 있다. 그는 토요일 오후에 자동차 40대의 속도를 기록한다. 아래 표는 결과의 일부를 나타낸 것이며, 전체 데이터(***Highway_Speeds***)는 교과서 웹사이트에서 찾을 수 있다. 모집

단 표준편차가 5mph이라고 가정한다. 이 턴파이크 구간을 지날 때의 모든 차량의 평균 속도에 대하여 95% 신뢰구간을 설정하라. 제한속도가 55mph인 경우에 안전 책임자의 우려는 유효한가? 설명하라.

고속도로 속도(mph)
70
65
:
65

8.2 σ를 알 수 없을 때 모집단 평균에 대한 신뢰구간

지금까지는 모집단 표준편차 σ가 알려진 경우 모집단의 평균에 대한 신뢰구간에 관심을 가졌다. 현실에서는 거의 σ가 알려져 있지 않다. 모집단 분산 및 모집단 표준편차가 각각 $\sigma^2 = \frac{\Sigma(x_i - \mu)^2}{N}$ 및 $\sigma = \sqrt{\sigma^2}$로 계산된다는 것은 제3장에서 기술하였다. μ가 없는 경우 σ가 알려질 가능성은 매우 낮다. 그러나 모집단의 표준편차는 상당히 안정적인 것으로 간주하면, 과거 경험으로부터 결정할 수 있다. 이러한 경우에는 모집단 표준편차는 알려진 것으로 처리한다.

신뢰구간의 한계오류는 추정량의 표준오차와 신뢰수준에 의존한다는 것을 상기하자. σ가 알려지지 않은 경우 $\overline{X}$의 표준오차는 $\sigma/\sqrt{n}$로 주어지지만, $s/\sqrt{n}$에 의해 추정될 수 있다. 여기서 s는 표본의 표준오차이다. 제7장에서 편의를 위해 $se(\overline{X}) = s/\sqrt{n}$에 의해 $\overline{X}$의 표준오차의 추정치를 나타낸다는 것을 기억하자.

학습목표 **8.4**
***t* 분포의 특징을 논의**

t 분포

앞에서 이미 기술했듯이 μ에 대한 신뢰구간을 유도하기 위해서 $\overline{X}$가 정규분포해야 하는 것이 필수적이다. 정규분포하는 $\overline{X}$는 $Z = \frac{\overline{X} - \mu}{\sigma/\sqrt{n}}$로 표준화된다. 여기서 Z는 z 분포를 따른다. σ 대신에 추정량 S를 사용하는 다른 표준화된 통계는 $T = \frac{\overline{X} - \mu}{S/\sqrt{n}}$로 계산된다. 확률변수 T는 일반적으로 t 분포로 알려진 스튜던트 t 분포를 따른다.[1]

t 분포

크기 n의 무작위 표본이 유한분산을 가진 정규분포의 모집단에서 추출되는 경우에 통계량 $T = \frac{\overline{X} - \mu}{S/\sqrt{n}}$는 자유도 $(n - 1)$을 갖는 t 분포를 따른다.

t 분포는 실제로 영점을 기준으로 종 모양의 대칭인 z 분포와 유사한 분포이다. 그러나 모든 t 분포는 z 분포보다 약간 넓은 꼬리를 가지고 있다. 각 t 분포는 **자유도** 또는 단순히 df로 구별된다. 자유도는 분포의 꼬리 넓이의 범위를 결정하며, 자유도가 적을수록 더 긴 꼬리를 갖는다. t 분포는 자유도에 의해 규정되기 때문에, t_{df} 분포로 표기하는 것이 일반적이다.

[1] William S. Gossett(1876 – 1937)은 그가 다니던 기네스(Guinness) 맥주회사가 직원들의 연구 결과를 게시하는 것을 허용하지 않았기 때문에 필명인 "Student"라는 이름으로 t 분포에 관한 자신의 연구를 발표했다.

자세히 언급하면, 자유도란 소정의 통계치를 계산할 때 정보의 독립적인 부분의 개수를 의미하여 "자유롭게 선택"됨을 말한다. 표본 평균을 계산하는 데 필요한 독립된 관측수를 고려해보자. 만일 $\bar{x} = 20$과 $n = 4$를 알고 있다면, 세 관측치 $x_1 = 16$, $x_2 = 24$, $x_3 = 18$은 마지막 관측치가 22 이외 다른 선택이 없다, 세 개의 자유도는 $\bar{x} = 20$에서 $n = 4$ 경우에 세 개의 자유도가 필요하며 사실상 하나의 자유도가 손실된다.

t_{df} 분포 요약

- z 분포와 마찬가지로, t_{df} 분포는 0 주위에 종 모양의 대칭적인 점근 꼬리(꼬리가 가로축에 점점 더 가까이 얻을 수 있지만 그것을 결코 얻을 수 없다)이다.
- t_{df} 분포는 z 분포보다 약간 긴 꼬리를 가지고 있다.
- t_{df} 분포는 각각의 실제 형상이 df 자유의 정도에 따라 형성되는 분포들로 구성되어 있다. df가 증가함에 따라 t_{df} 분포는 z 분포와 유사하게 된다. df가 무한대에 접근할 때 그것은 z 분포와 동일하다.

그림 8.3에서 t_2와 t_5 분포의 꼬리가 t_{50} 분포의 꼬리보다 더 길다는 것을 알 수 있다. 한 예로 t_2 및 t_5의 경우에, 3의 값을 초과하는 영역 또는 $P(T_{df} > 3)$ 경우가 t_{50}보다 크다. 덧붙여 t_{50}은 z 분포에 유사하다.

그림 8.3 자유도에 따른 다양한 t_{df} 분포

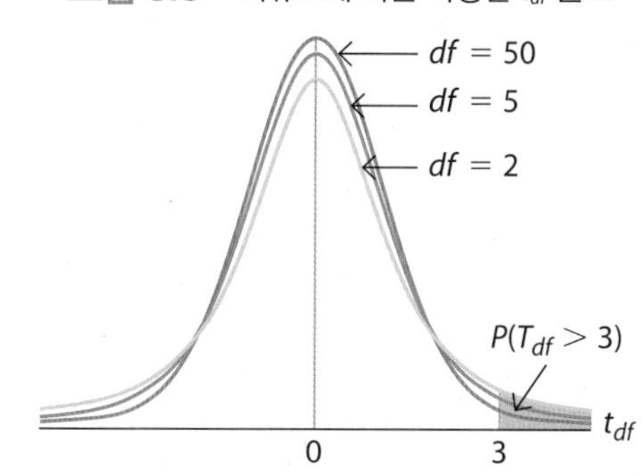

t_{df} 값과 확률 찾기

표 8.3은 선택된 상위꼬리부분 확률과 df 자유도에 대한 t_{df} 값의 목록이다. 부록 A의 표 2는 보다 완전한 도표를 제공한다. t_{df} 분포가 df 매개변수(모수)로 식별되기 때문에 t 테이블은 z 테이블에 비하여 포괄적이지 않다. 그것은 z 테이블의 누적확률과 달리 단지 t 테이블 분포의 위쪽 꼬리의 확률과 같이 제한된 수에 해당하는 확률만을 보여준다.

표 8.3 t 테이블의 일부

df	Area in Upper Tail, α				
	0.10	0.05	0.025	0.01	0.005
1	3.078	6.314	12.706	31.821	63.657
⋮	⋮	⋮	⋮	⋮	⋮
10	1.372	**1.812**	2.228	2.764	3.169
⋮	⋮	⋮	⋮	⋮	⋮
∞	1.282	1.645	1.960	2.326	2.576

상위꼬리 영역이 주어진 자유도 df에서 α에 해당되는 값을 표시하는 데 $t_{\alpha,df}$을 사용한다. 즉,

확률변수 t_{df}에 대하여 표기 $t_{\alpha,df}$은 $P(T_{df} \geq t_{df}) = \alpha$의 값을 나타낸다. 마찬가지로, $t_{\alpha/2,df}$ 값은 $P(T_{df} \geq t_{\alpha/2,df}) = \alpha/2$을 나타낸다. 그림 8.4는 표기를 보여준다.

그림 8.4 $P(T_{df} \geq t_{\alpha,df}) = \alpha$의 그림 설명

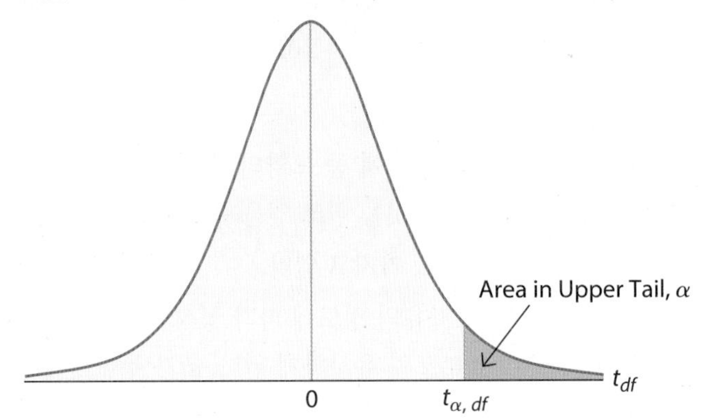

$t_{\alpha/df}$ 값을 결정할 때 두 가지 정보가 필요하다. (a) 표본크기 n 또는 유사하게 $df = n - 1$, 그리고 (b) α이다. 예를 들어, $\alpha = 0.05$와 $df = 10$에서 $t_{\alpha/df}$ 즉 $t_{0.05,10}$을 찾는다고 가정하자. 표 8.3을 사용하여, 표시된 첫 번째 열 df를 찾고, 행 10을 찾는다. 이때 나타난 값 1.812는 $P(T_{10} \leq 1.812) = 0.05$를 보여준다. t 분포는 대칭이기 때문에 $P(T_{10} \leq -1.812) = 0.05$임을 알 수 있다. 그림 8.5는 시각적으로 이러한 결과를 보여준다. 전체 t_{df} 합은 1이기 때문에 $P(T_{10} < 1.812) = 1 - 0.05 = 0.95$는 역시$P(T_{10} > -1.812)$와 같음을 유추한다.

그림 8.5 T_{10}의 양측에서 $\alpha = 0.05$에 대한 확률의 그림 설명

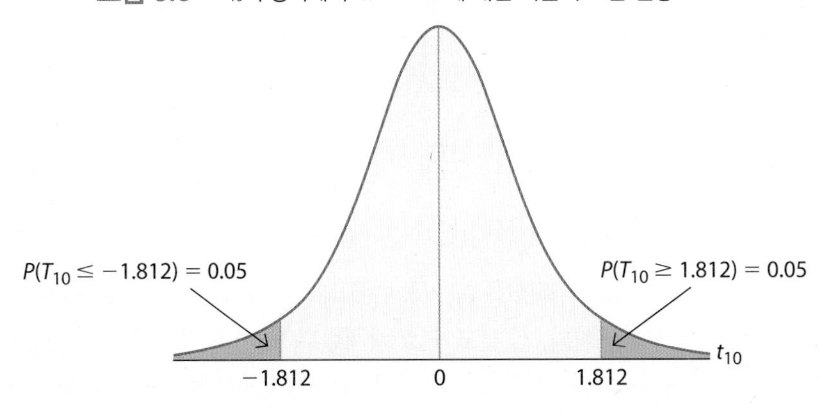

때때로 정확한 확률은 t 테이블로부터 결정할 수 없다. 예를 들어, $df = 10$일 때, 정확한 확률 $P(T_{10} \geq 1.562)$은 이 테이블에 포함되어 있지 않다. 값 1.562는 1.372와 1.812 사이에 위치하기 때문에 이 확률은 0.05와 0.10 사이이다. 마찬가지로, $P(T_{10} < 1.562)$는 0.90과 0.95 사이에 위치한다. 정확한 확률을 찾기 위해 엑셀 및 다른 통계프로그램을 사용할 수 있다.

예제 8.4

$\alpha = 0.025$와 자유도를 2, 5, 50을 이용하여 $t_{\alpha,df}$을 계산하라.

풀이:

- $df = 2, t_{0.025,2} = 4.303$.
- $df = 5, t_{0.025,5} = 2.571$.
- $df = 50, t_{0.025,50} = 2.009$.

t_{df} 값은 자유도에 따라서 변화한다. 또한, df가 증가함에 따라 t_{df} 분포는 z 분포에 유사하게 된다. $df = \infty$에 대응하는 $t_{0.025,\infty} = 1.96$은 z 값에 해당한다. $P(Z \geq 1.96) = P(Z > 1.96) = 0.025$임을 기억하자.

σ를 알 수 없는 경우 μ에 대한 신뢰구간 설정

학습목표 **8.5**

모집단의 표준편차가 알려져 있지 않은 경우 모집단의 평균에 대한 신뢰구간 설정

$\bar{X}$는 모집단의 평균을 추정할 때 정규분포에 따른 요구사항의 중요성을 충분히 강조해야 한다. 모집단이 정규분포하거나, 표본의 크기가 충분히 큰 ($n \geq 30$) 때에 $\bar{X}$는 정규분포를 따른다는 것을 기억하자. 여전히 μ에 대한 신뢰구간을 다음과 같이 설정한다. 즉, 점추정치 ± 한계오류. 모집단의 표준편차를 알 수 없는 경우에는, 한계오류를 계산하는 데 t_{df} 분포를 사용한다.

σ가 알려져 있지 않을 때 μ에 대한 신뢰구간

모집단의 평균에 대한 $100(1 - \alpha)\%$의 신뢰구간은 모집단의 표준편차 μ가 알려져 있지 않을 경우 다음과 같이 계산된다.

$$\bar{x} \pm t_{\alpha/2,df}\frac{s}{\sqrt{n}} \quad \text{또는} \quad \left[\bar{x} - t_{\alpha/2,df}\frac{s}{\sqrt{n}}, \bar{x} + t_{\alpha/2,df}\frac{s}{\sqrt{n}}\right],$$

여기서 s는 표본의 표준편차이다. $\bar{X}$가 대략적으로 정규분포를 따를 경우에만 이 공식은 유효하다.

앞에서와 같이, $100(1 - \alpha)\%$가 신뢰수준이고, $t_{\alpha/2,df}$ 는 t_{df} 값이 $df = n - 1$에 해당하는 분포의 상위꼬리 확률의 $\alpha/2$이다, 즉, $P(T_{df} > t_{\alpha/2,df}) = \alpha/2$. 이는 표본의 표준편차로 모집단 표준편차를 추정할 때, 특히 작은 표본에 대해 신뢰구간을 넓게 만들기 때문에 불확실성이 증가한다는 것으로 인지하는 것이 중요하다. 이것은 적절하게 $t_{\alpha/2}$ 분포의 넓은 꼬리에 의해 포착된다.

예제 8.5

이 장의 도입사례에서 제러드 빈은 모든 "울트라 그린" 카에 대해서 평균 mpg를 추정하고자 한다. 표 8.1은 표본 자동차 25대의 mpg를 기록한 것이다. 모집단의 평균에 대해 90% 신뢰구간을 설정하기 위하여 이 정보를 사용한다. mpg는 정규분포를 따른다고 가정한다.

풀이: mpg가 정규분포를 따르기 때문에 $\bar{X}$의 정규분포 조건은 만족된다. 따라서 $\bar{x} \pm t_{\alpha/2,df}\frac{s}{\sqrt{n}}$와 같이 신뢰구간을 설정한다. 이것은 통계자가 표본자료에 유일하게 접근할 수 있는 고전적 사례이다. 모집단의 표준편차가 알려져 있지 않기 때문에, 표본 표준편차는 표본으로부터 계산되어야 한다. 표 8.1의 표본에서 $\bar{x} = \frac{0x_i}{n} = \frac{2413}{25} = 96.52$와 $s = \sqrt{\frac{0(x_i - x)^2}{n-1}} = \sqrt{\frac{2746.24}{25-1}} = 10.70$을 계산할 수 있다. 대안적으로, 이러한 값을 찾기 위해 엑셀을 사용할 수 있다. $\alpha = 0.10$, $\alpha/2 = 0.05$와 주어진 $n = 25$, $df = 25 - 1 = 24$에서 90% 신뢰구간을 설정하라. 따라서 $t_{0.05,24} = 1.711$이며, μ에 대한 90% 신뢰구간은

$$\bar{x} \pm t_{\alpha/2,df}\frac{s}{\sqrt{n}} = 96.52 \pm 1.711\frac{10.70}{\sqrt{25}} = 96.52 \pm 3.66$$ 와 같이 계산된다.

재러드는 90%의 신뢰도로 모든 "울트라 그린" 카의 평균 mpg는 92.86mpg에서 100.18mpg 사이에 위치할 것으로 결론짓는다. 90%의 신뢰구간에 위치하기 때문에 "울트라 그린" 카의 평균 100mpg라는 제조업자의 주장은 표본자료에 의하여 기각할 수 없다.

σ를 알 수 없는 경우에 엑셀을 사용하여 μ에 대한 신뢰구간 설정하기

신뢰구간을 설정할 때 다시 엑셀의 기능이 매우 유용하다는 것을 알 수 있다. 다음 예제를 살펴보자.

예제 8.6

최근 기사에 따르면 2010년도에 매사추세츠 주민은 복권 구입에 평균 $860.70를 지출한 것으로 나타났다(http://www.businessweek.com, 2012.3.14). 이 결과를 확인하기 위해 보스턴정책연구소 연구원은 매사추세츠 주민 100명에게 복권을 위한 연간 지출에 관하여 설문조사하였다. 표 8.4는 결과의 일부이며, 전체 데이터(***Lottery***)는 교과서 웹사이트에서 찾을 수 있다. 모든 매사추세츠 주민의 복권에 대한 연평균 지출에 대해서 95% 신뢰구간을 설정하라. 이 결과가 기사의 주장에 이의를 제기하는가? 설명하라.

표 8.4 매사추세츠 주민의 복권 구입 지출, $n = 100$

Annual Lottery Expenditures (in $)
790
594
⋮
759

풀이: $\bar{x} \pm t_{\alpha/2,df}\frac{s}{\sqrt{n}}$를 계산해야 한다. 유일하게 알려진 값은 $n = 100$이다. $\bar{x}$와 s를 찾기 위해 ***Lottery*** 파일을 열고, 빈 셀을 찾아서 '=AVERAGE(A2:A101)'과 '=STDEV.S(A2:A101)'을 친다. 각각 엑셀에서 841.94의 표본 평균과 217.15의 표본 표준편차를 생성한다. $\alpha = 0.05$ 및 $df = n - 1 = 100 - 1 = 99$로부터 95% 신뢰구간을 설정하기 위하여 $t_{2/df} = t_{0.025,99}$을 찾아야 한다. T.INV 함수는 주어진 누적확률에 대한 특정 t_{df} 값을 찾는 데 사용된다. $t_{0.025,99}$의 오른쪽에 있는 곡선 아래의 영역이 0.025가 되도록 $t_{0.025,99}$ 값을 원하기 때문에, '= T.INV(0.975,99)'를 삽입하면 엑셀은 1.984를 돌려준다. 엑셀은 매우 비슷한 기능을 가지고 있는 또 다른 함수를 제공하는데, 직접 $t_{\alpha/2,df}$를 계산하는 '= TINV(α,df)'이다. 예를 들어, '= TINV(0.05,99)'는 1.984를 돌려준다. 엑셀이 돌려준 값을 수식에 입력하면 다음 값을 얻을 수 있다: $841.94 \pm 1.984\frac{217.15}{\sqrt{100}} = 841.94 \pm 43.08$. 95% 신뢰구간에서 모든 매사추세츠 주민의 복권에 대한 연간 평균 지출액은 \$798.86와 \$885.02 사이에 위치하는 것으로 결론지었다. \$860.70라고 보도된 평균 값을 포함하기 때문에 이 결론은 기사의 주장에 이의를 제기하지 않는다.

연습문제 8.2

기본문제

16. 다음과 같은 정보에서 $t_{\alpha,df}$을 찾을 수 있는가?
   a. $\alpha = 0.025$, $df = 12$
   b. $\alpha = 0.10$, $df = 12$
   c. $\alpha = 0.025$, $df = 25$
   d. $\alpha = 0.10$, $df = 25$

17. 모집단의 표준편차가 알려져 있지 않은 경우 모집단의 평균에 대한 통계적 추정을 위하여 t 분포를 사용한다. 모집단이 정규분포된다는 가정에서 다음 시나리오에 대하여 $t_{\alpha/2,df}$을 찾아라.
   a. 90% 신뢰수준과 표본크기 28이 관찰된 표본
   b. 95% 신뢰수준과 표본크기 28이 관찰된 표본
   c. 90% 신뢰수준과 표본크기 15가 관찰된 표본
   d. 95% 신뢰수준과 표본크기 15가 관찰된 표본

18. 24개 관측치를 갖는 무작위 표본은 모집단 평균을 추정하는 데 사용된다. 표본 평균과 표본 표준편차는 각각 104.6과 28.8로 계산되었다. 모집단이 정규분포하고 있다고 가정하자.
   a. 모집단 평균에 대한 90% 신뢰구간을 설정하라.
   b. 모집단 평균에 대한 99% 신뢰구간을 설정하라.
   c. 신뢰의 영향을 논의하기 위해 위의 답을 사용하여 구간 넓이에 대하여 논의하라.

19. 알 수 없는 모집단의 표준편차와 모집단이 정규분포한다고 가정하자. 무작위 표본추출 결과로 $\bar{x} = 48.68$과 $s^2 = 33.64$를 얻었다.
   a. $\bar{x}$, s^2 및 16의 관측 표본으로부터 95% 신뢰구간을 설정하라.
   b. $\bar{x}$, s^2 및 25의 관측 표본으로부터 95% 신뢰구간을 설정하라.
   c. 구간의 폭에 대하여 표본크기가 어떤 영향을 미치는지를 논의하기 위해 위의 답을 사용하라.

20. 8의 관측치를 갖는 다음 표본은 알 수 없는 평균과 표준편차를 가진 정규분포하는 모집단에서 얻었다. 22, 18, 14, 25, 17, 28, 15, 21.
   a. 표본 평균과 표본 표준편차를 계산하라.
   b. 모집단 평균에 대한 80% 신뢰구간을 설정하라.
   c. 모집단 평균에 대한 90% 신뢰구간을 설정하라.
   d. 80%의 신뢰수준에서 90%로 증가한 경우에 한계오류에는 무슨 일이 발생했는가?

응용문제

21. 8개 약국의 무작위 표본은 인기 진통제의 가격(\$)을 보여준다.

3.50	4.00	2.00	3.00	2.50	3.50	2.50	3.00

모집단이 정규분포한다는 가정에서 모집단 평균에 대한 90% 신뢰구간을 설정하라.

22. 2012년 9월 2일에 tradingeconomics.com이 보고한 것처럼 세계 주요국의 실업률(%)은 아래와 같다.

국가	실업률(%)
Australia	5.2
China	4.1
France	10.0
Germany	6.8
India	3.8
United Kingdom	8.0
United States	8.3

a. 모집단 평균에 대하여 95% 신뢰수준에서 사용되는 한계오류를 계산하라. 이 분석을 위해 필요한 가정을 설명하라.

b. 어떻게 95% 신뢰구간에 대한 한계오차를 줄일 수 있을까?

23. 한 인기 체중감량 프로그램은 그들이 추천하는 건강한 식이요법과 함께할 경우 사용자는 한 달 내에 상당한 몸무게를 감량할 수 있다고 주장한다. 모든 고객의 평균 체중감량을 추정하기 위해 영양사는 식이요법자 18명의 표본을 받아, 프로그램 가입 후 한 달 동안의 체중감량을 기록한다. 그 표본의 평균과 표준편차는 각각 12.5파운드, 9.2파운드이다. 그는 체중감량이 정규분포함을 가정한다.

a. 95% 신뢰에 대한 한계오류를 계산하라.

b. 모집단 평균에 대한 95% 신뢰구간을 계산하라.

24. 보스턴에 있는 치즈케익 팩토리 매니저는 무작위로 선택된 평일 6일의 고객의 수가 120, 130, 100, 205, 185, 220명이었으며, 고객의 수는 정규분포를 따른다고 믿는다. 평일 평균 고객 수에 대한 90% 신뢰구간을 설정하라.

25. 최근 설문조사에 따르면, 여고생은 매일 평균 100건의 문자메시지를 전송하는 것으로 알려졌다(보스턴글로브, 2010.4.20). 설문조사는 여고생 36명의 무작위 표본에 근거한다고 가정하자. 표본 표준편차는 하루 10건의 문자메시지로 계산되었다.

a. 99%의 신뢰에 대한 한계오류를 계산하라.

b. 모집단의 평균 문자메시지 전송에 대한 99% 신뢰구간은 무엇인가?

26. 공인재무분석사(Chartered Financia.Analyst, CFA®)의 목표는 핵심적 투자 전문가에 대한 요구를 완성하는 것이다. 비록 세 가지 수준의 힘든 시험을 성공적으로 통과해야 하지만, 수익성 높은 급여와 유망한 경력을 제공한다. CFA®의 평균 급여에 대해 호기심이 있는 한 재무전공 학생이 최근 공인재무분석사 36명의 임의의 표본을 추출하여 $36,000의 표준편차와 $158,000의 평균 급여를 계산하였다. 이 정보를 이용하여 공인재무분석사의 평균 급여에 대한 95% 신뢰구간을 설정하라.

27. 스도쿠 퍼즐이 최근 전세계적으로 인기를 끌고 있다. 이것은 가로 · 세로 9칸씩 총 81칸으로 이뤄진 정사각형의 가로 · 세로줄에 1~9의 숫자를 겹치지 않게 적어 넣는 퍼즐방식이다. 다만 가로 · 세로 3줄로 이뤄진 작은 사각형 안에서도 1~9가 겹치지 않게 써야 한다. 한 연구원은 대학생들이 퍼즐을 푸는 데 걸리는 평균 시간을 추정하는 데 관심이 있다. 그는 8명의 대학생을 표본추출하였고, 그들이 퍼즐을 푸는 데 걸리는 시간을 14, 7, 17, 20, 18, 15, 19, 28분으로 기록하였다.

a. 대학생이 이 퍼즐을 푸는 데 걸리는 평균 시간에 대하여 99% 신뢰구간을 설정하라.

b. 이 추론을 하는 데 어떤 가정이 필요한가?

28. 임원 보상은 지난 몇 년간의 노동자의 평균 임금 상승 수준에 비해 크게 증가했다. 사라(Sarah)는 MBA 과정 학생으로, 미국에 있는 모든 대기업 CEO의 2010년 평균 보상을 추정하는 데 통계 기술을 사용하기로 결정하였다. 그녀는 여섯 명 CEO의 보상에 대하여 무작위 표본을 추출하였다.

기업	보상(백만 달러)
Intel	8.20
Coca-Cola	2.76
Wells Fargo	6.57
Caterpillar	3.88
McDonald's	6.56
U.S. Bancorp	4.10

a. 어떻게 사라는 미국 모든 대기업 CEO의 평균 보상에 대한 90% 신뢰구간을 설정하기 위하여 상기 정보를 이용할 것인가?

b. 사라는 구간 추정치를 도출하기 위하여 어떤 가정을 했을까?

c. 어떻게 사라는 상기 구간 추정치에 보고된 한계오류를 줄일 수 있을까?

29. 주가수익비율(price-earning ratio 또는 P/E ratio)은 주당 회사가 벌어들인 수입 또는 이익에 대한 기업의 주가로 계산된다. 일반적으로 높은 P/E 비율을 가진 기업은 낮은 P/E 비율을 가진 기업에 비하여 투자자가 향후 높은 실적의 성장률을 기대하고 있음을 시사한다. 다음 표는 표본추출된 신발업계 회사의 P/E 비율을 나타낸다.

회사	P/E 비율
Brown Shoe Co., Inc.	26
CROCS, Inc.	13
DSW, Inc.	21
Foot Locker, Inc.	16
Nike, Inc.	21

이러한 비율이 정규분포를 하는 모집단에서 무작위로 추출된 표본이라 하자. 전체 신발업계의 평균 P/E 비율에 대하여 90% 신뢰구간을 설정하라.

30. 2010년 첫 6개월 동안 파네라 브레드(주)에 대한 월간 주식 종가(달러로 반올림)가 다음 표와 같다.

월	주식 종가
January 2010	$71
February 2010	73
March 2010	76
April 2010	78
May 2010	81
June 2010	75

a. 표본 평균과 표본 표준편차를 계산하라.

b. 주가는 정규분포된다고 가정하면, 파네라 브레드(주)의 평균 주가에 대한 90% 신뢰구간을 계산하라.

c. 구간 추정에 더 높은 신뢰수준을 사용하면 한계오류는 어떻게 되는가?

31. 다음 표는 피델리티의 전자 및 유틸리티 펀드의 연간 수익률(%)을 보여준다.

Year	Electronic	Utilities
2005	13.23%	9.36%
2006	1.97	32.33
2007	2.77	21.03
2008	−50.55	−35.21
2009	81.65	14.71

a. 피델리티의 전자 및 유틸리티 펀드의 평균 수익률에 대하여 99% 신뢰구간을 설정하라.

b. 당신은 위의 추론을 만들기 위해 어떤 가정을 했는가?

32. 비즈니스 스쿨 지원자의 평균 SAT 점수에 대한 90% 신뢰구간은 [1690, 1810]에 의해 주어진다. 이 신뢰구간은 25명 표본에 의한 표본 평균과 표본 표준편차를 이용하였다. 상기 신뢰구간에 사용된 표본 평균과 표본 표준편차는 무엇인가?

33. 교사가 학생들이 한 교실에서 다음 교실로 이동하는 데 드는 평균 시간(분)을 측정하고자 한다. 그의 연구 조교는 [8.20, 9.80]과 같은 신뢰구간을 보고하였으며, 36명의 학생을 표본으로 한 시간을 사용하였다.

a. 신뢰구간을 계산하는 데 사용되는 표본의 평균 시간을 찾아라.

b. 구간에 사용되는 표본 표준편차가 2.365인 경우 신뢰수준을 결정하라.

34. 여성고객을 유인하기 위해 새로운 의류매장이 고객들에게 무료로 맛있는 커피와 과자를 제공한다. 지난 5주 동안의 일일 표준편차는 $260이며 평균은 $1,080이었다. 일일 평균 수익에 대한 95% 신뢰구긴을 이 표본 정보를 사용하라. 매장 관리자는 커피와 과자 제공 전략이 $1,200의 일일 평균 매출로 이어질 것이라고 믿고 있다. 관리자가 잘못 인지하고 있는지 확인하기 위해 위의 95% 구간을 사용하라.

35. FILE 구글, 마이크로소프트, 페이스북 등 오늘날의 선도 기업은 대학에서 개발된 기술을 기반으로 하고 있다. 리사 피셔(Lisa Fisher) 비즈니스 스쿨 교수는 연구비(백만 달러)와 기술 이전에 걸리는 시간(지속시간)이 혁신을 강화하는 주요 요인으로 생각한다. 그녀는 평균 연구비 및 지속기간에 대해 알고 싶어한다. 그녀는 2008학년도 143개 대학에서 데이터를 수집하였다. 다음 표는 데이터의 일부이며, 전체 데이터(***Startups***)는 교과서 웹사이트에서 찾을 수 있다.

Research ($ millions)	Duration
$145.52	23
$237.52	23
⋮	⋮
$154.38	9

a. 모든 대학의 연구비 평균에 대한 95% 신뢰구간을 설정하라.

b. 모든 대학의 평균 지속시간에 대한 95% 신뢰구간을 설정하라.

36. FILE 대학의 부학장은 미시와 거시경제학의 표준화된 기말 시험에 대하여 평균을 비교하고자 한다. 그는 이 두 과목에서 각각 40명 무작위 표본에 각 점수를 수집할 수 있다. 다음 표는 데이터의 일부이며, 전체 데이터(***Economics***)는 교과서 웹사이트에서 찾을 수 있다.

Micro	Macro
85	48
78	79
⋮	⋮
75	74

a. 엑셀을 사용하여 미시경제학의 평균 점수와 거시경제학의 평균 점수에 대하여 95% 신뢰구간을 설정하라.

b. 두 구간의 넓이가 다른 이유를 설명하라.

37. FILE 수십 년 동안 사람들은 남자아이들이 선천적으로 수학에서 여자아이들보다 더 능력이 있다고 믿고 있다. 뇌의 본질적인 차이 때문에 남자는 여자보다 수학에 더 적합하다고 한다. 최근 연구는 수학 능력이 타고난 성별 적성보다는 문화가 중요하다고 주장한다. 다른 주장은 평균 값이 동일할 수도 있지만, 남아가 수학 능력 변동 폭이 여아에 비하여 다양하다고 주장한다. 다음 표는 남자아이들과 여자아이들의 수학 점수의 일부이며, 전체 데이터(***Math_Scores***)는 교과서 웹사이트에서 찾을 수 있다.

Boys	Girls
74	83
89	76
⋮	⋮
66	74

a. 엑셀을 이용하여 남아의 평균 점수와 여아의 평균 점수를 95% 신뢰구간을 설정하라. 당신의 가정을 설명하라.

b. 두 구간의 넓이가 다른 이유를 설명한라.

38. FILE 최근 한 연구에서 소비자들은 월평균 $983의 부채를 지불하고 있는 것으로 나타났다(Experian.com, 2010.11.11). 다음 표는 26개 대도시 지역의 평균 부채 지불의 일부를 보여준다. 전체 데이터(***Debt_Payment)***는 교과서 웹사이트에서 찾을 수 있다. 엑셀을 사용하여 모집단의 평균에 대한 90%와 95%에 대한 신뢰구간을 설정하라. 구간의 넓이에 대하여 논의하라.

City	Debt Payments
Washington, D.C.	$1,285
Seattle	1,135
⋮	⋮
Pittsburgh	763

8.3 모집단 비율에 대한 신뢰구간

학습목표 **8.6**

모집단 비율에 대한 신뢰구간을 설정

때로는 관심있는 모수가 모집단의 정량적인 기술보다 정성적인 기술에 있다. 모집단 평균 μ와 모집단 분산 σ^2이 정량적 데이터를 설명한다면, 모집단 비율 p는 자료의 정성적인 기술방법이다. 모수 p는 모집단에서 성공의 비중을 나타낸다. 여기서 성공이란 특정한 결과로 정의된다. 모집단 비율의 예로는 대학에서 여학생의 비율, 제조과정에서 결함이 있는 항목의 비율, 그리고 담보대출의 미회수 확률을 들 수 있다.

모집단 평균의 경우와 같이 그 표본 대응에 기초하여 모집단의 비율을 추정한다. 특히 모집단 비율(p)의 점추정치로 표본 비율 $\overline{P}$를 사용한다. $\overline{P}$의 표본 분포는 이항분포에 기초하지만 중심극한정리(central limit theorem)에 따라서, 대규모 표본 정규분포로 근사할 수 있다. 표본 크기 n이 $np \geq 5$ 및 $n(1-p) \geq 5$와 같은 경우 이러한 방법이 유효하다.

$E(\overline{P}) = p$와 $se(\overline{P}) = \sqrt{p(1-p)/n}$을 갖는 $\overline{P}$의 정규 근사를 이용하여 모집단 평균의 신뢰구간의 유도와 마찬가지로, $100(1-\alpha)\%$의 모집단 비율에 대한 신뢰구간은

$$\overline{p} \pm z_{\alpha/2}\sqrt{\frac{p(1-p)}{n}} \quad 또는 \quad \left[\overline{p} - z_{\alpha/2}\sqrt{\frac{p(1-p)}{n}}, \overline{p} + z_{\alpha/2}\sqrt{\frac{p(1-p)}{n}}\right].$$

이 신뢰구간은 이론적으로 적절하다. 그러나 알려지지 않은 p를 사용하므로 이것은 실현될 수 없다. 항상 정규분포 근사를 사용하기 위해서 큰 표본을 사용하기 때문에, 구간을 설정하기 위해서 $\overline{p}$를 p로 교체할 수 있다. 따라서, $\sqrt{\frac{p(1-p)}{n}}$를 위해서 $\sqrt{\frac{\overline{p}(1-\overline{p})}{n}}$ 로 대체한다. 이 대체는 모집단 비율에 대한 가능한 신뢰구간을 산출한다.

p에 대한 신뢰구간

모집단에 대한 비율 p에 대한 $100(1\text{-}\alpha)\%$ 신뢰구간은 다음과 같이 계산된다.

$$\overline{p} \pm z_{\alpha/2}\sqrt{\frac{\overline{p}(1-\overline{p})}{n}} \quad 또는 \quad \left[\overline{p} - z_{\alpha/2}\sqrt{\frac{\overline{p}(1-\overline{p})}{n}}, \overline{p} + z_{\alpha/2}\sqrt{\frac{\overline{p}(1-\overline{p})}{n}}\right]$$

$\overline{P}$가 정규분포를 따르는 경우에만 이 공식은 유효하다.

정규성 조건은 표본 비율 $\bar{p}$에서 평가된다. 즉, 모집단 비율 p에 대한 신뢰구간을 설정하기 위해서는 $n\bar{p} \geq 5$와 $n(1 - \bar{p}) \geq 5$가 요구된다.

예제 8.7

이 장의 도입사례에서 재러드 빈은 100mpg를 초과하는 "울트라 그린" 카의 비율을 추정하고자 한다. 모집단 비율에 대하여 90%와 99% 신뢰구간을 설정하기 위하여 표 8.1에 있는 정보를 사용하라.

풀이: 표 8.1에 나타낸 바와 같이, 자동차25대 중 7대가 100mpg를 넘었다. 따라서 모집단 비율의 점추정치는 $\bar{p} = 7/25 = 0.28$이다. 정규성 조건은 $np \geq 5$와 $n(1 - p) \geq 5$로 만족하기 때문에 $\bar{p} = 0.28$이다. 90% 신뢰수준에서 $\alpha/2 = 0.10/2 = 0.05$이며, $z_{\alpha/2} = z_{0.05} = 1.645$를 찾을 수 있다. 적절한 값은 $\bar{p} \pm z_{\alpha/2}\sqrt{\frac{\bar{p}(1-\bar{p})}{n}}$에 대입하면

$$0.28 \pm 1.645\sqrt{\frac{0.28(1-0.28)}{25}} = 0.28 \pm 0.148$$을 얻을 수 있다.

90% 신뢰도를 가지고 재러드는 100mpg를 넘는 자동차의 비율이 13.2%와 42.8% 사이에 위치한다고 보고한다.

만일 재러드가 99% 신뢰수준을 원한다면, $\alpha/2 = 0.01/2 = 0.005$와 $z_{\alpha/2} = z_{0.005} = 2.576$을 이용하여

$$0.28 \pm 2.576\sqrt{\frac{0.28(1-0.28)}{25}} = 0.28 \pm 0.231$$을 얻는다.

99%의 높은 신뢰수준에서 평균 100mpg 이상을 얻을 자동차 비율의 구간은 4.9%에서 51.1%가 된다. 자동차 25대라는 표본크기를 감안할 때, 재러드는 0.148에서 0.231로 한계오류 증가에 대응한 정밀도를 희생함으로써 90%에서 99%로 신뢰도를 증가시킬 수 있다.

연습문제 8.3

기본문제

39. 100 무작위 표본이 40개 성공을 얻었다.
    a. 성공의 모집단 비율에 대한 점추정치는 무엇인가?
    b. 모집단 비율에 대한 90% 신뢰구간을 설정하라.
    c. 모집단 비율에 대한 99% 신뢰구간을 설정하라.

40. 80 무작위 표본이 50개의 성공을 얻었다.
    a. 성공의 모집단 비율에 대한 95% 신뢰구간을 설정하라.
    b. 실패의 모집단 비율에 대한 95% 신뢰구간을 설정하라.

41. $n = 50$의 표본크기에서 $\bar{p} = 0.6$을 가정한다.
    a. 모집단 비율에 대한 95% 신뢰구간을 설정하라.
    b. 위의 표본 비율이 $n = 50$ 대신 $n = 200$을 기반으로 하는 경우 한계오류는 어떻게 변화하는가?

42. 80개의 표본에서 30개의 성공이 발생한 경우.
    a. 성공의 모집단 비율에 대한 점추정치를 계산하라.
    b. 모집단 비율에 대한 90%와 99% 신뢰구간을 설정하라.
    c. 모집단 비율이 0.5와 다른 것을 90% 신뢰도를 가지고 결론 내릴 수 있는가?
    d. 모집단 비율이 0.5와 다른 것을 99% 신뢰도를 가지고 결론 내릴 수 있는가?

43. 30개 표본에서 성공 수가 18인 경우

a. 성공의 모집단 비율에 대한 88% 신뢰구간을 설정하라.
b. 성공의 모집단 비율에 대한 98% 신뢰구간을 설정하라.
c. 88% 신뢰구간에서 98% 신뢰구간 이동으로 한계오류는 어떻게 되는가?

응용문제

44. 1,026명에 대한 설문조사에서 "당신이 예상치 않았던 세금 환급이 있을 경우에 무엇을 할 것인가?"를 질문하였다. 47%가 부채를 상환할 것이라고 응답했다(베니티페어, 2010.6).
    a. 95% 신뢰에서 한계오류는 무엇인가?
    b. 예상치 못한 세금 환급과 부채를 상환할 사람들의 모집단 비율에 대한 95% 신뢰구간을 설정하라.

45. 성인 1,079명에 대한 최근 여론조사에서, 인종차별로 이어질 수 있다 하더라도 미국인의 51%가 애리조나의 엄격한 새로운 이민 집행법을 지원한다는 것을 알았다(뉴욕타임스/CBS뉴스, 2010.4.28-5.2). 모집단의 비율에 대한 95% 신뢰구간을 계산하기 위해 상기 표본 정보를 사용하라.

46. 경제학자는 1,200가구의 미국 중산층에 대한 표본 중 560가구가 적극적으로 주식시장에 참여하는 것으로 보고하였다.
    a. 적극적으로 주식시장에 참여하는 중산층 미국인의 비율에 대한 90% 신뢰구간을 설정하라.
    b. 적극적으로 주식시장에 참여하는 중산층 미국인의 비율이 50%가 아니라고 결론을 내릴 수 있는가?

47. 2010년 7월 13일에 실시된 CNNMoney.com의 여론조사에서, 5,324명 미국인의 표본에 대하여 지금 살고 있는 곳에서 가장 중요한 것이 무엇인지를 물었다. 응답자의 37%가 취업 기회가 가장 중요하다고 느꼈다.
    a. 좋은 취업 기회가 가장 중요하다고 생각하는 미국인의 비율에 대하여 90% 신뢰구간을 설정하라.
    b. 좋은 취업 기회가 가장 중요하다고 생각하는 미국인의 비율에 대하여 99% 신뢰구간을 설정하라.
    c. 위의 두 신뢰구간 중 한계오류가 높은 구간은 무엇인가? 이유를 설명하라.

48. 미국에서 주택 소유자 760명 중 그/그녀가 주택담보대출을 갖는 비율이 주택 소유자 5명 중 하나라고 최근 여론조사에서 보고되었다. 0.90의 신뢰도를 사용하여, 주택담보대출을 보유하고 있는 주택 소유자의 비율에 대한 신뢰구간을 계산하라.

49. 8월 5일 실시한 여론조사에서 1,000명의 미국 성인 중에서 응답자의 44%는 버락 오바마가 경제 문제를 잘 처리하고 있다고 인정하였다(NBC뉴스/월스트리트저널 여론조사).
    a. 버락 오바마의 경제 문제 처리에 대한 인정 비율에 대하여 90% 신뢰구간을 설정하라.
    b. 이 경우에 한계오류는 무엇인가?
    c. 99% 신뢰수준에 관련된 한계오류를 계산하라.

50. 일반적으로 건강한 체중에서 30파운드 이상이면 비만으로 정의된다. 비만에 대한 최근 연구에서 미국 성인 400명에 대한 무작위 표본의 27.5%가 비만으로 보고된다.
    a. 위 표본 정보를 이용하여 미국 성인 비만율에 대하여 90% 신뢰구간을 설정하라.
    b. 미국 성인 비만율이 30%와 다르다는 것을 90% 확신을 가지고 합리적인 결론이라고 볼 수 있는가?

51. 회계 교수는 좋은 학점을 주는 데 인색한 것으로 악명이 높다. 가을학기에 140명으로 이루어진 큰 강좌에서 그녀는 5%의 A를, 23%의 B를, 42%의 C를, 그리고 30%의 D 및 F를 주었다. 이 강좌가 대표적인 강좌라고 가정하면, 이 교수에게서 적어도 B를 얻는 확률에 대하여 95% 신뢰구간을 설정하라.

52. 최근 한 조사에서 5,324명의 개인에게 살 곳을 선택할 때 가장 중요한 것은 무엇인가를 질문하였다. 응답을 다음 빈도분포로 나타낸다.

반응	빈도
좋은 직업	1,969
적당한 가격대의 집	799
학군	586
낮은 범죄율	1,225
할일	745

    a. 낮은 범죄율이 가장 중요하다고 생각하는 사람들의 모집단 비율에 대하여 95% 신뢰수준에서 사용되는 한계오차를 계산하라.
    b. 좋은 직업 또는 적당한 가격대의 집이 가장 중요하다고 생각하는 사람들의 모집단 비율에 대한 95% 신뢰수준에서 사용되는 한계오차를 계산하라.
    c. a와 b의 한계오류가 다른 이유를 설명하라.

53. CBS뉴스가 실시한 설문조사는 1,026명 응답자에게 다음과 같은 질문을 하였다. "당신이 예상치 않았던 세금 환급이 있을 때 무엇을 할 것인가?" 응답이 다음 표에 요약되어 있다.

반응	빈도
부채 상환	482
은행에 예금	308
소비	112
환급 없음	103
기타	21

    a. 세금 환급금을 은행에 예금할 것이라고 응답한 사람들의 모집단 비율에 대한 90% 신뢰구간을 설정하라.
    b. 환급받을 일 없는 사람들의 모집단 비율에 대한 90% 신뢰구간을 설정하라.

54. 18세 미국인 5명 중 1명은 고등학교를 졸업하지 못한다(월스트리트저널, 2007.4.19). 미국 동부에 있는 한 도시의 시장은 그 주의 주민들이 다른 주와 같은 졸업률을 갖지 않았다고 언급하였다. 교육부의 분석가는 시장의 말을 검증하기로 결정하였다. 특히 그녀는 그 도시에서 18세 주민 80명을 무작위로 표본추출하여 그들 중 20명은 고등학교를 졸업하지 않았음을 발견하였다.

a. 이 도시에서 고등학교를 졸업하지 못한 18세 주민의 비율에 대한 점추정치를 계산하라.
b. 모집단 비율에 대한 95% 신뢰구간을 설정하기 위해 이 점추정치를 사용하라.
c. 시장의 말은 95% 신뢰도에서 정당화될 수 있는가?

8.4 필요한 표본 크기 선택

학습목표 8.7

모집단 평균과 모집단 비율을 추정하기 위해 표본크기를 선택

지금까지 신뢰구간이 알 수 없는 모수에 대한 유용한 정보를 어떻게 제공하는지에 대하여 논의했다. 점추정치에 오류한계를 가감하여 신뢰구간을 계산한다. 오류한계가 매우 큰 경우, 신뢰구간은 너무 커져서 그 유용성이 줄어든다. 예를 들어, 비즈니스 대학원의 연간 평균 연봉이 신뢰구간 \$16,000에서 \$64,000 사이인 것으로부터 약간의 정보만을 얻을 수 있다. 마찬가지로, 비즈니스 학생의 10~60%는 MBA를 추구한다는 구간 추정치는 실제로 유익하지 않다.

통계사용자는 낮은 한계오류를 선호하는데, 이는 추정된 구간에 대하여 높은 정밀도를 좋아하기 때문이다. 표본의 크기를 증가시킬 수 있을 경우, 더 큰 n은 구간 추정치의 한계오류를 감소시킨다. 보다 큰 표본크기는 정밀도를 개선하지만, 그것은 또한 시간과 비용의 관점에서 추가적 비용을 수반한다. 데이터 수집에 들어가기 전에, 처음부터 달성하고자 하는 내용에 적합한 표본의 크기를 결정하는 것이 중요하다. 이 절에서는 모집단 평균 μ와 비율 p에 대한 신뢰구간 설정에서, 원하는 한계오류, 필요한 표본크기를 검토한다. 보수적으로 추정하기 위해서 항상 필요한 표본크기에서 정수 값으로 반올림한다.

μ를 추정하기 위한 n의 선택

알려진 모집단 표준편차 σ를 가지고 μ에 대한 신뢰구간을 고려하자. 또한 E를 원하는 한계오류라 하자. 즉 표본 평균이 주어진 신뢰수준, E 이상으로 모집단 평균에서 벗어나는 것을 원하지 않는다. $E = z_{\alpha/2}\frac{\sigma}{\sqrt{n}}$이기 때문에, 이 수식을 이용하여 필요한 표본크기를 $n = \left(\frac{z_{\alpha/2}\sigma}{E}\right)^2$으로 유도할 수 있다. 표본의 크기는 모집단 표준편차와 신뢰도 $100(1-\alpha)\%$에 대하여 $z_{\alpha/2}$의 값을 알 수 있는 경우에 계산될 수 있다.

이 공식은 σ에 대한 정보를 기반으로 한다. 그러나 대부분의 경우에 σ는 알 수 없기 때문에 추정되어야 한다. 표본 표준편차 s는 σ에 대한 추정치로 사용할 수 없다. 이유는 s는 n의 표본크기가 결정된 후에 계산된다. 이러한 경우에, 합리적인 추정 $\hat{\sigma}$을 σ에 대체한다.

모집단 평균을 추정할 때 필요한 표본크기

적정한 한계오류 E에 대하여, 모집단 평균 μ에 대한 $100(1-\alpha)\%$ 신뢰구간을 추정하는 데 필요한 최소 표본크기 n은 $n = \left(\frac{z_{\alpha/2}\hat{\sigma}}{E}\right)^2$이다. 여기서 σ의 합리적인 추정치는 $\hat{\sigma}$이다.

σ를 알고 있는 경우, σ로 $\hat{\sigma}$을 교체한다. 때때로 계획 단계에서 미리 선택된 표본에서 $\hat{\sigma}$으로 표본 표준편차로 사용한다. $\hat{\sigma}$을 위한 또 다른 선택은 이전 연구로부터 모집단 표준편차의 추정치를 사용하는 것이다. 마지막으로 모집단의 최저 및 최고 가능한 값이 존재할 경우에 모집단 표준편차에 대한 대략적인 근사치로 $\hat{\sigma}$ = range/4로 주어진다.

예제 8.8

예제 8.5에서 재러드 빈은 "울트라 그린" 카의 평균속도 mpg에 대한 90% 신뢰구간을 설정하고자 한다. 재러드는 2mpg 내에서 한계오류를 제한하고자 한다. 모집단에서 가장 낮은 mpg로 76mpg가 있으며, 최고 118mpg가 존재한다고 재러드는 알고 있다. 재러드는 모집단 평균에 대한 90%의 신뢰구간을 설정하기 위하여 얼마나 큰 표본이 필요한가?

풀이: 90% 신뢰수준의 경우에 재러드는 $z_{\alpha/2} = z_{0.05} = 1.645$로 계산한다. $\hat{\sigma}$ = range/4 = (118 − 76)/4 = 10.50의 범위로 그는 모집단 표준편차를 추정한다. E = 2가 주어졌을 때, 필요한 표본크기는 $n = \left(\frac{z_{\alpha/2}\hat{\sigma}}{E}\right)^2 = \left(\frac{1.645 \times 10.50}{2}\right)^2 = 74.58$이다. 따라서 75로 반올림하여, 재러드는 평균 mpg에 대하여 정확한 신뢰구간을 추정하기 위하여 적어도 75대의 "울트라 그린" 카의 무작위 표본이 필요하다.

p를 추정하기 위한 n의 선택

모집단의 비율(p)에 대한 신뢰구간의 한계오류 E는 $z_{\alpha/2}\sqrt{\frac{\overline{p}(1-\overline{p})}{n}}$이다. 여기서 $\overline{p}$는 표본 비율을 나타낸다. 다시 정리함으로써 $n = \left(\frac{z_{\alpha/2}}{E}\right)^2 \overline{p}(1-\overline{p})$로서 필요한 표본크기에 대한 수식을 도출한다. 이 크기 n의 표본이 이미 선택되어 있지 않은 경우에 $\overline{p}$를 사용하기 때문에 이 수식에 의하여 계산될 수 없다. 모집단 비율(p)의 합리적인 추정치 $\hat{p}$로 p를 교체한다.

모집단 비율을 추정하기 위해 필요한 표본크기

바람직한 한계오류 E에 대하여 모집단 비율 p에 대한 $100(1-\alpha)\%$ 신뢰구간을 추정하는 경우에 최소 표본크기 n은 $n = \left(\frac{z_{\alpha/2}}{E}\right)^2 \hat{p}(1-\hat{p})$이다. 여기서 $\hat{p}$은 계획 단계에서 p의 합리적인 추정이다.

때때로 계획 단계에서 $\hat{p}$을 미리 선택된 표본에서 표본 비율로 사용한다. 최적의 표본크기가 결정되면, 최종 표본이 모집단 비율을 추정하기 위해 선택된다. $\hat{p}$을 위한 또 다른 선택은 이전 연구에서 모집단의 비율의 추정치를 사용하는 것이다. 모집단 비율의 다른 합리적인 추정치가 없는 경우에, 최적의 표본크기를 유도하는 보수적 방법으로 $\hat{p}$ = 0.5를 사용할 수 있다. 기억할 것은 표본크기는 $\hat{p}$ =0.5일 때 가장 크다.

예제 8.9

사례 8.7을 다시 검토하자. 재러드 빈이 100mpg가 넘는 "울트라 그린" 카의 비율에 대한 90% 신뢰구간을 설정하고자 한다. 재러드는 한계오류를 0.10 이하로 정하고 싶다. 얼마나 큰 표본이 재러드의 모집단 비율에 대한 자신의 분석을 위해 필요한가?

풀이: 90% 신뢰수준의 경우 재러드는 $z_{\alpha/2} = z_{0.05} = 1.645$를 계산한다. 모집단 비율에 대한 추정치가 쉽게 제공되지 않기 때문에 재러드는 $\hat{p} = 0.50$의 보수적인 추정치를 사용한다. $E = 0.10$을 감안할 때, 필요한 표본크기는 $n = \left(\frac{z_{\alpha/2}}{E}\right)^2 \hat{p}(1 - \hat{p}) = \left(\frac{1.645}{0.10}\right)^2 0.50(1 - 0.50) = 67.65$이다. 이 수치는 반올림하여 68이다. 재러드는 100mpg 이상의 "울트라 그린" 카의 비율에 대한 더욱 정확한 구간추정을 위해서 적어도 68 크기의 무작위 표본을 필요로 한다.

사례요약

연구소의 애널리스트인 재러드 빈은 100mpg의 평균을 자랑하는 새로운 "울트라 그린" 카에 대하여 보고서를 작성하려고 준비중이다. 25대 자동차의 표본을 기반으로 재러드는 모든 "울트라 그린" 카의 평균 mpg는 90%의 신뢰도로 92.86mpg에서 100.18mpg의 사이에 위치한다고 보고한다. 재러드는 100 이상의 mpg를 획득한 차의 비율에 대한 90% 신뢰구간을 설정할 때, 0.132-0.428의 구간 추정치를 얻는다. 재러드는 한계오류를 줄임으로써 그의 신뢰구간의 정밀도를 향상하고자 한다. 만일 그의 모집단의 평균에 대한 한계오류가 2mpg인 경우, 그 분석을 위하여 적어도 75대의 표본크기를 사용해야 한다. 재러드 역시 100 이상의 mpg를 획득한 자동차의 비율에 대하여 한계오류를 0.1로 줄일 경우에 보수적 추정치를 사용할 경우에 적어도 68대의 자동차 표본이 필요하다. 따라서 90%의 신뢰도를 가지고 모집단의 평균과 비율에 대한 구간을 추정할 때, 재러드는 적어도 75대의 표본이 필요하다.

연습문제 8.4

기본문제

55. 원하는 한계오류가 $E = 1.2$인 경우에 90% 신뢰도를 가지고 μ를 추정하기 위한 최소 표본크기 n은 무엇인가? 모집단 표준편차 $\hat{\sigma} = 3.5$로 추정된다. 한계오류가 $E = 0.7$로 감소하는 경우 n은 어떻게 되는가?

56. 모집단의 최저 및 최고 관찰은 20 및 80이다. 80%의 신뢰도를 가지고 μ를 추정하는 데 원하는 한계오류가 $E = 2.6$인 경우에 최소 표본크기 n은 무엇인가? 만일 당신이 95%의 신뢰도로 μ를 추정하기로 결정하면 n은 어떻게 되는가?

57. 모집단의 평균에서 상하 10단위 안에 표본 평균이 위치할 것에 95% 신뢰를 가지기 위하여 필요한 표본크기를 찾아라. 모집단의 표준편차가 40이라고 가정한다.

58. 모집단의 평균에 대하여 99% 신뢰구간을 계산해야 한다. 표본 평균이 모집단 평균으로부터 1.2 이상 이탈하지 않기 위해서 얼마나 큰 표본이 필요한가?(이전의 연구에서 모집단 표준편차의 추정치로 6.0을 사용한다.)

59. 한계오류 $E = 0.08$과 95%의 신뢰와 p를 추정하는 데 필요한 최소 표본크기 n은 무엇인가? 모집단 비율 $\hat{p} = 0.36$은 이전 연구로부터 추정된다. $E = 0.12$로 한계오류가 증가한 경우에 표본크기 n은 어떻게 되는가?

60. 계획 단계에서 표본 비율은 $\hat{p}$ = 40/50=0/80으로 추정되었다. 99%의 신뢰와 p를 추정하는 데 필요한 한계오류가 E=0.12일 때, 최소 표본크기 n을 결정하라. 90%의 신뢰로 p를 추정하기로 결정하면 n은 어떻게 되는가?

61. 모집단의 비율에 대한 95% 신뢰구간을 계산하기 바란다. 표본 비율이 0.06 이상으로 모집단 비율에서 일탈하지 않도록 하기 위해서는 얼마나 많은 표본크기가 필요한가? 모집단 비율에 대한 사전 추정치가 존재하지 않는다.

응용문제

62. 캘리포니아 에너지연구소의 분석가는 무연 가솔린의 평균 가격에 대한 99% 신뢰구간을 추정하고자 한다. 특히 그녀는 표본 평균이 $0.06 이상 모집단 평균에서 벗어나는 것을 원하지 않는다. 언론에 보고된 $0.32의 표준편차 추정치를 사용하는 경우 그녀가 그녀의 표본에 포함해야 하는 주유소의 최소 개수는 무엇인가?

63. 애널리스트가 두 산업 평균 주식 수익률에 대한 95% 신뢰구간을 설정하고 싶어한다. 산업A는 높은 위험 산업으로 20.6%의 모집단 표준편차를 나타낸 반면 산업B는 13.28%의 모집단의 표준편차를 나타낸다.
   a. 그녀가 산업A에 4%의 한계오류로 제한하고자 하는 경우 분석에 필요한 최소 표본크기는 무엇인가?
   b. 그녀가 산업B에 4%의 한계오류로 제한하고자 하는 경우 분석에 필요한 최소 표본크기는 무엇인가?
   c. 그들은 동일한 한계오류를 적용하는 경우에 왜 위의 결과는 다른가?

64. 뉴멕시코에 있는 한 피자 체인의 매니저는 자신의 광고된 16인치 피자의 평균 크기를 결정하려고 한다. 그녀는 25개 피자를 임의로 표본추출하였으며, 각각 16.10인치와 1.8인치로 평균과 표준편차를 기록하였다. 그녀는 이어서 [15.36, 16.84]로 모든 피자의 평균 크기의 95% 신뢰구간을 계산하였다. 그러나 그녀는 이 구간은 품질 제어를 구현하기에 너무 광범위한 것으로 보고 큰 표본에 기초하여 평균 값을 재추정하기로 결정하였다. 초기 분석에서 1.8의 표준편차 추정치를 사용하여 한계오류가 0.5인치 미만을 원한다면 얼마나 많은 표본이 필요한지를 결정하라.

65. 모기지 대출기관들은 부동산 대출을 신청하는 소비자의 신용도를 확인하기 위하여 FICO®점수를 사용한다. 일반적으로 FICO점수는 가장 낮은 300에서 더 나은 신용 프로필을 나타내는 높은 점수인 850까지이다. 중서부 도시에 있는 대출기관은 주민의 평균 신용 점수를 추정하고 싶어한다. 95% 신뢰와 한계오류 20을 초과하는 경우에 필요한 FICO점수의 표본 수는 얼마인가?

66. 새롭게 문을 연 타깃 스토어의 관리자는 자신의 고객의 평균 지출을 추정하고자 한다. 미리 선택된 표본에서, 표준편차는 $18로 추정되었다. 관리자는 고객의 평균 지출에 대한 95% 신뢰구간을 설정하고 싶다.
   a. $5 한계오류를 달성하는 데 필요한 적절한 표본크기를 찾아라.
   b. $3 한계오류를 달성하는 데 필요한 적절한 표본크기를 찾아라.

67. 저가항공사가 기내 무선 액세스를 위해 $12 지불을 고려할 고객의 비율을 추정하고자 한다. 항공사는 비율에 대한 사전 지식이 없는 점을 감안하여, 90%의 신뢰구간과 0.05의 한계오류에서 얼마나 많은 고객을 표본추출해야 하는가?

68. 뉴스캐스터는 시장 선거에서 현 후보를 지원하는 유권자의 비율을 추정하고 싶어한다. 등록된 240명 유권자 사전 여론조사에서, 110명은 현 시장후보를 지지했다. 뉴스캐스터가 0.02내의 한계오류와 90% 신뢰구간을 원한다면, 필요한 표본의 크기를 찾아라.

69. AARP(은퇴자협회)에 의한 설문조사는 50~64세의 연령대에 있는 사람들의 약 70%가 몇 가지 유형의 대체치료(예를 들면 침술이나 영양보충제의 사용)를 시도했다고 보도했다(머니, 2007.7). 이 설문조사는 400명 표본을 기준으로 실시하였다고 가정한다.
   a. 이러한 질적 데이터에 대한 관련된 모수를 확인하고, 그 점 추정뿐만 아니라 90%의 신뢰에 대한 한계오류를 계산하라.
   b. 당신이 2%로 감소된 한계오류에서 분석을 다시 하기로 결정했다. 얼마나 큰 표본이 필요한가? 필요한 표본크기를 계산하는 데 필요한 가정을 설명하라.

70. 신용이 좋지 않은 사람들에게 모기지를 제공하는 서브프라임 대출(subprime lending)은 2000년대 중반에 미국에서 큰 사업이었다. 그러나 주택 가치 하락과 금리 상승은 기본적으로 많은 차입자들을 부도상태로 몰고 갔다. 최근의 보고서는 국가적으로 5명 중에서 2명이 서브프라임 모기지가 부도 가능성이 있음을 발견하였다. 경제학자는 95% 신뢰도를 가지고 일리노이 주 부도율의 추정에 관심이 있다. 국가 부도율을 사용할 때, 0.06 이내의 한계오류에서 얼마나 많은 표본이 필요한가?

71. 한 경영학과 학생은 캠퍼스에 노트북을 가지고 다니는 학생들의 비율에 대하여 99% 신뢰구간을 추정하고자 한다. 그는 정확한 추정치를 원하며, 모집단 비율의 5% 내에서 표본 비율이 유지되기를 원한다. 만일 사전적으로 모집단 비율이 존재하지 않을 경우에 이 학생에게 필요한 최소 표본크기는 무엇인가?

통계를 사용한 글쓰기

투자회사의 분석가인 칼리(Callie Fitzptrick)는 홈디포(Home Depot)와 로스(Lowe's)의 주간 주식동향을 요약한 보고서를 작성하도록 요청되었다. 그녀의 관리자는 이 고객의 포트폴리오 구성에 이들 주식 중 하나를 포함할지 말지와 평균 주식동향이 이러한 결정에 영향을 미치는 요인 중의 하나인지 여부를 결정하려고 한다. 칼리는 그녀의 보고서에 홈디포와 로스의 평균 수익률에 대한 신뢰구간뿐만 아니라 주식 수익률을 요약하는 기술통계도 함께 제공하기로 결정하였다. 그녀는 2010년 처음 8개월 동안에 각 기업에 대한 주간 수익률을 수집하였다. 표 8.5는 주간 수익률의 일부이며, 전체 데이터(***Weekly_Returns***)는 교과서 웹사이트에서 찾을 수 있다.

표 8.5 홈디포와 로스의 주간 수익률(%)

FILE

날짜	홈디포	로스
1/11/2010	−1.44	−1.59
1/19/2010	−2.98	−3.53
⋮	⋮	⋮
8/30/2010	−2.61	−3.89

칼리는 표본 정보를 이용하여 다음에 대한 답을 원한다.

1. 홈디포와 로스의 기초 통계를 요약하라.
2. 주간 평균 수익률에 대한 신뢰구간을 설정하라.
3. 추가 분석을 위한 권장사항을 말하라.

보고서 예시 – 주간 주식 동향: 홈디포 대 로스

냉혹한 소식이 주택 부문에 스트레스를 주고 있다. 2010년 8월 24일 로이터는 이전에 소유한 미국 주택 판매가 7월 동안 15년 만에 가장 느린 속도로 급락했다고 보도했다. 서브프라임 모기지 사태의 지속, 부진한 경제와 높은 실업률이 결합하여 주택 부문은 매우 불안정하게 되었다. 이러한 불리한 경제적 사건이 미국의 양대 주택 개조 소매 업체인 홈디포와 로스의 재무 성과에 영향을 미쳤을까?

금융 안정성을 분석하는 한 가지 방법은 이 기간 동안 자신의 주식 동향을 관찰하는 것이다. 이러한 주식을 보유하는 보상에 관한 올바른 진술을 하기 위해, 각 기업 매주 주식 수익 데이터는 2010년 1월부터 8월까지 수집되어 표 8.A에 중요한 기술적 통계를 요약하였다.

표 8.A 홈디포와 로스의 주간 수익에 대한 기술통계 (n = 34)

	Home Depot	Lowe's
Mean	0.00%	−0.33%
Median	0.76%	−0.49%
Minimum	−8.08%	−7.17%
Maximum	5.30%	7.71%
Standard deviation	3.59%	3.83%
Margin of error with 95% confidence	1.25%	1.34%

지난 34주 동안에 홈디포는 높은 평균 수익률과 중위 값으로 각각 0.00%와 0.76%를 기록했다. 로스의 수익은 같은 기간 동안에 부정적이다. 중심 경향이 평균(−0.33%) 또는 중간(−0.49%)으로 측정되었다. 분포의 관점에서, 로스의 리턴 데이터는 더 높은 표준편차(3.83% > 3.59%)를 가졌다. 기술 측면에서, 홈디포의 주식에 대한 투자는 로스의 주식 투자에 비하여 높은 수익을 제공할 뿐만 아니라 투자에 대한 보다 낮은 위험이 존재한다.

표 8.A 또한 평균 수익률의 95% 신뢰구간에 대한 한계오류를 보여준다. 95%의 신뢰도에서 로스에 대한 그 범위는 [-1.67%, 1.01%]인 반면에 홈디포의 평균 수익률의 범위는 [-1.25%, 1.25%]에 위치한다. 이 두 간격이 겹치는 점을 감안할 때, 이 기간 동안에 홈디포의 투자가 더 높은 보상을 제공한다는 결론을 내릴 수 없다. 만일에 점추정치가 사용될 경우에 결론에 도달할 수도 있다. 평균 수익률 동향만으로 고객의 포트폴리오에 포함되어야 하는 하나의 주식을 추천할 수 없다. 이러한 투자결정을 내리기 전에 수익의 표준편차 및 주식 기존 포트폴리오의 상관관계와 같은 다른 요인이 분석되어야 한다.

개념정리

학습목표 **8.1**

구간 추정량을 설명

표본 평균 $\bar{X}$는 모집단 평균 μ에 대한 점추정량을 의미하며, 표본 비율 $\bar{P}$는 모집단 비율 p의 점추정량이다. 점추정량의 표본 값은 관심을 갖는 모수에 대한 점추정치를 나타낸다. $\bar{x}$와 $\bar{p}$는 각각 μ과 p의 점추정치이다. 점추정량은 미지 모수에 대한 하나의 수치를 제공하고, **신뢰구간** 또는 **구간 추정치**는 신뢰의 특정 수준에서 관심있는 모수가 포함될 것이라는 범위를 제공한다.

종종, 신뢰구간을 점추정치 ± 한계오류로 설정한다. **한계오류**는 추정량의 변동과 구간에 대한 원하는 신뢰수준을 설명한다.

학습목표 **8.2** **모집단의 표준편차가 알려진 경우 모집단 평균에 대한 신뢰구간을 계산**

모집단 표준편차 σ가 알려져 있을 때, 모집단 평균 μ를 위한 $100(1-\alpha)\%$ 신뢰구간은 $\bar{x} \pm z_{\alpha/2}\frac{\sigma}{\sqrt{n}}$로 계산된다. 여기서 $z_{\alpha/2}\frac{\sigma}{\sqrt{n}}$는 한계오류이다. $\bar{X}$가 근사적으로 정규분포를 따를 때만 이 공식은 유효하다.

학습목표 **8.3** **신뢰구간의 폭에 영향을 미치는 요인을 설명**

신뢰구간의 **정밀도**는 직접 간격의 **넓이**와 연결된다. 넓은 구간은 낮은 정밀도를 말한다. 신뢰구간은 (a) 더 큰 모집단 표준편차 σ, (b) 작은 표본크기 n, (c) 보다 큰 신뢰도를 가질수록 넓어진다.

학습목표 **8.4** **t 분포의 특징을 논의**

t 분포는 그들이 0을 중심으로 대칭 및 종 모양의 점근적 꼬리를 가졌다는 관점에서 z 분포와 유사한 분포 종류이다. 그러나 t 분포는 z 분포보다 넓은 꼬리를 가지고 있다. 각 t 분포는 **자유도 df**로 알려진 매개변수로 식별된다. df는 넓이 정도를 결정한다. 자유도가 작을수록 폭 넓은 꼬리를 갖는다. t 분포는 자유도에 의해 규정되기 때문에, t_{df} 분포라고 지칭하는 것이 일반적이다.

학습목표 **8.5** **모집단의 표준편차가 알려져 있지 않은 경우 모집단의 평균에 대한 신뢰구간 설정**

모집단 표준편차 σ가 알려져 있지 않을 경우에 모집단 μ에 대한 $100(1-\alpha)\%$ 신뢰구간은 $\bar{x} \pm t_{\alpha/2,df}\frac{s}{\sqrt{n}}$로 계산된다. 여기서 s는 표본의 표준편차이다. $\bar{X}$가 근사적으로 정규분포를 따르는 경우에만 이 공식은 유효하다.

학습목표 **8.6** **모집단 비율에 대한 신뢰구간을 설정**

모집단 비율 p를 위한 $100(1-\alpha)\%$ 신뢰구간은 $\bar{p} \pm z_{\alpha/2}\sqrt{\frac{\bar{p}(1-\bar{p})}{n}}$로 계산된다. 여기서 $\bar{p}$는 표본 비율이다. $\bar{p}$가 근사적으로 정규분포를 따르는 경우에만 이 공식은 유효하다.

학습목표 **8.7** **모집단 평균과 모집단 비율을 추정하기 위해 표본크기를 선택**

계획 단계에서 σ의 합리적인 추정치는 $\hat{\sigma}$이다. 적정한 한계오류 E에 대하여 $100(1-\alpha)\%$ 신뢰도로 μ를 추정하는 데 필요한 최소 n은 $n = \left(\frac{z_{\alpha/2}\hat{\sigma}}{E}\right)^2$이다. σ를 알고 있는 경우, $\hat{\sigma}$을 σ로 교체한다. $\hat{\sigma}$에 대한 다른 선택은 미리 선택된 표본의 이전의 연구로부터 또는 $\hat{\sigma}$ = 범위/4로 추정하여 사용한다.

한계오류 E에서 $100(1-\alpha))\%$의 신뢰를 가지고 p를 추정하는 데 필요한 최소 n은 $n = \left(\frac{z_{\alpha/2}}{E}\right)^2 \hat{p}(1-\hat{p})$이다. 계획 단계에서 p의 합리적인 추정치는 $\hat{p}$이다. 다른 합리적인 추정을 사용할 수 없는 경우 $\hat{p}$에 대한 선택은 미리 선택된 표본 또는 이전의 연구로부터 추정치를 사용한다. 보수적 추정치인 $\hat{p} = 0.5$가 사용될 수 있다.

72. 10년 표본 기간 동안에 당신이 분석하고자 하는 포트폴리오의 평균 수익률과 연간 수익률의 표준편차는 각각 10%, 15%였다. 수익률이 정규분포한다고 가정한다. 모집단 평균 수익에 대한 95% 신뢰구간을 설정하라.

73. 매사추세츠 주 캠브리지에 있는 헤어살롱은 무작위로 추출한 평일 7일에 살롱을 방문한 고객 수가 40, 30, 28, 22, 36, 16, 50이며, 방문 고객 수는 정규분포한다고 한다.
   a. 평일에 살롱을 방문한 평균 고객 수에 대한 90% 신뢰구간을 설정하라.
   b. 평일에 살롱을 방문한 평균 고객 수에 대한 99% 신뢰구간을 설정하라.
   c. 신뢰수준이 증가함에 따라 신뢰구간의 넓이는 어떻게 되는가?

74. 최근 캘리포니아 주 샌루이스오비스포 카운티에서 단독 주택 여섯 채가 $549, $449, $705, $529, $639, $609에 판매되었다(단위: 1,000달러).
   a. 샌루이스오비스포 카운티의 평균 주택매매가에 대한 95% 신뢰구간을 설정하라.
   b. 이 신뢰구간을 설정 할 때 어떤 가정이 필요한가?

75. 경제협력개발기구(OECD) 자료에 따르면, 평균 미국 노동자 휴가는 매년 16일이라고 한다(월스트리트저널, 2007.6.20). 이 데이터는 225명 노동자의 표본과 표본 표준편차가 12일일 것을 기반으로 하였다.
   a. 모집단 평균의 95% 신뢰구간을 설정하라.
   b. 95% 신뢰수준에서, 평균 미국 노동자는 매년 휴가가 14일이 되지 않는다는 결론을 내릴 수 있는가?

76. 시리얼 1.20파운드를 포장하도록 프로그램된 기계의 정확성을 테스트하고 있다. 36개 시리얼 박스 표본의 표본 평균은 1.22파운드로 계산되었다. 모집단의 표준편차는 0.06파운드로 알려져 있다.
   a. 이러한 정량적인 데이터에 대한 관련 모수를 식별하고, 그 점 추정뿐만 아니라 95%의 신뢰에 따른 한계오류를 계산하라.
   b. 포장기계가 제대로 작동하는지 결론을 내릴 수 있는가?
   c. 95% 신뢰를 가지고 최대 0.01파운드의 한계오류를 유지하려면 얼마나 큰 샘플을 취해야 하는가?

77. SAT는 학부 입학 과정에서 가장 널리 사용되는 시험이다. SAT의 수학 과목에 대한 점수는 일반적으로 정규분포한다고 하며, 200에서 800의 범위를 갖는다. 뉴햄프셔 대학 입학처의 연구원은 90% 신뢰를 가지고 이번에 입학하는 학생들의 SAT 평균 수학점수를 추정하고자 한다. 한계오류를 15 이하로 유지하기 위하여 얼마나 큰 샘플이 필요한가?

78. 올스테이트보험의 최근 연구는 운전중 청소년의 82%가 휴대전화를 사용했음을 보여준다(월스트리트저널, 2010.5.5). 이 연구는 십대 운전자 50명의 무작위 표본을 기반으로 하였다.
   a. 운전중 휴대전화를 사용하는 모든 청소년의 비율에 대한 99% 신뢰구간을 설정하라.
   b. 99%의 신뢰를 가진 한계오류는 무엇인가?

79. 다음 표는 뱅가드 에너지 펀드(퍼센트)의 연간 수익률을 보여준다.

Year	Return
2005	44.60
2006	19.68
2007	37.00
2008	−42.87
2009	38.36

   a. μ에 대한 점추정치를 계산하라.
   b. μ에 대한 95% 신뢰구간을 설정하라.
   c. 구간을 설정할 때, 당신은 무엇을 가정 했는가?

80. 2010년 대학을 졸업한 학생의 학자금 대출 평균 금액은 $25,250이었다(뉴욕타임스, 2011.11.2). 경제학자는 평균 대출금액이 변경되었는지 여부를 결정하려고 한다. 그녀는 40명의 최근 졸업생 표본을 받아 평균 대출금액이 $9,120이며, 표준편차가 $27,500임을 발견했다. 평균 대출금액이 변경되었는지를 결정하기 위해 90% 신뢰구간을 이용하라.

81. FILE 부동산업자는 캘리포니아 미션비에호에서 평균 주택가격을 추정하고자 한다. 그녀는 최근 주택 판매 36건의 표본을 수집하였다. 아래 표는 그 일부분이며, 전체 데이터(***MV_Houses***)는 교과서 웹사이트에서 찾을 수 있다. 모집단 표준편차는 100이라고 가정한다(단위: 1,000달러). 캘리포니아 미션비에호에 있는 모든 주택의 평균 가격에 95% 및 98% 신뢰구간을 설정하고 해석하라.

Prices (in $1,000s)
430
520
⋮
430

82. FILE 하와이의 주민들은 평균 기대수명이 81.48세로 가장 긴 평균 기대수명을 가지고 있다(http://www.worldlifeexpectancy.com, 2012년 6월 4일 검색된 데이터). 한 사회학자가 최근 사망한 미시간 주민 50명의 나이에 대한 데이터를 수집하고 있다. 데이터의 일부를 아래 표에 나타냈으며, 전체 데이터(***MI_Life_Expectancy***)는 교과서 웹사이트에서 찾을 수 있다. 모집단의 표준편차가 5년이라고 가정한다.

Age at Death
76.4
76.0
⋮
73.6

a. 엑셀을 사용하여 미시간 전체 주민의 평균 수명에 대한 95% 신뢰구간을 설정하라.

b. 미시간 주민의 평균 기대수명이 하와이 주민들의 평균 기대수명과 다른지를 95% 신뢰구간을 이용하라.

83. FILE 마이너리그 야구팀의 매니저는 두 투수의 평균 직구 속도를 추정하고자 한다. 그는 각 투수들에 대해 시간당 마일로 50개 패스트볼을 측정하였다. 아래 표는 데이터의 일부이며, 전체 데이터(***Fastballs***)는 교과서 웹사이트에서 찾을 수 있다.

Pitcher 1	Pitcher 2
87	82
86	92
⋮	⋮
86	93

a. 엑셀을 사용하여 각 투수의 평균 속도에 대하여 95% 신뢰구간을 설정하라.

b. 두 구간의 넓이가 다른 이유를 설명하라.

84. FILE 극장의 새로운 관리자는 월요일과 화요일 저녁의 영화 티켓 판매 수를 증가시키고자 한다. 그녀는 두 요일에 판매된 티켓 수를 기록하기 위해 30주의 표본을 사용한다. 아래 표는 데이터의 일부이며, 전체 데이터(***Theater***)는 교과서 웹사이트에서 찾을 수 있다.

Monday	Tuesday
221	208
187	199
⋮	⋮
194	180

a. 엑셀을 사용하여 월요일 및 화요일 저녁에 판매된 영화 티켓의 평균 수에 대한 95% 신뢰구간에 대하여 한계오류를 비교하라.

b. 엑셀을 사용하여 월요일 및 화요일 저녁에 판매된 영화 티켓의 평균 수에 대한 95% 신뢰구간을 설정하라.

c. 월요일과 화요일 저녁에 모집단의 평균이 200과 다른 경우를 결정하라.

85. FILE 주택 시장이 불황기에 있고 곧 반등할 가능성이 없지만, 대학가에 대한 부동산 투자가 좋은 수익률을 보인다(월스트리트저널, 2010.9.24). 마르셀라(Marcela Treisman)는 미시간에 있는 투자회사에서 일하고 있다. 그녀의 임무는 미시간 대학이 있는 앤아버의 임대 시장을 분석하는 것이다. 그녀는 임대주택의 면적과 월세에 대한 데이터를 수집한다. 아래 표는 데이터의 일부이며, 전체 데이터(***AnnArbor_Rental***)는 교과서 웹사이트에서 찾을 수 있다.

Monthly Rent	Square Footage
645	500
675	648
⋮	⋮
2400	2700

a. 엑셀을 사용하여 미시간 앤아버에 있는 모든 임대주택의 평균 임대료를 90%와 95% 신뢰구간에서 설정하라.

b. 엑셀을 사용하여 미시간 앤아버에 있는 모든 임대주택의 평균 면적에 대하여 90%와 95% 신뢰구간을 설정하라.

86. 매사추세츠의 프레이밍햄에 있는 IDC(Internet Data Center)의 1,235기업에 대한 설문조사에 따르면, 개인사업자의 12.1%가 전자상거래에 참여하고 있다(월스트리트저널, 2007.7.26).

a. 전자상거래에 종사하는 개인사업자의 비율을 추정할 때 95%의 신뢰도에 대한 한계오류는 무엇인가?

b. 모집단의 비율에 대한 95% 신뢰구간을 설정하라.

87. Monster.com은 3,057명의 개인에 대하여 "이번 여름에 계획한 가장 긴 휴가는 무엇인가?"라는 질문으로 여론조사를 실시했다. 다음의 상대빈도분포는 이 결과를 요약한 것이다.

Response	Relative Frequency
A few days	0.21
A few long weekends	0.18
One week	0.36
Two weeks	0.22

a. 이번 여름 1주일 휴가를 계획한 사람의 비율에 대한 95% 신뢰구간을 설정하라.

b. 이번 여름 1주일 휴가를 계획한 사람들의 비율에 대한 99% 신뢰구간을 설정하라.

c. 어떤 신뢰구간이 더 넓은가?

88. 린다 반스(Linda Barnes)는 5명의 지원자 중 1명이 최고 MBA 프로그램 입학 허가를 받는다는 것을 사전조사를 통해 알았다. 그녀는 최고 MBA 프로그램의 입학 허가 비율에 대한 자신의 90% 신뢰구간을 설정하고자 한다. 그녀가 5% 포인트 이상 모집단의 입학 허가 비율에서 이탈하지 않는 표본 입학 허가 비율을 유지하고자 할 경우에 얼마나 큰 표본이 필요한가? 필요한 표본크기를 계산하는 데 가정을 기술하라.

89. FILE 청소년들 사이에서 과학 및 의료에서 직업 경력을 추구하는 경향이 감소하고 있다(US뉴스앤드월드리포트, 2011.5.23). 오리건 주 포틀랜드에서 30명의 대학 입학 예정자에게 대학에서 추구하고자 하는 분야에 대해 물었다. 설문에서 제공되는 선택사항은 과학, 비즈니스, 기타이다. 성별 정보가 설문에 포함되어 있다. 다음 표는 데이터의 일부이며, 전체 데이터(***Field_Choice***)는 교과서 웹사이트에서 찾을 수 있다.

Field Choice	Gender
Business	Male
Other	Female
⋮	⋮
Science	Female

a. 비즈니스를 추구하고자 하는 학생의 비율과 과학을 추구하고자 하는 학생의 비율에 대하여 95% 신뢰구간을 비교하라.

b. 대학 입학 예정자 중에서 여대생의 비율에 대한 90% 신뢰구간을 설정하라.

90. FILE 최근 한 연구는 분노의 기원에 대한 통찰력을 발견하고 자 분노 관리 치료에 대한 제안을 하기 위해 "보도 분노자"를 검사하였다(월스트리트저널, 2011.2.15). "보도 분노자"는 보행자가 특정 방식으로 행동해야 한다고 생각하는 경향이 있다. 보도 분노자에 대한 한 가지 가능한 전략은 흡연 및 관광 등의 활동에 의해 산만하게 된 보행자를 회피하는 것이다. 표본 자료는 맨해튼에서 50명의 보행자로부터 얻었다. 보행자가 흡연한 경우가 관찰되었다면 1을 그렇지 않으면 0을, 또는 관광자인 경우 1을 그렇지 않으면 0을 기록한다. 아래 표는 데이터의 일부이며, 전체 데이터(***Pedestrians***)는 교과서 웹사이트에서 찾을 수 있다.

Smoking	Tourist
0	1
0	1
⋮	⋮
0	0

a. 보행중 흡연하는 사람의 비율에 대하여 95% 신뢰구간을 설정하라.

b. 보행중 관광하는 사람의 비율에 대하여 95% 신뢰구간을 설정하라.

91. 경제학자가 경제 위기로 황폐해진 캘리포니아의 작은 마을에 의해 수집된 평균 부동산 세금에 대하여 95% 신뢰구간을 추정하고자 한다. 이전 분석에서 부동산 세금의 표준편차는 $1,580로 보고되었다. $500로 오류한계를 제한하고자 하는 경우 필요한 최소 표본크기는 무엇인가?

92. 교통통계국의 한 직원은 저가항공사의 정시도착 비율을 추정하는 작업을 추진한다. 이전 연구는 78.5%로 정시도착 비율을 추정했다. 이 직원이 95% 신뢰구간에 대한 한계오류를 0.05 이하로 유지하기 위한 최소 정시도착 수는 무엇인가?

93. 퓨 리서치 센터(PEW Research Center)의 최근 보고서에 따르면, 30세 미만 성인의 85%는 경제에 대해 낙관적이지만, 50세 이상 성인은 단지 45%만이 낙관적이라고 한다(뉴스위크, 2010.9.13). 한 연구분석가는 국가의 다양한 지역에서 비율 패턴에 대한 95% 신뢰구간을 설정하고자 한다. 그녀는 0.05 이내로 한계오차를 유지할 표본의 크기를 결정하기 위해 퓨 리서치 센터에 의해 보고된 비율을 사용한다.

a. 경제에 대해 낙관적인 30세 미만 성인의 비율을 추정하기 위해 얼마나 큰 표본이 필요한가?

b. 경제에 대해 낙관적인 50세 이상 성인의 비율을 추정하기 위해 얼마나 큰 표본이 필요한가?

사례연구

사례연구 8.1

텍사스에는 백만 명 이상의 미등록 이민자들이 있으며, 그들 대부분은 저임금 일자리에 묶여 있다. 그 와중에 텍사스 주는 숙련 노동자의 부족을 겪고 있다. 텍사스 인력위원회는 고용주들이 자격을 갖춘 지원자들을 찾을 수 없는 이유로 133,000개의 일자리가 현재 채워지지 않는 것으로 추정하고 있다(보스턴글로브, 2011.9.29). 텍사스는 3년 동안 텍사스에 거주했고 영주권자가 될 계획이 있는 경우라면 미등록 이민자의 자녀가 주내 대학에 등록금을 낼 수 있게 하는 법을 통과시킨 첫 번째 주이다. 이 법은 일찍이 2001년에 쉽게 통과되었는데, 그 이유는 대부분의 의원들이 대학 졸업생을 양산하고 그들을 텍사스에 머물게 하는 것이 경제에 이득이라고 믿었기 때문이다. 대학 졸업생들이 더 많은 돈을 벌면 텍사스 주에 더 많은 수익을 제공할 것이기 때문이다. 캐롤(Carol Capaldo)은 다양한 수준으로 근로자의 시간당 평균 임금을 추정하고자 한다. 그녀는 고등학교를 졸업하지 않은 30명과 학사 학위 또는 그 이상의 졸업장을 가진 텍사스 근로자 30명을 표본으로 선택하였다. 데이터의 일부를 아래 표에 나타냈으며, 전체 데이터(***Texas_Wages***)는 교과서 웹사이트에서 찾을 수 있다.

사례연구 8.1의 데이터 교육 수준에 따른 시간당 임금(달러)

학사 이상	고등학교 졸업	고등학교 이하
$22.50	$12.68	$11.21
19.57	11.23	8.54
⋮	⋮	⋮
21.44	7.47	10.27

위의 정보를 사용하여 다음 질문에 답하라.

1. 세 교육 수준에 대한 시간당 임금을 비교하기 위해 기술통계를 이용하라.

2. 각 교육 수준에 대한 평균 임금에 대한 95% 신뢰구간을 설정하라.

사례연구 8.2

다음 표는 거대한 투자회사인 피델리티가 제공하는 두 개의 뮤추얼펀드의 수익률을 보여준다. 피델리티 자동차펀드는 승용차, 트럭, 특수차량, 부품, 타이어 및 자동차 관련 서비스의 제조, 마케팅, 판매에 종사하는 기업들에 주로 투자한다. 피델리티 금펀드는 탐사, 채굴, 가공 관련 또는 금 거래 관련 기업들, 그리고 그보다 적게는 다른 귀금속이나 광물 관련 기업들에 투자한다. 연간 수익 데이터의 일부가 아래 표와 같으며, 전체 데이터(***Fidelity_Return***)는 교과서 웹사이트에서 찾을 수 있다.

사례연구 8.2의 데이터 연간 총수익(%)의 시계열 자료

FILE

연도	연간 총수익(%)의 시계열 자료	
	피델리티 자동차펀드	피델리티 금펀드
2001	22.82	24.99
2002	−6.48	64.28
⋮	⋮	⋮
2009	122.28	38.00

위의 정보를 사용하여 다음 질문에 답하라.

1. 뮤추얼펀드의 수익률을 비교하기 위하여 기술통계를 사용하라.

2. 모집단 평균 수익에 대한 95% 신뢰구간을 설정하고 해석함으로써 수익을 평가하라. 구간 추정을 위해 어떤 가정을 했는가?

사례연구 8.3

여론조사와 정치 관련 설문조사에서 수집되는 정보는 선거 후보자에게 점점 더 중요해지고 있어서 광범위한 여론조사가 없는 선거란 상상하기 어렵다. NBC뉴스/월스트리트저널은 1,000명의 성인에게 2010년 중간선거에 앞서 후보자 선호도와 정치 쟁점에 관해 물었다(2010.8.5-9). 조사에 대한 응답의 일부가 다음과 같으며, 사전 설문조사에 대한 응답도 보여준다(Copyright © 2010 Dow Jones & Co., Inc).

질문: 버락 오바마의 2010년 8월에 걸프 해안 기름 유출의 여파를 처리하는 방식에 대하여 승인하는가?(2006년 3월 카트리나에 대한 조지 W. 부시의 수행능력)

	August 2010	March 2006
승인	50%	36%
비승인	38%	53%
모름	12%	11%

질문: 11월에 실시되는 중간선거에서 당신에게 더 중요한 문제는 경제, 보건, 이민 등의 국내문제인가, 아니면 아프카니스탄, 이란, 테러 등의 국제문제인가?

	August 2010	September 2006
국내 문제	73%	43%
국제 문제	12%	28%
동일하게 중요	15%	28%

보고서에서, 다음과 같은 모집단 비율에 대하여 95% 신뢰구간을 설정하라.

1. 걸프 해안 기름 유출의 오바마 대통령의 수행과 허리케인 카트리나 위기의 조지 W. 부시 대통령의 수행에 대한 승인 비율을 비교하라.
2. 2010년 8월과 2006년 9월의 국내 문제의 중요성을 비교하라.

부록 8.1 다른 통계프로그램 사용안내

여기서는 특정 통계프로그램(미니탭, SPSS, JMP) 사용을 위한 간단한 명령어를 제공한다. 교과서 웹사이트에서 더 자세한 설명을 찾아볼 수 있다.

미니탭

μ 추정, σ 알려진 경우

A. (예제 8.3의 반복) 메뉴에서 **Stat > Basic Statistics > 1-Sample Z**를 선택한다.

B. **Samples in columns**에서 C1(몸무게)을 선택한다. **Standard deviation**에 7.5를 입력한다.

C. **Options**를 선택한다. **Confidence level**에 92.0을 입력한다.

μ 추정, σ 알 수 없는 경우

A. (예제 8.6의 반복) 메뉴에서 **Stat > Basic Statistics > 1-Sample t**를 선택한다.

B. **Samples in columns**에서 C1(연간 복권 지출)을 선택한다.

C. **Options**를 선택한다. **Confidence level**에 95.0을 입력한다.

SPSS

μ 추정, σ 알 수 없는 경우

A. (예제 8.6의 반복) 메뉴에서 **Analyze > Compare Means > One-Sample T Test**를 선택한다. **Test Variable(s)**로 Expenditure를 선택한다.

B. **Options**를 선택한다. **Confidence Interval Percentage**에 95.0을 입력한다.

JMP

μ 추정, σ 알려진 경우

A. (예제 8.3의 반복) 메뉴에서 **Analyze > Distributio**n을 선택한다.

B. Column 1을 선택하고, Y**, Columns**를 선택한다. **OK**을 클릭한다.

C. 히스토그램 위에 있는 C1 옆에 있는 출력창에 빨간색 삼각형을 클릭(또는 변수의 이름, 여기서는 무게이다). **Confidence Interval**을 선택하고 **(1-alpha for Confidence level)** 입력한 후에 0.92를 입력한다. **Use Known Sigma**를 선택하고 7.5를 입력한다.

μ 추정, σ 알 수 없는 경우

A. (예제 8.6의 반복) 메뉴에서 **Analyze > Distribution**을 선택한다.

B. Column 1을 선택하고, Y**, Columns**를 선택한다. **OK**을 클릭한다.

C. JMP는 자동적으로 95% 신뢰구간을 산출한다. 신뢰의 다른 수준인 경우 히스토그램 위에 있는 C1 옆에 있는 출력창에 빨간색 삼각형을 클릭(또는 변수의 이름, 여기서는 연간 복권 지출이다). **Confidence Interval**을 선택하고 신뢰수준을 지정한다.

가설검정

Hypothesis Testing

CHAPTER

학습목표 LEARNING OBJECTIVES

이 장을 학습한 후에는

학습목표 **9.1** **귀무가설과 대립가설을 정의할 수 있어야 한다.**

학습목표 **9.2** **I종 오류와 II종 오류를 구별할 있어야 한다.**

학습목표 **9.3** ***p*-값 방식을 적용하여 가설검정을 실시할 수 있어야 한다.**

학습목표 **9.4** **임계값 방식을 적용하여 가설검정을 실시할 수 있어야 한다.**

학습목표 **9.5** **모집단 평균에 대한 검정통계량을 차별화할 수 있어야 한다.**

학습목표 **9.6** **모집단 비율에 대한 검정통계량을 유형화할 수 있어야 한다.**

제8장에서 관련된 알려지지 않은 모수에 대한 추정을 위하여 신뢰구간을 설정하는 방법을 사용하였다. 이 장에서는 가설검정이라는 통계적 추론의 두 번째 주요 영역에 초점을 맞출 것이다. 모수에 대한 현재 상태, 또는 특정 신념에 문제를 제기하기 위하여 표본자료에 근거하여 가설검정을 사용한다. 예를 들어 미국에서 MBA 학생들의 평균 연령이 30세 이하인지에 대하여 검정할 수 있다. 한 나라 내의 모든 MBA 학생들에 대한 나이를 알 수 없기 때문에, 제한된 표본정보에 기초하여 통계적 추론을 수행해야 한다. 40명의 MBA 학생들로 구성된 표본은 29세의 평균 연령을 나타낸다고 가정하자. 표본 평균이 30세 미만이지만, 모집단의 모든 MBA 학생들의 평균 연령은 30세 미만이라고 단정할 수 없다. 순전히 우연에 의하여 표본 평균이 30세 미만이라고 정당화할 수 있다. 이 장에서는 표본에서 얻은 결론이 정말인지(즉, 모든 MBA 학생의 평균 연령이 30세 미만이다) 또는 우연인지(즉, 모든 MBA 학생들의 평균 연령은 30세 미만이 아닐 것이다)에 대하여 어떻게 결정할지를 논의할 것이다.

도입사례

학부생의 공부시간

오늘날의 대학생들은 열심히 공부하는가, 아니면 그 반대인가? 최근 한 연구는 대학생들의 주당 평균 공부시간이 지난 50년간 '꾸준히 낮아지고 있다고 주장한다(보스턴글로브, 2010.7.4). 1961년에는 학생들이 자신의 학문적 추구에 주당 24시간을 투자한 반면, 오늘날의 학생들은 주당 평균 14시간을 공부에 투자한다.

수잔 나이트(Susan Knight)는 캘리포니아에 있는 큰 대학의 학장이다. 그녀는 이러한 공부 경향이 그녀가 있는 대학의 학생들에게도 반영되고 있는지를 궁금해한다. 그녀는 무작위로 35명의 학생을 추출하고 주당 평균 공부시간에 대한 질문을 하였다. 표 9.1은 그 결과를 보여준다. *Study_Hours*라는 이름의 데이터를 교과서 웹사이트에서 찾아볼 수 있다.

표 9.1 35개 대학 학생의 표본을 통한 평균 공부시간

FILE

25	17	8	14	17	7	11
19	16	9	15	12	17	19
26	14	22	17	14	35	24
11	21	6	20	27	17	6
29	10	10	4	25	13	16

요약값: $\bar{x}$ = 16.37시간, s = 7.22시간

수잔은 표본 정보를 이용하여 다음 질문에 답하고자 한다.

1. 그녀가 있는 대학 학생들의 평균 공부시간이 1961년도 주당 24시간보다 낮은지 확인하라.
2. 그녀가 있는 대학 학생들의 평균 공부시간이 주당 14시간인 전국 평균과 차이가 존재하는지를 결정하라.

사례요약이 9장 3절 끝에 제공되어 있다.

9.1 가설검정 소개

학습목표 **9.1**
귀무가설과 대립가설의 정의

매일 사람들은 세계의 진실한 상태에 대한 자신의 믿음에 대하여 의사결정을 한다. 그들은 몇 가지 사실을 옳다고 생각하고, 몇 가지 사실은 잘못되었다고 생각하며, 이에 따라서 행동한다. 예를 들어, 엔지니어는 특정 강철 케이블이 5,000파운드 이상의 파괴 강도를 보유하고 있다고 생각하고, 건설현장에서의 사용을 허용한다. 역시 제조업자는 특정 프로세스가 정확하게 100 약물의 밀리그램을 포함하고 있다고 보며, 캡슐을 선적하고 이를 약국에 전달한다. 농업 경제학자는 새로운 비료가 대두 생산을 30% 이상 증대시킨다고 믿으며, 새로운 비료로 바꾼다. 경영 관리자는 들어오는 배송 결함이 2% 미만을 포함하고 있을 것이라고 믿고 선적을 허락한다. 상기 경우, 그리고 더 다양한 경우에, 이러한 믿음의 형성은 단순한 추측, 정보에 의한 추측, 또는 잠정적 명제가 사실로 발전할 수 있다. 사람들이 이와 같은 방법에 의하여 믿음을 형성할 때, 이를 가설(hypothesis)이라고 한다. 그러나 조만간에 모든 가설은 결국 실체화되거나 반박되는 증거에 직면하게 된다. 이러한 특성에 대한 가정의 유효성을 결정하는 것을 가설검정(hypothesis testing)이라고 한다.

관심이 있는 특정 모수에 대한 두 가지 경쟁적 가설 사이의 충돌을 해결하기 위해 가설검정을 사용한다. 하나의 것을 **귀무가설**(null hypothesis) H_0로 표시하고, 다른 하나의 것을 **대립가설**(alternative hypothesis) H_A로 나타낸다. 자연적 또는 기존의 상태에 대응하는 추정의 기본상태로 귀무가설로 생각한다. 대립가설은 다른 한편으로 초기상태나 현재상태에 대한 모순된 가설을 말한다. 즉 두 가지 가설의 오직 하나만이 사실이며, 이 가설은 모든 모집단의 모수를 포함하는 가설이다.

귀무가설과 대립가설

가설검정을 실시할 때, H_0로 표시된 **귀무가설**로 정의하고, H_A로 표시한 **대립가설**로 정의한다. 표본의 증거가 H_0에 대하여 모순이 있는지를 결정하는 것을 가설검정이라 한다.

통계학에서 관심은 있지만 알 수 없는 모집단 모수에 대한 추론을 위하여 표본 정보를 사용한다. 이 장에서 우리의 목표는 귀무가설이 대립가설에 대하여 기각할 수 있는지 결정하는 것이다. 모든 인간은 병으로부터 자유롭다든가 또는 모든 인간은 무죄라는 귀무가설로 정의될 수 있는 의학이나 법률 분야에서 유추될 수 있다. 두 경우의 판결은 유한한 증거에 기반하며, 이 경우에 통계에서는 유한한 표본 정보에 기반으로 한 의사결정과 같다.

"기각" 또는 "기각할 수 없는" 귀무가설의 의사결정

가설검정 절차는 두 가지 결정 중 하나를 채택하는 것이다. 표본 증거가 귀무가설과 불일치한다면 귀무가설을 기각한다. 역으로 표본 증거가 불일치하지 않는 경우 귀무가설을 기각하지 않는다. 이 표본자료는 귀무가설과 불일치하지 않을 수 있기 때문에, 귀무가설을 채택한다고 결론을 짓는 것은 올바르지 않다. 이유는 귀무가설이 사 실이라고 필연적으로 증명된 것은 아니기 때문이다.

표본 정보에 기초하여, **"귀무가설을 기각"하거나 "귀무가설을 기각을 하지 않는다."**

"개인은 특정 질병으로부터 자유롭다"라는 귀무가설로 정의된 앞의 예시를 고려하자. 의학적 처방이 이 질병을 발견하지 못했다고 가정하자. 이와 같이 제한된 정보를 바탕으로 우리는 질병을 발견할 수 없다는 결론을 내린다(귀무가설을 기각할 수 없다). 특정한 사람이 질병으로부터 자유롭다고 증명된 것이 아니다(귀무가설은 채택하는 것). 동일하게 귀무가설이 피고가 무죄라고 정의된 귀무가설의 법정 예시에서 우리는 특정한 사람이 유죄(귀 무가설을 기각) 또는 혐의를 인정할 수 있는 증거가 충분하지 못하다(귀무가설을 기각할 수 없다)는 결론을 내릴 수 있다.

귀무가설과 대립가설의 정의

앞서 언급한 바와 같이, 기존 현상 또는 믿음에 기본이 되는 모수에 대하여 표본자료에 기초하여 경합하기 위하여 가설검정을 사용한다. 검증에 대한 결론은 가설이 어떻게 기술되었는지에 따라서 결정되기 때문에 가장 중요한 단계는 두 개의 경쟁적 가설을 형성하는 데 있다. 가장 일반적인 가이드라인은 우리가 설정하고자 하는 것을 대립가설로 정의하는 반면, 귀무가설은 기존의 주장이나 현상을 설정한다. 만일 우리가 귀무가설을 기각할 수 없다면, 이는 기존의 현상이나 일반적인 사안을 지지하게 된다. 그러나 만일 우리가 귀무가설을 기각할 수 있다면, 이 증거는 우리가 어떤 종류를 취할 것을 요구할 수 있는 대안 가설을 지원하는 설정 행동을 요구하게 된다. 한 예시로 개인이 특정 질병으로부터 자유롭다는 귀무가설을 기각했을 때, 이 사람은 질병에 걸렸다고 결론을 내린다. 동일하게 피고가 무죄라는 것을 기각한다면 그 사람은 유죄이며 형별을 받아야 한다고 결론짓는다.

가설검정의 다른 요구사항은 등식의 특정한 유형이 귀무가설에 나타난다(등식의 정당성은 나중에 설명된다). 일반적으로 다음과 같은 세 가지 기호 "=", "≤", "≥"를 포함하는 기술은 귀무가설로 정당하다. 대립가설이 귀무가설의 반대로 주어졌다는 것을 고려하면, 대립가설은 다음과 같은 기호로 기술 된다. 즉, "≠", ">", "<".

일반적인 가이드라인으로 대립가설은 새로운 것을 만들기 위한 추진체로 사용한다. 그것은 기존의 상태에 대한 경합을 언급한다. 일반적으로 특정한 모수에 대한 귀무가설은 다음과 같은 기호로 정의된다. 즉, "=", "≤", "≥". 대립가설은 다음과 같이 반대적 대응관계로 나타낸다. 즉, "≠", ">", "<".

가설검정은 **단측검정**(one-tailed)과 **양측검정**(two-tailed)으로 할 수 있다. 대립가설이 기호 "≠"를 포함하면 양측검정으로 정의된다. 한 예시로 $H_0 : \mu = \mu_0$ 대 $H_A : \mu \neq \mu_0$, 그리고 $H_0 : p = p_0$ 대 $H_A : p \neq p_0$는 양측검정이다. 여기서 μ_0 와 p_0는 모집단의 평균과 비율에 대한 가설화된 수치를 말한다. 만일 귀무가설이 기각될 경우에 진정한 모수는 가설화된 수치와 다르다는 것을 말한다.

다른 한편으로 단측검정은 귀무가설이 가설화된 수치의 한 측면만을 기각할 수 있다. 한 예시로 $H_0 : \mu \leq \mu_0$ 대 $H_A : \mu > \mu_0$의 경우를 생각해보자. 여기서 우리는 모집단의 평균이 μ_0보다 크다는 확실한 증거가 있을 경우에만 귀무가설을 기각할 수 있다. 역시 만일 표본 평균 $\bar{x}$가 μ_0보다 유의하게 클 경우에 귀무가설의 기각이 가설화된 평균의 오른쪽에 일어나기 때문에 **오른쪽꼬리검정**(right-tailed test)이라고 말한다. 또 다른 예시는 $H_0 : \mu \geq \mu_0$ 대 $H_A : \mu < \mu_0$인 경우로, 귀무가설의 기각이 가설화된 평균의 왼쪽에 일어나기 때문에 **왼쪽꼬리검정**(left-tailed test)이라고 말한다. 모집단 비율에 대한 단측검정도 동일하게 정의된다.

양측검정 대 단측검정

가설검정은 **단측검정**(one-tailed test) 또는 **양측검정**(two-tailed test)으로 할 수 있다. **단측검정**에서, 모수의 가설화된 값의 한 측면에서만 귀무가설을 기각할 수 있다. **양측검정**에서 모수의 가설화된 값의 양쪽에서 귀무가설을 기각 할 수 있다.

일반적으로, 서로 경쟁적 가설을 수립할 때, 세 단계를 따른다.

- 관심있는 모집단 모수를 식별한다.
- 단측 또는 양측검정 여부를 결정한다.
- 귀무가설에 등호를 포함하며 주장을 설정하는 데는 대립가설을 사용한다.

다음 예제들은 모집단의 평균과 비율에 대한 단측 또는 양측검정을 부각하는 데 있다. 각각의 예제에서 적절한 경쟁적 가설을 기술하고자 한다.

예제 9.1

트레이드 그룹(Trade Group)은 개학 지출이 올해 가족당 평균 \$606.40일 것이라고 예측하고 있다. 예측이 잘못될 경우 다른 경제 모델이 필요하다. 만일 다른 경제 모델이 필요한지를 결정하기 위하여 귀무가설과 대립가설을 설정하라.

풀이: 평균 개학 지출을 검토하고 있음을 감안할 때, 관심있는 모집단 모수는 모집단의 평균이다. 모집단 평균이 \$606.40($\mu \neq 606.40$)와 차이가 있는지 결정하기 위하여 양측검정이 필요하며, 귀무가설과 대립가설은 다음과 같이 설정된다.

$$H_0: \mu = 606.40$$
$$H_A: \mu \neq 606.40$$

트레이드 그룹은 만일 귀무가설이 기각된 경우에 다른 경제 모델을 사용하는 것이 좋다.

예제 9.2

인기있는 체중 감량 클리닉에 대한 광고는 새로운 다이어트 프로그램 참가자가 평균 10파운드 이상 감량에 성공한 것으로 말하고 있다. 소비자 보호단체는 광고의 주장이 유효한지 여부를 결정하려고 한다. 광고의 주장을 확인하기 위해 귀무가설과 대립가설을 설정하라.

풀이: 광고의 주장은 평균 체중 감량에 관한 주장이다. 따라서 관련 모수는 역시 모집단 평균이다. 평균 체중 감량이 10파운드 이상($\mu > 10$)인지 판별할 수 있기 때문에 단측검정의 예이다. 경쟁적 가설을 다음과 같이 설정한다.

$$H_0: \mu \le 10 \text{ 파운드}$$
$$H_A: \mu > 10 \text{ 파운드}$$

의사결정이 귀무가설을 기각하는 경우에 평균 체중 감량이 10파운드 이상이라는 기본 주장은 사실이다. 반대로 귀무가설을 기각하지 않는 경우에 표본자료에 의하여 지지되지 않는다고 추론할 수 있다.

예제 9.3

텔레비전 리서치 애널리스트는 TV의 에피소드 시청을 위하여 가구의 50% 이상이 TV를 시청한다는 주장을 검증하고자 한다. 이 주장에 대하여 귀무가설과 대립가설을 설정하라.

풀이: 이 사례는 모집단의 비율 p에 관한 단측검정의 예시이다. 만일 분석가가 $p > 0.50$인지 결정하기를 원한다고 주어지면 귀무가설은 다음과 같이 반대적으로 설정된다.

$$H_0: p \le 0.50$$
$$H_A: p > 0.50$$

단지 귀무가설이 기각될 때에만 가구의 50% 이상이 TV 에피소드를 시청할 것이라는 주장이 유효하다.

예제 9.4

텍사스에 있는 작은 도시의 주민 60% 이상이 자신의 삶에 만족하는 것으로 알려져 있다. 사회학자는 경제 위기에 대한 우려와 경제 위기가 마을의 행복 수준에 미치는 영향 여부를 확인하고자 한다. 사회학자의 관심이 유효한지 확인하기 위해 귀무가설과 대립가설을 설정하라.

풀이: 이것 역시 모집단 비율 p에 관한 단측검정의 예이다. 모집단의 비율이 최하로 0.60 ($p \ge 0.60$)이었지만, 사회학자는 현재 모집단 비율이 0.60 ($p < 0.60$) 이하임을 확인하기를 원한다. 따라서 가설은 다음과 같이 설정된다.

$$H_0: p \geq 0.60$$
$$H_A: p < 0.60$$

이 경우에 귀무가설이 기각되는 경우, 사회학자의 주장은 유효하다. 만일 귀무가설이 기각되지 않는 경우에 새로운 아무것도 설정되지 않는다.

학습목표 **9.2**

I종 및 II종 오류의 구별

I종 오류와 II종 오류

가설검정의 결정은 한정된 표본 정보에 기초하기 때문에 오류 가능성이 존재한다. 이상적으로 귀무가설이 거짓일 때 귀무가설을 기각하고, 귀무가설이 거짓이 아닐 때 귀무가설을 기각하지 않아야 한다. 그러나 귀무가설을 오류적으로 기각하거나 기각하지 않을 수 있다. 즉, 때때로 기각하지 말아야 할 귀무가설을 기각하거나 또는 기각해야 할 귀무가설을 기각하지 않는다.

가설검정의 영역에서 두 가지 유형의 오류를 생각한다. 즉, **I종 오류**(Type I error)와 **II종 오류**(Type II error)이다. I종 오류라고 하는 것은 귀무가설이 사실임에도 불구하고 귀무가설을 기각할 때에 범하는 오류이다. 반면 II종 오류는 귀무가설이 실제로 거짓임에도 불구하고 귀무가설을 기각하지 않는 오류를 말한다.

표 9.2는 I종 및 II종 오류에 관련된 상황을 요약한 것이다. 두 정확한 의사결정이 가능하다. 즉, 귀무가설이 참일 때 귀무가설을 기각하지 않고, 귀무가설이 거짓일 때 귀무가설을 기각한다. 반대로 잘못된 결정(오류)도 두 가지가 가능하다. 즉, 귀무가설이 사실임에도 귀무가설을 기각하는 것(I종 오류)과 귀무가설이 거짓일 때 귀무가설을 기각하지 않는 것(II종 오류)이다.

표 9.2 I종 오류와 II종 오류

의사결정	귀무가설이 사실	귀무가설이 거짓
귀무가설을 기각	I종 오류	옳은 결정
귀무가설을 기각하지 않음	옳은 결정	II종 오류

예제 9.5

앞서 언급한 의료 예시에 관한 다음 가설을 고려하자.

H_0: 특정한 사람이 특정 질병으로부터 자유롭다.

H_A: 특정한 사람이 특정한 질병을 가지고 있다.

사람이 질병 검색을 위하여 의료검사를 받는다고 가정하자. I종 오류와 II종 오류에 대하여 토의하라.

풀이: 의료검사가 실제로 이 사람이 질병에서 자유로운데도 불구하고 질병에 걸렸다

고 말한다면 I종 오류가 발생한다(H_0을 기각). 만일 의료검사가 실제로 이 사람이 질병에 걸렸는데도 불구하고 이 사람이 질병으로부터 자유롭다고 한다면 II종 오류가 발생한다(H_0을 기각하지 않음). 이러한 결과를 종종 잘못된 부정이라고 부른다. 틀림없이, II종 오류의 결과는 I종 오류보다 더 심각하다.

예제 9.6

법원에 관련하여 다음과 같은 경쟁적 가설을 고려하자.

H_0 : 피고인은 무죄이다.
H_A : 피고인은 유죄이다.

피고인이 배심원에 의해 판단된다고 가정하자. I종 오류의 결과와 II종 오류의 결과를 토의하라.

풀이: I종 오류가 피고가 실제로 무죄임에도 불구하고 유죄라고 평결하는 것이다(H_0을 기각). II종 오류는 실제로 피고인이 유죄임에도 불구하고 무죄라고 평결하는 것이다(H_0을 기각하지 않음). 이 예에서 두 오류 중에 어떤 것이 시회적 비용을 더 발생시키는지는 명백하지 않다.

예제 9.6에서 언급한 바와 같이, 항상 두 개의 오류 중에 어떤 것이 더 심각한 결과인지를 쉽게 결정할 수 없다. 주어진 증거에 대하여 이러한 오류 사이에는 상충성이 존재한다. I종 오류를 줄임으로써 암시적으로 II종 오류를 증대시킨다. 모든 오류를 감소시킬 수 있는 유일한 방법은 더 많은 증거를 수집하는 것이다.

I종 오류 발생 확률을 α라고 하고, II종 오류의 확률을 β라고 하고, 표본규모 n을 증거의 강도라고 정의하자. 따라서 α와 β 모두를 낮출 수 있는 유일한 방법은 n을 증가시켜야 한다고 결론을 내릴 수 있다. 그러나 주어진 n에서 더 높은 β의 희생으로 α를 줄일 수 있으며, α의 희생만으로 β를 줄일 수 있다. α와 β의 최적의 선택은 두 오류의 상대적인 비용에 따라서 결정되며, 이러한 비용들을 결정하는 것은 항상 용이하지 않다. 일반적으로, I종 및 II종 오류의 최적 선택에 관한 결정은 통계적 작업이 선택된 α값에 대하여 가설검정을 수행하는 회사의 경영자에 의해 이루어진다.

연습문제 9.1

1. 다음과 같은 가설이 제대로 구성되지 않은 이유를 설명하라.
   a. $H_0: \mu \leq 10; H_A: \mu \geq 10$
   b. $H_0: \mu \neq 500; H_A: \mu = 500$
   c. $H_0: p \leq 0.40; H_A: p > 0.42$
   d. $H_0: \bar{X} \leq 128; H_A: \bar{X} > 128$

2. 다음 설정 중에서 귀무가설과 대립가설이 유효한 것이 어떤 것인가? 잘못된 가설인 경우, 이유를 설명 하라.
   a. $H_0: \bar{X} \leq 210; H_A: \bar{X} > 210$
   b. $H_0: \mu = 120; H_A: \mu \neq 120$
   c. $H_0: p \leq 0.24; H_A: p > 0.24$
   d. $H_0: \mu < 252; H_A: \mu > 252$

3. 다음 설정이 올바르지 않은 이유를 설명하라.
   a. "내 방법론적 접근방식에서 II종 오류를 변경하지 않고 주어진 표본 정보에서 I종 오류를 줄일 수 있다."
   b. "나는 이미 내가 허용이 가능한 I종 오류를 결정했다. 더 큰 표본은 I종 또는 II종 오류를 변경하지 않는다."
   c. "나는 귀무가설을 더 어렵게 기각할 수 있게 함으로써 II종 오류를 줄일 수 있다."
   d. "나는 귀무가설을 기각하기 쉽게 함으로써 I종 오류를 감소시킬 수 있다."
4. 다음 설정 중에 어떤 것이 올바른가? 잘못된 경우 에 설명하라.
   a. "표본 증거가 귀무가설과 불일치하지 않기 때문에 나는 귀무가설을 받아들인다."
   b. "표본 증거가 귀무가설에 의해 지지될 수 없기 때문에, 나는 귀무가설을 기각한다."
   c. "표본 증거가 귀무가설과 일치하는 경우에 나는 주 어진 주장을 지지할 수 있다."
   d. "귀무가설이 거부되지 않은 경우 나는 주어진 주장 을 지지할 수 없다."
5. 다음 검정에서 귀무가설과 대립가설을 설정하라.
   a. 시리얼 상자의 시리얼 무게가 평균 18온스와 다른 지를 검정하는 경우
   b. 거래일에 60% 이상의 주가 증가하는지에 대한 검 정의 경우
   c. 미국인들의 평균 수면이 7시간 이하인지에 대한 검정인 경우
6. 앞의 질문에서 각 검정에 대하여 I종 및 II종 오류에 대하여 정의하라.
7. 다음과 같은 주장에 대한 귀무가설과 대립가설을 설정하라.
   a. "나는 이번 선거를 이기기 위해 투표의 대부분을 얻을 것이다."
   b. "나는 당신의 10인치 피자가 10인치보다 평균이 작다고 생각한다."
   c. "나는 광고처럼 자사의 정제 이부프로펜 평균 250mg을 포함하지 않기 때문에 회사를 고발할 것이다."
8. 앞의 질문에서 I종 및 II종 오류에 대하여 논하라.
9. 폴리그래프(거짓말 탐지기)는 개인이 진실을 말하고 있는지 확인하는 데 사용되는 도구이다. 이 시험은 95% 신뢰할 수 있는 것으로 간주된다. 즉 거짓말을 하는 경우 이 검증이 거짓을 검출하는 확률은 0.95가 된다. 또한 검증이 개인이 실제로 진실을 말하는 경우 에도 거짓말로 감지하는 0.005 오류 확률이 있다. "개인이 진실을 말하고 있다"라는 귀무가설을 고려하여 다음 질문에 답하라.
   a. I종 오류의 가능성은 무엇인가?
   b. II종 오류의 가능성은 무엇인가?
   c. I종과 II종 오류의 결과에 대하여 논하라.
   d. "나는 개인이 거짓말 탐지기 결과에 기초하여 진실을 말하고 있음을 증명할 수 있다"라는 설정에 무슨 문제가 있는가?
10. 희귀질환을 검출하기 위한 스크리닝 방법은 완전 하지 않다. 연구진은 상당히 안정적인 것으로 간주되는 혈액검사를 개발했다. 그것은 그 질병이 있는 사람 들의 98%에 긍정적인 반응을 제공한다. 그러나 잘못하여 병이 없는 사람들의 3%에서 양성 반응을 제공한다. "개인이 질병을 가지고 있지 않다"라는 귀무가설을 사용하여 다음 질문에 답하라.
   a. I종 오류의 가능성은 무엇인가?
   b. II종 오류의 가능성은 무엇인가?
   c. I종과 II종 오류의 결과에 대하여 논하라.
   d. "혈액검사 결과는 개인이 질병이 없음을 증명했다" 라는 간호사의 분석에 어떤 문제가 있는지를 말하라.
11. 많은 제조회사의 관리자는 조립 비용을 대폭 줄이기 위해 새로운 비싼 소프트웨어로 전환하는 것을 고려하고 있다. 소프트웨어를 구입하기 전에 관리자는 새로운 소프트웨어가 조립 비용을 큰 폭으로 절감하는지를 결정하기 위해 가설검정을 실시하고자 한다.
   a. 제조회사의 관리자는 I종 또는 II종 오류 중에서 어떤 오류에 더 많은 관심을 갖는가?
   b. 소프트웨어 회사는 I종 또는 II종 오류 중에서 어 떤 오류에 더 많은 관심을 갖는가?
12. 소비자단체는 메뉴에 제시된 것보다 더 높은 지방 함량을 사용하는 식당을 고발하였다. 소비자단체는 그 주장을 입증하기 위해 가설검정을 실시하도록 요청하 였다.
   a. 레스토랑의 매니저는 I종 또는 II종 오류 중 어떤 오류에 더 많은 관심을 갖는가?
   b. 소비자단체는 I종 또는 II종 오류 중 어떤 오류에 더 많은 관심을 갖는가?

9.2 σ가 알려져 있을 때 모집단 평균에 대한 가설검정

8장에서 모집단 표준편차 σ가 거의 알 수 없다는 것을 논의했다. 따라서 σ가 상당히 안정적인 것으로 간주하는 경우에 종래의 경험으로부터 결정될 경우가 있다. 공지된 바와 같이 이러한 경우 모집단 표준편차는 알려진 것으로 처리한다. 모집단 표준편차가 알려져 있는

경우의 기본적 가설검정의 방법을 소개하고 책의 나머지 부분에 걸쳐 사용하는 기법을 소개한다.

모집단 평균 μ에 관한 가설검정은 표본 평균 $\bar{X}$의 표본분포를 기반으로 한다. 특히, $E(\bar{X}) = \mu$와 $se(\bar{X}) = \sigma/\sqrt{n}$이라는 사실을 사용한다. 또한 검정을 실행하기 위해서는 $\bar{X}$의 표본분포가 정규분포해야 한다. 원시 모집단이 정규분포할 때 $\bar{X}$는 정규분포함을 기억하자. 원시 모집단이 정규분포되어 있지 않은 경우 표본의 크기가 충분히 크다면($n \geq 30$), 중심극한정리에 의하여 $\bar{X}$는 근사적으로 정규분포한다.

가설검정의 기본 원리는 먼저 귀무가설이 사실이라고 가정하고 표본 증거가 이 가정에 모순인지를 결정한다. 이 원리는 귀무가설이 "개인은 무죄"라고 정의되며 유죄가 확정될 때까지 무죄라는 의사결정과 같은 법원의 시나리오와 유사하다.

가설검정을 구현할 때 4단계의 절차를 따른다. 두 개의 동등한 방법을 구별하며, 가설검정을 하는 데 **p-값 접근방식**(p-value approach)과 **임계값 접근방식**(critical value approach)이다. 두 개의 접근방법을 가진 4단계 절차는 모집단의 평균, 모집단의 비율, 그리고 관심있는 다른 모집단 모수에 대하여 단측검정과 양측검정에 유효하다.

p–값 접근방식

학습목표 **9.3**

p-값 방식을 적용한 가설검정의 실시

사회학자는 평균 은퇴연령이 67세($\mu > 67$)보다 크다는 것을 입증하고 싶어한다고 가정하자. 은퇴연령은 모집단 표준편차가 9년($\sigma = 9$)을 가진 정규분포로 알려져 있다. 다음과 같은 경쟁적 가설을 설정할 경우 모집단의 평균에 대한 검정에 의하여 사회학자의 신념을 조사할 수 있다.

$$H_0: \mu \leq 67$$
$$H_A: \mu > 67$$

퇴직자 25명에 대한 무작위 표본은 71세의 평균 은퇴연령을 나타냈다. 즉 $\bar{x} = 71$. 이 표본의 증거는 귀무가설의 유효성에 의심을 갖게 한다. 이유는 표본 평균이 가설화된 값 $\mu_0 = 67$보다 크기 때문이다. 그러나 $\bar{x}$와 μ_0 사이의 불일치가 반드시 귀무가설이 거짓인 것을 의미하지 않는다. 아마도 불일치는 순전히 우연에 의해 설명될 수 있다. 일반적으로 적절한 검정통계의 관점에서 이러한 불일치는 평가되어야 한다.

σ가 알려져 있을 때 μ에 대한 검정통계량

모집단 표준편차 σ가 알려져 있을 때 **모집단 평균** μ에 대한 가설 **검정통계량**의 값은 $z = \frac{\bar{x} - \mu_0}{\sigma/\sqrt{n}}$로 계산된다. 여기서 μ_0는 모집단 평균에 대한 가설화된 값이다. 이 공식은 $\bar{X}$가 (근사적으로) 정규분포를 따를 경우에만 유효하다.

검정통계 z의 값은 $\mu = \mu_0$에서 평가되는데, 이는 귀무가설에 동일 기호의 형태가 필요한 이유를 설명한다. 모집단이 알려진 표준편차 $\sigma = 9$를 갖는 정규분포라는 것을 고려할 때, 검정통계는 $z = \frac{\bar{x} - \mu_0}{\sigma/\sqrt{n}} = \frac{71 - 67}{9/\sqrt{25}} = 2.22$로 계산한다. 따라서 67과 $\bar{x} = 71$을 비교하는 것은 $z = 2.22$와 0을 비교하는 것과 같다. 여기서 67과 0은 $\bar{X}$와 Z의 평균이다.

이제 p-값을 계산하자. 이 수치는 만일 귀무가설이 사실이라는 가정, 즉 $\mu_0 = 67$에서 가장 극단적인 표본 평균을 얻을 수 있는 우도를 말한다. 표본에서 $\bar{x} = 71$이기 때문에 71의 표본 평균 또는 그 이상을 극한값으로 정의 하고 z 테이블을 이용하여 p-값을 $P(\bar{X} \geq 71) = P(Z \geq 2.22) = 1 - 0.9868 = 0.0132$와 같이 계산한다. 그림 9.1 은 계산된 p-값을 보여준다.

그림 9.1 $z = 2.22$의 오른쪽꼬리검정의 p-값

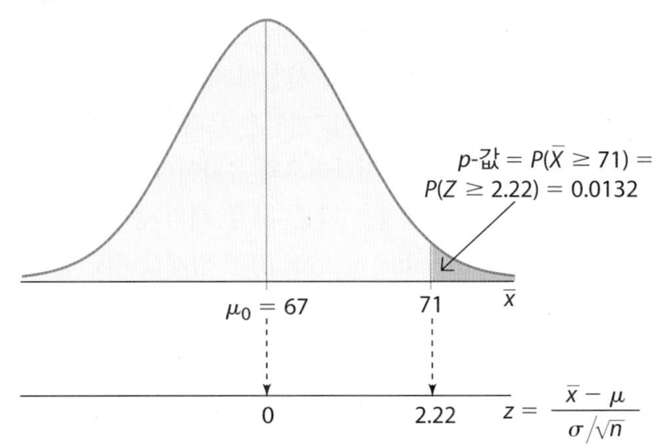

이제 귀무가설이 사실일 경우에 그 표본 평균이 71 또는 그 이상이 될 확률은 1.32%이다. 이것은 아주 작은 우연처럼 보인다. 그러나 귀무가설을 기각하여 대립가설을 채택할 정도로 충분히 작은 것인가? 충분히 작다는 것을 정의하자.

실제로 귀무가설이 사실임에도 귀무가설을 기각할 때 I종 오류가 발생하는 것을 기억하라. I종 오류를 α라 하는 것을 허용확률이라고 정의한다. **유의수준**(significance level)이란 $100\alpha\%$를 의미한다. p-값은 다른 한편으로 I종 오류를 범하는 관측확률이라고 한다. p-값 방식을 사용하는 경우에 **결정 규칙은 p-값 > α일 경우에 귀무가설을 기각하며, p-값 ≥ α인 경우 귀무가설을 기각할 수 없다.**

일반적으로 가설검정을 구현하기 전에 α의 값을 선택한다. 즉, 운동을 하기 전에 게임규칙을 설정한다. 대부분의 가설검정은 $\alpha = 0.01, 0.05, 0.10$을 사용하여 1, 5, 10%의 유의수준을 적용한다. 예를 들어, $\alpha = 0.05$란 사실인 귀무가설을 기각할 확률이 5%의 확률임을 의미한다. 다음과 같이 기존의 유의수준에 대한 해석을 할 수 있다.

- 만일 10% 유의수준에서 귀무가설을 기각하는 경우($\alpha = 0.10$), 귀무가설이 거짓일 증거를 가지고 있다.
- 만일 5% 유의수준에서 귀무가설을 기각하는 경우($\alpha = 0.05$), 귀무가설이 거짓일 강력한 증거를 가지고 있다.
- 만일 1% 유의수준에서 귀무가설을 기각하는 경우($\alpha = 0.01$), 귀무가설이 거짓일 매우 강력한 증거가 있다.

예시에서 p-값이 0.0132로 주어졌을 때, 귀무가설을 기각하기로 결정한다면, 이 결정이 잘못될 확률이 1.32%이다.

위의 검정을 수행하기 위해 $\alpha = 0.05$를 선택했다고 가정하자. 따라서 $0.0132 < 0.05$이기 때문에 귀무가설을 기각한다. 이것은 표본자료가 평균 은퇴연령이 67세보다 크다는 사회학자의 주장을 뒷받침하는 것을 의미한다. 개인은 67세의 정상적인 은퇴연령을 넘어서 직업을 가질 수 있다. 이유는 그들의 저축액이 금융 위기로 인해 고갈되었기 때문에 그리고 이 세대는 이전 세대보다 오래 살 것으로 예상하고 각종 청구서에 지불할 직업이 필요 하기 때문이다. $\alpha = 0.01$로 설정된 경우에 이 결과는 달라졌을 것이라는 점을 주의해야 한다. 이때 작은 유의수준에서 표본 증거는 귀무가설($0.01 < 0.0132$)을 기각할 수 없다. 즉 1% 유의수준에서, 평균 은퇴연령이 67보다 크다는 결론을 내릴 수 없다.

오른쪽꼬리검정의 은퇴연령 예에서 p-값을 $P(Z \geq z)$와 같이 계산한다. 유사하게, 왼쪽꼬리검정에서는 p-값은 $P(Z \geq z)$ 주어진다. 양측검정을 위하여 극단적인 값이 검정통계량의 분포의 양쪽에 존재한다. z 분포가 대칭을 감안할 때, 양측검정의 p-값은 단측검정의 p-값의 두 배이다. 그것은 $p > 0$인 경우에 $2P(Z \geq z)$이며, $z > 0$인 경우는 $2P(Z \leq z)$로 계산된다.

p-값 접근방법

$\mu = \mu_0$라는 가정에서 p-값은 적어도 주어진 표본으로부터 추출된 평균의 극단값으로 관측된 표본 평균이 가능한 확률(우도)을 말한다. 그 계산은 대립가설의 설정에 따라 달라진다.

대립가설	p-값
$H_A : \mu > \mu_0$	오른쪽꼬리확률: $P(Z \geq z)$
$H_A : \mu < \mu_0$	왼쪽꼬리확률: $P(Z \leq z)$
$H_A : \mu \neq \mu_0$	양측꼬리확률: $2P(Z \geq z)$ if $z > 0$ $2P(Z \leq z)$ if $z < 0$

결정규칙: 만일 p-값 $< \alpha$인 경우에 H_0을 기각.

그림 9.2는 경쟁 가설의 설정에 따라 p-값을 결정하는 세 개의 다른 시나리오를 보여준다.

그림 9.2a는 왼쪽꼬리검정을 위한 p-값을 보여준다. 적정한 검정통계량은 표준 정규분포를 따르기 때문에 p-값은 $(Z \leq z)$로 계산한다. 오른쪽꼬리검정(그림 9.2b 참조)을 위한 p-값을 계산할 때, 검정통계 z값의 오른쪽 영역, 또는 동일하게 $P(Z \geq z)$를 계산한다. 그림 9.2c는 양측검정을 위한 p-값을 보여준다. 즉 $z < 0$일 때는 $2P(Z \leq z)$또는 $z > 0$일 때는 $2P(Z \geq z)$로 계산한다.

오른쪽꼬리검정에서 $\bar{x} \leq \mu$ 또는 $z \leq 0$인 경우에 H_0을 기각할 수 있음에 유의해야 한다. 예를 들어, $H_0 : \mu \leq 67$ 대 $H_A : \mu > 67$과 같은 오른쪽꼬리검정을 생각하자. 만약 $\bar{x} = 65$라면, 표본 평균과 가설화된 모집단의 평균 사이에 불일치가 없기 때문에 공식적 검정을 할 필요가 없다. 마찬가지로 왼쪽꼬리검정의 경우 $\bar{x} \geq \mu$ 또는 $z \geq 0$이면 H_0을 기각할 수 없다. 이제 p-값 접근방법을 사용한 4단계 절차를 요약할 것이다.

그림 9.2 단측 및 양측검정의 p-값들

a. 왼쪽꼬리검정 p-값 $= P(Z \le z)$

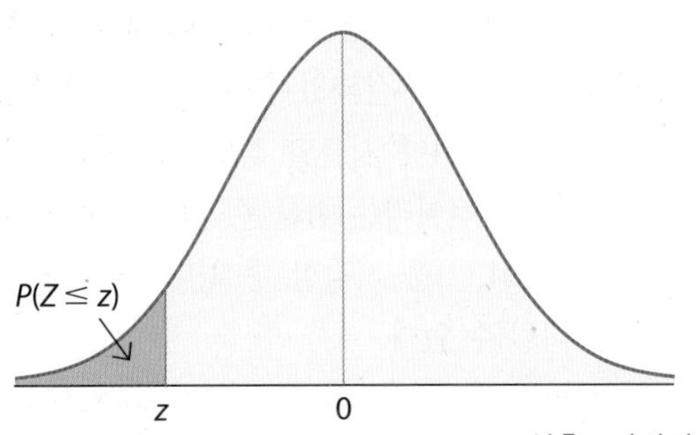

b. 오른쪽꼬리검정 p-값 $= P(Z \ge z)$

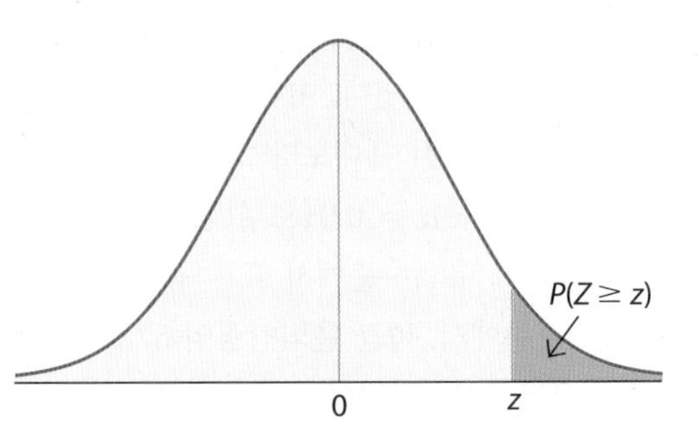

c. 양측꼬리검정
만일 $z < 0$, p-값 $= P(Z \le z)$
만일 $z > 0$, p-값 $= P(Z \ge z)$

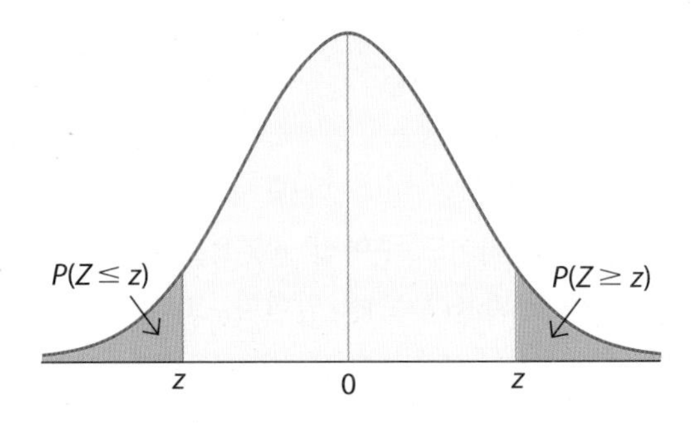

p-값 접근방법을 사용한 4단계 절차

1단계. 귀무가설과 대립가설을 설정한다. 관련된 모집단의 모수를 식별하고, 단측검정 또는 양측검정을 결정하며, 가장 중요한 것은 귀무가설에 등식이 포함되게 하며, 주장하고자 하는 것을 대립가설로 설정한다.

2단계. 유의수준을 설정한다. 가설검정을 수행하기 전에, 먼저 I종 오류를 범할 수 있는 허용확률 α를 지정한다.

3단계. 검정통계량 및 p-값을 계산한다. 모집단의 표준편차 σ가 알려진 경우에 검정통계량의 값은 $z = \frac{\bar{x} - \mu}{\sigma/\sqrt{n}}$이다. 여기서 μ_0는 모집단의 가설화된 평균이다. 오른쪽꼬리검정의 경우에 p-값은 $P(Z \ge z)$이며, 왼쪽꼬리검정의 경우에 p-값은 $P(Z \le z)$이다. 양측검정의 경우에 p-값은 만일 $z > 0$인 경우 $2P(Z \ge z)$이고, $z < 0$인 경우 $2P(Z \le z)$이다. p-값은 I종 오류를 범할 수 있는 확률이다.

4단계. 결론과 결과를 해석한다. 의사결정법칙은 p-값 $< \alpha$일 경우에 귀무가설을 기각하는 것이며 p-값 $> \alpha$일 경우에 귀무가설을 기각할 수 없다.

예제 9.7

통계 분석가는 평균 신학기 학교 지출이 가족당 \$606.40라는 트레이드 그룹의 예측에 이의를 제기하였다. 그녀는 신학기 평균 지출이 이 금액과 크게 다를 것이라고 생각한다. 그녀는 학령기 아동 30가구를 무작위 표본 추출하여 검정을 실시하기로 결정하였다. 그녀는 표본으로부터 평균 \$622.85로 계산하였다. 그녀는 또한 신학기 지출이 \$65의 모집단 표준편차를 가지고 정규분포한다고 믿고 있다. 그녀는 5% 유의수준에서 검정을 실시하고자 한다.

a. 통계 분석가 주장을 검정하기 위하여 경쟁적 가설을 설정하라.

b. 이 가설검정에서 I종 오류의 허용확률은 무엇인가?

c. 검정통계량과 *p*-값의 값을 계산하라.

d. 5% 유의수준에서 개학 평균 지출은 \$606.40에서 차이가 있는가?

풀이:

a. \$606.40의 예측값과 평균이 다른지 결정하기를 원하기 때문에, 가설을 설정은 다음과 같다.

$$H_0: \mu = 606.40$$
$$H_A: \mu \neq 606.40$$

b. I종 오류의 허용확률은 $\alpha = 0.05$로 주어진 검정의 유의도와 같다.

c. 정규분포하는 모집단에서 추출된 무작위 표본이기 때문에 계산된 $\bar{X}$가 정규분포한다. σ가 알려졌기 때문에, 검정통계량은 표준화된 정규분포를 따른다. 그 값은

$$z = \frac{\bar{x} - \mu_0}{\sigma/\sqrt{n}} = \frac{622.85 - 606.40}{65/\sqrt{30}} = 1.39.$$

검정통계에 대한 양의 값을 갖는 양측검정을 위해 $2P(Z \geq 1.39)$로 *p*-값을 계산한다. *z* 테이블에서 먼저 $P(Z \geq 1.39) = 1 - 0.9177 = 0.0823$을 찾는다. 따라서 *p*-값 $= 2 \times 0.0823 = 0.1646$이다.

d. 의사결정규칙은 *p*-값이 α 미만이면 귀무가설을 기각한다. $0.1646 > 0.05$이기 때문에 H_0을 기각할 수 없다. 따라서 5% 유의수준에서, 개학 평균 지출은 가족당 \$606.40와 크게 다르다고 볼 수 없다. 표본자료는 통계 분석가의 주장을 지지하지 않는다.

임계값 접근방식

학습목표 **9.4**

임계값 방식을 적용한 가설검정의 실시

항상 표본 증거와 선택한 유의수준 α를 사용하여 가설검정을 수행한다. *p*-값 방식은 확률의 관점에서 비교를 하는 것이다. 검정통계 값은 의사결정에 도달하기 위해 *a*와 비교할 *p*-값을 계산하기 위해 사용된다. 아래서 보게 되겠지만, 대부분의 통계 소프트웨어 패키지는 *p*-값을 제시한다. 따라서 가설검정의 *p*-값 방법은 대부분의 연구자와 실무자에 의해 선호되는 경향이 있다. 다른 한편으로, 임계값 방식은 검정통계 값의 관점에서 직접 비교한다. 컴

퓨터를 사용할 수 없고 모든 계산을 수동으로 수행해야 하는 경우에 이 방법은 특히 유용하다. 일부는 임계값 방식이 더 직관적이라고 한다. 그러나 두 가지 접근법은 항상 같은 결론을 이끌어낸다.

앞서 미국의 평균 은퇴연령이 5% 유의수준에서 67보다 큰 것을 사회학자의 주장을 검증하기 위해 p-값 방식을 사용했다. 25명 퇴직자의 무작위 표본에서 평균 은퇴연령은 71이었다. 역시 은퇴연령이 9년의 모집단 표본편차를 가지고 정규분포한다고 가정하였다. 임계값 방식으로 여전히 경쟁 가설을 설정하고, p-값 접근방법에서 수행했던 것처럼 검정통계량의 값을 계산한다. 정년의 예시에서, 경쟁적 가설은 H_A: $\mu > 67$, H_0: $\mu \leq 67$이며, 검정통계량의 값은 $z = \frac{\bar{x} - \mu_0}{\sigma/\sqrt{n}} = \frac{71 - 67}{9/\sqrt{25}} = 2.22$이다.

임계값 방식은 검정통계량의 값이 이 영역에 속하는 경우에 귀무가설을 기각하도록 **기각영역**(rejection region)을 설정한다. **임계값**은 기각영역과 비기각영역을 분리하는 점이다. 다시 한 번 경쟁 가설의 세 가지 유형 사이의 차이를 확인해야 한다. 오른쪽꼬리검정의 경우, 임계값 z_α이며, 여기서 $P(Z \geq z_\alpha) = \alpha$이다. 이 기각영역은 z_α보다 더 큰 값이 포함되어 있다.

지정된 α를 가지고 쉽게 z 테이블에서 해당 z_α를 찾을 수 있다. 정년 예시에서 $\alpha = 0.05$이며, $P(Z \geq z_\alpha) = 0.05$에 해당하는 $z_\alpha = z_{0.05} = 1.645$로 임계값을 도출한다. 그림 9.3은 임계값뿐만 아니라 검정에 대응하는 기각영역을 도식화하였다.

그림 9.3 $\alpha = 0.05$와 오른쪽꼬리검정에 대한 임계값

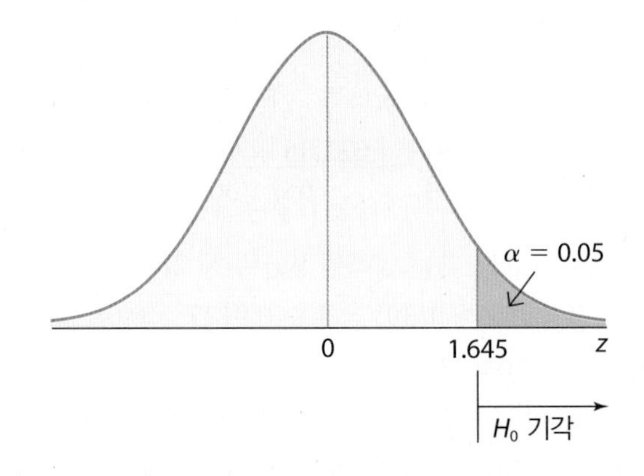

그림 9.3과 같이 결정규칙은 $z > 1.645$ 경우에 H_0을 기각하는 것이다. 검정통계 값 $z = 2.22$이기 때문에 임계값 $z_\alpha = 1.645$를 초과하며, 귀무가설을 기각하고 평균 연령 67보다 유의적으로 크다고 결론내릴 수 있다, 따라서 이 결론은 p-값 접근방식과 동일하다.

p-값 방식을 사용하든지 임계값 방식을 사용하든지에 무관하게 항상 같은 결론에 도달할 것을 강조하고 싶다. 만일 z는 기각영역에 해당하는 경우 p-값은 α보다 작아야 한다. 동일하게 만일 z가 기각영역에 해당하지 않는 경우에 p-값은 α값보다 커야 한다. 그림 9.4는 오른쪽꼬리검정의 은퇴연령의 예에서 두 결과의 동일함을 보여준다.

그림 9.4 *p*-값과 임계값 방식에 의한 동일한 결론

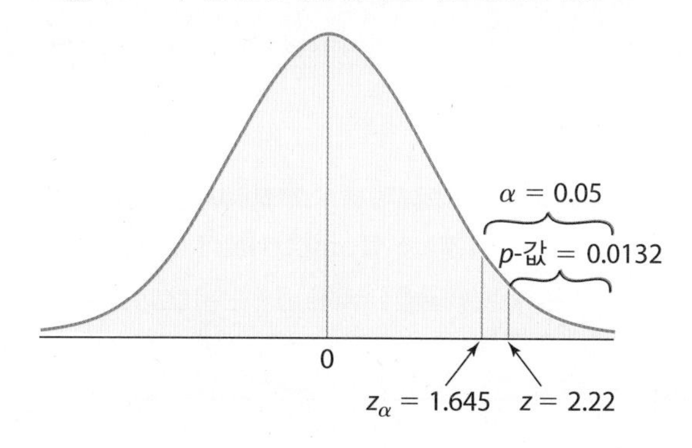

$z = 2.22$가 $z_\alpha = 1.645$보다 크기 때문에, 마찬가지로 p-값 $= 0.0312$가 $\alpha = 0.05$보다 작기 때문에 귀무가설을 기각한다. 위의 예시는 z_α와 임계값을 계산하기 위해 오른쪽꼬리검정을 사용하였다. 0을 중심으로 z 분포가 대칭이기 때문에, 왼쪽꼬리검정에 대한 임계값은 $-z_\alpha$이다. 양측검정을 위해서는 두 개의 임계값을 결정하기 위해 유의수준을 두 개로 분할하여 $-z_{\alpha/2}$ 및 $z_{\alpha/2}$이다. 여기서 $P(Z \geq z_{\alpha/2}) = \alpha/2$이다.

임계값 접근방식

임계값 방식은 검정통계 값이 이 영역에 속하는 경우 귀무가설을 기각하는 영역을 지정한다. 경쟁 가설 설정 및 유의도가 임계값을 결정한다.

대립가설	임계값
H_A: $\mu > \mu_0$	오른쪽꼬리 임계값은 z_α, 여기서 $P(Z \geq z_\alpha) = \alpha$
H_A: $\mu < \mu_0$	왼쪽꼬리 임계값은 $-z_\alpha$, 여기서 $P(Z \geq z_\alpha) = \alpha$
H_A: $\mu \neq \mu_0$	양측꼬리 임계값은 $z_{\alpha/2}$와 $-z_{\alpha/2}$, 여기서 $P(Z \geq z_{\alpha/2}) = \alpha/2$

결정규칙:

- 오른쪽꼬리검정의 경우 $z > z_\alpha$, H_0을 기각한다.
- 왼쪽꼬리검정의 경우 $z < -z_\alpha$, H_0을 기각한다.
- 양측꼬리검정인 경우 $z > z_{\alpha/2}$ 또는 $z < -z_{\alpha/2}$, H_0을 기각한다.

주어진 α에서 그림 9.5는 임계값(들)이 경쟁 가설의 설정에 따라 결정되는 세 개의 다른 시나리오를 도식화하였다.

그림 9.5a는 왼쪽꼬리검정에서 음의 임계값이 $z < -z_\alpha$ 경우에 귀무가설을 기각하는 것을 보여준다. 마찬가지로 그림 9.5b는 오른쪽꼬리검정에서 양의 임계값이 $z > z_\alpha$ 경우에 귀무가설을 기각하는 것을 보여준다. 양측검정에서 두 개의 임계값이 $z < -z_{\alpha/2}$이거나 $z > z_{\alpha/2}$에서(그림 9.5c 참조) 귀무가설을 기각하게 된다.

그림 9.5 단측 및 양측검정을 위한 임계값

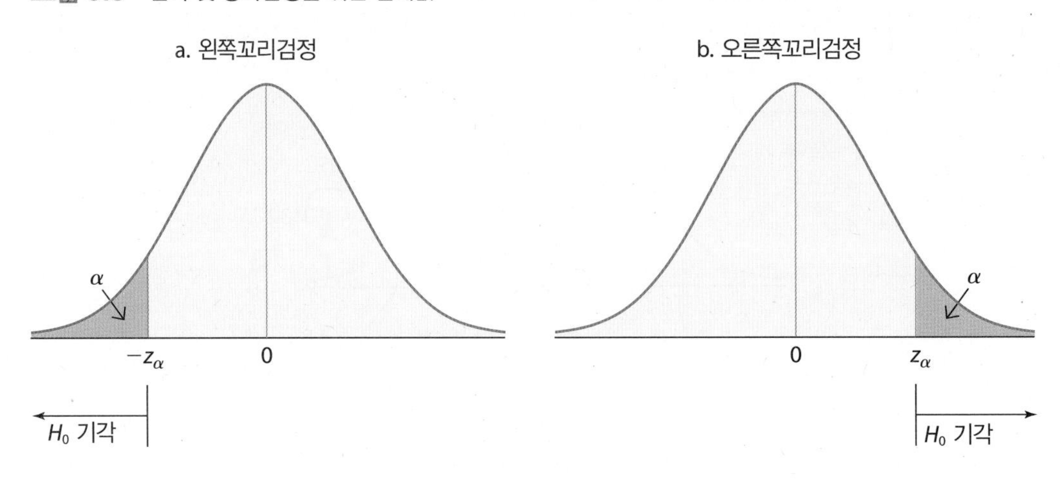

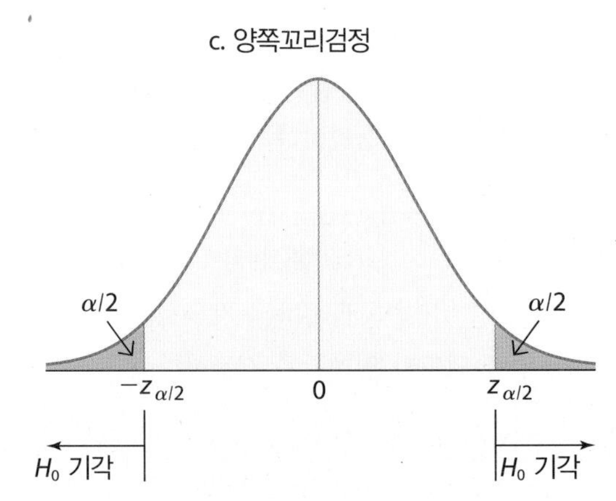

이제 임계값 방식을 사용하여 4단계 절차를 요약한다.

임계값 방식을 사용한 4단계 절차

1단계. 귀무가설과 대립가설을 설정하라. 관련된 모집단의 모수를 식별하고, 단측검정 또는 양측검정을 결정하며, 가장 중요한 것은 귀무가설에 등식이 포함되게 하며, 주장하고자 하는 것을 대립가설로 설정한다.

2단계. 유의수준을 지정하고 임계값(들)을 찾는다. 먼저 I종 오류를 만드는 유의확률 α를 설정한다. 모집단의 표준편차 σ가 알려진 경우에 우측꼬리검정의 임계값은 z_α이다. 여기서 $P(Z \geq z_\alpha) = \alpha$이며, 왼쪽꼬리검정의 임계값은 $-z_\alpha$이다. 양측꼬리검정의 임계값은 $-z_{\alpha/2}$과 $z_{\alpha/2}$이다. 여기서 $P(Z \geq z_{\alpha/2}) = \alpha/2$이다.

3단계. 검정통계량의 값을 계산한다. 검정통계 값은 $z = \frac{\bar{x} - \mu}{\sigma y \sqrt{n}}$이다. 여기서 μ_0는 모집단 평균에 대한 가설화된 값이다.

4단계. 결론을 명시하고 결과를 해석한다. 검정통계 값이 기각영역에 해당하는 경우, 결정규칙은 귀무가설을 기각한다. 오른쪽꼬리검정인 경우에 $z > z_\alpha$ 경우 귀무가설을 기각한다. 왼쪽꼬리검정인 경우에 $z < -z_\alpha$인 경우 귀무가설을 기각한다. 그리고 양측꼬리검정의 경우에 $z > z_{\alpha/2}$ 또는 $z < -z_{\alpha/2}$ 경우에 귀무가설을 기각한다.

예제 9.8

임계값 방식을 사용하여 예제 9.7을 다시 수행해보자. 통계 분석가가 평균적으로 개학 지출이 \$606.40와 다르다고 주장했던 것을 기억하자. \$65의 표준편차를 가진 정규분포 모집단에서 30가구를 무작위 표본추출하여 표본 평균이 \$622.85이며 검정은 5% 유의수준에서 수행한다.

풀이: 경쟁 가설 설정과 검정통계 값은 앞과 같다. 즉, H_0: $\mu = 606.40$ 대 H_A: $\mu \neq 606.40$, 그리고 $z = \frac{\bar{x} - \mu_0}{\sigma/\sqrt{n}} = \frac{622.85 - 606.40}{65/\sqrt{30}} = 1.39$이다. 양측검정을 위하여 두 개의 임계값을 결정하고, 유의수준을 분할하여 한 검정통계량의 분포의 한쪽을 결정한다. 유의도 5% 수준을 감안할 때 $\alpha/2 = 0.052 = 0.025$가 $z_{\alpha/2} = z_{0.025}$을 1.645를 유도하는 데 사용된다. 따라서 임계값은 -1.96과 1.96이다. 그림 9.6에 보이는 바와 같이 결정규칙은 만일 $z > 1.96$ 또는 $z < -1.96$인 경우에 H_0 기각하는 것이다.

그림 9.6 $\alpha = 0.05$에서 양측꼬리검정의 임계값

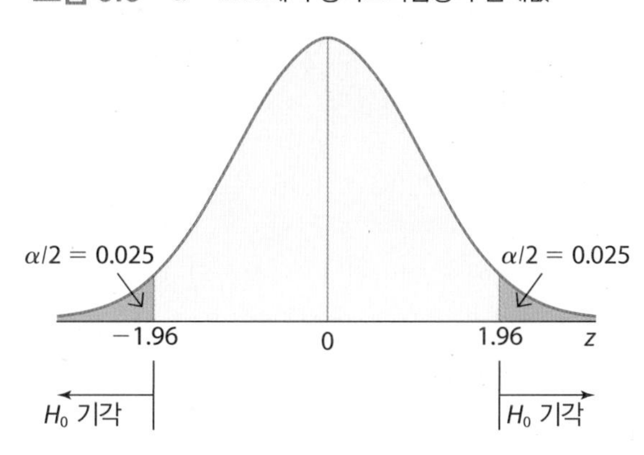

$z = 1.39$는 기각지역($-1.96 < 1.39 < 1.96$)에 해당하지 않기 때문에 귀무가설을 기각하지 않는다. 5% 유의수준에서, 평균적으로 신학기 지출은 가족당 \$606.40와 다르다는 결론을 내릴 수 없다. 항상 결론은 p-값 접근법을 사용한 것과 같다.

신뢰구간과 양측가설검정

양측검정의 경우 결론에 도달하기 위해 신뢰구간을 설정할 수 있다. α 유의수준에서 가설검정을 수행하는 것을 감안하면 모집단 평균 μ에 대한 대응하는 $100(1-\alpha)\%$ 신뢰구간을 결정하는 표본자료를 사용할 수 있다. 신뢰구간이 가설화된 모집단 평균 μ_0을 포함하지 않을 경우에 귀무가설을 기각한다. 신뢰구간이 μ_0을 포함하는 경우 귀무가설을 기각하지 않는다.

신뢰구간을 사용하여 양측검정을 구현

알려진 모집단의 표준편차 σ로 계산된 모집단 평균의 $100(1-\alpha)\%$의 신뢰구간 μ의 일반적인 설정은 다음과 같이 계산된다.

$$\bar{x} \pm z_{\alpha y2}\frac{\sigma}{\sqrt{n}} \text{ 또는 } \left[\bar{x} - z_{\alpha y2}\frac{\sigma}{\sqrt{n}}, \bar{x} + z_{\alpha y2}\frac{\sigma}{\sqrt{n}}\right].$$

주어진 가설화된 모집단 평균 μ_0에서 **의사결정규칙**은

$$\mu_0 > \bar{x} + z_{\alpha y2}\frac{\sigma}{\sqrt{n}} \text{ 또는 } \mu_0 < \bar{x} - z_{\alpha y2}\frac{\sigma}{\sqrt{n}} \text{ 이면 } H_0\text{을 기각한다.}$$

예제 9.9

μ에 대한 신뢰구간을 구축하기 위하여 예제 9.8을 반복하라.

풀이: 5% 유의수준에서 H_A: $\mu \neq 606.40$ 대 H_0: $\mu = 606.40$을 검정하고자 한다. $n = 30$, $\bar{x} = 622.85$ 및 $\sigma = 65$, $\alpha = 0.05$, 95% 신뢰구간을 결정하는 데 함께 사용한다. $z_{\alpha/2} = z_{0.025} = 1.96$과 다음을 계산한다.

$$\bar{x} \pm z_{\alpha y2}\frac{\sigma}{\sqrt{n}} = 622.85 \pm 1.96\frac{65}{\sqrt{30}} = 622.85 \pm 23.26$$

신뢰구간 [599.59, 646.11]에서 얻어진다. 가설화된 모집단 평균 $\mu_0 = 606.40$은 95% 신뢰구간 내에 포함되기 때문에 H_0을 기각하지 않는다. 따라서 p-값과 임계값 방식과 같은 결론에 도달한다. 즉 표본자료는 올해 신학기 평균 지출이 가족당 $606.40와 다르다는 통계 분석가의 주장을 지지하지 않는다.

위에서 말한 바와 같이, 양측검정을 수행하기 위한 대안적인 방법으로서, 신뢰구간을 사용한다. 단측검정을 수행하기 위해 신뢰구간을 조정할 수 있다, 그러나 이 책에서는 이 조정 방법을 논의하지 않는다.

σ가 알려졌을 때 μ를 검정하기 위한 엑셀의 사용

엑셀은 가설검정의 단계를 단순화하는 여러 가지 기능을 제공한다. 여기에서는 다음과 같은 예제를 사용하여 이러한 기능 중 하나를 논의한다.

FILE

예제 9.10

뉴욕타임스의 최근 보고는 소비자들이 경기침체에 대한 대응으로서만이 아니고 과잉 소비가 그들을 행복하게 해주는 것이 아니라는 인식 때문에 소비를 줄이고 있다고 제시하였다(2010.8.7). 연구원은 직불카드 자료를 이용하여 매년 지출하는 평균 금액이 최소 $8,000라는 일반적인 믿음에 대한 모순을 지적하려고 한다. 그녀는 소비자 20명

에게 설문조사를 통하여 그들의 매년 직불카드 지출이 얼마인지를 물었다. 결과는 아래와 같으며, ***Debit_Spending***이라는 이름의 데이터를 교과서 웹사이트에서 찾아볼 수 있다.

7,960	7,700	7,727	7,704	8,543	7,661	7,767	8,761	7,530	8,128
7,938	7,771	7,272	8,113	7,727	7,697	7,690	8,000	8,079	7,547

모집단 표준편차가 \$500라고 알려졌으며, 직불카드 지출은 정규분포한다. 유의수준 1%에서 주장을 검정하라.

풀이: 연구원은 직불카드에 대한 평균 지출이 \$8,000 이하 또는 $\mu < 8{,}000$임을 설정하고자 한다. 따라서 가설을 설정하면 다음과 같다.

$$H_0\text{: } \mu \geq 8{,}000$$
$$H_A\text{: } \mu < 8{,}000$$

직불카드 지출이 정규분포하는 것으로 가정하였기 때문에 $\bar{X}$의 정규분포 조건이 만족된다. 모집단의 표준편차가 알려졌기 때문에, 상기 검정통계량은 z 분포를 따르는 것으로 가정한다. 엑셀의 함수 Z.TEST는 오른쪽꼬리검정의 p-값을 생성하거나 동일하게 $P(Z \geq z)$을 생성한다. 왼쪽꼬리검정의 경우, 이 예제에서와 같이 단순히 1에서 엑셀 반환값을 뺀다(양측검정의 경우, $P(Z \geq z)$의 엑셀값이 0.50 미만인 경우에 이 값에 2를 곱하여 p-값을 얻는다. 만일 엑셀 반환값이 0.50보다 큰 경우, p-값을 $2 \times (1 - P(Z \geq z))$로 계산한다). 일반적으로 이 함수는 '= Z.TEST(*array*, μ_0, σ)'의 형태를 취하며, 여기서 *array*는 자료가 위치하는 셀을 말하고, μ_0는 가설화된 모집단의 평균, 그리고 σ는 알려진 모집단 표준편차의 값이다. 예제 9.10을 풀기 위해 ***Debit_Spending*** 파일을 열고, 빈 셀을 찾아 '= Z.TEST(A2:A21, 8000, 500)'을 입력한다. 엑셀은 오른쪽꼬리검정의 p-값에 해당하는 0.8851의 확률을 반환한다. 1에서 이 값을 빼면 왼쪽꼬리검정을 위한 p-값인 0.1149를 산출한다.

가설검정은 1% 유의수준에서 수행되었다. 따라서 0.1149는 $\alpha = 0.01$보다 작지 않다. 귀무가설을 기각할 수 없다. 즉, 유의도의 1% 수준에서 연구원은 직불카드의 연간 지출이 \$8,000 미만이라는 결론을 지지할 수 없다. 아마도 이 연구 결과는 소비자들이 부채에 대한 부담 때문에 신용카드 사용을 기피하고 직불카드를 사용하고 있다는 보고와 일치한다(http://Businessweek.com, 2010.9.8).

마지막 언급

잘 수행된 통계분석의 중요한 구성요소는 명확하게 결과를 전달하는 것이다. 따라서 귀무가설을 기각하거나 귀 무가설을 기각하지 않는 결론만으로 분석을 종료하는 것은 충분하지 않다. 당신은 관련된 모수에 관한 주장이 명확한 표본 정보에 입각하여 정당화될 수 있는지에 대하여 결과를 해석해야 한다.

연습문제 9.2

기초문제

13. 다음과 같은 가설을 고려하자.

$$H_0: \mu \leq 12.6$$
$$H_A: \mu > 12.6$$

25개 관측된 표본은 13.4의 표본 평균을 산출했다. 표본이 3.2로 알려진 모집단 표준편차를 가진 정규분포에서 도출되는 것으로 가정한다.

a. p-값을 계산하라.

b. $\alpha = 0.10$ 경우에 결론은 무엇인가?

c. 위의 표본 평균이 100개 관찰된 표본을 기반으로 한 경우 p-값을 계산하라.

d. $\alpha = 0.10$ 경우 결론은 무엇인가?

14. 임계값 방식을 사용하여 이전 질문을 재실행하라.

15. 다음과 같은 가설을 고려하자.

$$H_0: \mu \geq 150$$
$$H_A: \mu < 150$$

표본 80개 관측 결과로 표본 평균은 144이다. 표본추출은 모집단의 표준편차가 28로 알려져 있다.

a. $\alpha = 0.01$과 $\alpha = 0.05$의 검정에 대한 임계값은 무엇 인가?

b. 위의 표본 증거는 $\alpha = 0.01$에서 귀무가설을 기각할 수 있는가?

c. 위의 표본 증거는 $\alpha = 0.05$에서 귀무가설을 기각할 수 있는가?

16. p-값 방식을 사용하여 이전 질문을 재실행하라.

17. 다음과 같은 가설을 고려하자.

$$H_0: \mu = 1800$$
$$H_A: \mu \neq 1800$$

모집단은 표준편차가 440으로 정규분포한다. 다음 표본 결과에 대하여 각각 p-값과 검정통계 값을 계산하라. 각 주어진 표본에 대하여 10%의 유의수준에서 귀무가설을 기각할 수 있는지 결정하라.

a. $\bar{x} = 1850$, $n = 110$

b. $\bar{x} = 1850$, $n = 280$

c. $\bar{x} = 1650$, $n = 32$

d. $\bar{x} = 1700$, $n = 32$

18. 다음과 같은 가설을 고려하자.

$$H_0: \mu = 120$$
$$H_A: \mu \neq 120$$

모집단은 46의 모집단 표준편차를 가지고 정규분포한다.

a. 검정 임계값을 결정하기 위하여 유의수준 5% 사용한다.

b. $\bar{x} = 132$, $n = 50$에서 결론은 무엇인가?

c. 검정 임계값을 결정하기 위해서 유의수준 10% 사용하라.

d. $\bar{x} = 108$, $n = 50$에서 결론은 무엇인가?

19. 다음과 같은 가설검정을 고려하자.

$$H_0: \mu \leq -5$$
$$H_A: \mu > -5$$

25개 관측의 무작위 표본이 -8의 표본 평균을 산출한다. 모집단의 표준편차는 10이다. p-값을 계산하라. $\alpha = 0.10$ 경우에 검정 결론은 무엇인가?

20. 다음과 같은 가설검정을 고려하자.

$$H_0: \mu \geq 75$$
$$H_A: \mu < 75$$

100개 관측의 무작위 표본이 모집단 표준편차가 30에서 추출되고, 평균이 80으로 계산되었다. p-값을 계산하라. $\alpha = 0.10$ 경우에 검정 결론은 무엇인가?

21. 다음과 같은 가설검정을 고려하자.

$$H_0: \mu = -100$$
$$H_A: \mu \neq -100$$

36개 관측된 무작위 표본이 모집단 표준편차가 42이며 표본 평균이 -125인 경우에 $\alpha = 0.01$에서 임계값과 검정 결과는 무엇인가?

응용문제

22. 코스트코 고객은 매장 방문당 평균 \$130를 지출한다(월스트리트 저널, 2010.10.6). 코스트코의 경쟁업체 중 하나는 고객의 매장 방문당 지출이 더 많은지 여부를 확인하고 싶어한다. 25명 고객의 영수증 조사로부터 표본 평균은 \$135.25인 것을 발견했다. 모집 단의 표준편차가 \$10.50이며 그 지출이 정규분포를 따른다고 가정한다.

a. 경쟁업체 매장에서 평균 지출이 \$130 이상 여부를 검정할 수 있는 적절한 귀무가설과 대립가설을 설정하라.

b. 검정통계량의 값을 계산하라. p-값을 계산하라.

c. 5% 유의수준에서 검정의 결론은 무엇인가?

d. 임계값 방식을 사용하여 검정을 반복하라.

23. 시간당 65마일로 이동하는 소형 자동차의 평균 제 동거리 120피트 같다고 광고되었다. 교통연구원은 광고에서 만든 문장이 거짓인지 여부를 결정하려고 한다. 그녀는 무작위로 36개 소형 자동차 운전을 시간당 65마일에서 제동거리를 기록하였다. 표본 평균 제동거리 114피트 계산되었으며, 모집단 표준편차 22피트라고 가정한다.

a. 귀무가설과 대립가설을 설정하라.

b. 검정통계와 p-값의 값을 계산하라.

c. $\alpha = 0.01$을 이용하여 평균 제동거리 120피트와 다른지를 결정하라.

d. 임계값 방식으로 검정을 반복하라.

24. 내셔널 지오그래픽 뉴스의 기사는 미국인들은 점점 더 자신의 수면에 인색한 것으로 보고한다(2005.2.24). 연구원은 미국인이 평일 권장 수면시간인 7시간 이하로 자고 있는지를 확인하고 싶어서 150명에 대한 임의의 표본을 받아서 평균 6.7시간의 평일 수면시간을 계산하였다. 모집단이 정규분포하며 2.1시간의 표준편차를 갖는 것으로 알려졌다.

a. $\alpha = 0.01$에서 p-값 방식을 사용하여 연구자의 주장을 검정하라.

b. $\alpha = 0.01$에서 임계값 방식을 사용하여 연구자의 주장을 검정하라.

25. 2008년 5월에 CNN은 SUV(스포츠 유틸리티 차량)이 "멸종위기" 목록을 향해 가고 있다고 보고하였다. 유가 급등과 환경 문제 때문에 소비자들은 연비가 더 작은 차로 가스 대량소비 차량을 대체하고 있다. 그 결과로 새로운 수요뿐 아니라 중고 SUV 수요에도 큰 하락이 있었다. SUV 대리점의 영업관리자는 이로 인하여 SUV를 판매하는 데 평균 90일이 소요된다고 생각한다. 그의 주장을 검정하기 위해 최근에 판매된 SUV 40대 표본으로부터 SUV 판매에 평균 95일이 걸린다는 것을 알았다. 그는 모집단 표준편차가 상당 히 안정적인 20일이라고 믿는다.

a. 검정에 귀무가설과 대립가설을 설정하라.

b. p-값은 무엇인가?

c. 영업관리자의 주장이 $\alpha = 0.01$에서 정당한가?

c. 임계값 방식으로 위의 가설검정을 반복하라.

26. 하와이의 탄산음료제조업자는 각 주스병이 채워지려면 과일주스 16온스가 사용된다고 믿는다. 주입 공정의 정확성을 분석하기 위해 그는 48개의 병을 무작위 표본추출하여 표본 과일주스의 평균 무게가 15.80 온스임을 계산했다. 모집단의 표준편차가 0.8온스라고 가정한다.

a. 귀무가설과 대립가설을 설정하라.

b. $\alpha = 0.05$에서 탄산음료제조업자의 주장을 검정하기 위하여 임계값 방식을 사용하라.

c. 탄산음료제조업자에게 보고를 하라.

27. FILE (엑셀 사용) 캘리포니아 미션비에호의 부동산업자는 주택 평균 가격이 $500,000 이상이라고 생각한다.

a. 귀무가설과 대립가설을 설정하라.

b. 엑셀 스프레드시트에 교과서 웹사이트에 있는 ***MV_Houses*** 데이터를 열어라(단위는 $1,000). p-값을 계산하기 위하여 Z.TEST 함수를 사용하라. 모집단 표준편차는 $100(단위: $1,000)로 가정한다.

c. $\alpha = 0.05$에서 검정 결과는 무엇인가? 부동산업자의 주장은 자료에 의하여 지지되는가?

28. FILE (엑셀 사용) 교과서 웹사이트(***Hourly_Wage***)의 시간당 임금 데이터에 액세스하라. 경제학자가 평균 시간당 임금이 $22 미만인 것을 검정하려고 한다.

a. 귀무가설과 대립가설을 설정하라.

b. p-값을 계산하기 위하여 Z.TEST 함수를 사용하라. 모집단의 표준편차는 $6로 가정하라.

c. $\alpha = 0.05$에서 검정의 결론은 무엇인가? $22보다 낮은 평균 시간당 임금인가?

29. FILE (엑셀 사용) 교과서 웹사이트(***Home_Depot***)에서 홈디포의 주간 주가 데이터에 액세스하라. 수익률이 $3 모집단 표준편차를 가지고 정규분포한다고 가정하자.

a. 주간 평균 주가가 $30 차이가 있는지 여부를 검정하기 위하여 귀무가설과 대립가설을 설정하라.

b. 5% 유의수준에서 검정의 임계값(들)을 설정하라.

c. 검정통계 값을 계산하라.

d. $\alpha = 0.05$에서 주간 평균 주가가 $30와 같지 않은지를 결론지을 수 있는가?

30. FILE (엑셀 사용) 평균적으로 지난해 대학생은 $27,200의 부채를 가지고 졸업했다(보스턴글로브, 2012.5.27). 연구원은 코네티컷의 최근 졸업생 40명의 부채에 대한 자료를 수집하였다. 전체 데이터(***CT_Undergrad_Debt***)는 교과서 웹사이트에서 찾아볼 수 있다. 모집단 표준편차는 $5,000로 가정한다.

a. 연구원은 코네티컷의 최근 졸업생이 전국 평균보다 더 많은 부채를 가지고 있다고 생각한다. 이 믿음을 검정 하기 위해 경쟁 가설을 설정하라.

b. 10% 유의수준에서 검정의 임계값(들)을 지정하라.

c. 검정통계 값을 계산하라.

d. 데이터는 $\alpha = 0.10$에서 연구자의 주장을 지지하는가?

9.3 표준편차 σ를 모를 때 모집단 평균의 가설검정

학습목표 9.5

모집단 평균에 대한 검정통계량의 차별화

지금까지 모집단 표준편차 σ를 알고 있다는 가정에서 모집단 평균 μ에 대한 가설검정을 고려하였다. 8장에서 설명했던 바와 같이, 대부분의 비즈니스 응용에서 σ가 알려져 있지 않고, $\bar{X}$의 표준오차를 추정하기 위해 표본 표준편차로 σ를 대체할 필요가 있다.

σ를 알 수 없을 때, μ에 대한 검정통계량

모집단의 표준편차 σ를 알지 못할 때, **모집단 평균 μ**에 대한 가설 검정통계 값은 $t_{df} = \frac{\bar{x} - \mu_0}{s/\sqrt{n}}$로 계산된다. 여기서 μ_0는 가설화된 모집단 평균, $df = n-1$은 자유도(degrees of freedom)이다. 이 공식은 $\bar{X}$가 (근사적으로) 정규분포를 따른 경우에만 유효하다.

다음 두 가지 예제는 모집단 표준편차 σ를 모를 때 이전 절에서 설명했던 가설검정 4단계를 사용하는 방법을 보여준다. 수동으로 이 검정을 수행할 때, 임계값 방식이 p-값 방식보다 유용하다. 이유는 t 테이블에서 정확한 p-값을 사용하지 못할 수 있기 때문이다. 그래서 먼저 이 절에서 이 방법을 보여주고자 한다.

예제 9.11

이 장의 도입사례에서 캘리포니아에 있는 한 대학의 학장은 그 대학 학생들이 1961년에 주당 24시간이었던 전국 평균 공부시간보다 공부를 덜 하는지를 궁금해한다. 그녀는 무작위로 학생 35명을 추출하고 주당 평균 공부시간을 질문하였다. 이들 반응에서 그녀는 16.37시간과 7.22시간의 표본 평균과 표준편차를 계산하였다(표 9.1 참조).

a. 학장의 우려를 검정하기 위해 경쟁 가설을 설정하라.

b. 5% 유의수준에서 임계값(들)을 설정하라.

c. 검정통계량의 값을 계산하라.

d. 가설검정의 결론은 무엇인가?

풀이:

a. 이것은 단측검정의 한 예로, 평균 공부시간이 24시간보다 적은지, 즉 $\mu < 24$인지에 대한 검정이다. 경쟁 가설은 다음과 같이 설정된다.

$$H_0: \mu \geq 24\text{시간}$$
$$H_A: \mu < 24\text{시간}$$

b. 모집단의 평균에 관한 통계적 추론에서 표본 평균 $\bar{X}$가 정규분포되어야 한다는 것을 기억하라. 표본크기가 $n = 35$로 30 이상이기 때문에 이 조건은 만족된다. 왼쪽 꼬리검정을 수행하기 때문에 임계값은 $-t_{\alpha,df}$로 주어지며, 여기서 $P(T_{df} \geq t_{\alpha\,df}) = \alpha$. $\alpha = 0.05$와 $df = n - 1 = 34$에서 t 테이블을 참조하면 $t_{\alpha,df} = t_{0.05,34} = 1.691$을 찾을 수 있다. 따라서 임계값은 $-t_{0.05,34} = -1.691$이다.

c. $\bar{x} = 16.37$, $s = 7.22$를 감안할 때, 검정통계량의 값은 다음과 같다.

$$t_{34} = \frac{\bar{x} - \mu_0}{s/\sqrt{n}} = \frac{16.37 - 24}{7.22/\sqrt{35}} = -6.25.$$

d. 그림 9.7에 나타낸 바와 같이 결정규칙은 $t_{34} < -1.691$일 경우에 귀무가설을 기각

한다. -6.25는 -1.691의 미만이기 때문에 귀무가설을 기각한다. 5% 유의수준에서, 이 대학의 평균 공부시간은 1961년의 주당 24시간보다 낮은 것으로 결론지을 수 있다.

그림 9.7 $\alpha = 0.05$와 $df = 34$에서 왼쪽꼬리검정의 임계값

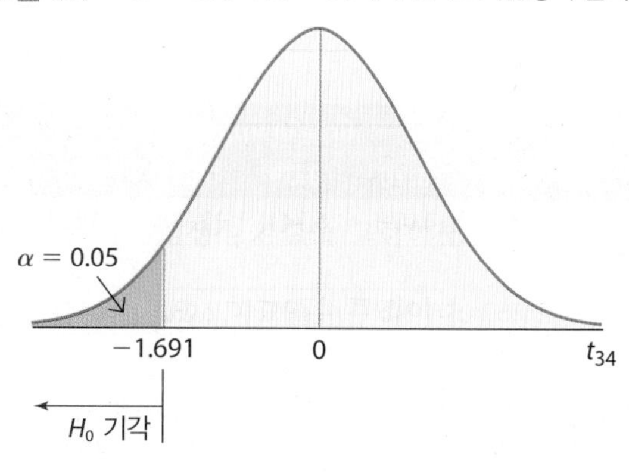

■ **예제 9.12**

이 장의 도입사례에서 언급되었던 바와 같이, 최근 연구는 오늘날 대학생의 주당 평균 공부시간이 14시간이라는 것을 발견했다. 표 9.1의 표본을 이용하여 학장은 자신의 대학교 학생들의 평균 공부시간이 전국 평균 14시간과 다른지를 검증하고 싶어한다.

a. 학장은 이 검정을 위하여 어떻게 경쟁 가설을 수립해야 하는가?

b. 검정통계량의 값을 계산하라.

c. p-값을 근사적으로 계산하라.

d. 5% 유의수준에서, 이 검정의 결론은 무엇인가?

풀이:

a. 학장은 그 대학 학생들의 평균 공부시간이 일주일에 14시간과 다른지를 검정하고 싶어한다. 따라서 양측검정을 위한 가설을 설정한다.

$$H_0: \mu = 14\text{시간}$$
$$H_A: \mu \neq 14\text{시간}$$

b. $n = 35$, $\bar{x} = 16.37$, $s = 7.22$를 고려할 때, 검정통계량의 값을 계산하면 다음과 같다.

$$t_{34} = \frac{\bar{x} - \mu_0}{s/\sqrt{n}} = \frac{16.37 - 14}{7.22/\sqrt{35}} = 1.94.$$

c. $t_{34} = 1.94 > 0$이기 때문에, 양측꼬리검정의 p-값은 $2P(t_{34} \geq t_{34})$이다. $df = 34$에 대한 t 테이블을 참조하면, 정확한 확률 $P(t_{34} \geq 1.94)$는 판별할 수 없다. 표 9.3은 $t_{34} = 1.94$가 1.691과 2.032 사이에 놓여 있음을 볼 수 있다. 이는 $P(t_{34} \geq 1.94)$

가 정확하게 $P(t_{34} \geq 2.032) = 0.025$와 $P(t_{34} \geq 1.691) = 0.05$, 즉 $0.025 < P(t_{34} \geq 1.94) < 0.05$ 사이에 있다는 것을 의미한다. 두 배의 곱은 $0.05 < p$-값 < 0.10이다. 예제 9.13에서 정확한 p-값을 찾기 위해 어떻게 엑셀을 사용하는지를 보여준다.

표 9.3 t 테이블의 일부분

df	Area in Upper Tail, α					
	0.20	0.10	0.05	0.025	0.01	0.005
1	1.376	3.078	6.341	12.706	31.821	63.657
⋮	⋮	⋮	⋮	⋮	⋮	⋮
34	0.852	1.307	1.691	2.032	2.441	2.728

d. p-값은 $0.05 < p$-값 < 0.10을 만족하기 때문에 $\alpha = 0.05$보다 크다. 즉 귀무가설을 기각할 수 없다. 따라서 이 대학 학생들의 평균 공부시간은 일주일 14시간의 전국 평균과 크게 다르지 않다.

σ를 알 수 없을 때 μ를 검정하기 위한 엑셀의 사용

다시 한 번 우리는 검정통계 값 계산뿐 아니라 정확한 p-값을 계산할 때도 엑셀의 함수가 매우 유용하다는 것을 알게 된다. 다음 예제를 살펴보자.

예제 9.13

하와이 주민들은 81.48세로 가장 긴 평균 기대수명을 가지고 있다(http://www.worldlifeexpectancy.com, 2012.6.4. 검색). 사회학자는 최근에 사망한 미시간 주민 50명의 사망 나이에 대한 자료를 수집하였다. 표 9.4는 자료의 일부를 나타낸다. 전체 데이터(***MI_Life_Expectancy***)는 교과서 웹사이트에서 찾아볼 수 있다.

a. 사회학자는 미시간 주민의 평균 수명이 하와이 주민보다 훨씬 적은 것으로 믿고 있다. 이 믿음을 검정하기 위해 경쟁 가설을 설정하라.

b. 검정통계 및 정확한 p-값의 값을 계산하라.

c. 1% 유의수준에서 자료가 사회학자의 신념을 지지하는가?

표 9.4 미시간 주민의 사망 나이, $n = 50$

FILE

Age at Death
76.4
76.0
⋮
73.6

풀이:

a. 미시간 주민의 기대수명이 하와이 주민보다 짧은지를 확인하기 위해 다음 경쟁 가설을 설정한다.

$$H_0: \mu \geq 81.48$$
$$H_A: \mu < 81.48$$

b. 이전 장들에서 보았듯이 엑셀은 검정통계량의 값, $t_{df} = \frac{\bar{x} - \mu_0}{s/\sqrt{n}}$을 계산하는 데 필요한 모든 기본 기능을 가지고 있다. ***MI_Life_Expectancy***를 열고, 빈 셀을 찾아, '=(AVERAGE(A2:A51) - 81.48)/(STDEV.S(A2:A51)/sqrt(50))'을 입력한다. 엑셀은 −4.75를 반환한다. 그래서 $t_{34} = -4.75$이다. 엑셀은 t 분포에 대한 확률을 찾기 위해 세 가지 기능을 제공한다. 적절한 기능의 선택은 경쟁 가설의 설정에 따라서 다르다. 우측꼬리검정에 대한 p-값을 얻기 위해 함수 '= T.DIST.RT(t_{df}, df)'를 사용한다. 여기서 t_{df}는 검정통계 값, df는 자유도이다. 함수 '=T.DIST(t_{df}, df, 1)'은 왼쪽꼬리검정에서 p-값을 반환하며, 여기서 인수 1은 엑셀에서 누적확률을 반환하라는 변수이다. 함수 'T.DIST.2T($|t_{df}|$, df)'는 양측꼬리검정의 p-값을 반환하지만, 첫 번째 인수로 절대값을 사용하는 것을 기억하라.

이 표본에서 정확한 p-값을 찾기 위해, 즉 $P(T_{49} \leq -4.75)$,를 찾기 위해 '= T.DIST(−4.75, 49, 1)'을 입력한다. 엑셀은 9.06×10^{-6}을 반환하는데 이는 $P(T_{49} \leq -4.75) = 9.06 \times 10^{-6} \approx 0$을 나타낸다.

c. p-값이 0.01 미만이기 때문에 귀무가설은 기각된다. 1% 유의수준에서, 자료는 미시간 주민들이 하와이 주민들보다 짧은 기대수명을 가지고 있다는 것을 지지한다. 이러한 결과는 사회학자의 주장을 지지한다.

사례요약

최근의 한 보고서는 50년 전에 비하여 대학생들의 공부시간이 줄어들었다고 주장한다(보스턴글로브, 2010.7.4). 이 보고서는 1961년 대학생들은 일주일에 24시간 공부한 반면 오늘날의 학생들은 일주일에 평균 14시간을 공부한다고 한다. 이 국가적 경향이 캘리포니아에 있는 큰 대학에도 나타나는지 여부를 결정하기 위한 시도로 35명 학생을 임의로 선택하여 주당 평균 공부시간에 대해 설문조사하였다. 표본은 7.22시간의 표준편차와 16.37시간의 평균을 나타냈다. 두 가설검정이 수행되었다. 첫 번째 검정은 이 대학 학생들의 평균 공부시간이 수당 24시간인 1961년 전국 평균 이하인지를 검정한다. 5% 유의수준에서, 표본 자료의 평균이 확실히(통계적으로 유의한 수준) 주당 24시간 미만임을 시사한다. 두 번째 검정은 이 대학 학생들의 평균 공부시간이 일주일에 14시간인 오늘날의 전국 평균과 차이가 있는지 여부를 조사한다. 5% 유의 수준에서, 결과는 평균 공부시간이 주당 14시간과 크게 다르지 않다는 것을 시사한다. 따라서 표본 결과는 보고서의 전체 결과를 지지한다. 대학생의 평균 공부시간이 일주일에 24시간이었던 1961년 평균보다 낮으며, 일주일에 14시간임을 지지한다. 이 분석은 왜 그런가는 설명하지 않는다. 예를 들어, 학생들이 단지 좀더 게을러진 것인지 아니면 컴퓨터의 출현으로 적은 시간에 많은 정보를 접할 수 있기 때문인지 여부를 판단할 수 없다.

연습문제 9.3

기본문제

31. 다음과 같은 가설을 고려하자.

$$H_0: \mu \le 210$$
$$H_A: \mu > 210$$

다음 표본 정보를 바탕으로 이 검정에 대한 p-값을 계산하라.

a. $\bar{x} = 216; s = 26; n = 40$
b. $\bar{x} = 216; s = 26; n = 80$
c. $\bar{x} = 216; s = 16; n = 40$
d. $\bar{x} = 214; s = 16; n = 40$

32. 앞 문제의 표본 정보에서 어떤 유의수준 $\alpha = 0.01$과 $\alpha = 0.10$에서 귀무가설을 기각할 수 있는가?

33. 다음과 같은 가설을 고려하자.

$$H_0: \mu = 12$$
$$H_A: \mu \neq 12$$

다음 표본 정보를 바탕으로 이 검정에 대한 p-값을 근사적으로 계산하라.

a. $\bar{x} = 11; s = 3.2; n = 36$
b. $\bar{x} = 13; s = 3.2; n = 36$
c. $\bar{x} = 11; s = 2.8; n = 36$
d. $\bar{x} = 11; s = 2.8; n = 49$

34. 앞 문제의 표본 정보에서 어떤 유의수준 $\alpha = 0.01$과 $\alpha = 0.10$에서 귀무가설을 기각할 수 있는가?

35. 다음 검정에서 알 수 없는 모집단 표준편차를 가지고 임계값을 결정하라. 분석은 1% 유의수준에서 정규분포 모집단으로부터 18개 관측에 기초한다.

a. $H_0: \mu \le 52$ versus $H_A: \mu > 52$
b. $H_0: \mu = 9.2$ versus $H_A: \mu \neq 9.2$
c. $H_0: \mu \ge 5.6$ versus $H_A: \mu < 5.6$
d. $H_0: \mu = 10$ versus $H_A: \mu \neq 10$

36. 모집단 평균의 가설검정을 수행하기 위해, 24개 관측치를 임의적으로 정규분포 모집단에서 표본추출하였다. 결과적으로 평균 및 표준편차는 각각 4.8 및 0.8로 계산된다. $\alpha = 0.05$에서의 다음의 검정을 수행하기 위해 p-값 접근방식을 사용하라.

a. $H_0: \mu \le 4.5$ 이면 $H_A: \mu > 4.5$
b. $H_0: \mu = 4.5$ 이면 $H_A: \mu \neq 4.5$

37. $\alpha = 0.05$에서 선행 질문과 동일한 두 개의 검정을 수행하기 위하여 임계값 방식을 사용하라.

38. 모집단 평균이 16과 다른지를 검정하기 위하여 당신은 32 관측치를 무작위로 표본추출하고, 표본 평균과 표준편차를 각각 15.2와 0.6을 얻었다. 유의수준 1%에서 검정을 수행하기 위해 (a) p-값 방식과 (b) 임계값 방식을 사용하라.

39. 다음과 같은 가설을 고려하자.

$$H_0: \mu = 8$$
$$H_A: \mu \neq 8$$

모집단은 정규분포한다. 표본은 다음과 같은 관측치를 생성했다.

6	9	8	7	7	11	10

유의도 5% 수준에서 검정을 수행하기 위해 p-값 접근방식을 사용하라.

40. 다음과 같은 가설을 고려하자.

$$H_0: \mu \ge 100$$
$$H_A: \mu < 100$$

모집단은 정규분포한다. 표본은 다음과 같은 관측을 생성했다.

95	99	85	80	98	97

유의도 5% 수준에서 검정을 수행하기 위해 임계값 방식을 사용하라.

응용문제

41. 시리얼 1.20파운드를 포장하도록 프로그램된 기계의 정확성을 검정하고 있다. 36개 시리얼 상자의 표본에서 평균과 표준편차를 각각 1.22파운드와 0.06파운드로 계산하였다.
    a. 시스템이 제대로 작동하는지 확인하기 위해 귀무가설과 대립가설을 설정하라. 즉 시스템이 시리얼 상자를 덜 채우는지 더 채우는지 결정하라.
    b. 검정통계량의 값을 계산하라.
    c. p-값을 근사적으로 구하라. 유의도 5% 수준에서 당신은 기계가 제대로 작동하는지 결론을 내릴 수 있는가? 설명하라.
    d. 임계값 방식을 이용하여 이 문제를 반복하라.

42. 작은 편의점의 매니저는 그녀의 고객이 구매 전에 오래 줄을 서 있는 것을 원하지 않는다. 고객의 평균 대기시간이 5분 이상이면 그녀는 다른 현금출납 직원을 고용하고자 한다. 그녀는 무작위로 하루 동안 고객의 대기시간(단위: 분)을 관찰하였다.

3.5	5.8	7.2	1.9	6.8	8.1	5.4

    a. 매니저가 다른 직원을 고용할 필요가 있는지 결정하기 위해 귀무가설과 대립가설을 설정하라.
    b. 검정통계량의 값을 계산하라. 모집단에 관한 어떤 가정이 이 단계를 수행하는 데 필요한가?
    c. 매니저가 $\alpha = 0.10$에서 다른 직원을 고용해야 하는지 여부를 결정하기 위하여 임계값 방식을 사용하라.
    d. p-값 방식으로 위의 분석을 반복하라.

43. 작고 가벼우면서 에너지 효율이 높은, 인터넷 중심의 새로운 컴퓨터가 점점 더 인기를 얻고 있다(뉴욕타임스, 2008.7.20). 넷북이라 불리는 이 컴퓨터는 고성능은 아니지만 인터넷 서핑과 전자메일 확인 같은 기본적인 작업을 위한 것이다. 일부 큰 기업들은 넷북의 낮은 가격이 이미 얇아진 PC 제조사들의 이윤을 위협할 수 있기 때문에 컴퓨터의 새로운 유형을 경계한다. 분석가는 이러한 소형 컴퓨터의 평균 가격이 $350 이하로 떨어졌기 때문에 큰 기업들이 우려를 보인다고 언급했다. 분석가는 이 소형 컴퓨터의 여섯 개 인기 브랜드를 검사하고 그들의 소매가격을 기록하였다.

$322	$269	$373	$412	$299	$389

    a. 분석가의 주장을 검증하기 위해서 어떤 소형 컴퓨터의 가격 분포가 필요한가?
    b. 분석가의 주장을 검증하기 위해 적절한 귀무가설과 대립가설을 설정하라.
    c. 검정통계량의 값을 계산하라.
    d. 5% 유의수준에서 임계값(들)을 설정하라. 검정의 결론은 무엇인가? 대형 컴퓨터 회사가 관심을 가져야 하는가?

44. 한 맥주회사는 각각의 병을 채우는 데 평균 12온스의 맥주가 사용되기를 원한다. 주입 공정의 정확성을 분석하기 위해 병 48개를 무작위 추출했다. 표본과 표준편차는 각각 11.80온스 및 0.8온스로 나타났다.
    a. 귀무가설과 대립가설을 설정하라.
    b. 검정을 위해 모집단에 관한 어떤 가정을 해야 하는가?
    c. $\alpha = 0.05$에서 임계값(들)을 설정하라. 의사결정규칙은 무엇인가?
    d. 맥주병 회사에 대한 의견서를 만들어라.

45. 국가경제협회(NABE)에 속한 회원 47명의 평균 예측을 바탕으로 미국국내총생산(GDP)은 2011년도에 3.2%로 확장될 것이다(월스트리트저널, 2010.5.23). 그들 예측의 표본 표준편차를 1%로 가정하자. 5%의 유의수준에서 모든 NABE 회원의 평균 GDP 예측이 3%보다 큰가를 검증하라.

46. 자동차 제조사가 새로운 스포츠카를 개발하기 위해 노력하고 있다. 엔지니어는 자동차가 0에서 60마일로 속력을 높이는 데 걸리는 평균 시간이 6초 이하일 것을 기대한다. 자동차 회사는 자동차 12대를 시험하고 성능 시간을 점검하였다. 자동차 3대는 5.8초, 5대는 5.9초, 3대는 6.0초, 1대는 6.1초를 나타냈다. 유의수준 5%에서 새로운 스포츠카가 6초 미만의 시간으로 시속 0에서 60마일로 속력이 가속화되는지 검정하라. 분석을 위하여 정규분포를 가정한다.

47. 2007년 9월 미국의 주택가격은 기록적인 속도로 계속 하락하였으며, 캘리포니아의 로스앤젤레스와 오렌지카운티의 가격 하락이 주요 대도시 지역을 앞질렀다(LA타임스, 2007.11.28). 이 보고서는 매매 내역에 따라 단독주택의 가치를 측정하는 스탠더드앤드푸어스(S&P)/케이스-쉴러지수에 근거했다. 이 지수에 따르면 샌디에이고의 가격은 전년 대비 평균 9.6% 떨어졌다. 설문조사는 샌디에이고에 있는 주택 34채의 최근 매매가를 기반으로 5.2%의 표준편차를 나타냈다. 샌디에이고에 있는 모든 주택가격의 하락 평균이 로스앤젤레스의 7% 하락보다 크다고 결론을 내릴 수 있는가? 분석에 대한 유의도 1% 수준을 사용하라.

48. 모기지 전문가는 조지아 주 애틀랜타의 평균 모기지 금리를 분석하고 싶어한다. 그는 다음 표본 APR을 분석했다. 이것은 30년 고정 대출의 연이율(Annual Percentage Rate, APR)이다. 그가 이 비율이 정규분포하는 모집단에서 무작위로 추출했다고 가정하면, 모집단 평균 모기지율이 4.2%를 초과하는 것으로 결론을 내릴 수 있는가? (a) p-값 방식과 (b) 임계값 방식을 사용하여 유의수준 10% 가설을 검정하라.

금융기관	APR
G Squared Financial	4.125%
Best Possible Mortgage	4.250
Hersch Financial Group	4.250
Total Mortgages Services	4.375
Wells Fargo	4.375
Quicken Loans	4.500
Amerisave	4.750

49. (엑셀 사용) 경제 붕괴의 결과 중 하나는 주식시장의 P/E비율(price/earning ratio, 주가이익비율)의 자유낙하이다(월스트리트 저널, 2010.8.30). 일반적으로 투자자는 낮은 P/E비율을 갖는 기업에 비해 높은 P/E비율을 갖는 기업에 대해 향후 높은 실적 성장을 기대하고 있음을 시사한다. 애널리스트는 신발산업에서 기업의 P/E비율이 14.9의 전체 평균과 다른지를 결정하려고 한다. 아래 표는 신발업계에서 7개 기업의 표본에 대한 P/E비율을 보여준다.

기업	P/E비율
Brown Shoe Co., Inc.	20.54
Collective Brands, Inc.	9.33
Crocs, Inc.	22.63
DSW, Inc.	14.42
Nike, Inc.	18.68
Skechers USA, Inc.	9.35
Timberland Co.	14.93

a. 신발산업에서 기업의 P/E비율이 14.9의 전체 평균과 차이가 있는지 여부를 검정하기 위해 귀무가설과 대립가설을 설정하라.
b. 모집단에 대한 어떤 가정이 필요한가?
c. 엑셀을 사용하여 검정통계 및 정확한 p-값을 계산하라.
d. $\alpha = 0.10$에서 신발산업의 기업 P/E비율은 14.9의 전체 평균과 다른가? 설명하라.

50. FILE (엑셀 사용) 교과서 웹사이트에서 갤런당 마일(***MPG***) 데이터에 액세스하라.
a. 평균 MPG는 95와 다른지를 검정하기 위하여 귀무가설과 대립가설을 설정하라.
b. 엑셀을 사용하여 검정통계 및 정확한 p-값을 계산하라.
c. $\alpha = 0.05$에서 평균 MPG는 95와 다르다는 결론을 내릴 수 있는가?

51. FILE (엑셀 사용) 최근 연구에서 소비자는 직불카드에 월 평균 $983를 지불하는 것으로 밝혀졌다(Experian.com, 2010.11.11). 아래 표는 26개 대도시 지역의 평균 직불카드 지불액의 일부를 보여준다. 전체 데이터(***Debt_Payment***)는 교과서 웹사이트에서 찾아볼 수 있다.

도시	직불카드 지불액
Washington, D.C.	$1,285
Seattle	1,135
⋮	⋮
Pittsburgh	763

a. 월 평균 직불카드 지불이 $900보다 큰지를 검정하기 위하여 귀무가설과 대립가설을 설정하라.
b. 이 단계를 수행하기 위하여 모집단에 관한 어떤 가정이 필요한가?
c. 엑셀을 사용하여 검정통계 및 정확한 p-값을 계산하라.
d. $\alpha = 0.05$에서 월 평균 직불카드 지불이 $900보다 많은가? 설명하라.

52. FILE (엑셀 사용) 한 경찰관이 95번 고속도로의 특정 구간에서 속도에 대해 우려한다. 그는 토요일 오후에 자동차 40대의 속도를 측정하였다. ***Highway_Speeds***라는 이름의 데이터를 교과서 웹사이트에서 찾아볼 수 있다.
a. 95번 고속도로의 이 구간에 대한 제한 속도는 65mph이다. 평균 속도가 제한 속도와 다른지를 결정하기 위하여 경쟁 가설을 설정하라.
b. 1% 유의수준에서 검정통계의 임계값(들)을 설정하라.
c. 검정통계 값을 계산하라.
d. $\alpha = 0.01$에서 경찰관의 우려는 지지되는가? 설명하라.

53. FILE (엑셀 사용) 최근 자료는 2010년도에 매사추세츠 주민들이 복권에 평균 $860.70를 지출했으며, 이는 미국 평균의 3배 이상이라고 보고했다(http://www.businessweek.com, 2012.3.14). 보스턴의 한 연구원은 매사추세츠 주민들이 이 금액보다 훨씬 적게 지출하리라고 생각한다. 그는 100명의 매사추세츠 주민들에게 설문조사를 통해 연간 복권 지출에 관하여 질문을 하였다. ***Lottery***라는 이름의 데이터를 교과서 웹사이트에서 찾아볼 수 있다.
a. 연구원의 주장을 검정하기 위해 경쟁 가설을 설정하라.
b. 10% 유의수준에서 검정의 임계값(들)을 설정하라.
c. 해당 검정의 통계 값을 계산하라.
d. 10% 유의수준에서, 데이터는 연구원의 주장을 뒷받침하는가? 설명하라.

9.4 모집단 비율의 가설검정

학습목표 **9.6**
모집단 비율에 대한 검정통계량의 유형화

앞에서 설명한 바와 같이, 때로는 관심변수는 양적보다는 질적이다. 모집단 평균 μ가 양적 자료를 기술하는 반면에 자료의 유형이 질적이면 모집단 비율 p는 필수적으로 기술적 측정치이다. 모수 p는 특정한 속성을 가진 관측의 비율을 나타낸다.

모집단 평균의 경우와 같이, 표본의 대응하여 모집단 비율을 추정한다. 특히, 모집단 비율 p를 추정하기 위하여 표본 비율 $\overline{P}$를 사용한다. $\overline{P}$는 이항분포에 기초하고 있지만, 대규모 표본인 경우에 정규분포로 근사할 수 있음을 상기하자. 이 근사 값은 $np \geq 5$ 및 $n(1 - p) \geq 5$인 경우에 유효하다. p가 알려지지 않았기 때문에, 일반적으로 가설화된 모집단 비율 p_0의 값에서 표본크기에 대한 요구사항을 검정한다. 대부분의 적용에서 표본규모가 크고 정규분포에 근사가 정당화된다. 표본크기가 충분히 큰 것으로 간주되지 않는 경우에 여기서 제시되는 모집단 비율의 추론에 대한 통계적 방법은 더 이상 유효하지 않다.

7장을 상기해보면, 표본 비율 $\overline{P}$에 대한 평균과 표준오차는 각각 $E(\overline{P}) = p$ 및 $se(\overline{P}) = \sqrt{p(1 - p)/n}$으로 주어진다. p에 대한 검정통계량은 다음과 같다.

p에 대한 검정통계량

모집단 비율 p에 대한 **검정통계량** 값은 $z = \frac{\overline{p} - p_0}{\sqrt{p_0(1 - p_0)/n}}$로 계산된다, 여기서 p_0는 모집단 비율의 가설화된 값이다. 이 공식은 $\overline{P}$가 근사적으로 정규분포를 따를 경우에만 유효하다.

다음 예제는 모집단 비율에 대한 가설검정을 위한 4단계 절차를 설명한다.

예제 9.14

인기있는 한 주간잡지는 미국 가구의 40% 미만이 갈수록 증가하는 연료비 때문에 라이프스타일이 바뀌었다고 주장한다. 180가구에 대한 최근 조사에서 67가구가 연료비 상승으로 인한 라이프스타일 변화를 발견한다.

a. 잡지의 주장을 검정하기 위해 경쟁 가설을 설정하라.

b. 검정통계량의 값과 해당 p-값을 계산하라.

c. 유의수준 10%에서 검정의 결론은 무엇인가?

풀이:

a. 모집단 비율이 0.40보다 작다는 것을 입증한다. 즉, $p < 0.40$. 따라서 경쟁 가설을 다음과 같이 설정한다.

$$H_0: p \geq 0.40$$
$$H_A: p < 0.40$$

b. 먼저 정규성 조건이 만족되었는지를 알아야 한다. np_0와 $n(1 - p_0)$가 5를 초과하기 때문에 정규성의 근사는 만족되었다. 표본 비율 $\overline{p} = 67/180 = 0.3722$를 사용하여 검정통계 값을 계산하면

$$z = \frac{\overline{p} - p_0}{\sqrt{p_0(1 - p_0)/n}} = \frac{0.3722 - 0.40}{\sqrt{0.40(1 - 0.40)/180}} = -0.76.$$

이 모집단 비율에 대한 왼쪽꼬리검정이기 때문에 $P(Z \leq z) = P(Z \leq -0.76) =$

0.2236으로 p-값을 계산한다. 그림 9.8은 검정통계 값에 대응하는 p-값을 나타낸다.

그림 9.8 $z = -0.76$에서 왼쪽꼬리검정을 위한 p-값

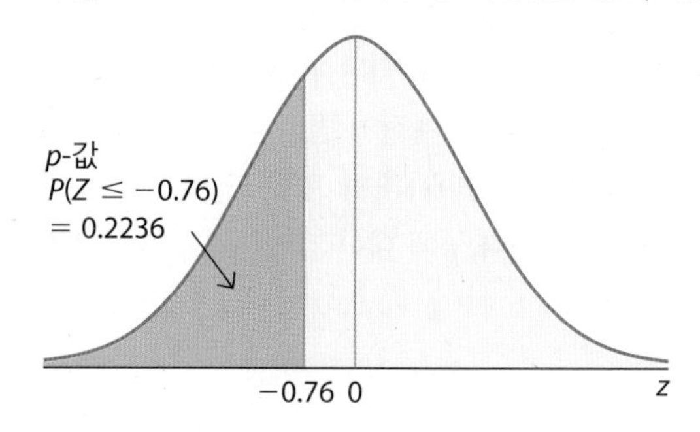

c. 0.2236의 p-값은 $\alpha = 0.10$을 초과한다. 따라서 귀무가설을 기각하지 않는다. 이는 미국 가구 중 40% 미만이 연료비 상승으로 인하여 그들의 라이프스타일이 변화되었다는 잡지의 주장은 표본 자료에 의하여 정당화되지 않음을 의미한다. 이러한 결론 도출은 대체 에너지에 투자한 기업들에게 환영받을 수 있다.

예제 9.15

미국 어린이와 청소년 3명 중 거의 1명이 비만 또는 과체중이다(Health, 2010.10). 중서부의 한 보건종사자는 어린이와 청소년 200명에 대한 자료를 수집하고 84명이 비만 또는 과체중임을 발견했다.

a. 보건종사자는 중서부의 비만과 과체중 어린이의 비율이 전국 비율과 같지 않을 것이라고 생각한다. 그의 주장을 검정하기 위해 경쟁 가설을 설정하라.

b. 1% 유의수준에서, 임계값(들)을 설정하라.

c. 검정통계량의 값을 계산하라.

d. 표본 자료는 보건종사자의 믿음을 지지하는가?

풀이:

a. 관심의 모수는 모집단 비율 p이다. 보건종사자는 중서부에서 비만 또는 과체중 어린이의 모집단 비율이 $1/3 \approx 0.33$인 국가 전체 비율과 다른지를 검정하고자 한다. 가설 설정을 다음과 같이 한다.

$$H_0: p = 0.33$$
$$H_A: p \neq 0.33$$

b. 표본크기 $n = 200$을 가지고 $p_0 = 0.33$을 검정할 때, $np \geq 5$와 $n(1 - p) \geq 5$로 정규분포 조건은 쉽게 만족된다. 유의수준 1%와 양측검정을 감안할 때, $\alpha/2 = 0.01/2 = 0.005$는 $z_{\alpha/2} = z_{0.005} = 2.576$을 찾는 데 사용된다. 그림 9.9에 나타낸 바와 같이 임계값은 -2.576과 2.576이다.

그림 9.9 $\alpha = 0.01$에서 양측검정을 위한 임계값

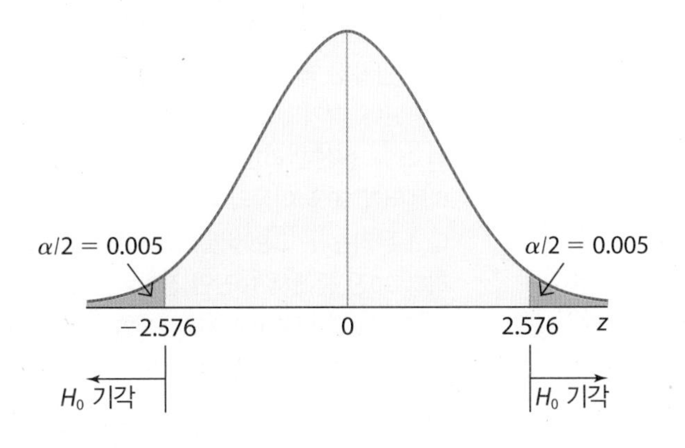

c. $\bar{p} = 84/200 = 0.42$를 이용하여 검정통계 값을 계산하면 다음과 같다.

$$z = \frac{0.42 - 0.33}{\sqrt{0.33(1 - 0.33)/200}} = 2.71.$$

d. 결정규칙은 만일 $z < -2.576$ 또는 $z > 2.576$인 경우에 H_0을 기각하는 것이다. 검정통계 값 $z = 2.71$이 2.576보다 크기 때문에 적절한 의사결정은 귀무가설을 기각한다. 따라서 1% 유의수준에서, 보건담당자는 중서부에서 비만 또는 과체중 어린이의 비율이 0.33이라는 국가 전체 비율과 동일하지 않다는 결론을 내렸다. 검정통계 분포의 우측영역에 포함되는 것을 감안할 때, 담당자는 중서부에서 비만 또는 과체중 어린이의 비율이 전국 비율보다 상당히 큰지 여부를 결정하도록 추가로 분석을 수행할 수 있다. 이 경우 비만 확산은 다른 곳보다 중서부에서 더 문제가 될 수 있으며, 그 유해 효과를 억제하기 위해 더 많은 교육활동을 필요로 할 수 있다.

연습문제 9.4

기본문제

54. 다음과 같은 가설을 고려하자.

$$H_0: p \geq 0.38$$
$$H_A: p < 0.38$$

다음 표본 정보에 기초하여 p-값을 계산하라.

a. $x = 22; n = 74$
b. $x = 110; n = 300$
c. $\bar{p} = 0.34; n = 50$
d. $\bar{p} = 0.34; n = 400$

55. 앞 질문에 대하여 어떤 표본 정보가 $\alpha = 0.01$과 $\alpha = 0.10$에서 귀무가설을 기각하고 있는가?

56. 다음과 같은 가설을 고려하자.

$$H_0: p = 0.32$$
$$H_A: p \neq 0.32$$

다음 표본 정보에 기초하여 p-값을 계산하라.

a. $x = 20; n = 66$
b. $x = 100; n = 264$
c. $\bar{p} = 0.40; n = 40$
d. $\bar{p} = 0.38; n = 180$

57. 앞 질문에 대하여 어떤 표본 정보가 $\alpha = 0.01$과 $\alpha = 0.10$에서 귀무가설을 기각하고 있는가?

58. 모집단 비율에 대하여 다음 검정에 대한 임계값(들)을 설정하라. 분석은 유의수준 5 %에서 수행하라.
   a. $H_0: p \leq 0.22; H_A: p > 0.22$
   b. $H_0: p = 0.69; H_A: p \neq 0.69$
   c. $H_0: p \geq 0.56; H_A: p < 0.56$

59. 모집단 비율에 대한 가설검정을 수행하기 위해서는 320 관측자료 중에서 128의 성공을 나타냈다. $\alpha = 0.05$에서 다음 검정을 수행하는 p-값 방식을 사용하라.
   a. $H_0: p \geq 0.45; H_A: p < 0.45$
   b. $H_0: p = 0.45; H_A: p \neq 0.45$

60. $\alpha = 0.01$에서 임계값 방식을 사용하여 위 문제를 반복하라.

61. 당신은 모집단의 성공 확률이 0.70과 차이가 있는지 확인하고 싶어한다. 80 이항 시험에서 62개의 성공을 나타냈다. 유의도 1% 수준에서의 검정을 실행하라.

62. 다음 20개 표본의 관찰에 기초하여 관찰의 50% 이상이 10 이하인지 확인하고자 $\alpha = 0.05$에서 검정을 수행하라.

8	12	5	9	14	11	9	3	7	8
12	6	8	9	2	6	11	4	13	10

응용문제

63. 올스테이트보험(주)의 최근 연구는 청소년의 82%가 운전중 휴대전화를 사용하고 있음을 발견하였다(월스트리트저널, 2010.5.5). 2010년 10월, 매사추세츠 주는 18세 미만 운전자가 휴대전화를 사용하는 것을 금하였다. 정책분석가는 이 법이 18세 미만 운전자의 휴대폰 사용 비율을 줄이는지 여부를 확인하고자 한다.
   a. 정책분석가의 목적을 검정할 귀무가설과 대립가설을 설정하라.
   b. 운전중에 여전히 휴대폰을 사용하는 18세 미만 운전자가 200명의 표본 중에 150명이라고 가정하자. 검정통계량의 값은 무엇인가? p-값은 무엇인가?
   c. $\alpha = 0.05$에서 이 법은 효과적인가?
   d. $\alpha = 0.05$와 임계값 방식을 사용하여 이 문제를 반복하라.

64. 최근 경기침체로 미국인들은 실업, 의료 응급상황 및 부동산 구입을 위한 금융 고난을 견딜 자신의 허약한 퇴직계정에 손상이 발생하였다(MSN Money, 2008.7.16). 1998년과 2004년 사이, 401(k)을 계획한 가족의 약 12%가 그들로부터 자금을 빌린 것으로 알려졌다. 경제학자는 이 비율이 현재 2%를 초과하는 것을 우려하고 있다. 그는 무작위로 401(k)을 계획한 190가구를 설문조사하고 50가구가 그들에 대해 차입한 것을 발견하였다.
   a. 경제학자의 우려를 검정하기 위하여 귀무가설과 대립가설을 설정하라.
   b. 검정통계 값을 계산하라.
   c. 경제학자의 우려를 $\alpha = 0.05$에서 정당한지 p-값 방식을 사용하여 검정하라.

65. 마가리타는 가장 평범한 테킬라 베이스의 칵테일이다. 트리플섹과 라임 또는 레몬주스를 혼합한 후 유리잔 테두리에 소금을 묻혀 제공된다. 마가리타의 흔한 비율은 2:1:1로 테킬라 50%, 트리플섹 25%, 신선한 라임 또는 레몬주스 25%이다. 한 바의 관리자는 바텐더가 50% 이상의 마가리타에서 잘못된 비율을 사용하고 있다고 우려한다. 그는 비밀리에 바텐더를 관찰하고 바텐더가 마가리타 30잔 중에서 10잔만 정확한 비율을 사용하는 것을 발견한다. 관리자의 의심이 지지되는지를 $\alpha = 0.05$에서 임계값 방식을 사용하여 검증하라.

66. 영화 제작사는 많은 관객들이 재차 그 영화를 보러 극장을 찾기를 희망하면서 영화를 개봉한다. 목표는 3000만 관객으로, 제작사 측은 관객의 30% 이상이 그 영화를 다시 보러 오기를 원한다. 그들은 관객 200명에게 영화를 보여주고, 그들이 다시 극장에서 그 영화를 볼 것인지를 물었다. 표본 대상 중 68명이 다시 영화를 볼 것이라고 말했다.
   a. 유의도 5% 수준에서 관객의 30% 이상이 영화를 다시 볼 것인지에 대하여 검정하라.
   b. 10% 유의수준에서 분석을 반복하라.
   c. 결과를 해석하라.

67. 보더폰(Vodafone)이 의뢰한 최근 연구에서 고령 근로자가 가장 행복한 직원이라고 주장하였다(BBC뉴스, 2008.7.21). 보고서는 영국에서 고령 근로자의 70%가 젊은 근로자의 단지 50%에 비해 만족을 느낀다고 기술한다. 인구 통계자는 동일한 패턴이 아시아에서 존재하지 않는다고 생각한다. 아시아에서 120명 고령 근로자에 대하여 설문조사한 결과 75명이 행복하다고 하였다. 비슷한 설문조사는 210명 젊은 근로자의 58%가 만족을 느낀 것을 발견하였다.
   a. 5% 유의수준에서 아시아의 고령 근로자는 영국 상대 고령자들보다 덜 만족을 느끼는지를 검정하라.
   b. 5% 유의수준에서 아시아의 젊은 근로자는 영국 상대 젊은이들보다 덜 만족을 느끼는지를 검정하라.

68. 한 정치인이 자신은 유권자의 절대다수에게 지지를 받는다고 주장한다. 최근 설문조사에서 무작위로 선택된 유권자 40명 중 24명이 그 정치인에게 투표할 뜻을 내비쳤다. 이 정치인의 주장은 유의수준 5%에서 정당한가?

69. 새로운 연구는 많은 은행들이 온라인 고객들을 그들의 암호나 다른 민감한 계정정보가 사기에 노출되는 위험을 부담하도록 부지불식간에 훈련하고 있음을 보여준다(Yahoo.com, 2008.7.23). 웹에 정통한 서퍼들도 자신들이 신분 도용의 피해자가 되어 있는 것을 발견하는데, 그것은 방문하고 있는 은행 사이트가 진짜 사이트인지 아니면 해커가 만든 위조 사이트인지에 대한 잠재적 징후를 무시하도록 설정되어 있기 때문이다. 미시간대학 연구자들은 미국 금융기관 웹사이트 214개의 78%에서 설계 결함을 발견했다.

상기 증거는 금융기관 4개 중에서 3개 이상이 사기당할 수 있다는 충분한 증거인가? 검정을 위하여 5%의 유의수준을 사용한다.

70. 사회보장국(Social Security Administration)은 2년 연속으로 사회 보장 혜택의 증가를 제공할 것으로 기대하지 않는다(US뉴스&월드리포트, 2010.10.4). 의료 가격이 증가함에 따라서 노인의 60% 이상이 그들의 생활에 심각한 조정이 필요하다고 주장한다. 140명 노인의 조사에서 90명은 그들의 생활에 심각한 조정을 했다고 보도했다. 1% 유의수준에서 이 주장을 검정하라.

71. FILE (엑셀 사용) 인력 다양성에 대한 보고서에 따르면 실리콘 밸리의 하이테크 기업에서 직원의 약 60%가 백인이며, 약 20%는 아시아인이다(http://moneycnn.com, 2011.11.9). 여성은 흑인과 히스패닉 함께 매우 소수이다. 모든 직원의 약 30%는 흑인과 히스패닉과 여성이며 노동인구의 약 15%를 차지한다. 타라 존스(Tara Jones)는 최근에 대학을 졸업하고 실리콘 밸리의 큰 첨단 기술 기업을 위해 일하고 있다. 그녀는 그녀의 회사도 보고서와 동일한 다양성 문제에 직면해 있는지 확인하고자 한다. 그녀는 회사 직원 50명의 성별과 인종 정보를 수집하였다. 아래 표는 데이터의 일부이며, 전체 데이터(***Silicon_Valley***)는 교과서 웹사이트에서 찾아볼 수 있다.

Gender	Ethnicity
Female	White
Male	White
⋮	⋮
Male	Nonwhite

a. 타라의 기업에서 여성의 비율이 30%와 다른지에 대하여 5% 유의수준에서 결정하라.

b. 타라의 회사에서 백인의 비율이 50% 이상인지를 5% 유의수준에서 결정하라.

통계를 사용한 글쓰기

AP통신은 미국의 소득 불평등이 기록적인 수준에 있다고 보도하였다(2010.9.28). 수년에 걸쳐 노동 계급의 임금이 정체하면서 부자는 더 부유하게 되었다. 특히 미국 경제가 침체기에 있을 때, 지역 출신 라틴계 정치인은 라틴아메리카의 복지에 대한 그의 관심에 대하여 언성을 높인다. 각종 연설에서 그는 그의 군(county)에 있는 라틴아메리카인의 평균 연봉은 2008년도에 $49,000 이하로 떨어지고 있다고 주장했다. 그는 또한 $30,000 미만에 속한 라틴계 가구의 비율이 2008년도의 20% 수준 이상으로 상승했다고 주장했다. 그의 두 가지 주장은 표 9.5와 같이 라틴계 36가구 소득 데이터를 기반으로 한다. ***Latino_Income***이라는 데이터를 교과서 웹사이트에서 찾아볼 수 있다.

표 9.5 2010년 라틴 가구의 소득에 대한 대표적 표본

FILE

22	36	78	103	38	43
62	53	26	28	25	31
62	44	51	38	77	37
29	38	46	52	61	57
20	72	41	73	16	32
52	28	69	27	53	46

트레버 존스(Trevor Jones)는 신문기자로서 지역 정치인의 주장을 명확하게 하는 데 관심이 있다. 트레버는 표본 정보를 사용하여 다음 질문에 답하기를 원한다.

1. 라틴아메리카 가구의 평균 소득이 2008년도 $49,000 수준 이하로 떨어진 것을 확인하라.
2. $30,000 이하 라틴계 가구의 비율이 20%를 초과하였는지에 대하여 결정하라.

보고서 예시 – 미국의 소득 불평등

미국에서 뜨거운 논쟁 주제 중 하나는 소득 불평등의 증가이다. 무역 증대와 기술 발전 같은 시장의 힘은 고도로 숙련되고 잘 교육받은 근로자를 더 생산적으로 만들었으며, 따라서 이들은 보다 많은 급여를 받는다. 규제 완화, 노동조합의 쇠퇴, 그리고 최저 임금의 정체 등과 같은 제도적 힘은 소득 불평등에 기여하였다. 논쟁적으로 이 소득 불평등은 소수민족, 특히 아프리카계 미국인과 라틴아메리카계 미국인이 더 크게 느끼고 있다. 이유는 두 그룹이 높은 비율의 노동자 계급이기 때문이다. 최근 경제 붕괴에 의해 이 조건은 더욱 악화되고 있다.

라틴계 36가구의 표본은 $19,524의 표준편차를 가지고 $46,278의 평균 가구 소득으로 나타났다. 이 표본 평균은 2008년도의 $49,000보다 낮은 수준이다. 또한 라틴계 9가구, 즉 25%는 $30,000보다 적은 소득 수준이다. 2008년에 해당하는 비율은 20%였다. 이러한 결과를 바탕으로 정치가는 현재의 시장 상황이 라틴아메리카의 복지에 부정적 영향을 지속적으로 미친다고 본다. 그러나 이러한 주장을 뒷받침할 강력한 증거를 제시하는 것이 필수적이다. 이를 위해 모집단 평균과 모집단 비율에 대한 공식적 검정을 실시하였다. 검정 결과를 표 9.A에 나타냈다.

표 9.A 가설검정을 위한 검정통계 값과 p-값

Hypotheses	Test Statistic Value	p-Value
$H_0: \mu \geq 49{,}000$ $H_A: \mu < 49{,}000$	$t_{35} = \dfrac{46{,}278 - 49{,}000}{19{,}524/\sqrt{36}} = -0.84$	0.2033
$H_0: p \leq 0.20$ $H_A: p > 0.20$	$z = \dfrac{0.25 - 0.20}{\sqrt{\dfrac{(0.20)(0.80)}{36}}} = 0.75$	0.2266

라틴계 가정의 평균 수입이 2008년도의 $49,000 미만으로 감소했는지 여부를 검정할 때, −0.84의 통계량 값이 얻어진다. 0.2033의 p-값이 주어졌을 때, 모집단의 평균에 대한 귀무가설이 표 9.A에 설정되어 있으며, 합리적인 수준에서 기각할 수 없다. 마찬가지로 0.2266의 p-값이 주어졌을 때, 모집단 비율에 관한 귀무가설을 기각할 수 없다. 따라서 표본 증거는 라틴계 가구의 평균 소득이 $49,000 이하 또는 $30,000 미만인 라틴계 가구의 비율이 20%를 초과한다는 주장을 지지하지 않는다. 아마도 정치인의 발언은 철저한 통계분석보다는 피상적인 표본통계를 기반으로 하였을 것이다.

개념정리

학습목표 **9.1**

귀무가설과 대립가설의 정의

모든 가설검정은 두 개의 경쟁 가설을 포함한다. **귀무가설**(null hypothesis)은 H_0로 표시하고, **대립가설**(alternative hypothesis)은 H_A로 나타낸다. 귀무가설은 자연 또는 현상의 기본 상태에 대응하는 가설인 반면에 대립가설은 기본 상태 또는 기존 상태에 반하는 가설이다.

표본 정보에 기초하여, H_0을 **기각하거나**(reject) H_0을 **기각하지 않는다**(do not reject).

일반적 지침으로 구축하고자 하는 어떤 것은 대립가설에 배치한다. 만일 귀무가설을 기각하는 경우에 대립가설이 사실이라고 결론을 내릴 수 있다.

가설검정은 **단측검정**(one-tailed test)과 **양측검정**(two-tailed test)으로 나누어진다. 단측검정은 가설화된 모수의 한 측면에서 귀무가설의 기각이 허용된다. 양측검정에서는 모집단 모수에 대한 가설화된 값의 양측에서 귀무가설이 기각될 수 있다.

학습목표 **9.2**

I종 및 II종 오류의 구별

가설검정의 통계적 결론은 표본 자료에 의하여 결정되기 때문에 두 가지 종류의 오류가 존재한다. **I종 오류**(Type I error) 또는 **II종 오류**(Type II error)이다. I종 오류는 귀무가설이 사실임에도 불구하고 귀무가설을 기각하는 오류이다. 반면에 II종 오류는 귀무가설이 실제 거짓임에도 불구하고 귀무가설을 기각하지 않는 오류이다. I종 오류의 확률은 α로 나타내고, II종 오류의 확률은 β로 나타낸다. 주어진 표본의 크기 n에서 α의 증가(감소)는 β의 감소(증가)를 유발한다. 그러나 표본크기 n이 증가하면 α와 β 모두 감소한다.

학습목표 **9.3**

***p*-값 방식을 적용한 가설검정의 실시**

모든 가설검정은 4단계 절차를 따라 구현될 수 있다. 두 가지 동일한 방식, 즉 ***p*-값 접근법**과 **임계값 방식**이 있다. p-값 접근을 위해 4단계 절차를 수행한다.

1단계. 귀무가설과 대립가설을 설정한다. 관련된 모수를 식별하고, 단측검정인지 양측검정인지를 결정하며, 가장 중요한 일로 귀무가설에 등식이 포함되어야 하며, 주장하고자 하는 것을 대립가설에 포함한다.

2단계. 유의수준을 설정한다. 가설검정을 구현하기 전에 먼저 I종 오류의 허용 확률인 α를 설정한다.

3단계. 통계량 및 *p*-값을 계산한다. 해당 모수 추정치를 표준화된 z 또는 t_{df}로 변환하여 검정통계 값을 계산한다.

p-값은 주어진 표본에서 산출된 검정통계량이 가장 극단적인 값을 가질 확률이다. 또한 p-값은 I종 오류를 범할 관측된 확률로 해석할 수 있다. 검정통계가 z 분포에 따른 경우 p-값은 다음과 같이 계산된다.

- 오른쪽꼬리검정의 경우, $P(Z \geq z_\alpha)$
- 왼쪽꼬리검정의 경우, $P(Z \geq z_\alpha)$
- 양측꼬리검정의 경우, 만일 $z > 0$인 경우 $2P(Z>z)$ 또는 만일 $z < 0$인 경우 $2P(Z \leq z)$

검정통계량이 자유도 $df = n - 1$을 갖는 t_{df} 분포를 따를 경우에 Z 및 z는 T_{df} 및 t_{df}로 대체된다.

4단계. 결론 및 해석을 기술한다. 결정규칙은 α 선택된 유의수준에서 p-값 $<\alpha$인 경우에 귀무가설을 기각한다.

학습목표 **9.4**

임계값 방식을 적용한 가설검정의 실시

임계값 접근을 위해 4단계 절차를 수행한다.

1단계는 p-값 접근법과 동일하다. 즉, 경쟁 가설을 설정한다.

2단계. 유의수준을 지정하고 임계값(들)을 계산한다. 먼저 I종 오류를 범하는 허용 확률 α를 설정한다.

임계값은 귀무가설을 기각할 수 있는 검정통계 값의 영역을 정의한다. 검정통계가 z 분포를 따를 경우에 주어진 α에서 임계값(들)을 다음과 같이 찾을 수 있다.

- 오른쪽꼬리검정인 경우에 z_{α}는 $P(Z \geq z_{\alpha}) = \alpha$
- 왼쪽꼬리검정인 경우에 $-z_{\alpha}$는 $P(Z \geq z_{\alpha}) = \alpha$
- 양측검정인 경우에 $-z_{\alpha/2}$ 및 $z_{\alpha/2}$는 $P(Z \geq z_{\alpha/2}) = \alpha/2$

검정통계량이 자유도 $df = n - 1$을 갖는 t_{df} 분포를 따를 경우에 Z 및 z는 T_{df} 및 t_{df}로 대체된다.

3단계. 검정통계 값을 계산한다. 해당 모수 추정치를 표준화된 z 또는 t_{df}로 변환하여 검정통계 값을 계산한다.

4단계. 결론 및 해석을 기술한다. 임계값 방식에 의한 의사결정규칙은 만일 검정통계 값이 기각영역에 존재할 경우에 귀무가설을 기각한다.

- 오른쪽꼬리검정의 경우에 $z > z_{\alpha}$인 경우 H_0을 기각
- 왼쪽꼬리검정인 경우에 $z < -z_{\alpha}$인 경우 H_0을 기각 또는
- 양측검정인 경우에 $z < -z_{\alpha/2}$ 또는 $z > z_{\alpha/2}$인 경우 H_0을 기각

만일 가설 검정통계량이 자유도 $df = n - 1$을 가진 t_{df} 분포를 따를 경우에 z는 t_{df}로 대체된다.

학습목표 **9.5**

모집단 평균에 대한 검정통계량의 차별화

모집단 표준편차 σ가 알려져 있을 경우에 **모집단 평균**에 대한 가설검정 μ에 대한 검정통계량의 값은 $z = \frac{\bar{x} - \mu_0}{\sigma/\sqrt{n}}$이다. 여기서 μ_0은 모집단 평균의 가설화된 값이다. **모집단 표준편차를 알 수 없을 때**, α에서 **모집단 평균** μ에 대한 가설 검정통계량의 값은 $t_{df} = \frac{\bar{x} - \mu_0}{s/\sqrt{n}}$와 같이 계산된다. 여기서 μ_0은 모집단의 가설화된 값이다. 이때 자유도는 $df = n - 1$이다.

학습목표 **9.6**

모집단 비율에 대한 검정통계량의 차별화

모집단 비율 p에 대한 가설 검정통계량의 값은 $z = \frac{\bar{p} - p_o}{\sqrt{p_0(1 - p_0)/n}}$이다. 여기서 p_0는 모집단 비율의 가설화된 값이다.

72. 어떤 제약회사는 우울증에 대한 새로운 약물을 개발했다. 그런데 이 약물은 사용자의 혈압을 상승시킬 우려가 있다. 연구원은 이 주장을 검증하고자 한다. 제약회사의 관리자는 I종 또는 II종 오류 중에 어떤 오류에 관심이 있는가? 설명하라.

73. 어떤 회사는 10파운드 이상 몸무게를 줄여줄 것이라고 주장하는 새로운 다이어트를 개발했다. 보건당국은 이 주장의 신뢰도를 검증하기로 결정했다.
    a. 회사 경영자는 I종 또는 II종 오류 중에서 어떤 오류에 더 관심이 있는가? 설명하라.
    b. 소비자는 I종 또는 II종 오류 중에서 어떤 오류에 더 걱정해야 하는가? 설명하라.

74. 어떤 전화기 제조자는 터치스크린폰 시장에서 경쟁하기를 원한다. 그의 선도 제품은 단 5시간 배터리 수명을 유지하는 것으로 알고 있다. 제조업체는 새로운 터치폰이 더 비싼 반면, 배터리 수명이 선도 제품의 두 배 이상이라고 주장하고 있다. 이 주장을 검증하기 위하여 연구자는 표본 45개 새로운 전화 장치를 추출하였으며, 표본 배터리 평균이 10.5시간이며, 표본 표준편차는 1.8임을 알았다.
    a. 귀무가설과 대립가설을 설정하라.
    b. 검정통계 값을 계산하라.
    c. $\alpha = 0.05$에서 임계값 방식을 사용하여 전화 제조업체의 주장을 검정하라.
    d. p-값 접근방식으로 분석을 반복하라.

75. 인기 체중감량 클리닉의 광고는 새로운 다이어트 프로그램 참가자가 평균 10파운드를 감량하는 것으로 주장한다. 소비자운동가는 이 주장의 진위를 검정하기로 결정하였다. 그녀는 최근 체중감량 프로그램에 참여한 18명 여성으로부터 평균 10.8파운드와 표준편차 2.4파운드의 감량을 발견했다.
    a. 광고의 주장을 검정하기 위해 경쟁 가설을 설정하라.
    b. 5% 유의수준에서, 임계값(들)을 설정하라. 의사결정규칙은 무엇인가?
    c. 검정통계량의 값을 계산하라.
    d. 소비자운동가의 의사결정은 무엇인가?

76. 도시위원회는 트래픽의 양을 줄이기 위해 추가적인 비용을 지출할 것인지 여부를 결정하고자 한다. 위원회는 운전의 대기시간이 20분을 초과하는 경우는 운송예산을 증가할 것으로 결정한다. 32개 주요 도로 표본은 5.42분의 표준편차와 22.08분의 대기시간을 나타냈다. 도시 교통 예산을 증가시켜야 하는지 여부를 결정하는 의사결정을 1% 유의수준에서 가설검정하라.

77. 30년 고정 모기지 금리는 역사적 최저 수준이 계속된다(Chron Business News, 2010.9.23). 프레디 맥(Freddie Mac)에 따르면 이번 주 30년 고정 대출의 평균 비율은 4.37%였다. 경제학자는 다음 주에 모기지 금리의 변화가 있는지 검정하고 싶어한다. 그녀는 google.com에서 30년 고정 대출을 검색하여 4.25%, 4.125%, 4.375%, 4.50%, 4.75%, 4.375%, 4.875%로 7개 은행에서 제공하는 금리를 보고한다. 금리는 정규분포한다고 가정한다.
    a. 주택담보대출 평균 비율은 4.37%와 다른지에 대한 검정을 하기 위해 가설을 설정하라.
    b. $\alpha = 0.05$와 임계값(들)을 설정하라.
    c. 검정통계량의 값은 무엇인가?
    d. 5% 유의수준에서 평균 모기지율은 4.37%와 다른가? 설명하라.

78. FILE (엑셀 사용) 지난 25년의 데이터를 이용하여, 투자자가 뱅가드의 귀금속과 광산펀드가 12%보다 큰 평균 수익률인지를 검정하고자 한다. 수익률은 30%의 모집단 표준편차로 정규분포된다고 가정하자.
    a. 귀무가설과 대립가설을 설정하라.
    b. 엑셀 스프레드시트에 교과서 웹사이트에 있는 ***Metals***를 열어라. Z.TEST 함수를 이용하여 p-값을 계산하라.
    c. $\alpha = 0.05$에서 결론은 무엇인가? 뱅가드의 귀금속과 광산펀드 수익률이 12% 이상인가?

79. FILE (엑셀 사용) 기업가는 로드아일랜드에 있는 40개 편의점의 월 매출($1,000단위)을 검사하였다. 교과서 웹사이트의 ***Convenience_Stores***라는 편의점 판매 데이터에 액세스하라.
    a. 평균 매출이 $130,000와 차이가 있는지 여부를 검정하기 위해 귀무가설과 대립가설을 설정하라.
    b. 검정통계 및 정확한 p-값을 엑셀로 계산하라.
    c. $\alpha = 0.05$에서 검정의 결론은 무엇인가? 평균 판매는 $130,000와 차이가 있는가?

80. FILE (엑셀 사용) 평균적으로 미국인들은 연간 13,500마일을 운전한다(보스턴글로브, 2012.6.7). 경제학자는 중서부의 주민 50명의 운전 습관에 대한 데이터를 수집하였다. ***Midwest_Drivers***라는 이름의 데이터를 교과서 웹사이트에서 찾아볼 수 있다.
    a. 경제학자는 중서부의 매년 평균 운전 마일수가 미국 평균과 다르다고 생각한다. 경제학자의 주장을 검정하기 위해 경쟁 가설을 설정하라.
    b. 엑셀을 사용하여 검정통계 및 정확한 p-값을 계산하라.
    c. 10% 유의수준에서, 자료는 연구자의 주장을 뒷받침하는가? 설명하라.

81. FILE (엑셀 사용) 유로존 위기는 미국 주식시장에 위력을 과시하고 있다(월스트리트저널, 2012.6.8). 포트폴리오 분석가는 다우존스산업평균지수(DJIA)에 대한 평균 거래량이 연초 이후 증가하고 있는지를 궁금해한다. 그녀는 30일 표본에 대한 일일 거래량의 데이터를 수집하였다. ***DJIA_Volume***라는 이름의 데이터를 교과서 웹사이트에서 찾아볼 수 있다.

a. 분석가는 올해 초 평균 거래량은 약 4,000주(백만 단위)라는 것을 발견했다. 그녀의 주장을 검정하기 위해 경쟁 가설을 설정하라.
b. 5% 유의수준에서 임계값(들)을 설정하라.
c. 검정통계 값을 계산하라.
d. 5% 유의수준에서, 거래량은 연초 이후 증가로 나타나는가?

82. 한 소매업체가 고객 서비스를 평가하고자 한다. 경영자가 소매업체가 경쟁력을 유지하고자 한다면, 고객 중 적어도 90%의 만족도를 가지고 있을 것이라는 점을 확인했다. 만족 비율이 90% 아래로 떨어지면 관리 조치를 취할 것이다. 고객 1,200명에 대한 설문조사에서 1,068명이 고객 서비스에 만족한 것으로 나타났다.
a. 소매업체가 자사의 서비스를 개선할 필요가 있는지에 대한 가설검정을 설정하라.
b. 검정통계량의 값은 무엇인가?
c. p-값을 계산하라.
d. $\alpha = 0.05$에서 결과를 해석하라.

83. 침체된 경제 위기가 부의 상실로 수조 달러 비용을 지불하고 또한 국민 정신상태에 무거운 세금을 부과하고 있다(월스트리트저널, 2009.12.21). 최근 여론조사에 따르면, 응답자의 단지 33%가 미국이 올바른 방향으로 가고 있다고 말했다. 이 설문조사는 1,000명의 표본을 기반으로 수행했다고 가정하자. 표본 증거는 미국이 올바른 방향으로 향하고 있다고 생각하는 미국인의 비율이 35% 이하로 보는 것을 지지하는가? 분석에 대한 유의도 5% 수준을 사용하라. 만일 표본크기가 2,000명이면 어떻게 변하는가?

84. 어떤 텔레비전 네트워크는 한밤중에 프라임 시청 시간 동안 그 최신 텔레비전 쇼가 각광을 받는지 여부를 결정하고자 한다. 이 일이 발생하려면, 가장 자주 본 공연 중 하나가 다른 편성으로 이동해야 한다. 이 네트워크는 시청자들에게 어떤 프로그램을 시청하고자 하는지를 묻는 설문조사를 실시하였다. 고객의 대부분이 새로운 쇼를 보고 싶어하지 않는 경우에 이 네트워크는 현재의 라인업을 유지하고자 한다. 이 네트워크는 응답자 827명 중에 428명이 라인업에 새로운 쇼를 보고 싶은 것을 나타냈다.
a. 텔레비전 네트워크가 한밤중에 자사의 최신 텔레비전을 제공해야 하는지 검정할 수 있는 가설을 설정하라.
b. 검정통계 값을 계산하라.
c. $\alpha = 0.01$에서 기각영역(들)을 정의하라.
d. 텔레비전 네트워크는 무엇을 해야 하는가?

85. 퓨 리서치의 연구는 미국인의 23%가 전화를 하기 위하여 휴대전화만을 사용하며, 유선전화를 사용하지 않는다고 밝혔다(월스트리트저널, 2010.10.14). 1년 후에 연구원은 표본 미국인 200명 중에서 51명이 전화 통화에 휴대전화만을 사용하는 것을 발견하였다.
a. 전화 통화를 할 때 휴대전화만을 사용하는 미국인의 비율이 23%와 차이가 있는지를 결정하기 위해 가설을 설정하라.
b. 검정통계 값 및 상응하는 p-값을 계산하라.
c. $\alpha = 0.05$에서 표본 자료는 2010년 퓨 리서치의 조사 결과와 일치하는가? 표본 자료는 무엇을 주장하는가?

86. 전국 조사에 따르면 고등학생의 33%가 운전중에 문자메시지 또는 이메일을 사용한다고 한다(보스턴글로브 6월 8일, 2012). 매사추세츠의 십대가 문자메시지를 보내던 중 발생한 치명적인 충돌 사건에 대한 유죄판결 하루 후에 이러한 연구 결과가 나왔다. 연구원은 운전중의 문자메시지 또는 이메일 이용이 매사추세츠 청소년 사이에 더 확산되어 있는지를 알고자 한다. 그는 청소년 100명을 설문조사하고 그중 42%는 운전중에 문자메시지나 이메일을 이용했음을 인정했다. 그는 매사추세츠 청소년이 전국 비율보다 더 큰 비율로 이 문제에 관여되어 있는지를 1% 유의수준에서 결론을 내릴 수 있는가?

87. FILE (엑셀 사용) 최근 보고서는 다른 대학생보다 비즈니스 전공자가 강좌 수강에 더 많은 시간을 소요한다고 주장한다(뉴욕타임스, 2011.11.17). 대학 학장은 비즈니스 전공 학생 50명과 비즈니스 비전공 학생 50명에게 설문조사를 실시하였다. 그들은 만일 강좌에 주당 최소 20시간을 소비한다면 공부를 열심히 하는 것으로 정의된 질문을 하였다. 그들은 만일 열심히 하면 "예", 그렇지 않으면 "아니오"라고 응답하였다. 응답의 일부를 아래 표에 나타냈으며, ***Study-Hard***라는 이름의 전체 데이터는 교과서 웹사이트에서 찾아볼 수 있다.

비즈니스 전공	비즈니스 비전공
Yes	No
No	Yes
⋮	⋮
Yes	Yes

a. 5% 유의수준에서 열심히 공부하는 비즈니스 전공 학생의 비율이 20% 미만인지를 결정하라.
b. 5% 유의수준에서 열심히 공부하는 비즈니스 비전공 학생의 비율이 20% 이상인지를 결정하라.

사례연구

사례연구 9.1

하버드 대학은 최근 중간 및 상위 중간 소득 가족에 금융 부담을 완화하기 위한 금융지원정책에 혁명을 일으켰다(뉴스위크, 2008.8.18.~25). 하버드에 입학하는 학생들의 기대 기여도는 크게 감소하고 있다. 다른 많은 엘리트 사립대학이 최고 학생을 뽑기 위하여 이 사례를 따르고 있다. 이러한 정책 변화에 대한 동기는 공립대학으로부터 경쟁뿐만 아니라 정치적 압력으로부터 유래한다.

어떤 엘리트 대학의 대변인은 엘리트 대학 교육의 비용 상승으로 가족들이 직면한 재정적 어려움에 매우 민감하다고 주장한다. 지금 그가 말하기를 $40,000 소득을 갖는 가정이 명문대학에 자녀를 보내는 데 $6,500 미만을 지출한다고 한다. 마찬가지로, $80,000와 $120,000 소득을 갖는 가정이 자녀의 교육을 위해 각각 $20,000와 $ 35,000 미만을 지출한다고 한다.

일반적으로 대학 재학 비용이 각 가정 소득 수준에 기초하고 있지만, 여전히 권위있는 학교들 사이에 수천 달러의 변동이 있다. 아래 표는 10개 명문대학에 대한 가족 소득에 의하여 재학 비용에 대한 정보를 보여준다. ***Family_Income***이라는 데이터를 교과서 웹사이트에서 찾아볼 수 있다.

사례연구 9.1의 데이터 가구소득에 따른 대학 재학 비용

FILE

School	Family Income		
	$40,000	$80,000	$120,000
Amherst College	$ 5,302	$19,731	$37,558
Bowdoin College	5,502	19,931	37,758
Columbia University	4,500	12,800	36,845
Davidson College	5,702	20,131	37,958
Harvard University	3,700	8,000	16,000
Northwestern University	6,311	26,120	44,146
Pomona College	5,516	19,655	37,283
Princeton University	3,887	11,055	17,792
Univ. of California system	10,306	19,828	25,039
Yale University	4,300	6,048	13,946

위의 정보를 사용하여 다음 질문에 답하라.

1. $40,000의 소득을 가진 가구가 명문대학에 자녀를 보내기 위하여 $6,500 미만을 지출할 수 있는지 결정하라($\alpha = 0.05$를 사용).
2. 각각 $80,000와 $120,000의 소득을 갖는 가구에 대학 비용에 관한 대변인의 주장을 검증하기 위하여 문제 1의 가설검정을 반복하라($\alpha = 0.05$를 사용).
3. 대변인의 주장의 타당성을 평가하라.

사례연구 9.2

AP(Advanced Placement) 시험을 통과한 도시 학생을 보상하기 위한 노력은 국내 및 국제적으로 성장하는 추세이다. 금융적 인센티브가 출석과 성취율을 올리기 위해 제공된다. 텍사스 댈러스에 있는 이러한 하나의 프로그램 예시는 학생의 AP 시험점수가 세 배 이상인

경우 $100를 제공한다(로이터, 2010.9.20). 댈러스가 아닌 시카고에서 한 부유한 기업가가 성적을 향상시키기 위해 학생들에게 보상의 방법으로 같은 생각을 가지고 실험하기로 결정하였다. 그는 도심 고등학교에서 학생들에게 금전적 인센티브를 제공하였다. 이 인센티브 때문에 122명의 학생들이 AP 시험을 치렀으며, 12명 시험자는 가장 높은 5 점수를 획득하였다. 3과 4의 점수를 획득한 49명 시험자, 61명 시험자는 1과 2의 실패한 점수였다. 역사적으로 이 시험에 약 100명이 매년 이 학교에서 치러졌으며, 5점은 8%, 3과 4점은 38%, 그리고 나머지는 실패 점수인 1과 2이다.

위의 정보를 사용하여 다음 질문에 답하라.

1. 금전적 인센티브가 있기 전과 후에 학생들의 AP 시험에 대한 성취도를 기술적 통계를 제시하여라.
2. 금전적 인센티브가 가장 높은 스코어 5 점수의 비율을 높였는지 5% 유의수준에서 결정하는 가설검정을 실시하라.
3. 5% 유의수준에서 금전적 인센티브가 1 및 2 실패 점수의 비율을 감소시켰는가?
4. 학생들의 성취도 향상을 위한 금전적 인센티브의 효과를 평가하라.

사례연구 9.3

갤럽-헬스웨이스 행복지수(Gallup-Healthways Well-being Index)는 건강과 미국 국민의 복지에 대한 평가를 제공한다(http://www.well-beingindex.com). 삶의 평가에 대한 주기적 자료로 신체적 건강, 정신적 건강, 건강 행동, 작업 환경 및 기본 액세스를 수집하며, 이 평가 척도는 비즈니스, 의학, 언론 등 다양한 분야의 연구자들에게 엄청난 가치를 제공한다. 전체 복합적 스코어뿐만 아니라, 상기 여섯 개의 카테고리의 각각에 스코어는 0에서 완전한 복지를 나타내는 100까지이다. 2009년에 미국 거주자의 전반적인 행복지수는 65.9로 보고되었다. 다음 표는 하와이 주민 35명 무작위 표본의 전반적인 행복지수를 나타낸다. ***Hawaiians***라는 이름의 데이터를 교과서 웹사이트에서 찾을 수 있다.

사례연구 9.3의 데이터 하와이 주민의 전반적 행복지수, $n = 35$

FILE

20	40	40	100	60	20	40
90	90	60	60	90	90	90
80	100	90	80	80	80	100
70	90	80	100	20	70	90
80	30	80	90	90	80	30

위의 정보를 사용하여 다음 질문에 답하라.

1. 하와이 주민의 행복지수가 5% 유의수준에서 65.9의 전국 평균 이상인지 여부를 확인하라.
2. 하와이 주민의 40% 미만이 5% 유의수준에서 50 이하의 점수인지를 결정하라.
3. 하와이 주민의 복지에 대한 언급을 위하여 상기 결과를 사용하라.

부록 9.1 다른 통계프로그램 사용안내

여기서는 특정 통계프로그램(미니탭, SPSS, JMP) 사용을 위한 간단한 명령어를 제공한다.

교과서 웹사이트에서 더 자세한 설명을 찾아볼 수 있다.

미니탭

μ의 검정, σ를 알 경우

A. (예제 9.10의 반복) 메뉴에서 **Stat > Basic Statistics > 1-Sample Z**를 선택한다.

B. 컬럼에서 **Sample**을 선택하고 C1(직불 지출)을 선택한다. **Standard deviation**에 500을 입력한다. **Perform hypothesis test**를 선택하고 **hypothesized mean**에 8000을 입력한다.

C. **Option**을 선택한다. **Alternative**에 대하여 **'less than'**을 선택한다.

μ의 검정, σ를 알 수 없는 경우

A. (예제 9.13의 반복) 메뉴에서 **Stat > Basic Statistics > 1-Sample t**를 선택한다.

B. 컬럼에서 **Sample**을 선택하고 C1(나이)을 선택한다. **Perform hypothesis test**를 선택하고 **hypothesized mean**에 81.48을 입력한다.

C. Option을 선택한다. **Alternative**에 대하여 **'less than'**을 선택한다.

p 검정

A. (예제 9.14의 반복) 메뉴에서 **Stat > Basic Statistics > 1-Proportion**을 선택한다. **Summarized data**를 선택하고, **Number of events**에 67을, **Number of trials**에 180을 입력한다. **Perform hypothesis test**를 선택하고 **Hypothesized proportion**에 0.40을 입력한다.

B. **Option**을 선택한다. **Alternative**에 대하여 **'less than'**을 선택하고 **Use test and interval based on normal distribution**을 선택한다.

SPSS

μ의 검정, σ를 알 경우

(예제 9.13의 반복) 메뉴에서 **Analyze > Compare Means > One-Sample T Test**를 선택한다. **Test Variable(s)**로 **Age**를 선택한다. **Test Value**에 81.48을 입력한다.

JMP

μ의 검정, σ를 알 경우

A. (예제 9.10의 반복) 메뉴에서 **Analyze > Distribution**을 선택한다.

B. 열 1(Debit Spending)을 선택 후, **Y, Columns**를 선택한다. **OK**를 클릭한다.

C. 히스토그램 위의 열 1 옆에 있는 출력창에 빨간색 삼각형을 클릭한다. **Test Mean**을 선택한다. **가설화된 평균을 설정**한 후 8000을 입력하고 **t 검정보다 z-검정을 수행하기 위하여 표준편차를 입력**한다. 500을 입력한다.

μ의 검정, σ를 알 수 없는 경우

A. (예제 9.13의 반복) 메뉴에서 **Analyze > Distribution**을 선택한다.

B. 열 1(Age)을 선택 후, **Y, Columns**를 선택한다. **OK**를 클릭한다.

C. 히스토그램 위의 열 1 옆에 있는 출력창에 빨간색 삼각형을 클릭한다. **Test Mean**을 선택한다. **가설화된 평균을 설정**한 후 81.48을 입력한다.

10 평균에 대한 비교

Comparisons Involving Means

CHAPTER

학습목표 LEARNING OBJECTIVES

이 장을 학습한 후에는

학습목표 **10.1 독립표본에 근거한 두 모집단 평균의 차이에 대해 추론할 수 있어야 한다.**

학습목표 **10.2 쌍체표본에 근거한 두 모집단 평균의 차이에 대해 추론할 수 있어야 한다.**

학습목표 **10.3 *F* 분포의 특성에 대해 토론할 수 있어야 한다.**

학습목표 **10.4 분산분석 검정을 이용하여 셋 이상의 모집단 평균간의 차이에 대해 추론할 수 있어야 한다.**

앞의 두 장에서 우리는 모집단의 평균을 분석하기 위하여 추정과 가설검정을 사용하였다. 이 장에서는 우리의 토론을 단일 모집단의 분석으로부터 둘 이상의 모집단의 비교로 확장한다. 먼저 우리는 두 모집단 평균의 차이를 분석한다. 예를 들어, 경제학자들은 남자직원과 여자직원 간의 급료 차이를 분석하는 데 관심이 있을 수 있을 것이다. 이 예제에서 우리는 분석을 위하여 독립표본을 이용한다. 또한 우리는 쌍체표본에 근거하여 두 모집단의 평균 차이를 고려할 것이다. 예로서는 소비자 단체 활동가를 생각할 수 있다. 이 활동가는 소비자가 새로운 다이어트 프로그램에 등록하기 전과 등록한 후의 평균 체중에 차이가 있는지를 분석하기 원한다. 마지막으로 우리는 셋 이상의 모집단 평균간의 차이를 검정하기 위하여 분산분석을 이용한다. 예를 들어, 우리는 소형 하이브리드 승용차의 모든 브랜드가 동일한 평균 연비를 갖는지를 알고 싶을 수 있다. 분산분석은 *F* 분포라고 불리는 새로운 분포에 근거하고 있다.

도 입 사 례

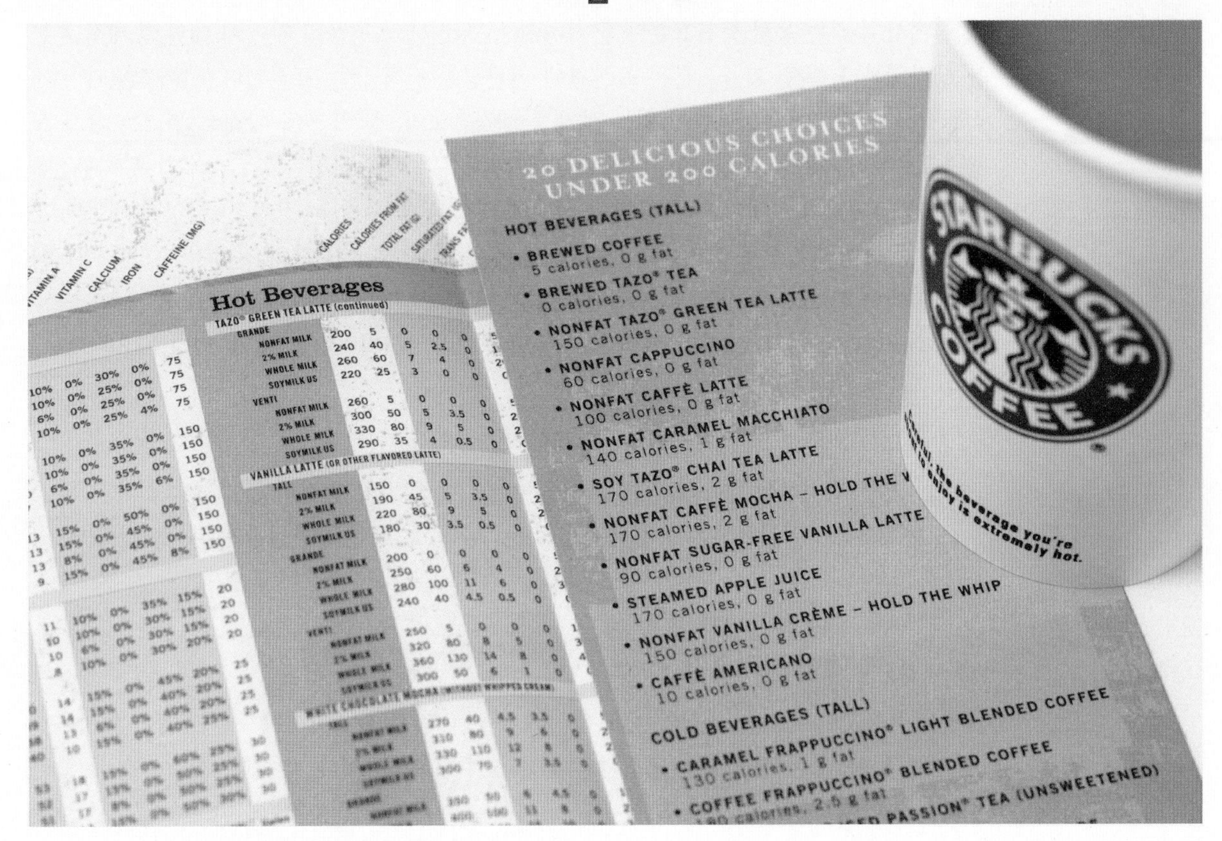

열량 표시 의무화의 효과성

2010년 3월에 제정된 미연방보건법은 20개 이상의 지점을 둔 체인 레스토랑들에서는 메뉴에 열량정보를 표시하도록 요구하고 있다. 미국 정부는 소비자가 건강한 메뉴 선택을 쉽게 할 수 있도록 하기 위해서 열량 목록을 표시하기를 원한다. 뉴욕시가 2008년에 메뉴에 열량정보를 표시하도록 요구한 선두주자였으나, 이러한 요구가 소비자들로 하여금 건강한 음식을 선택하도록 자극하였는지에 대해서는 엇갈린 결과를 보이는 것으로 보고되고 있다(월스트리트저널, 2010.8.31). 캘리포니아 주 산마테오에 사는 영양학자 몰리(Molly Hosler)는 열량표시를 요구하는 최근의 메뉴 조례의 효과에 대해 연구하고자 한다. 그녀는 산마테오가 조례를 실시한 시기 전후에 40명의 스타벅스 카드 보유자에 대한 거래자료를 확보하였다. 이 자료에는 조례 이전과 이후에 각 고객에 대한 음료 및 음식의 평균 열량이 기록되어 있다. 표 10.1은 자료의 일부이다. 전체 자료는 교과서 웹사이트의 ***Drink_Calories***와 ***Food_Calories*** 파일에 저장되어 있다.

표 10.1 메뉴 표시 조례 전과 후의 평균 열량 섭취량

FILE

고객	음료 열량		음식 열량	
	전	후	전	후
1	141	142	395	378
2	137	140	404	392
⋮	⋮	⋮	⋮	⋮
40	147	141	406	400

몰리는 다음의 질문에 답하기 위해 표본 정보를 사용하기를 원한다.

1. 조례가 통과한 후에 구매된 음료의 평균 열량이 감소하였는지를 판정하라.
2. 조례가 통과한 후에 구매된 음식의 평균 열량이 감소하였는지를 판정하라.
3. 스타벅스와 다른 체인들에 대한 열량표시제의 의미를 평가하라.

사례요약이 10장 2절 끝에 제공되어 있다.

10.1 두 평균의 차이에 대한 추론

학습목표 10.1
독립표본에 근거한 두 모집단 평균의 차이에 대해 추론

이 절에서 우리는 **독립 확률표본**에 근거하여 두 모집단의 평균의 차이에 대한 통계적 추론을 생각해본다. 독립 확률표본은 표본간에 연관성이 전혀 없는 표본이다. 남자직원과 여자직원 간의 급료 차이에 관심이 있는 예제를 생각해보자. 한 표본에 대해서 우리는 남자 모집단으로부터 자료를 수집하고, 다른 표본에 대해서는 여자 모집단으로부터 자료를 수집한다. 한 표본에서의 선택이 다른 표본의 선택에 영향을 줄 수 있는 길이 전혀 없기 때문에 두 표본은 독립적인 것으로 고려된다. 유사하게, 상표 A와 상표 B 간의 건전지 수명을 비교하는 실험에서 한 표본은 상표 A 모집단으로부터 추출하고, 다른 표본은 상표 B 모집단으로부터 추출한다고 하자. 그러면 두 표본은 독립적으로 형성되었다고 볼 수 있다.

독립 확률표본

한 표본을 형성하는 절차가 다른 표본을 형성하는 절차와 완전히 분리되어 있다면 두 (또는 그 이상) 확률표본은 독립적이라고 간주된다. 두 표본은 확실하게 분리되어 있다.

$\mu_1 - \mu_2$에 대한 신뢰구간

앞에서 논했듯이 우리는 관심있는 모집단의 모수를 추정하기 위해서 표본통계량을 사용한다. 예를 들어, 표본 평균 $\bar{X}$는 모집단의 평균 μ의 점추정량이다. 비슷한 맥락에서, 두 표본 평균의 차이 $\bar{X}_1 - \bar{X}_2$는 두 모집단 평균의 차이 $\mu_1 - \mu_2$의 점추정량이다. 여기서 μ_1은 첫 번째 모집단의 평균이고, μ_2는 두 번째 모집단의 평균이다. 표본 평균 $\bar{x}_1$과 $\bar{x}_2$의 값은 각각 n_1개의 관측치와 n_2개의 관측치를 갖는 두 개의 독립 확률표본으로부터 계산된다.

먼저 $\bar{X}_1 - \bar{X}_2$의 표본분포에 대해 논의하자. 단일 모수의 경우와 같이, 이 추정량은 불편향되어 있다. 즉, $E(\bar{X}_1 - \bar{X}_2) = \mu_1 - \mu_2$이다. 또한, 모집단 평균 μ와 관련된 통계적 추론은 표본 평균 $\bar{X}$가 정규분포를 따른다는 조건에 근거하고 있음을 상기하자. 유사하게, $\mu_1 - \mu_2$ 와 관련된 통계적 추론을 위해서도 $\bar{X}_1 - \bar{X}_2$의 표본분포가 정규분포를 따른다는 조건은 필수적이다. 따라서 우리는 정규분포를 따르는 확률변수의 선형적 조합이 또한 정규분포를 따르므로 두 표본 평균은 정규분포를 따르는 두 개의 독립적인 모집단으로부터 유도된다고 일반적으로 가정한다. 만일 고려하는 모집단에 대해 정규분포를 가정할 수 없으면, 그 때는 중심극한정리에 의해, 두 표본크기가 충분히 클 경우에, 즉 $n_1 \geq 30$과 $n_2 \geq 30$ 경우에 $\bar{X}_1 - \bar{X}_2$의 표본분포가 근사적으로 정규분포를 따른다.

단일 모집단 평균의 경우와 같이, 우리는 두 가지의 시나리오를 고려한다. 만약 우리가 두 모집단의 분산 σ_1^2과 σ_2^2(또는 표준편차 σ_1과 σ_2)를 안다면, 우리는 통계적 추론을 위해 z 분포를 사용한다. 더 흔한 경우는 t_{df} 분포를 사용하는 것이다. 여기서는 표본분산 σ_1^2과 σ_2^2가 미지의 모집단 분산을 대신해서 사용된다. σ_1^2과 σ_2^2를 모를 때, 우리는 다음의 두 가지 경우를 살펴볼 것 이다: (a) ($\sigma_1^2 = \sigma_2^2$)경우와 (b) ($\sigma_1^2 \neq \sigma_2^2$) 경우.

평균의 차이에 대한 신뢰구간은 8장에서 설명한 절차를 그대로 따른다. 특히, 신뢰구간에 대한 공식은 다음 표준공식을 따를 것이다: 점추정치 ± 오차의 한계.

우리는 두 표본 평균의 차이 $\bar{x}_1 - \bar{x}_2$로 $\mu_1 - \mu_2$의 점추정치를 계산하기 위해 표본자료를 사용한다. 오차의 한계는 모집단의 분산이 알려져 있는지 또는 알려지지 않았는지에 따라서 표준오차 $se(\overline{X}_1 - \overline{X}_2)$에 $z_{\alpha/2}$나 $t_{\alpha/2,df}$를 곱한 것과 같다.

$\mu_1 - \mu_2$에 대한 신뢰구간

두 모집단 평균의 차이 $\mu_1 - \mu_2$의 $100(1 - \alpha)\%$ 신뢰구간은 다음과 같이 주어진다.

1. 모집단의 분산 σ_1^2과 σ_2^2가 알려져 있는 경우,

$$(\bar{x}_1 - \bar{x}_2) \pm z_{\alpha/2}\sqrt{\frac{\sigma_1^2}{n_1} + \frac{\sigma_2^2}{n_2}}.$$

2. σ_1^2과 σ_2^2가 미지이나 동일한 경우,

$$(\bar{x}_1 - \bar{x}_2) \pm t_{\alpha/2,df}\sqrt{s_p^2\left(\frac{1}{n_1} + \frac{1}{n_2}\right)}.$$

공통분산의 통합된 추정치는 $s_p^2 = \dfrac{(n_1 - 1)s_1^2 + (n_2 - 1)s_2^2}{n_1 + n_2 - 2}$,

여기서 s_1^2과 s_2^2는 표본분산이고, 자유도 $df = n_1 + n_2 - 2$.

3. σ_1^2과 σ_2^2가 미지이고 동일하지 않은 경우,

$$(\bar{x}_1 - \bar{x}_2) \pm t_{\alpha/2,df}\sqrt{\frac{s_1^2}{n_1} + \frac{s_2^2}{n_2}}.$$

자유도 $df = \dfrac{(s_1^2/n_1 + s_2^2/n_2)^2}{(s_1^2/n_1)^2/(n_1 - 1) + (s_2^2/n_2)^2/(n_2 - 1)}$. df의 결과치가 대부분 정수가 아니므로, 우리는 t 분포표로부터 적절한 t 값을 얻기 위해 df의 결과치를 반내림한다.

이 공식들은 $\overline{X}_1 - \overline{X}_2$가 정규분포를 (근사적으로) 따를 경우에만 유효하다.

σ_1^2과 σ_2^2가 미지이나 동일할 때, $\mu_1 - \mu_2$에 대한 신뢰구간을 구하는 경우에서 우리는 공통분산의 통합된 추정치 s_p^2를 계산한 것을 유념하라. 다시 말해서, 두 모집단이 같은 모집단의 분산을 갖는다고 가정하므로, 두 표본분산 s_1^2과 s_2^2은 단지 같은 모집단 분산에 대한 별개의 두 추정치이다. 우리는 s_1^2과 s_2^2을 가중평균함으로써 모집단의 분산을 추정한다. 여기서 적용된 가중치는 전체 자유도에 대비한 각각의 자유도이다. σ_1^2과 σ_2^2가 미지이면서, 동일하다고 가정할 수 없는 경우에 우리는 모집단 분산의 통합된 추정치를 계산할 수 없다.

예제 10.1

소비자단체는 두 개의 담배 상표에 포함된 니코틴 함량을 분석했다. 상표 A의 20개 담배 표본에서는 0.22밀리그램의 표준편차로 1.68밀리그램의 평균 니코틴 함량이 나왔고, 상표 B의 25개 담배 표본에서는 0.24밀리그램의 표준편차로 1.95밀리그램의 평균 니코틴 함량이 나왔다.

상표 A	상표 B
$\bar{x}_1 = 1.68$ mg	$\bar{x}_2 = 1.95$ mg
$s_1 = 0.22$ mg	$s_2 = 0.24$ mg
$n_1 = 20$	$n_2 = 25$

두 모집단 평균의 차이에 대한 95% 신뢰구간을 구성하라. 니코틴 함량은 정규분포를 따른다고 가정한다. 추가로, 모집단 분산은 미지이나 동일한 것으로 가정한다.

풀이: 우리는 $\mu_1 - \mu_2$에 대한 신뢰구간을 구성하고 싶어한다. 여기서 μ_1은 상표 A의 평균 니코틴 수준이고, $\mu 2$는 상표 B의 평균 니코틴 수준이다. 모집단 분산은 미지이나 동일한 것으로 가정하였으므로, 우리는 다음의 공식을 사용한다.

$$(\bar{x}_1 - \bar{x}_2) \pm t_{\alpha/2,df}\sqrt{s_p^2\left(\frac{1}{n_1} + \frac{1}{n_2}\right)}$$

우리는 점추정치 $\bar{x}_1 - \bar{x}_2 = 1.68 - 1.95 = -0.27$로 계산한다. $t_{\alpha/2,df}$를 찾기 위해서 우리는 $df = n_1 + n_2 - 2 = 20 + 25 - 2 = 43$으로 결정한다. 95% 신뢰구간에 대해서 $\alpha = 0.05$이므로, t 분포표를 이용하여 우리는 $t_{0.025,43} = 2.017$을 찾는다. 그러면 우리는 모집단 분산의 통합된 추정치를 다음과 같이 계산한다.

$$s_p^2 = \frac{(n_1 - 1)s_1^2 + (n_2 - 1)s_2^2}{n_1 + n_2 - 2} = \frac{(20 - 1)(0.22)^2 + (25 - 1)(0.24)^2}{20 + 25 - 2} = 0.0535$$

공식에 적절한 값을 대입하여 우리는 다음과 같은 구간을 얻는다.

$$-0.27 \pm 2.017\sqrt{0.0535\left(\frac{1}{20} + \frac{1}{25}\right)} = -0.27 \pm 0.14$$

다시 말해서, 두 평균의 차이에 대한 95% 신뢰구간은 -0.41에서 -0.13까지의 범위이다. 우리는 곧 양측 가설검정을 수행하기 위해서 이 구간을 어떻게 사용하는지를 보여줄 것이다.

$\mu_1 - \mu_2$에 대한 가설검정

항상 그랬듯이, 우리가 귀무가설과 대립가설을 명시할 때, 관심있는 적절한 모집단의 모수를 확인하고, 우리가 단측검정을 할지 또는 양측검정을 할지를 결정하고, 마지막으로 귀무가설에는 균등기호를 갖는 형식을 포함시키고 주장할 것은 대립가설을 사용하는 것이 중요하다. 모수 $\mu_1 - \mu_2$과 관련된 가설검정을 실시할 때, 고려될 수 있는 가설로는 다음과 같은 일반적인 형태 중에 하나가 될 것이다.

양측검정	우측검정	좌측검정
$H_0: \mu_1 - \mu_2 = d_0$	$H_0: \mu_1 - \mu_2 \leq d_0$	$H_0: \mu_1 - \mu_2 \geq d_0$
$H_A: \mu_1 - \mu_2 \neq d_0$	$H_A: \mu_1 - \mu_2 > d_0$	$H_A: \mu_1 - \mu_2 < d_0$

대부분의 경우에, 두 모집단 평균 μ_1과 μ_2의 가설된 차이 d_0는 0이다. 이 시나리오에서 양측검정은 두 평균이 서로 다른지를 결정하고, 우측검정은 μ_1이 μ_2보다 큰지를 결정하며, 좌측검정은 μ_1이 μ_2보다 작은지를 결정한다. 우리는 가설된 차이 d_0가 0이 아닌 다른 값을 갖도록 가설을 설정할 수 있다.

예를 들어, 만약 우리가 신흥 시장기금의 평균 수익률이 기존 시장기금의 평균 수익률보다 2퍼센트 포인트 높은지를 결정하기 원한다면, 설정된 가설은 H_0: $\mu_1 - \mu_2 \leq 2$, H_A: $\mu_1 - \mu_2 > 2$가 된다.

예제 10.2

예제 10.1을 이용하여

a. 상표 A와 상표 B의 평균 니코틴 수준이 서로 다른지 결정하기 위한 가설을 설정하라.

b. 95% 신뢰구간을 이용하면, 검정의 결론은 어떻게 되겠는가?

풀이:

a. 우리는 두 상표간의 평균 니코틴 수준에 차이가 있는지를 결정하고 싶어한다. 즉, $\mu_1 \neq \mu_2$. 따라서 우리는 다음과 같이 양측 가설을 수립한다.

$$H_0: \mu_1 - \mu_2 = 0$$
$$H_A: \mu_1 - \mu_2 \neq 0$$

b. 예제 10.1에서 우리는 두 평균의 차이에 대한 95% 신뢰구간을 -0.27 ± 0.14로 계산하였다. 다시 말해서, 신뢰구간은 -0.41에서 -0.13까지의 범위이다. 이 구간은 귀무가설에서 설정한 값인 0을 포함하지 않는다. 이 정보에 근거하여 우리는 H_0를 기각할 수 있다. 즉, 5%의 유의수준에서 두 상표의 평균 니코틴 수준은 서로 다르다는 결론을 표본 자료는 지원한다.

우리가 양측가설검정을 수행하는 데 신뢰구간을 사용할 수 있다면, 단측이나 양측 가설검정을 수행하는 데 9장에서 기술한 4단계 절차를 이용할 수 있다(단측검정에 적용하기 위해서 신뢰구간을 조정할 수 있으나, 우리는 이것에 대한 논의는 생략한다). 이 절차에서 변경해야 할 사항은 검정통계량이다. 우리는 차이 $(\bar{x}_1 - \bar{x}_2) - d_0$를 추정량 $\bar{X}_1 - \bar{X}_2$의 표준오차로 나눔으로써 상응하는 검정통계량 z나 t_{df}로 점추정치 $\bar{X}_1 - \bar{X}_2$를 전환한다.

$\mu_1 - \mu_2$ 검정에 대한 검정통계량

1. σ_1^2과 σ_2^2가 알려져 있으면, 검정통계량의 값은 다음과 같이 계산된다.

$$z = \frac{(\bar{x}_1 - \bar{x}_2) - d_0}{\sqrt{\frac{\sigma_1^2}{n_1} + \frac{\sigma_2^2}{n_2}}}$$

2. σ_1^2과 σ_2^2가 미지이나 동일한 것으로 가정하면, 검정통계량의 값은 다음과 같이 계산된다.

$$t_{df} = \frac{(\bar{x}_1 - \bar{x}_2) - d_0}{\sqrt{s_p^2\left(\frac{1}{n_1} + \frac{1}{n_2}\right)}},\ \text{여기서}\ s_p^2 = \frac{(n_1 - 1)s_1^2 + (n_2 - 1)s_2^2}{n_1 + n_2 - 2}\ \text{이고}\ df = n_1 + n_2 - 2.$$

3. σ_1^2과 σ_2^2가 미지이고 동일한 것으로 가정할 수 없으면, 검정통계량의 값은 다음과 같이 계산된다.

$t_{df} = \dfrac{(\bar{x}_1 - \bar{x}_2) - d_0}{\sqrt{\dfrac{s_1^2}{n_1} + \dfrac{s_2^2}{n_2}}}$, 여기서 자유도 $df = \dfrac{(s_1^2/n_1 + s_2^2/n_2)^2}{(s_1^2/n_1)^2/(n_1 - 1) + (s_2^2/n_2)^2/(n_2 - 1)}$는 가장 가까운 정수로 반내림한다.

이 공식들은 $\bar{X}_1 - \bar{X}_2$가 정규분포를 (근사적으로) 따를 경우에만 유효하다.

예제 10.3

한 경제학자는 도시 1의 가구당 매주 지출하는 평균 음식비가 도시 2의 가구당 매주 지출하는 평균 음식비보다 많다고 주장한다. 그녀는 도시 1에 있는 35가구를 조사하여, 매주 지출하는 평균 음식비가 164달러임을 알았다. 그리고 도시 2에 대해서는 30가구를 조사하여, 매주 지출하는 평균 음식비가 159달러임을 알아냈다. 이전에 실행된 조사에 의하면, 도시 1과 2에 대한 모집단 표준편차는 각각 12.50달러와 9.25달러이다.

도시 1	도시 2
$\bar{x}_1 = \$164$	$\bar{x}_2 = \$159$
$\sigma_1 = \$12.50$	$\sigma_2 = \$9.25$
$n_1 = 35$	$n_2 = 30$

a. 경제학자의 주장을 검정할 가설을 설정하라.
b. 검정통계량의 값과 대응하는 p-값을 계산하라.
c. 5%의 유의수준에서, 경제학자의 주장은 자료로부터 지원을 받는가?

풀이:

a. 관심있는 적절한 모수는 $\mu_1 - \mu_2$이다. 여기서 μ_1은 도시 1에 있는 가구당 매주 지출하는 평균 음식비이고, μ_2은 도시 2에 있는 가구당 매주 지출하는 평균 음식비이다. 경제학자는 도시 1의 가구당 매주 지출하는 평균 음식비가 도시 2의 가구당 매주 지출하는 평균 음식비보다 많은지를 결정하고 싶어한다. 즉, $\mu_1 > \mu_2$. 이 예제는 우측검정에 해당하고, 적절한 가설은 다음과 같다.

$$H_0: \mu_1 - \mu_2 \le 0$$
$$H_A: \mu_1 - \mu_2 > 0$$

b. 모집단의 표준편차가 알려져 있으므로, 우리는 검정통계량의 값을 다음과 같이 계산한다.

$$z = \frac{(\bar{x}_1 - \bar{x}_2) - d_0}{\sqrt{\dfrac{\sigma_1^2}{n_1} + \dfrac{\sigma_2^2}{n_2}}} = \frac{(164 - 159) - 0}{\sqrt{\dfrac{(12.50)^2}{35} + \dfrac{(9.25)^2}{30}}} = \frac{5}{2.70} = 1.85$$

위의 우측검정의 p-값은 다음과 같이 계산된다.

p-값 $= P(Z \geq 1.85) = 1 - 0.9678 = 0.0322$

c. p-값이 0.0322이고 주어진 $\alpha = 0.05$보다 작으므로, 우리는 귀무가설을 기각한다. 그러므로, 5%의 유의수준에서 경제학자는 도시 1의 가구당 매주 지출하는 평균 음식비가 도시 2의 가구당 매주 지출하는 평균 음식비보다 많다고 결론내린다.

$\mu_1 - \mu_2$에 대한 가설을 검정하기 위한 엑셀의 사용

엑셀은 두 평균을 비교하는 가설검정을 실시할 때 절차를 간단히 하는 여러 옵션을 제공한다. 이것은 우리에게 표본자료가 주어지고, 검정을 위해 표본 평균과 표본 표준편차를 우선적으로 계산해야 할 때 특히 유용하다. 이제 우리는 다음의 예제를 이용하여 데이터 탭에 있는 옵션들 중 하나에 대해 논한다.

예제 10.4

표 10.2는 금 산업계에 있는 10개의 업체와 석유 산업계에 있는 10개의 업체에 대한 연간 수익률 자료를 보여준다. ***Gold_Oil***이라고 되어 있는 이들 자료는 교과서 웹사이트에서도 이용 가능하다. 우리는 5%의 유의수준에서 두 산업의 평균 수익률이 다르다고 결론내릴 수 있는가? 여기서 우리는 두 정규 모집단으로부터 표본을 추출하고, 모집단의 분산은 미지이며 서로 같지 않다고 가정한다. 재무적 수익률을 분석할 때, 분산은 위험에 대한 공통 척도이기 때문에 이런 모집단 분산에 대한 가정은 합리적이다. 우리는 금 산업에 투자하는 데 따른 위험과 석유 산업에 투자하는 데 따른 위험이 같다고 가정할 수 없다.

표 10.2 연간 수익률(%)

FILE

금	석유
6	−3
15	15
19	28
26	18
2	32
16	31
31	15
14	12
15	10
16	15

풀이: 우리는 μ_1을 금 산업에 대한 평균 수익률이라 표시하고, μ_2는 석유 산업에 대한 평균 수익률이라고 표시한다. 우리는 평균 수익률이 서로 다른지에 대해 검정하고 싶기 때문에 귀무 및 대립 가설을 다음과 같이 설정한다.

$$H_0: \mu_1 - \mu_2 = 0$$
$$H_A: \mu_1 - \mu_2 \neq 0$$

모집단의 분산이 미지이고 서로 같지 않을 때, 두 평균의 차이에 대한 검정을 실시하므로 우리는 $t_{df} = \dfrac{(\bar{x}_1 - \bar{x}_2) - d_0}{\sqrt{\dfrac{s_1^2}{n_1} + \dfrac{s_2^2}{n_2}}}$를 계산해야 한다. 또한 검정통계량과 상응하는 자유도도 계산해야 함을 상기하라. 엑셀의 한 명령을 이용함으로써 우리는 검정통계량의 값, 자유도, 그리고 p-값뿐만 아니라 적절한 기각치들을 계산할 수 있다. 다음의 절차를 따른다.

a. 교과서 웹사이트에서 찾은 ***Gold_Oil*** 자료를 연다.

b. 차례대로 다음을 선택한다. **데이터** > **데이터 분석** > **t-검정: 이분산 가정 두 표본** > **확인**. (주의: 우리가 독립적인 표본으로부터 두 모집단 평균의 차이를 검정하고 싶고, 자료를 갖고 있을 때 엑셀은 두 개의 다른 옵션을 제공한다. 모집단 분산이 알려져 있으면 우리는 옵션 **z-검정: 평균에 대한 두 표본**을 사용할 수 있다. 만약 모집단의 분산이 미지이나 동일하다고 가정할 수 있으면, 우리는 옵션 **t-검정: 등분산 가정 두 표본**을 사용할 수 있다.)

c. 그림 10.1을 보라. *t-검정: 이분산 가정 두 표본* 대화상자에서 *변수 1 입력 범위*를 고르고, Gold 데이터를 선택한다. 그리고 *변수 2 입력 범위*를 고르고, Oil 데이터를 선택한다. $d_0 = 0$이므로 가설 *평균차*에 0을 입력하고, 제목으로 Gold와 Oil을 포함하고 싶으면 *이름표* 상자를 체크한다. 그리고 5% 유의수준에서 검정이 실시되므로 유의수준에 0.05를 기입한다. 출력 옵션을 선택하고 **확인**을 클릭한다.

그림 10.1 다른 분산을 갖는 t 검정에 대한 엑셀의 대화상자

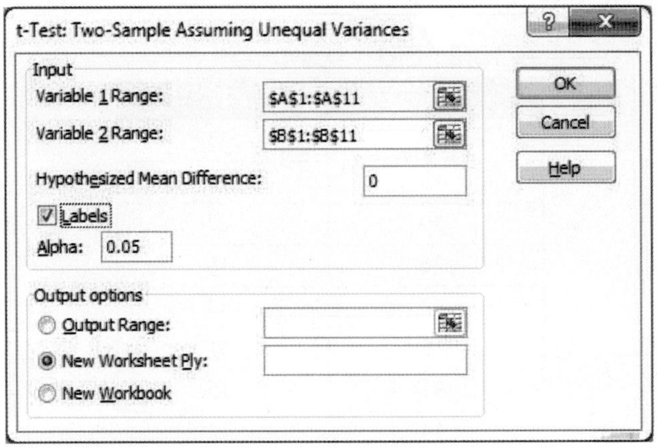

t-Test: Two-Sample Assuming Unequal Variances
Input
Variable 1 Range: $A$1:$A$11
Variable 2 Range: $B$1:$B$11
Hypothesized Mean Difference: 0
Labels
Alpha: 0.05
Output options
Output Range:
New Worksheet Ply:
New Workbook
OK
Cancel
Help

표 10.3은 결과를 보여준다.

엑셀 결과는 우리가 p-값을 이용한 접근이나 기각치를 이용한 접근을 이용하여 가설검정을 수행할 수 있도록 한다. 우리가 양측 가설검정을 실시할 경우, p-값은 0.7661이다(표 10.3에서 **P(T ≤ t) 양측검정**을 보라). p-값이 0.05보다 크므로, 5% 유의수준에서 우리는 H_0를 기각할 수 없다. 석유 산업의 평균 수익률이 금 산업의 평균 수익률보다 조금 나은 것처럼 보이나($\bar{x}_2 = 17.3\% > 16.0\% = \bar{x}_1$), 차이는 통계적으로 유의하지 않다.

표 10.3 다른 분산을 갖는 t 검정에 대한 엑셀의 결과

	금	석유
평균	16	17.3
분산	70.6667	114.2333
관측수	10	10
가설 평균차	0	
자유도	17	
t 통계량	**−0.3023**	
P(T ≤ t) 단측검정	0.3830	
t 기각치 단측검정	1.7396	
P(T ≤ t) 양측검정	**0.7661**	
t 기각치 양측검정	2.1098	

이제 우리는 기각치를 이용한 접근이나 신뢰구간을 이용한 접근도 두 산업의 평균 수익률과 관련해서는 같은 결론에 도달한다는 것을 보여줄 것이다. 주어진 $\alpha = 0.05$에서 양측검정에 대한 기각치는 −2.1098과 2.1098이다(표 10.3에서 **t 기각치 양측검정**을 보라). 결정규칙은 $t_{17} > 2.1098$이거 나 $t_{17} < -2.1098$이면 H_0를 기각하는 것이다. 검정통계량의 값은 $t_{17} = -0.3023$이다(표 10.3에서 **t 통계량**을 보라). 검정통계량의 값이 두 기각치 사이에 있으므로, $-2.1098 < -0.3023 < 2.1098$, 우리는 귀무가설을 기각할 수 없다. 우리의 결론은 p-값을 이용한 접근의 결론과 언제나 일치한다.

마지막으로, 표 10.3에 있는 정보가 주어지면, 상응하는 $\mu_1 - \mu_2$에 대한 95% 신뢰구간을 다음과 같이 계산할 수 있다.

$$(\bar{x}_1 - \bar{x}_2) \pm t_{\alpha/2,df}\sqrt{\frac{s_1^2}{n_1} + \frac{s_2^2}{n_2}} = (16.0 - 17.3) \pm 2.1098\sqrt{\frac{70.6667}{10} + \frac{114.2333}{10}}$$

$$= -1.3 \pm 9.07$$

즉, 두 평균의 차이에 대한 95% 신뢰구간은 −10.37에서 7.77까지의 범위이다. 이 구간이 귀무가설에서 가정한 값인 0을 포함한다는 것을 우리는 알 수 있다. 95% 신뢰구간을 이용하여 우리는 5% 유의수준에서 모집단 평균 수익률은 다르지 않다는 결론을 표본자료가 지원함을 재확인할 수 있다.

연습문제 10.1

기본문제

1. 다음 자료를 보고 답하라.

$$\bar{x}_1 = 25.7 \qquad \bar{x}_2 = 30.6$$
$$\sigma_1^2 = 98.2 \qquad \sigma_2^2 = 87.4$$
$$n_1 = 20 \qquad n_2 = 25$$

   a. 모집단 평균의 차이에 대한 95% 신뢰구간을 구성하라.
   b. 모집단의 평균이 다른지를 결정하기 위한 가설을 설정하라.
   c. a에서 구한 신뢰구간을 이용하여 귀무가설을 기각할 수 있는가? 설명하라.

2. 다음 자료를 보고 답하라.

$$\bar{x}_1 = -10.5 \qquad \bar{x}_2 = -16.8$$
$$s_1^2 = 7.9 \qquad s_2^2 = 9.3$$
$$n_1 = 15 \qquad n_2 = 20$$

   a. 모집단 평균의 차이에 대한 95% 신뢰구간을 구성하라. 모집단 분산이 미지이나 동일한 것으로 가정하라.
   b. 모집단의 평균이 다른지를 결정하기 위한 가설을 설정하라.
   c. a에서 구한 신뢰구간을 이용하여 귀무가설을 기각할 수 있는가? 설명하라.

3. 다음의 가설과 정규분포를 따르는 모집단으로부터 독립적으로 추출한 표본자료를 고려하라.

$$H_0: \mu_1 - \mu_2 = 0$$
$$H_A: \mu_1 - \mu_2 \neq 0$$
$$\bar{x}_1 = 57 \qquad \bar{x}_2 = 63$$
$$\sigma_1 = 11.5 \qquad \sigma_2 = 15.2$$
$$n_1 = 20 \qquad n_2 = 20$$

   a. p-값을 이용하여 5% 유의수준에서 모집단의 평균이 다른지를 검정하라.
   b. 기각치를 이용한 접근으로 가설검정을 반복하라.

4. 다음의 가설과 표본자료를 고려하라. 두 모집단은 정규분포를 따르는 것으로 알려져 있다.

$$H_0: \mu_1 - \mu_2 \leq 0$$
$$H_A: \mu_1 - \mu_2 > 0$$
$$\bar{x}_1 = 20.2 \qquad \bar{x}_2 = 17.5$$
$$s_1 = 2.5 \qquad s_2 = 4.4$$
$$n_1 = 10 \qquad n_2 = 12$$

   a. 모집단의 분산이 미지이나 동일한 것으로 가정하고 5% 수준에서 검정을 실시하라.
   b. 10% 수준에서 분석을 반복하라.

5. 다음의 가설과 정규분포를 따르는 모집단으로부터 독립적으로 추출한 표본자료를 고려하라.

$$H_0: \mu_1 - \mu_2 \geq 0$$
$$H_A: \mu_1 - \mu_2 < 0$$
$$\bar{x}_1 = 249 \qquad \bar{x}_2 = 272$$
$$s_1 = 35 \qquad s_2 = 23$$
$$n_1 = 10 \qquad n_2 = 10$$

   a. 모집단의 분산이 미지이나 동일한 것으로 가정하고 5% 수준에서 검정을 실시하라.
   b. 모집단의 분산이 미지이면서 동일하지 않은 것으로 가정하고 5% 수준에서 검정을 실시하라.

6. 다음의 가설과 표본자료를 고려하라.

$$H_0: \mu_1 - \mu_2 = 5$$
$$H_A: \mu_1 - \mu_2 \neq 5$$
$$\bar{x}_1 = 57 \qquad \bar{x}_2 = 43$$
$$s_1 = 21.5 \qquad s_2 = 15.2$$
$$n_1 = 22 \qquad n_2 = 18$$

   모집단은 미지이나 동일한 분산을 갖는 정규분포를 따르는 것으로 가정하라.
   a. 검정통계량의 값을 계산하라.
   b. p-값을 이용한 접근으로 5% 유의수준에서 위 가설을 검정하라.
   c. 기각치를 이용한 접근으로 분석을 반복하라.

7. 동일한 모집단 분산을 갖는 정규분포를 따르는 모집단으로부터 독립적으로 추출한 다음의 표본자료를 고려하라.

표본 1	표본 2
12.1	8.9
9.5	10.9
7.3	11.2
10.2	10.6
8.9	9.8
9.8	9.8
7.2	11.2
10.2	12.1

   a. 두 번째 모집단의 평균이 첫 번째 모집단의 평균보다 큰지를 검정하기 위한 적절한 가설을 설정하라.
   b. 1% 유의수준에서 검정의 추론은 무엇인가?
   c. 10% 유의수준에서 검정의 추론은 무엇인가?

8. 동일하지 않은 모집단 분산을 갖는 정규분포를 따르는 모집단으로부터 독립적으로 추출한 다 음의 표본자료를 고려하라.

표본 1	표본 2
88	98
110	114
102	118
96	128
74	102
120	110

a. 두 모집단의 평균이 다른지를 검정하기 위한 적절한 가설을 설정하라.
b. 검정통계량의 값은 무엇인가?
c. p-값의 근사치를 구하라.
d. 10% 유의수준에서 검정의 추론은 무엇인가?

응용문제

9. 보스턴의 보건보고서에 따르면, 보스턴 주민 중 여성이 남성보다 높은 평균기대수명을 갖는다(보스턴글로브지, 2010.8.16). 이 보고서의 결과를 확인하기 위해 당신은 다음과 같은 표본자료를 수집했다. 그리고 당신은 여성에 대한 표준편차는 8.2년이고, 남성에 대한 표준편차는 8.6년이라는 과거 자료를 이용한다.

표본 1	표본 2
$\bar{x}_1 = 81.1$ years	$\bar{x}_2 = 74.8$ years
$n_1 = 32$	$n_2 = 32$

a. 보스턴 주민 중 여성의 평균기대수명이 남성의 평균기대수명보다 큰지를 검정하기 위한 가설을 설정하라.
b. 검정통계량의 값과 p-값을 계산하라.
c. 10% 유의수준에서 결론은 무엇인가? 보스턴 주민 중 평균적으로 여성이 남성보다 오래 사는가?
d. 기각치를 이용한 접근으로 가설검정을 반복하라.

10. 미국 인구조사국과 국립과학재단이 함께한 한 프로젝트에서는 커뮤니티 칼리지(2년제 전문대학)로부터 편입하여 학사학위를 취득한 사람이 4년제 대학에서 바로 시작하여 학사학위를 취득한 사람보다 수입이 적다고 밝혔다(USA투데이지, 2009.3.17). 이전 연구에서는 이러한 것을 "커뮤니티 칼리지 페널티"라고 지칭하였다. 루실(Lucille Barnes)은 이와 유사한 형태가 그녀의 대학에도 적용되는지 결정하기 위하여 다음의 정보를 이용한다. 그녀는 준학사학위를 보유한 졸업생에 대한 모집단의 표준편차는 4,400달러이고, 그렇지 않은 졸업생에 대한 모집단의 표준편차는 1,500달러라고 믿는다.

여성	남성
$\bar{x}_1 = \$52,000$	$\bar{x}_2 = \$54,700$
$n_1 = 100$	$n_2 = 100$

a. 보고서의 결론이 루실의 대학에도 적용되는지를 검정하기 위한 가설을 설정하라.
b. 검정통계량의 값과 p-값을 계산하라.
c. 5% 유의수준에서 우리는 루실의 대학에도 "커뮤니티 칼리지 페널티"가 있다라고 결론내릴 수 있는가?

11. 공인재무분석가(CFA) 자격이 급속도로 투자 전문가에게 필수사항이 되고 있다. 투자분야에서 경력을 쌓고자 하는 학생들에게는 이것이 MBA를 대치할 만큼 매혹적인 대안이 될 수 있다. 재무 전공인 한 학생은 CFA 자격이 MBA보다 더 유리한 옵션인지 알고 싶어한다. 그는 CFA에 대한 38개의 자료를 수집했다(평균 급여는 138,000달러이고 표준편차는 34,000달러이다). MBA에 대한 80개의 자료는 평균 급여가 130,000달러이고 표준편차가 46,000달러임을 보여준다.
a. p-값을 이용한 접근으로 5% 유의수준에서 CFA 자격이 MBA보다 더 수입이 많은지를 검정하라. 모집단의 분산이 동일하다고 가정하지 말라. 가설을 설정하는 것을 잊지 말라.
b. 기각치를 이용한 접근으로 분석을 반복하라.

12. 데이비드 앤더슨(David Anderson)은 지난 3년 동안 미시간 주립대학에서 강사로 일해왔다. 그는 학기마다 회계입문 2개 분반을 가르친다. 그는 두 분반에서 동일한 강의노트를 사용하지만, 첫 번째 분반의 학생들이 두 번째 분반의 학생들보다 성과가 높다. 그는 첫 번째 분반의 학생들이 높은 점수를 받는 경향이 있을 뿐만 아니라, 점수의 변동폭도 작은 경향을 보인다고 믿는다. 데이비드는 평균 점수의 차이에 대한 그의 육감을 확인하기 위하여 정식 검정을 실시하기로 결정하였다. 첫 번째 분반에서 18명의 확률표본으로 그는 평균과 표준편차로 각각 77.4와 10.8을 얻었다. 두 번째 분반에서는 14명의 확률표본으로 평균과 표준편차로 각각 74.1과 12.2를 얻었다.
a. 데이비드의 육감을 검정할 귀무 및 대립가설을 설정하라.
b. 검정통계량의 값을 계산하라. 이 단계를 수행하기 위해 모집단에 대한 어떠한 가정이 필요한가?
c. $\alpha = 0.01$에서 검정을 실시하고, 당신의 결과를 해석하라.

13. 어느 전화 제조업자는 터치폰 시장에서 경쟁하고 싶어한다. 경영층은 선도제품이 기대 이하의 건전지 수명을 갖고 있다는 것을 알고 있다. 그들은 선도제품보다 2시간 더 긴 건전지 수명을 보증하는 새로운 터치폰으로 경쟁할 계획이다. 최근에 120개의 선도제품을 표본조사해본 결과, 평균 건전지 수명이 5시간 40분이고, 표준편차는 30분이었다. 새로운 제품 100개에 대해 유사한 분석 을 해본 결과, 평균 건전지 수명은 8시간 5분이고, 표준편차는 55분

이었다. 두 제품의 모집단 분산이 동일하다고 가정하는 것은 합리적이지 못하다.

a. 새로운 제품이 선도제품보다 2시간 이상 긴 건전지 수명을 가졌는지를 검정할 가설을 설정하라.
b. 기각치를 이용한 접근으로 5% 유의수준에서 검정을 실시하라.

14. 2008년 5월에 CNN은 SUV(스포츠 유틸리티 차)가 "멸종 위기에 처한" 목록에 등록될 것이라고 보도했다. 치솟는 기름값과 환경문제로 인하여 소비자들은 기름을 마구 먹어대는 차량을 연료-효율적인 소형차로 바꾸고 있다. 결과적으로 신형뿐만 아니라 중고 SUV에 대한 수요가 크게 떨어졌다. 중고차 판매대리점의 판매관리자는 소형차와 비교하여 SUV를 판매하는 데 걸리는 기간이 30일 더 길다고 믿는다. 지난 2개월 동안에 그는 18대의 SUV를 팔았는데, 평균이 95일이고 표준편차가 32일이었다. 그는 또한 소형차를 38대 팔았는데, 평균이 48일이고 표준편차가 24일이었다.

a. 판매관리자의 주장을 반박할 귀무 및 대립가설을 설정하라.
b. SUV와 소형차에 대한 판매기간의 변동이 같다는 가정하에 검정통계량의 값을 계산하라.
c. $\alpha = 0.10$에서 검정을 실시하고, 당신의 결과를 해석하라.

15. FILE 한 소비자보호 운동가는 두 상표 A와 B 냉장고의 수명에 대해 연구한다. 그는 상표 A와 B 냉장고 40대에 대한 수명 자료를 수집했다(단위: 년). ***Refrigerator_Longevity***라는 자료를 교과서 웹사이트에서 찾을 수 있다.

a. 두 상표간의 평균 수명이 다른지를 검정하기 위한 가설을 설정하라.
b. 엑셀에 있는 적절한 명령어를 사용하여 검정통계량의 값을 찾아라. $\sigma_A^2 = 4.4$ 와 $\sigma_B^2 = 5.2$ 를 가정하라. *p*-값은 얼마인가?
c. 5% 유의수준에서 결론은 무엇인가?

16. FILE 뉴잉글랜드 의학저널에 게재된 한 연구에 따르면, 저탄수화물과 지중해식 다이어트를 하는 비만인 사람이 전통적인 저지방 다이어트를 하는 사람보다 체중감량과 심장혈관에 큰 혜택을 본다고 한다(보스턴글로브, 2008.7.17). 한 영양사는 이 결과를 확인하고, 저탄수화물과 지중해식 다이어트를 하는 사람 30명과 저지방 다이어트를 하는 사람 30명의 체중감량(단위: 파운드)을 기록하고자 한다. ***Different_Diets***라는 자료를 교과서 웹사이트에서 찾을 수 있다.

a. 저탄수화물과 지중해식 다이어트를 하는 비만인 사람의 평균 체중감량이 전통적인 저지방 다 이어트를 하는 사람의 평균 체중감량보다 많다는 주장을 검정할 가설을 설정하라.
b. 엑셀에 있는 적절한 명령어를 사용하여 검정통계량의 값을 찾아라. 모집단의 분산은 동일하고 검정은 5% 유의수준에서 실시한다고 가정하라. 기각치와 의사결정규칙을 명시하라.
c. 5% 유의수준에서 영양사는 저탄수화물과 지중해식 다이어트를 하는 사람이 전통적인 저지방 다이어트를 하는 사람보다 체중을 더 줄인다고 결론지을 수 있는가?

17. FILE 미국에서 야구는 언제나 인기있는 오락이고, 다양한 통계와 이론으로 충만하다. 최근의 한 논문에서, 애칭이 있는 메이저 리그 선수가 그렇지 않은 선수보다 2.5년 더 오래 산다 고 연구자는 밝혔다(월스트리트저널, 2009.7.16). 당신은 이 결과를 믿지 않는다. 당신은 야구선수의 수명에 대한 자료를 30개 수집하였다. 애칭변수의 값은 선수가 애칭이 있으면 1이고, 그렇지 않으면 0이다. 다음 표는 자료의 일부를 보여주고, ***Nicknaems***라는 전체 자료는 교과서 웹사이트에 서 찾을 수 있다.

연수	애칭
74	1
62	1
⋮	⋮
64	0

a. 애칭이 있는 선수와 그렇지 않은 선수로 구성된 두 표본을 만들어라. 각 표본에 대해 평균수명을 계산하라.
b. 웨인 주립대학에 있는 연구자의 주장을 반박하기 위한 가설을 명시하라.
c. 5% 유의수준을 이용하여 검정의 결론을 기술하라. 모집단의 분산은 미지이나 동일한 것으로 가정하라.

18. FILE 2012년도 졸업생들이 대학 졸업을 축하하지만, 직업을 찾는 데 어려움을 겪으면서 많은 졸업생들에게 학사학위의 희망은 실망으로 변해가고 있다(파이낸셜타임즈, 2012.6.1). 최근의 증거가 불경기 때의 졸업이 개인의 소득에 장기간 영향을 미칠 수 있음을 암시하므로 더욱 불안한 상황이다. 한 유명대학의 부학장은 2008년과 2010년 사이에 그 대학 졸업생의 초봉이 감소했는지를 알아보고자 한다. 그는 두 기간간에 급료의 분산은 다를 것으로 예상한다. 다음 표는 졸업생 40명에 대한 급료 자료의 일부를 보여준다. ***Staring_Salaries***라는 전체 자료는 교과서 웹사이트에서 찾을 수 있다.

2008년 급료 ($)	2010년 급료 ($)
35,000	34,000
56,000	62,000
⋮	⋮
47,000	54,000

p-값을 이용한 접근으로 5% 유의수준에서 평균 초봉이 2008년과 2010년 사이에 감소했는지를 검정하라. 검정절차를 명확하게 기술하라.

19. FILE 와튼 경영대학에 있는 연구자들은 남자와 여자가 다른 이유로 쇼핑을 한다는 것을 발견했다. 여자는 쇼핑 경험을 즐기는 반면, 남자는 일을 완수한다는 의무감으로 쇼핑을 한다. 남자는 자주 쇼핑을 하지 않지만, 그들이 쇼핑을 할 때는 전자제품 같

은 값비싼 품목들을 구매한다. 다음 표는 40명의 남자와 60명의 여자가 지역 쇼핑센터에서 주말에 쓴 금액의 일부를 보여준다. ***Spending_Gender***라는 전체 자료는 교과서 웹사이트에서 찾을 수 있다. 모집단의 분산이 동일하다고 가정한다.

남자에 의한 소비 ($)	여자에 의한 소비 ($)
85	90
102	79
⋮	⋮

1% 유의수준에서 기각치를 이용한 접근으로 남자가 쓴 평균금액이 여자가 쓴 평균금액보다 많은지를 결정하라. 검정절차를 명확하게 기술하라.

10.2 평균 차이에 대한 추론

학습목표 **10.2**

쌍체표본에 근거한 두 모집단 평균의 차이에 대해 추론

두 모집단 평균의 차이에 대해 다루었던 10장 1절에서 중요한 가정들 중 하나는 표본이 독립적으로 추출된다는 것이다. 앞에서 언급하였듯이, 하나의 선택이 다른 것의 선택에 의해 영향을 받지 않으면 두 표본은 독립적이다. 우리가 독립적이지 않은 표본에 근거하여 두 모집단의 평균에 대한 검정을 실시하고 싶을 때는 다른 방법론을 활용해야 한다.

흔히 **쌍체표본**이라고 언급되는 종속적인 표본은 어떤 식으로든지 표본이 쌍으로 짝을 이루고 있 는 경우이다. 이런 표본은 전략들을 평가하는 데 유용하다. 예를 들어, 새로운 치료법의 혜택을 평가하는 효과적인 방법은 치료 전과 후의 같은 환자를 평가하는 것이다. 그러나 만일 한 그룹의 환자들에게는 치료가 제공되고 다른 그룹에는 제공되지 않았다면, 관측된 차이가 치료에 의한 것인지, 아니면 두 그룹간의 다른 중요한 차이에 의한 것인지 확실하지가 않다.

쌍체표본의 경우, 관심있는 모수는 차이의 평균 μ_D이다. 여기서 $D = X_1 - X_2$이고, 확률변수 X_1과 X_2는 쌍으로 짝을 이룬다. μ_D에 대한 통계적 추론은 표본 평균 차이를 나타내는 $\overline{D}$에 근거한다. 이 과정에서는 $X_1 - X_2$가 정규분포를 따르거나 표본크기가 충분히 클 것 $(n \geq 30)$을 요구하고 있다.

쌍체실험의 인식

특정 실험이 독립표본을 사용할 것인지 쌍체표본을 사용할 것인지를 결정하는 것은 아주 중요하다. 일반적으로 쌍체표본에는 두 가지 형태가 발생한다.

1. 쌍체표본의 첫 번째 형태는 측정, 어떠한 형태의 간섭, 그리고 나서 또 다른 측정으로 특징지어진다. 우리는 일반적으로 이러한 실험을 "전과 후" 연구라고 한다. 예를 들어, 어떤 생산공장의 생산관리자가 설비의 새로운 배치가 생산성을 향상시키는지를 확인하고 싶다고 하자. 우선 생산 관리자는 배치가 바뀌기 전에 종업원의 생산량을 측정한다. 그리고 생산관리자는 배치를 바꾸고 나서 동일한 종업원의 생산량을 측정한다. 또 다른 고전적인 "전과 후" 예제는 다이어트 센터에서 고객의 체중감량에 관한 것이다. 이들 예제에서는 동일한 개인이 실험 전과 후에 측정된다.

2. 쌍체표본의 두 번째 형태는 관측의 쌍으로 특징지어진다. 여기서는 동일한 개체가 두 번 측정되지 않는다. 어떤 농경학자가 유기비료로 바꾸고 싶지만 산출량에 대한 효과에 대해 확신이 없는 경우를 생각해보자. 이 농경학자에게는 산출량이 비슷한 것이 아주 중요하다. 그는 소구획의 반에는 유기비료를 사용하고, 나머지 반에는 화학비료를 사용한 20개의 소구획을 비교한다.

쌍체실험을 인식하기 위해서 우리는 첫 번째 표본에 있는 관측치와 두 번째 표본에 있는 관측치 사이에 자연스런 쌍이 성립되는지를 주의깊게 관찰해야 한다. 자연스런 쌍이 존재하면 실험은 쌍체표본을 포함한다.

μ_D에 대한 신뢰구간

평균 차이 μ_D에 대한 신뢰구간을 구성할 때는 점추정치 ± 오차범위의 일반적인 형식을 따른다.

μ_D에 대한 신뢰구간

평균 차이 μ_D의 $100(1 - \alpha)\%$ 신뢰구간은 다음과 같이 주어진다.

$$\bar{d} \pm t_{\alpha/2,df} s_D/\sqrt{n}$$

여기서 $\bar{d}$와 s_D는 n개의 표본 차이에 대한 평균과 표준편차이고, $df = n - 1$이다. 이 공식은 $\bar{D}$가 정규분포를 (근사적으로) 따를 때만 유효하다.

다음 예제에서는 $\bar{d}$와 s_D의 값이 구체적으로 주어진다. 그러나 가설검정을 논의할 때는 계산과정을 기술할 것이다.

예제 10.5

한 관리자는 작업장의 배치를 바꾸어 공장의 생산성을 향상시키는 것에 관심이 있다. 그녀는 변경 전 직원 10명의 생산성과 변경 후 직원들의 생산성을 나타내는 변수를 측정하였다. 그녀는 표본 생산성 차이에 대한 통계량을 다음과 같이 계산하였다. $\bar{d} = 8.5$, $s_D = 11.38$, 그리고 $n = 10$. 변경 전과 변경 후 생산성 변수가 정규분포를 따른다고 가정하고 평균 차이에 대해서 95% 신뢰구간을 작성하라.

풀이: 평균 차이에 대한 95% 신뢰구간을 작성하기 위해서 다음을 활용한다: $\bar{d} \pm t_{\alpha/2,df} s_D/\sqrt{n}$. $df = n - 1 = 10 - 1 = 9$와 $\alpha = 0.05$를 갖고, 우리는 $t_{\alpha/2,df} = t_{0.025,9} = 2.262$라는 결과를 얻는다. 공식에 적절한 값을 입력하여 우리는 $8.5 \pm 2.262(11.38/\sqrt{10}) = 8.5 \pm 8.14$라는 계산값을 얻는다. 즉, 평균 차이에 대한 95% 신뢰구간이 0.36에서 16.64의 범위를 가진다는 것을 의미한다. 이는 표본 차이의 높은 표준편차 s_D에 의해서 발생하며, 꽤 넓은 구간을 나타낸다.

μ_D에 대한 가설검정

이전과 같이, 우리는 일반적으로 평균 차이 μ_D가 주어진 가설된 평균 차이 d_0와 동일하거나, 크거나, 작은지를 검정하고 싶어한다.

양측검정	우측검정	좌측검정
H_0: $\mu_D = d_0$	H_0: $\mu_D \leq d_0$	H_0: $\mu_D \geq d_0$
H_A: $\mu_D \neq d_0$	H_A: $\mu_D > d_0$	H_A: $\mu_D < d_0$

실제로, 경쟁하는 가설들은 $d_0 = 0$에 기반되어 있는 것이 일반적이다.

예제 10.6

예제 10.5의 정보를 활용하여, 관리자가 5% 유의수준에서 새 작업장을 도입한 이후 생산성에 변화가 있었다는 결론을 내릴 수 있는가?

풀이: 평균 차이에 변화가 있었는지 또는 없었는지를 판단하기 위해서, 귀무가설과 대립가설을 다음과 같이 설정한다.

$$H_0: \mu_D = 0$$
$$H_A: \mu_D \neq 0$$

예제 10.5에서 평균 차이에 대한 95% 신뢰구간이 0.36에서 16.64의 범위를 가진다는 것을 알았다. 구간이 매우 넓지만, 전체 범위는 0의 가설된 값 위에 있다. 그러므로 5% 유의수준에서 표본 데이터는 평균 차이가 0과 다르다는 것을 의미한다. 다시 말해, 작업장의 새로운 배치에 의해 생산성에 변화가 일어났다고 할 수 있다.

이제 평균 차이에 대한 좌/우측검정 또는 양측검정을 진행하기 위해 4단계 절차를 살펴본다. 우리는 다시 표본 평균 차이를 상응하는 t_{df} 통계량으로 전환시키는데, 이는 표본 평균 차이와 가설된 평균 차이 간의 차이를 측정치의 표준오차로 나누어 계산한다.

μ_D에 대한 가설검정의 검정통계량

모집단 평균 차이 μ_D에 대한 가설검정을 위한 검정통계량의 값은 $t_{df} = \dfrac{\bar{d} - d_0}{s_D/\sqrt{n}}$로 계산된다. 여기서 $df = n-1$이고, $\bar{d}$와 s_D는 각각 n개의 표본 차이에 대한 평균과 표준편차이다. 그리고 d_0는 가설된 평균 차이이다. 이 공식은 $\bar{D}$가 정규분포를 (근사적으로) 따르는 경우에만 유효하다.

FILE **예제 10.7**

이 장의 도입사례를 다시 보자. 지역 조례가 체인 레스토랑들로 하여금 그들의 메뉴에 열량정보를 표시하도록 한다는 것을 기억하라. 한 영양학자는 조례 통과 이후 스타벅스의 음료의 평균 열량이 줄었는지를 조사하고 싶어한다. 영양학자는 40명의 스타벅스 카드 소지자들의 거래 데이터와 조례 통과 전 음료 평균 열량과 조례 통과 이후 열량정보를 수집했다. 데이터의 일부분이 표 10.4에 있다. 전체 데이터는 교과서 웹사이트의 ***Drink_Calories***라는 파일에서 찾을 수 있다. 기각치를 이용한 접근방법을 활용하여 그녀는 5% 유의수준에서 조례가 음료의 평균 열량을 낮추었다고 결론내릴 수 있는가?

풀이: 우리는 먼저 이것이 쌍체실험이라는 것에 주목한다. 구체적으로, 이것은 연구의 "전과 후" 형태를 따른다. 그리고 우리는 조례 이전에 소비된 음료의 평균 열량이 조례 통과 이후 소비된 평균 열량보다 상당히 큰지를 알고 싶다. 따라서 우리는 평균 차이 μ_D가 0보다 큰지를 검정하고 싶다. 여기서 $D = X_1 - X_2$, X_1은 무작위로 선택된 스타벅스 고객들에 대한 조례 전 음료 열량을 의미하고, X_2는 조례 이후 음료 열량을 의미한다. 우리는 다음과 같이 경쟁하는 가설을 설정한다.

$$H_0: \mu_D \leq 0$$
$$H_A: \mu_D > 0$$

표본의 크기가 $n \geq 30$이므로 검정을 위한 정규성 조건은 만족된다. 검정통계량의 값은 $t_{df} = \frac{\bar{d} - d_0}{s_D/\sqrt{n}}$로 계산된다. 여기서 d_0은 0이다. $\bar{d}$와 s_D를 결정하기 위해 우리는 각 I번째 소비자들마다 차이 d_i를 먼저 계산한다. 예를 들어, 소비자 1은 조례 전 141칼로리를 섭취하고 조례 후 142칼로리를 섭취하여, 차이는 $d_1 = 141 - 142 = -1$이다. 다른 소비자들의 차이는 표 10.4의 네 번째 열에 나와 있다.

표 10.4 $n=40$ 일 경우 예제 10.7에 대한 데이터와 계산

소비자	음료 열량		d_i	$(d_i - \bar{d})^2$
	이전	이후		
1	141	142	−1	$(-1 - 2.1)^2 = 9.61$
2	137	140	−3	$(-3 - 2.1)^2 = 26.01$
⋮	⋮	⋮	⋮	⋮
40	147	141	6	$(6 - 2.1)^2 = 15.21$
			$\Sigma d_i = 84$	$\Sigma(d_i - \bar{d})^2 = 2,593.60$

표본 평균은 다음과 같이 계산한다.

$$\bar{d} = \frac{\Sigma d_i}{n} = \frac{84}{40} = 2.10$$

비슷한 방법으로, 표 10.4의 다섯 번째 열에서, 우리는 d_i와 $\bar{d}$ 차이를 제곱한다. 제곱된 차이의 합은 표본분산 s_D^2의 공식에서 분자를 생성한다. 분모는 단순히 $n - 1$이고,

따라서

$$s_D^2 = \frac{\Sigma(d_i - \bar{d})^2}{n-1} = \frac{2,593.60}{40-1} = 66.50$$

표준편차는 표본분산의 제곱근이다. 다시 말해, $s_D = \sqrt{66.50} = 8.15$이다. 우리는 $df = n - 1 = 40 - 1 = 39$를 갖고, 검정통계량 t_{df}의 값을 다음과 같이 계산한다.

$$t_{39} = \frac{\bar{d} - d_0}{s_D/\sqrt{n}} = \frac{2.10 - 0}{8.15/\sqrt{40}} = 1.63$$

자유도 $df = 39$인 우측가설검정에 대해, 유의수준 $\alpha = 0.05$인 기각치는 $t_{\alpha df} = t_{0.05,39} = 1.685$로 구해진다. 따라서, 의사결정은 만약 $t_{39} > 1.685$라면 가설 H_0을 기각하는 것이 된다. $t_{39} = 1.63$이기 때문에 우리는 H_0를 기각하지 않는다. 5% 유의수준에서 우리는 열량정보의 표시가 음료의 평균 열량을 감소시킨다고 결론내릴 수 없다.

우리가 평균 차이와 평균 차이의 표준편차를 계산한 후에는 가설검정이 근원적으로 모집단 평균에 대한 단일표본 t 검정으로 축소된다는 것을 우리는 인식하여야 한다.

μ_D에 대한 가설을 검정하기 위한 엑셀의 사용

엑셀은 μ_D와 관련된 가설검정의 계산을 쉽게 하는 옵션을 제공한다. 예제 10.8은 이 절차를 설명한다.

FILE

예제 10.8

예제 10.7에서 영양학자는 열량정보 표시가 음식의 평균 열량 섭취를 감소시켰는지를 판단하기 위해 40명의 스타벅스 카드 소지자로부터 데이터를 활용하고 싶어한다. 이 검정 또한 5% 유의수준에서 진행된다.

풀이: 우리는 조례 이전의 음식 열량 섭취가 조례 이후의 섭취와 비교해 더 많아졌는지를 알고 싶기 때문에, 예제 10.7에서처럼 같은 가설을 설정한다.

$$H_0: \mu_D \leq 0$$
$$H_A: \mu_D > 0$$

다음 단계들을 따라가면 엑셀은 검정통계량의 값, p-값 그리고 기각치를 제공한다.

a. 교과서 웹사이트에서 ***Food_Calories*** 파일을 연다.

b. 차례대로 다음을 선택한다. **데이터** > **데이터 분석** > **t-검정: 쌍체비교** > **확인**.

c. 그림 10.2 를 보라. *t-검정: 쌍체비교* 대화상자에서 *변수 1 입력 범위*를 선택하여 조례 이전 음식 열량 섭취를 선택한다. *변수 2 입력 범위*를 선택하여 조례 이후 음

식 열량 섭취를 선택한다. $d_0 = 0$ 이기 때문에 0의 *가설된 평균 차이*를 입력하고, 이전과 이후를 제목으로 포함하려면 *이름표* 상자를 체크하고, 검정이 5% 유의수준에서 진행되기 때문에 α값에 0.05를 입력한다. 출력 옵션을 선택하고 **확인**을 클릭한다.

그림 10.2 쌍체표본 t 검정을 위한 엑셀의 대화상자

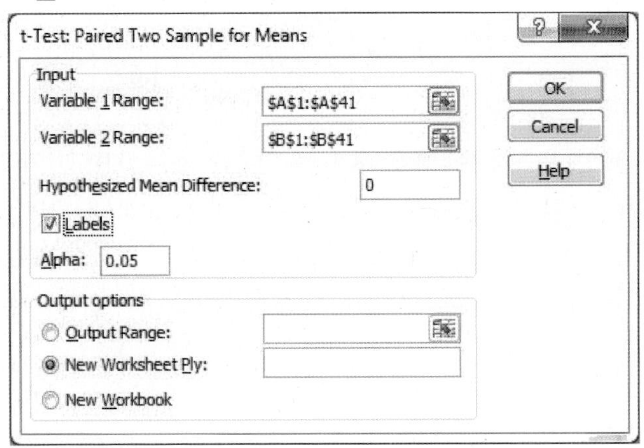

표 10.5는 적절한 결과를 보여준다.

표 10.5 쌍체표본 t 검정에 대한 엑셀의 출력

	이전	이후
평균	400.275	391.475
분산	49.94808	42.3583
관측수	40	40
피어슨 상관계수	0.27080	
가설 평균차	0	
자유도	39	
t 통계량	**6.7795**	
P(T≤t) 단측검정	**2.15E-08**	
t 기각치 단측검정	**1.6849**	
P(T≤t) 양측검정	4.31E-08	
t 기각치 양측검정	2.0227	

엑셀의 결과는 p-값이나 기각치를 활용하여 우리가 가설검정을 진행할 수 있게끔 해준다. 우리가 단측검정을 실시한다면, 적절한 p-값은 2.15E-08이므로, 실질적으로 0이다. 5% 유의수준에서 우리는 p-값이 0.05보다 작기 때문에 H_0를 기각할 수 있다. 자유도가 39이고 $\alpha = 0.05$가 주어지면, 단측검정에 대한 적절한 기각치는 $t_{\alpha,df} = t_{0.05,39} = 1.6849$이다(표 10.5에서 t 기각치 단측검정을 보라). 검정통계량의 값이 기각치보다 크기 때문에, 즉 $6.7795 > 1.6849$, 우리는 귀무가설을 기각한다. 따라서 5% 유의수준에서 우리는 음식의 평균 열량 섭취가 조례 후에 감소했다고 결론내릴 수 있다.

사례요약

미국 정부는 소비자가 건강한 메뉴 선택을 쉽게 할 수 있도록 하기 위해서 체인 레스토랑들이 메뉴에 열량정보를 표시하기를 원한다. 한 영양학자의 연구는 캘리포니아 산마테오의 한 스타벅스 매장에서 열량 표시를 요구하는 지역 메뉴 조례의 영향을 연구하고 있다. 그녀는 조례 이전과 조례 이후 음료와 음식의 평균 열량을 기록한 40 명의 스타벅스 카드 소지자들의 거래 데이터를 확보했다. 두 가지 가설검정이 진행되었다. 첫 검정은 조례 통과 이후 음료 열량 섭취가 줄어들었는지를 연구한다. 5% 유의수준에서 평균 차이에 대한 검정을 진행한 후, 영양학자는 조례가 소비자들로 하여금 이들의 음료 열량 섭취가 감소하지 않았다는 것을 추론한다. 두 번째 검정은 조례 통과 이후 음식 열량 섭취가 줄어들었는지를 조사한다. 5% 유의수준에서 표본 데이터는 조례 통과 이후 소비자들이 음식 열량 섭취를 줄였다는 것을 암시한다. 요약하자면, 미국 정부는 소비자들이 주문을 하면서 열량정보를 인식하도록 만들려고 하지만, 강제적 열량 표시가 소비자들로 하여금 건강한 선택을 하도록 유도하는지에 대한 효과는 다른 연구에서 밝혔듯이 엇갈린 결과를 보였다.

연습문제 10.2

기본문제

20. 쌍으로 관찰된 20개의 표본은 다음의 데이터를 생성한다: $\bar{d} = 1.3$과 $s_D^2 = 2.6$. 정규분포를 가정하라.
    a. 평균 차이 μ_D에 대한 90% 신뢰구간을 작성하라.
    b. 신뢰구간을 활용하여, 평균 차이가 0과 다른지를 검정하라. 그리고 설명하라.

21. 다음 표는 차이가 정규분포를 따르는 쌍체표본 값에 대한 정보를 포함하고 있다.

수	표본 1	표본 2
1	18	21
2	12	11
3	21	23
4	22	20
5	16	20
6	14	17
7	17	17
8	18	22

    a. 평균 차이 μ_D에 대한 95% 신뢰구간을 작성하라.
    b. 평균 차이가 0과 다른지를 검정하기 위한 가설을 설정하라.
    c. a에서 구한 신뢰구간을 활용하여, 가설 H_0를 기각할 수 있는가? 설명하라.

22. 다음 가설과 쌍체표본의 결과를 고려하라.

$$H_0: \mu_D \geq 0;\ H_A: \mu_D < 0$$
$$\bar{d} = -2.8,\ s_D = 5.7,\ n = 12$$

    a. 5% 유의수준에서 기각치를 찾아라.
    b. 표본 차이가 정규분포를 따른다는 가정하에 검정통계량의 값을 계산하라.
    c. 가설검정의 결론은 무엇인가?

23. 다음의 가설과 쌍체표본의 결과를 고려하라.

$$H_0: \mu_D \leq 2;\ H_A: \mu_D > 2$$
$$\bar{d} = 5.6,\ s_D = 6.2,\ n = 10$$

    a. 표본 차이가 정규분포를 따른다는 가정 하에 검정통계량의 값을 계산하고, p-값의 근사치를 구하라.
    b. 1% 유의수준을 활용하여 결론을 내려라.

24. 쌍으로 관찰된 35개의 표본은 다음의 데이터를 생성한다: $\bar{d}$ = 1.2와 s_D = 3.8.

a. 평균 차이가 0보다 큰지를 검정하기 위한 적절한 가설을 설정하라.

b. 검정통계량의 값과 p-값의 근사치를 계산하라.

c. 5% 유의수준에서, 당신은 평균 차이가 0보다 크다고 결론내릴 수 있는가? 설명하라.

d. 기각치를 이용한 접근으로 가설검정을 반복하라.

25. 실험 이전과 이후의 결과를 나타내는 다음의 쌍체표본을 고려하라. 표본 차이가 정규분포를 따른다고 가정하라.

이전	2.5	1.8	1.4	−2.9	1.2	−1.9	−3.1	2.5
이후	2.9	3.1	3.9	−1.8	0.2	0.6	−2.5	2.9

a. 실험이 결과치를 증가시키는지를 판단하기 위한 가설을 설정하라.

b. 5% 유의수준에서 검정을 실시하라.

c. 우리가 1% 유의수준에서 검정을 실시하면 결과가 변하는가?

응용문제

26. 산업공장의 한 관리자는 평균적으로 직원들이 방법 A를 이용하면 방법 B를 이용했을 때와 비교해 같은 시간내에 작업을 끝내지 못한다고 주장한다. 일곱명의 직원이 무작위로 선택되었다. 방법 A와 방법 B를 이용한 각 직원의 완료시간(단위: 분)이 기록되었다.

직원	방법 A	방법 B
1	15	16
2	21	25
3	16	18
4	18	22
5	19	23
6	22	20
7	20	20

a. 관리자의 주장을 검정하기 위한 귀무가설과 대립가설을 설정하라.

b. 완료시간 차이가 정규분포를 따른다고 가정하고, 검정통계량의 값을 계산하라.

c. 10% 유의수준에서, 기각치를 설정하고 의사결정 규칙을 설정하라.

d. 관리자의 주장이 데이터로 지지되는가?

27. 한 다이어트 센터는 자신들이 그 지역에서 가장 효과적인 체중감량 프로그램을 가지고 있다고 주장한다. 이들은 "우리 프로그램 참가자들은 한달 이내에 5 파운드 이상을 감량합니다"라고 광고한다. 이 프로그램에 참여한 6명의 참가자에 대해서 다이어트의 첫날과 한달 후에 체중을 재어보았다.

참여자	다이어트 첫날 체중	다이어트 한달 후 체중
1	158	151
2	205	200
3	170	169
4	189	179
5	149	144
6	135	129

a. 다이어트 센터의 주장을 검정하기 위한 귀무가설과 대립가설을 설정하라.

b. 체중감량이 정규분포를 따른다고 가정하고 검정통계량의 값을 계산하라.

c. p-값의 근사치를 구하라.

d. 5% 유의수준에서, 데이터가 다이어트 센터의 주장을 지지하는가?

28. 한 은행은 두 명의 감정인을 고용하고 있다. 대출자에게 융자를 승인할 때, 감정인들이 같은 종류의 자산을 일관성있게 평가하는 것이 중요하다. 이것을 확인하기 위해서 이 은행은 감정인들이 최근에 감정한 6개의 자산을 평가했다.

자산	감정인 1의 감정 가격	감정인 2의 감정 가격
1	$235,000	$239,000
2	195,000	190,000
3	264,000	271,000
4	315,000	310,000
5	435,000	437,000
6	515,000	525,000

a. 감정인 1과 감정인 2가 추정한 값 사이에 차이가 있는지를 판단하기 위한 가설을 설정하라.

b. 5% 유의수준에서 기각치를 찾아라.

c. 감정가 차이가 정규분포를 따른다고 가정하고, 검정통계량의 값을 계산하라.

d. 감정인들의 추정에 일관성이 부족하다는 결론을 내릴 만한 충분한 증거가 있는가? 설명하라.

29. FILE 최근에 SAT 시험 대비 학원들이 분명한 데이터 없이 높은 점수 취득을 약속한다는 주장을 비판하는 보고가 있다(월스트리트저널, 2009.5.20). 8명의 대학입시 학생들이 모의 SAT 시험을 치고, 3개월의 시험준비 코스를 마친 다음, 실제 SAT 시험을 친다고 가정하자. ***Mock_SAT***라는 데이터를 교과서 웹사이트에서 찾을 수 있다.

학생	모의 SAT 점수	실제 SAT 점수
1	1830	1840
2	1760	1800
3	2000	2010
4	2150	2190
5	1630	1620
6	1840	1960
7	1930	1890
8	1710	1780

a. 시험준비 코스 수강이 실제 SAT 시험에서 학생들의 점수를 향상시키는지를 판단하는 가설을 설정하라.

b. SAT 점수 차이가 정규분포를 따른다고 가정하고, 검정통계량의 값과 상응하는 *p*-값을 계산하라.

c. 5% 유의수준에서, 표본 데이터가 시험 준비 학원들의 주장을 지지하는가?

30. FILE 다음 표는 피델리티의 선별된 전자산업과 공익사업 뮤추얼펀드의 연간 수익률(단위: %)을 보여준다. 데이터는 교과서 웹사이트에서 ***Electronic_Utilities*** 파일로 찾을 수 있다.

연도	전자산업	공익사업
2001	−14.23	−21.89
2002	−50.54	−30.40
2003	71.89	26.42
2004	−9.81	24.22
2005	15.75	9.36
2006	0.30	30.08
2007	4.67	18.13
2008	−49.87	−36.00
2009	84.99	14.39

출처: http://www.finance.yahoo.com

a. 전자산업 뮤추얼펀드의 평균 수익률이 공익사업 뮤추얼펀드의 평균 수익률과 다르다는 주장을 검정하기 위한 가설을 설정하라.

b. 엑셀에서 적절한 명령을 활용하여 검정통계량의 값을 찾아라. *p*-값은 무엇인가?

c. 5% 유의수준에서 평균 수익률이 다른가?

31. FILE 사람들이 금연할 때 체중이 느는 것은 흔한 일이다. 적은 양의 체중증가는 정상적이지만, 지나친 체중증가는 금연의 이점을 감소시키는 새로운 건강문제를 발생시킬 수 있다. 다음 표는 여성 50명의 금연 이전과 금연 6개월 후의 체중 데이터 일부를 보여준다. 전체 데이터는 교과서 웹사이트에 있는 ***Smoking_Weight*** 파일에서 찾을 수 있다.

금연 이후 체중	금연 이전 체중
155	140
142	144
⋮	⋮
147	135

a. 평균 체중 증가에 대한 95% 신뢰구간을 작성하고 해석하라.

b. 위의 신뢰구간을 활용하여, 평균 체중 증가가 5파운드인지 아닌지를 판단하라.

32. FILE 강타자와 마주치면, 많은 야구팀들은 변화된 방어전략을 취한다. 이 변화된 전략은 강타자에 대항하여 일반적으로 2루의 한쪽 면에 내야수 3명을 배치하는 것이다. 많은 사람들은 강타자의 타율이 표준 방어전략 때보다 변화된 방어전략 때 낮아진다고 믿는다. 2010년과 2011년 시즌에 걸쳐 표준 방어전략과 변화된 방어전략 때의 강타자 10명의 타율 평균을 고려하라. 데이터는 교과서 웹사이트에 있는 ***Shift*** 파일에서 찾을 수 있다.

선수	표준 방어전략	변화된 방어전략
Jack Cust	0.239	0.270
Adam Dunn	0.189	0.230
Prince Fielder	0.150	0.263
Adrian Gonzalez	0.186	0.251
Ryan Howard	0.177	0.317
Brian McCann	0.321	0.250
David Ortiz	0.245	0.232
Carlos Pena	0.243	0.191
Mark Teixeira	0.168	0.182
Jim Thome	0.211	0.205

출처: The Fielding Bible-Volume III, 2012.3

a. 변화된 방어전략이 강타자의 타율을 낮추는지를 판단하기 위한 가설을 설정하라.

b. 검정통계량의 값과 *p*-값은 무엇인가?

c. 5% 유의수준에서, 변화된 방어전략이 강타자의 타율을 감소시키는 데 효과적인가?

10.3 다수의 평균 차이에 대한 추론

독립표본에서 셋 또는 그 이상의 모집단 평균간에 차이가 존재하는지를 검정하기 위해서 우리는 분산분석(analysis of variance)(ANOVA) 검정을 이용한다. 이 검정은 10장 1절에서 논의된 동일하지만 미지의 분산을 갖는 두 표본 t 검정의 일반화된 형태이다. ANOVA 검정은 ***F* 분포**라 불리는 새로운 분포에 기반하고 있다.[1] ANOVA 검정에 대한 구체적인 내용에 들어가기 전에 먼저 이 중요한 분포의 특징에 대해서 알아보기로 하자.

학습목표 10.3

F 분포의 특성에 대해 토론

F 분포

t_{df} 분포와 유사하게 F 분포도 분포의 가족에 의해 특징지어진다. 각 분포는 두 개의 자유도에 의존한다. 즉, 분자 자유도 df_1 과 분모 자유도 df_2. 이를 흔히 $F_{(df_1, df_2)}$ 분포라 한다. $F_{(df_1, df_2)}$ 분포는 0부터 무한대까지의 범위에서 양으로 왜곡되었으나, df_1과 df_2가 증가할수록 점차 대칭적인 모양을 갖게 된다.

그림 10.3 다양한 자유도를 가진 $F_{(df_1,df_2)}$ 분포

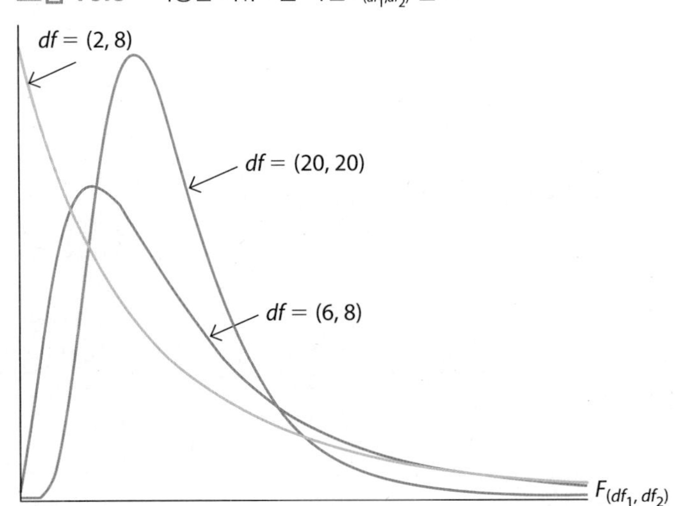

그림 10.3으로부터 우리는 모든 $F_{(df_1, df_2)}$ 분포가 양으로 왜곡되어 있고, 이 왜곡성은 자유도 df_1과 df_2에 의존한다는 것을 알 수 있다. df_1과 df_2가 증가함에 따라, $F_{(df_1, df_2)}$ 분포는 덜 왜곡되고, 정규분포에 근접하게 된다. 예를 들어, $F_{(20,20)}$는 비교적 덜 왜곡되어 있고, $F_{(2,8)}$ 또는 $F_{(6,8)}$와 비교해 더 종모양에가깝다.

t_{df} 분포와 유사하게 우리는 분포의 우측꼬리에 해당하는 영역이 α가 되도록 하는 값을 나타내기 위하여 기호 $F_{\alpha,(df_1, df_2)}$를 사용한다. 다시 말해서, $P(F_{(df_1, df_2)} \geq F_{\alpha,(df_1, df_2)}) = \alpha$. 그림 10.4 는 F 표에서 사용되는 기호 $F_{\alpha,(df_1, df_2)}$을 보여준다.

우측꼬리확률 α와 상응하는 $F_{(df_1, df_2)}$값의 일부가 표 10.6에 나와있다. 부록 A의 표4에 더 완전한 표가 제공되어 있다.

[1] F 분포는 1922년에 이 분포를 발견한 로널드 피셔(Sir Ronald Fisher)를 기념하여 이름 붙여졌다.

그림 10.4 $P(F_{(df_1,df_2)} \geq F_{\alpha,(df_1,df_2)}) = \alpha$의 그래프 설명

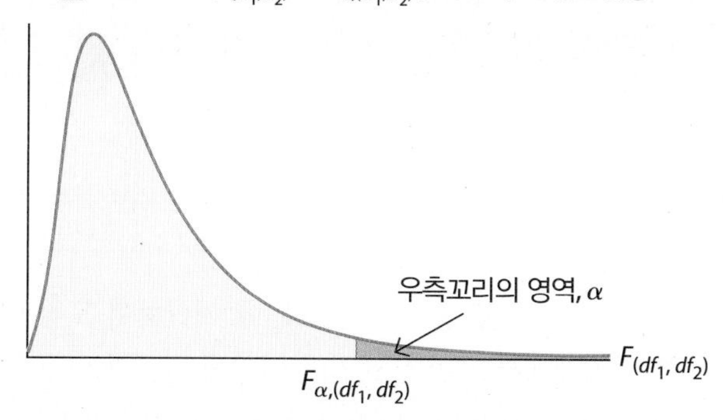

표 10.6 *F* 표의 일부

분모 자유도 df_2	우측꼬리의 영역 α	분자 자유도 df_1		
		6	7	8
6	0.10	3.05	3.01	2.98
	0.05	4.28	4.21	4.15
	0.025	5.82	5.70	5.60
	0.01	8.47	8.26	8.10
7	0.10	2.83	2.78	2.75
	0.05	3.87	3.79	3.73
	0.025	5.12	4.99	4.90
	0.01	7.19	6.99	6.84
8	0.10	2.67	2.62	2.59
	0.05	**3.58**	3.50	3.44
	0.025	4.65	4.53	4.43
	0.01	**6.37**	6.18	6.03

자유도가 $df_1 = 6$과 $df_2 = 8$로 주어진 경우를 고려해보자. $df_1 = 6$(윗 행에서 읽는다)과 $df_2 = 8$(첫 열에서부터 읽는다)로, 우리는 $P(F_{(6,8)} \geq 3.58) = 0.05$와 $P(F_{(6,8)} \geq 6.37) = 0.01$과 같이 우측꼬리의 영역을 쉽게 결정할 수 있다. *F* 표는 그다지 포괄적이지 않고, 분포의 우측꼬리에서 한정된 수에 상응하는 확률만을 나열하고 있다. 예를 들어, $P(F_{(6,8)} \geq 3.92)$의 정확한 확률값은 표로부터 결정될 수 없고, 우리는 근사값에 의존해야 한다. 우리가 알 수 있는 것은 3.92의 우측꼬리 영역이 0.025와 0.05 사이라는 것이다. 곧, 우리는 정확한 확률을 찾기 위해서 엑셀을 이용할것이다.

ANOVA

학습목표 **10.4**

분산분석 검정을 이용하여 셋 이상의 모집단 평균간의 차이에 대해 추론

우리는 예제를 통해 일원 ANOVA 검정에 대해 논의할 것이다. 환경단체에서 연구분석가로 있는 숀(Sean Cox)은 환경에 대한 우려, 휘발유 가격의 변동성, 그리고 일반 경제적 환경으로 인해 대중교통 이용 급증현상이 발생하였다고 믿고 있다. 그는 통근자들이 대중교통을 이용할 때의 평균 연간 비용 절감을 강조하는 최근의 연구에 대해 만족하고 있다(보스턴글로브, 2009.5.8). 숀은 여러 도시들 중에서 평균 연간 비용 절감에 차이가 있는지를 알고 싶어한다. 그는 보스턴, 뉴욕, 샌프란시스코, 시카고에서의 평균 연간 비용 절감에 초점을 두고 있다. 표 10.7에 각 도시에 대한 통계요약이 나와있다. 이 통계요약에 활용된 원데이터는 ***Public_Transportation*** 파일로 교과서 웹사이트에 있다.

표 10.7 네 도시에서 대중교통 이용에 대한 통계요약

FILE

보스턴	뉴욕	샌프란시스코	시카고
$\bar{x}_1 = \$12,622$	$\bar{x}_2 = \$12,585$	$\bar{x}_3 = \$11,720$	$\bar{x}_4 = \$10,730$
$s_1 = \$87.79$	$s_2 = \$80.40$	$s_3 = \$83.96$	$s_4 = \$90.62$
$n_1 = 5$	$n_2 = 8$	$n_3 = 6$	$n_4 = 5$

일원 ANOVA 검정은 하나의 범주형 변수 또는 요인에 기반하여 모집단의 평균들을 비교한다. 예를 들어 대중교통 예제에서 우리는 개인이 어디에 거주하는지에 따른 대중교통 이용을 통한 비용절감을 비교하고 싶어한다. 따라서 우리는 도시(범주형 변수)에 따라 대중교통의 이용에서 나오는 비용절감을 기술한다. 일반적으로 일원 ANOVA 검정은 다음의 가정들 아래 c개의 모집단 평균을 검정하는 데 활용된다.

1. 모집단은 정규분포를 따른다.
2. 모집단 분산은 미지이나 동일하다고 가정한다.
3. 표본은 독립적으로 선택된다.

간략히 말해서, 각 모집단 i는 평균 μ_i와 표준편차 α를 갖는다. 여기서 $i = 1, 2, ..., c$이고, 모수들의 값은 미지이다. 이 모집단들로부터 우리는 독립적인 무작위 표본을 뽑는다. 여기서 한 표본의 선택이 다른 표본의 선택에 영향을 미치지 않는다. 각 표본으로부터 우리는 검정을 실시하기 위하여 표본 평균 $\bar{x}_i$와 표본 표준편차 s_i를 계산한다.

우리는 보스턴, 뉴욕, 샌프란시스코, 시카고에서 대중교통을 이용한 평균 연간 비용절감이 같은지를 검정하고 싶어하므로, 다음과 같은 가설을 설정한다.

H_0: $\mu_1 = \mu_2 = \mu_3 = \mu_4$
H_A: 모든 모집단의 평균이 동일하지는 않다.

가설 H_A가 모든 평균들이 서로 달라야 한다는 것을 요구하지 않는다는 것을 주목하라. 원칙적으로 표본자료는 오직 두 평균값만 달라도 가설 H_0를 기각하고 H_A를 지지할 것이다.

평균의 동일성을 검정할 때 우리는 μ_1과 μ_2를 비교하고, 그리고 μ_1과 μ_3을 비교하는 것과 같이 연속적인 가설을 세우고, 10장 1절에서 논의한 동일한 분산을 갖는 두 표본 t 검정을 사용하고 싶은 유혹을 받을 수 있다. 그러나 이러한 방법은 번거로울 뿐만 아니라 결함이 있다. 네 개의 평균에 대한 동일성을 평가하는 이 예제에서 우리는 한 번에 두 개의 평균으로 구성된 여섯 가지 조합을 비교해야 한다. 또한, 많은 쌍별 비교를 실시함으로써 우리는 I종 오류 α의 위험을 증가시킨다. 즉, 우리는 귀무가설을 잘못 기각할 위험을 증가시킨다. 다시 말해, 만약 우리가 5% 유의수준에서 6개의 모든 쌍별 검정을 실시하면, 검정 전체에 대한 유의수준은 5%보다 커질 것이다.

다행히도 ANOVA 검정은 여러 개의 평균에 대한 동일성을 동시에 평가하는 하나의 검정방법을 제공함으로써 이 문제를 피한다. 대중교통 예제에서 네 개의 모집단의 평균이 동일하면, 우리는 표본 평균 $\bar{x}_1$, $\bar{x}_2$, $\bar{x}_3$, 그리고 $\bar{x}_4$가 비교적 서로 근접할 것을 기대할 것이다. 그림 10.5a는 가설 H_0가 참일 때 표본 평균의 분포를 보여준다. 여기서 표본 평균간의 비교적 작은 변동은 우연에 의한 것으로 설명될 수 있다. 만약 모집단의 평균들이 다르다면 어떻게 되는가? 그림 10.5b는 표본자료가 H_A를 지지할 경우 표본 평균의 분포를 보여준다.

이 경우에는 각 표본 평균이 서로 다른 평균을 갖는 모집단으로부터 뽑은 표본으로부터 계산되기 때문에 표본 평균들이 비교적 서로 멀리 떨어져 있다. 이 표본 평균에서의 변동은 우연 요인만으로는 설명될 수 없다.

그림 10.5 ANOVA의 논리

a. H_0가 참일 때 표본 평균의 분포　　b. H_0가 거짓일 때 표본 평균의 분포

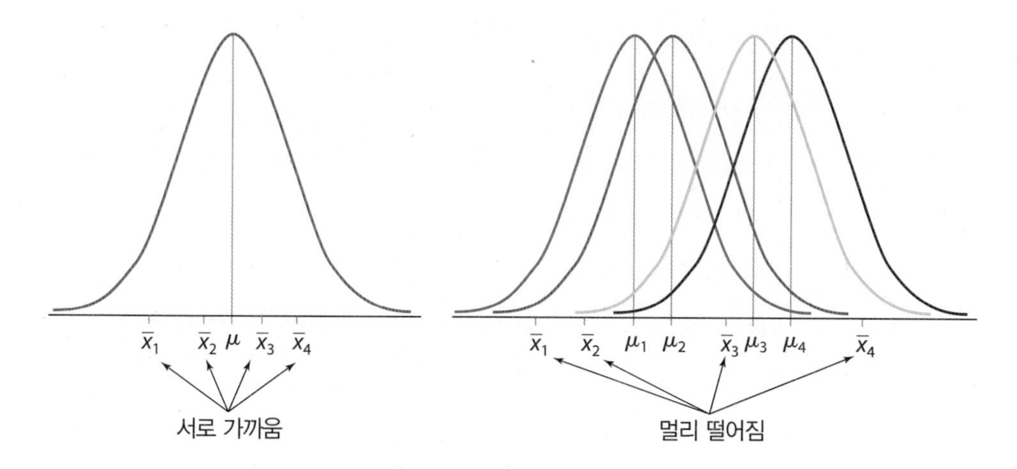

'처리'라는 용어는 검정되는 c개의 모집단을 식별하는 데 종종 이용된다. 다른 모집단을 다른 처리로 언급하는 관례는 많은 ANOVA 응용법들이 서로 다른 여러 비료들을 토양에 적용되는 다른 처리로 간주되는 농업 실험과 연관되어 개발되었다는 사실 때문이다. 모집단 평균들 사이에 유의한 차이가 존재하는지를 판단하기 위해서 우리는 공통의 모집단 분산인 σ^2에 대한 두 개의 독립적인 추정치를 개발한다.

한 추정치는 c개의 모집단 사이에 존재하는 고유의 차이에 의한 결과로 볼 수 있는 반면에, 다른 추정치는 우연의 결과로 볼 수 있다.

1. **σ^2의 처리간 추정치**. σ^2의 한 추정치는 표본 평균들 사이의 변동에 근거하고 있다. 이는 **처리간 분산**이라고 불리고, *MSTR*로 표기된다.
2. **σ^2의 처리내 추정치**. σ^2의 다른 추정치는 각 표본 내에서 데이터의 변동, 즉 우연에 의한 변동에 근거하고 있다. 이 추정치는 일반적으로 **처리내 분산**이라고 불리고, *MSE*로 표기된다.

처리간 분산이 처리내 분산보다 상당히 크면, 우리는 평균이 동일하다는 귀무가설을 기각할 수 있다. 이는 처리간 분산과 처리내 분산의 비율이 1보다 상당히 크다는 결론을 내리는 것과 같다.

σ^2의 처리간 추정치

처리간 분산은 표본 평균과 데이터 세트의 전체평균 사이의 차이를 제곱하여 가중한 합에 근거하고 있으며, 이를 전체평균이라고 하고 $\bar{\bar{x}}$라 표기한다. 우리는 데이터 세트에 있는 모든 관측치를 합하여 전체 관측수로 나누어서 이 **전체평균**을 계산한다.

전체평균 $(\bar{x}_i - \bar{\bar{x}})^2$으로부터 표본 평균의 차이를 제곱한 각각의 값을 처리의 표본크기 n_i로 곱한다. 가중된 제곱 차이들을 합하면, 우리는 **처리에 의한 제곱합** *SSTR*을 얻게 된다. 제곱합을 해당되는 자유도로 평균을 내면, 우리는 평균 제곱합을 얻는다. *SSTR*을 $c-1$로

나누면, 우리는 **처리에 대한 평균 제곱** *MSTR*을 얻는다.

σ^2의 처리간 추정치에 대한 계산

전체평균 $\bar{\bar{x}}$는 $\bar{\bar{x}} = \frac{\sum_{i=1}^{c}\sum_{j=1}^{n_i} x_{ij}}{n_T}$와 같이 계산된다. 여기서 $n_T = \sum_{i=1}^{c} n_i$는 전체 표본크기이다.

처리에 의한 제곱합 *SSTR*은 $SSTR = \sum_{i=1}^{c} n_i(\bar{x}_i - \bar{\bar{x}})^2$과 같이 계산된다.

처리에 대한 평균 제곱 *MSTR*은 $MSTR = \frac{SSTR}{c-1}$과 같이 계산된다.

대중교통 예제에 대한 x, *SSTR*, 그리고 *MSTR*의 계산은 다음과 같다.

$$\bar{\bar{x}} = \frac{\sum_{j=1}^{c}\sum_{i=1}^{n_j} x_{ij}}{n_T} = \frac{12{,}500 + 12{,}640 + \cdots + 10{,}740}{24} = \$11{,}990.$$

$$\begin{aligned} SSTR &= \sum_{i=1}^{c} n_i(\bar{x}_i - \bar{\bar{x}})^2 = 5(12{,}622 - 11{,}990)^2 + 8(12{,}585 - 11{,}990)^2 \\ &\qquad + 6(11{,}720 - 11{,}990)^2 + 5(10{,}730 - 11{,}990)^2 \\ &= 13{,}204{,}720. \end{aligned}$$

$$MSTR = \frac{SSTR}{c-1} = \frac{13{,}204{,}720}{4-1} = 4{,}401{,}573.$$

σ^2의 처리내 추정치

우리는 방금 *MSTR* 값이 4,401,573이라고 계산하였다. *MSTR*의 이 값이 모집단 평균들이 다르다고 지적할 수 있을 정도로 큰 값인가? 이 질문에 답하기 위해서 우리는 *MSTR*을 우연에 의해 기대되는 변동과 비교한다. 우리는 먼저 *SSE*로 표기되는 **오차에 의한 제곱합**을 계산한다. *SSE*는 모든 모집단의 평균이 같을 경우에서도 존재하는 변동의 정도를 측정할 척도를 제공한다. 우리는 *SSE*를 각 처리의 표본분산의 가중된 합으로 계산하고, **평균 제곱오차** *MSE*는 *SSE*를 해당되는 자유도 $df = n_T - c$로 나누어 계산한다.

σ^2의 처리내 추정치에 대한 계산

오차 제곱합 *SSE*는 $SSE = \sum_{i=1}^{c}(n_i - 1)s_i^2$과 같이 계산된다.

평균 제곱오차 *MSE*는 $MSE = \frac{SSE}{n_T - c}$와 같이 계산된다.

대중교통 예제에서 *SSE*와 *MSE*는 다음과 같이 계산된다.

$$\begin{aligned} SSE &= \sum_{i=1}^{c}(n_i - 1)s_i^2 \\ &= (5-1)(87.79)^2 + (8-1)(80.40)^2 + (6-1)(83.96)^2 + (5-1)(90.62)^2 \\ &= 144{,}172. \end{aligned}$$

$$MSE = \frac{SSE}{n_T - c} = \frac{144{,}172}{24-4} = 7{,}209.$$

앞서 언급한 바와 같이, 처리간 분산과 처리내 분산의 비율이 1보다 상당히 크면, 이 결과는 평균이 동일하다는 귀무가설을 기각할 수 있는 증거를 제공한다. 같은 맥락으로, 만약 이 비율이 1보다 상당히 크지 않다면, 우리는 귀무가설을 기각시킬 수 없다. 우리는 ANO-

VA 검정을 개발하는 데 이 비율을 활용한다.

일원 ANOVA 검정에 대한 검정통계량

일원 ANOVA 검정을 활용한 모집단 평균의 동일성에 대한 가설검정을 위한 **검정통계량**은 $F_{(df_1,df_2)} = \frac{MSTR}{MSE}$와 같이 계산된다. 여기서 $df_1 = c - 1$, $df_2 = n_T - c$, 그리고 n_T는 전체 표본크기이다. $MSTR$과 MSE가 공통 분산 σ^2을 갖는 c개의 정규 모집단으로부터 추출된 독립표본에 근거하고 있으면, $MSTR$은 처리간 분산이고 MSE는 처리 내 분산이다.

ANOVA 검정은 항상 우측검정이다.

이제 우리는 대중교통 예제에 대한 4단계 가설검정을 실시할 수 있다.

$MSTR = 4{,}401{,}573$, $MSE = 7{,}209$, $df_1 = c - 1 = 4 - 1 = 3$, 그리고 $df_2 = n_T - c = 24 - 4 = 20$이 주어진 상황에서 우리는 검정통계량을 다음과 같이 계산한다.

$$F_{(3,20)} = \frac{MSTR}{MSE} = \frac{4{,}401{,}573}{7{,}209} = 610.57.$$

ANOVA 검정은 우측검정이므로 $\alpha = 0.05$, $df_1 = 3$, 그리고 $df_2 = 20$일때 기각치는 F 표로부터 $F_{\alpha,(df_1,df_2)} = F_{0.05,(3,20)} = 3.10$과 같이 찾을 수 있다. 표 10.8은 F 표의 일부이다. 이제 의사결정규칙은 $F_{(3,20)} > 3.10$이면 가설 H_0을 기각하는 것이다.

표 10.8 F 표의 일부

분모 자유도 df_2	윗 꼬리의 영역	분자 자유도 df_1		
		1	2	3
20	0.10	2.97	2.59	2.38
	0.05	4.35	3.49	3.10
	0.025	5.87	4.46	3.86
	0.01	8.10	5.85	4.94

검정통계량이 기각역에 떨어지므로(610.57이 3.10보다 크다), 우리는 귀무가설을 기각한다. 따라서 우리는 각 도시마다 대중교통을 이용함으로써 얻는 평균 비용 절감이 같지 않다고 결론 내릴 수 있다.

일원 ANOVA 표

대부분의 소프트웨어 패키지는 ANOVA 계산을 표로 정리한다. ANOVA 표의 일반적 형식은 표 10.9와 같다.

표 10.9 일원 ANOVA 표의 일반적 형식

변동의 요인	SS	df	MS	F
처리	$SSTR$	c 1	$MSTR$	$F_{(df_1,df_2)} = \frac{MSTR}{MSE}$
잔차	SSE	$n_T - c$	MSE	
계	SST	$n_T - 1$		

우리는 **총 제곱합** *SST*가 전체 평균으로부터 각 관측치의 차이를 제곱하여 합한 값과 같다는 점도 주목해야 한다. 이는 *SSTR*과 *SSE*의 합과 같다. 즉, $SST = SSTR + SSE$.

일원 ANOVA 검정을 위한 엑셀의 사용

다행히도 엑셀은 일원 ANOVA 문제에 대한 $F_{(df_1, df_2)}$ 검정통계량, 기각치, 그리고 정확한 *p*-값을 제공한다. 엑셀을 이용하여 대중교통 예제를 풀어보기로 하자.

A. FILE 교과서 웹사이트에서 ***Public_Transportation*** 데이터 파일을 연다.

B. **데이터** > **데이터분석** > **분산분석: 일원배치법**을 선택한다.

C. 그림 10.6과 같은 *분산분석: 일원 배치법* 대화상자에서, *입력 범위* 옆에 있는 상자를 선택하고, 도시 이름들을 포함한 모든 데이터를 선택한다. *이름표* 상자를 체크한다. 5%와 다른 유의수준으로 검정을 실시하면, 유의수준 옆의 상자에 적절한 α값을 삽입한다. 출력 범위를 선택하고 **확인**을 클릭한다.

그림 10.6 엑셀의 분산분석: 일원 배치법 대화상자

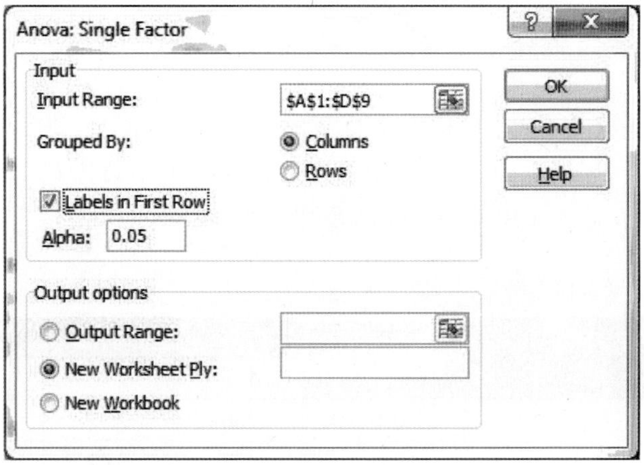

ANOVA 표 외에도 엑셀은 표본 데이터에 대한 기술 통계치를 제공한다. 표 10.10은 결과를 보여준다. 당신은 계산기로 계산한 값들이 엑셀에서 제공하는 값들과 일치하는지를 확인해야 한다. 계산기로 계산한 값과 컴퓨터로 얻은 값 간의 미세한 차이는 반올림에 의한 결과이다.

표 10.10 대중교통 예제에 대한 엑셀의 ANOVA 결과

요약						
인자의 수준	관측수	합	평균	분산		
보스턴	5	63110	12622	7707.5		
뉴욕	8	100680	12585	6464.3		
샌프란시스코	6	70320	11720	7050		
시카고	5	53650	10730	8212.5		
분산분석						
변동의 요인	*SS*	*df*	*MS*	*F*	*p*-값	*F* 기각치
처리	13204720	3	4401573	**610.57**	**7.96E-20**	3.098
잔차	144180	20	7209			
계	13348900	23				

■ **예제10.9**

표 10.10에 있는 정보를 활용하여, p-값을 이용한 방법으로 대중교통 예제에 대한 ANOVA 검정을 반복하라.

풀이: 네 개의 도시들 사이에 대중교통에 의한 비용절감이 다른지를 판단하기 위해 우리는 다음과 같은 가설을 다시설정한다.

H_0: $\mu_1 = \mu_2 = \mu_3 = \mu_4$

H_A: 모든 모집단 평균이 동일하지는 않다.

표 10.10으로부터 우리는 검정통계량의 값 $F_{3,20} = 610.57$을 얻는다. 이에 상응하는 p-값은 7.96×10^{-20}, 즉 $P(F_{3,20} \geq 610.57) \approx 0$이다. p-값이 $\alpha = 0.05$보다 작으므로 우리는 귀무가설을 기각하고, 대중교통 이용으로 인한 평균비용 절감이 각 도시마다 같지 않다는 결론을 내린다.

우리가 귀무가설을 기각한다면, 우리는 모든 모집단 평균값들이 동일하지는 않다는 결론만을 내릴 수 있다는 것을 명심하여야 한다. 일원 ANOVA 검정은 우리가 어떤 평균값들이 다른지를 추론할 수 있도록 허락하지 않는다. 그러므로 보스턴의 표본 평균이 가장 높지만, 우리는 보스턴이 대중교통을 이용하여 얻는 비용절감의 양에서 다른 도시들보다 월등하다고 결론지을 수 없다. 짝지어진 모집단 평균간의 차이에 대한 더 심층있는 분석은 본 교과서의 범위를 벗어난다.

연습 10.3

기본문제

33. 정규분포를 따르는 세 개의 모집단으로부터 5개의 관측치를 뽑은 확률표본이 다음과 같다.

처리		
A	B	C
22	20	19
25	25	22
27	21	24
24	26	21
22	23	19
$\bar{x}_A = 24$	$\bar{x}_B = 23$	$\bar{x}_C = 21$
$s_A^2 = 4.5$	$s_B^2 = 6.5$	$s_C^2 = 4.5$

a. 전체 평균을 계산하라.
b. *SSTR*과 *MSTR*을 계산하라.
c. *SSE*와 *MSE*를 계산하라.
d. 모집단 평균간에 어느 정도의 차이가 있는지를 판별하기 위한 가설을 설정하라.
e. 검정통계량 $F_{(df_1,df_2)}$의 값을 계산하라.
f. 5% 유의수준에서 기각치를 이용한 방법을 활용하면, 검정의 결론은 무엇인가?

34. 정규분포를 따르는 네 개의 모집단으로부터 뽑은 확률표본이 다음과 같다.

처리			
A	B	C	D
−11	−8	−8	−12
−13	−13	−13	−13
−10	−15	−8	−15
	−12	−13	
		−10	
$\bar{x}_A = -11.3$	$\bar{x}_B = -12$	$\bar{x}_C = -10.4$	$\bar{x}_D = -13.3$
$s_A^2 = 2.33$	$s_B^2 = 8.7$	$s_C^2 = 6.3$	$s_D^2 = 2.3$

a. 전체 평균을 계산하라.
b. *SSTR*과 *MSTR*을 계산하라.

c. *SSE*와 *MSE*를 계산하라.

d. 모집단 평균간에 어느 정도의 차이가 있는지를 판별하기 위한 가설을 설정하라.

e. 검정통계량 $F_{(df_1,df_2)}$의 값을 계산하라.

f. *p*-값의 근사치를 구하라.

g. 10% 유의수준에서 검정의 결론은 무엇인가?

35. 정규분포를 따르는 세 개의 모집단으로부터 얻은 다음의 정보가 주어졌을 때, ANOVA 표를 작성하고 1% 유의수준에서 평균 차이에 대한 ANOVA 검정을 실시하라.

$$SSTR = 220.7; SSE = 2{,}252.2; c = 3; n_1 = n_2 = n_3 = 8$$

36. 정규분포를 따르는 네 개의 모집단으로부터 얻은 다음의 정보가 주어졌을 때, ANOVA 표를 작성하고 5% 유의수준에서 평균 차이에 대한 ANOVA 검정을 실시하라.

$$SST = 70.47; SSTR = 11.34; c = 4; n_1 = n_2 = n_3 = n_4 = 15$$

37. 어떤 분산분석 실험이 다음과 같은 ANOVA표의 일부를 생성하였다.

변동의 요인	*SS*	*df*	*MS*	*F*	*p*-값	*F* 기각치
처리	25.08	3	?	?	0.0004	2.725
잔차	92.64	76	?			
계	117.72	79				

a. ANOVA 표에서 빠진 통계량을 채워라.

b. 모집단 평균간에 어느 정도의 차이가 있는지를 판별하기 위한 가설을 설정하라.

c. 5% 유의수준에서 검정의 결론은 무엇인가?

38. 어떤 분산 분석실험이 다음과 같은 ANOVA 표의 일부를 생성하였다.

변동의 요인	*SS*	*df*	*MS*	*F*	*p*-값	*F* 기각치
처리		5	?	?	?	?
잔차	4321.11	54	?			
계	4869.48	59				

a. ANOVA 표에서 빠진 통계량을 채워라.

b. 모집단 평균간에 어느 정도의 차이가 있는지를 판별하기 위한 가설을 설정하라.

c. 10% 유의수준에서 검정의 결론은 무엇인가?

응용문제

39. 보스턴에 살고 있는 아시아인은 여러 인종과 민족 집단 중에서 가장 높은 평균수명 기대치를 가지고 있다 – 흑인 주민들보다 10년이 더 길다(보스턴글로브, 2010.8.16). 전체적인 결과를 나타내는 표본 결과가 다음과 같다고 가정하자.

아시아인	흑인	라틴계	백인
$\bar{x}_1 = 83.7$ years	$\bar{x}_2 = 73.5$ years	$\bar{x}_3 = 80.6$ years	$\bar{x}_4 = 79.0$ years
$s_1^2 = 26.3$	$s_2^2 = 27.5$	$s_3^2 = 28.2$	$s_4^2 = 24.8$
$n_1 = 20$	$n_2 = 20$	$n_3 = 20$	$n_4 = 20$

a. ANOVA표를 작성하라. 수명 기대치가 정규분포를 따른다고 가정하라.

b. 네 가지의 인종 그룹간에 평균수명 기대치에 어느 정도의 차이가 있는지를 검정하기 위한 가설을 설정하라.

c. 5% 유의수준에서 검정의 결론은 무엇인가?

40. 어떤 유명한 복합기업이 자사의 세제 제품이 "다른 모든 제품들보다 더 희고 밝게 세탁을 한다"고 주장한다. 상위 세 개 상품의 세탁능력을 비교하기 위하여, 24개의 흰 천조각에 적포도주와 잔디얼룩을 묻히고 각각의 세제로 전면 적재 세탁기에서 세탁을 해 보았다. 다음과 같은 흰색 정도를 얻었다.

세제		
1	2	3
84	78	87
79	74	80
87	81	91
85	86	77
94	86	78
89	89	79
89	69	77
83	79	78
$\bar{x}_1 = 86.3$	$\bar{x}_2 = 80.3$	$\bar{x}_3 = 80.9$
$s_1^2 = 20.8$	$s_2^2 = 45.1$	$s_3^2 = 27.3$
$\bar{\bar{x}} = 82.5$		

a. ANOVA표를 작성하라. 흰색 정도가 정규분포를 따른다고 가정하라.

b. 세 가지 세제의 평균 표백능력 성능에 어느 정도의 차이가 있는지를 검정하기 위한 가설을 설정하라.

c. 5% 유의수준에서 검정의 결론은 무엇인가?

41. 금융 서비스 회사인 젠워스 파이낸셜(Genworth Financial Inc.)이 실시한 최근 설문조사는 개인이 어디에 사는지에 따라서 미국 내에서의 장기의료비용이 상당히 크게 다르다고 결론 내렸다(월스트리트저널, 2009.5.16). 한 경제학자가 가장 높은 연간 비용을 발생시키는 5개 주(알래스카, 매사추세츠, 뉴저지, 로드아일랜드, 코네티컷 주)에서 데이터를 수집하여, 그의 표본 데이터가 설문조

사의 결론과 일치하는지를 판단하고자 한다. 이 경제학자가 다음과 같은 ANOVA 표의 일부를 제공한다.

변동의 요인	*SS*	*df*	*MS*	*F*	*p*-값
처리	635.0542	4	?	?	?
잔차	253.2192	20	?		
계	888.2734	24			

a. ANOVA 표를 완성하라. 장기의료비용이 정규분포를 따른다고 가정하라.
b. 다섯 개의 주에서의 장기의료비용에 어느 정도의 차이가 있는지를 검정하기 위한 가설을 설정하라.
c. 5% 유의수준에서 평균비용이 다른가?

42. 스포츠 소매업체들과 마케팅 업체들의 단체인 스포츠용품제조연합회(Sporting Good. Manufacturers Association)가 실시한 온라인 설문조사에 의하면, 레저용 운동선수들의 가계수입이 스포츠마다 차이가 난다고 한다(월스트리트저널, 20098.10). 이 주장을 확인하기 위하여 한 경제학자가 6가지의 다른 레저용 스포츠에 참가하는 5명의 스포츠 팬들의 표본을 모으고, 각 팬들의 수입을 다음 표와 같이 수집하였다(단위:$1,000).

스노클링	보트 세일링	보드세일링/윈드세일링	볼링	온로드 트라이애슬론	오프로드 트라이애슬론
90.9	87.6	75.9	79.3	64.5	47.7
86.0	95.0	75.6	75.8	67.2	59.6
93.6	94.6	83.1	79.6	62.8	68.0
98.8	87.2	74.4	78.5	59.2	60.9
98.4	82.5	80.5	73.2	66.5	50.9
$\bar{x}_1 = 93.5$	$\bar{x}_2 = 89.4$	$\bar{x}_3 = 77.9$	$\bar{x}_4 = 77.3$	$\bar{x}_5 = 64.0$	$\bar{x}_6 = 57.4$
$s_1^2 = 28.8$	$s_2^2 = 28.5$	$s_3^2 = 13.8$	$s_4^2 = 7.4$	$s_5^2 = 10.3$	$s_6^2 = 66.4$
$\bar{\bar{x}} = 76.6$					

a. 위의 주장을 검정하기 위한 가설을 설정하라.
b. ANOVA 표를 작성하라. 수입이 정규분포를 따른다고 가정하라.
c. 5% 유의수준에서 기각치는무엇인가?
d. 레저 스포츠에 따라 평균수입이 다른가? 설명하라.

43. 다음의 엑셀 출력물은 처리대상이 세 대의 하이브리드 자동차들이고 측정된 변수는 동일한 길을 운행하면서 수집된 mpg(갤런당 마일) 자료에 대한 분산분석의 결과이다. mpg가 정규분포를 따른다고 가정한다.

변동의 요인	*SS*	*df*	*MS*	*F*	*p*-값	*F* 기각치
처리	1034.51	2	517.26	19.86	4.49E-07	3.182
잔차	1302.41	50	26.05			
계	2336.92	52				

5% 유의수준에서 우리는 평균 mpg가 하이브리드 자동차간에 다르다고 결론내릴 수 있는가? 설명하라.

44. 에너지비용이 미국내에 어느 지역에 사는지에 따라 심하게 다른가? 미국내 4개 지역으로부터 25가구를 표본으로 선택하였다고 가정하자. 다음 표에 평균 연간 에너지비용이 나와 있고, 이는 미국 에너지부에서 발표한 자료와 일치한다(머니, 2009.6). ANOVA 표의 일부가 또한 제공되어 있다.

지역	서부	북동부	중서부	남부
평균 연간 에너지비용	$1,491	$2,319	$1,768	$1,758

변동의 요인	*SS*	*df*	*MS*	*F*	*p*-값
처리	7531769	3	?	?	7.13E-24
잔차	3492385	96			
계	11024154	99			

a. ANOVA 표를 완성하라. 에너지비용이 정규분포를 따른다고 가정하라.
b. 1% 유의수준에서 우리는 평균 연간 에너지비용이 지역에 따라 다르다고 결론내릴 수 있는가?

45. FILE 다음 표는 회계연도 2001~ 2010 년 기간에 나이키 수입에 대한 분기별 데이터의 일부를 보여준다. 나이키의 회계연도는 6월 1일부터 5월 31일까지의 기간을 의미한다. 전체 데이터는 교과서 웹사이트에 있는 ***Nike_Revenues*** 파일에서 찾을 수 있다. 수입이 정규분포를 따른다고 가정하라.

회계연도	분기말			
	8월 31일	11월 30일	2월 28일	5월 31일
2001	2,637	2,199	2,170	2,483
2002	2,614	2,337	2,260	2,682
⋮	⋮	⋮	⋮	⋮
2010	4,799	4,406	4,733	5,077

출처: 나이키 연차보고서

5% 유의수준에서 나이키의 수입이 분기별로 다른지를 판단하기 위해 일원 ANOVA 검정을 활용하라.

46. FILE 어느 통계학 강사는 그녀가 가르치는 세 분반에 있는 학생들의 기말고사 점수에 상당한 차이가 있는지 궁금해한다. 그녀는 각 분반에서 10명의 점수를 무작위로 선택했다. 데이터의 일부분이 다음과 같고, 전체 데이터가 기록되어 있는 ***Exam_Scores*** 파일은 교과서 웹사이트에서 찾을 수 있다. 시험점수는 정규분포를 따른다고 가정하라.

분반 1	분반 2	분반 3
85	91	74
68	84	69
⋮	⋮	⋮
74	75	73

5% 유의수준에서 이 데이터가 세 분반에 있는 학생들의 기말고사 점수에 상당한 차이가 있다고 할 만큼 충분한 증거가 되는가?

47. FILE 다음 표는 지난 52주 동안 주말에 어떤 레스토랑을 방문한 고객수의 일부를 보여준다. 전체 데이터 세트가 기록되어 있는 ***Patronage*** 파일은 교과서 웹사이트에서 찾을 수있다.

금요일	토요일	일요일
391	450	389
362	456	343
⋮	⋮	⋮
443	441	376

5% 유의수준에서 우리는 이 레스토랑을 방문한 평균 고객수가 요일마다 다르다고 결론내릴 수 있는가?

48. FILE 어떤 인사부문 전문가는 평균 직업만족도가(0~100 스케일) 개인의 업무분야에 따라 다른지를 판단하고 싶어한다. 그녀는 세 분야에서 30명의 점수를 수집했다. 다음 표는 데이터의 일부를 보여준다. 전체 데이터 세트는 교과서 웹사이트에 있는 ***Job_Satisfaction*** 파일에서 찾을 수있다.

분야 1	분야 2	분야 3
80	76	81
76	73	77
⋮	⋮	⋮
79	67	80

10% 유의수준에서 우리는 평균 직업만족도가 분야마다 다르다는 결론을 내릴 수 있는가?

통계를 사용한 글쓰기

미국내에서 가장 뛰어난 운송연구기관 중 하나인 텍사스 운송연구소는 최근 많은 기대 속에 2009년 연간 도심 이동성 보고서(2009.7.8)를 출간하였다. 이 연구는 기록이 시작된 1982년에 12시간이었던 것과 비교하여 미국 운전자들이 러시아워 기간에 평균 36.1시간을 소비하였다고 보고하였다. 이 교통혼잡은 대략 28.1억갤론의 연료, 즉 운전자당 3주분의 연료를 낭비하였다. 한 환경업체의 연구분석가인 존(John Farnham)은 보고서의 몇몇 결론에 크게 놀랐다. 존은 여행자가 운전하는 도시에 따라 교통혼잡에 차이가 있는지를 알아보기 위한 독자적인 연구를 수행하도록 의뢰받았다. 그는 가장 극심한 교통혼잡을 겪는 5곳의 도시로부터 각각 25명의 여행자를 선택하였다. 그는 각 여행자에게 지난해 동안 운전에 어느 정도의 시간을 썼는지를 물어보았다. 표 10.11은 표본결과의 일부를 보여준다. 전체 데이터 세트인 ***Congestion*** 파일은 교과서 웹사이트에서 찾을 수 있다.

표 10.11 다섯 도시에서의 여행자당 연간 지연시간

FILE

로스앤젤레스	워싱턴 DC	애틀랜타	휴스턴	샌프란시스코
71	64	60	58	57
60	64	58	56	56
⋮	⋮	⋮	⋮	⋮
68	57	57	59	56

존은 다음을 위해 표본정보를 이용하고 싶어 한다.

1. 여행자가 운전하는 도시에 따라 교통혼잡에 상당한 차이가 있는지를 판단하라. 지연시간은 정규분포를 따른다고 가정하라.
2. 결과를 해석하라.

보고서 예시 – 도시에 따른 교통혼잡의 평가

교통혼잡이 도시마다 다른가? 2009년 연간 도심 이동성 보고서에 따르면, 여행자당 연간 지연시간으로 측정된 교통혼잡이 로스앤젤레스에서 가장 심각하였고, 다음은 워싱턴 DC, 애틀랜타, 휴스턴, 그리고 샌프란시스코 순이었다. 이 결과를 확인하기 위해 독자적인 설문조사가 진행되었다. 각 도시마다 25명의 여행자에게 지난해 동안 운전에 어느 정도의 시간을 썼는지를 물어보았다. 표 10.A는 통계 요약을 보여준다. 표본 데이터는 로스엔젤레스 주민이 평균 연간 69.2시간으로 가장 많은 시간을 교통에 낭비한 것으로 나타났다. 워싱턴 DC 주민은 2위를 기록하였고 연간 교통 지연시간은 62시간이었다. 애틀랜타, 휴스턴, 샌프란시스코 주민은 평균적으로 교통에서 57.0시간, 56.5시간, 55.6시간을 보냈다.

표 10.A 통계 요약

로스앤젤레스	워싱턴 DC	애틀랜타	휴스턴	샌프란시스코
$\bar{x}_1 = 69.2$	$\bar{x}_2 = 62.0$	$\bar{x}_3 = 57.0$	$\bar{x}_4 = 56.5$	$\bar{x}_5 = 55.6$
$s_1 = 4.6$	$s_2 = 4.7$	$s_3 = 4.8$	$s_4 = 5.4$	$s_5 = 3.7$
$n_1 = 25$	$n_2 = 25$	$n_3 = 25$	$n_4 = 25$	$n_5 = 25$

가장 혼잡한 다섯 도시에서 교통혼잡간 상당한 차이가 있는지를 검정하기 위하여 일원 ANOVA 검정을 수행하였다. 이 검정통계량의 값은 $F_{4,120} = 37.3$이고 p-값은 거의 0이다. 따라서 5% 유의수준에서 우리는 평균이 동일하다는 귀무가설을 기각하고, 교통혼잡이 도시마다 다르다는 결론를 내린다. 위의 검정이 도시마다 교통혼잡이 다르다는 결론을 내리지만, 어느 두 도시마다 교통혼잡의 정도를 비교해주지는 않는다. 예를 들어, 우리는 로스앤젤레스가 샌프란시스코보다 여행자당 평균 지연시간이 상당히 길다고 결론내릴 수 없다. 두 모집단 평균의 차이에 대한 추가분석이 권고된다.

개념정리

학습목표 **10.1** **독립표본에 근거한 두 모집단 평균의 차이에 대해 추론하라.**

독립표본은 서로간에 완전히 관련이 없는 표본이다. 독립표본에 근거한 두 모집단 평균의 차이 $\boldsymbol{\mu_1 - \mu_2}$**의 100(1−a)% 신뢰구간**은 다음과 같다.

- 모집단의 분산 σ_1^2과 σ_2^2가 알려져 있는 경우, $(\bar{x}_1 - \bar{x}_2) \pm z_{\alpha/2}\sqrt{\frac{\sigma_1^2}{n_1} + \frac{\sigma_2^2}{n_2}}$
- σ_1^2과 σ_2^2가 미지이나 동일한 경우, $(\bar{x}_1 - \bar{x}_2) \pm t_{\alpha/2,df}\sqrt{s_p^2\left(\frac{1}{n_1} + \frac{1}{n_2}\right)}$

공통분산의 통합된 추정치는 $s_p^2 = \frac{(n_1 - 1)s_1^2 + (n_2 - 1)s_2^2}{n_1 + n_2 - 2}$, 여기서 s_1^2과 s_2^2는 표본분산이고, 자유도 $df = n_1 + n_2 - 2$.

- σ_1^2과 σ_2^2가 미지이고 동일하지 않은 경우, $(\bar{x}_1 - \bar{x}_2) \pm t_{\alpha/2,df}\sqrt{\frac{s_1^2}{n_1} + \frac{s_2^2}{n_2}}$. 자유도 $df = \frac{(s_1^2/n_1 + s_2^2/n_2)^2}{(s_1^2/n_1)^2/(n_1 - 1) + (s_2^2/n_2)^2/(n_2 - 1)}$. d의 결과치가 대부분 정수가 아니므로, 우리는 t 분포표로부터 적절한 t 값을 얻기 위해 df의 결과치를 반내림한다.

독립표본에 근거하여 **두 모집단 평균의 차이** $\mu_1 - \mu_2$**에 대한 가설검정을 수행**할 때, **검정 통계량**의 값은 다음과 같다.

- σ_1^2과 σ_2^2가 알려져 있으면,

$$z = \frac{(\bar{x}_1 - \bar{x}_2) - d_0}{\sqrt{\frac{\sigma_1^2}{n_1} + \frac{\sigma_2^2}{n_2}}}$$

- σ_1^2과 σ_2^2가 미지이나 동일한 것으로 가정하면,

$$t_{df} = \frac{(\bar{x}_1 - \bar{x}_2) - d_0}{\sqrt{s_p^2\left(\frac{1}{n_1} + \frac{1}{n_2}\right)}}$$

- σ_1^2과 σ_2^2가 미지이고 동일한 것으로 가정할 수 없으면,

$$t_{df} = \frac{(\bar{x}_1 - \bar{x}_2) - d_0}{\sqrt{\left(\frac{s_1^2}{n_1} + \frac{s_2^2}{n_2}\right)}}$$

마지막 두 검정의 자유도는 상응하는 신뢰구간에서 정의한 것과 같다. 추정과 검정에 대한 위 공식은 $\bar{X}_1 - \bar{X}_2$가 정규분포를 (근사적으로) 따른다는 경우에만 유효하다.

학습목표 **10.2** **쌍체표본에 근거한 두 모집단 평균의 차이에 대해 추론**

일반적으로 두 가지의 **쌍체표본**이 발생한다. 쌍체표본의 첫 번째는 측정, 어떠한 형태의 간섭, 그리고 나서 또 다른 측정으로 특징지어진다. 우리는 일반적으로 이러한 실험을 “전과 후” 연구라고 언급한다. 쌍체표본의 두 번째는 관측의 쌍으로 특징지어진다. 여기서는 동일한 개체가 두 번 측정되지 않는다. 쌍체표본의 경우, 관심있는 모수는 차이의 평균 μ_D이다.

여기서 $D = X_1 - X_2$이고, 확률변수 X_1과 X_2는 쌍으로 짝을 이룬다. 쌍체표본에 근거한 **평균 차이** μ_D의 100(1 − α)% **신뢰구간**은 다음과 같이 주어진다. $\bar{d} \pm t_{\alpha/2,df}s_D/\sqrt{n}$. 여기서 $\bar{d}$와 s_D는 n개의 표본차이에 대한 평균과 표준편차이고, $df = n - 1$.

μ_D에 대해서 가설검정을 실시할 때, **검정통계량**의 값은 $t_{df} = \frac{\bar{d} - d_0}{s_D/\sqrt{n}}$로 계산된다. 여기서 d_0은 가설된 평균 차이이다.

위의 공식들은 $\bar{D}$가 정규분포를 (근사적으로) 따를 때만 유효하다.

학습목표 **10.3** ***F* 분포의 특성에 대해 토론**

F 분포는 분포의 가족에 의해 특징지어진다. 각 분포는 두 개의 자유도에 의존한다. 즉, 분자 자유도 df_1과 분모 자유도 df_2. 이를 흔히 $F_{(df_1, df_2)}$ 분포라 한다. 이 분포는 0부터 무한대까지의 범위에서 양으로 왜곡되었으나, df_1과 df_2가 증가할수록 점차 대칭적인 모양을 갖게 된다.

학습목표 **10.4** **분산분석 검정을 이용하여 셋 이상의 모집단 평균간의 차이에 대해 추론**

일원 분산분석(analysis of variance)(ANOVA) 검정은 셋 또는 그 이상의 모집단 평균간에 차이가 존재하는지를 판단하기 위하여 이용된다. 이 검정은 F 분포에 근거하고 있다. 모든 모집단 평균들이 동일한지 아닌지를 판단하기 위해 일원 ANOVA 검정은 표본내의 변동량에 대비하여 표본간의 변동량을 조사한다. c개의 모집단 평균의 동일성에 대한 가설검정에 사용될 **검정통계량**의 값은 $F_{(df_1, df_2)} = \frac{MSTR}{MSE}$로 계산된다. 여기서 $df_1 = c - 1$이고, $df_2 = n_T - c$이며 n_T는 전체 표본크기이다. $MSTR$과 MSE는 공통분산 σ^2를 갖고 정규분포를 따르는 c개의 모집단으로부터 뽑은 독립표본에 근거하고 있다. 일원 ANOVA 검정은 항상 우측검정으로 명시된다.

추가 연습문제와 사례연구

49. 정말로 성패트릭 데이에 남성들이 여성들에 비해 더 많은 돈을 지출하는가? 최근 한 설문조사는 남성들이 평균 \$43.87를 지출하는 데 비해 여성들은 \$29.54를 지출한다고 보고했다(USA투데이, 2009.3.17). 이 데이터는 100명의 남성과 100명의 여성으로 구성되어 있고, 남성과 여성의 표준편차가 각각 \$32와 \$25라고 가정하라.
    a. 성패트릭 데이에 남성이 여성보다 더 많은 돈을 지출하는지를 판단하기 위한 가설을 설정하라.
    b. 검정통계량의 값을 계산하라.
    c. p-값을계산하라.
    d. 1% 유의수준에서 성패트릭 데이에 남성이 여성보다 더 많은 돈을 지출하는가? 설명하라.

50. 1981년 수준과 비교할 때 평균적으로 6~12세 아이들이 근래 집안일에 더 적은 시간을 쓴다고 어떤 연구가 보고했다(월스트리트 저널, 2008.8.27). 두 기간에 대한 통계요약이 다음과 같이 보고되었다고 하자.

1981 수준	2008 수준
$\bar{x}_1 = 30$	$\bar{x}_2 = 24$
$s_1 = 4.2$	$s_1 = 3.9$
$n_1 = 30$	$n_2 = 30$

    a. 현재의 아이들이 1981년대 아이들보다 집안일에 더 적은 시간을 쓴다는 주장을 검정하기 위한 가설을 설정하라.
    b. 미지의 모집단 분산이 동일하다는 가정하에 검정통계량의 값을 계산하라.
    c. p-값을계산하라.
    d. 5% 유의수준에서 이 데이터가 연구의 주장을 지지하는가? 설명하라.
    e. 기각치를 이용한 접근으로 가설검정을 반복하라.

51. 페이지(Paige Thomsen)는 샌프란시스코의 한 대학에서 곧 졸업할 예정이다. 그녀에게 주어진 선택권은 샌프란시스코에서 직장을 찾거나, 아니면 고향인 덴버로 돌아가 거기에서 직장을 찾는 것이다. 최근 데이터에 의하면, 샌프란시스코에서의 평균 대졸 초

봉은 $48,900이고 덴버에서의 평균 대졸 초봉은 $40,900라고 한다(포브스, 2008.6.26). 이 데이터는 각 도시의 최근 졸업생 100명에 근거하고 있다고 가정하자. 모집단 표준편차가 샌프란시스코에서는 $16,000이고 덴버에서는 $14,500이다. 5% 유의수준에서 샌프란시스코에서의 평균 초봉이 덴버에서의 평균 초봉보다 더 많은지를 판단하라.

52. FILE 200이 넘는 콜레스테롤 수치는 남성과 여성 모두에게 심장질환을 일으키는 위험요인이라는 것은 잘 알려져 있다(http://Livingstrong.com, 2011.1.11). 젊은 남성이 젊은 여성보다 더 높은 콜레스테롤 수준을 보인다고 알려져 있다. 그러나 55세 이상에서는 여성이 더 높은 콜레스테롤 수준을 보이는 것 같다. 혈액 실험실에서 일하고 있는 어떤 대학 졸업생이 20~40 대 연령에 있는 50명의 남성과 50명의 여성에 대한 콜레스테롤 데이터를 확보했다. 다음 표는 콜레스테롤 데이터의 일부이다. 전체 데이터 세트는 교과서 웹사트에 있는 ***Cholesterol_Levels*** 파일에서 찾을 수 있다.

남성	여성
181	178
199	193
⋮	⋮
190	182

1% 유의수준에서 이 연령에 있는 남성과 여성에 대한 평균 콜레스테롤 수준에 차이가 있는지를 판단하기 위해 기각치를 이용한 접근을 활용하라. 남성과 여성에 대한 모집단 분산이 같다고 가정하라. 각 단계를 분명하게 기술하라.

53. FILE 여성들은 임신기간 동안에 건강하고 균형잡힌 식습관으로 적절한 체중을 유지하는 것이 중요하다(http://webmd.com). 임신 전에 평균체중을 유지하고 있는 여성에게는 임신기간중에는 25에서 35파운드의 체중을 더 늘리도록 권장된다. 다음 표는 임신 전후로 40명의 여성에 대한 체중 데이터의 일부를 보여준다. 전체 데이터 세트는 교과서 웹사이트에 있는 ***Pregnancy_Weight*** 파일에서 찾을 수 있다.

임신 후 체중	임신 전 체중
168	114
161	107
⋮	⋮
157	136

a. 5% 유의수준에서 임신에 의한 여성의 평균체중 증가가 30파운드보다 많은지를 판단하라.
b. 5% 유의수준에서 임신에 의한 여성의 평균체중 증가가 35파운드보다 많은지를 판단하라.

54. 한 농부는 비료를 바꿈으로써 농작물 수확량을 증가시킬 수 있는지에 관심이 있다. 그는 토지를 6개 용지로 나누고, 각 용지의 반에는 이전 비료를 사용하고 다른 반에는 새로운 비료를 사용했다. 다음 표는 결과를 보여준다.

용지	이전 비료를 활용한 농작물 수확량	새로운 비료를 활용한 농작물 수확량
1	10	12
2	11	10
3	10	13
4	9	9
5	12	11
6	11	12

a. 다른 비료을 사용함으로써 평균 농작물 수확량 사이에 차이가 있는지를 판단하기 위한 가설을 설정하라.
b. 농작물 수확량이 정규분포를 따른다고 가정하고, 검정통계량의 값을 계산하라.
c. 5% 유의수준에서 기각치를찾아라.
d. 농작물 수확량이 다르다는 결론을 내리기에 충분한 증거가 있는가? 농부는 이에 대해 관심을 가져야하는가?

55. FILE 다음 표는 2001~2009년 사이의 뱅가드사의 균형지수와 유럽 주식지수 뮤추얼펀드들에 대한 연간 수익률 데이터의 일부이다. 데이터 세트는 교과서 웹사트에 있는 ***Balanced_European*** 파일에서 찾을 수 있다. 수익률이 정규분포를 따른다고 가정하라.

연도	균형지수	유럽 주식지수
2001	−3.02%	−20.30%
2002	−9.52	−17.95
2003	19.87	38.70
2004	9.33	20.86
2005	4.65	9.26
2006	11.02	33.42
2007	6.16	13.82
2008	−22.21	−44.73
2009	20.05	31.91

출처: www.finance.yahoo.com

a. 두 펀드의 평균 수익률이 다른지를 검정하기 위한 가설을 설정하라.
b. 모집단의 표준편차가 동일하지 않다고 가정하면, 검정통계량의 값과 이와 상응하는 p-값은 무엇인가?
c. 5% 유의수준에서 결론은 무엇인가?

56. FILE SAT는 미국에서 대학에 입학하려는 대부분의 학생들에게 요구된다. 이 표준화된 시험은 오랜 기간 동안에 많은 수정과정을 거쳤다. 2005년에 수필형식으로 작문능력을 측정하는 새로운 작문부문이 도입되었다. 사람들은 여학생들이 일반적으로 수학시험에서는 약하지만 작문시험에서는 강하다고 주장한다. 그러므로

새 부문은 전반적인 평균 SAT 점수에서 남학생들의 우위를 감소시킬 수 있다(워싱턴포스트, 2006.8.30). 다음 표에 있는 남학생 8명과 여학생 8명의 작문 시험점수를 보고 답하라. ***SAT_Writing*** 파일로 저장된 데이터 세트는 교과서 웹사이트에서 찾을 수 있다. 시험점수는 정규분포를 따른다고 가정하라.

남성	620	570	540	580	590	580	480	620
여성	660	590	540	560	610	590	610	650

a. 시험의 작문부문에서 여학생들이 남학생들을 능가하는지를 검정하기 위한 귀무가설과 대립가설을 설정하라

b. 검정통계량의 값을 계산하라. 모집단의 분산이 동일하다고 가정하지 말 것.

c. $\alpha = 0.01$에서 검정을 실시하고, 결과를해석하라.

57. FILE 한 공학자가 안전 프로그램의 효과성을 판단하고 싶어한다. 그는 12개의 공장에서 프로그램이 시행되기 전과 후에 사고로 인한 연간 시간손실 자료를 수집하였다. ***Safety_Program*** 파일로 저장된 데이터를 교과서 웹사이트에서 찾을 수있다.

공장	이전	이후	공장	이전	이후
1	100	98	7	88	90
2	90	88	8	75	70
3	94	90	9	65	62
4	85	86	10	58	60
5	70	67	11	67	60
6	83	80	12	104	98

a. 안전 프로그램이 효과적이었는지를 판단하기 위한 가설을 설정하라.

b. 시간 차이가 정규분포를 따른다고 가정하고, 검정통계량의 값을 계산하라.

c. 5% 유의수준에서 기각치를 계산하라.

d. 안전 프로그램이 효과적이었다는 결론을 내리는 데에 충분한 증거가 있는가? 설명하라.

58. 정부기관에서는 4 종류의 운송분야에서 운전기사들의 평균연봉이 다른지를 판단하고 싶어한다. 4분야에서 각각 5명씩을 무작위로 뽑아 얻은 연봉 데이터의 확률표본이 아래 표에 주어져 있다.

운전기사의 평균연봉($1,000)			
기관사	트럭운전기사	버스운전기사	택시/리무진 운전기사
54.7	40.5	32.4	26.8
53.2	42.7	31.2	27.1
55.1	41.6	30.9	28.3
54.3	40.9	31.8	27.9
51.5	39.2	29.8	29.9
$\bar{x}_1 = 53.76$	$\bar{x}_2 = 40.98$	$\bar{x}_3 = 31.22$	$\bar{x}_4 = 28.00$
$s_1^2 = 2.10$	$s_2^2 = 1.69$	$s_3^2 = 0.96$	$s_4^2 = 1.49$
Grand mean: $\bar{\bar{x}} = 38.49$			

a. ANOVA 표를 작성하고, p-값을 추정하라.

b. 운송기사들의 평균연봉이 다른지를 판단하기 위한 가설을 설정하라.

c. 5% 유의수준에서 우리는 4분야의 운전기사의 평균연봉이 다르다고 결론내릴 수있는가?

59. 한 경제학자는 3분야의 산업에서 평균 P/E(Price/Earnings) 비율이 다른지를 판단하고 싶어한다. 각 산업에서 5개 기업의 독립표본이 다음과 같이 얻어졌다.

산업 A	12.19	12.44	7.28	9.96	10.51	$\bar{x}_A = 10.48, s_A^2 = 4.32$
산업 B	14.34	17.80	9.32	14.90	9.41	$\bar{x}_B = 13.15, s_B^2 = 13.69$
산업 C	26.38	24.75	16.88	16.87	16.70	$\bar{x}_C = 20.32, s_C^2 = 23.30$
	전체 평균: $\bar{\bar{x}} = 14.65$					

a. ANOVA 표를 작성하라. P/E 비율이 정규분포를 따른다고 가정하라.

b. 5% 유의수준에서 세 개 산업의 평균 P/E 비율이 다른지를 결정하라.

60. 미니애폴리스에 있는 작은 소프트웨어 기업의 한 직원은 여름에 자전거를 타고 출근한다. 그는 직장으로 가는 세 가지 경로 중 하나를 선택할 수 있고, 세 가지 경로간에 평균 통근시간(단위: 분)에 차이가 있는지를 궁금해한다. 그는 각 경로마다 1주일 동안 통근하여 다음의 데이터를 얻었다.

경로 1	29	30	33	30	32
경로 2	27	32	28	30	29
경로 3	25	27	24	29	26

아래 일원 ANOVA 결과는 $\alpha = 0.01$에서 구했다.

ANOVA						
변동의 요인	*SS*	*df*	*MS*	*F*	*p-value*	*F* 기각치
처리	54.53	2	27.27	8.099	0.0059	6.93
잔차	40.40	12	3.37			
계	94.93	14				

통근시간이 정규분포를 따른다고 가정하고, 1% 유의수준에서 세 경로 사이에 평균 통근시간이 다른지를 결정하라.

61. 경기 불황 전에 라스베이거스, 피닉스, 그리고 올란도와 같은 선벨트지역내의 도시들은 인구, 소득수준, 그리고 주택가격의 상승을 경험했다. 그런데 라스베이거스에서는 다른 도시들과는 조금 다른 것이 나타났다. 즉, 노동자 계층의 상승 이동이었다. 예를 들어, 경제 호황기 동안 열심히 일한 호텔 청소부들은 경제적으로 번창할 수 있었다. 노동통계국에 의하면, 라스베이거스의 호텔 청소부의 평균시급은 $14.25였고, 피닉스에서는 $9.25였으며, 올란도에서는 $8.84였다(월스트리트저널, 2009.7.20). 각 도시에서 25명씩 무작위로 뽑은 호텔 청소부의 시급 표본으로부터 다음의 통계 요약과 ANOVA 표가 생성되었다고 하자(α= 0.05).

요약			
그룹	관측수	평균	
라스베이거스	25	13.91	
피닉스	25	8.82	
올란도	25	8.83	

ANOVA						
변동의 요인	*SS*	*df*	*MS*	*F*	*p-value*	*F* 기각치
처리	430.87	2	215.44	202.90	2.58E-30	3.124
잔차	76.44	72	1.06			
계	507.31	74				

5% 유의수준에서 세 도시간에 호텔 청소부의 평균시급이 다른가? 시급이 정규분포를 따른다고 가정하라.

62. 한 회계학 교수는 회계부문과 상관없이 학생들이 출석하는 학과 기말고사에서 동일한 성적을 올리는지를 알고 싶어한다. 세 부문에 대하여 그는 학생 20명의 기말고사 성적을 얻었다. 다음의 엑셀 출력은 $\alpha = 0.05$에 대한 결과의 일부를 요약해 보여준다.

ANOVA						
변동의 요인	*SS*	*df*	*MS*	*F*	*p-value*	*F* 기각치
처리	57.39	2	*MSTR*=?	$F_{2,57}$=?	0.3461	3.159
잔차	SSE = ?	57	*MSE*=?			
계	1570.19	59				

a. ANOVA 표에서 빠진 값을 찾아라.

b. 5% 유의수준에서 당신은 회계부문에서 평균점수가 다르다고 결론내릴 수 있는가?

63. FILE SAT 리뷰 프로그램의 한 관리자는 수험자의 인종에 따라서 평균 SAT 점수가 다른지를 궁금해하고 있다. 네 인종에 걸쳐 30명의 시험점수가 수집되었다. 다음의 표는 데이터의 일부를 보여준다. 전체 데이터 세트는 교과서 웹사이트에 있는 ***SAT_Ethnicity*** 파일에서 찾을 수있다.

백인	흑인	아시아계 미국인	멕시코계 미국인
1587	1300	1660	1366
1562	1255	1576	1531
⋮	⋮	⋮	⋮
1500	1284	1584	1358

5% 유의수준에서 우리는 평균 SAT 점수가 인종에 따라 다르다고 결론내릴 수 있는가?

64. FILE (엑셀 사용) 한 공학자는 사용되는 접착제의 종류에 따라서 합판의 평균강도가 다른지를 판단하고 싶어한다. 그녀는 3종류의 접착제에 대해서 20개의 합판강도를 측정했다. 다음 표는 데이터의 일부를 보여준다. 전체 데이터 세트는 교과서 웹사이트에 있는 ***Plywood*** 파일에서 찾을 수있다.

접착제1	접착제2	접착제3
38	41	42
34	38	38
⋮	⋮	⋮
38	49	50

5% 유의수준에서 그녀는 합판의 평균강도가 사용되는 접착제에 따라 다르다고 결론내릴 수 있는가? 합판의 강도가 정규분포를 따른다고 가정하라.

사례연구

사례연구 10.1

채드(Chad Perone)는 보스턴에서 의료 및 정보기술산업의 연간수익률 데이터를 연구하는 재무분석가이다. 그는 각 산업마다 20개의 기업을 무작위로 뽑아서 각 기업의 연간수익률을 관찰했다. 다음의 표는 데이터의 일부를 보여준다. 전체 데이터 세트는 교과서 웹사이트에 있는 ***Health_Info*** 파일에서 찾을 수 있다.

사례연구 10.1의 데이터 의료 및 정보기술산업내 기업의 연간수익률

FILE

의료산업	정보기술산업
10.29%	4.77%
32.17	1.14
⋮	⋮
13.21	22.61

보고서에 표본정보를 이용하여 다음을 수행하라.

1. 기술통계치를 제공하고 각 산업마다 보상과 위험에 대해 논하라.

2. 5% 유의수준에서 각 산업마다 연간수익률이 다른지를 결정하라. 수익률이 정규분포를 따르고 모집단 분산이 동일하지 않다고 가정하라.

사례연구 10.2

스피도의 LZR 레이서 수트는 2008년 2월 13일에 출시된 고성능의 체장 수영복이다. 2008년 12월 크로아티아의 유럽 쇼트코스 선수권대회에서 17개의 세계기록들이 깨졌을 때, 많은 사람들은 수영복에 대한 규정이 수정될 필요가 있다고 느꼈다. 국제수영관리위원회인 FINA Congress는 2010년 1월부터 경기에 LZR 레이서를 비롯한 다른 모든 체장 수영복들의 착용을 금지했다. 공공언론에 발표한 성명서에서 FINA는 다음과 같이 입장을 표명했다. "수영은 기본적으로 선수의 육체적 성과에 근거한 스포츠라는 중요하고 핵심적인 원칙을 FINA는 상기시키고 싶습니다(BBC스포츠, 2009.3.14)." 프리랜스 저널리스트인 루크 존슨(Luke Johnson)은 FINA의 결정에 통계적 근거가 있는지 의아스러웠다. 그는 지역 대학의 Division I 수영팀으로 실험을 실시했다. 그는 일반 수영복을 입고 50 미터 평영을 하는 선수 10명의 시간을 기록하고, 또 LZR 수영복을 입고 하는 실험을 반복했다. 데이터의 일부가 다음 표에 나타나 있다. 전체 데이터세트는 교과서 웹사이트에 있는 ***LZR_Racer***에서 찾을 수 있다.

사례연구 10.2의 데이터 50미터 평영 기록(초)

FILE

수영선수	일반수영복 기록	LZR수영복 기록
1	27.64	27.45
2	27.97	28.06
⋮	⋮	⋮
10	38.08	37.93

보고서에 표본정보를 이용하여 다음을 수행하라.

1. 5% 유의수준에서 LRZ 레이서 수영복이 선수들의 기록을 상당히 향상시키는지를 결정하라. 수영시간 차이는 정규분포를 따른다고 가정하라.

2. 데이터가 FINA의 결정을 지지하는지에 대해서 논하라.

사례연구 10.3

소규모 투자기업에서 재무분석가로 일하고 있는 리사(Lisa Grattan)는 에너지산업에서 10개 업체, 소매산업에서 13개 업체, 그리고 공익사업에서 16개 업체에 대한 연간 주식 수익률 데이터를 수집하였다. 데이터의 일부가 다음 표에 주어져 있다. 전체 데이터 세트는 교과서 웹사이트에 있는 ***Industry_Returns*** 파일에서 찾을 수 있다.

사례연구 10.3의 데이터 연간 주식 수익률(%)

FILE

에너지산업	소매산업	공공산업
12.5	6.6	3.5
8.2	7.4	6.4
⋮	⋮	⋮
6.9	7.9	4.3

보고서에 표본정보를 이용하여 다음을 수행하라.

1. 5% 유의수준에서 세 산업에 대한 연간 수익률에 상당한 차이가 있는지를 결정하라. 수익률이 정규분포를 따른다고 가정하라.

2. 결과를 해석하라.

부록 10.1 다른 통계프로그램 사용안내

여기서는 특정 통계프로그램(미니탭, SPSS, JMP) 사용을 위한 간단한 명령어를 제공한다. 교과서 웹사이트에서 더 자세한 설명을 찾아볼 수 있다. 세 가지 프로그램은 모두 쌍체-비교 검정을 실행할 옵션을 가지고 있다. 또한 짝지어진 아이템들간의 차이를 구하고, 표본차이에 대한 9장의 단일표본 방법을 활용하여 이 검정을 실행할 수 있다.

미니탭

$\mu_1 - \mu_2$에 대한 검정

A. (예제 10.4의 반복) 메뉴에서 **Stat** > **Basic Statistics** > **2-Sample t**를 선택한다. **Samples in different columns**를 선택하고 **First**에서는 금을 **Second**에서는 석유를 선택한다.

B. **Options**를 선택한다. **Alternative**에서는 '**not equal**'을 선택한다.

μ_D에 대한 검정

A. (예제 10.8의 반복) 메뉴에서 **Stat** > **Basic Statistics** > **Paired t**를 선택한다. **Samples in columns**를 선택하고 **First sample**에서는 이전을 선택하고 **Second sample**에서는 이후를 선택한다.

B. **Options**를 선택한다. **Alternative**에서는 '**greater than**'을 선택한다.

일원 ANOVA

(예제 10.9의 반복) 메뉴에서 **Stat** > **ANOVA** > **One-Way (Unstacked)**를 선택한다. **Responses (분리된 다른 열에서)** 보스턴, 뉴욕, 샌프란시스코, 시카고를 선택한다.

SPSS

$\mu_1 - \mu_2$에 대한 검정

A. (예제 10.4의 반복) 한 열에 ***Gold_Oil***의 모든 데이터를 모으고 이를 'Pooled'라고 지정한다. 옆 열('Group' 이라고 지정한다)에 모든 금값을 0으로 모든 석유값을 1로 지정한다.

B. 메뉴에서 **Analyze** > **Compare Means** > **Independent-Samples T Test**를 선택한다.

C. **Pooled** 를 **Test Variable(s)**로, **Group**을 **Grouping Variable**로 선택한다. **Define Groups**을 선택하고 **Group 1**에는 0을 **Group 2**에는 1을 입력한다.

μ_D에 대한 검정

A. (예제 10.8의 반복) 메뉴에서 **Analyze** > **Compare Means** > **Independent-Samples T Test**를 선택한다.

B. 이전을 **Variable1**로, 이후를 **Variable2**로 선택한다.

일원 ANOVA

A. (예제 10.9의 반복) 한 열에 ***Public_Transportation***에서의 모든 데이터를 모으고 이를 'Pooled'라 지정한다. 옆 열('Group'이라 지정한다)에 모든 보스턴 값을 1로, 모든 뉴욕을 2로, 나머지를 순서대로 지정한다.

B. 메뉴에서 **Analyze** > **Compare Means** > **One-Way ANOVA**를 선택한다.

C. **Pooled**를 **Dependent List**로, 그리고 **Group**을 **Factor**로 선택한다.

JMP

$\mu_1 - \mu_2$에 대한 검정

A. (예제 10.4의 반복) 한 열에 모든 ***Gold_Oil*** 데이터를 모으고 'Pooled'라고 지정한다. 옆 열('Group'이라 지정하고 명목 데이터로 읽는다)에 모든 금값을 0으로 석유값을 1로 지정한다.

B. 메뉴에서 **Analyze** > **Fit Y by X**를 선택한다.

C. 열 1(Pooled 된)을 **Y, Response**로 선택하고 열2(Group)를 **X, Factor**로 선택한다.

D. **Oneway Analysis of Column 1 by Column 2**라고 지정된 헤더 옆에 있는 빨간색 세모를 클릭하고, **t test**(통합된 분산을 이용하려면, **Means / Anova / Pooled t**를 선택)를 선택한다.

μ_D에 대한 검정

A. (예제 9.13의 반복) 메뉴에서 **Analyze** > **Matched Pairs**를 선택한다.

B. 열 1과 열 2를 **Y**, 그리고 **Paired Response**로 선택한다.

일원 ANOVA

A. (예제 10.9의 반복) 한 열에 모든 ***Public_Transportation*** 데이터를 통합하여 이를 'Pooled'라 지정한다. 옆 열('Group'으로 지정하고 명목 데이터로 읽는다)에 모든 보스턴 값을 1로, 모든 뉴욕 값을 2로, 나머지를 순서대로 지정한다.

B. 메뉴에서 **Analyze** > **Fit Y by X**를 선택한다.

C. 열 1(Pooled)을 **Y, Response**로 그리고 열 2(Group)를 **X, Factor**로 선택한다.

D. **Oneway Analysis of Column 1 by Column 2**라고 지정된 헤더 옆에 있는 빨간색 세모를 클릭하고, **Means/Anov**를 선택한다.

11 비율에 관한 비교

Comparisons Involving Proportions

CHAPTER

학습목표 LEARNING OBJECTIVES

이 장을 학습한 후에는

학습목표 **11.1 두 모비율 사이의 차이에 대해 추론할 수 있어야 한다.**

학습목표 **11.2 χ^2 분포의 모양에 대해 논할 수 있어야 한다.**

학습목표 **11.3 다항실험에 대한 적합도 검정을 실행할 수 있어야 한다.**

학습목표 **11.4 독립성 검정을 실행할 수 있어야 한다.**

10장에서 우리는 두 개 이상의 모집단 평균에 관한 추론을 위해 양적 데이터를 사용했다. 이 장에서는 질적 데이터에 중점을 둔다. 먼저 두 모비율 사이의 차이를 비교하기 위해 z-검정을 사용할 것이다. 예를 들어, 마케팅 중역과 광고주는 광고 소득의 대상을 결정할 때 남자와 여자 사이의 선호도 차이에 관심을 가진다. 그리고 나서 두 가지 유형의 비교를 평가하기 위한 χ^2(chi-square) 검정을 소개한다. 먼저 적합도 검정은 주로 질적 변수의 다양한 결과를 나타내는 빈도 자료가 사용된다. 이 검정은 기본적으로 세 개 이상 모집단의 비율을 비교한다. 예를 들어, 자동차산업에서 시장점유율이 지난 10년간 놀랄 만한 변화가 생겼다는 주장을 입증하길 원할 것이다. 적합도 검정이 단일 질적 변수에 대한 통계적 추론에 사용되는 반면, 두 개의 질적 변수 비교는 독립성 검정을 적용한다. 예를 들어, 제품 구매에 남녀 성별이 영향을 미치는가를 알고자 할 것이다.

도입사례

스포츠의류 브랜드

4장 도입사례에서, 마케팅회사의 최고 소매 분석가인 애너벨 곤잘레스(Annable Gonzalez)는 스포츠의류 산업에서 컴프레션 의류의 브랜드와 고객 나이 사이의 관계를 연구한다. 특히 그녀는 소비자의 나이가 구입 브랜드 선택에 영향을 미치는지를 알고자 한다.

그녀는 처음에 언더아머(Under Armour) 브랜드가 젊은 고객층에 더 매력적이며, 기존 브랜드 나이키나 아디다스는 나이가 많은 고객이 선호한다고 생각했다. 그녀는 이 정보가 광고주와 스포츠용품 소매점들뿐만 아니라 금융기관들에도 유용하다고 믿는다. 그녀는 최근에 컴프레션의류 시장에서 제품을 구매한 600명의 자료를 수집했다. 쉽게 설명하기 위해, 4장에서 제공된 분할표(나이와 브랜드의 교차 분류)를 표 11.1에서 다시 사용한다.

표 11.1 나이와 브랜드에 따른 컴프레션의류의 구매

	브랜드		
나이	언더아머	나이키	아디다스
35세 미만	174	132	90
35세 이상	54	72	78

애너벨은 다음의 질문에 답하기 위해 위의 표본 정보를 사용하기를 원한다.

1. 두 변수(나이와 브랜드)가 5%의 유의수준에서 관련이 있는가를 결정하라.
2. 독립성에 대한 검정 결과가 어떻게 사용될지를 논하라.

사례요약이 11장 3절 끝에 제공되어 있다.

11.1 두 모비율 사이의 차이에 관한 추론

학습목표 **11.1**
두 모비율 사이의 차이에 대한 추론

이전 장에서는 두 모집단 사이의 평균 비교를 위한 양적 데이터에 중점을 두었다. 이제 두 모비율 사이의 차이에 관한 통계적 추론을 위한 질적 데이터에 집중해보겠다. 이 기법은 많은 업무분야에서 적용된다. 예를 들어, 한 투자가는 첨단기술산업에 종사하는 기업과 건설산업에 종사하는 기업을 비교했을 때 파산율이 동일한가를 알고 싶어한다. 이러한 분석결과는 두 산업의 투자위험을 인지하는 데 도움을 줄 것이다. 또한 마케팅 부서의 중역은 어떤 기업의 제품을 구매한 여성의 비율이 남성의 비율보다 상당히 더 크다고 주장한다. 만약 이러한 주장이 자료를 기반으로 한다면, 기업 광고를 위한 정보로 제공된다. 또 다른 경우로, 한 소비자보호단체는 건강보험에 가입한 젊은 성인(18~35세 사이)의 비율이 나이 많은 성인(35세 이상)의 비율보다 작다고 주장할 수 있다. 보건관계자와 공무원들은 특히 이런 유형의 정보에 관심을 가져야 할 것이다. 이러한 모든 예는 두 모집단 비율에 대한 비교를 다루고 있다. 우리가 관심을 가지는 매개변수는 $p_1 - p_2$이며, p_1과 p_2는 첫 번째와 두 번째 모집단의 비율을 나타낸다. 두 모비율 사이의 추정은 $\bar{P}_1 - \bar{P}_2$이다.

$p_1 - p_2$에 대한 신뢰구간

모비율 p_1과 p_2는 알려져 있지 않기 때문에, $\bar{p}_1$와 $\bar{p}_2$에 의해 각각의 모비율을 추정한다. 먼저 $\bar{p}_1 = x_1/n_1$으로 표본비율을 계산한다. x_1은 모집단 1에서 관측된 n_1개에서 성공횟수를 나타낸다. 동일하게, $\bar{p}_2 = x_2/n_2$는 모집단 2에서 계산된 표본비율이다. x_2는 n_2개에서 성공횟수이다. 표본비율의 차이 $\bar{p}_1 - \bar{p}_2$는 $p_1 - p_2$의 점추정이다. 7장으로부터 추정치 $\bar{P}_1$와 $\bar{P}_2$의 표준오차는 $se(\bar{P}_1) = \sqrt{\frac{p_1(1-p_1)}{n_1}}$과 $se(\bar{P}_2) = \sqrt{\frac{p_2(1-p_2)}{n_2}}$라는 것을 상기하자. 따라서 두 독립표본에 대한 표준오차는 $se(\bar{P}_1 - \bar{P}_2) = \sqrt{\frac{p_1(1-p_1)}{n_1} + \frac{p_2(1-p_2)}{n_2}}$이다. p_1과 p_2는 알 수 없으므로, 표준오차는 $\sqrt{\frac{\bar{p}_1(1-\bar{p}_1)}{n_1} + \frac{\bar{p}_2(1-\bar{p}_2)}{n_2}}$으로 추정한다. 마지막으로 n_1과 n_2가 충분히 클 때, $\bar{P}_1 - \bar{P}_2$의 표본분포는 대략적으로 정규분포를 따른다. 두 모비율 사이의 차에 대한 신뢰구간은 다음 식과 같다.

$p_1 - p_2$ 에 대한 신뢰구간

두 모비율 사이의 차 $p_1 - p_2$에 대한 $100(1-\alpha)\%$ 신뢰구간은 다음과 같다.

$$(\bar{p}_1 - \bar{p}_2) \pm z_{\alpha/2}\sqrt{\frac{\bar{p}_1(1-\bar{p}_1)}{n_1} + \frac{\bar{p}_2(1-\bar{p}_2)}{n_2}}.$$

알려진 바와 같이, 위 공식은 두 표본이 충분히 클 때 유효하다. 일반적 지침은 p_1과 p_2가 $\bar{p}_1$와 $\bar{p}_2$으로 계산될 때, n_1p_1, $n_1(1-p_1)$, n_2p_2 그리고 $n_2(1-p_2)$은 5 이상이어야 한다.

예제 11.1

경험부족과 약한 인지도로 당선이 어려움에도 불구하고, 후보자 A는 유권자들 사이에 지지를 얻는 것으로 나타난다. 3개월 전 등록 유권자 120명에 대한 조사에서 55명이 후보자 A에게 투표한다고 조사되었다. 오늘 등록된 유권자 80명의 표본에서 41명이 후보자 A에게 투표한다고 조사되었다. 두 모비율 사이의 차에 대한 95% 신뢰구간을 구하라.

풀이: 오늘과 3개월 전의 후보자 A를 지지하는 유권자의 모비율을 p_1과 p_2라 하자. $p_1 - p_2$에 대한 95% 신뢰구간을 계산하기 위해 $(\bar{p}_1 - \bar{p}_2) \pm z_{\alpha/2}\sqrt{\frac{\bar{p}_1(1-\bar{p}_1)}{n_1} + \frac{\bar{p}_2(1-\bar{p}_2)}{n_2}}$ 식을 사용한다. 다음과 같이 표본비율을 계산한다.

$$\bar{p}_1 = x_1/n_1 = 41/80 = 0.5125 \quad \text{그리고} \quad \bar{p}_2 = x_2/n_2 = 55/120 = 0.4583.$$

$n_1\bar{p}_1$, $n_1(1 - \bar{p}_1)$, $n_2\bar{p}_2$ 그리고 $n_2(1 - \bar{p}_2)$가 모두 5 이상으로 정규형 조건을 만족한다. 95% 신뢰구간을 구하기 위해, z 표를 이용하여 $z_{\alpha/2} = z_{0.05/2} = z_{0.025} = 1.96$을 찾는다. 각 값을 넣어 다음을 계산한다.

$$(0.5125 - 0.4583) \pm 1.96\sqrt{\frac{0.5125(1-0.5125)}{80} + \frac{0.4583(1-0.4583)}{120}}$$
$$= 0.0542 \pm 0.1412 \text{ 또는 } [-0.0870, 0.1954].$$

95% 신뢰에서, 우리는 지지율의 변화가 -8.70%에서 19.54% 사이에 있다고 보고할 수 있다.

$p_1 - p_2$에 대한 가설검정

서로 독립인 표본에서, 두 모비율 차의 검정을 위한 귀무가설과 대립가설은 아래 유형 중 하나를 따른다.

양측 검정	우측 검정	좌측 검정
$H_0: p_1 - p_2 = d_0$	$H_0: p_1 - p_2 \leq d_0$	$H_0: p_1 - p_2 \geq d_0$
$H_A: p_1 - p_2 \neq d_0$	$H_A: p_1 - p_2 > d_0$	$H_A: p_1 - p_2 < d_0$

우리는 알려지지 않은 모비율 p_1과 p_2 사이의 차이로 가설에서 주어진 것을 나타내기 위해 d_0 기호를 사용한다. 대부분의 경우, d_0는 0을 가진다. 예를 들어, 모비율이 서로 다른가를 검정할 때, 즉 $p_1 \neq p_2$라면, H_0: $p_1 - p_2 = 0$이라는 귀무가설로 양측 검정을 한다. 한편, 모비율 차이가 어느 정도(20%라 하자) 나는가를 결정하고 싶다면, $d_0 = 0.20$가 되며, 귀무가설은 H_0: $p_1 - p_2 = 0.20$로 정의된다. 단측 검정도 동일하게 정의된다.

예제 11.2

예제 11.1을 다시 보자. 후보자 A를 지지하는 사람들의 비율이 3개월 사이에 변화가 있었는가를 알기 위한 가설(competing hypotheses)을 수립하라. 95% 신뢰구간을 사용할 때, 검정 결과는 무엇인가? 설명하라.

풀이: 본질적으로, $p_1 \neq p_2$인지 알고자 한다. 여기서 p_1과 p_2는 오늘과 3개월 전 후보자를 지지하는 유권자의 모비율을 나타낸다. 가설은 다음과 같이 표현한다.

$$H_0: p_1 - p_2 = 0$$
$$H_A: p_1 - p_2 \neq 0$$

이전 예제에서, 두 모비율 차에 대한 95% 신뢰구간은 [−0.0870, 0.1954]로 계산되었다. 이 구간에 귀무가설에서 가설한 값 0이 포함되어 있다. 따라서 귀무가설을 기각할 수 없다. 즉, 주어진 표본자료로부터 유의수준 5%에서 후보자 A에 대한 지지율이 변했다는 결론을 내릴 수 없다.

이제 두 모비율 차 $p_1 - p_2$에 관한 단측 또는 양측 가설검정을 위한 표준 4단계 절차를 소개한다. 모비율의 추정치 $\overline{P}_1 - \overline{P}_2$을 z 통계량으로 변환한다. z 통계량 계산은 추정치로부터 가설된 차 d_0을 빼고 난 후, 추정치의 표준오차 $se(\overline{P}_1 - \overline{P}_2)$로 나눈다. $p_1 - p_2$에 대한 신뢰구간에서 표준오차를 $se(\overline{P}_1 - \overline{P}_2) = \sqrt{\frac{\bar{p}_1(1-\bar{p}_1)}{n_1} + \frac{\bar{p}_2(1-\bar{p}_2)}{n_2}}$라 했다. 하지만 d_0가 0이라면, 즉 H_0: $p_1 = p_2$이면, $\bar{p}_1$와 $\bar{p}_2$는 본질적으로 동일하게 알려지지 않은 모비율의 추정치이다. 이러한 이유로, 표본이 충분히 크다는 기반에서 표준오차는 이 비율의 합동 추정치 $\bar{p} = (x_1 + x_2)/(n_1 + n_2)$의 계산에 의해 개선될 수 있다.

$p_1 - p_2$ 검정에 대한 검정통계량

검정통계량은 z 분포를 따른다고 가정한다.

1. 가설된 차 d_0가 0이라면, 검정통계량 값은

$$z = \frac{\bar{p}_1 - \bar{p}_2}{\sqrt{\bar{p}(1-\bar{p})\left(\frac{1}{n_1} + \frac{1}{n_2}\right)}}$$

여기서 $\bar{p}_1 = \frac{x_1}{n_1}, \bar{p}_2 = \frac{x_2}{n_2}$, 그리고 $\bar{p} = \frac{x_1 + x_2}{n_1 + n_2} = \frac{n_1\bar{p}_1 + n_2\bar{p}_2}{n_1 + n_2}$.

2. 가설된 차 d_0가 0이 아니라면, 검정통계량 값은

$$z = \frac{(\bar{p}_1 - \bar{p}_2) - d_0}{\sqrt{\frac{\bar{p}_1(1-\bar{p}_1)}{n_1} + \frac{\bar{p}_2(1-\bar{p}_2)}{n_2}}}.$$

신뢰구간에서처럼, 위 공식은 두 표본이 충분히 클 때 유효하다.

예제 11.3

최근 연구에서 분석가와 소매업자들은 온라인 쇼핑이 성별에 따라 상당한 차이가 있다고 주장한다(월스트리트저널, 2008.3.13). 한 조사에서 남성은 6,000명 중에서 5,400명이 "정기적" 또는 "가끔" 온라인 구매를 한다고 말한 반면, 여성은 10,000명 중 8,600명으로 조사되었다. 5%의 유의수준에서, 가끔 또는 정기적으로 온라인 구매를 하는 모든 남성의 비율이 모든 여성의 비율보다 더 크다는 것을 검정하라

풀이: 이 검정을 하기 위해 기각치를 사용한다. p_1과 p_2는 온라인 구매를 하는 남성과 여성의 모비율이라 하자. 우리는 온라인 구매를 하는 남성의 비율이 여성의 비율보다 더 큰가를 검정하길 원한다. 즉, $p_1 - p_2 > 0$이다. 따라서 다음과 같은 가설(competing hypotheses)을 수립한다.

$$H_0: p_1 - p_2 \le 0$$
$$H_A: p_1 - p_2 > 0$$

$\alpha = 0.05$에서 우측 검정에 대한 적합한 기각치는 $z_\alpha = z_{0.05} = 1.645$이다. 가설된 차이값은 0 또는 $d_0 = 0$이므로, $z = \frac{\bar{p}_1 - \bar{p}_2}{\sqrt{\bar{p}(1-\bar{p})\left(\frac{1}{n_1} + \frac{1}{n_2}\right)}}$를 이용하여 검정통계량을 계산한다. 먼저 표본비율을 계산한다. $\bar{p}_1 = x_1/n_1 = 5{,}400/6{,}000 = 0.90$, $\bar{p}_2 = x_2/n_2 = 8{,}600/10{,}000 = 0.86$, $n_1\bar{p}_1, n_1(1-\bar{p}_1), n_2\bar{p}_2$, 그리고 $n_2(1-\bar{p}_2)$가 모두 5 이상으로 정규형 조건을 만족한다. 다음으로 합동 추정치를 계산한다. $\bar{p} = \frac{x_1 + x_2}{n_1 + n_2} = \frac{5{,}400 + 8{,}600}{6{,}000 + 10{,}000} = 0.875$. 따라서

$$z = \frac{(0.90 - 0.86)}{\sqrt{0.875(1-0.875)\left(\frac{1}{6{,}000} + \frac{1}{10{,}000}\right)}} = \frac{0.04}{0.0054} = 7.41.$$

의사결정 규칙은 $z > 1.645$일 때, H_0 기각이다. 따라서 $7.41 > 1.645$이므로 H_0 기각이다. 정기적 또는 가끔 온라인 구매를 하는 남성의 비율이 유의수준 5%에서 여성의 비율보다 크다. 우리의 결론은 남성고객을 끌어들이고 유지하기 위해 웹사이트를 재설계하는 많은 소매업자들의 최근 결정과 일치한다.

예제 11.4

우리는 비싼 와인이 싼 와인보다 상대적으로 뭔가 더 그럴 만한 특성을 가질 것으로 기대하지만, 사람들은 종종 블라인드 테스트(blind test)에서 와인 품질평가에 대해 혼란을 겪는다(뉴욕타임스, 2010.12.16). 한 양조장에서 최근 실험을 했는데, 똑같은 와인을 서로 다른 두 그룹의 사람들에게 각각 다른 가격정보로 제공하였다. 첫 번째 그룹 60명에게 $25짜리 와인을 시음한다고 말했을 때 48명이 좋아한다고 했다. 두 번째 그룹에게는 $10짜리 와인을 시음한다고 말했을 때 50명 중 20명이 좋아한다고 했다. 그 실험은 첫 번째 그룹에서 그 와인을 좋아하는 사람들의 비율이 두 번째 그룹보다 20% 더 높다는 것을 알기 위해 시행되었다. 5% 유의수준에서 p-값을 사용하여 검정하라.

풀이: p_1과 p_2는 그룹 1과 2에서 그 와인을 좋아하는 사람의 비율이라 하자. 우리는 와인을 좋아하는 사람의 비율이 첫 번째 그룹이 두 번째 그룹보다 20% 더 높다는 것을 검정하고자 한다. 따라서, 다음과 같은 가설(competing hypotheses)을 수립한다.

$$H_0: p_1 - p_2 \le 0.20$$
$$H_A: p_1 - p_2 > 0.20$$

먼저 표본비율 $\bar{p}_1 = x_1/n_1 = 48/60 = 0.80$, $\bar{p}_2 = x_2/n_2 = 20/50$을 계산하고, $n_1\bar{p}_1, n_1(1-\bar{p}_1), n_2\bar{p}_2$ 그리고 $n_2(1-\bar{p}_2)$가 모두 5 이상으로 정규형 조건을 만족하는 것을 알 수 있다.

$d_0 = 0.20$이므로, 다음과 같은 검정통계량을 계산한다.

$$z = \frac{(\bar{p}_1 - \bar{p}_2) - d_0}{\sqrt{\frac{\bar{p}_1(1-\bar{p}_1)}{n_1} + \frac{\bar{p}_2(1-\bar{p}_2)}{n_2}}} = \frac{(0.80 - 0.40) - 0.20}{\sqrt{\frac{0.80(1-0.80)}{60} + \frac{0.40(1-0.40)}{50}}} = 2.31.$$

우측 검정을 위해, p-값은 $P(Z \geq 2.31) = 1 - 0.9896 = 0.0104$이다. 따라서 p-값 $< \alpha$ $(0.0104 < 0.05)$이기 때문에, 우리는 그 와인을 좋아하는 사람의 비율에서 첫 번째 그룹이 두 번째 그룹보다 20% 더 높다는 결론을 내린다. 전반적으로, 이러한 결론은 와인 시음에서 암시하고 기대하는 것을 증명하는 과학적 연구와 일치하는 것을 보인다.

연습문제 11.1

기본문제

1. $x_1 = 50$, $n_1 = 200$, $x_2 = 70$, $n_2 = 250$이라고 할 때, 모비율 사이의 차에 대한 95% 신뢰구간을 구하라. 유의수준 5%에서 모비율 사이에 차이가 존재하는가? 설명하라.

2. $\bar{p}_1 = 0.85$, $n_1 = 400$, $\bar{p}_2 = 0.90$, $n_2 = 350$ 이라 할 때, 90% 신뢰수준에서 모비율 차에 대한 신뢰구간을 구하고, 10% 유의수준에서 모비율 차이가 존재하는가를 설명하라.

3. 다음의 가설과 주어진 표본자료를 고려하자.

$$H_0: p_1 - p_2 = 0$$
$$H_A: p_1 - p_2 \neq 0$$

$x_1 = 100$	$x_2 = 172$
$n_1 = 250$	$n_2 = 400$

   a. 검정통계량을 계산하라.
   b. p-값을 계산하라.
   c. 5% 유의수준에서, 검정 결론은 무엇인가? 모비율 차이가 존재하는가?
   d. 기각치를 이용하여 분석을 다시 해보아라.

4. 다음의 가설과 주어진 표본자료를 고려하자.

$$H_0: p_1 - p_2 \geq 0$$
$$H_A: p_1 - p_2 < 0$$

$x_1 = 250$	$x_2 = 275$
$n_1 = 400$	$n_2 = 400$

   a. 5% 유의수준에서 기각치를 구하라.
   b. 검정통계량을 계산하라.
   c. 검정 결론은 무엇인가? p_1이 p_2에 비해 중요도가 낮은가?

5. 다음의 가설과 주어진 표본자료를 고려하자.

$$H_0: p_1 - p_2 = 0$$
$$H_A: p_1 - p_2 \neq 0$$

$x_1 = 300$	$x_2 = 325$
$n_1 = 600$	$n_2 = 500$

   a. 검정통계량을 계산하라.
   b. P-값을 계산하라.
   c. 5% 유의수준에서, 검정 결론은 무엇인가? 모비율 차이가 존재하는가?

6. 다음의 가설과 주어진 표본자료를 고려하자.

$$H_0: p_1 - p_2 = 0.20$$
$$H_A: p_1 - p_2 \neq 0.20$$

$x_1 = 150$	$x_2 = 130$
$n_1 = 250$	$n_2 = 400$

   a. 검정통계량을 계산하라.
   b. p-값을 계산하라.
   c. 5% 유의수준에서, 검정 결론은 무엇인가? 모비율 사이의 차이가 0.20와 다르다 할 수 있는가?
   d. 기각치를 이용하여 분석을 다시 해보아라.

응용문제

7. 최근 연구는 2학년에서부터 11학년까지 치러진 수학시험에서 여학생과 남학생의 만족도가 같지 않다고 주장한다(시카고트리뷴, 2008.7.25). 대표 표본은 표준화된 수학시험에서 430명의 여학생 중 344명, 그리고 450명의 남학생 중 369명이 우수 또는 고급 수준의 성적을 받은 것이라 하자.

a. 우수 또는 고급 수준의 성적을 받은 여학생과 남학생의 모비율 차에 대한 95% 신뢰구간을 구하라.

b. 우수 또는 고급 수준의 성적을 받은 여학생 비율이 남학생 비율과 다른가를 검정하기 위한 적절한 귀무가설과 대립가설을 수립하라.

c. 5% 유의수준에서, 검정에 대한 결론은 무엇인가? 결과는 연구의 주장을 지지하는가?

8. Pew 보고서에 따르면, 2008년에 신혼부부의 14.6%는 배우자가 다른 국가 또는 민족이라고 보고했다(CNNLiving, 2010.6.7). 1980년의 비슷한 조사에서는, 6.8%의 신혼부부만이 그들 국가 또는 민족이 아닌 사람과 결혼했다고 보고했다. 이러한 두 조사는 120쌍의 신혼부부를 대상으로 실시되었다.

a. 그들 국가 또는 민족 외의 사람과 결혼하는 비율이 증가했다는 것을 검정하기 위한 가설(competing hypotheses)을 수립하라.

b. 검정통계량과 p-값을 계산하라.

c. 5% 유의수준에서 검정 결론은 무엇인가?

9. 하버드의대 전문의들은 10대가 되었을 때 소년들이 소녀들보다 유년기 천식이 더 잘 사라진다고 말했다(BBC뉴스, 2008.8.15). 과학자들은 경미한 천식을 가진 사람들 중 5세에서 12세 사이의 1,000명을 지켜보았다. 18세까지, 소녀들 중 14%와 소년들 중 27%가 천식이 사라진 것을 보았다. 이들의 분석은 500명의 소녀와 500명의 소년을 대상으로 한고 있다.

a. 10대에 천식이 사라지는 소년들의 비율이 소녀들보다 더 큰가를 검정하기 위한 가설을 수립하라.

b. 5% 유의수준에서, p-값을 사용하여 (a)의 주장을 검정하라.

c. 위의 실험에서, 10대에 천식이 사라지는 소년들의 비율이 소녀들보다 0.1 이상이라고 제안할 수 있는가? 5% 유의수준에서 이 주장을 검정하기 위해 기각치를 사용하라.

d. 5% 유의수준에서 검정 결론은 무엇인가?

10. 많은 사람들이 전화나 이메일보다 네트워크상의 소셜미디어를 사용하고 있다(US News & World Report, 2010.10.20). 고용 관점에서 보면 구직자는 온라인상에서 정보를 구할 수 있기 때문에, 친구들에게 직업알선을 요청하는 전화를 하지 않는다. 최근 150명의 구직자를 조사한 결과, 이들 중 67명은 링크드인(Linkedin)을 사용한다고 말했다. 3년 전에 실시한 140명의 구직자에 대한 비슷한 조사에서, 58명의 구직자가 직업검색을 위해 링크드인을 사용했다는 것을 알 수 있었다. 3년 전과 비교했을 때, 직업검색을 위해 지금 링크드인을 사용하는 사람들이 더 많다는 제안에 충분한 증거가 되는가? 분석을 위해 5% 유의수준을 사용하라.

11. 최근 보고에 따르면, 미국 성인(20세 이상)의 32.2%가 비만이다(뉴욕타임스, 2008.8.15). 일반적인 인종 그룹에 따르면, 아프리카계 미국여성은 백인여성보다 더 과체중이지만, 아프리카계 미국남성은 백인남성보다 덜 비만이다. 최근 대학을 졸업한 사라(Sarah Weber)는 서부해안에 있는 그녀의 고향 마을에도 동일한 현상이 존재하는지 궁금했다. 그녀는 분석을 위해 220명의 아프리카계 미국인과 300명의 백인 성인을 무작위로 추출했다. 아래 표는 표본 정보를 보여준다.

인종	성별	비만	정상
아프리카계 미국인	남성	36	94
	여성	35	55
백인	남성	62	118
	여성	31	89

a. $\alpha = 0.05$에서 아프리카계 미국남성의 비만율이 백인남성의 비만율보다 낮다는 것을 검정하기 위해 p-값을 사용하라.

b. $\alpha = 0.05$에서 아프리카계 미국여성의 비만율이 백인여성의 비만율보다 더 높다는 것을 검정하기 위해 기각치를 사용하라.

c. 5% 유의수준에서, 아프리카계 미국인의 비만율이 백인 성인의 비만율과 차이가 있는가를 검정하기 위해 기각치를 사용하라.

12. 회계학 전공자의 50%와 비교했을 때, 심리학 전공자는 26%만이 그들의 진로에 "만족" 또는 "매우 만족"이라 한다(월스트리트저널, 2010.10.11). 이러한 결과는 300명의 심리학 전공자와 350명의 회계학 전공자에 대한 조사로 구했다.

a. 진로에 만족한 회계학 전공자의 비율이 심리학 전공자보다 20% 이상의 차이를 보이는가를 검정하기 위한 적절한 귀무가설과 대립가설을 수립하라.

b. 검정통계량 값과 p-값을 계산하라.

c. 5% 유의수준에서, 결론은 무엇인가?

13. 최근의 한 보고서는 경영학 전공자들이 모든 다른 전공 대학생들보다 최소한의 수업과정 시간을 이수한다고 제시했다(뉴욕타임스, 2011.11.17). 한 대학교의 교무처장은 수업과정에서 주당 최소 20시간 이수를 열심히 공부하는 학생으로 정의하고, 학생들에게 설문조사를 실시했다. 이 조사에서 비경영학 전공자 150명 중에서 48명이 열심히 공부하는 것으로 나온 것에 비해, 경영학 전공자들은 120명 중에서 20명이 열심히 공부하는 것으로 나왔다. 유의수준 5%에서 열심히 공부하는 경영학 전공자의 비율이 비경영학 전공자보다 낮다고 결론을 내릴 수 있는가? 상세히 기술하라.

14. 통상적으로 남녀가 단순히 친구가 되는 것은 불가능하다고 여겨져 왔다(뉴욕타임스, 2012.4.12). 다른 사람들은 남자가 일하고 여자는 집에 있는 날들과 연애를 위해 그들이 함께하는 것이 유일한 방법인 시간이 지났기 때문에 이런 믿음이 더 이상 사실이 아니라고 주장한다. 최근 조사에서, 186명의 이성애자 대학생들에게 남학생과 여학생이 단순히 친구가 되는 것이 가능한가를 물었다. 여성의 32% 그리고 남성의 57%가 남녀 사이의 단순한 친구는 불가능하다고 답했다. 이 조사는 100명의 여학생과 86명의 남학생을 대상으로 했다. 5% 유의수준에서, 이 관점에 대한 남학생과 여학생의 비율 차이가 10%보다 더 크다고 결론 내릴 수 있는가? 상세히 기술하라.

11.2 다항실험에 대한 적합도 검정

학습목표 **11.2**
χ^2 분포의 모양에 대한 논의

두 개 이상의 모비율에 관한 상대적 크기의 추론을 원하는 많은 사례가 존재한다. 예를 들어, 4개의 기업으로 구성된 중공업 산업에서, 우리는 각 기업이 동일한 시장점유율을 가지는지 알고자 한다. 또는 정치 선거에서, 후보자 A, B, C가 투표율 70%, 20% 그리고 10%를 받을지를 알고자 할 것이다. 이러한 검정은 **χ^2(카이스퀘어)** 분포라는 새로운 분포에 기반을 둔다. t 분포처럼, χ^2 분포는 각 분포의 특정 자유도 df에 따라 영향을 받는 분포 군을 가지는 특징이 있다. 그러므로 흔히 χ^2_{df} 분포라고 말한다. 그림 11.1에서는 χ^2_{df} 분포가 양으로 치우친 것을 보여주며, 치우침의 정도는 자유도에 따라 달라진다. 자유도 df가 더 커지면, χ^2_{df} 분포는 정규분포에 접근한다. 예를 들어 그림 11.1에서, χ^2_{20} 분포는 정규분포와 닮아 있다.

그림 11.1 다양한 자유도의 χ^2_{df} 분포

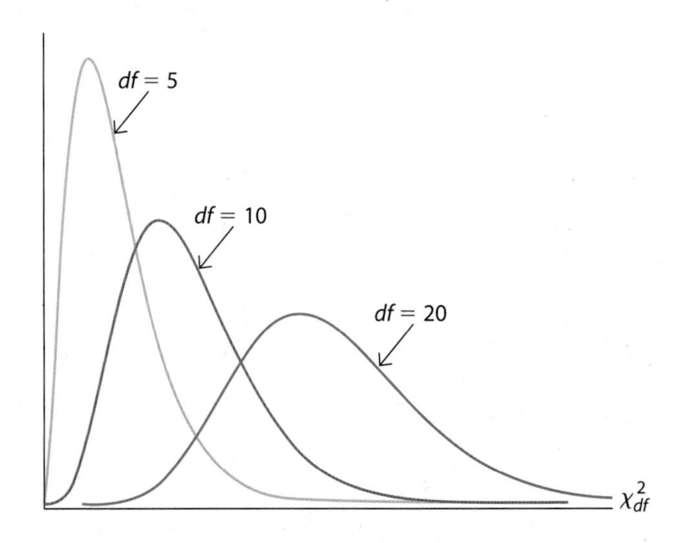

t_{df} 분포의 경우와 같이, χ^2_{df} 분포확률변수를 위해, 우리는 분포의 우측(위쪽) 꼬리영역이 α 값을 나타내는 $\chi^2_{\alpha,df}$ 기호를 사용한다. 즉, $P(\chi^2_{df} \geq \chi^2_{\alpha,df}) = \alpha$. 그림 11.2는 χ^2 표로부터 χ^2_{df} 값과 확률을 찾는 데 사용되는 $\chi^2_{\alpha,df}$ 기호를 설명한다.

그림 11.2 $P(\chi^2_{df} \geq \chi^2_{\alpha,df}) = \alpha$의 그림 설명

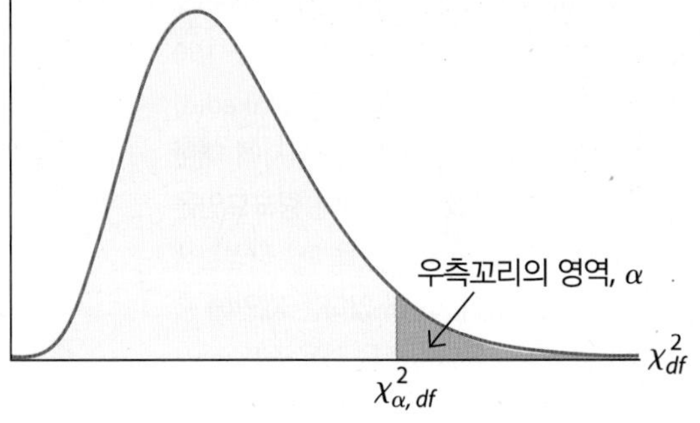

χ^2_{df} 분포의 우측 꼬리 확률과 대응하는 값의 일부분이 표 11.2에 주어져 있다. 부록 A의 표 3은 좀더 완전한 χ^2 표를 제공한다.

$\alpha = 0.05$이고 $df = 10$에 대한 $\chi^2_{\alpha,df}$ 값, 즉 $\chi^2_{0.05,10}$을 찾는다고 하자. 표 11.2에서, 첫 번

째 df 행에서 자유도 10 값을 먼저 찾는다. 그리고 $\alpha = 0.05$ 행까지 이 열을 따라간다. 여기서 우리는 $P(\chi^2_{10} \geq 18.307) = 0.05$가 되는 $\chi^2_{0.05,10} = 18.307$ 값을 찾는다.

표 11.2 χ^2 표에 대한 일부분

df	우측 꼬리 면적, α									
	0.995	0.990	0.975	0.950	0.900	0.100	0.050	0.025	0.010	0.005
1	0.000	0.000	0.001	0.004	0.016	2.706	3.841	5.024	6.635	7.879
⋮	⋮	⋮	⋮	⋮	⋮	⋮	⋮	⋮	⋮	⋮
10	2.156	2.558	3.247	3.940	4.865	15.987	**18.307**	20.483	23.209	25.188
⋮	⋮	⋮	⋮	⋮	⋮	⋮	⋮	⋮	⋮	⋮
100	67.328	70.065	74.222	77.929	82.358	118.342	124.342	129.561	135.807	140.170

학습목표 **11.3**
다항실험에 대한 적합도 검정의 실행

우리는 이제 두 개 이상의 모비율이 동일한지 또는 미리 가설된 값과 같은지를 조사할 것이다. 이러한 검정을 하기 전에, 먼저 확률 실험은 5장에서 소개한 베르누이 과정을 단순히 일반화한 다항실험의 조건을 만족하도록 해야 한다.

이항실험에서 언급한 것처럼, 베르누이 과정은 각 시행이 일반적 분류인 "성공"과 "실패"의 단지 두 개의 가능한 결과만 가지는 독립적이고 동일한 시행의 실험을 n번 연속적으로 하는 것이다. 이항실험에 대해, 우리는 일반적으로 성공확률을 p, 그리고 실패확률을 $1 - p$라고 나타낸다. 그렇지 않으면, $p_1 + p_2 = 1$의 확률을 나타내는 p_1과 p_2라 할 수 있다. 이제 시행에 따른 결과의 수를 k라고 가정하자. 여기서 $k \geq 2$이다.

다항실험

다항실험(multinomial experiment)은 독립적이고 동일한 시행을 n번 연속하는 것이다. 각 시행은

- 범주라 불리는 k의 가능한 결과가 존재한다.
- i번째 범주에 관련된 확률 p_i는 동일하다.
- 확률의 합은 1이다. 즉, $p_1 + p_2 + \cdots + p_k = 1$.

$k = 2$일 때, 다항실험은 이항실험인 것을 주의하자.

많은 실험이 다항실험의 조건에 적합하다. 예를 들어,

- 주식 중개인은 전날과 비교했을 때, 어떤 주식의 가격이 올랐는지, 떨어졌는지, 또는 그대로인지 기록할 것이다. 이 예는 3가지 가능한 범주를 가진다($k = 3$).
- 소비자는 레스토랑의 서비스에 우수함, 좋음, 적당함, 또는 형편없음의 등급을 매긴다($k = 4$).
- 입학 사무소는 한 학생을 선발하여 6개 기업 전공 중 하나를 기록한다($k = 6$).

다항실험에 대한 가설(competing hypotheses)을 수립할 때 두 가지 선택방법이 있다. 우리는 모든 모비율이 하나의 특정 값 또는 서로 동일하다고 세울 수 있다. 예를 들어, 우리가 4명의 서로 다른 후보자를 선호하는 유권자의 비율이 동일한가를 표본자료로 판단하기를 원한다면, 가설은 다음과 같은 형태를 가진다.

H_0: $p_1 = p_2 = p_3 = p_4 = 0.25$
H_A: 모든 모비율은 0.25와 같지 않다.

모비율의 합이 1이기 때문에, 귀무가설에 가설된 값은 0.25임을 유의하자. 우리는 각각의 모비율이 미리 가설된 값과 동일하게 세울 수 있다. 후보자 1을 선호하는 유권자가 40%, 후보자 2를 선호하는 유권자가 30%, 후보자 3을 선호하는 유권자가 20%, 그리고 후보자 4를 선호하는 유권자가 10%인지를 결정하기를 원한다고 가정하자. 가설(competing hypotheses)은 다음과 같은 형태를 가진다.

H_0: $p_1 = 0.40, p_2 = 0.30, p_3 = 0.20, p_4 = 0.10$
H_A: 모든 모비율은 가설 값과 동일하지 않다.

검정을 수행할 때, 우리는 확률표본을 추출하고 표본비율이 가설된 모비율에 충분히 근접한다는 것을 결정하는 것이다. 이런 이유로, 이러한 검정 유형을 **적합도 검정**(goodness-of-fit test)이라 한다. 귀무가설이 사실이라는 일반적인 가정하에서, 우리는 다항실험에서 범주들의 기대빈도를 유도하고 관측빈도를 구해 비교한다. 이러한 목적은 대립가설을 지지하고 귀무가설을 기각할 수 있는가를 알고자 하는 것이다. 적합도 검정을 어떻게 적용하는가를 보기 위해 아래의 예제를 보자.

1년 전, 레스토랑 체인 관리자는 그들 고객을 대상으로 메뉴에 변화가 필요한가를 결정하기 위한 조사를 했다. 조사에 대한 질문은 고객에게 레스토랑 주요리의 품질 평가를 묻는 것이었다. 고객의 응답 비율은 우수함, 좋음, 적당함, 형편없음으로 아래 표와 같다.

우수함(excellent)	좋음(good)	적당함(fair)	형편없음(poor)
15%	30%	45%	10%

전반적인 조사에 대한 응답을 기반으로, 관리자는 메뉴를 개편하기로 결정했다. 최근 주요리의 품질에 대한 같은 질문을 무작위 표본으로 250명의 고객에게 물었다. 그들의 반응은 다음과 같다.

우수함(excellent)	좋음(good)	적당함(fair)	형편없음(poor)
46	83	105	16

5% 유의수준에서, 우리는 1년 전에 계산된 모비율과 어떤 변화가 있었는지 알고자 한다.

우리는 고객 250명의 응답이 이전 비율과 일치하는지를 알고자 하므로, 이전 모비율을 검정에 대한 가설 비율로 나타낸다. 그래서 우수함, 좋음, 적당함, 형편없음에 대한 모비율을 p_1, p_2, p_3, p_4로 나타내고, 다음과 같은 가설을 수립한다.

H_0: $p_1 = 0.15, p_2 = 0.30, p_3 = 0.45, p_4 = 0.10$
H_A: 모든 모비율은 가설 값과 동일하지 않다.

검정통계량을 계산하는 첫 번째 단계는 각 범주에 대한 기대빈도를 계산하는 것이다. 즉, 귀무가설이 사실이라고 기대되는 빈도 추정이 필요하다. 일반적으로, 범주 i에 대한 기대빈도 e_i를 계산하기 위해, 우리는 모비율 p_i의 가설 값에 표본크기 n을 곱한다. 예를 들어, 우수함 범주를 생각해보자. H_0가 사실이라면, 우리는 250명의 고객 중 15%($p_1 = 0.15$)가 주요리의 품질이 우수하게 되었다는 것을 발견하길 기대한다. 따라서 우수함 응답의 기대빈도는 37.5(= 250 × 0.15)이다. 반면에 대응하는 관측빈도는 46이다. 다른 응답에 대한 기대빈도도 동일하게 계산된다. 궁극적으로 검정통계량 계산은 기대빈도와 관측빈도를 비교하는 것이다.

적합도 검정

k 범주를 가진 다항실험에서, 검정통계량의 값은 다음과 같다.

$$\chi^2_{df} = \Sigma \frac{(o_i - e_i)^2}{e_i}$$

여기서 $df = k - 1$이며, o_i와 $e_i = np_i$ 는 범주 i에 대한 관측빈도와 기대빈도이다.
주의: 검정은 각 범주에 대한 기대빈도가 5 이상이라면 타당하다.

표 11.3은 각 범주에 대한 기대빈도 e_i를 나타낸다. 각 기대빈도 e_i가 5 이상이라는 조건이 여기서 만족된다. 곧 볼 수 있겠지만, 때때로 이러한 결과를 얻기 위해 두 개 이상의 범주로부터 데이터 조합이 필요하다.

표 11.3 레스토랑 예의 기대빈도 계산

	가설된 비율, p_i	기대빈도, $e_i = np_i$
우수함	0.15	250 × 0.15 = 37.5
좋음	0.30	250 × 0.30 = 75.0
적당함	0.45	250 × 0.45 = 112.5
형편없음	0.10	250 × 0.10 = 25.0
		$\Sigma e_i = 250$

기대빈도 계산을 점검해보면, 기대빈도의 합 Σe_i은 표본크기 n와 같아야 한다. 이 예에서는 250과 동일하다. 기대빈도가 추정되었을 때, 검정통계량 계산을 준비한다.

χ^2_{df} 통계량은 관측빈도가 기대빈도와 얼마나 다른지를 측정한다. 특히, χ^2_{df} 은 표준화된 편차 제곱합으로 계산된다. χ^2_{df}의 가장 작은 값은 관측도수와 기대도수가 같아지는 0이다. 귀무가설의 기각은 χ^2_{df}이 0보다 매우 클 때 발생된다. 그 결과, 여러 모비율(p_1, p_2, p_3, . . .)에 관한 가설검정은 우측 검정이 항상 적용된다. 하지만 대립가설은 모든 모비율이 가설 값과 동일하지 않다는 것이기 때문에, 귀무가설의 기각은 모비율들이 가설 값들과 다르다는 것을 의미하지는 않는다.

이 예는 4개의 범주 (k = 4)로 자유도 $df = k - 1 = 3$이다. 적합도 검정은 우측 검정이기 때문에, $\alpha = 0.05$에 대한 기각치는 $\chi^2_{df} = \chi^2_{0.05,3} = 7.815$로 χ^2 표에서 찾을 수 있다. 표 11.4는 χ^2의 일부분을 나타낸다. 검정통계량은 다음과 같이 계산된다.

$$\begin{aligned}\chi^2_{df} = \chi^2_3 &= \Sigma \frac{(o_i - e_i)^2}{e_i} \\ &= \frac{(46 - 37.5)^2}{37.5} + \frac{(83 - 75)^2}{75} + \frac{(105 - 112.5)^2}{112.5} + \frac{(16 - 25)^2}{25} \\ &= 1.93 + 0.85 + 0.50 + 3.24 = 6.52.\end{aligned}$$

$\chi^2_3 > 7.815$이면, H_0는 기각이다. $\chi^2_3 = 6.52 < 7.815$이기 때문에, H_0는 기각되지 않는다.

우리는 유의수준 5%에서 모비율들이 1년 전과 다르다는 결론을 내릴 수 없다. 관리자는 메뉴 변경의 목표가 고객의 만족도를 높이는 것이 아니라는 실망스러운 소식을 듣게 될 것이다. 이 조사에서 다른 응답은 메뉴 변경의 목표가 기대를 충족시키거나 기대에 미치지 못하는 것에 더 비중을 둘 것이다.

표 11.4 χ^2표의 일부분

df	위쪽 꼬리 영역, α									
	0.995	0.990	0.975	0.950	0.900	0.100	0.050	0.025	0.010	0.005
1	0.000	0.000	0.001	0.004	0.016	2.706	3.841	5.024	6.635	7.879
2	0.010	0.020	0.051	0.103	0.211	4.605	5.991	7.378	9.210	10.597
3	0.072	0.115	0.216	0.352	0.584	6.251	**7.815**	9.348	11.345	12.838

p- 값 계산을 위한 엑셀의 사용

이전처럼, 우리는 가설검정에서 기각치 방법보다 *p*-값 방법을 사용해서 위의 가설검정을 실시 할 수 있다. 여기서 *p*-값은 $P(\chi^2_3 \geq 6.52)$이다. 표 11.4를 보면, 6.52는 6.251과 7.815 사이에 존재한다. 따라서 *p*-값은 0.05와 0.10 사이에 있다는 결론을 내릴 수 있다. 우리는 엑셀의 CHISQ.DIST.RT 함수를 사용하여 *p*-값을 계산할 수 있다. 일반적으로, 카이스퀘어 분포에서 우측 꼬리 영역을 구하기 위해, 빈 셀을 선택하여 '= CHISQ.DIST.RT(χ^2_{df}, *df*)'을 입력한다. χ^2_{df}는 검정통계량이고 *df*는 자유도이다. 위의 설문조사 예에서, 우리는 '=CHISQ.DIST.RT(6.52,3)'을 입력한다.

엑셀은 *p*-값으로 0.0889의 확률을 보여준다. 유의수준 5%로 주어졌다면, 우리는 귀무가설을 기각할 수 없다.

예제 11.5

표 11.5는 어떤 특별한 제품을 생산하는 5개 기업의 2010년 시장점유율을 나타낸다. 한 시장 분석가는 2010년 이래로 시장점유율에 변화가 생겼는지 의문을 가지고 있다. 그는 200명의 고객에게 설문조사를 하였다. 표 11.5의 마지막 행은 최근 각 회사에서 생산된 제품을 구매한 고객의 수를 나타낸다.

표 11.5 5대 기업의 시장점유율

기업	2010년 시장점유율	최근 고객수
1	0.40	70
2	0.32	60
3	0.24	54
4	0.02	10
5	0.02	6

a. 2010년 이후 시장점유율에 변화가 생겼는지를 검정하기 위한 가설을 수립하라.

b. 검정통계량을 계산하라.

c. $\alpha = 0.05$를 사용하여 2010년 이후 시장점유율에 변화가 생겼는지를 결정하라.

풀이:

a. i번째 기업의 시장점유율을 p_i라 하자. 2010년 이후 시장점유율이 변했는지를 검정하기 위해, 다음과 같은 초기 가설을 수립한다.

H_0: $p_1 = 0.40, p_2 = 0.32, p_3 = 0.24, p_4 = 0.02, p_5 = 0.02$

H_A: 모든 시장점유율은 가설 값과 동일하지 않다.

b. 검정통계량은 $\chi^2_{df} = \Sigma\frac{(o_i - e_i)^2}{e_i}$ 로 계산된다. 표 11.5의 마지막 행은 각 기업의 관찰도수 o_i이다. 이전 식에서 적용한 것처럼, 각 기업의 기대도수 e_i를 먼저 계산한다.

$$e_1 = 200 \times 0.40 = 80$$
$$e_2 = 200 \times 0.32 = 64$$
$$e_3 = 200 \times 0.24 = 48$$
$$\left.\begin{array}{l} e_4 = 200 \times 0.02 = 4 \\ e_5 = 200 \times 0.02 = 4 \end{array}\right\} 8$$

기업 4와 5의 기대빈도가 5보다 작은 것에 유의하자. 검정은 각 범주의 기대빈도가 5 이상이어야 한다. 이러한 결과를 위해, 기업 4와 5의 기대빈도를 결합한 8($e_4 + e_5 = 8$)의 결합빈도를 만든다. 우리는 e_4와 e_1 그리고 e_5와 e_2의 다른 결합관계를 만들 수 있다. 그러나 우리는 시장점유율이 더 낮은 기업에 대한 범주를 선택하기로 했다. 이러한 결합 이후 가설을 다시 수립한다.

H_0: $p_1 = 0.40, p_2 = 0.32, p_3 = 0.24, p_4 = 0.04$

H_A : 모든 시장점유율은 가설 값과 동일하지 않다.

자유도 $df = k - 1 = 3$이며, 우리는 다음과 같이 검정통계량을 계산한다.

$$\chi^2_3 = \Sigma\frac{(o_i - e_i)^2}{e_i} = \frac{(70 - 80)^2}{80} + \frac{(60 - 64)^2}{64} + \frac{(54 - 48)^2}{48} + \frac{(16 - 8)^2}{8}$$
$$= 1.25 + 0.25 + 0.75 + 8 = 10.25.$$

c. $\alpha = 0.05$일 때, 기각치는 $\chi^2_{0.05,3} = 7.815$이다. $\chi^2_3 > 7.815$이면, H_0 기각이다. 10.25가 7.815보다 크기 때문에 귀무가설은 기각되어 2010년 이후 시장점유율에 다소 변화가 생겼다고 결론을 내린다.

앞서 언급한 것처럼, 카이스퀘어 검정의 한 가지 한계는 비율들이 가설 값과 다르다고 말할 수 없다는 것이다. 하지만 시장점유율이 낮은 기업에 대한 관측빈도와 기대빈도 사이의 차이가 주어졌을 때, 이 산업에서 다소 진전된 결과를 보일지 모른다. 앞으로의 검정은 이러한 사례를 보기 위해 수행될 것이다.

연습문제 11.2

기본문제

15. n=250, k=4의 다항실험을 고려하자. 검정을 위한 귀무가설 H_0: $p_1 = p_2 = p_3 = p_4 = 0.25$이다. 실험에 대한 관측빈도는 다음과 같다.

범주	1	2	3	4
빈도	70	42	72	66

a. 대립가설을 세워라.
b. 5% 유의수준에서 기각치를 찾아라.
c. 검정통계량을 계산하라.
d. 가설검정의 결론은 무엇인가?

16. n=400, k=3의 다항실험을 고려하자. 검정을 위한 귀무가설 H_0: $p_1 = 0.60$, $p_2 = 0.25$, $p_3 = 0.15$이다. 실험에 대한 관측빈도는 다음과 같다.

범주	1	2	3
빈도	250	94	56

a. 대립가설을 세워라.
b. 검정통계량과 대략적인 p-값을 계산하라.
c. 5% 유의수준에서, 가설검정의 결론은 무엇인가?

17. 한 다항실험이 다음과 같은 결과를 제시했다.

범주	1	2	3	4	5
빈도	57	63	70	55	55

1% 유의수준에서 모비율이 동일하지 않다고 결론지을 수 있는가?

18. 한 다항실험이 다음과 같은 결과를 제시했다.

범주	1	2	3
빈도	128	87	185

유의수준 1%에서, H_0: $p_1 = 0.30$, $p_2 = 0.20$, $p_3 = 0.50$을 기각할 수 있는가?

응용문제

19. 당신은 카지노에서 비양심적인 직원이 주사위를 조작했다는 의심을 한다. 즉, 직원이 로드 주사위를 사용하고 있다. 이 주장을 검정하기 위해, 당신은 주사위를 200번 굴려 다음과 같은 빈도를 구했다.

범주	1	2	3	4	5	6
빈도	40	35	33	30	33	29

a. 당신의 주장을 검정하기 위한 귀무가설과 대립가설을 세워라.
b. 대략적인 p-값은?
c. 유의수준 10%에서, 주사위가 로드되었다는 결론을 내릴 수 있는가?

20. 2010년 9월과 10월 수행한 연구에서, 지난 학년도 신규 대학 졸업자를 고용했던 고용주가 다시 또 명확히 고용할 계획을 가진 것이 절반에도 못 미치는 것으로 나타났다(월스트리트저널, 2010.11.29). 응답자의 고용 의사에 대해 아래와 같이 가정한다.

확실한 고용	고용할 것 같음	고용 불확실	고용 안함
37%	17%	28%	18%

6개월 후, 500명의 고용주를 표본으로 고용 의사를 물어본 결과 다음의 응답을 얻었다.

확실한 고용	고용할 것 같음	고용 불확실	고용 안함
170	100	120	110

a. 초기 연구의 비율이 변경되었는가를 검정하기 위한 가설을 수립하라.
b. 5% 유의수준에서 기각치를 찾아라.
c. 검정통계량을 계산하라.
d. 가설검정의 결론은 무엇인가? 당신의 결과를 설명하라.

21. Rent-to-Own(RTO) 계약은 저소득층과 경제적으로 어려운 소비자들에게 매력적이다. 그것은 상품에 즉각적으로 접근할 수 있으며, 모든 대금 지급이 끝나면 소비자는 상품을 소유한다. 동시에, 상품을 위약금 없이 어떤 시점에서도 반품할 수 있다. 최근 연구에서 RTO 계약의 65%는 반품하고, 30%는 구매하고, 5%는 채무불이행으로 조사되었다고 가정하자. 이러한 주장의 타당성을 검정하기 위해, RTO 연구자는 420건의 RTO 거래 데이터를 조사하였다. 이 중 283건은 반품되었고, 109건은 구매되었으며, 나머지는 채무불이행이었다.

a. RTO의 반품, 구매, 채무불이행 비율을 검정하기 위한 가설을 수립하라.
b. 검정통계량을 계산하라.
c. 5% 유의수준에서 검정을 하고, 그 결과를 설명하라.

22. 짐바브웨의 고질적인 빈곤, 그리고 만연해 있는 정치적 갈등, 탄압으로 엉망이 된 경제에도 불구하고, 매년 수천 명의 사람들이 여전히 그곳을 향하고 있다(BBC뉴스, 2008.8.27). 주요 볼거리는 경이로운 빅토리아폭포, 고대 짐바브웨 유적, 그리고 돌아다니는 야생동물 무리들이다. 한 관광 관리자는 짐바브웨 방문자는 유럽, 북아메리카, 그리고 그 외의 나라들로 동일하다고 주장한다. 최근 짐바브웨를 방문한 관광객 380명을 대상으로 조사한 결과, 유럽 135명, 북아메리카 126명, 그리고 나머지 나라들이 119명이었다.

a. 최근 짐바브웨의 한 방문자는 관광 관리자의 주장이 잘못되었다고 믿고 있다. 방문자의 믿음을 지지할 수 있는 귀무가설

이 기각되는 가설을 수립하라.

b. 5% 유의수준에서 기각치를 사용하여 검정하라. 표본 데이터는 방문자의 믿음을 지지하는가?

23. 2003년, 전세계 백만장자들의 시장점유를 나타내는 세계 부자 보고서가 최초로 발간되었다(월스트리트저널, 2008.6.25). 이 시점에 전세계에서 백만 달러 이상의 가치를 가진 사람들의 분포는 다음과 같다.

지역	백만장자의 비율
유럽	35.7%
북아메리카	31.4%
아시아 태평양	22.9%
라틴아메리카	4.3%
중동	4.3%
아프리카	1.4%

최근 전세계 500명의 백만장자를 대상으로 조사한 결과가 다음과 같다.

지역	백만장자의 비율
유럽	153
북아메리카	163
아시아 태평양	139
라틴아메리카	20
중동	20
아프리카	5

a. 최근 백만장자의 분포가 2003년의 분포와 다른가를 $\alpha = 0.05$에서 검정하라.

b. 만약 $\alpha = 0.10$으로 검정했다면, 결론이 바뀌는가?

24. 미국 AP통신/GfK 여론조사는 미국 운전자의 38%가 미국차를 선호하고, 33%는 아시아 브랜드, 그리고 나머지 29%가 다른 해외 브랜드를 선호한다고 발표했다(http://www.msnbc.com, 2010.4.21). 이것은 미국 자동차 제조사들에게 의미심장한 개선을 강조한다. 특히 불과 몇년 전 GM과 크라이슬러는 살아남기 위해 정부의 도움이 필요했다. 미국사람들은 아마도 열정적인 제공으로 인해 더 밀접하게 보이는 미국 자동차 회사에 기부한다. 한 연구자는 "미국 구매" 심리는 대침체기 속에서 상징적인 미국기업이 깨쳐 나오는 것을 보기 위한 결과일지 모른다고 믿고 있다. 그는 미국 AP통신/GfK 여론조사 이후 자동차 선호도가 변했는지 의문을 가지고 있다. 그는 200명의 미국사람들을 조사하여, 미국, 아시아, 다른 해외 자동차의 선호가 66, 70, 그리고 64명이라는 것을 알았다. 유의수준 5%에서, 그가 미국 AP통신s/GfK 여론조사 이후 선호도가 변했다는 결론을 내릴 수 있는가?

11.3 독립성을 위한 카이스퀘어 검정

학습목표 11.4

독립성 검정의 실행

분할표는 동일한 모집단에 정의된 두 질적 변수를 실험하거나 비교하기를 원할 때 유용한 도구라고 학습했던 4장을 상기하자.

분할표

분할표(contingency table)는 각 칸이 x와 y값의 한 쌍에 대한 상호배반 조합을 표현하는 두 질적(범주) 변수 x와 y에 대한 빈도를 나타낸다.

이 절에서 우리는 두 질적 변수의 상호 종속성을 결정하기 위한 가설검정을 수행하기 위해 분할표의 자료를 사용한다. 적합도 검정은 하나의 질적 변수를 실험하는 반면에, **분할표의 카이스퀘어 검정**이라 불리는 **독립성 검정**은 두 질적 변수 사이의 관계를 평가한다. 이러한 검정을 사용하는 많은 예가 발생하고 있으며, 특히 마케팅, 생물의학 연구, 그리고 법원 등에서 사용된다. 예를 들어, 한 소매업자는 고객의 나이와 광고 선택 사이의 상관관계의 존재 여부를 알고자 할 수 있다. 의사들은 위수술을 통한 체중감량이 고도비만 환자의 수명을 연장할 수 있는가를 조사하길 원할 수 있다. 법원에서는 차별에 대한 소송에서 한 당사자의 성별과 승진이 독립사건인지 아닌지를 알아보려고 시도할지 모른다. 이러한 모든 예는 이 절에서 논의될 가설검정의 응용사례로 적합한 것이다.

도입사례에서 우리는 나이 그룹과 브랜드에 의해 교차 분류된 분할표를 제시했다. 특히 우리는 고객의 나이가 언더아머, 나이키, 그리고 아디다스의 의류 구매 결정에 영향을 미치는가를 알고자 한다. 5% 유의수준에서 검정을 할 것이다.

일반적으로, 독립성에 대한 통계적 검정을 위한 가설 수립은 두 질적 변수가 종속성이 있다는 결론을 야기할 때 귀무가설이 기각되는 형태로 수립된다. 가설의 형태는 다음과 같다.

H_0: 두 질적 변수는 독립적이다.

H_A: 두 질적 변수는 종속적이다.

나이와 브랜드로 분류한 데이터 기준이기 때문에, 우리는 다음과 같은 가설을 수립한다.

H_0: 나이 그룹과 브랜드는 독립적이다.

H_A: 나이 그룹과 브랜드는 종속적이다.

표 11.6은 도입사례의 표 11.1을 다시 나타낸 것이다. 나이 그룹 변수는 (1) 35세 미만과 (2) 35세 이상과 같은 두 개의 가능한 범주를 가진다. 브랜드 변수는 (1) 언더아머, (2) 나이키, 그리고 (3) 아디다스 세 개의 가능한 범주를 가진다. 표의 각 칸은 관측빈도 o_{ij}를 나타내며, 첨자 ij는 i번째 열과 j번째 행을 나타낸다. 그러므로 o_{13}은 첫 번째 열과 세 번째 행을 의미한다. 여기서 $o_{13} = 90$는 나이 35세 미만의 고객 90명이 아디다스 제품을 구매했다는 것이다.

표 11.6 나이와 브랜드명에 기반한 컴프레션의류의 구매

	브랜드		
나이 그룹	언더아머	나이키	아디다스
35세 미만	174	132	90
35세 이상	54	72	78

우리는 표본 데이터의 각 칸에 대한 기대빈도를 계산하여 귀무가설에서 수립한 독립성 가정을 사용한다. 즉, 우리는 먼저 의류를 구매한 고객의 나이와 브랜드 사이에 관계가 존재하지 않는 것으로 추정한다. 검정통계량을 계산하기 위해 관측 값과 기대빈도를 비교한다.

기대빈도 계산

쉽게 설명하기 위해 우리는 먼저 수리적 표기를 사용하여 각 사건(event)을 나타낸다. "35세 미만"과 "35세 이상"을 사건 A_1과 A_2라 하고, 언더아머, 나이키, 그리고 아디다스를 사건 B_1, B_2, B_3라 하자. 이제 각 행과 열에 대한 빈도를 합한다. 예를 들어, 사건 A_1에 대한 합은 396으로 A_1열에 있는 174, 132, 그리고 90의 값 합으로 구해진다. 다른 열과 행에 대한 합계는 표 11.7에 보여진다.

표 11.7 열과 행의 합계

나이 그룹	브랜드			열 합계
	B_1	B_2	B_3	
A_1	e_{11}	e_{12}	e_{13}	396
A_2	e_{21}	e_{22}	e_{23}	204
행 합계	228	204	168	600

우리의 목표는 i번째 열과 j번째 행인 첨자 ij의 각 칸에 대한 기대빈도 e_{ij}를 계산하는 것이다. 따라서 e_{13}은 첫 번째 열과 세 번째 칸으로 아디다스 제품을 구매하는 35세 미만 고객의 기대빈도이다.

기대빈도에 도달하기 전에, 먼저 주변 열 확률(35세 미만과 35세 이상 사람들의 비율)과 주변 행 확률(각 브랜드 제품을 구매한 사람들의 비율)을 계산한다. 주변 열(행) 확률은 전체 표본 크기로 열(행) 합을 나누어 계산한다.

주변 열 확률은 다음과 같다.

$$P(A_1) = \frac{396}{600} \text{ 과 } P(A_2) = \frac{204}{600}$$

주변 행 확률은 다음과 같다.

$$P(B_1) = \frac{228}{600}, P(B_2) = \frac{204}{600} \text{ 그리고 } P(B_3) = \frac{168}{600}$$

우리는 이제 4장의 독립사건에 대한 곱셈규칙에 의해 각 칸의 확률을 계산한다. 즉, 두 사건 A_1과 B_1 (귀무가설의 가정)이 독립이라면, 결합확률은 다음과 같다.

$$P(A_1 \cap B_1) = P(A_1)P(B_1) = \left(\frac{396}{600}\right)\left(\frac{228}{600}\right) = 0.2508$$

결합확률에 표본크기를 곱하여 기대빈도를 계산한다.

$$e_{11} = 600(0.2508) = 150.48$$

독립성 검정을 위한 기대빈도 계산

다음 공식에 따라 분할표의 각 칸에 대한 기대빈도를 계산한다.

$$e_{ij} = \frac{(i \text{ 열의 합})(j \text{ 열의 합})}{\text{표본크기}}$$

공식에 따라, 모든 기대빈도를 계산한다.

$$e_{11} = \frac{(396)(228)}{600} = 150.48 \quad e_{12} = \frac{(396)(204)}{600} = 134.64 \quad e_{13} = \frac{(396)(168)}{600} = 110.88$$
$$e_{21} = \frac{(204)(228)}{600} = 77.52 \quad e_{22} = \frac{(204)(204)}{600} = 69.36 \quad e_{23} = \frac{(204)(168)}{600} = 57.12$$

표 11.8은 각 칸의 기대빈도 e_{ij}를 나타낸다. 이 후 가정을 만족시키기 위해, 각 기대빈도 e_{ij}

는 5 이상이어야 한다. 여기서 이 조건은 만족된다. 예제 11.5에서 보여진 것처럼, 다른 응용 사례에서는 두 개 이상의 열과 행을 조합할 필요가 있을 것이다.

표 11.8 분할표에 대한 기대빈도

나이 그룹	브랜드 B_1	B_2	B_3	열 합계
A_1	15.48	134.64	110.88	396
A_2	77.52	69.36	57.12	204
행 합계	228	204	168	600

독립성 검정을 할 때, 카이스퀘어 검정통계량 χ^2_{df}을 계산한다. 2절에서 설명한 것과 같이 χ^2_{df}은 기대빈도로부터 관측빈도가 얼마나 차이가 있는가를 측정하는 것이다. χ^2_{df}의 최소값은 0으로 각 관측빈도가 기대빈도와 동일할 때 발생한다. 따라서 독립성 검정은 우측 검정을 암시한다.

독립성 검정을 위한 검정통계량

r열과 c행을 가진 분할표에 대한 검정통계량 값은 다음과 같이 계산된다.

$$\chi^2_{df} = \sum_i \sum_j \frac{(o_{ij} - e_{ij})^2}{e_{ij}}$$

여기서 $df = (r - 1)(c - 1)$이며, o_{ij}와 e_{ij}는 i열과 j행에 대한 관측빈도와 기대빈도이다.

주의: 검정은 각 범주에 대한 기대빈도가 5 이상이라면 타당하다.

분할표에 2개의 열과 3개의 행을 가질 때, 자유도는 $df = (r - 1)(c - 1) = (2 - 1)(3 - 1) = 2$로 계산된다. 검정통계량 값을 계산하는 공식을 적용하면 다음과 같다.

$$\begin{aligned}\chi^2_2 &= \frac{(174 - 150.48)^2}{150.48} + \frac{(132 - 134.64)^2}{134.64} + \frac{(90 - 110.88)^2}{110.88} \\ &+ \frac{(54 - 77.52)^2}{77.52} + \frac{(72 - 69.36)^2}{69.36} + \frac{(78 - 57.12)^2}{57.12} \\ &= 3.68 + 0.05 + 3.93 + 7.14 + 0.10 + 7.63 = 22.53.\end{aligned}$$

5%의 유의수준과 $df = 2$로 주어졌을 때, 기각치는 $\chi^2_{\alpha,df} = \chi^2_{0.05,2} = 5.991$로 찾는다. 따라서, 의사결정 규칙은 $\chi^2_2 > 5.991$이면, H_0 기각이다. $\chi^2_2 = 22.53 > 5.991$이기 때문에, H_0는 기각된다. 5% 유의수준에서, 두 질적 변수는 종속적이라는 결론을 내린다. 즉, 의류를 구매한 소비자의 나이와 브랜드 사이는 관계가 존재한다.

항상 그렇듯이 우리는 가설검정에서 기각치에 의한 접근방법보다 p-값 접근방법을 사용해서 위의 가설검정을 수행할 수 있다. 여기서 p-값은 $P(\chi^2_2 \geq 22.53)$이다. 이전 논의처럼, '=CHISQ.DIST.RT(22.53, 2)'을 호출하여 가져온 정확한 p-값을 엑셀을 이용하여 계산할 수 있다. 엑셀은 1.28×10^{-5}의 p-값으로 거의 0 값을 보인다. 다시 유의수준 5%가 주어졌을 때, 우리는 귀무가설을 기각하고, 나이 그룹과 브랜드는 서로 독립이 아니라는 결론을 내린다.

예제 11.6

자동차 쇼핑객들 가운데 성별 선호도에 대한 최근 연구는 남자와 여자 모두 동일하게 경제적인 자동차를 선호하는 것으로 나왔다(http://www.cargurus.com, 2011.2.14). 마케팅 분석가는 이러한 결과에 의심을 가졌다. 그는 사람의 성별이 경제적인 자동차 구매에 영향을 미친다고 믿고 있다. 그는 성별과 자동차 유형(경제적 자동차 대 비경제적 자동차)에 의한 교차분류로 400명의 최근 자동차 구매에 관한 자료를 수집했다. 표 11.9는 그 결과를 나타낸다. 10% 유의수준에서 표본 데이터가 시장 분석가의 주장을 지지하는가를 결정하라.

표 11.9 성별에 따른 자동차 선호도

성별	자동차 유형		열 합계
	경제적 자동차	비경제적 자동차	
여성	50	60	110
남성	120	170	290
행 합계	170	230	400

풀이: 경제적 자동차 구매와 성별 사이의 종속성을 결정하기 위해, 우리는 다음과 같은 가설을 수립한다.

H_0: 성별과 자동차 유형은 독립이다.

H_A: 성별과 자동차 유형은 종속이다.

분할표는 2개의 열($r = 2$)과 2개의 행($c = 2$)으로, 자유도 $df = (r - 1)(c - 1) = 1$이다. $\alpha = 0.10$일 때, 기각치는 $\chi^2_{0.10,1} = 2.706$이다.

독립성 검정에 대한 검정통계량은 $\chi^2_{df} = \sum_i \sum_j \frac{(o_{ij} - e_{ij})^2}{e_{ij}}$로 계산된다. 표 11.9의 각 칸은 관측도수 o_{ij}이다. 따라서 공식을 적용하기 전에, 각 칸에 대한 기대도수 e_{ij}를 계산한다.

$$e_{11} = \frac{(110)(170)}{400} = 46.75 \qquad e_{12} = \frac{(110)(230)}{400} = 63.25$$

$$e_{21} = \frac{(290)(170)}{400} = 123.25 \qquad e_{22} = \frac{(290)(230)}{400} = 166.75$$

이제 검정통계량을 계산한다.

$$\chi^2_1 = \frac{(50 - 46.75)^2}{46.75} + \frac{(60 - 63.25)^2}{63.25} + \frac{(120 - 123.25)^2}{123.25} + \frac{(170 - 166.75)^2}{166.75}$$
$$= 0.23 + 0.17 + 0.09 + 0.06 = 0.55.$$

$\chi^2_1 = 0.55 < 2.706$으로, 우리는 귀무가설을 기각하지 않는다. 표본 데이터는 경제적 자동차 구매에 성별 차이가 존재한다는 시장 분석가의 주장을 지지하지 않는다.

사례요약

언더아머는 컴프레션의류 시장을 개척했다. 컴프레션의류는 덥거나 추운 날씨에 운동하는 동안 착용자의 몸으로부터 습도를 유지해준다. 언더아머는 2005년 11월 기업공개 후 급속한 성장을 경험했지만(USA투데이, 2010.6.16), 나이키와 아디다스 역시 컴프레션의류 시장에 적극적으로 진입했다. 한 분석가는 컴프레션의류 시장에서 구매가 이루어질 때 고객의 나이가 중요한지 실험을 수행했다. 이 정보는 언더아머뿐만 아니라, 시장에서 경쟁자와 소매업자에게 그 기업의 광고 노력을 얼마나 집중할 것인지에 관련이 있다. 데이터는 컴프레션의류 시장에서 최근 구매한 600개를 수집했으며, 나이 그룹과 브랜드에 따라 교차분류되었다. 독립성 검정은 5% 유의수준에서 수행되었다. 그 결과 고객 나이와 브랜드는 서로 관련이 있다고 제안되었다. 나이가 구매 브랜드에 영향을 미치기 때문에, 언더아머가 최근 그들 제품의 홍보를 위해 NFL(북미 프로 풋볼 리그) 쿼터백 톰 브래디(Tom Brady)와 계약한 것은 놀라운 일이 아니다. 이것은 젊은 소비자들을 매혹시킬 것이다. 브래디는 언더아머와 계약하기 전 나이키와 대부분의 경력을 함께 보냈다.

연습문제 11.3

기본문제

25. 독립성 검정을 가정하자. 다음 상황에서 기각치를 정하라.
   a. $r = 3, c = 3, \alpha = 0.10$
   b. $r = 4, c = 5, \alpha = 0.05$

26. 독립성 검정을 가정하자. 다음 상황에서 기각치를 정하라.
   a. $r = 5, c = 2, \alpha = 0.025$
   b. $r = 3, c = 5, \alpha = 0.01$

27. 다음과 같은 분할표가 주어졌다. (a) 기각치와 (b) *p*-값을 사용하여 5% 유의수준에 대한 독립성 검정을 하라.

변수 B	변수 A	
	1	2
1	23	47
2	32	53

28. 다음과 같은 분할표가 주어졌다. (a) 기각치와 (b) *p*-값을 사용하여 5% 유의수준에 대한 독립성 검정을 하라.

변수 B	변수 A			
	1	2	3	4
1	120	112	100	110
2	127	115	120	124
3	118	115	110	124

응용문제

29. 구직사이트 CareerBuilder.com에 대한 해리스인터랙티브사의 온라인 조사에 따르면(InformationWeek.com, 2007.9.27), IT 종사자의 50% 이상이 근무중 잠을 잤다고 말했다. 정부 공무원 중 64 %도 근무중 잠을 잤다고 인정했다. 다음의 분할표는 조사결과를 가정한다.

근무중 잠을 잤는가?	직업 범주	
	IT 직종	공무원
예	155	256
아니오	145	144

   a. 근무중 잠을 자는 것이 직업 범주와 관련된 것인지 결정하기 위한 가설을 수립하라.
   b. 검정통계량을 계산하라.
   c. *P*-값 근사치를 구하라.
   d. 5% 유의수준에서, 근무중 잠을 자는 것이 직업 범주에 종속되었다는 결론을 내릴 수 있는가?

30. 자동차회사에 대한 한 시장조사원은 남성과 여성 구매자들 사이에 선호하는 색상의 차이가 있다는 것에 의문이 들었다. 만약 차이가 존재한다면, 서로 다른 그룹을 목표로 하는 광고가 그러한 차이를 가지는 고객별로 이루어져야 한다. 그 조사원은 3가지 색상이 있는 특별한 자동차의 가장 최근 판매정보를 실험한다.

	자동차 구매자의 성별	
색상	남성	여성
은	470	280
검정	535	285
빨강	495	350

a. 선호 색상이 성별에 종속되었는가를 결정하기 위한 가설을 수립하라.
b. 1% 유의수준에서 기각치를 찾아라.
c. 검정통계량을 계산하라.
d. 당신의 결론은 회사가 남성과 여성에 대해 다른 목표 광고를 제시해야 하는 것인가? 설명하라.

31. 다음 표본 데이터는 3개의 공급업체로부터 한 대기업에 납품된 물품을 나타낸다.

공급업체	불합격	합격
1	14	112
2	10	70
3	22	150

a. 품질과 납품하는 공급업체가 관련이 있는가를 결정하기 위한 가설을 수립하라.
b. 기각치를 이용하여 1% 유의수준에서 검정을 실시하라.
c. 기업은 납품하는 공급업체에 대한 걱정을 해야 하는가? 설명하라.

32. 퓨 리서치센터의 2008년 조사에 따르면, 중국 사람들은 대호황인 경제와 그들 국가의 방향에 매우 만족하고 있다(USA투데이, 2008.7.22). 조사된 사람들의 86%는 중국이 진행하는 방향에 긍정적으로 표현했으며, 경제상황도 좋다고 응답했다. 한 정치 분석가는 중국인들 사이의 이러한 낙관론이 나이와 관계가 있는지 알고자 한다. 중국거주자 중 280명에 대한 독립적 조사에서, 응답자에게 그들 국가가 취하는 방향이 얼마나 행복을 주는가 물었다. 응답 결과는 아래 표와 같다.

나이	매우 행복	다소 행복	행복하지않음
20 이상 40 미만	23	50	18
40 이상 60 미만	51	38	16
60 이상	19	45	20

a. 중국의 방향에 대한 낙관론이 응답자의 나이와 관계가 있는가를 검정하기 위한 적절한 가설을 수립하라.
b. 검정을 위한 p-값을 엑셀을 사용하여 계산하라.
c. 1% 유의수준에서, 중국인들 사이의 낙관론이 나이와 관계가 있다고 말할 수 있는가?

33. Massachusetts Community & Banking Council의 조사는 흑인과 라틴아메리카계가 백인과 동일한 이자율로 돈을 빌릴 수 없다는 것을 발견했다(보스턴글로브, 2008.2.28). 다음 분할표는 보스턴시에서 나타난 인종과 받은 이자율의 유형을 교차분류한 자료이다.

	대출에 대한 이자율 유형	
인종	고 이자율	저 이자율
흑인	553	480
라틴아메리카	265	324
백인	491	3701

5% 유의수준에서, 이 자료가 대출 상에서 받은 이자율이 인종과 관계를 보이는가? 상세히 설명하라.

34. 2004년 2월에 설립된 페이스북은 사람들이 친구나 가족과의 의사소통에 도움을 주는 사회적 기업이다. 단 6년만에, 페이스북은 5억명 이상의 활동적인 사용자를 확보하였고, 임의 날에 그중 50%는 페이스북에 접속한다. 한 개발자는 3,000명의 페이스북 사용자에 대한 조사에서, 왜 페이스북 사용자들이 관계를 끝내는지를 조사했다(월스트리트저널, 2010.11.27~28).

	성별	
결별 이유	남성	여성
비승인	3%	4%
거리	21%	16%
기만	18%	22%
흥미 상실	28%	26%
기타	30%	32%

조사는 남자 1,800명과 여자 1,200명으로 구성되었다. 1% 유의수준에서, 결별 이유와 성별 사이에 관계가 있는가를 결정하기 위해 주어진 데이터를 사용하라. 상세히 설명하라.

통계를 사용한 글쓰기

최근의 온라인 데이트 현상은 친구나 가족을 통하는 것처럼 이메일이나 가상중매서비스를 통한 만남으로 장래의 커플이 되는 것 같다(CNN, 2012.2.6). 배우자 선택에서 성별 차이를 보기 위한 연구들은 여성이 상대의 인종과 경제적 안정을 더 크게 강조하는 반면, 남성은 주로 여성의 육체적 매력을 보는 것으로 조사되었다. USA투데이(2012.2.2)에서 보고한 최근 조사결과는 여성의 13%와 남성의 8%가 유사한 민족적 배경의 상대를 원하는 것을 보였다. 동일한 조사에서, 여성의 36%와 남성의 13%가 자신들이 버는 정도의 수입이 있는 사람을 만나기를 원하는 것으로 보고되었다.

오하이오 주 신시네티에서 조그만 중매서비스업을 하는 안카(Anka Wilder)는 그녀의 고객들에도 비슷한 유형이 존재하는지를 알고자 한다. 그녀는 여성 160명과 남성 120명의 선호도에 접근했다. 이 표본에서 그녀는 여성 28명과 남성 12명의 고객이 동일한 민족적 배경의 상대에게 관심을 가진다는 것을 알았다. 또한 여성 50명과 남성 10명은 그들이 버는 만큼의 수입이 있는 상대에게 관심을 가진다.

안카는 이 표본을 사용하여 다음을 알고자 한다.

1. 동일한 민족적 배경의 상대에게 관심이 가는 여성의 비율이 남성보다 상당히 더 큰가를 결정하라.
2. 그들이 버는 정도의 수입이 있는 상대에게 관심을 갖는 여성의 비율이 남성보다 20% 이상인지 결정하라.

보고서 예시 – 온라인 데이트 선호도

인터넷의 등장으로, 대인관계에 있어서 비슷한 취미, 종교, 그리고 문화적 배경을 가진 개인들을 연결하는 온라인 데이트 서비스가 급등하고 있다. 인터넷이 초기단계였던 1992년에는 미국인 중 1% 미만이 온라인 데이트 서비스를 통해 상대방을 만났다. 2009년 현재, 남녀 커플의 22%와 동성 커플 61%가 온라인 만남을 한다고 보도되었다(CNN, 2012.2.6). 최근 조사는 유사한 민족적 배경의 누군가를 만나길 바라는 여성의 비율이 남성보다 더 높다고 제안한다. 또한, 그들이 버는 정도의 수입이 있는 누군가를 만나기 원하는 여성과 남성의 비율 차이가 20% 이상이라고 한다.

오하이오 주 신시네티에서 온라인 데이트를 하는 고객에 대해 성별 차이가 유사하게 존재하는지를 결정하기 위한 두 가지 가설 검정을 수행했다. 표본은 여성 160명과 남성 120명의 응답으로 구성된다. 표 11.A는 검정 결과에 대한 요약을 보여준다.

표 11.A 가설 검정을 위한 검정통계량과 p-값

가설	검정통계량	p-값
$H_0: p_1 - p_2 \le 0$ $H_A: p_1 - p_2 > 0$	$z = \dfrac{0.175 - 0.10}{\sqrt{0.1429(1-0.1429)\left(\frac{1}{160}+\frac{1}{120}\right)}} = 1.77$	0.0384
$H_0: p_1 - p_2 \le 0.20$ $H_A: p_1 - p_2 > 0.20$	$z = \dfrac{0.3125 - 0.0833 - 0.20}{\sqrt{\frac{0.3125(1-0.3125)}{160}+\frac{0.0833(1-0.0833)}{120}}} = 0.66$	0.2546

첫 번째로 동일한 민족의 상대에게 관심이 가는 여성 비율 p_1이 남성 비율 p_2보다 상당히 더 크다는 검정을 한다. 260명의 여성 중 28명이 이 특성으로 조사되었으며, 표본비율은 $\bar{p}_1 = 28/160 = 0.175$이다. 비슷하게 남성의 표본비율은 $\bar{p}_2 = 12/120 = 0.10$이다. 표 11.A의 첫 번째 열은 이 검정을 위한 가설, 검정통계량, 그리고 p-값을 나타낸다. 5% 유의수준에서, 동일한 민족의 상대에게 관심이 가는 여성 비율이 남성보다 크다. 두 번째 검정에서, p_1과 p_2는 그들이 버는 정도의 수입이 있는 상대를 좋아하는 여성과 남성의 비율이다. 여기서 표본비율은 $\bar{p}_1 = 50/160 = 0.3125$와 $\bar{p}_2 = 10/120 = 0.0833$이다. 표 11.A의 두 번째 열은 이 검정을 위한 가설, 검정통계량, 그리고 p-값을 보인다. 5% 유의수준에서, 그들이 버는 정도의 수입이 있는 상대에게 더 많은 관심이 가는 여성의 비율이 남성의 비율보다 20% 이상의 차이가 나지 않는다. 온라인 데이트는 상대적으로 새로운 시장이고, 그러한 정보는 개인적 관계에 대한 조사뿐만 아니라 서비스 제공자에게도 중요하다.

개념정리

학습목표 **11.1** 독립표본에서 두 모비율 사이의 차이에 대한 추론

두 모비율 사이의 차 $p_1 - p_2$**에 대한** $100(1-\alpha)\%$의 **신뢰구간**(confidence interval)은 $(\bar{p}_1 - \bar{p}_2) \pm z_{\alpha/2}\sqrt{\frac{\bar{p}_1(1-\bar{p}_1)}{n_1} + \frac{\bar{p}_2(1-\bar{p}_2)}{n_2}}$으로 주어졌다.

두 모비율 사이의 차 $p_1 - p_2$**에 대한 가설검정을 수행**할 때, **검정통계량**은 다음과 같다.

- p_1과 p_2 사이의 가설된 차이 d_0가 0이라면, 검정통계량 값은 $z = \frac{\bar{p}_1 - \bar{p}_2}{\sqrt{\bar{p}(1-\bar{p})\left(\frac{1}{n_1} + \frac{1}{n_2}\right)}}$. 합동 표본비율은 $\bar{p} = \frac{x_1 + x_2}{n_1 + n_2} = \frac{n_1\bar{p}_1 + n_2\bar{p}_2}{n_1 + n_2}$이다.
- p_1과 p_2 사이의 가설된 차이 d_0가 0이 아니라면, 검정통계량 값은 $z = \frac{(\bar{p}_1 - \bar{p}_2) - d_0}{\sqrt{\frac{\bar{p}_1(1-\bar{p}_1)}{n_1} + \frac{\bar{p}_2(1-\bar{p}_2)}{n_2}}}$이다.

학습목표 **11.2** χ^2 분포의 모양에 대한 논의

χ^2 **분포**는 각 분포가 특정 자유도 df에 따라 달라지는 분포 군의 특징이 있다. 그래서 일반적으로 χ^2_{df} 분포라 한다. 또한 0에서부터 무한대의 값을 가지는 양으로 치우쳐졌다. 자유도 df가 더 커지면, χ^2_{df} 분포는 정규분포에 접근한다.

학습목표 **11.3** 다항실험에 대한 적합도 검정의 실행

다항실험은 각 시행에서 k개의 가능한 결과(범주)를 나타내는 연속적인 n번의 독립적이고 동일한 시행으로 구성된다. i 번째 범주에 대한 확률 p_1는 동일하고, 확률들의 합은 1이다.

적합도 검정(goodness-of-fit test)은 모비율이 사전에 정의된(가설된) 어떤 값과 동일한가를 결정하기 위해 실시된다. **검정통계량**은 $\chi^2_{df} = \Sigma\frac{(o_i - e_i)^2}{e_i}$이며, 여기서 $df = k - 1$이며, o_i와 $e_i = np_i$는 범주 i 번째에 대한 관측빈도와 기대빈도이다. 각 범주에 대한 기대빈도가 5 이상이라면 타당하다. 이 검정은 항상 우측 검정을 의미한다.

학습목표 11.4 **독립성 검정의 실행**

적합도 검정은 하나의 질적 변수를 실험하는 반면에, **분할표에 의한 카이스퀘어 검정**이라 불리는 **독립성 검정**은 같은 모집단에 의한 두 질적 변수 사이의 관계를 분석한다. 분할표는 두 질적 변수 x와 y에 대한 빈도를 나타낸다. 각 칸은 x와 y값의 한 쌍에 대한 상호배반 조합을 나타낸다.

두 변수 사이에 관계가 있는가를 결정하기 위해, 관측빈도와 기대빈도를 비교한다. 각 칸에 대한 기대빈도는 $e_{ij} = \dfrac{(i \text{ 열의 합})(j \text{ 열의 합})}{\text{표본크기}}$으로 계산된다.

카이스퀘어 **검정통계량**은 $\chi^2_{df} = \sum_i \sum_j \dfrac{(o_{ij} - e_{ij})^2}{e_{ij}}$으로 계산된다. 여기서 o_{ij}와 e_{ij}는 i열과 j행에 대한 관측빈도와 기대빈도이다. 자유도는$(r - 1)(c - 1)$이고, r과 c는 분할표의 열과 행 수이다. 독립성 검정은 항상 우측 검정을 의미하며, 각 칸에 대한 기대빈도가 5 이상이면 타당하다.

추가 연습문제와 사례연구

35. 최근 보스턴 보건당국은 주민들 중 남성 6%와 대조적으로 여성 14%가 천식에 시달리고 있다고 보고했다(보스턴글로브, 2010.8.16). 연구에는 250명의 여성과 200명의 남성이 응답했다.
    a. 천식에 시달리는 여성의 비율이 남성보다 더 크다는 검정을 위한 적절한 귀무가설과 대립가설을 수립하라.
    b. 검정통계량과 p-값을 계산하라.
    c. 5% 유의수준에서, 결론은 무엇인가? 데이터는 여성이 남성보다 천식에 더 시달린다고 제시하는가?

36. 우울증은 매일 수백만 명의 미국인들을 불행에 빠뜨린다. 새로 실시된 연방 조사는 18~24세 성인의 10.9%, 그리고 65세 이상 성인의 6.8%에서 약간의 우울증이 확인되었다고 보고했다(보스턴글로브, 2010.10.18). 조사에는 250명의 젊은 성인(18~24세)과 200명의 노인(65세 이상)이 응답했다.
    a. 우울증에 시달리는 젊은 성인의 비율이 우울증에 시달리는 노인 비율보다 더 크다는 검정을 위한 적절한 귀무가설과 대립가설을 수립하라.
    b. 검정통계량과 p-값을 계산하라.
    c. 5% 유의수준에서, 결론은 무엇인가? 데이터는 젊은 성인이 노인보다 우울증에 더 시달린다고 제시하는가?

37. 미 교통부가 발표한 새로운 숫자는 미국에서 정시도착 비행기가 예전보다 더 적다는 것을 의미한다. 활기없는 수행에 대해 제시된 해명은 부족한 인원의 항공사, 많은 수의 여행객, 그리고 과도한 항공교통관제 등이다. 한 교통분석가는 두 개의 주요 국제공항(뉴욕의 JFK공항과 시카고의 오헤어공항)의 능력 비교에 관심이 있다. 그녀는 JFK에의 정시도착이 70%인 데 비해 오헤어에의 정시도착은 63%인 것을 발견했다. 이 비율은 두 공항에서 각각 200대의 비행기를 기반으로 한다. 분석가는 JFK의 정시도착 비율이 오헤어의 정시도착 비율보다 5% 이상이라고 믿고 있다.
    a. 교통분석가의 믿음을 검정하기 위한 가설을 수립하라.
    b. 검정통계량을 계산하라.
    c. 위의 주장을 검정하기 위한 p-값 방법을 사용하라.
    d. 기각치로 분석을 다시 하라.

38. 다음 표는 특정 산업의 4개 기업의 2010년 시장점유율과 2011년 매출액을 나타낸다.

기업	2010년 시장점유율	2011년 총매출액(백만 달러)
1	0.40	200
2	0.30	180
3	0.20	100
4	0.10	70

    a. 2011년 시장점유율이 2010년 시장점유율과 일치하는지 검정하기 위한 가설을 수립하라.
    b. 1% 유의수준에서, 기각치를 찾아라.
    c. 검정통계량을 계산하라.
    d. 표본 데이터는 시장점유율이 2010년부터 2011년까지 변했다는 것을 제시하는가?

39. 한 연구는 항공사들이 야간비행에 대한 요건을 올림으로써 저가요금제에 대한 규제를 강화하였다고 주장한다 (The Wall Street Journal, August 19, 2008). 이것은 최대한 유연성이 필요하고 주말에는 가정에서 보내기를 원하는 비즈니스 여행자들에게 비행

비용을 더 지불하게 강요할 것이다. 8개월 전에 야간비행에 대한 요건은 다음과 같았다.

하루 밤	이일 밤	삼일 밤	토요일 밤
37%	17%	28%	18%

644개의 비행에 대한 최근의 표본에서 다음과 같은 규제를 발견하였다.

하루 밤	이일 밤	삼일 밤	토요일 밤
117	137	298	92

a. 최근 비율이 연구에서 인용한 것과 다른지를 검정하기 위한 가설을 수립하라.
b. 5% 유의수준에서 기각치를 찾아라.
c. 검정통계량을 계산하라.
d. 가설 검정의 결론은 무엇인가? 결과를 해석하라.

40. 한 지역 TV 방송국은 A 후보자 지지율이 60%, B 후보자 지지율이 30%, 그리고 C 후보자 지지율이 10%라고 주장한다. 등록된 유권자 500명을 조사했다. 첨부된 표는 그들이 어떻게 투표를 하는가를 나타낸다.

후보자 A	후보자 B	후보자 C
350	125	25

a. TV 방송국의 주장을 자료에 의해 기각할 수 있는 가설을 수립하라.
b. 1% 유의수준에서 가설을 검정하기 위해 p-값 방법을 사용하라.

41. 불과 2004년에 설립되었지만 페이스북은 어떤 특정한 날 접속한 50%가 500만명 이상의 적극적 사용자이다. 페이스북의 최근 조사에서, 젊은 사용자(1984년 이후 출생자)에게 관계 단절에 대한 소식을 알리기 위해 그들이 선호하는 것에 대해 물었다(월스트리트저널, 2010.11.27~28). 한 가지 충격적 결과는 47%의 사용자만이 본인이 소식을 전하는 것을 선호한다는 것이었다. 한 연구자는 200명의 젊은 페이스북 사용자를 표본으로 페이스북의 조사결과를 증명하기로 결심했다. 페이스북과 연구자의 조사에 대한 선호 백분율이 다음 표와 같다.

전달방법	페이스북 결과	연구자의 결과
본인	47%	55%
전화	30%	28%
이메일	4%	8%
페이스북	5%	3%
인스턴트 메시지	14%	6%

5% 유의수준에서, 연구자의 결과가 페이스북의 조사결과와 일치하지 않는다는 것을 검정하라. P-값 방법을 사용하고 자세히 설명하라.

42. 미국의학협회에 실린 최근 한 연구(2008.2.20)는 병원에 있는 동안 심장마비가 발생한 환자가 11시 이후에 발생한다면 사망자가 더 많다는 것을 발견했다. 연구는 낮과 밤 동안 심장마비가 발생한 58,593명의 환자를 조사했다. 그 중 11,604명은 생존하여 병원을 퇴원했다. 28,155명은 오후 11시에 시작되는 야간근무조 교대근무 동안 발생했다. 그 중 4,139명이 생존해 퇴원했다. 다음 분할표는 연구결과를 요약한 것이다.

교대근무	생존 후 퇴원	생존 못하고 사망	합계
낮과 저녁 근무	11,604	46,989	58,593
야간 근무	4,139	24,016	28,155
합계	15,743	71,005	86,748

a. 환자의 생존이 심장마비 발생시간에 달려있는가를 결정하기 위한 가설을 수립하라.
b. 1% 유의수준에서, 기각치를 찾아라.
c. 검정통계량을 계산하라.
d. 검정의 결론은 무엇인가? 심장마비 시간이 퇴원을 위한 환자의 생존 유무에 대해 독립적으로 일어나는가? 어떤 권고안을 병원에 줄 수 있는가? 답을 제시하라.

43. 한 분석가는 나스닥의 어떤 주식들의 가격은 그들이 속한 산업에 독립적인지를 알아보기로 했다. 그녀는 4개 산업을 검토했으며, 3개 범주(고가, 평균가, 저가) 중의 하나로 이들 산업의 주식 가격을 분류했다.

주식 가격	산업			
	I	II	III	IV
고가	16	8	10	14
평균가	18	16	10	12
저가	7	8	4	9

a. 주식 가격이 산업에 달려있는지를 결정하기 위한 가설을 수립하라.
b. 검정통계량을 계산하라. 표에서 대략적 p-값을 찾거나 엑셀을 이용하여 정확한 p-값을 계산하라.
c. 1% 유의수준에서, 분석가는 어떤 결론을 내릴 수 있는가?

44. 많은 부모들이 자녀들의 ADHD(주의력결핍 과잉행동장애)를 치료하기 위해 약초치료법인 고추나물에 의지한다. 미국의학협회지(2008.6.11)는 최근 약초의 효과를 분석한 논문을 게재했다. ADHD가 있는 아이들에게 고추나물 캡슐과 속임약을 무작위로 할당하여 섭취하게 했다. 첨부된 분할표는 연구에서 발견한 결과를 대략적으로 반영한 것이다.

처방	ADHD의 효과	
	ADHD 변화없음	ADHD 개선
고추나물	12	15
속임약	14	13

5% 유의수준에서, 주어진 자료는 고추나물이 ADHD를 가진 아

이들에게 영향을 주었는가?

45. 최근 여론조사는 16~21세 사이의 3,228명에게 미군에 입대를 할 것인가에 대해 물었다. 성별과 인종에 따라 분류된 다음 표는 현역 군복무를 할 가능성이 있다고 응답한 사람들을 나타낸다.

성별	인종		
	히스패닉	흑인	백인
남성	1,098	678	549
여성	484	355	64

출처: 2005년 10~12월까지 미국인 3,228명을 대상으로 국방부 인적자원활동의 전화 여론조사

a. 군복무를 선택할 때 인종과 성별이 종속적인지 검정하기 위한 가설을 수립하라.

b. 5% 유의수준에서, 기각치를 사용하여 검정하라.

46. 불안정한 경제와 높은 난방비용으로 인해 많은 가구들이 공과금 납부에 어려움을 겪고 있다(월스트리트저널, 2008.2.14). 특히 프로판가스와 난방기름을 사용하는 가구들에게 더 큰 어려움을 가져다 준다. 많은 이들 가구들은 천연가스와 전기로 난방을 하는 가구들과 비교했을 때, 이번 겨울을 따뜻하게 보내기 위해 두 배의 난방비를 지출한다. 난방 유형이 가구의 공과금 체납에 영향을 미치는지 조사하기 위해 500가구의 대표 표본을 뽑았다. 다음 표는 그 결과를 보여준다.

체납 여부	난방 유형			
	천연가스	전기	난방기름	프로판
예	50	20	15	10
아니오	240	130	20	15

5% 유의수준에서, 난방 유형이 가구의 공과금 체납에 영향을 미치는지 검정하라. 그 결과를 해석하라.

47. 인구조사에 따르면, 집에서 두 부모와 함께 사는 아이의 비율은 아시아인이 가장 높고 흑인이 가장 낮다(USA투데이, 2009.2.26). 집에서 두 부모와 함께 사는 아이들은 아시아인의 85%, 백인의 78%, 히스패닉의 70%, 그리고 흑인의 38%로 보고되었다. 백인 280명, 아시아인 50명, 히스패닉 100명, 그리고 흑인 70명인 학교의 학생 500명을 가정한다.

a. 인종(아시아인, 백인, 히스패닉, 흑인)과 양부모 존재(예 또는 아니오)의 질적 변수에 대한 빈도를 나타내는 분할표를 작성하라.

b. 1% 유의수준에서, 인종과 양부모 존재 사이에 종속성이 있는지 결정하기 위한 검정을 수행하라.

사례연구

사례연구 11.1

최근 연구에 따르면, 휴대폰은 친구와 가족을 연결시켜주는 십대의 주요 매체이다(CNN, 2012.3.19). 요즘에는 휴대전화의 문자메시지가 십대들 삶의 일부분이 되었다. 나이든 십대(14~17세)의 90%와 젊은 십대(12~13세)의 60%가 휴대폰을 가지고 있다고 추정되었다. 더욱이 휴대폰을 가진 4명 중 1명은 스마트폰을 사용한다. 수잔(Susan Alder)은 아이오와 주 에임즈의 대학촌에 있는 AT&T 매장에서 일한다. 그녀는 위의 연구에서 보고된 패턴이 에임즈의 십대에게도 적용되는지 결정하는 임무를 가졌다. 그녀는 나이든 십대 120명과 젊은 십대 90명을 조사했다. 그녀의 표본에는 나이든 십대 100명과 젊은 십대 48명이 휴대폰을 가지고 있다. 또한 그녀는 26명의 나이든 십대와 9명의 젊은 십대가 스마트폰을 사용한다는 것을 알았다.

위 정보를 사용하여 다음 결과를 작성하라.

1. 휴대폰을 가진 나이든 십대의 비율이 젊은 십대의 비율보다 20% 이상인지 5% 유의수준에서 결정하라.
2. 휴대폰을 가진 십대 중 스마트폰을 사용하는 나이든 십대의 비율이 젊은 십대보다 더 크다는 것을 유의수준 5%에서 결정하라.

사례연구 11.2

퓨 리서치센터 포럼에서 내놓은 종교와 공공생활에 관한 보고서에서 미국인의 종교적 신념과 실천에 관한 상세연구는 종교가 개인의 삶에 매우 중요하다고 나타났다(보스턴글로브, 2008.6.24). 아래 표의 두 번째 행은 종교에 대해서 어떤 측면의 느낌을 가지는 미국인의 비율을 나타낸다. 이 연구는 또한 매사추세츠 주 주민이 종교적이라고 말하는 것이 가장 적다는 결론을 내린다. 이 주장을 검정하기 위해, 매사추세츠 주 주민 400명을 무작위로 선택하여 그/그녀의 삶에 종교가 중요한지를 물었다. 조사결과는 첨부된 표의 마지막 행에 보여진다.

사례연구 11.2의 데이터 종교의 중요성, 미국 대 매사추세츠

종교의 중요성	미국인 결과	매사추세츠 주 주민 응답
매우 중요	0.58	160
다소 중요	0.25	140
중요하지 않음	0.15	96
모름	0.02	4

위 정보를 사용하여 다음 결과를 작성하라.

1. 매사추세츠 주 주민의 종교적 신념이 미국의 기반과 차이가 나는지 5% 유의수준에서 결정하라.
2. 당신은 유타 주나 미국의 남부 벨트에 있는 주들에 대해서도 비슷한 검정을 실시한다면 동일한 결론을 발견하기를 기대할 수 있는지 논하라.

사례연구 11.3

유타 대학의 한 연구는 위우회수술을 받은 고도비만 성인 7,925명과 수술을 받지 않은 동일한 수의 사람들을 조사했다(보스턴글로브, 2007.8.23). 연구는 위수술을 통한 체중감량이 심장병, 암, 당뇨로 인한 사망을 감소시켜 고도비만환자의 수명을 연장하는지 조사하기를 원했다. 연구과정에서 참가자 534명은 사망했다. 사망자를 대상으로 사망원인을 질병에 의한 사망(심장병, 암, 당뇨)과 질병외의 사망(자살과 사고사)으로 분류했다. 다음 분할표는 연구내용을 요약한 것이다.

사례연구 11.3의 데이터 원인과 체중감량방법으로 교차 분류한 사망 데이터

	체중감량방법	
사망원인	수술 안함	수술
질병에 의한 사망	285	150
질병외의 사망	36	63

위 정보를 사용하여 다음 결과를 작성하라.

1. 사망원인과 체중감량방법 사이에 관계가 있는가를 유의수준 5%에서 결정하라.
2. 질문 1에서 사용된 검정에 의한 결과가 건강산업에 얼마나 사용되어질지 논하라.

부록 11.1 다른 통계프로그램 사용안내

여기서는 특정 통계프로그램(미니탭, SPSS, JMP) 사용을 위한 간단한 명령어를 제공한다. 교과서 웹사이트에서 더 자세한 설명을 찾아볼 수 있다.

미니탭

p_1-p_2 검정

A. (예제 11.3의 반복) 메뉴에서 **Stat > Basic Statistics > 2 Proportions**를 선택한다. **Summarized data**를 선택한다. 첫 번째, **Events**에 5400과 **Trials**에 6000을 입력한다. 두 번째, **Events**에 8600과 **Trials**에 10000을 입력한다.

B. **Options**를 선택한다. **Test difference**에 0을 입력한다. **Alternative**에 대해 '**greater than**'을 선택한다. **Use pooled estimate of p for test**을 선택한다.

적합도 검정

A. (예제 11.5의 반복) 스프레드시트에 표 11.5의 데이터를 넣는다. 기업 4와 5의 데이터는 조합되었다는 것을 기억하라.

B. 메뉴에서 **Stat > Tables > Chi-Square Goodness-of-Fit Test(One Variable)**을 선택한다. **Observed counts**를 선택하고, **Number of Recent Customers**를 선택한다. **Test**에 대해, **Specific proportions**를 선택하고 **Market Share**를 선택한다.

C. **Results**를 선택한다. **Display test results**를 선택한다.

독립성 검정

A. (예제 11.6의 반복) 미니탭의 스프레드시트에 표 11.9의 데이터를 복사한다. 열과 행의 합은 포함하지 말 것.

B. 메뉴에서 **Stat > Tables > Chi-Square Test(Two Way Table in Worksheet)**를 선택한다. **Observed counts**을 선택하고**, Number of Recent Customers**를 선택한다. **Test**에 대해, *Chi-Square Test* 대화상자에서, **Columns containing the table**에 대해 Economy Car and Noneconomy Car를 선택한다. **OK**를 클릭한다.

SPSS

적합도 검정

A. (예제 11.5의 반복) 첫 번째 행에, Share를 표시하고, 4개 기업에 대한 코드 1, 2, 3, 4를 입력한다(기업 4와 5는 조합되었다는 것을 기억하라). 두 번째 행에, Number를 표시하고, 최근 고객의 수에 대한 빈도를 입력하라(다시 기업 4와 5는 조합이다).

B. 메뉴에서 **Data > Weight Cases**를 선택한다. **Weight cases by**를 선택하고, **Frequency Variable**에 대해 **Number**를 선택한다.

C. 메뉴에서 **Analyze > Nonparametric Tests > Legacy Dialogs > Chi-Square**를 선택한다. **Test Variable List**로 Share를 선택한다. **Expected Values**에서, **Values**를 선택하고, 0.40, 0.32, 0.24, 0.04를 **Add**한다.

독립성 검정

A. (예제 11.6의 반복) 두 행에 Gender와 Type을 표시한다. 첫 번째 50개 열은 Gender가

여성이고 Type이 경제적으로 지정한다. 다음 60개 열은 Gender가 여성이고 Type이 비경제적으로 지정한다. 다음 120개 열은 Gender가 남성이고 Type이 경제적으로 지정한다. 마지막 170개 열은 Gender가 남성이고 Type이 비경제적으로 지정한다.

B. 메뉴에서 **Analyze** > **Descriptive Statistics** > **Crosstabs**를 선택한다. **Row(s)**에 대해 Gender를 그리고 **Column(s)**에 대해 Type을 선택한다. **Statistics**를 선택하고 **Chi-Square**를 선택한다.

JMP

독립성 검정

A. (예제 11.6의 반복) 세 행에 Gender, Type, Frequency를 표시한다. 첫 번째 두 행은 명목자료이고 마지막 행은 연속이다. 첫 번째 열에 Female, Economy, 50을 입력한다. 두 번째 열에 Female, Noneconomy, 60을 입력한다. 세 번째 열에 Male, Economy, 120을 입력한다. 네 번째 열에 Male, Noneconomy, 170을 입력한다.

B. 메뉴에서 **Analyze—Fit Y by X**를 선택한다. **Response, Y**로 Type, **Factor, X**로 Gender, 그리고 **Freq**로 Frequency를 선택한다.

12 회귀분석의 기초

Basics of Regression Analysis

CHAPTER

학습목표 LEARNING OBJECTIVES

이 장을 학습한 후에는

학습목표 **12.1 단순선형회귀분석 모형을 추정할 수 있고 회귀계수들을 해석할 수 있다.**

학습목표 **12.2 다중선형회귀분석 모형을 추정할 수 있고 회귀계수들을 해석할 수 있다.**

학습목표 **12.3 추정치의 표준오차를 계산할 수 있고 해석할 수 있다.**

학습목표 **12.4 결정계수(R^2)를 계산할 수 있고 해석할 수 있다.**

학습목표 **12.5 결정계수(R^2)와 수정결정계수(adjusted R^2)를 구별할 수 있다.**

학습목표 **12.6 개별유의성 검정을 수행할 수 있다.**

학습목표 **12.7 결합유의성 검정을 수행할 수 있다.**

회귀분석은 경영분야에서 이용되는 가장 중요한 통계분석 기법 중 하나이다. 두 변수간이나 여러 변수간의 상관관계를 밝히는 데에 이용된다. 특히, 설명변수라고 불리는 하나 혹은 여러 변수가 반응변수라고 불리는 변수에 대한 영향력을 이해하는 데 회귀분석이 사용될 수 있다. 우선, 단순선형회귀모형이라고 불리는 간단한 두 변수의 선형관계식을 추정하는 과정을 살펴보고, 이를 기초로 여러 변수를 다루는 다중선형회귀모형을 추정하는 방법을 살펴본다. 마지막으로, 추정모형이 실제 데이터에 잘 적용될 수 있는지 판단하기 위하여, 모형적합도(goodness-of-fit)와 가설검정(hypothesis test)을 수행하는 방법을 살펴본다. 모형적합도는 가장 적합한 선형회귀 모형을 선택하는 데 이용된다. 가설검정을 통해서는 선형회귀 모형에서 밝힌 변수들의 관계가 사실인지 우연인지를 밝히게 된다.

도입사례

소비자 부채지불

최근 연구에 의하면, 미국 소비자들은 매달 평균 $983의 부채를 지불하고 있다(Experian.com, 2010.11.11). 그러나 26개 대도시의 상황을 분석한 결과 부채지불 규모는 어디서 살고 있는지에 따라서 변동성이 크다고 한다. 예를 들어, 워싱턴DC에 사는 사람들은 매달 평균 $1,285로 가장 많이 지불하고, 피츠버그는 매달 평균 $765로 가장 적게 부채를 지불하고 있다. 매들린(Madelyn Davis)는 큰 은행의 경제연구원인데, 평균 부채지불금의 차이는 도시간의 소득격차가 주된 이유라고 믿고 있다. 예를 들어 워싱턴DC지역의 높은 소득수준은 높은 부채지불을 잘 설명한다고 볼 수 있다. 그녀는 또한 실업률도 부채지불에 영향을 준다고 보고 있다. 그러나 높은 실업률은 자동차나 집 같은 큰 소비를 줄이면서 부채지불금을 줄일 수도 있으나 지불할 능력이 없어서 부채가 증가할 수도 있다. 그녀는 소득수준, 실업률, 그리고 부채지불금의 관계를 평가하기 위하여 26개 대도시의 데이터를 수집하여 연구를 수행하였다. 특히, 그녀는 2010년과 2011년의 중산층 소득과 월별 실업률 자료를 수집하고 2010년 8월의 평균 소비자 부채를 수집하였다. 표 12.1은 수집된 데이터의 일부분이며, 전체 데이터는 교과서 웹페이지의 ***Debt_Payments***라는 파일에서 확인할 수 있다.

표 12.1 2010-2011년 소득, 실업률, 부채지불

FILE

도시	소득(단위: 1,000달러)	실업률	부채
Washington, DC	$103.50	6.3%	$1,285
Seattle	81.70	8.5	1,135
⋮	⋮	⋮	⋮
Pittsburgh	63.00	8.3	763

매들린은 표 12.1을 이용하여 다음과 같은 작업을 수행하였다.

1. 회귀분석을 이용하여 특정 소득수준과 실업률 상황에서의 소비자 부채수준을 예측한다.
2. 다양한 모형적합도 방법을 이용하여 데이터에 가장 잘 맞는 선형회귀 모형을 결정한다.
3. 5% 유의수준하에 소득수준과 실업률의 영향력이 유의한지 결정한다.

사례요약이 12장 4절 끝에 제공되어 있다.

12.1 단순선형회귀모형

학습목표 **12.1**
단순선형회귀분석 모형의 추정과 회귀계수들의 해석

회귀분석은 경영분야에서 사용되는 가장 중요한 통계기법 중 하나이다. 이는 두 개의 변수 혹은 여러 개의 변수들 사이의 관계를 밝히기 위해서 사용된다. 도입사례에서 매들린은 소득수준과 실업률이 어떻게 소비자 부채와 관계가 있는가에 대해 관심이 있었다. 다른 사례로는, 기업의 예상 매출을 광고와 연관지을 수 있고, 개인의 연봉수준을 교육수준과 경력연수로 예측하거나, 주택가격을 면적과 위치에 따라서 예측할 수 있고, 자동차 판매량을 소비자의 소득수준, 이자율, 그리고 할인율로 설명하는 시도가 있을 수 있다. 이러한 예들에서 볼 수 있는 관심있는 변수들의 관계를 회귀분석을 이용하여 설명할 수 있다.

회귀분석은 **반응변수**라고 불리는 하나의 변수가 **설명변수**라고 불리는 여러 다른 변수들에게 영향을 받는 것을 가정하고 있다. 결론적으로 말하면, 설명변수의 정보를 이용하여 반응변수의 변화를 예측하거나 설명하는 것이다. 설명변수의 다른 이름으로 독립변수(independent variable), 예측변수(predictor variable), 통제변수(control variable), 회귀변수(regressor) 등이 사용되고, 반응변수는 주로 종속변수(dependent variable), 설명된 변수(explained variable), 예측된 변수(predicted variable), 회귀된 변수(regressand variable) 등의 이름을 가진다.

생각지 못한 어떤 설명변수들이 영향을 줄 수 있기 때문에 반응변수를 선택하는 문제와 상관없이 정확한 예측값을 기대할 수는 없다. 만약에 반응변수가 선택된 설명변수들로만 정확하게 결정된다면 변수들의 관계를 **결정적**(deterministic)이라고 말한다. 이러한 관계가 물리학에서 종종 관찰된다. 예를 들어 운동량(momentum) p는 어떤 물체의 질량 m과 속도 v에 의해 $p = mv$의 식으로 결정된다. 그러나 생각하지 못한 생략된 설명변수들의 존재 때문에 대부분의 연구분야에서는 설명변수와 반응변수와의 정확한 관계는 찾기 힘들다. 예를 들어 부채지불금은 주택가격에 의해 영향받을 가능성이 높지만 도입사례에서는 주택가격이라는 설명변수가 생략되었다. 또한, 개인의 연봉을 예측할 때에도 개인의 업무능력이 생략되었다. 이러한 업무능력은 계량화하기 힘들고 정확하게 수치화하기도 불가능할 것이다.

결정적 관계와 부정확한 관계

만약에 반응변수의 값이 설명변수들에 의해 정확하게 예측된다면 반응변수와 설명변수의 관계를 **결정적**(deterministic)이라고 하고, 아닌 경우에는 **부정확한**(inexact) 관계라고 한다.

우리의 목적은 **반응변수** y와 k개의 **설명변수** $x_1, x_2, \cdots, x_k$ 간의 관계를 설명할 수 있는 수학적 모형을 구하는 것이다. 또한, 수학적 모형은 실제상황에서 일어날 수 있는 불확실성도 설명되어야 한다. 선형모형을 구하기 위해서는 결정적인 관계와 부정확한 관계를 설명하는 부분이 있는데, 우선 결정적인 관계를 결정하고 부정확한 부분을 더하여야 한다.

이 절에서는 **단순선형회귀모형**에 대해서 살펴본다. 즉 하나의 반응변수 y의 변동성을 이해하기 위해서 하나의 설명변수 x_1를 고려한다. 단순선형회귀모형을 다루는 동안에는 간단하게 아래첨자를 생략하여 설명변수를 x로 표기하기로 한다. 다음 절에서 단순선형회귀모형에서 발전된 여러 개의 설명변수들이 반응변수와 선형의 관계를 가지는 **다중선형회귀모형**을 다룬다.

단순선형회귀모형에서 기초적으로 가정하는 것은 y의 기대값은 직선상에 있으며 직선식은 $y = \beta_0 + \beta_1 x$로 표현되며 여기서 β_0와 β_1는(그리스문자로 beta라고 발음한다) 미지수이며 각각 직선의 절편과 기울기다(일반적으로 $y = mx + b$ 직선식으로 표현하기도 하는데 여기서 b와 m은 y 절편과 기울기다).

표현식 $\beta_0 + \beta_1 x$은 단순선형회귀모형에서 결정적인 요소들만 표현한 것이며 이 값은 주어진 x값에 의한 y의 기대값이라고 볼 수 있다. 따라서 x가 주어진다면 $E(y) = \beta_0 + \beta_1 x$와 같이 y의 기대값이 표현된다. 기울기값 β_1은 x와 $E(y)$와의 선형관계가 양($\beta_0 > 0$)인지 음($\beta_1 < 0$)인지 혹은 아무 관계가 없는지($\beta_1 = 0$)를 결정하게 된다. 그림 12.1은 다양한 β_0와 β_1의 조합들에 의한 단순선형회귀모형의 결정적인 부분을 보여주고 있다.

그림 12.1 다양한 단순선형회귀모형의 예들

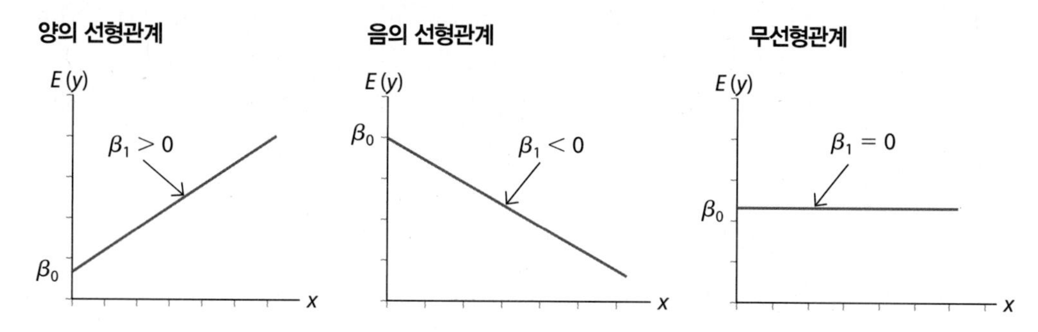

앞에서 언급했듯이, 실제 y값은 $E(y)$와 다른 값을 가진다. 그러므로 단순선형회귀모형을 만들기 위해서는 확률적인 오차항을 고려해야 하는데 이 부분을 ε(그리스문자로 epsilon이라고 읽는다)으로 표기한다.

단순선형회귀모형

단순선형회귀모형은 다음과 같이 정의한다.

$$y = \beta_0 + \beta_1 x + \varepsilon$$

여기서 y는 반응변수이고 x는 설명변수이며 ε는 오차항이다. 계수 β_0와 β_1는 추정하여야 하는 값들이다.

선형회귀식의 결정

단순선형회귀모형에서 사용되는 모수인 β_0와 β_1은 추정해야 하는 값들이다. 항상 그랬듯이 표본데이터를 이용하여 모수값들을 추정한다. 표본은 관찰된 n개의 y와 x의 조합값들이다.

β_0와 β_1의 추정치들을 b_0와 b_1으로 표기하면 **표본회귀식**은 $\hat{y} = b_0 + b_1 x$와 같이 표현된다. 여기서 $\hat{y}$(y-hat이라고 읽는다)은 설명변수 x값에 의해 예측된 반응변수 값이다. x 이외의 요소들이 y값에 영향을 줄 수 있기 때문에 관측값과 예측값은 다를 가능성이 크다. 관측값과 예측값의 차이($y - \hat{y}$)를 **잔차**(residual)라고 정의하고 e라고 표시한다.

단순선형회귀모형의 **단순회귀식**은 다음과 같이 표현된다.

$$\hat{y} = b_0 + b_1x$$

여기서 b_0와 b_1는 β_0와 β_1의 점추정치들이다.

예측값들은 정확할 수 없기 때문에, 관측값과 예측값 간에는 차이가 존재하며 이 차이를 **잔차**라고 정의한다. 잔차는 $e = y - \hat{y}$로 나타낸다.

단순선형회귀모형을 추정하기 전에 y와 x의 관계를 산점도(scatterplot)를 그려 시각화하여 확인하는 것이 유용하다. x값이 y값에 영향을 주는 것을 확인하기 위해서 x값을 x축에, y값을 y축에 맞추어 그린다. 그림 12.2에서 보듯이, 부채지불과 소득수준의 관계를 산점도로 확인할 수 있다. 직선추세선을 산점도에 그려진 점들을 통과하여 그릴 수 있다.

그림 12.2에 보이는 직선추세선이 바로 표본회귀식 $\hat{y} = \beta_0 + \beta_1x$에 의해 그려진 것이고 y는 부채지불금이며 x는 소득수준이다. 직선추세선에서 기울기를 보면, 소득이 증가할수록 부채지불이 증가하고 있음을 확인할 수 있다. 산점도에서 그려진 관측값들의 점들과 직선과의 거리를 잔차라고 하고, $e = y - \hat{y}$ 로 나타낸다.

그림 12.2 직선추세선과 산점도

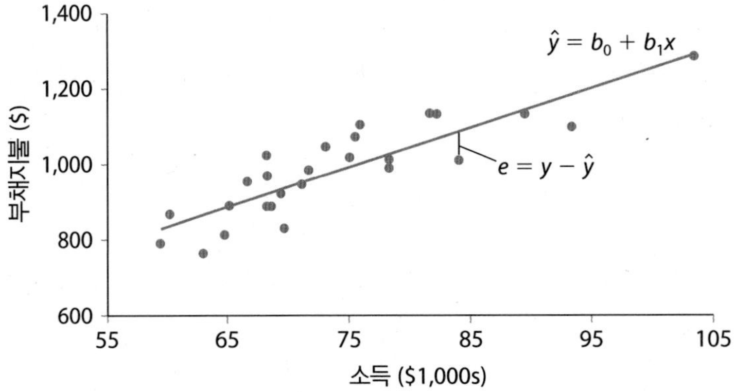

$\hat{y} = b_0 + b_1x$
$e = y - \hat{y}$
부채지불 ($)
1,400
1,200
1,000
800
600
55 65 75 85 95 105
소득 ($1,000s)

산점도와 추세선을 그리기 위한 엑셀의 사용 FILE

그림 12.2를 엑셀을 이용하여 그리기 위하여 다음 과정을 수행한다.

A. 교과서 웹사이트에서 ***Debt Payments*** 파일을 연다. 실업률(unemployment) 열은 생략하고 Debt payments와 Income 데이터를 확인한다.

B. Income과 Debt 데이터를 동시에 선택하여 **삽입 > 분산형**을 선택 후 왼쪽 맨 위의 그래프를 선택한다.

C. 산점도의 점들 위에서 마우스 오른쪽을 클릭하여 추세선 추가를 선택한 후 선형을 선택한다.

D. 색깔, 축 등과 관련된 모양을 더 편집하려면 메뉴의 차트 레이아웃을 이용하면 된다.

산점도에서 추세선을 그리는 방법들 중 많이 쓰이는 방법은 **최소자승법**(ordinary least squares)(OLS)이다. 즉, OLS를 이용하여 β_0와 β_1를 추정하는 방법이다. OLS 추정방법은 몇 가지의 가정하에 적절한 특성을 가지고 있다(이러한 가정들은 다음 장에서 다룬다). OLS 방법은 **잔차의 제곱들의 총합**(sum of squares due to error(residual)) $SSE = \Sigma(y_i - \hat{y}_i)^2 = \Sigma e_i^2$을 최소화하는 직선을 선택하게 된다. SSE는 관측값 y들과 예측값 $\hat{y}$들의 차이의 제곱의 총합이다. 즉 회귀식과 관측값들간의 거리의 제곱의 합이다. 거리를 사용하여 직선식을 구하기 때문에 관측값들과 가장 가까운 직선식을 OLS를 이용하여 그릴 수 있다. 그림 12.2에서 그려진 직선은 OLS를 이용하여 추정된 것이다.

여러 계산을 통하여 OLS를 만족하는 b_0와 b_1를 구하는 식을 찾을 수 있다.

b_0와 b_1를 계산하기

회귀식의 기울기 b_1 그리고 절편 b_0를 다음과 같이 계산할 수 있다.

$$b_1 = \frac{\Sigma(x_i - \bar{x})(y_i - \bar{y})}{\Sigma(x_i - \bar{x})^2}, \quad \text{그리고}$$
$$b_0 = \bar{y} - b_1\bar{x}.$$

추정된 회귀계수들을 해석하는 것도 중요하다. 아래 예제들에서 확인할 수 있듯이, 절편값의 추정치인 b_0의 경제학적 해석이 항상 가능한 것은 아니지만, 수학적으로 이 값은 x값이 0일 때 예측값 $\hat{y}$을 의미한다. 기울기 추정치인 b_1은 x가 한 단위 증가할 때 $\hat{y}$의 변화량을 의미한다.

예제 12.1

표 12.1에서 부채지불(debt payments)을 반응변수, 소득수준(income)을 설명변수로 간주한다.

a. b_1을 계산하고 해석하라.
b. b_0을 계산하고 해석하라.
c. 표본회귀식이 무엇인가?
d. 소득이 $80,000일 때 부채지불을 예측하라.

풀이: 단순선형회귀모형을 이용할 것이다. Debt $= \beta_0 + \beta_1$ Income $+ \varepsilon$ 혹은 간단히 $y = \beta_0 + \beta_1 x + \varepsilon$로 표현 가능하고, y는 부채지불 그리고 x는 소득을 표시한다.

a. 소득과 부채의 표본 평균을 계산하였다. $\bar{x} = 74.05$, $\bar{y} = 983.46$. b_1을 계산하기 위하여 x와 y의 표본 평균으로부터의 편차를 표 12.2의 첫 번째 2열과 같이 계산하였다. 세 번째 열과 같이 두 개의 편차를 곱한 값을 계산한다. 평균으로부터 편차들을 서로 곱한 값들의 합이 b_1을 구하는 공식의 분자가 된다. 네 번째 열은 x값들의 평균간의 편차의 제곱들을 보여준다. 이 값들의 합은 네 번째 마지막 셀에서 확인할 수 있으며 b_1을 구하는 식의 분모가 된다. 마지막 두 개의 열의 마지막 셀들이 각 열의 총합을 계산한 것이다. 따라서 $b_1 = \frac{\Sigma(x_i - x)(y_i - y)}{\Sigma(x_i - x)^2} = \frac{27,979.50}{2,679.75} = 10.44$. 예상했듯이 기울기는 양수이며 따라서

소득과 부채지불은 양의 상관관계를 갖는 것을 확인할 수 있다. 소득은 $1,000 단위로 계산되었으므로 중산층 소득이 $1,000 증가하였을 때 평균적으로 부채지불은 b_1만큼 증가하게 된다. 즉, $10.44 증가한다.

표 12.2 예제 12.1의 계산

$x_i - \bar{x}$	$y_i - \bar{y}$	$(x_i - \bar{x})(y_i - \bar{y})$	$(x_i - \bar{x})^2$
103.50 − 74.05 = 29.45	1,285 − 983.46 = 301.54	(29.45)(301.54) = 8,880.35	$(29.45)^2$ = 867.30
81.70 − 74.05 = 7.65	1,135 − 983.46 = 151.54	(7.65)(151.54) = 1,159.28	$(7.65)^2$ = 58.52
⋮	⋮	⋮	⋮
63.00 − 74.05 = −11.05	763 − 983.46 = −220.46	(−11.05)(−220.46) = 2,436.08	$(-11.05)^2$ = 122.10
		$\Sigma(x_i - \bar{x})(y_i - \bar{y})$ = 27,979.50	$\Sigma(x_i - \bar{x})^2$ = 2,679.75

b. $b_1 = 10.44$, $\bar{x} = 74.05$, $\bar{y} = 983.46$을 이용하여 절편 추정치 b_0를 구할 수 있다. $b_0 = \bar{y} - b_1\bar{x} = 983.46 - 10.44(75.05) = 210.38$. 이 추정된 절편값은 $210.38이며, 즉 소득이 $0이면 $210.38 부채지불이 예상된다. 이 예제에서는 신용카드 사용, 자동차 할부금, 모기지 비용 등, 소득이 없을 때에도 부채가 있을 가능성이 있기 때문에 가능한 상황이다. 그러나 관측된 x값들의 범위를 벗어난 x값에 대한 y값들을 예측할 때에는 신중하고 조심스러워야 한다. 이 데이터는 소득의 최소값과 최대값이 $59.40, $103.50($1,000 단위)이기 때문에 산점도에서 그린 추세선은 설명변수 범위내에서 잘 맞는다고 볼 수 있다. 만약에 $59.40보다 적은 소득과 $103.50보다 많은 소득에서 같은 선형관계가 유지된다는 가정이 없으면, 이 범위가 벗어나는 소득수준에서의 부채지불을 예측하지 말아야 한다.

c. $b_1 = 10.44$, $b_0 = 210.38$을 이용하여 표본회귀식을 다음과 같이 표현가능하다.

$$\hat{y} = 210.38 + 10.44x, \text{ 즉 } \widehat{\text{Debt}} = 210.38 + 10.44\text{Income}.$$

b. $1,000 단위로 소득이 계산되었으므로, 소득이 $80,000이면 Income = 80을 넣어서 표본회귀식에 의하여 계산되는 예측 부채지불은 $\widehat{\text{Debt}} = 210.38 + 10.44(80) = \$1,045.58$이다.

표본회귀식을 찾기 위한 엑셀의 사용

다행히도 손으로 직접 표본회귀식을 찾는 경우는 거의 없다. 거의 모든 통계 소프트웨어들은 표본회귀식을 구하고 필수 결과들을 찾아준다. 또한 그 회귀모형을 평가하는 여러 관련된 통계수치를 보여주기도 한다. 이러한 평가 통계수치들은 다음 장에서 간단히 설명된다.

예제 12.2 FILE

표12.1에 주어진 데이터를 이용하여 엑셀에서 표본회귀식을 다시 추정하라. 부채지불을 반응변수, 소득을 설명변수로 간주한다.

풀이:

a. 교과서 웹사이트에서 ***Debt Payments*** 파일을 연다.

b. **데이터** > **데이터 분석** > **회귀분석**을 선택한다.

c. 그림 12.3에서 보듯이 *회귀분석* 대화상자에서 *Y축 입력범위* 옆 상자를 클릭하여 머리글을 포함한 Debt 데이터를 선택하고 *X축 입력범위*에는 Income 데이터를 머리글을 포함하여 선택한다. Debt와 Income을 머리글로 이용하므로 *이름표*(Labels)를 체크하여 선택하게 한다.

d. *확인*을 클릭한다.

그림 12.3 예제 12.2의 회귀분석 대화상자

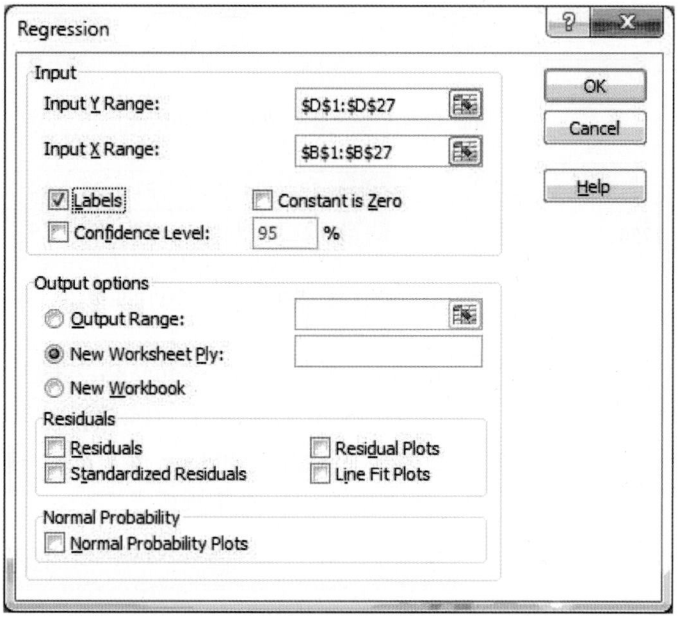

Regression

Input

Input Y Range: $D$1:$D$27

Input X Range: $B$1:$B$27

☑ Labels ☐ Constant is Zero

☐ Confidence Level: 95 %

OK

Cancel

Help

Output options

○ Output Range:

◉ New Worksheet Ply:

○ New Workbook

Residuals

☐ Residuals ☐ Residual Plots

☐ Standardized Residuals ☐ Line Fit Plots

Normal Probability

☐ Normal Probability Plots

엑셀 결과는 표 12.3과 같다.

표 12.3 예제12.2의 회귀분석 결과

Regression Statistics						
Multiple R	0.8675					
R Square	0.7526					
Adjusted R Square	0.7423					
Standard Error	63.2606					
Observations	26					
ANOVA						
	df	*SS*	*MS*	*F*	*Significance F*	
Regression	1	292136.9086	292136.9086	72.9996	9.6603E-09	
Residual	24	96045.5529	4001.8980			
Total	25	388182.4615				
	Coefficients	*Standard Error*	*t Stat*	*p-value*	*Lower 95%*	*Upper 95%*
Intercept	**210.2977**	91.3387	2.3024	0.0303	21.7838	398.8116
Income	**10.4411**	1.2220	8.5440	9.6603E-09	7.9189	12.9633

표 12.3과 같이 엑셀은 여러 통계수치들을 계산한다. 예제 12.2의 질문들에 답하기 위해서는 굵은 글씨로 표시한 추정계수치만 필요하다. 나머지 정보들은 곧 다루게 될 것이다. β_0와 β_1의 추정치인 $b_0 = 210.2977$과 $b_1 = 10.4411$을 이용하여 표본회귀식은 $\widehat{\text{Debt}} = 210.30 + 10.44\text{Income}$이 된다. 공식에 의한 값과 같은 회귀식이 된다. 절편 측정값이 계산과정중의 반올림의 결과에 의해 약간 다르기는 하다.

연습문제 12.1

기본문제

1. 단순선형회귀에서 다음과 같은 정보가 주어졌다.

$$\bar{x} = 34; \bar{y} = 44; \Sigma(x_i - \bar{x})(y_i - \bar{y}) = 1250;$$
$$\Sigma(x_i - \bar{x})^2 = 925$$

   a. b_1을 계산하라.
   b. b_0을 계산하라.
   c. 표본회귀식을 구하라. 만약 x가 40일 때 y값을 예측하라.

2. 단순선형회귀에서 다음과 같은 정보가 주어졌다.

$$\bar{x} = -25; \bar{y} = 56; \Sigma(x_i - \bar{x})(y_i - \bar{y}) = -866;$$
$$\Sigma(x_i - \bar{x})^2 = 711$$

   a. b_1을 계산하라.
   b. b_0을 계산하라.
   c. 표본회귀식을 구하라. 만약 x가 -20일 때 y값을 예측하라.

3. 단순선형회귀에서 다음과 같은 표본회귀식을 구하였다.

$$\hat{y} = 15 + 2.5x$$

   a. x가 10일 때 y값을 예측하라.
   b. x가 두 배가 되었을 때 위의 예측값이 어떻게 되는가?

4. 단순선형회귀에서 다음과 같은 표본회귀식을 구하였다.

$$\hat{y} = 436 - 17x$$

   a. 기울기 계수를 해석하라.
   b. x가 -15일 때 y값을 예측하라.

5. 다음과 같은 표본 데이터를 고려하라.

x	12	23	11	23	14	21	18	16
y	28	43	21	40	33	41	37	32

   a. 산점도를 그리고 단순선형회귀모형을 구하는 것이 적절한지 확인하라.
   b. b_1과 b_0을 계산하라. 단순회귀식을 구하라.
   c. x가 10, 15, 20일 경우 y의 예측값들을 구하라.

6. 다음과 같은 표본 데이터를 고려하라.

x	22	24	27	21	23	14	14	15
y	101	139	250	88	87	14	16	20

   a. 산점도를 그리고 단순선형회귀모형을 구하는 것이 적절한지 확인하라.
   b. b_1과 b_0을 계산하라. 단순회귀식을 구하라.
   c. x가 15, 20, 25일 경우 y의 예측값들을 구하라.

7. 30개의 데이터를 이용하여 $y = \beta_0 + \beta_1 x + \varepsilon$의 회귀식을 구하였다. 엑셀 결과가 다음과 같다.

	Coefficients	Standard Error	t Stat	p-value
Intercept	41.82	8.58	4.87	3.93E-05
x	0.49	0.10	4.81	4.65E-05

   a. β_1의 점추정치는? 이 값을 해석하라.
   b. 단순회귀식을 구하라.
   c. 만약 $x = 30$이면 $\hat{y}$ 값은?

8. 24개의 데이터를 이용하여 $y = \beta_0 + \beta_1 x + \varepsilon$의 회귀식을 구하였다. 엑셀 결과가 다음과 같다.

	Coefficients	Standard Error	t Stat	p-value
Intercept	2.25	2.36	0.95	0.3515
x	-0.16	0.30	-0.53	0.6017

   a. β_1의 점추정치는? 이 값을 해석하라.
   b. 단순회귀식을 구하라.
   c. 만약 $x = 2$, $x = -2$일 때 y의 예측값은?

응용문제

9. 어느 대학의 입학처장이 대학원 시험(GRE)의 수학점수와 대학원생의 학점(GPA)으로 평가되는 학습능력과의 관계를 분석하고 있다. 지난 5년의 졸업생 8명의 표본을 다음과 같이 구하였다.

GRE	700	720	650	750	680	730	740	780
GPA	3.0	3.5	3.2	3.7	3.1	3.9	3.3	3.5

a. 산점도를 그려라. GRE 점수를 x축에 표시하라.

b. 다음과 같은 모형의 표본회귀식을 구하라.
GPA $= \beta_0 + \beta_1$GRE $+ \varepsilon$

c. 만약에 대학원생의 GRE 수학점수가 710이면 예측되는 GPA 값은?

10. 사회과학자가 교육과 연봉간의 관계를 분석하려 한다. 다음과 같은 표본을 구하였다. Education은 고등교육을 받은 연수를 나타내며, Salary는 개인의 연봉을 $1000 단위로 나타낸 것이다.

Education	3	4	6	2	5	4	8	0
Salary	$40	53	80	42	70	50	110	38

a. 다음과 같은 모형의 표본회귀식을 구하여라.
Salary $= \beta_0 + \beta_1$Education $+ \varepsilon$

b. Education의 계수를 해석하라.

c. 고등교육 7년을 받은 개인의 예상되는 연봉은?

11. 중고차 대리점 사장은 중고차의 가격은 그 차의 연식에 의하여 가장 잘 예측된다고 믿는다. 20개의 중고 세단의 가격과 연식을 이용하여 Price $= \beta_0 + \beta_1$Age $+ \varepsilon$의 모형을 추정하려 한다. 엑셀의 결과과 다음과 같다.

	Coefficients	*Standard Error*	*t Stat*	*p-value*
Intercept	21187.94	733.42	28.89	1.56E-16
Age	−1208.25	128.95	−9.37	2.41E-08

a. β_1의 점추정치는? 이 값을 해석하라.

b. 단순회귀식을 구하여라.

c. 5년 된 중고 세단의 가격을 예측하라.

12. 만약에 기업이 광고에 더 투자를 하면 매출이 증가할까? Sales $= \beta_0 + \beta_1$Advertising $+ \varepsilon$의 모형을 추정하기 위하여 20개 기업의 연매출($100,000 단위)에 대한 데이터와 광고비용($10,000 단위)을 수집하였다. 엑셀의 결과가 다음과 같다.

	Coefficients	*Standard Error*	*t Stat*	*p-value*
Intercept	−7.42	1.46	−5.09	7.66E-05
Advertising	0.42	0.05	8.70	7.26E-08

a. 기울기의 부호가 기대한 것인가? 설명하라.

b. 단순회귀식을 구하라.

c. 만약에 $500,000를 광고에 투자한다고 했을 때 연매출을 예측하라.

13. FILE 존 메이너드 케인스(John Maynard Keynes)가 개발한 소비함수는 경제학에서의 중요관계를 설명한다. 소비는 직접세를 제외한 소득인 가처분소득의 함수로 표현된다고 한다. 아래 표는 1985년부터 2006년 사이의 미국의 연평균 소비와 가처분소득의 데이터의 일부이다. 전체 데이터는 ***Comsumption_Function***이라는 파일로 교과서 웹사이트에서 찾을 수 있다.

	Consumption	Disposable Income
1985	$23,490	$22,887
1986	23,866	23,172
⋮	⋮	⋮
2006	48,398	58,101

a. 엑셀을 이용하여 Consumption $= \beta_0 + \beta_1$Disposable_Income $+ \varepsilon$의 모형을 추정하라.

b. 단순회귀식을 구하라.

c. 이 모형에서 기울기는 한계소비성향이라고 불린다. 이 의미를 해석하라.

d. 만약에 가처분소득이 $57,000이면 예측되는 소비는?

14. FILE 다음 표는 2008년의 미국 메이저리그 대표투수들과 그들의 방어율(ERA), 그리고 그들의 연봉(단위: 백만 달러) 기록의 일부분이다. 전체 데이터는 ***MLB_Pitchers***라는 파일로 교과서 웹사이트에서 찾을 수 있다.

	ERA	Salary (in $ millions)
J. Santana	2.53	17.0
C. Lee	2.54	4.0
T. Lincecum	2.62	0.4
C. Sabathia	2.70	11.0
R. Halladay	2.78	10.0
J. Peavy	2.85	6.5
D. Matsuzaka	2.90	8.3
R. Dempster	2.96	7.3
B. Sheets	3.09	12.1
C. Hamels	3.09	0.5

a. 엑셀을 이용하여 Salary $= \beta_0 + \beta_1$ERA $+ \varepsilon$의 모형을 추정하고 ERA의 계수를 해석하라.

b. 추정된 모형을 이용하여 주어진 ERA값을 이용하여 각 선수들의 예상되는 연봉을 찾아라. 예를 들어 J. Santana의 ERA는 2.53이므로 예측되는 연봉은 단순회귀식으로 예측할 수 있다.

c. 상응하는 잔차들을 구하고 잔차들이 큰 이유를 설명하라.

15. FILE 다음의 질문에 답하기 위해서 ***Happiness_Age***라는 이름의 데이터를 교과서 웹사이트에서 찾아서 이용하라.

a. 엑셀을 이용하여 단순회귀모형을 추정하라. Happiness를 반응변수로 Age를 설명변수로 고려하라.

b. Age가 25, 50, 75일 때 Happiness의 값들을 위의 추정치들을 이용하여 예측하라.
c. 산점도를 그리고 예측값이 부정확한 이유를 논하라.

16. FILE 다음 표는 32명의 학생들의 통계수업 중간고사와 기말고사 성적의 일부분이다. 전체 데이터는 ***Test_Scores***라는 이름으로 교과서 웹사이트에서 찾을 수 있다.

Midterm	Final
78	86
97	94
⋮	⋮
47	91

a. 중간고사 점수로 기말고사의 점수를 예측하기 위하여 단순회귀식을 구하여라.
b. 중간고사 점수가 80인 학생의 기말고사 점수를 예측하라.

17. FILE 다음 표는 뉴욕에서 30마일 벗어난 지역의 집 크기(단위: 제곱피트)와 재산세(단위: 달러)를 수집한 데이터의 일부분이다. 전체 데이터는 ***Property_Taxes***라는 이름으로 교과서 웹사이트에서 찾을 수 있다.

Size (in square feet)	Property Taxes (in $)
2449	21928
2479	17339
⋮	⋮
2864	29235

a. 집의 크기로 재산세를 예측할 수 있는 단순회귀식을 구하여라.
b. 기울기를 해석하라.
c. 1,500제곱피트의 집의 재산세를 예측하라.

12.2 다중선형회귀모형

학습목표 12.2
다중선형회귀분석 모형의 추정과 회귀계수들의 해석

단순회귀모형은 하나의 설명변수와 반응변수간의 선형관계를 분석하는 데 유용하다. 하지만 하나의 설명변수만으로는 유용성이 떨어지는 경우가 많다. 13장에서는 중요한 설명변수를 생략하여 구한 OLS 추정치들이 잘못된 결과를 초래하는 경우에 대해 살펴볼 것이다. **다중선형회귀모형**은 반응변수가 두 개 이상의 설명변수들로부터 영향을 받는 상황에서 유용하게 쓰일 수 있다. 설명변수의 선택은 경제학 이론, 직관, 이전 연구결과 등에 의해 결정될 수 있다. 다중선형회귀모형은 단순선형회귀모형에서 발전된 모형이다.

다중선형회귀모형

다중선형회귀모형은 다음과 같이 정의한다.

$$y = \beta_0 + \beta_1 x_1 + \beta_2 x_2 + \cdots + \beta_k x_k + \varepsilon$$

여기서 y는 반응변수이고, $x_1, x_2, \ldots, x_k$는 k개의 설명변수이며, ε은 오차항이다. 계수 $\beta_0, \beta_1, \cdots, \beta_k$는 추정하여야 하는 값들이다.

관측값과 예측값의 차이를 잔차(residual)라고 하며 $e = y - \hat{y}$로 표기한다.

표본회귀식 결정하기

단순선형회귀모형에서의 경우와 같이 OLS방법인 SSE를 최소화하는 방법을 이용할 것이다. 여기서 $SSE = \Sigma(y_i - \hat{y}_i)^2 = \Sigma e_i^2$.

다중선형회귀모형을 위한 **표본회귀식**은 다음과 같다.

$$\hat{y} = b_0 + b_1x_1 + b_2x_2 + \cdots + b_kx_k$$

여기서 $b_0, b_1, \cdots b_k$ 는 $\beta_0, \beta_1, \cdots, \beta_k$의 점추정치이다.

각각의 설명변수 x_j ($j = 1, \cdots, k$)의 기울기 계수 b_j는 β_j의 점추정치이다. 여기서 다중선형회귀모형에서 기울기의 해석을 약간 다르게 할 수 있다. b_j는 다른 모든 설명변수를 고정하고 x_j를 1 단위 증가하였을 때 반응변수의 예측값인 $\hat{y}$의 변화량이 된다. 즉, x_j의 $\hat{y}$에 대한 부분적인 영향력이다.

공식을 이용하여 단순회귀모형을 추정했을 때에도 까다로운 계산이 있었다. 예상할 수 있듯이 직접 손으로 다중회귀모형을 추정할 때 더 복잡한 계산이 필요하다. 그러므로 다중선형회귀모형을 추정하기 위해서는 통계프로그램을 이용하도록 하자.

예제12.3 FILE

앞절에서 실업률의 영향력이 있을 가능성이 많음에도 무시하고 부채비율이 소득수준에만 어떻게 영향을 받는지를 분석하였다.

a. 표 12.1의 데이터에서 소득과 실업률을 설명변수, 부채지불을 반응변수로 하여 다중선형회귀모형을 추정하라.

b. 회귀계수들을 해석하라.

c. 만약 소득이 $80,000, 실업률이 7.5%인 경우 부채지불을 예측하여라.

풀이:

a. 엑셀을 이용하여 다중선형회귀모형을 추정할 것이다. 다중선형회귀모형은 다음과 같이 표현될 수 있다. Debt $= \beta_0 + \beta_1$Income $+ \beta_2$Unemployment $+ \varepsilon$. 단순선형회귀모형에서 하였듯이 비슷한 과정을 거쳐 추정한다.

- 교과서 웹사이트에서 ***Debt Payments***라는 파일을 연다.
- 메뉴에서 **데이터** > **데이터 분석** > **회귀분석**을 선택한다.
- *회귀분석* 대화상자에서 *Y축 입력범위* 옆 상자를 클릭하여 Debt 데이터를 선택하고 *X축 입력범위*에는 Income과 Unemployment를 *동시에* 선택한다. Debt, Income, Unemployment를 머리글로 이용하므로 이름표(Labels)를 체크하여 선택하게 한다.
- *확인*을 클릭한다.

엑셀 결과는 표 12.4와 같다.

굵은 글씨로 표시한 추정치들을 이용하여 $b_0 = 198.9956$, $b_1 = 10.5122$, $b_2 = 0.6186$ 임을 알 수 있으며 표본회귀식은 다음과 같다.

$$\widehat{\text{Debt}} = 199.00 + 10.51\text{Income} + 0.62\text{Unemployment}$$

표 12.4 예제 12.3의 회귀분석 결과

Regression Statistics						
Multiple R	0.8676					
R Square	0.7527					
Adjusted R Square	0.7312					
Standard Error	64.6098					
Observations	26					
ANOVA						
	df	*SS*	*MS*	*F*	*Significance F*	
Regression	2	292170.8	146085.4	34.99536	1.05E-07	
Residual	23	96011.7	4174.4			
Total	25	388182.5				
	Coefficients	*Standard Error*	*t Stat*	*p-value*	*Lower 95%*	*Upper 95%*
Intercept	**198.9956**	156.3619	1.2727	0.2159	−124.464	522.455
Income	**10.5122**	1.4765	7.1120	2.98E-07	7.458	13.567
Unemployment	**0.6186**	6.8679	0.0901	0.9290	−13.589	14.826

b. 소득의 회귀계수는 10.51이다. 소득은 $1,000 단위로 계산되었으므로, 이 모형은 실업률을 고정하고 소득이 $1,000 증가할 때 부채지불이 $10.51만큼 증가함을 보여준다. 또한, 실업률 회귀계수가 0.62이므로 소득이 고정된 상태에서 실업률이 1% 증가할 때 $0.62만큼 부채지불이 증가함을 예측할 수 있다. 따라서 실업률의 부채지불에 대한 예상 영향력이 상대적으로 적음을 보여준다. 사실 다음에 다루게 될 유의성 테스트의 결과로, 적당한 유의수준하에 실업률의 영향력은 통계학적으로 유의성이 없다고 판단된다.

c. 만약 소득이 $80,000이고 실업률이 7.5%이면 예상되는 부채지불은 다음과 같이 계산된다.

$$\widehat{\text{Debt}} = 199.00 + 10.51(80) + 0.62(7.5) = \$1,044.45.$$

연습문제 12.2

기본문제

18. 다중회귀에서 다음과 같은 표본회귀식을 구하였다.

$$\hat{y} = 152 + 12.9x_1 + 2.7x_2.$$

a. 만약 x_1이 20이고 x_2이 35인 경우 y를 예측하라.
b. x_1의 기울기를 해석하라.

19. 다중회귀에서 다음과 같은 표본회귀식을 구하였다.

$$\hat{y} = -8 + 2.6x_1 - 47.2x_2.$$

a. 만약 x_1이 40이고 x_2이 −10인 경우 y를 예측하라.
b. x_2의 기울기를 해석하라.

20. 30개의 데이터를 관측하여 $y = \beta_0 + \beta_1x_1 + \beta_2x_2 + \varepsilon$를 추정하였다. 엑셀의 결과가 다음과 같다.

	Coefficients	*Standard Error*	*t Stat*	*p-value*
Intercept	21.97	2.98	7.37	6.31E-08
x_1	30.00	2.23	13.44	1.75E-13
x_2	−1.88	0.27	−6.96	1.75E-07

a. β_1의 점추정치는? 이 값을 해석하라.

b. 표본회귀식을 구하라.

c. $x_1 = 30$, $x_2 = 20$ 인 경우 $\hat{y}$ 값은?

21. 30개의 데이터를 관측하여 $y = \beta_0 + \beta_1 x_1 + \beta_2 x_2 + \varepsilon$를 추정하였다. 엑셀의 결과가 다음과 같다.

	Coefficients	*Standard Error*	*t Stat*	*p-value*
Intercept	13.83	2.42	5.71	1.56E-06
x_1	−2.53	0.15	−16.87	5.84E-19
x_2	0.29	0.06	4.83	2.38E-05

a. β_1의 점추정치는? 이 값을 해석하라.

b. 표본회귀식을 구하라.

c. $x_1 = -9$, $x_2 = 25$ 인 경우 y의 예측값은?

응용문제

22. 수업 첫날, 경제학 교수는 학생들의 수학능력이 준비되었는지 판단하기 위해 시험을 주관하였다. 이 수학시험 성적과 일 주일에 공부한 시간이 학생들의 기말시험 성적에 큰 영향을 줄 것이라고 믿는다. 60명의 학생들의 데이터를 이용하여 Final $= \beta_0 + \beta_1$ Math $+ \beta_2$Hours $+ \varepsilon$의 모형을 추정하려 한다. 회귀분석의 결과를 다음 표에서 보여준다.

	Coefficients	*Standard Error*	*t Stat*	*p-value*
Intercept	40.55	3.37	12.03	2.83E-17
Math	0.25	0.04	6.06	1.14E-07
Hours	4.85	0.57	8.53	9.06E-12

a. Hours의 기울기 계수는?

b. 표본회귀식을 구하라.

c. 수학시험 성적이 70, 일 주일에 4시간 공부한 학생의 예상 기말시험 점수는?

23. 50명의 근로자들의 데이터를 이용하여 Wage $= \beta_0 + \beta_1$Education $+ \beta_2$Experience $+ \beta_3$Age $+ \varepsilon$의 모형을 추정하려 하다. Wage는 시간당 임금, Education은 고등교육을 받은 연수, Experience는 경력연수, Age는 나이이다. 회귀분석 결과가 다음 표와 같다.

	Coefficients	*Standard Error*	*t Stat*	*p-value*
Intercept	7.87	4.09	1.93	0.0603
Education	1.44	0.34	4.24	0.0001
Experience	0.45	0.14	3.16	0.0028
Age	−0.01	0.08	−0.14	0.8920

a. β_1와 β_2의 점추정치를 해석하라.

b. 표본회귀식을 구하라.

c. 4년의 고등교육 연수, 3년의 경력을 가진 30살의 임금을 예측하라.

24. 골다공증은 60세 이상의 여성에게 발생하는 퇴행성 질병이다. 연구자가 이 질병을 위한 처방약인 StrongBones의 매출을 예측하려고 한다. 매출의 예측 모형 Sales $= \beta_0 + \beta_1$ Population $+ \beta_2$ Income $+ \varepsilon$을 사용하였다. Sales는 StrongBones의 매출(단위: 백만 달러)이고, Population은 60세 이상 여성인구이며, Income은 60세 이상 여성의 평균소득(단위: 1,000달러)이다. 미국38개 도시의 데이터를 수집하여 다음과 같은 회귀분석 결과를 도출하였다.

	Coefficients	*Standard Error*	*t Stat*	*p-value*
Intercept	10.35	4.02	2.57	0.0199
Population	8.47	2.71	3.12	0.0062
Income	7.62	6.63	1.15	0.2661

a. 표본회귀식은?

b. 기울기 계수들을 해석하라.

c. 만약에 한 도시의 60세 이상의 인구가 1500만 명이고 그들의 평균소득은 $44,000일 때 매출을 예측하라.

25. 사회학자는 한 지역의 범죄율이 그 지역의 빈곤율과 중산층 소득에 의해 영향을 받는다고 믿고 있다. 특히, 범죄는 빈곤율과 함께 증가하고 소득이 증가하면 감소한다는 가설을 가지고 있다. 41개의 뉴잉글랜드 도시에서 범죄율(십만인구의 범죄발생건), 빈곤율(%), 그리고 중산층 소득($1,000)의 데이터를 수집하였다. 회귀분석의 결과가 아래 표와 같다.

	Coefficients	*Standard Error*	*t Stat*	*p-value*
Intercept	−301.62	549.71	−0.55	0.5864
Poverty	53.16	14.22	3.74	0.0006
Income	4.95	8.26	0.60	0.5526

a. 기울기 계수의 부호가 예상한 결과인가?

b. 빈곤율(Poverty)의 계수를 해석하라.

c. 빈곤율 20%, 중산층 소득이 $50,000일 때 이 지역의 범죄율을 예측하라.

26. FILE 매사추세츠 알링턴의 한 부동산업자가 집값(Price $)과 면적(Sqft 제곱피트), 방수(Beds), 그리고 욕실수(Baths)의 관계를 분석하려 한다. 2009년 1분기의 36개의 거래 결과를 수집하였고 아래 표에서 보이는 바와 같다. 교과서 웹사이트에서 ***Arlington_Homes***라는 파일을 열면 모든 데이터를 확인할 수 있다.

Price	Sqft	Beds	Baths
840000	2768	4	3.5
822000	2500	4	2.5
⋮	⋮	⋮	⋮
307500	850	1	1

a. 다음의 모형을 추정하라. $\text{Price} = \beta_0 + \beta_1\text{Sqft} + \beta_2\text{Beds} + \beta_3\text{Baths} + \varepsilon$.
b. 기울기 계수들을 해석하라.
c. 면적 2,500제곱피트, 방 3개, 욕실 2개를 가진 집의 가격을 예측하라.

27. FILE 교육개혁은 사회경제분야 정책수립에 있어서 가장 치열하게 토론하는 주제 중 하나이다. 매사추세츠 224개 학교 학생들의 학습능력에 대한 가정환경과 학교비용의 영향을 선형회귀모형으로 분석하였다. 반응변수는 1998년 5월에 10학년 학생에게 실시한 MCAS(Massachusetts Comprehensive A*SSE*sment System)의 평균점수(Score)이고 4개의 설명변수를 고려하였다. (1) STR(학생과 선생 비율), (2)TSAL(선생의 평균연봉), (3)INC(중산층 소득) (4)SGL(독신자 비율)이다. 회귀분석 결과의 일부분이 다음 표와 같으며, 전체 데이터는 교과서 웹사이트의 ***MCAS***라는 파일에서 확인할 수 있다.

Score	STR (%)	TSAL (in \$1,000)	INC (in \$1,000)	SGL (%)
227.00	19.00	44.01	48.89	4.70
230.67	17.90	40.17	43.91	4.60
⋮	⋮	⋮	⋮	⋮
230.67	19.20	44.79	47.64	5.10

a. 각 설명변수에 대하여, Score에 양의 영향력 혹은 음의 영향력을 가지는지 확인하고 논하라.
b. 표본회귀식을 구하라. 기울기 계수의 부호가 예상한 결과인가?
c. 만약에 STR = 18, TSAL = 50, INC = 60, SGL = 5일 때 예상점수(Score)는?
d. 위에서 조건 중에 INC = 80으로 바꾼다면 예상점수(Score)는?

28. FILE 미식축구는 한 게임당 지불하는 비용면에서는 비용이 가장 높은 스포츠경기다. 팀에서 가장 중요한 포지션인 쿼터백은 많은 연봉을 받는다. 스포츠 통계학자가 다중선형회귀분석을 이용하여 쿼터백 연봉(Salary)을 패스성공률(PCT), 총 터치다운점수(TD), 그리고 나이(Age)에 의하여 예측하려 한다. 회귀분석 결과의 일부분이 다음 표에 있다. ***Quaterback_Salaries***라는 이름의 데이터를 교과서 웹사이트에서 확인할 수 있다.

Name	Salary (in \$ millions)	PCT	TD	Age
Philip Rivers	25.5566	65.2	28	27
Jay Cutler	22.0441	60.5	27	26
⋮	⋮	⋮	⋮	⋮
Tony Romo	0.6260	63.1	26	29

a. 다음 모형 $\text{Salary} = \beta_0 + \beta_1\text{PCT} + \beta_2\text{TD} + \beta_3\text{Age} + \varepsilon$을 추정하라.
b. 추정된 계수들이 충격적인가?
c. Drew Brees는 2009년에 \$12.9895 million를 벌었다. 위의 모형에서 PCT = 70.6, TD = 34, Age = 30이면 예상되는 연봉은?
d. Tom Brady는 2009년에 \$8.0073 million를 벌었다. 위의 모형에서 PCT = 65.7, TD = 28, Age = 32이면 예상되는 연봉은?
e. Drew Brees와 Tom brady 의 연봉의 잔차를 계산하고 해석하라.

29. FILE 세단 20대의 차값, 연식, 마일리지를 수집하여 다음과 같은 표를 만들었다. 전체 데이터는 ***Car_Prices***라는 이름의 파일로 교과서 웹사이트에서 찾아볼 수 있다.

Selling Price	Age	Mileage
13590	6	61485
13775	6	54344
⋮	⋮	⋮
11988	8	42408

a. 세단의 가격을 예측하기 위하여 연식과 마일리지의 영향력만 고려된 표본회귀식을 구하라.
b. Age의 기울기 계수를 해석하라.
c. 65,000마일, 5년 된 세단의 차값을 예측하라.

30. FILE 다음 표는 미시건 앤아버에 위치한 대학촌 아파트 40개의 임대료(Rent), 방수(Bed), 욕실수(Bath), 면적(Sqft)을 수집한 결과의 일부분이다. 전체 데이터는 ***AnnArbor_Rental***이라는 이름으로 교과서 웹사이트에서 확인 가능하다.

Rent	Bed	Bath	Sqft
645	1	1	500
675	1	1	648
⋮	⋮	⋮	⋮
2400	3	2.5	2700

a. 앤아버 아파트의 임대료를 예측 가능하게 하는 표본회귀식을 구하라. 방수(Bed), 욕실수(Bath), 면적(Sqft)이 임대료에 영향을 준다고 가정하자.
b. 욕실수의 기울기 계수를 해석하라.
c. 1,500제곱피트, 방 2개, 욕실 1개의 아파트의 임대료를 예측하라.

12.3 적합도 측정

표본회귀식을 관찰해본다고 해서 설명변수가 얼마큼 반응변수의 변동성을 설명하고 있는지를 평가하기는 불가능하다. 그러나 표본회귀식이 얼마큼 데이터에 적합한지를 평가하는 적합도 측정값이 존재한다. 만약에 모든 관측값들이 표본회귀식에 정확히 놓여있다면 완벽한 적합도를 가지게 된다. 그러나 이러한 경우는 거의 불가능하므로, 그 모형을 상대적 잣대로 평가하여야 한다.

적합도를 측정하는 세 가지 척도를 살펴보겠다. 추정치의 표준오차, 결정계수, 그리고 수정결정계수이다. 회귀모형이 절편항을 가지고 있는 한, 단순 및 다중선형회귀모형에서 세 가지 척도를 계산하기 위한 공식을 이용할 수 있다.

앞부분에서 우리는 소비자 부채지불을 예측하는 것에 관심이 있었다. 두가지 모형을 다루었는데, 모형 1은 단순선형회귀모형으로서 표현식은 Debt = β_0 + β_1Income + ε이고, 모형 2는 다중선형회귀모형으로서 표현식은 Debt = β_0 + β_1Income + β_2Unemployment + ε과 같다(표현식을 간단하게 하기 위해서 모형 1 , 모형 2 모두 계수를 같은 표기법을 사용하였지만, 그 값들과 추정치들은 서로 다른 의미를 가질 수 있다).

만약 두 가지 모형 중에 한 가지만 선택해야 한다면 무엇을 선택할까? 더 많은 설명변수를 포함한 모형이 반응변수를 더 잘 설명한다고 볼 수 있을 것이다. 그러나 항상 그런 것은 아니다. 더 좋은 모형을 선택하는 기준이 될 수 있는 적합도를 측정하는 척도들에 대하여 살펴보아야 한다.

추정치의 표준오차

학습목표 **12.3**
추정치의 표준오차의 계산과 해석

우선 단순선형회귀모형을 이용하여 적합도를 다루어보자. 그림 12.4는 부채비용과 소득간의 산점도 및 표본회귀선을 다시 보여주고 있다. 잔차 e는 관측값과 예측값의 차이이며 $e = y - \hat{y}$로 계산됨을 상기하자. 만약에 모든 데이터가 회귀선상에 있으면 잔차는 0이 된다. 즉 관측값과 예측값 사이에 어떠한 분포도 존재하지 않는다. 하지만 실제상황에서는 거의 불가능한 경우이며 이 잔차의 상대적 크기를 기초로 모형들의 적합도를 측정할 수 있다. 잔차의 산포도가 상대적으로 적게 일어나면 그 표본회귀식은 좋은 적합도를 갖는다고 할 수 있다.

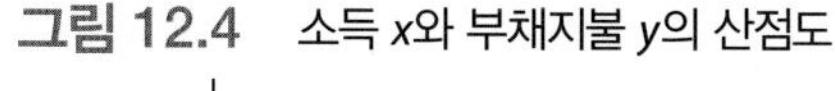
그림 12.4 소득 x와 부채지불 y의 산점도

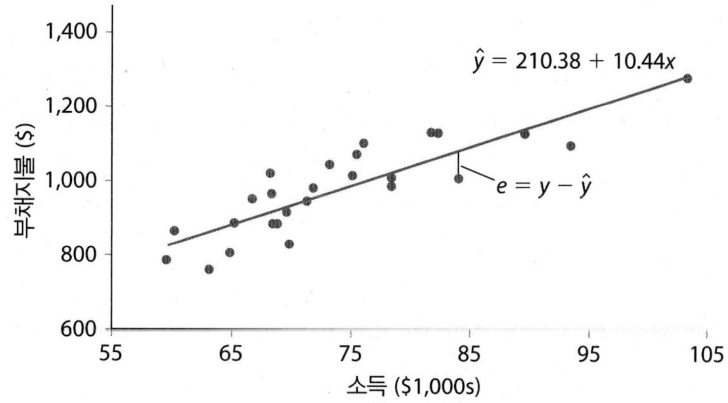

이러한 산포도를 측정하는 수리적 척도로 잔차의 표본분산을 사용한다. s_e^2로 표기한다. 일

반적으로 잔차의 표준편차를 s_e로 표기하고 **추정치의 표준오차**(standard error of the estimate)라고 부른다. 분산 s_e^2는 잔차, 즉 y_i와 $\hat{y}_i$의 차이의 제곱의 평균으로 정의한다. 공식의 분자항은 오차의 제곱의 합계인 $SSE = \Sigma(y_i - \hat{y}_i)^2 = \Sigma e_i^2$이다. SSE를 자유도 값으로 나누어야 하는데 여기서 자유도는 $n - k - 1$이며, 결과값이 s_e^2이 된다. 다른 이름으로 **mean square due to error** 혹은 **mean square error** MSE라고 부르기도 한다. 여기서 k는 선형회귀모형에서 고려하고 있는 설명변수의 개수이며, 따라서 단순선형회귀모형에서는 $k = 1$이 된다. 추정치의 표준오차인 s_e는 s_e^2의 양의 제곱근이다. 잔차의 산포도가 적을 수록, s_e는 작은 값을 가지게 되며 이는 더 적합한 모형을 의미한다.

추정치의 표준오차

추정치의 표준오차 s_e는 다음과 같이 계산된다.

$$s_e = \sqrt{s_e^2} = \sqrt{MSE} = \sqrt{\frac{SSE}{n-k-1}} = \sqrt{\frac{\Sigma e_i^2}{n-k-1}}.$$

이론적으로 s_e는 0에서 무한대 사이의 어떠한 숫자를 가질수 있다. 즉, $0 \leq s_e < \infty$이며 0에 가까울수록 그 모형은 데이터에 더 적합하다고 할 수 있다.

위 공식에서 보듯이 고정된 데이터의 개수 n을 가지고 있는 상황에서 설명변수의 개수 k가 증가할수록 SSE도 감소하고 분모항인 $n - k - 1$도 감소한다. 따라서 s_e의 값을 이용하면 더 많은 반응변수를 포함한 모형이 유용성을 향상시키는 순효과에 대해 판단하는 기준이 될 수 있다.

예제 12.4

표 12.1에 있는 표본에서 모형 1의 회귀분석 결과를 표 12.3에서 보여준다. 그 표본회귀식인 $\widehat{\text{Debt}} = 210.30 + 10.44\text{Income}$ 을 이용하여 추정치의 표준오차 s_e를 계산하라.

풀이:

잔차의 분산 s_e^2을 계산한다. Debt를 y로, Income을 x로 표기하고 표12.5에서 처음 두 번째 열까지 이 변수들을 나열하고 있다. 세 번째 열에서 예측값 $\hat{y}$, 네 번째 열에서는 잔차의 제곱인 $e^2 = (y - \hat{y})^2$ 값들을 보여주고 있다. 제곱된 잔차의 합계는 마지막 열의 마지막 셀에서 확인할 수 있다. 이 값이 SSE이고 s_e^2를 구하는 공식의 분자항이다.

표 12.5 예제 12.4의 계산

y	x	$\hat{y} = 210.30 + 10.44x$	$e^2 = (y - \hat{y})^2$
1285	103.50	$210.30 + 10.44 \times 103.50 = 1290.84$	$(1285 - 1290.84)^2 = 34.11$
1135	81.70	$210.30 + 10.44 \times 81.70 = 1063.25$	$(1135 - 1063.25)^2 = 5148.35$
⋮	⋮	⋮	⋮
763	63.00	$210.30 + 10.44 \times 63.00 = 868.02$	$(763 - 868.02)^2 = 11029.20$
			$\Sigma(y_i - \hat{y}_i)^2 = \Sigma e_i^2 = 96045.72$

$SSE = \Sigma e_i^2 = 96{,}045.72$ 를 이용하여 잔차의 분산인 s_e^2를 결정한다.

$$s_e^2 = MSE = \frac{\Sigma e_i^2}{n - k - 1} = \frac{96{,}045.72}{26 - 1 - 1} = 4{,}001.91.$$

이 분산값의 제곱근을 취하면

$$s_e = \sqrt{s_e^2} = \sqrt{4{,}001.91} = 63.26.$$

추정치의 표준오차는 반응변수의 측정단위와 같은 단위이다. 부채지불이 \$이므로 s_e는 \$63.26이다.

거의 대부분 s_e를 계산하기 위하여 통계프로그램을 이용한다(s_e가 제공되지 않는다고 해도 SSE는 일반적으로 제공되므로 s_e를 쉽게 계산할 수 있다). 엑셀에서는 회귀통계(Regression Statistics)라는 회귀분석결과에서 s_e의 값을 보여주고 있다. 간단히 표준오차라는 이름으로 표기한다. 표12.6의 두 번째 열에서 모형 1의 엑셀 회귀통계량을 보여주고 있다. $s_e = 63.26$의 엑셀 결과값은 위에서 구해진 값과 같다.

표 12.6 모형 1과 모형 2의 회귀분석 통계치

	Model 1	Model 2
Multiple R	0.8675	0.8676
R Square	0.7526	0.7527
Adjusted R Square	0.7423	0.7312
Standard Error	63.26	64.61
Observations	26	26
Regression Equation	$\hat{y} = 210.30 + 10.44x$	$\hat{y} = 199 + 10.51x_1 + 0.62x_2$

설명변수를 더 고려하여 선형회귀분석을 하는 이유는 모형의 유용성을 향상하기 위함이다. 모형 2에서 소득 x_1, 실업률 x_2에 의한 부채지불 y를 설명하려고 한다. 만약에 모형 2가 모형 1보다 향상된 모형이라면, 더 작은 표준오차값을 가지게 될 것이다. 표 12.6에서 모형2에 대한 회귀통계량을 보여주고 있다. 모형 2의 표준오차값은 $s_e = \$64.61$이며, 이 결과값은 모형 1의 표준오차값보다 큰 값을 가진다($64.61 > 63.26$). 표준오차의 정의를 이용하여 다시 말하면, 단지 한 설명변수를 모형에 포함하는 것이 실제 관측값과 예측값의 차이의 산포도가 더 적다는 것이다. 따라서 모형 1이 표본에 더 적합하다는 결과를 갖는다. 일반적으로 표준오차의 척도뿐만 아니라 다른 척도들을 함께 이용하여 모형의 유용성에 대해 좀 더 전반적인 평가를 한다.

학습목표 **12.4**

결정계수(R^2)의 계산과 해석

결정계수 R^2

예제 12.1에서 s_e = \$63.26를 갖는 결과를 보여줬다. 이 결과를 단독으로 평가하여 해석하기는 어렵다. 사실은 0에 가까운 값을 가져야 좋은 적합도를 갖는다고 하는데 \$63.26가 좋은 결과값이라고 평가하기에는 무리가 있다. 다양한 모형들을 비교하였을 때에는 상대적으로 작은 표준오차값을 갖는 모형이 상대적 우위를 가질 수 있으므로 표준오차가 유용한 적합도 측정의 척도가 될 수 있다. 그러나 하나의 모형을 평가하기에는 적합하지 않다. 한 가지 이유는 표준오차의 최대값에 대한 제한이 없기 때문이다. 즉, $0 \leq s_e < \infty$. **결정계수**(coefficient of determination)는 또 다른 표준오차보다 해석이 쉬운 적합도 측정의 척도이며 $\boldsymbol{R^2}$로 표기한다. R^2의 값은 최소값과 최대값이 정해져 있기 때문에 이 값을 해석할 때 좀 더 직관적으로 할 수 있다.

추정모형의 표준오차와 비슷하게 결정계수도 표본회귀식이 데이터에 얼마나 적합한지 평가하는 척도이다. 특히, R^2는 표본회귀식에 의해 설명된, 즉 설명변수의 변화에 설명된 반응변수의 표본변이이다. 이 값은 반응변수에 의해 y값의 설명된 변이와 y값의 총 변이의 비율이다. 일반적으로 이 비율에 100을 곱하여 백분율로 표현한다. 예를 들어 $R^2 = 0.72$일 때, 우리는 72%의 반응변수의 변이가 표본회귀식에 의해 설명된다고 볼 수 있다. 추정된 모형에 포함되지 않은 다른 요소들에 의해 28% 설명된다고 볼 수 있다.

선형회귀모형에서 분산분석(ANOVA)을 이용하여 R^2를 구하게 된다. 반응변수 y의 **총변동량**을 $\Sigma(y_i - \bar{y})^2$로 표현한다. 이 변동량은 y의 분산을 구하는 공식의 분자항이다. 이 값은 **전체제곱합**, 즉 Total Sum of Squares(SST)로 불리며 두 변이에 의해 계산된다고 볼 수 있으며 그 두 개의 변이는 **설명된** 변이와 **설명되지 않은 변이**이다. 그림 12.5에서 보듯이 y의 총변이는 두 성분으로 분해해서 설명될 수 있다.

그림 12.5 y의 총변동량, 설명된 변이, 설명되지 않은 변이

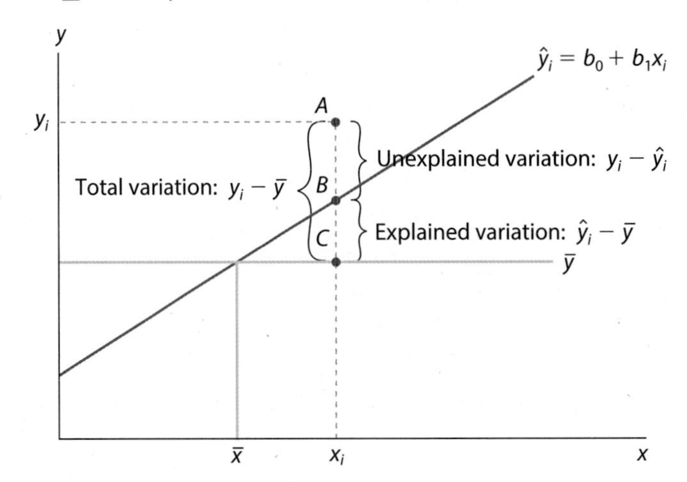

설명을 위해서, 다른 점들은 다 제거하고 점 A만 산점도에 표시하였다. 점 A의 위치를 (x_i, y_i)라고 하자. 파란선은 총 표본데이터를 이용한 추정 회귀식을 표현한 것이고, 초록색 수직 및 수평선은 각각 표본 평균인 $\bar{x}$와 $\bar{y}$를 보여준다. 점 A와 $\bar{y}$(점 C)간의 수직 거리는 총변이 $y_i - \bar{y}$(AC 거리)이다. 각각의 데이터에서, 이러한 거리를 구하여 제곱해주고 총합을 구하면 $SST = \Sigma(y_i - \bar{y})^2$이 된다.

이제 각 데이터와 예측값간의 거리, 즉 $\hat{y}_i$(점 B)와 $\bar{y}$와의 거리에 대해 살펴보자. 이 차이

는 y값에 대한 설명된 변이이다. 설명된 변이라고 하는 것은 x가 증가하면 y가 증가하고 x가 평균보다 크기 때문에 $\hat{y}$와 $\bar{y}$의 양의 차이가 발생함을 보여준다. 이런 차이를 다 제곱하고 총합을 구한 값을 **Sum of Squares due to Regression**(SSR)이라고 하며 $SSR = \Sigma(\hat{y}_i - \bar{y})^2$로 표현된다.

각 관측값과 예측값의 차이(AB 거리)를 y에서 설명되지 않은 변이라고 할 수 있다. 이 부분은 y에서 설명되지 않고 남아있는 변동량이다. 이 변이는 랜덤하게 일어난 오차거나 확률적으로 일어날 수 있는 변화이다. 이 모든 차이를 제곱하고 더해주면 익숙한 용어인 Sum of Squares due to Error, $SSE = \Sigma(y_i - \hat{y}_i)^2$가 된다.

따라서, y의 총 변이는 다음과 같이 설명된 변이와 설명되지 않은 변이로 구성된다.

$$SST = SSR + SSE.$$

양변에 SST를 나누고 재배열하면 다음과 같이 된다.

$$\frac{SSR}{SST} = 1 - \frac{SSE}{SST}.$$

위의 식 양변은 결정계수 R^2의 두 개의 공식이 된다. R^2의 값은 0과 1 사이의 숫자가 된다. 즉 $0 \le R^2 \le 1$이 된다. R^2의 값이 1에 가까울수록 모형이 더 적합하다고 볼 수 있으며, 0에 가까울수록 모형이 더 부적합하다고 볼 수 있다.

결정계수 R^2

결정계수(the coeficient of determination) R^2은 표본회귀식에 의해 설명되어지는 반응변수의 변이의 비율이다. R^2은 다음과 계산된다.

$$R^2 = \frac{SSR}{SST}, \text{ 또는 } R^2 = 1 - \frac{SSE}{SST}$$

여기서 $SSR = \Sigma(\hat{y} - \bar{y})^2$, $SSE = \Sigma(y_i - \hat{y}_i)^2$ 그리고 $SST = \Sigma(y_i - \bar{y})^2$이다.

R^2의 값은 0과 1 사이의 값이며, 1에 가까울수록 더 적합한 모형이라고 볼 수 있다.

엑셀을 포함한 대부분의 통계프로그램은 ANOVA 결과에서 SSR, SSE, 그리고 SST의 계산을 제공해준다. 표 12.7에서 ANOVA 표의 포맷과 회귀분석 결과를 보여주고 있다. 다음 절에서 MSR, MSE, $F_{(df_1,df_2)}$, 그리고 $F_{(df_1,df_2)}$의 p-값에 대해 살펴본다.

표 12.7 회귀분석 결과를 포함한 ANOVA 표의 일반적인 포맷

ANOVA					
	df	*SS*	*MS*	*F*	*Significance F*
Regression	k	SSR	MSR	$F_{(df_1,df_2)} = \frac{MSR}{MSE}$	p-value for $F_{(df_1,df_2)}$
Residual	$n-k-1$	SSE	MSE		
Total	$n-1$	SST			

예제 12.5

표 12.1에서 본 표본데이터를 이용하여 결정계수 R_2를 계산하고 해석하라. 표본회귀식은 모형 1: $\widehat{\text{Debt}} = 210.30 + 10.44\text{Income}$을 이용하라.

풀이: 예제 12.4에서 모형 1에 대한 $SSE = 96{,}045.72$를 구하였다. 공식 $R_2 = 1 - SSE/SST$를 이용하면, SST만 구하면 된다. $\bar{y} = 983.46$이므로, SST는 다음과 같이 계산된다.

$$\begin{aligned}\Sigma(y_i - \bar{y})^2 &= (1285 - 983.46)^2 + (1135 - 983.46)^2 + \cdots + (763 - 983.46)^2 \\ &= 388{,}182.46.\end{aligned}$$

따라서,

$$R^2 = 1 - \frac{SSE}{SST} = 1 - \frac{96{,}045.72}{388{,}182.46} = 0.7526.$$

여기서 구한 값은 표 12.6에서 보여준 엑셀 결과값과 일치한다. 결정계수 R_2 값에 의하여 부채지불의 변이가 75.26%가 소득에 의한 변이에 의해 설명된다고 할 수 있다.

모형 1의 표준오차($s_e = 63.26$)는 모형 2의 표준오차($s_e = 64.61$) 값보다 적음을 보여줬었다. 따라서 모형 1을 더 적합한 모형이라고 판단하였다. 모형 2의 결정계수 값($R^2 = 0.7527$)이 모형 1의 결정계수 값($R^2 = 0.7526$)보다 약간 크다. 따라서 모형 2가 부채지불을 더 잘 설명하는 모형이라고 판단할 수 있다. 이러한 반대되는 결과를 어떻게 해결해야 할까? 같은 수의 설명변수를 포함하지 않은 모형들을 비교할 때에는 결정계수 R^2를 사용하지 말아야 한다. 이유는 R^2가 고려되는 설명변수의 개수가 증가하면 절대 감소하지 않기 때문이다. 이러한 상황에서 가장 많이 쓰이는 선택방법은 가장 큰 수정결정계수(adjusted R^2)를 갖는 모형을 선택하는 것이다.

학습목표 **12.5**

결정계수(R^2)와 수정결정계수 (adjusted R^2)의 구별

수정결정계수(adjusted R^2)

선형회귀모형에서 설명변수의 개수가 증가하면 R^2가 절대 감소하지 않는다. R^2의 값을 증가시키기 위한 방법으로 선형회귀모형에서 경제이론 및 직관에 상관없어 보이는 설명변수들을 포함하는 것이 가능할 수 있다. 특히 설명변수의 개수 k가 표본크기 n에 비례하여 많다고 판단될 때 이러한 상황이 발생한다. R^2를 이용하여 잘못된 결과를 도출할 가능성을 피하기 위해서 통계프로그램은 수정결정계수를 포함하여 결과를 낸다. R^2와 달리, **adjusted R^2**는 표본크기 n과 설명변수의 개수 k를 고려하여 계산된다. 분석과정에서 더 많은 설명변수에 벌점을 부과하는 방식이므로 적합한 모형을 선택할 때 adjusted R^2를 주로 많이 사용한다.

수정결정계수

수정결정계수(adjusted R^2)의 계산은 adjusted $R^2 = 1 - (1 - R^2)\left(\frac{n-1}{n-k-1}\right)$이며, 반응변수의 개수가 다른 모형을 비교할 때 이용한다. 더 큰 adjusted R^2 값을 가질수록 더 적합한 모형이라고 판단된다.

만약 SSE가 0보다 매우 크고 k가 n에 비해 크다면, adjusted R^2 값이 R^2보다 매우 다를 수 있다. 만약 반응변수와 설명변수간의 상관관계가 매우 적다면 adjusted R^2의 값이 음수일 수도 있다.

설명변수의 개수가 다른 모형들을 비교하기 위해서 표준오차(standard error of the estimate)와 adjusted R^2를 동시에 사용하는 것은 유용하다. 그러나 adjusted R^2이 더 일반적으로 쓰이는 모형선택 기준이다.

예제 12.6

표 12.6에서 보여준 회귀분석 통계치에서 adjusted R^2를 이용하여 모형비교를 하여라.

풀이: 표 12.6에서 모형 1은 adjusted $R^2 = 0.7423$이고 모형 2의 값은 0.7312이다. 따라서 모형 1이 더 큰 adjusted R^2 값을 가지므로 부채비율을 예측하기 위해 선택될 수 있다.

연습문제 12.3

기본문제

31. 25개의 관측값에 의한 단순선형회귀분석 과정에서, 다음과 같은 계산식을 구하였다. $\Sigma(y_i - \hat{y})^2 = 1250$ 그리고 $\Sigma(y_i - \bar{y})^2 = 1500$.
    a. s_e^2와 s_e를 계산하라.
    b. R^2를 계산하라.

32. 30개의 관측값에 의한 단순회귀분석에서 $SSE = 2540$, $SST = 13{,}870$을 계산하였다.
    a. s_e^2와 s_e를 계산하라.
    b. R^2를 계산하라.

33. 두 개의 설명변수를 이용한 다중회귀분석 과정에서 다음과 같은 계산식이 주어졌다. $n = 50$, $\Sigma(y_i - \hat{y})^2 = 35$, $\Sigma(y_i - \bar{y})^2 = 90$.
    a. 추정치의 표준오차를 구하여라.
    b. 결정계수 R^2를 계산하라.

34. 4개의 설명변수와 100개의 관측값에 의하여 다중회귀분석 과정 중에 다음과 같은 계산식이 주어졌다. $SSR = 4.75$, $SST = 7.62$.
    a. 추정치의 표준오차를 구하여라.
    b. 결정계수 R^2를 계산하라.
    c. 수정결정계수 adjusted R^2를 계산하라.

35. 단순선형회귀모형을 추정할 때 다음과 같은 ANOVA 표를 구하였다.

ANOVA	*df*	*SS*	*MS*	*F*	*Significance F*
Regression	1	81.58	81.58	366.50	1.27E-17
Residual	28	6.23	0.22		
Total	29	87.81			

    a. 추정치의 표준오차를 계산하라.
    b. 결정계수를 계산하고 해석하라.

36. 단순선형회귀모형을 추정할 때 다음과 같은 ANOVA 표를 구하였다.

ANOVA	*df*	*SS*	*MS*	*F*	*Significance F*
Regression	1	75.92	75.92	178.76	1.12E-13
Residual	28	11.89	0.42		
Total	29	87.81			

    a. s_e를 계산하라.
    b. R^2를 계산하고 해석하라.

37. 다중선형회귀모형을 추정할 때 다음과 같은 ANOVA 표를 구하였다.

ANOVA	df	SS	MS	F	Significance F
Regression	2	161478.4	80739.19	11.5854	0.0002
Residual	27	188163.9	6969.03		
Total	29	349642.2			

a. 추정치의 표준오차를 계산하라.
b. 결정계수를 계산하고 해석하라.
c. 수정결정계수 adjusted R^2를 계산하라.

38. 다중선형회귀모형을 추정할 때 다음과 같은 ANOVA 표를 구하였다.

ANOVA	df	SS	MS	F	Significance F
Regression	2	188246.8	94123.4	35.2	9.04E-07
Residual	17	45457.32	2673.96		
Total	19	233704.1			

a. 추정치의 표준오차를 계산하라.
b. 결정계수를 계산하고 해석하라.
c. 수정결정계수 adjusted R^2를 계산하라.

응용문제

39. 중고차 가격(price)을 추정할 때 연식(age)의 함수로 다음과 같이 추정한다고 하자. Price $= \beta_0 + \beta_1$Age $+ \varepsilon$. 아래와 같은 분산분석(ANOVA) 결과를 얻었다.

ANOVA	df	SS	MS	F	Significance F
Regression	1	199.93	199.93	87.80	2.41E-08
Residual	18	40.99	2.28		
Total	19	240.92			

a. 얼마나 많은 관측자료를 이용하였나?
b. 추정치의 표준오차는?
c. 결정계수를 계산하고 해석하라.

40. 어떤 기업의 매출(sales)을 추정할 때 광고비용(advertising)의 함수로 다음과 같이 추정한다고 하자. Sales $= \beta_0 + \beta_1$Age $+ \varepsilon$.

ANOVA	df	SS	MS	F	Significance F
Regression	1	199.93	199.93	87.80	2.41E-08
Residual	18	40.99	2.28		
Total	19	240.92			

a. 광고비용으로 설명되는 매출 변동성 비율은 얼마인가?
b. 광고비용으로 설명되지 않은 매출 변동성 비율은 얼마인가?

41. 한 대학의 입학처장이 고등학교 성적(High School GPA)과 SAT 성적 중에 어떤 것이 대학 학점(College GPA)에 더 맞는 예측치를 줄 수 있는지 결정하려 한다. 다음과 같은 두 모형을 수식화하였다.

모형 1.College GPA $= \beta_0 + \beta_1$HighSchool GPA $+ \varepsilon$

모형 2. College GPA $= \beta_0 + \beta_1$SAT Score $+ \varepsilon$

최근 대학졸업생 10명의 자료를 가지고 위의 모형들을 추정하였다. 그 결과가 다음 표와 같다.

ANOVA Results for Model 1

	df	SS	MS	F	Significance F
Regression	1	1.4415	1.4415	11.5032	0.0095
Residual	8	1.0025	0.1253		
Total	9	2.4440			

ANOVA Results for Model 2

	df	SS	MS	F	Significance F
Regression	1	1.0699	1.0699	6.2288	0.0372
Residual	8	1.3741	0.1718		
Total	9	2.4440			

a. 모형 1과 모형 2의 추정치의 표준오차를 구하여라.
b. 모형 1과 모형 2의 결정계수를 계산하라.
c. 두 척도값을 보았을 때 어떤 모형이 더 적합한 모형인가? 설명하시오.

42. 뉴잉글랜드의 41개 도시들의 표본을 가지고 한 사회학자가 각 도시의 범죄율(지역주민 100,000명당 범죄건수)을 빈곤율(%)과 소득 중앙값(단위: $1,000)의 함수로 표현하려고 한다. 다음 표는 회귀분석 결과를 보여주고 있다.

ANOVA	df	SS	MS	F	Significance F
Regression	2	3549788	1774894	16.12513	8.5E-06
Residual	38	4182663	110070.1		
Total	40	7732451			

a. 추정치의 표준오차를 계산하라.
b. 범죄율의 변동성이 설명변수들의 변동성으로 설명되는 비율이 얼마인가? 설명되지 않은 비율은?

43. 재무분석가가 다음 모형을 이용하여 한 기업의 주식수익률(Return)을 추정하려 한다. Return $= \beta_0 + \beta_1$P/E $+ \beta_2$P/S $+ \varepsilon$, 여기서 P/E는 기업의 주당 순이익당 주가를 말하며, P/S는 주당 순매출당 주가를 말한다. 다음 표에 회귀분석결과를 보여주고 있다.

ANOVA	df	SS	MS	F	Significance F
Regression	2	918.746	459.373	2.817	0.0774
Residual	27	4402.786	163.066		
Total	29	5321.532			

a. 추정치의 표준오차를 계산하라.
b. 결정계수를 계산하고 해석하라.
c. 수정계수(adjusted R^2)를 계산하라.

44. FILE 교과서 웹사이트에서 ***Test_Scores***의 데이터를 이용하라.
a. 학생의 기말고사 점수를 학생들의 중간고사 점수의 함수로 추정하라.
b. 추정치의 표준오차를 계산하라.
c. 결정계수를 찾고 해석하라.

45. FILE 교과서 웹사이트에서 ***Property_Taxes***의 데이터를 이용하라.
a. 집의 크기(square footage)의 선형함수로 주택재산세를 추정하여라.
b. 재산세의 변동성이 집의 크기의 변동성에 의해 설명되는 비율은?
c. 재산세의 변동성이 집의 크기의 변동성에 의해 설명되지 않는 비율은?

46. FILE 미식축구에서 이기기 위해서는 수비가 중요한가 공격이 중요한가? 2009년 NFL 기록에서 각 팀의 승률(Win), 평균 얻은 야드(Yard Gained), 평균 뺏긴 야드(Yard Allowed)를 다음 표에서 보여준다. 전체 데이터는 교과서 웹사이트의 ***Football***이라는 자료에 있다.

Team	Win (%)	Yards Gained	Yards Allowed
Arizona Cardinals	62.50	344.40	346.40
Atlanta Falcons	56.30	340.40	348.90
⋮	⋮	⋮	⋮
Washington Redskins	25.00	312.50	319.70

a. 두 개의 단순선형회귀모형을 비교하라. 모형 1: 승률을 평균 얻은 야드로 예측, 모형 2: 승률을 평균 뺏긴 야드로 예측.
b. 모형 3은 승률을 평균 얻은 야드와 평균 뺏긴 야드 둘 다 고려하여 다중선형회귀모형으로 예측하는 것이다. 이 모형이 전의 두 모형들보다 더 적합한 모형인가? 설명하라.

47. FILE 몇 년 동안 이사들의 보수가 일반 직원의 임금 상승률보다 훨씬 더 많이 상승하고 있다. 이는 최근 경제의 위기상황과 구제금융 상황하에서 화제가 되고 있다. 정부는 이사들의 보수에 한계를 부여하려는 시도를 하고 있다(뉴욕타임스, 2009.2.9). 2006년도의 연봉이 가장 높은 CEO 455명의 보수의 데이터와 두 가지 성과 측정도, 산업수정자산회수(Adj ROA)와 산업수정주식수익(Adj Stock Return), 그리고 기업크기(Total Assets)를 이용하여 관련지으려고 한다. 전체 데이터는 교과서 웹사이트의 ***Executive_Compensation***이라는 자료에 있다.

Compensation (in $ millions)	Adj ROA	Adj Stock Return	Total Assets (in $ millions)
16.58	2.53	−0.15	20,917.5
26.92	1.27	0.57	32,659.5
⋮	⋮	⋮	⋮
2.3	0.45	0.75	44,875.0

a. 세 가지 단순선형회귀모형을 추정하라. 보수(compensation)를 반응변수로 각각 Adj ROA, Adj Stock Return, Total Assets를 설명변수로 한 단순선형회귀모형들이다. 어떤 모형을 선택하겠는가? 설명하시오.
b. 여러 조합의 두 개의 설명변수를 고려한 다중선형회귀모형과 세 개 모두를 고려한 다중선형회귀모형을 추정하고 어떤 모형을 선택하여야 하는지 설명하시오.

12.4 유의성 검정

이 절에서는 선형회귀모형의 회귀계수들(β_0, β_1,⋯, β_k)에 대한 가설검정을 통하여 모형의 적합성을 평가하는 방법을 살펴볼 것이다. 특히, 반응변수와 설명변수들의 선형관계가 충분히 있는지에 대하여 결정하기 위해서 기울기 계수들을 각각 개별검정 하거나 결합검정을 하게 된다. 이러한 검정과정에서 β_j의 OLS(ordinary least squares) 추정치인 b_j가 정규분포를 따라야 한다. 이 조건은 선형회귀모형의 랜덤오차항인 ε이 정규분포를 따르면 만족된다. 만약에 ε이 정규분포를 따르지 않는다면 이 검정과정은 표본크기가 클 때에만 유효하다. 선형회귀모형의 내포되어 있는 가정들은 13장에서 살펴보게 될 것이다.

학습목표 12.6

개별유의성 검정의 수행

개별유의성 검정

다음과 같은 반응변수 y와 설명변수 x의 관계를 수식화한 단순선형회귀모형을 고려하자.

$$y = \beta_0 + \beta_1 x + \varepsilon.$$

만약에 기울기 계수인 β_1이 0이라면, x는 더이상 위의 식에서 필요가 없게 된다. 즉, x는 y에 영향을 주지 못하며 x와 y는 선형관계가 없는 것이다. 반대로, β_1이 0이 아니라면 x는 y에 영향을 준다. 이러한 논리를 다중선형회귀모형, 즉 반응변수 y와 k개의 설명변수들 x_1, $x_2, \cdots, x_k$의 관계에서도 적용할 수 있다.

앞 장에서 살펴본 가설검정 방법론들을 적용하여 모수의 기울기 계수 β_1이 가설설정된 값 β_{10}보다 다른지, 큰지, 작은지를 검정할 것이다. 경쟁하는 가설들은 다음에 있는 형식들 중 하나를 택한다.

Two-Tailed Test	Right-Tailed Test	Left-Tailed Test
$H_0: \beta_1 = \beta_{10}$	$H_0: \beta_1 \leq \beta_{10}$	$H_0: \beta_1 \geq \beta_{10}$
$H_A: \beta_1 \neq \beta_{10}$	$H_A: \beta_1 > \beta_{10}$	$H_A: \beta_1 < \beta_{10}$

x가 유의하게 y에 영향을 주는지에 대하여 검정할 때에는 $\beta_{10} = 0$이라고 설정하고 다음과 같이 양측검정을 한다. $H_0: \beta_1 = 0$ 그리고 $H_A: \beta_1 \neq 0$. 선형관계를 양적 관계 혹은 음적 관계를 설정하기 위해서는 쉽게 단측검정을 다음과 같이 설정하면 된다. 양적 선형관계 $H_0: \beta_1 \leq 0$, $H_A: \beta_1 > 0$ 그리고 음적 선형관계 $H_0: \beta_1 \geq 0$, $H_A: \beta_1 < 0$.

유의성 검정을 할 때 주로 $\beta_{10} = 0$으로 설정하지만, 어떠한 경우에는 0이 아닌 다른 값으로 설정하길 원할 때가 있다. 예컨대, 학생의 시험점수와 공부한 시간의 관계를 분석할 때, 시험 전 한 시간 복습수업이 학생들의 점수를 5점보다 더 올릴 수 있는지에 대해 알아보고 싶을 수 있다. 이런 경우에는 가설을 다음과 같이 설정한다. $H_0: \beta_1 \leq 5$, $H_A: \beta_1 > 5$. 즉 $\beta_{10} = 5$인 경우다.

위와 같은 가설설정에 대한 논리를 k개의 설명변수를 이용한 다중선형회귀모형에도 적용할 수 있다. 예를 들어, 하나의 설명변수 x_j에 대하여 양측검정을 할 때, $H_0: \beta_j = \beta_j 0$ 그리고 $H_A: \beta_j \neq \beta_j 0$로 설정하며, $\beta_j 0$는 가설설정된 β_j의 값이다. 마지막으로, 대부분의 경우가 기울기 계수들에 대하여 가설검정을 하는 경우가 대부분이지만, 절편항인 β_0를 검정하고 싶을 수도 있다. 절편항에 대한 검정도 같은 원리이다. 만약에 0보다 다른 절편항을 갖는지를 검정하고 싶다면 가설설정을 다음과 같이 한다. $H_0: \beta_0 = 0$ 그리고 $H_A: \beta_0 \neq 0$.

모든 가설검정에서 그랬듯이, 다음으로 중요한 문제는 가설검정에 사용할 검정통계량(test statistic)을 단순회귀모형이나 다중회귀모형에서 어떻게 정의할 것인가이다.

개별유의성 검정을 위한 검정통계량

개별유의성 검정을 위한 검정통계량은 자유도 $df = n - k - 1$인 t_{df} 분포를 따르며 그 값은 다음과 같다.

$$t_{df} = \frac{b_j - \beta_{j0}}{se(b_j)}$$

어기서 n은 표본크기, k는 설명변수의 개수, b_j는 β_j의 점추정치, $se(b_j)$는 b_j의 OLS 추정치의 추정표준오차, β_j0는 가설설정된 β_j의 값이다. 만약 $\beta_j0 = 0$이면, 검정통계량은 $t_{df} = \frac{b_j}{se(b_j)}$이다.

예제 12.7

표 12.1에서 보여준 표본을 가지고 모형 1: Debt $= \beta_0 + \beta_1$Income $+ \varepsilon$을 다시 고려하자. 표 12.8에서 회귀분석 결과의 부분을 보여주고 있다. 5% 유의수준에서 소득(Income)이 부채지불(Debt)에 영향을 주는지에 대한 가설검정을 하여라.

표 12.8 모형 1: Debt $= \beta_0 + \beta_1$Income $+ \varepsilon$의 회귀분석 결과의 일부분

	Coefficients	Standard Error	t Stat	p-value	Lower 95%	Upper 95%
Intercept	10.2977	91.3387	2.3024	0.0303	21.7838	398.8116
Income	10.4411	1.2220	8.5440	9.6603E-09	7.9189	12.9633

풀이: 가설검정을 위하여 p-값을 이용한다. 소득과 부채지불이 선형관계가 있는지를 판단하기 위하여 다음과 같은 가설을 설정하였다.

$$H_0: \beta_1 = 0$$
$$H_A: \beta_1 \neq 0$$

표 12.8에서 $b_1 = 10.4411$ 그리고 $se(b_j) = 1.2220$임을 알았다. 또한, $n = 26$, $k = 1$이므로, 자유도는 $df = n - k - 1 = 26 - 1 - 1 = 24$이다. 따라서 검정통계량은 $t_{24} = \frac{b_1 - \beta_{10}}{se(b_j)} = \frac{10.4411 - 0}{1.2220} = 8.5443$ 이 된다. 표 12.8과 같이 엑셀에서 자동으로 검정통계량 값과 p-값을 제공하므로 이러한 계산이 꼭 필요하지 않을 수 도 있다.

엑셀 결과값은 표준적인 문제에서만 유효하다. 즉, 회귀계수가 0보다 다른지를 판단하는 양측검정에서만 적용된다. 위의 문제는 표준적인 경우이므로 엑셀 결과값을 바로 이용가능하지만, 표준이 아닌 경우의 문제에 대해서도 곧 다루기로 하자. 항상 그랬듯이 결정규칙은 p-값 $< \alpha$이면 H_0를 기각하는 것이다. 위의 결과에서 p-값 $= 9.6603 \times 10^{-9} \approx 0 < 0.05 = \alpha$이므로 H_0를 기각한다. 즉, 5%의 유의수준에서 부채지불과 소득수준은 선형관계를 가진다. 즉, 소득이 유의하게 부채지불에 영향을 준다.

신뢰구간을 이용하여 개별유의성을 결정

이전 장들에서 양측검정을 위하여 신뢰구간을 구하였다. 회귀계수들이 0보다 다른지를 판단할 때에도 같은 방법론을 적용할 수 있다.

β_j의 신뢰구간

회귀계수 β_j에 대한 $100(1-\alpha)\%$ 신뢰구간은 다음과 같이 계산된다.

$$b_j \pm t_{\alpha/2,df}se(b_j) \text{ 혹은 } [b_j - t_{\alpha/2,df}se(b_j),\, b_j + t_{\alpha/2,df}se(b_j)],$$

여기서 $se(b_j)$는 b_j의 추정표준오차이고 $df = n - k - 1$이다.

엑셀은 자동으로 95% 회귀계수들의 신뢰구간을 제공한다. 다른 수준의 신뢰구간도 설정변경을 통하여 제공해준다. 만약에 기울기 계수의 신뢰구간이 0을 포함하면 그 계수에 해당하는 설명변수는 유의하지 않은 것이다. 반대로 0을 포함하지 않는다면, 그 설명변수는 유의한 것이다. 다음 예제를 통하여 다중선형회귀모형에서 어떻게 개별유의성 검정을 하는지를 알아보자.

예제 12.8

표 12.1에서 보여준 표본을 가지고 모형 2: Debt $= \beta_0 + \beta_1$Income $+ \beta_2$Unemployment $+ \varepsilon$을 다시 고려하자. 표 12.9에서 회귀분석 결과의 부분을 보여주고 있다. 95% 신뢰구간을 이용하여 실업률(Unemployment)이 유의하게 부채지불(Debt)을 설명하는지를 판단하라.

표 12.9 모형 2: Debt $= \beta_0 + \beta_1$ Income $+ \beta_2$ Unemployment $+ \varepsilon$의 회귀분석 결과의 일부분

	Coefficients	Standard Error	t Stat	p-value	Lower 95%	Upper 95%
Intercept	198.9956	156.3619	1.2727	0.2159	−124.464	522.455
Income	10.5122	1.4765	7.1120	2.98E-07	7.458	13.567
Unemployment	0.6186	6.8679	0.0901	0.9290	−13.589	14.826

풀이: 실업률이 부채지불에 유의하게 영향을 주는지를 검정하기 위하여 다음과 같은 가설들을 설정하였다.

$$H_0: \beta_2 = 0$$
$$H_A: \beta_2 \neq 0$$

95% 신뢰구간을 위하여 $\alpha = 0.05$, $\alpha/2 = 0.025$로 설정한다. $n = 26$, $k = 2$(2개의 설명변수)이므로, 자유도는 $df = 26 - 2 - 1 = 24$이며 t 테이블을 참고하여 $t_{\alpha/2,df} = t_{0.025,23} = 2.069$를 찾았다. 표 12.9에서 $b_2 = 0.6186$ 그리고 $se(b_2) = 6.8679$를 찾았고, β_2의 95% 신뢰구간은 다음과 같다.

$$b_j \pm t_{\alpha/2,df}se(b_j) = 0.6186 \pm 2.069 \times 6.8679 = 0.6186 \pm 14.2097.$$

따라서 신뢰구간의 상하한계는 −13.5911, 14.8283이다. 표 12.9에서도 이 값들을

제공해준다(반올림으로 인한 차이 존재). 95% 신뢰구간이 0을 포함하고 있기 때문에 실업률이 $\alpha = 0.05$에서 부채지불을 유의하게 설명하고 있다고 결론내릴 수 없다. p-값을 이용하여도 같은 결과가 도출된다. β_2에 대한 유의성 검정에서 p-값이 0.9290이다. 이 값은 $\alpha = 0.05$보다 크므로 귀무가설 H_0:$\beta_2 = 0$을 기각할 수 없다. 이 결과는 적합도 측정에서 하나의 설명변수(Income)를 포함한 모형 1이 2개의 설명변수(Income과 Unemployment)를 포함한 모형 2보다 부채지불(Debt)에 대해 더 적합하다는 결과와 일치한다.

지금까지 회귀계수가 0보다 다른지를 판단하는 양측검정에 대한 예들을 살펴보았다. 앞에서 말했듯이, 이러한 표준적인 경우에서는 컴퓨터 결과에 나온 검정통계치와 p-값을 이용하면 되었다. $\beta_{j0} = 0$에 대한 단측검정에서는 검정통계치는 유효하지만 p-값은 유효하지 않다. 회귀계수가 0이 아닌 값과 다른지를 판단하는 단측 및 양측 검정에서는 컴퓨터 결과에 나온 검정통계량과 p-값 둘 다 유효하지 않다.

컴퓨터가 제공하는 검정통계량과 p-값

엑셀 및 거의 모든 통계프로그램은 회귀계수가 0과 다른지를 판단하는 양측검정에 대한 검정통계량과 그에 상응하는 p-값을 제공한다.

- 만약에 단측검정을 한다면 컴퓨터가 제공하는 p-값을 반으로 나누는 것이 필요하다.
- 만약에 회귀계수가 0이 아닌 값과 다른지를 판단한다면 컴퓨터 결과에 나온 검정통계량과 p-값을 사용할 수 없다.

$\beta_{j0} = 0$에 대한 단측검정에서 컴퓨터가 제공하는 p-값이 유효하지 않은 드문 경우가 있다. 이 경우는 b_j(혹은 상응하는 검정통계치)의 부호가 귀무가설과 일치하지 않기 때문이다. 예를 들어 우측검정인 경우, 즉 H_0:$\beta_j \leq 0$, H_A:$\beta_j > 0$일 때, 만약 b_j(그리고 상응하는 검정통계량 t_{df})의 추정치이 음수이면 귀무가설은 기각될 수 없다. 또한, 좌측검정일 경우 만약 $b_j > 0$(따라서 $t_{df} > 0$)이면 더이상 검정이 필요없다.

0이 아닌 기울기 계수에 대한 검정

예제 12.7과 12.8에서 귀무가설은 기울기 계수에 0을 포함하였다. 즉 $\beta_{j0} = 0$이다. 이젠 유명한 재무문제(Capital Asset Pricing Model, CAPM)를 이용하여 가설설정된 값이 0이 아닐 때 검정하는 방법을 살펴볼 것이다.

R을 주식수익률 혹은 어떤 금융상품의 수익률이라고 하자. 시장수익률 R_M 그리고 위험없는 수익률 R_f 하에서, CAPM은 위험조정 수익률 $R - R_f$을 위험조정 시장수익률 $R_M - R_f$의 함수로 표현한다. 일반적으로 R_M은 S&P 500 지수의 수익률을 이용하고 R_f는 단기국채 수익률을 이용한다. 경험적 추정에 의하면, 관습적으로 CAPM은 다음과 같이 표현한다.

$$R - R_f = \alpha + \beta(R_M - R_f) + \varepsilon.$$

이 모형을 $y = R - R_f$, $x = R_M - R_f$로 바꾸고 다시 쓰면, $y = \alpha + \beta x + \varepsilon$이 된다. 절편 계수와 기울기 계수에 해당하는 일반적인 β_0과 β_1을 α와 β로 바꾸어서 쓰인 단순회귀모형과 같은 수식이 된다. 기울기 계수인 β는 주식의 베타라고 불리며 주식수익률이 전체 시장의 수준 변화에 얼마나 민감하게 변화하는지를 측정한다. 만약에 $\beta = 1$이면, 시장의 어떠한 변화가 주어진 주식의 수익률에 똑같은 변화를 가져온다. $\beta > 1$이면, 그 주식은 좀 더 과감하다고 판단되며 시장현황보다 위험성이 더 있다고 판단된다. 반대로 $\beta < 1$이면, 그 주식은 보수적인 상품이며 덜 위험하다고 판단된다. 절편 계수인 α는 주식의 알파라고 불리며 중요한 의미를 가진다. CAPM 이론에서 α를 0으로 예측한다. 따라서 0이 아닌 추정치은 비정상적 수익률을 의미한다. 비정상적 수익률은 $\alpha > 0$일 때 양수이고 $\alpha < 0$일 때 음수가 된다.

예제 12.9

존슨앤존슨(Johnson & Johnson)(J&J)은 120년 전 의사들과 간호사들이 환자 치료에 사용하는 살균제품들을 판매하면서 설립되었다. 그 이후로, J&J의 제품들은 거의 모든 가정에서 쓰이는 기본제품이 되었다. CAPM에서 J&J의 위험조정 주식수익률(risk-adjusted stock return) $R - R_f$을 반응변수로 고려하고 위험조정 시장수익률(risk-adjusted market return) $R_M - R_f$을 설명변수로 고려하였다. 표 12.10은 60개월의 데이터의 일부를 보여주며, 전체 데이터는 ***Johnson_Johnson***이라는 이름으로 교과서 웹사이트에서 확인할 수 있다.

표 12.10 J&J의 위험조정 주식수익률 및 시장수익률

FILE

Date	$R - R_f$	$R_M - R_f$
1/1/2006	−4.59	2.21
2/1/2006	0.39	−0.31
⋮	⋮	⋮
12/1/2010	0.48	2.15

a. J&J의 많은 제품들이 소비자의 필수품이 되어서 이 기업의 주식은 덜 위험하다고 생각된다. 즉, 경제가 좋을 때나 나쁠 때에도 그들의 제품은 사람들이 필요로 한다. 5% 유의수준에서 베타 계수는 1보다 작은가?

b. 5% 유의수준에서, 비정상의 수익률이 있는가? 다시 말해, 알파 계수가 유의하게 0보다 다른 값을 갖는가?

풀이: 임계값을 이용한 방법으로 a의 문제에 답하고, p-값의 방법으로 b문제에 답하자. CAPM 기호를 이용하여 다음과 같은 모형을 추정한다. $R - R_f = \alpha + \beta(R_M - R_f) + \varepsilon$. 표 12.11에서 엑셀 결과의 일부분을 보여주고 있다.

표 12.11 J&J의 CAPM 회귀분석 결과의 일부분

	Coefficients	*Standard Error*	*t Stat*	*p-value*
Intercept	0.2666	0.4051	0.6580	0.5131
$R_M - R_f$	0.5844	0.0803	7.2759	0.0000

a. 베타 계수의 추정치은 0.5844이고 표준오차는 0.0803이다. 흥미롭게도 이 추정치은 유명 매체에서 보도된 베타값과 일치한다(http://www.dailyfinance.com, 2011.3.4). 베타 추정치이 1보다 큰가를 판단하기 위해 다음과 같은 가설을 설정하였다.

$$H_0: \beta \geq 1$$
$$H_A: \beta < 1$$

60개의 데이터를 이용하였기 때문에, 자유도 $df = n - k - 1 = 60 - 1 - 1 = 58$이 된다. $df = 58$과 5%의 유의수준하에, 좌측검정의 임계점은 $-t_{0.05,58} = -1.672$이다. 표 12.10에서 보여진 검정통계량은 사용할 수 없다. 왜냐하면 가설설정된 β가 0이 아니기 때문이다. 검정통계량을 다음과 같이 계산하였다. $t_{58} = \frac{0.5844 - 1}{0.0803} = -5.18$. 결정규칙은 만약 $t_{58} < -t_{0.05,58}$이면 H_0을 기각하는 것이다. $-5.18 < -1.672$이므로 H_0을 기각하고 β가 유의하게 1보다 작다고 결론내린다. 즉, J&J의 주식수익률은 시장수익률보다 덜 위험하다.

b. 만약 α가 유의하게 0보다 다르면 비정상적인 수익률이 있다고 말할 수 있다. 그러므로 가설을 다음과 같이 설정할 수 있다.

$$H_0: \alpha = 0$$
$$H_A: \alpha \neq 0$$

가설설정된 계수의 값이 0인 표준적인 경우이므로, 제공된 검정통계량인 0.6580과 p-값 = 0.5131을 사용할 수 있다. 주어진 p-값이 매우 크므로, 어떠한 합당한 유의수준하에서 H_0을 기각할 수 없다. 따라서 J&J의 주식에서 비정상적인 수익률이 있다고 할 수 없다.

결합유의성 검정

학습목표 **12.7**

결합유의성 검정의 수행

지금까지 설명변수의 개별유의성 검정을 고려하였다. 예를 들어, 한 가정의 소득(혹은 실업률)이 통계적으로 유의하게 부채지불에 영향을 주는지 t 검정을 한다고 하자. 다중선형회귀모형을 평가할 때, 결합유의성 검정을 수행하는 것이 또한 중요하다. 결합유의성 검정을 종종 회귀모형의 전체 유용성 검정으로 간주하기도 한다. 이 검정은 설명변수들 $x_1, x_2, \cdots, x_k$이 결합하여 y에 영향을 주는지를 결정하게 된다.

결합유의성 검정의 귀무가설에서 모든 기울기 계수들은 0으로 가정한다. 결합유의성 검정의 가설들은 다음과 같이 설정된다.

$$H_0: \beta_1 = \beta_2 = \cdots = \beta_k = 0$$
$$H_A: \text{적어도 하나의 } \beta_j \neq 0$$

t 통계량을 이용하여 여러 개의 개별유의성 검정들을 수행하면서 위의 검정을 하려는 시도가 있을 수 있다. 그러나 이 방법은 적절하지 못하다. 결합유의성 검정은 적어도 하나의 설명변수가 유의한지를 결정하게 된다. 따라서, 결합유의성을 문서화하기 위하여 많은 설명

변수가 유의한지를 판단하는 것은 명확하지 않다. 또한, 10장에서 ANOVA에 대해 다룰 때 살펴보았듯이, 5% 유의수준에서 여러 개의 개별검정을 하였을 때 결과로 나온 결합유의성 검정의 유의수준은 5%보다 크게 될 것이다.

결합유의성 검정을 수행하기 위해서는, 우측 F 검정을 하여야 한다($F_{(df1,\,df2)}$ 분포는 10장에서 다루었다). 검정통계량은 회귀식이 반응변수의 변동성을 얼마나 잘 설명하는지를 판단하게 된다. 이 검정통계량 $F_{(df1,\,df2)}$은 회귀식의 MSE와 MSR의 비율로 계산되며, 여기서 $MSR = SSR/k$, MSE $= SSE/(n - k - 1)$이 된다. 검정통계량 $F_{(df1,\,df2)}$를 포함한 이들의 값들은 회귀분석 결과의 ANOVA 부분에서 제공된다.

결합유의성 검정의 검정통계량

결합유의성 검정의 검정통계량은 $df_1 = k$와 $df_2 = n - k - 1$를 가진 $F_{(df1,\,df2)}$ 분포를 가정하며 그 값은 다음과 같다.

$$F_{(df_1,df_2)} = \frac{SSR/k}{SSE/(n-k-1)} = \frac{MSR}{MSE},$$

여기서 MSR은 평균제곱회귀변동이고 MSE는 평균제곱오차이다.

일반적으로 $F_{(df1,\,df2)}$의 값이 크면 y의 변동성의 대부분이 선형모형에 의해 설명된다고 본다. 그러므로 선형모형이 유용하다. $F_{(df1,\,df2)}$ 값이 작으면 y의 변동성의 대부분이 설명되지 않은 채 남아있는 것을 의미한다. 실제로 결합유의성 검정은 종종 R^2의 유의성 검정이라고 하기도 한다. 단순선형회귀분석에서 t 검정이 중요하듯이 다중선형회귀분석에서 이 결합유의성 검정이 중요하다. 사실 단순선형회귀분석에서 F 검정의 p-값은 t 검정의 p-값과 동일하다. 이 사실을 증명해보라.

예제 12.10

다시 표 12.1의 자료로 추정된 모형 2, Debt $= \beta_0 + \beta_1$ Income $+ \beta_2$Unemployment $+ \varepsilon$를 고려하자. 표 12.12에서 ANOVA 결과의 일부분을 보여주고 있다. $\alpha = 0.05$를 사용하여, 소득(Income)과 실업률(Unemployment)이 결합하여 부채지불(Debt)을 설명하고 있는지를 평가하는 검정을 수행하여라.

표 12.12 모형 2, Debt $= \beta_0 + \beta_1$Income $+ \beta_2$Unemployment $+ \varepsilon$의 회귀분석 결과 ANOVA 부분

ANOVA	*df*	*SS*	*MS*	*F*	*Significance F*
Regression	2	292170.8	146085.4	34.99536	1.05E-07
Residual	23	96011.7	4174.4		
Total	25	388182.5			

풀이: 설명변수가 결합하여 부채지불을 설명하는지 검정하기 위하여 다음 가설을 설정하였다.

$$H_0: \beta_1 = \beta_2 = 0$$
$$H_A: \text{적어도 하나의 } \beta_j \neq 0$$

주어진 $n = 26$, $k = 2$에 대하여 $df_1 = k = 2$, $df_2 = n - k - 1 = 23$을 구한다. 표 12.12에서 검정통계량을 다음과 같이 구한다.

$$F_{(2,23)} = \frac{MSR}{MSE} = \frac{146085.4}{4174.4} = 34.9955 .$$

이 값은 엑셀에서 제공된 값과 같다. ANOVA표에서 검정통계량과 p-값을 동시에 제공하므로, 컴퓨터에서 제공된 회귀분석 결과를 가지고 p-값을 이용한 결합유의성 검정을 수행하는 것이 가장 쉬운 방법이다. *Significance F* 아래에 있는 값이 p-값이고, 즉 $P(F_{(2,23)} \geq 34.99536) = 1.05 \times 10^{-7} \approx 0$이다. p-값이 $\alpha = 0.05$보다 작기 때문에 H_0를 기각한다. 5% 유의수준에서, 소득과 실업률이 부채지불을 설명하는 데 결합적으로 유의하다. 예제 12.7과 12.8에서 보여준 개별유의성 검정결과는 단지 소득(실업률은 아닌)만 부채지불에 유의하게 영향을 준다고 하였다.

회귀분석 결과 리포트

회귀분석 결과는 사용자가 편이한 표 형식으로 종종 보여진다. 표 12.13은 이 장에서 다룬 소비자 부채지불을 설명하려는 두 가지 모형의 회귀분석 결과를 보여준다. 모형 1에서는 설명변수가 소득이었고, 모형 2에서는 설명변수가 소득 및 실업률이었다. 만약에 이 표만 제공되었다면, 이 두 모형을 비교하고, 표본회귀식을 구하고, 주어진 통계량을 이용해 각 모형의 평가를 수행할 수 있다. 많은 표들이 표에 있는 표기들을 설명하기 위해 밑에 Notes란을 포함하고 있다. 여기서 p-값을 추정계수값 아래 괄호 안에 기록하였다. 그러나 어떤 연구자들은 계수 표준오차나 검정통계량을 괄호 안에 기록한다. 어떤 형식을 취하든, 독자들을 위해 Notes란에 명확하게 알려주어야 한다.

표 12.13 반응변수 부채지불(Debt)의 모형 추정치

Variable	Model 1	Model 2
Intercept	210.2977* (0.0303)	198.9956 (0.2159)
Income	10.4411* (0.0000)	10.5122* (0.0000)
Unemployment	NA	0.6186 (0.9290)
s_e	63.26	64.61
R^2	0.7526	0.7527
Adjusted R^2	0.7423	0.7312
F statistic (p-value)	NA	35.00* (0.0000)

Notes: 표의 맨 위의 반은 모수 추정치과 p-값을 괄호 안에 기록했다. NA는 적용불가능이라는 뜻이고, *는 5% 유의수준에서 유의성을 가리킨다. 표의 아래부분은 적합도 측정값을 포함하고 있다.

사례요약

최근 연구결과 소비자 부채지불량은 그 소비자가 어디에 사는지에 따라서 큰 변동성을 가진다(Experian.com, 2010.11.11). 따라서 소비자 부채지불이 그 지역의 가계소득의 중앙값과의 선형관계가 존재한다는 설명이 가능하다. 소득뿐만 아니라, 실업률이 소비자 부채지불에 영향을 줄 수도 있다. 이러한 주장을 증명하기 위하여, 25개 대도시의 관련된 자료를 수집하였다.

두 선형회귀모형을 이 분석을 위해 추정하였다. 단순선형회귀모형(모형 1)은 소비자 부채지불을 반응변수로, 가계소득 중앙값을 설명변수로 하여 $\widehat{\text{Debt}} = 210.30 + 10.44\text{Income}$ 이다. 가계소득의 중앙값이 \$1,000 증가할 때마다 부채지불은 \$10.44 증가한다고 예측된다. 이러한 예측을 향상하기 위한 시도로 다중선형회귀모형을 제시하였다. 이 모형은 가계소득 중앙값과 실업률을 동시에 설명변수로 이용하는 것이다. 모형 2의 표본회귀식은 $\widehat{\text{Debt}} = 199.00 + 10.51\text{Income} + 0.62\text{Unemployment}$이다. 단지 0.62의 기울기 계수는 가계소득의 중앙값을 고정한 상황에서 실업률의 소비자 부채지불에 대한 영향은 매우 약하다고 볼 수 있다.

적합도 측정의 결과 모형 1이 모형 2보다 더 적합하다고 판단되었다. 추정치의 표준오차가 모형 1에서 더 적게 나왔고, 이는 표본회귀식과 실제 데이터간의 산포도가 더 적다는 것을 의미한다. 또한, adjusted R^2의 값도 모형 1이 더 크게 나왔으며 이는 더 적합함을 의미한다. 마지막으로, 5% 유의수준에서 가계소득 중앙값이 유의하게 소비자 부채지불을 설명하며 실업률은 아닌 결과가 나왔다. 모형 1과 어느 지역의 가계소득의 중앙값이 \$80,000라면, 소비자 부채지불은 \$1,045.50로 예측될 수 있다.

연습문제 12.4

기본문제

48. 30개의 관측자료를 이용하여 단순선형회귀분석을 한 결과 $b_1 = 3.25$, $se(b_j) = 1.36$을 찾았다. 다음과 같은 가설을 설정하였다.

$$H_0{:}\beta_1 = 0,\ H_A{:}\beta_1 \neq 0$$

a. 검정통계량을 계산하라.
b. p-값의 근사값을 구하라.
c. 5% 유의수준에서 결론은 무엇인가? 설명변수는 유의한가?

49. 25개의 관측자료를 이용하여 단순선형회귀분석을 한 결과 $b_1 = 0.5$, $se(b_j) = 0.3$을 찾았다. 다음과 같은 가설을 설정하였다.

$$H_0{:}\beta_1 \leq 0,\ H_A{:}\beta_1 > 0$$

a. 5% 유의수준에서 임계점을 찾아라.
b. 검정통계량을 계산하라.
c. 이 검정 결론은 무엇인가?

50. 30개의 관측자료를 이용하여 단순선형회귀분석을 한 결과 $b_1 = 7.2$, $se(b_j) = 1.8$을 찾았다. 다음과 같은 가설을 설정하였다.

$$H_0{:}\beta_1 \geq 10,\ H_A{:}\beta_1 < 10$$

a. 5% 유의수준에서 임계점을 찾아라.
b. 검정통계량을 계산하라.
c. 이 검정 결론은 무엇인가?

51. 20개의 관측자료를 이용하여 나온 다음과 같은 회귀분석 결과를 고려하자.

	Coefficients	*Standard Error*	*t Stat*	*p-value*	*Lower 95%*	*Upper 95%*
Intercept	34.2123	4.5665	7.4920	0.0000	24.62	43.81
x_1	0.1223	0.1794	0.6817	0.5041	−0.25	0.50

a. 절편(Intercept)이 0과 다른지를 결정하기 위한 가설을 설정하라. 5% 유의수준에서 이 검정을 수행하라.

b. 기울기(Slope) 계수의 95% 신뢰구간을 구하라. 5% 유의수준에서 기울기는 0과 다른가? 설명하라.

52. 40개의 관측자료를 이용하여 나온 다음과 같은 회귀분석 결과를 고려하자.

	Coefficients	Standard Error	t Stat	p-value	Lower 95%	Upper 95%
Intercept	43.1802	12.6963	3.4010	0.0016	17.48	68.88
x_1	0.9178	0.9350	0.9816	0.3325	−0.97	2.81

a. 기울기가 −1과 다른지를 결정하는 가설을 설정하라.

b. 5% 유의수준에서 임계점을 찾아라.

c. 검정통계량을 계산하라.

d 기울기가 −1과 다른가? 설명하라.

53. 30개의 관측자료를 이용하여 다중선형회귀모형을 추정하면서 다음과 같은 결과를 얻었다.

	Coefficients	Standard Error	t Stat	p-value	Lower 95%	Upper 95%
Intercept	152.27	119.70	1.27	0.2142	−93.34	397.87
x_1	12.91	2.68	4.81	5.06E-05	7.40	18.41
x_2	2.74	2.15	1.28	0.2128	−1.67	7.14

a. x_1와 y가 선형관계가 있는지를 결정하는 가설을 설정하라. 5% 유의수준에서 p-값을 이용하여 이 검정을 완성하라. x_1와 y가 선형관계가 있는가?

b. β_2의 95% 신뢰구간을 구하라. 이 신뢰구간을 이용하자. x_2가 y를 설명하는 데 유의한가? 설명하라.

c. 5% 유의수준에서 β_1이 20보다 작다고 할 수 있는가? 적절한 가설검정의 과정들을 보여라.

54. 다중선형회귀모형을 추정하면서 다음과 같은 ANOVA 표를 얻었다.

ANOVA	df	SS	MS	F	Significance F
Regression	2	22016.75	11008.38		0.0228
Residual	17	39286.93	2310.996		
Total	19	61303.68			

a. 이 모형에서 얼마나 많은 설명변수를 고려하고 있는가? 얼마나 많은 관측자료를 사용하였는가?

b. 설명변수들이 결합적으로 유의한지 결정하는 가설들을 설정하라.

c. 5% 유의수준에서 이 검정의 결과는? 설명하라.

응용문제

55. 중고차 가격과 연식의 관계를 조사하기 위해 20건의 최근 거래자료를 바탕으로 Price $= \beta_0 + \beta_1$Age $+ \varepsilon$의 모형을 추정하였다. 다음 표는 회귀분석 결과의 일부분이다.

	Coefficients	Standard Error	t Stat	p-value
Intercept	21187.94	733.42	28.89	1.56E-16
Age	−1208.25	128.95		2.41E-08

a. 중고차 가격과 연식이 선형관계가 있는지 결정하는 가설들을 설정하시오.

b. 검정통계량을 계산하라.

c. 5% 유의수준에서 이 검정의 결론은? 중고차 가격을 설명하는 데 차의 연식이 유의한가?

d. 5% 유의수준에서 β_1이 −1000과 다른 값을 갖는지를 판단하는 검정을 수행하라.

56. 마케팅 부서의 과장이 기업의 매출(Sales, 단위: $100,000)과 광고비용(Adversiting, 단위: $10,000)의 관계를 분석하려 한다. 20개 기업의 자료를 바탕으로 Sales $= \beta_0 + \beta_1$ Advertising $+ \varepsilon$의 식을 추정하려 한다. 다음 표는 회귀분석 결과 일부분을 보여준다.

	Coefficients	Standard Error	t Stat	p-value
Intercept	−7.42	1.46	−5.09	7.66E-05
Advertising	0.42	0.05		7.26E-08

a. 광고비용과 매출이 양의 선형관계를 갖는지 결정하기 위한 가설들을 설정하라.

b. 검정통계량을 계산하라. p-값은 무엇인가?

c. 5% 유의수준에서 검정결과는? 광고비용과 매출간의 양의 선형관계가 있는가?

57. 인류진화에 대한 최근의 연구에서 몇몇 예외를 제외하고 100m 세계기록 보유자들의 키가 점점 크고 있다고 밝혔다(월스트리트 저널, 2009.7.22). 다음 표에서 기록 보유자와 그들의 기록과 키를 보여주고 있다.

Record Holder/Year	Time (in seconds)	Height (in inches)
Eddie Tolan (1932)	10.30	67
Jesse Owens (1936)	10.20	70
Charles Greene (1968)	9.90	68
Eddie Hart (1972)	9.90	70
Carl Lewis (1991)	9.86	74
Asafa Powell (2007)	9.74	75
Usain Bolt (2008)	9.69	77

모형 Time = β_0 + β_1Height + ε을 추정하기 위한 회귀분석 결과의 일부분이 아래 표와 같다.

	Coefficients	Standard Error	t Stat	p-value	Lower 95%	Upper 95%
Intercept	13.353	1.1714	11.3990	9.1E-05	10.34	16.36
Height	−0.0477	0.0163		0.0332	−0.09	−0.01

a. 추정된 회귀식을 구하라.
b. 키가 기록과 선형관계가 있는지 판단하는 가설들을 설정하라.
c. 검정통계량을 계산하라.
d. 5% 유의수준에서 키가 유의한가? 설명하라.

58. 한 경제학자가 단기 이자율의 변화와 장기 이자율의 변화의 관계를 연구한다. 그는 단기 이자율의 변화가 장기 이자율을 설명하는 데 유의하다고 믿는다. 모형 Dlong = β_0 + β_1Dshort + ε을 추정하려 한다. 여기서 Dlong은 장기 이자율의 변화(10년 국채), Dshort은 단기 이자율의 변화(3개월 국채)이다. 세인트루이스의 연방준비은행 웹사이트에서 2006년 1월부터 2010년 12월까지의 월별 데이터를 수집하여 다음과 같은 회귀분석 결과를 보여준다.

	Coefficients	Standard Error	t Stat	p-value	Lower 95%	Upper 95%
Intercept	−0.0038	0.0088	−0.4273	0.6708	−0.02	0.01
Dshort	0.0473	0.0168	2.8125	0.0067	0.01	0.08

5% 유의수준으로 Dshort과 Dlong이 선형관계가 있는지 결정하여라.

59. 한 사회학자가 뉴잉글랜드의 20개 도시들을 표본으로 각 도시의 범죄율(주민 100,000명당 범죄발생수)을 빈곤율(%)과 소득중앙값(단위: $1,000)의 함수로 표현하려 한다. 회귀분석 결과의 일부분이 아래 표에 있다.

ANOVA	df	SS	MS	F	Significance F
Regression	2	188246.8	94123.4		9.04E-07
Residual	17	45457.32	2673.96		
Total	19	233704.1			

	Coefficients	Standard Error	t Stat	p-value	Lower 95%	Upper 95%
Intercept	−301.62	549.7135	−0.5487	0.5903	−1,461.52	858.28
Poverty	53.1597	14.2198	3.7384	0.0016	23.16	83.16
Income	4.9472	8.2566	0.5992	0.5569	−12.47	22.37

a. 표본회귀식을 구하라.
b. 5% 유의수준에서, 빈곤율과 범죄율이 선형관계에 있는지 밝혀라.
c. 소득에 대한 기울기 계수의 95% 신뢰구간을 구하라. 이 신뢰구간을 이용하여 유의수준 5%에서 소득이 범죄율을 설명하는 데 유의한지 결정하라.
d. 5% 유의수준에서 빈곤율이 소득과 결합적으로 범죄율을 설명하는 데 유의한가?

60. 재무분석가가 다음 모형을 이용하여 한 기업의 주식수익률(Return)을 추정하려 한다. Return = β_0 + β_1P/E + β_2P/S + ε, 여기서 P/E는 기업의 주당 순이익당 주가를 말하며 P/S는 주당 순매출당 주가를 말한다. 다음 표에 회귀분석 결과를 보여주고 있다.

ANOVA	df	SS	MS	F	Significance F
Regression	2	918.746	459.3728	2.817095	0.077415
Residual	27	4402.786	163.0661		
Total	29	5321.532			

	Coefficients	Standard Error	t Stat	p-value	Lower 95%	Upper 95%
Intercept	−12.0243	7.886858	−1.5246	0.1390	−28.21	4.16
P/E	0.1459	0.4322	0.3376	0.7383	−0.74	1.03
P/S	5.4417	2.2926	2.3736	0.0250	0.74	10.15

a. 표본회귀식을 구하라.
b. 10% 유의수준에서 P/E와 P/S가 결합적으로 유의한가? 적합한 가설검정의 관계된 과정들을 보여라.
c. 10% 유의수준에서 두 설명변수가 개별로는 유의한가? 적합한 가설검정의 관계된 과정들을 보여라.

61. 아키코(Akiko Hamaguchi)는 애리조나 피닉스에 있는 작은 초밥집의 메니저다. 그녀는 경기불황이 주변의 유동인구들에 영향을 주어 매출감소를 유발한다고 걱정한다. 이러한 매출감소에 대응하기 위해 강력하게 광고를 냈다. 그녀는 광고비용이 증가하면 매출이 증가할 거라고 믿었다. 그녀는 다음의 선형회귀모형을 이용하여 그 주장을 확인하려고 한다. Sales = β_0 + β_1Unemployment + β_2Advertising + ε. 아래 표는 회귀분석 결과의 일부분이다.

ANOVA	df	SS	MS	F	Significance F
Regression	2	72.6374	36.3187	8.760	0.0034
Residual	14	58.0438	4.1460		
Total	16	130.681			

	Coefficients	Standard Error	t Stat	p-value	Lower 95%	Upper 95%
Intercept	17.5060	3.9817	4.3966	0.0006	8.97	26.05
Unemployment	−0.6879	0.2997	−2.2955	0.0377	−1.33	−0.05
Advertising	0.0266	0.0068	3.9322	0.0015	0.01	0.04

a. 5% 유의수준에서 설명변수들이 결합적으로 매출에 영향을 주는지 검정하여라.

b. 1% 유의수준에서 실업률이 매출에 부정적 영향을 주는지 검정하여라.

c. 1% 유의수준에서 광고비용이 매출에 긍정적 영향을 주는지 검정하여라.

62. FILE 교과서 웹사이트에서 ***Test_Scores***라는 데이터를 확인하기 바란다. 학생 32명의 정보를 이용하여 기말고사 점수를 중간고사 점수의 선형식으로 추정하려 한다. 1% 유의수준에서 학생의 중간고사 점수가 기말고사 점수에 유의하게 영향을 미치는가? 이 검정과 관계된 과정들을 보여라.

63. FILE 교과서 웹사이트에서 ***Property_Taxes***라는 데이터를 확인하기 바란다. 이 자료는 뉴욕에서 30마일 떨어진 지역의 집 크기(제곱피트)와 재산세($)를 보여준다. 이 자료를 이용하여 재산세는 집 크기와 선형함수관계에 있음을 추정하려 한다. 5% 유의수준에서 집 크기와 재산세는 선형관계가 있는가? 이 검정과 관계된 과정들을 보여라.

64. FILE 캐터필러사는 건설중장비를 만들어 전세계에 판다. 이들의 주식은 경기상황에 민감하게 영향받는다. 예를 들어, 서브프라임 모기지 위기에서 이들의 주식은 빠르게 감소하였다. 5년($n = 60$) 동안의 월별 위험조정 수익률과 위험조정 시장수익률을 수집하였다. 다음 표는 데이터의 일부분이다. 전체 데이터는 교과서 웹사이트의 ***Caterpillar***에서 확인할 수 있다.

Date	$R - R_f$	$R_M - R_f$
1/1/2006	17.66	2.21
2/1/2006	7.27	−0.31
⋮	⋮	⋮
11/1/2010	3.37	2.15

a. 캐터필러사의 CAPM 모형을 추정하라. 회귀분석 결과를 잘 정리된 표로 제시하라.

b. 5% 유의수준에서 이 회사의 투자가 시장보다 위험한지 결정하라(베타가 유의하게 1보다 큰).

c. 5% 유의수준에서 비정상 수익률의 증거가 있는가?

65. FILE 부동산 중개업자가 매사추세츠 알링턴의 집값에 영향을 주는 요소들에 대해 연구한다. 그는 최근 집값(Price), 집 크기(Sqft), 방수(Beds), 욕실수(Baths)에 대한 자료들을 수집하였다. 다음 표에 자료의 일부분이 있다. 전체 데이터는 교과서 웹사이트의 ***Arlington_Homes***라는 자료에서 확인할 수 있다.

Price	Sqft	Beds	Baths
840000	2768	4	3.5
822000	2500	4	2.5
⋮	⋮	⋮	⋮
307500	850	1	1

a. 모형 $\text{Price} = \beta_0 + \beta_1\text{Sqft} + \beta_2\text{Beds} + \beta_3\text{Baths} + \varepsilon$을 추정하라. 잘 정리된 표로 회귀분석 결과를 제시하라.

b. 5% 유의수준에서 설명변수들이 결합적으로 가격에 영향을 주는가?

c. 5% 유의수준에서 모든 설명변수들이 개별적으로 가격에 영향을 주는가?

66. FILE 수업 첫 시간에 경제학 교수가 학생들의 수학능력을 테스트하였다. 그녀는 수학능력과 매주 공부한 시간이 기말고사 점수에 영향을 준다고 믿는다. 학생 60명의 자료를 수집한 결과의 일부분이 다음과 같다. 전체 데이터는 교과서 웹사이트의 ***Final_Test***라는 이름의 데이터에서 확인할 수 있다.

Final	Math	Hours
94	92	5
74	90	3
⋮	⋮	⋮
63	64	2

a. 수학능력과 매주 공부한 시간으로 기말고사 점수를 예측할 수 있는 표본회귀식을 구하라.

b. 5% 유의수준에서 수학능력과 매주 공부한 시간이 결합적으로 기말고사 점수를 설명하는 데 유의한가?

c. 5% 유의수준에서 각 설명변수가 기말고사 점수를 설명하는 데 유의하다고 볼 수 있는가?

통계를 사용한 글쓰기

개빈(Gavin Cann)은 두 스포츠 분석가가 어떤 통계량이 메이저리그 팀의 승률(Win)을 예측하기에 더 좋은지를 두고 다투는 것을 들었다. 한 분석가는 월드시리즈 우승팀 75%가 더 좋은 타율(BA)을 가졌기 때문에 팀의 승리에 타율이 더 좋은 예측값이 될 수 있다고 말한다. 다른 분석가는 방어율(ERA)이 낮을수록 승률이 더 높기 때문에 그 팀의 투수력이 승률을 예측하는 가장 중요한 요소라고 말한다. 이러한 주장들이 데이터에 의하여 증명될 수 있는지 결정하기 위해 개빈은 2010년 정규시즌의 아메리칸리그(AL) 14개 팀, 내셔널리그(NL) 16개 팀의 관련 자료를 수집하였다. 표 12.14에 그 일부분이 나와 있다. 전체 데이터는 ***Baseball***이라는 이름의 데이터로 교과서 웹사이트에서 확인할 수 있다.

표 12.14 야구팀의 승률(Win), 타율(BA), 방어율(ERA)

Team	League	Win	BA	ERA
Baltimore, Orioles	AL	0.407	0.259	4.59
Boston, Red Sox	AL	0.549	0.268	4.20
⋮	⋮	⋮	⋮	⋮
Washington, Nationals	NL	0.426	0.25	4.13

개빈은 이 자료를 이용하여 다음과 같은 작업을 수행하고 싶어한다.

1. 다음의 세 개의 선형회귀 모형을 추정하라. 모형 1: BA를 바탕으로 승률을 예측, 모형 2: ERA를 바탕으로 승률을 예측, 모형 3: BA와 ERA 모두를 바탕으로 승률 예측.
2. 적합도 측정으로 어떤 모형이 가장 적합한지 판단하라.
3. 5% 유의수준에서 개별적으로 그리고 결합적으로 BA와 ERA가 유의한지 결정하라.

보고서 예시 – 야구의 승률 분석

두 스포츠 분석가는 메이저리그 팀의 승률(Win)을 예측하는 가장 좋은 방법에 대해 다른 의견들을 가지고 있다. 한 분석가는 타율(BA)이 팀의 성공에 가장 좋은 예측 요소라 주장하고, 다른 분석가는 방어율(ERA)로 평가될 수 있는 투수력이 가장 중요한 요소라고 주장한다. 세 개의 선형회귀모형을 이용하여 팀의 승률을 분석하려 한다. 설명변수들은 모형 1에서는 BA, 모형 2에서는 ERA, 모형 3에서는 BA와 ERA, 두 개 모두를 고려한다. 경험적으로, BA는 Win에 긍정적 영향, ERA는 부정적 영향을 줄 것을 기대한다. 세 개의 모형의 회귀분석 결과가 표 12.A에 나와 있다.

단지 하나의 설명변수만 Win에 영향을 줌을 보여주는 모형 1과 모형 2, 둘 중에서 하나를 선택하여야 한다면, ERA를 설명변수로 이용한 모형 2가 더 적은 추정치의 표준오차(s_e = 0.0505)와 더 큰 결정계수(R^2 = 0.4656)를 갖기 때문에 더 적합한 모형임을 알 수 있다. 그러나 BA와 ERA를 다 설명변수로 포함한 모형 3이 가장 적은 추정치의 표준오차(s_e =

표 12.A 반응변수 Win에 대한 모형추정치

Variable	Model 1	Model 2	Model 3
Intercept	−0.2731 (0.3421)	0.9504* (0.0000)	0.1269 (0.4921)
Batting Average	3.0054* (0.0106)	NA	3.2754* (0.0000)
Earned Run Average	NA	20.1105* (0.0000)	20.1153* (0.0000)
s_e	0.0614	0.0505	0.0375
R^2	0.2112	0.4656	0.7156
Adjusted R^2	0.1830	0.4465	0.6945
F statistic (*p*-value)	NA	NA	33.9663* (0.0000)

Notes: 표의 위에서 반은 모수 추정치이고 괄호 안은 p − value이다. NA는 적용 불가능을 의미하고, *는 5% 유의수준에서 유의함을 가리킨다. 표의 아랫부분은 적합도 측정값을 보여준다.

0.0375)와 가장 큰 수정결정계수(adjusted R^2 = 0.6945)를 갖는다. 그러므로 모형 3이 가장 좋은 적합성을 갖는다. Model 3의 표본회귀식은 $\widehat{\text{Win}} = 0.13 + 3.28\text{BA} - 0.12\text{ERA}$ 이 된다. 예상했듯이, BA의 기울기 계수는 양수이고 ERA의 기울기 계수는 음수이다.

모형 3의 다른 실험결과는 5% 유의수준에서 두 개의 설명변수가 개별적으로 그리고 결합적으로 팀의 승률을 설명하는 데 유의하다는 것을 보여준다. 이 결과는 두 명의 분석가들이 다 틀리거나 다 맞다는 것이 아님을 보여준다. R^2 = 0.7156의 값은 표본에서 승률의 변동성이 약 72%가 모형 3의 추정식에 의해 설명된다는 것이다. 그러나 28%의 변동성이 설명되지 않은 채 남아있다. 이 결과는 결코 놀라운 일이 아니다. 왜냐하면, 타율과 방어율 외의 여러가지 요소들이 팀의 승률에 영향을 주기 때문이다.

개념정리

학습목표 **12.1** **단순선형회귀분석 모형의 추정과 회귀계수들의 해석**

회귀분석은 **반응변수**라고 불리는 하나의 변수가 **설명변수**라고 불리는 다른 변수들에 영향을 받는다고 명확히 가정한다.

단순선형회귀모형은 단지 하나의 설명변수를 이용하여 반응변수의 변화를 예측하고 설명한다. 이 모형은 $y = \beta_0 + \beta_1 x + \varepsilon$으로 표현되며, y는 반응변수, x는 설명변수, 그리고 ε은 랜덤오차항이다. 계수 β_0와 β_1은 추정하여야 하는 모르는 모수들이다.

우리는 **OLS**(ordinary least squares) 방법을 적용하여 표본회귀식 $\hat{y} = b_0 + b_1 x$을 찾는다. 여기서 $\hat{y}$는 반응변수의 예측값이고 b_0와 b_1는 각각 β_0와 β_1의 점추정치이다. 추정된 기울기 계수값 b_1는 x가 한 단위 증가할 때 $\hat{y}$의 변동량을 의미한다.

학습목표 12.2

다중선형회귀분석 모형의 추정과 회귀계수들의 해석

다중선형회귀모형은 하나보다 많은 설명변수와 반응변수 y간의 선형관계를 부여하는 것이다. 이 모형은 $y = \beta_0 + \beta_1 x_1 + \beta_2 x_2 + \cdots + \beta_k x_k + \varepsilon$과 같이 정의한다. 여기서 y는 반응변수이고, $x_1, x_2, \cdots, x_k$는 k개의 설명변수, 그리고 ε은 랜덤오차항이다. 계수들인 $\beta_0, \beta_1, \cdots, \beta_k$는 추정하여야 하는 모르는 모수들이다. 여기서 또 OLS 방법을 이용하여 다음과 같은 표본회귀식을 구한다. 표본회귀식: $\hat{y} = b_0 + b_1 x_1 + b_2 x_2 + \cdots + b_k x_k$ 여기서 $b_0, b_1, \cdots, b_k$는 각각 $\beta_0, \beta_1, \cdots, \beta_k$의 점추정치들이다.

각 설명변수 x_j ($j = 1, \cdots, k$)의 기울기 계수값 b_j는 추정된 회귀계수값이다. 이 값은 모든 다른 설명변수들을 고정시키고 x_j가 한 단위 증가할 때, 반응변수 $\hat{y}$의 예측값의 변화량을 말한다. 즉, x_j의 $\hat{y}$에 대한 부분적인 영향력이다.

학습목표 12.3

추정치의 표준오차의 계산과 해석

추정치의 표준오차 s_e는 다음과 같이 계산된다. $s_e = \sqrt{s_e^2} = \sqrt{MSE} = \sqrt{\frac{SSE}{n-k-1}} = \sqrt{\frac{\Sigma e_i^2}{n-k-1}}$. 이론적으로, s_e는 0과 무한대 사이의 숫자, 즉 $0 \le s_e < \infty$; s_e가 0에 가까울수록 그 모형은 더 적합한 것이다. s_e는 상위한계가 없기 때문에, 단독으로 해석하고 평가하기는 어렵다. 그러나 같은 반응변수를 예측하는 다양한 모형들을 비교하여 적합한 모형을 찾는 데에는 유용하다. 즉, s_e가 작을수록 더 적합한 모형이 된다.

학습목표 12.4

결정계수(R^2)의 계산과 해석

결정계수 R^2는 표본회귀식에 의해 설명되는 반응변수의 변동성에 비례한다. 이 값은 0과 1 사이의 값이다. 1에 가까울수록 그 모형은 더 적합하다. 예를 들어 $R^2 = 0.72$이면, 추정모형에 의해 y의 표본변동성은 72% 설명된다고 말할 수 있다. 결정계수 R^2은 다음과 같이 계산된다. $R^2 = \frac{SSR}{SST} = 1 - \frac{SSE}{SST}$, 여기서 $SSR = \Sigma(\hat{y} - \bar{y})^2$, $SSE = \Sigma(y_i - \hat{y}_i)^2$ 그리고 $SST = \Sigma(y_i - \bar{y})^2$이다.

학습목표 12.5

결정계수(R^2)와 수정결정계수(adjusted R^2)의 구별

수정결정계수 adjusted R^2은 R^2을 회귀분석에 사용된 설명변수 개수 k와 표본크기 n을 고려하여 수정한 것으로 다음과 같이 계산된다. adjusted $R^2 = 1 - (1 - R^2)\left(\frac{n-1}{n-k-1}\right)$. 설명변수의 개수가 다른 모형들을 비교할 때, 가장 큰 수정계수값(adjusted R^2)을 가진 모형이 더 선호된다.

학습목표 12.6

개별유의성 검정의 수행

개별유의성 검정은 설명변수 x_j가 개별적으로 y에 대한 영향이 통계적으로 유의한지를 결정한다. 검정통계량은 자유도 $df = n - k - 1$ 인 t_{df} 분포를 따른다고 가정하며 이 값은 $t_{df} = \frac{b_j - \beta_{j0}}{se(b_j)}$로 계산되며, 여기서 b_j는 β_j의 추정치, $se(b_j)$는 b_j의 OLS 추정치의 표준오차, β_{j0}는 가정설정된 β_j의 값이다. 만약에 $\beta_{j0} = 0$이면, 검정통계량은 $t_{df} = \frac{b_j}{se(b_j)}$이 된다. 만약에 귀무가설 양측검정의 H_0가 기각된다면, x_j가 통계적으로 y값에 영향을 유의하게 준다고 결론내린다.

엑셀은 회귀계수가 0이 아닌지를 평가하는, 즉 $\beta_j \neq 0$인지를 결정하는 양측검정에 대한 검정통계량과 p-값을 제공한다. 만약 단측검정을 한다면, 컴퓨터가 제공하는 p-값을 반으로 나누어야 한다. 만약 회귀계수가 0이 아닌 값과 다른지를 검정하려면, 즉 $\beta_j 0 \neq 0$인 경우, 컴퓨터가 제공하는 검정통계량과 p-값을 사용할 수 없다.

회귀계수 β_j의 $100(1-\alpha)\%$의 신뢰구간은 다음과 같이 계산된다. $b_j \pm t_{\alpha/2,df}se(b_j)$ 또는 $[b_j - t_{\alpha/2,df}se(b_j), b_j + t_{\alpha/2,df}se(b_j)]$, 여기서 $df = n - k - 1$이다. 이 신뢰구간을 이용하여 양측검정을 수행할 수 있다.

학습목표 **12.7**

결합유의성 검정의 수행

결합유의성 검정은 다중선형모형에서 설명변수들 $x_1, x_2, \cdots, x_k$가 통계적으로 결합하여 y 값에 영향을 주는지 결정한다. 검정통계량은 $df_1 = k$와 $df_2 = n - k - 1$인 $F_{(df_1,df_2)}$ 분포를 따른다고 가정하고 값은 다음과 같이 계산된다. $F_{(df_1,df_2)} = \frac{SSR/k}{SSE/(n-k-1)} = \frac{MSR}{MSE}$, 여기서 MSR과 MSE는 각각 평균제곱회귀(mean square regression)와 평균제곱오차(mean square error)이다.

우측검정으로 수행되며 만약 H_0가 기각되면, $x_1, x_2, \cdots, x_k$가 통계적으로 y값에 영향을 유의하게 준다고 결론내린다.

컴퓨터가 제공하는 ANOVA 표에서 검정통계량과 p-값 둘 다 확인할 수 있다.

추가 연습문제와 사례연구

67. 집값($1,000 단위)과 팔릴 때까지 걸린 날짜와의 선형관계가 있는지를 결정하기 위해 부동산업자는 그가 살고 있는 도시의 관련된 최근 데이터를 수집하여 다음 모형을 추정하였다. Price $= \beta_0 + \beta_1$ Days $+ \varepsilon$. 다음 표는 그 결과의 일부분을 보여준다.

	Coefficients	*Standard Error*	*t Stat*	*p-value*
Intercept	−491.27	156.94	−3.13	0.0203
Days	6.17	1.19	5.19	0.0020

a. 표본회귀식을 구하라.
b. 100일 동안 시장에 있었던 집값을 예측하라.
c. 집값을 설명하는 데 Days가 유의한지를 결정하는 가설들을 설정하라.
d. 5% 유의수준에서 이 검정의 결론은? 설명하라.

68. FILE 한 사회학자가 개인의 나이와 행복간의 관계를 연구하려 한다. 24명을 인터뷰하여 나이와 0에서 100까지 점수화된 행복지수를 기록하였다. 수집된 사료의 일부분이 아래 표와 같다. 전체 데이터는 교과서 웹사이트에서 ***Happiness_Age***라는 이름의 데이터로 확인할 수 있다. 다음 식을 추정하라. Happiness $= \beta_0 + \beta_1$ Age $+ \varepsilon$.

Age	Happiness
49	62
51	66
⋮	⋮
69	72

a. 표본회귀식을 구하라.
b. 45세 개인의 행복지수를 예측하라.
c. 결정계수를 해석하라.
d. 1% 유의수준에서 나이가 행복에 영향을 주는가? 관련된 가설검정 과정을 제시하라.

69. FILE 국제금융위기에서 연방준비은행장은 단기간 이자율을 0에 가깝게 유지하려 한다. 단기간 이자율은 관리되지만, 장기간 이자율 그리고 그 기대값은 필수적으로 공급과 수요의 활동에 의해 결정된다. 3개월 국채 연 수익률과 10년 국채 수익률에 대하여 생각해보자. 전체 데이터는 교과서 웹사이트에서 ***Yields***라는 이름으로 확인할 수 있다.

Year	3-Month Yield (%)	10-Year Yield (%)
2001	3.47	5.02
2002	1.63	4.61
2003	1.03	4.02
2004	1.40	4.27
2005	3.21	4.29
2006	4.85	4.79
2007	4.47	4.63
2008	1.39	3.67
2009	0.15	3.26
2010	0.14	3.21

a. 3개월 국채 수익률에 해당하는 10년 국채 수익률의 산점도를 그리고 해석하라.

b. 3개월 국채 수익률로 10년 국채 수익률을 예측하는 표본회귀식을 구하라.

c. 결정계수를 해석하라.

d. 5% 유의수준에서 3개월 국채 수익률이 10년 국채 수익률을 유의하게 설명하는가?

e. 3개월 국채 수익률의 변화는 10년 국채 수익률의 변화를 의미하는지 궁금하다. 5% 유의수준에서 이 가설을 증명하라.

70. FILE 2009년 미국의 자택소유율이 67.4%이다. 자택소유와 소득과의 관계를 판단하기 위해 자택소유율(Ownership)과 가계소득 중앙값(Income)의 2009년 주별 자료를 얻었다. 아래 표는 자료의 일부분이다. 전체 데이터는 교과서 웹사이트에서 ***Home-Ownership***이라는 이름으로 확인할 수 있다.

State	Income	Ownership
Alabama	$39,980	74.1%
Alaska	$61,604	66.8%
⋮	⋮	⋮
Wyoming	$52,470	73.8%

a. 다음과 같은 모형을 해석하고 추정하라. Ownership $= \beta_0 + \beta_1$Income $+ \varepsilon$.

b. 추정치의 표준오차는?

c. 결정계수를 해석하라.

71. FILE 다음 표는1980년부터 2010년까지의 미국의 금값, 소비자 가격지수(CPI), 그리고 뉴욕증권거래소 지수의 일부분을 보여준다. 전체 데이터는 ***Gold_NYSE***라는 이름으로 교과서 웹사이트에서 볼 수 있다. 인플레이션의 흐름에 적어도 알맞게 투자수익률을 유지하는 것을 인플레이션에 대하여 헤지(hedge)한다고 한다. 예를 들어 다음과 같은 모형들을 추정하자.

Year	Gold	CPI	NYSE
1980	614.61	86.3	720.15
1981	459.26	94.0	782.62
⋮	⋮	⋮	⋮
2010	1224.52	218.8	7230.43

Gold $= \beta_0 + \beta_1$CPI $+ \varepsilon$

NYSE $= \beta_0 + \beta_1$CPI $+ \varepsilon$

인플레이션에 대항하여 어떤 투자가 더 좋은 헤지라고 평가할 수 있는지 적합도 측정을 이용하라.

72. FILE 한 연구자가 기업의 주식의 수익당주가(P/E)와 매출당주가(P/S) 비율이 과거의 주식 성과를 설명할 수 있는지 결정하려 한다. P/E 비율은 주당 기업이 얻은 소득 및 수익을 비교하여 주가를 계산한 것이다. 일반적으로 높은 P/E 비율은 투자가가 낮은 P/E 비율을 가진 기업과 비교하여 미래에 더 높은 소득을 기대할 수 있다고 제시할 수 있다. P/S는 그 기업의 주가를 12개월간의 주당 기업의 매출로 나누면서 계산될 수 있다. 간단히, 투자가는 P/S 비율을 통해 그 기업의 소득의 $1보다 매출의 $1를 위해 얼마나 더 투자할 수 있는지를 결정하는 데 이용할 수 있다. 일반적으로, 낮은 P/S 비율은 더 매력적인 투자이다. 다우존스 기업평균에 포함한 30개 기업의 year to date의 수익률과 P/E, P/S 비율들의 일부분을 아래 표에서 보여주고 있다. 전체 데이터는 ***Dow_2010***이라는 이름으로 교과서 웹사이트에서 확인할 수 있다.

	YTD return (in %)	P/E ratio	P/S ratio
1. 3M Co.	4.4	14.37	2.41
2. Alcoa Inc.	−4.5	11.01	0.78
⋮	⋮	⋮	⋮
30. Walt Disney Company	16.3	13.94	1.94

a. 다음 모형을 추정하라. Return $= \beta_0 + \beta_1$P/E $+ \beta_2$P/S $+ \varepsilon$. 계수들의 부호는 예상한 것과 같은가? 설명하라.

b. P/S 비율의 기울기 계수를 해석하라.

c. P/E 비율이 10이고 P/S 비율이 2인 기업의 예상되는 수익은?

d. 추정치의 표준오차를 구하라.

e. R^2 값을 해석하라.

f. 5% 유의수준에서 설명변수들이 결합적으로 유의한가?

g. 5% 유의수준에서 설명변수들이 개별적으로 유의한가?

73. FILE SAT 점수와 시험을 치른 사람의 가계소득의 관계에 대한 여러 논란이 있다(뉴욕타임스, 2009.8.27). 일반적으로 학생의 가족이 부유할수록 SAT 점수가 더 높다고 믿어진다. 또 다른 SAT 점수의 예측은 학생의 학점(GPA)이다. 학생 24명에 대한 자료를

가지고 생각해보자. 전체 데이터는 교과서 웹사이트에서 ***SAT***라는 이름의 데이터로 확인할 수 있다.

SAT	Income	GPA
1651	47,000	2.79
1581	34,000	2.97
⋮	⋮	⋮
1940	113,000	3.96

a. 다음 세 개의 모형을 추정하라.
   (i) SAT $= \beta_0 + \beta_1$Income $+ \varepsilon$
   (ii) SAT $= \beta_0 + \beta_1$GPA $+ \varepsilon$
   (iii) SAT $= \beta_0 + \beta_1$Income $+ \beta_2$GPA $+ \varepsilon$
b. 적합도 측정으로 가장 적합한 모형을 선택하라.
c. 설명변수의 평균으로 SAT 점수를 예측하라.

74. FILE 구글, 마이크로소프트, 페이스북 등 현재 많은 선두기업들은 대학들이 연구한 기술들을 바탕으로 한다. 리사(Lisa Fisher)는 혁신에 이바지하는 대학 요소들을 분석하려는 경영대 교수이다. 혁신의 측정값으로 간주될 수 있는 창업 숫자(Startups)를 반응변수로 고려하여 회귀분석을 하기 위해 2008년 143개 대학의 자료를 수집하였다. 설명변수는 백만달러 단위의 대학연구비용(Research), 특허수(Patents), 연 단위인 기술이전기간(Duration)이다. 아래 표는 자료의 일부분이다. 전체 데이터는 교과서 웹사이트에 있는 ***Startups***라는 자료에서 확인할 수 있다.

Startups	Research ($ millions)	Patents	Duration
1	$145.52	8	23
1	$237.52	16	23
⋮	⋮	⋮	⋮
1	$154.38	3	9

a. 다음 모형을 추정하라. SAT $= \beta_0 + \beta_1$Research $+ \beta_2$Patents $+ \beta_3$Duration $+ \varepsilon$.
b. 1.2억 달러의 연구비, 8개의 특허수, 기술이전기간 20년인 대학의 창업수를 예측하라.
c. 다른 요소들은 다 같다고 할 때 한 개의 창업수를 증가시키려면 대학은 연구비에 얼마를 투자하여야 하나?

75. FILE 한 제조기업의 근로자 50명을 인터뷰하여 시급(Wage), 고등교육 기간(EDUC), 경력(EXPER), 나이(AGE)에 대한 자료를 수집하였다. 전체 데이터는 교과서 웹사이트에서 ***Hourly_Wage***라는 이름의 자료에서 확인할 수 있다.

a. 다음 모형을 추정하라. Wage $= \beta_0 + \beta_1$EDUC $+ \beta_2$EXPER $+ \beta_3$AGE $+ \varepsilon$.
b. 계수들의 부호가 예상과 같은가?
c. EDUC의 계수를 설명하라.
d. 결정계수값을 설명하라.
e. 5년의 고등교육 기간, 8년의 경력, 나이 40세 근로자의 시급을 예측하라.
f. 5% 유의수준에서 설명변수들이 결합적으로 유의한가?
g. 5% 유의수준에서 설명변수들이 개별적으로 유의한가?

76. FILE 교과서 웹사이트에서 ***AnnArbor_Rental***이라는 자료를 검색하라. 이 자료는 미시간 앤아버에 있는 대학촌의 아파트 40채의 임대료, 방수, 욕실수, 크기를 보여준다.

a. 방수, 욕실수, 크기에 의해 임대료를 예측할 수 있는 표본회귀식을 구하여라.
b. 설명계수를 해석하라. 임대료 변동성의 몇 퍼센트가 이 표본회귀식에 의해 설명되지 않는가?
c. 5% 유의수준에서 설명변수들이 결합적으로 유의한가?
d. 5% 유의수준에서 설명변수들이 개별적으로 유의한가?

사례연구

사례연구 12.1

아리조나 피닉스에 있는 작은 초밥집의 매니저인 아키코는 경기불황이 유동인구의 감소로 이어져 매출(Sales)의 급격한 감소를 가져온다고 걱정한다. 샌프란시스코에 있는 그녀의 사촌 히로시도 비슷한 식당을 가지고 있는데 지금처럼 경기가 좋지 않음에도 불구하고 식당 운영이 잘되고 있다. 히로시도 높은 실업률(Unemployment)이 고객들의 외식 횟수를 감소시킨다는 것에 동의하지만 이러한 상황에서 과감한 마케팅으로 극복해 나가고 있다. 예를 들면 그는 지역신문에 1 + 1 쿠폰을 발행하고, 조조할인에 대한 방송광고도 한다. 광고비용(Advertising)의 증가에도 불구하고 그는 이러한 활동들이 식당 매출에 긍정적 효과를 준다고 믿는다. 그의 주장을 뒷받침하기 위해 그 식당에서 발생한 월별 매출과 광고비용 및 샌프란시스코 월별 실업률을 제공하였다. 아래 표에 그 자료의 일부분이 있다. 전체 데이터는 교과서 웹사이트의 ***Sushi_Resaturant***에서 확인할 수 있다.

사례연구 12.1의 데이터 히로시 식당의 매출 및 광고비용, 그리고 샌프란시스코 실업률

Month	Year	Sales (in $1,000s)	Advertising Costs (in $)	Unemployment Rate* (in percent)
January	2008	27.0	550	4.6
February	2008	24.2	425	4.3
⋮	⋮	⋮	⋮	⋮
May	2009	27.4	550	9.1

표본자료를 이용해 다음 질문에 답하여 보고서를 작성한다.

1. 단순선형회귀모형을 추정하라. $\text{Sales} = \beta_0 + \beta_1\text{Advertising} + \varepsilon$. 또한, 다중선형회귀모형 $\text{Sales} = \beta_0 + \beta_1\text{Advertising} + \beta_2\text{Unemployment} + \varepsilon$을 추정하라.
2. 매출을 예측할 때 다중선형회귀모형이 더 적합함을 보여라.
3. 실업률이 6%, 광고비용이 $400와 $600일 때 예측값들을 구하라.

사례연구 12.2

인디애나 브라운스버그의 부동산업자 메건(Megan Hanson)은 집을 팔려는 사람들에게 적절하게 요구할 수 있는 집값을 알려주려고 다중선형회귀모형을 이용하려 한다. 그녀는 다음 4가지 요소가 요구하는 집값(Price)에 영향을 준다고 믿는다. (1)집 크기(SQFT), (2)방수(Bed), (3)욕실수(Bath), 그리고 (4)대지면적(LTSZ). 그녀는 단독주택 50채의 자료를 무작위로 선택하여 수집하였다. 다음 표에 자료의 일부분이 있다. 전체 자료는 교과서 웹사이트에 있는 ***Indiana_RealEstate***라는 이름의 데이터에서 찾을 수 있다.

사례연구 12.2의 데이터 인디애나 브라운스버그의 부동산 자료

FILE

Price	SQFT	Bed	Bath	LTSZ
399,900	5026	4	4.5	0.3
375,000	3200	4	3	5
⋮	⋮	⋮	⋮	⋮
102,900	1938	3	1	0.1

표본자료를 이용해 다음 질문에 답하여 보고서를 작성한다.

1. 요구하는 집값, 집 크기, 방수, 욕실수, 그리고 대지면적에 대한 요약통계량을 제시하라.
2. Price를 반응변수로 하고, SQFT, Bed, Bath, 그리고 LTSZ를 설명변수로 하는 다중선형회귀모형을 추정하라.
3. 결과로 나온 결정계수를 해석하라.
4. 5% 유의수준에서 결합 및 개별 유의성 검정을 수행하라.

사례연구 12.3

애플사는 iPod, iPhone, 그리고 iPad와 같은 제품개발로 가전산업에서 독특한 평판을 얻고 있다. 2010년 5월, 애플사는 마이크로소프트사를 제치고 세계에서 가장 가치있는 기업이 되었다(뉴욕타임스, 2010.5.26). 마이클(Michael Gomez)은 증권분석가로 애플 주식의 수익률이 CAPM 모형을 이용하여 추정할 수 있는지 궁금했다. 그는 5년 동안의 월별 데이터를 수집하였고 아래 표는 그 일부분이다. 전체 데이터는 교과서 웹사이트의 ***Apple***이라는 이름의 자료에서 확인할 수 있다.

사례연구 12.3의 데이터 애플 수익률 자료, $n = 60$

FILE

Date	$R - R_f$	$R_M - R_f$
1/1/2006	4.70	2.21
2/1/2006	−9.65	−0.31
⋮	⋮	⋮
11/1/2010	1.68	2.15

표본자료를 이용해 다음 질문에 답하여 보고서를 작성한다.

1. 다음 모형을 추정하라. CAPM: $R - R_f = \beta_0 + \beta_1 (R_M - R_f) + \varepsilon$. 웹에서 애플에서 보고된 베타(Beta)값을 찾고 위의 추정치과 비교하라.
2. 5% 유의수준에서 애플의 주식은 시장수익률보다 위험한가? 5% 유의 수준에서 비정상적인 수익률이 존재하는가? 설명하라.

부록 12.1 다른 통계프로그램 사용안내

여기서는 특정 통계프로그램(미니탭, SPSS, JMP) 사용을 위한 간단한 명령어를 제공한다. 교과서 웹사이트에서 더 자세한 설명을 찾아볼 수 있다.

미니탭

추세선을 포함한 산점도 그리기

(그림 12.2의 반복) 메뉴에서 **Graph** > **Scatterplot** > **With Regression**을 선택한다. Debt를 **Y variables**로 Income을 **X variables**로 선택한다.

단순선형회귀분석

(예제 12.2의 반복) 메뉴에서 **Stat** > **Regression** > **Regression**을 선택한다. Debt를 **Response**로 Income을 **Predictors**로 선택한다.

다중회귀분석

(예제 12.3의 반복) 메뉴에서 **Stat** > **Regression** > **Regression**을 선택한다. Debt를 **Response**로 Income과 Unemployment를 **Predictors**로 선택한다.

SPSS

단순선형회귀분석

(예제 12.2의 반복) 메뉴에서 **Analyze** > **Regression-Linear**를 선택한다. Debt를 **Dependent**로 Income을 **Independent(s)**로 선택한다.

다중회귀분석

(예제 12.3의 반복) 메뉴에서 **Analyze** > **Regression-Linear**를 선택한다. Debt를 **Dependent**로 Income 과 Unemployment 를 **Independent(s)**로 선택한다.

JMP

추세선을 포함한 산점도 그리기와 단순선형회귀분석

A. (그림 12.2와 예제 12.2의 반복) 메뉴에서 **Analyze** > **Fit Y by X**를 선택한다. Debt를 **Y, Response**로 Income을 **X, Factor**로 선택한다.

B. **Bivariate Fit of Debt by Income**이라고 되어 있는 머리글 옆의 빨간색 삼각형 버튼을 클릭하고 **Fit line**을 선택한다.

다중회귀분석

(예제 12.3의 반복) 메뉴에서 **Anlyze** > **Fit Model**을 선택한다. **Pick Role Variables** 아래에 Debt를 선택하고 **Construct Model Effects** 아래에 Income과 Unemployment를 선택하고 **Add**를 선택한다.

13 회귀분석의 기타 논제

More on Regression Analysis

CHAPTER

학습목표 LEARNING OBJECTIVES

이 장을 학습한 후에는

학습목표 **13.1 가변수를 이용하여 질적 설명 변수를 표현할 수 있다.**

학습목표 **13.2 질적 변수들의 범주들 사이의 차이를 검정할 수 있다.**

학습목표 **13.3 신뢰구간과 예측구간을 계산하고 해석할 수 있다.**

학습목표 **13.4 OLS(최소제곱) 추정방법을 위한 가정들의 역할을 이해할 수 있다.**

학습목표 **13.5 이러한 가정들을 자주 범하는 경우를 서술할 수 있고 해결방안을 제공할 수 있다.**

12장에서 다음과 같은 질문들에 답하기 위하여 회귀분석을 이용했다. 교육받은 연수가 더 길면 연봉에 얼마큼 영향을 주는가? 광고비용이 가전제품의 매출에 얼마큼 기여하는가? 학생의 SAT 점수가 대학학점을 예측하는 데 도움이 되는가? 이러한 질문들은 양적 변수인 설명변수를 이용한다. 그러나 두 가지 혹은 그 이상의 범주가 존재하는 질적 변수를 설명변수로 이용하여야 하는 중요한 경우들도 있다. 예를 들어, 다음과 같은 질문들에 답해야 하는 경우가 있다. 같은 일을 하는데 여성이 남성과 같은 임금을 받는가? 전자제품의 4분기 매출이 다른 분기들보다 더 많은가? 대학생의 GPA가 전공에 의해 영향을 받는가? 이 장에서는 가변수(dummy variable)를 이용하여 다양한 질적 변수의 범주들을 변환할 것이다.

12장에서는 또한 주어진 설명변수에 의한 반응변수의 예측값을 계산하기 위하여 단순회귀모형을 이용하였다. 이 장에서는 반응변수의 개별값과 기대값의 구간들을 추정할 것이다. 마지막으로, 검정과정의 유효함, 그리고 OLS(최소제곱) 추정방법에 내재된 통계적 성질에 대한 가정들의 중요성을 살펴본다. 이러한 모형에 대한 가정들을 자주 범하는 경우를 살펴보고 이러한 가정들의 위배에 따른 결과를 토론하며 이에 대한 해결방법을 살펴본다.

도 입 사 례

임금 불평등의 증거가 있는가?

시턴홀 대학의 세 여교수들은 최근에 이 대학이 젊은 강사와 남자 교수들에게 더 많은 연봉을 지급하는 것에 대하여 소송을 할 수 있다는 사실을 법정 판결을 통해 알았다(http://www.nj.com, 2010.11.23). 많은 연구들이 백인과 흑인, 남성과 여성, 젊은 사람과 나이 많은 사람 사이의 연봉 차이에 대해 관심을 가지고 있다. 메리(Mary Schweitzer)는 어느 큰 인문대학의 인적자원과에서 일한다. 시턴홀 대학 뉴스 이후에 이 대학은 그녀에게 성별 및 나이별 연봉에 대한 검정을 하도록 요청했다. 그녀는 42명의 교수들의 연봉(단위: 1,000달러)과 그들의 경력(년), 성별(남성 또는 여성), 그리고 나이(60세 미만 또는 적어도 60세 이상)에 대한 자료를 얻었다. 표 13.1은 그 자료의 일부분이다. 전체 데이터는 교과서 웹사이트의 ***Professor_Salary***라는 자료에서 확인할 수 있다.

표 13.1 교수 42명의 연봉과 기타 정보들

FILE

교수	연봉 (단위: 1,000달러)	경력(년)	성별	나이
1	67.50	14	남성	미만
2	53.51	6	남성	미만
⋮	⋮	⋮	⋮	⋮
42	73.06	35	여성	이상

그녀는 표 13.1의 표본자료를 이용하여 아래의 작업을 수행하려 한다.

1. 연봉에서 성별 차별의 증거가 있는지를 결정하라.
2. 연봉에서 연령별 차별의 증거가 있는지를 결정하라.

사례요약이 13장 1절 끝에 제공되어 있다.

13.1 가변수(Dummy Variables)

지금까지는 회귀분석 문제에서 다룬 설명변수들은 **양적** 변수였다. 다시 말해, 설명변수는 의미있는 수치값이었다. 예를 들어, 이전 장에서는 소득과 실업률(둘 다 양적 변수)을 소비자 부채의 변동성을 설명하는 데 이용하였다. 그러나 경험에 의하면 어떤 설명변수는 **질적** 변수일 경우가 자주 있다. 비록 질적 변수는 여러 범주로 표현되기도 하지만, 일반적으로 두 개의 범주로 표현 가능한 경우가 많다. 예를 들어 성별(남성 혹은 여성), 자택소유(소유 혹은 비소유), 운송(거절 혹은 승낙), 그리고 MBA(취득 혹은 미취득) 등이 있다.

회귀분석에서 양적 변수와 질적 변수

회귀분석에서 이용된 설명변수는 **양적 변수** 혹은 **질적 변수**일 수 있다. 양적 변수는 의미있는 수치값을 가지고 질적 변수는 속한 범주를 표현한다.

도입사례에서 본 교수 연봉의 자료에서 $\hat{y} = 48.83 + 1.15x$로 모형 추정을 할 수 있다. 여기서 y는 연봉(단위: 1,000달러)이고 x는 경력(년)을 표기한 일반적인 양적 변수이다. 이 표본회귀식은 연봉 예측값이 경력이 1년 증가할 때마다 약 $1,150 (1.15 × 1,000) 증가함을 의미한다. 경력 이외의 변수들에 의해 연봉의 변동성을 설명할 수도 있는데, 성별(여성 혹은 남성) 그리고 나이(60세 미만 혹은 60세 이상) 같은 질적 변수도 설명변수로 고려될 수 있다.

두 개의 범주를 가진 질적 변수

두 개의 범주를 가진 질적 변수는 **가변수**(dummy variable) 혹은 **지시변수**(indicator variable)로 불리는 변수로 간주될 수 있다. 가변수 d는 어떤 범주에 해당하면 1 아니면 0을 가지는 변수로 정의할 수 있다. 예를 들어 성별을 구분하는 가변수에 대해 남성을 1 여성을 0으로 정의할 수 있다. 반대로 여성을 1 남성을 0으로 어떤 의도없이 정의할 수도 있다. 가끔은 양적 변수를 질적 변수로 전환하여 가변수를 정의하기도 한다. 도입사례에서 나이(60세 미만 혹은 60세 이상)는 질적 변수지만 사실은 양적 변수인 나이로부터 정의되었다. 또한, 십대의 행동에 대한 연구에서 나이에 대하여 양적 정보를 얻을 수 있지만 13세에서 19세를 1로 아니면 0으로 정의하여 가변수를 생성할 수 있다.

가변수

가변수(dummy variable) d는 1이나 0의 값을 가지는 변수로 정의된다. 일반적으로 두 범주에 속하는 질적 변수를 설명하는 데 이용된다.

학습목표 **13.1**
가변수를 이용하여 질적 설명 변수를 표현

우선 간단하게 양적 변수 한 개와 가변수 한 개를 가진 모형을 고려하겠다. 곧 확인하겠지만, 이 모형은 어렵지 않게 다른 변수들을 더 포함한 모형으로 발전될 수 있다.

다음과 같은 모형을 고려하자.

$$y = \beta_0 + \beta_1 x + \beta_2 d + \varepsilon$$

여기서 x는 양적 변수이고 d는 0 혹은 1의 값을 가지는 가변수이다. 표본자료를 이용하여 이 모형을 다음과 같이 추정할 수 있다.

$$\hat{y} = b_0 + b_1x + b_2d$$

x값이 주어지고 $d = 1$이면, 예측값은 다음과 같이 계산된다.

$$\hat{y} = b_0 + b_1x + b_2 = (b_0 + b_2) + b_1x$$

만약 $d = 0$이면,

$$\hat{y} = b_0 + b_1x.$$

두 회귀선 $\hat{y} = (b_0 + b_2) + b_1x$과 $\hat{y} = b_0 + x$에서 확인할 수 있듯이 기울기는 b_1으로 같다. 그러므로 표본회귀식 $\hat{y} = b_0 + b_1x + b_2d$은 두 평행선을 표현한다. 즉 가변수 d는 절편에 영향을 주지만 기울기에는 영향을 주지 않는다. d가 0에서 1로 변할 때 절편의 차이는 b_2이다. 그림 13.1에서 $b_2 > 0$일 때의 두 회귀선을 보여주고 있다.

그림 13.1 절편의 변화를 위해 d를 이용

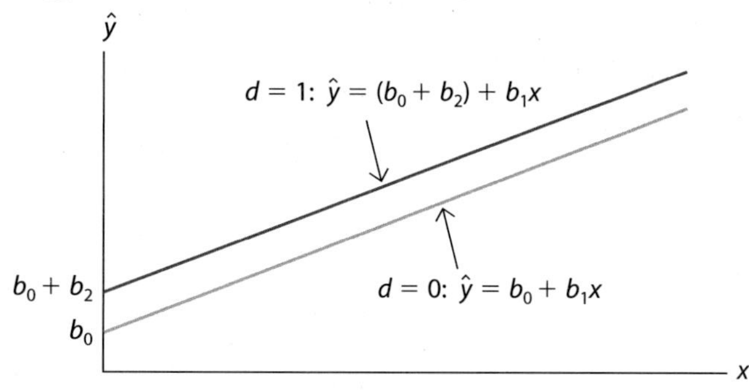

예제 13.1

도입사례에서의 목적은 어떤 큰 인문대학에서 성별 혹은 연령별 차별이 존재하는지 판단하는 것이다. 표 13.1 을이용하여 다음 질문에 답하라.

a. y가 교수의 연봉(단위: 1,000달러)이고 x가 경력 연수, d_1이 성별 가변수, 즉 남성이면 1 여성이면 0, d_2는 나이 가변수, 즉 나이가 60 세 이상이면 1 아니면 0인 변수들을 설정하여 $y = \beta_0 + \beta_1x + \beta_2d_1 + \beta_3d_2 + \varepsilon$ 모형을 추정하라.

b. 50세의 남성, 10년 경력을 가진 교수의 연봉의 예측값을 계산하라. 50세 여성, 10년 경력을 가진 교수의 연봉의 예측값을 계산하라. 연봉에 대한 성별의 영향을 논하라.

c. 10년 경력의 65세 여교수의 연봉의 예측값을 계산하라. 연봉에 대한 나이의 영향을 논하라.

풀이:

a. 그 모형을 추정하기 위해, 우선 표 13.1에 있는 질적 변수들을 성별 및 나이를 표시하는 가변수 d_1과 d_2로 변환하여야 한다. 아래 표 13.2는 변환된 데이터의 일부분을 보여준다.

표 13.2 표 13.1의 자료로부터 d_1과 d_2를 생성

y	x	d_1(성별)	d_2 (나이)
67.50	14	1	0
53.51	6	1	0
⋮	⋮	⋮	⋮
73.06	35	0	1

표 13.3은 관련된 회귀분석 결과이다.

표 13.3 예제 13.1의 회귀분석 결과

	Coefficients	Standard Error	t Stat	*p*-value
Intercept	40.61	3.69	11.00	0.00
x	1.13	0.18	6.30	0.00
d_1(Gender)	13.92	2.87	4.86	0.00
d_2(Age)	4.34	4.64	0.94	0.36

추정모형은 $\hat{y} = 40.61 + 1.13x + 13.92d_1 + 4.34d_2$이다.

b. 경력 10년($x = 10$)의 50세의 남자교수($d_1 = 1, d_2 = 0$)의 연봉의 예측값은

$$\hat{y} = 40.61 + 1.13(10) + 13.92(1) + 4.34(0) = 65.83,\text{ 따라서 \$65,830이다.}$$

경력 10년($x = 10$)의 50세의 여자교수($d_1 = 1, d_2 = 0$)의 연봉의 예측값은

$$\hat{y} = 40.61 + 1.13(10) + 13.92(0) + 4.34(0) = 51.91,\text{ 따라서 \$51,910이다.}$$

10년 경력의 남자교수과 여자교수의 예측되는 연봉 차이는 $13,920(65,830 −51.910)이다. 이 차이는 성별 가변수 d_1의 계수 13.92에서 유발된 것이다. 이 연봉 차이는 경력과 함께 변하지 않는다. 예를 들어 20년 경력의 50세 남자교수의 연봉 예측값은 $77,130이고 20년 경력의 50세 여자교수의 연봉 예측값은 $63,210이므로 연봉 차이는 $13,920로 같다.

c. 경력 10년의 65세 여자교수의 예측되는 연봉은

$$\hat{y} = 40.61 + 1.13(10) + 13.92(0) + 4.34(1) = 56.25,\text{ 즉 \$56,250이다.}$$

어떠한 통계 검정 이전에 알 수 있는 것은, 나이가 더 많은 여자교수가 젊고 같은 경력의 여자교수보다 평균적으로 $4,340(56,250−51,910) 더 많은 연봉을 받는다.

학습목표 **13.2**
질적 변수들의 범주들 사이의 차이를 검정

가변수는 다른 설명변수들과 같이 취급한다. 즉, 12장에서 다루었던 모든 통계 검정들은 여전히 유효하다. 특히, 표준적인 t 검정을 통하여 특정한 가변수가 통계적으로 유의한지 밝힐 수 있다. 이러한 통계적 유의성은 반응변수가 가변수의 두 개의 범주들에 의해 영향을 받는 것을 의미한다.

가변수들의 유의성 검정

다음 모형에서 $y = \beta_0 + \beta_1 x + \beta_2 d_1 + \beta_3 d_2 + \varepsilon$ 검정을 수행하여 각 가변수의 유의성을 결정할 수 있다.

예제 13.2

표 13.3의 회귀분석 결과를 참고하라.

a. 5% 유의수준에서 성별에 의한 연봉 차이가 있는지 결정하라.

b. 5% 유의수준에서 나이가 많은 교수의 연봉이 나이가 적은 교수의 연봉과 다른지 결정하라.

풀이:

a. 남자교수와 여자교수의 연봉 차이를 검정하기 위해서 다음과 같은 가설을 설정하였다. H_0: $\beta_2 = 0$ vs H_A:$\beta_2 \neq 0$. 표에서 주어진 $t_{df} = 4.86$과 p-값 ≈ 0이기 때문에 귀무가설을 기각하고 성별 가변수가 5% 유의수준에서 통계적으로 유의하다고 결론내린다. 다른 변수들을 고정하면 남자교수와 여자교수는 같은 연봉을 받지 않는다고 결론 내린다.

b. 다음과 같은 가설을 설정한다. H_0: $\beta_3 = 0$ vs H_A:$\beta_3 \neq 0$. 표에서 주어진 $t_{df} = 0.94$와 p-값 $= 0.36$이기 때문에, 귀무가설을 기각할 수 없다. 5% 유의수준에서 교수 연봉에 나이 차별이 존재한다고 결론 내릴 수 없다.

분석을 통해 선호되는 모형을 선택하기 위해 adjusted R^2 척도를 사용하자. 표 13.4는 회귀분석 결과의 요약이다.

표 13.4 추정 모형의 요약

Variable	Model 1	Model 2	Model 3
Intercept	48.83* (0.00)	39.43* (0.00)	40.61* (0.00)
Experience	1.15* (0.00)	1.24* (0.00)	1.13* (0.00)
Gender	NA	13.89* (0.01)	13.92* (0.00)
Age	NA	NA	4.34 (0.36)
Adjusted R^2	0.5358	0.7031	0.7022

모형 1은 양적변수인 경력(Experience)만을 사용한다. 모형 2는 경력을 포함하고 가변수 성별(Gender)을 사용하며 모형 3은 경력과 두 개의 가변수인 성별 및 나이(Age)를 포함하고 있다. 여기서 중요한 질문을 할 수 있다. 위 세 개의 모형 중에 예측하기 위해 무엇을 선택하여야 하는가? 12장에서 다루었듯이 설명변수의 숫자가 다른 경우에는 일반적으로 adjusted R^2을 이용하여 모형들을 비교한다. 표 13.4의 마지막 행에 기록된 위의 모형들의

adjusted R^2을 바탕으로 모형 2가 가장 큰 adjusted $R^2 = 0.7031$를 가지므로 선택하게 된다. 이 결과는 5% 유의수준에서 나이는 유의하지 않고 성별이 유의하다는 검정결과와 일치한다.

여러 범주를 가지는 질적 변수

지금까지 남성과 여성을 나타내는 성별 변수와 같이 두 개의 범주만을 가지는 질적 변수를 위한 가변수를 이용하였다. 두 가지 범주보다 많은 범주들로 정의되는 질적 변수를 고려하는 경우가 있을 수 있다. 이러한 경우에는 여러 개의 가변수를 이용하여 모든 범주가 고려될 수 있다. 예를 들어 출퇴근을 하기 위한 교통수단 3가지가 있다고 하자. 즉, 대중교통, 자차, 그리고 카풀이다. 여기서 2개의 가변수 d_1과 d_2를 정의한다. 대중교통을 이용하면 d_1이 1이며 아니면 0이다. 자차를 이용하면 $d_2 = 1$ 아니면 0이다. 3개의 범주의 질적 변수인 경우 단지 2개의 가변수를 정의하면 된다. 즉 $d_1 = 0$, $d_2 = 0$이면 카풀을 의미하게 된다.

다음의 회귀모형에 대하여 고려하자.

$$y = \beta_0 + \beta_1 x + \beta_2 d_1 + \beta_3 d_2 + \varepsilon$$

여기서 y는 출퇴근 비용, x는 근무지와의 거리, 그리고 d_1과 d_2는 각각 대중교통과 자차의 가변수들이다. 표본자료를 이용하여 다음과 같은 모형을 추정한다.

$$\hat{y} = b_0 + b_1 x + b_2 d_1 + b_3 d_2$$

$d_1 = 1$, $d_2 = 0$ 일 경우(대중 교통), $\hat{y} = b_0 + b_1 x + b_2 = (b_0 + b_2) + b_1 x$.
$d_1 = 0$, $d_2 = 1$ 일 경우(자차), $\hat{y} = b_0 + b_1 x + b_3 = (b_0 + b_3) + b_1 x$.
$d_1 = 1$, $d_2 = 0$ 일 경우(카풀), $\hat{y} = b_0 + b_1 x$.

여기서 카풀에 해당하는 절편이 b_0인 추정회귀선을 참고범주로 이용한다. 대중교통인 경우에는 절편이 $(b_0 + b_2)$로 변하고 자차인 경우에는 절편이 $(b_0 + b_3)$로 변한다. 따라서 단지 2개의 가변수만을 이용하여 3개의 범주를 다 고려할 수 있다.

절편항이 주어지면 회귀분석에서 가변수들 중 하나를 제외한다. 제외된 변수는 다른 변수들이 평가받을 때 이용되는 참고범주로 고려될 수 있다. 만약 범주의 수만큼 가변수를 포함한다면 그들의 합은 1이 될 것이다. 예를 들어 d_3라는 가변수를 정의하여 카풀이면 1의 값을 아니면 0이 된다면 모든 경우에서 $d_1 + d_2 + d_3 = 1$이 된다. 이는 완벽 다중공선성(multicollinearity)이라고 불리는 문제를 일으킨다. 이 문제에 대해서 이 장의 마지막 절에서 논하기로 하자. 그러한 모형은 추정될 수 없다. 이 상황을 종종 **가변수함정**이라고 부른다.

가변수함정(dummy variable trap)을 피하는 방법

선형회귀모형이 하나의 절편을 가진다는 가정하에 질적 변수에 대한 가변수의 수는 그 변수의 범주들의 숫자보다 **1개 적어야** 한다.

예제 13.3

최근 기사에서 아시아계 미국인들이 대학 입학과정에서 심각한 차별을 받는다고 밝혔다(뉴욕타임스, 2012.2.8). 특히 아시아 학생들은 대학 입학을 위해서 백인 학생들보다 더 높은 표준화된 시험점수가 필요하다. 또 다른 기사는 대학교들이 일반적으로 지원자 중 낮은 비율인 히스패닉계 학생들을 유치하려고 노력한다고 한다(USA투데이, 2010.2.8). 평등기회센터의 한 연구자는 어느 한 큰 주립대학에 입학 허가된 학생들의 SAT 점수가 그들의 인종에 의하여 영향을 받았는지를 결정하고 싶어한다. 표 13.5는 그 자료의 일부분이다. 전체 자료는 교과서 웹사이트에서 ***SAT_Ethnicity***라는 이름의 자료에서 확인할 수 있다.

표 13.5 SAT 점수와 인종; $n = 200$

FILE

Individual	SAT	White	Black	Asian	Hispanic
1	1515	1	0	0	0
2	1530	0	0	0	1
⋮	⋮	⋮	⋮	⋮	⋮
200	1614	1	0	0	0

a. y를 학생의 SAT 점수, 학생이 백인이면 d_1은 1 아니면 0, 학생이 흑인이면 d_2는 1 아니면 0, 학생이 아시아인이면 d_3는 1 아니면 0으로 표현하여 다음 모형을 추정하여라. $y = \beta_0 + \beta_1 d_1 + \beta_2 d_2 + \beta_3 d_3 + \varepsilon$, 여기서 참고범주는 히스패닉이 된다.

b. 아시아인 학생의 예측되는 SAT 점수는? 히스패닉 학생의 예측되는 SAT 점수는?

c. 5% 유의수준에서 인종에 의하여 SAT 점수가 변화하는가? 설명하라.

풀이:

a. 표 13.6에서 그 모형의 회귀분석 결과를 보여준다.

표 13.6 예제 13.3의 회귀분석 결과

	Coefficients	*Standard Error*	*t Stat*	*p-value*
Intercept	1388.89	9.36	148.44	0.00
d_1(White)	201.14	12.91	15.59	0.00
d_2 (Black)	−31.45	22.19	−1.42	0.16
d_3 (Asian)	264.86	17.86	14.83	0.00

b. 아시아인 학생의 경우 $d_1 = 0, d_2 = 0, d_3 = 1$로 설정하고 계산하면 $\hat{y} = 1388.89 + 264.86 = 1653.75$이다. 따라서, 예측되는 아시아인 학생의 합격 SAT 점수는 약 1654이다. 히스패닉 학생의 경우($d_1 = d_2 = d_3 = 0$)는 $\hat{y} = 1388.89$이므로 예측되는 합격 SAT 점수는 1389이다.

c. d_1과 d_3의 p-값이 거의 0이므로 5% 유의수준에서 합격 SAT 점수는 백인과 아시아인과 히스패닉 학생은 다르다고 결론내린다. 그러나 p-값이 0.16이므로 흑인과 히스패닉 학생들의 SAT 점수가 통계적으로 다르다고 말할 수없다.

예제 13.4

표 13.5의 SAT 데이터를 이용한다. 5% 유의수준에서 백인 학생의 SAT 점수가 아시아인 학생의 SAT 점수보다 낮은지를 결정하기 위한 모형을 고려하라. 예제 13.3에서와 같이 모든 인종을 고려하여야 한다.

풀이:

아시아인 학생의 SAT 점수보다 백인 학생의 SAT 점수가 낮다는 것을 보여주는데 표 13.6에서 보여준 회귀분석 결과를 이용할 수 없다. 이 검정을 수행하기 위해서는 아시아인이나 백인을 참고범주로 고려하고 그 나머지를 평가하여야 한다. 추정해야 하는 모형은 $y = \beta_0 + \beta_1 d_1 + \beta_2 d_2 + \beta_3 d_3 + \varepsilon$이며, 여기서 d_1과 d_2는 각각 백인과 흑인 학생을 구별하는 가변수들로 전과 같으나 d_3는 학생이 히스패닉이면 1이고 아니면 0으로 설정한다. 따라서 아시아인이 참고범주가 된다. 표 13.7에서 이 모형의 회귀분석 결과를 보여준다.

표 13.7 예제 13.4의 회귀분석 결과

	Coefficients	*Standard Error*	*t Stat*	*p-value*
Intercept	1653.75	15.21	108.72	0.00
d_1 (White)	263.71	17.62	23.62	0.00
d_2 (Black)	2296.31	25.22	211.75	0.00
d_3 (Hispanic)	2264.86	17.86	214.83	0.00

아시아인 학생의 예측되는 SAT 점수는 $d_1 = d_2 = d_3 = 0$인 경우이므로 1653.75가 된다. 이는 이전과 같은 값이 된다. 사실 예제 13.3에서 예측된 모든 SAT 점수와 같은 결과이다. 이는 참고범주를 어떤 것으로 선택하더라도 예측값에 영향을 주지 않는다는 것을 보여준다. 그러나 표 13.7의 결과들은 백인 학생의 점수가 아시아인 학생의 점수보다 낮다는 것을 보여주기 위해 이용할 수 있다 좌측검정을 위한 가설을 다음과 같이 설정하였다. H_0: $\beta_1 \geq 0$, H_A: $\beta_1 < 0$. 그리고 임계점 방법으로 검정을 하였다. 문제에서 $n = 200$, $k = 3$이므로 $df = n - k - 1 = 196$이 된다. 검정통계량 $t_{196} = -3.62$가 임계점 $-t_{0.05,196} = -1.653$보다 작으므로 $\alpha = 0.05$에서 귀무가설을 기각한다. 그러므로 입학 허가된 백인 학생들의 SAT 점수가 입학 허가된 아시아인 학생들의 SAT 점수보다 낮음을 5% 유의수준에서 결론내릴 수 있다.

사례요약

시턴홀 대학을 상대로 한 최근 소송은 대학이 나이와 성별에 의해 연봉 차별을 하고 있다는 여교수 세 명의 주장에 의해서 제기되었다(http://www.nj.com, 2010.11.23). 또 다른 큰 대학에서도 이러한 이슈가 있는지 의문이다. 교수 42명의 연봉(단위: 1,000달러)과 그들의 경력(연수), 성별, 나이(60세 기준)의 자료를 수집하였다. 이 대학에서 성별 혹은 나이로 인한 연봉 차별이 있는지 결정하기 위하여 연봉을 반응변수 그리고 경력, 성별 가변수, 나이 가변수를 설명변수로 한 회귀모형을 만들었다.

추정모형으로부터 5% 유의수준하에 성별 가변수는 유의하나 나이 가변수는 유의하지 않다고 판단되었다. 또한, 평가된 adjusted R^2 값에 의하면 경력과 성별 가변수를 포함한 모형이 다른 설명변수들의 조합들보다 우수하다고 판단되었다. 이 선호되는 모형에 의하면, 경력 1년이 증가할 때마다 약 $1,240의 연봉 증가가 추정된다. 같은 경력수준에서는 남자교수가 여자교수보다 $1,390 더 연봉이 높다고 예측된다. 요약하면, 이 대학에는 연봉의 성별 차별은 존재하나 나이에 의한 차별은 없다고 보여진다.

연습문제 13.1

기본문제

1. 반응변수 y와 설명변수로 양적변수 x, 가변수 d를 고려한 선형회귀모형이다. 이 모형의 추정은 다음과 같다.

$$\hat{y} = 14.8 + 4.4x - 3.8d.$$

   a. 가변수 계수를 해석하라.
   b. $x = 3$, $d = 1$일 때 $\hat{y}$를 계산하라.
   c. $x = 3$, $d = 0$일 때 $\hat{y}$를 계산하라.

2. 반응변수 y와 설명변수로 가변수 d_1과 d_2를 고려한 선형회귀모형이다. 이 모형의 추정은 다음과 같다.

$$\hat{y} = 160 + 15d_1 + 32d_2$$

   a. $d_1 = 1$, $d_2 = 1$일 때 $\hat{y}$를 계산하라.
   b. $d_1 = 0$, $d_2 = 0$일 때 $\hat{y}$를 계산하라.

3. 50개의 관측자료를 바탕으로 $y = \beta_0 + \beta_1 x + \beta_2 d_1 + \beta_3 d_2 + \varepsilon$를 추정하기 위한 회귀분석 결과가 다음과 같다.

	Coefficients	*Standard Error*	*t Stat*	*p-value*
Intercept	−0.61	0.23	−2.75	0.0074
x	3.12	1.04	3.01	0.0034
d_1	−13.22	15.65	−0.85	0.4006
d_2	5.35	1.25	4.27	0.0000

   a. $x = 250$, $d_1 = 1$, $d_2 = 0$일 때 $\hat{y}$를 계산하라. 그리고 $x = 250$, $d_1 = 0$, $d_2 = 1$일 때 $\hat{y}$를 계산하라.
   b. d_1과 d_2를 해석하라. 5% 유의수준에서 가변수 둘 다 유의한가? 설명하라.

응용문제

4. 한 책임연구원이 마케팅 전공에 대한 연봉 차별 요소들을 더 잘 설명하기 위해 두 가지 모형을 추정하였다. $y = \beta_0 + \beta_1 d_1 + \varepsilon$(모형 1)과 $y = \beta_0 + \beta_1 d_1 + \beta_2 d_2 + \varepsilon$(모형 2). 여기서 y는 연봉이고, d_1은 남성이면 1을 가지는 가변수, d_2는 MBA 학위가 있으면 1인 가변수이다.
   a. 모형 1에서 참고 그룹은 무엇인가?
   b. 모형 2에서 참고 그룹은 무엇인가?
   c. 위 모형에서 여성의 d_1 값이 1이라면 문제가 되는가?

5. 집값 y를 추정하기 위하여 집 크기(제곱피트) x와 바다전망이 있으면 1을 갖는 가변수 d의 함수를 이용하려 한다. 추정 집값은 $1,000 단위로 다음과 같이 주어진다. $\hat{y} = 118.90 + 0.12x + 52.60d$.
   a. 2,000제곱피트와 3,000제곱피트인 바다전망이 있는 집의 예측값을 각각 계산하라.
   b. 2,000제곱피트와 3,000제곱피트인 바다전망이 없는 집의 예측값을 각각 계산하라.
   c. 바다전망이 집값에 주는 영향에 대하여 논하라.

6. FILE 한 사회학자가 미국의 가계 소비지출 y가 가계소득 x 및 거주지역(도시, 시골)의 차이와 어떠한 관계가 있는지 연구하고 있다. 50개의 가계 정보를 수집하였고 다음 표에 일부분이 있다. 전체 데이터는 교과서 웹사이트에서 ***Urban_Rural***이라는 이름의 자료에서 확인할 수 있다.

Consumption ($)	Income ($)	Community
62,336	87,534	Rural
60,076	94,796	Urban
⋮	⋮	⋮
59,055	100,908	Urban

a. 도시거주이면 1인 가변수 d를 고려한 다음과 같은 모형을 추정하라. $y = \beta_0 + \beta_1 x + \beta_2 d$. 위의 추정된 모형을 이용하여 소득 $80,000인 도시 가정의 소비지출을 예측하라. 만약 시골가정이라면 소비지출 예측값은?

b. 시골거주이면 1인 가변수 d를 고려한 다음과 같은 모형을 추정하라. $y = \beta_0 + \beta_1 x + \beta_2 d$. 위의 추정된 모형을 이용하여 소득 $80,000인 도시 가정의 소비지출을 예측하라. 만약 시골가정이라면 소비지출 예측값은?

c. 위의 두 모형의 결과를 해석하라.

7. FILE 기업공개(IPO)에 관한 이론들 중 하나는 IPO에 의한 최초 수익률 y(기업공개후)는 가격수정 x(기업공개후 주가 변동)에 의존한다는 것이다. 또 다른 요소는 이 기업이 하이테크와 관련된 기업인지 아닌지이다. 2001년 1월부터 2004년 9월까지 기업공개한 264개 기업들의 자료를 참고하라. 전체 데이터는 교과서 웹사이트에서 ***IPO_Pricing***이라는 자료에서 확인할 수 있다.

Initial Return (%)	Price Revision (%)	High-Tech?
33.93	7.14	No
18.68	226.39	No
⋮	⋮	⋮
0.08	229.41	Yes

a. 하이테크 기업이면 1인 가변수 d를 고려한 모형 $y = \beta_0 + \beta_1 x + \beta_2 d + \varepsilon$를 추정하라. 추정 모형을 이용하여 10% 가격수정을 가진 하이테크 기업의 최초 수익률을 예측하라. 하이테크가 아니면 수익률의 예측값은?

b. 하이테크 기업이 아니면 1인 가변수 d를 고려한 모형 $y = \beta_0 + \beta_1 x + \beta_2 d + \varepsilon$를 추정하라. 추정 모형을 이용하여 10% 가격수정을 가진 하이테크 기업의 최초 수익률을 예측하라. 하이테크가 아니면 수익률의 예측값은?

c. 두 모형에서 5% 유의수준에서 가변수가 유의한지 결정하라.

8. 세계보건기구(WHO)에 의하면, 비만은 세계적으로 유행성 수준에 도달하였다. 일반적으로 비만은 만성질병과 장애와 연관되어 있는 반면에 연봉에도 영향을 준다고 주장되고 있다. 즉, 피고용자의 신체질량지수(BMI)가 연봉에 대한 예측요소가 된다(BMI가 적어도 25인 경우는 과체중, 30이상이면 비만). 30명의 대학졸업자의 BMI와 연봉, 백인이면 1이고 아니면 0인 인종 변수를 포함한 자료를 참고하라. 그 일부분이 다음 표와 같고 전체 데이터는 교과서 웹사이트의 ***BMI_Salary***라는 이름의 자료에서 확인할 수 있다.

Salary ($1,000)	BMI	Race
34	33	1
34	33	1
⋮	⋮	⋮
45	21	1

a. BMI와 인종을 설명변수로 하는 연봉 예측 모형을 추정하라. 5% 유의수준에서 BMI가 연봉에 유의한지 결정하라.

b. BMI가 30인 백인 대학졸업자의 추정된 연봉은? 만약 백인이 아니면 연봉 예측값은?

9. 시장에 적시투입을 위하여 한 재무분석가가 주식의 분기별 수익률을 조사한다. 그는 $y = \beta_0 + \beta_1 d_1 + \beta_2 d_2 + \beta_3 d_3 + \varepsilon$의 모형을 이용한다. 여기서 y는 주식의 분기별 수익률이고 1분기 투자이면 1이고 아니면 0인 가변수 d_1, 2분기 투자이면 1이고 아니면 0인 가변수 d_2, 3분기 투자이면 1이고 아니면 0인 가변수 d_3를 고려하였다. 다음 표는 회귀분석 결과의 일부분이다.

	Coefficients	*Standard Error*	*t Stat*	*p-value*
Intercept	10.62	5.81	1.83	0.08
d_1	27.26	8.21	20.88	0.38
d_2	21.87	8.21	20.23	0.82
d_3	29.31	8.21	21.13	0.27

a. 1년에 4분기가 있는데 왜 모형에서 4분기에 대한 가변수를 포함하지 않았는가? 참고범주는 무엇인가?

b. 5% 유의수준에서 가변수들은 개별적으로 유의한가? 설명하라. 분기에 의존하여 더 높은 수익률을 얻을 수 있는가?

c. 2분기 수익률이 3분기 수익률보다 더 높다는 것을 결정하기 위한 모형은 위의 모형에서 어떻게 변형되어야 하는가? 모든 분기를 고려한 모형이어야 한다.

10. FILE 미국에서 야구란 항상 가장 인기있는 오락거리였으며 통계와 이론들로 풍부한 스포츠이다. 순수하게 야구를 좋아하는 사람들은 동의하지 않을 수 있지만, 응용통계학자에게는 야구에 관한 주제는 너무 작거나 가정이 너무 실현 불가능한 것이 없다는 것이다. 최근 신문에서 웨인 대학의 한 연구자는 별명이 있는 메이저리그 선수는 아닌 사람보다 2년 반 더 산다고 밝혔다(월스트리트저널, 2009.7.15). 다음 표는 선수 수명과 별명이 있으면 1 아니면 0인 가변수가 기록되어 있는 자료의 일부분이다. 전체 데이터는 교과서 웹사이트에 ***Nicknames***라는 이름의 자료에서 확인할 수 있다.

Years	Nickname
74	1
62	1
⋮	⋮
64	0

a. 별개의 두 표본을 만들자. 하나는 별명이 있는 선수에 대한 자료, 다른 하나는 별명이 없는 선수에 대한 자료이다. 각 표본의 평균수명을 계산하라.
b. 별명에 관한 가변수를 고려하여 수명에 관한 선형회귀모형을 추정하라.
c. 5% 유의수준에서 별명이 있는 선수가 더 오래 사는지 단측검정을 수행하라.

11. FILE SAT 시험은 해마다 많은 수정을 하였다. 2005년에 에세이 형식으로 작문실력을 평가하는 작문 부분을 포함시켰다. 여학생은 일반적으로 수학에서 낮은 점수를 받고, 작문에서 더 좋은 점수를 받는다고 생각한다. 따라서 이 작문시험은 남학생이 SAT 점수에서 높은 점수를 받는 것을 줄일 수 있을 수도 있다(워싱턴포스트, 2006.8.30). 작년 SAT를 치른 학생 20명의 자료의 일부분이 다음 표에 있다. 전체 데이터는 교과서 웹사이트의 ***SATdummy***라는 이름의 자료에서 확인할 수 있다. 이 자료는 작문과 수학 점수를 포함하고 학생들의 GPA, 여학생이면 1 아니면 0인 가변수를 포함하고 있다.

Writing	Math	GPA	Gender
620	600	3.44	0
570	550	3.04	0
⋮	⋮	⋮	⋮
540	520	2.84	0

a. 작문(Writing)을 반응변수로, GPA와 성별(Gender)을 설명변수로 고려한 선형회귀모형을 추정하라.
b. GPA가 3.5인 남학생의 작문 점수를 예측하라. 여학생인 경우 예측되는 작문 점수는?
c. 5% 유의수준에서 작문 성적에 성별이 통계적으로 유의한지 결정하라.

12. FILE 문제 11의 데이터를 이용하여 수학(Math) 점수를 반응변수, GPA와 성별(Gender)을 설명변수로 하는 선형회귀모형을 추정하라.
a. GPA가 3.5인 남학생의 수학 점수를 예측하라. 여학생인 경우 예측되는 수학 점수는?
b. 5% 유의수준에서 수학 성적에 성별이 통계적으로 유의한지 결정하라.

13. FILE 아이스크림 가게의 매니저가 어떤 특정한 날에 기대되는 손님 수를 알고 싶어한다. 과거 몇 년의 전반적인 경영상황은 꾸준하다. 그러나 손님 수는 기복이 있다. 30일 동안의 손님 수, 최고 온도(Fahrenheit, 화씨), 주말이면 1 아니면 0인 데이터를 수집했다. 아래에 자료의 일부분이 있다. 교과서 웹사이트의 ***Ice_Cream***이라는 이름의 자료에서 전체 데이터를 확인할 수 있다.

Customers	Temperature	Weekend
376	75	0
433	78	0
⋮	⋮	⋮
401	68	0

a. 다음 모형을 추정하라. $\text{Customers} = \beta_0 + \beta_1\text{Temperature} + \beta_2\text{Weekend} + \varepsilon$.
b. 만약 최고온도가 화씨80도로 예보되는 일요일에 예측되는 손님의 수는?
c. Weekend의 계수 추정치에 대해 해석하라. 5% 유의수준에서 유의한 값인가? 이 결과가 종업원 채용에 어떠한 영향을 줄 수 있는가?

14. FILE 한 연구원이 대기업에서 남성이 여성보다 더 많은 평균임금을 받는지에 대해 의문을 갖고 있다. 50명의 피고용인의 시급(Wage), 고등교육 기간(EDUC), 경력(EXPER), 나이(AGE), 그리고 성별을 수집하였다. GENDER는 가변수로 남자면 1 아니면 0이다. 아래 표는 자료의 일부분이다. 전체 데이터는 교과서 웹사이트의 ***Hourly_Wage***라는 자료에서 확인할 수 있다.

Wage	EDUC	EXPER	AGE	GENDER
\$37.85	11	2	40	1
21.72	4	1	39	0
⋮	⋮	⋮	⋮	⋮
24.18	8	11	64	0

a. 다음 모형을 추정하라. $\text{Wage} = \beta_0 + \beta_1\text{EDUC} + \beta_2\text{EXPER} + \beta_3\text{AGE} + \beta_4\text{GENDER} + \varepsilon$.
b. 5년 경력, 10년 고등교육 기간, 40세 남자의 시급을 예측하라. 같은 조건의 여성의 시급을 예측하라.
c. GENDER의 계수 추정치에 대해 해석하라. 5% 유의수준에서 유의한 값인가? 이 결과가 이 기업에서 성별 차별이 있다고 할 수 있는가?

15. FILE 정부 연구원이 소매 영업과 GNP의 관계를 분석하고 있다. 분기별 소매 영업의 차이가 유의한지 의문이다. 10년간 분기별 자료를 수집했다. 아래 표는 그 일부분을 보여주고 있다. 전체 데이터는 교과서 웹사이트에서 ***Retail_Sales***라는 이름의 자료에서 확인할 수 있다.

Year	Quarter	Retail Sales (in $ millions)	GNP (in $ billions)	d_1	d_2	d_3	d_4
2001	1	696,048	9,740.5	1	0	0	0
	2	753,211	9,983.5	0	1	0	0
⋮	⋮	⋮		⋮	⋮	⋮	⋮
2009	4	985,649	14,442.8	0	0	0	1

a. 소매 영업 y, GNP는 x, 1분기면 1 아니면 0인 가변수 d_1, 2분기면 1 아니면 0인 가변수 d_2, 3분기면 1 아니면 0인 가변수 d_3인 모형 $y = \beta_0 + \beta_1 x + \beta_2 d_1 + \beta_3 d_2 + \beta_4 d_3 + \varepsilon$을 추정하라. 여기서 참고범주는 4분기이다.

b. GNP가 $13,000 billion일 때, 2분기 및 4분기에 예측되는 소매 영업은?

c. 5% 유의수준에서 어느 분기의 영업이 4분기 영업과 유의하게 다른가?

d. 5% 유의수준에서 2분기와 3분기 영업의 차이가 유의한지를 결정하기 위한 모형으로 수정하라. 모든 분기를 고려하여야 한다.

16. FILE 임원들의 보수와 관련된 이슈들이 언론에서 집중적인 관심을 보이고 있다. 정부는 고공비행하는 임원들의 연봉에 한도를 부여하려고 한다(뉴욕타임스, 2009.2.9). 임원 연봉과 기업의 자산 및 산업을 관련시키는 회귀모형을 고려하라. 가변수는 4가지 산업을 정의한다. 제조기술업 d_1, 기타 제조업 d_2, 금융서비스업 d_3, 비금융서비스업 d_4이다. 2006년 고액 연봉의 CEO 455명의 자료 일부분이 아래에 있다. 전체 데이터는 교과서 웹사이트에서 ***Industry_Compensation***이라는 이름의 자료에서 확인할 수 있다.

Compensation (in $ million)	Assets (in $ millions)	d_1	d_2	d_3	d_4
16.58	20,917.5	1	0	0	0
26.92	32,659.5	1	0	0	0
⋮	⋮	⋮	⋮	⋮	⋮
2.30	44,875.0	0	0	1	0

a. 보수 y와 기업 자산 x로 각각 고려한 모형 $y = \beta_0 + \beta_1 x + \beta_2 d_1 + \beta_3 d_2 + \beta_4 d_3 + \varepsilon$을 추정하라. 여기서 참고범주는 비금융서비스업이다.

b. 추정 계수값을 해석하라.

c. 5% 유의수준에서 어떤 산업의 임원들의 보수가 비금융서비스업의 임원들의 보수와 다른지 결정하라.

d. 5% 유의수준에서 기타 제조업의 임원들 보수가 제조기술업의 임원들 보수보다 높다는 것을 결정하기 위한 모형으로 수정하라. 그 모형은 자산과 모든 산업 형태를 고려하여야 한다.

13.2 반응변수의 구간 추정

학습목표 **13.3**
신뢰구간과 예측구간을 계산하고 해석

앞 절에서 교수 연봉과 관련된 예측을 하는데 모형 2를 선택하였다. 이 모형은 2개의 설명변수인 경력과 성별 가변수를 이용하였다. 추정치은 $\hat{y} = 39.43 + 1.24x + 13.89d$이며 여기서 x는 경력, d는 남성이면 1 아니면 0인 성별 가변수이다(여기서 d_1 대신에 d를 쓴다). 만약 10년 경력의 남자교수의 연봉을 예측하고 싶다면 위의 추정모형에서 $x = 10$, $d = 1$을 입력하여 다음과 같이 계산한다.

$$\hat{y} = 39.43 + 1.24 \times 10 + 13.89 \times 1 = 65.72, \text{ or } \$65,720.$$

위와 같은 예측은 분명히 유용하지만 표본 변동성이 존재한다는 것을 인식하고 있어야 한다. 즉, 다른 표본을 이용하여 회귀모형을 추정한다면 다른 값으로 예측하게 될 것이다. 8장에서 구간을 추정할 때 점추정의 오차범위를 이용하였다. 위의 예제에서 $65,720의 값은 점추정치이다.

이 절에서는 y의 기대값의 구간추정과 y의 개별값의 구간추정의 차이점에 대해서 살펴본다. **신뢰구간**(confidence interval)은 전자의 구간이며 **예측구간**(prediction interval)은 후자의 구간이다. 설명변수의 값이 주어진 상황에서 y의 기대값을 포함한 구간은 신뢰구간이며 y의 개별값이 포함한 구간은 예측구간이다. 이러한 두 종류의 구간을 추정하기 위하여 같은 점추정치를 사용한다. 위의 예에서 $65,720는 10년 경력의 남자교수의 개인 연봉 및 평균 연봉의 점추정치이다. 설명변수가 주어진 상황에서 기대값과 비교해서 개별 y값을 예측할 때 추가되는 변동성이 존재하므로, 예측구간은 항상 신뢰구간보다 더 넓다.

신뢰구간과 예측구간

설명변수의 값이 주어진 상황에서 반응변수 y에 관하여 두 종류의 구간을 추정한다. 추정된 y의 평균값(기대값)의 구간은 **신뢰구간**이라고 불린다. 추정된 y의 개별값의 구간은 **예측구간**이라고 불린다. 예측구간은 신뢰구간보다 항상 더 넓다.

신뢰구간과 예측구간을 구하는 일반적인 과정을 살펴보자. 간단하게 가변수를 포함한 모든 설명변수를 x로 표기하자. 위의 연봉 예제에서 경력을 x_1, 성별 가변수를 x_2로 고려할 수 있다. 설명변수 k개, $x_1, x_2, \cdots, x_k$를 이용한 다중회귀모형 $y = \beta_0 + \beta_1 x_1 + \beta_2 x_2 + \cdots + \beta_k x_k + \varepsilon$을 고려하자. 또한 $x_1, x_2, \cdots, x_k$의 특정값들인 $x_1^0, x_2^0, \cdots, x_k^0$, 계산된 y^0 값, 그리고 오차항 ε^0인

$$y^0 = \beta_0 + \beta_1 x_1^0 + \beta_2 x_2^0 + \cdots + \beta_k x_k^0 + \varepsilon^0$$

을 고려하자. 위의 예제에서는 $x_1^0 = 10$이고 $x_2^0 = 1$이 된다. 또 다른 표현방식으로 설명변수가 $x_1^0, x_2^0, \cdots, x_k^0$일 때 반응변수의 기대값은 다음과 같이 계산된다.

$$E(y^0) = \beta_0 + \beta_1 x_1^0 + \beta_2 x_2^0 + \cdots + \beta_k x_k^0$$

기대값 수식은 오차항의 기대값이 0이라는 가정을 바탕으로 계산된다. 즉 $E(\varepsilon^0) = 0$. 이 가정은 다음 절에서 살펴보자. 예측구간이 신뢰구간보다 더 넓은 이유는 ε^0에 의한 추가된 변동성 때문이다. 우선 $E(y^0)$의 신뢰구간을 구하고 y^0의 예측구간을 구해보자.

예측값 $\hat{y}^0 = b_0 + b_1 x_1^0 + b_2 x_2^0 + \cdots + b_k x_k^0$은 $E(y^0)$의 점추정치이다. 이전 예제에서 65.72는 $x_1^0 = 10$이고 $x_2^0 = 1$일 때 $E(y^0)$의 점추정치이다. $E(y^0)$의 $100(1-\alpha)\%$ 신뢰구간은 $E(y^0)$ as $\hat{y}^0 \pm t_{\alpha/2,df} se(\hat{y}^0)$이며 여기서 $se(\hat{y}^0)$는 예측값의 추정된 표준오차이다. 단순선형회귀모형에서는 표준오차 $se(\hat{y}^0)$를 계산하는 간단한 방법이 있지만, 다중선형회귀모형에서는 복잡해진다. 단순 및 다중선형회귀모형에 적용할 수 있는 신뢰구간을 구하는 간단한 방법에 대하여 살펴보자.

y의 기대값에 대한 신뢰구간

설명변수 $x_1, x_2, \cdots, x_k$의 특정값 $x_1^0, x_2^0, \cdots, x_k^0$에 의한 y의 기대값의 $100(1-\alpha)\%$ 신뢰구간은 다음과 같이 계산된다.

$$\hat{y}^0 \pm t_{\alpha/2,df} se(\hat{y}^0)$$

여기서 $\hat{y}^0 = b_0 + b_1 x_1^0 + b_2 x_2^0 + \cdots + b_k x_k^0$이고, $se(\hat{y}^0)$는 $\hat{y}^0$의 표준오차, $df = n$

$-k-1$이다.

표준오차 $se(\hat{y}^0)$와 $\hat{y}^0$를 찾기 위하여 수정된 회귀모형을 추정한다. 수정된 회귀모형은 y를 반응변수, 설명변수를 $\hat{y}^0 = b_0 + b_1x_1^0 + b_2x_2^0 + \cdots + b_kx_k^0$으로 정의한 모형이다. 이 모형의 추정된 절편과 표준오차는 각각 $x_1^* = x_1 - x_1^0$, $x_2^* = x_2 - x_2^0$, $\ldots$, $x_k^* = x_k - x_k^0$이 된다.

예제 13.5

표 13.1의 자료를 참고하여 연봉, 경력, 성별 가변수를 각각 y, x_1, 그리고 x_2로 표기한 회귀모형 $y = \beta_0 + \beta_1x_1 + \beta_2x_2 + \varepsilon$를 고려하자. 여기서 성별 가변수는 남성이면 1 여성이면 0이다. 10년 경력의 남자교수의 평균 연봉의 95% 신뢰구간을 구하라.

풀이: $E(y^0)$의 신뢰구간을 구하기 위하여, 위의 과정을 적용하여 $\hat{y}^0$과 $se(\hat{y}^0)$를 찾는다. 우선, 주어진 $x_1^0 = 10$과 $x_2^0 = 1$을 다음과 같이 수정한다. $x_1^* = x_1 - 10$ 그리고 $x_2^* = x_2 - 1$. 표 13.8에서 그 값들의 계산을 보여준다.

표 13.8 수정된 설명변수들 계산(예제13.5)

y	x_1	x_2	$x_1^* = x_1 - 10$	$x_2^* = x_2 - 1$
67.50	14	1	14 − 10 = 4	1 − 1 = 0
53.51	6	1	6 − 10 = −4	1 − 1 = 0
⋮	⋮	⋮	⋮	⋮
73.06	35	0	35 − 10 = 25	0 − 1 = −1

반응변수 y와 설명변수 x_1^*와 x_2^*를 고려한 다중선형회귀분석 결과가 표13.9에 있다.

표 13.9 수정된 설명변수를 이용한 회귀분석 결과(예제 13.5)

Regression Statistics						
Multiple R	0.8471					
R Square	0.7176					
Adjusted R Square	0.7031					
Standard Error	**9.1326**					
Observations	42					
ANOVA						
	df	*SS*	*MS*	*F*	*Significance F*	
Regression	2	8266.1526	4133.0763	49.5546	0.0000	
Residual	39	3252.7766	83.4045			
Total	41	11518.9292				
	Coefficients	*Standard Error*	*t Stat*	*p-value*	*Lower 95%*	*Upper 95%*
Intercept	**65.7151**	**2.1572**	30.4636	0.0000	**61.3518**	**70.0784**
x_1^*	1.2396	0.1332	9.3067	0.0000	0.9702	1.5090
x_2^*	13.8857	2.8617	4.8522	0.0000	8.0973	19.6741

수정된 회귀분석 결과는 절편항의 추정치을 제외하고 기존 회귀분석 결과(표 13.4에서 보여준 모형 2의 요약결과)와 일치한다. 진한 글씨체인 절편항 추정치은 65.7151 그리고 표준오차는 2.1572이다. 따라서, 신뢰구간을 구할 때 $\hat{y}^0$ = 65.7151과 $se(\hat{y}^0)$ = 2.1572를 이용한다. 엑셀에서 제공된 $\hat{y}^0$의 결과값은 이전 예측값 $\hat{y}^0 = 39.43 + 1.24 \times 10 + 13.89 \times 1 = 65.72$과 반올림의 차이를 제외하면 같은 값이다.

자유도 $df = n - k - 1 = 42 - 2 - 1 = 39$에서 95% 신뢰구간을 구하기 위하여 $t_{\alpha/2,df} = t_{0.025,39} = 2.023$을 찾았다. $E(y^0)$의 95% 신뢰구간은

$$\hat{y}^0 \pm t_{\alpha/2,df}se(\hat{y}^0) = 65.7151 \pm 2.023 \times 2.1572 = 65.7151 \pm 4.3640.$$

또는, 95% 신뢰구간은

$$61.35 \leq E(y^0) \leq 70.08.$$

95% 신뢰도에서, 10년 경력의 남자교수의 평균 연봉은 \$61,350와 \$70,080 사이에 있다. 이 한계값은 표 13.9에서 굵은 글씨체로 Lower 95%, Upper 95%의 값으로 보여준다.

이전에 보았듯이, 예측구간은 특정한 설명변수값에 의한 반응변수 개별값, $y^0 = \beta_0 + \beta_1 x_1^0 + \beta_2 x_2^0 + \cdots + \beta_k x_k^0 + \varepsilon^0$을 포함한다. 예측구간은 오차항 ε^0의 변동성을 포함하므로 신뢰구간보다 넓다.

y의 개별값에 대한 예측구간

설명변수 $x_1, x_2, \cdots, x_k$의 특정값 $x_1^0, x_2^0, \cdots, x_k^0$에 의한 y의 개별값의 $100(1 - \alpha)$% 예측구간은 다음과 같이 계산된다.

$$\hat{y}^0 \pm t_{\alpha/2,df}\sqrt{(se(\hat{y}^0))^2 + s_e^2}$$

여기서 $se(\hat{y}^0)$는 $\hat{y}^0$의 표준오차, $df = n - k - 1$, 그리고 s_e는 추정치의 표준오차이다.

여기서 추정치의 표준오차 s_e는 오차항 ε^0의 변동성에 의한 것이다.

예제 13.6

연봉, 경력, 성별 가변수를 각각 y, x_1, 그리고 x_2로 표기한 추정된 모형 $\hat{y} = 39.43 + 1.24x_1 + 13.89x_2$를 고려하자.

a. 10년 경력의 남자교수의 연봉의 95% 신뢰구간을 구하라.

b. 예제 13.5에서 구한 신뢰구간과 예측구간의 차이에 대하여 논하라.

풀이:

a. 신뢰구간을 구하는 과정에서 $\hat{y}^0 = 65.7151$과 $se(\hat{y}^0) = 2.1572$, $t_{\alpha/2,df} = t_{0.025,39} = 2.023$을 찾았다. 이젠 예측구간을 구하는 공식에서 필요한 것은 추정치의 표준오차 se이다. 표 13.9에서 굵은 글씨체인 $se = 9.1326$을 쓸 수 있다. 95% 예측구간은 다음과 같이 계산된다.

$$\hat{y} \pm t_{\alpha/2,df}\sqrt{(se(\hat{y}^0))^2 + s_e^2} = 65.7151 \pm 2.023\sqrt{2.1572^2 + 9.1326^2}$$
$$= 65.7151 \pm 18.9837.$$

또는 95% 신뢰도에서

$$46.73 \le y^0 \le 84.70.$$

b. 위에서 구한 95% 예측구간에 의하면 10년 경력의 남자교수의 연봉은 $46,730와 $84,700 사이가 된다. 이전 예제에서는 95% 신뢰구간에 의하여10년 경력의 남자교수의 평균 연봉은 $61,350와 $70,080 사이임을 보였다. 예상했듯이, 예측구간이 신뢰구간보다 더 넓다. 예측구간을 구할 때 매우 중요한(관측되지 않은) 오차항에서 발생되는 변동성을 고려하여야 한다. 이 변동성은 예측구간 공식에서 포함된 추정치의 표준오차 se에 의해 고려된다. 더 큰 변동성은 정확한 예측을 더 힘들게 하며 더 넓은 구간을 필요로 한다. 위의 예제들에서 확인할 수 있듯이 교수 개인의 연봉보다 교수 평균 연봉에 대한 불확실성이 더 적다.

연습문제 13.2

기본문제

17. 30개의 관측자료를 바탕으로 단순선형회귀분석을 하여 다음과 같은 정보를 얻었다. $\hat{y} = -6.92 + 1.35x$와 $se = 2.78$이며 $x = 30$일 때 $se(\hat{y}^0) = 1.02$이다.
   a. $x = 30$일 때 $E(y)$의 95% 신뢰구간을 구하라.
   b. x가 30일 때 y의 95% 예측구간을 구하라.
   c. 어떤 구간이 더 좁은가? 설명하라.

18. 40개의 관측자료를 바탕으로 다중선형회귀분석을 하여 다음과 같은 정보를 얻었다. $\hat{y} = 12.8 + 2.6x_1 - 1.2x_1$와 se = 5.84이며 x_1이 15, x_2가 6일 때 $se(\hat{y}^0) = 2.20$ 이다.
   a. x_1이 15, x_2가 6일 때 $E(y)$의 95% 신뢰구간을 구하라.
   b. x_1이 15, x_2가 6일 때 y의 95% 예측구간을 구하라.
   c. 어떤 구간이 더 좁은가? 설명하라.

19. 다음 표본을 고려하자.

x	12	23	11	23	14	21	18	16
y	28	43	21	40	33	41	37	32

   a. 표본회귀식 $\hat{y} = b_0 + b_1x$을 찾아라.
   b. $x = 15$일 때 $E(y)$의 95% 신뢰구간을 구하라.
   c. x = 15일 때 y의 95% 예측구간을 구하라.

20. 다음 표본을 고려하자.

y	46	51	28	55	29	53	47	36
x_1	40	48	29	44	30	58	60	29
x_2	13	28	24	11	28	28	29	14

   a. 표본회귀식 $\hat{y} = b_0 + b_1x_1 + b_2x_2$을 찾아라.
   b. $x_1 = 15$, $x_2 = 20$ 일 때 $E(y)$의 95% 신뢰구간을 구하라.
   c. $x_1 = 15$, $x_2 = 20$ 일 때 y의 95% 예측구간을 구하라.

응용문제

21. 다음 표에 있는 자료를 이용하여 다음 모형을 추정하라. Salary $= \beta_0 + \beta_1$Education $+ \varepsilon$. 여기서 Salary는 $1,000 단위이고 Education은 고등교육을 받은 연수이다.

Education	3	4	6	2	5	4	8	0
Salary	40	53	80	42	70	50	110	38

a. 6년의 고등교육기간을 가진 사람의 연봉 기대값의 90% 신뢰구간을 구하라.

b. 6년의 고등교육기간을 가진 사람의 90% 예측구간을 구하라.

c. 이 두 구간의 폭의 차이에 대하여 논하라.

22. 다음 표에 있는 자료를 이용하여 다음 모형을 추정하라. GPA $= \beta_0 + \beta_1$GRE $+ \varepsilon$. 여기서 GRE는 대학원 입학시험의 수학 성적이고 GPA는 그 학생의 대학원 평균 학점이다.

GRE	700	720	650	750	680	730	740	780
GPA	3.0	3.5	3.2	3.7	3.1	3.9	3.3	3.5

a. GRE의 수학성적이 710인 학생의 GPA 기대값의 90% 신뢰구간을 구하라.

b. GRE의 수학성적이 710인 한 학생의 GPA의 90% 예측구간을 구하라.

23. FILE 교과서 웹사이트에서 ***Debt_Payments***라는 이름의 자료를 확인하고 다음 모형을 추정하라. Debt $= \beta_0 + \beta_1$Income $+ \varepsilon$, 여기서 Debt는 한 도시의 평균 가계부채지불($)이고 Income은 소득의 중앙값($1,000단위)이다.

a. 한 도시의 소득 중앙값이 $80,000이면 평균 부채지불의 95% 신뢰구간을 구하라.

b. 한 도시의 소득 중앙값이 $80,000이면 부채지불의 95% 예측구간을 구하라.

24. FILE 교과서 웹사이트에서 ***Arlington_Homes***라는 이름의 자료를 확인하고 다음 모형을 추정하라. Price $= \beta_0 + \beta_1$ Sqft $+ \beta_2$Beds $+ \beta_3$Baths $+ \varepsilon$, 여기서 Price, Sqft, Beds, 그리고 Baths는 각각 집값, 제곱피트, 방수, 욕실수를 말한다. 매사추세츠의 알링턴에 있는 2,500제곱피트에 방 3개, 욕실 2개인 집의 평균 집값의 95% 신뢰구간을 구하라. 이러한 집의 95% 예측구간을 구하라. 두 개의 구간을 해석하라.

25. FILE 교과서 웹사이트에서 ***BMI_Salary***라는 이름의 자료를 확인하고 대학졸업 근무자의 연봉을 반응변수로, BMI와 Race를 설명변수로 고려한 회귀모형을 추정하라. Race는 백인이면 1 아니면 0인 가변수이다.

a. BMI는 30이고 백인인 대학졸업 근무자의 평균연봉의 90% 신뢰구간을 구하고 해석하라.

b. BMI는 30이고 백인인 대학졸업 근무자의 연봉의 90% 예측구간을 구하고 해석하라.

26. FILE 교과서 웹사이트에서 ***Urban_rural***이라는 이름의 자료를 확인하고 소비지출을 반응변수로, 소득(income) 그리고 도시면1 아니면 0인 가변수를 설명변수로 고려한 회귀모형을 추정하라.

a. $80,000의 소득을 가진 도시 가족의 평균 소비지출의 99% 신뢰구간을 구하라.

b. $80,000의 소득을 가진 시골 가족의 평균 소비지출의 99% 신뢰구간을 구하라.

c. 위의 두 구간의 폭에 관하여 논하라.

27. FILE 교과서 웹사이트에서 ***Professor_Salary***라는 이름의 자료를 확인하라. 이 자료는 이 장의 도입사례에서 사용되었었다. y는 연봉(단위: 1,000달러), x는 경력(년), d는 남성인 경우 1 아니면 0인 가변수를 고려한 $\hat{y} = 39.43 + 1.24x + 13.89d$를 다시 고려하자.

a. 20년 경력의 남자교수의 연봉의 95% 예측구간을 구하라.

b. 20년 경력의 남자교수의 연봉의 90% 예측구간을 구하라.

c. 위의 두 예측구간의 폭에 대하여 논하라.

28. FILE 교과서 웹사이트에서 ***Retail_Sales***라는 이름의 자료를 확인하고 다음 모형을 추정하라. $y = \beta_0 + \beta_1 x + \beta_2 d_1 + \beta_3 d_2 + \beta_4 d_3 + \varepsilon$, 여기서 y는 소매영업, x는 GNP, d_1는 1분기면 1 아니면 0인 가변수, d_2는 2분기면 1 아니면 0인 가변수, d_3는 3분기면 1아니면 0인 가변수이다. GNP가 $13,000 billion일 때 2분기와 4분기의 평균 영업($millions 단위)의 95% 신뢰구간을 비교하라.

13.3 모형을 위한 가정과 위반되는 경우들

학습목표 13.4

OLS(최소제곱) 추정방법을 위한 가정들의 역할을 이해

지금까지 단순 및 다중 선형회귀모형의 추정과 평가에 중점을 두었다. OLS 추정치의 통계적 성질 및 검정과정의 유효성은 전형적인 선형회귀모형에서 고려된 여러가지 가정들에 의해 성립된다. 이 절에서는 이러한 가정들을 다뤄보겠다. 또한 이러한 가정을 자주 위반하는 경우들을 살펴보고 위반되었을 때 그 결과들을 논하고 이에 대한 몇 가지 해결책을 살펴본다.

회귀분석에서 필요한 가정들

1. 회귀모형 $y = \beta_0 + \beta_1 x_1 + \beta_2 x_2 + \cdots + \beta_k x_k + \varepsilon$은 주어진 $\beta_0, \beta_1, \cdots, \beta_k$에 의한 선형이다.
2. 주어진 $x_1, x_2, \cdots, x_k$의 조건하에, 오차항의 기대값은 0, 즉 $E(\varepsilon) = 0$이다. 이는 다음을 의미한다. $E(y) = \beta_0 + \beta_1 x_1 + \beta_2 x_2 + \cdots + \beta_k x_k$.
3. 설명변수들 사이에 완전한 선형관계는 존재하지 않는다. 즉 통계학 용어로, 완벽한 다중공선성(multicollinearity)은 존재하지 않는다.
4. 주어진 $x_1, x_2, \cdots, x_k$의 조건하에, 오차항 ε의 분산은 모든 관측값에서 같다. 즉 통계학 용어로 동분산(no heteroskedasticity)을 가정한다. 이 가정은 관측값에 따라 변하는 변동성이 존재하면 위반된다.
5. 주어진 $x_1, x_2, \cdots, x_k$의 조건하에, 오차항 ε은 관측값들과 상관관계가 없다. 즉 통계학 용어로 연속된 상관관계(serial correlation)가 없다. 이 가정은 관측값들 사이에 상관관계가 존재할 때 위반된다.
6. 오차항 ε은 $x_1, x_2, \cdots, x_k$의 어떤 설명변수와 상관관계가 없다. 통계학 용어로 내생성(endogeneity)이 없다고 불린다. 일반적으로 중요한 설명변수가 제외된 경우 이 가정이 위반된다.
7. 주어진 $x_1, x_2, \cdots, x_k$의 조건하에, 오차항 ε은 정규분포를 따른다. 이 가정은 구간을 추정하고 검정을 할 때에도 유효한다. 만약 ε이 정규분포가 아니라면 구간추정 및 가설검정은 단지 표본이 아주 클 때에만 유효하다.

전형적인 선형회귀모형의 가정하에 OLS 추정량은 모든 요구되는 성질을 가진다. 특히, 회귀계수 β_j의 OLS 추정량은 불편(unbiased), 즉 $E(b_j) = \beta_j$이다. 더구나, 모든 선형 불편(unbiased) 추정량 중에서 표본 사이의 최소 변동량을 가진다. 이러한 OLS 추정량의 선호되는 성질은 하나 혹은 둘 이상의 모형 가정들이 위반될 때 타협되어진다. 계수 추정치 외에 유의성 검정의 유효성도 이러한 가정들에 의해 영향을 받는다. 특정 가정 위반에 의해 OLS 추정량의 추정된 표준오차도 적절하지 않게 된다. 이러한 경우에 t 검정 및 F 검정의 결과로부터 얻을 수 있는 의미있는 추론들이 불가능해 진다.

이러한 선형회귀모형의 가정들은 대부분 오차항 ε에 대한 것이다. 잔차, 즉 관측된 오차항 $e = y - \hat{y}$은 ε에 관하여 유용한 정보를 가지므로 일반적으로 이 가정들을 검토하는 데 잔차를 이용한다. 이 절에서는 가정들이 위반되는 경우를 찾아내기 위하여 잔차 그래프(residual plot)를 이용한다. 이 그래프는 추정된 회귀모형을 비형식적 분석을 제공하고 이용하기 쉽다. 형식적인 분석은 이 책의 범위를 벗어난다.

잔차 그래프(residual plots)

회귀모형 $y = \beta_0 + \beta_1 x_1 + \beta_2 x_2 + \cdots + \beta_k x_k + \varepsilon$의 잔차는 $e = y - \hat{y}$에 의해 계산되며 여기서 $\hat{y} = b_0 + b_1 x_1 + b_2 x_2 + \cdots + \beta_k x_k$이다. 이 잔차들은 순서대로 그려지거나 모형의 부적합성을 찾기 위하여 하나의 설명변수 x_j에 대하여 그려진다.

일반적으로 잔차 e는 y축에 놓고 설명변수 x_j를 x축에 놓는다. 이러한 그래프는 선형으로부터의 편차의 유무를 찾거나 일관성있는 변동성을 가지고 있는지를 확인하는 데 유용하다. 만약 시계열자료에 대한 회귀분석이면 잔차를 순서대로 그려서 관측값들이 서로 상관관계가 있는지 판단할 수 있다.

또한 잔차 그래프는 이상점(outlier)을 찾는 데 이용된다. 이상점은 나머지 데이터와 비교해서 이상한 관측치를 말한다. 한 이상점의 잔차는 잔차 그래프에서 확실히 구별이 된다. 이상점이 추정치에 큰 영향을 주는 반면에 어떻게 처리해야 하는지는 명확하지 않다. 3장에서 언급되었듯이, 이상점은 잘못 기록된 관측치로 인한 잘못된 데이터일 수도 있다. 이러한 경우에는 고쳐서 다시 기록되거나 단순히 지워질 수도 있다. 반면, 이상점이 단지 랜덤 변동성으로 발생할 수도 있으며 이러한 관측치는 남아있어야 한다. 어떠한 경우에도 잔차 그래프는 이상점을 판단할 때 도움이 되며 따라서 어떠한 조치를 취할 수 있게 도움을 준다.

그림 13.2는 어떠한 가정들도 위배되지 않은 상황에서의 잔차 그래프를 보여준다(엑셀에서 잔차 계산 및 모든 설명변수들에 대한 그래프를 제공한다. **Data** > **Data Analysis** > **Regression**(데이터 > 데이터 분석 > 회귀분석)을 선택한 후 **Regression** 대화상자에서 **Residuals**와 **Residual Plots**를 선택한다).

그림 13.2 올바르게 설정된 모형의 잔차 그래프

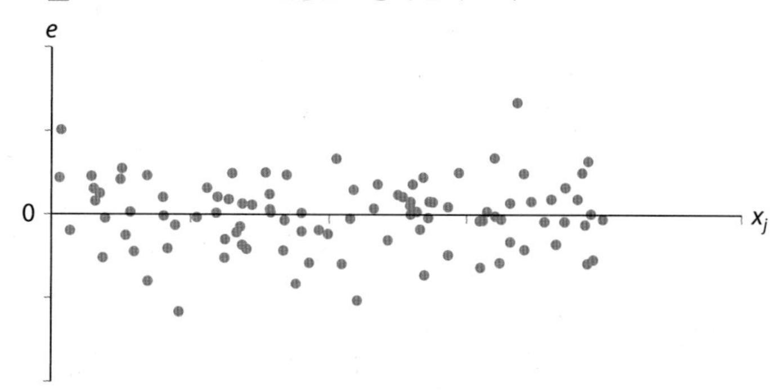

그림에서 보이는 모든 점들은 0 주위에서 랜덤하게 퍼져 있다. 또한, 다른 잔차들보다 달라 보이는 점이 없어보이므로 이상점 존재에 대한 증거는 없다. 다음에 다시 확인하겠지만, 어떠한 특이한 패턴이 보인다면 하나 혹은 그 이상의 가정들이 위반되었다고 볼 수 있다.

일반적인 위반 1: 비선형 패턴

학습목표 **13.5**

이러한 가정들을 자주 범하는 경우를 서술하고 해결방안을 제공

선형회귀모형은 쉬운 계산법으로 인해 흔히 선호되어 왔다. 단순선형회귀모형 $y = \beta_0 + \beta_1 x + \varepsilon$에서 x가 어떠한 값을 가지는 것과 상관없이 1단위 증가한다면 y는 β_1만큼 증가함을 의미한다. 그러나 대부분의 상황에서는 이러한 관계가 선형으로만 표현될 수 없고, 따라서 적절한 곡선식으로 표현되어야 한다. 산점도와 잔차 그래프를 통하여 이러한 상황을 확인할 수 있다. 만약 데이터에 명확한 비선형 패턴이 보인다면 OLS 추정량은 매우 틀린 결과를 초래할 수 있다.

탐지(detection)

잔차 그래프는 비선형 패턴을 확인하는 데 도움이 된다. 한 설명변수의 값들에 의해 랜덤하게 흩어져 있다면 선형임이 확인된다. 만약 잔차에 어떠한 추세가 보인다면 비선형 패턴임을 확인한다.

예제 13.7 FILE

한 사회학자가 나이와 행복지수의 관계를 연구했다. 24명의 개인을 인터뷰하고 0에서 100까지의 점수화된 행복지수와 나이를 수집하였다. 표 13.10은 그 일부분이다. 전체 데이터는 교과서 웹사이트의 ***Happiness_Age***라는 이름의 자료에서 확인할 수 있다. 다음의 회귀모형의 선형 가정을 확인하라. Happiness $= \beta_0 + \beta_1$ Age $+ \varepsilon$.

표 13.10 행복지수와 나이

Age	Happiness
49	62
51	66
⋮	⋮
69	72

풀이: 우선 나이에 대한 행복지수의 산점도를 확인한다. 그림 13.3에서 산점도 및 표본회귀식에 의한 추세선을 보여주고 있다. 그 회귀식은 $\widehat{Happiness}$ = 56.18 + 0.28Age이다. 그림 13.3에서 분명히 보여지듯 선형회귀모형은 행복지수와 나이의 관계를 적절하게 설명하지 못한다. 즉, 나이가 들수록 행복지수가 0.28 증가한다는 예측은 잘못된 것이다.

그림 13.3 산점도와 추세선(예제 13.7)

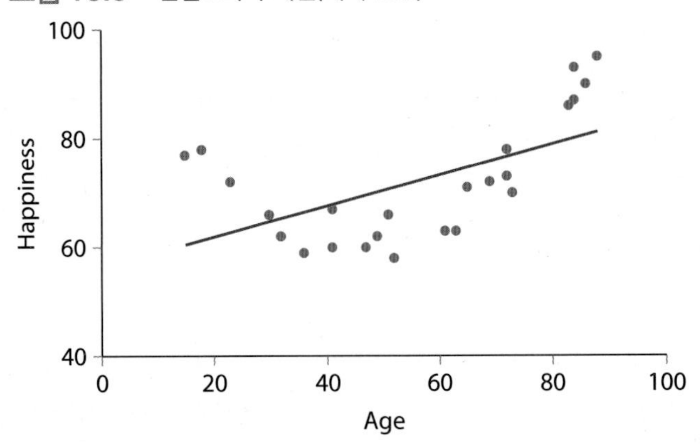

회귀모형의 선형 가정에 대해 더 살펴보기 위하여 잔차 그래프를 그림 13.4에 제시했다.

그림 13.4 나이에 대한 잔차 그래프(예제 13.7)

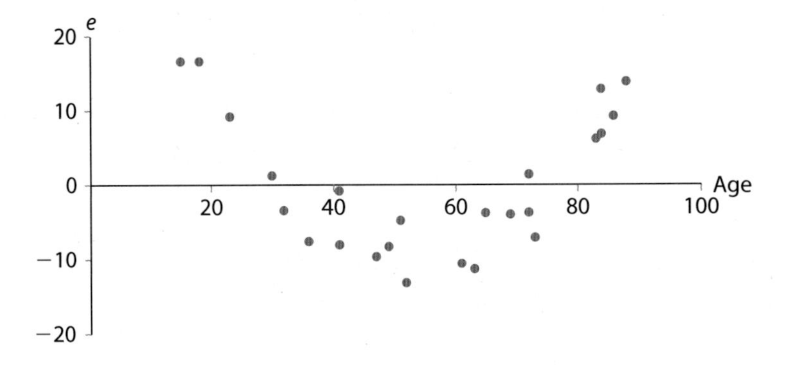

위의 잔차 그래프에서 확인할 수 있듯이, 50세까지 감소하다가 그 이후로 꾸준히 증가하는 명확한 패턴이 보인다. 선형회귀모형은 적은 나이와 많은 나이에는 과소평가하고 중간 나이에는 과대평가하는 결과를 가지므로 부적절한 모형이다. 이 결과는 행복은 나이에 따라서 감소하다가 다시 증가한다는 어떤 보고서의 내용과 일치한다(이코노미스트, 2010.12.16).

해결방안(Remedy)

선형회귀모형은 종종 대부분의 경험을 바탕으로 한 연구의 첫 번째 시도로 이용된다. 많은 경우에 실제 관계에 대한 좋은 추정방법을 제공한다. 그러나 만약 잔차 그래프에서 비선형 패턴이 강하게 보인다면, 선형회귀모형에서 얻어진 추론들이 잘못된 결론으로 이끈다. 이러한 경우에 반응변수와 설명변수의 간단한 변형을 통한 비선형 회귀 모형을 활용하여야 한다. 이러한 방법은 이 책의 범위를 벗어난다.

일반적인 위반 2: 다중공선성(Multicollinearity)

완전 다중공선성(perfect multicollineariy)은 두 개 혹은 그 이상의 설명변수들이 정확하게 선형관계를 가질 때 일어난다. 다음 모형을 고려하자. $y = \beta_0 + \beta_1 x_1 + \beta_2 x_2 + \varepsilon$. 여기서 y는 보너스, x_1은 판매대수, x_2는 창고에 남은 차의 수량이다. 만약 모든 자동차 세일즈맨이 같은 재고로 시작한다면, 완전 다중공선성(x_2 = Constant-x_1)을 가지며 이 모형은 추정될 수 없다. 그러나 만약 x_2를 고객의 긍정적 리뷰의 비율이라면, 판매대수와 긍정적 리뷰는 상관관계를 가질 가능성이 크기 때문에 부분 다중공선성을 가지게 된다. 대부분의 상황에서 어느 정도의 설명변수들 사이의 상관관계가 존재한다.

다중공선성은 반응변수에 대한 설명변수들의 개별 영향력을 구분하여 판단하기 어렵게 만든다. 만약 다중공선성이 심각하다면, 중요한 설명변수가 유의하지 않다고 판단될 수 있으며, 어떤 추정치은 잘못된 부호를 가질 수 있다.

탐지(Detection)

다중공선성을 찾아내는 방법은 대부분 비형식적이다. 개별적으로 유의하지 않은 설명변수들과 엮여서 높아진 결정계수 R^2 값은 다중공선성을 의미할 수 있다. 종종 설명변수들 사이의 상관관계를 찾으면서 심각한 다중공선성을 찾는다. 만약에 어떤 2개 설명변수의 표본상관계수가 0.8 이상 −0.8 이하이면 다중공선성이 심각하다고 판단된다. 명확해 보이는 회귀계수의 잘못된 부호 또한 다중공선성을 의미한다.

예제 13.8 FILE

집의 시가의 중앙값을 반응변수로 가계소득 중앙값, 1인당 소득, 그리고 자택 비율을 설명변수로 고려한 선형회귀모형에 다중공선성을 찾아내려고 한다. 미국의 모든 주의 2010년 자료의 일부분이 표 13.11에 나와있다. 전체 데이터는 교과서 웹사이트의 ***Home_Values***라는 이름의 자료에서 확인할 수 있다.

표 13.11 집의 시가와 다른 요소들

State	Home Value	HH Income	Per Cap Inc	Pct Owner Occ
Alabama	$117,600	$42,081	$22,984	71.1%
Alaska	229,100	66,521	30,726	64.7
⋮	⋮	⋮	⋮	⋮
Wyoming	174,000	53,802	27,860	70.2

풀이: 다중공선성을 찾기 위하여 세 개의 모형을 추정하였다. 표 13.12는 회귀분석 결과이다.

표 13.12 모형 추정치의 요약(예제 13.8)

Variable	모형 1	모형 2	모형 3
Intercept	417892.04* (0.00)	348187.14* (0.00)	285604.08 (0.08)
HH Income	9.04* (0.00)	7.74* (0.00)	NA
Per Cap Inc	−3.27 (0.31)	NA	13.21* (0.00)
Pct Owner Occ	−8744.30* (0.00)	−8027.90* (0.00)	−6454.08* (0.36)
Adjusted R^2	0.8071	0.8069	0.6621

Notes: 이 표는 모수의 추정치와 괄호 안에 p-값을 포함한다. NA는 자료가 없음을 의미한다.
*는 5% 유의수준을 의미하고, 맨 마지막 행에 보고된 수정결정계수는 모형 선택시 이용된다.

모형 1은 세 개의 설명변수를 모두 이용했다. 놀랍게도 1인당 소득 변수는 음수의 계수 추정치 −3.27을 가지며 p-값은 0.31을 가지며 5% 유의수준에서 통계적으로 유의하지 않은 결과를 갖는다. 다중공선성이 이러한 결과에 대한 이유일 수도 있다. 왜냐하면 가계소득과 1인당 소득은 상관관계가 있을 가능성이 크기 때문이다. 이 두 변수의 표본상관계수를 계산하면 0.8582이며 이는 다중공선성이 심각함을 뜻한다. 이 중에 하나를 제거함으로써 두 개의 모형을 더 추정하였다. 모형 2는 1인당 소득을 제거하였고, 모형 3은 가계소득을 제거하였다. 모형 3에서 보듯이 1인당 소득은 양수인 계수값이 추정되었고 집 시가에 유의한 영향을 준다. 이 두 모형을 비교하면 모형 2가 더 큰 adjusted R^2 ($0.8069 > 0.6621$)을 가지므로 모형 3보다 더 선호된다. 모형 1과 모형 2 사이에서 선택은 명확하지 않다. 일반적으로 adjusted R^2이 0.8071로 가장 크므로 모형 1이 선호된다. 예측을 하기 위한 목적이면 모형 1의 선택은 가능하다. 그러나 계수 추정치들을 평가하기 위해서라면 모형 2가 더 선호된다.

해결방안(Remedy)

경험없는 연구원들은 종종 어떤 요소들도 제외되기를 원하지 않아서 너무 많은 설명변수를 포함시키려 한다. 그 결과로 중복되는 변수들을 포함하고 같아보이는 변수들을 측정하게 된다. 다중공선성이 명확하면 중복성이 확인되는 변수들의 하나를 제외하는 것이 좋은 치료법이다. 다른 방법은 더 많은 자료를 수집하는 것이다. 더 많은 관측값을 포함할수록 표본 상관관계는 약해진다. 또한 설명변수를 다르게 표현하여 공선성을 제거할 수 있다. 만약에 높은 결정계수 R^2 값을 가진다면 가장 좋은 방법은 아무런 조치를 하지 않는 것이다. 그냥 그대로 추정모형을 이용하는 것이 가장 좋은 예측방법이기 때문이다.

일반적인 위반 3: 이분산

오차항 ε의 분산이 설명변수와 상관없이 동일하다는 기본 가정인 등분산은 횡단면 자료(cross-sectional data) 연구에서 흔히 위배된다. 가계소비지출을 y로 가처분소득을 x로 한 모형 $y = \beta_0 + \beta_1 x + \varepsilon$을 고려하자. 소비지출의 변동성이 가계소득의 횡단면, 즉 그 수준에 상관없이 동일하다는 가정은 적절치 않을 수 있다. 예를 들어, 저소득층의 소비의 변동성은 고소득층의 소비의 변동성보다 적다는 것이 예상된다. 또한, 집 가격은 집이 클수록 더 변동성이 크고 기업규모가 클수록 매출의 변동성이 더 크다.

이러한 이분산의 존재에도 불구하고, 최소제곱(OLS) 추정량은 여전히 불편(unbiased) 추정량이다. 그러나 최소제곱(OLS) 추정량의 추정된 표준오차는 적절치 않을 수 있다. 결과적으로 표준오차를 이용한 표준적인 t 검정 혹은 F 검정의 결과를 신뢰할 수 없다.

탐지(Detection)

잔차 그래프를 이용하여 이분산의 존재 여부를 판단할 수 있다. 잔차는 일반적으로 각 설명변수 x_j에 대하여 그려진다. 다중회귀모형에서는 예측값 $\hat{y}$에 대한 잔차를 그린다. 만약에 잔차가 x_j의 값에 대해 랜덤하게 퍼져 있다면 등분산의 위배가 없다고 판단된다. 그러나 증가나 감소의 추세가 존재한다면 이분산의 존재를 의미한다.

예제 13.9

편의점의 월별 매출(Sales)과 편의점의 크기(Sqft)와의 관계를 설명하는 단순회귀모형을 고려하자. 표 13.13에 분석에 쓰인 자료의 일부분이 나타나 있다. 전체 데이터는 교과서 웹사이트의 ***Convenience_Stores***라는 이름의 자료에서 확인할 수 있다. 이 모형을 추정하고 잔차 그래프를 이용하여 이 자료에 이분산이 존재하는지 판단하라.

표 13.3 편의점의 크기와 매출

FILE

Sales (in $1,000s)	Sqft
140	1810
160	2500
⋮	⋮
110	1470

풀이: 표본회귀식은 다음과 같다. $\widehat{Sales} = 22.08 + 0.06Sqft$. 추정모형의 잔차 그래프는 그림 13.5에서 보여주고 있다.

그림 13.5 편의점 크기에 대한 잔차 그래프(예제 13.9)

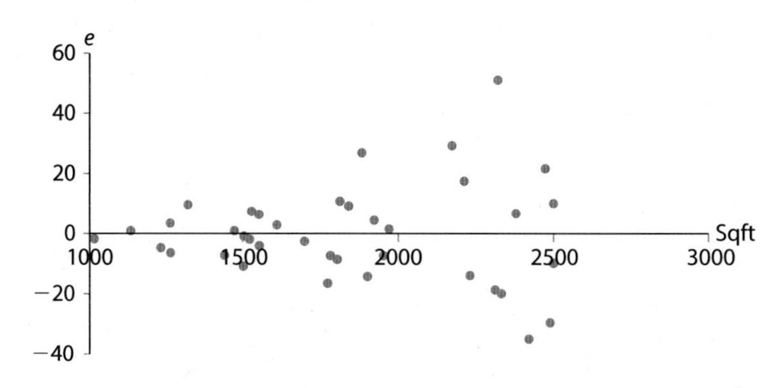

잔차들은 x축에 의해 퍼짐이 증가한다. 그러므로 편의점의 크기와 매출의 관계에 대한 본 모형에서 이분산이 문제가 될 수 있다. 이러한 결과는 놀랍지 않다. 편의점 크기가 크면 당연히 매출의 변동성도 커질 것이 예상되기 때문이다. 예를 들어, 작은 편의점은 수요가 안정적인 필수품 위주로 진열해 놓을 가능성이 크다. 큰 편의점은 매출의 변동성의 폭을 키우는 특이한 물품들을 포함하여 판매할 것이다.

해결방안(Remedy)

위에서 언급했듯이 이분산의 존재로 인해 최소제곱(OLS) 추정량은 여전히 불편(unbiased)이지만, 추정된 표준오차는 오류가 존재한다. 따라서, 최소제곱(OLS) 방법으로 여전히 정당한 계수 추정치을 계산할 수 있지만 t 검정 및 F 검정에서는 유용하지 않다. 이러한 이유로 OLS 추정량과 White의 수정이라는 표준오차의 수정값을 이용하는 방법이 있다. 많은 통계 프로그램에서 이러한 수정방법을 채택하고 있으며 올바른 t 검정 및 F 검정을 수행할 수 있다. 안타깝게도 엑셀은 현재 버전에서는 이러한 수정방법을 제공하지 않는다.

일반적인 위반 4: 자기상관(correlated observations)

최소제곱(OLS) 추정량을 구할 때, 관측값들이 상관관계가 없다는 가정을 한다. 이러한 가정은 시계열 자료를 분석할 때 흔히 위반된다. GDP, 고용률, 자산수익률 등의 변수들은 경기 순환의 패턴을 따른다. 따라서 연속적인 이러한 관측값들은 상관관계를 가질 가능성이 크다.

자기상관이 있는 경우에 최소제곱(OLS) 추정량은 불편(unbiased)이지만 추정표준오차는 오류가 존재한다. 이러한 경우에 일반적으로 표준오차는 과소평가되어 높은 결정계수 R^2를 가지고 실제보다 더 정확한 모형으로 판단되는 오류가 발생한다. 더구나 t 검정 또는 F 검정을 통하여 실제로는 아니지만 설명변수들이 개별적, 결합적으로 유의하다는 판단을 내릴 수 있다.

탐지(Detection)

잔차를 시계열로 그려서 자기상관을 확인할 수 있다. 만약에 자기상관이 없다면, 잔차들은 x축 방향으로 어떠한 패턴을 보이지 않을 것이다. 만약에 양의 잔차들이 존재하다가 음의 잔차들이 존재하고 또 양의 잔차들이 존재하는 패턴을 보이면 자료의 자기상관이 존재한다고 볼 수 있다. 또한 드문 경우이긴 하지만 양의 잔차, 음의 잔차, 양의 잔차의 패턴을 보이면 자기상관이 존재한다고 볼 수 있다.

예제 13.10

초밥집의 매출을 y, 광고비용 및 실업률을 각각 x_1과 x_2로 표기한 모형 $y = \beta_0 + \beta_1 x_1 + \beta_2 x_2 + \varepsilon$을 고려하자. 표 13.14에서 2008년 1월부터 2009년 6월까지의 월별 자료의 일부분을 보여주고 있다. 전체 데이터는 교과서 웹사이트의 ***Sushi_Restaurant***라는 이름의 자료에서 확인할 수 있다. 잔차의 패턴을 분석하고 자기상관에 대하여 논하라.

표 13.14 예제 13.10에서 이용한 매출, 광고비용, 그리고 실업률 자료

FILE

Month	Year	Sales (in $1,000s)	Advertising Costs (in $)	Unemployment Rate (in percent)
January	2008	27.0	550	4.6
February	2008	24.2	425	4.3
⋮	⋮	⋮	⋮	⋮
May	2009	27.4	550	9.1

풀이: 이 모형은 $\hat{y} = 17.5060 + 0.0266x_1 - 0.6879x_2$로 추정된다. 자기상관을 탐지하기 위하여 시계열로 잔차를 그리고 t는 17개월을 표시한 1, 2, ⋯, 17로 주어진다(엑셀에서 잔차 그래프를 그리기 위하여 먼저 모형을 추정하고, **Regression** 대화상자에서 **Residuals**를 선택한다. 주어진 회귀분석 결과에서 잔차 자료를 선택하고 **Insert** > **Scatter**를 선택한 다음 왼쪽 위의 옵션을 선택한다).

그림 13.6에서 확인할 수 있듯이, 시간에 따른 잔차는 파도와 같은 패턴을 보여준다. 처음은 x축 아래에 모여있다가 위로 모이고 다시 아래로 모인다. 이러한 패턴에 의해 관측자료가 상관관계가 있다고 결론내릴 수 있다.

그림 13.6 시간 t에 따른 잔차의 산점도

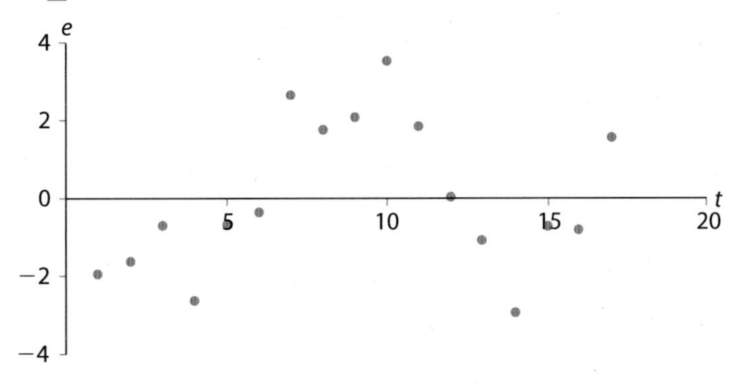

해결방안(Remedy)

이전에 언급했듯이, 자기상관의 존재에서 최소제곱(OLS) 추정량은 불편(unbiased)이기는 하나 표준오차는 적절하지 않고 일반적으로 작게 잘못 판단되어 사실보다 더 좋은 모형으로 판단내리는 오류를 범한다. 그러므로 최소제곱(OLS)은 여전히 합당한 계수 추정량

을 제공하지만, t 검정 및 F 검정의 결과에서 오류를 범하게 된다. 따라서 여전히 OLS 추정량을 이용하지만 Newey-West 과정을 통하여 수정하여 이용한다. 이분산인 경우에서와 같이 대부분의 컴퓨터 통계 프로그램에서 이러한 수정을 제공하지만, 안타깝게도 엑셀의 현재 버전에서는 제공되지 않는다. 이러한 표준오차가 수정된 다음 정당한 t 검정 및 F 검정을 실시할 수 있다.

일반적인 위반 5: 제외된 변수

선형회귀모형에서 내재된 중요한 또 다른 가정은 오차항이 고려된 설명변수와 상관관계가 없다는 것이다. 일반적으로 이 가정은 중요한 설명변수들이 포함되지 않을 때 위배된다. 하나 혹은 그 이상의 설명변수들이 제외된 경우에 최소제곱(OLS) 추정량은 편향(biased)되어 진다. 이러한 편향된 정도는 포함된 반응변수들과 포함되지 않은 반응변수들 사이의 상관관계의 정도에 의존된다.

예를 들어 y를 임금으로, x를 교육받은 기간으로 고려한 모형 $y = \beta_0 + \beta_1 x + \varepsilon$을 추정한다고 하자. 이 모형은 임금과 연관이 많아보이는 개인의 능력을 제외하였다. 따라서 오차항 안에 추가되며 결과로 나온 오차항은 교육받은 기간인 변수와 상관관계를 가질 가능성이 크다. 높은 연봉과 교육기간이 많은 사람을 고려해 보자. 이 모형은 연봉과 교육기간을 연관시켰으나 관측되지 않은 이 사람의 높은 개인능력으로 인해 교육기간도 길어지고 연봉도 높아지는 역할을 했을 가능성이 있다. 즉, 이러한 위반은 신뢰할 수 있는 계수 추정량을 제공하지 못하며 가끔은 부호도 틀린 값으로 추정한다.

해결방안(Remedy)

회귀모형에서 모든 관계된 설명변수들을 포함해야 하는 것이 중요하다. 회귀모형을 설정하기 전에 가장 중요한 첫 번째 과정은 가능한 모든 설명변수들을 모으는 것이다. 그 다음 adjusted R^2 척도를 이용하여 설명변수의 개수를 줄여 나갈 수 있다. 가끔 자료의 한계 때문에 모든 설명변수를 포함하지 못할 수 있다. 예를 들어 개인 능력은 연봉을 설명하는 아주 중요한 설명변수이지만, 이러한 능력은 측정되지 못하므로 포함시킬 수 없는 경우다. 이러한 경우에는 도구변수(instrumental variables)의 방법을 쓸 수 있으나 이 방법은 이 책의 범위를 벗어난다.

요약

회귀모형은 경영통계학의 종합적인 부분이다. 여러 실습을 통해서만 회귀분석의 방법을 효율적으로 이용할 수 있다. 회귀모형화 하는 것은 반복적인 과정이라고 여겨야 한다. 우선 회귀모형으로 무엇을 할 수 있는지를 명확히 이해하여야 한다. 적절한 반응변수를 정의하고 가능한 모든 설명변수들을 모아야 한다. 경제적이고 직관적으로 이해가 되는 모형의 선택에 중점을 두고, 설명변수들이 같은 척도를 의미하게 되는 다중공선성(multicollinearity)을 피해야만 한다. 자료에 적용하여 모형을 수정하거나 적합도를 향상시켜야 한다. 좀 더 자세히 설명하자면, 고려된 총 설명변수에서 유의성 검정이나 적합도 측정, 즉 추정량의 표준오차와 adjusted R^2을 이용하여 더 적은 수의 설명변수로 모형의 적합성을 향상시키는 노력을 해야 한다. 잔차 그래프를 이용하여 횡단면 자료의 이분산이나 시계열 자료의 자기상관이 존재하는지 살펴보는 것도 중요하다. 만약에 위의 두 가정의 위반이 발생한다면, 회귀계수의 점추정량은 신뢰할 수 있지만, 표준오차의 오류 때문에 어떠한 수정방법을 쓰지 않고서는 t 검정 및 F 검정의 결과를 신뢰할 수 없다.

연습문제 13.3

기본문제

29. 20개의 관측자료를 이용하여 다음의 다중선형회귀모형을 추정하였다. $y = \beta_0 + \beta_1 x_1 + \beta_2 x_2 + \varepsilon$. 엑셀의 결과과 다음과 같다.

	df	SS	MS	F	Significance F	
Regression	2	2.12E+12	1.06E+12	56.5561	3.07E-08	
Residual	17	3.19E+11	1.88E+10			
Total	19	2.44E+12				
	coefficients	Standard Error	t Stat	p-value	Lower 95%	Upper 95%
Intercept	−987557	131583	−7.5052	0.0000	−1265173	−709941
x_1	29233	32653	0.8952	0.3832	−39660	98125
x_2	30283	32645	0.9276	0.3666	−38592	99158

a. 5% 유의수준에서 설명변수들이 결합적으로 유의한가?
b. 5% 유의수준에서 각각의 설명변수들은 개별적으로 유의한가?
c. 무엇이 이 모형의 문제점인가?

30. 횡단면 자료를 이용하여 다음 단순선형회귀모형을 추정했다. $y = \beta_0 + \beta_1 x + \varepsilon$. 다음 표에서 설명변수 x에 대한 잔차 e를 보여준다.

x	1	2	5	7	10	14	15	20	24	30
e	−2	1	−3	2	4	−5	−6	8	11	−10

a. 설명변수 x에 대한 잔차 e의 그래프를 그려라. 어떠한 패턴이 있는지 확인하라.
b. 어떤 가정이 위배됐는가? 이로 인한 결과를 논하고 가능한 해결방안을 제시하라.

31. 시계열 자료를 이용하여 다음 단순선형회귀모형을 추정했다. $y = \beta_0 + \beta_1 x + \varepsilon$. 다음 표에서 설명변수 x에 대한 잔차 e를 보여준다.

t	1	2	3	4	5	6	7	8	9	10
e	−5	−4	−2	3	6	8	4	−5	−3	−2

a. 시간에 따른 잔차 e의 그래프를 그려라. 어떠한 패턴이 있는지 확인하라.
b. 어떤 가정이 위배됐는가? 이로 인한 결과를 논하고 가능한 해결방안을 제시하라.

응용문제

32. FILE TV를 너무 많이 보면 성적이 떨어진다는 많은 연구결과가 있다. 반면에 어린이에게 꼭 나쁜 것은 아니라고 말하는 사람들도 있다(메일 온라인, 2009.7.18). 책과 마찬가지로 TV는 단지 즐겁게 해주는 것만 아니라 세계의 여러 새로운 정보들을 접할 수 있게 한다. 너무 많이 보는 것은 해롭지만 약간은 도움이 된다. 연구자 맷(Matt Castle)은 중학생 28명의 GPA와 일주일에 TV를 보는 평균 시간을 수집하였다. 교과서 웹사이트의 ***Television***이라는 이름의 자료에서 확인할 수 있다. 다음과 같은 모형을 추정하라. GPA $= \beta_0 + \beta_1$Hours $+ \varepsilon$.

33. FILE 교과서 웹사이트에서 ***Work_Experience***라는 이름의 자료를 확인하라. 이 자료는 어떤 마케팅회사의 근로자 100명의 연봉($)과 경력(year)이 포함되어 있다. 연봉을 y로 경력을 x로 간주한 모형 $y = \beta_0 + \beta_1 x + \varepsilon$을 추정하라.
a. 이 문제에서 이분산에 대해 걱정하는 이유에 대해 설명하라.
b. 잔차 그래프를 이용하여 경제학적인 직관을 확인하라.

34. 학생들에게 설문지를 돌려 다음과 같은 결과를 얻었다. 자료는 GPA, 그리고 24시간을 공부(study), 여가활동(leisure), 취침(sleep)으로 구분한 자료이다. 다음 모형을 고려하자. GPA $= \beta_0 + \beta_1$Study $+ \beta_2$Leisure $+ \beta_3$Sleep $+ \varepsilon$.
a. 무엇이 이 모형의 문제점인가?
b. 간단한 수정하는 방법을 제시하라.

35. FILE 미시건 앤아버에 위치한 집의 월세(Rent)를 방수(Beds), 욕실수(Baths), 크기(Sqft)의 함수로 고려한다.
a. 교과서 웹사이트에서 ***Annarbor_Rental***이라는 이름의 자료를 확인하여 다음 모형을 추정하라. Rent $= \beta_0 + \beta_1$Beds $+ \beta_2$Baths $+ \beta_3$Sqft $+ \varepsilon$.
b. 어떤 설명변수가 이분산의 원인이 되겠는가? 설명하라.
c. 잔차 그래프를 이용하여 경제학적 직관을 설명하라.

36. FILE 건강한 삶은 어떤 사회집단에서나 항상 가장 중요한 목표였다. 최근 디즈니사의 홍보에서 영부인 미셸 오바마(Michelle Obama)가 부모와 아이들에게 잘 먹고 운동하는 것이 재미있다는 것을 보여준다(USA투데이, 2010.9.30). 과일과 야채, 그리고 규칙적인 운동이 건강에 긍정적 효과를 주며, 흡연은 부정적 효과를 준다는 관점의 회귀모형을 고려하자. 표본은 2009년 미국의 다양한 주에서 관측된 변수들의 백분율로 구성되어 있다. 그 자료의 일부분이 아래에 있다. 전체 데이터는 교과서 웹사이트에서 ***Healthy-Living***이라는 이름의 자료

로 확인할 수 있다.

State	Healthy (%)	Fruits/Vegetables (%)	Exercise (%)	Smoke (%)
AK	88.7	23.3	60.6	14.6
AL	78.3	20.3	41	16.4
⋮	⋮	⋮	⋮	⋮
WY	87.5	23.3	57.2	15.2

a. 다음 모형을 추정하라. Healthy $= \beta_0 + \beta_1$ Fruits/Vegetables $+ \beta_2$ Exercise $+ \beta_3$ Smoke $+ \varepsilon$.

b. 다중공선성이나 이분산이 존재하는지 데이터를 분석하여 밝혀라.

37. FILE 존슨앤존슨(J&J)의 자본자산가격결정모형(CAPM)은 12장의 예제 12.10에서 다루어 봤다. 이 모형은 J&J의 위험조정 주식수익률 $R - R_f$을 반응변수로 하고 위험조정시장수익률 $R_M - R_f$를 설명변수로 한다. 교과서 웹사이트에서 ***Johnson_Johnson***이라는 이름의 자료에서 확인할 수 있다. 시계열 자료에 자기상관이 존재할 수 있으므로 잔차의 움직임을 분석할 필요가 있다. 시간별 잔차의 산점도를 그리고 상관관계된 관측치에 대해 논하라.

38. FILE 2010년 8월 상무부는 경기침체가 소비지출의 감소에 따라서 지속될 것이라고 보고했다. 정부는 세금혜택 등으로 가처분 소득을 증가시켜 소비지출을 자극하는 방법을 고려하고 있다. 계절지수가 조정된 분기별 자료를 고려하자(단위: billion dollar). 전체 데이터는 교과서 웹사이트에서 ***Consumption_Quarterly***라는 이름의 자료에서 확인할 수 있다.

Date	Consumption ($ billions)	Disposable Income ($ billions)
2006:01	9148.2	9705.2
2006:02	9266.6	9863.8
⋮	⋮	⋮
2010:04	10525.2	11514.7

a. 다음 모형 Consumption $= \beta_0 + \beta_1$ Disposable Income $+ \varepsilon$을 추정하라. 만약 자기상관의 자료의 가능성이 있는지 시간별 잔차를 그려라.

b. 자기상관의 결과를 논하고 가능한 해결방안을 제시하라.

통계를 사용한 글쓰기

벤(Ben Leach)은 한 메이저리그 팀의 통계학자이다. 그의 업무 가운데 하나는 다양한 선수들의 가치를 평가하는 것이다. 벤의 팀은 외야수가 필요한 상황이다. 운영자는 어떤 선수와 계약을 하려고 하는데, 벤에게 제시할 연봉에 대하여 물었다. 운영자는 선수의 타율(BA), 타점(RBI), 그리고 프로경력(Experience)이 선수의 연봉에 가장 큰 영향을 준다고 믿는다. 운영자는 프로경력 7년에 평균 BA와 RBI가 각각 0.266 그리고 50인 선수에 대해 관심을 가지고 있다. 벤은 2008년 138명의 외야수의 연봉(단위: 1,000달러), BA, RBI, 경력에 대한 자료를 수집했다. 표 13.15에 그 자료의 일부분이 있다. 전체 데이터는 교과서 웹사이트에서 ***MLB_Salary***라는 이름의 자료에서 확인할 수 있다.

표 13.15 메이저리그 외야수 자료, $n = 138$

Player	Salary (in $1,000s)	BA	RBI	Experience
1. Nick Markakis	455	299	87	3
2. Adam Jones	390	261	23	3
⋮	⋮	⋮	⋮	⋮
138. Randy Winn	8,875	288	53	11

벤은 표 13.15의 자료를 이용하여 다음의 문제들을 풀려고 한다.

1. 외야수의 연봉, BA, RBI, 그리고 경력의 요약통계량을 제공하라. 다중공선성이 존재할 가능성이 있는지 살펴보라.
2. BA, RBI, 그리고 경력이 통계학적으로 연봉에 유의하다는 운영자의 주장에 대해 조사하라.
3. 관심을 가지고 있는 선수의 BA, RBI, 그리고 프로경력에 해당하는 연봉 예측값에 대하여 평가하라.

보고서 예시 – 외야수 연봉

메이저리그에서 외야수 연봉에 영향을 주는 요소들에 대해 평가하기 위하여 선수 138명의 자료를 수집했다. 운영자는 연봉은 BA, RBI, 그리고 메이저리그에서의 프로경력에 의해 가장 잘 예측된다고 믿는다. 표 13.A는 이러한 관련된 변수들의 기술통계량을 제공한다.

표 13.A 연봉, BA, RBI, 그리고 경력에 대한 기술통계량, $n = 138$

	Salary (in $1,000s)	BA	RBI	Experience
Mean	3,459	271	43	6
Minimum	390	152	1	1
Maximum	18,623	331	102	20

2008년 메이저리그 외야수의 평균연봉은 대략 $3,459,000이다. 그러나 최소연봉은 $390,000이며 최대연봉은 $18,623,000라서 변동성이 크다. 외야수의 한 시즌 평균 BA는 0.271이며, 평균 RBI는 43이다. 2008년 외야수들의 프로경력은 1년부터 20년 사이로 분포되어 있고 평균은 6년이다.

표 13.B는 연봉(Salary)을 반응변수, BA, RBI, 그리고 프로경력을 설명변수로 고려한 회귀모형의 추정치을 제공하고 있다. 모든 설명변수들간의 표본 상관계수(보여지진 않았지만)는 0.5보다 작으며, 이는 다중공선성이 이 모형에서는 큰 문제가 안된다는 것을 의미한다.

표 13.B 야구선수의 연봉의 회귀분석 결과

Variable	Coefficient
Intercept	−4769.40 (0.1301)
BA	4.76 (0.6984)
RBI	80.44* (0.0000)
Experience	539.67* (0.0000)
$R^2 = 0.58$	
$F_{(3,133)} = 61.54$ (associated p-value = 0.0000)	

기울기 계수값들에 의하면 BA, RBI,그리고 프로경력은 연봉에 양의 영향을 준다고 볼 수 있다. 예를 들어 경력의 기울기 계수에 의하면, 만약 외야수가 1년 더 메이저리그에 남아 있으면 평균적으로 그의 연봉은 \$539,670 증가한다고 볼 수 있다. $F_{(3,133)}$ 통계량에 의한 p-값을 보면 설명변수들이 5% 유의수준에서 결합적으로 유의하다. 설명변수들을 개별적으로 검정해보면, RBI와 경력에 관련된 p-값은 아주 작으며, 이는 연봉과 유의한 선형관계를 갖는다고 할 수 있다. 그러나 놀랍게도 BA는 5% 유의수준에서 유의하지 않다. 결정계수 R^2의 값에 의하면 58%의 연봉이 추정된 선형모형에 의해 설명되며 나머지 42%의 연봉의 변동성은 설명되지 않았다.

마지막으로 7년의 프로경력과 평균 BA와 RBI가 각각 0.266, 50인 선수에 대해 이 모형은 \$4,295,320의 연봉을 예측하게 된다. 95% 신뢰도하에서 기대 연봉은 \$3,731,360와 \$4,859,280 사이에 존재한다. 아마도 운영자가 이 선수에게 연봉을 제시하기 전에 선수들의 연봉에 유의한 영향을 줄 만한 다른 요소들을 포함한 모형을 고려하여야 한다. 가능한 한 포함되어야 하는 설명변수는 출루율이 될 수 있다.

개념정리

학습목표 **13.1** **가변수를 이용하여 질적 설명 변수를 표현**

가변수 d는 1 혹은 0의 값을 가지는 변수로 정의된다. 질적 변수의 범주를 표현하는 데 가변수를 사용한다. 범주의 숫자보다 한 개 적은 가변수가 필요하다.

양적 변수 x와 가변수 d를 고려한 회귀모형은 다음과 같이 표현된다. $y = \beta_0 + \beta_1 x + \beta_2 d + \varepsilon$. 이 모형을 추정하기 위하여 $d = 1$ 일 때에는 $\hat{y} = (b_0 + b_2) + b_1 x$, $d = 0$일 때는 $\hat{y} = b_0 + b_1 x$로 예측한다.

학습목표 **13.2** **질적 변수들의 범주들 사이의 차이를 검정**

다음 모형 $y = \beta_0 + \beta_1 x + \beta_2 d + \varepsilon$을 고려하여 표준적인 t 검정을 수행하여 두 개의 범주 사이에 차이가 존재하는지 판단하게 된다.

학습목표 **13.3** **신뢰구간과 예측구간을 계산하고 해석**

설명변수 $x_1, x_2, \cdots, x_k$의 특정값 $x_1^0, x_2^0, \cdots, x_k^0$에 의한 y의 기대값의 $100(1-\alpha)\%$ 신뢰구간은 다음과 같이 계산된다.

$$\hat{y}^0 \pm t_{\alpha/2,df} se(\hat{y}^0)$$

여기서 $se(\hat{y}^0)$는 $\hat{y}^0$의 표준오차, $df = n-k-1$이다. 표준오차 $se(\hat{y}^0)$와 $\hat{y}^0$를 찾기 위하여 수정된 회귀모형을 추정한다. 수정된 회귀모형은 y를 반응변수, 설명변수를 $x_1^* = x_1 - x_1^0, x_2^* = x_2 - x_2^0, \ldots, x_k^* = x_k - x_k^0$으로 정의한 모형이다. 이 모형의 추정된 절편과 표준오차는 각각

$\hat{y}^0$과 $se(\hat{y}^0)$이 된다.

설명변수 $x_1, x_2, \cdots, x_k$의 특정값 $x_1^0, x_2^0, \cdots, x_k^0$에 의한 y의 개별값의 $100(1-\alpha)\%$ 예측구간은 다음과 같이 계산된다.

$$\hat{y} \pm t_{\alpha/2,df}\sqrt{(se(\hat{y}^0)^2 + s_e^2}$$

여기서 $se(\hat{y}^0)$는 $\hat{y}^0$의 표준오차, $df = n - k - 1$, 그리고 se는 추정치의 표준오차이다.

학습목표 **13.4** **OLS(최소제곱) 추정방법을 위한 가정들의 역할을 이해**

전형적인 선형회귀모형의 가정하에서 최소제곱(OLS) 방법은 최적의 추정치를 제공한다. 그러나 이러한 최소제곱(OLS) 방법의 장점은 하나 혹은 그 이상의 가정들이 위배되면서 위축되어진다. 또한, 어떠한 가정들을 위반하게 되면, t 검정 혹은 F 검정의 결과를 신뢰할 수 없게 된다.

학습목표 **13.5** **이러한 가정들을 자주 범하는 경우를 서술하고 해결방안을 제공**

잔차 그래프(Residual Plots)를 이용하여 모형의 부적합성을 확인할 수 있다. 또한, 이상점(outliers)을 구별하는 데 도움이 된다. 만약 잔차들이 0의 값 주변에서 랜덤하게 흩어져 있으면 그 모형은 적합하다.

많은 실제 문제에서 **다중공선성**(multicollinearity)은 다양한 형태로 존재한다. 유의하지 않은 설명변수를 포함한 높은 결정계수 R^2 값을 가진 모형은 종종 다중공선성을 가진다. 만약 고려된 두 개의 설명변수들 사이의 표본상관계수의 값이 0.8 이상이나 −0.8 이하이면 다중공선성이 심각하다고 판단된다. 만약 이러한 변수들 중 하나를 고려하지 않아도 괜찮으면 제거하여 모형을 설정한다. 혹은 더 많은 자료를 얻을 수 있다면 이러한 상관관계를 줄일 수 있다. 설명변수의 표현방법을 다르게 하는 것도 하나의 해결방법이 될 수 있다. 만약 높은 결정계수 R^2 값을 가지고 있다면 어떠한 조치도 안 하는 것도 좋은 방법일 수 있다.

등분산의 가정은 횡단면자료조사에서 흔히 위배된다. 최소제곱(OLS) 추정량은 불편(unbiased)이지만 최소제곱(OLS) 추정량의 표준오차는 적절하지 않으며, 따라서 유효한 t 검정이나 F 검정을 할 수 없다. 만약 잔차의 변동성이 반응변수 값에 따라서 증가 혹은 감소하게 되면 이분산을 의미하는 것이다. 종종 White 수정방법을 이용한 표준오차 수정과 최소제곱(OLS) 추정량을 함께 사용한다.

상관관계가 없는 관측치의 가정은 시계열 자료 분석에서 종종 위배된다. 최소제곱(OLS) 추정량은 불편(unbiased)이지만 최소제곱(OLS) 추정량의 표준오차는 적절하지 않다. 일반적으로 자기상관은 높은 결정계수 R^2 값을 도출하면서 실제보다는 더 적합한 모형으로 판단하게 만든다. 또한, t 검정과 F 검정의 결과에 의해 오류를 범하면서 설명변수들이 유의하다고 판단하게 된다. 잔차들이 x축을 따라가면서 어떤 패턴을 가지게 되면 자기상관의 존재를 의미한다고 볼 수 있다. 종종 Newey-West 과정을 이용한 표준오차 수정과 최소제곱(OLS) 추정량을 함께 사용한다.

회귀모형은 가능한 모든 관련된 설명변수들을 포함하는 것이 중요하다. 중요한 **설명변수가 제외되면** 최소제곱(OLS) 추정량은 일반적으로 편향(biased)된다.

39. FILE 한 재무분석가가 피델리티 마젤란 뮤추얼펀드의 수익률이 분기별로 변동하는지를 판단하려고 한다. 즉 계절요소가 수익률의 변동성을 유발하는지를 알고 싶어한다. 그는 10년간 분기별 자료를 수집하였다. 그 일부분이 아래 표에 있고, 전체 데이터는 교과서 웹사이트의 ***Magellan_dummy***라는 이름의 자료에서 확인할 수 있다.

Year	Quarter	Return	d_1	d_2	d_3
2000	1	4.85	1	0	0
2000	2	−3.96	0	1	0
⋮	⋮	⋮	⋮	⋮	⋮
2009	4	4.06	0	0	0

a. 마젤란의 분기별 수익률을 y로, 1분기에 해당하면 1 아니면 0인 가변수 d_1, 2분기면 1 아니면 0인 가변수 d_2, 3분기면 1 아니면 0인 가변수 d_3를 고려한 모형 $y = \beta_0 + \beta_1 d_1 + \beta_2 d_2 + \beta_3 d_3 + \varepsilon$을 추정하라.
b. 10% 유의수준에서 마젤란 주식수익률은 계절별로 변동한다고 결론내릴 수 있는가? 설명하라.

40. FILE 연구자들이 인종과 관련된 보스턴과 시카고의 인력시장에 대한 문서를 작성하였다(아메리칸 이코노믹 리뷰, 2004.9). 반은 전통적인 흑인 이름과 나머지 반은 전통적인 백인 이름으로 작성된 같은 이력서를 고용주들에게 보냈다. 흥미롭게도 이러한 두 그룹들 사이의 회답 비율에서 53% 차이가 있었다. 산타바바라에 있는 한 연구원이 LA 인력시장에 나이와 이름을 포함한 같은 실험을 하였다. 이름과 나이를 다르게 하여 같은 이력서를 그 도시에 있는 영업직종들에 반복적으로 보냈다. 각각의 지원자들에 대한 회답률을 기록하였다. 아래에 보이는 표는 회답률(call-back), 나이(age), 그리고 가변수 Caucasian, 즉 백인 이름이면 1 아니면 0인 자료의 일부분이다. 전체 데이터는 교과서 웹사이트의 ***Hiring***이라는 이름의 자료에서 확인할 수 있다.

Call-back	Age	Caucasian
12	60	1
9	56	0
⋮	⋮	⋮
15	38	0

a. 회답률(call-back)을 반응변수, Age와 Caucasian을 설명변수로 한 선형회귀모형을 추정하라.
b. 5% 유의수준에서 인종차별에 대한 검정을 실시하라.
c. 백인 이름의 30세 지원자의 평균 회답률에 대한 95% 신뢰구간을 구하라. 같은 조건의 백인 이름이 아닌 지원자의 평균 회답률에 대한 95% 신뢰구간을 구하라.

41. 분기별 자료를 이용하여 소매매출(y, $million단위)과 GNP($x$, $billion 단위), 4분기면 1 아니면 0인 가변수 d와의 관계를 조사하려고 한다. 다음 모형 $y = \beta_0 + \beta_1 x + \beta_2 d + \varepsilon$을 추정하라. 회귀분석 결과가 아래 표에 있다. 가변수 d에 대하여 해석하라. 5% 유의수준에서 유의한가?

	Coefficients	*Standard Error*	*t Stat*	*p-value*
Intercept	186553.3	56421.1	3.31	0.0021
x	55.0	4.6	12.08	0.0000
d	112605.8	117053.0	0.96	0.3424

42. FILE 미국 보건후생부에서 미국의 흑인여성은 다른 그룹과 비교해서 비만 비율이 가장 높다고 밝혔다. 신체질량지수 BMI가 25 이상이면 비만으로 판단된다. 120명의 BMI 데이터와 여성과 흑인을 구분하는 가변수를 포함한 자료를 수집하였다. 전체 데이터는 교과서 웹사이트의 ***Overweight***라는 이름의 자료에서 확인할 수 있다.

BMI	Female	Black
28.70	0	1
28.31	0	0
⋮	⋮	⋮
24.90	0	1

a. 백인남성, 백인여성, 흑인남성, 그리고 흑인여성의 BMI를 예측하는 모형 BMI $= \beta_0 + \beta_1$Female $+ \beta_2$Black $+ \varepsilon$을 추정하라.
b. 5% 유의수준에서 여성과 남성의 BMI의 차이가 통계학적으로 유의한가?
c. 5% 유의수준에서 백인과 흑인의 BMI의 차이가 통계학적으로 유의한가?
d. 백인남성과 흑인여성의 BMI의 90% 예측구간을 구하고 해석하라.

43. FILE 질병관리 및 예방본부에서 미국에서 65세의 기대수명은 18.7년이라고 발표했다. 의학 연구자들은 과음이 건강에 큰 악영향을 주지만, 약간의 음주 특히 소량의 와인은 기대수명의 증가와 관계있다고 말한다. 소득과 성별 등도 수명과 관련이 있다. 다음 표는 65세 이후의 수명, 65세 은퇴시점에서의 평균소득($1,000단위), 여성이면 1인 가변수, 하루 평균 음주량의 데이터를 보여준다. 전체 데이터는 교과서 웹사이트의 ***Longevity***라는 이름의 자료에서 찾을 수 있다.

Life	Income (in $1,000)	Woman	Drinks
19.00	64	0	1
19.30	43	1	3
⋮	⋮	⋮	⋮
20.24	36	1	0

a. 이 자료를 이용하여 Income, Woman, 그리고 Drinks에 의한 65세 이후의 기대수명 모형을 구하라.

b. 여성이 남성보다 더 오래 사는지 $\alpha = 0.01$에서 단측검정을 수행하라.

c. 하루에 술 2잔, $40,000의 소득, 65세 남성의 기대수명을 추정하라. 같은 조건의 여성의 기대수명을 추정하라.

44. FILE 2009년 미국의 주택소유율은 67.4%이다. 주택소유율과 소득의 관계를 밝히기 위하여 2009년 주별 주택소유율(Ownership)과 가계소득 중앙값을 수집하였다. 자료의 일부분이 아래에 있다. 전체 데이터는 교과서 웹사이트의 ***Home_Ownership***이라는 이름의 자료에서 확인할 수 있다.

State	Income	Ownership
Alabama	$39,980	74.1%
Alaska	$61,604	66.8%
⋮	⋮	⋮
Wyoming	$52,470	73.8%

a. 다음 모형 Ownership $= \beta_0 + \beta_1$income $+ \varepsilon$을 추정하라.

b. 5% 유의수준에서 소득은 주택소유율과 선형관계를 가지는가?

c. 소득이 $50,000라면 기대되는 주택소유율의 95% 신뢰구간을 구하라.

d. 위의 신뢰구간과 95% 주택소유율의 예측구간을 비교하라.

45. FILE SAT 점수와 수험생의 가계소득 그리고 GPA와의 관계를 연구하려 한다. 학생 24명의 데이터를 수집하였다. 아래에 그 일부분이 있으며, 전체 데이터는 교과서 웹사이트의 ***SAT***라는 이름의 자료에서 찾을 수 있다. 다음 모형 SAT $= \beta_0 + \beta_1$ Income $+ \beta_2$GPA $+ \varepsilon$ 를 추정하라.

SAT	Income	GPA
1651	47,000	2.79
1581	34,000	2.97
⋮	⋮	⋮
1940	113,000	3.96

a. 5% 유의수준에서 소득과 GPA가 개별적 그리고 결합적으로 유의한가? 임계점을 이용한 검정의 과정을 설명하라.

b. 소득이 $80,000, GPA 가 3.5인 학생의 SAT 점수를 예측하라. 이 설명변수 값을 이용하여 개인의 SAT 점수의 95% 예측구간을 구하라.

46. FILE 한 식당의 관리자가 하루의 고객규모의 변동성에 따른 고용인 필요에 대하여 재평가하기를 원한다. 아침, 오후, 저녁, 야간을 구별하는 4개의 가변수를 이용하여 고객숫자를 수집하였다. 그 고객수가 아침에 해당하면 1 아니면 0인 가변수와 같은 방식의 가변수를 이용하였다. 그 자료의 일부분이 아래와 같고, 전체 데이터는 교과서 웹사이트의 ***Diner_Shits***라는 이름의 자료에서 확인 가능하다.

Customers	Morning	Afternoon	Evening	Night
99	0	0	0	1
148	0	1	0	0
⋮	⋮	⋮	⋮	⋮
111	0	1	0	0

a. 고객수를 반응변수로 가변수들을 설명변수로 한 회귀모형을 추정하라.

b. 아침, 오후, 저녁, 야간에 예측되는 고객수는?

c. 5% 유의수준에서 오후시간이 다른 시간보다 바쁜지를 판단하는 적절한 모형을 추정하라.

47. FILE 교육부에서 한 주립대학의 경영학과 학생의 주당 공부하는 시간이 분기별로 다른지를 판단하려고 한다. 경영학과 학생들에게 3분기에 나누어서 주당 공부하는 시간에 대하여 설문지를 돌려서 답을 얻었다. 가변수 Fall은 설문지를 가을학기에 답을 얻었으면 1 아니면 0이며 가변수 Winter와 Spring도 같은 방식으로 답을 얻었다. 아래에 학생 120명의 답의 일부분을 제시했다. 전체 데이터는 교과서 웹사이트의 ***Study_Quarter***라는 이름의 자료에서 찾을 수 있다.

Study Hours	Fall	Winter	Spring
15	0	0	1
16	0	1	0
⋮	⋮	⋮	⋮
14	0	0	1

a. 5% 유의수준에서 학생들이 봄(spring)학기에 가장 적게 공부하는지를 판단하는 적절한 모형을 추정하라.

b. 가을학기와 봄학기에 예측되는 주당 공부하는 시간을 구하라.

c. 봄학기와 가을학기에 주당 공부하는 평균 시간의 95% 신뢰구간을 구하라.

48. FILE 일인당 소득 y에 대한 회귀모형을 고려하자. 설명변수는 미국인구의 백분율들로 구성되어 있다. 고등학교 학위가 없는 비율 x_1, 외국에 태어난 비율 x_2, 영어를 못하는 비율 x_3이다. 아래 표는 이 자료의 일부분이며, 전체 데이터는 교과서 웹사이트에서 ***PerCapita***라는 이름의 자료에서 찾을 수 있다.

State	Per Capita Income	No High School	Foreign Born	No English
Alabama	$22,984	18.6%	3.4%	4.9%
Alaska	30726	9.3	7.2	16.5
⋮	⋮	⋮	⋮	⋮
Wyoming	27860	8.7	3.1	6.7

a. 다음의 회귀모형 $y = \beta_0 + \beta_1 x_1 + \beta_2 x_2 + \beta_3 x_3 + \varepsilon$을 추정하고 해석하라.

b. 이 모형에 다중공선성이 의심되는가? 표본자료를 이용하여 확인하라.

49. FILE 조지(George)는 뮤추얼펀드의 수익률이 연자본회전율(annual turnover rate)과 연비용지급비율(annual expense ratio)에 영향을 받는다고 믿는다. 이러한 주장을 입증하기 위하여 랜덤으로 8개의 뮤추얼펀드를 선택하여 5년 동안의 연수익률(Return)과 연자본회전율(Turnover), 연비용지급비율(Expense)을 수집하였다. 전체 데이터는 교과서 웹사이트에서 ***Turnover_Expense***라는 이름의 자료에서 찾을 수 있다.

	Return (%)	Turnover (%)	Expense (%)
American Funds EuroPacific	6.06	41	0.83
Artisan International	2.94	54	1.22
⋮	⋮	⋮	⋮
Royce Value Plus	1.48	42	1.48

a. 다음의 회귀모형 Return $= \beta_0 + \beta_1$Turnover $+ \beta_2$Expense $+ \varepsilon$를 추정하라. 5% 유의수준에서 조지의 주장을 증명하기 위한 적절한 검정을 수행하라.

b. 다중공선성과 이분산 문제의 가능성에 대하여 논하라.

50. FILE 정부 연구자가 도시의 범죄율에 영향을 주는 요소들에 대하여 조사하고 있다. 41개의 도시에서 범죄율(주민 100,000명당 범죄수)과 빈곤율(%), 소득 중앙값($1,000단위), 18세 이하의 인구비율, 65세 초과의 인구비율을 수집하였다. 다음은 자료의 일부분이며, 전체 데이터는 교과서 웹사이트에서 ***Crime***이라는 이름의 자료에서 찾을 수 있다.

Crime	Poverty	Income	Under 18	Over 65
710.6	3.8	58.422	18.3	23.4
1317.7	16.7	48.729	19.0	10.3
⋮	⋮	⋮	⋮	⋮
139.7	3.9	59.445	19.7	16

a. 다음 모형 Crime $= \beta_0 + \beta_1$Poverty $+ \beta_2$Income $+ \beta_3$Under18 $+ \beta_4$Over65 $+ \varepsilon$을 추정하라. 5% 유의수준에서 설명변수들이 개별적이고 결합적으로 유의한지를 논하라.

b. 어떤 설명변수들이 다중공선성일 가능성이 많은가? 표본상관계수를 구하여 확인하라.

51. FILE 연구분석가가 기업의 주가수익률(P/E)과 주가매상비율(P/S)이 그 기업의 과거 주식성과를 설명할 수 있는지를 판단하려 한다. 일반적으로 높은 P/E는 낮은 P/E를 가진 기업과 비교해서 미래에 더 높은 수익을 기대할 수 있다고 투자자에게 제시한다. P/S를 이용하여 주가수익률 1 달러에 투자하는 것보다 주가매상비율에 얼마만큼 더 투자해야 하는지를 판단한다. 간략히 말하면, 더 높은 P/E비율과 낮은 P/S비율을 가질수록 투자에 더 매력적이다. 아래 표는 2010년 다우존스 기업평균에 포함되는 30개 기업의 연 수익률과 P/E, P/S 비율의 일부분이다. 전체 데이터는 교과서 웹사이트에서 ***Dow_2010***이라는 이름의 자료에서 찾을 수 있다.

DOW Components	Return (in %)	P/E ratio	P/S ratio
3M Co.	4.4	14.37	2.41
Alcoa Inc.	−4.5	11.01	0.78
⋮	⋮	⋮	⋮
Walt Disney Company	16.3	13.94	1.94

a. 다음 모형 Return $= \beta_0 + \beta_1$ P/E $+ \beta_2$ P/S $+ \varepsilon$을 추정하라. 잘 정리된 표로 회귀분석 결과를 작성하라.

b. 5% 유의수준에서 P/E와 P/S가 결합적으로 유의한지 판단하라.

c. 5% 유의수준에서 설명변수들이 개별적으로 유의한지 결정하라.

d. P/E가 10, P/S가 2인 기업의 예측되는 수익률은? 이 값을 이용하여 기대수익률의 95% 신뢰구간을 구하라.

52. FILE 영양학자가 소득과 건강식이 흡연에 어떠한 영향을 주는지 연구하려 한다. 2009년 미국 각 주의 흡연율과 소득 중앙값, 그리고 규칙적으로 과일과 야채를 먹는 인구의 비율을 수집하였다. 아래에 그 자료의 일부분이 있으며, 전체 데이터는 교과서 웹사이트에서 ***Smoking***이라는 이름의 자료에서 찾을 수 있다.

State	Smoke (%)	Fruits/Vegetables (%)	Median Income
AK	14.6	23.3	61,604
AL	16.4	20.3	39,980
⋮	⋮	⋮	⋮
WY	15.2	23.3	52,470

a. 다음 모형 Smoke $= \beta_0 + \beta_1$Fruits/Vegetables $+ \beta_2$Median Income $+ \varepsilon$을 추정하라.

b. 5% 유의수준에서 설명변수들이 개별적이고 결합적으로 유의한가? 설명하라.

c. 표본상관계수를 이용하여 다중공선성이 문제가 될 수 있는지 판단하라.

53. FILE 한 연구자가 학생들의 성적에 어떠한 요소들이 영향을 줄 수 있는지 알고 싶어한다. 매사추세츠의 224개 학교에서 자료를 수집했다. 반응변수는 학생의 표준적인 시험의 평균 점수(Score)로 고려하고 4개의 설명변수를 설정했다. 학생 대 교사 비율(STR), 교사 평균연봉(TSAL), 가계소득 중앙값(INC), 그리고 한가족 비율(SGL)을 고려했다. 다음은 자료의 일부분이며, 전체 데이터는 교과서 웹사이트에서 ***MCAS***라는 이름의 자료에서 확인할 수 있다.

Score	STR (%)	TSAL (in $1,000s)	INC (in $1,000s)	SGL (%)
227.00	19.00	44.01	48.89	4.70
230.67	17.90	40.17	43.91	4.60
⋮	⋮	⋮		⋮
230.67	19.20	44.79	47.64	5.10

a. 다음 모형 Score $= \beta_0 + \beta_1$STR $+ \beta_2$TSAL $+ \beta_3$INC $+ \beta_4$SGL $+ \varepsilon$을추정하고 잘 정리된 표로 회귀분석 결과를 작성하라.

b. 이 회귀모형의 다중공선성이나 이분산의 문제가 발생할 수 있는지 평가하라.

사례연구

사례연구 13.1

분노의 원인에 대하여 알아보기 위해 길거리 분노(Sidewalk rage)에 대하여 조사하여 분노관리에 관한 조언을 한 최근 연구가 있다(월스트리트저널, 2011.2.15). 길거리 분노자(Sidewalk ragers)는 보행자들은 행동을 특정하게 해야 한다고 믿는 경향이 있다. 예를 들어, 느린 보행자는 오른쪽으로 걸어야 하며 사진 찍기 위해서는 길을 비켜줘야 한다. 만약 이런 행동을 어긴다면 분노자는 이 사람들이 공중도덕을 어기고 있다고 느낀다. 분노는 건강에 악영향을 주므로 심리학자는 이러한 분노를 가라앉히는 방법을 제시하고 있다. 한 방법은 느린 보행자를 피하는 것이다. 맨하탄 아래지역의 보행자의 평균속도를 조사하였고 그 결과 그들의 다른 활동(흡연, 전화통화, 관광 등)에 의해 평균속도가 달라짐을 찾아냈다. 맨하탄 아래지역에서 50명의 보행자의 표본자료를 수집하였다. 각 보행자의 걸음 속도를 계산하고(초당 feet), 만약 흡연중이면 1 아니면 0인 가변수, 관광중이면 1 아니면 0인 가변수, 65세보다 많으면 1 아니면 0인 가변수, 비만이면 1 아니면 0인 가변수를 기록하였다. 각 보행자는 위의 가변수 4개 중 하나보다 많은 특징을 가질 수 없다. 아래는 이 자료의 일부분이며, 전체 데이터는 교과서 웹사이트에서 ***Pedestrian_Speeds***라는 이름의 자료에서 찾을 수 있다.

사례연구 13.1의 데이터 보행자 특징과 걸음속도

FILE

Speed	Smoking	Tourist	Elderly	Obese
3.76	0	1	0	0
3.82	0	1	0	0
⋮	⋮	⋮	⋮	⋮
5.02	0	0	0	0

보고서에 위의 표본자료를 이용하여 다음을 포함한다.

1. 다음 모형 Speed $= \beta_0 + \beta_1$Smoking $+ \beta_2$Tourist $+ \beta_3$Elderly $+ \beta_4$Obese $+ \varepsilon$을 추정하라.

2. Tourist의 기울기 계수를 해석하라. 절편을 해석하라. 나이 많은 보행자의 걸음속도를 예측하라. 비만인 보행자의 걸음속도를 예측하라.
3. 5% 유의수준에서 설명변수들이 걸음속도를 설명하는데 결합적으로 유의한가? 5% 유의수준에서 모든 설명변수들이 개별적으로 유의한가? 어떤 특징의 보행자는 길거리 분노자를 피해야 하는가?

사례연구 13.2

잭(Jack Sprague)은 매사추세츠 알링턴에 있는 부동산회사의 이주전문가이다. 그는 알링턴에 독신자 주택을 구매하려고 하는 고객을 위해 일하고 있다. 잭이 제공한 자료들을 본 후, 그 고객은 알링턴의 주택가격의 다양함에 혼란스러워하고 있다. 특히 식민지시대 때 형식의 집의 프리미엄에 혼란스럽다(식민지시대의 형식의 집은 미국 식민지시대의 스타일로, 직사각형 구조에 뾰족한 지붕을 가진 집이다). 잭의 자세한 설명에도 불구하고 집값과 집의 특징 사이의 계량적 관계를 이해하지 못하는 한 그 고객은 만족하지 못할 것이다. 그래서 다중회귀분석을 통해서 고객에게 원하는 자료를 제공하려 한다. 2009년 1분기에 팔린 알링턴 지역의 독신자 주택 36채의 가격을 수집하였다. 집 크기(제곱피트), 방수, 욕실수, 식민지 스타일이면 1 아니면 0인 가변수의 정보도 포함하였다. 아래에 그 일부분이 있으며, 전체 데이터는 교과서 웹사이트에서 ***Arlington_Homes***라는 이름의 자료에서 찾을 수 있다.

사례연구 13.2의 데이터 매사추세츠 알링턴의 독신자 주택의 매매정보

FILE

Price	Square feet	Bedrooms	Baths	Colonial
$840,000	2768	4	3.5	1
822,000	2500	4	2.5	1
⋮	⋮	⋮	⋮	⋮
307,500	850	1	1	0

보고서에 위의 표본자료를 이용하여 다음을 포함한다.

1. 집값을 설명하기 위한 설명변수 설정에서 식민지 스타일을 구별하는 가변수를 포함해야 하는 이유를 설명하라.
2. 선호하는 모형을 이용하여 다른 설명변수들의 평균값을 입력하고 식민지 스타일의 집의 가격과 그 스타일이 아닌 집의 가격을 예측하라.
3. 이 모형의 이분산의 문제가 발생할 가능성에 대해 평가하라.

사례연구 13.3

미식축구는 게임당 가장 많이 연봉을 지불하는 스포츠다. 쿼터백이 가장 중요한 선수라고 간주되므로 일반적으로 연봉을 많이 받는 선수다. 스포츠 통계학자가 쿼터백의 연봉(Salary)에 영향을 주는 요소들에 대해 살펴보고 있다. 그는 쿼터백의 패스 성공률(PC)이 연봉에 가장 중요한 요소라 생각한다. 또한 터치다운 횟수(TD)와 나이(Age)가 연봉에 어떤 영향을 주는지 궁금하다. 2009년 연봉, PC, TD,그리고 나이를 수집하였고 그 일부분이 아래에 있다. 전체 데이터는 교과서 웹사이트에서 ***Quarterback_Salaries***라는 이름의 자료에서 찾을 수 있다.

사례연구 13.3의 데이터 2009년 쿼터백 연봉 자료

FILE

Name	Salary (in $ millions)	PC	TD	Age
Philip Rivers	25.5566	65.2	28	27
Jay Cutler	22.0441	60.5	27	26
⋮	⋮	⋮	⋮	⋮
Tony Romo	0.6260	63.1	26	29

보고서에 위의 표본자료를 이용하여 다음을 포함한다.

1. 다음 모형 $Salary = \beta_0 + \beta_1 PC + \beta_2 TD + \beta_3 Age + \varepsilon$을 추정하고 해석하라.

2. PC, TD, Age의 평균값을 가지는 쿼터백의 기대연봉의 95% 신뢰구간을 구하고 해석하라.

3. PC, TD, Age의 평균값을 가지는 한 쿼터백의 개인연봉의 95% 예측구간을 구하고 해석하라.

사례연구 13.4

최근 정부 자료에 의하면, 2010년 10월에 주택신축률이 18개월 최저를 기록했다(http://CNNMoney.com, 2010.11.17). 신축 예정 및 신축중인 주택의 수가 계절변동조정 연 비율에서 11.7% 하락을 기록했다. 우르밀라(Urmil Singh)는 위스콘신 메디슨의 모기지회사에서 근무하고 있으며, 신축량, 모기지율, 실업률의 계량적 관계를 더 자세히 이해하고 싶어 한다. 2006년 1월부터 2010년 12월까지의 계절변동조정 월별 자료를 수집하였고 아래 표는 그 일부분이다. 전체 데이터는 교과서 웹사이트에서 ***Housing_Starts***라는 이름의 자료에서 찾을 수 있다.

사례연구 13.4의 데이터 주택 신축량과 다른 요소값들, $n = 60$

FILE

Name	Housing Starts (in 1000s)	Mortgage Rate (%)	Unemployment Rate (%)
2006–01	2273	6.15	4.7
2006–02	2119	6.25	4.8
⋮	⋮	⋮	⋮
2010–12	520	4.71	9.4

보고서에 위의 표본자료를 이용하여 다음을 포함한다.

1. 모기지율과 실업률을 설명변수로 고려하여 주택 신축량에 대한 다중회귀모형을 추정하라.

2. 5% 유의수준에서 설명변수들이 개별적이고 결합적으로 유의한지 평가하라.

3. 이 시계열 자료 연구에서 다중공선성 및 자기상관의 문제가 발생할 가능성에 대하여 논하라.

부록 13.1 다른 통계프로그램 사용안내

여기서는 특정 통계프로그램(미니탭, SPSS, JMP) 사용을 위한 간단한 명령어를 제공한다. 교과서 웹사이트에서 더 자세한 설명을 찾아볼 수 있다.

미니탭

잔차 그래프 그리기

(그림 13.5의 반복) 메뉴에서 **Stat** > **Regression** > **Regression**을 선택한다. Sales를 **Response**로 Sqft를 **Predictors**로 선택하고 **Graphs**를 선택한다. **Residual Plots** 아래에 **Four in one**을 선택한다. 설명변수에 대한 잔차들의 그래프를 얻기 위해서 **Residual versus the variables** 아래에 Sqft를 선택한다.

상관행렬을 이용하여 다중공선성을 검사하기

(예제 13.8의 반복) 메뉴에서 **Stat** > **Basic Statistics** > **Correlation**을 선택하고 **Variables** 아래에 x_1, x_2, 그리고 x_3를 선택한다.

SPSS

잔차 그래프 그리기

(그림 13.5의 반복) 메뉴에서 **Analyze** > **Regression** > **Linear**를 선택한다. Sales를 **Dependent**로 Sqft를 **Independents**로 선택하고 **Plots**를 선택한다. 선형모형 가정과 이분산을 가지고 있는지를 검사하기 위하여 **ZRESID**를 **Y, ZPRED**를 **X**로 선택한다. 여기서 ZRESID는 표준 잔차이고 ZPRED는 표준 예측값이다. 관측치들이 상관되어 있는지를 검사하기 위하여 **Save**를 선택하고 **Residuals** 아래에 **Unstandardized**를 선택한다. 이 모형을 추정한 후 시간에 대한 잔차(RES_1)를 그린다.

상관행렬을 이용하여 다중공선성을 검사하기

(예제 13.8의 반복) 메뉴에서 **Analyze** > **Correlate** > **Bivariate**를 선택하고 **Variables** 아래에 x_1, x_2, 그리고 x_3를 선택한다.

JMP

잔차 그래프 그리기

(그림 13.5의 반복) 메뉴에서 **Analyze** > **Fit Y by X**를 선택한다. Sales를 **Y, Response**로 Sqft를 **X, Factor**로 선택한다. 머리글 **Bivariate Fit of Sales by Sqft** 옆에 있는 빨간색 삼각형을 클릭하여 **Fit line**을 선택한다. 머리글 **Linear Fit** 옆에 있는 빨간색 삼각형을 클릭하여 **Plot Residuals**를 선택한다.

상관행렬을 이용하여 다중공선성을 검사하기

(예제 13.8의 반복) 메뉴에서 **Analyze** > **Multivariate Methods** > **Multivariate**를 선택한다. 반응변수와 모든 설명변수들을 입력하기 위하여 **Y, Columns**를 클릭한다. 만약 상관행렬이 보이지 않으면, **Multivariate** 옆의 위에 있는 빨간색 삼각형을 클릭하고 **Correlations Multivariate**를 선택한다.

부록 **A**

표

표 1 표준 정규분포

이 표에 있는 값들은 $-z$의 좌측에 있는 곡선의 아래 영역을 제공한다.
예를 들어, $P(Z \leq -1.52) = 0.0643$.

$P(Z \leq -z)$

$-z$ 0

z	0.00	0.01	0.02	0.03	0.04	0.05	0.06	0.07	0.08	0.09
−3.9	0.0000	0.0000	0.0000	0.0000	0.0000	0.0000	0.0000	0.0000	0.0000	0.0000
−3.8	0.0001	0.0001	0.0001	0.0001	0.0001	0.0001	0.0001	0.0001	0.0001	0.0001
−3.7	0.0001	0.0001	0.0001	0.0001	0.0001	0.0001	0.0001	0.0001	0.0001	0.0001
−3.6	0.0002	0.0002	0.0001	0.0001	0.0001	0.0001	0.0001	0.0001	0.0001	0.0001
−3.5	0.0002	0.0002	0.0002	0.0002	0.0002	0.0002	0.0002	0.0002	0.0002	0.0002
−3.4	0.0003	0.0003	0.0003	0.0003	0.0003	0.0003	0.0003	0.0003	0.0003	0.0002
−3.3	0.0005	0.0005	0.0005	0.0004	0.0004	0.0004	0.0004	0.0004	0.0004	0.0003
−3.2	0.0007	0.0007	0.0006	0.0006	0.0006	0.0006	0.0006	0.0005	0.0005	0.0005
−3.1	0.0010	0.0009	0.0009	0.0009	0.0008	0.0008	0.0008	0.0008	0.0007	0.0007
−3.0	0.0013	0.0013	0.0013	0.0012	0.0012	0.0011	0.0011	0.0011	0.0010	0.0010
−2.9	0.0019	0.0018	0.0018	0.0017	0.0016	0.0016	0.0015	0.0015	0.0014	0.0014
−2.8	0.0026	0.0025	0.0024	0.0023	0.0023	0.0022	0.0021	0.0021	0.0020	0.0019
−2.7	0.0035	0.0034	0.0033	0.0032	0.0031	0.0030	0.0029	0.0028	0.0027	0.0026
−2.6	0.0047	0.0045	0.0044	0.0043	0.0041	0.0040	0.0039	0.0038	0.0037	0.0036
−2.5	0.0062	0.0060	0.0059	0.0057	0.0055	0.0054	0.0052	0.0051	0.0049	0.0048
−2.4	0.0082	0.0080	0.0078	0.0075	0.0073	0.0071	0.0069	0.0068	0.0066	0.0064
−2.3	0.0107	0.0104	0.0102	0.0099	0.0096	0.0094	0.0091	0.0089	0.0087	0.0084
−2.2	0.0139	0.0136	0.0132	0.0129	0.0125	0.0122	0.0119	0.0116	0.0113	0.0110
−2.1	0.0179	0.0174	0.0170	0.0166	0.0162	0.0158	0.0154	0.0150	0.0146	0.0143
−2.0	0.0228	0.0222	0.0217	0.0212	0.0207	0.0202	0.0197	0.0192	0.0188	0.0183
−1.9	0.0287	0.0281	0.0274	0.0268	0.0262	0.0256	0.0250	0.0244	0.0239	0.0233
−1.8	0.0359	0.0351	0.0344	0.0336	0.0329	0.0322	0.0314	0.0307	0.0301	0.0294
−1.7	0.0446	0.0436	0.0427	0.0418	0.0409	0.0401	0.0392	0.0384	0.0375	0.0367
−1.6	0.0548	0.0537	0.0526	0.0516	0.0505	0.0495	0.0485	0.0475	0.0465	0.0455
−1.5	0.0668	0.0655	0.0643	0.0630	0.0618	0.0606	0.0594	0.0582	0.0571	0.0559
−1.4	0.0808	0.0793	0.0778	0.0764	0.0749	0.0735	0.0721	0.0708	0.0694	0.0681
−1.3	0.0968	0.0951	0.0934	0.0918	0.0901	0.0885	0.0869	0.0853	0.0838	0.0823
−1.2	0.1151	0.1131	0.1112	0.1093	0.1075	0.1056	0.1038	0.1020	0.1003	0.0985
−1.1	0.1357	0.1335	0.1314	0.1292	0.1271	0.1251	0.1230	0.1210	0.1190	0.1170
−1.0	0.1587	0.1562	0.1539	0.1515	0.1492	0.1469	0.1446	0.1423	0.1401	0.1379
−0.9	0.1841	0.1814	0.1788	0.1762	0.1736	0.1711	0.1685	0.1660	0.1635	0.1611
−0.8	0.2119	0.2090	0.2061	0.2033	0.2005	0.1977	0.1949	0.1922	0.1894	0.1867
−0.7	0.2420	0.2389	0.2358	0.2327	0.2296	0.2266	0.2236	0.2206	0.2177	0.2148
−0.6	0.2743	0.2709	0.2676	0.2643	0.2611	0.2578	0.2546	0.2514	0.2483	0.2451
−0.5	0.3085	0.3050	0.3015	0.2981	0.2946	0.2912	0.2877	0.2843	0.2810	0.2776
−0.4	0.3446	0.3409	0.3372	0.3336	0.3300	0.3264	0.3228	0.3192	0.3156	0.3121
−0.3	0.3821	0.3783	0.3745	0.3707	0.3669	0.3632	0.3594	0.3557	0.3520	0.3483
−0.2	0.4207	0.4168	0.4129	0.4090	0.4052	0.4013	0.3974	0.3936	0.3897	0.3859
−0.1	0.4602	0.4562	0.4522	0.4483	0.4443	0.4404	0.4364	0.4325	0.4286	0.4247
−0.0	0.5000	0.4960	0.4920	0.4880	0.4840	0.4801	0.4761	0.4721	0.4681	0.4641

SOURCE: Probabilities calculated with Excel.

표 1 (계속)

이 표에 있는 값들은 z의 좌측에 있는 곡선의 아래 영역을 제공한다.
예를 들어, $P(Z \le 1.52) = 0.9357$.

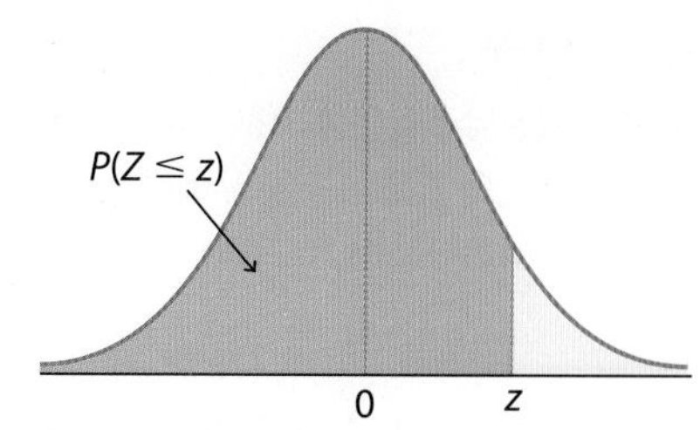

z	0.00	0.01	0.02	0.03	0.04	0.05	0.06	0.07	0.08	0.09
0.0	0.5000	0.5040	0.5080	0.5120	0.5160	0.5199	0.5239	0.5279	0.5319	0.5359
0.1	0.5398	0.5438	0.5478	0.5517	0.5557	0.5596	0.5636	0.5675	0.5714	0.5753
0.2	0.5793	0.5832	0.5871	0.5910	0.5948	0.5987	0.6026	0.6064	0.6103	0.6141
0.3	0.6179	0.6217	0.6255	0.6293	0.6331	0.6368	0.6406	0.6443	0.6480	0.6517
0.4	0.6554	0.6591	0.6628	0.6664	0.6700	0.6736	0.6772	0.6808	0.6844	0.6879
0.5	0.6915	0.6950	0.6985	0.7019	0.7054	0.7088	0.7123	0.7157	0.7190	0.7224
0.6	0.7257	0.7291	0.7324	0.7357	0.7389	0.7422	0.7454	0.7486	0.7517	0.7549
0.7	0.7580	0.7611	0.7642	0.7673	0.7704	0.7734	0.7764	0.7794	0.7823	0.7852
0.8	0.7881	0.7910	0.7939	0.7967	0.7995	0.8023	0.8051	0.8078	0.8106	0.8133
0.9	0.8159	0.8186	0.8212	0.8238	0.8264	0.8289	0.8315	0.8340	0.8365	0.8389
1.0	0.8413	0.8438	0.8461	0.8485	0.8508	0.8531	0.8554	0.8577	0.8599	0.8621
1.1	0.8643	0.8665	0.8686	0.8708	0.8729	0.8749	0.8770	0.8790	0.8810	0.8830
1.2	0.8849	0.8869	0.8888	0.8907	0.8925	0.8944	0.8962	0.8980	0.8997	0.9015
1.3	0.9032	0.9049	0.9066	0.9082	0.9099	0.9115	0.9131	0.9147	0.9162	0.9177
1.4	0.9192	0.9207	0.9222	0.9236	0.9251	0.9265	0.9279	0.9292	0.9306	0.9319
1.5	0.9332	0.9345	0.9357	0.9370	0.9382	0.9394	0.9406	0.9418	0.9429	0.9441
1.6	0.9452	0.9463	0.9474	0.9484	0.9495	0.9505	0.9515	0.9525	0.9535	0.9545
1.7	0.9554	0.9564	0.9573	0.9582	0.9591	0.9599	0.9608	0.9616	0.9625	0.9633
1.8	0.9641	0.9649	0.9656	0.9664	0.9671	0.9678	0.9686	0.9693	0.9699	0.9706
1.9	0.9713	0.9719	0.9726	0.9732	0.9738	0.9744	0.9750	0.9756	0.9761	0.9767
2.0	0.9772	0.9778	0.9783	0.9788	0.9793	0.9798	0.9803	0.9808	0.9812	0.9817
2.1	0.9821	0.9826	0.9830	0.9834	0.9838	0.9842	0.9846	0.9850	0.9854	0.9857
2.2	0.9861	0.9864	0.9868	0.9871	0.9875	0.9878	0.9881	0.9884	0.9887	0.9890
2.3	0.9893	0.9896	0.9898	0.9901	0.9904	0.9906	0.9909	0.9911	0.9913	0.9916
2.4	0.9918	0.9920	0.9922	0.9925	0.9927	0.9929	0.9931	0.9932	0.9934	0.9936
2.5	0.9938	0.9940	0.9941	0.9943	0.9945	0.9946	0.9948	0.9949	0.9951	0.9952
2.6	0.9953	0.9955	0.9956	0.9957	0.9959	0.9960	0.9961	0.9962	0.9963	0.9964
2.7	0.9965	0.9966	0.9967	0.9968	0.9969	0.9970	0.9971	0.9972	0.9973	0.9974
2.8	0.9974	0.9975	0.9976	0.9977	0.9977	0.9978	0.9979	0.9979	0.9980	0.9981
2.9	0.9981	0.9982	0.9982	0.9983	0.9984	0.9984	0.9985	0.9985	0.9986	0.9986
3.0	0.9987	0.9987	0.9987	0.9988	0.9988	0.9989	0.9989	0.9989	0.9990	0.9990
3.1	0.9990	0.9991	0.9991	0.9991	0.9992	0.9992	0.9992	0.9992	0.9993	0.9993
3.2	0.9993	0.9993	0.9994	0.9994	0.9994	0.9994	0.9994	0.9995	0.9995	0.9995
3.3	0.9995	0.9995	0.9995	0.9996	0.9996	0.9996	0.9996	0.9996	0.9996	0.9997
3.4	0.9997	0.9997	0.9997	0.9997	0.9997	0.9997	0.9997	0.9997	0.9997	0.9998
3.5	0.9998	0.9998	0.9998	0.9998	0.9998	0.9998	0.9998	0.9998	0.9998	0.9998
3.6	0.9998	0.9998	0.9999	0.9999	0.9999	0.9999	0.9999	0.9999	0.9999	0.9999
3.7	0.9999	0.9999	0.9999	0.9999	0.9999	0.9999	0.9999	0.9999	0.9999	0.9999
3.8	0.9999	0.9999	0.9999	0.9999	0.9999	0.9999	0.9999	0.9999	0.9999	0.9999
3.9	1.0000	1.0000	1.0000	1.0000	1.0000	1.0000	1.0000	1.0000	1.0000	1.0000

SOURCE: Probabilities calculated with Excel.

표 2 t 분포

이 표에 있는 수치들은 주어진 상위 꼬리 영역 α와 자유도 df의 특정 수에 해당하는 $t_{\alpha,df}$의 값을 제공한다. 예를 들어, $\alpha = 0.05$와 $df = 10$에 대한 $P(T_{10} \geq 1.812) = 0.05$.

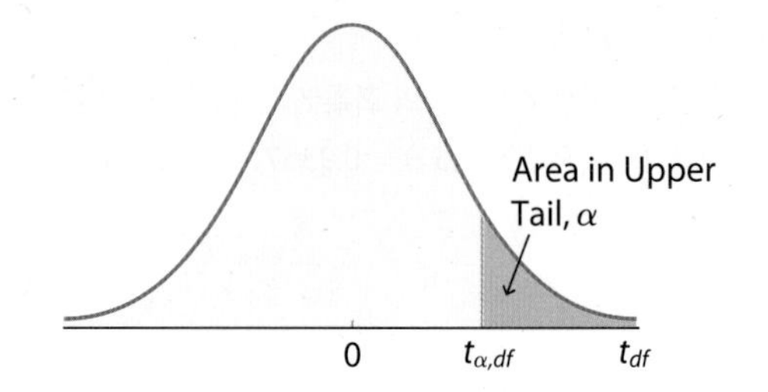

	α					
df	0.20	0.10	0.05	0.025	0.01	0.005
1	1.376	3.078	6.314	12.706	31.821	63.657
2	1.061	1.886	2.920	4.303	6.965	9.925
3	0.978	1.638	2.353	3.182	4.541	5.841
4	0.941	1.533	2.132	2.776	3.747	4.604
5	0.920	1.476	2.015	2.571	3.365	4.032
6	0.906	1.440	1.943	2.447	3.143	3.707
7	0.896	1.415	1.895	2.365	2.998	3.499
8	0.889	1.397	1.860	2.306	2.896	3.355
9	0.883	1.383	1.833	2.262	2.821	3.250
10	0.879	1.372	1.812	2.228	2.764	3.169
11	0.876	1.363	1.796	2.201	2.718	3.106
12	0.873	1.356	1.782	2.179	2.681	3.055
13	0.870	1.350	1.771	2.160	2.650	3.012
14	0.868	1.345	1.761	2.145	2.624	2.977
15	0.866	1.341	1.753	2.131	2.602	2.947
16	0.865	1.337	1.746	2.120	2.583	2.921
17	0.863	1.333	1.740	2.110	2.567	2.898
18	0.862	1.330	1.734	2.101	2.552	2.878
19	0.861	1.328	1.729	2.093	2.539	2.861
20	0.860	1.325	1.725	2.086	2.528	2.845
21	0.859	1.323	1.721	2.080	2.518	2.831
22	0.858	1.321	1.717	2.074	2.508	2.819
23	0.858	1.319	1.714	2.069	2.500	2.807
24	0.857	1.318	1.711	2.064	2.492	2.797
25	0.856	1.316	1.708	2.060	2.485	2.787
26	0.856	1.315	1.706	2.056	2.479	2.779
27	0.855	1.314	1.703	2.052	2.473	2.771
28	0.855	1.313	1.701	2.048	2.467	2.763
29	0.854	1.311	1.699	2.045	2.462	2.756
30	0.854	1.310	1.697	2.042	2.457	2.750

표 2 (계속)

	α					
df	0.20	0.10	0.05	0.025	0.01	0.005
31	0.853	1.309	1.696	2.040	2.453	2.744
32	0.853	1.309	1.694	2.037	2.449	2.738
33	0.853	1.308	1.692	2.035	2.445	2.733
34	0.852	1.307	1.691	2.032	2.441	2.728
35	0.852	1.306	1.690	2.030	2.438	2.724
36	0.852	1.306	1.688	2.028	2.434	2.719
37	0.851	1.305	1.687	2.026	2.431	2.715
38	0.851	1.304	1.686	2.024	2.429	2.712
39	0.851	1.304	1.685	2.023	2.426	2.708
40	0.851	1.303	1.684	2.021	2.423	2.704
41	0.850	1.303	1.683	2.020	2.421	2.701
42	0.850	1.302	1.682	2.018	2.418	2.698
43	0.850	1.302	1.681	2.017	2.416	2.695
44	0.850	1.301	1.680	2.015	2.414	2.692
45	0.850	1.301	1.679	2.014	2.412	2.690
46	0.850	1.300	1.679	2.013	2.410	2.687
47	0.849	1.300	1.678	2.012	2.408	2.685
48	0.849	1.299	1.677	2.011	2.407	2.682
49	0.849	1.299	1.677	2.010	2.405	2.680
50	0.849	1.299	1.676	2.009	2.403	2.678
51	0.849	1.298	1.675	2.008	2.402	2.676
52	0.849	1.298	1.675	2.007	2.400	2.674
53	0.848	1.298	1.674	2.006	2.399	2.672
54	0.848	1.297	1.674	2.005	2.397	2.670
55	0.848	1.297	1.673	2.004	2.396	2.668
56	0.848	1.297	1.673	2.003	2.395	2.667
57	0.848	1.297	1.672	2.002	2.394	2.665
58	0.848	1.296	1.672	2.002	2.392	2.663
59	0.848	1.296	1.671	2.001	2.391	2.662
60	0.848	1.296	1.671	2.000	2.390	2.660
80	0.846	1.292	1.664	1.990	2.374	2.639
100	0.845	1.290	1.660	1.984	2.364	2.626
150	0.844	1.287	1.655	1.976	2.351	2.609
200	0.843	1.286	1.653	1.972	2.345	2.601
500	0.842	1.283	1.648	1.965	2.334	2.586
1000	0.842	1.282	1.646	1.962	2.330	2.581
∞	0.842	1.282	1.645	1.960	2.326	2.576

SOURCE: *t* values calculated with Excel.

표 3 χ^2 분포(카이스퀘어 분포)

이 표에 있는 수치들은 주어진 상위 꼬리 영역 α와 자유도 *df*의 특정 수에 해당하는 $\chi^2_{\alpha,df}$의 값을 제공한다. 예를 들어, $\alpha = 0.05$와 $df = 10$에 대한 $P(\chi^2_{10} \geq 18.307) = 0.05$.

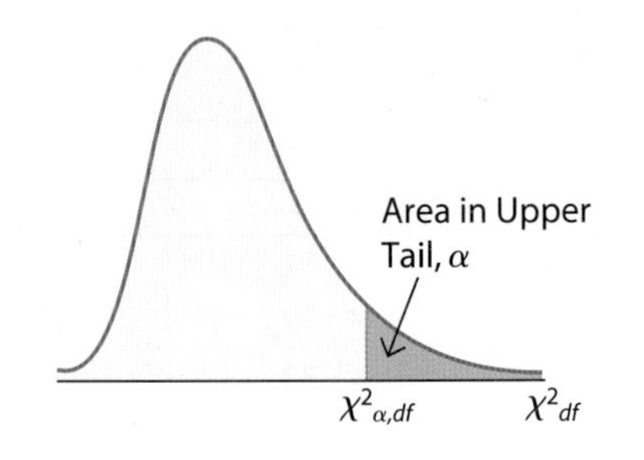

	α									
df	0.995	0.990	0.975	0.950	0.900	0.100	0.050	0.025	0.010	0.005
1	0.000	0.000	0.001	0.004	0.016	2.706	3.841	5.024	6.635	7.879
2	0.010	0.020	0.051	0.103	0.211	4.605	5.991	7.378	9.210	10.597
3	0.072	0.115	0.216	0.352	0.584	6.251	7.815	9.348	11.345	12.838
4	0.207	0.297	0.484	0.711	1.064	7.779	9.488	11.143	13.277	14.860
5	0.412	0.554	0.831	1.145	1.610	9.236	11.070	12.833	15.086	16.750
6	0.676	0.872	1.237	1.635	2.204	10.645	12.592	14.449	16.812	18.548
7	0.989	1.239	1.690	2.167	2.833	12.017	14.067	16.013	18.475	20.278
8	1.344	1.646	2.180	2.733	3.490	13.362	15.507	17.535	20.090	21.955
9	1.735	2.088	2.700	3.325	4.168	14.684	16.919	19.023	21.666	23.589
10	2.156	2.558	3.247	3.940	4.865	15.987	18.307	20.483	23.209	25.188
11	2.603	3.053	3.816	4.575	5.578	17.275	19.675	21.920	24.725	26.757
12	3.074	3.571	4.404	5.226	6.304	18.549	21.026	23.337	26.217	28.300
13	3.565	4.107	5.009	5.892	7.042	19.812	22.362	24.736	27.688	29.819
14	4.075	4.660	5.629	6.571	7.790	21.064	23.685	26.119	29.141	31.319
15	4.601	5.229	6.262	7.261	8.547	22.307	24.996	27.488	30.578	32.801
16	5.142	5.812	6.908	7.962	9.312	23.542	26.296	28.845	32.000	34.267
17	5.697	6.408	7.564	8.672	10.085	24.769	27.587	30.191	33.409	35.718
18	6.265	7.015	8.231	9.390	10.865	25.989	28.869	31.526	34.805	37.156
19	6.844	7.633	8.907	10.117	11.651	27.204	30.144	32.852	36.191	38.582
20	7.434	8.260	9.591	10.851	12.443	28.412	31.410	34.170	37.566	39.997
21	8.034	8.897	10.283	11.591	13.240	29.615	32.671	35.479	38.932	41.401
22	8.643	9.542	10.982	12.338	14.041	30.813	33.924	36.781	40.289	42.796
23	9.260	10.196	11.689	13.091	14.848	32.007	35.172	38.076	41.638	44.181
24	9.886	10.856	12.401	13.848	15.659	33.196	36.415	39.364	42.980	45.559
25	10.520	11.524	13.120	14.611	16.473	34.382	37.652	40.646	44.314	46.928
26	11.160	12.198	13.844	15.379	17.292	35.563	38.885	41.923	45.642	48.290
27	11.808	12.879	14.573	16.151	18.114	36.741	40.113	43.195	46.963	49.645
28	12.461	13.565	15.308	16.928	18.939	37.916	41.337	44.461	48.278	50.993
29	13.121	14.256	16.047	17.708	19.768	39.087	42.557	45.722	49.588	52.336
30	13.787	14.953	16.791	18.493	20.599	40.256	43.773	46.979	50.892	53.672

표 3 (계속)

					α					
df	0.995	0.990	0.975	0.950	0.900	0.100	0.050	0.025	0.010	0.005
31	14.458	15.655	17.539	19.281	21.434	41.422	44.985	48.232	52.191	55.003
32	15.134	16.362	18.291	20.072	22.271	42.585	46.194	49.480	53.486	56.328
33	15.815	17.074	19.047	20.867	23.110	43.745	47.400	50.725	54.776	57.648
34	16.501	17.789	19.806	21.664	23.952	44.903	48.602	51.966	56.061	58.964
35	17.192	18.509	20.569	22.465	24.797	46.059	49.802	53.203	57.342	60.275
36	17.887	19.233	21.336	23.269	25.643	47.212	50.998	54.437	58.619	61.581
37	18.586	19.960	22.106	24.075	26.492	48.363	52.192	55.668	59.893	62.883
38	19.289	20.691	22.878	24.884	27.343	49.513	53.384	56.896	61.162	64.181
39	19.996	21.426	23.654	25.695	28.196	50.660	54.572	58.120	62.428	65.476
40	20.707	22.164	24.433	26.509	29.051	51.805	55.758	59.342	63.691	66.766
41	21.421	22.906	25.215	27.326	29.907	52.949	56.942	60.561	64.950	68.053
42	22.138	23.650	25.999	28.144	30.765	54.090	58.124	61.777	66.206	69.336
43	22.859	24.398	26.785	28.965	31.625	55.230	59.304	62.990	67.459	70.616
44	23.584	25.148	27.575	29.787	32.487	56.369	60.481	64.201	68.710	71.893
45	24.311	25.901	28.366	30.612	33.350	57.505	61.656	65.410	69.957	73.166
46	25.041	26.657	29.160	31.439	34.215	58.641	62.830	66.617	71.201	74.437
47	25.775	27.416	29.956	32.268	35.081	59.774	64.001	67.821	72.443	75.704
48	26.511	28.177	30.755	33.098	35.949	60.907	65.171	69.023	73.683	76.969
49	27.249	28.941	31.555	33.930	36.818	62.038	66.339	70.222	74.919	78.231
50	27.991	29.707	32.357	34.764	37.689	63.167	67.505	71.420	76.154	79.490
55	31.735	33.570	36.398	38.958	42.060	68.796	73.311	77.380	82.292	85.749
60	35.534	37.485	40.482	43.188	46.459	74.397	79.082	83.298	88.379	91.952
65	39.383	41.444	44.603	47.450	50.883	79.973	84.821	89.177	94.422	98.105
70	43.275	45.442	48.758	51.739	55.329	85.527	90.531	95.023	100.425	104.215
75	47.206	49.475	52.942	56.054	59.795	91.061	96.217	100.839	106.393	110.286
80	51.172	53.540	57.153	60.391	64.278	96.578	101.879	106.629	112.329	116.321
85	55.170	57.634	61.389	64.749	68.777	102.079	107.522	112.393	118.236	122.325
90	59.196	61.754	65.647	69.126	73.291	107.565	113.145	118.136	124.116	128.299
95	63.250	65.898	69.925	73.520	77.818	113.038	118.752	123.858	129.973	134.247
100	67.328	70.065	74.222	77.929	82.358	118.498	124.342	129.561	135.807	140.169

SOURCE: χ^2 values calculated with Excel.

표 4 F분포

이 표에 있는 수치들은 주어진 상위 꼬리 영역 α와 자유도 df_1 및 df_2의 특정 수에 해당하는 $F_{\alpha,(df_1,df_2)}$의 값을 제공한다. 예를 들어, $\alpha = 0.05$, $df_1 = 8$, 그리고 $df_2 = 6$에 대한 $P(F_{(8,6)} \geq 4.15) = 0.05$.

Area in Upper Tail, α

$F_{\alpha,(df1,df2)}$

df_2	α	df_1 1	2	3	4	5	6	7	8	9	10	15	25	50	100	500
1	0.10	39.86	49.5	53.59	55.83	57.24	58.2	58.91	59.44	59.86	60.19	61.22	62.05	62.69	63.01	63.26
	0.05	161.45	199.50	215.71	224.58	230.16	233.99	236.77	238.88	240.54	241.88	245.95	249.26	251.77	253.04	254.06
	0.025	647.79	799.50	864.16	899.58	921.85	937.11	948.22	956.66	963.28	968.63	984.87	998.08	1008.12	1013.17	1017.24
	0.01	4052.18	4999.50	5403.35	5624.58	5763.65	5858.99	5928.36	5981.07	6022.47	6055.85	6157.28	6239.83	6302.52	6334.11	6359.50
2	0.10	8.53	9.00	9.16	9.24	9.29	9.33	9.35	9.37	9.38	9.39	9.42	9.45	9.47	9.48	9.49
	0.05	18.51	19.00	19.16	19.25	19.30	19.33	19.35	19.37	19.38	19.40	19.43	19.46	19.48	19.49	19.49
	0.025	38.51	39.00	39.17	39.25	39.30	39.33	39.36	39.37	39.39	39.40	39.43	39.46	39.48	39.49	39.50
	0.01	98.50	99.00	99.17	99.25	99.30	99.33	99.36	99.37	99.39	99.40	99.43	99.46	99.48	99.49	99.50
3	0.10	5.54	5.46	5.39	5.34	5.31	5.28	5.27	5.25	5.24	5.23	5.20	5.17	5.15	5.14	5.14
	0.05	10.13	9.55	9.28	9.12	9.01	8.94	8.89	8.85	8.81	8.79	8.70	8.63	8.58	8.55	8.53
	0.025	17.44	16.04	15.44	15.10	14.88	14.73	14.62	14.54	14.47	14.42	14.25	14.12	14.01	13.96	13.91
	0.01	34.12	30.82	29.46	28.71	28.24	27.91	27.67	27.49	27.35	27.23	26.87	26.58	26.35	26.24	26.15
4	0.10	4.54	4.32	4.19	4.11	4.05	4.01	3.98	3.95	3.94	3.92	3.87	3.83	3.80	3.78	3.76
	0.05	7.71	6.94	6.59	6.39	6.26	6.16	6.09	6.04	6.00	5.96	5.86	5.77	5.70	5.66	5.64
	0.025	12.22	10.65	9.98	9.60	9.36	9.20	9.07	8.98	8.90	8.84	8.66	8.5	8.38	8.32	8.27
	0.01	21.20	18.00	16.69	15.98	15.52	15.21	14.98	14.80	14.66	14.55	14.20	13.91	13.69	13.58	13.49
5	0.10	4.06	3.78	3.62	3.52	3.45	3.4	3.37	3.34	3.32	3.30	3.24	3.19	3.15	3.13	3.11
	0.05	6.61	5.79	5.41	5.19	5.05	4.95	4.88	4.82	4.77	4.74	4.62	4.52	4.44	4.41	4.37
	0.025	10.01	8.43	7.76	7.39	7.15	6.98	6.85	6.76	6.68	6.62	6.43	6.27	6.14	6.08	6.03
	0.01	16.26	13.27	12.06	11.39	10.97	10.67	10.46	10.29	10.16	10.05	9.72	9.45	9.24	9.13	9.04
6	0.10	3.78	3.46	3.29	3.18	3.11	3.05	3.01	2.98	2.96	2.94	2.87	2.81	2.77	2.75	2.73
	0.05	5.99	5.14	4.76	4.53	4.39	4.28	4.21	4.15	4.10	4.06	3.94	3.83	3.75	3.71	3.68
	0.025	8.81	7.26	6.60	6.23	5.99	5.82	5.70	5.6	5.52	5.46	5.27	5.11	4.98	4.92	4.86
	0.01	13.75	10.92	9.78	9.15	8.75	8.47	8.26	8.10	7.98	7.87	7.56	7.30	7.09	6.99	6.90
7	0.10	3.59	3.26	3.07	2.96	2.88	2.83	2.78	2.75	2.72	2.70	2.63	2.57	2.52	2.50	2.48
	0.05	5.59	4.74	4.35	4.12	3.97	3.87	3.79	3.73	3.68	3.64	3.51	3.4	3.32	3.27	3.24
	0.025	8.07	6.54	5.89	5.52	5.29	5.12	4.99	4.90	4.82	4.76	4.57	4.4	4.28	4.21	4.16
	0.01	12.25	9.55	8.45	7.85	7.46	7.19	6.99	6.84	6.72	6.62	6.31	6.06	5.86	5.75	5.67

df_2	α	df_1 1	2	3	4	5	6	7	8	9	10	15	25	50	100	500
8	0.10	3.46	3.11	2.92	2.81	2.73	2.67	2.62	2.59	2.56	2.54	2.46	2.40	2.35	2.32	2.30
	0.05	5.32	4.46	4.07	3.84	3.69	3.58	3.50	3.44	3.39	3.35	3.22	3.11	3.02	2.97	2.94
	0.025	7.57	6.06	5.42	5.05	4.82	4.65	4.53	4.43	4.36	4.30	4.1	3.94	3.81	3.74	3.68
	0.01	11.26	8.65	7.59	7.01	6.63	6.37	6.18	6.03	5.91	5.81	5.52	5.26	5.07	4.96	4.88
9	0.10	3.36	3.01	2.81	2.69	2.61	2.55	2.51	2.47	2.44	2.42	2.34	2.27	2.22	2.19	2.17
	0.05	5.12	4.26	3.86	3.63	3.48	3.37	3.29	3.23	3.18	3.14	3.01	2.89	2.80	2.76	2.72
	0.025	7.21	5.71	5.08	4.72	4.48	4.32	4.20	4.10	4.03	3.96	3.77	3.6	3.47	3.40	3.35
	0.01	10.56	8.02	6.99	6.42	6.06	5.8	5.61	5.47	5.35	5.26	4.96	4.71	4.52	4.41	4.33
10	0.10	3.29	2.92	2.73	2.61	2.52	2.46	2.41	2.38	2.35	2.32	2.24	2.17	2.12	2.09	2.06
	0.05	4.96	4.1	3.71	3.48	3.33	3.22	3.14	3.07	3.02	2.98	2.85	2.73	2.64	2.59	2.55
	0.025	6.94	5.46	4.83	4.47	4.24	4.07	3.95	3.85	3.78	3.72	3.52	3.35	3.22	3.15	3.09
	0.01	10.04	7.56	6.55	5.99	5.64	5.39	5.20	5.06	4.94	4.85	4.56	4.31	4.12	4.01	3.93
11	0.10	3.23	2.86	2.66	2.54	2.45	2.39	2.34	2.30	2.27	2.25	2.17	2.10	2.04	2.01	1.98
	0.05	4.84	3.98	3.59	3.36	3.20	3.09	3.01	2.95	2.90	2.85	2.72	2.60	2.51	2.46	2.42
	0.025	6.72	5.26	4.63	4.28	4.04	3.88	3.76	3.66	3.59	3.53	3.33	3.16	3.03	2.96	2.90
	0.01	9.65	7.21	6.22	5.67	5.32	5.07	4.89	4.74	4.63	4.54	4.25	4.01	3.81	3.71	3.62
12	0.10	3.18	2.81	2.61	2.48	2.39	2.33	2.28	2.24	2.21	2.19	2.10	2.03	1.97	1.94	1.91
	0.05	4.75	3.89	3.49	3.26	3.11	3.00	2.91	2.85	2.80	2.75	2.62	2.50	2.40	2.35	2.31
	0.025	6.55	5.10	4.47	4.12	3.89	3.73	3.61	3.51	3.44	3.37	3.18	3.01	2.87	2.80	2.74
	0.01	9.33	6.93	5.95	5.41	5.06	4.82	4.64	4.50	4.39	4.30	4.01	3.76	3.57	3.47	3.38
13	0.10	3.14	2.76	2.56	2.43	2.35	2.28	2.23	2.20	2.16	2.14	2.05	1.98	1.92	1.88	1.85
	0.05	4.67	3.81	3.41	3.18	3.03	2.92	2.83	2.77	2.71	2.67	2.53	2.41	2.31	2.26	2.22
	0.025	6.41	4.97	4.35	4.00	3.77	3.60	3.48	3.39	3.31	3.25	3.05	2.88	2.74	2.67	2.61
	0.01	9.07	6.70	5.74	5.21	4.86	4.62	4.44	4.30	4.19	4.10	3.82	3.57	3.38	3.27	3.19
14	0.10	3.10	2.73	2.52	2.39	2.31	2.24	2.19	2.15	2.12	2.10	2.01	1.93	1.87	1.83	1.80
	0.05	4.60	3.74	3.34	3.11	2.96	2.85	2.76	2.70	2.65	2.60	2.46	2.34	2.24	2.19	2.14
	0.025	6.30	4.86	4.24	3.89	3.66	3.50	3.38	3.29	3.21	3.15	2.95	2.78	2.64	2.56	2.50
	0.01	8.86	6.51	5.56	5.04	4.69	4.46	4.28	4.14	4.03	3.94	3.66	3.41	3.22	3.11	3.03
15	0.10	3.07	2.7	2.49	2.36	2.27	2.21	2.16	2.12	2.09	2.06	1.97	1.89	1.83	1.79	1.76
	0.05	4.54	3.68	3.29	3.06	2.90	2.79	2.71	2.64	2.59	2.54	2.40	2.28	2.18	2.12	2.08
	0.025	6.20	4.77	4.15	3.80	3.58	3.41	3.29	3.20	3.12	3.06	2.86	2.69	2.55	2.47	2.41
	0.01	8.68	6.36	5.42	4.89	4.56	4.32	4.14	4.00	3.89	3.80	3.52	3.28	3.08	2.98	2.89
16	0.10	3.05	2.67	2.46	2.33	2.24	2.18	2.13	2.09	2.06	2.03	1.94	1.86	1.79	1.76	1.73
	0.05	4.49	3.63	3.24	3.01	2.85	2.74	2.66	2.59	2.54	2.49	2.35	2.23	2.12	2.07	2.02
	0.025	6.12	4.69	4.08	3.73	3.50	3.34	3.22	3.12	3.05	2.99	2.79	2.61	2.47	2.40	2.33
	0.01	8.53	6.23	5.29	4.77	4.44	4.20	4.03	3.89	3.78	3.69	3.41	3.16	2.97	2.86	2.78

표 4 (계속)

df_2	α	df_1														
		1	2	3	4	5	6	7	8	9	10	15	25	50	100	500
17	0.10	3.03	2.64	2.44	2.31	2.22	2.15	2.10	2.06	2.03	2.00	1.91	1.83	1.76	1.73	1.69
	0.05	4.45	3.59	3.20	2.96	2.81	2.70	2.61	2.55	2.49	2.45	2.31	2.18	2.08	2.02	1.97
	0.025	6.04	4.62	4.01	3.66	3.44	3.28	3.16	3.06	2.98	2.92	2.72	2.55	2.41	2.33	2.26
	0.01	8.40	6.11	5.18	4.67	4.34	4.10	3.93	3.79	3.68	3.59	3.31	3.07	2.87	2.76	2.68
18	0.10	3.01	2.62	2.42	2.29	2.20	2.13	2.08	2.04	2.00	1.98	1.89	1.80	1.74	1.70	1.67
	0.05	4.41	3.55	3.16	2.93	2.77	2.66	2.58	2.51	2.46	2.41	2.27	2.14	2.04	1.98	1.93
	0.025	5.98	4.56	3.95	3.61	3.38	3.22	3.10	3.01	2.93	2.87	2.67	2.49	2.35	2.27	2.20
	0.01	8.29	6.01	5.09	4.58	4.25	4.01	3.84	3.71	3.60	3.51	3.23	2.98	2.78	2.68	2.59
19	0.10	2.99	2.61	2.40	2.27	2.18	2.11	2.06	2.02	1.98	1.96	1.86	1.78	1.71	1.67	1.64
	0.05	4.38	3.52	3.13	2.90	2.74	2.63	2.54	2.48	2.42	2.38	2.23	2.11	2.00	1.94	1.89
	0.025	5.92	4.51	3.90	3.56	3.33	3.17	3.05	2.96	2.88	2.82	2.62	2.44	2.30	2.22	2.15
	0.01	8.18	5.93	5.01	4.50	4.17	3.94	3.77	3.63	3.52	3.43	3.15	2.91	2.71	2.60	2.51
20	0.10	2.97	2.59	2.38	2.25	2.16	2.09	2.04	2.00	1.96	1.94	1.84	1.76	1.69	1.65	1.62
	0.05	4.35	3.49	3.10	2.87	2.71	2.60	2.51	2.45	2.39	2.35	2.20	2.07	1.97	1.91	1.86
	0.025	5.87	4.46	3.86	3.51	3.29	3.13	3.01	2.91	2.84	2.77	2.57	2.40	2.25	2.17	2.10
	0.01	8.10	5.85	4.94	4.43	4.10	3.87	3.70	3.56	3.46	3.37	3.09	2.84	2.64	2.54	2.44
21	0.10	2.96	2.57	2.36	2.23	2.14	2.08	2.02	1.98	1.95	1.92	1.83	1.74	1.67	1.63	1.60
	0.05	4.32	3.47	3.07	2.84	2.68	2.57	2.49	2.42	2.37	2.32	2.18	2.05	1.94	1.88	1.83
	0.025	5.83	4.42	3.82	3.48	3.25	3.09	2.97	2.87	2.80	2.73	2.53	2.36	2.21	2.13	2.06
	0.01	8.02	5.78	4.87	4.37	4.04	3.81	3.64	3.51	3.40	3.31	3.03	2.79	2.58	2.48	2.38
22	0.10	2.95	2.56	2.35	2.22	2.13	2.06	2.01	1.97	1.93	1.90	1.81	1.73	1.65	1.61	1.58
	0.05	4.30	3.44	3.05	2.82	2.66	2.55	2.46	2.40	2.34	2.30	2.15	2.02	1.91	1.85	1.80
	0.025	5.79	4.38	3.78	3.44	3.22	3.05	2.93	2.84	2.76	2.70	2.50	2.32	2.17	2.09	2.02
	0.01	7.95	5.72	4.82	4.31	3.99	3.76	3.59	3.45	3.35	3.26	2.98	2.73	2.53	2.42	2.33
23	0.10	2.94	2.55	2.34	2.21	2.11	2.05	1.99	1.95	1.92	1.89	1.80	1.71	1.64	1.59	1.56
	0.05	4.28	3.42	3.03	2.80	2.64	2.53	2.44	2.37	2.32	2.27	2.13	2.00	1.88	1.82	1.77
	0.025	5.75	4.35	3.75	3.41	3.18	3.02	2.90	2.81	2.73	2.67	2.47	2.29	2.14	2.06	1.99
	0.01	7.88	5.66	4.76	4.26	3.94	3.71	3.54	3.41	3.30	3.21	2.93	2.69	2.48	2.37	2.28
24	0.10	2.93	2.54	2.33	2.19	2.10	2.04	1.98	1.94	1.91	1.88	1.78	1.70	1.62	1.58	1.54
	0.05	4.26	3.40	3.01	2.78	2.62	2.51	2.42	2.36	2.30	2.25	2.11	1.97	1.86	1.80	1.75
	0.025	5.72	4.32	3.72	3.38	3.15	2.99	2.87	2.78	2.70	2.64	2.44	2.26	2.11	2.02	1.95
	0.01	7.82	5.61	4.72	4.22	3.90	3.67	3.50	3.36	3.26	3.17	2.89	2.64	2.44	2.33	2.24

df_2	α	df_1														
		1	2	3	4	5	6	7	8	9	10	15	25	50	100	500
25	0.10	2.92	2.53	2.32	2.18	2.09	2.02	1.97	1.93	1.89	1.87	1.77	1.68	1.61	1.56	1.53
	0.05	4.24	3.39	2.99	2.76	2.60	2.49	2.40	2.34	2.28	2.24	2.09	1.96	1.84	1.78	1.73
	0.025	5.69	4.29	3.69	3.35	3.13	2.97	2.85	2.75	2.68	2.61	2.41	2.23	2.08	2.00	1.92
	0.01	7.77	5.57	4.68	4.18	3.85	3.63	3.46	3.32	3.22	3.13	2.85	2.60	2.40	2.29	2.19
26	0.10	2.91	2.52	2.31	2.17	2.08	2.01	1.96	1.92	1.88	1.86	1.76	1.67	1.59	1.55	1.51
	0.05	4.23	3.37	2.98	2.74	2.59	2.47	2.39	2.32	2.27	2.22	2.07	1.94	1.82	1.76	1.71
	0.025	5.66	4.27	3.67	3.33	3.10	2.94	2.82	2.73	2.65	2.59	2.39	2.21	2.05	1.97	1.90
	0.01	7.72	5.53	4.64	4.14	3.82	3.59	3.42	3.29	3.18	3.09	2.81	2.57	2.36	2.25	2.16
27	0.10	2.90	2.51	2.30	2.17	2.07	2.00	1.95	1.91	1.87	1.85	1.75	1.66	1.58	1.54	1.50
	0.05	4.21	3.35	2.96	2.73	2.57	2.46	2.37	2.31	2.25	2.20	2.06	1.92	1.81	1.74	1.69
	0.025	5.63	4.24	3.65	3.31	3.08	2.92	2.80	2.71	2.63	2.57	2.36	2.18	2.03	1.94	1.87
	0.01	7.68	5.49	4.60	4.11	3.78	3.56	3.39	3.26	3.15	3.06	2.78	2.54	2.33	2.22	2.12
28	0.10	2.89	2.50	2.29	2.16	2.06	2.00	1.94	1.90	1.87	1.84	1.74	1.65	1.57	1.53	1.49
	0.05	4.20	3.34	2.95	2.71	2.56	2.45	2.36	2.29	2.24	2.19	2.04	1.91	1.79	1.73	1.67
	0.025	5.61	4.22	3.63	3.29	3.06	2.90	2.78	2.69	2.61	2.55	2.34	2.16	2.01	1.92	1.85
	0.01	7.64	5.45	4.57	4.07	3.75	3.53	3.36	3.23	3.12	3.03	2.75	2.51	2.30	2.19	2.09
29	0.10	2.89	2.50	2.28	2.15	2.06	1.99	1.93	1.89	1.86	1.83	1.73	1.64	1.56	1.52	1.48
	0.05	4.18	3.33	2.93	2.70	2.55	2.43	2.35	2.28	2.22	2.18	2.03	1.89	1.77	1.71	1.65
	0.025	5.59	4.20	3.61	3.27	3.04	2.88	2.76	2.67	2.59	2.53	2.32	2.14	1.99	1.90	1.83
	0.01	7.60	5.42	4.54	4.04	3.73	3.50	3.33	3.20	3.09	3.00	2.73	2.48	2.27	2.16	2.06
30	0.10	2.88	2.49	2.28	2.14	2.05	1.98	1.93	1.88	1.85	1.82	1.72	1.63	1.55	1.51	1.47
	0.05	4.17	3.32	2.92	2.69	2.53	2.42	2.33	2.27	2.21	2.16	2.01	1.88	1.76	1.70	1.64
	0.025	5.57	4.18	3.59	3.25	3.03	2.87	2.75	2.65	2.57	2.51	2.31	2.12	1.97	1.88	1.81
	0.01	7.56	5.39	4.51	4.02	3.70	3.47	3.30	3.17	3.07	2.98	2.70	2.45	2.25	2.13	2.03
50	0.10	2.81	2.41	2.20	2.06	1.97	1.90	1.84	1.80	1.76	1.73	1.63	1.53	1.44	1.39	1.34
	0.05	4.03	3.18	2.79	2.56	2.40	2.29	2.20	2.13	2.07	2.03	1.87	1.73	1.60	1.52	1.46
	0.025	5.34	3.97	3.39	3.05	2.83	2.67	2.55	2.46	2.38	2.32	2.11	1.92	1.75	1.66	1.57
	0.01	7.17	5.06	4.20	3.72	3.41	3.19	3.02	2.89	2.78	2.70	2.42	2.17	1.95	1.82	1.71
100	0.10	2.76	2.36	2.14	2.00	1.91	1.83	1.78	1.73	1.69	1.66	1.56	1.45	1.35	1.29	1.23
	0.05	3.94	3.09	2.70	2.46	2.31	2.19	2.10	2.03	1.97	1.93	1.77	1.62	1.48	1.39	1.31
	0.025	5.18	3.83	3.25	2.92	2.70	2.54	2.42	2.32	2.24	2.18	1.97	1.77	1.59	1.48	1.38
	0.01	6.90	4.82	3.98	3.51	3.21	2.99	2.82	2.69	2.59	2.50	2.22	1.97	1.74	1.60	1.47
500	0.10	2.72	2.31	2.09	1.96	1.86	1.79	1.73	1.68	1.64	1.61	1.5	1.39	1.28	1.21	1.12
	0.05	3.86	3.01	2.62	2.39	2.23	2.12	2.03	1.96	1.9	1.85	1.69	1.53	1.38	1.28	1.16
	0.025	5.05	3.72	3.14	2.81	2.59	2.43	2.31	2.22	2.14	2.07	1.86	1.65	1.46	1.34	1.19
	0.01	6.69	4.65	3.82	3.36	3.05	2.84	2.68	2.55	2.44	2.36	2.07	1.81	1.57	1.41	1.23

Source: *F*-values calculated with Excel.

부록 B

Answers to Even-Numbered Exercises

Chapter 1

1.2 35 is likely the estimated average age. It is both costly and time consuming (likely impossible) to reach all video game players.

1.4 a. The population is all marketing managers.

b. No, the average salary is a sample statistic computed from a sample, not the population.

1.6 Answers will vary depending on when data are retrieved. The numbers represent time series data.

1.8 Answers will vary depending on when data are retrieved. The numbers represent cross-sectional data.

1.10 Answers will vary depending on when data are retrieved. The numbers represent cross-sectional data.

1.12 a. Qualitative

b. Quantitative, continuous

c. Quantitative, discrete

1.14 a. Ratio

b. Ordinal

c. Nominal

1.16 a. Nominal

b.

Major	Number of Students
Accounting	5
Economics	7
Finance	5
Marketing	3
Management	6
Undecided	4

c. Economics (Marketing) has the highest (lowest) number of students.

Chapter 2

2.2 a.

Rating	Frequency	Relative Frequency
Excellent	5	0.208
Good	12	0.500
Fair	4	0.167
Poor	3	0.125

b. The most common response is Good. Over 70 percent of the patients reveal that they are in either good or excellent health, suggesting overall health of first-time patients is strong.

2.4 a.

Delays	Frequency	Relative Frequency
PM Delays	1	0.056
All Day Delays	6	0.333
AM Delays	4	0.222
None	7	0.389

b.

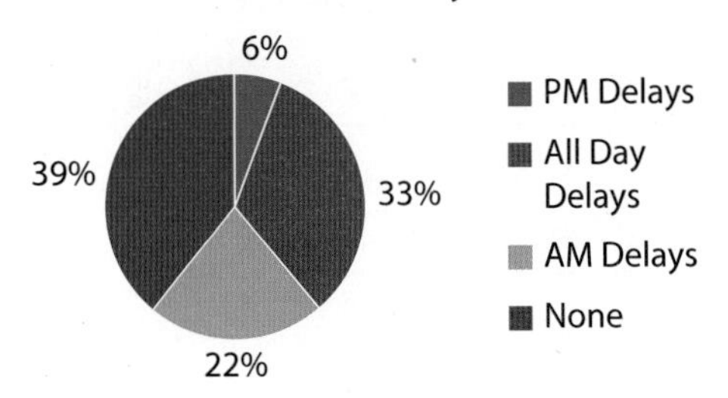

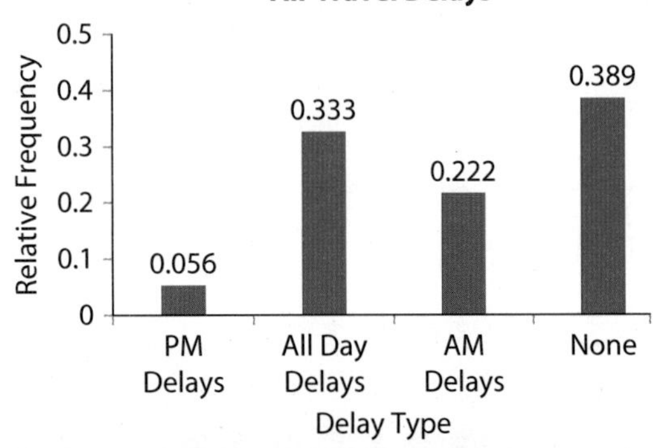

2.6 a.

Response	Frequency
Good jobs	1970
Affordable homes	799
Top schools	586
Low crime	1225
Things to do	745

b.

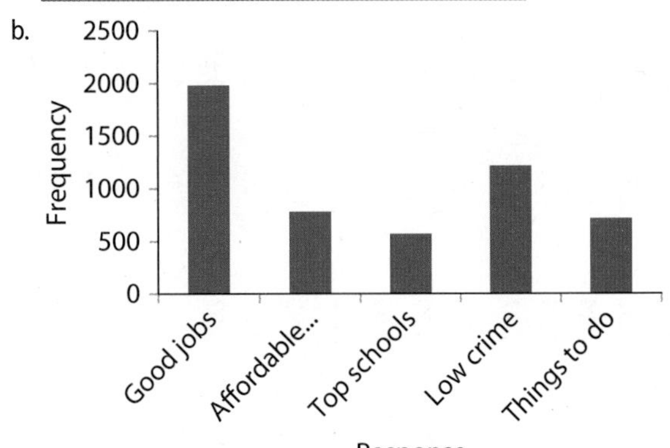

2.8 a.

Company	Relative Frequency
Enterprise	0.489
Hertz	0.215
Avis Budget	0.183
Dollar Thrifty	0.068
Other	0.046

b. Hertz accounted for 21.5% of sales.

c.

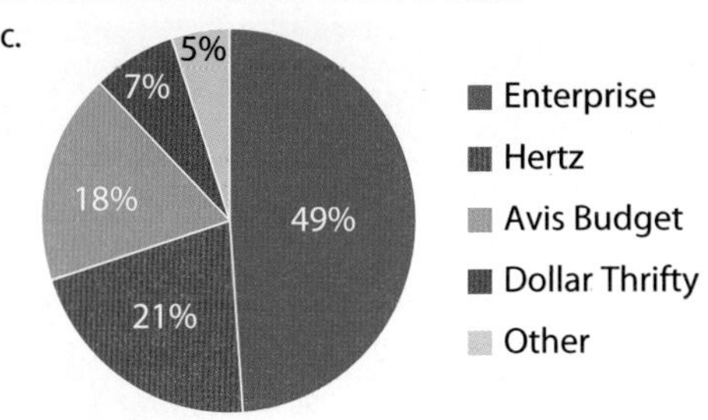

2.10 a. 5584

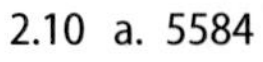
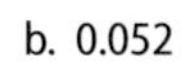

b. 0.052

c.

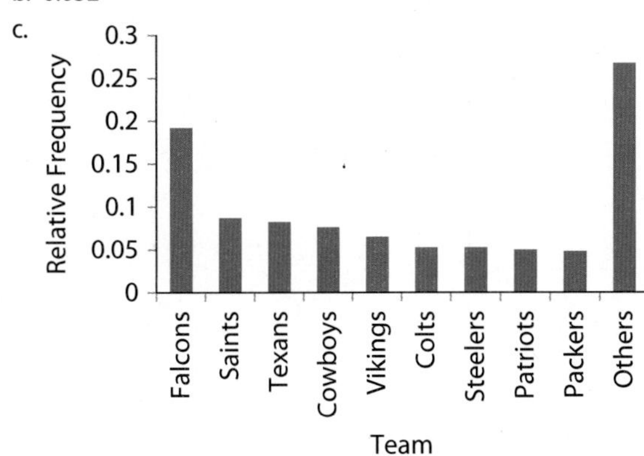

2.12 a. Football player (martial arts athlete) was most (least) likely to sustain an injury with lifelong consequences.

b. Approximately 79 (= 992 × 0.08)

2.14 This graph does not correctly depict the data. The vertical axis has been stretched so that the increase in sales appears more pronounced than warranted.

2.16

Class	Frequency	Relative Frequency	Cumulative Relative Frequency
−10 up to 0	9	0.129	0.129
0 up to 10	31	0.443	0.572
10 up to 20	19	0.271	0.843
20 up to 30	8	0.114	0.957
30 up to 40	3	0.043	1

a. 19 observations

b. 27.1%; 84.3%

c.

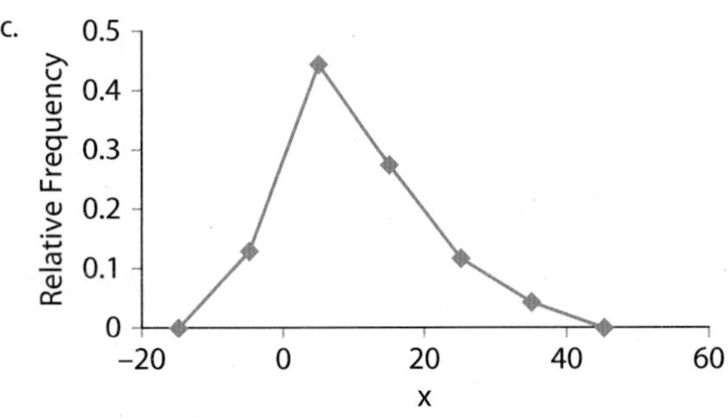

2.18 a.

Class	Relative Frequency
1000 up to 1100	0.1250
1100 up to 1200	0.4375
1200 up to 1300	0.1875
1300 up to 1400	0.2500

43.75% of observations are at least 1100 but less than 1200.

b.

Class	Cumulative Frequency	Cumulative Relative Frequency
1000 up to 1100	2	0.125
1100 up to 1200	9	0.562
1200 up to 1300	12	0.750
1300 up to 1400	16	1

12 observations are less than 1300.

c.

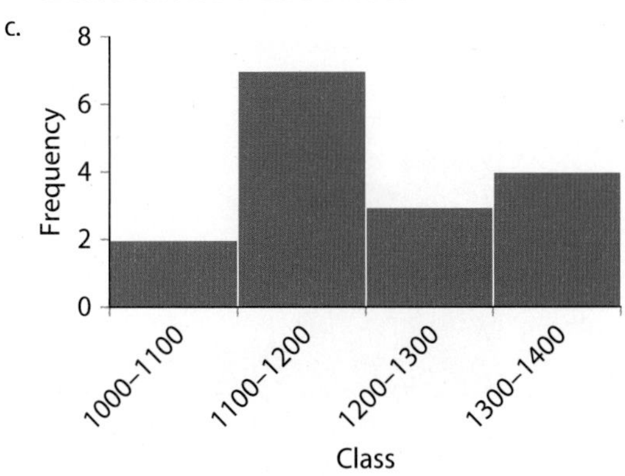

2.20 a.

Class	Frequency
−20 up to −10	2
−10 up to 0	14
0 up to 10	13
10 up to 20	11
20 up to 30	10

14 observations are at least −10 but less than 0.

b.

Class	Cumulative Frequency
−20 up to −10	2
−10 up to 0	16
0 up to 10	29
10 up to 20	40
20 up to 30	50

40 observations are less than 20.

c.

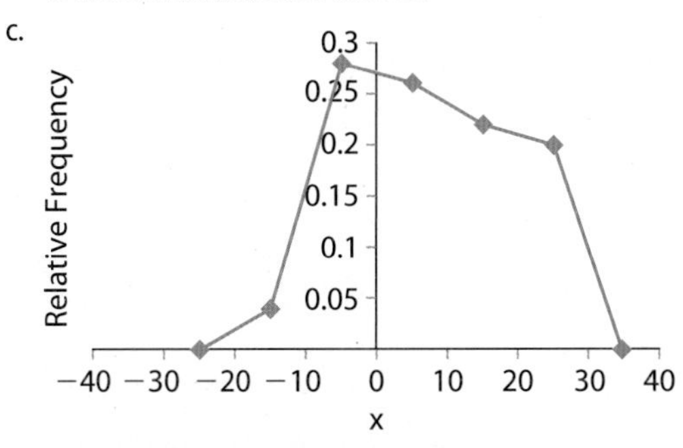

2.22 a.

Assets (in billions USD)	Frequency
40 up to 70	9
70 up to 100	8
100 up to 130	2
130 up to 160	0
160 up to 190	1

b.

Assets (in billions USD)	Relative Frequency	Cumulative Frequency	Cumulative Relative Frequency
40 up to 70	0.45	9	0.45
70 up to 100	0.40	17	0.85
100 up to 130	0.10	19	0.95
130 up to 160	0	19	0.95
160 up to 190	0.05	20	1

c. 2 funds; 19 funds

d. 40%; 95%

e.

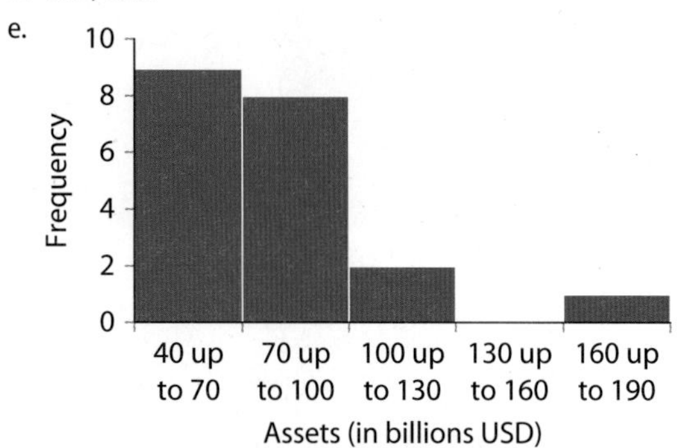

2.24 a.

Temperature (°F)	Frequency
60 up to 70	2
70 up to 80	7
80 up to 90	14
90 up to 100	10

b.

Temperature (°F)	Relative Frequency	Cumulative Frequency	Cumulative Relative Frequency
60 up to 70	0.061	2	0.061
70 up to 80	0.212	9	0.273
80 up to 90	0.424	23	0.697
90 up to 100	0.303	33	1

c. 9 cities

d. 42.4%; 69.7%

e.

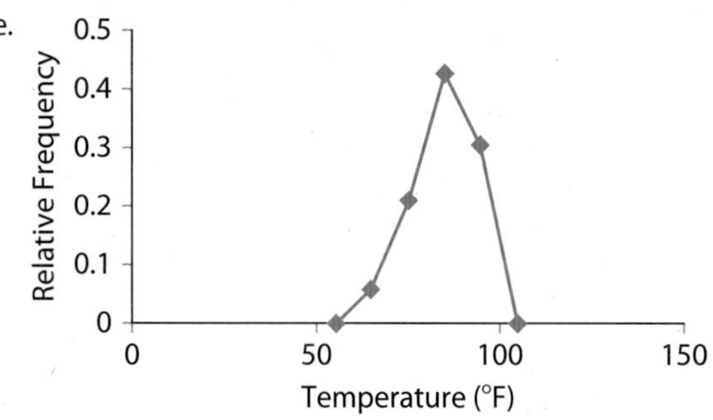

The distribution is slightly negatively skewed.

2.26 a.

Age	Frequency	Cumulative Frequency	Cumulative Relative Frequency
15 up to 20	0.10(2000) = 200	200	0.1
20 up to 25	0.25(2000) = 500	200 + 500 = 700	0.10 + 0.25 = 0.35
25 up to 30	0.28(2000) = 560	700 + 560 = 1260	0.35 + 0.28 = 0.63
30 up to 35	0.24(2000) = 480	1260 + 480 = 1740	0.63 + 0.24 = 0.87
35 up to 40	0.11(2000) = 220	1740 + 220 = 1960	0.87 + 0.11 = 0.98
40 up to 45	0.02(2000) = 40	1960 + 40 = 2000	0.98 + 0.02 = 1
	Total = 2000		

b. 28%; 87%

c.

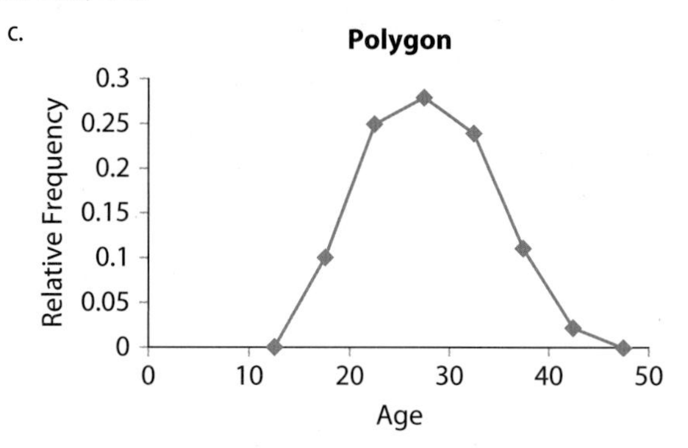

The distribution appears to be relatively symmetric with possibly a slight positive skew.

d.

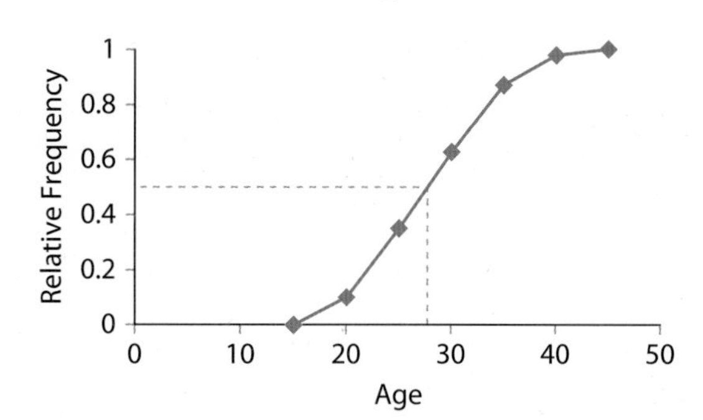

If we draw a horizontal line that corresponds to the 0.5 value on the vertical axis, it will intersect the ogive at the age of approximately 28 years old.

2.28 a. No. The distribution is positively skewed.

b. 44%

c. 66%

2.30 a. No. The distribution is positively skewed.

b. 50, 450.

c. The $150–$250 class has the highest relative frequency, which is about 0.3.

2.32 a. About 65%.

b. About 75%.

2.34 a.

House Value	Frequency
0 up to 100,000	2
100,000 up to 200,000	26
200,000 up to 300,000	16
300,000 up to 400,000	4
400,000 up to 500,000	1
500,000 up to 600,000	1
	Total = 50

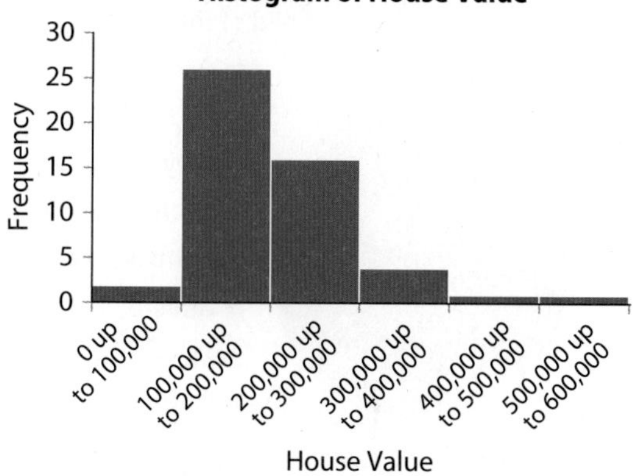

b. No. The distribution is positively skewed.

c. The class "$100,000 up to $200,000" has the highest frequency.

d. 8%

e. 44

2.36 a.

DJIA Price Index	Frequency
12,250 up to 12,500	10
12,500 up to 12,750	11
12,750 up to 13,000	26
13,000 up to 13,250	14
13,250 up to 13,500	1
	Total = 62

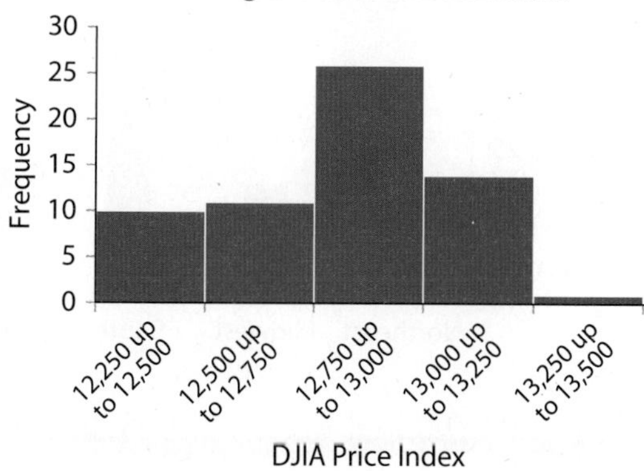

The DJIA was less than 12,500 on 10 days during this quarter.

b.

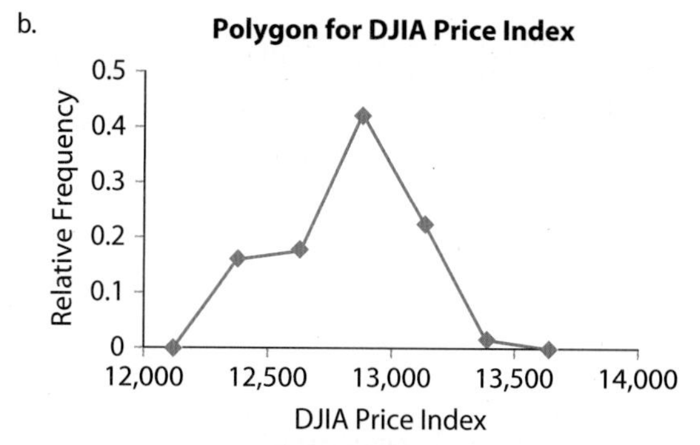

The distribution is positively skewed.

c.

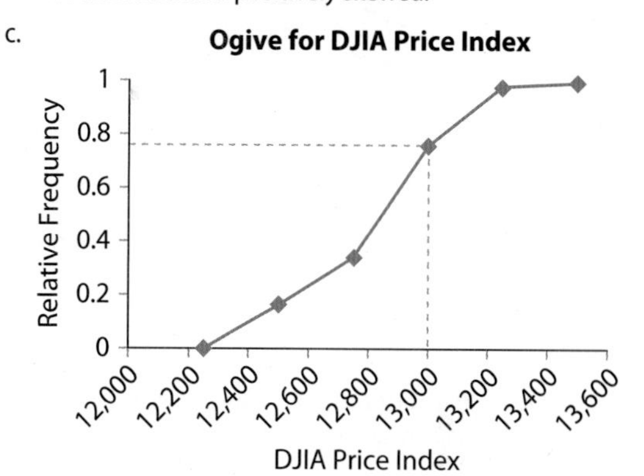

On approximately 75% of the days, the DJIA was less than 13,000.

2.38

Stem	Leaf
−8	7 5 5 3 2 0 0 0
−7	9 7 5 3 3 2 1
−6	5 5 4
−5	2 0

The distribution is not symmetric.

2.40

Stem	Leaf
7	3 4 6 7 8 8
8	0 1 2 3 4 4 4 4 7 8
9	0 0 0 1 1 2 2 2 3 3 4 4 4 4 4 5 6 6 6 8 8 9
10	6 7

Temperatures ranged from 73 to 107. Temperatures in the 90s were most frequent.

2.42 Spain

Stem	Leaf
2	1 1 1 2 3 3 4 4 5 5 5 6 7 8 9 9 9
3	0 0 2

Netherlands

Stem	Leaf
2	2 3 3 4 5 5 5 6 6 6 7 7 7 7 9
3	0 3 5 5 9

Spain has a relatively younger team. Spain's ages range from 21 to 32 while the Netherlands' ages range from 22 to 39. Most players on both teams are in their 20s.

2.44

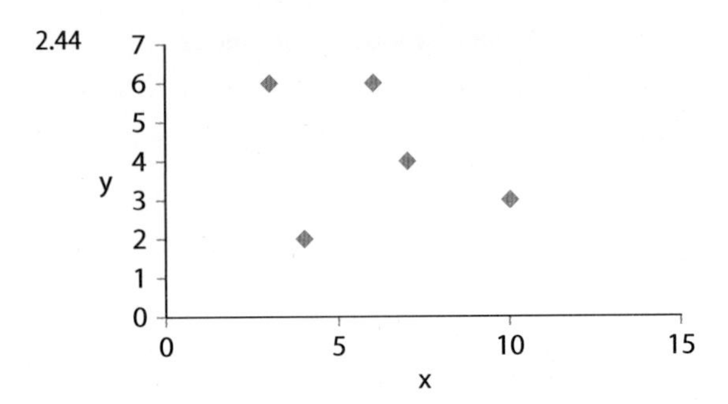

There is no clear relationship between x and y.

2.46

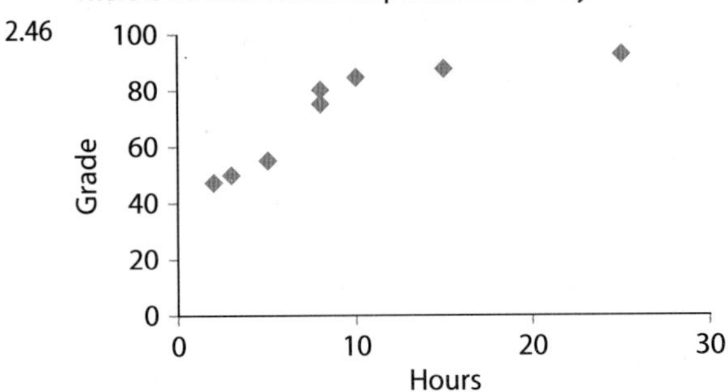

There is a positive relationship; as the number of hours spent studying increases, grades tend to increase.

2.48

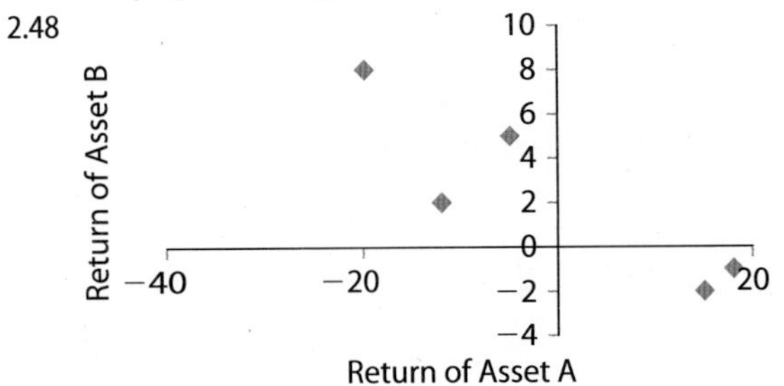

There is a negative relationship between the two assets; it would be wise for the investor to include them in her portfolio.

2.50 a.

Response	Utah Relative Frequency	Kentucky Relative Frequency
Yes	0.10	0.45
No	0.90	0.55

45% of households in Kentucky allow smoking at home whereas only 10% do in Utah.

b.

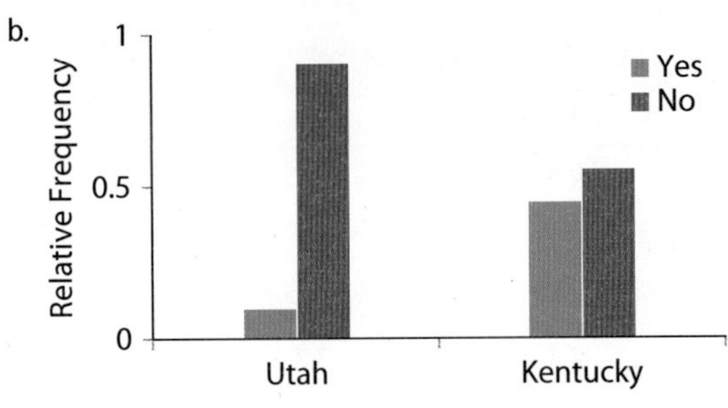

The bar chart shows that smoking at home is much more common in Kentucky.

2.52 a.

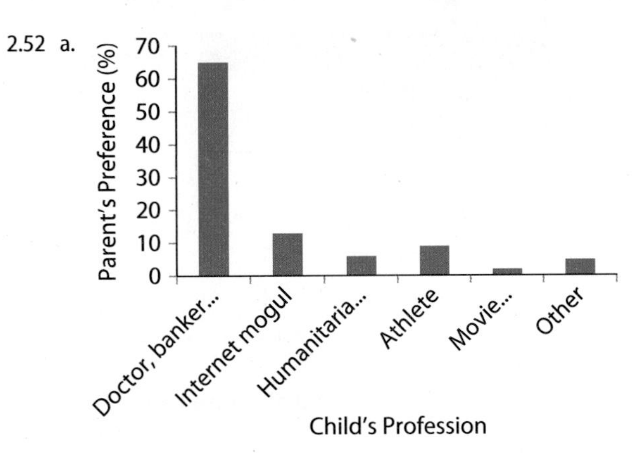

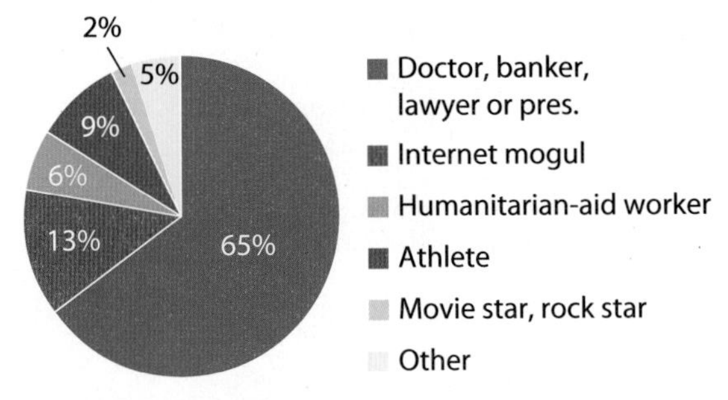

b. (0.09)(550) ≈ 50 parents.

2.54 a.

Region	Relative Frequency
Northeast	0.165
Midwest	0.194
South	0.416
West	0.225

19.4% of people living below the poverty line live in the Midwest.

b.

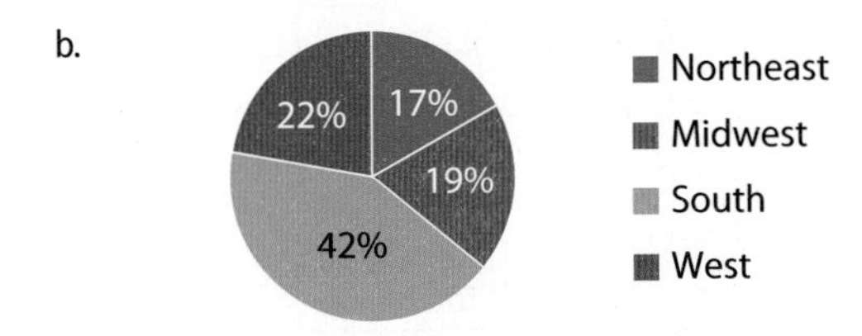

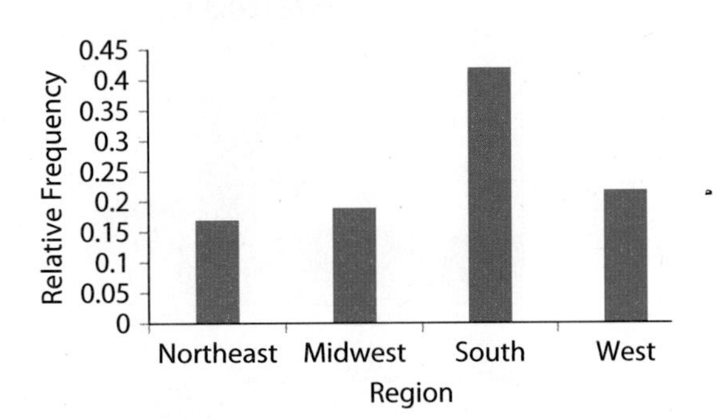

2.56 a.

Response	Frequency
A few days	642
A few long weekends	550
One week	1101
Two weeks	764

b.

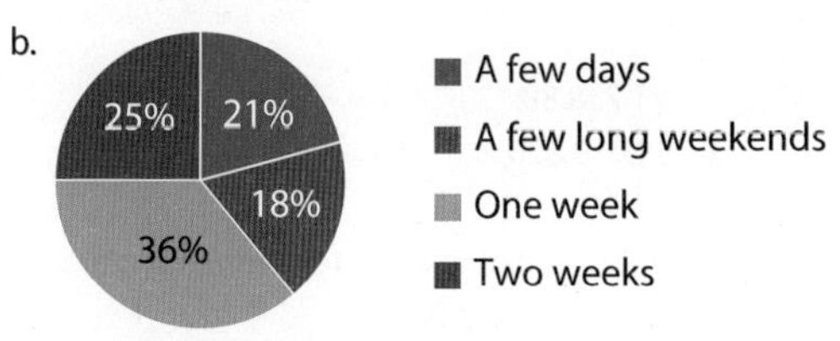

2.58 a.

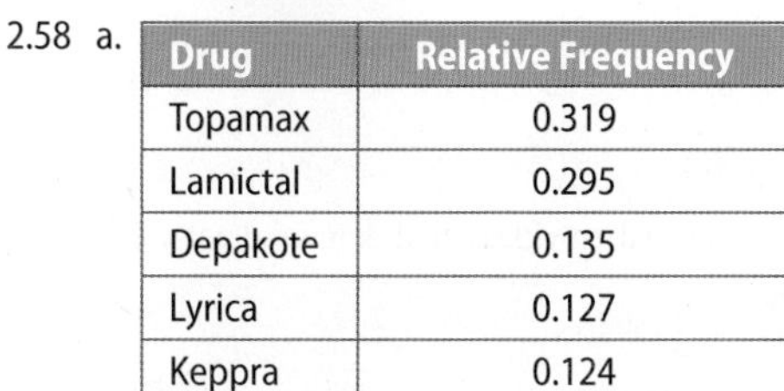

Drug	Relative Frequency
Topamax	0.319
Lamictal	0.295
Depakote	0.135
Lyrica	0.127
Keppra	0.124

b. Lamictal accounted for 29.5% of sales.

c.

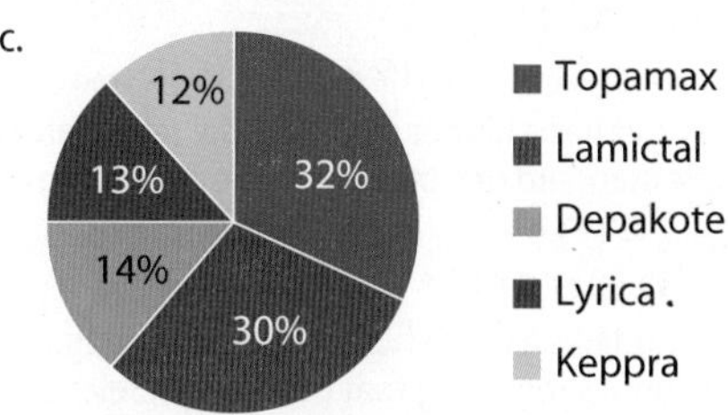

2.60 a.

Average MPG	Relative Frequency	Cumulative Frequency	Cumulative Relative Frequency
15 up to 20	0.1875	15	0.1875
20 up to 25	0.3750	45	0.5625
25 up to 30	0.1875	60	0.75
30 up to 35	0.1250	70	0.875
35 up to 40	0.0875	77	0.9625
40 up to 45	0.0375	80	1

b. 60 cars; 37.5%; 87.5%; 12.5%

c.

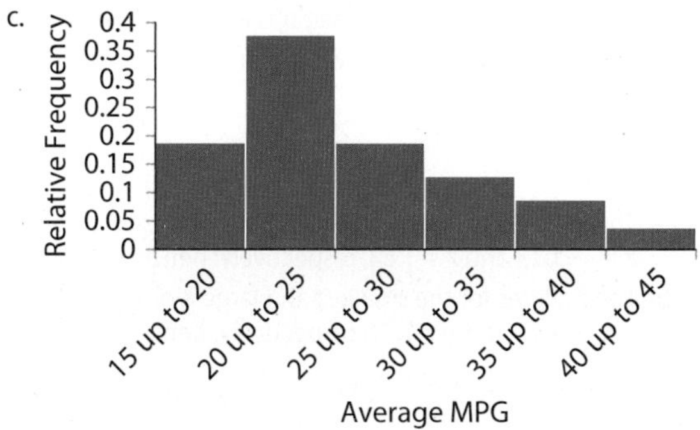

2.62 a. 16%

b. 76%

c.

Stem	Leaf
3	6 6
4	4 7
5	3 3 4 6
6	0 1 5 5 6 7 7 9
7	0 1 3 3 3 7 8 9 9

The distribution is negatively skewed.

2.64 a.

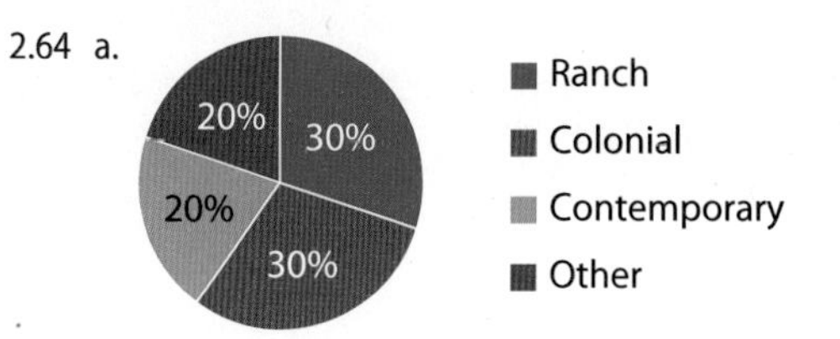

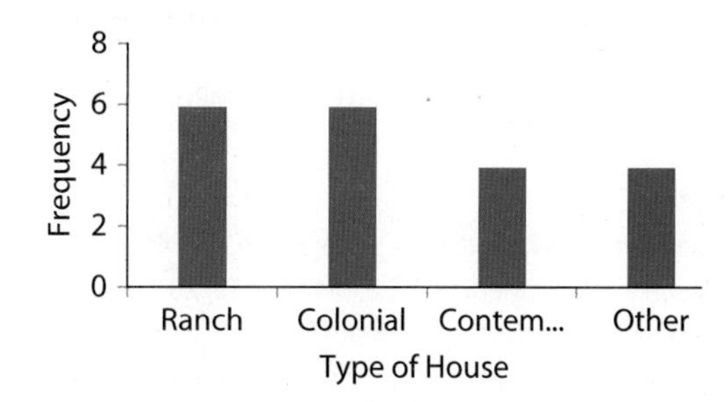

60% of homes sold are either Ranch or Colonial; remaining 40% split between Contemporary and Other.

b.

Price ($)	Frequency
300,000 up to 350,000	4
350,000 up to 400,000	6
400,000 up to 450,000	4
450,000 up to 500,000	2
500,000 up to 550,000	3
550,000 up to 600,000	1

c.

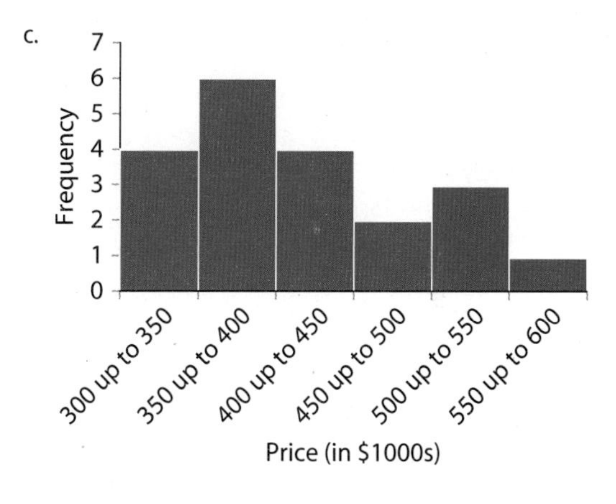

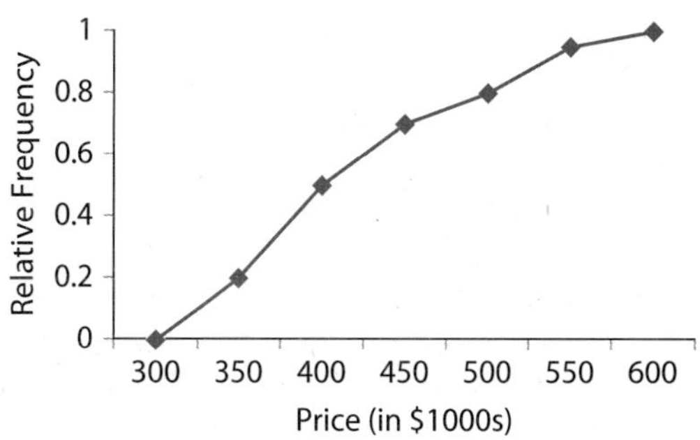

2.66

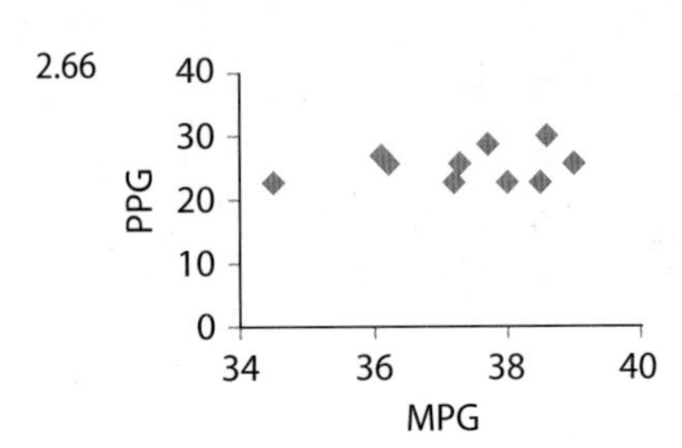

No clear relationship between PPG and MPG.

Chapter 3

3.2 Mean = −2.67; Median = −3.5; Mode = −4

3.4 Mean = 18.33; Median = 20; Mode = 15, 20

3.6 a. $\bar{x} = 3.7$; Median = 3.5; Mode = 3

b. Since we are describing the typical number of bedrooms in a home, the best measure of central location is the mode.

3.8 Average price per share = 23.862.

3.10 a. Average price per share = 12.17.

b. Average price per share = 13.27.

3.12 a. $\text{Mean}_{\text{Yankees}} = 4.70$; $\text{Median}_{\text{Yankees}} = 4.68$

b. $\text{Mean}_{\text{Orioles}} = 6.05$; $\text{Median}_{\text{Orioles}} = 5.23$

c. The Yankees

3.14 Mean = 3.90; Median = 3.87; Mode = 3.89

3.16 $P_{20} = 160.2$; $P_{50} = 215$; $P_{80} = 324.4$

3.18 a. The asterisk (*) on the left indicates the presence of an outlier.

b. Negatively skewed

3.20 a. $P_{25} = 13.5$; $P_{50} = 22$; $P_{75} = 33.5$

b. No outliers

3.22 a. $P_{25} = 66.25$; $P_{50} = 75$; $P_{75} = 85.75$

b. 25 is an outlier

c. Negatively skewed

3.24 a. $P_{25} = 11.5$; $P_{50} = 15$; $P_{75} = 19$

b. The PE values of 44 and 49 are outliers; positively skewed

3.26 a. Range = 32

b. $\mu = 24$; MAD = 11.2

c. $\sigma^2 = 153.6$

d. $\sigma = 12.39$

3.28 a. Range = 20

b. $\bar{x} = 42$; MAD = 7.33

c. $s^2 = 51.2$

d. $s = 7.16$

3.30 a. Range = 11.78

b. $\bar{x} = 8.34$; Median = 8.84

c. $s^2 = 15.74$; $s = 3.97$

3.32 a. Monthly rent: $\bar{x} = 1222.93$; $s = 424.80$

b. Square footage: $\bar{x} = 1286.03$; $s = 645.81$

c. Monthly rent: $CV = 0.35$

d. Square footage: $CV = 0.50$; there is greater relative dispersion in square footage than in monthly rent.

3.34 a. Range of household income = 32,766;

Range of house value = 442,900.

b. $\bar{x}_{\text{Income}} = 51{,}641.4$;

$\text{MAD}_{\text{Income}} = 6834.68$;

$s^2_{\text{Income}} = 70{,}323{,}534$;

$s_{\text{Income}} = 8385.91$

$\bar{x}_{\text{Value}} = 199{,}324$;

$\text{MAD}_{\text{Value}} = 71{,}738.88$;

$s^2_{\text{Value}} = 8{,}758{,}919{,}820$;

$s_{\text{Value}} = 93{,}589.10$

c. The coefficient of variation is the recommended measure.

3.36 a. Investment B; Investment A

b. $\text{Sharpe}_A = \dfrac{\bar{x}_I - \bar{R}_f}{s_I} = \dfrac{10 - 1.4}{5} = 1.72$; $\text{Sharpe}_B = \dfrac{\bar{x}_I - \bar{R}_f}{s_I} = \dfrac{15 - 1.4}{10} = 1.36$;

Investment A; hence it provides a higher reward per unit of risk.

3.38 a. Energy fund

b. Energy fund

c. $\text{Sharpe}_{\text{Energy}} = \dfrac{19.35 - 3}{35.99} = 0.45$; $\text{Sharpe}_{\text{Health}} = \dfrac{6.64 - 3}{15.28} = 0.24$; the Energy fund

3.40 a. $\bar{x}_{\text{Technology}} = 3.89$; $s_{\text{Technology}} = 41.16$; $\bar{x}_{\text{Service}} = 15.45$; $s_{\text{Service}} = 32.29$

The Service fund has a higher mean annual return and a lower sample standard deviation than the Technology fund.

b. $\text{Sharpe}_{\text{Technology}} = (3.89 - 2)/41.16 = 0.046$; $\text{Sharpe}_{\text{Service}} = (15.45 - 2)/32.29 = 0.417$

The Service fund has a much higher Sharpe ratio than the Technology fund, suggesting that the Fidelity Select Service Fund has more reward per unit of risk.

3.42 a. At least 75%

b. At least 94%

3.44 a. 68%

b. 95%

c. 2.5%

3.46 a. 95% + 2.5% = 97.5%

b. 975

3.48 Approximately 6 observations

3.50 The z-scores for the smallest and largest observations are $z = -1.14$ and $z = 2.01$, respectively; hence, not outliers.

3.52 a. 16% (32%/2) of the observations are greater than 20%.

b. 2.5% (5%/2) of the observations are less than −16%.

3.54 a. 68%

b. 16%

c. 2.5%

3.56 a. The z-scores for the smallest and largest observations are $z = -1.13$ and $z = 1.83$, respectively; hence, no outliers.

b. The z-scores for the smallest and largest observations are $z = -1.97$ and $z = 1.71$, respectively; hence, no outliers.

3.58 a. $\mu = \dfrac{\Sigma m_i f_i}{N} = \dfrac{1100}{180} = 6.11$

b. $\sigma^2 = \dfrac{\Sigma(m_i - \mu)^2 f_i}{N} = \dfrac{497.78}{180} = 2.76$; $\sigma = \sqrt{\sigma^2} = 1.67$

3.60 $\mu = \dfrac{\Sigma m_i f_i}{N} = \dfrac{-700}{200} = -3.5$; $\sigma^2 = \dfrac{\Sigma(m_i - \mu)^2 f_i}{N} = \dfrac{18{,}550}{200} = 92.75$;

$\sigma = \sqrt{\sigma^2} = 9.63$

3.62 a. $\bar{x} = \dfrac{\Sigma m_i f_i}{n} = \dfrac{450}{50} = 9$

b. $s^2 = \dfrac{\Sigma(m_i - \bar{x})^2 f_i}{n - 1} = \dfrac{652.50}{49} = 13.32$; $s = \sqrt{s^2} = 3.65$

3.64 a. $\bar{x} = \dfrac{\Sigma m_i f_i}{n} = \dfrac{2065}{80} = 25.81$

b. $s^2 = \dfrac{\Sigma(m_i - \bar{x})^2 f_i}{n - 1} = \dfrac{3647.19}{79} = 46.17$; $s = \sqrt{s^2} = 6.79$

3.66 a. $\bar{x} = \frac{\Sigma m_i f_i}{n} = \frac{3767}{100} = 37.67$

b. $s^2 = \frac{\Sigma(m_i - \bar{x})^2 f_i}{n-1} = \frac{46{,}386.61}{99} = 468.55; s = \sqrt{s^2} = 21.65$

3.68 a. $s_{xy} = \frac{\Sigma(x_i - \bar{x})(y_i - \bar{y})}{n-1} = \frac{-49.21}{4} = -12.3$; negative linear relationship

b. $r_{xy} = \frac{s_{xy}}{s_x s_y} = -0.96$; negative and strong linear relationship

3.70 a. $s_{\text{Price,Days}} = \frac{\Sigma(x_i - \bar{x})(y_i - \bar{y})}{n-1} = \frac{4419.75}{7} = 631.39$; positive linear relationship

b. $r_{\text{Price,Days}} = \frac{s_{\text{Price,Days}}}{s_{\text{Price}} s_{\text{Days}}} = 0.45$; positive and moderate relationship

3.72 a. $s_{\text{Educ,Sal}} = \frac{\Sigma(x_i - \bar{x})(y_i - \bar{y})}{n-1} = \frac{245}{7} = 35$; positive linear relationship

b. $r_{\text{Educ,Sal}} = \frac{s_{\text{Educ,Sal}}}{s_{\text{Educ}} s_{\text{Sal}}} = 0.95$; positive and strong relationship

3.74 a. $r_{\text{Age,Happiness}} = 0.57$; positive and moderate linear relationship

b.

The scatterplot indicates a nonlinear relationship between Happiness and Age.

3.76 Mean = 809.14; Median = 366; Mode = *not available*. The median best reflects the typical sales as the value 3,300 is clearly an outlier that pulls the mean up.

3.78 a.

	Firm A	Firm B
Mean	31.33	23.50
Variance	8.67	6.70
Standard Deviation	2.94	2.59
Coefficient of Variation	0.09	0.11

b. Firm A

c. Firm A: greater standard deviation ($2.94 > 2.59$). Firm B: greater relative dispersion with a coefficient of variation of 0.11 against 0.09 for Firm A.

3.80 a. $\bar{x} = \frac{\Sigma m_i f_i}{n} = \frac{3262}{200} = 16.31$

b. $s^2 = \frac{\Sigma(m_i - \bar{x})^2 f_i}{n-1} = \frac{12{,}111.78}{199} = 60.86; s = \sqrt{s^2} = 7.80$

3.82 a. $\bar{x}_{\text{Ad}} = 25$ and $\bar{x}_{\text{Sales}} = 18$

b. $s_{\text{Ad}} = 3.58$ and $s_{\text{Sales}} = 2.10$

c. $s_{xy} = \frac{\Sigma(x_i - \bar{x})(y_i - \bar{y})}{n-1} = \frac{35}{5} = 7$; positive linear relationship

d. $r_{xy} = \frac{s_{xy}}{s_x s_y} = 0.93$; positive and strong linear relationship

3.84

	Income
Mean	8.86
Median	7.96
Standard Deviation	6.71
Range	24.93

There is a great deal of variability in salaries. The difference between the highest-and lowest-paid quarterback is \$24.93 million. The sample standard deviation of salaries is \$6.71 million.

3.86 a. There are two outliers in the gasoline price data: Alaska and Hawaii prices.

b. $\bar{x} = 3.90$; $s = 0.18$. Since the *z*-score, $z = 3.92$, for Hawaii is greater than 3, there are outliers in the data. This is consistent with the box plot.

Chapter 4

4.2 a. $P(D) = 0.20$ (the events are equally likely).

b. $P(B^c) = 0.80$

c. $P(A \cup C \cup E) = P(A) + P(C) + P(E) = 0.60$

4.4 a. $P(D) = 1 - [P(A) + P(B) + P(C)] = 0.30$

b. $P(C^c) = 1 - P(C) = 0.75$

c. $P(A \cup B) = P(A) + P(B) = 0.45$

4.6 Empirical probability

4.8 a. A union

b. An intersection

4.10 a. $P(\{\text{overweight}\} \cup \{\text{obese}\}) = 0.688$

b. $P((\{\text{overweight}\} \cup \{\text{obese}\})^c) = 1 - P(\{\text{overweight}\} \cup \{\text{obese}\}) = 0.312$

c. The events {overweight} and {obese} are not exhaustive.

d. Mutually exclusive

4.12 a. $P(\{\text{Mild}\}) = 0.215$

b. $P(\{\text{No Depression}\}) = 0.568$

c. $P(\{\text{Moderately Severe}\} \cup \{\text{Severe}\}) = 0.115$

d. Cape Cod has a higher level of moderately severe to severe depression with 11.5% of its residents compared to 6.7% at the national level.

4.14 $P(A) = 0.55$; $P(B) = 0.30$; $P(A \cap B) = 0.10$

a. $P(A \mid B) = \frac{P(A \cap B)}{P(B)} = 0.33$

b. $P(A \cup B) = P(A) + P(B) - P(A \cap B) = 0.75$

c. $P((A \cup B)^c) = 1 - P(A \cup B) = 0.25$

4.16 $P(A) = 0.40$; $P(B) = 0.50$

a. $P(A \cap B) = P(A)P(B) = (0.40)(0.50) = 0.20$

b. $P((A \cup B)^c) = 1 - P(A \cup B) = 1 - 0.70 = 0.30$

c. $P(A \mid B) = \frac{P(A \cap B)}{P(B)} = 0.40$

4.18 $P(A) = 0.15$, $P(B) = 0.10$, and $P(A \cap B) = 0.05$

a. *A* and *B* are not independent events since $P(A \mid B) = 0.50 \neq 0.15 = P(A)$.

b. *A* and *B* are not mutually exclusive events since $P(A \cap B) \neq 0$.

c. $P((A \cup B)^c) = 1 - P(A \cup B) = 0.80$

4.20 $P(A^c) = 0.30$, $P(B) = 0.60$, and $P(A \cap B^c) = 0.24$

a. $P(A \mid B^c) = \frac{P(A \cap B^c)}{P(B^c)} = 0.60$

b. $P(B^c|A) = \frac{P(A \cap B^c)}{P(A)} = 0.343$

c. A and B are not independent events since A and B^C are not independent events: $P(A|B^c) = 0.60 \neq 0.70 = P(A)$.

4.22 Let events SM, W, and M correspond to "Mobile phone subscribers who use smartphones," "Women," and "Men," respectively.

$P(SM) = 0.44$, $P(W|SM) = 0.51$

a. $P(W \cap SM) = P(W|SM)P(SM) = (0.51)(0.44) = 0.2244$

b. $P(M \cap SM) = P(SM) - P(W \cap SM) = 0.2856$

4.24 $P(A) = 0.40$, $P(B) = 0.60$, $P(A|B) = 0.80$

a. $P(A \cup B) = P(A) + P(B) - P(A \cap B) = 0.52$

b. Events A and B are not mutually exclusive since $P(A \cap B) = 0.48 \neq 0$.

c. Events A and B are not independent since $P(A|B) = 0.80 \neq 0.40 = P(A)$.

4.26 Let events H and P correspond to "Do homework regularly" and "Pass the course," respectively.

$P(H) = 0.60$, $P(P|H) = 0.95$, $P(P) = 0.85$

a. $P(H \cap P) = P(P|H)P(H) = (0.95)(0.60) = 0.57$

b. $P((H \cup P)^c) = 1 - P(H \cup P) = 0.12$

c. No, because $P(H \cap P) = 0.57 \neq 0$

d. No, because $P(P|H) = 0.95 \neq 0.85 = P(P)$.

4.28 Let event A be "Default on a seven-year AA bond" and B be "Default on a seven-year A bond."

$P(A) = 0.06$, $P(B) = 0.13$, and $P(A \cap B) = 0.04$

a. $P(A \cup B) = P(A) + P(B) - P(A \cap B) = 0.15$

b. $P((A \cup B)^c) = 1 - P(A \cup B) = 0.85$

c. $P(B|A) = \frac{P(A \cap B)}{P(A)} = 0.67$

4.30 a. $P(A) = 0.40$, $P(A^c) = 1 - P(A) = 0.60$, $P(B) = 0.50$

b. Events A and B are not exhaustive since $P(A \cup B) < 1$.

c. Mike's preference is described by the event $A \cap B$. It is the intersection of the events of getting both a "white or blue" and "size L" shirt.

4.32 For $i = 1,2$, let event A_i be "the i-th selected member is in favor of the bonus."

a. $P(A_1 \cap A_2) = \frac{10}{15} \times \frac{9}{14} = 0.4286$

b. $P(A_1^c \cap A_2^c) = \frac{5}{15} \times \frac{4}{14} = 0.0952$

4.34 Let event A correspond to "Asians," B to "black," W to "white," H to be "Hispanic," and T to be "both parents at home."

$P(T|A) = 0.85$, $P(T|W) = 0.78$, $P(T|H) = 0.70$, $P(T|B) = 0.38$

a. $A \cap B = \varnothing$ (empty set). Events corresponding to "Asians" and "black" are mutually exclusive.

$P(A) + P(B) < 1$. Events corresponding to "Asians" and "black" are not exhaustive.

b. $P(W^c) = 1 - P(W) = 1 - \frac{280}{500} = 0.44$

c. $P(W \cap T) = P(T|W)P(W) = (0.78)(0.56) = 0.4368$

d. $P(A \cap T) = P(T|A)P(A) = (0.85)(0.10) = 0.085$

4.36 S = Women face sexual harassment; T = Women use public transportation

a. $P(S \cap T) = P(S|T)P(T) = 0.23$

b. $P(T|S) = P(S \cap T)/P(S) = 0.34$

4.38 F = Foreclosed; H = centered in Arizona, California, Florida, or Nevada; since $P(F) = 0.0079$ and $P(H|F) = 0.62$:

$P(F \cap H) = P(H|F)P(F) = 0.0049$

4.40 a.

	B	B^C	Total
A	0.26	0.34	0.60
A^C	0.14	0.26	0.40
Total	0.40	0.60	1.00

b. $P(A) = 0.60$

c. $P(A \cap B) = 0.26$

d. $P(A|B) = P(A \cap B)/P(B) = 0.65$

e. $P(B|A^c) = P(A^c \cap B)/P(A^c) = 0.35$

f. No, since $P(A \cap B) = 0.26 \neq 0$.

g. No, since $P(A|B) = 0.65 \neq 0.60 = P(A)$.

4.42 a.

	IT	G	Total
Yes	0.2214	0.3657	0.5871
No	0.2071	0.2057	0.4129
Total	0.4286	0.5714	1

b. $P(\text{IT}) = 0.4286$

c. $P(\text{Yes}) = 0.5871$

d. $P(\text{IT}|\text{Yes}) = P(\text{Yes} \cap \text{IT})/P(\text{Yes}) = 0.3771$

e. $P(\text{Yes}|\text{G}) = P(\text{Yes} \cap \text{G})/P(\text{G}) = 0.64$

f. No, since $P(\text{IT}|\text{Yes}) \neq P(\text{IT})$

4.44 a.

	Study Hard		
Major	Yes	No	Total
Business	20	100	120
Nonbusiness	48	102	150
Total	68	202	270

b. $P(B \cap \text{No}) = \frac{100}{270} = 0.3704$

c. $P(\text{Yes}) = \frac{68}{270} = 0.2519$

d. $P(B|\text{Yes}) = \frac{20}{68} = 0.2941$; $P(B^c|\text{Yes}) = \frac{48}{68} = 0.7059$

4.46 a.

	Vaccinated (V)	Dummy Shot (D)	Total
Infected (I)	0.016	0.014	0.030
Not Infected	0.477	0.493	0.970
Total	0.493	0.507	1

b. $P(V) = 0.493$

c. $P(I) = 0.03$

d. $P(I|V) = 0.03$

e. Yes, since $P(I|V) = P(I) = 0.03$.

4.48 L = Like it, M = man, W = woman, A = American, B = European, C = Asian

a. $P(L|M) = 480/(480 + 520) = 0.48$

b. $P(L|C) = (120 + 180)/500 = 0.60$

c. BW = European woman; $P(L^c|BW) = 190/(310 + 190) = 0.38$

d. AM = American man; $P(L^c|AM) = 290/(210 + 290) = 0.58$

e. i. America: $P(L|M) = 210/(210 + 290) = 0.42 \neq P(L) = (210 + 370)/1200 = 0.48$; not independent

ii. Europe: $P(L|M) = 150/(150 + 150) = 0.50 \neq P(L) = (150 + 310)/800 = 0.58$; not independent

iii. Asia: $P(L|M) = 120/(120 + 80) = 0.60 = P(L) = (120 + 180)/500$; independent

f. $P(L \mid M) = 480/(480 + 520) = 0.48 \neq P(L) = (480 + 860)/2500 = 0.54$; not independent

4.50 a. $P(B^c) = 0.40$

b. $P(A \cap B) = P(A \mid B)P(B) = 0.48$

$P(A \cap B^c) = P(A \mid B^c)P(B^c) = 0.04$

c. $P(A) = P(A \cap B) + P(A \cap B^c) = 0.52$

d. $P(B \mid A) = P(A \cap B)/P(A) = 0.9231$

4.52

Prior Probabilities	Conditional Probabilities	Joint Probabilities	Posterior Probabilities
$P(B_1) = 0.1$	$P(A \mid B_1) = 0.4$	$P(A \cap B_1) = 0.04$	$P(B_1 \mid A) = 0.06$
$P(B_2) = 0.6$	$P(A \mid B_2) = 0.6$	$P(A \cap B_2) = 0.36$	$P(B_2 \mid A) = 0.56$
$P(B_3) = 0.3$	$P(A \mid B_3) = 0.8$	$P(A \cap B_3) = 0.24$	$P(B_3 \mid A) = 0.38$
Total = 1		$P(A) = 0.64$	Total = 1

4.54 D = Experience a decline; N = Ratio is negative

$P(N) = P(N \cap D) + P(N \cap D^c) = P(N \mid D)P(D) + P(N \mid D^c)P(D^c) = 0.26$. Then, $P(D \mid N) = P(N \cap D)/P(N) = 0.54$

4.56 Let event O be "Teen owns a cell phone" and event T correspond to "Older teens." We have $P(O \mid T) = 0.90$, $P(O \mid T^c) = 0.60$, and $P(T) = 0.70$.

a. $P(O) = P(O \mid T)P(T) + P(O \mid T^c)P(T^c) = (0.90)(.70) + (.60)(1 - .70) = 0.81$

b. $P(T \mid O) = \dfrac{P(O \cap T)}{P(O)} = \dfrac{P(O \mid T)P(T)}{P(O \mid T)P(T) + P(O \mid T^c)P(T^c)} = \dfrac{0.63}{0.81} = 0.7778$

c. $P(T^c \mid O) = \dfrac{P(O \cap T^c)}{P(O)} = \dfrac{P(O \mid T^c)P(T^c)}{P(O \mid T)P(T) + P(O \mid T^c)P(T^c)} = \dfrac{0.18}{0.81} = 0.2222$

4.58 Let F = "Player is fully fit to play," S = "Player is somewhat fit to play," N = "Player is not able to play," and W = "The Lakers win the game."

a. Consider the following table:

Prior Probabilities	Conditional Probabilities	Joint Probabilities
$P(F) = 0.40$	$P(W \mid F) = 0.80$	$P(W \cap F) = 0.40(0.80) = 0.32$
$P(S) = 0.30$	$P(W \mid S) = 0.60$	$P(W \cap S) = 0.60(0.30) = 0.18$
$P(N) = 0.30$	$P(W \mid N) = 0.40$	$P(W \cap N) = 0.30(0.40) = 0.12$
Total = 1.00		$P(W) = 0.32 + 0.18 + 0.12 = 0.62$

The Lakers have a 62% chance of winning the game.

b. $P(F \mid W) = \dfrac{P(W \cap F)}{P(W)} = \dfrac{0.32}{0.62} = 0.52$

4.60 a. The given probabilities are $P(A) = 0.10$, $P(B) = 0.44$, and $P(B \mid A) = 0.60$. The probability $P(A) = 0.10$ is subjective because it is based on judgment. The other two probabilities are empirical because they are based on survey data.

b. $P(A \cap B) = P(B \mid A)P(A) = 0.60(0.10) = 0.06 > 0$. Thus, the events A and B are not mutually exclusive. Since $P(A \cup B) = P(A) + P(B) - P(A \cap B) = 0.10 + 0.44 - 0.06 = 0.48 < 1$, these events are not exhaustive.

c. Since $P(B \mid A) = 0.60 \neq 0.44 = P(B)$, the events A and B are not independent.

d. $P(A \mid B) = \dfrac{P(A \cap B)}{P(B)} = \dfrac{0.06}{0.44} \approx 0.136.$

4.62 Let event U correspond to "US equity" and F to "Foreign equity"; $P(U) = 0.70$, $P(F) = 0.50$, and $P(U \cap F) = 0.40$.

a. $P(U \mid F) = \dfrac{P(U \cap F)}{P(F)} = \dfrac{0.40}{0.50} = 0.80$

b. $P((U \cup F)^c) = 1 - P(U \cup F) = 1 - 0.80 = 0.20.$

4.64 $P(A) = 0.40$, $P(B) = 0.25$

a. Using the independence, $P(A \cup B) = P(A) + P(B) - P(A \cap B) = P(A) + P(B) - P(A)P(B) = 0.40 + 0.25 - 0.40(0.25) = 0.55$

b. $P((A \cup B)^c) = 1 - P(A \cup B) = 1 - 0.55 = 0.45$

4.66 Let event S correspond to "Biggest smilers," F to "Biggest frowners," and D to "Divorced"; $P(D \mid S) = 0.11$ and $P(D \mid F) = 0.31$.

a. Since $P(S \cap D) = 0.02$, we use $P(S \cap D) = P(D \mid S)P(S)$ to solve for $P(S)$:

$$P(S) = \frac{P(S \cap D)}{P(D \mid S)} = \frac{0.02}{0.11} = 0.1818, \text{ or } 18.18\%.$$

b. Since $P(F) = 0.25$, $P(F \cap D) = P(D \mid F)P(F) = 0.31(0.25) = 0.0775$, or 7.75%.

4.68 For $i = 1,2$, let event D_i be "the i-th selected mango is damaged."

a. $P(D_1^c) = \dfrac{17}{20} = 0.85$

b. $P(D_1^c \cap D_2^c) = \dfrac{17}{20} \times \dfrac{16}{19} = 0.7158$

c. $P(D_1 \cap D_2) = \dfrac{3}{20} \times \dfrac{2}{19} = 0.0158$

4.70 a.

	Gender		
Drink Choice	Male (M)	Female (F)	Total
Beer (B)	150	38	188
Wine (W)	40	20	60
Soft Drinks (D)	20	12	32
Total	210	70	280

b. $P(W) = \dfrac{60}{280} = 0.2143$

c. $P(W \mid M) = \dfrac{40}{210} = 0.1905$

d. Since $P(W) = 0.2143 \neq 0.1905 = P(W \mid M)$, gender and drink choice are not independent.

4.72

	Survived for Discharge (S)	Did Not Survive for Discharge (S^c)	Total
Day or Evening Shift (D)	0.1338	0.5417	0.6755
Graveyard Shift (G)	0.0477	0.2768	0.3245
Total	0.1815	0.8185	1.00

a. $P(G) = 0.3245$

b. $P(S) = 0.1815$

c. $P(S \mid G) = \dfrac{P(G \cap S)}{P(G)} = \dfrac{0.0477}{0.3245} = 0.1470$

d. $P(G \mid S) = \dfrac{P(G \cap S)}{P(S)} = \dfrac{0.0477}{0.1815} = 0.2628$

e. $P(S \mid G) = 0.1470 \neq 0.1815 = P(S)$. Also, $P(G \mid S) = 0.2628 \neq 0.3245 = P(G)$.) Therefore, the events are not independent.

4.74 Let A = "U.S. economy performs well" and B = "Asian countries perform well." We have $P(A) = 0.40$, $P(B \mid A) = 0.80$, and $P(B \mid A^c) = 0.30$.

a. $P(A \cap B) = P(B \mid A)P(A) = 0.80(0.40) = 0.32$

b. $P(B) = P(B \cap A) + P(B \cap A^c) = P(B \mid A)P(A) + P(B \mid A^c)P(A^c) = 0.32 + 0.30(1 - 0.40) = 0.32 + 0.18 = 0.50$

c. $P(A \mid B) = \dfrac{P(A \cap B)}{P(B)} = \dfrac{0.32}{0.50} = 0.64$

4.76 Let event M correspond to "Men," F to "Women," and H to "Healthy weight." Then $P(H|W) = 0.365$, $P(H|M) = 0.266$, and $P(W) = 0.5052$.

a. $P(H) = P(H \cap W) + P(H \cap M) = P(H|W)P(W) + P(H|M)P(M) = 0.365(0.5052) + 0.266(1 - 0.5052) = 0.3160$

b. $P(W|H) = \frac{P(H \cap W)}{P(H)} = \frac{0.365(0.5052)}{0.3160} = 0.5835$

c. $P(M|H) = \frac{P(H \cap M)}{P(H)} = \frac{0.266(1 - 0.5052)}{0.3160} = 0.4165$

4.78 Let event A correspond to "Asians," B to "black," W to "white," H to "Hispanic," and T to "Both parents at home." It is known that $P(T|A) = 0.85$, $P(T|W) = 0.78$, $P(T|H) = 0.70$, $P(T|B) = 0.38$. Also, $P(A) = \frac{50}{500} = 0.10$, and similarly $P(W) = 0.56$, $P(H) = 0.20$, and $P(B) = 0.14$.

a. $P(T) = P(T|A)P(A) + P(T|W)P(W) + P(T|H)P(H) + P(T|B)P(B) = 0.85(0.10) + 0.78(0.56) + 0.70(0.20) + 0.38(0.14) = 0.7150$

b. $P(A|T) = \frac{P(A \cap T)}{P(T)} = \frac{0.85(0.10)}{0.7150} = 0.1189$

c. $P(B|T) = \frac{P(B \cap T)}{P(T)} = \frac{0.38(0.14)}{0.7150} = 0.0744$

Chapter 5

5.2 a. $P(X = 10) = 0.45$

b.

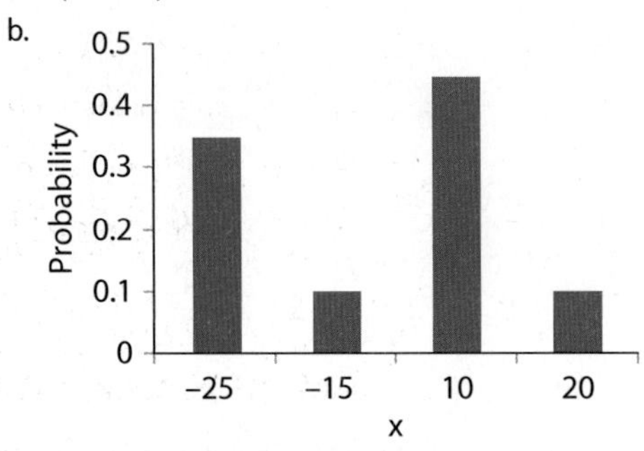

The distribution is not symmetric.

c. $P(X < 0) = 0.45$

d. $P(X > -20) = 0.65$

e. $P(X < 20) = 0.90$

5.4 a. $P(X \leq 0) = 0.5$

b. $P(X = 50) = 0.25$

c. Yes. The distribution is symmetric, has a finite number of values, and each value has an equal probability of occurring.

5.6 a. $X \in \{10, 12, 14, 16\}$; X is discrete.

b. $X \in [8, 20]$; X is not discrete.

c. $X \in [0, 1, 2, \ldots]$; X is discrete.

d. $X \in [0, \infty)$; X is continuous.

5.8 a.

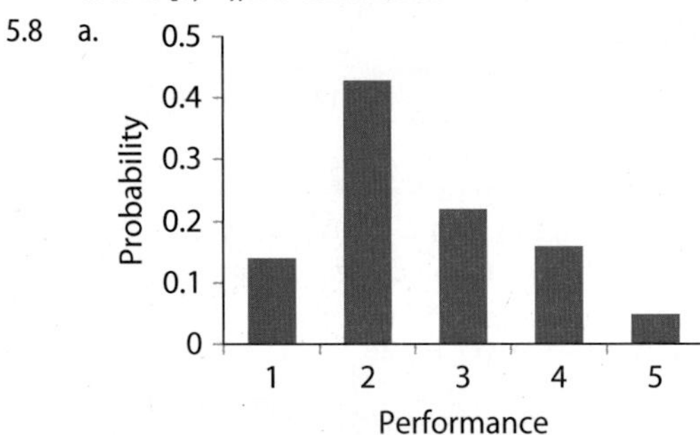

The analyst has a somewhat pessimistic view based on the positively skewed distribution.

b.

Performance	Cumulative Probability
1 (Very poor)	0.14
2 (Poor)	0.57
3 (Neutral)	0.79
4 (Good)	0.95
5 (Very good)	1

c. $P(X \geq 4) = P(X = 4) + P(X = 5) = 0.21$

5.10 a. 0.40

b. 0.65

5.12 a. $P(X = 1) = 1 - P(X = 0) - P(X = 2) = 0.15$

b. Let the random variable X represent the number of students that Jane will be able to fund.

X	$P(X \leq x)$
0	0.05
1	0.20
2	1

5.14 $\mu = \Sigma x_i P(X = x_i) = 10.75$;
$\sigma^2 = \Sigma (x_i - \mu)^2 P(X = x_i) = 28.19$;
$\sigma = \sqrt{28.19} = 5.31$

5.16 a. $E(X) = \Sigma x_i P(X = x_i) = 0.95$

b. $\sigma^2 = \Sigma (x_i - \mu)^2 P(X = x_i) = 0.65$
$\sigma = \sqrt{0.65} = 0.81$

5.18 a. $E(X) = \Sigma x_i P(X = x_i) = 1\%$

b. $\sigma^2 = \Sigma (x_i - \mu)^2 P(X = x_i) = 31.5$;
$\sigma = \sqrt{31.5} = 5.61$

5.20 $E(X) = \Sigma x_i P(X = x_i) = 2.2$

5.22 $E(X) = \$8$; $E(Y) = 120E(X) = \$960$

5.24 a. $E(X) = \Sigma x_i P(X = x_i) = \$3,150$

b. If Victor is risk neutral, he should not buy the warranty. The decision is not clear-cut if he is risk averse.

5.26 a. $E(R) = \Sigma x_i P(X = x_i) = 6\%$;
$\sigma^2 = \Sigma (x_i - \mu)^2 P(X = x_i) = 124$; $\sigma = \sqrt{124} = 11.14$

b. $E(R) = \Sigma x_i P(X = x_i) = 6\%$;
$\sigma^2 = \Sigma (x_i - \mu)^2 P(X = x_i) = 964$; $\sigma = \sqrt{964} = 31.05$

c. Pick Fund 1; while both have the same expected return, Fund 1 has a smaller standard deviation.

5.28 a. $P(X = 0) = \frac{5!}{0!5!}(0.35)^0(0.65)^5 = 0.1160$

b. $P(X = 1) = \frac{5!}{1!4!}(0.35)^1(0.65)^4 = 0.3124$

c. $P(X \leq 1) = P(X = 0) + P(X = 1) = 0.4284$

5.30 a. $P(X = 4) = \frac{8!}{4!4!}(0.32)^4(0.68)^4 = 0.1569$

b. $P(3 < X \leq 5) = P(X = 4) + P(X = 5) = 0.2160$

c. $P(3 \leq X \leq 5) = P(X = 3) + P(X = 4) + P(X = 5) = 0.4828$

5.32 a. $P(X \leq 50) = 0.2776$; Excel command: =BINOM.DIST(50, 150, 0.36, 1)

b. $P(X = 40) = 0.0038$; Excel command: =BINOM.DIST(40, 150, 0.36, 0)

c. $P(X > 60) = 0.1348$; Excel command: =1 − BINOM.DIST(60, 150, 0.36, 1)

d. $P(X \geq 55) = 0.4630$; Excel command: 1 − BINOM.DIST(54, 150, 0.36, 1)

5.34 a. $P(X = 0) = \frac{8!}{0!8!}(0.20)^0(0.80)^8 = 0.1678$

b. $P(X \leq 2) = P(X = 0) + P(X = 1) + P(X - 2) = 0.7969$

c. $P(X \geq 7) = P(X = 7) + P(X = 8) = 0.0001$

d. $E(X) = np = 1.6$

e. $\sigma^2 = npq = 1.28; \sigma = 1.13$

5.36 a. $P(X < 5) = 0.9431$

b. $P(X < 5) = 0.6078$

5.38 a. $P(X = 1) = \frac{6!}{1!5!}(0.76)^1(0.24)^5 = 0.0036$

b. $P(X \geq 5) = P(X = 5) + P(X = 6) = 0.5578$

c. $P(X < 2) = P(X = 0) + P(X = 1) = 0.0038$

d. $E(X) = np = 4.56; P(X > 4.56) = 0.5578$ (from b.)

5.40 a. $p = 0.50; P(X > 2) = 0.3125$

b. $p = 0.63; P(X > 2) = 0.5276$

c. $p = 0.36; P(X > 2) = 0.1362$

5.42 a. $P(X \geq 1) = 1 - P(X = 0) = 0.4375 < 0.50$; the statement she made would not be correct.

b. $P(X \geq 1) = 1 - P(X = 0) = 0.5781 > 0.50$; the statement she made would be correct.

5.44 a. $P(X = 10) = 0.1171$; Excel command: =BINOM.DIST(10, 20, 0.40, 0)

b. $P(X \leq 10) = 0.8725$; Excel command: =BINOM.DIST(10, 20, 0.40, 1)

c. $P(X \geq 15) = 0.0016$; Excel command: =1 − BINOM.DIST(14, 20, 0.40, 1)

5.46 a. $P(X = 1) = \frac{e^{-1.5}1.5^1}{1!} = 0.3347$

b. $P(X = 2) = \frac{e^{-1.5}1.5^2}{2!} = 0.2510$

c. $P(X \geq 2) = 1 - [P(X = 0) + P(X = 1)] = 0.4422$

5.48 a. $\mu = \frac{8}{2} = 4$

b. $P(X \geq 2) = 1 - [P(X = 0) + P(X = 1)] = 0.9084$

c. $\mu = 16$

d. $P(X = 10) = 0.0341$

5.50 a. $P(X < 14) = 0.0661$; Excel command: POISSON.DIST(13, 20, 1)

b. $P(X \geq 20) = 0.5297$; Excel command: 1 − POISSON.DIST(19, 20, 1)

c. $P(X = 25) = 0.0446$; Excel command: POISSON.DIST(25, 20, 0)

d. $P(18 \leq X \leq 23) = 0.4905$; Excel command: POISSON.DIST(23, 20, 1) − POISSON.DIST(17, 20, 1)

5.52 Statements a and c can be represented using Poisson random variables.

5.54 a. $P(X = 2) = \frac{e^{-2}2^2}{2!} = 0.2707$

b. $P(X \leq 2) = P(X = 0) + P(X = 1) + P(X = 2) = \frac{e^{-2}2^0}{0!} + \frac{e^{-2}2^1}{1!} + \frac{e^{-2}2^2}{2!} = 0.6767$

c. $\mu_{25} = \frac{2}{2} = 1, P(X = 0) = \frac{e^{-1}1^0}{0!} = 0.3679$

5.56 a. $\mu_{60} = \frac{400}{16} = 25$ calls per hour

$\mu_{30} = \frac{25}{2} = 12.5$ calls per 30-minute period

$\mu_{15} = \frac{25}{4} = 6.25$ calls per 15-minute period

b. $P(X = 6) = \frac{e^{\ 6.25}6.25^6}{6!} = 0.1598$

c. $P(X = 0) = \frac{e^{-6.25}6.25^0}{0!} = 0.0019$

d. $P(X \geq 2) = 1 - [P(X = 0) + P(X = 1)] = 0.986$

5.58 a. $\mu_{\text{month}} = 4/12 = 1/3$

$\sigma = \sqrt{1/3} = 0.5774$

b. $P(X = 0) = \frac{e^{-1/3}(1/3)^0}{0!} = 0.7165$

c. $P(X \geq 1) = 1 - P(X = 0) = 0.2835$

5.60 a. $\mu_1 = \frac{24{,}584}{260} = 94.55$

b. $P(X = 100) = 0.0342$; Excel command: =POISSON .DIST(100, 94.55, 0)

c. $P(X \leq 100) = 0.7332$; Excel command: =POISSON .DIST(100, 94.55, 1)

5.62 a. $P(X = 0) = \frac{\frac{3!}{0!3!} \times \frac{22!}{4!18!}}{\frac{25!}{4!21!}} = 0.5783$

b. $P(X = 1) = \frac{\frac{3!}{1!2!} \times \frac{22!}{3!19!}}{\frac{25!}{4!21!}} = 0.3652$

c. $P(X \leq 1) = P(X = 0) + P(X = 1) = 0.9435$

5.64 $P(X = 0) = \frac{\frac{2!}{0!2!} \times \frac{10!}{3!7!}}{\frac{12!}{3!9!}} = 0.5455; \mu = 0.5; \sigma = 0.5839$

5.66 $P(X \geq 8) = 0.0777$; Excel command: =1 − HYPGEOM.DIST(7, 20, 25, 100, 1); $\mu = 5; \sigma = 1.74$

5.68 a. $P(X = 0) = \frac{\frac{8!}{0!(8-0)!} \times \frac{32!}{3!(32-3)!}}{\frac{40!}{3!(40-3)!}} = 0.5020$

b. $P(X \geq 1) = 1 - P(X = 0) = 0.4980$

5.70 a. $P(X = 3) = \frac{\frac{12!}{3!9!} \times \frac{6!}{0!6!}}{\frac{18!}{3!15!}} = 0.2696$

b. $P(X \geq 2) = 1 - [P(X = 0) + P(X = 1)] = 0.7549$

5.72 $P(X = 2) = \frac{\frac{4!}{2!2!} \times \frac{16!}{0!16!}}{\frac{20!}{2!18!}} = 0.0316$

5.74 a. $P(X = 2) = 0.0495$; Excel command: =HYPGEOM.DIST(2, 5, 5, 59, 0)

b. $P(X = 5) = 0.0000002$; Excel command: HYPGEOM.DIST(5, 5, 5, 59, 0)

c. $P(X = 1) = 0.0256$; Excel command: HYPGEOM.DIST (1, 1, 1, 39, 0)

d. 0.00000000512

5.76 a. $E(R) = \Sigma x_i P(X = x_i) = 2$

b. $\sigma^2 = \Sigma (x_i - \mu)^2 P(X = x_i) = 101; \sigma = 10.05$

5.78 a. $P(X = 1) = P(X < 2) - P(X = 0) = 0.13$

$P(X = 3) = 1 - P(X = 4) - P(X = 2) - P(X < 2) = 0.02$

$E(X) = \Sigma x_i P(X = x_i) = (4)(0.50) + (3)(0.02) + (2)(0.30) + (1)(0.13) = 2.79$

$\sigma^2 = \Sigma(x_i - \mu)^2 P(X = x_i) = (4 - 2.79)^2(0.50) + (3 - 2.79)^2(0.02) + (2 - 2.79)^2(0.30) + (1 - 2.79)^2(0.13) + (0 - 2.79)^2(0.05) = 1.7259$

$\sigma = \sqrt{1.7259} = 1.3137$

b. $E(R) = 15E(X) = 15 \times 2.79 = 41.85$

$E(120R) = 120E(R) = 120 \times 41.85 = 5022$

5.80 a. $P(X = 4) = \frac{4!}{(4!)(0!)}(0.44)^4(0.56)^0 = 0.0375$

b. $P(X < 2) = P(X = 0) + P(X = 1) = \left[\frac{4!}{(0!)(4!)}(0.44)^0(0.56)^4\right] + \left[\frac{4!}{(1!)(3!)}(0.44)^1(0.56)^3\right] = 0.4074$

c. $E(X) = 4(0.44) = 1.76$
$\sigma^2 = 4(0.44)(0.56) = 0.9856$
$\sigma = \sqrt{0.9856} = 0.9928$

5.82 a. $P(X = 2) = \frac{4!}{(2!)(2!)}(0.51)^2(0.49)^2 = 0.3747$

b. $P(X = 4) = \frac{4!}{(4!)(0!)}(0.51)^4(0.49)^0 = 0.0677$
$E(X) = 100 \times 0.51 = 51$
$\sigma^2 = 100(0.51)(0.49) = 24.99$
$\sigma = \sqrt{24.99} = 4.999$

5.84 a. $P(X = 10) = 0.0272$; Excel command: =BINOM.DIST(10, 30, 0.19, 0)

b. $P(10 \leq X \leq 20) = 0.0451$; Excel command: =BINOM.DIST(20, 30, 0.19, 1) − BINOM.DIST(9, 30, 0.19, 1)

c. $P(X \leq 8) = 0.8996$; Excel command: =BINOM.DIST(8, 30, 0.19, 1)

5.86 a. $P(X \geq 5) = 0.5595$; Excel command: =1 − POISSON.DIST(4, 5, 1)

b. $P(X < 5) = P(X \leq 4) = 0.4405$; Excel command: =POISSON.DIST(4, 5, 1)

5.88 a. $P(X = 3) = \frac{\frac{13!}{3!(13-3)!}}{\frac{52!}{3!(52-3)!}} = 0.0099$

b. $P(X \leq 2) = P(X = 0) + P(X = 1) + P(X = 2) =$

$$\frac{\frac{39!}{3!(39-3!)}}{\frac{52!}{3!(52-3)!}} + \frac{\frac{39!}{2!(39-2!)}\frac{13!}{1!(13-1)!}}{\frac{52!}{3!(52-3)!}} + \frac{\frac{39!}{1!(39-1!)}\frac{13!}{2!(13-2)!}}{\frac{52!}{3!(52-3)!}} = 0.8724$$

c. $2P(X = 3) = 0.0198$

5.90 a. $P(X = 6) = 0.0115$; Excel command: =HYPGEOM.DIST(6, 10, 20, 80, 0)

b. $P(X \geq 5) = 0.0647$; Excel command: =1 − HYPGEOM.DIST(4, 10, 20, 80, 1)

c. $P(X \leq 2) = 0.5206$; Excel command: =HYPGEOM.DIST(2, 10, 20, 80, 1)

d. $E(X) = 2.5$

Chapter 6

6.2 a. $P(X < 0) = 0.30$

b. $P(X > 2.5) = 0.16$

c. $P(0 \leq X \leq 4) = 0.70$

6.4 a. $f(x) = 0.0333$ for $5 \leq x \leq 35$

b. $\mu = 20; \sigma^2 = 75; \sigma = 8.66$

c. $P(X > 10) = 0.8325$

6.6 a. $\mu = 20; \sigma^2 = 33.33; \sigma = 5.77$

b. $f(x) = 0.05$ for $10 \leq x \leq 30$; $P(X > 22) = 0.4$

c. $P(15 \leq X \leq 23) = 0.4$

6.8 a. $\mu = 16$

b. $f(x) = 0.125$; 0.125 for $12 \leq x \leq 20$; $P(X < 15.5) = 0.4375$

c. $P(X > 14) = 0.75$

6.10 $f(x) \approx 0.11$ for $7 \leq x \leq 16$; $P(X > 10) = 0.67$

6.12 $f(x) = \frac{1}{30 - 18} = 0.0833$

a. $P(X > 25) = (30 - 25)(0.0833) = 0.4167$

b. $P(X < 20) = (20 - 18)(0.0833) = 0.1667$

6.14 a. $P(Z > 1.32) = 0.0934$

b. $P(Z \leq -1.32) = 0.0934$

c. $P(1.32 \leq Z \leq 2.37) = 0.9911 - 0.9066 = 0.0845$

d. $P(-1.32 \leq Z \leq 2.37) = 0.9911 - 0.0934 = 0.8977$

6.16 a. $P(-0.67 \leq Z \leq -0.23) = 0.4090 - 0.2514 = 0.1576$

b. $P(0 \leq Z \leq 1.96) = 0.9750 - 0.5 = 0.4750$

c. $P(-1.28 \leq Z \leq 0) = 0.5 - 0.1003 = 0.3997$

d. $P(Z > 4.2) \approx 1 - 1 = 0$

6.18 a. $z = -1.27$

b. $z = -0.46$

c. $z = -2.45$

d. $z = 2.42$

6.20 a. About 68.26%

b. About 2.28%

6.22 a. About 95.44%

b. About 2.28%; (82)(0.0228) = 1.87; approx. 2 games

6.24 a. $P(X \leq 0) = P(Z \leq -2.5) = 0.0062$

b. $P(X > 2) = P(Z > -2) = 1 - 0.0228 = 0.9772$

c. $P(4 \leq X \leq 10) = P(-1.5 \leq Z \leq 0) = 0.5 - 0.0668 = 0.4332$

d. $P(6 \leq X \leq 14) = P(-1 \leq Z \leq 1) = 0.8413 - 0.1587 = 0.6826$

6.26 a. $P(X > 7.6) = P(Z > 2.55) = 1 - 0.9946 = 0.0054$

b. $P(7.4 \leq X \leq 10.6) = P(2.45 \leq Z \leq 4.05) = 1 - 0.9929 = 0.0071$

c. $z = 1.96; x = 6.42$

d. $P(X < x) = 0.0057; z = -2.53; x = -2.56$

6.28 a. $z = 1.28; \mu = 130.8$

b. $\mu = 118$

c. $\sigma = 10.94$

d. $\sigma = 17.19$

6.30 a. $P(X > -12) = 1 - P(X < -12) = 0.3694$; Excel command: =1 − NORM.DIST(−12, −15,9,1)

b. $P(0 \leq X \leq 5) = P(X \leq 5) - P(X \leq 0) = 0.0347$; Excel command: =NORM.DIST(5, −15,9,1) − NORM.DIST(0, −15,9,1)

c. $P(X \leq x) = 0.25; x = -21.0704$; Excel command: =NORM.INV(0.25, −15,9)

d. $P(X > x) = 0.25; P(X \leq x) = 1 - 0.25; x = -8.9296$; Excel command: =NORM.INV(0.75, −15,9)

6.32 a. $P(X > 8) = P(Z > 1.5) = 0.0668$

b. $P(X < 6) = P(Z < -0.17) = 0.4325$

c. $P(6 \leq X \leq 8) = P(-0.17 \leq Z \leq 1.5) = 0.5007$

6.34 a. $P(X \geq 40) = P(Z \geq 1.77) = 0.0384$

b. $P(30 \leq X \leq 35) = P\left(\frac{30 - 33.8}{3.5} \leq Z \leq \frac{35 - 33.8}{3.5}\right) =$
$P(-1.09 \leq Z \leq 0.34) = 0.4952$

c. Given $P(Z \leq z) = 0.99$, we find $z = 2.33$. Therefore, $x = 33.8 + 2.33(3.5) = 41.96$.

6.36 $P(X < 0) = P\left(Z < \frac{0-8}{12}\right) = P(Z < -0.67) = 0.2514 \approx 0.25$;

$P(X > 16) = P\left(Z > \frac{16-8}{12}\right) = P(Z > 0.67) = 0.2514 \neq 0.15$;

thus, it is not reasonable to assume the distribution is normal.

6.38 a. $P(X > 19) = P(Z > -1.5) = 1 - 0.0668 = 0.9332$

b. $P(X > 19) = P(Z > 1.5) = 1 - 0.9332 = 0.0668$

c. $P(23 \leq X \leq 25) = P(0.5 \leq Z \leq 1.5) = 0.9332 - 0.6915 = 0.2417$

d. $P(23 \leq X \leq 25) = P(3.5 \leq Z \leq 4.5) \approx 1 - 0.9998 = 0.0002$

6.40 a. $P(10 \leq X \leq 20) = P(-0.75 \leq Z \leq 0.5) = 0.6915 - 0.2266 = 0.4649$

b. $P(X > 24) + P(X < 6) = P(Z > 1) + P(Z < -1.25) = 0.1587 + 0.1056 = 0.2643$

6.42 $P(X \leq 28) = P(Z \leq z) = 0.975; z = 1.96; \sigma = 1.53$

6.44 a. $P(50 \leq X \leq 80) = P(-0.5 \leq Z \leq 1) = 0.8413 - 0.3085 = 0.5328$

b. $P(20 \leq X \leq 40) = P(-2 \leq Z \leq -1) = 0.1587 - 0.0228 = 0.1359$

c. $P(X < x) = 0.85; z = 1.04; x = 80.8$

d. $P(X < x) = 0.10; z = -1.28; x = 34.4$

6.46 $P(X \leq 0) = 0.10; z = -1.28; \sigma = 4.375$

6.48 a. Risky fund: $P(X < 0) = P(Z < -0.57) = 0.2843$; Less risky fund: $P(X < 0) = P(Z < -0.8) = 0.2119$; pick the less risky fund.

b. Risky fund: $P(X > 8) = P(Z > 0) = 0.5$; Less risky fund: $P(X > 8) = P(Z > 0.8) = 1 - 0.7881 = 0.2119$; pick the riskier fund.

6.50 a. $P(X < 24) = P(Z < -1) = 0.1587$

b. $P(X > 24) = 1 - P(X \leq 24) = 1 - 0.1587 = 0.8413$

$E(X) = (-10)(0.1587) + (20)(0.8413) = 15.239$

c. $E(500X) = 500E(X) = 500(15.239) = 7619.5$

6.52 a. $P(X < 6.5) = 0.00001$; Excel command: =NORM.DIST (6.5, 15, 2, 1)

b. $P(X > 23) = 1 - P(X \leq 23) = 1 - 0.9999 = 0.0001$; Excel command: =1 − NORM.DIST(23, 15, 2, 1)

c. $P(X < x) = 1 - 0.03 = 0.97, x = 18.7$; Excel command: =NORM.INV(0.97, 15, 2)

6.54 a. $\mu_{\text{Poisson}} = 4; \mu_{\text{Exponential}} = \frac{10}{4} = 2.5$

b. $\lambda = \frac{1}{\mu} = \frac{1}{2.5} = 0.4$

c. $P(1 \leq X \leq 2) = P(X \leq 2) - P(X < 1) = e^{-0.4(1)} - e^{-0.4(2)} = 0.2310$

6.56 a. $\lambda = \frac{1}{E(X)} = \frac{1}{25} = 0.04; SD(X) = E(X) = 25$

b. $P(20 \leq X \leq 30) = P(X \leq 30) - P(X < 20) = (1 - e^{-0.04(30)}) - (1 - e^{-0.04(20)}) = 0.1481$

c. $P(15 \leq X \leq 35) = P(X \leq 35) - P(X < 15) = (1 - e^{-0.04(35)}) - (1 - e^{-0.04(15)}) = 0.3022$

6.58 a. $P(X \leq 1) = 0.3935$; Excel command: =EXPON.DIST(1, 0.5, 1)

b. $P(2 < X < 4) = P(X < 4) - P(X \leq 2) = 0.2326$;

Excel command: =EXPON.DIST(4, 0.5, 1) − EXPON.DIST(2, 0.5, 1)

c. $P(X > 10) = 1 - P(X \leq 10) = 0.0067$;

Excel command: =1 − EXPON.DIST(10, 0.5, 1)

6.60 a. $\mu_{\text{Poisson}} = 10; \mu_{\text{Exponential}} = \frac{60}{10} = 6$

b. $\lambda = \frac{1}{\mu} = \frac{1}{6} = 0.1667; P(X < 15) = 1 - e^{-0.1667(15)} = 0.9179$

c. $P(15 \leq X \leq 20) = P(X \leq 20) - P(X < 15) = e^{-0.1667(15)} - e^{-0.1667(20)} = 0.0464$.

6.62 a. $\mu_{\text{Exponential}} = \frac{1}{360}$

b. $\lambda = \frac{1}{\mu} = \frac{1}{360} = 0.0028$

c. $P\left(X < \frac{10}{3600}\right) = 1 - e^{-360\left(\frac{1}{360}\right)} = 0.6321$

6.64 a. $\lambda = 0.2; E(X) = \frac{1}{\lambda} = \frac{1}{0.2} = 5$, which is the average waiting time.

b. $P(X > 5) = 1 - P(X \leq 5) = 0.3679$

c. $P(X > 10) = 1 - P(X \leq 10) = 0.1353$

d. $P(4 \leq X \leq 6) = P(X \leq 6) - P(X < 4) = 0.1481$

6.66 a. $\mu_{\text{Poisson}} = 8; \mu_{\text{Exponential}} = 7.5; \lambda = 0.1333; P(X < 10) = 0.7364$; Excel command: =EXPON.DIST(10, 0.1333, 1)

b. $P(15 \leq X \leq 20) = P(X \leq 20) - P(X < 15) = 0.0659$; Excel command: =EXPON.DIST(20, 0.1333, 1) − EXPON.DIST (15, 0.1333, 1)

c. $P(X > 25) = 1 - P(X \leq 25) = 0.0357$; Excel command: =1 − EXPON.DIST(25, 0.1333, 1)

6.68 a. $\mu = \frac{1+5}{2} = 3; Var(X) = \frac{(5-1)^2}{12} = \frac{16}{12} = 1.33$

b. $f(x) = \frac{1}{5-1} = 0.25; P(X > 4) = (5-4)(0.25) = 0.25$

c. $P(X < 2.5) = (2.5 - 1)(0.25) = 0.375$

6.70 a. $P(80 \leq X \leq 90) = P(0.1 \leq Z \leq 1.1) = 0.8643 - 0.5398 = 0.3245$

b. $P(120 \leq X \leq 139) = P(-0.29 \leq Z \leq 0.82) = 0.7939 - 0.3859 = 0.4080$

6.72 a. $P(X > 50) = P(Z > 2.04) = 1 - 0.9793 = 0.0207$

b. $P(X > 50) = P(Z > 1.86) = 1 - 0.9686 = 0.0314$

c. Women are slightly more likely to spend over $50, with a 3.14% likelihood as opposed to 2.07% likelihood for men.

6.74 Given $P(Z < z) = 1 - 0.03 = 0.97; z = 1.88$. Therefore, $x = 72 + 1.88(15) = 100.2$.

6.76 Given $P(Z < z) = 0.25; z = -0.67; Q1 = 6 + (-0.67)(0.02) = 5.9866$.

Given $P(Z < z) = 0.50; z = 0; Q2 = 6$.

Given $P(Z < z) = 0.75; z = 0.67; Q3 = 6 + 0.67(0.02) = 6.0134$.

6.78 a. $P(X < 10) = P(Z < -1.2) = 0.1151$

b. The expected profit per one system is: $300(1 - 0.1151) + 50(0.1151) = 271.225$; therefore, the total expected profit is 271,225.

6.80 a. $P(50{,}000 \leq X \leq 65{,}000) = P(X \leq 65{,}000) - P(X < 50{,}000) = 0.8536$

Excel command: =NORM.DIST(65,000, 55,000, 4,500, 1) − NORM.DIST(50,000, 55,000, 4,500, 1)

b. $P(X > 70{,}000) = 1 - P(X \leq 70{,}000) = 1 - 0.9996 = 0.0004$

Excel command: =1 − NORM.DIST(70,000, 55,000, 4,500, 1)

c. $P(X < x) = 1 - 0.05 = 0.95; x = 62{,}401.84$; Excel command: =NORM.INV(0.95, 55,000, 4,500)

d. $P(X < x) = 0.40; x = 53{,}859.94$; Excel command: =NORM.INV(0.40, 55,000, 4,500)

6.82 a. $\lambda = \frac{1}{22} = 0.0455; P(X < 60) = 1 - e^{-0.0455(60)} = 0.9348$

b. The probability will be the same.

6.84 a. $\mu = \frac{365}{1000} = 0.365$

b. $\lambda = \frac{1}{\mu} = \frac{1}{0.365} = 2.7397$

c. $P(X \leq 1) = 1 - e^{-2.7397(1)} = 0.9354$

6.86 $\lambda = \frac{1}{E(X)} = \frac{1}{50} = 0.02$

a. $P(X \leq 40) = 0.5507$; Excel command: =EXPON.DIST (40, 0.02, 1)

b. $P(X \geq 65) = 1 - P(X < 65) = 0.2775$; Excel command: =1 − EXPON.DIST(65, 0.02, 1)

c. $P(70 \leq X \leq 80) = P(X \leq 80) - P(X < 70) = 0.0447$; Excel command: =EXPON.DIST(80, 0.02, 1) − EXPON.DIST(70, 0.02, 1).

Chapter 7

7.2 Nonresponse bias if some people are less likely to stop at the booth. Selection bias since the booth is only open on the weekend.

7.4 a. Nonresponse bias if the people who respond are systematically different from those who do not respond.

b. Selection bias since those who frequent the store in the morning are likely to prefer an earlier opening time.

c. Selection bias since not everyone reads a newspaper. Nonresponse bias since people who respond may be systematically different.

7.6 a. Both sample means will be normally distributed since the population is normally distributed.

b. Yes

c. $n = 20$: $P(\bar{X} < 12.5) = P(Z < 1.49) = 0.9319$

$n = 40$: $P(\bar{X} < 12.5) = P(Z < 2.11) = 0.9826$

7.8 a. $E(\bar{X}) = 80$; $se(\bar{X}) = \frac{14}{\sqrt{100}} = 1.4$

b. $P(77 \leq \bar{X} \leq 85) = P(-2.14 \leq Z \leq 3.57) = 0.9998 - 0.0162 = 0.9836$

c. $P(\bar{X} > 84) = P(Z > 2.86) = 1 - 0.9979 = 0.0021$

7.10 a. $P(\bar{X} > 105) = P(Z > 1.77) = 1 - 0.9616 = 0.0384$

b. $P(\bar{X} < 95) = P(Z < -1.77) = 0.0384$

c. $P(95 \leq \bar{X} \leq 105) = P(-1.77 \leq Z \leq 1.77) = 0.9616 - 0.0384 = 0.9232$

7.12 a. $P(\bar{X} \geq 18) = P(Z \geq 1.85) = 1 - 0.9678 = 0.0322$

b. $P(\bar{X} \geq 17.5) = P(Z \geq 2.03) = 1 - 0.9788 = 0.0212$

c. Janice; her findings are more likely if a representative sample is used.

7.14. a. The sample mean has a normal distribution because the population is normally distributed.

b. $P(\bar{X} > 25) = P(Z > 2.4) = 1 - 0.9918 = 0.0082$

c. $P(18 \leq \bar{X} \leq 24) = P(-3.20 \leq Z \leq 1.60) = 0.9452 - 0.0007 = 0.9445$

7.16 a. $P(\bar{X} > 25{,}000) = P(Z > -0.63) = 0.7357$

b. $P(\bar{X} > 30{,}000) = P(Z > 0.80) = 0.2119$

7.18 a. $P(X > 1{,}000{,}000) = P(Z > 0.80) = 0.2119$

b. $P(\Sigma X_i > 4{,}000{,}000) = P(\bar{X} > 1{,}000{,}000) = P(Z > 1.60) = 0.0548$

7.20 a. $P(X < 90) = P(Z < -0.63) = 0.2643$

b. $P(\bar{X} < 90) = P(Z < -1.25) = 0.1056$

c. $(P(X < 90))^4 = 0.2643^4 = 0.0049$

7.22 a. With $n = 20$, $E(\bar{P}) = 0.12$ and $se(\bar{P}) = \sqrt{\frac{0.12(1-0.12)}{20}} = 0.0727$. With $n = 50$, $E(\bar{P}) = 0.12$ and $se(\bar{P}) = 0.0460$. The sampling distribution of the sample proportion is approximately normal when $n = 50$ but not when $n = 20$.

b. As shown in part a, we can use the normal approximation for $n = 50$. For $n = 20$, we cannot assume that $\bar{P}$ is approximately normally distributed.

c. $P(0.10 \leq \bar{P} \leq 0.12) = P(-0.44 \leq Z \leq 0) = 0.1700$

7.24 a. The sampling distribution of $\bar{P}$ has $E(\bar{P}) = 0.82$ and $se(\bar{P}) = 0.038$; it is approximately normal.

b. $P(\bar{P} < 0.80) = P(Z < -0.52) = 0.3015$

c. $P(0.80 \leq \bar{P} \leq 0.84) = P(-0.52 \leq Z \leq 0.52) = 0.3970$

7.26 a. $P(0.55 \leq \bar{P} \leq 0.65) = P(-2.07 \leq Z \leq -0.67) = 0.2259$, so there is a 22.59% chance of getting fined.

b. $P(\bar{P} < 0.55) = P(Z < -2.07) = 0.0192$, so there is a 1.92% chance of getting dissolved.

7.28 50 balls because with larger sample sizes the standard deviation of $\bar{P}$ is *reduced*; to confirm calculate $P(\bar{P} > 0.70)$ with $n = 50$ and $n = 100$; higher likelihood with $n = 50$.

7.30 a. $E(\bar{X}) = \mu = -45$; $se(\bar{X}) = \sqrt{\frac{81}{100}} = 0.90$. It is not necessary to apply the finite population correction because the sample constitutes less than 5 percent of the population: $n = 100 < 125 = 2500(0.05)$.

b. $P(-47 \leq \bar{X} \leq -43) = P(-2.22 \leq Z \leq 2.22) = 0.9736$

c. $P(\bar{X} > -44) = P(Z > 1.11) = 0.1335$

7.32 a. $E(\bar{P}) = p = 0.34$; $se(\bar{P}) = \sqrt{\frac{0.34(1-0.34)}{100}} = 0.047$; there is no need to apply the finite population correction factor because the sample size does not account for 5 percent of the population size: $n = 100 < 150 = 0.05(3{,}000)$.

b. $P(\bar{P} > 0.37) = P(Z > 0.63) = 1 - 0.7357 = 0.2643$

7.34 a. Yes, it is necessary because the sample size is greater than 5 percent of the population size: $n = 32 > 25 = 0.05(500)$.

b. The sampling distribution of the sample mean is approximately normal because the sample size is greater than 30.

c. $E(\bar{X}) = 10.32$; $se(\bar{X}) = \frac{9.78}{\sqrt{32}}\sqrt{\frac{500-32}{500-1}} = 1.6743$

d. $P(\bar{X} > 12) = P(Z > 1.00) = 1 - 0.8413 = 0.1587$

7.36 a. $np = 20(0.60) = 12$ and $n(1-p) = 20(1-0.60) = 8$. Therefore, the sampling distribution of the sample proportion is approximately normal. Since the sample accounts for more than 5 percent of the population size ($n = 20 > 12.5 = 0.05(250)$, we need to apply the finite population correction;

$E(\bar{P}) = 0.46$ and $se(\bar{P}) = \sqrt{\frac{0.60(1-0.60)}{20}}\sqrt{\frac{250-20}{250-1}} = 0.1053.$

b. $P(\bar{P} < 0.50) = P(Z < -0.95) = 0.1711$

7.38 a.

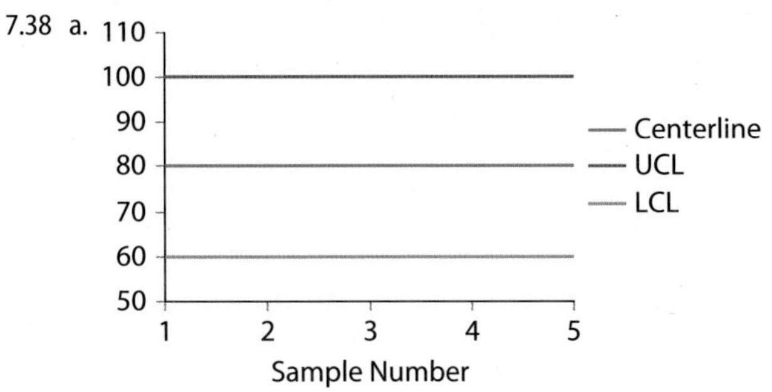

Centerline: $\mu = 80$

$$UCL = 80 + 3\left(\frac{14}{\sqrt{5}}\right) = 98.78$$

$$LCL = 80 - 3\left(\frac{14}{\sqrt{5}}\right) = 61.22$$

b. 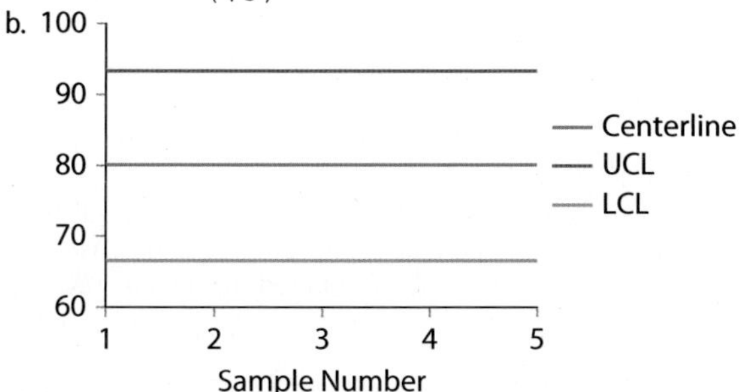

Centerline: $\mu = 80$

$$UCL = 80 + 3\left(\frac{14}{\sqrt{10}}\right) = 80 + 13.28 = 93.28$$

$$LCL = 80 - 3\left(\frac{14}{\sqrt{10}}\right) = 80 - 13.28 = 66.72$$

c. The larger sample size gives narrower control limits due to the smaller standard deviation.

7.40 a. 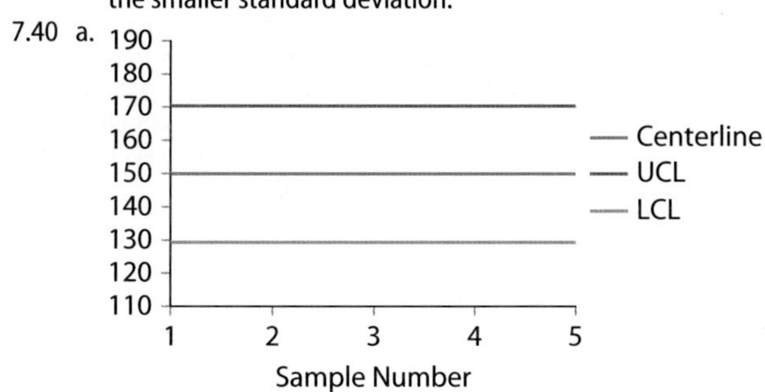

Centerline: $\mu = 150$

$$UCL = 150 + 3\left(\frac{42}{\sqrt{36}}\right) = 150 + 21 = 171$$

$$LCL = 150 - 3\left(\frac{42}{\sqrt{36}}\right) = 150 - 21 = 129$$

b. 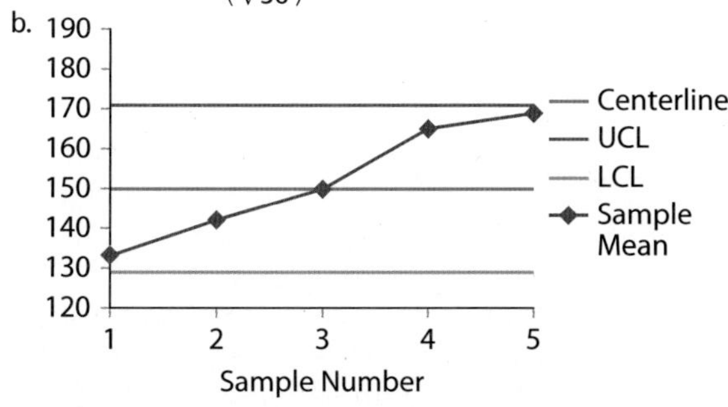

c. There are no points outside of the control limits. However, there is a positive trend, suggesting that the process may soon have a mean outside of the upper control limit if it is not adjusted.

7.42 a. 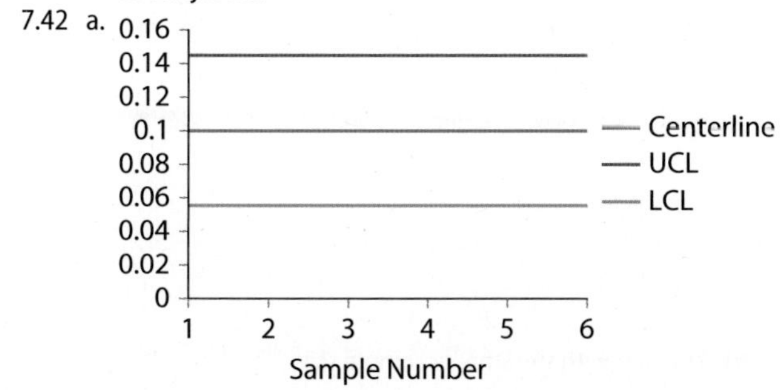

Centerline: $p = 0.10$

$$UCL = 0.10 + 3\sqrt{\frac{0.10(1 - 0.10))}{400}} = 0.10 + 0.045 = 0.145$$

$$LCL = 0.10 - 3\sqrt{\frac{0.10(1 - 0.10))}{400}} = 0.10 - 0.045 = 0.055$$

b. 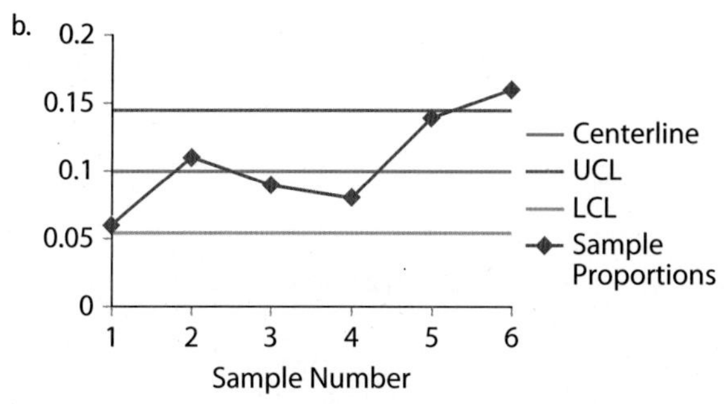

c. No, the production process seems to be out of control due to the 6th sample proportion, which is above the upper control limit.

7.44 a. 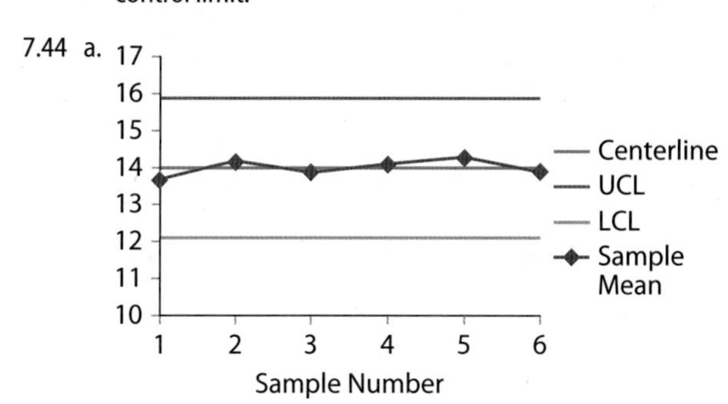

Centerline: $\mu = 14$

$$UCL = 14 + 3\left(\frac{2}{\sqrt{10}}\right) = 14 + 1.897 = 15.897$$

$$LCL = 14 - 3\left(\frac{2}{\sqrt{10}}\right) = 14 - 1.897 = 12.103$$

b. All the sample means randomly lie within the control limits. Therefore, we can conclude that the production process is in control and operating properly.

7.46 a. 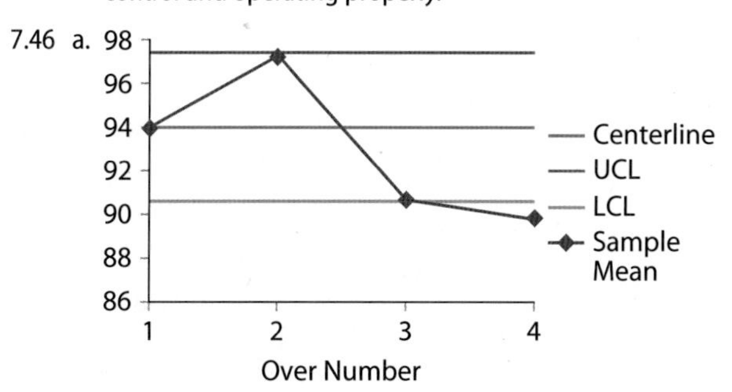

Centerline: $\mu = 94$

$$UCL = 94 + 3\left(\frac{2.8}{\sqrt{6}}\right) = 94 + 3(1.14) = 97.43$$

$$LCL = 94 - 3\left(\frac{2.8}{\sqrt{6}}\right) = 94 - 3(1.14) = 90.57$$

To plot the average speed, take the average of each over:

Over 1: $\bar{x} = \dfrac{96.8 + 99.5 + 88.8 + 81.9 + 100.1 + 96.8}{6}$

$= 93.98.$

Similarly, Over 2: $\bar{x} = 97.23$, Over 3: $\bar{x} = 90.70$, Over 4: $\bar{x} = 89.85$.

b. Kalwant's average speed is out of the control limits on 1 out of 4 of his overs, which rather justifies his coach's concern that he is not very consistent.

7.48 a.

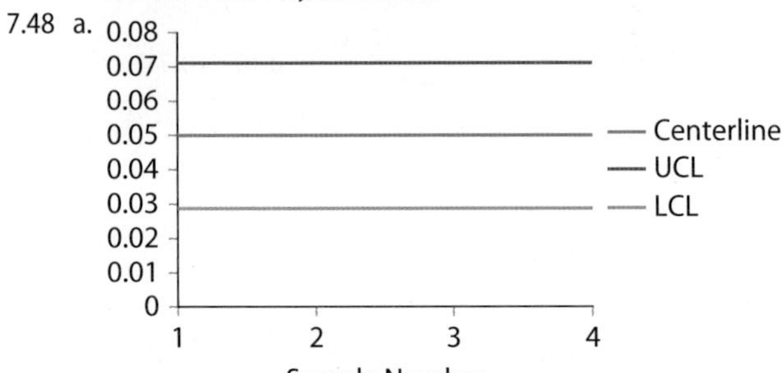

Centerline: $p = 0.05$

$$UCL = 0.05 + 3\sqrt{\frac{0.05(1-0.05)}{1000}} = 0.05 + 3(0.007) = 0.071$$

$$LCL = 0.05 - 3\sqrt{\frac{0.05(1-0.05)}{1000}} = 0.05 - 3(0.007) = 0.029$$

b. Since 0.062 is within the control limits, the process is in control.

7.50 a.

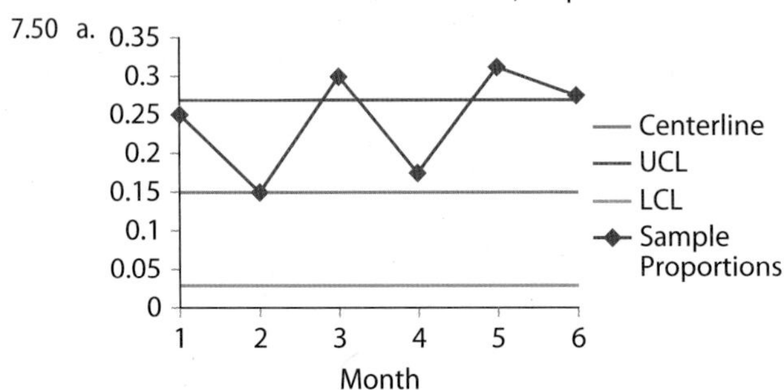

Centerline: $p = 0.15$

$$UCL = 0.15 + 3\sqrt{\frac{0.15(1-0.15)}{80}} = 0.15 + 0.12 = 0.27$$

$$LCL = 0.15 - 3\sqrt{\frac{0.15(1-0.15)}{80}} = 0.15 - 0.12 = 0.03$$

b. Find the proportion of complaints each month:

Month	Sample Proportion
1	20/80 = 0.25
2	12/80 = 0.15
3	24/80 = 0.30
4	14/80 = 0.175
5	25/80 = 0.3125
6	22/80 = 0.275

See control chart in part a; 3 out of 6 months were out of the control limits, which is a good justification for why Dell chose to direct customers away from India call centers.

7.52 a. As one example, use a random number table or a random number generator (in Excel, for instance) to randomly select individuals into the sample from the list of all residents of Miami. Then conduct the survey by contacting those selected.

b. To get a stratified random sample, you could create strata based on ethnicity—for example, white, black, Hispanic, Asian—and then randomly select adults in each group and ask whether or not they walk regularly.

c. To get a cluster sample, you could choose a number of representative neighborhoods in Miami and randomly select adults within these neighborhoods and ask whether or not they walk regularly.

7.54 a. $P(\bar{X} > 52{,}000) = P(Z > 2.66) = 1 - 0.9961 = 0.0039$

b. $P(\bar{X} > 52{,}000) = P(Z > 2.30) = 1 - 0.9893 = 0.0107$

c. Even though finance graduates have a lower mean starting salary than accounting graduates, there is a greater standard deviation for the salary for finance graduates. Therefore, 100 finance graduates have a slightly higher probability (1.07% compared to 0.39%) of earning an average salary of more than \$52,000.

7.56 a. The sampling distribution of the sample mean will be approximately normal for any sample size because the population is normally distributed; in addition, $E(\bar{X}) = \mu$; $se(\bar{X}) = \frac{\sigma}{\sqrt{n}}$.

b. $P(\bar{X} < 16) = P(Z < -0.56) = 0.2877$

c. $\bar{x} = \frac{48}{3} = 16$; $P(\bar{X} \geq 16) = P(Z \geq -0.22) = 0.5871$

7.58 a. $P(\bar{X} > 200) = P(Z > -2.08) = 0.9812$

b. $P(\bar{X} > 600) = P(Z > -0.61) = 0.7291$

7.60 a. $P(\bar{P} > 0.40) = P(Z > 1.05) = 0.1469$

b. $P(\bar{P} > 0.40) = P(Z > 1.48) = 0.0694$

c. There is a smaller probability that more than 40 percent have pushed back their retirement date with the larger sample size of 200 adults (0.0694 compared to 0.1469 with a sample size of 100). This is because with larger sample sizes, the standard deviation of $\bar{P}$ is reduced; $\bar{P}$ is more likely to be closer to the population proportion of 0.35 and therefore has less probability of being greater than 0.40.

7.62 a.

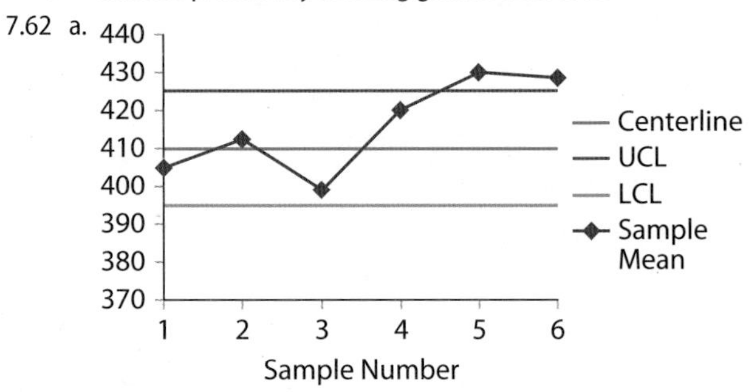

Centerline: $\mu = 410$

$$UCL = 410 + 3\left(\frac{25}{\sqrt{25}}\right) = 410 + 15 = 425$$

$$LCL = 410 - 3\left(\frac{25}{\sqrt{25}}\right) = 410 - 15 = 395$$

b. Two of the sample means are above the upper control limit, indicating that the advertised amount of sodium content is not accurate.

7.64 a. $P(\bar{P} > 0.15) = P(Z > 1.18) = 0.1190$

b. $P(\bar{P} > 0.15) = P(Z > 1.67) = 0.0475$

Chapter 8

8.2 a. $\alpha/2 = 0.055$; $z_{0.055} = 1.598$

b. $\alpha/2 = 0.04$; $z_{0.04} = 1.751$

c. $\alpha/2 = 0.02$; $z_{0.02} = 2.054$

8.4 a. Yes, $n = 64 > 30$.

b. $1.96\frac{26.8}{\sqrt{64}} = 6.57$

c. $1.96\frac{26.8}{\sqrt{225}} = 3.50$

d. The one with the smaller sample size.

8.6 a. $\bar{x} = 78.1$

b. $1.645 \frac{4.5}{\sqrt{50}} = 1.05$

c. 78.1 ± 1.05

8.8 a. The 95% confidence interval is $6.4 \pm 1.96 \frac{1.8}{\sqrt{80}}$

b. Yes, because the value 7 does not fall in the interval.

8.10 a. $2.576\left(\frac{500}{\sqrt{100}}\right) = 128.80$

b. The 99% confidence interval is 7790 ± 128.80

8.12 a. $\bar{x} = \frac{14.355 + 17.645}{2} = 16$

b. $\alpha = 0.10$. The confidence level used for the analysis is 90%.

8.14 $n = 50, \sigma = 6, \bar{x} = 20.21$; Excel command: =AVERAGE(A2:A51)

At 90% confidence level, $z_{\alpha/2} = z_{0.05} = 1.645$ (Excel command: =NORM.S.INV(0.95)).

$\bar{x} \pm z_{\alpha/2} \frac{\sigma}{\sqrt{n}} = 20.21 \pm 1.40$

At 99% confidence level, $z_{\alpha/2} = z_{0.005} = 2.576$ (Excel command: =NORM.S.INV(0.995)).

$\bar{x} \pm z_{\alpha/2} \frac{\sigma}{\sqrt{n}} = 20.21 \pm 2.19$

8.16 a. $t_{0.025,12} = 2.179$

b. $t_{0.10,12} = 1.356$

c. $t_{0.025,25} = 2.060$

d. $t_{0.10,25} = 1.316$

8.18 $\bar{x} = 104.6, n = 24, s = 28.8$

a. $t_{0.05,23} = 1.714$; 104.6 ± 10.08

b. $t_{0.005,23} = 2.807$; 104.6 ± 16.50

c. As the confidence level increases, the interval becomes wider.

8.20 $n = 8$

a. $\bar{x} = 20, s^2 = 24, s = 4.90$

b. $t_{0.10,7} = 1.415$; 20 ± 2.45

c. $t_{0.05,7} = 1.895$; 20 ± 3.28

d. As the confidence level increases, the interval becomes wider.

8.22 a. $\bar{x} = 6.6; s^2 = 5.42; s = 2.33; t_{0.025,6} = 2.447$. The margin of error for the 95% confidence interval is $2.447 \frac{2.33}{\sqrt{7}} = 2.15$.

b. We can reduce the margin of error by decreasing the confidence level.

8.24 $n = 6; \bar{x} = 160; s^2 = 2470; s = \sqrt{s^2} = 49.70; t_{0.05,5} = 2.015$

The 90% confidence interval is 160 ± 40.88.

8.26 $\bar{x} = 158{,}000, n = 36, s = 36{,}000; t_{0.025,35} = 2.03$

The 95% confidence interval is $158{,}000 \pm 12{,}180$

8.28 a. $\bar{x} = 5.35; s = 2.07; t_{0.05,5} = 2.015$; the 90% confidence interval is 5.35 ± 1.70

b. Sara must assume that CEO compensations have a normal distribution since n is smaller than 30.

c. In order to reduce the margin of error of a 90% confidence interval, Sarah has to increase her sample size n.

8.30 a. $\bar{x} = 75.67; s^2 = 12.67; s = 3.56; t_{0.05,5} = 2.015$

b. The 90% confidence interval is 75.67 ± 2.93

c. The margin of error increases as the confidence level increases, and therefore the confidence interval becomes wider.

8.32 $n = 25$. The 90% confidence interval is [1690, 1810]. Therefore, $\bar{x} = 1250$; find s from $1750 + 2.064 \frac{s}{\sqrt{n}} = 1810$; so $s = 145.35$.

8.34 $\bar{x} = 1080; n = 35; s = 260; t_{0.025,34} = 2.032$. The 95% confidence interval is: 1080 ± 90.61.

The manager is wrong with the new strategy.

8.36 $n = 40$

a. Microeconomics: $\bar{x} = 71.83$; Excel command: =AVERAGE(B2:B41)

$s = 9.65$; Excel command: =STDEV.S(B2:B41)

The 95% confidence interval is 71.83 ± 3.09.

Macroeconomics: $\bar{x} = 70.40$; Excel command: =AVERAGE(C2:C41)

$s = 13.26$; Excel command: =STDEV.S(C2:C41)

The 95% confidence interval is 70.40 ± 4.24.

b. The sample standard deviations of microeconomics and macroeconomics are different. Therefore, the widths of these two intervals are different.

8.38 $t_{0.05,25} = 1.708$

Debt payments: $\bar{x} = 983.46$; Excel command: =AVERAGE(D2:D27)

$s = 124.61$; Excel command: =STDEV.S(D2:D27)

The 90% confidence interval is 983.46 ± 41.74.

The 95% confidence interval is 983.46 ± 50.34.

The 95% confidence interval is wider because its confidence level is higher.

8.40 a. $z_{0.025} = 1.96$; the 95% confidence interval is 0.625 ± 0.106

b. Since the proportion of successes = 0.625, the proportion of failures = 1 − 0.625 = 0.375. The margin of error remains the same, so the 95% confidence interval for the proportion of failures is 0.375 ± 0.106.

8.42 a. $\bar{p} = \frac{30}{80} = 0.375$

b. $z_{0.05} = 1.645$; the 90% interval is 0.375 ± 0.089.

$z_{0.005} = 2.576$; the 99% interval is 0.375 ± 0.139.

c. Yes, with 90% confidence, we can conclude that the population proportion differs from 0.5 because the value 0.5 does not fall within the interval.

d. No, since the value 0.5 falls within the interval, we cannot conclude with 99% confidence that the population proportion differs from 0.5.

8.44 a. $z_{0.025} = 1.960$; the margin of error is 0.031.

b. 0.47 ± 0.031

8.46 a. $z_{0.05} = 1.645$; 0.467 ± 0.024

b. With 90% confidence, we can conclude that the population proportion is not 0.50%.

8.48 $z_{0.05} = 1.645$; the 90% confidence interval is 0.20 ± 0.024

8.50 a. $z_{0.05} = 1.645$; the 90% confidence interval is 0.275 ± 0.037

b. No, we cannot conclude that the adult obesity rate in the United States is not 30% because the value 0.30 falls in the interval.

8.52 a. The margin of error is $1.960 \sqrt{\frac{0.23(1-0.23)}{5324}} = 0.011$.

b. The margin of error is $1.960 \sqrt{\frac{0.52(1-0.52)}{5324}} = 0.013$.

c. The margin of error in parts a and b are different because the population proportions in parts a and b are different.

8.54 a. $\bar{p} = \frac{20}{80} = 0.25$

b. $z_{0.025} = 1.960$; 0.25 ± 0.095

c. No, the mayor's claim cannot be justified with 95% confidence since the national average value 0.20 (= 1/5) falls within the interval.

8.56 $\hat{\sigma} = \frac{\text{range}}{4} = \frac{80 - 20}{4} = 15; n = \left(\frac{1.282 \times 15}{2.6}\right)^2 = 54.70,$ which is rounded up to 55.

With 95% confidence, $z_{\alpha/2} = z_{0.025} = 1.96$. Thus, $n = \left(\frac{1.96 \times 15}{2.6}\right)^2 = 127.86$, which is rounded up to 128.

8.58 $n = \left(\frac{2.576 \times 6}{1.2}\right)^2 = 165.89$, which is rounded up to 166

8.60 Given $E = 0.12$, $\hat{p} = 0.80$, with 99% confidence, $z_{\alpha/2} = z_{0.005} = 2.576$. Thus, $n = 73.73$, which is rounded up to 74.

With 90% confidence, $z_{\alpha/2} = z_{0.05} = 1.645$. Thus, $n = \left(\frac{1.645}{0.12}\right)^2 \times 0.80(1 - 0.80) = 30.07$, which is rounded up to 31.

8.62 $n = \left(\frac{2.576 \times 0.32}{0.06}\right)^2 = 188.75$, which is rounded up to 189

8.64 $n = \left(\frac{1.96 \times 1.8}{0.5}\right)^2 = 49.79$, which is rounded up to 50

8.66 a. $n = \left(\frac{1.96 \times 18}{5}\right)^2 = 49.79$, which is rounded up to 50

b. $n = \left(\frac{1.96 \times 18}{3}\right)^2 = 138.30$, which is rounded up to 139

8.68 $n = \left(\frac{1.645}{0.02}\right)^2 \times 0.46(1 - 0.46) = 1680.44$, which is rounded up to 1,681

8.70 $n = \left(\frac{1.96}{0.06}\right)^2 \times 0.40(1 - 0.40) = 256.11$, which is rounded up to 257.

8.72 $t_{0.025,9} = 2.062$; the 95% confidence interval is 10 ± 10.73

8.74 a. $t_{0.025,5} = 2.571$; 580 ± 94.66

b. We assume that the prices of single-family homes in San Luis Obispo follow a normal distribution.

8.76 a. The parameter of interest is the average filling weight of all cereal packages. The margin of error is 0.02.

b. The confidence interval is 1.22 ± 0.02, which means that with 95% confidence we can conclude that the machine is operating properly because the interval contains the target filling weight of 1.20 pounds.

c. $n = \left(\frac{1.96 \times 0.06}{0.01}\right)^2 = 138.3$, which is rounded up to 139.

Thus, the sample size should be at least 139 in order to get a margin of error below 0.01.

8.78 a. $z_{0.005} = 2.576$; the 99% confidence interval is 0.82 ± 0.14

b. The 99% margin of error is 0.14.

8.80 $\bar{x} = 27{,}500$, $n = 40$, $s = 9{,}120$; $t_{0.05,39} = 1.685$; the 90% confidence interval is $27{,}500 \pm 2429.77$.

With 90% confidence we can conclude that the average debt has not changed because the interval contains the target average debt of $25,250.

8.82 a. $n = 50$, $\sigma = 5$, $\bar{x} = 78.4$. Excel command: =AVERAGE(A2:A51)

$z_{0.025} = 1.96$; Excel command: =NORM.S.INV(0.975); 78.4 ± 1.39

b. With 95% confidence, we can conclude that the mean life expectancy of Michigan residents differs from that for Hawaii residents.

8.84 a. Monday: $s = 21.12$. Excel command: =STDEV.S(A2:A31)

The margin of error of tickets sold for Monday is 7.89.

Tuesday: $s = 11.82$. Excel command: =STDEV.S(B2:B31)

The margin of error of tickets sold for Tuesday is 4.41.

b. Monday: $\bar{x} = 222.37$. Excel command: =AVERAGE(A2:A31).

Tuesday: $\bar{x} = 190.07$. Excel command: =AVERAGE(B2:B31).

The 95% confidence intervals for tickets sold for Monday and Tuesday are 222.37 ± 7.89, and 190.07 ± 4.41, respectively.

c. For both Monday and Tuesday, the population mean differs from 200 because 200 does not belong to either of the two confidence intervals.

8.86 a. $z_{0.025} = 1.96$; the margin of error is 0.018.

b. 0.121 ± 0.018.

8.88 $n = \left(\frac{1.645}{0.05}\right)^2 \times 0.20(1 - 0.20) = 173.19$, which is rounded up to 174. This is assuming that $\hat{p} = 0.20$, based on prior studies, is a reasonable estimate of p in the planning stage.

8.90 a. $z_{0.025} = 1.96$; 0.20 ± 0.111. With 95% confidence, we can conclude that the percentage of pedestrians in Lower Manhattan who smoke while walking is between 8.9% and 31.1%.

b. $z_{0.025} = 1.96$; 0.40 ± 0.136. With 95% confidence, we can conclude that the percentage of pedestrians in Lower Manhattan who are tourists is between 26.4% and 53.6%.

8.92 $n = 259.35$, which is rounded up to 260.

Chapter 9

9.2 a. Invalid. The test is about the population parameter μ.

b. Valid

c. Valid

d. Invalid. The null hypothesis must include some form of the equality sign.

9.4 a. Incorrect. It is not correct to conclude "accept the null hypothesis" because while the sample data may not be inconsistent with the null hypothesis, they do not necessarily prove that the null hypothesis is true.

b. Correct.

c. Incorrect. We cannot establish a claim because the null hypothesis is not rejected.

d. Correct.

9.6 a. Type I error is to incorrectly conclude the mean weight is different from 18 ounces. Type II error is to incorrectly conclude the mean weight does not differ from 18 ounces.

b. Type I error is to incorrectly conclude that the stock price increases on more than 60 percent of trading days. Type II error is to incorrectly conclude that the price does not increase on more than 60 percent of trading days.

c. Type I error is to incorrectly conclude that Americans sleep less than 7 hours a day. Type II error is to incorrectly conclude that Americans do not sleep less than 7 hours a day.

9.8 a. Type I error is to incorrectly conclude that the majority of voters support the candidate. Type II error is to incorrectly conclude that the majority of the voters do not support the candidate.

b. Type I error is to incorrectly conclude that the average pizza is less than 10 inches. Type II error is to incorrectly conclude that the average pizza is not less than 10 inches.

c. Type I error is to incorrectly conclude that the average ibuprofen contents differ from 250 mg. Type II error is to incorrectly conclude that the average ibuprofen contents do not differ from 250 mg.

9.10 a. 0.03

b. 0.02

c. Type I error is to incorrectly conclude that an individual has the disease. Type II error is to incorrectly conclude that an individual does not have the disease.

d. We do not prove that the individual is free of disease if we do not reject the null hypothesis.

9.12. a. H_0: The new software does not significantly reduce assembly costs; H_A: The new software significantly reduces assembly costs. The manager of the restaurant is more concerned about Type I error. The consequence of a Type I error is to conclude that the restaurant uses higher fat content, when the restaurant does not.

b. The consumer group should be more concerned about Type II error. Type II error is to fail to reject the null hypothesis that the restaurant uses higher fat content, when the restaurant does use higher fat content.

9.14 a and b. $z = \frac{13.4 - 12.6}{3.2/\sqrt{25}} = 1.25; 1.25 < 1.28 = z_{0.10}$; do not reject H_0

c and d. $z = \frac{13.4 - 12.6}{3.2/\sqrt{100}} = 2.5; 2.5 > 1.28 = z_{0.10}$; reject H_0

9.16 a and b. $z = \frac{144 - 150}{28/\sqrt{80}} = -1.92$; p-value $= 0.0274 > 0.01 = \alpha$; do not reject H_0

c. $0.0274 < 0.05 = \alpha$; reject H_0

9.18 a. $-z_{0.025} = -1.96$ and $z_{0.025} = 1.96$

b. $z = \frac{132 - 120}{46/\sqrt{50}} = 1.84$; do not reject H_0 since $-1.96 < 1.84 < 1.96$

c. $-z_{0.05} = -1.645$ and $z_{0.05} = 1.645$

d. Reject H_0 since $1.84 > 1.645$

9.20 $z = \frac{80 - 75}{30/\sqrt{100}} = 1.67$; for this left-tailed test, the p-value $= P(Z \leq 1.67) = 0.9525$. Since $\alpha = 0.10$, we do not reject H_0 because the p-value $= 0.9525 > 0.10 = \alpha$. Note: We really do not need formal testing here since there is no discrepancy between the sample mean ($\bar{x} = 80$) and the hypothesized mean ($\mu \geq 75$).

9.22 a. $H_0: \mu \leq 130; H_A: \mu > 130$

b. p-value $= P(Z \geq 2.50) = 1 - 0.9938 = 0.0062$

c. Since the p-value $= 0.0062 < 0.05 = \alpha$, we reject H_0. At the 5% significance level, average spending is more than \$130.

d. With $\alpha = 0.05$, the critical value is $z_{0.05} = 1.645$; the decision rule is to reject H_0 if $z > 1.645$. Since $2.50 > 1.645$, we reject H_0.

9.24 a. $H_0: \mu \geq 7; H_A: \mu < 7; z = \frac{6.7 - 7}{2.1/\sqrt{150}} = -1.75$. The p-value $= P(Z \leq -1.75) = 0.0401$. Since the p-value $= 0.0401 > 0.01 = \alpha$, we do not reject H_0. At the 1% significance level, we cannot conclude that average sleep time is less than 7 hours.

b. With $\alpha = 0.01$, the critical value is $-z_{0.01} = -2.33$; the decision rule is to reject H_0 if $z < -2.33$. Since $z = -1.75 > -2.33$, we do not reject H_0.

9.26 a. $H_0: \mu = 16; H_A: \mu \neq 16$

b. $z = \frac{15.80 - 16}{0.8/\sqrt{48}} = -1.73$. With $\alpha = 0.05$, the critical values are -1.96 and 1.96. Since $z = 1.73$ falls between -1.96 and 1.96, we do not reject H_0.

c. Based on the sample data, the average content of bottles is not significantly different from 16 ounces at the 5% significance level. Thus, the accuracy of the bottling process is not compromised.

9.28 a. $H_0: \mu \geq 22; H_A: \mu < 22$

b. Excel command: =Z.TEST(A2: A51, 22, 6) = 0.9825; the p-value $= P(Z \leq z) = 1 - 0.9825 = 0.0175$.

c. Since the p-value $= 0.0175 < 0.05 = \alpha$, we reject H_0. At the 5% significance level, we conclude that the average hourly wage is less than \$22.

9.30 a. $H_0: \mu \leq 27{,}200; H_A: \mu > 27{,}200$

b. With $\alpha = 0.10, z_{\alpha/2} = z_{0.05} = 1.645$; the critical values are -1.645 and 1.645; Excel command: =NORM.S.INV(0.95)

c. Excel command: =Z.TEST(B2: B27, 27200, 5000) = 0.9857

d. The p-value $= 1 - P(Z \leq z) = 1 - 0.9857 = 0.0143$. Since the p-value $= 0.0143 < 0.10 = \alpha$, we reject H_0. At the 10% significance level, the debt of recent undergraduates from Connecticut is, on average, higher than the national average debt.

9.32 a. Reject H_0 at $\alpha = 0.10$; do not reject H_0 at $\alpha = 0.01$

b. Reject H_0 at $\alpha = 0.10$; do not reject H_0 at $\alpha = 0.01$

c. Reject H_0 at $\alpha = 0.10$; do not reject H_0 at $\alpha = 0.01$

d. Reject H_0 at $\alpha = 0.10$; do not reject H_0 at $\alpha = 0.01$

9.34 a. Reject H_0 at $\alpha = 0.10$; do not reject H_0 at $\alpha = 0.01$

b. Reject H_0 at $\alpha = 0.10$; do not reject H_0 at $\alpha = 0.01$

c. Reject H_0 at $\alpha = 0.10$; do not reject H_0 at $\alpha = 0.01$

d. Reject H_0 at $\alpha = 0.10$; do not reject H_0 at $\alpha = 0.01$

9.36 a. $t_{23} = \frac{4.8 - 4.5}{0.8/\sqrt{24}} = 1.84$; $0.025 < p$-value < 0.05; since the p-value $< \alpha = 0.05$, reject H_0

b. $t_{23} = 1.84$; $0.05 < p$-value < 0.10; since the p-value $> \alpha = 0.05$, do not reject H_0

9.38 $H_0: \mu = 16; H_A: \mu \neq 16; t_{31} = \frac{15.2 - 16}{0.6/\sqrt{32}} = -7.54$

a. p-value $< \alpha = 0.01$; reject H_0. The sample data suggest that the population mean is different from 16.

b. $t_{31} = 7.54 > t_{0.005,31} = 2.744$; reject H_0.

9.40 $t_5 = \frac{92.33 - 100}{7.89/\sqrt{6}} = -2.38 > -3.365 = -t_{0.01,5}$; do not reject H_0.

9.42 a. $H_0: \mu \leq 5; H_A: \mu > 5$

b. $t_6 = \frac{5.53 - 5}{2.18/\sqrt{7}} = 0.64$; normal population

c. $t_6 = 0.64 < 1.440 = t_{0.10,6}$; do not reject H_0. Do not hire another employee.

d. p-value $> \alpha = 0.10$; do not reject H_0.

9.44 a. $H_0: \mu = 12; H_A: \mu \neq 12$

b. No, $n = 48 > 30$.

c. $t_{0.025,47} = 2.012$; reject H_0 if $t_{47} < -2.012$ or $t_{47} > 2.012$

d. $t_{47} = \frac{11.8 - 12}{0.8/\sqrt{48}} = -1.73$; do not reject H_0. No adjustment is necessary.

9.46 $H_0: \mu \geq 6; H_A: \mu < 6; t_{11} = \frac{5.92 - 6}{0.09/\sqrt{12}} = -3.08$; $0.005 < p$-value < 0.001; since the p-value $< \alpha = 0.05$, reject H_0. The carmaker's goal has been achieved.

9.48 $H_0: \mu \leq 4.2; H_A: \mu > 4.2; t_6 = \frac{4.38 - 4.20}{0.20/\sqrt{7}} = 2.38$

a. The p-value $= P(T_6 \geq 2.38)$; $0.025 < p$-value < 0.05. Since the p-value $< \alpha = 0.10$, we reject H_0. The mean mortgage rate for the population is higher than 4.2%.

b. With $\alpha = 0.10$, the critical value is $t_{0.10,6} = 1.440$; the decision rule is to reject H_0 if $t_6 > 1.440$. Since $t_6 = 2.38 > 1.440$, we reject H_0.

9.50 a. $H_0: \mu = 95; H_A: \mu \neq 95$

b. $t_{24} = \frac{96.52 - 95}{10.70/\sqrt{25}} = 0.71$; use Excel to compute the p-value as '=T.DIST.2T(0.71,24)' = 0.48.

c. Since the p-value $= 0.48 > 0.05 = \alpha$, we do not reject H_0. The average MPG is not significantly different from 95.

9.52 a. $H_0: \mu = 65; H_A: \mu \neq 65$

b. $t_{0.005,39} = 2.708$; the critical values are -2.708 and 2.708. The decision rule is to reject H_0 if $t_{39} > 2.708$ or $t_{39} < -2.708$.

c. $t_{39} = \dfrac{66 - 65}{3/\sqrt{40}} = 2.108$

d. Since $t_{39} = 2.108$ falls between -2.708 and 2.708, we do not reject H_0. At the 1% significant level, we cannot conclude that the average speed differs from the speed limit.

9.54 a. $z = \dfrac{0.3 - 0.38}{\sqrt{\dfrac{0.38(1-0.38)}{74}}} = -1.42$; p-value $= 0.0778$

b. $z = \dfrac{0.37 - 0.38}{\sqrt{\dfrac{0.38(1-0.38)}{300}}} = -0.36$; p-value $= 0.3594$

c. $z = \dfrac{0.34 - 0.38}{\sqrt{\dfrac{0.38(1-0.38)}{50}}} = -0.58$; p-value $= 0.2810$

d. $z = \dfrac{0.34 - 0.38}{\sqrt{\dfrac{0.38(1-0.38)}{400}}} = -1.65$; p-value $= 0.0495$

9.56 a. $z = \dfrac{0.3 - 0.32}{\sqrt{\dfrac{0.32(1-0.32)}{66}}} = -0.35$; p-value $= 0.7264$

b. $z = \dfrac{0.38 - 0.32}{\sqrt{\dfrac{0.32(1-0.32)}{264}}} = 2.09$; p-value $= 0.0366$

c. $z = \dfrac{0.40 - 0.32}{\sqrt{\dfrac{0.32(1-0.32)}{40}}} = 1.08$; p-value $= 0.2802$

d. $z = \dfrac{0.38 - 0.32}{\sqrt{\dfrac{0.32(1-0.32)}{180}}} = 1.73$; p-value $= 0.0836$

9.58 a. $z_{0.05} = 1.645$

b. $-z_{0.025} = -1.96$ and $z_{0.025} = 1.96$

c. $-z_{0.05} = -1.645$

9.60 a. $z = \dfrac{0.4 - 0.45}{\sqrt{\dfrac{0.45(1-0.45)}{320}}} = -1.80 > -2.33 = -z_{0.01}$; do not reject H_0.

b. $-2.576 < z = -1.80 < 2.576$; do not reject H_0.

9.62 $H_0: p \leq 0.5; H_A: p > 0.5; z = \dfrac{0.65 - 0.5}{\sqrt{\dfrac{0.5(1-0.5)}{20}}} = 1.34$;

p-value $= 0.0901 > 0.05 = \alpha$; do not reject H_0. Cannot conclude that more than 50% of the observations in the population are below 10.

9.64 a. $H_0: p \leq 0.2; H_A: p > 0.2$

b. $z = \dfrac{0.263 - 0.2}{\sqrt{\dfrac{0.2(1-0.2)}{190}}} = 2.17$

c. p-value $= 0.015 < 0.05 = \alpha$; reject H_0. The concern is supported.

9.66 a. $H_0: p \leq 0.3; H_A: p > 0.3; z = \dfrac{0.34 - 0.3}{\sqrt{\dfrac{0.3(1-0.3)}{200}}} = 1.23$;

p-value $= 0.1093 > 0.05 = \alpha$. Do not reject H_0.

b. p-value $= 0.1093 > 0.10 = \alpha$. Do not reject H_0.

c. Cannot conclude that more than 30% of moviegoers return to see movie for a second time.

9.68 $H_0: p \leq 0.5; H_A: p > 0.5; z = \dfrac{0.6 - 0.5}{\sqrt{\dfrac{0.5(1-0.5)}{40}}} = 1.26$;

p-value $= 0.1038 > 0.05 = \alpha$; do not reject H_0. The claim is not justified.

9.70 $H_0: p \leq 0.6; H_A: p > 0.6; z = \dfrac{0.64 - 0.6}{\sqrt{\dfrac{0.6(1-0.6)}{140}}} = 0.97$; p-value $=$

$0.166 > 0.01 = \alpha$; do not reject H_0. The claim is not supported.

9.72 H_0: The drug does not raise the blood pressure of its users; H_A: The drug raises the blood pressure of its users. The manager of the pharmaceutical company is more concerned about a Type I error. The consequence of a Type I error is to conclude that the drug raises the blood pressure of its users when it does not.

9.74 a. $H_0: \mu \leq 10; H_A: \mu > 10$

b. $t_{44} = \dfrac{10.5 - 10}{1.8/\sqrt{45}} = 1.86$

c. $t_{0.05,44} = 1.680$; the decision rule is to reject H_0 if $t_{44} > 1.680$. Since $t_{44} = 1.86 > 1.680$, reject H_0. The sample evidence supports the manufacturer's claim that the battery life is more than 10 hours.

d. $0.025 < p$-value < 0.05. Since the p-value $< \alpha = 0.05$, reject H_0.

9.76 $H_0: \mu \leq 20; H_A: \mu > 20; t_{31} = \dfrac{22.08 - 20}{5.42/\sqrt{32}} = 2.17$

$t_{0.01,31} = 2.453$; the decision rule is to reject H_0 if $t_{31} > 2.453$. Since $t_{31} = 2.17 < 2.453$, do not reject H_0. At the 1% significance level, we cannot conclude that drivers' waiting time exceeds 20 minutes. Thus, there is no need for the city council to spend additional money to reduce the amount of traffic.

9.78 a. $H_0: \mu \leq 12; H_A: \mu > 12$

b. Use Excel to find the p-value as '=Z.TEST(B2:B26,12,30)' = 0.2966.

c. Since the p-value $= 0.7879 > 0.05 = \alpha$, do not reject H_0. At the 5% significance level, the sample evidence does not support that the mean return is greater than 12%.

9.80 a. $H_0: \mu = 13{,}500; H_A: \mu \neq 13{,}500$

b. $t_{49} = \dfrac{14{,}562 - 13{,}500}{2895.66/\sqrt{50}} = 2.59$. Use Excel to find the p-value as '=T.DIST.2T(2.59,49)' = 0.013.

c. Since the p-value $= 0.013 < 0.10 = \alpha$, reject H_0. The average number of miles driven annually by Midwesterners is different from the U.S. average at the 10% significance level.

9.82 a. $H_0: p \geq 0.90; H_A: p < 0.90$

b. $\bar{p} = \dfrac{1068}{1200} = 0.89; z = \dfrac{0.89 - 0.90}{\sqrt{0.90(1-0.90)/1200}} = -1.15$

c. The p-value $= P(Z \leq -1.15) = 0.1251$.

d. Since the p-value $= 0.1251 > 0.05 = \alpha$, do not reject H_0. Based on the sample evidence, there is no need for the retailer to improve its services at the 5% significance level.

9.84 a. $H_0: p \leq 0.50; H_A: p > 0.50$

b. $\bar{p} = \dfrac{428}{827} = 0.52; z = \dfrac{0.52 - 0.50}{\sqrt{0.50(1-0.50)/827}} = 1.15$

c. $z_{0.01} = 2.33$. The decision rule is to reject H_0 if $z > 2.33$.

d. Since $z = 1.15 < 2.33$, do not reject H_0. At the 1% significance level, the percentage of individuals who want to watch the new show is not more than 50%. As a result, the television network should keep its current lineup.

9.86 a. $H_0: p \leq 0.33$; $H_A: p > 0.33$

b. $\bar{p} = 0.42$; $z = \dfrac{0.42 - 0.33}{\sqrt{0.33(1 - 0.33)/100}} = 1.91$

c. $z_{0.01} = 2.33$. The decision rule is to reject H_0 if $z > 2.33$.

d. Since $z = 1.91 < 2.33$, we do not reject H_0. At the 1% significance level, the Massachusetts teens do not engage in this behavior at a rate greater than the national rate.

Chapter 10

10.2 a. $t_{0.025,33} = 2.035$;

$$s_p^2 = \frac{(15 - 1)7.9 + (20 - 1)9.3}{15 + 20 - 2} = 8.71;$$

$$(-10.5 + 16.8) \pm 2.035\sqrt{8.71\left(\frac{1}{15} + \frac{1}{20}\right)} = 6.3 \pm 2.05$$

b. $H_0: \mu_1 - \mu_2 = 0$; $H_A: \mu_1 - \mu_2 \neq 0$

c. Since the interval [4.25, 8.35] does not contain 0, the value hypothesized under the null hypothesis, reject H_0. At the 5% significance level, the population means differ.

10.4 a. $s_p^2 = \dfrac{(10 - 1)2.5^2 + (12 - 1)4.4^2}{10 + 12 - 2} = 13.46$;

$$t_{20} = \frac{(20.2 - 17.5) - 0}{\sqrt{13.46\left(\frac{1}{10} + \frac{1}{12}\right)}} = 1.72;\ t_{0.05,20} = 1.725.$$

Since $t_{20} = 1.72 < 1.725 = t_{0.05,20}$, we do not reject H_0; at the 5% significance level, μ_1 is not greater than μ_2.

b. $t_{0.10,20} = 1.356$. Since $t_{20} = 1.72 > 1.356 = t_{0.10,20}$, we reject H_0; at the 10% significance level, μ_1 is greater than μ_2.

10.6 a. $s_p^2 = \dfrac{(22 - 1)21.5^2 + (18 - 1)15.2^2}{22 + 18 - 2} = 358.81$;

$$t_{38} = \frac{(57 - 43) - 5}{\sqrt{358.81\left(\frac{1}{22} + \frac{1}{18}\right)}} = 1.49.$$

The p-value $= 2P(T_{38} \geq 1.49)$; $0.10 < p\text{-value} < 0.20$. Since the p-value $> \alpha = 0.05$, do not reject H_0. At the 5% significance level, we cannot conclude that the difference between the means differs from 5.

b. $t_{0.025,38} = 2.024$. Since $t_{38} = 1.49 < 2.024 = t_{0.025,38}$, do not reject H_0.

10.8 a. $H_0: \mu_1 - \mu_2 = 0$; $H_A: \mu_1 - \mu_2 \neq 0$

b. $t_{df} = \dfrac{(98.33 - 111.67) - 0}{\sqrt{\frac{16.27^2}{6} + \frac{10.91^2}{6}}} = -1.67$

c. $df = \dfrac{\left(\frac{16.27^2}{6} + \frac{10.91^2}{6}\right)^2}{\frac{\left(\frac{16.27^2}{6}\right)^2}{6-1} + \frac{\left(\frac{10.91^2}{6}\right)^2}{6-1}} = 8.74$, which is rounded down to 8.

$t_8 = -1.67$, and its corresponding p-value $= 2P(T_8 \leq -1.67)$; $0.10 < p\text{-value} < 0.20$.

d. Since the p-value $> \alpha = 0.10$, do not reject H_0. At the 10% significance level, we cannot conclude that the population means differ.

10.10 a. $H_0: \mu_1 - \mu_2 \geq 0$; $H_A: \mu_1 - \mu_2 < 0$

b. $z = \dfrac{52{,}000 - 54{,}700}{\sqrt{\frac{4400^2}{100} + \frac{1500^2}{100}}} = -5.81$; the p-value $=$

$P(Z \leq -5.81) \approx 0$.

c. Since the p-value $\approx 0 < 0.05 = \alpha$, reject H_0. The sample data indicate that $\mu_1 < \mu_2$ at the 5% significance level. The "community college penalty" seems to apply to Lucille's university as well.

10.12 Sample 1 consists of students in the first section and Sample 2 represents students in the second section.

a. $H_0: \mu_1 - \mu_2 \leq 0$; $H_A: \mu_1 - \mu_2 > 0$

b. $t_{df} = \dfrac{(77.40 - 74.10) - 0}{\sqrt{\frac{10.80^2}{18} + \frac{12.20^2}{14}}} = 0.80.$

It is necessary to assume that each population is normally distributed as the sample sizes are not sufficiently large to use the Central Limit Theorem. Also, following Mark's remark, the population standard deviations are not equal.

c. There is no need to calculate the degrees of freedom because the value of the test statistic $t_{df} = 0.80$ is so small. Regardless of the value of the degrees of freedom, H_0 will not be rejected. There is no evidence that the first class outperforms the second class.

10.14 Let Sample 1 be the sample of SUVs and Sample 2 be the sample of small cars.

a. $H_0: \mu_1 - \mu_2 = 30$; $H_A: \mu_1 - \mu_2 \neq 30$

b. $s_p^2 = \dfrac{(18 - 1)32.00^2 + (38 - 1)24.00^2}{18 + 38 - 2} = 717.04$;

$$t_{54} = \frac{(95.00 - 48.00) - 30}{\sqrt{717.04\left(\frac{1}{18} + \frac{1}{38}\right)}} = 2.22$$

c. $t_{0.05,54} = 1.674$. The decision rule is to reject H_0 if $t_{54} > 1.674$ or $t_{54} < -1.674$. Since $t_{54} = 2.22 > 1.674$, reject H_0. The sample data support the claim that it takes 30 days longer to sell SUVs compared to smaller cars at the 10% significance level.

10.16 a. $H_0: \mu_1 - \mu_2 \leq 0$; $H_A: \mu_1 - \mu_2 > 0$

b. Excel output:

t-Test: Two-Sample Assuming Equal Variances		
	Low-Carb/Mediterranean Diets	Low-Fat Diet
Mean	9.7733	6.2833
Variance	3.1979	3.1607
Observations	30	30
Pooled Variance	3.1793	
Hypothesized Mean Difference	0	
df	58	
t Stat	7.5806	
P(T<=t) one-tail	0.0000	
***t* Critical one-tail**	**1.6716**	
P(T<=t) two-tail	0.0000	
t Critical two-tail	2.0017	

$t_{0.05,58} = 1.672$. The decision rule is to reject H_0 if $t_{58} > t_{0.05,58} = 1.672$.

c. Since $t_{58} = 7.58 > 1.672 = t_{0.05,58}$, reject H_0. At the 5% significance level, the sample data suggest that overweight individuals on a low-carbohydrate or the Mediterranean diet lose more weight than their counterparts on a low-fat diet.

10.18 $H_0: \mu_1 - \mu_2 \leq 0$; $H_A: \mu_1 - \mu_2 > 0$

Excel output:

t-Test: Two-Sample Assuming Unequal Variances		
	Salary 2008	Salary 2010
Mean	48700	46825
Variance	68574359	2.25E + 08
Observations	40	40
Hypothesized Mean Difference	0	
df	61	
***t* Stat**	**0.691961**	
***P*(*T* < =*t*) one-tail**	**0.245794**	
t Critical one-tail	1.670219	
P(*T* < =*t*) two-tail	0.491587	
t Critical two-tail	1.999624	

Since the *p*-value $= 0.2458 > 0.05 = \alpha$, we do not reject H_0. At the 5% significance level, we cannot conclude that the starting salary has declined from 2008 to 2010.

10.20 a. $t_{0.05,19} = 1.729$;

$$\bar{d} \pm t_{\alpha/2,df}\frac{s_D}{\sqrt{n}} = 1.3 \pm 1.729\frac{1.61}{\sqrt{20}} = 1.3 \pm 0.62,$$

or [0.68, 1.92]

b. Since the value zero is not included in the [0.68, 1.92] interval, we reject H_0. At the 10% significance level, we can conclude that the mean difference is not zero.

10.22 a. $-t_{0.05,11} = -1.796$

b. $t_{df} = -1.702$.

$$t_{11} = \frac{-2.8 - 0}{\frac{5.7}{\sqrt{12}}} = -1.702$$

c. Since $t_{11} = -1.702 > -1.796 = -t_{0.05,11}$, we do not reject H_0. At the 5% significance level, we cannot conclude that the mean difference is less than 0.

10.24 a. $H_0: \mu_D \leq 0$; $H_A: \mu_D > 0$

b. $t_{34} = \dfrac{1.2 - 0}{\frac{3.8}{\sqrt{35}}} = 1.87$. The *p*-value $= P(T_{34} \geq 1.87)$;

$0.025 < p\text{-value} < 0.05$.

c. Since the *p*-value $< \alpha = 0.05$, we reject H_0. At the 5% significance level, we can conclude that the mean difference is greater than 0.

d. $t_{\alpha,df} = t_{0.05,34} = 1.691$. Since $t_{34} = 1.87 > 1.691 = t_{0.05,34}$, we reject H_0.

10.26 a. $H_0: \mu_D = 0$; $H_A: \mu_D \neq 0$

b. $\bar{d} = -1.86$; $s_D = \sqrt{\dfrac{32.8571}{6}} = 2.34$;

$$t_6 = \frac{-1.86 - 0}{\frac{2.34}{\sqrt{7}}} = -2.10$$

c. $t_{0.05,6} = 1.943$. The decision rule is to reject H_0 if $t_6 > 1.943$ or $t_6 < -1.943$.

d. Since $t_6 = -2.10 < -1.943$, we reject H_0. The manager's assertion is supported by the data at the 5% significance level.

10.28 a. $H_0: \mu_D = 0$; $H_A: \mu_D \neq 0$

b. $t_{0.025,5} = 2.571$

c. $\bar{d} = -2166.67$; $s_D = 6177.92$; $t_5 = \dfrac{-2166.67 - 0}{\frac{6177.92}{\sqrt{6}}} = -0.86$

d. Since $t_5 = -0.86$ falls between -2.571 and 2.571, we do not reject H_0. We cannot conclude that the appraisers are inconsistent in their estimates.

10.30 a. $H_0: \mu_D = 0$; $H_A: \mu_D \neq 0$

b.

t-Test: Paired Two Sample for Means		
	Electronic	Utilities
Mean	5.905555556	3.812222222
Variance	2210.948853	672.6680694
Observations	9	9
Pearson Correlation	0.673056959	
Hypothesized Mean Difference	0	
df	8	
***t* Stat**	**0.178196299**	
P(*T* < =*t*) one-tail	0.431499266	
t Critical one-tail	1.859548038	
***P*(*T* < =*t*) two-tail**	**0.862998531**	

$t_8 = 0.18$; *p*-value $= 0.8630$. Since the *p*-value $= 0.8630 > 0.05 = \alpha$, we do not reject H_0. We cannot conclude that the mean returns on Electronics and Utilities differ at the 5% significance level.

10.32 a. $H_0: \mu_D \geq 0$; $H_A: \mu_D < 0$

b.

t-Test: Paired Two Sample for Means		
	Average when Shift	Average when No Shift
Mean	0.2129	0.2391
Variance	0.002540322	0.0016361
Observations	10	10
Pearson Correlation	−0.079839194	
Hypothesized Mean Difference	0	
df	9	
***t* Stat**	**−1.234811569**	
***P*(*T* < =*t*) one-tail**	**0.124083054**	
t Critical one-tail	1.833112933	
P(*T* < =*t*) two-tail	0.248166109	
t Critical two-tail	2.262157163	

$t_9 = -1.235$ and the *p*-value $= 0.1241$.

c. Since the *p*-value $= 0.1241 > 0.05 = \alpha$, we do not reject H_0. We cannot conclude that the defensive shift is effective in lowering a power hitter's batting average at the 5% significance level.

10.34 a. $\bar{\bar{x}} = \frac{-174}{15} = -11.6$

b. $SSTR = 3(-11.3 - (-11.6))^2 + 4(-12 - (-11.6))^2 + 5(-10.4 - (-11.6))^2 + 3(-13.3 - (-11.6))^2 = 16.78$

$MSTR = \frac{16.78}{4-1} = 5.59$

c. $SSE = (3-1)2.33 + (4-1)8.7 + (5-1)6.3 + (3-1)2.3 = 60.56$

$MSE = \frac{60.56}{15-4} = 5.51$

d. $H_0: \mu_A = \mu_B = \mu_C = \mu_D$; H_A: Not all population means are equal

e. $F_{(3,11)} = \frac{5.59}{5.51} = 1.01$

f. $F_{(3,11)} = 1.01$, so the p-value $= P(F_{(3,11)} \geq 1.01)$; using the F table, the p-value > 0.10.

g. Since the p-value $> 0.10 = \alpha$, we do not reject H_0. At the 10% significance level, we cannot conclude that the population means are not all equal.

10.36

Source of Variation	SS	df	MS	F	F crit at 5%
Between Groups	11.34	3	3.78	3.58	2.77
Within Groups	59.13	56	1.06		
Total	70.47	59			

Note: F critical is obtained from Excel using '=F.INV.RT (0.05, 3, 56)'.

Since $F_{(3,56)} = 3.58 > 2.77$, we reject H_0. At the 5% significance level, we can conclude that the population means are not all equal.

10.38 a.

Source of Variation	SS	df	MS	F	p-Value	F crit
Between Groups	548.37	5	109.67	1.37	0.250	1.96
Within Groups	4,321.11	54	80.02			
Total	4,869.48	59				

Note: The p-value is obtained from Excel using '=F.DIST.RT(1.37, 5, 54)'; F critical is obtained from Excel using '=F.INV.RT(0.05, 5, 54)'.

b. $H_0: \mu_1 = \mu_2 = \mu_3 = \mu_4 = \mu_5 = \mu_6$; H_A: Not all population means are equal

c. Since the p-value $= 0.250 > 0.10 = \alpha$, we do not reject H_0. At the 10% significance level, we cannot conclude that the population means differ.

10.40 a. $SSTR = 8(86.3 - 82.5)^2 + 8(80.3 - 82.5)^2 + 8(80.9 - 82.5)^2 = 174.72$; $MSTR = \frac{174.72}{3-1} = 87.36$;

$SSE = (8-1)20.8 + (8-1)45.1 + (8-1)27.3 = 652.40$;

$MSE = \frac{652.40}{24-3} = 31.07$

Source of Variation	SS	df	MS	F	p-Value	F crit at 5%
Between Groups	174.72	2	87.36	2.81	0.083	3.47
Within Groups	652.40	21	31.07			
Total	827.12	23				

Note: The p-value is obtained from Excel using '=F.DIST.RT(2.81, 2, 21)'.

b. $H_0: \mu_1 = \mu_2 = \mu_3$

H_A: Not all population means are equal

c. Since the p-value $= 0.083 > 0.05 = \alpha$, we do not reject H_0. At the 5% significance level, we cannot conclude that significant differences exist in the average whitening effectiveness of the three detergents.

10.42 a. $H_0: \mu_{\text{Snorkeling}} = \mu_{\text{Sailing}} = \mu_{\text{NBoarding/Windsurfing}} = \mu_{\text{Bowling}} = \mu_{\text{On - road triathlon}} = \mu_{\text{Off - road triathlon}}$

H_A: Not all population mean incomes are equal

b. $SSTR = 5(93.5 - 76.6)^2 + 5(89.4 - 76.6)^2 + 5(77.9 - 76.6)^2 + 5(77.3 - 76.6)^2 + 5(64.0 - 76.6)^2 + 5(57.4 - 76.6)^2 = 4895.15$

$MSTR = \frac{4895.15}{6-1} = 979.03$

$SSE = (5-1)28.8 + (5-1)28.5 + (5-1)13.8 + (5-1)7.4 + (5-1)10.3 + (5-1)66.4 = 620.80$

Source of Variation	SS	df	MS	F	p-Value	F crit at 5%
Between Groups	4895.15	5	979.03	37.85	0.000	2.62
Within Groups	620.80	24	25.87			
Total	5515.95	29				

Note: The p-value is obtained from Excel using '=F.DIST.RT (37.85, 5, 24)'.

c. $F_{0.05,(5,24)} = 2.62$. We reject H_0 if $F_{(5,24)} > 2.62$.

d. Since $F_{(5,24)} = 37.85 > 2.62$, we reject H_0. At the 5% significance level, we can conclude that average incomes differ depending on the recreational sport.

10.44 a.

Source of Variation	SS	df	MS	F	p-Value
Between Groups	7,531,769.00	3	2,510,589.67	69.01	0.000
Within Groups	3,492,385.00	96	36,379.01		
Total	11,024,154.00	99			

b. Since the p-value $\approx 0 < 0.01 = \alpha$, we reject H_0. At the 1% significance level, we can conclude that the average annual energy bills vary by region.

10.46

SUMMARY

Groups	Count	Sum	Average	Variance
Section 1	10	728	72.8	142.84
Section 2	10	787	78.7	104.01
Section 3	10	694	69.4	70.71

ANOVA

Source of Variation	SS	df	MS	F	p-Value	F crit
Between Groups	442.87	2	221.43	2.09	0.143	3.35
Within Groups	2858.10	27	105.86			
Total	3300.97	29				

$F_{0.05,(2,27)} = 3.35$. Since $F_{(2,27)} = 2.09 < 3.35$, we do not reject H_0. At the 5% significance level, we cannot conclude that average final exam scores are not equal among the instructor's three sections.

10.48

SUMMARY				
Groups	*Count*	*Sum*	*Average*	*Variance*
Field 1	30	2438	81.26667	35.16782
Field 2	30	2249	74.96667	36.44713
Field 3	30	2400	80	15.44828

ANOVA						
Source of Variation	*SS*	*df*	*MS*	*F*	*p-Value*	*F crit*
Between Groups	666.2889	2	333.1444	11.4794	3.76E − 05	2.364616
Within Groups	2524.833	87	29.02107			
Total	3191.122	89				

H_0: $\mu_1 = \mu_2 = \mu_3$; H_A: Not all population means are equal
Since $F_{(2,87)} = 11.479 > 2.365$, reject H_0. At the 10% significance level, we can conclude that the average job satisfaction differs by field.

10.50 a. H_0: $\mu_1 - \mu_2 \leq 0$; H_A: $\mu_1 - \mu_2 > 0$

b. $s_p^2 = 16.43$, $t_{58} = \dfrac{(30-24)-0}{\sqrt{16.43\left(\frac{1}{30}+\frac{1}{30}\right)}} = 5.73$

c. p-value $= P(T_{58} \geq 5.73) < 0.005$

d. p-value $= 0.005 < 0.05 = \alpha$; thus reject H_0; relative to the 1981 levels, 6- to 12-year-old children spend less time today on household chores.

e. $t_{0.05,58} = 1.672$. Since $t_{58} = 5.73 > 1.672 = t_{0.05,58}$, we reject H_0.

10.52 H_0: $\mu_{Men} - \mu_{Women} = 0$; H_A: $\mu_{Men} - \mu_{Women} \neq 0$

t-Test: Two-Sample Assuming Equal Variances		
	Men	*Women*
Mean	194.48	188.88
Variance	68.70367347	76.55673469
Observations	50	50
Pooled Variance	72.63020408	
Hypothesized Mean Difference	0	
df	98	
***t* Stat**	**3.285484322**	
P(*T* < =*t*) one-tail	0.000706557	
t Critical one-tail	2.36500241	
P(*T* < =*t*) two-tail	0.001413114	
***t* Critical two-tail**	**2.626931096**	

Since $t_{98} = 3.285 > 2.627 = t_{0.005,98}$, we reject H_0. At the 1% significance level, we conclude that the mean cholesterol levels for men and women are different.

10.54 a. H_0: $\mu_D = 0$; H_A: $\mu_D \neq 0$

b. $\bar{d} = -0.67$; $s_D = 1.63$; $t_5 = \dfrac{-0.67 - 0}{\frac{1.63}{\sqrt{6}}} = -1.01$

c. $t_{0.025,5} = 2.571$. The decision rule is to reject H_0 if $t_5 > 2.571$ or $t_5 < -2.571$.

d. Since $t_5 = -1.01$ falls between -2.571 and 2.571, we do not reject H_0. At the 5% significance level, the crop yield with the new fertilizer is not significantly different from the crop yield with the old fertilizer. There is no need for the farmer to be concerned.

10.56 a. H_0: $\mu_{Males} - \mu_{Females} \geq 0$; H_A: $\mu_{Males} - \mu_{Females} < 0$

b.

t-Test: Two-Sample Assuming Unequal Variances (at $\alpha = 0.01$)		
	Males	*Females*
Mean	572.5	601.25
Variance	2078.5714	1669.6429
Observations	8	8
Hypothesized Mean Difference	0	
df	14	
t Stat	−1.32822	
P(*T* < =*t*) one-tail	0.10268	
t Critical one-tail	2.62449	
P(*T* < =*t*) two-tail	0.20535	
t Critical two-tail	2.97684	

$t_{14} = -1.3282$

c. Since the p-value $= 0.1027 > 0.01 = \alpha$, we do not reject H_0. The sample data do not support the claim that females outscore males on the writing test at the 1% significance level.

10.58 a.

Source of Variation	*SS*	*df*	*MS*	*F*	*p-Value*	*F crit*
Between Groups	2011.33	3	670.4433	429.7714	0.00	3.24
Within Groups	24.96	16	1.56			
Total	2036.29	19				

b. H_0: $\mu_{\text{Locomotive Engineer}} = \mu_{\text{Truck Driver}} = \mu_{\text{Bus Driver}} = \mu_{\text{Taxi and Limousine Driver}}$
H_A: Not all population means are equal

c. p-value $\approx 0 < 0.05 = \alpha$; reject H_0; at the 5% significance level, we can conclude that the average salaries of the four different transportation operators differ.

10.60 H_0: $\mu_{Route\,1} = \mu_{Route\,2} = \mu_{Route\,3}$; H_A: Not all population means are equal.

p-value $= 0.0059 < 0.01 = \alpha$; reject H_0; at the 1% significance level, we can conclude that the average commute times differ between the three routes.

10.62 a.

Source of Variation	*SS*	*df*	*MS*	*F*	*p-Value*	*F crit*
Between Groups	57.39	2	28.70	1.08	0.3461	3.159
Within Groups	1512.80	57	26.54			
Total	1570.19	59				

b. H_0: $\mu_{\text{Section 1}} = \mu_{\text{Section 2}} = \mu_{\text{Section 3}}$; H_A: Not all population means are equal

Since the p-value $= 0.3461 > 0.05 = \alpha$, we do not reject H_0. At the 5% significance level, we cannot conclude that the average grades differ between the instructor's accounting sections.

10.64

SUMMARY				
Groups	Count	Sum	Average	Variance
Glue 1	20	756	37.8	31.74737
Glue 2	20	821	41.05	24.26053
Glue 3	20	839	41.95	12.47105

ANOVA						
Source of Variation	SS	df	MS	F	p-Value	F crit
Between Groups	190.6333	2	95.31667	4.175736	0.020307	3.158843
Within Groups	1301.1	57	22.82632			
Total	1491.733	59				

H_0: $\mu_1 = \mu_2 = \mu_3$; H_A: Not all population means are equal
Since $F_{(2,57)} = 4.176 > 3.159$, we reject H_0. At the 5% significance level, we can conclude that the average strength of the plywood boards differs by the type of glue used.

Chapter 11

11.2 $(0.85 - 0.90) \pm 1.645\sqrt{\frac{0.85(1-0.85)}{400} + \frac{0.90(1-0.90)}{350}} =$

-0.05 ± 0.0395 or $[-0.0895, -0.0105]$

With 90% confidence, the difference in the proportion is in the $[-0.0895, -0.0105]$ interval. Since the interval does not contain the value 0, we can conclude that there is a difference between the population proportions at the 10% significance level.

11.4 a. $-z_{0.05} = -1.645$

b. $\bar{p}_1 = \frac{250}{400} = 0.6250; \bar{p}_2 = \frac{275}{400} = 0.6875;$

$\bar{p} = \frac{x_1 + x_2}{n_1 + n_2} = \frac{525}{800} = 0.6563;$

$z = \frac{0.6250 - 0.6875}{\sqrt{0.6563(1-0.6563)\left(\frac{1}{400} + \frac{1}{400}\right)}} = -1.86$

c. Since $z = -1.86 < -1.645 = -z_{0.05}$, we reject H_0; p_1 is significantly less than p_2 at the 5% significance level.

11.6 a. $\bar{p}_1 = \frac{150}{250} = 0.60; \bar{p}_2 = \frac{130}{400} = 0.325;$

$z = \frac{(0.600 - 0.325) - 0.20}{\sqrt{\frac{0.600(1-0.600)}{250} + \frac{0.325(1-0.325)}{400}}} = 1.93$

b. The p-value $= 2P(Z \geq 1.93) = 2(0.0268) = 0.0536$.

c. Since the p-value $= 0.0536 > 0.05 = \alpha$, we do not reject H_0. The difference between population proportions does not differ from 0.20 at the 5% significance level.

d. $z_{0.025} = 1.96$. The decision rule is to reject H_0 if $z > 1.96$ or $z < -1.96$. Since $z = 1.93$ falls between -1.96 and 1.96, we do not reject H_0.

11.8 Let p_1 represent the population proportion in 2008 and p_2 the population proportion in 1980.

a. H_0: $p_1 - p_2 \leq 0$; H_A: $p_1 - p_2 > 0$

b. $\bar{p}_1 = 0.146, n_1 = 120;$

$\bar{p}_2 = 0.068, n_2 = 120;$

$\bar{p} = \frac{120(0.146) + 120(0.068)}{120 + 120} = 0.107;$

$z = \frac{0.146 - 0.068}{\sqrt{0.107(1-0.107)\left(\frac{1}{120} + \frac{1}{120}\right)}} = 1.95$; the p-value $= P(Z \geq 1.95) = 1 - 0.9744 = 0.0256$. Since the p-value $= 0.0256 < 0.05 = \alpha$, we reject H_0. There has been an increase in the proportion of individuals marrying outside their race or ethnicity.

11.10 Let p_1 represent the population proportion of recent jobseekers and p_2 the population proportion of job seekers three years ago.

H_0: $p_1 - p_2 \leq 0$; H_A: $p_1 - p_2 > 0$

$\bar{p}_1 = \frac{67}{150} = 0.4467; \bar{p}_2 = \frac{58}{140} = 0.4143;$

$\bar{p} = \frac{67 + 58}{290} = 0.4310;$

$z = \frac{0.4467 - 0.4143}{\sqrt{0.4310(1-0.4310)\left(\frac{1}{150} + \frac{1}{140}\right)}} = 0.56.$

Since $z = 0.56 < 1.645 = z_{0.05}$, we do not reject H_0.

We cannot conclude that the proportion of recent workers finding jobs on LinkedIn is more than the proportion three years ago, at the 5% significance level.

11.12 Let p_1 represent the population proportion of satisfied accounting majors and p_2 the population proportion of satisfied psychology majors.

a. H_0: $p_1 - p_2 \leq 0.20$; H_A: $p_1 - p_2 > 0.20$

b. $\bar{p}_1 = 0.50, n_1 = 350; \bar{p}_2 = 0.26, n_2 = 300;$

$z = \frac{(0.50 - 0.26) - 0.20}{\sqrt{\frac{0.50(1-0.50)}{350} + \frac{0.26(1-0.26)}{300}}} = 1.09.$

The p-value $= P(Z \geq 1.09) = 0.1379$.

c. Since the p-value $= 0.1379 > 0.05 = \alpha$, we do not reject H_0. The proportion of accounting majors satisfied with their career path does not differ from that of psychology majors by more than 20%.

11.14 Let p_1 represent the proportion of all male students who think men and women are not feasible to be just friends and p_2, the proportion of all female students who think men and women are not feasible to be just friends.

H_0: $p_1 - p_2 \leq 0.10$; H_A: $p_1 - p_2 > 0.10$

$\bar{p}_1 = 0.57, n_1 = 86; \bar{p}_2 = 0.32, n_2 = 100;$

$z = \frac{(0.57 - 0.32) - 0.10}{\sqrt{\frac{0.57(1-0.57)}{86} + \frac{0.32(1-0.32)}{100}}} = 2.12.$

The p-value $= P(Z \geq 2.12) = 0.017$. Since the p-value $= 0.017 < 0.05 = \alpha$, we reject H_0. There is a greater than 10 percentage point difference between the proportion of male and female students who think that men and women are not feasible to be just friends.

11.16 a. H_A: Not all $p_i (i = 1, 2, 3)$ equal their hypothesized values

b.

Category	o_i	e_i	$o_i - e_i$	$(o_i - e_i)^2$	$(o_i - e_i)^2/e_i$
1	250	240.0	10	100	0.417
2	94	100.0	−6	36	0.360
3	56	60.0	−4	16	0.267
Total	400	400.0			1.043

$\chi^2_2 = 1.043$; the p-value is more than 0.10.

c. Since the p-value $> 0.05 = \alpha$, we do not reject H_0. At the 5% significance level, we cannot conclude that at least one of the $p_i (i = 1, 2, 3)$ is different from its hypothesized value.

11.18 We use the p-value approach.

H_A: Not all $p_i (i = 1, 2, 3)$ equal their hypothesized values

Category	o_i	e_i	$o_i - e_i$	$(o_i - e_i)^2$	$(o_i - e_i)^2/e_i$
1	128	120.0	8	64	0.533
2	87	80.0	7	49	0.613
3	185	200.0	−15	225	1.125
Total	400	400.0			2.271

$\chi^2_2 = 2.271$; the p-value is more than 0.10. Since the p-value $> 0.01 = \alpha$, we do not reject H_0. At the 1% significance level, we cannot conclude that not all $p_i (i = 1, 2, 3)$ equal their hypothesized values.

11.20 Let p_1 be the population proportion of employers who will "definitely hire," p_2 be the proportion who are "likely to hire," p_3 be the proportion with "hire uncertain," and p_4 be the proportion who "will not hire."

a. $H_0: p_1 = 0.37, p_2 = 0.17, p_3 = 0.28, p_4 = 0.18$

H_A: Not all $p_i (i = 1, 2, 3, 4)$ equal their hypothesized values

b. $\chi^2_{0.05,3} = 7.815$; reject H_0 if $\chi^2_3 > 7.815$

c.

Responses	o_i	e_i	$o_i - e_i$	$(o_i - e_i)^2$	$(o_i - e_i)^2/e_i$
Definitely hire	170	185	−15	225	1.216
Likely to hire	100	85	15	225	2.647
Hire uncertain	120	140	−20	400	2.857
Will not hire	110	90	20	400	4.444
Total	500	500			11.16

$\chi^2_3 = 11.16$

d. Since $\chi^2_3 = 11.16 > 7.815$, we reject H_0. At the 5% significance level, we can conclude that the proportions from the initial study have changed.

11.22 Let p_1, p_2, and p_3 represent the population proportion of tourists from Europe, North America, and the rest of the world, respectively.

a. $H_0: p_1 = p_2 = p_3 = 1/3$; H_A: Not all population proportions are equal to 1/3

b.

Region	o_i	e_i	$o_i - e_i$	$(o_i - e_i)^2$	$(o_i - e_i)^2/e_i$
Europe	135	126.67	8.333	69.444	0.548
North America	126	126.67	−0.667	0.444	0.004
Rest of the world	119	126.67	−7.667	58.778	0.464
Total	380	380.0			1.016

$\chi^2_2 = 1.02$; $\chi^2_{0.05,2} = 5.991$; since $\chi^2_2 = 1.02 < 5.991 = \chi^2_{0.05,2}$, we do not reject H_0 at the 5% significance level. We cannot conclude that Zimbabwe visitors are not equally represented by Europe, North America, and the rest of the world. The visitor's claim is not supported by the sample data.

c. Given $\chi^2_2 = 1.02$, the p-value is greater than 0.10. Since the p-value $> 0.05 = \alpha$, we do not reject H_0.

11.24 Let p_1, p_2, and p_3 represent the population proportion of American drivers who favor U.S. cars, Asian cars, and other foreign cars, respectively.

$H_0: p_1 = 0.38, p_2 = 0.33, p_3 = 0.29$;

H_A: Not all $p_i (i = 1, 2, 3)$ equal their hypothesized values

Car Preference	o_i	e_i	$o_i - e_i$	$(o_i - e_i)^2$	$(o_i - e_i)^2/e_i$
American	66	76	−10	100	1.316
Asian	70	66	4	16	0.242
Other foreign	64	58	6	36	0.621
Total	200	200			2.179

$\chi^2_2 = 2.18$. The p-value is greater than 0.10. Since the p-value $> \alpha = 0.05$, we do not reject H_0. At the 5% significance level, the researcher cannot conclude that car preferences have changed since the Associated Press-GfK Poll.

11.26 a. $df = (5 - 1)(2 - 1) = 4$; $\chi^2_{0.025,4} = 11.143$

b. $df = (3 - 1)(5 - 1) = 8$; $\chi^2_{0.01,8} = 20.090$

11.28 H_0: The two variables are independent

H_A: The two variables are dependent

o_{ij}	e_{ij}	$o_{ij} - e_{ij}$	$(o_{ij} - e_{ij})^2$	$(o_{ij} - e_{ij})^2/e_{ij}$
120	115.65	4.35	18.933	0.164
112	108.36	3.64	13.240	0.122
100	104.56	−4.56	20.786	0.199
110	113.43	−3.43	11.771	0.104
127	127.16	−0.16	0.026	0.000
115	119.15	−4.15	17.209	0.144
120	114.97	5.03	25.324	0.220
124	124.72	−0.72	0.522	0.004
118	122.19	−4.19	17.556	0.144
115	114.49	0.51	0.260	0.002
110	110.47	−0.47	0.224	0.002
124	119.85	4.15	17.251	0.144
Total				1.25

$\chi^2_6 = 1.25$

a. The p-value is more than 0.95. Since the p-value $> 0.01 = \alpha$, we do not reject H_0. At the 1% significance level, we cannot conclude that Variable 1 and Variable 2 are dependent.

b. $\chi^2_{0.01,6} = 16.812$. Since $\chi^2_6 = 1.25 < 16.812$, we do not reject H_0.

11.30 a. H_0: Color preference is independent of gender

H_A: Color preference is dependent on gender

b. $\chi^2_{\alpha,df} = \chi^2_{0.01,2} = 9.210$. Reject H_0 if $\chi^2_2 > 9.210$.

c.

o_{ij}	e_{ij}	$o_{ij} - e_{ij}$	$(o_{ij} - e_{ij})^2$	$(o_{ij} - e_{ij})^2/e_{ij}$
470	465.84	4.16	17.318	0.037
280	284.16	−4.16	17.318	0.061
535	509.32	25.68	659.628	1.295
285	310.68	−25.68	659.628	2.123
495	524.84	−29.84	890.707	1.697
350	320.16	29.84	890.707	2.782
Total				8.00

$\chi^2_2 = 8.00$

d. Since $\chi_2^2 = 8.00 < 9.210 = \chi^2_{0.01,2}$, we do not reject H_0. At the 1% significance level, we cannot conclude that color preference is dependent on gender. Thus, there is no need for gender-targeted advertisement.

11.32 a. H_0: Optimism in China and age are independent

b. H_A: Optimism in China and age are dependent

o_{ij}	e_{ij}	$o_{ij} - e_{ij}$	$(o_{ij} - e_{ij})^2$	$(o_{ij} - e_{ij})^2/e_{ij}$
23	30.23	−7.23	52.201	1.727
50	43.23	6.78	45.901	1.062
18	17.55	0.45	0.202	0.012
51	34.88	16.13	260.016	7.456
38	49.88	−11.88	141.016	2.827
16	20.25	−4.25	18.063	0.892
19	27.90	−8.90	79.210	2.839
45	39.90	5.10	26.010	0.652
20	16.20	3.80	14.440	0.891
Total				18.36

$\chi_4^2 = 18.36$. We use the Excel function '=CHISQ.DIST.RT (18.36,4)' to find the p-value as 0.001.

c. Since the p-value is less than $\alpha (0.001 < 0.01)$, we reject H_0. At the 1% significance level, we can conclude that optimism among Chinese is dependent on age.

11.34 H_0: Breakup reasons and gender are independent

H_A: Breakup reasons and gender are dependent

o_{ij}	e_{ij}	$o_{ij} - e_{ij}$	$(o_{ij} - e_{ij})^2$	$(o_{ij} - e_{ij})^2/e_{ij}$
54	61.20	−7.20	51.840	0.847
48	40.80	7.20	51.840	1.271
378	342.00	36.00	1296.000	3.789
192	228.00	−36.00	1296.000	5.684
324	352.80	−28.80	829.440	2.351
264	235.20	28.80	829.440	3.527
504	489.60	14.40	207.360	0.424
312	326.40	−14.40	207.360	0.635
540	554.40	−14.40	207.360	0.374
384	369.60	14.40	207.360	0.561
Total				19.46

$\chi_4^2 = 19.46$; $\chi^2_{0.01,4} = 13.277$. We reject H_0 since $\chi_4^2 = 19.46 > 13.277 = \chi^2_{0.01,4}$. At the 1% significance level, we conclude that breakup reason is dependent on gender.

11.36 Let p_1 represent the population proportion of young adults (18–24) with depression and p_2 the population proportion of older adults (65+) with depression.

a. $H_0: p_1 - p_2 \leq 0$; $H_A: p_1 - p_2 > 0$

b. $\bar{p}_1 = 0.109, n_1 = 250; \bar{p}_2 = 0.068, n_2 = 200;$

$$\bar{p} = \frac{250(0.109) + 200(0.068)}{250 + 200} = 0.0908;$$

$$z = \frac{0.109 - 0.068}{\sqrt{0.0908(1 - 0.0908)\left(\frac{1}{250} + \frac{1}{200}\right)}} = 1.50.$$

The p-value $= 0.0668$.

c. Since the p-value $= 0.0668 > 0.05 = \alpha$, we do not reject H_0. The proportion of young adults suffering from depression is not significantly greater than that of older adults, at the 5% significance level.

11.38 a. $H_0: p_1 = 0.40, p_2 = 0.30, p_3 = 0.20, p_4 = 0.10$

H_A: Not all $p_i (i = 1, 2, 3, 4)$ equal their hypothesized values

b. $\chi^2_{0.01,3} = 11.345$. Reject H_0 if $\chi_3^2 > 11.345$.

c.

Firm	o_i	e_i	$o_i - e_i$	$(o_i - e_i)^2$	$(o_i - e_i)^2/e_i$
1	200	220.00	−20.00	400.00	1.818
2	180	165.00	15.00	225.00	1.364
3	100	110.00	−10.00	100.00	0.909
4	70	55.00	15.00	225.00	4.091
Total	550	550.00			8.182

$\chi_3^2 = 8.182$

d. Since $\chi_3^2 = 8.18 < 11.345$, we do not reject H_0. At the 1% significance level we cannot conclude that at least one p_i is different from its hypothesized value. In other words, the market shares in 2011 have not changed from what they were in 2010.

11.40 a. $H_0: p_A = 0.60, p_B = 0.30, p_C = 0.10$

$H_A: p_A \neq 0.60$ or $p_B \neq 0.30$ or $p_C \neq 0.10$

b.

Candidate	o_i	e_i	$o_i - e_i$	$(o_i - e_i)^2$	$(o_i - e_i)^2/e_i$
A	350	300.00	50.00	2500.00	8.333
B	125	150.00	−25.00	625.00	4.167
C	25	50.00	−25.00	625.00	12.500
Total	500	500.00			25.000

$\chi_2^2 = 25.0$. The p-value $= P(\chi_2^2 \geq 25.0)$ is almost zero. Since the p-value $< 0.01 = \alpha$, we reject H_0. At the 1% significance level we conclude that not all population proportions equal their hypothesized values. This suggests that, contrary to the TV station's claim, voter preference has changed.

11.42 a. H_0: Surviving for discharge is independent of the time of the cardiac arrest

H_A: Surviving for discharge is dependent of the time of the cardiac arrest

b. $\chi^2_{0.01,1} = 6.635$. Reject H_0 if $\chi_1^2 > 6.635$.

c.

o_{ij}	e_{ij}	$o_{ij} - e_{ij}$	$(o_{ij} - e_{ij})^2$	$(o_{ij} - e_{ij})^2/e_{ij}$
11,604	10,633.44	970.56	941,987.925	88.587
46,989	47,959.56	−970.56	941,987.925	19.641
4139	5109.56	−970.56	941,987.925	184.358
24,016	23,045.44	970.56	941,987.925	40.875
Total				333.46

$\chi_1^2 = 333.46$.

d. Since $\chi_1^2 = 333.46 > 6.635$, we reject H_0. At the 1% significance level, the sample data suggest that a patient's surviving a cardiac arrest is dependent on the time that it happens. Given that patients do not have control over the timing of cardiac arrest, hospitals need to put in place resources that ensure that patients have equal chances of surviving a cardiac arrest, regardless of when it happens.

11.44 H_0: Effect on ADHD is independent of the treatment
H_A: Effect on ADHD is dependent on the treatment

o_{ij}	e_{ij}	$o_{ij} - e_{ij}$	$(o_{ij} - e_{ij})^2$	$(o_{ij} - e_{ij})^2/e_{ij}$
12	13	−1	1	0.077
15	14	1	1	0.071
14	13	1	1	0.077
13	14	−1	1	0.071
Total				0.297

$\chi_1^2 = 0.297$; $\chi^2_{0.05,1} = 3.841$. Since $\chi_1^2 = 0.297 < 3.841 = \chi^2_{0.05,1}$, we do not reject H_0. At the 5% significance level, we cannot conclude that the effect of ADHD depends on the treatment by St. John's wort.

11.46 H_0: A household's delinquency in payment is independent of the type of heating
H_A: A household's delinquency in payment is dependent on the type of heating

o_{ij}	e_{ij}	$o_{ij} - e_{ij}$	$(o_{ij} - e_{ij})^2$	$(o_{ij} - e_{ij})^2/e_{ij}$
50	55.10	−5.10	26.010	0.472
20	28.50	−8.50	72.250	2.535
15	6.65	8.35	69.723	10.485
10	4.75	5.25	27.563	5.803
240	234.90	5.10	26.010	0.111
130	121.50	8.50	72.250	0.595
20	28.35	−8.35	69.723	2.459
15	20.25	−5.25	27.563	1.361
Total				23.820

$\chi_3^2 = 23.82$; $\chi^2_{0.05,3} = 7.815$. Since $\chi_3^2 = 23.82 > 7.815 = \chi^2_{0.05,3}$, we reject H_0. At the 5% significance level, we conclude that the type of heating that a household uses is dependent on whether or not the household is delinquent on its bill payment.

Chapter 12

12.2 a. $b_1 = \dfrac{\Sigma(x-\bar{x})(y-\bar{y})}{\Sigma(x-\bar{x})^2} = \dfrac{-866}{711} = -1.22$

b. $b_0 = \bar{y} - b_1\bar{x} = 56 - (-1.22)(-25) = 25.50$

c. $\hat{y} = 25.50 - 1.22x$; if $x = -20$, $\hat{y} = 25.50 - 1.22(-20) = 49.90$

12.4 a. As x increases by 1 unit, the predicted y decreases by 17 units.

b. $\hat{y} = 436 - 17(-15) = 691$

12.6 a.

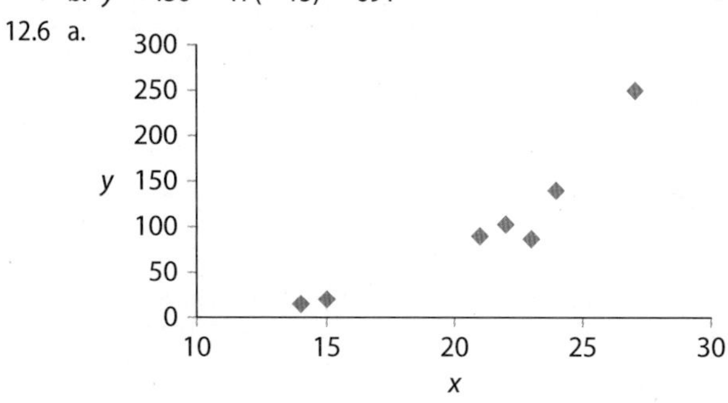

There appears to be a positive relationship between x and y, so estimating a simple linear regression model is appropriate.

b. $b_1 = \dfrac{\Sigma(x-\bar{x})(y-\bar{y})}{\Sigma(x-\bar{x})^2} = \dfrac{2577}{176} = 14.64$

$b_0 = \bar{y} - b_1\bar{x} = 89.375 - (14.64)(20) = -203.43$

The sample regression equation is $\hat{y} = -203.43 + 14.64x$

c. If $x = 15$, $\hat{y} = -203.43 + 14.64(15) = 16.17$
If $x = 20$, $\hat{y} = -203.43 + 14.64(20) = 89.37$
If $x = 25$, $\hat{y} = -203.43 + 14.64(25) = 162.57$

12.8 a. As x increases by 1 unit, the predicted y decreases by 0.16 unit.

b. $\hat{y} = 2.25 - 0.16x$

c. If $x = 2$, $\hat{y} = 2.25 - 0.16(2) = 1.93$
If $x = -2$, $\hat{y} = 2.25 - 0.16(-2) = 2.57$

12.10 a. $b_1 = \dfrac{\Sigma(x-\bar{x})(y-\bar{y})}{\Sigma(x-\bar{x})^2} = \dfrac{394}{42} = 9.38$

$b_0 = \bar{y} - b_1\bar{x} = 60.375 - (9.38)(4) = 22.85$

The sample regression equation is $\widehat{\text{Salary}} = 22.85 + 9.38$ Education.

b. As Education increases by 1 unit (1 additional year of higher education), an individual's predicted annual salary (measured in thousands of dollars) increases by 9.38, or by $9,380.

c. $\widehat{\text{Salary}} = 22.85 + 9.38(7) = 88.51$, or $88,510

12.12 a. The estimate of β_1 is $b_1 = 0.42$, which is positive. Thus, the sign of the slope is as expected. As x increases by 1 unit, the predicted y increases by 0.42 unit.

b. $\hat{y} = -7.42 + 0.42x$

c. If $x = 50$, $\hat{y} = -7.42 + 0.42(50) = 13.58$

12.14 a. $\widehat{\text{Salary}} = 18.43 - 3.82$ ERA; for a one-unit increase in ERA, predicted salary decreases by $3.82 million

b and c.

	Predicted Salary $\hat{y}$	Actual Salary y	Residual $e = y - \hat{y}$
J. Santana	8.76	17.0	8.24
C. Lee	8.73	4.0	−4.73
T. Lincecum	8.42	0.4	−8.02
C. Sabathia	8.12	11.0	2.88
R. Halladay	7.81	10.0	2.19
J. Peavy	7.54	6.5	−1.04
D. Matsuzaka	7.35	8.3	0.95
R. Dempster	7.12	7.3	0.18
B. Sheets	6.63	12.1	5.48
C. Hamels	6.63	0.5	−6.12

There might be factors other than ERA that contribute to the pitchers' salaries. This model only considers ERA and, given high residuals, is not a very good model for predicting salary.

12.16 a. The estimated model is $\widehat{\text{Final}} = 27.58 + 0.68$ Midterm.

b. If Midterm = 80, then $\widehat{\text{Final}} = 27.58 + 0.68(80) = 81.98$.

12.18 a. If $x_1 = 20$ and $x_2 = 35$, $\hat{y} = 152 + 12.9(20) + 2.7(35) = 504.5$

b. As x_1 increases by one unit, the predicted y increases by 12.9 units, holding x_2 constant.

12.20 a. $b_1 = 30$; as x_1 increases by 1 unit, the predicted y increases by 30 units, holding x_2 constant.

b. $\hat{y} = 21.97 + 30x_1 - 1.88x_2$

c. If $x_1 = 30$ and $x_2 = 20$, $\hat{y} = 21.97 + 30(30) - 1.88(20) = 884.37$

12.22 a. 4.85

b. $\hat{y} = 40.55 + 0.25$ Math $+ 4.85$ Hours

c. If Math = 70 and Hours = 4, $\hat{y} = 40.55 + 0.25(70) + 4.85(4) = 77.45$

12.24 a. $\widehat{Sales} = 10.35 + 8.47$ Population $+ 7.62$ Income

b. The slope coefficient of 8.47 suggests that as the number of women over the age of 60 increases by 1 million, the predicted sales of StrongBones increase by \$8.47 million, holding Income constant. Similarly, the slope coefficient of 7.62 suggests that as the average income of women over the age of 60 increases by \$1,000, the predicted sales of StrongBones increase by \$7.62 million, holding Population constant.

c. If Population = 1.5 and Income = 44, then $\widehat{Sales} = 10.35 + 8.47(1.5) + 7.62(44) = 358.34$ (\$ million)

12.26 a. $\widehat{Price} = 153{,}348.27 + 95.86$ Sqft $+ 556.89$ Beds $+ 92{,}022.91$ Baths

b. The slope coefficient of 95.86 suggests that for every additional square foot, the predicted price of a home increases by \$95.86, holding number of bedrooms and bathrooms constant. The slope coefficient of 556.89 suggests that for every additional bedroom, the predicted price of a home increases by \$556.89, holding square footage and number of baths constant. The slope coefficient of 92,022.91 suggests that for every additional bathroom, the predicted price of a home increases by 92,022.91, holding square footage and number of bedrooms constant.

c. If Sqft = 2500, Beds = 3, and Baths = 2, then $\widehat{Price} = 153{,}348.27 + 95.86(2500) + 556.89(3) + 92{,}022.91(2) = \$578{,}714.76$

12.28 a. $\widehat{Salary} = 32.79 - 0.83$ PCT $+ 0.79$ TD $+ 0.39$ Age

b. Yes, the estimated coefficient of −0.83 is surprising. This coefficient suggests that as a quarterback's pass completion percentage increases by 1 percent, his predicted salary decreases by \$0.83 million holding other variables constant.

c. $\widehat{Salary} = 32.79 - 0.83(70.6) + 0.79(34) + 0.39(30) = 12.75$

d. $\widehat{Salary} = 32.79 - 0.83(65.7) + 0.79(28) + 0.39(32) = 12.86$

e. Drew Brees' residual is $12.9895 - 12.75 = 0.2395$; Tom Brady's residual is $8.0073 - 12.86 = -4.8527$. The estimated model implies that Drew Brees is slightly overpaid whereas Tom Brady is grossly underpaid. Perhaps there are other important factors impacting salary that were not included in the model.

12.30 a. $\widehat{Rent} = 300.41 + 225.81$ Bed $+ 89.27$ Bath $+ 0.21$ Sqft

b. The slope coefficient of Bath is 89.27, which suggests that for every additional bathroom, the predicted rent increases by \$89.27, holding number of bedrooms and square feet constant.

c. $\widehat{Rent} = 300.41 + 225.81(2) + 89.27(1) + 0.21(1500) = 1{,}156.3$

12.32 a. $s_e^2 = \frac{SSE}{n-k-1} = \frac{2540}{30-1-1} = 90.71$;

$s_e = \sqrt{90.71} = 9.52$

b. $R^2 = 1 - \frac{2540}{13{,}870} = 0.8169$

12.34 a. $s_e = \sqrt{\frac{SSE}{n-k-1}} = \sqrt{\frac{2.87}{100-4-1}} = \sqrt{0.03} = 0.17$

b. $R^2 = 1 - \frac{SSE}{SST} = 1 - \frac{2.87}{7.62} = 0.6234.$

c. Adjusted $R^2 = 1 - (1 - R^2)\left(\frac{n-1}{n-k-1}\right) = 1 - (1 - 0.6234)\left(\frac{100-1}{100-4-1}\right) = 0.6075$

12.36 a. $s_e = \sqrt{MSE} = \sqrt{0.42} = 0.65$

b. $R^2 = \frac{SSR}{SST} = \frac{75.92}{87.81} = 0.8646$; 86.46% of the sample variation in y is explained by the estimated regression model.

12.38 a. $s_e = \sqrt{s_e^2} = \sqrt{MSE} = \sqrt{2{,}673.96} = 51.71$

b. $R^2 = \frac{SSR}{SST} = \frac{188{,}246.8}{233{,}704.1} = 0.8055$; 80.55% of the sample variation in y is explained by the estimated regression model.

c. From the ANOVA table we get $k = 2$ and $n = 19 + 1 = 20$. Thus, adjusted $R^2 = 1 - (1 - R^2)\left(\frac{n-1}{n-k-1}\right) = 1 - (1 - 0.8055)\left(\frac{20-1}{20-2-1}\right) = 0.7826.$

12.40 a. $R^2 = \frac{SSR}{SST} = \frac{199.93}{240.92} = 0.8299$; 82.99% of the variability in sales is explained by advertising expenditures.

b. $1 - R^2 = 1 - 0.8299 = 0.1701$; 17.01% of the variability in sales is unexplained by advertising expenditures.

12.42 a. $s_e = \sqrt{MSE} = \sqrt{110{,}070.1} = 331.77$

b. The proportion that is explained is $R^2 = \frac{SSR}{SST} = \frac{3{,}549{,}788}{7{,}732{,}451} = 0.4591$. The proportion that is unexplained is $1 - R^2 = 1 - 0.4591 = 0.5409$.

12.44 a. The sample regression equation is $\widehat{Final} = 27.5818 + 0.6774$ Midterm.

b. $s_e = 14.95$

c. $R^2 = 0.3045$; 30.45% of the sample variation in Final grades is explained by the sample regression equation.

12.46 This table reports the regression results from each model:

Variable	Model 1	Model 2	Model 3
Intercept	−79.0342	151.0092	−30.6198
Yards made	0.3860	NA	0.3501
Yards allowed	NA	−0.3003	−0.1085
s_e	13.0472	18.0975	12.8867
R^2	0.5931	0.2171	0.6163
Adjusted R^2	0.5795	0.1910	0.5898

Notes: Parameter estimates are in the top half of the table. The lower part of the table contains goodness-of-fit measures.

a. Model 1 has a lower standard error of the estimate and a higher R^2; thus, Model 1 appears to be the better model for prediction.

b. Since the number of explanatory variables, k, is not the same between Model 3 and Models 1 and 2, we must use adjusted R^2 to compare these models. Model 3 has an adjusted R^2 of 0.5898, compared to 0.5795 and 0.1910 for Model 1 and Model 2, respectively. Therefore, with the highest adjusted R^2, Model 3 is an improvement over the other two models. Model 3 also has the lowest standard error.

12.48 a. $t_{28} = \frac{b_1 - \beta_{10}}{se(b_1)} = \frac{3.25 - 0}{1.36} = 2.39$

b. With $df = 28$, the p-value for the two-tailed test is $2P(T_{28} \geq 2.39)$. Therefore, $2(0.01) < p\text{-value} < 2(0.025)$, that is, $0.02 < p\text{-value} < 0.05$.

c. Since the p-value $< \alpha = 0.05$, we reject. H_0. At the 5% significance level, we can conclude that the explanatory variable is significant.

12.50 a. $t_{\alpha,df} = t_{0.05,28} = 1.701$. Since it is a left-tailed test, the critical value is -1.701; thus, reject H_0 if $t_{28} < -1.701$.

b. $t_{28} = \dfrac{b_1 - \beta_{10}}{se(b_1)} = \dfrac{7.2 - 10}{1.8} = -1.56$

c. Since $-1.56 > -1.701$, we do not reject H_0. At the 5% significance level, we cannot conclude that β_1 is less than 10.

12.52 a. $H_0: \beta_1 = -1$

$H_A: \beta_1 \neq -1$

b. $t_{0.025,38} = 2.024$. For a two-tailed test the critical values are 2.024 and -2.024. The decision rule is to reject H_0 if $t_{38} > 2.024$ or $t_{38} < -2.024$.

c. $t_{38} = \dfrac{b_1 - \beta_{10}}{se(b_1)} = \dfrac{0.9178 - (-1)}{0.9350} = 2.05$

d. Since $2.05 > 2.024$, we reject H_0. At the 5% significance level, we can conclude that the slope differs from -1.

12.54 a. Here $k = 2$ and $n = 20$; the degrees of freedom for total sum of squares equals $df = n - 1 = 19$.

b. $H_0: \beta_1 = \beta_2 = 0$

H_A: At least one $\beta_j \neq 0$

c. $F_{(2,17)} = \dfrac{MSR}{MSE} = \dfrac{11{,}008.38}{2310.996} = 4.76$

d. Since the p-value $= 0.0228 < 0.05 = \alpha$, we reject H_0. At the 5% significance level, the explanatory variables are jointly significant in explaining y.

12.56 a. $H_0: \beta_1 \leq 0$

$H_A: \beta_1 > 0$

b. $t_{18} = \dfrac{b_1 - \beta_{10}}{se(b_1)} = \dfrac{0.42 - 0}{0.05} = 8.40$. The p-value for this one-tailed test is $3.63 \times 10^{-8} \approx 0$.

c. Since the p-value $< \alpha = 0.05$, we reject H_0. At the 5% significance level, we can conclude that advertising expenditures and sales have a positive linear relationship.

12.58 $H_0: \beta_1 = 0$

$H_A: \beta_1 \neq 0$

Since the reported p-value $= 0.0067 < 0.05 = \alpha$, we reject H_0. At the 5% significance level, the economist's claim that changes in short-term rates are significant in explaining long-term rates is supported.

12.60 a. $\widehat{\text{Return}} = -12.0243 + 0.1459\,(\text{P/E}) + 5.4417\,(\text{P/S})$

b. $H_0: \beta_1 = \beta_2 = 0$

H_A: At least one $\beta_j \neq 0$

$F_{(2,27)} = \dfrac{MSR}{MSE} = \dfrac{459.3728}{163.0661} = 2.8171$

Since the p-value $= 0.0774 < 0.10 = \alpha$, we reject H_0. At the 10% significance level, the two explanatory variables are jointly significant.

c. For the first explanatory variable, P/E, the hypotheses are

$H_0: \beta_1 = 0$

$H_A: \beta_1 \neq 0$

The test statistic value and its p-value are 0.1459 and 0.7383, respectively. Thus, since the p-value is greater than $\alpha = 0.10$, we do not reject H_0. At the 10% significance level, we cannot conclude that P/E is significant in explaining Return.

For the second explanatory variable, P/S, we state the hypotheses as

$H_0: \beta_2 = 0$

$H_A: \beta_2 \neq 0$

The reported p-value associated with P/S is equal to 0.0250. Thus, since the p-value is less than $\alpha = 0.10$, we reject H_0. At the 10% significance level, we can conclude that P/S is significant in explaining Return.

12.62 The sample regression equation is $\widehat{\text{Final}} = 27.5818 + 0.6774$ Midterm.

$H_0: \beta_1 = 0$ and $H_A: \beta_1 \neq 0$

Since the p-value $= 2P(T_{30} \geq 3.62) = 0.0011 < 0.01 = \alpha$, we reject H_0. At the 1% significance level, a student's midterm grade is significant in explaining a student's final grade.

12.64 a. The sample regression equation is $\widehat{R - R_f} = 1.5804 + 1.7584(R_M - R_f)$. A portion of the regression results is shown in the accompanying table.

	Coefficients	Standard Error	t Stat	p-Value
Intercept	1.5804	0.9296	1.7002	0.0945
$R_M - R_f$	1.7584	0.1843	9.5412	0.0000

b. $H_0: \beta \leq 1$

$H_A: \beta > 1$

$t_{58} = \dfrac{b - \beta_0}{se(b)} = \dfrac{1.7584 - 1}{0.1843} = 4.1150;$

$t_{0.05,58} = 1.672$. Since $t_{58} = 4.1150 > 1.672 = t_{0.05,58}$, we reject H_0. At the 5% significance level, we conclude that investment in Caterpillar is riskier than the market.

c. $H_0: \alpha = 0$

$H_A: \alpha \neq 0$

Since $0.0945 > 0.05$, we do not reject H_0. Thus, at the 5% significance level, we cannot conclude that there are abnormal returns.

12.66 a. The sample regression equation is $\widehat{\text{Final}} = 40.55 + 0.25$ Math $+ 4.85$ Hours.

b. $H_0: \beta_1 = \beta_2 = 0$

H_A: At least one $\beta_j \neq 0$

$F_{(2,57)} = 55.019$

Since the p-value $= P(F_{(2,57)} \geq 55.019) \approx 0 < 0.05 = \alpha$, we reject H_0. At the 5% significance level, the explanatory variables are jointly significant.

c. The hypotheses for each test of individual significance would be

$H_0: \beta_j = 0$ and $H_A: \beta_j \neq 0$

For Math, the p-value $= 2P(T_{57} \geq 6.06) \approx 0 < 0.05 = \alpha$; thus, we reject H_0. Math score has a significant influence on Final score at the 5% significance level.

For Hours, the p-value $= 2P(T_{57} \geq 8.53) \approx 0 < 0.05 = \alpha$; thus, we reject H_0. Number of hours studied per week has a significant influence on Final score at the 5% significance level.

12.68 a. The sample regression equation is $\widehat{\text{Happiness}} = 56.18 + 0.28$ Age.

b. When Age $= 45$, $\widehat{\text{Happiness}} = 56.18 + 0.28(45) = 68.78$.

c. $R^2 = 0.3267$. This means that 32.67% of the sample variation in Happiness is explained by the estimated model.

d. $H_0: \beta_1 = 0$

$H_A: \beta_1 \neq 0$

For Age, the p-value $= 2P(T_{22} \geq 2.27) = 0.0035 < 0.01 = \alpha$; thus, we reject H_0. Age has a significant influence on Happiness at the 1% significance level.

12.70 a. The sample regression equation is $\widehat{\text{Ownership}} = 78.9791 - 0.0002\text{Income}$. For a \$1,000 increase in income, the predicted homeownership rate decreases by 2%. This negative relationship is surprising. Note, however, that this model ignores home affordability. For example, homes are very affordable in Alabama and as a result their homeownership rate is 74.1% despite a low median household income of \$39,980. By contrast, California has only a 57% homeownership rate even though its median household income is \$56,134.

b. $s_e = 5.77$

c. $R^2 = 0.0618$; 6.18% of the sample variation in y is explained by the sample regression equation.

12.72 a. The sample regression equation is $\widehat{\text{Return}} = -33.40 + 3.97(\text{P/E}) - 3.37(\text{P/S})$. The signs are as expected. Holding the other variable constant, as P/E increases, the predicted returns increase, and as P/S increases, the predicted returns decrease.

b. As the P/S ratio increases by 1 unit, the predicted return of the firm decreases by 3.37%, holding P/E constant.

c. $\widehat{\text{Return}} = -33.40 + 3.97(10) - 3.37(2) = -0.44\%$

d. $s_e = 13.64$

e. $R^2 = 0.4028$; 40.28% of the sample variation in y is explained by the sample regression equation.

f. $H_0: \beta_1 = \beta_2 = 0$

H_A: At least one $\beta_j \neq 0$

$F_{(2,27)} = 9.10$ and the p-value $= P(F_{(2,27)} \geq 9.10) \approx 0 < 0.05 = \alpha$. Thus, we reject H_0. At the 5% significance level, the explanatory variables are jointly significant.

g. The hypotheses for each test of individual significance would be

$H_0: \beta_j = 0$

$H_A: \beta_j \neq 0$

For P/E, the p-value $= 2P(T_{27} \geq 4.14) = 0.0003 < 0.05 = \alpha$; thus, we reject H_0. The P/E ratio has a significant influence on the expected returns at the 5% level.

For P/S, the p-value $= 2P(T_{27} \leq -1.28) = 0.2111 > 0.05 = \alpha$; thus, we do not reject H_0. We cannot conclude that the P/S ratio has a significant influence on the expected returns at the 5% level.

12.74 a. $\widehat{\text{Startups}} = 0.4190 + 0.0087\ \text{Research} + 0.0517\ \text{Patents} - 0.0194\ \text{Duration}$

b. $\widehat{\text{Startups}} = 0.4190 + 0.0087(120) + 0.0517(8) - 0.0194(20) = 1.49$ startups

c. A \$1 million increase in research expenditure results in a predicted increase in the number of startups by 0.0087, holding everything else constant. Thus, approximately \$114.94 million $\left(\frac{1}{0.0087} = 114.94\right)$ in additional research expenditures would be needed to have 1 additional predicted startup, everything else being the same.

12.76 a. The sample regression equation is $\widehat{\text{Rent}} = 300.41 + 225.81\ \text{Bed} + 89.27\ \text{Bath} + 0.21\ \text{Sqft}$.

b. $R^2 = 0.8091$; 80.91% of the sample variation in Rent is explained by the sample regression equation; 19.09% of the sample variation in Rent is unexplained by the sample regression equation.

c. $H_0: \beta_1 = \beta_2 = \beta_3 = 0$

H_A: At least one $\beta_j \neq 0$

$F_{(3,36)} = 50.88$ and the p-value $= P(F_{(3,36)} \geq 50.88) \approx 0 < 0.05 = \alpha$; thus, we reject H_0. At the 5% level, the explanatory variables are jointly significant.

d. The hypotheses for each test of individual significance would be

$H_0: \beta_j = 0$

$H_A: \beta_j \neq 0$

For Bed, the p-value $= 2P(T_{36} \geq 3.74) = 0.0006 < 0.05 = \alpha$; thus, we reject H_0. The number of bedrooms has a significant influence on Rent at the 5% level. For Bath, the p-value $= 2P(T_{36} \geq 1.60) = 0.1195 > 0.05 = \alpha$; thus, we do not reject H_0. The number of bathrooms does not have a significant influence on Rent at the 5% level. For Sqft, the p-value $= 2P(T_{36} \geq 2.30) = 0.0276 < 0.05 = \alpha$; thus, we reject H_0. The square footage has a significant influence on Rent at the 5% level.

Chapter 13

13.2 a. $\hat{y} = 160 + 15(1) + 32(1) = 207$

b. $\hat{y} = 160 + 15(0) + 32(0) = 160$

13.4 a. The reference group for Model 1 is the employees who are female.

b. The reference group for Model 2 is the employees who are female and without an MBA.

c. The inference would not change if we set $d_1 = 1$ for female employees.

13.6 a. For an urban family with income of \$80,000,

$\widehat{\text{Expenditure}} = 13{,}007.26 + 0.44(80{,}000) + 6544.43(1) = 55{,}102.09$.

For a rural family with income of \$80,000,

$\widehat{\text{Expenditure}} = 13{,}007.26 + 0.44(80{,}000) + 6544.43(0) = 48{,}557.66$.

b. For an urban family with income of \$80,000,

$\widehat{\text{Expenditure}} = 19{,}551.68 + 0.44(80{,}000) - 6544.43(0) = 55{,}102.09$.

For a rural family with income of \$80,000,

$\widehat{\text{Expenditure}} = 19{,}551.68 + 0.44(80{,}000) - 6544.43(1) = 48{,}557.66$.

c. The two models produce the same results because it does not matter how we assign 0 and 1 to two categories of a qualitative variable.

13.8 a. The sample regression equation is $\widehat{\text{Salary}} = 62.34 - 0.96\ \text{BMI} + 4.49\ \text{White}$. Using the hypotheses $H_0: \beta_1 = 0$, $H_A: \beta_1 \neq 0$, the p-value $= 2P(T_{27} \leq -7.60) \approx 0 < 0.05 = \alpha$. Therefore, we reject H_0 and conclude that BMI influences salary significantly at the 5% level.

b. For a white college-educated worker with BMI = 30, $\widehat{\text{Salary}} = 62.34 - 0.96(30) + 4.49(1) = 38.01$.

c. For a nonwhite college-educated worker with BMI = 30, $\widehat{\text{Salary}} = 62.34 - 0.96(30) + 4.49(0) = 33.52$.

13.10 a. The average lifespan for players with nicknames is 68.05 years. Without nicknames, the average lifespan is 64.08 years. The difference in lifespan for players with and without nicknames is $68.05 - 64.08 = 3.97$.

b. For the players with a nickname, $\widehat{\text{Years}} = 64.08 + 3.97(1) = 68.05$. For the players without a nickname, $\widehat{\text{Years}} = 64.08 + 3.97(0) = 64.08$. Thus, the difference $68.05 - 64.08 = 3.97$ is the same as in part a.

c. The hypotheses are

$H_0: \beta_1 \leq 0$

$H_A: \beta_1 > 0$

For this one-tailed test, the p-value $= P(T_{27} \geq 1.71) = 0.0989/2 = 0.0494$. Since $0.0494 < 0.05 = \alpha$, we reject H_0. At the 5% significance level, we conclude that players with a nickname do live longer than players without a nickname.

13.12 a. $\widehat{Math} = 274.12 + 98.71GPA - 21.10Gender$. For a male student with a GPA of 3.5, $\widehat{Math} = 274.12 + 98.71(3.5) - 21.10(0) = 619.60$. For a female student with a GPA of 3.5, $\widehat{Math} = 274.12 + 98.71(3.5) - 21.10(1) = 598.50$.

b. For the hypotheses $H_0: \beta_2 = 0, H_A: \beta_2 \neq 0$, the *p*-value = $2P(T_{17} \leq -1.999) = 0.0618 > 0.05 = \alpha$, so we do not reject H_0. Therefore, we cannot conclude that there is a statistically significant gender difference in math scores at the 5% level.

13.14 a. $\widehat{Wage} = 8.68 + 1.23\text{ EDUC} + 0.42\text{ EXPER} - 0.02\text{ AGE} + 2.29\text{ GENDER}$

b. For a 40-year-old male with 10 years of education and 5 years of experience, $\widehat{Wage} = 8.68 + 1.23(10) + 0.42(5) - 0.02(40) + 2.29(1) = \$24.57$/hour.

For a female with the same qualifications, $\widehat{Wage} = 8.68 + 1.23(10) + 0.42(5) - 0.02(40) + 2.29(0) = \$22.28$/hour.

c. The coefficient of 2.29 for GENDER suggests that for the same age, years of education, and experience, males earn \$2.29 per hour more than females. However, for the hypotheses $H_0: \beta_4 \leq 0, H_A: \beta_4 > 0$, the *p*-value = $P(T_{45} \geq 1.37) = 0.1787/2 > 0.05 = \alpha$, so we cannot reject H_0. It means that at the 5% significance level we cannot conclude that gender discrimination exists at the firm.

13.16 a. $\widehat{Comp} = 8.09 + 0.000028\text{ Assets} + 1.49d_1 + 2.01d_2 - 0.57d_3$

b. The coefficient 0.000028 of Assets suggests that in any industry, for a 1% increase in assets, the predicted compensation increases by about 0.0028%. The coefficient 1.49 of d_1 suggests that compensation in Manufacturing Technology is predicted to be about 149% (= 1.49 × 100%) higher than that of Nonfinancial Services, holding total assets the same. The coefficient 2.01 of d_2 suggests that compensation in Manufacturing Other is predicted to be about 201% (= 2.01 × 100%) higher than that of Nonfinancial Services, holding total assets the same. The coefficient −0.57 of d_3 suggests that compensation for Financial Services is predicted to be about 57% (= 0.57 × 100%) lower than that of Nonfinancial Services, holding total assets the same.

c. Since the *p*-values corresponding to d_1, d_2, and d_3 are greater than 0.05, we conclude at the 5% level that executive compensation in Manufacturing Technology, Manufacturing Other, and Financial Services firms is not significantly different from that in Nonfinancial Services firms.

d. Replace d_1 with d_4 and the relevant regression results for $\text{Compensation} = \beta_0 + \beta_1\text{ Assets} + \beta_2 d_2 + \beta_3 d_3 + \beta_4 d_4 + \varepsilon$ are

	Coefficients	*Standard Error*	*t Stat*	*p-Value*
Intercept	9.579574	0.861431	11.12054	1.51E-25
Assets	2.83E-05	3.02E-06	9.364637	3.68E-19
d_2	0.523026	1.084728	0.482172	0.629918
d_3	−2.05893	1.232231	−1.6709	0.095437
d_4	−1.49089	1.542738	−0.96639	0.334368

For the hypotheses $H_0: \beta_2 \leq 0$, and $H_A: \beta_2 > 0$, the *p*-value ≈ $0.6300/2 = 0.315 > 0.05 = \alpha$, so we cannot conclude, at the 5% level, that executive compensation in Manufacturing Other is significantly higher than in Manufacturing Technology.

13.18 a. $t_{0.025,37} = 2.026$; $\hat{y}^0 = 12.8 + 2.6(15) - 1.2(6) = 44.6$. The 95% confidence interval is $44.6 \pm 2.026(2.20) = 44.6 \pm 4.4572$. Or, with 95% confidence, $40.14 \leq E(y^0) \leq 49.06$.

b. $44.6 \pm 2.026\sqrt{2.20^2 + 5.84^2} = 44.6 \pm 12.6435$. Or, with 95% confidence, $31.96 \leq y^0 \leq 57.24$.

c. The confidence interval is narrower because it assumes that the expected value of the error term is zero, whereas the prediction interval incorporates the nonzero error term.

13.20 a. The estimated regression equation is $\hat{y} = 22.81 + 0.85x_1 - 0.71x_2$.

b. The relevant portion of the regression output with *y* as the response variable and $x_1^* = x_1 - 50$ and $x_2^* = x_2 - 20$ as the explanatory variables is

Regression Statistics	
Multiple R	0.9291
R Square	0.8632
Adjusted R Square	0.8085
Standard Error	**4.6868**
Observations	8

	Coefficients	*Standard Error*	*t Stat*	*p-Value*	*Lower 95%*	*Upper 95%*
Intercept	**51.0041**	**2.1821**	23.3742	0.0000	**45.3949**	**56.6133**
x_1^*	0.8460	0.1523	5.5546	0.0026	0.4545	1.2376
x_2^*	−0.7053	0.2451	−2.8773	0.0347	−1.3353	−0.0752

Therefore, $\hat{y}^0 = 51.0041$ and $se(\hat{y}^0) = 2.1821$. $t_{0.025,5} = 2.571$. The 95% confidence interval is $51.0041 \pm 2.571(2.1821) = 51.0041 \pm 5.6102$. Or, with 95% confidence, $45.39 \leq E(y^0) \leq 56.61$.

c. The 95% prediction interval is $51.0041 \pm 2.571\sqrt{2.1821^2 + 4.6868^2} = 51.0041 \pm 13.2918$. Or, with 95% confidence, $37.71 \leq y^0 \leq 64.30$.

13.22 a. The relevant portion of the regression output with *y* as the response variable, $x^* = x - 710$ as the explanatory variable, and the 90% confidence level is

Regression Statistics	
Multiple R	0.5871
R Square	0.3446
Adjusted R Square	0.2354
Standard Error	**0.2685**
Observations	8

	Coefficients	*Standard Error*	*t Stat*	*p-Value*	*Lower 90%*	*Upper 90%*
Intercept	**3.3617**	**0.0973**	34.5353	0.0000	**3.1726**	**3.5509**
x^*	0.0044	0.0025	1.7763	0.1260	−0.0004	0.0092

$t_{0.05,6} = 1.943$. The 90% confidence interval is $3.3617 \pm 1.943(0.0973) = 3.3617 \pm 0.1891$. Or, with 90% confidence, $3.17 \leq E(y^0) \leq 3.55$.

b. The 90% prediction interval is $3.3617 \pm 1.943\sqrt{0.0973^2 + 0.2685^2} = 3.3617 \pm 0.5549$. Or, with 90% confidence, $2.81 \leq y^0 \leq 3.92$.

13.24 Using y for Price and x_1, x_2, and x_3 for Sqft, Beds, and Baths, respectively, the estimated model is: $\hat{y} = 153348.27 + 95.86x_1 + 556.89x_2 + 92022.91x_3$. The relevant portion of the regression output with y as the response variable and $x_1^* = x_1 - 2500$, $x_2^* = x_2 - 3$, and $x_3^* = x_3 - 2$ as the explanatory variables is

Regression Statistics	
Multiple R	0.8507
R Square	0.7237
Adjusted R Square	0.6978
Standard Error	**74984.9842**
Observations	36

	Coefficients	*Standard Error*	*t Stat*	*p-Value*	*Lower 95%*	*Upper 95%*
Intercept	**578704.6200**	**24653.7674**	23.4733	0.0000	**528486.5392**	**628922.7008**
x_1^*	95.8559	35.3997	2.7078	0.0108	23.7490	167.9629
x_2^*	556.8907	20280.3128	0.0275	0.9783	−40752.7546	41866.5360
x_3^*	92022.9126	25012.2976	3.6791	0.0009	41074.5297	142971.2955

$t_{0.025,32} = 2.037$; the 95% confidence interval is $578{,}704.62 \pm 2.037(24{,}653.7674) = 578{,}704.62 \pm 50{,}219.72$. Or, with 95% confidence, $528{,}484.90 \leq E(y^0) \leq 628{,}924.34$. The 95% prediction interval is $578{,}704.62 \pm 2.037\sqrt{24{,}653.7674^2 + 74{,}984.9842^2} = 578{,}704.62 \pm 160{,}788.2967$. Or, with 95% confidence, $417{,}916.32 \leq y^0 \leq 739{,}492.92$.

Given a 2500-square-foot house with 3 bedrooms and 2 bathrooms, we have 95% confidence that the *average* price will be between \$528,484.90 and \$628,924.34. Also, given a 2500-square-foot house with 3 bedrooms and 2 bathrooms, we have 95% confidence that the *individual* price will be between \$417,916.32 and \$739,492.92.

13.26 a. Using y for Consumption and x_1 and x_2 for Income and the dummy variable Urban, respectively, the estimated model is: $\hat{y} = 13007.26 + 0.44x_1 + 6544.43x_2$. The relevant portion of the regression output with y as the response variable, $x_1^* = x_1 - 80{,}000$ and $x_2^* = x_2 - 1$ as the explanatory variables, and the assumed 99% confidence level is

	Coefficients	*Standard Error*	*t Stat*	*p-Value*	*Lower 99.0%*	*Upper 99.0%*
Intercept	**55102.05**	**2128.574**	25.88683	1.84E-29	**49387.78**	**60816.33**
x_1^*	0.44438	0.085772	5.180936	4.55E-06	0.21412	0.67464
x_2^*	6544.426	3551.267	1.842843	0.071664	−2989.15	16078

$t_{0.005,47} = 2.685$; the 99% confidence interval is $55{,}102.05 \pm 2.685(2128.57) = 55{,}102.05 \pm 5714.28$. Or, with 99% confidence, $49{,}387.78 \leq E(y^0) \leq 60{,}816.33$. Given an urban family with an income of \$80,000, we have 99% confidence that their average consumption will be between \$49,387.78 and \$60,816.33.

b. The relevant portion of the regression output with y as the response variable, $x_1^* = x_1 - 80{,}000$ and $x_2^* = x_2 - 0$ as the explanatory variables, and the assumed 99% confidence level is

	Coefficients	*Standard Error*	*t Stat*	*p-Value*	*Lower 99.0%*	*Upper 99.0%*
Intercept	**48557.63**	**2313.48**	20.9890	1.62E-25	**42346.97**	**54768.29**
x_1^*	0.44438	0.08577	5.18094	4.55E-06	0.21412	0.67464
x_2^*	6544.426	3551.27	1.84284	0.071664	−2989.15	16078

The 99% confidence interval is $48{,}557.63 \pm 2.685(2313.48) = 48{,}557.63 \pm 6210.66$. Or, with 99% confidence, $42{,}346.97 \leq E(y^0) \leq 54{,}768.29$. Given a rural family with an income of \$80,000, we have 99% confidence that their average consumption will be between \$42,346.97 and \$54,768.29.

c. The confidence interval for the urban family is narrower because the standard error $se(\hat{y}^0) = 2128.57$ found for the urban family is less than the standard error $se(\hat{y}^0) = 2313.48$ found for the rural family.

13.28 The estimated model is: $\hat{y} = 263995.07 + 53.13x - 98646.08d_1 - 26350.62d_2 - 38084.93d_3$. The relevant portion of the regression output with y as the response variable and $x^* = x - 13{,}000$, $d_1^* = d_1 - 0$, $d_2^* = d_2 - 1$, and $d_3^* = d_3 - 0$ as the explanatory variables is

	Coefficients	*Standard Error*	*t Stat*	*p-Value*	*Lower 95%*	*Upper 95%*
Intercept	**928374.9**	**9832.84**	94.4157	9.83E-44	**908413.2**	**948336.6**
x^*	53.13311	2.915002	18.22747	1.91E-19	47.21534	59.05088
d_1^*	−98646.1	13631.46	−7.23665	1.9E-08	−126319	−70972.7
d_2^*	−26350.6	13605.46	−1.93677	0.06088	−53971.2	1269.933
d_3^*	−38084.9	13592.18	−2.80197	0.008221	−65678.5	−10491.3

$t_{0.05,35} = 2.030$; the 95% confidence interval is $928{,}374.9 \pm 2.030(9832.84) = 928{,}374.9 \pm 19{,}961.73$. Or, with 95% confidence, $908{,}413.15 \leq E(y^0) \leq 948{,}336.62$.

The relevant portion of the regression output with y as the response variable and $x^* = x - 13{,}000$, $d_1^* = d_1 - 0$, $d_2^* = d_2 - 0$, and $d_3^* = d_3 - 0$ as the explanatory variables is

	Coefficients	*Standard Error*	*t Stat*	*p-Value*	*Lower 95%*	*Upper 95%*
Intercept	**263995.1**	**37720.51**	6.998714	3.84E-08	**187418.4**	**340571.8**
x^*	53.13311	2.915002	18.22747	1.91E-19	47.21534	59.05088
d_1^*	−60561.2	13611.64	−4.44922	8.36E-05	−88194.3	−32928
d_2^*	11734.31	13594.3	0.863179	0.393916	−15863.6	39332.21
d_3^*	38084.93	13592.18	2.801973	0.008221	10491.34	65678.52

The 95% confidence interval is $263{,}995.1 \pm 2.030(37{,}720.51) = 263{,}995.1 \pm 76{,}572.64$. Or, with 95% confidence, $187{,}422.4 \leq E(y^0) \leq 340{,}567.8$.

The confidence interval for expected sales in quarter 2 is narrower because the standard error $se(\hat{y}^0) = 9832.84$ found for quarter 2 is less than the standard error $se(\hat{y}^0) = 37{,}720.51$ found for quarter 4.

13.30 a.

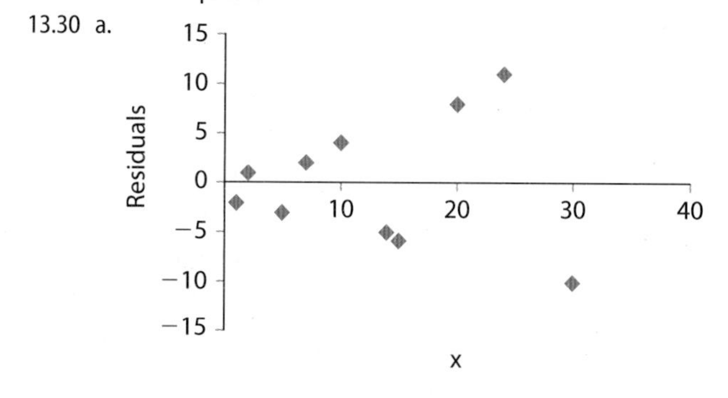

b. Since the residuals are getting larger as x increases, this suggests changing variability. This means that the estimators are unbiased but not efficient. Another problem is that the t tests and F test are not valid because the standard errors are inappropriate. A common correction for the standard errors is White's procedure.

13.32 A scatterplot of GPA against Hours suggests that a simple linear regression model may not be the most appropriate model because of nonlinearities.

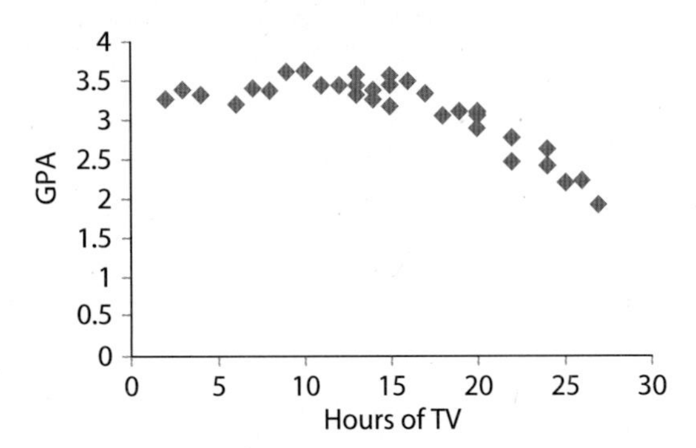

13.34 a. This is a case of perfect multicollinearity (Study + Sleep + Leisure = 24). With perfect multicollinearity we cannot even estimate the proposed model.

b. To fix the model, we might drop the variable Sleep, as the correlation between Study and Leisure is not perfect.

13.36 a. The estimated model is $\widehat{\text{Healthy}} = 75.94 - 0.10$ Fruits/Veggies $+ 0.36$ Exercise $- 0.50$ Smoke.

b. Using the CORREL function in Excel, the sample correlation coefficients between variables are all below 0.80, which suggests that multicollinearity is not serious.

Variables	Correlation
Fruits/Veggies & Exercise	0.5767
Fruits/Veggies & Smoke	−0.6349
Exercise & Smoke	−0.5661

The plots of residuals against explanatory variables suggest that the residuals are more or less randomly dispersed across their values. So the problem of changing variability does not seem to be serious.

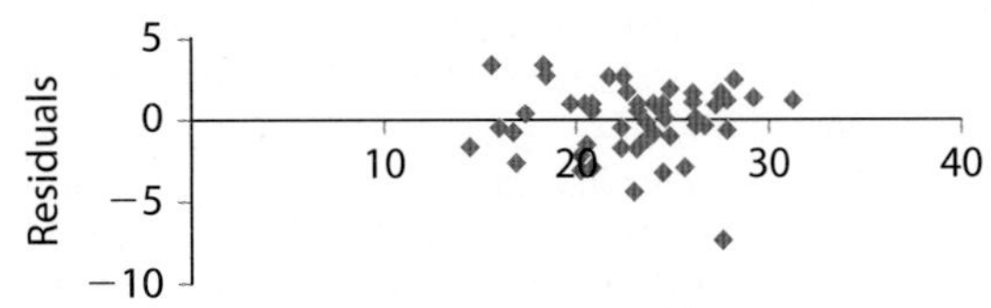

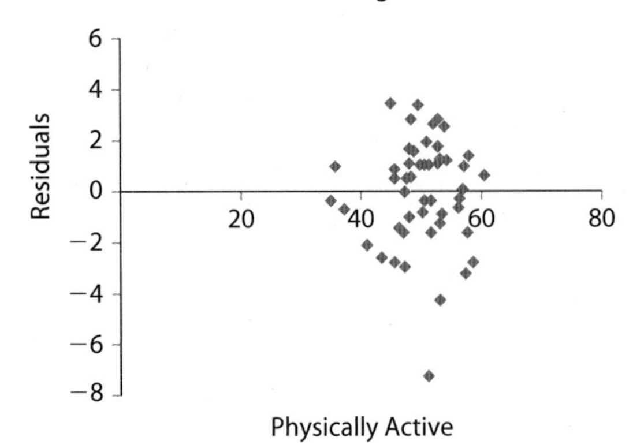

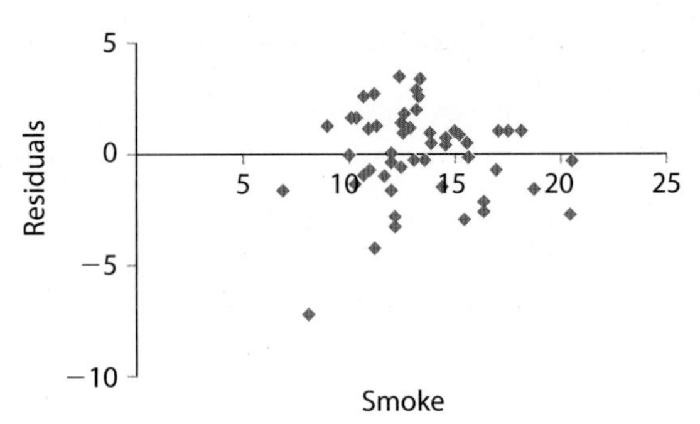

13.38 a.

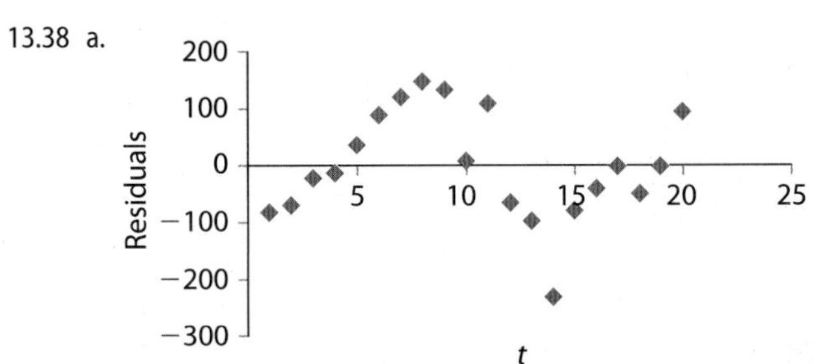

There is a definite pattern in the residuals over time with clustering above the horizontal axis, then below, showing positively correlated observations.

b. With correlated obervations, the estimators are unbiased but not efficient. Also, the standard errors are spuriously small, making the model look better than it really is. A common correction for the standard errors is the Newey-West procedure.

13.40 a. Relevant regression results for Callback $= \beta_0 + \beta_1$Age $+ \beta_2$Caucasian $+ \epsilon$:

	Coefficients	*Standard Error*	*t Stat*	*p-Value*
Intercept	25.1466	1.84	13.70	0.0000
Age	−0.3196	0.04	−7.31	0.0000
Caucasian	9.4504	1.01	9.36	0.0000

b. $H_0: \beta_2 = 0$; $H_A: \beta_2 \neq 0$. With a p-value of approximately zero, we reject H_0 and conclude that the dummy variable Caucasian is significant at the 5% level. Therefore, the data suggest that there is race discrimination.

c. The relevant portion of the regression output with y = Callback as the response variable and Age* = Age − 30 and Caucasian* = Caucasian − 1 as the explanatory variables is

	Coefficients	*Standard Error*	*t Stat*	*p-Value*	*Lower 95%*	*Upper 95%*
Intercept	**25.0090**	**0.94340**	26.5097	7.02E-22	**23.0796**	**26.9385**
Age*	−0.3196	0.04370	−7.3133	4.69E-08	−0.40898	−0.23022
Caucasian*	9.4505	1.00984	9.35842	2.91E-10	7.38512	11.5158

$t_{0.025,29} = 2.045$. The 95% confidence interval is $25.01 \pm 2.045(0.94) = 25.01 \pm 1.929$. Or, with 95% confidence, $23.08 \leq E(y^0) \leq 26.94$.

The relevant portion of the regression output with y = Callback as the response variable and Age* = Age − 30 and Caucasian as the explanatory variables is

	Coefficients	Standard Error	t Stat	p-Value	Lower 95%	Upper 95%
Intercept	**15.5585**	**0.77153**	20.1658	1.31E-18	**13.9806**	**17.1365**
Age*	−0.3196	0.043701	−7.3133	4.69E-08	−0.40898	−0.23022
Caucasian	9.45047	1.009844	9.35842	2.91E-10	7.385124	11.51582

The 95% confidence interval is $15.56 \pm 2.045(0.77) = 15.56 \pm 1.578$. Or, with 95% confidence, $13.98 \leq E(y^0) \leq 17.14$.

13.42 a. Relevant regression results for $\text{BMI} = \beta_0 + \beta_1\text{Female} + \beta_2\text{Black} + \epsilon$:

Regression Statistics	
Multiple R	0.090675
R Square	0.008222
Adjusted R Square	−0.00873
Standard Error	**2.495101**
Observations	120

	Coefficients	Standard Error	t Stat	p-Value
Intercept	**27.60108**	**0.328376**	84.05332	1.9E-106
Female	−0.48951	0.545453	−0.89744	0.371326
Black	0.187295	0.458675	0.40834	0.683771

The predicted BMI for white males is $\widehat{\text{BMI}} = 27.60 - 0.49(0) + 0.19(0) = 27.60$.

The predicted BMI for white females is $\widehat{\text{BMI}} = 27.60 - 0.49(1) + 0.19(0) = 26.57$.

The predicted BMI for black males is $\widehat{\text{BMI}} = 27.60 - 0.49(0) + 0.19(1) = 27.79$.

The predicted BMI for black females is $\widehat{\text{BMI}} = 27.60 - 0.49(1) + 0.19(1) = 27.30$.

b. The corresponding p-value for Female $\approx 0.37 > 0.05 = \alpha$, so we cannot conclude that Female is significant. Therefore, at the 5% level, we cannot conclude that there is a significant difference between BMIs of black females and black males, as well as between BMIs of white females and white males.

c. The p-value corresponding to Black $\approx 0.68 > 0.05 = \alpha$, so we cannot conclude that Black is significant. Therefore, at the 5% level, we cannot conclude that there is a significant difference between BMIs of black and white females, as well as between BMIs of black and white males.

d. To find the 90% prediction interval for the BMI of a white male, we first observe that the modified explanatory variables Female* = Female − 0 and Black* = Black − 0 are the same as the original explanatory variables. Therefore, from the output shown in part a, the 90% confidence interval is $27.60 \pm 1.658\sqrt{0.33^2 + 2.50^2} = 27.60 \pm 4.17$. Or, with 90% confidence, $23.43 \leq y^0 \leq 31.77$.

The relevant portion of the regression output with y = BMI as the response variable, Female* = Female − 1 and Black* = Black − 1 as the explanatory variables, and the entered confidence level of 90% is

Regression Statistics	
Multiple R	0.090675
R Square	0.008222
Adjusted R Square	−0.00873
Standard Error	**2.495101**
Observations	120

	Coefficients	Standard Error	t Stat	p-Value
Intercept	**27.29887**	**0.543607**	50.21806	5.16E-81
Female*	−0.48951	0.545453	−0.89744	0.371326
Black*	0.187295	0.458675	0.40834	0.683771

The 90% prediction interval is $27.30 \pm 1.658\sqrt{0.54^2 + 2.50^2} = 27.30 \pm 4.23$. Or, with 90% confidence, $23.06 \leq y^0 \leq 31.53$.

13.44 a. The estimated equation is $\widehat{\text{Ownership}} = 78.98 - 0.0002\text{Income}$.

b. The hypotheses are

$H_0: \beta_1 = 0$

$H_A: \beta_1 \neq 0$

$t_{0.025,49} = 2.010$; the decision rule is to reject H_0 if $t_{49} > 2.010$ or $t_{49} < -2.010$. Since $-2.010 < t_{49} = -1.7973 < 2.010$, we do not reject H_0. At the 5% significance level, we cannot conclude that Ownership is linearly related to Income.

c. The relevant regression output with y = Ownership as the response variable and Income* = Income − 50,000 as the explanatory variable is

Regression Statistics	
Multiple R	0.2487
R Square	0.0618
Adjusted R Square	0.0427
Standard Error	**5.7685**
Observations	51

	Coefficients	Standard Error	t Stat	p-Value
Intercept	**69.1995**	**0.8079**	85.6533	0.0000
Income*	−0.0002	0.0001	−1.7973	0.0785

$t_{0.025,49} = 2.010$; the 95% confidence interval is $69.1995 \pm 2.010(0.8079) = 69.1995 \pm 1.6239$. Or, with 95% confidence, $67.58 \leq E(y^0) \leq 70.82$.

d. The 95% prediction interval is $69.1995 \pm 2.010\sqrt{0.8079^2 + 5.7685^2} = 69.1995 \pm 11.7078$. Or, with 95% confidence, $57.49 \leq y^0 \leq 80.91$. The prediction interval is wider than the confidence interval since it accounts for the nonzero random error term.

13.46 a. $\widehat{\text{Customers}} = 103.96 - 1.92\text{Morning} + 18.27\text{Afternoon} - 39.68\text{Evening}$

b. Morning: $\widehat{\text{Customers}} = 103.96 - 1.92 = 102.04$

Afternoon: $\widehat{\text{Customers}} = 103.96 + 18.27 = 122.23$

Evening: $\widehat{\text{Customers}} = 103.96 - 39.68 = 64.28$

Night: $\widehat{\text{Customers}} = 103.96$

c. To test the difference between the afternoon and night shifts, we test $H_0: \beta_{\text{Afternoon}} = 0$ against $H_A: \beta_{\text{Afternoon}} \neq 0$. The value of the corresponding test statistic is $t_{96} = 3.49$ and the p-value $= 2P(T_{96} \geq 3.49) \approx 0 < 0.05 = \alpha$. Thus, at the 5% level, there is a significant difference between the afternoon and night shifts. To test for a difference between afternoon and other shifts, we look at d_2. With a p-value ≈ 0, we can conclude that the afternoon dummy is significant and therefore there is a significant difference between the afternoon and other shifts at the 5% level, holding all other variables constant.

13.48 a. The regression equation is $\widehat{\text{Per capita income}}$ = 30,561.89 − 519.69NoHighSchool + 814.36ForeignBorn − 258.78NoEnglish.

b. The explanatory variables Foreign Born and No English are likely to be positively correlated. The coefficient of correlation between Foreign Born and No English found by Excel function CORREL is 0.9179, which is greater than 0.80, suggesting a potential problem with multicollinearity.

13.50 a.

Variables	
Intercept	−610.0517 (0.4497)
Poverty	56.1349* (0.0046)
Income	6.0517 (0.5119)
Under 18	3.3515 (0.8520)
Over 65	11.6092 (0.6168)
s_e	339.46
R^2	0.4635
F (*p*-value)	7.7753* (0.0001)

The *p*-values given in the table (shown in parentheses) suggest that Poverty is the only explanatory variable that is significant in the model at the 5% level. Also, the value of the *F* test statistic with a *p*-value of 0.0001 suggests that the explanatory variables are jointly significant at the 5% significance level.

b. The sample correlation coefficient between Poverty and Income found using Excel's function CORREL is −0.8180. Since its absolute value is greater than 0.80, multicollinearity is likely to be a problem.

13.52 a. The estimated model is $\widehat{\text{Smoke}}$ = 27.41 − 0.35Fruits/Vegetable − 0.0001Income

Variables	
Intercept	27.4116* (0.0000)
Fruits/Vegetable (%)	−0.3547* (0.0012)
Income	−0.0001* (0.0272)
s_e	2.1941
R^2	0.4613
F (*p*-value)	20.5489 (0.0000)

b. The *p*-values for testing the individual significance of Fruits/Vegetable and Income and the *p*-value for testing their joint significance are less than 0.05 (see values in parentheses). Therefore, we can conclude at the 5% significance level that all the explanatory variables are individually and jointly significant.

c. The sample correlation coefficient between Fruits/Vegetable and Income found by Excel's function CORREL is 0.5993. Since it is not greater than 0.80, multicollinearity is not likely to be a problem.

PHOTO CREDITS

Chapter 1

Page 3: © Michael Schmitt/Workbook Stock/Getty Images; page 7: © Digital Vision/PunchStock RF; page 9: © Ed Young/Agstockusa/age fotostock, America, Inc.; page 13: © Dennis Welsh/UpperCut Images/Getty Images RF

Chapter 2

Page 17: © A. Ramey/PhotoEdit Inc.; page 18: © sbk_20d pictures/Flickr/Getty Images RF; page 37: © Brand X Pictures RF; page 47: © Rubberball/Getty Images RF

Chapter 3

Page 59: © Jose Luis Pelaez, Inc./Getty Images RF; page 64: © Sebastian Pfuetze/Taxi/Getty Images; page 77: © Ingram Publishing RF; page 92: © Mike Watson Images/PunchStock RF

Chapter 4

Page 101: © Smith Collection/Iconica/Getty Images; page 121: © Digital Vision/Punch-Stock RF; page 130: © Rolf Bruderer/Blend Images/Getty Images RF

Chapter 5

Page 139: © AP Photo/Kevin P. Casey; page 161: © Bubbles Photolibrary/Alamy; page 166: © Image Source/Alamy RF

Chapter 6

Page 175: © QxQ IMAGES/Datacraft/Getty Images RF; page 194: © Mewes, K./Healthy Food Images/age fotostock, America, Inc.; page 201: © Image Source/Getty Images RF

Chapter 7

Page 211: © Melanie Conner/Getty Images; page 227: © Joe Raedle/Getty Images; page 237: © Ryan McVay/Photodisc/Getty Images RF

Chapter 8

Page 247: © Car Culture/Corbis; page 267: © The McGraw-Hill Companies, Inc./Mark A. Dierker, photographer RF; page 269 (left): © The McGraw-Hill Companies, Inc./Andrew Resek, photographer, (right): © AP Photo/Paul Sakuma

Chapter 9

Page 279: © Fotosearch/age fotostock, America, Inc. RF; page 300: © Asia Images Group/Getty Images RF; page 308: © Ariel Skelley/Blend Images LLC, RF

Chapter 10

Page 317: © Robin Nelson/PhotoEdit, Inc.; page 332: © Chris Hondros/Getty Images; page 344: © Mitchell Funk/Photographer's Choice/Getty Images

Chapter 11

Page 353: © Liu Jin/AFP/Getty Images; page 370: © Jean Baptiste Lacroix/WireImage/Getty Images; page 372 (top): © JGI/Blend Images LLC, RF, (bottom): © Banana-Stock/JupiterImages RF

Chapter 12

Page 381: © Digital Vision/Getty Images RF; page 408: © AP Photo/David J. Phillip; page 412: © Scott Boehm/Getty Images

Chapter 13

Page 421: © Jose Luis Pelaez, Inc./Blend Images/Corbis; page 428: © Tom Stewart/Corbis; page 445: © Elsa/Getty Images

찾아보기

국문

ㅎ

영문